U0895865

2018
中国侨联年鉴

2018 Yearbook

All-China Federation of Returned Overseas Chinese

中国侨联年鉴编纂委员会　编

中国華僑出版社

图书在版编目（CIP）数据

2018中国侨联年鉴 / 中国侨联年鉴编纂委员会编.
--北京：中国华侨出版社, 2018.12
ISBN 978-7-5113-7788-3

Ⅰ.①2… Ⅱ.①中… Ⅲ.①华侨组织—中国—2018—年鉴 Ⅳ.①D634.1-54

中国版本图书馆CIP数据核字（2018）第251988号

● **2018中国侨联年鉴**

编　　著 /《中国侨联年鉴》编纂委员会
出 版 人 / 刘凤珍
责任编辑 / 高文喆
装帧设计 / 中文天地
经　　销 / 新华书店
开　　本 / 889mm×1194mm　1/16　印张：43.75　字数：1167千字
印　　刷 / 晟德（天津）印刷有限公司
版　　次 / 2018年12月第1版　2018年12月第1次印刷
书　　号 / ISBN 978-7-5113-7788-3
定　　价 / 480.00元

中国华侨出版社　北京市朝阳区静安里26号通成达大厦三层　邮编：100028
法律顾问：陈鹰律师事务所
编 辑 部：（010）64443056　64443979
发 行 部：（010）64443051　传真：（010）64439708
网　　址：www.oveaschin.com
E-mail：oveaschin@sina.com

《2018中国侨联年鉴》
编纂委员会

《2018中国侨联年鉴》编辑人员

主　　　编： 张春旺　张秀明

副　主　编： 胡修雷

编　　　辑：（以姓氏笔画排序）

宁　一　朴美儒　吕登峰　乔印伟　巫秋玉　李　旭　李章鹏　李斌斌　张焕萍　罗　杨　娄正立　贾　源　高媛媛　密素敏

特邀编辑：（以姓氏笔画排序）

丁　强　王丽婷　王　荀　王斯倩　王　鹏　方绪汇　尹媛媛　邓冬子　冉海霞　刘先林　刘　晋　刘琳琳　刘衡清　齐永荣　次旦朗杰　许　丹　运　伟　杜宝忠　李开华　李文慧　李　鸣　李润洲　李培琳　杨　卉　吴贵云　吴　琼　张志龙　陈苏琤　林思凝　林　涛　林婷婷　罗士周　罗孔富　周康宁　周臻扬　郑海光　祝顺祥　栗月山　夏　峥　高文喆　高　慧　谢　江　雷　雨　樊兆阳　魏　威　魏　锐

编 辑 说 明

一、2018卷力求全面、系统、客观、公正地记载自2017年1月1日至12月31日期间全国各级侨联工作取得的成就、经验和发展的新趋势、新动向，为各级侨联沟通信息、交流经验开辟渠道，为社会各界了解侨联工作开辟窗口。

二、2018卷采用编纂年鉴通用的分类编辑法，主体内容分为类目、分目、条目三个层次。类目为大单元，其下设置若干个分目。分目下设条目，条目为年鉴的基本单位和主要内容载体。

三、根据中国侨联的工作性质和机构特点，本卷年鉴共设类目8个。各类目刊载的内容为：

1.“特载”，收录党和国家领导人公开发表的关于侨联工作和侨务工作的重要讲话和指示。

2.“中国侨联领导讲话”，收录会领导的有关讲话。

3.“大事记”，收录重要文件、领导重要活动等内容。

4.“综合”，围绕服务经济发展、依法维护侨益、拓展海外联谊、参政议政、弘扬中华文化、参与社会建设等职能，收录中国侨联机关各部门的工作情况。

5.“中国侨联直属事业及社会团体工作”，收录中国侨联直属事业单位及中国侨联所属各社会团体的主要工作。

6.“省级侨联工作”，收录各省级侨联和部分地市（含以下）侨联工作情况。

7.“侨情概览”，分地区概述2017年世界华侨华人总体状况，收录2017年海内外侨界发生的有影响力的大事、要事等。

8.“附录”，收录中国侨联第九届委员会最新名单及省、地市（含以下）侨联通讯录等内容。

四、本卷年鉴由各省级地方侨联，新疆生产建设兵团侨联，中央直属机关侨联，中央国家机关侨联，中央企业侨联，中国侨联机关各部门、直属事业单位和社会团体提供稿件，稿件均经编委（各单位负责人）审阅。

五、《中国侨联年鉴》由中国侨联办公厅、中国华侨华人研究所主办，《中国侨联年鉴》编辑部编辑，中国华侨出版社出版。

2017 年 6 月，中国侨联九届五次全委会议接受林军（右）请辞主席职务，选举万立骏（左）为中国侨联主席

6 月 17 日，中国侨联党组书记、主席万立骏到厦门集美陈嘉庚纪念馆参观学习

6 月 18 日，中国侨联党组书记、主席万立骏出席 2017 两岸侨联和平发展论坛海峡两岸暨港澳侨界圆桌峰会并作主旨发言

7 月 11 日，中国侨联党组书记、主席万立骏在浙江调研期间，来到温州七都侨界留守儿童快乐之家，观摩侨界“亲情中华”留守儿童快乐营活动并调研相关情况

7 月 25 日，中国侨联党组书记、主席万立骏会见菲华联谊总会访问团

9 月 3 日，中国侨联党组书记、主席万立骏（中）出席“创业中华　牵手京津冀——第十七届海外侨界高层次人才为国服务活动”启动仪式

9 月 13 日，中国侨联党组书记、主席万立骏（左二）为中国华侨华人研究所揭牌

9 月 19 日，中国侨联党组书记、主席万立骏来到广东清远市新华村侨联工作小组，看望越南归侨，了解华侨农场现状

10 月 28 日—30 日在江苏调研期间，中国侨联党组书记、主席万立骏走访常州市武进区金东方颐养中心

11 月 9 日—10 日，全国侨联基层组织建设工作会议在北京举行，中国侨联党组书记、主席万立骏出席并同与会代表合影

11 月 10 日，中国侨联在北京举办省级侨联党组书记主席党的十九大精神学习班，中国侨联党组书记、主席万立骏出席学习班并讲话

7月21日，中国侨联副主席李卓彬（左一）出席在广州举办的“创业中华·圆梦广州”——为广州实施创新驱动发展战略献良策研讨会

8月13日，中国侨联副主席李卓彬出席在深圳举办的第三届华人华侨产业交易会

10月6日，中国侨联副主席李卓彬访问印尼期间出席OCTF2017·中国—印尼商品展开幕式

8 月 17 日，中国侨联副主席乔卫出席“千日复明五十万　助力扶贫攻坚战——视觉健康精准扶贫行动”新闻发布会

8 月 23 日，中国侨联副主席乔卫在广州调研侨联基层组织建设情况

11 月 19 日，中国侨联副主席乔卫出席“一带一路·侨爱心光明行”缅甸站复明仪式，为当地白内障患者揭开手术封布

7 月 29 日，第十八届世界华人学生作文大赛颁奖典礼在北京举行，中国侨联副主席康晓萍出席并讲话

8 月 19 日，中国侨联副主席康晓萍在南非约翰内斯堡走访华文教育基金会

9 月 6 日，中国侨联副主席康晓萍出席第二届海外华文新媒体高峰论坛并致辞

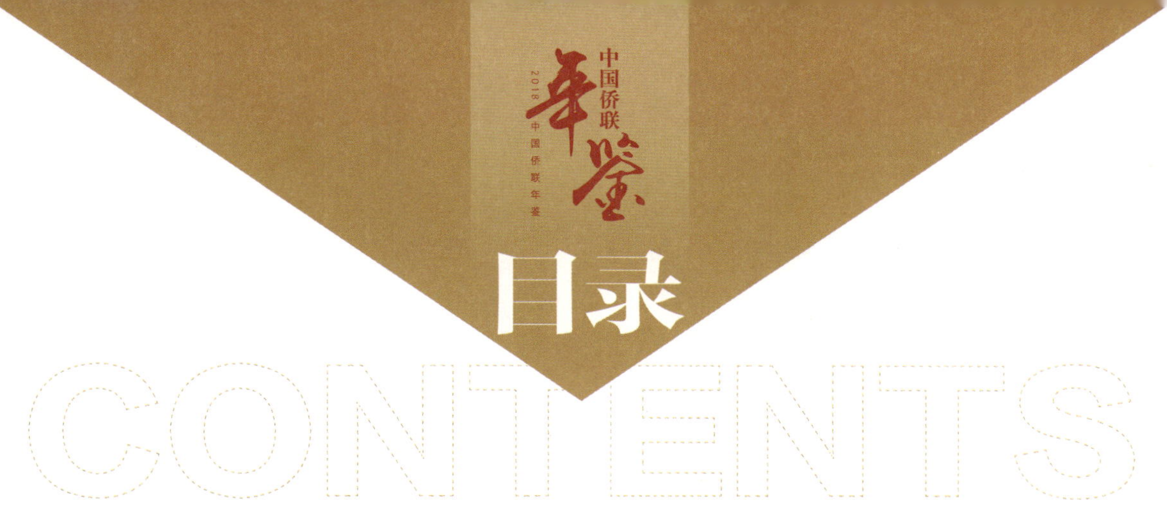

目录

CONTENTS

特载

中国侨联领导讲话

大事记

综 合

权益保障部 …………………………………… 180

组织人事部 …………………………………… 188

直属机关党委（纪委）…………………………… 195

中国侨联直属事业及社会团体工作

中国华侨华人研究所 ………………………… 203

省级侨联工作

侨情概览

附 录

特　　载

中国侨联
年鉴
2018 中国侨联年鉴

深化侨联改革 为实现中国梦发挥独特作用

——在中国侨联九届四次全委会议上的讲话

（2017年1月15日）

李源潮

中国侨联召开九届四次全委会，主要任务是学习贯彻党的十八届六中全会精神，贯彻落实习近平总书记系列重要讲话精神和党中央书记处重要指示，以迎接党的十九大为主线，以深化侨联改革为动力，全面推进2017年侨联各项工作，团结凝聚归侨侨眷和海外侨胞为全面建成小康社会发挥独特作用。刚才，林军同志传达了刘云山同志主持中央书记处会议对中国侨联工作的重要指示，各级侨联要认真贯彻落实。

2016年是推动侨联工作改革创新的一年，党中央高度重视。习近平总书记主持中央政治局常委会议、中央深改领导小组会议审议通过《中国侨联改革方案》，刘云山同志主持中央书记处会议专题研究，提出明确要求。中办下发《中国侨联改革方案》作出部署。一年来，中国侨联认真学习贯彻习近平总书记系列重要讲话精神，坚决贯彻中央关于群团改革的决策部署，坚持“两个并重”和“两个拓展”，凝聚侨心、汇集侨智、发挥侨力、维护侨益，推进改革创新，强化思想引领，服务党和国家工作大局，服务侨胞侨眷，做了大量工作，为实现“两个一百年”奋斗目标和中华民族伟大复兴的中国梦作出了贡献。同时，中国侨联认真配合中央巡视组的巡视工作，提出了从严治会的方针，机关自身建设得到明显加强。中央书记处对2016年侨联工作给予了充分肯定。

关于2017年的侨联工作，中央书记处明确要求：全面贯彻党的十八大和十八届三中、四中、五中、六中全会精神，深入学习贯彻习近平总书记系列重要讲话精神和治国理政新理念新思想新战略，贯彻稳中求进工作总基调，按照保持和增强政治性先进性群众性的要求，坚持“两个并重”，深化“两个拓展”，着力推进侨联全面改革，凝聚侨心、汇聚侨力，以实际行动迎接党的十九大胜利召开。这里，我就侨联贯彻落实中央要求讲几点具体意见。

一、以迎接党的十九大为工作主线，在以习近平同志为核心的党中央领导下，广泛凝聚侨心侨力为实现中国梦共同奋斗

2017年党要召开十九大，团结一致、凝聚人心，是第一位的政治任务。十八届六中全会正式确立习近平总书记为党中央的核心、全党的核心，对我们党和国家事业发展具有重大意义。侨联是党领导的人民团体，侨联干部是党的干部，必须增强“四个意识”，自觉在思想上政治上行动上同以习近平同志为核心的党中央保持高度一致。**一要**深入学习贯彻习近平总书记系列重要讲话精神和治国理政新理念新思想新战略，坚定中国特色社会主义道路自信、理论自信、制度自信、文化自信。**二要**深入学习贯彻习近平总书记对侨联工作的重要指示和关于“人类命运共同体”“一带一路”建设等重要思想，把握侨联工

作在党和国家工作大局中的基本定位和目标任务，更好发挥党联系归侨侨眷和海外侨胞的桥梁纽带作用。**三要**深入学习贯彻习近平总书记关于群团改革的重要指示精神，以改革创新精神推动侨联工作全面进步，不断保持和增强政治性、先进性、群众性。侨联领导干部要带头学习，侨联干部要学通弄懂，自觉用习近平总书记系列重要讲话精神统一思想认识、指导侨联工作。要以“侨与中国梦”为主题，深入推进中国特色社会主义和社会主义核心价值观宣传教育，弘扬爱国主义精神，传播中华优秀传统文化，引领广大侨胞为实现中国梦贡献智慧和力量。

二、坚持围绕中心、服务大局，团结凝聚广大侨胞为全面建成小康社会作出独特贡献

中央书记处要求，侨联组织要始终坚持围绕中心、服务大局，贯彻党中央关于经济工作的决策部署，牢固树立和落实新发展理念，把握好适应引领经济发展新常态的实践要求，在推进供给侧结构性改革、促进经济社会发展中发挥独特作用。希望各级侨联充分发挥侨界优势，作出独特贡献。**一是**支持侨胞创新创业，为经济新常态增添新动能。广大侨胞拥有资金、技术、智力、人脉等方面优势，侨联助力“双创”、促进改革大有可为。中国侨联深入开展“创业中华”品牌活动，成立新侨创新创业联盟，举办第六届新侨创新创业成果交流会，这很好。希望侨联加大引资、引智、引技工作力度，找准国内经济社会发展需求与海外侨胞优势的对接点，吸引更多海外侨胞回国发展、投资兴业。**二是**积极投身脱贫攻坚战，确保侨界贫困群众如期全部脱贫。中国是世界上减贫人口最多的国家，为全球减贫事业作出了重大贡献，充分体现了中国特色社会主义制度的优越性。但中国还有几千万贫困人口，其中也包括不少侨界群众。侨联在地方党委政府的支持下，摸清了侨界贫困群众的底数，有近4.2万人（不含西藏、新疆兵团）。要完善跟踪协调机制，加大精准扶贫力度，确保如期脱贫。此外，还有不少没有达到建档立卡标准的侨界困难群众，侨联也要有针对性地制定帮扶措施，让侨界困难群众搭上国家改革发展、脱贫攻坚的快车。**三是**围绕港澳台工作大局，深入开展各种形式反独促统工作。中国侨联配合开展孙中山先生诞辰150周年纪念活动，举办“第八届海峡论坛·2016两岸侨联和平发展论坛”和“2016海峡两岸暨港澳侨界圆桌峰会”，引导广大侨胞在反独促统中发挥了积极作用。希望侨联充分发挥民间性、统战性优势，引导广大侨胞拥护和宣传“一国两制”方针，为推动“一国两制”事业和祖国完全统一大业厚植基础。**四是**配合国家总体外交大局，引导广大侨胞为推进“一带一路”建设、营造良好外部环境献计出力。习近平总书记殷切期望广大海外侨胞积极推动中外文明交流互鉴，讲述好中国故事、传播好中国声音，促进中外民众相互了解和理解，为实现中国梦营造良好环境。2015年中国经济总量占世界经济的比重为15.5%，增量约占世界经济增量的1/3，中国在全球治理体系中扮演着越来越重要的角色，中国方案越来越受到重视，“一带一路”倡议得到100多个国家和国际组织的积极响应和支持。今天，习近平主席赴瑞士进行国事访问、出席达沃斯世界经济论坛，国际社会高度关注，对中国在全球治理中提出中国方案抱有很大期待。中国侨联开展“亲情中华”系列活动，浙江省侨联开展“万家海外中餐馆·同讲中国好故事”活动，效果很好。希望侨联加强对新时期侨务战略的研究谋划，充分发挥民间外交、公共外交作用，支持推动海外华文教育、文化交流，壮大对我友好力量。引导更多海外侨胞发挥优势，找准参与“一带一路”建设的对接点，讲好中国故事、传播中国理念，增进中国人民同世界各国人民的友谊。

三、深刻认识侨联改革的重大意义，抓紧落实各项改革任务，让侨界群众有更多改革获得感

深化群团改革是今年中央政治局常委会的工作重点之一，侨联改革是深化群团改革的重要组成部分。习近平总书记指出，群团改革的方向是保持和增强群团组织和群团工作的政治性、先进性、群众性，解决“四化”问题实质是解决脱离群众的问题。对侨联来说，改革就是要解决与侨界群众和海外侨胞联系不紧密、服务不到位的问题。侨联要进一步增强改革的责任感紧迫感，加强组织领导，确保党中央改革要求落实到位。首先，要充分认识国内国际大局任务和海内外侨情深刻变化给侨联工作改革创新提出的紧迫要求。中国高举和平发展合作共赢的旗帜，积极推进改

革开放，推进“一带一路”建设，中国企业、中国资本、中国人员越来越多地“走出去”。改革开放以来，海外华侨华人总数由三千多万增长到五六千万，分布在190多个国家和地区。改革开放尤其是本世纪以来，海内外侨情的变化有两个“新”：一个是出国留学、经商、就业、移民的新侨大幅增加，估算有近千万。根据OECD的报告统计，2014年中国移民海外人数达到55.5万人，是世界第一大移民来源国，累计输出移民总数列全球第四位。一个是新归侨大幅增加，以留学人员为例，自1978年到2015年底，出去留学的约404万人，留学回国的累计约222万人（其中2015年出国留学人员总数约52万，回国人员总数约41万），主要是本世纪回来的，其中就有大量的新侨。把包括新侨和新归侨在内的广大侨胞团结凝聚起来，是侨联的大局责任。总的看，目前侨联工作还不适应时代的变化，不适应侨情的变化。侨联要增强改革的责任意识、机遇意识，大力推进侨联组织和侨联工作的改革创新，更好地服务大局、服务侨胞。其次，侨联改革要在加快推进“两个拓展”上见实效，最大限度地团结凝聚广大侨胞。中央书记处要求，要聚焦重点改革任务，持续用力地抓好领导机构、领导机关、直属单位、干部制度、运行机制等方面改革；同时在建立直接联系服务侨界群众制度、扩大侨联组织覆盖、维护海外侨胞权益等方面，拿出切实可行的办法。我认为推进侨联改革，落实中央明确提出的“两个并重”“两个拓展”，难点不在领导机关的内部，而在于你与侨胞怎么联系、怎么服务，联系得广不广、紧不紧，服务得好不好，侨胞是否把你当作是自己的组织。侨联改革要在推进“两个拓展”上见实效，让侨胞切身感受到侨联改革带来的变化，有实实在在的改革获得感。这里，我强调三个重点。**一是**要加强对新归侨的联系服务。新归侨回来后，大都面临创业就业、子女就学、老人就医等实际困难，这个时候最需要得到帮助。我到西安、石家庄调研，侨资企业创办人和归侨科技人员都反映，刚回国时当地侨联对他们的帮助很大。上海12个区侨联成立39个新侨驿站，积极服务社区、楼宇、园区、校区内的新侨群体，很受欢迎。希望侨联建立落实直接联系服务侨界群众制度，每个侨联机关干部要直接联系若干名侨界群众包括新归侨，可以是面对面联系，也可以是网上和手机上的联系。团中央响应习总书记“一呼百应”的要求，建立了每名专职团干部直接联系100名团员青年的制度，效果很好，希望侨联也能把这样的制度建立起来。要具体细致地了解工作对象在工作生活中遇到的困难，帮助联系有关方面给予解决。**二是**要加强对海外新侨的联系服务。在家千日好，出门事事难。新侨身处异国他乡，更需要得到祖国的温暖和各方面帮助与指点。中央书记处明确要求，侨联要加强对海外新侨的联系服务。希望侨联及时跟进联系，加强思想政治引领，加强信息服务，加强生活帮助，加强权益维护。这是我们现在拓展海外工作一个比较薄弱的环节。这两年我多次讲中国侨联应该确立一个联络图，与海外侨团和侨胞特别是新侨加强经常性联系，物色和培养中青年骨干，形成一个能够直接联络、可以发挥作用的联系网。希望侨联把这项工作抓在实处，抓出实效。**三是**要加快建设网上侨联。习近平总书记对群团组织开展网上工作提出了“亮出组织的旗帜，发出自己的声音，让群众能在网上找到自己的组织、能在网上参加组织的活动”的要求。侨联要适应侨务工作新形势、新特点，积极拓展工作领域，创新理念思路和方式方法，进一步加强网上侨联建设，提高联系服务侨界群众的工作水平。目前，侨联通过微信群、QQ、公众号、手机APP等网络手段，加强了与侨胞侨眷的联系互动，这很好，但还远远不能适应网络信息化的时代要求。现在全世界的政党和社会组织都在主动进行活动方式的“网上转型”，积极利用网络进行政治动员、群众联系、选举竞争、舆论传播。特别是像侨联这样的群团组织，你的许多工作对象在海外，而侨联干部全在国内，远隔千山万水，怎么联系？怎么服务？怎么引导？过去靠出国搞演出活动，但毕竟参与的人数有限，接触的时间也很短，覆盖的国家和城市也比较少。现在网络很发达，对侨联组织来说是很好的机遇，要用好网络功能，让侨联插上网络的翅膀。中国侨联对“网上侨联”建设要做好顶层设计，加力加快推进，利用网络包括移动网，做好对侨胞的网上联系、网上服务、网上引导、网上动员工作。中国侨联在搞好自身改革的同时，要加强对地方侨联改革的指导，提高侨联改革的系统性、协调性，确保改革举措在基层落实、在基层见效。

四、落实全面从严治党要求，加强侨联干部队伍建设

党的十八届六中全会对全面从严治党作出专题部署。全国侨联系统有5400多名专职干部，其中多数是共产党员。要认真贯彻落实全面从严治党要求，加强侨联干部队伍建设。**一要**以党的干部标准严格要求、严格教育、严格管理、严格监督侨联机关干部。群团工作干部队伍是党的干部队伍的重要组成部分，党对群团干部的要求和标准是一样的。侨联干部要牢固树立“四个意识”，严守党的政治纪律和政治规矩，向党中央看齐，向党的理论路线方针政策看齐，向党中央决策部署看齐，做到党中央提倡的坚决响应，党中央决定的坚决照办，党中央禁止的坚决杜绝。**二要**加强学习和研究，提高业务工作能力。要深入学习领会习近平总书记治国理政的新理念新思想新战略，提高理论和政策水平。要树立全球眼光和战略思维，及时了解国际国内最新形势，准确把握海内外侨情，开阔视野、开阔思路、开阔胸襟。**三要**树立良好群众作风，切实解决与侨界“草根”群众联系不够紧密的问题。中央书记处强调，侨联要在巩固与传统侨界社团领袖和商界精英友谊的同时，更加注重加强对各阶层侨界群众的联系服务。希望侨联干部深入基层深入一线，与侨界普通群众交朋友，认真倾听他们的意见建议，帮助他们排忧解难、维护合法权益。**四要**严以修身、严以自律。严格执行《准则》和《条例》，严格遵守党风廉政建设各项规定，树立侨联干部良好形象。全委会是中国侨联的最高领导机构，希望全委会委员以上率下，作出表率，不辜负党、国家和侨界群众对大家的信任。

党中央对侨联工作寄予厚望，广大侨胞对侨联充满期待。各级侨联要按照习近平总书记要求和党中央书记处部署，围绕中心、服务大局，稳中求进、创新求实，凝聚侨心、汇聚侨力，为全面建成小康社会、实现中华民族伟大复兴中国梦建功立业，以优异成绩迎接党的十九大召开！

中国侨联年鉴

中国侨联领导讲话

中国侨联
年鉴
2018 中国侨联年鉴

在中国侨联九届五次全委会议上的讲话

（2017年6月9日）

万立骏

各位委员，同志们：

中央决定由我担任中国侨联党组书记，这次全委会选举我担任中国侨联主席，这是党中央对我的信任，是侨联全体委员对我的信任，我深感责任重大、使命光荣，决心在以习近平同志为核心的党中央坚强领导下，团结带领侨联班子成员，紧紧依靠各位委员和各级侨联组织，在历届中国侨联班子奠定的良好基础上，恪尽职守、勤勉工作，改革创新、开拓进取，奋力推动党中央关于侨联改革发展的决策部署落地生效，不辜负党中央的重托，不辜负广大归侨侨眷和海外侨胞的期望。

不久前，中国侨联召开干部会议，宣布中共中央关于中国侨联主要负责同志职务调整的决定。会上，中共中央组织部负责同志对林军同志充分肯定。林军同志政治意识、大局意识强，熟悉侨务工作，视野开阔，富有创新精神，组织领导和协调能力强，注重抓班子、带队伍，工作有激情，敢抓敢管，为推动侨联事业改革发展，做了大量卓有成效的工作，树立了好榜样、积累了好经验、留下了好作风。由于年龄原因，林军同志不再担任中国侨联领导职务。让我们对林军同志这些年来为侨联改革发展倾注的心血、付出的辛劳、做出的贡献表示衷心的感谢，致以崇高的敬意！

侨联是党领导下有着光荣历史的人民团体，在不同历史时期发挥着重要作用。党中央、国务院历来重视发挥广大归侨侨眷和海外侨胞的独特作用，重视做好归侨侨眷和海外侨胞工作。长期以来特别是近些年来，在以习近平同志为核心的党中央坚强领导下，在以林军同志为班长的中国侨联领导班子带领下，中国侨联和各级侨联组织深入贯彻落实习近平总书记系列重要讲话精神和治国理政新理念新思想新战略，高举爱国主义、社会主义旗帜，坚持围绕中心、服务大局，坚持以人为本、为侨服务，紧密团结归侨侨眷，广泛联系海外侨胞，着力实施“亲情中华”“创业中华”“侨爱心工程”等品牌工作，在服务经济发展、依法维护侨益、积极参政议政、传播中华文化、加强与港澳台侨界交往、拓展海外联谊等方面深耕厚植、担当作为，为党和国家事业发展作出了积极贡献。这是以习近平同志为核心的党中央高度重视、亲切关怀的结果，是历届中国侨联班子牢记使命、接续奋斗的结果，是中国侨联和各级侨联组织、侨联干部团结奋斗、扎实工作的结果。我们一定要倍加珍惜以习近平同志为核心的党中央对侨联工作的重视和关怀，珍惜历届中国侨联领导班子带领侨联队伍取得的成绩和经验，珍惜来之不易的良好工作局面和难得的改革发展机遇，一张蓝图绘到底，脚踏实地抓工作，同心同德，群策群力，努力把侨联事业不断推向前进。

党的十八大以来，党和国家事业发展开启了一个十分重要的历史时期。最根本的是，在推进伟大事业、伟大工程、伟大斗争进程中，形成和确立了习近平总书记的核心地位，形成了习近平总书记治国理政新理念新思想新战略，开创了全面建成小康社会、全面深化改革、全面依法治国、全面从严治党的新局面。这对于我们党团结带领全国各族人民，凝聚海内外中华儿女，推进改革开放和社会主义现代化建设，发展中国特色社会主义，实现“两个一百年”奋斗目标，实现中华民族伟大复兴的中国梦，意义重大、影响深远。让我们尤为感动的是，在这一时期，以习近平同志为核心的党中央从党和国家事业全局出发，把侨联作为党和国家事业的重要组成部分，作为党和政府团结联系归侨侨眷和海外侨胞的桥梁纽带，作为开展党的侨务工作的重要力量，对做好新形势下的归侨侨眷和海外侨胞工作做出重要部署，做出了许多重要论述。党中央先后出台了《关于加强和改进新形势下侨联工作的意见》和《中国侨联改革方案》，习近平总书记亲自为侨联改革发展定方针、指方向、提要求，为我们在新的起点上深化侨联改革、推进侨联工作提供了根本遵循，明确了前进方向。

如何进一步贯彻落实习近平总书记的重要指示，充分发挥侨联作用，是摆在中国侨联和各级侨联组织面前的重要任务。我们一定要把思想和行动统一到党中央关于侨联工作的决策部署上来，全面贯彻落实党的十八大和十八届三中、四中、五中、六中全会精神，深入学习贯彻习近平总书记系列重要讲话精神，准确把握侨联工作群众性、民间性、统战性、涉外性的特点，充分发挥凝聚侨心、汇集侨智、发挥侨力、维护侨益的独特作用，积极落实各项改革举措，深入扎实做好归侨侨眷和海外侨胞工作，为推动党和国家事业发展汇聚起强大力量。

一要旗帜鲜明讲政治。始终坚持党的领导，牢固树立“四个意识”，始终在思想上政治上行动上同以习近平同志为核心的党中央保持高度一致，坚决维护以习近平同志为核心的党中央权威，坚定不移推动中央各项决策部署在中国侨联落地生效。

二要高举旗帜抓引领。高举爱国主义、社会主义旗帜，引导归侨侨眷深刻认识中国特色社会主义是中国社会发展的必然选择，深刻理解中国共产党是中国特色社会主义的坚强领导核心，增强“四个自信”，引导广大海外侨胞心怀故土、情系桑梓，增强中华民族认同感、自豪感、自信心，夯实共同团结奋斗的思想基础。

三要围绕大局作贡献。鼓励、支持归侨侨眷和海外侨胞充分运用自身优势和资源，参与祖国现代化建设，为两岸关系和平发展多做工作。鼓励、支持海外侨胞积极融入住在国主流社会，加深住在国人民对中国的认知和理解，营造于我有利的国际环境。

四要拓展领域求突破。适应海内外侨情的新变化、新特点，在做好国内工作的同时，拓展海外工作，注重培育有着广泛群众基础的长期对我友好力量；在做好老侨工作的同时，拓展新侨工作，注重吸引和推动新侨回国或来华创新创业，帮助他们实现报国梦，为中华民族伟大复兴形成广泛的统一战线。

五要以侨为本重服务。突出侨胞创业服务、中华文化传播、侨务政策落实、侨胞权益维护，深入实施“创业中华”“亲情中华”“筑梦丝路”“侨爱心工程”等品牌工作，善于搭建平台，注重群众性和时效性，增强归侨侨眷和海外侨胞对侨联工作的获得感。

六要深化改革谋发展。牢固树立机遇意识和问题导向，以增强政治性、先进性、群众性为目标，以密切与侨胞的联系为主攻方向，以体制机制改革为重点，利用网络等现代联系手段，抓基层，打基础，不断开拓创新、深化改革，开创侨联工作的新局面。

七要从严治党强保障。切实担负起全面从严治党的主体责任，认真做好巡视整改工作，全面推进机关党的建设和党风廉政建设，深入推进“两学一做”学习教育常态化制度化，以永远在路上的决心抓思想、抓队伍、抓作风，营造风清气正的政治生态和良好工作氛围。

过去几年，我有幸担任侨联兼职副主席，对侨联工作有所了解，对侨联组织充满感情。根据中央安排，我来中国侨联工作，我首先是怀着感恩之心，感恩党中央给我为侨服务的舞台，感恩党和人民对我的培养。“侨”是个大事业，能有机会到中国侨联机关工作，同大家合作共事，为推动新形势下的侨联事业尽自己的力量，我感到十分荣幸。同时，我也有着坚定的信心，有习近平总书记的亲切关怀，有以习近平同志为核心的党中央的坚强领导，有历届中国侨联领导打下的坚实基础，有一批讲政治、素质好、肯付出的侨联干部队伍，尽管自己能力有限，但我有信心与同志们一起努力工作，开创侨联事业的新局面。我一定按照习近平总书记的要求，做到“忠诚、干净、担当”，对党忠诚、为侨服务，严以律己、努力工作，率先垂范、以身作则，切实肩负起带领中国侨联的重任。

第一，政治坚定。严守政治纪律和政治规矩，坚决维护和捍卫以习近平同志为核心的党中央权威和集中统一领导，向习近平总书记看齐，同党中央保持高度一致，时刻保持政治清醒，在任何情况下都做到政治信仰不变、政治立场不移、政治方向不偏。党中央提倡的坚决响应、党中央决定的坚决执行、党中央禁止的坚决不做。

第二，加强学习。认真学习党的十八大和十八届三中、四中、五中、六中全会精神，学习马克思主义立场、观点、方法，学习党的理论和路线方针政策，深入学习习近平总书记关于侨务工作重要论述，学习侨联历史，学习侨务政策，研究侨联工作规律，把握特点、抓住重点，提高党性修养，提升工作能力。

第三，勤奋务实。做老实人，说实话，干实事，求实效，认真听取群众意见，深入调查研究，虚心向内行学习，向班子成员、老同志、基层同志和侨胞学习，向在座的同志们学习，做一个小学生，贯彻民主集中制，调动一切积极因素，集中大家的智慧，齐心协力办好侨的事情。

第四，廉洁自律。从严要求自己，带头执行中央八项规定，带头执行党纪党规和廉洁自律各项规定，带头做到清正廉洁，带头履行“一岗双责”，弘扬艰苦奋斗优良作风，严格要求自己，不搞特殊化，不忘使命，不忘初心。

习近平总书记深刻指出，侨联的工作是不可替代的。总书记的教导充分体现了侨联工作的极端重要性，让我们深受鼓舞和激励，同时更赋予了我们光荣的使命和沉甸甸的责任。面向伟大的时代，面向广大侨胞，面向美好的未来，中国侨联和各级侨联组织要勇担新使命、创造新业绩、展现新作为。让我们更加紧密地团结在以习近平同志为核心的党中央周围，用忠诚、实干、创造、奉献托起我们共同的梦想，交出侨联创新发展的合格答卷，以优异成绩迎接党的十九大胜利召开！

凝聚更多黄大年式的新侨

（2017年7月27日）

万立骏

著名地球物理学家黄大年同志英年早逝，令人倍感哀痛。黄大年同志秉持科技报国理想，把为祖国富强、民族振兴、人民幸福贡献力量作为毕生追求，为我国教育科研事业作出了突出贡献，他的先进事迹感人肺腑。同为归侨科技工作者，我尤为痛惜和不舍。

黄大年同志是我国新归侨的杰出代表。他1992年公派英国，2009年受母校吉林大学召唤，毅然放弃国外优渥生活，成为第一批回国的“千人计划”专家。回国7年，他争分夺秒、忘我工作，带领科研团队，取得一系列重大科技成果，填补多项国内空白。他的拳拳爱国心、殷殷报国志，为所有海外归来的科技工作者树立起一座精神丰碑。

作为新侨创新的领军人物，黄大年同志生前曾被聘为中国侨联新侨创新创业联盟理事。联盟致力于发现和凝聚侨界创新人才、搭建创新创业服务平台。中国侨联设立的选树侨界高新技术人才的最高奖项——“中国侨界贡献奖”，两年一评，共举办6届，黄大年和他的团队两次获奖。很多人还记得颁奖典礼结束后，黄大年主动邀请多领域的专家们交流科技新知，不知不觉已至深夜，他的学识、见解、睿智与诙谐，令人印象深刻、受益匪浅。

黄大年同志也是侨联组织的一员，是归侨的好伙伴和贴心人。他生前在紧张的教学科研工作之余，担任吉林大学侨联副主席，关心年轻归侨的工作、生活，鼓励他们坚持理想、坚定爱国、坚决科技报国。他的离去，侨联组织失去了一个好干部，新归侨失去了一位好师友。

当好海外侨胞和归侨侨眷的贴心人，为党和国家事业凝聚侨心、汇集侨智、发挥侨力，是侨联的光荣使命。党的十八大以来，中国侨联高举爱国主义、社会主义旗帜，坚持“国内国外工作并重”“拓展新侨和海外工作”，强化侨胞思想引领，聚焦新侨创新创业，传播中华文化，助力脱贫攻坚，积极服务国家和地方经济社会发展。黄大年同志正是各级侨联组织拓展新侨工作、促进新侨创新创业的生动写照。

黄大年同志用他奋斗的一生、闪光的一生照亮了我们前进的路。中国侨联将深入学习领会习近平总书记的重要指示要求，认真组织好向黄大年同志学习活动，更有针对性地做好归侨侨眷和海外侨胞工作，更多地发现、培养和凝聚黄大年式的新侨。我们将通过特聘专家委员会、新侨创新创业联盟、新侨创新创业基地、创新创业成果展、评选侨界贡献奖等工作，搭建学习交流、事业合作、服务国家和地方建设的组织平台和工作平台，助力归侨侨眷和海外侨胞一展抱负、丹心报国。我们将继续关心关注归侨侨眷，协助他们解决工作、生活中的问题，做他们归国兴业、报效人民的贴心人。

黄大年同志走了，生命既逝，但价值与精神、理想与信念永存。我们将按照习近平总书记的要求，以黄大年同志为榜样，以心有大我、至诚报国的爱国情怀，教育育人、敢为人先的敬业精神，淡泊名利、甘于奉献的高尚情操为标尺，把爱国之情、报国之志融入祖国改革发展的伟大事业之中、融入人民创造历史的伟大奋斗之中，从自己做起，从本职岗位做起，为实现“两个一百年”奋斗目标、实现中华民族伟大复兴的中国梦贡献智慧和力量。

（本文是中国侨联党组书记、主席万立骏同志2017年7月27日在《人民日报》上发表的署名文章。）

在全国侨联秘书长办公室工作会议上的讲话

（2017年7月28日）

万立骏

同志们：

这次秘书长、办公室工作会议是全国侨联系统一个重要的会议。中国侨联党组对这次会议十分重视，班子成员全部出席。前一段时间，中国侨联党组听取了办公厅工作汇报，对开好这次会议、做好新形势下的秘书长、办公室工作提出了明确要求。召开这次会议，主要基于四个方面的考虑：一是深入学习贯彻习近平总书记系列重要讲话精神和治国理政新理念新思想新战略特别是2014年视察中办讲话要求，切实增强“四个意识”；二是落实中央对中国侨联巡视整改工作的要求，推动侨联系统形成“一盘棋”；三是推动中央关于侨联工作决策部署特别是侨联改革落到基层、落到实处，扎实做好中国侨联“十代会”换届准备工作；四是充分发挥办公室统筹协调作用，以优异成绩迎接党的十九大胜利召开。

党的十八大以来，党和国家事业发展开启了一个十分重要的历史时期。最根本的是，在推进伟大事业、伟大工程、伟大斗争进程中，形成和确立了习近平总书记的核心地位，形成了习近平总书记治国理政新理念新思想新战略，开创了全面建成小康社会、全面深化改革、全面依法治国、全面从严治党的新局面。**在这一时期，**以习近平同志为核心的党中央从党和国家事业全局出发，先后出台了加强侨联工作的意见和中国侨联改革方案，对做好新形势下的归侨侨眷和海外侨胞工作做出重要部署，习近平总书记亲自为侨联改革定方针、指方向、提要求，为我们在新的起点上更好推进侨联工作提供了根本遵循。**在这一时期，**在以习近平同志为核心的党中央坚强领导下，中国侨联和各级侨联组织深入贯彻落实习近平总书记系列重要讲话精神特别是关于侨联工作的重要指示要求，高举爱国主义、社会主义旗帜，坚持“两个并重”“两个拓展”工作方针，在服务经济发展、依法维护侨益、积极参政议政、传播中华文化、加强与港澳台侨界交往、拓展海外联谊等方面深耕厚植、积极作为，为党和国家事业发展凝聚了侨心、汇聚了侨力。**在这一时期，**全国侨联系统秘书长和办公室工作牢固树立“四个意识”，坚决贯彻各级侨联党组要求，始终坚持围绕中心、服务大局，认真履行“决策参谋、管理事务、服务上下、协调各方”的重要职责，突出“办好文、办好会、办好刊、办好网、用好钱、管好物、服好务”，恪尽职守、攻坚克难，服务意识、服务能力、服务水平明显提高，工作作风、工作质量和战斗力明显增强，为保障侨联工作高效运转、推动侨联事业发展作出了重要贡献。借此机会，我代表中国侨联党组，向长期以来为侨联工作付出辛勤汗水的各级侨联组织和广大侨联干部致以崇高的敬意，向奋战在秘书长、办公室工作一线的同志们表示衷心的感谢！

2014年5月8日，习近平总书记在同中央办公厅各单位班子成员和干部职工代表座谈时发表重要讲话，对办公厅工作提出了“坚持绝对忠诚的政治品格、坚持高度自觉的大局意识、坚持极端负责的工作作风、坚持无怨无悔的奉献精神、坚持廉洁自律的道德操守”的重要要求。“五个坚持”是辩证统一的整体，涵盖了政治建设、思想建设、业务建设、作风建设、品德建设等各个方面。这些要求十分重要，完全适用全国侨联系统秘书长、办公室岗位的干部，衡量秘书长、办公室工作党性强不强、履职尽责合不合格，关键是看是不是践行了“五个坚持”，做到了“五个坚持”。大家一定要深学、细照、笃行“五个坚持”，推动工作提质增效、迈上新台阶。

这次会议既是一次集中学习会，也是一次工作推进会、培训会。中国侨联办公厅做了精心准备，印发了《中国侨联形象识别规范（VIS）及应用指南》，汇编了制度规定，规划了“网上侨联”建设，举办了网络信息工作专题培训，开设了中国侨联外网办公邮件系统，部署了《中国侨联侨情专报》和《中国侨联工作》等信息工作，推出了提高侨联工作规范化、整体性的“组合拳”。一会，陈迈秘书长还要作具体工作安排。在这里，我围绕学习贯彻习近平总书记系列重要讲话精神，重点从侨联秘书长、办公室工作的角度，讲几点意见。

一、准确把握性质定位，进一步增强侨联秘书长、办公室工作的责任感使命感

我们感到，党的十八大以来，习近平总书记在不同场合多次强调“不忘初心”“不忘初衷”“回归本源”“正本清源”，这充分体现了探本溯源、抓本质、抓根本的思维理念和工作方法。我们要做好侨联系统秘书长、办公室工作，也要学习这种思维理念和工作方法，解决好“是什么”的问题。

秘书和办公室这一机构，与政治、与国家、社会相伴而生，是上层建筑的重要组成部分。有了社会、国家，有了管理，就有了秘书和办公室工作。早在黄帝时期，我国就有了史官制度，仓颉被称作秘书工作者的“鼻祖”，文书、档案工作是史官的重要职责。东周出现了吏书，也就是官府的文书。战国的齐、秦开始设置尚书，也称掌书，为低级别官员，主要负责发布文书。到了汉武帝时，选拔尚书、侍中组成“中朝”，成为实际上的中央决策机关，可以起草抄誊文书、检查各项事务是否按时完成，地位渐高。及至三国，尚书已发展为全国政务的总汇，之后又被弱化，隋唐时期得以恢复，并得到极大提升，成为名副其实的全国最高行政机构。到了明朝，演变为内阁，发挥最高幕僚和决策机构作用。到了清朝，演变为军机处。民国时期，称作侍卫室或侍从室，负责管理军事情报、党务运转、人事考核、内政外交研究、安全保卫等，地位和作用凸显。回顾历史，我国只有“办公”之实，而没有设置过“办公室”之名。“办公室”作为一个机构、地点、岗位，是舶来品。英国首相府办公厅、法国总统府办公厅、美国白宫办公厅、日本的内阁官房等机构，大都承担着辅助、助手、决策参谋、协调、处理日常事务的职责，在整个国家运转中发挥着“首脑”“中枢”作用。

我们党的秘书和办公室工作与党的发展历程紧密相连。有了党，就有了秘书、档案、机要交通、无线电通信工作。党成立初期，由于没有专门秘书机构，党的领导同志往往都是自己承担秘书工作。党的三大开始建立秘书制度，后来又设立中央秘书处，1941 年设立中央书记处办公厅，1948 年成立了中共中央办公厅。新中国成立后，中办提出了为党中央服务、为人民服务“两个服务”，改革开放以来，随着形势和任务的发展，又形成了为党中央服务、为地方和部门服务、为人民群众服务的“三个服务”的理念，为各级党委、政府秘书和办公室工作的功能定位提供了“标杆”。中央领导同志对秘书和办公室工作十分重视。毛泽东同志多次为中办题词，强调“艰苦奋斗”“埋头苦干”。邓小平同志要求机要人员“不准向党说谎话，不准出一根头发丝的差错”。江泽民同志指出，“办公厅的工作人员要在政治上过得硬，要同党中央保持一致”。胡锦涛同志说，中办的同志经常加班加点，要“政治上勤关心、生活上多爱护、工作上严要求”。

随着党和国家事业的不断发展，我们党对秘书和办公室工作提出了许多新要求。党的十八大以来，习近平总书记除了给中办提出“五个坚持”的要求外，还强调，要当好让党中央放心的“前哨”和“后院”，在同党中央保持高度一致上作出表率，在贯彻落实党中央确定的各项决策部署上作出表率；要增强政治意识、大局意识、责任意识、服务意识、团结意识、廉洁意识，做到忠诚、严谨、自律、奉献。对于秘书和办公室工作的定位，习近平总书记深刻指出，中办是党中央的综合办事机构，为党中央服务最直接，联系各方面最广泛，保障党中央工作最关键，在党政军群各机构运转中最核心，居于承上启下、协调左右的中枢位置，在党和国家工作全局中居于特

殊重要的地位和作用。这些重要要求，是我们认识和把握侨联系统秘书长和办公室工作性质定位的根本出发点。

作为党和政府各级秘书和办公室工作的一部分，侨联系统秘书长、办公室工作既有其共性的一面，也有侨联群众性、民间性、统战性、涉外性特点带来的一些具体要求。我们感到，侨联秘书长、办公室岗位是侨联领导机关的综合办事机构，直接为党组服务，广泛联系各方面，直接保障侨联工作，承上启下、协调左右、沟通内外，在侨联系统和侨联工作全局中发挥着重要的“中枢”职能和作用。这一岗位的最大特点，就是极端的政治性，因政治而生，为政治服务，讲政治是灵魂；就是鲜明的服务性，为党组服务，为部门和基层服务，为侨胞服务；就是高度的规范性，运转有规则，协调讲方法，工作重细节；就是突出的代表性，对外是侨联的窗口，对内是服务的表率，既是前哨，也是后院，还要“兜底”。

学习我们党的秘书和办公室工作的历史和优良传统，对照习近平总书记对中办的要求，面对侨联改革发展的新形势、新任务，侨联系统秘书长、办公室岗位上的同志一定要牢固树立“四个意识”，立足基本定位，把握根本性质，深刻认识秘书和办公室工作的极端重要性，切实增强工作责任感和使命感，强化责任担当，切实履职尽责，在推动侨联事业发展中发挥作用、展现作为、彰显价值。

二、准确把握主责主业，进一步提高“三服务”工作的能力和水平

在经济领域，分工产生专业化，专业化决定竞争力。社会领域也是如此，专业化水平的高低，直接决定着一个组织、一个部门工作水平和存在价值。专业化来自分工，只有立足分工、聚焦分工、做强分工，才能更加专业，更有竞争力，更加不可替代。对于侨联系统秘书长、办公室工作而言，也存在分工和专业化的课题，不能“眉毛胡子一把抓”，不能陷入“事务主义”，不能简单地“兵来将挡，水来土掩”，而是要把准主责主业，解决好“干什么”的问题。

总的讲，秘书长、办公室要成为各级侨联领导班子谋划和推进工作、加强管理与服务的得力助手。具体来讲，要做专四个方面的工作。

1. 做专“决策参谋”的工作。古语讲，“政事得失，由乎辅政。”“良士一计，胜过三军。”秘书长、办公室作为侨联党组的“智库”和领导的“智囊”，搞好参谋服务工作是第一位的任务。善谋事、谋成事，参在要害处、策在点子上，这是体现工作水平的重要方面。一要强化调查研究。按照习近平总书记在《之江新语》开篇中的要求，“调研工作务必‘深、实、准、效’”。与机关其他部门的调查研究不同，办公室的调查研究要着眼大势、胸怀大局、登高望远，善于谋划改革、发展、稳定的大事。要增强主动研究、经常性研究和战略性研究的意识，聚焦中央关于侨务工作的决策部署，聚焦影响侨联工作全局的新情况、新问题，聚焦党政关注和侨胞关切的热点难点问题，有计划、有步骤地组织调研，拿出对工作有参考和指导作用的研究成果，转化为科学决策的重要依据。二要强化文稿服务。“身在兵位，胸为帅谋。”准确领会党组和领导的工作思路和决策意图，是参到点子上的关键。要善于站在领导的角度，出思路、出观点、出真招，力求起草的文稿与领导思路合拍共振，成为服务决策的“金刚钻”。文稿起草是“苦差事”，但也是个“真本事”，只要长期坚持，这种学习进步的平台、磨砺成长的机会，会使大家终身受益。三要强化信息工作。信息工作，不能放马后炮，要当好千里眼、顺风耳，多打主动仗，多下及时雨。要把党政对侨联的新要求、基层组织探索的新经验、侨情变化的新动向等各个方面的信息广泛及时收集、综合分析研判，力求最短时间提供有价值的信息。总之，就是要发挥综合研究和长期积累的优势，在准确掌握实际情况和做出客观判断的基础上，多站在领导班子的角度提出工作建议，多提供符合实际的备选方案，多提解决问题的大主意、好办法。

2. 做专“秩序保障”的工作。秘书长、办公室担负着保障机关整体运行的重要职责，工作琐碎且责任重大，不仅要求大家具备强烈的责任心和强大的定力，还必须把目标管理和过程管理结合起来，不断优化工作流程，做到灵敏、高效、有序、周严。一要增强规范性。办公室工作最忌大而化之，更容不得半点马虎和凑合，更不能差不多、大概、基本上，一就是一，二就是

二。公文处理、会议安排、安全保密、后勤服务等每一项工作都要有标准化、可落实的程序、流程、规则作支撑，做到有章可循，高标准、高质量；每一个同志都要照章办事，做到事无例外，避免疏漏。二要增强时效性。秘书长、办公室的工作，在坚持质量的前提下，效率十分关键。无论是办文、办会，还是办事，都要大力倡导马上就办、办就办好的状态和作风，雷厉风行、紧抓快办，案无积卷、事不过夜，勤于思考、勇于实践，创造性地开展工作，尽量减少不必要的环节，做到及时、迅速、不误事，实现工作的高效运转。如果做不到这一点，即使花再大力气，做了再多，也可能是徒劳无益。三要增强预见性。秘书长、办公室工作兼具偶发性和复杂性的特点，要在被动状态下主动做好工作，就一定要有超前思维，把问题想在前面，把工作做到前面，不能只靠临时抱佛脚。要积极探索、主动总结提倡服务工作的基本规律和特点，及时梳理和预判可能发生的问题，做好应对预案，努力把矛盾和问题控制、解决在萌芽状态，始终做到忙而不乱、有条不紊。

3. 做专“综合协调”的工作。综合协调是侨联秘书长、办公室的一项基本职责。作为一个单位综合性事务的协调和流转中枢，所有涉及跨领域、跨层级、跨单位的事务都需要秘书长、办公室居中协调、督查督办。因此，要特别强调“长袖善舞”和“弹钢琴”，对上加强联系，对内强化沟通，对外搞好协调，对下做好服务，增强侨联工作整体合力，形成“一盘棋”的工作态势。一是注重分工配合。要善于把全局性、综合性、原则性的工作部署、工作要求分解成可操作的具体事项、具体办法，落实到具体部门、具体人，并综合、汇总上报有关的落实情况，形成工作效能。这个流程看似简单，其实是一项很难的工作。只有准确把握领导班子的决策意图，全面了解各方面的情况，才能对工作的整体摆布和可能发生的情况都做到心中有数。同时，还要坚持分工不分家，注意多沟通、多配合、多补位，把分工与协作更好结合起来，形成推动侨联工作的“大合唱”。二是注重协调方法。协调是一门科学，更是一门艺术。毛泽东同志曾经说过，不解决桥和船的问题，过河就是一句空话。秘书长、办公室的协调工作，既要抓主要矛盾和矛盾的主要方面，又要充分尊重实际情况和工作程序，考虑各种复杂因素，照顾方方面面；既要抓大事、抓关键、抓目标，又要注意细节、注意小事、注意过程，不厌其烦、不厌其小；既要坚持原则，又不能态度生硬，既要解决问题，又要让各方满意，还要注意防止出现新的矛盾。三是注重督查落实。现在，各方面的工作任务很多，督查既要敢用，又要慎用。督查不能简单地下任务，要结果，也不能领导催一催，就动一动。当前督查的重点是侨联的大事难事，关键是加强督查工作的制度化建设，明确责任主体、职能要求、操作流程和保障措施，制定事前、事中和事后的具体工作要求，及时跟踪问效，及时总结推广。对于党组作出的重要决策部署、领导交办的重要事项等，要紧抓不放，大胆督查，督促落实。

4. 做专“资源配置”的工作。侨联不是政府部门，并不直接掌握行政资源，但侨联的工作处处需要资源。解决好这个矛盾，关键是要树立开放协同的理念，既开发好资源，又涵养好资源。一是要倡导侨胞的工作大家一起做，用好党政资源。在党和国家侨务工作格局中，侨联工作和其他涉侨部门工作相关、相联。我到侨联以后，专门去一些涉侨部门拜访，沟通情况、寻求合作。我们要注意从全局出发，开门办侨联、开放办侨联，善于工作协同，克服“部门主义”，积极参与其他涉侨部门开展的有关工作和活动，积极争取他们的理解和支持，加强联系、合作、协作，借力发力、借船出海；同时，避免工作同质化，发挥比较优势，形成自身特色，发挥不可替代的作用。二是要倡导把工作对象变为工作力量，用好组织资源。归侨侨眷、海外侨胞，侨团、侨领、侨报、侨社、侨校、侨网、侨企，基层侨联组织，既是我们的工作对象，更是我们的工作力量。要发动各级侨联组织，在服务工作对象的同时，通过合理的机制设计，调动各方面的积极性参与和支持侨联工作，又促进和推动他们之间相互学习、相互帮助，涵养侨联事业发展的长期资源。三是要倡导社会化、专业化推进工作，用好社会资源。现在的社会，是一个开放的社会，也是一个新的业态、新的模式层出不穷的社会。面对海量的社会资源，关键是要善于借力、互利共赢。要善于搭建平台、经营品牌，把企业组织、社会组织的发展需求与我们组织体系、工作平台、服务侨胞的意愿有机结合起来，倍增侨联的服务资源，提高侨联工作的专业化水平。实现这样的目标，秘书长、办公室要重点做好三项工作：一是善于在党政工作大局中找准切入点，主动请示汇报，协调推动出台相关政策措施，为侨联事业争取更多资源；二是鼓励和支持各级侨联组织和各条战线都更多地利用社会化手段来获取事业发展的必要资源；三是推动资源实现合理化配置，把好钢用在刀刃上，使其发挥出最大的效益。

三、准确把握方式方法，进一步在全局性、牵动性工作上聚焦发力

秘书长、办公室工作的最大特点就是大事、难事、小事、琐事多，政策性、程序性、事务性强，既有办文办会、财务后勤等重复性的日常工作，也有“关门当领导，执笔三分主”等创造性的智力劳动，还有信访稳定、安全保卫、资产审计等复杂性的底线业务。这就要求我们，既要求真务实，坚持按政策办事、按程序办事、按职责办事，但又不能简单循规蹈矩、形成路径依赖，而是要不断总结、不断改进、不断优化，做到“明者因时而变，知者随事而制”，把工作做得更主动、更准确、更科学、更务实，解决好“怎么干”的问题。

1. 既要坚持高标准、高质量，又要树立底线思维。秘书长和办公室工作无小事。做好秘书长和办公室工作必须“高得上去，低得下来”。高就是要有高标准高质量。习近平总书记曾经指出，标准决定质量，只有高标准才有高质量。我们要向党中央的高标准严要求看齐，围绕办好文、办好会、办好刊、办好网、用好钱、管好物、服好务，严格标准、严格程序、严格管理，力求精益求精，把工作做实做到位。0.99的1000次方接近于0，每个工作环节都差那么一点点，最终的结果会谬以千里。低就是要有底线思维。无论干什么工作，都要明确基本原则、基本方向和基本目标，不能脚踩西瓜皮，滑到哪里是哪里。围绕保基本、保运行、保安全稳定，正确处理好亮点、成绩与安全阀、稳定器、保险杠的关系，加强风险管控，未雨绸缪，防患于未然，做到遇事不慌，牢牢把握主动权。

2. 既要坚持原则性、刚性，又不能丧失灵活性。办公室处于联系上下、沟通左右、协调各方的位置，要经常性地与人打交道，决定了它整天处于各种事务、问题和矛盾的中心。目前，我们的工作当中，既有原则性不够的问题，也有灵活性不够的问题，前者更为突出。对于中央有明确要求、政策有明确规定、党组有明确意见的事项，比如，开会、出差、调研、接待、报销、用车等等，必须按照纪律和规矩办，决不能打折扣、搞变通，增强执行的刚性。大家要充分认识到，原则性是第一位的，是前提和基础，决不能因为灵活性而丧失了原则性，失去了原则性，“好人”也是当不了的。事物总是处于矛盾之中，任何人都不可能做到“八面玲珑”。坚持原则性，当时可能会得罪人，但时间越长，别人了解得越深，理解你的人就会越多；反之，放弃原则性，当时可能会取悦人，但时间越长，别人看得越明白，看轻你的人就会越多。同时，工作中也要注意灵活性，心中有原则，工作讲方式，兼顾好制度规矩执行的柔性。

3. 既要坚持埋头苦干，又要善于思考，勇于创新。秘书长、办公室要处理很多事务性的工作，事无巨细，忙前忙后，这是工作性质所决定的。但如果只做事务而不顾思考研究，就降低了对自身的要求，也会对工作效果、工作水平形成制约。事务性工作当然非常重要，但秘书长、办公室一定要避免成为单纯的程序性和事务性岗位，要倡导和鼓励干部把干与思结合起来，既当好“老黄牛”，埋头拉好车，种好责任田，耐得住寂寞，稳得住心神，经得住考验，把事务性的工作干好，又当好“研究员”，善于观察，勤于思考，敢于创新，把工作想深入、想明白、想透彻，创造性地开展工作，善于改进提高，主动建言献策。只有这样，才能把秘书长、办公室工作的优势真正发挥出来，也才能形成干部特有的竞争力。

4. 既要坚持做好“分内”事，又要守好侨联“门”。从局部来看，秘书长、办公室工作是侨联机关的一环，但从整体看，秘书长、办公室工作又是侨联机关的“看门人”“守门人”。所以，我们常讲，秘书长、办公室的职责边界是最不容易清晰划定的，当好参谋部、督导部、服务

部、协调部是最基本、最重要的，此外还需要承担不少其他的工作。从党组角度来看，总的原则是：对于那些职责分工明确的事情，秘书长、办公室要抓在手上；对于那些大家都抢着上的事情，秘书长、办公室要站在高处；对于那些大家都往后缩的事情，秘书长、办公室要冲在前面；对于那些暂时不清楚应该谁来干的事情，秘书长、办公室要担在肩上。

5. 既要坚持做好“面上”的事，又要兼顾“线上”的事。中央巡视组巡视中国侨联时，对形成侨联系统“一盘棋”提出了明确的整改要求。应该讲，侨联工作以块为主，同级党委领导，上级侨联指导，但总体看，侨联是一个面和线结合的整体，侨联的每一级组织和每一条战线都是侨联组织体系的有机组成部分，在开展工作时不仅要做好面上的工作，还要充分考虑到线上的要求，线面结合，增强整体性、协同性。在这个问题上，对秘书长、办公室的要求与其他战线部门并不完全一样，除了接收上级侨联组织的工作指示外，还要在内部做好横向的组织协调，确保各部门在落实指示时都能做到目标统一、步调一致、相互支持、形成合力。

这里，我就秘书长、办公室需要重点推进的几项全局性、牵动性工作做些强调。

一是抓好迎接和学习宣传贯彻党的十九大工作。今年下半年，我们党将召开十九大。这是全党全国各族人民政治生活中的一件大事，海内外十分瞩目。各级侨联组织要以迎接和学习宣传贯彻党的十九大为主线，结合实际、设计载体、开展活动，大力加强理论武装工作，全面加强党的建设和党风廉政建设，营造团结奋进的良好思想舆论氛围，把广大归侨侨眷和海外侨胞的思想引领好、力量凝聚好。这项工作政治性强，秘书长、办公室要发挥好统筹协调作用，推动有关工作顺利开展。

二是抓好重点工作督导。现在，各级侨联的领导机关基本上没有独立的负责督导的内设机构，但是从职责归属上来讲，这一定是秘书长、办公室的职能。要突出重点抓督导，聚焦侨联改革、巡视整改、服务“一带一路”、助力脱贫攻坚、基层组织建设等，推动中国侨联重要决策部署落地生根。要讲究方法抓督导，坚持“抓两头带中间”，善于发现典型、总结做法、推广经验，带动更多地方侨联组织比学赶帮超，同时敢于发现问题，督促后进，形成狠抓落实的鲜明导向。要强化指导抓督导，不能只督不导，而要兼顾以导带督，注意帮助督导对象深化对上级工作部署的理解和认识，共同找原因、找对策，研究提出解决方案，推动工作更好开展。

三是抓好调查研究。调查研究是秘书长、办公室系统的主业之一，在工作上、成果上，我们都应当走在各条战线的前列。当前调查研究的重点，要突出“两个并重”“两个拓展”工作的开展情况，总结经验，找准问题，最大限度地凝聚侨心侨智侨力；要突出侨的政策，研究梳理本区域党和政府侨务政策落实情况、当前归侨侨眷和海外侨胞面临的普遍性问题以及侨务工作战略，向党政和有关部门提出意见建议；要突出侨的工作方法，研究提出侨胞思想引领、引资引智引技引才、基层组织建设等领域工作的实现路径、载体和方式，为做好新形势下侨联工作提供参考；要突出侨的动态，研究把握世情、国情变化下的侨情变化，有的放矢、与时俱进地改革创新我们的工作。调查研究的方式，要特别注意把重点问题的长期跟踪性研究和热点难点问题的集中研究结合起来，把定性研究和定量研究结合起来，把调查和研究结合起来，避免重复调研、调而不研、研而不调。

四是抓好信息工作。对于信息工作而言，质量是第一位的。在信息爆炸的当今时代，充斥着各种无效的，甚至是垃圾的信息。要收集信息很容易，但如何从中提纯到有价值的信息、增加信息的“含金量”就非常困难。能不能从党的侨务工作大局、从侨联的工作实际出发，抓住热点、难点和焦点问题，深入挖掘信息，系统开发信息，从动态中把握规律，从苗头中发现倾向，从偶然中提示必然，是对秘书长、办公室信息工作的考验。这次会议对《中国侨联侨情专报》和《中国侨联工作》作出部署，目的就在于此。下一步，各地要在提高信息质量上下功夫。工作类信息要坚持客观准确，既反映成绩，更要分析问题，力求对路、有用、有特色；动态类信息要坚持快、准、全，对一时无法搞清全面情况的重要突发情况，要努力做到先报“事”、再报“情”、进而报“因”、报“果”；研究类信息要突出针对性和深度，既有准确的情况，又有科学的分析和研判，还要有相应的对策建议。

五是抓好制度建设。在贯彻中央八项规定精神、配合做好中央巡视组巡视中国侨联、中国侨联推进全面从严治党的过程中，我们开展了制度的废改立工作，制定完善了不少制度规定，这次中国侨联办公厅汇编成册、印发给了大家。这些都是秘书长、办公室加强管理的重要依据。希望各地参照这些制度，聚焦强“三性”、去“四化”、反“四风”，结合本单位的实际，充分考虑科学性、操作性，修订完善好相应制度。同时，有了制度，更要抓好执行。要在技术上设计好工作流程，把制度规定融进流程之中，细化为一个个可操作、可呈现、可检验的措施，从而保证相关制度落到实处、不因人而废。

六是抓好“网上侨联”建设。习近平总书记对群团组织做好网上群团工作提出了明确要求。贯彻落实总书记的重要指示，中国侨联改革方案明确了推进“网上侨联”建设的任务。经过一段时间的准备，这次会上，将对全国侨联系统各级门户网站、微信群、公众号建设等作出安排，希望大家认真配合，抓好落实。对于侨联而言，用好互联网手段具有特殊意义。侨胞分散在世界各地，近年来流动性还在增加，而传统的侨领、侨团、侨报、侨校等组织和工作渠道很难有效覆盖，侨联的基层组织建设还很薄弱。在这种情况下，建设“网上侨联”，通过互联网手段直接联系、直接服务、直接引导侨胞，是关系侨联吸引力、凝聚力、影响力和长远发展的重要基础性工程，应当坚定不移、集中力量推进。各地在这方面可以大胆尝试，把侨联的政治性先进性群众性有效延伸到互联网上。

七是抓好“十代会”的准备工作。遵循惯例，第十次全国归侨侨眷代表大会拟于明年召开。我们要按照中央的要求，精心做好有关筹备工作。相关要求明确以后，希望各地认真配合落实好。

四、准确把握能力素质要求，进一步加强秘书长、办公室工作队伍建设

毛泽东同志说，正确的路线确定之后，干部就是决定因素。把侨联秘书长、办公室工作的各项任务落到实处，关键是要建设一支素质高、能力强的干部队伍，解决好“谁来干”的问题。

习近平总书记在与中办同志座谈时，对办公厅干部提出了“五个坚持”的重要要求。这些要求也是侨联秘书长、办公室系统干部必须时刻牢记的基本遵循和行为准则。我们体会，“坚持绝对忠诚的政治品格”是灵魂，丢了魂，就没了本；“坚持高度自觉的大局意识”是前提，缺乏大局意识，不可能跟得上、做得好；“坚持极端负责的工作作风”和“坚持无怨无悔的奉献精神”是保障，不追求卓越，不全身心投入，优质高效就是一句空话；“坚持廉洁自律的道德操守”是底线，守不住底线，个人栽跟头，组织声誉和党的事业都会受损害。对照总书记的要求，结合侨联的特点，我们要努力做到“四个过硬”。

一是政治上过硬。政党就要讲政治，执政党更要旗帜鲜明讲政治。侨联是我们党缔造和领导的人民团体、群众组织。对于侨联来讲，没有离开业务的政治，更没有离开政治的业务。侨联党的组织，所有工作都要同实现“两个一百年”奋斗目标、实现中华民族伟大复兴的中国梦相结合，都要全面、准确体现党中央的精神，贯彻党中央的大政方针；侨联机关的干部，无论身处哪个部门、从事哪项工作，都是受党指派，干的都是政治工作、党的事业。秘书长、办公室工作的干部要不忘习近平总书记的嘱托，旗帜鲜明讲政治，增强“四个意识”不动摇。要自觉用习近平总书记系列重要讲话精神和治国理政新理念新思想新战略武装头脑，提高政治站位，坚定理想信念，增强党性修养，善于从政治上认识和把握工作，在大是大非面前头脑清醒、立场坚定，坚决维护以习近平同志为核心的党中央权威和集中统一领导，自觉同党中央保持高度一致。要把习近平总书记关于侨务工作的思想特别是对侨联工作的重要指示作为全部工作的指针，自觉坚持党的领导，努力肩负起党赋予的光荣使命，不折不扣推动中央决策部署在侨联落地生根，让侨联工作始终体现党的意识，始终沿着党指引的方向前进。

二是业务上过硬。首先，要有大局意识。秘书长、办公室的所有工作，都要关注大局、体现大局、服务大局。什么是大局？习近平总书记从国内、国际和党的建设三个角度，对此作了深刻

精准的阐述，这是我们做好一切工作的总纲。具体到侨联秘书长、办公室的岗位，增强大局意识，就是要了解和把握党和国家侨务工作的决策部署和政策措施，自觉在侨务工作的大局中谋划和推进工作；就是要了解和把握有关部委关于财务、资产、接待、审计、督察、机要、保密、档案、党建、纪检等方面的规章制度，自觉按照统一的纪律规矩保障运行；就是要了解和把握整个侨联系统工作的基本思路和重要部署，自觉树立“一盘棋”的思想；就是要了解和把握所属侨联组织工作推进情况、本级侨联的工作在全国处于什么位置、其他地方侨联的工作有什么可以借鉴的经验等，对上下左右各方面情况了然于胸。其次，要有专业精神。随着形势和情况的变化，侨联工作也越来越需要强调科学性，提升专业化水平。就秘书长、办公室的工作，整体上有综合性，事无巨细，千头万绪，比较宽泛，但从具体某个岗位看，无论是“七个好”中的哪一个，都有专业性要求。专业性从哪里来？从责任感来，从求知欲来，从上进心来，在侨言侨、在侨谋侨、在侨为侨，干一行爱一行学一行专一行，长期坚持，就可能成为行家里手。专业性素养的养成，短期看不出来，时间长了，超过“一万小时”，就能看出努力和不努力的显著差距。

三是作风上过硬。作风不是一句空话，而是体现在说话、办事、办文各个方面，是一个人综合素质的反映，也代表着一个部门、一个单位的形象。由于秘书长、办公室的位置特殊，对其作风的要求更加严格，要当好机关作风建设的表率。第一句话，要认真、严谨、细致。大家必须切实增强责任感，守土有责、守土负责、守土尽责，思想上不麻痹、行动上不松懈，无论办文、办会、办事，都要坚持工作标准，坚持工作原则，力争万无一失。秘书长、办公室主任是负责最终把关的，而且很多时候是为同级侨联班子把最后一道关，必须要有担当负责的精神，有如履薄冰的心态，有一丝不苟的态度，严格把关，马虎不得，松懈不得。这既是一种难得的信任，更是大家肩上沉甸甸的责任。第二句话，要保持良好状态。身居幕后，就要甘当配角，耐得住寂寞；面对事务繁杂，头绪众多，经常出现的几件事情同时需要协调、几个文稿同时需要起草、很多电话不停需要接听的工作状态，就要磨炼自己的心性，努力做到不急、不躁、不烦；需要练“笔杆子”，就要静下心来，甘坐冷板凳，字斟句酌，反复推敲；经常接触到各种信息既要敏感，又要养成保持沉默的习惯，做到守口如瓶、防意如城。第三句话，要培养群众工作作风。侨联是做党的群众工作的，最忌高高在上，只待在机关大楼里，与群众的联系不紧密，没有群众工作情怀。这一轮群团改革，重点就是要解决群团机关脱离群众的问题。尽管秘书长、办公室的工作直接接触侨界群众机会不多，但也要有这个意识，注意利用开会、出差、调研等机会和互联网等手段，多接触普通侨胞，了解他们的所思所想所盼，锻炼群众工作作风，增强宗旨意识和为民情怀。特别强调的是，侨联的干部一定不要把自己当成官，要利用平台做事，要把心思和精力放到党的侨务事业上来。

四是廉洁上过硬。之所以强调这一条，主要是因为秘书长、办公室在侨联工作的功能定位，离党组和领导近，有一定财权、事权，联系方方面面。大家一定要从政治和全局的高度充分认识廉洁自律的极端重要性，时刻绷紧廉洁自律这根弦，人人筑牢拒腐防变的思想道德防线。既要坚持他律，按照党纪国法的要求，严格教育，严格管理，严格监督，又要坚持自律，守住做人、处事、交友的底线，守住自己的政治生命线，守住法律的红线和道德品行的底线，守住正确的世界观、人生观、价值观、权力观，自觉到慎独、慎初、慎微、慎交友。

同志们，侨联是党领导下有着光荣历史的人民团体，在不同历史时期发挥着重要作用。面向伟大的时代、面向广大侨胞、面向美好的未来，各级侨联组织和广大侨联干部要勇担新使命、创造新业绩、展现新作为。希望秘书长、办公室的同志们不忘初心、不负重托，发扬传统、发挥优势，扎实工作、砥砺前行，不断把我们的工作提高到一个新水平，为做好新形势下的侨联工作作出更大贡献。

让我们紧密团结在以习近平同志为核心的党中央周围，用忠诚、实干、创造、奉献托起我们共同的梦想，交出侨联创新发展的合格答卷，以优异成绩迎接党的十九大胜利召开！

在中国华侨华人研究所揭牌仪式上的讲话

（2017 年 9 月 13 日）

万立骏

各位来宾、朋友们、同志们：

今天，我们在这里举办中国华侨华人研究所揭牌仪式暨华侨华人研究与侨联智库建设学术研讨会。去年底，中共中央办公厅印发了《中国侨联改革方案》，明确了中国侨联改革的指导思想、基本原则、主要目标，系统阐述了侨联为什么改革、改革什么、怎么改革等一系列重大理论和实践问题。党的十八大以来，以习近平同志为核心的党中央对做好新形势下的归侨侨眷和海外侨胞工作、推进中国侨联改革做出重要部署。习近平总书记多次做出重要批示指示，为中国侨联改革指方向、定方针、提任务。前不久，习近平总书记对群团改革做出重要指示，明确提出“党的群团工作是党的一项十分重要的工作，群团改革是全面深化改革的重要任务”，这为我们进一步推进侨联改革注入了强大动力。中央政治局常委会会议、中央全面深化改革领导小组会议、中央书记处办公会议分别审议了《方案》。《方案》是指导当前和今后一个时期侨联深化改革、推进侨联工作的重要遵循。我们必须全面贯彻落实党中央的决策部署，深入学习贯彻习近平总书记系列重要讲话精神，紧紧围绕统筹推进“五位一体”总体布局和协调推进“四个全面”战略布局，坚定不移走中国特色社会主义群团发展道路，推动侨联改革取得实质性成效，实现侨联工作创新发展，为夺取全面建成小康社会决胜阶段伟大胜利、实现中华民族伟大复兴中国梦贡献力量。

作为中国侨联直属事业单位，中国华侨华人历史研究所成立 30 多年来，围绕侨务侨联工作大局，积极开展华侨华人研究，产生了一批学术价值高、理论观点新的研究成果，同时积极搭建学术交流平台，在学界具有较高学术声誉和影响力。当前，新的形势、新的时代要求对华侨华人研究工作提出了新的任务。侨联改革《方案》提出：“撤销中国华侨华人历史研究所，组建中国华侨华人研究所”。目前，中编办已经批准，将“中国华侨华人历史研究所”更名为“中国华侨华人研究所”。新形势下的侨研所，要以自我革新的勇气和创新的精神，按照《中国侨联改革方案》的要求，做好发展规划，不断提高研究水平，在职能定位、研究方向、体制机制、队伍建设等方面深化改革。

下面，我就如何做好新的“侨研所”工作、推进侨联智库建设工作谈几点意见：

第一，坚持正确的政治方向，明确华侨华人研究的目标任务。习近平总书记指出，坚持以马克思主义为指导，是当代中国哲学社会科学区别于其他哲学社会科学的根本标志，必须旗帜鲜明加以坚持。侨研所开展华侨华人研究，必须认真学习贯彻习近平总书记在哲学社会科学工作座谈会上的讲话精神，切实增强“四个意识”，不断提高政治敏锐性和政治鉴别力，坚持正确的研究方向。要以华侨华人为研究主体，为党和国家事业发展服务、为华侨华人服务、为“侨”服务。要坚持以马克思主义为指导，认真研究侨务工作的重大理论和实践问题，及时发现华侨华人社会中具有苗头性、倾向性的问题，客观、准确地研判，从专业角度提出解决问题的对策和方案。要针对世情、国情、侨情的变化，努力把侨研所建设成为国家级的高端研究中心和侨联工作智库。

第二，加强学术研究，不断提高研究水平。对于一个研究所来说，研究水平是立所之本，也是其存在的价值所在。在过去的30多年里，侨研所做了大量工作，取得显著成效。当前，要进一步开阔视野，拓宽思路，做好规划，整合研究力量，发挥各层次研究人才的作用。要与时俱进，重点在“侨”而不仅限于侨，支持国内相关机构与研究人员开展华侨华人研究，与国内外各高校、研究机构开展多种形式的学术交流、项目合作。要发挥中国华侨历史学会和《华侨华人历史研究》杂志的作用，深入开展侨史研究与现实侨情研究，在服务国家重大发展战略等方面发挥华侨华人专家学者的应有作用。

第三，抓好自身建设，培养高素质研究队伍。提高研究水平，开展学术交流，需要一支高素质、高水平的研究队伍。要坚持尊重知识、尊重人才，加强领导，加强管理，总结经验，不断创新，建立和完善符合科研规律、符合人才成长的工作机制。要进一步加强与有关政府部门、国内外专家学者和社会各界的联系，坚持“走出去”与“请进来”相结合，大胆探索人才培养的方式。要学习借鉴相关科研机构的先进经验，充分激发研究人员的创新热情和研究积极性，建设研究能力强、学术素质高、专业特点突出的研究人员队伍。要善于借船出海，将不同领域、不同层次、不同机构的华侨华人研究专家学者有效地组织动员起来，共同致力于华侨华人研究，共同为党和国家中心工作服务，共同为侨务侨联工作服务。

同志们、朋友们，做好中国华侨华人研究所的组建工作，是中国侨联改革的重要组成部分。中国侨联将按照国家有关事业单位改革的总体要求，为侨研所改革发展创造良好条件。中国侨联机关各部门也要在搞好自身改革的同时，大力支持侨研所的改革和发展。与此同时，衷心希望侨研所的改革和发展能够继续得到社会各界、相关科研机构、广大专家学者的大力支持，早日将更名后的侨研所建设成为高水平的研究所和侨联工作智库，以优异的成绩迎接党的十九大胜利召开！

深入贯彻落实党的十九大精神
着力推进全国侨联基层组织建设工作

——在全国侨联基层组织建设工作会议上的讲话

（2017年11月9日）

万立骏

同志们：

这次会议是在全党全国人民深入学习贯彻党的十九大精神的形势下召开的，是一次坚决贯彻落实习近平新时代中国特色社会主义思想，进一步推进侨联改革，加强侨联基层组织建设工作的重要会议。本次会议得到了中央组织部组织一局的重视与支持，专门派李迅同志出席会议，我们热烈欢迎和衷心感谢。

这次会议的主要任务是，深入学习贯彻党的十九大精神和习近平新时代中国特色社会主义思想，牢固树立"四个意识"，规范和指导新时代侨联基层组织建设工作，充分发挥侨联基层组织的独特作用，按照党中央关于加强和改进群团工作决策部署，进一步推进侨联组织强"三性"、去"四化"，努力开创侨联工作新局面。

今天上午，上海、浙江、福建、广东、四川、温州侨联和中共清远市委作了大会交流，其他省区市也提交了书面交流材料。总的感到，各地对基层组织建设工作高度重视，狠抓落实。大家在实践工作中迎难而上，扎实开拓，勇于探索，在开展"党建带侨建"、扩大组织覆盖、激发基层活力、服务侨界群众等方面创造积累了很多管用可行的好经验、好做法，切实把广大普通侨界群众和活跃在各行业各领域的侨界优秀代表，特别是新侨吸纳到侨联组织中来，优化了基层队伍结构，壮大了基层工作力量，为推进侨联工作改革创新作出了积极贡献。借此机会，我代表中国侨联党组，向长期以来关心支持侨联事业发展的中组部领导同志和各级党委表示衷心的感谢，向奋战在侨联组织建设工作一线的侨联工作者致以亲切的问候和崇高的敬意！

下面，结合大家的发言和交流，我就深入学习贯彻党的十九大精神，做好侨联改革和新时代基层组织建设工作讲几点意见：

一、与时俱进，全国侨联基层组织建设在探索中不断发展

中国侨联党组历来高度重视侨联基层组织建设工作，根据世情国情侨情的发展和侨联工作任务的变化，按照党和国家中心任务的要求，提出侨联基层组织建设的工作思路和部署，取得了可喜的成绩。总体来看，进入新世纪以来，在侨联基层组织建设发展过程中，有5个重要的时间节点：

一是2000年，中国侨联六届二次全委会议提出"组织起来，活跃起来"，在全国侨联系统开展"基层组织建设年"活动，并于同年7月在广东中山召开了中国侨联基层组织建设经验交流会，侨联基层组织建设的热潮从广东、福建等传统侨乡和北京、上海等大城市向全国扩展，侨联组织数量当年即增长了10%以上。各地侨联在组织建设中，以加强理论学习、争取党和政府的领导和支持、完善规章制度、增强为侨服务意

识、加强自身建设为抓手，提高了基层侨联工作的整体水平和基层侨联组织的凝聚力、战斗力，全国基本形成了比较完整的侨联工作网络。

二是 2000年之后，各级侨联组织适应海内外侨情新变化，在做好老侨工作的同时，开始从事服务新侨、留学归国人员等工作，侨联基层组织建设呈现新的增长点。以北京中关村、上海张江等高科技园区为代表，在各类园区、商务楼宇和两新组织中，涌现出一批立足服务新侨的侨联组织，热情帮助他们反映和解决回国创新创业遇到的问题。各地主动开展留学人员及其眷属的服务工作，并通过这些组织将工作向海外侨胞延伸，进一步拓展了侨联工作领域。上海市侨联探索构建以街镇侨联为组织核心，以侨之家为工作阵地，以新侨驿站为工作创新平台的"1+2"基层侨联组织新架构。北京市侨联以建设"枢纽型"社会组织为抓手，加强侨联所属社会组织的服务管理。浙江、福建省侨联成立侨界杰出女性联谊组织。贵州省侨联成立了中西部地区第一个由侨联牵头系统性海外商会；沈阳市侨联建立5个侨界社团组织和2个侨界活动组织。中央企业侨联成立了中央企业侨联青年委员会和留学人员联谊会。大连、青岛、深圳、杭州、武汉等城市结合当地实际，尝试以多种组织形式拓展侨联海外影响力。

三是 2010年11月，中国侨联在浙江省温州市召开了全国侨联基层组织建设经验交流会，推广"党建带侨建"工作经验，号召各级侨联组织以全面从严治党为契机，在党的基层组织建设大格局中不断推进侨联基层组织建设。之后，各地侨联以富有特色的品牌活动为载体，以建设"五有"组织为标准，以实现扩大覆盖面为目标，以争取党委和政府支持为重点，以建设学习型侨联组织为抓手，在全国侨联系统积极推进"党建带侨建"工作，进一步理顺了领导体制，加强了侨联系统党建工作，提升了干部队伍素质。2012年9月，西藏自治区侨联挂牌，实现了全国省级侨联组织全覆盖。此后一个时期，涌现出了一批基层侨联先进典型，对推动侨联基层组织建设起到了积极作用。

四是 2014年3月，中共中央办公厅印发《关于加强和改进新形势下侨联工作的意见》。这对加快推进理顺侨联组织领导体制，健全侨联基层组织具有里程碑意义。中国侨联以多种形式推动中央文件落实，提出贯彻落实中央《意见》的具体措施。此后不到一年时间里，13个省区市侨联调整加强了班子或增加了机构、编制、经费，许多地方侨联的办公条件、侨界群众活动场所得到改善。目前全国30个省区市党委已结合各自情况出台加强和改进侨联工作的实施意见，许多地市级党委也陆续出台了实施意见。各级侨联组织以中央《意见》出台为契机，积极向党委汇报，争取支持，落实侨联机构设置、人员编制、干部配备、活动经费、办公条件，着力解决基层侨联组织的"四缺"问题，取得了积极的成效。

五是 2015年7月，党中央召开了历史上第一次党的群团工作会议，习近平总书记在会上作了重要讲话，针对群团组织不同程度存在的"机关化、行政化、贵族化、娱乐化"现象，鲜明地提出加强和改进新形势下党的群团工作，最重要的是保持和增强政治性、先进性、群众性，即强"三性"、去"四化"的任务目标，深刻回答了群团事业坚持什么原则、朝着什么目标努力的问题，为新形势下党的群团工作作出有力指引。这次会议与此前中央印发的《关于加强和改进党的群团工作的意见》，拉开了党的群团组织深化改革的序幕，把各级党委对党的群团工作，尤其是对群团基层组织建设工作的重视提升到一个新的高度。

2016年9月，中央办公厅印发了《中国侨联改革方案》，各地党委也先后制定了各地侨联改革方案，侨联系统深化改革正式启动。今年8月，习近平总书记对党的群团改革作出重要指示，强调以改革推动群团组织提高工作和服务水平，努力开创党的群团工作新局面。刘云山同志对认真学习贯彻习近平总书记重要指示，坚定改革信心，强化责任担当，以更大力度、更实举措推进群团改革，不断开创党的群团工作新局面提出明确要求。

党的群团改革是加强群团工作和群团组织建设的重要契机。在推进群团改革过程中，全党上下对加强群团工作的共识进一步深化，党对群团工作的领导进一步加强，党建带群建的机制进一步完善，群团基层组织建设，特别是党群共建共用服务阵地等工作展现良好势头。截至2017年8月底，全国侨联系统共建成各类“侨胞之家”阵地5388个，全国现有各级侨联组织21425个，比1999年时的8000多个增长了1.6倍，基本形成中国侨联、省（区、市）、地（州、市）、县（区、市）、乡（镇、街道）、村（居委会）六级侨联组织为主干，高等院校、科研院所、大中企业、高新科技园区和机关事业单位侨联为延伸的立体组织网络，以实现提升影响力、凝聚力为目标，基层侨联组织活力显著提高，直接联系服务群众能力明显增强，“网上侨联”建设初见成效，形成了一批各具特色的基层工作模式和工作品牌。

回顾近20年来侨联基层组织建设发展的历程，我们深刻体会到，新时代侨联基层组织建设的蓬勃发展，离不开以下几条经验：

一是必须坚持党对侨联工作的领导，这是做好新时代侨联基层组织建设工作的根本前提。侨联的性质和地位决定了做好基层组织建设工作必须坚持党对侨联工作的领导，各级侨联必须时刻与党中央保持高度一致，坚决贯彻执行党的各项路线方针和政策，自觉地把侨联工作放到党和国家工作大局中来谋划和布局。既要以积极主动的工作精神和优异的工作业绩赢得各级党委和政府的重视和支持，又要切实加强基层侨联组织党的建设。

二是必须坚持以习近平新时代中国特色社会主义思想为统领，这是做好新时代侨联基层组织建设工作的理论保障。习近平新时代中国特色社会主义思想系统回答了新时代坚持和发展什么样的中国特色社会主义、怎样坚持和发展中国特色社会主义等重大问题，是对十八大以来我们党理论创新成果的最新概括和表述，是我们党紧密结合新的时代条件和实践要求取得的闪耀着马克思主义真理光辉的重大理论创新成果，是新时代党的指导思想，是全党全国人民为实现中华民族伟大复兴而奋斗的行动指南。在新世纪、新阶段，我们必须要把习近平新时代中国特色社会主义思想作为指导工作的行动指南，从实际出发，统筹兼顾，切实推动基层组织建设创新发展。

三是必须坚持围绕中心、践行宗旨，这是做好新时代侨联基层组织建设工作的基本要求。大量实践告诉我们，只有围绕中心、服务大局，充分发挥侨联组织自身优势，体现自身作为，才能进入党委、政府的视野，才能争取到更多重视和支持。以人为本、为侨服务是侨联组织的宗旨，也是我们义不容辞的责任。只有感情上贴近侨、思想上尊重侨、行动上深入侨，努力实现好、维护好、发展好侨界群众的根本利益，才能使各级侨联组织真正成为归侨侨眷和海外侨胞之家。

四是必须坚持解放思想、改革创新，这是做好新时代侨联基层组织建设工作的不竭动力。解放思想是我们应对前进道路上各种新情况新问题，不断开创事业新局面的重要前提，改革创新是在新的历史起点上实现侨联基层组织建设健康发展的强大动力。世情国情侨情的新变化和党中央赋予侨联的光荣任务，要求我们不断创新发展理念、创新发展思路、创新发展举措、创新领导方法，用改革的办法破解难题，用创新的思路谋划发展，将侨联自身建设和深化改革事业不断推向前进。

五是必须坚持强“三性”、去“四化”，这是做好新时代侨联基层组织建设工作的改革目标。政治性、先进性、群众性是群团工作的本质属性，确立了群团组织的基本定位。政治性是群团组织的灵魂、是第一位的要求，先进性是群团组织属性的应有之义，群众性是群团组织的基本特征。侨联基层组织建设只有牢牢把握强“三性”、去“四化”的目标要求，才能切实履行组织宣传、教育引导侨界群众的职能，发挥好党联系侨界群众的桥梁纽带作用，保证顺利完成深化改革的各项任务。

六是必须坚持“党建带侨建”，这是做好新时代侨联基层组织建设工作的重要法宝。侨联组织是党领导的群团组织，是联系和服务广大侨界群众的桥梁和纽带。侨联工作已成为党和国家事业的重要组成部分，做好侨联基层组织建设关系着侨联工作的顺利开展和侨联事业的兴旺发展。“党建带侨建”是新时期加强基层侨联组织建设工作，巩固党在侨界群众基础，凝聚侨界群众力量的必然要求。侨联基层组织的建设从来就是和党的基层组织建设息息相关、紧密联系的，只有把侨联基层组织建设纳入各级党委党建工作总体部署，才能使基层组织建设更有力度、更有保障、更有效果。

在总结经验的同时，我们还要看到，虽然近年来基层组织建设工作取得了长足进展，但从全国范围来看，基层组织建设仍然不同程度地存在一些薄弱环节和困难问题：一是不同地域和行业的侨联基层组织发展不平衡，东部沿海侨务资源丰富的地区基层组织数量和体系建设较为完善，中西部地区、新经济组织和新社会组织相对较弱，县（区）级侨联组织增长明显，但乡镇（街道）和村（社区）级侨联组织数增长乏力。二是组织覆盖面还不够全，在新侨、留学归国人员较多的科研院所、大专院校、企业园区以及城市街道社区、“两新组织”中侨联组织相对较少。三是基层组织力量较为薄弱，在一些基层组织中“四缺”问题还比较严重，在推动落实中央决策部署、促进本地区发展和服务广大侨界群众需求上还需要继续努力。四是干部能力素质存在短板，部分侨联干部思想观念有待更新，还存在等靠要思想，主动性创造性不够，能力水平有待提高。

如何破解基层侨联组织工作面临的难题，焕发基层侨联组织活力，把强“三性”、去“四化”的改革任务落到实处，是中国侨联党组始终在深入思考和积极探索的命题。今年以来，我先后到福建、浙江、广东、江苏、上海等地深入侨联基层组织进行考察调研，在很多地方都看到了侨联基层组织贴近侨界群众、蓬勃发展的好势头，同时也了解到一些阻碍侨联基层组织发展的共性问题。近年来，中国侨联组织人事部也就全国基层组织和干部队伍状况、地方侨联领导体制、党群共建共用基层服务阵地、“侨胞之家”建设、各地侨联开展考核评级等工作开展了一些调研。我们认为，要重点把握新时代基层侨联组织工作的特点与规律，找准结合点和着力点，用改革创新的办法解决突出问题，加强薄弱环节，力戒形式主义、不做表面文章。只要思想重视、认识到位、措施有力、方法得当，侨联基层组织建设完全可以取得更好的效果。

二、牢记使命，充分认识加强侨联基层组织建设工作的重大意义

各级侨联组织要深刻认识到，加强侨联基层组织建设工作，是充分发挥侨联组织桥梁纽带作用，完成党的中心任务的重要基础和保证，从而以强烈的大局意识和政治责任感抓好侨联基层组织建设工作。

（一）加强基层组织建设是党的十九大提出的最新要求

党的十九大是在全面建成小康社会决胜阶段、中国特色社会主义发展关键时期召开的一次十分重要的大会。习近平总书记在会上所作的报告，科学分析和精准把握了中国发展的新的历史方位、深刻阐述了深化改革发展的新思想、新方略，明确提出了全面实现中华民族伟大复兴的新规划、新任务。习近平总书记从坚定不移全面从严治党，不断提高党的执政能力和领导水平的高度出发，对群团组织提出了明确要求：“增强群众工作本领，创新群众工作体制机制和方式方法，推动工会、共青团、妇联等群团组织增强政治性、先进性、群众性，发挥联系群众的桥梁纽带作用，组织动员广大人民群众坚定不移跟党走。”同时报告提出，要广泛团结海外侨胞和归侨侨眷，共同致力于中华民族伟大复兴。

各级侨联组织和广大侨联干部要深刻领会十九大报告提出的新使命、新目标、新要求，特别是对侨联工作提出的明确要求，迅速把思想和行动统一到党的十九大精神上来，贯穿于侨联工作始终，特别是贯穿于侨联组织建设工作始终。要认真思考侨联基层组织如何更好地围绕中心、服务大局，着力解决当前侨联组织存在的突出问题，更好满足广大侨界群众日益增长的多元需要。要继续深化与港澳台侨界的交流与合作，努力开拓侨联组织联系海外侨胞的新途径。要不断创新侨界群众工作体制机制和方式方法，不断增强做好侨界群众工作本领，充分发挥联系侨界群众的桥梁纽带作用，自觉肩负起团结带领广大侨界群众坚定不移跟党走的重大使命，为构建人类命运共同体，实现中华民族伟大复兴的中国梦贡献侨界力量。

（二）加强基层组织建设是习近平总书记对群团改革作出的重要指示

中央党的群团工作会议对党的群团工作和群团改革作出全面部署。习近平总书记在会上指出，要从巩固党执政的阶级基础和群众基础的政

治高度，重视党的群众工作，巩固群团组织已有的组织基础，加快新领域新阶层组织建设，形成完善的组织体系，实现有效覆盖，并要求必须大力健全群团组织特别是基层组织。

以习近平同志为核心的党中央高度重视侨联改革。习近平总书记主持中央政治局常委会议和中央全面深化改革领导小组会议，审议中国侨联改革方案，充分体现了总书记对侨联改革和侨联组织的殷切期望。今年 8 月，习近平总书记再次对群团改革工作作出重要指示强调，要推动各群团组织结合自身实际，紧紧围绕增强“政治性、先进性、群众性”，直面突出问题，采取有力措施，敢于攻坚克难，注重夯实群团工作基层基础。他要求各级党委要负起组织推进群团改革的责任，正确把握方向，及时了解情况，认真解决难题，以改革推动群团组织提高工作和服务水平，努力开创党的群团工作新局面。

习近平总书记的重要论述和重要指示，为侨联工作发展和侨联深化改革指明了前进方向，提供了根本遵循、坚强政治保证和强大精神动力。我们要深入学习贯彻习近平总书记的重要论述和重要指示，牢牢把握侨联改革正确方向，始终坚持党对侨联工作的领导，紧紧围绕增强政治性、先进性、群众性，坚定改革信心，强化责任担当，以更大力度、更实举措加强侨联基层组织建设，夯实侨联工作基层基础，加快推进侨联改革，不断开创侨联工作新局面。

（三）加强基层组织建设是密切党与侨界群众血肉联系的必然要求

党对群团工作的重视源于对群众工作的重视，对侨联组织的重视源于对侨界群众的重视。作为党和政府联系广大归侨侨眷和海外侨胞的桥梁和纽带，团结服务侨界群众是侨联工作的生命线。侨联基层组织处在侨联工作第一线和最前沿，与广大侨界群众有着经常的、密切的联系，能够直接倾听侨界群众呼声诉求，深入了解侨界群众思想情绪，准确掌握侨界群众生活状况，是直接联系和服务侨界群众的根本力量。随着中国特色社会主义建设的不断推进，侨界群众的利益诉求日益多元，服务需求不断增长，侨联组织要获得侨界群众的信任和支持，必须通过侨联基层组织及时准确地向上级党组织反映侨界群众愿望诉求，反映侨务工作情况进展，帮助侨界群众解决困难问题，切实维护侨界群众利益关切。

从很多地方的侨联工作实际来看，联系服务侨界群众工作与侨联基层组织建设息息相关，哪个地方侨联基层组织建设工作做得好，侨联工作就开展得好，侨界群众的评价就好，党在侨界群众中的威信也更高。各级侨联组织和广大侨联干部一定要从密切党与侨界群众血肉联系的高度，充分认识加强侨联基层组织建设工作的重要性，大力推进侨联基层组织建设，不断扩大覆盖面，加快转移工作重心，转变工作方式，把更好服务侨界群众需求作为自觉追求，不断增强做好侨联基层组织建设工作的责任感和使命感。

（四）加强基层组织建设是实现强“三性”、去“四化”目标的组织保证

习近平总书记指出，“四化”问题的实质是脱离群众。实现增强侨联政治性、先进性、群众性，着力解决脱离侨界群众问题的改革主要目标，就是要求侨联基层组织以侨界群众喜闻乐见、便于参加的形式和方法开展工作，组织活动请侨界群众一起设计，部署任务请侨界群众一起参与，表彰先进请侨界群众一起评议，让广大普通侨界群众更多地知晓、参与到侨联工作中来。同时积极整合党政部门、其他群团、社会组织的力量来服务深化改革。侨联改革过程中出现的新情况、新态势，也需要侨联基层组织迅速研判，及时反馈，立即解决。如果侨联基层组织覆盖不全、能力不强、活力不够，就很难发挥在改革中的巨大作用。侨联改革的一些举措直接关系到部分侨界群众和侨联干部的切身利益，特别需要侨联基层组织和干部做好宣传解释协调引导工作，紧盯改革任务目标，统一侨界思想行动，充分发挥侨界群众在改革中的积极性主动性创造性，积极引导侨界群众理解改革，支持改革，参与改革，广泛凝聚起推动改革的强大力量。

（五）加强基层组织建设是加快侨联事业发展的客观需要

侨联基层组织是侨联的组织基础。我们常说侨联组织的优势在基层，就是因为与其他涉侨工作部门横向比较，我们拥有层层铺开、数量庞大的基层组织网络。截至今年 4 月，全国共有县级及以下侨联组织 17042 个，占到侨联组织总数的近八成。通过遍布各地区各行业的基层组织，能够及时了解侨界群众的所思所需所盼所急，做好群众的工作；能够掌握第一手的侨情，做好上传下达，及时调整工作的重点；能够细致入微地把最广大侨界群众团结起来，组织起来。侨联基层组织也是开展侨联工作的基本单位，是侨联组织的“细胞”，担负着服务经济发展、依法维护侨益、拓展海外联谊、组织参政议政、弘扬中华文化、参与社会建设等重要职责，直接服务最广大侨界普通群众，能够源源不断地提供推动侨联工作、谋划事业发展的思路方法和先进经验。如果没有基层组织，侨联组织就无法形成一个统一有战斗力的整体，加快侨联事业发展也就无从谈起。因此，侨联基层组织是否坚强有力，能否履行职责，直接关系到侨联事业的健康发展。

三、坚决贯彻落实习近平新时代中国特色社会主义思想，着力把握推动基层组织建设工作关键点

各级侨联组织和广大侨联干部要深刻领会习近平新时代中国特色社会主义思想的精神实质和丰富内涵，用习近平新时代中国特色社会主义思想武装头脑、指导侨联基层组织建设的工作实践。具体来说要把握以下六个关键点：

（一）要注重强化系统推进的观念

侨联是党领导的人民团体，是组织而不是部门。侨联基层组织建设必须认识到侨联的活力在基层，生命力在基层，优势在基层，工作重点也在基层。推动侨联基层组织建设不能仅局限于做好本级工作，而是要注重系统思维，从整个侨联组织体系角度出发，思考探索组织建设工作。要充分利用侨联系统内部纵向组织网络的资源动员能力，加强工作对接、信息互通、经验交流，努力打造在政策倡导、参政议政、侨情信息方面的通畅渠道。要注重发挥各级侨联所属侨商联合会、青年委员会、特聘专家委员会、法律顾问委员会、留学生联谊会、留学生亲属联谊会、归侨联谊会、华侨基金会、华侨历史学会、华侨国际文化交流促进会等社团的独特作用，团结凝聚不同阶层、不同领域侨界群众和侨界自组织，延长侨联工作手臂。

（二）要注重用好“党建带侨建”工作法宝

“党建带侨建”是侨联基层组织建设工作的法宝，是把握方向，服务群众，焕发生命力必须坚持的原则。侨联组织不是自发的组织，是党领导下的群团组织，侨联基层组织建设的动力源在“党建带侨建”，即在各级党组织的统一领导下，基层党组织加强对基层侨联组织的领导，充分发挥基层党组织战斗堡垒作用，带动基层侨联组织的建设，增强侨联组织的生机活力，更好体现侨联组织的独特作用。侨联基层组织建设必须紧紧依靠党的领导，积极争取当地党委的支持，通过与党建活动开展相结合，把侨建纳入党建的总体部署。在党的基层组织建设的大格局中不断推进侨联基层组织建设，以“党建带侨建”，带动侨联的思想、组织、队伍、阵地建设和工作发展，推进理顺侨联组织领导体制，健全侨联基层组织，解决侨联基层组织“四缺”问题。

（三）要注重通过扩大覆盖面来做好直接联系群众工作

基层侨联组织建设关键是提高侨联组织覆盖面，解决好直接联系和服务侨界群众的问题。一方面，可以通过基层组织的延伸更好地联系和服务侨界群众。按照习近平总书记的要求，探索以多种方式构建纵横交织的网络化组织体系，做到哪里有侨界群众、哪里就要有自己的组织，怎么有利于做好工作就怎么建组织。要着力增强对时代发展的敏感度，在新的侨务工作实践中进行新的探索和创造，加快新领域新阶层中的侨联组织建设，形成完善的组织体系，杜绝盲区，实现有效覆盖，不断巩固党在侨界群众中的基础。另一方面，也可以通过基层组织建设不断加强与海外侨胞的联系。强化与海外侨团侨社的联系交流，做好传统联谊交友，加深与海内外侨胞的情感，注重发挥海外顾问、海外委员或与基层组织相关的海外社团负责人在海外侨胞中的凝聚引领作用。以加强海外侨界青年社团建设和侨界青年领军人物培养为重点，进一步强化与海外华侨新生力量的联系联谊，支持和服务侨胞在海外生存发展、新侨回国创新创业，充分体现侨联组织“侨胞之家”的温暖。

（四）要注重利用互联网做好联络服务和宣传引导工作

运用互联网思维加强和改进党的群团工作，是时代发展的客观需要。在“互联网 +”的条件

下，网络不仅是服务手段，更应是治理工具。侨联组织要找准和网络的结合点，注重应用互联网思维和技术，把网上侨联建设与建设全方位、立体化、多层次的侨联组织体系结合起来，作为推进侨联组织建设的重要内容，加强与海内外侨胞的信息共享交流和联系联络。加快网上“侨胞之家”和网上基层服务阵地建设，弥补实体服务阵地建设不足，开展网上联系、网上服务、网上引导、网上动员，增强服务基层侨界群众的实效性。要敢于亮出侨联旗帜，发出侨界声音，充分运用新兴媒体和网络平台，及时发布侨界信息、全面收集侨界民意、积极回应侨界诉求，对侨界群众做好理论宣讲、精神宣传、政策解读等统一思想、舆论引导、鼓舞士气的工作，切实把侨联组织和工作有效延伸到网上，把侨联工作做活、做好、做精准，做到“组织起来、活跃起来、行动起来、贡献起来”，把最广大侨界群众特别是新侨、高层次侨界人才吸引过来，团结凝聚在党的周围。

（五）要注重做好新侨和留学归国人员的组织建设工作

随着世情国情的不断变化，海内外侨情也发生了深刻变化，出国留学和海外移民人数越来越多，新一代华侨华人不断成长，新侨已成侨界迅速崛起的有生力量。新侨和留学归国人员数量庞大、思维活跃，有知识、有技术、有能力，蕴藏着真挚的爱国热情和深厚的创新潜能与创造活力，是一支推动中国特色社会主义建设的重要力量。侨联组织工作重点要随着社会发展和侨情变化与时俱进，充分认识做好新侨和留学归国人员工作的重要意义，研究新侨所想所求，把握新侨工作规律，探索新的方式方法，服务新侨创新创业需要。抓住科研院所、大专院校、高新园区和两新组织等新侨、留学归国人员聚集较为密集地区的侨联基层组织建设工作，按照与本地区侨情特点相符合、与经济社会发展相适应的侨联基层组织建设工作思路，建立新侨联络组织和联系网络，使侨联组织建设工作同科学研究、生产经营、创新创业等工作有机结合起来，充分调动广大归侨侨眷的积极性和创造性，发挥他们的优势和力量，做好侨联工作，服务好大局和经济建设。

（六）要注重加强对侨联基层组织建设工作的分类指导

不同地域、不同领域的侨联基层组织功能定位职责不尽相同，开展服务、发挥作用的着力点也各有侧重。要深入调研摸清侨情，提出针对性的基层组织建设发展思路。侨资源丰富的地区在做好侨联基层组织建设的基础性常规性工作的同时，要大胆创新，先行先试、探索经验、勇于实践，发挥源头活水作用，为全国侨联基层组织建设提供好的做法和典型经验；侨资源一般的地区要做到建立侨联基层组织和增强组织活力并重，进一步完善侨联基层组织，提高基层组织覆盖面，推动把侨联基层组织建设纳入各级党委党建工作规划，与工会、共青团、妇联等基层组织建设同步考虑、同步部署、同步推进，使“党建带侨建”更有力度、更有保障；侨资源匮乏地区首要任务是积极建立侨联组织，争取地方党委对侨联工作的支持，加大对基层侨联工作的支持力度和资源倾斜，不断强化基础保障。对农村，科研院所、大专院校和高新园区，城市街道社区、非公有制经济组织中的侨联组织，要找准切入点，加强分类指导，坚持有利于服务中心工作，有利于充分发挥侨联组织作用，有利于服务侨界群众的原则，积极探索组织设置方式。

四、认真贯彻《条例》精神，切实把基层组织建设工作落到实处

这次全国侨联基层组织建设工作会议其中一个重要议题就是修改完善《基层侨联组织工作条例（试行）》，这是规范基层侨联组织运行，最大限度扩大基层侨联覆盖面，着力促进基层侨联组织联系侨联所属的社会组织和骨干队伍，团结更多的海外侨胞和归侨侨眷，不断增强基层侨联组织的吸引力、号召力、凝聚力和影响力的重要指导性文件。希望大家在分组讨论中对《条例》内容进行充分讨论，结合实际，各抒己见，提出有建设性的意见建议。下面，结合《条例》精神，就进一步加强当前侨联基层组织建设工作并狠抓落实，提几点要求：

一是要与推进侨联系统深化改革紧密结合。侨联系统深化改革，是党中央从全局和战略高度作出的重大部署。去年印发的《中国侨联改革方案》明确了中国侨联改革的指导思想、基本原则

和主要目标，并从四个方面、十七个领域提出了中国侨联的改革措施。各级侨联组织对照《方案》要求，结合工作实际，也都制定了具体的改革方案，侨联组织深化改革正在向基层深入推进。各级侨联要系统学习习近平总书记关于群团工作和群团改革的重要指示精神，从思想上深刻理解开展群团改革的重要性和紧迫性。要聚焦基层基础薄弱环节和问题，出台有针对性的改革举措，创新基层组织设置，充实基层工作力量，确保强“三性”、去“四化”的改革目标落到实处。

二是要切实做好基层组织的调查摸底工作。习近平总书记指出，调查研究是谋事之基、成事之道。没有调查，就没有发言权，更没有决策权。推进全国侨联基层组织建设工作，必须在全面深入调研，掌握基层组织建设基本情况的基础上谋划实施。目前，全国侨联基层组织总数不少，但真正组织健全，能活动起来发挥作用的有哪些，有名无实的有哪些，各级侨联组织必须调查清楚，做到心里有数。要对一些组织活力不强、名存实亡、“半死不活”等问题坚决做好核实清理和巩固提高工作，坚决消除“假大空”“徒有虚名”的形式主义，解决侨联基层组织建设不平衡、覆盖不全、活力欠佳的问题，真正让侨联基层组织发挥积极作用。

三是要积极做好“枢纽型侨联组织”建设。“枢纽型”侨联组织，是指1个侨联基层组织+N个涉侨社会组织的工作模式。通过这种工作方式可以接长手臂、形成链条，使侨联组织成为党联系社会组织的重要渠道。在“枢纽型”侨联组织建设过程中，一方面要指导和支持各地在乡镇（街道）、村（社区）、非公有制经济组织、社会组织以及高校、科研院所、科技园区、创业园区、楼宇等探索建立各种形式的基层侨联组织；另一方面，要依托基层侨联组织与侨联所属社团组织加强联系，发挥各级侨联所属各类社团的独特作用。这样，通过基层侨联组织这个“1”，联系了涉侨社会组织这个“N”，使大大小小的社会组织成为侨联组织的“二传手”，像毛细血管一样延伸到各个涉侨领域，增强了侨联组织的凝聚力和向心力，通过向广大归侨侨眷宣传贯彻党的理论和方针政策，增强了侨联组织的政治性。

四是要下大力气开展“侨胞之家”的建设。开展“侨胞之家”建设是基层侨联组织建设的重要内容，也是直接团结凝聚广大侨界群众的有效手段。各地在“侨胞之家”建设中积累了不少好经验，会议印发的《经验交流材料汇编》中都有体现，请大家认真学习，相互借鉴。侨联基层组织要跟上侨界群众特点和需求，寻求主动创新，积极采取自己建、联合建、引导建等多种方式，用改革创新的办法灵活推进“侨胞之家”建设。一要落实党群共建共用基层活动阵地，实现强基固本、建家交友、凝心聚力。主动加强与其他群团组织合作，实现资源共组、活动连续、内容丰富，把服务阵地的效用发挥到最大，最大限度地联系基层群众。二要因地制宜开辟阵地，着力破解“四缺”问题。克服“等、靠、要”思想，在积极争取党政领导的支持的同时，用活实体设施，强化经费扶持，发动侨界群众，进一步强化“侨胞之家”服务阵地功能，使“侨胞之家”真正成为知侨情、联侨心、解侨忧的桥梁纽带。

五是要着力提升侨联干部队伍综合水平。习近平总书记指出，要争当全心全意为人民服务宗旨的忠实践行者、党的群众路线的坚定执行者、党的群众工作的行家里手。这是新时代对群团干部的新要求。侨联干部要按照习近平总书记的要求，努力把握新形势下侨联工作的特点和规律，切实增强群众工作本领，提高政策理论水平，增强科学决策能力。各级侨联组织要按照《中国侨联改革方案》的要求，坚持五湖四海、德才兼备，打造专职、挂职、兼职相结合的侨联干部队伍，形成侨联干部激励和约束机制，使真正“知侨、懂侨、爱侨”的干部在务实中成长、在实干中进步；按照总书记提出的“八个增强”的要求和新时期好干部的标准，不断提高基层侨联干部知识化、专业化水平和工作创新的能力，重点解决脱离群众的问题，建立机关干部常态化下基层制度，推动侨联基层干部到服务群众的一线去，面对面服务侨界群众、真心同侨界群众交朋友，增进同侨界群众感情，树立良好群众作风。

六是要切实加强侨联组织建设理论研究。习近平总书记指出：“时代是思想之母，实践是理论之源”，我们要在迅速变化的世情、国情、侨情中赢得主动，做好侨联基层组织建设工作，就必须在侨联组织建设理论上不断拓展新视野、作出新概括。坚持在习近平新时代中国特色社会主义思想指导下，以更宽广的视野、更长远的眼光来思考研究侨联基层组织建设工作的新情况、新问题新实践，善于聆听新时代侨界声音，善于思考新时代侨情变化，善于谋划新时代侨联工作，重点关注侨联基层组织建设探索、新时代侨情特点、侨资源涵养与发展等重点课题，充分利用所属报刊杂志，总结交流研究成果，推动侨联理论研究工作。

七是要注重加强与兄弟部门的协同工作。习近平总书记指出，基层群团组织要立足自身挖掘潜能，善于借船出海、借梯登高，把神经末梢搞敏感，把毛细血管搞畅通。在党和国家侨务工作格局中，侨联工作和其他涉侨涉外部门工作相关、相联，要增强全局观念、开放意识、合作精神，善于从全局出发，积极争取他们的理解和支持，借力发力，不断扩大侨联影响，做好侨联工作。要开放办侨联、开门办侨联，主动走出去，合力做侨务，注重借鉴党政部门和其他群团组织好的做法和先进经验，注重借鉴经济社会发展和新经济组织、新社会组织新的理念和方式，不断提升侨联组织的专业化水平，共同发挥各自优势互补的特点，共同吸纳体制内外的资源，共同扩展服务社会的空间，闯新路、兴侨务，真正把侨联组织建设工作做好做强，真正在党和国家需要的时候发挥侨联独特的优势作用，作出重大贡献。

同志们，新时代呼唤新使命，新要求开启新征程。让我们以习近平新时代中国特色社会主义思想为指导，解放思想、创新观念、主动作为、扎实拼搏，着力推动侨联基层组织建设工作迈上新台阶，团结带领广大侨界群众更加紧密地团结在以习近平同志为核心的党中央周围，为决胜全面建成小康社会、夺取新时代中国特色社会主义伟大胜利、实现中华民族伟大复兴的中国梦、实现人民对美好生活的向往作出新的更大的贡献！

认真学习贯彻党的十九大精神
以习近平新时代中国特色社会主义思想为指导
为党和国家事业凝聚侨胞力量

——在省级侨联党组书记主席党的十九大精神学习班上的讲话

（2017年11月10日）

万立骏

同志们：

党的十九大在我们党和国家事业发展中具有划时代、里程碑意义，举世瞩目，海内外十分关注。学习贯彻党的十九大精神是全党全国当前和今后一个时期的首要政治任务。10月27日，十九届中央政治局召开第一次全体会议，专门研究部署十九大精神的学习宣传贯彻工作。十九届中央政治局进行第一次集体学习，主题是深入学习贯彻党的十九大精神。习近平总书记强调，贯彻落实党的十九大精神，在新时代坚持和发展中国特色社会主义，要求全党来一个大学习；学习贯彻党的十九大精神，要在学懂上下功夫，要在弄通上下功夫，要在做实上下功夫。11月1日，中央就认真学习贯彻党的十九大精神作出重大决定。这一系列重要举措，充分体现了党中央对这项工作的高度重视，为全党全国切实抓好这项工作定了调子，指了方向，交了任务，提了要求。我们要切实增强“四个意识”，自觉而坚定地把学习贯彻党的十九大精神作为侨联组织的头等大事和首要政治任务，迅速行动起来，采取有力措施，切实抓紧抓好。

十九大之后，中国侨联第一时间进行了传达学习，召开了党组学习会，专门下发学习通知，对侨联系统学习贯彻党的十九大精神、用习近平新时代中国特色社会主义思想指导推动工作作了全面部署。前不久，我去江苏、上海调研，向地方和基层侨联、侨胞宣讲党的十九大精神，认真学习领会习近平新时代中国特色社会主义思想，推动系统学习贯彻党的十九大精神扎实、深入、有效开展。之所以在全国侨联基层组织建设工作会议期间，专门举办省级侨联党组书记、主席党的十九大精神学习班，主要考虑到，大家是全国侨联的“关键少数”，担负着一个地方、一个系统学习贯彻工作的组织推动职责，必须要把学习贯彻党的十九大精神作为第一堂党课、第一堂政治必修课，先学一步、学深一步，学出一份忠诚、学出一份担当，为全国侨联系统作出示范。

刚才，几位同志从新成就、新论断、新特点、新思想、新目标、新要求六个方面，分享了自己的学习体会，谈得都很好，听了之后很受启发。下面，我就贯彻落实中央要求、抓好全国侨联系统党的十九大精神学习贯彻工作，谈谈我自己的学习体会，讲三个方面的意见，供大家参考。

一、深刻认识四个重大意义，切实把侨界思想和行动统一到党的十九大精神上来

党的十九大就新时代坚持和发展中国特色社会主义的一系列重大理论和实践问题阐明了大政方针，就推进党和国家各方面工作制定了战略部署，是我们党在新时代开启新征程、续写新篇章的政治宣言和行动纲领。认真学习贯彻党的十九大精神，事关党和国家事业全局，事关中国特色社会主义长远发展，事关最广大人民根本利益，

具有重大现实意义和深远历史意义。我曾经讲过，十九大的重要性，怎么强调认识都不为过；十九大报告内涵丰富、思想深刻，怎么强调认真学习都不为过；十九大在政治上、理论上、实践上取得了一系列重大成果，怎么强调领会都不为过。对此，大家一定要有清醒的认识，增强学习领会的思想和行动自觉。

学懂党的十九大精神，基础在学，关键在多思多想，内容上是要把十九大报告、党章修正案、中纪委报告以及两个报告的决议、十九届一中全会公报和习近平总书记在闭幕会上的讲话、在一中全会上的讲话、与中外记者见面会上的讲话贯通起来，方法上是要把理论和实践、历史和现实、当前和未来结合起来。关于如何学，习近平总书记在贵州代表团分组讨论时提出了“四个深刻领会”的重要要求，中央决定明确了“十个深刻领会”和“六个聚焦到”的任务。这是我们搞好学这一基础环节的基本脉络和逻辑线索。按照这样的要求，结合侨联和侨胞实际，我提出可以从新成就开启新时代、新时代作出新论断、新时代孕育新思想、新时代要有新方略、新时代呼唤新使命、新时代开启新征程、新要求引领新时代等“七个新”的角度来认识和理解党的十九大精神。随着学习和认识的深化，我们还可以从政治、历史、理论、实践四个维度来学懂弄通党的十九大精神，正所谓“横看成岭侧成峰”，从不同角度看待同一事物，可以让我们有更全面、更深刻的认识。

1. 深刻认识党的十九大精神的重大政治意义。什么是政治？孙中山认为，政就是众人之事，治就是管理，管理众人之事就是政治。延安时期，毛主席说：什么叫政治？没那么复杂，政治就是，把支持我们的人搞得多多的，把反对我们的人搞得少少的。从这些深刻论述出发，我们可以从四个方面认识党的十九大精神的政治意义。一是坚定了政治方向。纲领是政党的生命。党的十九大明确回答了我们党在新时代举什么旗、走什么路、以什么样的精神状态、担负什么样的历史使命、实现什么样的奋斗目标的重大问题。这是我们党的鲜明主张，是向全党全国人民、向全世界的庄严宣告，体现了“四个自信”，凝聚了人心和力量。二是坚定了政治原则。党的十九大报告指出，中国特色社会主义最本质的特征是中国共产党的领导，中国特色社会主义制度最大优势是中国共产党的领导。党是最高领导力量。坚持党对一切工作的领导。党政军民学，东西南北中，党是领导一切的。这一点旗帜鲜明、充满自信、把党的权威坚定地树起来。三是坚定了政治核心。邓小平指出，党一定要有领袖，有领导核心，领袖就是团结的核心，他本身就是力量。党的十九大进一步增进了共识，增强“四个意识”是具体的而不是抽象的，是要付出实际的行动而不能是一句口号，维护习近平总书记的核心地位，就是维护党中央权威；维护党中央权威，首先要维护习近平总书记的核心地位。四是坚定了政治领导。习近平总书记再次当选为中央总书记，这是全党、全国、全军之幸，是人民之幸。一批德才兼备、年富力强的领导干部进入新一届中央委员会和中央领导机构，充分表明我们党的坚定成熟、团结和谐、充满朝气、富有活力，拥有不可比拟的“跑好接力赛”的政治家集团。

2. 深刻认识党的十九大精神的重大历史意义。我们总讲历史地看待，就是要从历史的角度去看待问题，而不是只从现在的情况去评判。我们讲历史性的变化，通常是指重大的变化，进而影响了历史的进程，而不是一般性的变化。从这样的视角理解党的十九大精神，至少有四个方面历史意义。首先，过去五年的成就和变革是历史性的。之所以讲全方位、开创性，深层次、根本性，就在于解决了许多长期想解决而没解决的难题，办成了许多过去想办而没有办成的大事，推动党和国家事业发生重大而深刻变革，比如，坚持和加强党的领导、全面从严治党、发展理念和发展方式、生态文明建设、国防和军队现代化建设、中国特色大国外交、党对意识形态工作的领导、各方面体制机制等等，力度之大、范围之广、成效之显著、影响之深远，在我们党和国家发展历史上、在中华民族发展史上，都是前所未有的，必将产生重大而深远的影响。这些成就的取得，根本上取决于以习近平同志为核心的党中央坚强领导，取决于习近平新时代中国特色社会主义思想科学指导，取决于习近平总书记这位全党的核心、全军的统帅、人民的领袖掌舵领航。第二，我国社会主要矛盾的变化是历史性的。矛盾是事物发展的根本动力。毛主席深刻指出，捉住了这个主要矛盾，一切问题就迎刃而解了。我国社会主要矛盾发生变化这一重大判断，反映了我国发展的实际情况，揭示了制约我国发展的症结所在，指明了解决我国发展问题的根本着力点，对我国发展理念、发展方向、发展方式、发展动力等全局性问题产生广泛而深刻的影响。第三，新时代党的使命是历史性的。中国共产党的初心和使命，就是为民族谋复兴，为人民谋幸福。党的使命的魂是不变的，但在革命、建设、改革不同时期，党的使命聚焦的中心任务会随着形势变化而变化。党的十九大报告把党的使命概括为“四个伟大”，即伟大梦想、伟大斗争、伟大工程、伟大事业，从目标、手段、保障、路径四个维度形成紧密联系、相互贯通、相互作用的整体。必将凝聚起全党全国的磅礴力量。第四，分两步走全面建设社会主义现代化强国的宏伟目标是历史性的。有人讲，改革开放、分三步走是历史性的，它的总设计师是邓小平；新时代中国特色社会主义、分两步走也是历史性的，它的总设计师是习近平。如果说改革开放之初，我们是摸着石头过河，那么在新时代，我们已经有了蓝图，有了时间表和路线图。我们没有任何理由不勇敢而自觉地担负起实现这一蓝图的光荣使命，紧跟着党不忘初心，砥砺前行，走好新时代的长征路。

3. 深刻认识党的十九大精神的重大理论意义。注重思想建党、理论武装是我们党的看家本领和独特优势，理论自觉是我们党的鲜明品格。我们感到，党的十九大突出的理论意义，首先在于新时代。时代是思想之母。中国特色社会主义进入新时代，这是我国发展新的历史方位，不是时间意义上的时代，而是一个极为重大的政治论断，是一项关系全局的战略考量，充分体现了我们党的政治勇气和政治智慧。与社会主义初级阶段一样，具有划时代意义。抓住了新时代这一重大判断，就找到了学习十九大报告的脉络，新时代的起点是十八大，新时代的特点是主要矛盾发生了变化，新时代党要有新使命，要有新的指导思想，要有新的奋斗目标，要有新的决策部署，党的建设要有新要求。党的十九大突出的理论意义，核心在于新思想。我们党之所以能够不断从胜利走向胜利，根本在于有科学理论指引。我们党自成立之日起，就始终重视把马克思主义的基本原理同中国实际相结合。在这一过程中，产生和形成了毛泽东思想、邓小平理论、“三个代表”重要思想、科学发展观。党的十八大以来，习近平总书记在领导全党全国推进党和国家事业的实践中，以马克思主义政治家、理论家的深刻洞察力、敏锐判断力和战略定力，提出了一系列具有开创性意义的新理念新思想新战略，形成了习近平新时代中国特色社会主义思想，实现了马克思主义中国化的又一次历史性飞跃，构成了划时代的理论新建树，是党和人民实践经验和集体智慧的结晶，在党的十九大上得到了广泛的认同和衷心的拥护，并将其郑重写入了党章，作为党的指导思想来坚持和发展。这是党的十九大最大的亮点，最重要的理论成果，最关键的所在。把握住了这一条，就把握住了十九大精神的灵魂。

4. 深刻认识党的十九大精神的重大实践意义。所谓实践意义，就是能够解决实际的问题。党的十九大立足新时代，以新思想为指导，将目标导向和问题导向相结合，对党和国家事业发展做出了全面部署。其实践意义，一方面在于明确了伟大事业的决策部署，规划了社会主义经济建设、政治建设、文化建设、社会建设、生态文明建设等方面的任务举措，规划了国防和军队建设、港澳台工作、外交工作的任务举措；另一方面在于明确了伟大工程的决策部署，规划了以党的政治建设为统领，全面推进党的政治建设、思想建设、组织建设、作风建设、纪律建设，把制度建设贯穿其中，深入推进反腐败斗争等任务举措。中央明确指出，侨联工作已成为党和国家事业的重要组成部分。党的十九大对侨联工作提出了直接要求，比如：要广泛团结海外侨胞和归侨侨眷，共同致力于中华民族伟大复兴；要加强同各国政党和政治组织的交流合作，推进人大、政协、军队、地方、人民团体等的对外交往；要增强群众工作本领，创新群众工作体制机制和方式方法，推动工会、共青团、妇联等群团组织增强政治性、先进性、群众性，发挥联系群众的桥梁纽带作用，组织动员广大人民群众坚定不移跟党走。习近平总书记说，空谈误国，实干兴邦。我们要增强踏上新征程、展现新作为的历史使命感和政治责任感，紧紧围绕和服务伟大事业、伟大工程，着眼建设现代化经济体系、发展社会主义民主政治、坚定文化自信、加强和创新社会治理、坚持“一国两制”和推进祖国统一、推动构建人类命运共同体、全面从严治党等方面，结合侨联使命、性质和特点，找准工作切入点、着力点和聚焦点，争做新时代的奋斗者和贡献者。

二、切实把握六个“必须坚持”，自觉把习近平新时代中国特色社会主义思想作为侨联工作的根本指针

习近平总书记曾说，社会主义是干出来的。习近平新时代中国特色社会主义思想是当代中国最鲜活的马克思主义，就是习近平总书记带领全党、全国、全军实打实、硬碰硬、大刀阔斧实实在在干出来的，是党和国家事业兴旺发达、坚持和发展中国特色社会主义必须坚持的指导方针，是我们开展新时代侨联工作的行动指南和强大思想武器。

学习习近平新时代中国特色社会主义思想，**一是要深刻领会其核心要义和丰富内涵**。这一思想，立足新时代坚持和发展中国特色社会主义这个重大时代课题，围绕改革发展稳定、治党治国治军、内政外交国防等各方面，针对突出矛盾、破解现实难题，作出理论回答、思想分析和政策指导。“八个明确”是指导思想层面的表述，“十四个坚持”是在行动纲领层面的表示，称之为基本方略。基本理论、基本路线、基本方略，昭示中国未来的前进方向，引领党和国家事业改革发展。

二是要深刻领会其产生背景和历史贡献。新时代、新方位，是这一思想产生的背景。这个新时代，既与改革开放以来发展一脉相承，又与党的十八大以来国内外形势的深刻变化和我国各项事业的快速发展紧密相连，有力催生了这一思想。其历史贡献在于，开辟了马克思主义新境界，开辟了中国特色社会主义新境界，开辟了治国理政的新境界，开辟了管党治党的新境界，为新时代坚持和发展中国特色社会主义、推进党和国家事业提供了根本遵循。

三是要深刻领会其理论特色和实践要求。这一思想在形成和发展过程中，之所以得到全党全国人民的高度认同，并在实践中发挥了巨大指导作用，关键在于它继承和发扬了马克思主义的理论品质，贯彻了坚定理想信念、鲜明人民立场、强烈历史担当、求真务实作风、勇于创新精神和科学方法论。我们要善于学习运用其中蕴含的马克思主义立场观点和科学方法指导实践，不忘初心，牢记使命，提高政治觉悟和政治能力，积极投身党和人民的事业。

在此基础上，我们用习近平新时代中国特色社会主义思想武装侨联干部头脑、指导侨联实践，一定要做到六个“必须坚持”：

1. 必须坚持党的领导、矢志不移听党话跟党走这一根本政治原则。党的领导是历史的选择，是人民的选择。坚持党的领导是当代中国的最高政治原则，是实现中华民族伟大复兴的关键所在，没有中国共产党的坚强领导，中华民族将是一盘散沙。习近平总书记对坚持和加强党的领导从来都是充满自信、决不回避退让，系列重要讲话万变不离其宗，根本是加强党的领导。侨联是党创立并领导的组织，是为党做侨胞工作的，具有群众性、民间性、涉外性、统战性特点，是一个必须讲政治的地方。在这个问题上，必须坚定清醒、旗帜鲜明，决不能讳莫如深、语焉不详。讲政治不是抽象的，不能空喊口号，不能一把尺子量到底。而是要提高政治站位，善于从政治角度思考和看待问题，注重用政治的标准评判工作，坚持内外有别，对症下药。如果没有这一条，侨联就会混同于一般的社会组织，就失去了存在的价值。侨联坚持党的领导，要体现在牢固树立“四个意识”，把政治建设摆在首位，坚定党的理想信念宗旨，执行党的侨务政策，严守政治纪律和政治规矩，全面加强党的建设和党风廉政建设，坚决维护总书记的核心地位，坚定不移听党话、跟党走，为党和人民事业凝聚侨心、汇聚侨力。

2. 必须坚持广泛团结联系海外侨胞和归侨侨眷、共同致力于中华民族伟大复兴这一伟大任务。这是党的十九大报告当中提出的明确要求。习近平总书记多次强调，中国梦是国家梦、民族梦，也是每个中华儿女的梦。广大海外侨胞是实现中国梦的重要力量，一定可以发挥不可替代的重要作用。侨联是党和政府联系归侨侨眷和海外侨胞的桥梁和纽带。这深刻阐述了侨联的性质和

定位，规定了侨联的职责和地位。定位决定责任，责任就要担当。与政府职能部门不同，侨联本质上是做人的工作，团结联系服务侨胞是主责主业。在新时代，侨联组织必须不忘初心、牢记使命、努力奋斗，在主责主业上聚焦发力，在根本任务上深耕厚植，梳理工作项目，完善工作机制，配置工作资源，开创工作新局面。

3. **必须坚持围绕中心、服务大局，在统筹推进“五位一体”总体布局、协调推进“四个全面”战略布局中发挥积极作用这一工作主线。**侨联的工作必须在大局下思考，在大局下行动，这是侨联成立和发展的一条基本经验。面对世情、国情、党情的重大变化，侨联围绕中心、服务大局的要求更高了。过去，我们服务大局，主要立足国内，主要是通过侨胞引资、引智，为国家建设服务；现在，我们服务大局，可能就要把国内和国外结合起来，还要推动侨胞融入住在国、服务住在国，营造对我有利环境，涵养对我友好力量。所以，做好新时代侨联工作，必须抓住两个大局，国内的大局就是“五位一体”“四个全面”“两个一百年”、中华民族伟大复兴的中国梦；国际的大局，就是“一带一路”，营造良好国际环境，维护国家主权、安全、发展利益，构建人类命运共同体。在两个大局的结合上找准工作聚焦点、结合点、着力点，侨联的工作才能干在点上，在党和国家事业整体格局中彰显价值。

4. **必须坚持以人为本、为侨服务，当好党和政府联系归侨侨眷和海外侨胞这一桥梁纽带。**在侨联落实以人民为中心的发展理念，必须坚持侨胞的主体地位，切实树立为侨服务的导向。践行党的群众路线、发挥好桥梁纽带作用，尤其需要凸显为侨服务的宗旨，以服务求认同。现在，侨的变化很大。什么是侨？什么是侨联的工作对象？侨联的工作到底怎么做？需要我们认真进行审视。我国对侨有着严格的界定。但从实际工作来看，对侨这一概念的理解需要有新的理念。比如，随着老侨在数量上的减少，数量庞大的留学生群体，在国内外流动就业的教育科研人员，侨二代、侨三代等等，这些群体大量涌现。其中有侨身份的是少数，没有侨身份的更多。如果只局限在传统侨的界定上，侨的工作就会越做越窄。侨的工作的基础在国内，侨眷、侨属的工作做得如何，对海外华侨、华人的影响最大。所以，坚持“两个并重”“两个拓展”，国内国外、老侨新侨一起抓，十分必要。但国内国外、老侨新侨情况不一样，需求不一样，工作措施、工作载体不能“一刀切”，而是要精准，有的放矢，一把钥匙开一把锁，深交老朋友，广交新朋友，多交真朋友，真正扩大侨联的朋友圈。

5. **必须坚持改革创新，着力强“三性”、去“四化”这一时代要求。**推动包括侨联在内的群团改革是党中央作出的重大决策。改革的目标是强“三性”、去“四化”。党的十九大报告对群团组织保持和增强政治性、先进性、群众性提出了明确要求。破解存在的问题，要靠改革；紧跟时代的变化，也要靠改革。改革在本质上是组织和制度创新。侨联改革必须对标中央要求，坚持问题导向，自我革命，苦练内功，在改革领导机构人员构成、领导机关设置、干部人事制度、管理运行体制机制、网上侨联等方面动真碰硬，一件事一件事去抓，取得实实在在的成效，增强各方面的获得感。另一方面，新时代的侨联工作，尤需避免独角戏，而是要树立大侨务的观念和思路，倡导侨的工作大家一起做，着力织好“两张网”，一张是侨联系统内部的组织网络，从上到下，从中国侨联到基层侨联，包括海外侨团侨社，另一张是与其他部门之间的工作网络，加强与相关群团组织、职能部门的联系，争取资源、争取支持，形成侨务工作大合唱。说到底，我们要系统学习习近平总书记关于群团工作和群团改革的重要指示精神，真正从思想上、灵魂深处提高对强“三性”、去“四化”的认识，通过侨联改革创新的生动实践，让习近平新时代中国特色社会主义思想在侨联领域落地生根、见到实效。

6. **必须坚持大力从严治会、持之以恒加强基层组织这一基础工程。**侨联是党领导的群团组织，全面从严治党必然要求从严治会。严出战斗力。全面从严治党永远在路上，从严治会必须跟得紧、跟得实、跟得上。这一条原则必须要把住，决不能因为侨联具有民间性、群众性、涉外性、统战性特点而寻求例外，决不能因为内事外事有别而视而不见。没有这一条做基础，就很难保证侨联工作的正确方向，很难保证侨联的作风，很难保证侨联的战斗力。从严治会治什么？关键是要管好侨联的组织、侨联的干部队伍。从严治会靠什么？关键要靠严明的纪律和规矩，要靠以上率下。必须重点强化政治纪律和组织纪律，带动廉洁纪律、群众纪律、工作纪律、生活纪律严起来。强化纪律执行，让党员、干部知敬畏、存戒惧、守底线，习惯在受监督和约束的环境中工作生活。侨联的优势在基层，活力在基层，生命力在基层，工作重点也在基层，从严治会必须夯实基层。要通过创新组织设置、严密侨联组织、完善侨联制度、开展工作活动、给予资源支持，真正把基层建成侨联面向最广大侨胞的温暖之家。

三、统筹推进五项重点工作，努力推动党的十九大精神和习近平总书记的要求在侨联落地见效

以习近平同志为核心的党中央对侨联工作高度重视、十分关心。侨联学习贯彻党的十九大精神，要同学习贯彻习近平总书记对侨联工作提出的明确要求结合起来，更加自觉地把侨联工作摆到党和国家工作大局中来思考谋划，来部署推动，真正付诸行动、见到实效。

1. **如饥似渴抓学习**。学习领会党的十九大精神是首要政治任务。首要就是以极大重要性、意义或影响为特征的，第一位的，最重要的。因此，侨联各级组织要迅速行动起来，在广大归侨侨眷和海外侨胞中掀起学习宣传党的十九大精神的热潮，真学、实学，用心学习、用心体会，真正内化于心、外化于行。一是要全面学、系统学。党的十九大提出了许多新理念、新论断，确定了许多新任务、新举措，要认真学习总书记代表党中央所做的报告、认真学习党章，把每一点都领会深、领会透，特别是深刻领会、认真体会与侨联工作有关的内容。二是要突出侨的特点、发挥侨的优势。侨联学习宣传党的十九大精神不能简单复制粘贴、不能图省事搞形式主义，而是要针对侨胞的需要和关切，做好翻译转化，既接天线，又接地气，入脑入心。要重点用好侨领、侨社、侨报、侨校等传统传播渠道，用好官方网站、公众号、微信群等新媒体，用好亲情中华等文化载体，生动、全面、立体地宣传党的十九大精神。三是要突出重点、示范带动。各级侨联理论学习中心组要制定学习计划，组织召开学习十九大精神讨论会、研讨会。领导干部要带头学，广大基层党组织要结合“两学一做”学习教育，用好“三会一课”等形式，把新修订的党章作为重要学习内容，把十九大精神传达到每一个支部、每一名党员。四是要坚持统筹兼顾、有的放矢。侨的特点是分布广泛，情况千差万别。既要在国内加强宣传，也可以通过国内侨眷向海外亲人完整、系统地宣传十九大精神，春风化雨、润物无声地宣传党的主张和方针政策。

2. **旗帜鲜明讲政治**。讲政治不能只停留在讲，关键在做。侨联讲政治，一是要提高政治觉悟。牢固树立“四个意识”，坚决同以习近平同志为核心的党中央保持高度一致，忠诚核心、拥戴核心、维护核心。二是要坚持党的领导。侨联一切工作、建设和活动都贯彻党的政治路线，体现党性原则，自觉做到党中央倡导的坚决响应、党中央决定的坚决执行、党中央禁止的坚决不做。三是要抓好思想政治引领。高举爱国主义和社会主义两面旗帜，用习近平新时代中国特色社会主义思想引导侨胞，用中国梦凝聚侨胞，引导侨界群众听党话、跟党走，加强对归侨侨眷和海外侨胞的思想引领，不断夯实党的侨界群众基础，最大限度将侨胞团结在党的周围。四是要全面加强党的建设。认真学习领会党章，严格遵守党章党规党纪，严格按照全面从严治党的要求，全方位加强侨联党的领导，按照总书记“八个增强”的要求提高各级干部的领导水平和工作能力，发挥侨联党组领导核心作用和基层党组织的战斗堡垒作用。

3. **突出重点做品牌**。侨联工作不能包打天下，重在打造一批符合党和国家事业需要、侨胞欢迎和认可、侨联各级组织能够大有作为的品牌，以品牌树形象，以品牌提升凝聚力，以品牌带动整体工作的活跃。品牌需要找准切入点，需要好的机制，需要配套的资源，也需要长期积累。新形势下打造品牌、推进工作，一是要深入调查研究，深入社区、乡镇、学校、科研院所、企业，了解新时代侨界群众所思所想、所需所求，了解侨胞需求的变化，只有深入调查研究，了解服务对象在想什么，有什么困难，才能想办法开展工作。二是要在调查研究的基础上分析侨

情的发展变化，找准工作的着力点，深入思考如何进一步提升已有活动的效果，如何进一步创新亲情中华、创业中华、侨爱心工程等已有品牌的形式；要分析老侨和新侨的特点和需求，通过抓主要矛盾，解决他们最关心的问题，进一步做好新侨、新侨眷的工作。三是要根据不同地区、不同部门的特点，在常规工作基础上打造自己的品牌和“名片”，在“一带一路”建设、参政议政、社会治理等方面抓住机遇、发挥侨联独特优势，不断提高侨联组织的凝聚力和社会影响力。比如，鼓励新侨人才瞄准科技前沿，推出更多有竞争力的科技产品，为加快建设创新型国家献计出力；加强企业引导、优化资源配置、深化协同创新，引导侨资企业强化前瞻性基础研究，更多掌握核心技术；坚定文化自信，弘扬博大精深的中华文化，生动讲好中国故事；涵养对我友好力量，鼓励支持海外侨胞积极融入住在国主流社会，发挥好以侨为桥的作用。四是要认真总结工作经验，采取本部门工作总结和与其他部门交流相结合的方式，发扬成绩、改善不足，尤其在新时代，要积极探索新的举措，赋予品牌新的时代内涵和实践载体。五是要明确工作方向，制订侨联事业发展的工作规划，提前谋划发展，主动考虑发展，主动作为，推动侨联工作走上法制化规范化的轨道。

4. **坚定不移推改革**。改革创新是侨联发展的不竭动力。侨联改革的重点，是落实中国侨联改革方案要求，深化体制机制改革，推进组织制度创新，改进工作的方式方法。侨联改革的方法，是一级抓一级，有序有力向下延伸，在强“三性”、去“四化”上迈出实质性步伐。一是以增强代表性和广泛性为重点，提高侨代会代表中基层代表的比例，优化侨联委员和常委的结构。二是以优化职能、提高效率为重点，改革侨联领导机关设置和运行机制。三是以专、挂、兼职干部队伍建设为重点，改革干部人事制度，打造知侨、懂侨、爱侨的侨务工作实干家。四是以密切联系侨胞为重点，建立健全直接联系服务侨胞、基层联系点等制度，创新工作方式和活动方式。五是以开放办侨联为重点，织好“两张网”，涵养和用好侨务资源，形成侨务工作合力。六是以加强党的领导为重点，借助各地出台侨联改革方案的东风，解决一些过去面临的主要难题，推动完善内部分工、外部关系、机构设置等体制机制问题。七是以形成全国侨联一盘棋为重点，加强组织、工作、活动、品牌联动，形成目标一致、相互支持、整体推进的生动局面。中国侨联将适时对各省级侨联改革的推进情况，进行汇总、分析、指导和推动，带动改革不断深入、落到基层。

5. **落实党建带侨建**。党建带侨建是加强侨联基层组织建设的根本原则，是在侨联落实党建带群团的必然要求。在我们党推进群团组织和群团工作改革向基层延伸的过程中，落实党建带侨建、加强基层侨联建设，面临难得的机遇。群团改革，对领导机关是“瘦身”，对基层是“扩围”。侨联的领导机关，不仅要抓好机关本级的改革，更要加强顶层设计，争取有关方面支持，坚持眼睛向下，把目光投向基层，把精力放到加强基层，把力量和资源倾斜到基层，着力破解基层“四缺”问题，让基层真正建起来、活起来、强起来。一是要以提升组织力为导向，加强组织建设，针对侨的特点，抓住重点侨乡、重点领域、重点人群，创新组织设置，扩大组织覆盖，尽量消灭组织盲点、空白点。二是要以扩大来源为方式，加强队伍建设，不拘一格选拔侨联工作人才，把那些政治素质好、热心侨联工作、有一定经验的干部选拔出来、配备上去，既要选拔有侨身份的干部，也要兼顾没有侨身份的干部，把各方面的积极性创造性都调动起来。三是要以活跃工作为目标，加强内容建设，把侨联的根本任务、侨胞的兴趣需求、基层组织的资源条件紧密结合起来，设计工作载体和项目，不贪大求全，坚持小型、分散、灵活，突出思想性、教育性，让基层侨联的活动便于参加、乐于参加、有所收获。四是要以保障运转为目标，加强阵地建设和资源支持，按照不求所有、但求所用的原则，探索建立侨胞之家，建设侨胞身边的侨联，同时，积极争取党政和社会各方面支持，探索建立有效机制，不断壮大基层侨联组织开展活动、凝聚侨胞的物质支撑。侨联基层组织建设是一项长期而艰巨的任务，必须坚持反复抓、抓反复，久久为功、善做善成。基层组织的活力和活跃，才是侨联组织深入持久的生命力影响力战斗力。

同志们，侨联是党领导的有着光荣传统的群团组织，在不同历史时期都发挥着重要作用。抚今追昔，登高望远，不禁油然而生一种深深的责任感和庄严的使命感。新时代要有新气象，新目标呼唤新作为。全国侨联各级组织和广大党员、干部要更加紧密地团结在以习近平同志为核心的党中央周围，坚决维护以习近平同志为核心的党中央权威，坚决服从以习近平同志为核心的党中央集中统一领导，在政治立场、政治方向、政治原则、政治道路上同以习近平同志为核心的党中央保持高度一致，在习近平新时代中国特色社会主义思想的正确指引下，以更加昂扬向上的姿态和更加一往无前的精神，大力倡导“不要人夸颜色好，只留清气满乾坤”，胸怀爱侨之心，恪守为侨之责，多办利侨之事，最大限度地凝聚起归侨侨眷和海外侨胞的力量，为建设社会主义现代化强国、实现中华民族伟大复兴中国梦作出新的更大贡献。

凝聚侨心　汇集侨力　同心共筑中国梦

——在首都侨界学习十九大精神报告会上的讲话

（2017年12月29日）

万立骏

今天我们召开这次会议，主要目的是进一步深入推进侨联学习宣传贯彻党的十九大精神和习近平新时代中国特色社会主义思想，交流侨界干部群众学习十九大精神的收获体会，把侨联学习宣传贯彻十九大精神工作推向一个新的高度。刚才四位同志结合自己工作生活的实际，讲出了个人的真实感受、感想、收获和体会。下面，我讲三点意见。

一、要深入学习和全面把握党的十九大精神

党的十九大是在全面建成小康社会决胜阶段、中国特色社会主义进入新时代的关键时刻召开的一次十分重要的大会。这次大会事关党和国家事业继往开来，事关中国特色社会主义前途命运，事关最广大人民的根本利益，具有划时代的里程碑意义。学习贯彻党的十九大精神，是当前和今后一个时期的头等大事。中国侨联作为党和政府联系归侨侨眷和海外侨胞的桥梁和纽带，要深入学习贯彻十九大精神，在学懂、弄通、做实上下功夫，真正学习领会十九大提出的一系列新思想、新论断、新目标和新要求。

学习贯彻党的十九大精神，可从七个方面来认识和理解。一是新成就开启新时代。五年的成就是全方位的、开创性的，五年的变革是深层次的、根本性的。党和国家办成了许多过去想办而没有办成的大事，解决了许多长期想解决而没有解决的难题。这些成绩的取得关键是有以习近平同志为核心的党中央坚强领导，有习近平新时代中国特色社会主义思想作为根本指针，有习近平总书记这位党的核心、人民的领袖、全军的统帅掌舵领航。二是新时代作出新论断。中国特色社会主义进入新时代，这是我国发展新的历史方位，是以习近平同志为核心的党中央作出的重大政治判断，是一项关系全局的战略考量，充分体现了我们党的政治勇气和政治智慧。新时代的特点是主要矛盾发生了变化，新时代党有新使命，有新的指导思想，有新的奋斗目标，有新的决策部署，党的建设有新要求。三是新时代孕育新思想。新的时代需要有新的思想作为指导和遵循。习近平新时代中国特色社会主义思想是马克思主义中国化的最新成果，是党和人民实践经验和集体智慧的结晶，已经写入党章。习近平新时代中国特色社会主义思想是新时代改革开放和社会主义现代化建设的总纲，是全党全国人民为实现中华民族伟大复兴而奋斗的行动指南。四是新时代要有新方略。“十四个坚持”，构成习近平新时代中国特色社会主义的基本方略，涵盖治党治国治军、内政外交国防，是指导和推动党和国家事业发展的重要理念、重大原则、重要方法。五是新时代呼唤新使命。中国共产党的初心和使命，就是为中国人民谋幸福，为中华民族谋复兴。新时代中国共产党的历史使命是进行伟大斗争，建设伟大工程，推进伟大事业，实现伟大梦想。实现伟大梦想，必须进行伟大斗争，必须建设伟大工程，必须推进伟大事业，“四个伟大”从目标、手段、保障、路径四个维度形成紧密联系、相互贯通、相互作用的整体。六是新时代开启新征程。三十年分两个阶段建设富强民主文明和谐美丽的社会主义现代化强国，描绘出美好蓝图，展

示出“四个自信”，这是新时代的长征路。七是新要求引领新时代。习近平总书记深刻指出，中国特色社会主义最本质的特征是中国共产党的领导，中国特色社会主义最大的优势是中国共产党的领导。党政军民学，东西南北中，党是领导一切的。全面从严治党永远在路上。要坚决维护党中央权威，坚决服从党中央集中统一领导，不折不扣执行党中央决策部署，始终在思想上政治上行动上同党中央保持高度一致。

二、用好侨的语言，突出侨的特色，生动、立体地面向侨界群众宣传好党的十九大精神

党的十九大精神要在广大侨界群众中落地生根、开花结果，关键要“走心”，把党的十九大精神讲清楚、讲明白、讲生动，用好侨的语言，突出侨的特色，让海外侨胞和归侨侨眷充分感受其中饱含的信仰感召力、理论说服力、思想穿透力、政治凝聚力和社会动员力，真正激发侨界群众对十九大精神的政治认同、实践认同与感情认同。

一是精心设计宣讲内容。党的十八大以来党和国家事业之所以全面开创新局面，根本在于以习近平同志为核心的党中央举旗定向、运筹帷幄，在于习近平新时代中国特色社会主义思想的科学指引。因此，宣传十九大精神要紧紧围绕习近平新时代中国特色社会主义思想这个主线。讲好这一新思想的精神实质、丰富内涵和贯穿其中的坚定理想信念、强烈历史担当和求真务实精神；讲好党的十八大以来党和国家事业发生的历史性变革和阶段性成就，展示祖（籍）国的新时代、新面貌；讲好“两个一百年”奋斗目标和中华民族伟大复兴的中国梦；讲好侨界群众践行十九大精神的真实故事和感人事迹，坚定道路自信、理论自信、制度自信、文化自信，激发广大侨界群众对祖（籍）国的深厚感情和当好民间使者的信心决心，把广大侨界群众的思想和行动统一到党的十九大精神上来。二是创新开拓方式方法。学习宣传贯彻党的十九大精神，要采用导向正、形式新、有情感、接地气的方式方法，吸引广大侨界群众变“被动听”为“主动学”，提高侨界群众的参与热情和学习效果。注重以文化人，用好文化载体，依托“亲情中华”等品牌活动，开展形式多样、内容丰富、寓教于乐的宣传文化活动。中国侨联专门成立了党的十九大精神学习交流团，选择一批来自不同领域、理论功底扎实、作风优良、有感召力的侨界代表作为成员，根据不同地区的不同需求、不同受众，有针对性地赴当地进行学习汇报，做党的十九大精神的“播种机”。三是努力扩展宣传渠道。侨联学习宣传贯彻党的十九大精神的重点、重心、重头戏，在于推进党的十九大精神真正走近广大海外侨胞和归侨侨眷。各级侨联组织要深入基层一线，开展面对面、互动式、针对性的宣讲，回应海外侨胞和归侨侨眷关切的热点，既要把十九大精神传达到企业、农村、机关、校园和社区，实现全覆盖，也要通过国内侨眷向海外亲人完整、系统地宣传十九大精神，春风化雨、润物无声地宣传党的主张和方针政策。既要用好侨领、侨社、侨报、侨校等传统传播渠道，也要用好官方网站、公众号、微信群等新媒体，让十九大精神的学习宣传不受空间和时间限制，传播到侨界群众身边。

三、要把党的十九大精神和习近平总书记的要求落实到推动侨联工作的具体行动上

党的十九大，在对中国特色社会主义各项事业进行全面部署的同时，也对群团工作、侨联工作提出了明确要求。以习近平同志为核心的党中央对侨联工作高度重视、十分关心。各级侨联学习贯彻党的十九大精神，要同学习贯彻习近平总书记对侨联工作提出的明确要求结合起来，更加自觉地把侨联工作摆到党和国家工作大局中来思考谋划。着眼“大侨务”、发挥“大作为”，进一步加强与海内外侨界的联系，寻求共识的最大公约数，扩大团结的最大同心圆，同心共筑中国梦。

一是要旗帜鲜明讲政治，高举爱国主义和社会主义两面旗帜，引导侨界群众听党话、跟党走，加强对归侨侨眷和海外侨胞的思想引领，不断夯实党的侨界群众基础，最大限度将侨胞团结在党的周围。二是要坚定不移抓改革，创新侨联工作体制机制和工作方法，借助各地出台侨联改革方案的东风，解决一些过去面临的主要难题，推动完善内部分工、外部关系、机构设置等体制机制问题。要着力织好侨联系统内部的组织网络和与其他部门之间的工作网络“两张网”，加强

与相关群团组织、职能部门的联系，争取资源和支持。三是坚持正确导向、切实为侨服务。贯彻好习近平总书记以人民为中心的发展思想，多为广大侨胞排忧解难，多给广大侨胞带来获得感、幸福感，争做侨胞的贴心人和侨务工作实干家。四是突出重点抓品牌，根据不同地区、不同部门的特点，在常规工作基础上打造自己的品牌和“名片”，在“一带一路”建设、参政议政等方面抓住机遇、发挥侨联独特优势，不断提高侨联组织的凝聚力和社会影响力。五是要眼睛向下强基层，着力加强侨联基层组织建设和基层工作，坚持“党建带侨建”，进一步发挥基层组织作用，调动各方面积极性，组织起来、活跃起来、行动起来、贡献起来。六是加强党建强作风，认真学习领会党章，严格遵守党章党规党纪，严格按照全面从严治党的要求，全方位加强侨联党的领导，按照总书记“八个增强”的要求提高各级干部的领导水平和工作能力，打造一支党放心、侨胞满意的侨联工作队伍。

知行合一，道在力行。2018 年是贯彻党的十九大精神的开局之年，是改革开放 40 周年，是决胜全面建成小康社会、实施“十三五”规划承上启下的关键一年，全国侨联系统要更加紧密地团结在以习近平同志为核心的党中央周围，坚决维护以习近平同志为核心的党中央权威，坚决服从以习近平同志为核心的党中央集中统一领导，在十九大精神和习近平新时代中国特色社会主义思想的正确指引下，以更加昂扬向上的姿态和更加一往无前的精神，最大限度地凝聚起归侨侨眷和海外侨胞的力量，为建设社会主义现代化强国、实现中华民族伟大复兴中国梦作出新的更大的贡献！

在中国侨联九届四次全委会议上的工作报告

（2017 年 1 月 15 日）

林　军

各位委员，各位顾问，同志们：

现在，我代表中国侨联九届常委会和主席会作工作报告，请予审议。

一、2016 年的主要工作

2016 年是中国侨联成立 60 周年，也是中央批准《中国侨联改革方案》、推进侨联组织和工作改革创新的重要一年，在侨联事业发展史上具有极其特殊的重要意义。以习近平同志为核心的党中央对中国侨联工作高度重视、亲切关怀。中央政治局常委会议、中央全面深化改革领导小组会议、中央书记处办公会议专题研究侨联改革工作。习近平总书记多次作出重要指示，中央办公厅印发《中国侨联改革方案》，为侨联改革发展指明了前进方向、提供了根本遵循、注入了强劲动力。一年来，在以习近平同志为核心的党中央坚强领导下，中国侨联和各级侨联组织牢固树立政治意识、大局意识、核心意识、看齐意识，坚决贯彻党中央群团改革决策部署，认真落实中央书记处关于侨联工作的重要指示精神，坚持“两个并重”“两个拓展”，坚持凝聚侨心、汇集侨智、发挥侨力、维护侨益，突出改革创新主线，强化思想政治引领，全力服务党和国家工作大局，真情服务归侨侨眷和海外侨胞，切实加强自身建设，各项工作取得积极进展和明显成效。

（一）深刻领会中央关于加强和改进侨联工作的决策部署，认真谋划和推进中国侨联改革

一年来，中国侨联党组深入贯彻党中央关于群团改革和侨务工作一系列重要指示精神，以强“三性”、去“四化”为目标，以建设广大归侨侨眷和海外侨胞可信赖的温暖之家、团结之家、奋斗之家为方向，以制定和落实《中国侨联改革方案》为统揽，认真谋划、扎实推进侨联改革。

1. 加强学习、凝聚共识。通过党组中心组学习、召开常委会、全委会，刊发理论文章、举办培训班、报告会，深入传达学习中央关于党的群团工作改革创新和中国侨联改革的决策部署，学习贯彻习近平总书记系列重要讲话和中央书记处重要指示精神，深刻领会中央统战工作、侨务工作、外交工作的新要求新部署，坚持走中国特色社会主义群团发展道路，把准侨联改革方向，凝聚侨联改革共识。

2. 深入调研、查摆问题。围绕习近平总书记在中央党的群团工作会议重要讲话中指出的群团组织存在的“机关化、行政化、贵族化、娱乐化”现象和脱离群众的突出问题，结合“两学一做”学习教育，通过召开侨联工作务虚会、党组中心组学习会，认真查摆问题，找准中国侨联机关和侨联改革的聚焦点、着力点，做到对症下药、有的放矢。

3. 系统谋划、问计于侨。全面总结梳理侨联改革发展的成功经验和有效做法，深入重点侨乡了解侨联组织的工作状况和现实困难，广泛听取归侨侨眷、海外侨胞、驻外使领馆和基层侨联工作者的意见建议，确保改革措施源自基层、改革成果惠及基层。在此基础上，借鉴全总、上海、重庆试点经验，参考共青团、妇联、科协改革做法，反复修改完善形成中国侨联改革方案送审稿。

2016 年 7 月 14 日，中央政治局常委会议研究审议了《中国侨联改革方案》。9 月 12 日，中央办公厅印发了改革方案。在中宣部的统一布置下，各大媒体对侨联改革的宣传报道陆续展开。

10月14日，召开中国侨联改革动员大会暨省区市侨联改革座谈会，成立了中国侨联改革领导小组，将《中国侨联改革方案》分解形成61项具体改革任务，逐一明确了主管领导、牵头部门、参与部门和完成时间，形成了任务书、时间表、路线图。目前，正按照突出重点、有序有力的原则，逐项抓好改革任务的推动和落地落实。

（二）紧抓重大契机，隆重务实节俭举办中国侨联成立60周年系列庆祝活动

2016年是中国侨联成立60周年。经党中央批准，我们成功举行了隆重务实节俭的系列纪念活动，在中国侨联发展史上写下了浓重的一笔。

1. **庆祝大会层级高**。2016年9月26日，中国侨联成立60周年庆祝大会在北京人民大会堂隆重举行。中共中央政治局常委、全国政协主席俞正声出席大会并代表党中央、国务院发表重要讲话。刘奇葆、李源潮、沈跃跃、杨洁篪、李海峰等党和国家领导人以及中央和国家机关有关部门负责同志出席大会。高层级的庆祝大会，使广大侨胞切身感受到党和国家对侨联工作的高度重视，进一步增强了对中国共产党领导下的中国特色社会主义事业和对祖（籍）国发展的向心力。

2. **系列活动设计好**。系列庆祝活动包括18项内容，主要有：2016年9月26日在人民大会堂召开纪念大会，9月27日在人民大会堂举行国庆暨中国侨联成立60周年招待会，9月下旬举办“海外侨胞故乡行”活动等。这一系列活动，既有隆重热烈的重大会议，又有入脑入耳的文宣精品；既有激动人心的历史瞬间，又有影响深远的基础工程；既有侨界自身的内部活动，又有面向社会的广泛宣传，动静结合、相得益彰。实践证明，系列活动的效果显著，影响广泛。

3. **侨界参与热情高**。中国侨联成立60周年庆祝活动启动筹办后，得到侨界的热烈反响和积极响应，广大归侨侨眷和海外侨胞纷纷报名并以各种形式参与系列活动。据统计，共有来自108个国家和地区的2000多人参与了“海外侨胞故乡行”，报名参加国庆暨中国侨联成立60周年招待会的海内外侨胞达到1450人，出席中国侨联成立60周年庆祝大会的领导和各界侨胞共2000多人，向6006名全国从事侨联工作满20年者颁发荣誉证书。中国人民银行发行中国侨联成立60周年熊猫加字金银纪念币。

4. **贴近侨胞效果优**。着眼于更好体现侨联的群众性和广泛性，巩固与传统侨界社团领袖和商界精英友谊的同时，着力强化对基层侨胞的联系服务和感情投入。在这次庆祝中国侨联成立60周年系列活动之“海外侨胞故乡行”活动中，面向广大侨胞，破除贫富藩篱，注重贴近海外“草根”侨胞，同时邀请了各阶层、各领域的海外侨胞，其中既包括当地各领域的优秀人士，也包括增加一贯坚持和传导中华民族正能量的侨界“草根”代表，更接地气地传播中国声音，更好影响和改变住在国社会公众深入了解中国，实实在在地展现中国人民爱好和平、追求美好生活的良好形象。

5. **系统联动力量大**。在成立60周年庆祝活动筹备过程中，向全系统发文件，要求开展上下联动的庆祝活动。在“海外侨胞故乡行”活动中，改变以往由中国侨联直接组织的方式，而是由27个省级侨联分别组织。在如此多的省份同时开展，并一次邀请众多海外侨胞在同一时间段内回到家乡，在国内涉侨活动中并不多见。据了解，这次活动有的地方由省、市、县三级侨联协作完成；有的地方把乡、村侨联也发动起来，形成全国六级侨联共同参与海外联谊工作的生动局面。这是全国侨联系统海外联谊工作的一次大联动、大合作，也是一个成功的尝试。

庆祝中国侨联成立60周年系列活动，是贯彻中央八项规定精神、按照中央关于加强节庆管理的最新要求，申请并举办的一次重大纪念活动，是一次隆重、务实、节俭的庆祝活动。通过这次活动，我们进一步凝聚了侨心、锤炼了组织、锻炼了干部、扩大了影响。这次活动的成功举办，是以习近平同志为核心的党中央坚强领导、亲切关怀的结果；也得益于中央各有关部门的大力支持，得益于中国侨联各级干部的精心谋划、认真筹备和密切协作，必将记载于中国侨联的史册！

（三）把握根本任务，不断加强和改进归侨侨眷和海外侨胞思想引领工作

以“侨与中国梦”为活动主题，按照对象化、分众化、互动化的要求，不断创新话语方式，进一步增强政治引领的针对性和实效性，不断夯实团结奋斗的共同思想基础。

1. 认真学习贯彻中央精神，把思想和行动统一到中央精神上来。以深入学习贯彻习近平总书记系列重要讲话精神为重点，牢固树立“四个意识”特别是核心意识、看齐意识。及时传达学习党和国家重要会议精神，部署开展专题讲座辅导，推动侨联干部、侨联工作者准确把握中央精神、明确前进方向。期间，先后举办17期侨联系统干部培训班，培训全系统侨联干部1105名，引导和帮助各级侨联干部认真学习和深刻领会中央治国理政新理念、新思想、新战略，深刻领会全面从严治党的战略部署，切实做到在思想上政治上行动上同以习近平同志为核心的党中央保持高度一致。

2. 突出侨的特色，强化对归侨侨眷和海外侨胞的思想引领。通过侨界群众喜闻乐见的各种交流联谊活动，积极宣传中央精神和国家大政方针。与北京大学、北京市侨联等单位合作，举办海外侨领中国国情研修班，来自全球近40个国家和地区的海外侨领120名，进一步加深了相互了解、增进了政策认同，巩固了归侨侨眷和海外侨胞携手振兴中华的思想基础和骨干队伍。配合中央纪念孙中山先生诞辰150周年系列活动，与江苏省政协共同举办纪念孙中山先生诞辰150周年纪念大会暨论坛；举办以“勠力同心·振兴中华”为主题的“孙中山与华侨华人”图片展，分别在美国纽约、菲律宾马尼拉、俄罗斯莫斯科、马来西亚吉隆坡、新加坡和北京、南京、香港等地巡展，对推动海外老侨与新侨团结、共同致力于实现中华民族伟大复兴的中国梦起到了良好促进作用。圆满完成“六五”普法工作，中国侨联权益保障部获得全国“六五”普法先进集体称号；启动中国侨联“七五”普法工作，进一步增强归侨侨眷和海外侨胞的法治意识和法治思维。

3. 搭建网络平台，强化对网上侨界群体的引领和服务。按照习近平总书记对网上群团工作亮出旗帜、发出声音、网上有组织、网上有活动的重要指示精神，着力加强侨联网络建设。一是抓好网站建设。以庆祝中国侨联成立60周年为契机，把中国侨联官方网站作为第一平台，适应门户网站发展趋势，推进与《人民日报》“中央厨房”合作新模式，以云服务租赁等形式，依托人民日报媒体技术有限公司开展网站建设、运营、管理和维护。9月26日新版官方网站正式上线。中国侨联微信公众号实现定期发布信息。二是做强手机APP。“侨联通”功能继续增强，截至2016年底，下载用户近219万人、注册用户约31.5万人，海外侨团报名2500家、经审核录入120家，分布在133个国家。三是扩大微信群。继续引导加强“侨联之友”微信群建设，党组成员亲自参与，成员遍布五大洲、100多个国家和地区，周一到周五围绕一个主题畅所欲言，传播中国声音。

（四）坚持围绕中心、服务大局、服务侨胞，为“建功‘十三五’”展现新作为

围绕“十三五”开局之年目标，贯彻创新、协调、绿色、开放、共享发展理念，把服务大局与服务侨胞结合起来，充分调动广大侨胞积极性、主动性、创造性，发挥侨联系统优势、品牌优势，在广泛团结引领广大归侨侨眷服务党和国家中心工作、真情服务广大海外侨胞等方面取得新的成效。

1. 着力引资、引智、引技，积极助力国家经济发展。一年来，我们认真领会“十三五”规划和去年中央经济工作会议提出的“稳中求进”工作总基调，全面拓展“创业中华”品牌活动，为推动供给侧结构性改革贡献力量。一是以大型经贸活动和主题论坛为抓手，与地方政府合作，参与主办了2016丝绸之路国际博览会暨第二十届中国东西部合作与投资贸易洽谈会等10余场国家级大型经贸活动，打造服务国家发展战略的新平台。围绕创新创业、京津冀协同发展、文化创意产业、新能源产业等发展重点，与有关地方政府联合举办第七届杭州“创业中华——2016侨界精英创新创业峰会”等10余场主题发展论坛，打造服务区域协调发展的新平台。二是以新侨创新创业为新的增长点，举办了第六届新侨创新创业成果交流系列活动，表彰了获得“中国侨界贡献奖”的先进个人和集体。举办了“中国侨联新侨创新创业成果展”，展示了“干细胞在生殖、发育及临床研究中的应用”等一批转化能力强、市场前景好、涉及战略性新兴产业的优秀新侨创新成果和项目，吸引了来自全国各地276家新侨企业参展；成立"中国侨联新侨创新创业联盟"，以新侨创新创业企业、新侨聚集的众创空间、新侨主导的创投基金为主体，成为中国侨联服务新侨创新创业发展的又一重要组织和工作载体；印发《中国侨联关于进一步加强和规范"中国侨联新侨创新创业基地"建设的通知》，制定新侨创新创业基地管理办法，发挥基地示范引领作用；与地方联合举办"创业中华·牵手京津冀——第十六届海外侨界高层次人才为国服务活动""创业中华·兴业湖南·梦启星城"海内外侨界特聘专家湖南行活动等，打造服务"大众创业、万众创新"新平台。三是以服务"一带一路"倡议为聚焦点，实施"亲情中华·筑梦丝路"专项行动，与清华大学联合发起成立"一带一路"战略研究院，主办"一带一路"战略发展论坛，支持在青岛举办海洋战略研讨会，充分发挥法顾委海外委员在我国企业"走出去"过程中的咨询功能，打造服务开放发展新平台。四是以发挥智库作用为支撑，着力发挥《侨情专报》的主渠道作用，全年共呈报525期，提出建议2215条，共116万字，为党和政府提供有针对性的对策建议；高度重视发挥中国侨联特聘专家委员会的智囊团作用，全年中国侨联特聘专家共提供110余篇高水平的建议书，汇编《中国侨联特聘专家建言集（第八辑）》。围绕人才强国战略，凝聚侨界高端人才，成立中国侨联特聘专家金融专业委员会和海洋专业委员会，现已形成具有7个专业委员会、257名特聘专家的阵容。各地侨联也围绕服务经济发展，开展了一系列卓有成效的活动。北京市侨联组织"新侨汇"企业代表助力北京和张家口筹办冬奥会，举办2016年"京津冀招才引智大会"，积极服务京津冀协同发展；上海市侨联建立的临港新侨新兴产业园、新侨创新创业服务联盟、新侨创新创业实践基地进一步升级增能，有力促进了新侨创新创业；山西、广东、江苏、广西、云南、甘肃等省区市侨联纷纷举办品牌活动，积极融入"一带一路"建设；辽宁、黑龙江、吉林、内蒙古等省区侨联积极开展活动、助推项目，有力服务国家振兴东北老工业基地战略实施；四川省侨联组织的侨智精英科博行、中央国家机关侨联举办的首届"智库论坛"、中央企业侨联开展的"爱企业、献良策、做贡献"活动，为国家经济发展提供了重要智力支撑。

2. 着力讲好中国故事、传递中国理念、大力弘扬中华文化。坚持文化自信，以文化为纽带，全面深化拓展"亲情中华"主题活动，进一步发挥其在传播中国声音、激发民族情感、促进中外友好等方面的积极作用。一是主动"走出去"。全年自行组织或与地方侨联共同组织，先后派出包括艺术、中医、书画等28个"亲情中华"文化团组，其中22个艺术团分赴40个国家89个城市，进行了119场的正式演出和百余场联欢；继续举办"亲情中华·走进侨乡"，共赴4个省8个城市巡演8场。二是积极"请进来"。整合资源、联动地方举办"亲情中华"华文教育夏令营45个，共有32个国家和地区1599名海外华裔青少年前往15个省区市参加了为期14天的体验。结合地方文化活动，分别邀请三批中国华侨国际交流促进会海外理事200余人次赴各省区市出席经贸文化考察活动。三是持续"赛起来"。举办以"中华传统文化"和"美"为主题的第十七届世界华人学生作文大赛，共征集到来自21个国家和地区的700万华人学生的作品。举办第三届世界华侨华人美术书法展，共收到来自45个国家和地区1000余名华侨华人艺术家选送的作品4000余幅。组织"第二届世界华侨华人摄影展"作品赴地方巡展。四是推动"讲得好"。组织召开"讲好中国故事·传播好中国声音"论坛。组织海外华文媒体记者粤琼贵滇采风行，搜集整理中国故事的素材，在海外39家华文媒体刊登报道200多篇。筹划推进"依托海外中餐馆·讲述中国好故事"计划，被中宣部列入重点项目。指导浙江开展的"吃遍全球"计划工作初见成效。严格按程序和标准审核确认中国华侨文化基地25个，编辑出版《中国华侨国际文化交流基地故事》。在"亲情中华"主题品牌的引领下，北京、河北、山东、江苏、安徽、湖北、湖南、四川、贵州等省市侨联分别结合自身实际，推出了系列活动，进一步丰富了"亲情中华"品牌内涵，形成了集群优势。另外，广东省侨联创建的"广东侨界人文社区"示范点、浙江省侨联建设的"侨家大院"、天津市侨联建立的侨界文化联盟微信群，进一步展示了侨界文化的深厚底蕴。

3. 着力发挥民间性、群众性特点，切实服务国家外交工作和港澳台工作大局。一是做好传统联谊交友。全年累计接待来自110个国家和地区的海外侨团来访80余个团组、3000多人次，体现侨联侨胞之家的温暖，加深与海内外侨胞的情感。参加海外侨团成立庆典、侨团领导人就职典礼等重要活动，强化与各侨团的联系交流，传递中国好声音。二是拓展新侨工作。以中国侨联青年委员为平台，以中国侨联青委会讲坛为载体，以加强侨界青年社团建设和侨界青年领军人物培养为重点，进一步强化与海外年轻一代的联谊和交心。邀请新增聘的中国侨联青年委员列席九届三次全委会，密切与海外新侨领袖的关系，延伸工作手臂。与上海、四川、福建、广东等省市合作举办“2016中国侨联青年委员会上海讲坛”“2016侨界青年西部论剑活动”“侨界青年创新创业澳门峰会”“2016中国侨联青年委员广东行”，召开2016中国侨联非洲青年委员年会，组织中国侨联青年委员赴甘孜藏区参访，组织香港华侨华人总会青年委员、香港东区青年活动委员会和青藤计划成员来内地参访。这些活动，有力促进了新侨群体与侨联的密切往来，调动了新侨回国创新创业的积极性，扩大了新侨创新创业发展和公益服务需求，拓展了与他们联系沟通的渠道，进一步打下了做好归侨侨眷和海外侨胞工作的长远发展基础。三是树立新的侨务工作理念。鼓励、支持海外侨胞积极融入和回馈住在国社会，为住在国经济社会发展作贡献，涵养对我友好力量，开展多种形式的公共外交，向住在国民众传导中国和平发展理念，介绍中国的基本国情、发展道路、建设成就和内外政策，促进和加深住在国人民对中国的认知和理解，推动中外文明交流互鉴，为营造于我有利的国际环境贡献力量。四是积极服务国家总体外交。与外交部、中联部等单位建立密切的工作交流机制，举办中国侨联与外交部驻外使节座谈会，及时就国内侨务部门情况、海外华文教育、支持海外侨团活动、派遣“亲情中华”艺术团、新时期侨务工作观念转变等情况充分交流，积极融入国家外交大局、充分发挥民间外交、公共外交作用。中国华侨公益基金会资助举办“缅甸光明行”活动，组织国际援助医疗队为当地200名贫困白内障患者免费实施复明手术；向塞尔维亚捐赠33万欧元，用于支持援建当地幼儿园，遵循国际惯例，通过支持当地公益事业方式，着力服务“一带一路”战略、推动民心相通，缅甸、塞尔维亚总统分别出席捐赠仪式并给予高度评价，从民间的角度，加强了与相关国家的传统友谊。五是助力“一国两制”在港澳的实施与两岸和平统一大业。举办“第八届海峡论坛·2016两岸侨联和平发展论坛”和“2016海峡两岸暨港澳侨界圆桌峰会”，广泛宣传我关于台湾问题的方针和立场，引导、支持归侨侨眷和海外侨胞为推动两岸关系和平发展多做工作，深入开展多种形式的反“港独”“台独”活动，筑牢反“独”促统的民意基础。浙江省侨联全力服务保障G20杭州峰会，福建省侨联举办第五届“两岸侨界交流周——海丝文化走进台湾”，西藏自治区、新疆自治区侨联继续加大在侨界中对涉藏、涉疆问题的宣传力度，为营造于我有利的国际环境作出了积极贡献。香港、澳门侨联常委、委员也以实际行动积极维护“一国两制”，促进当地繁荣发展。

4. 着力脱贫攻坚、法律援助，加大维护侨益工作力度。一是助力侨界群众精准脱贫。深入贯彻党的十八届四中全会精神和中央扶贫开发工作会议精神，成立“惠侨济困专项基金”，对遭受严重自然灾害和困难归侨侨眷较多的省区市、贫困归侨侨眷较多的华侨农场职工，发放慰问金370余万元。召开中国侨联定点扶贫工作座谈会，协调做好电商扶贫调研，抓好定点帮扶江西上饶县的工作。联合有关部门，深入研究推动广西北海侨港镇困难归侨侨眷脱贫问题解决的办法和途径，通过拨付扶贫款在当地旅游服务区内建设20个摊位，帮助解决特困职工的生产生活问题。组织中国农科院专家赴重庆市万州区、酉阳县，开展猕猴桃树疫情诊断帮扶，探索侨联经济科技扶贫新途径。完成了《全国贫困归侨侨眷统计数据分析报告》，为今后一个时期开展侨界精准扶贫工作提供数据支撑。二是切实为侨胞提供法律咨询和司法援助服务。以法律顾问委员会和侨联系统公职律师为主要载体，开展送法下基层、进园区、推广“互联网+普法”，推进侨联系统“七五”普法工作，依据国家有关法律法规和国务院《信访条例》，认真处理来信来访。全年共处理群众信访事项171件次，及时协调办理涉侨案件25件次。三是积极参政议政，就侨务政策落实、华侨权益保护立法等建言献策。北京市侨联“爱心守望侨界空巢老人”项目、安徽省侨联“在肥高校侨联志愿者联盟”、河南省侨联“零距离聚侨心”活动、湖南省“千侨帮千户”精准扶贫工程、广东省侨联“侨界仁爱基金会”项目、福建省侨联“互联网＋百村”侨力扶贫行动、重庆市侨联“侨联慈善机构＋基层侨联＋专业医院”慈善救助机制、海南省侨联“侨爱心365行动”、新疆侨联“村民文化活动中心”项目、新疆建设兵团侨联“爱心侨园”项目以及陕西省、青海省、宁夏自治区侨联牵手“魏基成天籁列车”，为助力精准扶贫作出了重要贡献。江西省侨联组织开展的“送侨法、进社区、进侨企”平安创建活动、中直机关侨联开展的“情缘工商、为侨服务”活动，在维护侨界合法权益方面收到了良好效果。

（五）贯彻全面从严治党要求，大力加强侨联自身建设

坚持“严”字当头，深入开展“两学一做”学习教育，认真配合中央巡视组对中国侨联开展专项巡视，全面加强机关党的建设和党风廉政建设，充分发挥基层单位和社团作用，着力夯实基层基础，不断提高侨联组织的吸引力、凝聚力和战斗力。

1. 抓好“两学一做”学习教育。一是创新方式，以“学”强基础。坚持党组带头，通过中心组学习和专题学习，认真学习党章党规和习近平总书记系列重要讲话精神，及时传达学习中央有关会议和文件精神。坚持领导带头，党组成员分别以普通党员身份参加所在支部的学习教育活动，带头讲党课，交流学习心得。坚持多措并举，在重点抓好全体党员自学和支部集中学习的基础上，通过专题辅导报告、学习研讨、实地参观、讲授党课、主题党日等多种形式，帮助广大党员提高党性修养。二是学以致用，以“做”见成效。努力做到学习教育在平常、学习教育常坚持。三是加强督导，以“实”促到位。中国侨联党组认真履职，直属机关党委及时跟进了解有关情况，注意总结推广好经验、好做法。严格落实中直工委和中组部“两学一做”学习教育协调小组有关工作要求，完成月报情况汇总，及时宣传推广典型经验。

2. 狠抓实抓机关党的建设。一是履行好主体责任。高度重视和加强机关党建，多次召开党组会研究部署相关工作。认真落实中组部、中直工委关于推进基层党建七项重点任务，制定和修订与加强机关党建相关的制度13项，完成党员组织关系集中排查、基层党组织按期换届、党费收缴等工作任务，提高了机关党建科学化水平。二是履行好监督责任。加强监督检查，把抓党建工作情况、抓“六项纪律”特别是政治纪律和政治规矩执行情况，纳入部门负责人年度述职内容并进行考核。三是扎紧制度“笼子”。健全完善领导班子决策制度，修订完善侨联党组会等相关工作规则，贯彻落实民主集中制，“三重一大”事项坚持会议讨论、集体决策；加强和改进干部选拔任用工作，制定《中国侨联选拔任用处级以上领导干部工作程序》《中国侨联干部培训工作实施办法》等有关制度。

3. 积极配合中央第四巡视组对中国侨联开展政治巡视。2016年11月，根据中央统一安排，中央第四巡视组进驻中国侨联机关进行专项巡视。中国侨联党组深入学习领会习近平总书记关于巡视工作的重要指示精神，以严肃认真的态度和从严从实的要求对待这次检查，积极支持、主动配合中央巡视组在中国侨联机关开展工作。要求各级领导干部，尤其是党组各同志率先带头，把中央巡视工作作为推进各项工作的重要契机，更加严格地加强和规范党内政治生活，正视自身存在的问题，以期不断提高党风廉政建设的水平，不断加强和改进自身作风建设，不断加强和完善各项规章制度。

4. 以创新精神做好直属单位和所属社团工作。一是充分发挥中国华侨公益基金会在精准扶贫方面的重要作用，继续做好教育助学活动，不断扩大资助“树人班”“珍珠班”的名额；实施“侨爱心光明行”“全国婴幼儿血管瘤胎记公益筛查工程”以及其他爱心医疗救助行动等公益项目，受益群众逾12万人。二是充分发挥华侨华人历史研究所的智库作用，加强《中国侨联工作》《中国侨联年鉴》的编纂。三是充分发挥中国华侨历史博物馆的窗口作用，全年举办 8 场专题展览，接待观众约 1.3 万人。四是充分发挥中国华侨出版社的平台作用，自主策划以中华传统文化海外传播为目标的“中侨画库”出版项目，首批 50 种图书顺利出版。五是充分发挥所属社会组织的延展作用，按照习近平总书记关于群团组织要积极联系和引导相关社会组织的要求，切实抓好中国华侨历史学会、中国侨商联合会、中国华侨国际文化交流促进会、中国华侨摄影学会等 4 个主管社团和法律顾问委员会、青年委员会、特聘专家委员会、新侨创新创业联盟 4 个内设工作委员会的联系引导工作，使其成为中国侨联延展工作手臂的重要支撑。

5. 按照增“三性”的要求，不断强化侨联基层工作。一是在加强对基层侨联工作的指导中，以体现政治性、先进性、群众性的要求完成《中国侨联工作》改版，坚持眼睛向下，为基层提供便利，每月按期赠阅，同时开通中国侨联微信公众号，有效发挥对基层工作的指导作用。二是在推进“亲情中华”品牌工作中，坚持重心下移，更加重视发挥基层侨联组织的作用，从资金、组团等方面给予重点倾斜。三是在“海外侨胞故乡行”活动中，坚持面向基层，把活动延伸到地、县乃至乡村侨联，形成全国 6 级侨联组织上下联动合作的局面。四是在“侨爱心”扶贫工作中，坚持资源向基层流动，要求基层组织更贴近贫困群众，稳步推进全国贫困归侨侨眷统计和扶贫资金发放工作。五是在“网上侨联”建设工作中，坚持为基层提供支持，力求统筹兼顾各级侨联组织系统谋划、一体建设，为基层减轻资金压力提高系统实效。六是作风建设工作中，将干部深入基层、深入群众，直接联系服务侨胞，切实帮助基层解决难题，作为考核内容，牢固树立为基层服务的导向。

一年来，中国侨联的工作取得了积极进展。我们深深感到，以习近平同志为核心的党中央的坚强领导，是侨联得以推进改革、实现发展的根本所在；认真学习贯彻习近平总书记系列重要讲话和党中央决策部署是侨联沿着正确方向发展的定力所在；在服务大局、服务侨胞中展现作为是侨联组织的价值所在；与时俱进、立足创新，求真务实、贴近群众是侨联工作的活力所在。同时，我们也清醒认识到，侨联工作目前仍面临许多亟待解决的困难和问题。特别是面对即将全面推进的改革，如何在人员减少的情况下保持工作力度不减，如何在开展侨联网络建设的同时牢牢把控舆论主导权，如何推动各级侨联在制定改革方案过程中进一步理顺领导体制，如何在延伸工作手臂的过程中进一步加强对侨联所属社团的管理，以及如何按照改革的总体思路，将政治性、先进性、群众性的要求落实到位的问题等。对此，我们要深入研究，着力加以解决。

二、2017 年工作安排

2017 年将迎来党的十九大胜利召开，是实施“十三五”规划和深化供给侧结构性改革的重要一年，也是中国侨联全面推进自身改革的关键一年。2017 年侨联工作的总体思路是：全面贯彻党的十八大和十八届三中、四中、五中、六中全会精神，深入学习贯彻习近平总书记系列重要讲话精神和治国理政新理念新思想新战略，贯彻稳中求进工作总基调，按照保持和增强政治性先进性群众性的要求，坚持“两个并重”，深化“两个拓展”，着力推进侨联全面改革，凝聚侨心、汇集侨智、发挥侨力、维护侨益，以实际行动迎接党的十九大胜利召开。

（一）强化对归侨侨眷和海外侨胞的政治引领，夯实为实现中国梦而奋斗的共同思想基础

1. 突出思想政治引领。创新群众工作方式方法，适应对外工作要求，改变对外话语方式，通过侨界群众喜闻乐见的形式，引导广大侨联干部、广大归侨侨眷认真学习党的十八届三中、四中、五中、六中全会精神，高度认同、坚决维护以习近平同志为核心的党中央，增强对中国特色社会主义的道路自信、理论自信、制度自信、文化自信，引导海外侨胞关心国家改革开放和社会经济发展，形成勠力同心为实现中国梦而奋斗的思想共识。

2. 弘扬主旋律、传播正能量。发挥侨联优势，针对侨胞特点，组织开展丰富多彩的文化活动，活跃侨界文化生活，彰显侨界健康向上的精神风貌。按照“时、度、效”的要求，坚持团结、鼓劲、正面宣传为主，牢牢把握舆论主导权，做好党的十九大召开前的舆论宣传和召开后的学习贯彻工作。继续办好《中国侨联工作》

《海内与海外》及各级侨联侨刊等文化宣传平台。发挥侨联组织和海外侨胞的独特优势，讲好中国故事，传播好中国声音。

3. **加强“网上侨联”建设。**以中国侨联官方网站为龙头，坚持整体化设计、一体化建设，打造基于统一的互联网技术平台、统一的网站内容运营维护团队、统一的信息资源管理的中国侨联和省级、地市级侨联三级门户网站群，尽快打造成为“网上侨联”建设的中枢网和全球侨界系统的组织网、工作网、服务网；采取社会化合作的方式建设中国侨联服务版门户网站，坚持需求导向，通过引入接地气、专业化、资本化的运营和服务，打造侨联组织服务网；鼓励和提倡各地、各级侨联结合工作，建立广泛微信群、公众号和客户端，吸纳归侨侨眷和海外侨胞，努力做到有专栏、有主题、有导向、正能量，打造侨联“一微、一号、一端”。

（二）扎实推进中国侨联改革，增强侨联组织的政治性、先进性、群众性

1. **贯彻中央精神，全力推进侨联改革。**认真学习中央批准的《中国侨联改革方案》，将贯彻落实改革方案纳入机关“两学一做”学习教育内容，进一步统一全体干部职工的思想，深化对改革重要性、紧迫性的认识，激发改革动力，形成改革自觉，增强推进改革的本领。

2. **瞄准改革难点，切实抓好改革方案实施。**调整优化侨联领导机关和事业单位设置，以增强侨联代表性、广泛性为目标，调整侨联领导班子和委员、常委的人选结构，进一步整合力量，聚焦群团主业，优化工作职能，提高工作效率。坚持党管干部原则，拓宽选人用人视野、不拘一格选拔侨联干部，建设以专职为骨干，挂职、兼职为重要力量，结构合理、人才流动、充满生机活力的侨联干部队伍。以侨界群众为中心、以侨界群众广泛参与为前提、以侨界群众喜闻乐见为选择，开展各色寓教于乐的活动。充分发挥各级侨联所属事业单位的专业职能作用和侨商联合会等各类社团的平台拓展功能，依法依规开展活动，延长工作手臂，更好服务所联系的归侨侨眷和海外侨胞。

3. **着力抓好各项工作的统筹兼顾。**坚持有序有力推进改革，提高工作的系统性、协调性，努力实现改革任务与日常工作“两不误”“两促进”。对那些条件成熟、能够立行立改的改革事项，马上着手落实；对那些尚需时日、条件具备方可实施的改革事项，稳妥推进，限期限时完成任务；对那些影响长远、久久为功的改革事项，坚持一步一个脚印落细落实。

4. **加强对改革工作的领导。**充分发挥中国侨联改革领导小组的职能作用，加强领导，确保改革的正确方向。教育引导全体侨联干部职工做改革的促进派和实干家，严守政治纪律和政治规矩。抓好思想政治工作和舆论引导工作，为改革营造良好的舆论氛围，凝聚改革合力。重点推动健全由地方党委直接领导的侨联工作领导体制，促进并指导基层侨联的改革。

（三）团结带领广大侨胞建功立业，为决胜全面建成小康社会作贡献

1. **积极服务创新发展。**继续深化实施“创业中华”品牌工程，为广大侨胞特别是回国创新创业的新侨发展事业提供服务。以新侨创新创业成果交流会、新侨创新创业联盟、新侨创新创业基地为主要抓手，召开新侨创新创业联盟理事大会，做好服务新侨创新创业工作。发挥特聘专家委员会、侨商会、青年委员会、留学归国人员联谊会等组织的作用，为创新发展提供智力支撑。

2. **积极服务协调发展。**瞄准地方经济社会发展的重大需求，继续加强同地方政府合作，办好系列国家级经贸洽谈会和招商引资活动。组织海内外侨商赴各地考察投资，帮助地方引进海外资金、先进技术和管理经验，引导侨资侨智进一步向中西部地区和老少边穷地区发展。按照国家区域发展总体战略，以京津冀侨联主席联席会议为平台，联合中央企业侨联等，做好服务京津冀协同发展有关工作。

3. **积极服务绿色发展。**发挥侨界遍布全球、联络广泛的优势，积极向世界宣示我国注重绿色发展、建设生态文明的意志、决心和贡献，宣传中华民族崇尚自然、天人合一的传统。注重培育绿色发展项目，支持树立绿色发展典型，引导海外侨胞将发达国家成熟的环保技术和经验更多更快地“引进来”，引导侨资企业向科技创新、生态环保、资源节约、海洋经济等领域延伸。

4. **积极服务开放发展。**创新海外联谊方式，把“海外侨胞故乡行”活动建设成为系统联动、影响力强的工作品牌。做好侨联青年委员会工作，厚植海外联谊的青春力量。扩大“亲情中华”主题活动的外延和空间，丰富团组内容、拓展演出地域，启动“亲情中华·文化讲堂”系列项目，实施“依托海外中餐馆·讲述中国好故事”项目，更好推动中国文化走出去。配合“一带一路”倡议，办好“远方的惦念”华侨华人春节联欢晚会，深化“亲情中华·筑梦丝路”专项行动。创新外宣渠道，广泛联系海外侨界文化精英，组织海外华文媒体记者国内采风行，挖掘好、宣传好“中国故事”。充分发挥法顾委海外委员重要作用，为海外侨胞参与“一带一路”和对外开放提供咨询及服务。办好与清华大学合作成立的“一带一路”战略研究院，建设高端智库。

5. **积极服务共享发展。**以“侨爱心工程”为主打品牌，加强与有关部门的联系合作，筹组成立中国侨联公益慈善委员会，支持海外侨胞参与住在国公益慈善事业，更好融入和回馈当地社会。加强对扶贫专项基金的募集和管理，积极支持中国华侨公益基金会设立新的专项基金，完善受捐资金、物资与技术援助的使用管理制度，扩大“树人班”“珍珠班”“侨爱心光明行”等扶贫项目的规模，助力侨界群众脱贫致富并实现可持续发展。加强与有关部门的沟通协作，配合地方政府开展对北海侨港镇困难归侨、南侨机工及遗属的帮扶，促进侨界精准脱贫工作。注重运用大数据、云计算、电子商务、科学种植等先进技术手段开展精准扶贫。做好中国侨联“七五”普法，推进侨联系统公职律师试点，做好侨胞来信来访接待和有关案件协调处理工作，更好维护侨界群众合法权益。

（四）坚持从严治会，建设更加充满活力、更加坚强有力的侨联组织

1. **认真做好专项巡视反馈意见整改工作。**中央巡视组向中国侨联党组反馈巡视意见后，要切实把思想和行动统一到习近平总书记关于巡视工作的重要讲话精神上来，正确对待中央巡视组指出的问题，端正态度，坚决整改，把巡视整改作为中国侨联机关的一项重大政治任务抓紧抓好，将其作为净化政治生态和从政环境、提振广大干部群众精气神、推动改革发展的重大契机。对中央巡视组提出的意见和问题，要照单全收、确定整改落实工作的第一责任人；要对号入座，从主观找原因，从领导干部自身找不足，从思想深处找差距，从严重危害做剖析；要制定方案，根据巡视反馈指出的问题和提出的意见建议，迅速研究制定中国侨联的整改方案，列出问题清单，层层分解任务、层层落实责任，确保按照中央巡视组规定的时限完成整改工作；要强化落实，成立中央巡视组反馈意见整改落实工作领导小组，全面负责抓好整改落实工作；要加强监督检查，坚持定期调度，强化跟踪问效，确保高标准、高质量完成整改任务。要严格落实机关党建主体责任、监督责任，巩固“两学一做”学习教育成果，认真学习贯彻《准则》和《条例》，加强和规范党内政治生活，加强党内监督，严格遵守中央八项规定，持续反对“四风”。

2. **下大力气抓好新时期侨务战略研究。**充分发挥侨界智力密集、群英荟萃的独特优势，以中国侨联内设机构和中国华侨华人研究所为载体，注重发挥特聘专家等侨界人才作用，广泛调动社会资源参与，深入调查研究新时期新阶段侨情变化的新特点、加强侨务工作重大课题研究。继续办好《侨情专报》，发挥服务党和国家中心工作的智库作用。

3. **着力加强侨联基层基础工作。**坚持重心下移，人员编制“减上补下”，突出“强基层、强支撑、强服务”。建立健全侨联干部直接联系服务侨界群众制度、建立基层联系点制度。坚持面向基层，面向重点侨乡，推动侨联组织建设纳入各级党委党建工作规划，适应侨界群众分布变化情况，进一步扩大侨联组织的覆盖面。

各位委员，各位顾问，同志们！做好2017年的工作，责任重大，使命光荣。让我们更加紧密地团结在以习近平同志为核心的党中央周围，不忘初心、继续前进，勠力同心、锐意进取，以优异成绩迎接党的十九大胜利召开！

在中央第四巡视组专项巡视中国侨联党组情况反馈会议上的表态发言

（2017年2月17日）

林 军

同志们：

根据中央关于巡视工作的统一部署，2016年11月10日至2017年1月5日，中央第四巡视组到中国侨联开展巡视工作。根据中央巡视工作领导小组的部署，今天中央第四巡视组向中国侨联党组反馈巡视情况。

刚才，马瑞民同志通报了经中央批准的对中国侨联党组巡视的反馈意见，姜信治同志就巡视整改工作提出了明确要求。会前，王维平同志传达了习近平总书记主持召开中央政治局常委会听取中央巡视工作领导小组关于中央巡视组情况汇报时的重要讲话要点。听了之后，我深受教育，深感责任重大。巡视期间，瑞民同志和本平、树林、小春同志带领中央第四巡视组的全体同志，认真贯彻中央的要求，不辞辛苦，深入干部职工，广泛开展个别谈话，受理来信来访，调阅有关资料，深入了解情况，聚焦从严治党、党要管党，对中国侨联党组的工作号诊把脉，进行严肃认真地全面检查，付出了极大的艰辛。中央第四巡视组的同志们以高度的政治责任感和科学严谨的作风，为我们树立了坚持原则一丝不苟、执纪问责严肃认真、隐患短板抓住不放、直面问题立查立改的管党治党榜样。对此，我代表中国侨联党组，代表侨联机关和企事业单位的全体同志对中央第四巡视组卓有成效的工作表示衷心的感谢！

中央第四巡视组认真贯彻中央巡视工作方针，坚定不移开展政治巡视，以“四个意识”为政治标杆，把贯彻“五位一体”总体布局和“四个全面”战略布局作为基本政治要求，把坚决维护党中央集中统一领导作为根本任务，聚焦坚持党的领导、全面从严治党，紧盯党组织领导班子和党员领导干部，深入查找中国侨联党的领导、党的建设、全面从严治党等方面突出问题，紧抓“重点人、重点事、重点问题”，从严从实开展巡视监督，充分发挥政治“显微镜”、政治“探照灯”作用。对中国侨联党组和领导干部执行政治纪律、廉洁自律、作风建设、干部队伍建设作了一次“全面体检”，对中国侨联机关党风廉政建设成效进行了一次“综合会诊”。既实事求是指出问题，又严肃认真地提出整改方向，提醒我们高度重视党组领导核心作用发挥不够，贯彻中央八项规定存在差距，党内生活政治性、战斗性不足，全面从严治党不力，存在宽松软，对重点部门、重要领域、关键岗位监督缺位的问题和不足。中央巡视组的意见反馈坚持问题导向，对党组、对我本人主体责任缺失、监督责任缺位提出的批评，一针见血、切中要害，很中肯、很深刻，为我们敲了警钟，亮了红灯，使我们看到差距、看到问题、看到隐患，有一种被猛击一掌的感觉，受到极大震撼。中央第四巡视组对我们提出了要坚定不移学习贯彻习近平总书记系列重要讲话精神、深入贯彻中央党的群团工作会议精神，全面深入贯彻中央批准的《中国侨联改革方案》，坚定不移抓好党风廉政建设和反腐败工作、克服党建虚化弱化的问题，聚焦“四风”加大整改力度、深化全面从严治党、防止违规违纪问题发生等3个方面的明确要求。这些要求指导性和针对性都很强，我们一定高度重视，切实抓好整改落实。

习近平总书记在刚刚结束的省部级主要领导干部学习贯彻十八届六中全会精神专题研讨班上的重要讲话中指出，“勇于自我革命，是我们党最鲜明的品格”，“中国共产党的伟大不在于不犯错误，而在于从不讳疾忌医，敢于直面问题，勇于自我革命”，“一个马克思主义政党，要保持先进性和纯洁性，实现崇高使命，必须‘以补过为心，以求过为急，以能改其过为善，以得闻其过为明’，一刻不放松地解决自身存在的问题”。向中央看齐就要向党中央的要求看齐。在这里，我代表中国侨联党组表个态：所有整改落实工作由中国侨联党组承担主体责任、负总责，我们对中央第四巡视组反馈的问题诚恳接受，照单全收，逐一对号入座，以坚定的决心和强有力的措施，逐条逐项抓好整改。该查处的查处，该诫勉的诫勉，该警示教育的警示教育，该健全制度的健全制度，确保巡视成果落到实处、取得实效。我作为全面从严治党和巡视整改工作的第一责任人，一定承担起责任，抓好整改，抓好班子，带好队伍。

第一，牢固树立“四个意识”，坚定不移与以习近平同志为核心的党中央保持高度一致。认真整改的根本在于坚定立场、严格标准。党的十八届六中全会明确了习近平总书记在全党的核心领导地位，这是坚持和发展中国特色社会主义事业的根本保证。我们一定要牢固树立“四个意识”，更加坚定自觉地在思想上、政治上和行动上同以习近平同志为核心的党中央保持高度一致，坚决维护中央权威。要认真学习贯彻党的十八大、十八届三中、四中、五中、六中全会和习近平总书记系列重要讲话精神，深刻领会习近平总书记关于巡视工作的重要指示和王岐山同志的重要讲话精神，贯彻“五位一体”总体布局、“四个全面”战略布局和“五大发展理念”，落实中央党的群团工作会议精神及中央批准的《中国侨联改革方案》各项要求，从政治和全局的高度，深刻认识抓好巡视整改工作的重要性、紧迫性，坚定不移推进整改落实，努力把党中央治国理政的新理念新思想新战略贯彻落实好，以管党治党的实际成效，有力推动侨联事业的改革发展。

第二，加强领导、落实责任、从严督查，切实抓好反馈意见的整改落实。从严治党，说到底是个责任问题。中央巡视组和中央巡视办提出的意见和整改要求，思想性、指导性、操作性都很强。我们要切实履行做好巡视整改工作的主体责任，联系责任担当找症结，坚持标本兼治寻对策，逐项清点，逐项分析，逐项整改，做到知错就改，切实做到“不贰过”。一是要加强组织领导。中国侨联党组决定成立中央巡视组反馈意见整改落实工作领导小组，抓紧对问题逐条加以认真研究，逐条制订整改措施，形成整改方案，建立整改台账，形成问题、任务、责任清单，明确整改落实的具体责任部门、单位和人员，明确工作时限，做到即知即改、立行立改，限时完成。二是要落实领导责任。我作为中国侨联党组书记是落实整改第一责任人，首先从我做起。会党组其他同志要主动认领承担整改责任，抓好分管领域的整改。会内各单位领导班子特别是“一把手”也要负起责任，细化整改方案和措施，建立台账，严格标准，抓好整改。三是要从严监督检查。建立每周报告、定期督办制度。对整改不力的坚决问责追责。强化跟踪问效，切实做到问题不解决不放过，责任不追究不放过，整改不彻底不放过，确保巡视反馈意见件件有着落、项项有回音、事事见成效，真正发挥巡视的震慑、遏制和治本作用，向党中央交出合格答卷。

第三，切实担负起全面从严治党主体责任，扎实推进中国侨联机关党的建设。要以贯彻落实党的十八届六中全会精神和学习贯彻《关于新形势下党内政治生活的若干准则》《中国共产党党内监督条例》为契机，严肃党内政治生活，严明政治纪律和政治规矩，切实履行管党治党政治责任，严格落实机关党建主体责任、监督责任，加强和规范党内政治生活，加强党内监督，从严监督管理干部，抓好班子，带好队伍，规范党员管理，进一步加强基层组织建设。我们要坚决贯彻中央要求，把全面从严治党作为重大政治任务来抓，严格落实会党组的主体责任，健全党风廉政建设制度机制，落实监督责任，运用好监督执纪“四种形态”，真正把纪律和规矩挺在前面，始终做到从严要求、从严监督、从严查处，切实解决失之于宽、失之于软的问题，把中国侨联全面从严治党推上一个新的台阶。要把巡视整改同巩固深化“两学一做”学习教育紧密结合起来，以党中央、人民群众对我们的要求为标准，动真格打硬仗，狠抓作风建设，持续改进作风，既打好攻坚战，又打好持久战。通过对贯彻落实中央八项规定存在问题的梳理，以踏石留印、抓铁有痕的决心抓好作风建设，践行党的优良传统和作风。持续聚焦反对“四风”，从严治党，直面问题。针对短板，认真整改，一件一件抓，一件一件改，善作善成。对边整边犯的，要严肃处理。

第四，以抓好巡视整改为重大契机，推动中国侨联改革发展的各项工作再上新台阶。去年，中央办公厅印发了《中国侨联改革方案》，发端于延安、成立于新中国的侨联组织，站在面向未来改革发展的新的起点上。做好当前和今后一个时期中国侨联的各项工作，使命光荣，任务繁重。要以抓好巡视整改工作为重大契机，把巡视整改行动转化为全面推动中国侨联各项工作的强大动力，转化为中国侨联改革发展的实际成效，继续贯彻落实党中央关于中国侨联改革发展重大决策部署，着重研究解决侨联改革的重点难点问题，统筹兼顾当前工作和长远任务，正确处理好六中全会精神学习贯彻、“两学一做”学习教育、各项工作任务完成与巡视整改工作的关系，进一步增强进取意识、大局观和前瞻性，加强侨联工作的战略谋划，为明年侨联顺利实现换届做好各方面的准备，不断推动中国侨联改革发展工作迈上新台阶。

总之，这次中央对中国侨联党组开展专项巡视，是党中央加强对群团工作领导的重要一环，体现了党中央对侨联工作的高度重视。对于中央第四巡视组反馈指出的问题，我们全体同志都要以“闻过则喜”的态度认真对待，不要把它看作是“包袱”，而要将其看作是“契机”。对现在就能解决的问题，要立行立改，马上纠正；对需要一定时间逐步解决的问题，要制定具体的措施和方案，限时完成。同时，问题出在下面，根子源于上面，要深刻剖析产生问题的深层次原因，总结经验教训，深挖问题根源，举一反三，健全各项制度，切实防止类似问题再次发生。

同志们，这次中央第四巡视组对中国侨联党组进行巡视，既是对会党组工作的检查和督促，也是对我们做好侨联工作的有力促进和鞭策。我们一定要紧密团结在以习近平同志为核心的党中央周围，以更加良好的工作作风和奋发有为的精神状态，进一步推进中国侨联的各项工作深入开展，努力建设广大归侨侨眷和海外侨胞的团结之家、温暖之家、奋斗之家，以优异的成绩迎接党的十九大胜利召开。

最后，再次对中央巡视工作领导小组和中央第四巡视组的各位领导和同志们表示衷心的感谢！

在中国侨联九届五次全委会议上的讲话

（2017年6月9日）

林　军

各位委员、各位顾问、同志们：

党中央提名万立骏同志为中华全国归国华侨联合会主席候选人，刚才，全委会全票通过万立骏同志为中国侨联主席，接受了我辞去中国侨联主席、常委、委员职务的请求。党中央慧眼识人，侨联事业后继有人。中央的决定充分体现了以习近平同志为核心的党中央对中国侨联领导班子建设和侨联工作的高度重视和亲切关怀，符合侨情，切中侨意，我坚决拥护中央的决定，坚决服从组织的安排。

中央《关于加强和改进新形势下侨联工作的意见》指出，侨联工作已成为党和国家事业的重要组成部分。随着我国综合国力的显著增强，“两个一百年”奋斗目标的提出和“一带一路”建设的全面推进，给侨联工作提出了许多新的任务、新的要求，侨联工作的重要性日益凸显。正是在这个背景下，以习近平同志为核心的党中央从全局考虑，从准备进行具有许多新的历史特点的伟大斗争出发，决定对侨联领导班子作必要的调整，是完全正确的，也是高瞻远瞩的。我今年67岁了，马上要进入68岁。从领导岗位退下来理所当然、顺理成章，也是党的制度所要求的。侨联事业薪火相传，是值得高兴的事。我对万立骏同志在侨联改革发展的关键时刻当选中国侨联主席表示热烈祝贺！对全委会议聘任我为中国侨联顾问表示衷心的感谢！

2007年3月，我从中国储备粮管理总公司调任中国侨联党组书记，2008年1月又从我们的老主席林兆枢同志手中接任中国侨联主席，从中央企业“转身”党的群团组织。十年光景，春去秋来、岁月如梭。十年来，我先后与兆枢、明江、祖沛、中原、淑娘、本钧、卓彬、永乐、乔卫、晓萍等中国侨联领导同志一道共过事，与三届兼职副主席携手并肩工作，与侨联机关及其直属单位的同志们、全国各省市区侨联的同志们甘苦与共，同为破解难题焦虑，同为有所作为欢欣。我们目标一致、感情相通；坦诚相待、相互支持；配合默契、锐意进取，相处非常愉快，结下了深厚的情谊。十年来，特别是党的十八大以来，我们深入学习贯彻习近平总书记系列重要讲话精神和治国理政新理念新思想新战略，努力践行习近平总书记关于侨务工作的重要指示，不断增强政治意识、大局意识、核心意识、看齐意识，认真贯彻落实“五位一体”总体布局和“四个全面”战略布局，大力推进中央关于加强和改进党的群团工作以及中国侨联改革的决策部署，坚持“国内海外工作并重，老侨新侨工作并重”，积极“拓展海外工作，拓展新侨工作”，在大家的共同努力下，中国侨联在历届老领导打下的基础上获得了新的进步。

斗转星移，弹指一挥间。十年来，我们坚持围绕中心、服务大局，为贯彻落实国家发展战略，促进地方经济发展，搭建平台、积极作为。我们一起经历了重建北川中学、兴建中国华侨历史博物馆、组织引导海外侨胞服务地方经济建设、深化两岸侨界交流、支持港澳侨界维护特区繁荣稳定的许多日日夜夜；我们一起开创了“亲情中华”“侨情专报”“创业中华”“海外侨胞故乡行”“侨爱心工程”等独具特色的工作品牌，提升了侨联的形象、延伸了侨联联系侨界群众的广度和深度；我们一起组织了侨界群众庆祝新中国成立60周年、中国共产党成立90周年、纪念辛亥革命100周年、纪念抗日战争胜利70周年等重大活动，引领侨界群众听党的话、跟党走；我们一起见证了中央关于加强和改进新形势下侨联工作的意见、中国侨联改革方案的出台，同心协力贯彻落实中央关于加强党的群团工作的意见，推广基层侨联组织“党建带侨建”工作经验，积极主动、依法、科学维护侨益，凝聚学界发挥侨史侨情研究主导作用，不断扩大华侨公益事业影响力，推动中国侨联直属企事业单位改革，全面加强侨联机关“党要管党、从严治党”的有关要求和推进侨联干部队伍建设，林林总总。这些成绩的取得，是以习近平同志为核心的党中央坚强领导的结果，也是全国侨联系统广大干部职工上下同心、砥砺前行的结果。作为侨联工作的普通一员，我为与大家共同奋斗留下的十年足印、与大家同舟共济分享的十年成果感到由衷的欣慰！

“人事有代谢，往来成古今”。侨联事业终究要一代一代接续奋斗下去。从今天起，万立骏同志将全面领衔中国侨联工作，这是侨联事业发展的选择。万立骏同志是中共十八届中央候补委员、中国科学院院士，是新归侨中的杰出代表，是一位知识型、专家型的优秀领导干部。他政治信仰坚定，富有战略思维，为人正派，亲和力强，各方面表现都很出色。回国18年来，在科学研究领域取得了令人瞩目的成就。先后担任中科院化学所所长、中国科技大学校长等职。自2010年起任中国侨联特聘专家委员会主任、中国科学院侨联主席，2013年起任中国侨联兼职副主席。几年来，深得侨界群众和侨联系统的认可，为侨联工作特别是新侨工作作出了重要贡献。我相信，在以万立骏同志为主席的中国侨联领导班子的团结带领下，侨联工作必将掀开崭新的一页，打开新局面、创造新业绩！

同志们，侨联十年是我投入最多、感悟最深的十年，也是我人生经历中难忘的十年。在我即将离开工作岗位的时候，我将万语千言化作三句话作为结束语：

一、我由衷感谢党中央的高度信任和广大归侨侨眷、海外侨胞对我的热情帮助和支持。没有这种信任、帮助和支持，我不可能在侨联连续工作十年；我也要特别感谢侨联历届老领导，以及与我并肩工作的侨联领导班子全体同志，感谢各位兼职副主席、常委、委员，感谢侨联机关、各直属企事业单位以及全国各级侨联的全体同志，正是由于大家的理解、扶持、提醒、呵护，使我能为侨联做些力所能及的具体工作，少走许多弯路、少犯许多错误。如果说这些年侨联工作有些进步，首先应归功于以习近平同志为核心的党中央的坚强领导、归功于全体同志的共同努力。没有同志们十年如一日殚精竭虑的工作，没有全国各级侨联万众一心、恪尽职守的鼎力相助，没有归侨侨眷、海外侨胞视侨联为“家”的广泛认同，侨联事业不会有今天长足的进步。

二、人无完人。我从2007年至2017年，整整十年间与同志们朝夕相处，共同迎接挑战、破解难题、探索思路，不可能没有缺点和错误。因此，我对自己在主政期间所发生的失误和问题负全责。希望新一届领导班子能够本着对侨联事业负责的精神，沿着党中央所指引的方向，面对新形势、解决新问题，发现错误及时纠正，我将随时听取同志们的批评。

三、离开中国侨联领导岗位后，我将严守政治纪律、政治规矩，绝不干扰新班子的工作，不指手画脚，不评头品足。我虽然离开侨联领导岗位，但永远是侨联大家庭中的一员，作为一名党员、一名归侨，关心侨联、服务侨胞是我始终如一的情怀。当前，世情国情侨情继续发生深刻变化，侨联改革发展正处在一个承前启后、继往开来的重要时期，任重道远。我衷心希望全国各级侨联的全体同志像支持我一样，全力支持万立骏同志的工作，共同为将侨联建设成归侨侨眷和海外侨胞的团结之家、温暖之家、奋斗之家而不懈努力，以实际行动迎接党的第十九次全国代表大会的胜利召开！

在中国侨联九届四次全委会议上的总结讲话

（2017年1月16日）

董中原

各位委员、各位顾问、同志们：

中国侨联九届四次全委会议顺利完成各项议程，就要闭幕了。这次会议传达学习了中共中央书记处的重要指示精神，中共中央政治局委员、国家副主席李源潮同志发表了重要讲话，林军同志作了工作报告。各位委员和与会同志就深入推进侨联改革、进一步做好今年各项工作，进行了深入讨论。大家一致认为，党的十八大以来，习近平总书记高度重视侨联工作，对推进群团改革和侨联改革提出了明确要求，为侨联工作在党和国家大局中发挥作用进一步指明了方向；在中国侨联成立60周年的新起点上，中共中央办公厅印发《中国侨联改革方案》，对于侨联事业创新发展具有重要的里程碑意义。各级侨联组织和侨联干部必须自觉在以习近平同志为核心的党中央领导下，紧紧围绕党和国家工作大局，扎实推进侨联改革。大家认为，中共中央政治局委员、国家副主席李源潮在昨天讲话中充分肯定过去一年侨联工作所取得的成绩，要求各级侨联以迎接党的十九大为主线，以深化侨联改革为动力，团结凝聚归侨侨眷和海外侨胞为全面建成小康社会发挥独特作用，让侨界群众有更多改革获得感，使我们理清了工作思路、明确了工作重点，进一步增强了做好侨联工作的使命感和责任感。

在讨论中，大家对如何深入推进侨联改革、突出侨联工作重点、切实转变工作作风等提出了许多很好的意见和建议。**在深化“两个并重”“两个拓展”方面**，大家建议，侨联改革要关注“三新”即新侨、新社团、新生力量，关怀“三老”即老归侨、老侨领、侨联老干部；建议加强对港澳侨界人士的政治引领，进一步做好香港地区侨界青年工作和普通侨界群众工作；建议注重向县乡侨联延伸、向海外延伸，特别是“一带一路”沿线国家延伸，注重上下联动、左右联动、内外联动；建议中国侨联牵头组织对海归特别是高新科技人才现状开展系统性调研，帮助他们解决面临的诸多政策性问题。**在统筹推进侨联工作方面**，大家建议注重推动涉侨工作顶层设计，关注涉侨工作领域出现的新情况、新动向，明确职能，细化、量化有关工作，固化有效机制，妥善解决部门职能交叉等问题；建议中国侨联统筹系统资源，牵头研究建立区域性侨联协作机制，促进和指导地方侨联横向沟通和合作，工作指导也应适度向中西部倾斜；建议侨联改革注重品牌活动的设计和布局，创立区域性工作品牌和抓手；建议中国侨联深入研究如何更好支持和开展少数民族地区的侨联工作，为维护祖国统一、反恐工作作出努力。**在强化为侨服务、推进侨界精准扶贫方面**，大家建议，中国侨联应成立扶贫工作督导组，协调有关部门把贫困归侨安置点纳入国家精准扶贫战略；建议公布4.2万贫困侨胞的分布情况，借助侨界独特资源尤其是发挥侨商会等组织的独特作用，让各地侨界爱心人士能够点对点帮扶贫困侨界群众。**在推进侨联改革方面**，建议中国侨联注重加强与地方党委的沟通协调，将“减上补下”的原则说透讲明，防止地方出现“借改革之名削弱侨联”的情况，争取通过侨联改革切实解决实际问题；建议侨联改革注重加强侨联干部的培养，提高干部培养的实效性，优化干部培训的方式方法；建议针对侨联干部流动性差的特点，推动解决侨联干部交流难等问题。**在创新工作方式、推进“网上侨联”建设**

方面，建议切实厘清“基层”这一概念，进一步加强基层基础工作，高度重视侨界“基层群众”与“草根群众”，进一步解决好“接地气”的问题；建议加强宏观谋划，打造统一的信息平台，加大建设投入，加快建设进度，并给予地方指导，帮助地方侨联实现“全国并网”；建议对荣誉职务从严把关、严格审查，真正吸引一批具有正能量的侨界优秀人士进入侨联组织，对参与度过低的侨联委员或常委，该卸免的坚决卸免，等等。会后我们将认真进行提炼和整理，进一步激发改革动力，形成改革自觉，凝聚改革合力，谱写新时期新阶段侨联事业创新发展的历史新篇章。

关于今年的各项工作任务，林军同志已经作了全面部署，各级侨联要全面推进，认真贯彻落实。下面，我再简要讲几点意见。

第一，认真贯彻落实党的十八届六中全会精神，牢固树立“四个意识”特别是核心意识、看齐意识

党的十八届六中全会的一个重要成果，就是明确了习近平总书记的核心地位。党的十八大以来，习近平总书记以高超的政治智慧、宏大的战略魄力、非凡的时代视野、深邃的理论思想、深厚的为民情怀，带领全党全军全国各族人民进行具有新的历史特点的伟大斗争。明确习近平总书记的核心地位是党心所向、民心所向，众望所归，是党和国家根本利益所在，是坚持和加强党的领导的根本保证，是坚持和发展中国特色社会主义伟大事业的迫切需要。侨联作为党领导的群团组织，必须在树立“四个意识”特别是核心意识、看齐意识上旗帜鲜明，毫不动摇。

一要树立“四个意识”，坚决维护党中央的权威。各级侨联要更加紧密地团结在习近平同志为核心的党中央周围，更加坚定地维护以习近平同志为核心的党中央权威，坚决、全面、主动、自觉地在思想上政治上行动上同以习近平同志为核心的党中央保持高度一致，确保侨联组织在党的领导下统一意志、统一行动，充满生机、充满朝气。各级侨联干部要牢固树立核心意识，在思想上自觉认同，政治上坚决维护，行动上坚决服从，在大是大非面前旗帜鲜明、立场坚定，做到党中央提倡的坚决响应、党中央决定的坚决执行、党中央禁止的坚决不做，团结带领广大侨界群众为实现“两个一百年”奋斗目标、实现中华民族伟大复兴的中国梦而不懈奋斗。

二要坚持以系列重要讲话武装头脑，指导实践。习近平总书记系列重要讲话科学把握世情国情党情的新变化，深刻回答了新的历史条件下坚持和发展中国特色社会主义的时代课题，是马克思主义中国化的最新成果。各级侨联干部要深刻领会、全面系统把握习近平总书记系列重要讲话的时代背景、重大意义、思想体系、精神实质和立场观点方法，坚持不懈把学习贯彻习近平总书记系列重要讲话精神与侨联服务改革发展稳定大局结合起来，使学习的过程成为解放思想、破解难题、提升能力的过程，把学习成效转化为促进侨联改革的思路和举措，转化为解决归侨侨眷和海外侨胞最关心、最直接、最现实问题的动力和行动，转化为改进工作作风的制度和要求，推进侨联事业不断创新发展。

三要深刻理解习近平总书记侨务论述的核心要义。习近平总书记曾在福建、浙江、上海等重要侨乡工作，对侨的感情很深，对侨务工作非常熟悉，早在1995年就提出了“三有利”（对投资者有利、对所在国有利、对中国有利）和“大侨务”的侨务工作思想；党的十七大后，习近平同志主持中央书记处工作，多次听取中国侨联党组工作报告，并作出重要指示；党的十八大以来，习近平总书记在很多重要讲话中都对华侨华人、侨务工作和侨联工作作出重要论述，是新形势下侨联工作的理论基石和行动指南。各级侨联干部要在系统全面学习领会习近平总书记系列重要讲话精神的基础上，从改革发展稳定、内政外交国防、治党治国治军的一系列新理念新思想新战略的高度，深刻理解习近平总书记关于侨务工作论述的丰富内涵、核心要义，全方位思考侨联工作的战略定位、发展方向、时代任务、工作规划，切实用习近平总书记侨务工作论述指导侨联工作实践，贯穿到侨联工作各个领域、各个环节、各个方面。

第二，认真贯彻落实中央经济工作会议精神，进一步明确中国经济新常态、新理念、新实践、新方位

坚持服务大局，组织动员广大归侨侨眷和海外侨胞为完成党和国家中心任务而奋斗，是对侨联组织先进性的要求。2017 年是实施“十三五”规划的重要一年，是供给侧结构性改革的深化之年。去年底召开的中央经济工作会议提出了今年经济发展的任务和重点。各级侨联必须广泛团结联系广大归侨侨眷和海外侨胞，携手同心促进经济社会平稳健康发展。

一要引导广大归侨侨眷和海外侨胞树立新发展理念，正确认识新常态。党的十八大以来，党中央统筹推进“五位一体”总体布局和协调推进“四个全面”战略布局，树立和贯彻创新、协调、绿色、开放、共享的新的发展理念，把认识、把握、引领经济发展新常态作为做好经济工作的大逻辑，贯彻稳中求进工作总基调，以供给侧结构性改革为主线，提出引领我国经济持续健康发展的政策框架。实践证明，党中央对经济形势作出的重大判断、对经济工作作出的重大决策、对经济工作思想方法作出的重大调整，及时准确、符合实际。各级侨联干部不仅自身要加强学习，深刻理解、正确把握适应经济发展新常态的思路和方法，通过广泛宣传，把广大归侨侨眷和海外侨胞的智慧和力量凝聚到中央关于经济发展的决策部署上来，引导到支持和参与全面深化改革的各项具体举措上来。

二要引导广大归侨侨眷和海外侨胞树立共建、共赢、共享的理念。中国的经济开放是全面开放、深度开放，是利用国内国际两个市场、两种资源的开放。广大海外侨胞遍布世界各地，无论是工作学习，还是经商办企业，都与当地的经济社会发展紧密相连，都可以在中国经济走向世界的过程中寻找自身事业的发展机遇。要引导广大海外侨胞胸怀人类共同理想与美好追求，树立“共建才能使自身事业基础更牢固，共赢才能使自身事业发展更长远，共享才能使自身事业成果更充实”的理念，与住在国当地民众和睦相处、共同发展，为住在国同中国经贸交流合作牵线搭桥，为中国企业“走出去”献计出力。要发挥广大海外侨胞联系广泛的特点，积极配合有关部门，讲好中国故事，源源不断地为“一带一路”建设和人类命运共同体建设提供正能量。

三要引导广大归侨侨眷和海外侨胞在国家重大发展战略中展现作为。要围绕推进供给侧结构性改革的主线，按照稳中求进的工作思路，引导侨商侨企适应“去产能、去库存、去杠杆、降成本、补短板”五大任务要求，主动调整投资方向、产品结构、经营策略，坚持创新驱动发展，扩大高质量产品和服务供给，积极参与京津冀协同发展、长江经济带发展、“一带一路”建设等国家战略。要积极拓展新侨工作，通过各种渠道为海外人才回国创新创业提供服务，引导更多侨界人才积极参与大众创业、万众创新。

第三，认真贯彻中央书记处重要指示精神，走中国特色社会主义群团发展道路，全力推进侨联改革

今年是侨联改革的开局之年。习近平总书记对中国侨联改革非常重视和关心，亲自进行指导。中央书记处多次研究，并作出重要指示。不断增强侨联组织和侨联工作的政治性、先进性、群众性，是侨联改革的重要目标。

一要增强大局意识，深刻认识侨联改革的重要性。在中央党的群团工作会议上，习近平总书记从党的群团工作历史发展、实现“两个一百年”奋斗目标和实现中华民族伟大复兴中国梦的高度，深刻阐述了做好新形势下党的群团工作的重大意义，这是我们认识和推进侨联改革的重要理论基础、思想基础。中国侨联作为中央书记处直接领导的 5 大群团之一，担负着“最大限度把广大归侨侨眷和海外侨胞团结起来，最大限度把他们爱国爱乡的积极性调动起来，最大限度把他们促进改革开放和社会主义现代化建设的独特优势发挥出来”的重要任务。面对复杂的国际国内环境，以习近平同志为核心的党中央坚持以供给侧结构性改革为主线，以重要领域和关键环节为突破口，主要领域“四梁八柱”性质的改革基本出台，为实现“十三五”良好开局提供强劲动力。《中国侨联改革方案》就属于“四梁八柱”的内容之一，各级侨联要高度重视，真正把侨联改革放到党和国家大局来认识和把握，切实增强推进侨联改革的使命感和责任感。

二要坚持问题导向，准确把握侨联改革目的要求。在推进侨联改革过程中，有的同志把注意力较多地集中在有关编制、机构、职数等方面。应当清楚认识到，侨联改革不是简单的机构调整、编制增减、比例改变，而是全方位、全领域、全系统的改革，必须坚持问题导向，聚焦基层组织建设薄弱、群众工作本领不强、活动方式创新不够、干部队伍亟待加强等问题，大力推进侨联组织体制、运行机制、工作方式、服务内容改革创新。要从侨联工作全局出发，既要按照《中国侨联改革方案》推进整体改革措施的落实，解决共性问题，弹好“合奏曲”；又要结合本地区本部门实际，认真梳理本地区本部门工作存在的突出问题，有针对性地推出个性化的改革措施，搞好“独奏曲”，真正把各级侨联建设成为组织体系健全、运行机制科学、联系侨界群众密切、服务侨界群众有力的群团组织。

三要树立“钉钉子”精神，扎实推进侨联改革。由中共中央办公厅印发的《中国侨联改革方案》，经过党中央多次审议，纳入了国家改革的整体布局之中，对侨联事业发展是十分难得的机遇。这个机遇如果抓不住，将是侨联工作的重大损失。在推进侨联改革的过程中，不可避免会遇到各种矛盾和困难，各级侨联要发扬敢于担当的精神，分清轻重缓急，主动作为，克服等一等、看一看、放一放的想法，把那些中央要求明确、侨界群众呼声较高、条件比较成熟、能够马上启动的改革任务抓紧做起来，以时不我待的历史担当把侨联改革推向前进。同时，侨联改革的任务不是一朝一夕能够完成的，《中国侨联改革方案》中的很多工作部署需要认真研究、坚持不懈抓落实。要深入基层，深入侨界群众，认真听取各方面的意见和建议，避免作“无用功”，避免出现“夹生饭”。改革措施一经确定，就要一以贯之地坚持下去，发扬“钉钉子”精神，动真格、用实功，咬定青山不放松，力争取得党中央认可、归侨侨眷和海外侨胞满意的改革成效。

第四，加强侨联干部队伍思想、作风、制度建设，狠抓工作落实，以优异成绩迎接党的十九大胜利召开

“两学一做”学习教育对党员干部提出了更具时代特点的新要求。切实解决侨联干部学习意识、改革意识、群众观念、工作能力不强等问题，努力打造理想信念坚定、热心为侨服务、善于团结引领的侨联干部队伍，是侨联改革的重点之一。侨联作为党领导的群团组织，必须坚持与时俱进、锐意进取。

一要巩固“两学一做”学习教育成果，实现思想政治建设常态化制度化。习近平总书记强调，在腐败面前“群团干部并没有天然的免疫力”。各级侨联干部要坚定理想信念，加强思想道德修养，严格要求自己，自觉践行社会主义核心价值观，自觉践行“三严三实”，自觉抵制和纠正“四风”问题，带头尊法学法守法用法，慎始慎初、慎微慎独，做到心有所畏、言有所戒、行有所止。要巩固“两学一做”学习教育成果，针对侨联党员干部实际，完善严格的党员教育管理制度，突出经常性学习教育的特点，坚持抓常抓细抓长，切实加强党员的党性修养，充分发挥党员的先锋模范作用。要抓住想干事、敢干事这两个关键点，健全正向激励机制，使侨联的党员干部队伍更好成为侨联事业创新发展的中坚力量。

二要密切党同侨界群众的血肉联系，以侨界群众满意为出发点和落脚点。习近平总书记指出：“群团组织中存在的问题，实质是脱离群众。”各级侨联干部要突出“知侨、懂侨、爱侨、为侨”，坚持心系侨界群众、依靠侨界群众，强化为侨服务的宗旨意识，不断改进思想作风、工作作风，始终保持与侨界群众同呼吸、共命运，通过心系侨界群众、服务侨界群众的实际行动，不断密切党同侨界群众的血肉联系。春节就要到了，各级侨联要把关心关怀困难归侨侨眷作为义不容辞的职责，精心组织好“送温暖、献爱心”活动，使他们切实感受到党和政府的温暖。

三要勤于学习、学以致用、学用结合，不断提高做好新形势下侨联工作的能力。各级侨联干部要切实增强学习的紧迫感和自觉性，真正把学习当作一种精神境界、一种终身追求，不断提高理论素养、党性修养和工作水平。要大力弘扬理论联系实际的马克思主义学风，把加强学习与促进侨联工作结合起来，通过深刻学习领会习近平总书记系列重要讲话精神，特别是习近平总书记关于侨务工作的系列论述，自觉用学习成果指导侨联改革发展实践，努力做学习型、研究型、创新型侨联干部。要以更宽广的视野、更开阔的胸襟、更高远的目标定位来审视侨联工作，进一步拓展侨联改革发展思路，不断研究新情况新问题、学习新知识新本领，使自己的思想认识和工作能力随着实践的发展而发展，随着时代的步伐奋勇前进。

各位委员、各位顾问，同志们，将于今年下半年召开的党的十九大是全党全国各族人民政治生活中的一件大事。各级侨联要广泛宣传党的十八大以来，以习近平同志为核心的党中央团结带领全国各族人民推动改革发展稳定取得的伟大成就，发挥侨联组织独特作用，促进社会和谐稳定，在侨界群众中努力营造良好氛围，以优异成绩迎接党的十九大胜利召开。

在中国侨商联合会四届六次常务理事会议上的讲话

（2017年3月29日）

李卓彬

尊敬的各位常务理事：

大家下午好！

很高兴出席中国侨商联合会四届六次常务理事会，我谨代表中国侨联，对理事会的召开表示热烈祝贺！向各位常务理事致以诚挚的问候！

本次常务理事会是在今年全国“两会”闭幕不久、党的十九大即将召开，各级侨联全面贯彻落实中国侨联九届四次全委会精神和中央批准的《中国侨联改革方案》，中央巡视组对中国侨联党组政治巡视进入整改阶段的背景下召开的，对于全国侨商组织系统把握形势、明确方向、创新发展具有十分重要的意义。刚才，朱奕龙常务副会长代表常务理事会作了工作报告；通过了中国侨商联合会设立办事处事项，聘任了三名副秘书长，举行了郑州市侨商联合会揭牌仪式，会议开得很成功，也很务实。下面，我结合《中国侨联改革方案》和中央巡视工作整改要求，就下一步侨商会工作讲三点意见。

一、深刻理解侨联改革重大意义，切实把握侨联改革正确方向

习近平总书记对党的群团工作高度重视，把群团改革摆在全面深化改革的重要位置，主持中央深改领导小组会议、中央政治局常委会审议群团改革方案。党的十八大以来，中共中央印发了《关于加强和改进党的群团工作的意见》，中办印发了《关于加强和改进新形势下侨联工作的意见》。去年9月份，经中央政治局常委会审议通过的《中国侨联改革方案》正式印发。这次侨联改革，是党中央从全局和战略的高度做出的重大部署，是党中央推进侨联事业发展的重要里程碑，凝聚着党中央对侨联的殷切期望。在去年召开的中国侨联九届六次常委会议上，中央政治局委员、国家副主席李源潮同志就《认真学习贯彻中央决策部署　扎实推进侨联工作改革创新》发表了重要讲话，明确要深入学习领会习近平总书记重要指示精神，充分认识侨联深化改革的重大意义，就要充分认识到深化改革是侨联不忘初心和宗旨，坚持党领导的爱国人民团体的性质和方向，保持和增强政治性、先进性、群众性的根本要求；是适应协调推进“四个全面”战略布局，更好团结带领广大侨胞为实现中国梦建功立业的时代要求；是更加突出侨联的统战性，更好发挥桥梁纽带作用，深入推进“两个拓展”，把广大侨胞联系好、团结好的迫切需要；是解决当前侨联组织和工作中存在的突出问题，防止和克服机关化、行政化倾向，保持和加强与侨界群众紧密联系的现实要求。

中国侨联成立60周年来，我们党始终把侨联组织作为开展党的侨务工作的重要力量。但我们也要清醒地看到，面对新的形势和任务，与党中央的要求相比，与时代发展和侨情变化相比，侨联工作还有许多不符合、不相适应的地方。如侨联组织存在机关化倾向，侨联基层组织覆盖面不足，新侨和海外工作拓展不够，部分侨联干部群众意识和群众工作能力不强等问题。这次推进侨联改革，就是破解侨联发展难题、焕发侨联工作活力、强化侨联组织功能的重要机遇。

这次推进侨联改革，也是促进侨商社会组织

改革发展的一次契机。在中国侨联的领导下，侨联所属各级侨商组织经过十多年的发展，在支持国家经济建设和重大战略实施、推动地方经济社会发展和战略合作、参与民生建设和公益事业、促进中外经贸交流和友好往来等方面做出了重要贡献。侨商会作为侨联工作的重要组成部分，同样面临着深化改革的问题。习近平总书记在党的群团工作会议上的讲话中深刻指出，联系和引导相关社会组织，是群团组织发挥桥梁纽带作用的一项重要任务。中央书记处明确要求加强中国侨联对侨商会等社会组织的领导，并指出侨商会不应与中国侨联脱钩的要求，有关部门也正在积极落实。《中国侨联改革方案》中也明确指出：要加强侨联所属社团组织建设，发挥各级侨联所属侨商联合会等社团的独特作用，团结凝聚不同领域侨界群众和新的社会阶层人士，延长工作手臂。各级侨商组织要紧紧抓住侨联改革契机，按照《中国侨联改革方案》要求，结合自身发展特点，扎实推进各项改革工作。

二、切实把握巡视整改契机，积极稳妥推进侨商组织改革

从中国侨商联合会常务理事会报告中可以看出，2016 年，中国侨商联合会在服务经济、对外经贸、参政议政、公益事业、组织建设等方面都取得了新成绩，有了新发展。同时，全国各地侨商会相互支持、上下连动，积极围绕国家战略和侨联工作开展了丰富多彩的服务活动。如广东、福建、贵州、陕西、重庆、江西、河北、辽宁、黑龙江、吉林、云南、四川、青海等省区市侨商会围绕“一带一路”建设开展一系列专题论坛和经贸活动，加强与“一带一路”沿线国家联系，引导企业“走出去”发展；广西、湖北、安徽、海南、新疆侨商会积极开展侨资企业调研活动，主动贴近侨商，有效维护侨商合法权益；上海、济南侨商会积极开展捐资助学和精准扶贫活动，充分体现侨资企业家的社会责任；北京、江苏侨商会加强管理制度建设、完善内部治理工作，荣获社会组织 5A 级评估等级；湖南、河南、内蒙古侨商会加强基层组织建设和侨商会党建工作，促进多家地级市侨商组织成立。

我们在总结成绩的同时，也要充分看到侨商组织存在的问题和不足。去年底，中央第四巡视组对中国侨联党组政治巡视期间，对中国侨商联合会的整体工作也进行了巡视。中央巡视组对侨商会服务国家战略、领导班子建设、内部治理工作、群众性体现、活动时效性等方面提出了整改建议。从去年开始，一些省区市侨商会也接受了巡视。因此，落实巡视整改工作是摆在全国侨商组织系统面前的一项重要任务。

今年 3 月初，中国侨联党组下发了《专项巡视整改工作方案》和《专项巡视整改任务台账》，提出了巡视整改指导思想、原则要求和整改具体任务。中国侨商联合会对照巡视组提出的意见进行了认真剖析和研究，归纳梳理出当前存在的主要问题是：在围绕服务国家战略，整合侨商组织资源、发挥系统整体优势不够；对服务“一带一路”建设缺少系统考虑；开展招商引资工作有重表面、撑场面现象；侨商组织的群众性、代表性特点体现不够，服务会员事业发展渠道不宽，侨商会自身可持续发展能力不强。中国侨商联合会存在的这些问题与地方各级侨商组织的问题基本一致。

当前，在中国侨联巡视整改工作领导小组的领导下，侨商会正在全面贯彻落实习近平总书记关于侨务工作重要讲话精神，准确把握《中国侨联改革方案》总体要求，紧紧抓住巡视整改和侨联改革的难得契机，深入研究剖析巡视反馈问题的内在实质，将巡视整改工作与落实习近平总书记重要讲话精神紧密结合，与围绕国家战略和侨联工作紧密结合，与促进侨商组织深化改革可持续发展紧密结合，与密切联系侨商促进会员事业进步紧密结合。中国侨商联合会要发挥龙头作用，以上率下，带头整改，以推动全国侨商组织的巡视整改工作和深化改革工作。

根据中央巡视组反馈意见和中国侨联党组专项巡视整改工作方案，中国侨商联合会近期整改工作，可在以下几个方面着力：

一是改进工作方法、密切联系侨商。为贴近侨商，加强对基层会员服务的覆盖面，侨商会将在我国东、南、西、北地区设立办事处，整合全国侨商组织资源，强化和覆盖对所在地区中国侨商联合会会员的服务工作。刚才侨商会东部地区和南部地区办事处已经举行了授牌仪式，今后将根据试点情况和工作需要逐步设立新的办事机

构，同时将探索在海外主要国家设立侨商会海外联络机构。侨商会在吸收新会员时，也要注意体现会员的代表性和群众性，不能简单以企业规模效益为入会标准，要注意吸收新侨和创新性企业入会，切实克服“万水千山总是钱”的问题。

二是创新服务方式、增强活动实效。侨商会将继续扩大海内外的联系面，加强与中国侨联特聘专家委员会、法律顾问委员会、新侨创新创业联盟、各地区侨联及侨商会、国家行业协会、中央企业、外国商会组织、海外中华总商会、驻外使领馆经参处的密切联系。加强举办经贸活动的时效性，采取事前充分筹备，事中有效对接，事后跟踪服务评估的方法，进一步提高举办经贸活动的质量和水平，特别是要系统考虑好“两个服务”（服务国家战略、服务“一带一路”）。

三是加强组织建设、促进侨联工作。侨商会要继续加强基层侨商组织建设，使各级侨商组织真正成为各级侨联工作的得力助手。加强秘书处工作建设，增聘侨商会副秘书长，充分发挥全国侨商组织的上下联动、相互支持的作用。加强侨商会干部队伍建设，根据侨商会今年工作计划，将在8月份举办全国侨商组织秘书长培训班，进一步增强侨商干部队伍能力水平，促进全国侨商组织体系建设。

四是强化内部治理、完善组织功能。侨商会将进一步修订现有管理制度。同时根据《章程》的规定，围绕国家三大战略和区域经济发展战略，整合全国各级侨商会资源，积极稳妥地试点成立侨商会实体机构，以减少侨商会对会费的依赖程度，促进侨商组织可持续发展。同时，侨商会还将研究提出适当降低现行会费收费标准的建议并提交中国侨商联合会第五次会员代表大会审议。

五是探索互联网联络方式，加强全球侨商组织网络联系和信息互通。侨商会将进一步加强与有关科技公司的合作，利用互联网、云计算、大数据促进国内侨商组织与海外侨商组织之间的信息共享与项目合作。

三、紧紧围绕推进国家战略实施，发挥侨商组织独特作用

今年2月，习近平总书记就侨务工作作出重要指示，希望侨务战线的同志们坚持胸怀全局、坚持为侨服务、坚持改革创新，以凝聚侨心侨力同圆共享中国梦为主题，当好海外侨胞和归侨侨眷的贴心人，成为侨务工作的实干家，最大限度把海外侨胞和归侨侨眷中蕴藏的巨大能量凝聚起来、发挥出来，为实现“两个一百年”奋斗目标和中华民族伟大复兴的中国梦不断做出新的更大的贡献。李克强同志也要求侨务部门按照统筹国内国际两个大局等要求，持续推动侨务工作改革创新，扎实做好各项为侨服务，充分发挥侨务资源优势，在推动国家经济社会发展、维护和促进国家统一、增进中外交流合作、提升国家软实力等方面发挥更大作用。习近平总书记对广大侨务工作者提出的更高要求，为我们指明了前进的工作方向。李克强同志的批示进一步明确了侨务工作的主要任务，这对指导巡视整改，推进侨联、侨商会改革具有非常重要的现实意义。

2015年底以来，部分省区市侨联、侨商会致电中国侨商联合会，反映省区市政府有关部门下文要求侨联与所属侨商会脱钩情况，希望中国侨联对此问题引起高度重视。截至去年底，在27个省级侨商会中，已有3个省级侨商会与侨联脱钩，9个省级侨商会部分脱钩。中国侨联党组高度重视侨商会脱钩问题，今年1月4日，中国侨联党组在向中央书记处汇报工作时指出，侨联所属侨商联合会等社会组织是侨联联系不同领域侨界群众的手臂，同样具有群众性、民间性、涉外性、统战性的工作属性，是侨联工作的重要组成部分。侨联不是行政机关，侨商会也不具有行业协会性质。侨联与侨商会脱钩，不仅违背中央群团工作会议精神和《中国侨联改革方案》，影响侨联组织群众性特点的发挥，更有可能使侨联形成新的机关化、行政化倾向。中央书记处对此问题进行了研究，中央政治局常委刘云山，中央政治局委员、中央书记处书记栗战书，中央政治局委员、国家副主席李源潮等分别作出重要批示。1月6日，中国侨商联合会派员赴中南海进行专题汇报。1月18日，国家发改委、民政部根据中央领导批示召开了青妇科侨有关社团座谈会。1月24日，中国侨联主席林军同志就侨商会不能脱钩问题致信国家发改委副主任刘鹤同志，得到了刘鹤同志的积极肯定。2月22日，国家发改委正式函复中国侨联，明确：第一，中

国侨商联合会没有列入协会商会脱钩建议名单，不用参加脱钩改革；第二，将以适当方式通知尚未对地方侨商联合会脱钩的地方，不再把地方侨商联合会纳入脱钩改革，各级侨商联合会维持现行管理体制不变。这个问题的解决，充分体现了党中央对侨联工作的关心和期望，体现了中国侨联对侨商组织发展的重视，更为侨商组织健康、有序发展奠定了扎实的基础。

为进一步做好 2017 年侨商会各项工作，我代表中国侨联提几点要求：

1. 推动侨商事业发展，服务国家战略实施。今年 5 月，中国将主办“一带一路”国际合作高峰论坛。3 年多来，“一带一路”建设从无到有、由点及面，进度和成果超出预期。全球 100 多个国家和国际组织共同参与，40 多个国家和国际组织与中国签署合作协议，形成了广泛的国际合作共识。本次高峰论坛，将全面总结“一带一路”建设的积极进展，在推进中国经济社会发展和结构调整的同时，推动国际合作，实现合作共赢，为全球治理体系改革和经济全球化作出新贡献。

中国侨联根据巡视整改意见，正在研究制定围绕国家战略，整合侨联资源，发挥系统整体优势的总体工作思路和《中国侨联关于发挥侨的优势推进“一带一路”建设的意见》。各级侨商组织要在侨联的领导下，紧密围绕国家三大战略和区域经济发展战略，结合本地区经济社会发展实际情况，积极开展各类经贸活动，搭建为会员事业发展的平台。要着力拓宽服务会员渠道，注重提高经贸活动质量和水平。各位侨商会员也要充分发挥自身优势，积极投身国家经济社会建设，在促进国家战略实施的过程中实现自身事业的新发展。

2. 加强基层侨商组织建设，发挥侨商组织独特作用。各级侨联和侨商组织要充分认识中央书记处关于侨商会不脱钩的深刻内涵和发展期望，旗帜鲜明地支持、鼓励侨商组织的健康发展。目前，侨联所属侨商基层社会组织建设工作总体情况是好的。去年又有一批侨联成立了侨商会，对各地侨联工作形成了有力支撑。我在去年的全国侨商组织工作会议上讲过，侨商组织建设还存在着不平衡的问题，一些该建未建的省份还没有成立侨商组织，一些省区市侨商组织建设只停留在省一级，还没有向地级市拓展，一些省市虽然成立了侨商组织，但侨联支持力度不够，关心不足。这里面有客观问题，包括有些地方侨商会脱钩问题所产生的影响，但更多的是主观问题，是对侨联组织发挥群众性、重要性和侨商组织的独特作用认识不到位的问题。这次中国侨联巡视整改工作中，重点要在解决“四化”问题不够有力，“机关化”“行政化”倾向比较突出方面下大力气。其对应的整改措施就是要加强侨联基层组织建设，增强基层组织活力、发挥基层组织作用。基层组织也包括侨商会等社团组织。因此，各级侨联要按照《中国侨联改革方案》提出的要求，充分认识侨商社会组织在服务国家战略实施和区域经济发展中的重要作用，在参与“一带一路”建设和促进对外开放中的重要作用，在参与社会管理、公益事业和精准扶贫中的重要作用，将侨商组织建设纳入本地区侨联基层组织建设规划中，不断增强侨联组织的群众性和代表性，这也是中央对各级侨联深化改革的基本要求之一。

3. 加强侨商组织内部治理，探索侨商组织发展新途径。在党中央的关怀下，侨商会没有列入协会商会脱钩名单，不参加脱钩改革。但这绝不是讲侨商组织不需要改革。侨商会虽然不脱钩，也必须要深刻认识中央关于行政机关与行业协会商会脱钩工作的重要意义和改革方向。各级侨商组织在保持与侨联领导体制不变的前提下，都要按照中央关于社团深化改革的要求进行改革，使侨商组织不断适应形势发展变化的需要。同时，在完善侨商会服务会员的各项工作的前提下，积极稳妥地探索侨商组织可持续发展途径。

侨商会内部管理工作的制度化、规范化、科学化是保证侨商组织正常运转的基本保障。各级侨商组织都要按照《章程》规定，完善各项规章制度，强化工作人员培训和管理，不断提升侨商组织自我管理和自我发展能力。要开阔眼界，虚心汲取兄弟侨商会和海外商会运作方式和先进理念，不断创新侨商会发展模式。

各级侨商组织要在中国侨联和地方各级侨联组织的领导下，紧紧围绕国家战略和本地区经济发展要求，努力提高侨商组织承接政府转移职能的能力和水平。这些年来，国家加大了对开发区及自由贸易试验区创新改革的力度，为各级侨联、侨商会和广大侨商提供了更加宽阔的服务和发展平台。目前，中国侨商联合会正在积极探讨成立以服务“一带一路”建设和全国开发区及自由贸易试验区发展的实体机构，需要各级侨联、侨商会及海外侨务资源的大力支持，共同为“一带一路”建设和各地开发区建设发展贡献力量。各级侨联、侨商会和广大侨商要充分利用国家促进开发区建设的契机，发挥独特优势，创新多种形式的合作开发模式，在促进国家开发区建设的同时，不断拓宽侨联、侨商会的服务渠道，营造侨商事业发展的新格局，为增强侨商组织可持续发展能力进行有益的探索。

同志们，让我们紧密团结在以习近平同志为核心的党中央周围，严格按照党中央、国务院决策部署，紧紧围绕“五位一体”总体布局和“四个全面”战略布局，按照稳中求进的工作总基调，坚持按照侨联“两个并重”“两个拓展”工作方针，齐心协力、同心同德、奋发有为，不断推进侨联和侨商组织的改革创新，不断开创工作的新局面，以优异成绩迎接党的十九大胜利召开。

在 2017 年侨创联盟理事会上的讲话

（2017 年 6 月 25 日）

李卓彬

尊敬的各位理事长，

各位理事，各位海外委员：

晚上好！

大家在百忙之中来参加由中国侨联组织的这次新侨创新创业系列活动，我谨代表中国侨联，并作为联盟理事长，向大家的到来表示诚挚的欢迎和衷心的感谢！

刚才，中国侨联赵红英部长介绍了侨创联盟的有关情况，联盟执行理事长林东同志作了很好的发言，我完全赞同。

同志们，党的十八大以来，以习近平总书记为核心的党中央高度重视中国侨联工作，指出侨联事业已经成为党和国家事业的重要组成部分，是党和国家联系归侨侨眷的桥梁和纽带，侨联工作具有的独特优势不可替代。特别是中央专门出台了《关于加强和改进新形势下侨联工作的意见》，强调在做好“两个并重”的同时，重点推动“两个拓展”即拓展海外工作、拓展新侨工作。今年也是中国侨联贯彻落实中央《中国侨联改革方案》的重要一年，按照中央要求，中国侨联于去年 9 月正式成立了中国侨联新侨创新创业联盟。联盟虽然成立时间不长，但凝聚了一大批优秀的新侨创新创业人才，他们都很有朝气、很有活力，具有磅礴的创新、创业热情，有的还取得了令人瞩目的成就。如林东同志的“模块化大型海洋潮流能发电技术”，毛大庆同志的“创客工厂”，就是我们侨界创新、创业的典范。还有很多，在这里我就不一一列举了。我相信，只要我们在座的各位不懈努力，充分发挥侨创联盟这个平台的作用，凝聚带领广大新侨不断创新创业，必将会取得更多辉煌的成就，并为国家大力实施创新驱动发展战略作出侨界应有的贡献。下面，我就如何更好地发挥侨创联盟的作用，讲几点意见。

一、要认真贯彻习近平总书记重要指示精神，广泛开展向黄大年同志学习的活动

今年，中国侨联有重点地广泛开展了学习宣传“侨界楷模”黄大年同志先进事迹的活动。1 月份，在得知我国著名地球物理学家、为国家资源探测和国防建设作出突出贡献的归侨杰出代表黄大年同志因病与世长辞的消息后，有感于他“一切为了祖国”的精神，向广大归侨侨眷和全国各级侨联工作者发出了向黄大年同志学习的通知。5 月份，我们又在北京会议中心举办了“黄大年先进事迹报告会”，2000 余人聆听了报告团成员对他的先进事迹介绍。同时，我们还迅速作出了追授黄大年同志“侨界楷模”荣誉称号的决定。他的先进事迹引起了党中央的高度重视，习近平总书记专门作出重要指示，指出：黄大年同志秉持科技报国理想，把为祖国富强、民族振兴、人民幸福贡献力量作为毕生追求，为我国教育科研事业作出了突出贡献，他的先进事迹感人肺腑。我们要以黄大年同志为榜样，学习他心有大我、至诚报国的爱国情怀，学习他教书育人、敢为人先的敬业精神，学习他淡泊名利、甘于奉献的高尚情操，把爱国之情、报国之志融入祖国改革发展的伟大事业之中、融入人民创造历史的伟大奋斗之中，从自己做起，从本职岗位做起，为实现“两个一百年”奋斗目标、实现中华民族伟大复兴的中国梦贡献智慧和力量。最近，中央组织部、中央宣传部、教育部又专门印发了《关于认真贯彻习近平总书记重要指示，广泛开展向

黄大年同志学习活动的通知》。侨创联盟作为服务新侨创新创业的一个重要平台，更是中国侨联的一个重要组成部分，我们一定要认真学习贯彻习近平总书记的这一重要指示和中央通知精神，把广泛开展学习黄大年同志先进事迹的活动，与今年的“两学一做”学习教育常态化制度化结合起来，与改造世界观、实现自我价值结合起来，与实践创新创业活动结合起来，自觉以黄大年同志为学习榜样，深入开展见贤思齐、自觉践行的“比学赶帮”活动，进一步激发广大新侨创新创业、爱国奉献的热情。

二、要服务国家人才战略，切实做好回国创新创业人才服务保障工作

习近平总书记对海外引才工作高度重视，强调要广开进贤之路，聚天下英才而用之，更大力度推进“千人计划”“万人计划”。他指出，一个国家对外开放，必须首先推进人的对外开放，特别是对人才的对外开放；发展的中国需要更多海外人才，开放的中国欢迎来自世界各地的英才。可以说，人才是国家发展的重要战略资源，服务国家人才战略，服务侨界人才创新创业是侨联组织围绕中心、服务大局的一项重要工作。近年来，中国侨联通过打造“创业中华”品牌活动、举办新侨创新创业成果交流会、推进“新侨创新创业基地”建设、加强特聘专家委员会队伍建设、组建“新侨创新创业联盟”等方式，支持、鼓励、引导海外侨界高层次人才回国创新创业，在推进创新型国家建设中发挥了不可替代的独特作用。

侨创联盟作为中国侨联凝聚服务新侨创新创业人才的重要平台，要紧紧抓住这个“黄金机遇期”，认真贯彻落实习近平总书记的重要指示，围绕国家人才战略，充分发挥各自对国外情况了解、对专业领域精通的优势，积极了解海外高层次侨界人才分布状况、回国或来华创新创业意愿；根据国家、地方、企业创新发展需要，积极引荐海外高层次侨界人才，不断壮大联盟队伍，培育积蓄侨界人才力量。要增强为侨服务意识，经常深入到各类回国创新创业人才之中，了解他们的实际情况，为他们面临的投资融资、人员招聘、市场开拓等问题积极出谋划策。同时配合有关部门和各级侨联组织解决实际困难和问题，帮助他们排忧解难，切实通过加强机制和服务平台建设，进一步做好回国创新创业新侨人才的服务保障工作。

三、要聚焦“一带一路”建设，积极发挥桥梁纽带作用

习近平总书记提出“一带一路”倡议三年多来，已有100多个国家和国际组织积极参与和支持。以共商、共建、共享为原则的“一带一路”建设，从各国人民追求和平与发展的共同梦想出发，为世界提供了一项充满东方智慧的共同繁荣发展的方案。今年5月，“一带一路”国际合作高峰论坛在北京成功举办，取得了丰硕成果，引起了国际社会高度关注。不久前，习近平主席再访丝绸之路经济带首倡之地——哈萨克斯坦，强调要将“一带一路”建成繁荣之路、开放之路、创新之路，深入开展产业合作，创新投资和融资模式，打造开放型合作平台，优化创新环境，集聚创新资源，为互联网时代的各国青年打造创业空间、创业工场。

“国之交在于民相亲，民相亲在于心相通”。习近平总书记在推进“一带一路”建设工作座谈会上曾发表重要讲话，在讲到切实推进民心相通时强调要“发挥好华侨华人的作用”。侨创联盟成员大多具有海外经历，有的曾是国际知名实验室的骨干，有的曾在世界500强就职，有的拥有丰富的海外人脉关系，特别是我们在座的各位海外委员，大都已经融入当地社会，了解和熟悉住在国的语言、文化、法律和环境；了解国外市场信息，通晓国际规则。可以说，在座的各位是连接中国与“一带一路”沿线国家和地区的桥梁和纽带，在“一带一路”建设中具有不可忽视的独特作用。我们一定要善于抓机遇、抢先机，积极为国家在“基础设施互联互通、产能合作、经贸产业合作区建设”等关键性、示范性项目的推进做好配套和外围工作。我们也坚定支持大家“走出去、引进来”，依靠合法经营不断发展壮大，大家发展得越好，在“一带一路”建设过程中就越能发挥更大作用。希望各位能够成为我国在“一带一路”建设中连通世界和谐发展的桥梁和纽带，为实现我国与沿线国家的政策沟通、道路联通、贸易畅通、货币流通和民心相通贡献力量。同时，要通过团结引领有理想、有追求、有成就的侨界人才聚集与合作，多渠道、多方式宣传“一带一路”，讲好中国故事，为扩大我国在海外的朋友圈和合作伙伴发挥积极作用。

四、要服务国家发展战略，为推动发展动能转化和经济结构转型升级贡献力量

创新创业是带动就业的有效方式，是推动发展动能转换和经济结构转型升级的重要力量，是促进机会公平和社会纵向流动的实现渠道。当前，中国经济保持稳中向好态势，但经济增长内生动力仍显不足，许多产业仍处于全球价值链的中低端，经济发展尚未真正转到依靠创新的轨道；同时领军人才缺乏，创新型企业家群体亟需发展壮大。因此，侨创联盟要继续聚焦创新创业的各环节各领域积极建设功能鲜明的支撑平台，为创新成业新侨提供从交流合作、研发设计，到成果转化、展示交易等的全链条、高质量服务，推进创新、创业、创投、创客“四创联动”，最大程度聚合资源、培育动能，激发侨界“双创”活力。

侨创联盟的各位成员大多从事科创行业，拥有良好的教育背景、丰富的创新经验和饱满的创业热情。希望大家把创新作为看家本领和制胜法宝，既聚焦智能制造、新能源、新材料、节能环保等战略性新兴产业，也注重用新技术新业态全面改造提升传统产业。不断强化科技创新，突出应用导向，加强关键核心技术研发，重视人才培养和引进，注重创新资源的国际整合。积极参与和促进新技术、新产业、新业态发展，深化制造业和互联网融合发展，努力形成比较优势，勇作产业创新的引领者，为推动我国经济转型升级、保持中高速增长、迈向中高端水平作出应有贡献。

五、要紧扣创新创业主题，将侨创联盟打造成团结凝聚侨界创新创业者的重要平台

侨创联盟虽然起步晚，但潜力大、后劲足，是中国侨联落实“两个拓展”工作方针的一个重要载体。今年以来，侨创联盟先后成功举办或者承办侨创联盟理事长建言献策会、新侨创新创业对接交流会等活动，都取得了很好的效果。联盟在座各位都是新侨创新创业的优秀代表，希望大家主动融入侨创联盟这个大家庭，群策群力，把联盟建设好、维护好、发展好。侨创联盟要加强与中国侨联新侨创新创业基地、中国侨联特聘专家委员会、中国侨商联合会、清华大学“一带一路”战略研究院的互动交流，要依托侨联系统的组织网络优势，努力发展成为团结凝聚侨界创新创业者的重要平台。

对于侨创联盟今后的工作，一是要增强灵活性。联盟的主要目的是促进新侨创新创业人才互相借力、共享资源、合作共赢，活动形式应不拘一格。我们鼓励支持联盟成员结合自身发展组织沙龙、论坛、展会等各种形式的活动。二是要突出地域性。侨创联盟的理事来自五湖四海，各地的发展各有侧重、各有所长。我们鼓励支持联盟成员分地域开展对接交流活动，希望各地的副理事长发挥好引领带动作用。三是要注重国际性。此次，经过驻外使领馆的推荐，我们增聘了海外委员。这进一步强化了侨创联盟与海外的联系。我们鼓励支持联盟成员加强与海外创新创业组织和机构的交流，在人才、项目、技术的国际合作上不断取得新进展、新突破。当然，我们都是围绕国家发展战略的实施，为了创新创业目标走到一起的，是联盟性质的组织，既然是组织就必须要有一定的组织纪律性，就是要有所作为，希望每位联盟成员能够充分发挥优势，积极参与到联盟活动中来，共同推进联盟发展壮大！

各位理事，委员们：

明天上午，我们将举办侨创论坛和优秀项目展示交流暨专场路演活动。中国侨联党组书记、主席万立骏同志将到会并就新侨创新创业和侨创联盟工作提出要求。希望大家能够以这次活动为契机，务实进取、奋发有为，不断取得新的成果，创造新的业绩，为祖国和世界发展做出更大贡献！

紧紧围绕“四个全面”谋篇布局、精准发力 不断开创侨联维护侨益事业新局面

——在2017年全国侨联系统维权工作经验交流会上的讲话

（2017年7月16日）

李卓彬

同志们：

昨天，中国侨联法顾委成立35周年纪念大会成功召开，会议全面总结了法顾委的工作成就，谋划展望了法顾委的发展未来；依法维护侨益论坛圆满举行，有关专家作了精彩发言。今天，我们在这里召开2017年全国侨联系统维权工作经验交流会，对2015年以来侨联维权事业进行总结并交流经验。上午，张岩同志系统总结了过去两年全国侨联系统维权工作情况并部署了新的任务，国家信访局钱永国同志为我们详细介绍了当前信访工作的有关情况；刚刚大家又进行了充分的讨论交流。可以说，此次会议安排紧、效率高、收获大，交流了经验，凝聚了共识，明确了方向，达到了预期的目的，为下一阶段侨联维权工作打下了良好的基础。会后，请权益保障部的同志认真汇总整理会议中收集的意见建议，形成文字材料，落实跟进措施，务求取得实效。

借此次会议的机会，我谨代表中国侨联和万立骏主席，向全国侨联系统维权工作战线上的同志们致以崇高的敬意和诚挚的问候！感谢大家对侨联维权工作的一贯重视、辛勤付出以及取得的新成绩！

同志们，以习近平总书记为核心的党中央高度重视侨务工作。今年2月，习近平总书记对侨务工作作出重要指示。他指出，党的十八大以来，各级党委、政府和侨务部门全面贯彻落实党的侨务政策，依法维护海外侨胞和归侨侨眷权益，在促进国家现代化建设、促进祖国和平统一、促进中外友好合作等方面发挥了重要作用。他要求，侨务工作者要坚持胸怀全局、坚持为侨服务、坚持改革创新，当好海外侨胞和归侨侨眷的贴心人，以凝聚侨心侨力同圆共享中国梦为主题，成为侨务工作的实干家，最大限度把海外侨胞和归侨侨眷中蕴藏的巨大能量凝聚起来、发挥出来，为实现“两个一百年”奋斗目标、实现中华民族伟大复兴的中国梦不断作出新的更大的贡献。习近平总书记的重要指示精神为今后我们的工作指明了努力方向，提供了根本遵循，我们要认真贯彻落实，切实增强为侨服务意识，切实提高为侨服务能力，努力当好海外侨胞和归侨侨眷的贴心人，成为侨联工作的实干家，不断将依法维护侨益工作引向深入。

一直以来，中国侨联党组高度重视维护侨益工作，始终坚持围绕中心、服务大局，始终坚持问题导向、精准发力，始终坚持立足本职、强化作为。过去几年间，各级侨联组织在地方党委政府支持配合下，不断整合侨界社会资源，广泛开展侨界法治学习宣传活动，深入基层深入群众办理来信来访事项，不断加强体制机制建设和法顾委队伍建设，充分调动侨界法治力量并联合“五侨”及公检法司相关部门开展维权工作，得到了各级党委政府及侨界群众的广泛认可，侨联组织影响力得以不断扩大。

当前，全面深化改革已进入深水区和攻坚

期，全面建成小康社会进入决胜阶段，全面依法治国不断推进，全面从严治党向纵深发展，各种利益矛盾交织叠加、相互影响，经济社会持续健康发展面临着风险和挑战，维护社会和谐稳定成为我们的主要任务。特别是今年下半年将召开党的十九大，这是全党全国各族人民政治生活中的一件大事，我们必须以更强的责任感主动应对矛盾风险，以更强的紧迫感做好新形势下的维权促进稳定工作。

在昨天召开的中国侨联法顾委 35 周年纪念活动中，万立骏主席高度评价了法顾委工作并提出殷切希望，张耕主任回顾了法顾委 35 年的光辉历程，提出了不少新的工作构想。下面，我结合他们两位讲话中对维权工作提出的意见，就紧紧围绕“四个全面”战略布局统一思想、引领工作、谋划未来，不断开创侨联维护侨益事业新局面，提四点要求：

一、以改革创新精神推进侨联维权工作，切实增强侨联维权工作的前瞻性和创新性

党的十八大以来，以习近平同志为核心的党中央站在全局和历史的高度，明确了全面深化改革的战略布局，要求我们以更大的政治勇气和智慧推进改革，用全局观念和系统思维谋划改革。当前，我们要以群团组织和侨联自身改革为契机，适应世情侨情的发展变化，切实增强侨联维权工作的前瞻性和创新性。

（一）深化为侨服务工作，助力国家经济发展。海外侨胞拥有较强的创新创业能力、丰富的智力资源和广泛的人脉网络，在服务国家经济发展战略，参与“十三五”建设方面具有重要而独特的作用。各级侨联要根据本地区本部门的实际，积极创新方式方法，深化为侨服务工作，为海外新侨人才回国投资创业提供有效的法律支持和保障。针对新侨回国投资创业遇到的政策法律问题，要真研究、真反映、真解决，切实保障他们的合法权益，进而助力新侨创新创业和国家供给侧结构改革，为我国经济新旧动能转换、产业结构转型升级提供源源不断的内生动力。

（二）积极参与立法工作，切实保障涉侨权益。当前，随着经济社会发展和改革不断深入，群众利益诉求趋向多样，一些新问题新矛盾逐渐凸显。要在加强对国际国内发展形势、社会利益格局变化研究，对影响侨界群众切身利益预判的基础上，积极参与涉侨法律法规与政策的制定修改，协调不同阶层侨界群众之间、侨资企业和社会各界间关系。要在回应侨界群众关切期待，深入了解归侨侨眷在养老、住房、医疗和社会保障等方面存在的问题，细致研究海外侨胞在回国创业过程中遇到的突出矛盾的基础上，广泛参与各级人大、政协及政府的立法调研并形成政策性建议，推动有关方面不断修改完善涉侨法律法规，使侨界群众合法权益保障工作有章可循、有法可依。

（三）充分发挥法顾委在维护侨益工作中的独特作用。各级法顾委的领导同志及委员都是法律界知名度很高的专家、学者、律师，有的还是人大、政协和政法战线上的老领导，政治素质高、业务能力强，具有深厚的理论基础和丰富的实践经验，是中国侨联依法维权的重要力量。要根据委员的专长筹建更多的专业委员会，增强专业细分，提高维权效率；要加强与公检法机关的交流合作，拓展维权工作领域，搭建合作交流平台，构建高效纠纷协调解决机制，提升侨联组织依法维护侨益工作水平。各级侨联要树立全国侨联一盘棋的思想，利用自身地缘、血缘、业缘优势，重点吸引“一带一路”沿线国家和地区海外优秀律师加入法顾委，不断壮大法顾委海外委员队伍，为支持国家“一带一路”建设贡献力量。

二、坚持党的群众路线不动摇，切实增强侨界群众在我国改革开放事业中的获得感和认同感

全面建成小康社会，是实现中华民族伟大复兴中国梦的关键一步。各级侨联要积极参与社会治理体系创新，深入推进直接联系并服务侨界群众的制度建设，扎实做好困难侨胞帮扶工作，把维护权益、服务保障放在社区、深入基层，使侨界群众的问题能得到反映，矛盾能得到化解，正当合法权益能及时保障，切实增强侨界群众对侨联的认同感和亲近感。

（一）积极参与社会治理体系创新。加强和创新社会治理，是我国社会发展规律的客观要求，是人民安居乐业、社会安定有序、国家长治久安的重要保障。侨联作为党领导下的人民团体，肩负着化解侨界社会矛盾、维护侨界社会安

定和谐的重要使命。要积极参与社会治理体系创新，建立畅通有序的诉求表达、心理干预、矛盾调处、权益保障机制，多元化解涉侨矛盾纠纷。要协助发挥政府的主导作用，以网格化的管理、社会化的服务为方向，积极参与基层综合管理服务平台，及时反映侨界群体的利益诉求，实现政府治理、侨联组织参与、侨界群众自治的良性互动。

（二）坚持直接联系服务侨界群众制度。到群众中嘘寒问暖，到基层去问计于侨，是我们党一贯坚持和倡导的优良作风，也是我们党一贯主张的工作方法。要坚持直接联系服务侨界群众制度，坚决防止机关化、行政化、贵族化、娱乐化倾向，从制度上推进各级干部转变作风，深入基层，使侨联组织获得最广泛、最可靠、最牢固的群众基础和力量源泉。要加强组织领导，完善宣传和考评机制，进一步强化服务功能，创新服务载体，完善服务方式，真正把直接联系服务侨界群众制度贯彻好、落实好。

（三）积极协助地方党委政府做好精准识贫、精准扶贫工作。消除贫困、改善民生、逐步实现共同富裕，是社会主义的本质要求，也是我们党的重要使命。侨联组织作为联系广大归侨侨眷和海外侨胞的桥梁和纽带，协助地方党委政府做好扶贫工作责无旁贷。侨联干部要切实做到撸起袖子加油干，真正扑下身子，深入基层，要在精准施策上出实招、要在精准推进上下实功、要在精准落实上见实效。要逐步建立完善贫困侨信息档案和帮扶工作长效机制，重点关注散居侨、华侨农林场归难侨，民族地区、边疆地区、革命老区贫困侨的生产生活问题，协助地方党委政府完成脱贫攻坚任务，确保不让一个侨界困难群众在精准脱贫工作中掉队。

三、深入推进法治中国建设，切实增强侨界群众尊法、学法、守法、用法的意识

全面推进依法治国是关系我们党执政兴国、关系人民幸福安康，关系党和国家长治久安的重大战略问题。我们要不断增强法治意识，以法治的理念、法治的体制、法治的程序开展工作，推进科学立法、公正司法、严格执法、全面守法，推进法治中国建设，切实增强侨联普法力度，努力让侨界群众成为尊法、学法、守法、用法的社会群体。

（一）加强对侨界群众的思想政治引领，以法治精神广泛凝聚侨界社会共识。要加强对侨界群众的思想政治引领工作，使其更加自觉地坚持中国共产党领导，更加紧密地团结在以习近平同志为核心的党中央周围。要以法治精神广泛凝聚侨界社会共识，把实现中华民族伟大复兴的远大理想转化为具体的价值追求，使侨界群众超越民族、语言、地域的局限，超越阶层、职业、利益的差异，不断激发侨界群众的爱国之情、爱乡之情，夯实思想政治基础，把侨界群众的思想和行动统一到党中央的各项决策部署上来，把侨界群众的智慧和力量汇聚到社会主义现代化建设上来。

（二）认真开展侨界法治学习宣传。要深入宣传中国特色的社会主义法律体系，推动侨界社会广泛树立法治意识，引导侨界群众自觉守法、遇事找法、解决问题靠法。要重视从经济社会发展和侨界群众的实际需求开展法治学习宣传，针对不同地区、不同时期、不同侨界群体的特点，分类实施法治宣传教育。要大力推进“互联网+法治宣传”活动，加强新媒体新技术在普法中的运用，使法治宣传教育能够辐射得更广更深。要借助侨联组织海外优势，积极传播中国法治好声音，宣传法治建设新进展、新成效，展示我国良好的法治形象。

（三）强化网上侨联建设中的法治应用。要重视应用法治思维和互联网思维开展联系、引导、服务侨界群众工作。善于运用新媒体平台发布侨联组织信息，收集侨界民意，回应侨界诉求。要在侨联组织网站开辟法律咨询专栏，及时为侨界群众解答各类涉侨政策法律问题，实现法顾委专家律师与侨界群众面对面、零距离在线交流，信息互动共享。地方侨联组织力争尽快对接信访局信访信息系统，紧抓与同级职能部门的互联互通，不断扩大网上信访的应用覆盖范围，在为侨界群众提供便捷规范高效法律服务方面实现新突破。

四、坚决贯彻落实全面从严治党要求，切实增强侨联的桥梁纽带作用

全面从严治党永远在路上。侨联作为党领导下的人民团体，必须牢固树立政治意识、大局

意识、核心意识、看齐意识，自觉在思想上、政治上、行动上同以习近平同志为核心的党中央保持高度一致，切实增强侨联干部的凝聚力和战斗力，努力培养和锻造一支信仰坚定、甘于奉献、勇于担当的高素质维权干部队伍。

（一）严格落实管党治党责任。各级侨联要深入学习贯彻习近平总书记系列重要讲话精神特别是总书记关于侨务工作、法治工作的重要论述，认真学习贯彻《关于新形势下党内政治生活的若干准则》和《中国共产党党内监督条例》，进一步严肃党内政治生活，切实加强党内监督。要紧紧抓住“关键少数”，切实加强党员干部特别是领导干部队伍建设，从严管好用好侨联干部。要严格执纪问责，加强监督检查，对党员干部的苗头性、倾向性问题抓早抓小、处早处小。广大领导干部要带头管好自己、带头依法办事、带头落实责任，把正风肃纪挺在前面，把能力建设贯穿始终，努力打造一支与新形势新任务相适应的过硬维权干部队伍。

（二）切实增强侨联干部的履职服务能力。为侨服务是侨联工作的宗旨，素质能力是干部履职之基。各级侨联要教育引导广大干部身怀爱侨之心，恪守为侨之责，苦练为侨之功。要把想干事、会干事、能干事的干部放在服务侨界群众、维护社会稳定的第一线，让他们砥砺品格、锤炼作风、提高本领。要进一步激励先进、树立典型、弘扬正气，激发广大干部在维权工作实践中担当有为、建功立业。要重视干部的生活和身心健康，关心解决干部的实际困难，要为干部多创造培训、交流等学习机会，为增强干部的履职服务能力创造条件。

同志们，新的起点迎来新的挑战，新的形势呼唤新的作为，让我们紧密地团结在以习近平同志为核心的党中央周围，踏实工作、锐意创新、奋发有为，不断开创侨联维护侨益事业新局面，以优异的成绩迎接党的十九大的胜利召开！

在 2017 全国侨联联络工作会议上的讲话

（2017 年 5 月 25 日）

乔　卫

同志们：

这次全国侨联联络工作会议是在深入贯彻落实中央关于中国侨联改革决策部署的关键阶段召开的一次重要会议。上午，林军同志结合中央要求、当前形势和工作任务作了重要讲话，对侨联海外联络工作提出了明确要求，希望大家认真学习领会，在工作中切实加以遵循。

上午，4 位同志做了典型经验交流发言，展现了全国侨联系统联络工作取得的成绩。但是，在看到成绩的同时，我们也要清醒地看到存在的问题：理论研究和侨情调查工作相对薄弱，对面临的诸多新问题还缺乏深入研究；侨联系统联络工作在政治引领、价值导向上整体化不够，还没有真正形成上下联动的态势，这既有中国侨联总体构思的问题，也有地方侨联特色发挥不够的问题；一些工作的连续性、稳定性有待进一步增强。这些问题，都应在今后的工作中予以高度重视，采取积极措施，逐步加以解决。关于下一步全国侨联联络工作的任务，陈权同志上午作了具体部署。这里，我结合自身工作体会，与大家交流几点心得。

一、联络工作在侨联整体工作中的位置

侨联联络工作是指包括海外联谊等诸多涉外职能在内的工作总称，不能狭隘地理解为只是中国侨联海外联谊部或者只是各级侨联海外联谊部门的工作。

（一）联络工作在侨联工作中占有十分重要的位置

联络工作在侨联工作中占有十分重要的位置。用形象的比喻，侨联四项基本职能：海外联谊、参政议政、维护侨益、群众工作，联络工作占了四分之一。中国侨联“八代会”提出“两个并重”工作方针：国内与国外工作并重，新侨与老侨工作并重，联络工作占了其中的一半。中国侨联“九代会”上，中央对侨联工作提出新的要求：一是拓展海外联络，二是拓展服务新侨，联络工作至少占到四分之三。不言而喻，联络工作做得怎么样，能不能取得实效，将在很大程度上决定着侨联整体工作的好坏。总的来说，无论从侨联的哪个方面、层面看，中央领导同志和地方政府对于侨联而言，关注的核心问题是看侨联能联络多少海外侨胞，以直接联系海外侨胞为主要内容的联络工作无疑是侨联工作的重中之重。

（二）联络工作是侨联各项业务工作的基础

联络工作是侨联各项业务工作的基础，文化、经济、科技、权益保障是在此基础上的为侨服务。联络工作是以海外侨胞为对象的人的工作，无论招商引资，招才引智，核心都是做人的工作，都需要倾注极大感情。做人的工作，要强化思想政治引领，突出价值导向。今年全国政协致公、侨联、对外友好界联组就“一带一路”进行专题讨论，我在发言中讲到，发挥广大海外侨胞在“一带一路”建设中的独特作用，不能完全依靠海外侨胞对国家的感情，对海外侨胞不能只有政治引领，更需要突出价值导向。改革开放中，海外侨胞投资占比 60% 以上，除了他们对祖国的感情之外，很大程度上是因为有减税让利的改革开放政策。如果要求海外侨胞只投入不求回报，那是公益慈善。海外侨胞之所以成为投资中国最热情的群体，除了他们对中国有感情，同时在于他们熟悉中国文化，共同的文化氛围加深了他们对国家、家乡的感情，对祖国的信心，而

这点恰是其他投资人无法具备的。因此，做好侨联联络工作，就是要让海外侨胞感受到祖国、家乡对他们的感情，使之更紧密地将其个人发展与中国的发展结合起来。

二、联络工作必须服从国家大局

（一）侨联工作具有两重性

侨联工作具有两重性，既要服务国内工作大局，也要服务国外工作大局。为国际国内两个大局服务，既有总目标的一致，又有工作着力点和方式方法的差异。可以肯定地说，国内经济建设绝对是大局，但努力促成良好的国际发展环境也是大局，侨联联络工作要有全局意识，要服从服务于国际国内两个大局。习近平总书记指出，我国目前仍然处在战略发展机遇期，但是机遇期的内涵发生了变化：随着中国经济总量的提升，对我友好国家期望我们多承担一些国际责任，对我不友好国家妄图给我发展设置障碍，因此，原先埋头搞建设的“内涵”发生了变化，现在必须平衡国际国内两个大局。服务好国外工作大局，海外侨胞是一支可以借助的重要力量，这支力量可以帮助形成与中国交朋友有好处的国际共识。特别是在“一带一路”建设中，促进民心相通，不是一句口号，而是现实的需要。

（二）联络工作的目标

随着中国在世界经济地位的增长，侨务工作的敏感性已不限于东南亚地区，“一带一路”沿线国家对我侨务工作更为敏感，西方国家在“一带一路”沿线国家争取民心的工作开展得十分细致，而我在当地基层民心工作没有他们做得深入，这方面恰恰是侨联民间性可以发挥大作用的地方。去年，中国侨联在缅甸开展“光明行”活动，缅甸总统吴廷觉出席开幕仪式；在塞尔维亚援建幼儿园，得到塞尔维亚总统的高度赞扬。上述实例是中国侨联运用民间方式做好政治引领工作的探索，今年中国侨联将继续开展此方面的工作。习近平总书记提出合作共赢、人类命运共同体理念，这一新的全球治理模式，更需要以非政府方式做好周边工作。如何发挥侨联组织民间性的优势，是联络工作需要思考的。综上所述，归根结底联络工作的目标在于培育一支长期对我友好力量，为实现“两个一百年”奋斗目标和中华民族伟大复兴中国梦作出独特贡献。

三、侨联联络工作主要特色在于亲情乡情友情

（一）联络工作是为密切海外侨胞与祖（籍）国的民族情感

海外侨胞与祖（籍）国之间有两种关系：一是由公民身份决定的法律关系，二是由民族认同决定的情感关系。公民身份的法律关系决定了海外侨胞与祖（籍）国、所在国之间的权利、义务及政治归属性；中国政府有保护华侨的责任，华侨也有在政治上效忠中国政府的义务，而华人并没有效忠中国政府的义务。民族认同的情感关系决定了海外侨胞与祖（籍）国之间的情感属性。民族认同并不是政治范畴的概念，但又的确是维系广大华人朋友与祖（籍）国友好关系的纽带。基于民族情感的亲情乡情友情为主要特色的侨联联络工作可以在海外侨胞与祖籍国之间做好感情联系的桥梁纽带。我们要下大力气做好侨胞之家的工作，其中最重要的是尽可能为海外侨胞在住在国长期生存发展服务。

（二）作为侨胞之家，侨联联络工作要为海外侨胞在当地长期生存发展服务

侨联作为党领导下的人民团体，作为党和政府联系归侨侨眷和海外侨胞的桥梁和纽带，在联络海外侨胞感情上，民间性是侨联组织的最大特征，也是巨大优势。中国侨联“九代会”上正式提出将侨联组织建成归侨侨眷和海外侨胞之家，家是什么？家是心灵的港湾，是一个充满亲情的地方，纵然身在天涯海角，只要一想到家，就会感受到温暖，体味到亲情，鸟飞得再高也要归巢，人走得再远也要回家。所以说，我们从事侨联联络工作，对待海外侨胞要有亲人般的态度，要用自己的切身感受去赢得海外侨胞对侨联组织的信任。建设侨胞之家，要有实实在在的情感付出。

（三）努力倡导海外侨胞融入和回馈当地社会

习近平总书记在 2014 年 6 月 6 日第七届华侨华人社团联谊大会上明确提出，鼓励海外侨胞融入和回馈当地社会。中国侨联一直在努力践行习近平总书记的这一指示，大力宣传海外侨胞在住在国发展所作出的重要贡献，树立海外侨胞新形象，发挥好海外侨胞连接中国梦与世界梦桥梁和使者的独特作用。因为这不仅是海外侨胞在住

在国生存发展的需要，更是他们不可替代的独特优势，海外侨胞向当地人宣传中国好形象，讲好中国故事，可信度高，可以最大限度地获得当地主流社会的接受和认可，有着事半功倍的效果。海外侨胞是当之无愧的中国梦连接世界梦的桥梁和使者。

四、联络工作需要创新方式方法

创新方式方法是世情国情侨情变化的要求，有着现实紧迫性。海外侨胞 6000 万，坦率地讲，国内各侨务部门的联络工作都加在一起，联络面也是非常非常小的。用传统的“请进来、走出去”的方式，用以往习惯的“侨领—侨团—侨胞”的途径显然解决不了联络面小的问题。因此，联络工作必须创新方式方法，要突出互联网思维，要突出发挥归侨侨眷的力量做海外联络工作，要探索新路径做好海外广大普普通通侨胞的联络工作。

（一）努力发挥系统优势

中国侨联与省区市侨联联络工作虽然侧重点不同，但目的是一致的。包括中国侨联在内，各级侨联组织都比较注重本级的特点，很少综合考量系统应该如何发挥整体优势，在工作设计方面想得比较多的是本级侨联该干什么，很少想到下级侨联该干什么。侨联和其他侨务部门最大的不同，在于侨联组织体系健全，这也是侨联的优势所在。各级侨联在考虑工作时，要尽可能考虑上下联动。去年中国侨联设计推出“海外侨胞故乡行”活动，就是希望能够全国侨联一盘棋，运用系统的力量推动侨联联络工作，特别是中西部地区侨联的联络工作；浙江省侨联“友好中华”活动，曾邀请柬埔寨亲王参加，是一个很好的尝试；广东开展村一级侨联工作的经验也值得肯定。

（二）有针对性地开展工作

有些涉侨工作，可能单靠侨联一家做不好，但是侨联可以进行一些探索。比如和谐侨社建设，造成海外侨社不和谐的原因很多。我曾说：没有不和谐的侨社，只有不和谐的侨领，所谓侨社的团结问题就是侨领的团结问题。当前，侨联联络工作不仅要做海外侨胞代表（即侨领）的工作，更应该面对最广大的海外普通侨胞。随着海外侨胞经济基础的提升，现在的侨领与侨团、侨团与侨胞之间的关系松散了，这就需要侨联联络工作必须创新方式方法。侨联系统今后在涉及侨团邀请、侨领接待、礼遇和授荣等方面有必要强化侨务部门间的协调，逐步探索有关社团评估机制，考核侨团、侨领是否真为当地华侨履行义务，是否真正为侨胞服务，逐步走出一条可供借鉴的路。

（三）平台和品牌的建设

侨联真正提出平台和品牌建设是在中国侨联“九代会”上。全国侨联组织改革发展有两个重要的着力点：一是侨联系统上下联动发挥合力，二是枢纽型社会组织建设。近年来各省侨联创造了很多的平台，比如名媛会、青委会、侨商会、书法家协会等各种各样的平台，尽可能多地团结了海外侨胞，这是值得肯定的。今后平台和品牌的建设是侨联组织应该坚持的，创建新的平台和品牌，尽可能多联系海外侨胞，肯定会对侨联工作有帮助。

（四）突出互联网思维

创新联络工作方式方法，要注重通过互联网思维和技术联系、引导、服务侨社和侨胞，开创“互联网 + 侨联”的新局面。互联网让远隔万里的人们可以零距离、面对面互动交流，天涯变咫尺，正是应对海外侨胞分布广泛的好途径。一部联网的智能手机可以实现不间断地联络，方便又快捷，事实上，作为迅速传递信息的有效方式，微信、微博等社交媒体早就在海外侨胞中应用开来，尤其是对于信息化时代成长起来的年轻海外侨胞来说，互联网已经成为生活中不可缺少的一部分。要联络海外侨胞，尤其是新侨，非触“网”不可。“互联网 + 侨联”不仅具有可行性，更具有现实性和必要性。无论为海外侨胞搭建慰藉乡情的心灵桥，还是架起创业支持的事业桥，“互联网 +”都已展现强劲实力。更值得关注的是，能否借“互联网 +”水银泻地、无孔不入的特点，让侨联服务更细致入微、急侨所需。不仅如此，针对广受关注的侨界留守儿童，针对生活困难的归侨侨眷，也可以为他们设立特色服务，让侨联服务覆盖到最沉默的角落。

（五）发挥归侨侨眷群体力量做海外联络工作

国内 3000 万归侨侨眷的庞大群体，是侨联开展海外联络工作的优势，更是侨联组织做海外联络工作的初心。我多次讲过，侨联组织的优势在基层、活力在基层、生命力在基层。侨联基层组织深入是侨联相对于其他侨务部门的最大特点，事实上，很多村级侨联、社区侨联做了大量海外联络工作，成效很大。侨联联络工作今后要更加注重发挥基层侨联组织、发挥归侨侨眷在联络工作中的作用。

（六）重点做好服务“一带一路”建设和普通海外侨胞的工作

根据国家对外工作大局，当前侨联联络工作重点在“一带一路”沿线国家、在周边国家，尤其在东南亚地区。在联络工作总体设计上，需要确定出重点国家，侨联系统上下一起去努力。去年“海外侨胞故乡行”活动取得了很好的成功经验，今年“海外侨胞故乡行”要继续开展，但在去年的基础上会有些改革，主要是各省侨联要通过故乡行活动让市侨联、县侨联，甚至乡、村侨联也广泛参与进来，侨联系统上下一起行动起来，形成联络工作新局面，做活侨联联络工作全局。

五、侨联联络工作的干部更要有侨心

“侨心”即对侨的真诚感情，这是做好侨联工作的前提。侨联工作是一项事业，没有“侨心”，不可能做好侨联工作。前不久，在福州拍摄“远方的惦念——2017 年全球华侨华人春节晚会”时，有记者问我做好侨联工作最要紧的是什么？我毫不犹豫地回答道：要有“侨心”。今年是中国侨联的改革年，总的来说，改革就是要解决侨联与侨界群众和海外侨胞联系不紧密、服务不到位的问题。我们必须牢牢记住习近平总书记在浙江工作时，曾就侨联工作讲的一句话：侨联应该做好侨界群众利益的代言人。言犹在耳，催人奋进。就联络工作而言，联络工作干部直接联系服务侨胞，因此比从事侨联其他方面工作的干部更需要有“侨心”。

同志们，新形势、新要求、新任务要求侨联联络工作必须要有新思维新举措新方法，作为侨联基础性工作，联络工作责任重大，使命光荣，让我们更加紧密地团结在以习近平同志为核心的党中央周围，按照中央的决策部署，积极进取，开拓创新、奋勇向前，全力做好新形势下的侨联联络工作，为实现“两个一百年”奋斗目标和中华民族伟大复兴中国梦作出新的更大贡献，以优异成绩迎接党的十九大胜利召开！

在全国侨联基层组织建设工作会议上的总结讲话

（2017 年 11 月 10 日，根据录音整理）

乔　卫

这次全国侨联基层组织建设工作会议是在学习贯彻十九大精神的大背景下，继 2010 年中国侨联在浙江温州召开基层组织建设经验交流会后，为进一步加强侨联基层组织建设而召开的一次重要的全国性专题会议。中国侨联对这次会议非常重视。中央组织部对这次会议也十分关心，专门派有关同志列席会议，这是对侨联基层组织建设工作的重要支持。在与会同志的共同努力下，会议开得很成功。根据安排，我对这次会议作简要总结。

这次会上，中国侨联党组书记、主席万立骏同志代表会党组作了重要讲话，从深入学习贯彻党的十九大精神和习近平新时代中国特色社会主义思想的政治高度，总结了新世纪以来侨联基层组织建设走过的历程和基本经验，分析了侨联基层组织建设工作存在的薄弱环节和困难问题，阐述了加强侨联组织建设工作的重大意义和推动侨联基层组织建设的关键点，对贯彻好基层侨联组织工作条例、落实好侨联基层组织建设各项任务作出全面部署。万立骏同志的讲话，是新形势下侨联组织贯彻中央精神、加强基层建设的重要指导文件，对于我们进一步认清形势、把握大局，在新的历史起点上更加深入扎实地做好侨联基层组织建设工作指明了前进方向。我们一定要认真学习、深刻领会，认真抓好贯彻落实。

昨天上午，7 位同志作了大会发言，从不同侧面介绍了近年来加强侨联基层组织建设、活跃侨联基层工作的主要做法和体会。在昨天下午和今天上午的分组讨论中，大家认真学习万立骏同志的讲话，聚焦会议主题，结合各自实际，进行了深入的讨论，提出了很多有建设性的意见，反映了大家对侨联基层组织建设的高度关注和责任心，也表达了大家对加强侨联基层组织建设的高度认同。正如大家所言，这次会议是在进入新时代的重要时刻侨联召开的一次十分重要的会议，是对全国侨联系统学习贯彻党的十九大精神、加强侨联基层组织建设的思想动员和工作部署会，也是把侨联基层组织建设工作抓实见效的一次高层次培训会和经验交流会。大家都说，这次会议主题鲜明、重点突出、要求明确、非常及时。主要收获有：

一是统一了思想，提高了认识。通过学习和讨论，大家进一步认识到大力加强侨联基层组织建设工作，是中国侨联根据形势和任务变化作出的一项重大决策，也是继 2000 年中国侨联六届二次全会提出“组织起来，活跃起来”、部署开展“基层组织建设年”活动，2010 年中国侨联在浙江温州召开全国侨联基层组织建设经验交流会、推广“党建带侨建”经验之后，对侨联基层组织建设作出的又一新的重大部署。它关系到新形势下侨联改革发展的全局，是侨联贯彻党的十九大精神、落实中央群团改革要求的重要着力点。很多同志都谈到，抓住了基层组织建设，就抓住了侨联强“三性”、去“四化”的关键，就找到了密切与侨界群众联系、实现侨联健康持续发展的钥匙。

二是认清了形势，明确了任务。大家在讨论中一致认为，通过学习万立骏同志的讲话和《基层侨联组织工作条例（试行）》稿，对侨联基层组织建设的历史脉络更清楚了，对基层组织建设的经验和存在的难题认识更到位了，对当前侨联基层组织建设工作的重要性、必要性、紧迫性把握更透彻了。同志们普遍反映，推动侨联基层组织建设的六个方面的关键点指向非常清晰，下一步贯彻条例、加强侨联基层组织建设的七个方面任务针对性、操作性很强，只要按照这次会议的部署认真抓好落实，侨联基层组织的面貌就一定会有很大的提升和改变。

三是交流了经验，拓宽了思路。会上，上海、浙江、福建、广东、四川、温州侨联和中共清远市委的负责同志作了很好的发言。这些发言，从中国侨联总体安排出发，紧密结合本地实际，既谈认识、讲工作，又分析问题、梳理经验；既有面上的综合情况，也有点上的深入挖掘，主题集中，各具特色，很有启迪意义和学习借鉴价值。分组讨论过程中，大家畅所欲言，分享认识、交流做法、相互启发。不少同志谈道，这种专题交流研讨，相互碰撞，打开了视野，学到了“真经”。

四是强化了担当，坚定了信心。大家一致表示，以习近平同志为核心的党中央对侨联工作高度重视、亲切关心，对加强新时期侨联工作、推进侨联改革作出了一系列重大部署，这既是一种鼓舞和鞭策，更是一份沉甸甸的责任。党的十九大对侨联组织不忘初心、牢记使命、充分发挥桥梁纽带作用提出了明确要求，这是侨联工作者必须担负起来的重要职责。同志们都表示，一定要化重视和关心为强大动力，坚定信心、真抓实干、攻坚克难，坚定不移推进侨联基层组织建设，坚定不移做好侨联工作，努力为党和国家事业凝聚侨胞力量。

根据大家在分组讨论中提出的一些比较集中的问题，也为了帮助同志们更好地理解好、贯彻好万立骏同志的讲话和《基层侨联组织工作条例（试行）》精神，我再强调四个方面。

一、要从政治和全局的角度，进一步加深对侨联组织建设重大意义的认识，解决好工作自觉性和坚定性的问题

侨联是党领导下的人民团体，是党和政府联系归侨侨眷和海外侨胞的桥梁纽带。会上，万立骏同志在讲话中回顾了侨联组织建设近20年来的工作历程，总结梳理了六条经验，分析提出了四个问题。在此基础上，以牢记使命、充分认识加强侨联基层组织建设的重大意义为题，从贯彻党的十九大提出的要求、落实群团改革的部署、密切与侨界群众的联系、实现强“三性”去“四化”的组织保证、加快侨联事业发展的需要五个方面，全面深入地阐述了中国侨联对推动基层组织建设的根本定位、重要思考、重要观点。我理解，这五个方面根本的立足点和出发点就是，侨联要以习近平新时代中国特色社会主义思想为指导，完成好党的十九大报告提出的“广泛团结联系海外侨胞和归侨侨眷，共同致力于中华民族伟大复兴”这一重大任务；贯穿这五个方面的一条红线就是，推动侨联基层组织建设是党对侨联组织的要求，这是我们在新时代增强“四个意识”、加强侨联组织建设的基本要义。

党对侨联工作高度重视，习近平总书记对侨联工作寄予厚望。2014年，在习近平总书记亲自关怀和批准下，中共中央办公厅印发了《关于加强和改进新形势下侨联工作的意见》，充分体现了习近平总书记和党中央对侨联工作的格外重视、格外关心，为侨联组织开展工作创造了良好的政策条件和环境氛围。文件鲜明提出：侨联工作已成为党和国家事业的重要组成部分。这是中央对侨联工作的基本定位、基本要求。我理解，“已成为”就表明从无到有，从小到大，从过去不是，通过多年努力，到已经是这样一个动态过程，是一个量变到质变的过程。2016年，在研究中国侨联改革方案时，习近平总书记两次听取中国侨联党组汇报。经过中央深改组会议和中央政治局常委会会议研究，中国侨联改革方案得到了批准。我理解，落实改革方案，解决侨联组织脱离群众问题，既需要靠领导机关转职能、转方式、转作风，更要靠建立覆盖广泛的基层组织去普遍性地联系群众、服务群众、引导群众，这是侨联基层组织建设重要性之“要害”所在。

加强侨联基层组织的重要性，还与新时代侨务工作的新要求紧密相连。党的十九大报告深刻指出，经过长期努力，中国特色社会主义进入了新时代，这是我国发展新的历史方位。“三个意味着”和“五个是”定位了新时代的特点和本

质。从侨务工作的视角审视，新时代条件下我国战略发展机遇期的内涵发生了重大的变化，中国日益走近世界舞台的中央，要求我们必须平衡统筹国际国内两个大局。习近平总书记在十九大报告中赋予了侨务工作“广泛团结联系海外侨胞和归侨侨眷，共同致力于中华民族伟大复兴”的时代课题。而在之前，从党的十一大开始，每次都谈到侨务工作，但通常谈到海外侨胞、谈到加强侨务工作，十六大、十七大、十八大，谈的是海外侨胞和归侨侨眷投身于现代化建设和和平统一事业，而这次十九大谈的是中华民族伟大复兴，这是重大区别。时代背景变化了，任务和要求也要随之变化。习近平总书记强调实现中华民族伟大复兴与构建人类命运共同体，是从国内国际两个大局统筹考虑的。这是侨联履职尽责、发挥作用必须把握的逻辑起点。对于国内工作来讲，无论是经济建设引进来，文化建设传播出去，政治建设、社会建设实现治理体系和治理能力现代化，还是“一国两制”、祖国统一，都需要侨联组织特别是基层侨联建起来、活起来，发挥积极作用；对于国际工作来讲，无论是营造对我有利外部环境，涵养对我友好力量，还是推动侨胞融入住在国、回馈住在国，都需要发挥独特优势，把分散世界各地的侨胞联系起来、团结起来。

归根到底，加强侨联基层组织建设，是政治的要求，是全局的要求，是党的要求。我们必须以高度的思想和行动自觉，坚定不移地加以推进，不辜负以习近平同志为核心的党中央对侨联组织寄予的殷切希望。

二、要从党的群团改革的角度，进一步加深对扩大组织覆盖面的认识，解决好“组织起来”的问题

党的群团工作是党的一项十分重要的工作，群团改革是全面深化改革的重要任务。2015 年，习近平总书记在中央党的群团工作会议上强调，保持和增强群团组织的群众性，必须大力健全组织，特别是基层组织。群众流动频繁，分布不断变化，群团组织设置必须及时调整。要巩固已有的组织基础，加快新领域新阶层组织建设，形成完善的组织体系，实现有效覆盖。这些重要要求，是对各群团组织讲的，对侨联也具有极强的针对性。大家都知道，群众性是群团组织的根本特点，离开了群众性，群团组织就容易走向官僚化、空壳化。所以，侨联必须深深植根于侨界群众之中。组织是侨联凝聚侨界群众的阵地，侨联基层组织处在侨界群众工作的第一线。没有基层组织的广泛覆盖、有效覆盖，侨联的群众性就无法体现，也就削弱了做党的侨界群众工作的基础。只有把侨联的基层组织广泛建立起来，让每一个侨界群众都知道侨联组织不是一个高高在上的组织，而是在侨界群众身边的组织，他才能愿意参加、愿意跟你走。这是我们下决心抓侨联基层组织建设的重要出发点。

与工青妇等其他群团组织相比，侨联的工作对象不多，分布比较分散，也十分不平衡，流动性很大，找得到、联系上、组织起来，难度不小；侨联基层组织的数量不大，工作积累和工作经验还不多，国内工作一些地方重视不够，海外工作的依托不足。分组讨论时，有同志谈了一些担心，一些顾虑，也谈到了一些现实困难。如果从侨联自身推动这项工作的角度，是可以理解的。但如果从中央党的群团工作会议的角度，从今年 8 月 22 日习近平总书记对群团改革工作作出“夯实群团工作基层基础”重要指示的角度，从党的十九大报告对群团组织增强政治性、先进性、群众性提出明确要求的角度，这些担心、顾虑、困难是我们必须要克服的，必须毫不犹豫、毫不迟疑加快推动侨联基层组织建设。

历史是最好的老师。万立骏同志讲话的第一部分回顾了侨联基层组织建设的发展历程，第一个时间节点之所以选在 2000 年，是因为从今天的角度来看，当时提出的“组织起来，活跃起来”的要求，对当前侨联基层组织建设依然是有意义的。1999 年前后，全国侨联的基层组织只有 8000 多个，而且这些组织总体上也不是一个活跃的氛围。但是从 2000 年，中国侨联树起加强基层组织建设的大旗之后，侨联的基层组织逐渐开始增长。第二个时间节点之所以选定在 2010 年浙江温州召开的全国侨联基层组织建设经验交流会，主要考虑是这次会议明确了“党建带侨建”的基本方针。党建带侨建，不是从温州开始的，但当时温州在全国第一个提出“侨建不过关，党建不评先”，工作力度很大。从这个

时候起，我们就越来越深刻地认识到，侨联组织优势在基层，活力在基层，生命力在基层。对历史脉络的梳理，让我们更清楚侨联组织是做什么的、从哪里来、又要到哪里去。那么在新的历史条件和时代背景下，侨联的组织建设，特别是基层组织建设工作主要抓什么？我们反复商量、反复讨论，得出关于基层侨联的组织建设的两条结论：一是重点强调组织，建好组织、扩大覆盖；二是重点强调建设，即全方位的建设，包括组织、工作、活动、阵地、经费等。为什么提这两条？因为从全国范围来看，侨联组织建设不平衡、不均衡的问题十分突出。有的地方侨联可以到村，甚至可以到自然村，村侨联的工作都非常活跃；而有的县，有的地市、州、盟，都没有侨联，反差特别大。所以，在相对薄弱的地方，重点强调“建侨”，先把组织建起来；在相对较好的地方，重点强调“侨建”，促进组织活起来、亮起来。

侨联是个组织，不是部门，这是我们把握侨联组织定位的一个重要认识。哪里有侨，哪里就应该有侨联的组织，这是基于组织和部门的不同而提出来的。组织和部门有什么区别？简单说，部门就是群众能找到你就行，组织就是你必须找到群众才行。比如某个政府部门，有牌子、有固定办公场所，你愿不愿意、找不找它，它都在那里，只要你想找，能找到就行了。而作为组织来说，不一定有牌子，也不一定有固定办公场所，但组织必须要找到成员。组织是人的集合体，没有人，只有牌子、有场所，这不是组织。另一方面，作为组织，还要强调系统性，一级一级统筹考虑，一个一个地方连接起来，上下左右一起联动，形成组织的力量。同时，作为组织的最基本要素来说，既要让组织方便找到群众，又要让群众看到，侨联是每一个侨界群众身边存在的自己的组织，可以想得起、找得到、靠得住，否则，侨联就无法承担密切党和侨界群众的血肉联系的职责使命。

基层组织处在侨联与侨界群众的边界和连接点上。习近平总书记强调，保持和增强群团组织的群众性，必须建立健全联系群众的长效机制。我们感到，联系群众的长效机制，既要靠领导机关来建立，但根本要靠建立覆盖广泛的基层组织，组织化地、机制化地、长效化地联系群众。因此，加强侨联基层组织建设，首先要解决好组织覆盖的问题，解决好直接联系侨界群众、直接服务侨界群众的问题。这里谈的覆盖，不是不分情况的全覆盖，中国侨联也从来没有谈所有的地方全覆盖，而是要因地制宜，应覆盖尽覆盖。

侨联基层组织建设一定要实事求是，侨界群众分布比较集中的地方一定要尽快把组织建起来。侨联建组织，首先应该考虑的问题不是级别的问题，而是要在侨界群众的身边建立组织，解决直接联系服务侨界群众、让侨界群众知道侨联组织在身边的问题。比如，青海的某个地州里面，归侨、侨眷数量很少，建侨联的条件不够成熟；但在广东，一个村可能就有一两千，甚至几千个归侨侨眷，建一个侨联还解决不了直接联系、直接服务的问题，可能还要再往下延伸组织去设侨联小组。核心是在于，要通过这种组织的联系和覆盖，让侨界群众感觉到侨联就在身边，侨联组织就是在我身边的组织。总的来说，有条件的地方就要直接建、直接覆盖；条件不具备的地方，可能就需要联合建、依托建。

面对新时代新要求，侨联基层组织建设不是要不要建的问题，而是必须建、建得实、覆盖好的问题。侨联基层组织建设确实难，但越难越要讲担当。侨的资源分布不均衡，但不能成为不开展组织建设的一种推诿或者客观障碍。资源丰富地方有丰富地方的做法和要求，资源一般和匮乏的地方标准可以相应低一些。建组织的做法和要求不一样，但是建组织的决心、态度、原则和目标不能退，不能因为难就往后退，或者绕着走，因为这是党对侨联组织的要求，也是侨联生命力的要求。失去了对侨界群众的广泛联系、广泛覆盖，为党做好侨界群众工作就是一句空话，长此以往，侨联组织就失去了存在的价值。对此，大家一定要清醒，要有责任意识和危机感。

《侨联基层组织工作条例（试行）》是加强基层侨联组织建设的一个基本规范。大家在讨论中，提了很多很好的意见。这个条例是面向全国的，所以一定是共性的问题、普遍性的标准，无法照顾到每一个地方的情况，一抽象就宏观、不具体，一具体就很难兼顾不同地方的实际。所以，这是一个指导性的文件、一个基本的遵循，各地参照这个条例的精神，去具体、去细化、去执行。用一个标准、“一刀切”的方式去面对全国、面对所有组织既不科学，也不实事求是，更不可能。但是按照一个目标、一个原则去要求，是必需的、可行的，这个目标和原则就是把侨界群众紧密团结凝聚在党的周围，引导侨界群众听党话、跟党走。

抓侨联基层组织建设，不同的地方可以采取不同的措施，可以分步走。比如，在县、乡、村推动条件不成熟的地区。可以在大学里先走一步，在大城市里、在新领域先走一步。走一步是一步，积少成多、聚沙成塔，逐步扩大侨联基层组织的覆盖面。什么叫覆盖面？就是要求真务实、应建尽建、群众方便参与。组织学上对组织规模是有界定的。侨界群众多的，就要建立多个组织，每个组织直接联系一定的人。一个大型的企业，侨界群众有数千甚至上万人，建立一个侨联的组织，这不叫侨联基层组织建设的全覆盖。只有组织的毛细血管延伸到每一个归侨侨眷，参与成员都很方便的时候，才叫侨联的基层组织全覆盖，才能真正实现“组织起来”的目标。

三、要从工作推动和长远发展的角度，进一步加深对分类指导的认识，解决好“活跃起来”的问题

加强基层侨联组织建设，建组织、扩覆盖是第一步，抓工作、促活跃才是长久生命力所在，正所谓建起来容易，活起来、转起来、亮起来难。只有把基层组织真正激活起来、让侨界群众参与进来，建组织的成果才有价值，才能叫作有效覆盖，否则只能是牌子组织、台账组织、空壳组织，无效覆盖。所以，侨联基层组织建设在建立初期就要想明白、想透彻，特别注意分类指导、分类施策，因地制宜、因时制宜，发掘侨联组织的活跃因素和积极力量，找准切入点，形成特色，“活跃起来”，实现对侨界群众经常性的、有效的联系服务引导，形成侨联组织深入、持久的组织力、吸引力、影响力。这不仅是工作推动的要求，更是侨联组织长远发展的必然要求。

经过长期的努力，全国现有基层侨联组织已达 2 万多个，但是和其他群团相比，差距很大。工会有近 280 万个，共青团有 380 多万个，妇联有将近 100 万个，科协有 70 多万个，侨联与它们差了两个数量级。目前，我国大约有 3000 多万归侨侨眷。万立骏同志在讲话中提出，希望能让一半的中国人知道侨联。这是一个很大的目标，需要从一点一滴做起，长期坚持不懈地努力。如果先做到能有一半归侨侨眷知道侨联，恐怕也得有 10 万以上基层侨联组织做保证。这还只是从数量的角度、从增量的角度、从组织覆盖的角度看到的差距，工作的活跃度、知晓率、影响力是更高的要求。

归国留学人员工作，是大家在小组讨论当中讨论非常激烈、非常热烈的一个问题。讨论的焦点是：有没有侨的身份？是不是侨联工作对象？侨联应不应该做？说明大家从法的角度，从章程的角度，从依法依规开展的角度，考虑得很深、很全面。侨联是党领导的人民团体，是为党做侨界群众工作的，我们要善于从政治的角度来认识和把握侨联的工作边界、工作职能。

第一，从工作方针上看，新形势下侨联坚持“两个拓展”，拓展海外工作，拓展新侨工作，是党中央的明确要求，是章程的规定。尽管归国留学人员中，很多没有侨的身份，但这是中央明确要求我们开展的工作，我们就必须担起来。我们是从党的角度、从群众工作的角度、从政治的角度出发，我们是联系、是服务，不是管理，不怕多重覆盖，就怕不覆盖，对于中央明确了的事，就要坚定不移地做。

第二，从工作特点上看，海外归国留学人员，与归侨、侨眷、华侨的身份更为接近，有共同的海外经历，有共同的理念认同和情感纽带，侨联做这方面的工作更有优势，所差的就是侨的身份。万立骏同志到中国侨联之后，多次讲这个问题。比如，到欧美留学五年，拿到博士学位，再待五年做博士后，十年之后回国了，但没有拿“绿卡”，因此不能算侨，似乎不是侨联的工作对象；但如果到某个小国家去买一张绿卡再回来，就有了侨的身份，但他就真正是侨联的工作对象吗？章程是大家开展工作的基本遵循，但现实情况发生了变化，侨联的工作也要实事求是、因时而变、与时俱进。

第三，从工作实践来看，一些地方在主动开展这方面的工作，党委政府很支持。如贵州省海外青年创业者协会挂靠在侨联，省委分管领导说这些人跟侨联的关系最密切，侨联做工作最方便。如深圳海归协会挂靠在侨联下，市委统战部认定它是跟侨联更相关，侨联做工作最方便。这次，万立骏同志讲话中就专门加上了归国留学生联谊会。万立骏同志是一个归侨，他从国外留学回来，有很深的直接感受。他多次讲，对于归国留学生，侨联做工作方便，但侨联不跟别人争，别人如果做了就接着做，别人要是不做侨联就可以做，讲得很实在，也很有道理。所以，大家对这个问题要有新的认识和把握。

归国留学人员进入基层侨联工作以后，特别优秀的，能不能安排当上级侨联委员，我看要具体问题具体分析。大的原则是按照章程规定，在章程没有修改的情况下，可能还不能有大的突破。组织对象是组织对象，工作对象是工作对象，工作对象的范畴大于组织对象，就像我们党有党员 8900 万，但面对的对象是 13 亿人。优秀的新侨，对于侨联建设枢纽型组织，拓展青年侨务工作，极其有帮助。地市以上侨联在探索建设枢纽型组织的过程中，在企业、事业、园区建设各种侨联组织的过程中，需要把归国留学人员拉进来。什么样的形势决定什么样的任务，什么样的时代解决什么样的课题。随着中国与世界的联系、互动越来越广泛、频繁，随着中国日益走近世界舞台的中央，随着中华民族伟大复兴和人类命运共同体的构建，我国侨务工作的对象、理念、思想、战略、举措、载体、方式也必然会发生变化和调整。我们的思想一定要解放，视野一定要开阔、要务实，先把工作开展起来，条件具备了，一切问题也就迎刃而解了。

侨联工作，各地、各领域的情况千差万别，哪怕在同一个地方，同一个领域，差别也很大。因此，要特别强调分类指导，一把钥匙一把锁，一个组织载体联系一批侨界群众。另一方面，省级侨联、副省级侨联是推动侨联基层组织建设的主体，一定要把这项工作放到本地区、本系统党的建设、党的群团工作的大盘子来思考、来谋划、来推动，而不能就侨联论侨联，就一个领域抓一个领域，单打独斗，自行其是。自觉融入全局，结合全局需要去抓，用足全局政策去推，才能体现价值，才能有好的条件和氛围，才能把分类指导落到实处。把组织建起来了，创造条件，丰富载体，完善制度，推动组织活跃起来，服务群众、引导群众，侨联组织就有了源头活水，就能汇成侨联工作的大江大河。

四、要从政治方向和根本保证的角度，进一步加深对党建带侨建的认识，解决好往哪里去、依靠谁的问题

侨联是党创建的，党领导的。侨联的性质和定位，决定了侨联是一个尤其需要讲政治的地方。党建带侨建，是侨联基层组织建设的法宝，是侨联把握方向、服务群众、焕发生命力必须坚持的根本原则。侨联组织不是一个自发的组织，它是党领导下的一个组织；它不是因为大家的兴趣爱好组成起来的组织，它是党领导下的由有共同的背景、共同的特点的群众所组建的一个组织。所以，坚持党的领导，坚定正确的政治方向，同党中央保持高度一致，是对侨联组织的根本性的、普遍性的政治要求。

组织有自组织，有他组织。成立组织，要找到动力源。侨联组织的原动力，在于党，在于党通过群团组织来开展群众工作。在侨界群众当中开展工作，就需要侨联组织建起来、发挥作用。这就是侨联组织成立和发展的主要动力源。当然，侨联组织要联系、团结、引导侨界群众，还要有吸引力、凝聚力，大家愿意来，愿意参加你的活动。而实现这一条，既需要侨联组织自我奋斗、苦练内功，也需要党组织的关心和支持，帮助解决组织起来、活跃起来的一些重要问题。概括起来讲，我们党在推动整个群众工作建设当中，也需要通过群团来推动，而这个推动过程当中，党给了我们任务，给了我们支持。因此，在工作推动过程当中，我们一定要把侨联基层组织建设纳入党的建设的总体部署当中。

在全面从严治党、加强党的基层组织建设这样一个大格局当中，推动侨联基层组织建设是我们最根本的，能够使得侨联基层组织起来、又活跃起来的唯一法宝，必须紧紧抓住、紧紧依靠。党的十八大以来的实践，党的十九大的部署，让我们越来越看到，党密切与群众的血肉联系、推动群众工作、推动群团改革的决心和力度，所以我们在考虑侨联基层组织建设的时候一定要跟得紧、跟得上。

最后，请大家回去之后做好这次会议精神的

传达工作，主要内容是三个方面：一是万立骏同志代表中国侨联作的重要讲话。二是会上印发的《侨联基层组织工作条例（试行）》，主要是传达条例的精神。为慎重起见，条例在修改、完善、下发之前，还会以适当方式再征求意见。三是大会发言和经验交流材料。

我相信，只要我们认真学习贯彻党的十九大精神，以习近平新时代中国特色社会主义思想为指导，按照这次会议的决策部署，不忘初心、牢记使命，真抓实干、开拓进取，侨联基层组织建设工作一定会立足新时代、取得新进步、实现新发展、书写新篇章。

在中国侨联公益年会上的讲话

（2017 年 12 月 27 日，根据录音整理）

乔　卫

各位来宾，同志们：

大家好！根据中国侨联统一的工作部署和安排，我们召开这次公益年会。这次会议是在全党全国人民深入学习贯彻党的十九大精神的形势下召开的，会议的主要任务是：学习贯彻习近平新时代中国特色社会主义思想和党的十九大精神，研究新时代侨联公益工作特点，以更好凝聚海内外侨胞爱心和智慧，努力服务侨胞福祉、服务侨联工作、服务民间外交、服务社会建设，推动侨联公益事业更好适应新时代的要求。

公益慈善是广大归侨侨眷、海外侨胞热衷的事业，是侨联不可或缺的一项重要工作。侨联公益工作是侨联组织围绕中心、服务大局的重要方面，是侨联组织改革拓展、积极作为的重要领域，是侨联组织凝聚侨心、为侨服务的重要内容，是侨联组织发挥侨力、履行职能的重要抓手。

下面，我就以习近平新时代中国特色社会主义思想为指引，深入学习贯彻党的十九大精神，做好侨联公益事业讲几点意见。

一、习近平新时代中国特色社会主义思想是侨联公益工作的指南

习近平新时代中国特色社会主义思想，回答了新时代坚持和发展中国特色社会主义的总目标、总任务、总体布局、战略布局和发展方向、发展方式、发展动力、战略步骤、外部条件、政治保证等基本问题，并且根据新的实践对经济、政治、法治、科技、文化、教育、民生、民族、宗教、社会、生态文明、国家安全、国防和军队、“一国两制”和祖国统一、统一战线、外交、党的建设等各方面作出理论分析和政策指导，是马克思主义中国化最新成果，为更好坚持和发展中国特色社会主义提供了思想武器和行动指南，为做好侨联公益事业指明了方向。

一是在“学懂弄通做实”上下功夫，突出侨联公益工作的时代性。党的十九大报告用“8 个明确”“14 个坚持”概括了习近平新时代中国特色社会主义思想，“8 个明确”比较强调或者侧重强调理论层面的高度概括和提炼，“14 个坚持”偏重于实践层面、方略层面的展开，凝聚习近平同志为核心的党中央对中国特色社会主义规律性认识的升华、拓展，体现了理论与实践相结合，战术与战略相一致，认识论与方法论相统一的理论特色。我们要在学习中不断得出自己的体会，特别是认真体会其关联性，不能仅从十九大报告只言片语中找工作依据。要反对政治作秀，敢于担当；要不仅口号跟上新时代、新思想，思维更要跟上新时代、新思想；要将具体工作与宏大目标保持一致，要从目标出发设计工作思路。党的十九大的主题就是“不忘初心，牢记使命”，这个初心和使命就是为中国人民谋幸福，为中华民族谋复兴。习近平总书记在报告中特别强调要多谋民生之利、多解民生之忧，在发展中补齐民生短板、促进社会公平正义；强调要动员全党全国全社会力量，坚持精准扶贫、精准脱贫；强调要在幼有所育、学有所教、劳有所得、病有所医、老有所养、住有所居、弱有所扶上不断取得新进展。这些目标，既是各级党委政府的任务，又是侨联公益的应尽之责。

二是更广泛凝聚海内外侨胞力量和爱心，共同致力于中华民族伟大复兴。党对侨的工作高度重视。十一大以来的历次党代会，在报告当中都有对侨务工作的要求。十九大报告提出：广泛团

结联系海外侨胞和归侨侨眷，共同致力于中华民族伟大复兴。我们要从总书记报告所规划的中国发展全局、“五位一体”总体布局和“四个全面”战略布局的整体思想，深刻领会这一任务的内涵。我们要看到进入新时代，我们面对的是社会主要矛盾变化带来的一系列新情况，人民日益增长的美好生活需要和不平衡不充分的发展之间的矛盾，对我们的工作带来新的机遇、新的要求、新的挑战。一方面，侨联公益工作有了更广阔的空间、更丰富的领域、更多的切入点和结合点；另一方面，人民日益增长的美好生活需要呈现的多样化、多层次、多方面的特点，迫切需要公益慈善工作朝着精细化、专业化、科学化的方向去努力。侨联公益应拓展工作领域，在兴教助学、扶贫济困、扶老救孤、恤病助残、优抚救灾的基础上，通过公益的方式，促进经济、社会、教育、科学、文化、卫生、体育、环保等事业的发展，推动“四个全面”和“五位一体”，普及公益精神和慈善文化，彰显公益慈善的正能量。

三是服务服从于两个大局，积极拓展民间外交，构建人类命运共同体。中国依然处在重要的战略发展机遇期，但是战略发展机遇内涵实际上与20年前比发生了非常大的变化。由于中国发展成就有目共睹，国际社会对我们的期待相应提升，一些国家对我防范在加深，联手扼制情况出现，我们埋头搞建设的战略发展机遇期的内涵发生了很大变化，我们必须去统筹国际国内两个大局，团结更广大的海外侨胞，构建人类命运共同体。深入学习领会十九大报告，才能体会到习近平总书记实际上是把谋中华民族伟大复兴与谋构建人类命运共同体一并考虑。侨联工作、公益慈善事业一定要放在这个背景下去做，才能更好适应新时代要求。侨联的公益事业与其他公益事业有所不同，我们要将自身工作放在大格局中思考，向着新时代要求去努力，我们不仅要明白我们能干什么，更要明白新时代需要我们侨联做什么或者需要我们侨联的公益事业做什么。习近平总书记在2014年6月6日曾提出，海外侨胞要更好地“融入和回馈当地社会”。这一理念不仅表达了习近平总书记对海外侨胞在住在国平安发展的真情挂念，同时也展现了习近平总书记构建人类命运共同体的深刻思想和广阔胸怀，更是对解决世界发展问题贡献的中国智慧。鼓励海外侨胞在中国与住在国双重贡献，有助于海外侨胞发挥连接中国梦与世界梦桥梁和使者的独特作用，促进住在国民众形成中国交朋友有好处的社会共识。中国好，世界才能好，世界好，中国才能更好。

二、认真总结成功经验，探索侨联公益事业工作特点

近代以来，华侨华人积极投身公益慈善事业，促进祖（籍）国和家乡的发展，成为中国公益慈善事业的积极参与者、推动者，甚至引领者。改革开放以来，华侨捐赠主体更加多元、捐赠方式更趋多样、捐赠运作日益专业、海内外交流合作不断加强。近年来，以全国侨联系统广泛动员海内外侨界力量共同援建北川中学为新的标志和推动，各级侨联组织努力发挥引领、动员、组织、服务、管理、监督等作用，广泛凝聚侨界爱心和力量，推动华侨公益事业发展，取得了成绩，积累了经验。

一是扎实推动“侨爱心工程”，广泛动员侨界力量贡献社会。在广大归侨侨眷、海外侨胞、港澳台同胞及社会爱心人士关心支持下，“侨爱心工程”从教育、科技和文化领域延展到卫生、体育、救灾、助残、环保、新农村建设等范畴。20年来，各级侨联齐心协力打造“侨爱心工程”，募集资金30多亿元人民币，捐建侨爱心小学、侨爱心卫生院、侨爱心水站、侨爱心图书室2000多所（个），开办和协办“树人班”“珍珠班”500多个，资助贫困学生30多万人，帮助贫困白内障患者实施免费复明手术惠及4万多人，联动各级侨联开展各类公益项目6000多个。特别是援建北川中学灾后重建项目，捐款人数创下了国内单个慈善项目捐赠的纪录。“侨爱心工程”先后荣获中国社会公益示范工程十佳项目奖和中华慈善奖，受益群体越来越多，影响力日益增加，已成为各级侨联组织促进公益事业发展的知名品牌，在新时代要进一步做强做大。

二是认真做好扶贫济困工作，积极帮助扶植侨界困难群体。“侨帮侨”是侨界的传统，长期以来，各级侨联组织鼓励广大侨胞发扬扶贫济困、以侨帮侨的优良传统，关爱侨界“空巢老人”和“留守儿童”，做好侨界困难群众帮扶工

作，在助学、助医、助业等多方面，积极开展“送温暖”等活动，取得很大成绩，要继续坚持，并按新时代发展要求去调整提高。

三是拓展海外公益事业，引导广大侨胞更好回馈当地社会。中国侨联通过宣讲、研讨、展览、经验交流、案例分享、典型选树等活动，利用海内外平面、网络、电视等媒体，在广大侨胞中宣传习近平总书记关于侨胞应更好融入和回馈当地社会的重要指示精神，引导价值导向，展示广大侨胞为当地公益慈善所作出的重要贡献。各级侨联积极协调国内公益慈善组织、爱心人士、爱心企业，与海外侨社团和华侨华人公益慈善组织合作，开展“一带一路侨爱心光明行”等海外公益活动，将全球华侨华人的善良和爱心带到“一带一路”上。两年来，中国侨联先后4次组织国际医疗队走进缅甸，为当地800余名贫困白内障患者实施免费复明手术，受到缅甸各界的广泛好评，缅甸总统出席首次的复明仪式。

四是积极整合社会资源，开展多种形式的侨界公益慈善活动。中国侨联积极联动侨界爱心人士，连续举办以“祖国惦念你”“远方的惦念”为主题的华侨华人春节联欢晚会、世界华侨华人美术书法展、世界华侨华人摄影展，资助编辑华侨华人大百科全书，努力弘扬中华优秀文化，搭建华侨华人交流合作的公益平台，展示华侨华人的人文精神和社会价值。中国华侨公益基金会积极推动和支持地方侨联创办基金会或设立华侨基金会省级侨联专项公益基金，探索建立全国侨联系统分工协作的公益资源整合平台和公益项目培育实施体系，引导更多爱心人士投身侨联公益事业。各级侨联组织开展丰富多彩的公益慈善活动，侨联公益工作已经进入上下全面联动、社会成果显著、影响不断强化的良性发展期，呈现出项目不断创新、覆盖面持续扩大、治理更加规范、信息日益透明的良好局面。

三、按新时代的要求，推动侨联公益工作健康发展

推动侨联公益工作健康发展，要努力提高侨联公益工作的能力和水平。新的时代、新的目标、新的使命，对我们工作的能力和水平都提出了新的要求，包括对我们的视角、考虑问题的角度都提出了新的要求。不仅要政治过硬，也要本领高强。侨联的公益事业就是侨联工作的重要组成部分，各级侨联组织要统一思想、加强领导，不断探索新时代侨联公益工作的规律，不断明晰侨联公益工作的目标任务、机制平台、项目资源、队伍管理等问题，切实提高侨联公益工作的能力和水平。

一是各级侨联要高度重视并积极推动侨联公益事业持续健康发展。中央关于进一步《加强新时代侨联工作意见》明确提出，“促进侨联公益事业健康发展，尊重归侨侨眷和海外侨胞意愿，用好捐赠财物，办好侨联基金会和‘侨爱心工程’。”《中国侨联改革方案》也强调，“开展精准扶贫和困难帮扶，实施惠侨助侨行动，深化‘侨爱心工程’。”各级侨联要按照中央的要求和中国侨联的部署，提高认识，统一思想，切实加强对侨联公益工作的领导和推动，努力解决侨联公益工作所面临的困难和问题，促进侨联公益事业持续健康发展。各级侨联组织要顺应广大侨胞热心公益的愿望，以高度的责任感和服务意识努力搭建参与公益的平台，顺畅参与公益的渠道，宣传奉献公益的爱心，表彰奉献公益的作为。全国各地的情况不同，因此我们在推动侨联公益事业发展的时候，各地需要有不同的标准，要根据每个地方的具体情况去做，要根据不同情况去探索。

二是要找准定位、明确方向，正视困难、改革创新，增强侨联公益工作的特色。侨联公益工作要放进侨联工作的大视野中去思考，要纳入侨联工作的大盘子中去统筹。侨联公益工作的方向是：倡导公益价值、引导公益力量、开展公益活动、服务公益事业。侨联公益要处理好公益和慈善的关系，公益和慈善是两回事，在很多情况下不是一个概念，简单来说，慈善是一种爱心的奉献，公益指的是一种活动目标，公益是可以回报的，慈善是一种爱心的满足，两种捐赠人的出发点是不同的，但两种方式都是我们支持和鼓励的。同时侨联公益也要处理好发展和管理的关系，捐赠和资助的关系，国内和海外的关系等等，要特别突出侨的特色、侨的声音、侨的形象。

三是要突出重点。新时代的侨联公益慈善事业至少在两个方向上是需要走得快一些、要突出发展的。一个方面的工作是党的十九大报告中“不忘初心，牢记使命”，高举中国特色社会主义

旗帜，决胜全面建成小康社会。建档立卡贫困人群脱贫是党中央最关心、最着急的事情，救助项目要向脱贫攻坚方面集中。另一个方面的工作就是海外公益项目。目前国际形势发生变化，海外公益项目的开展要抓住机遇，乘势而为，也要正视困难，知难而上。

最后，我就在全国侨联系统加大力度，推动“精准脱贫光明行”项目，进一步作出动员和部署。

党的十八大以来，党中央把贫困人口脱贫作为全面建成小康社会的底线任务和标志性指标，在全国范围内全面打响了脱贫攻坚战。习近平总书记强调，“我们要立下愚公移山志，咬定目标、苦干实干，坚决打赢脱贫攻坚战，确保到2020年所有贫困地区和贫困人口一道迈入全面小康社会”。

根据抽样调查和大数据分析，并咨询国家有关部门，我们估算当前4300多万建档立卡贫困人口中，约有60万～70万致盲性眼病患者，其中白内障、眼胬肉、糖尿病视网膜病、角膜病变等眼病患者50万人左右，可以通过治疗减轻减缓病症甚至重见光明。如果对这批人不及时救治，则只能通过政府兜底的办法使之被动脱贫；如果积极救治，则可能使之恢复生活、劳动能力，至少可以减轻或消除其家庭照顾的负担，“救治一人，解放全家”，使之有机会主动脱贫。为此，中国侨联、中国华侨公益基金会联合北京轻松筹网络科技有限公司、爱尔眼科医院集团股份有限公司，决定共同发起“千日复明五十万，助力脱贫攻坚战——精准脱贫光明行”活动，倡导全社会立即行动起来，通过社会公益救助的方式，在3年内为这50万名贫困致盲性眼病患者提供真正免费、精准、适宜、优质的眼科医疗服务，使他们恢复健康、重见光明。希望通过我们的努力，让这部分人群脱贫。这是响应习近平总书记号召，落实党中央、国务院战略部署的具体行动，是健康扶贫、精准脱贫的惠民工程和特色项目！

各级侨联要广泛动员归侨侨眷、海外侨胞和社会各界，不断拓展活动的参与面和覆盖面。全国侨联系统要上下衔接，相互配合，内外联动，互相支持，整合社会资源，努力形成共同推动“精准脱贫光明行”的良好机制，探索侨联、侨企与贫困县、乡、村结对眼科帮扶等模式。

各级侨联要积极联络、推动当地报刊、电台、电视台、网络传媒，通过播发公益广告和开辟“精准脱贫光明行”专栏、专刊、专题等，报道活动进展，宣传爱心善举，展示各地活动情况和成果。我们希望更多人投入到公益慈善捐赠当中，希望可以把这些艰难立卡的人找出来，让眼科医院可以为他们实施眼科手术。

同志们，当前侨联公益事业发展面临着独特的历史机遇，新时代对侨联公益事业提出了新的要求。让我们更加紧密地团结在以习近平同志为核心的党中央周围，高举中国特色社会主义伟大旗帜，以习近平新时代中国特色社会主义思想为指导，不忘初心、牢记使命，锐意进取、埋头苦干，谱写侨联公益事业发展的新篇章！

在 2017 年全国侨联文化宣传工作会议上的讲话

（2017年3月21日）

康晓萍

同志们：

今天，我们召开全国侨联系统文化宣传工作会议。会议的主要任务是：**深入学习贯彻党的十八大和十八届三中、四中、五中、六中全会精神，深入学习贯彻习近平总书记系列重要讲话精神和治国理政新理念新思想新战略，按照中央书记处的指示精神和全委会的工作部署，坚持"两个并重"，深化"两个拓展"，强化顶层设计，总结交流经验，研究部署任务，全面推进侨联文化宣传工作创新发展。**

中国侨联党组历来高度重视文化宣传工作。特别是"九代会"以来，着眼新形势、新任务，针对新情况、新问题，适应新变化、新需求，林军主席就配合国家外宣战略、做好意识形态工作、提升文化交流层次、推动华文教育、切实改进作风等方面提出明确要求、作出重要批示，为我们做好新时期侨联文化宣传工作注入了动力。下面，结合过去一年的工作，并就做好当前和今后一个时期侨联文化宣传工作，谈几点意见。

一、过去一年的主要工作

2016 年是侨联事业发展史上具有重要意义的一年。在中国侨联成立 60 周年之际，中央批准印发了《中国侨联改革方案》，对侨联推进改革、履行使命作出了全面部署。一年来，全国侨联系统文化宣传工作围绕党和国家工作大局，坚定文化自信，深化文化交流、推进华文教育、加强涉侨外宣、推动基地建设，各项工作取得积极进展和明显成效。

（一）树品牌、增效应，"亲情中华"主题活动影响广泛

"亲情中华"是深得侨心、顺应侨愿的工作品牌。我们坚持在创新中发展、在深化中拓展，突出民间交往、文化交流、情感交融，形成了上下联动、内外互动的良好发展局面。2016 年，全国侨联系统共组派"亲情中华"出访团组 28 个，其中艺术团组 22 个，分赴 40 个国家 93 座城市，进行了 123 场正式演出，与侨胞联欢百余场，观众达到十多万人；组织中医药专家团赴澳大利亚、斐济和新西兰开展义诊，举办讲座；组派"亲情中华"艺术团走进侨乡，分赴浙江、吉林、安徽和广西演出 9 场。中国侨联携手浙江小百花越剧团和江苏无锡歌舞剧院，将越剧大戏《寇流兰与杜丽娘》推向欧洲、舞剧《丹顶鹤》推向北美，成功地把中外经典故事以中西合璧的形式在海外展示与传播，这是通过"亲情中华"品牌推进中外文化交流以及推动我国文化产业走出去的勇敢尝试，效果很好。

在"亲情中华"品牌项目的引领下，北京、河北、山东、江苏、湖北、湖南、四川、贵州、新疆等省区市侨联分别结合自身实际，推出了丰富多彩的系列主题文化活动，进一步丰富了"亲情中华"品牌内涵，形成了集群优势和联动效益。针对归侨侨眷和海外侨胞的新需求，对"亲情中华"品牌项目进行了整合、优化和创新，开展了"亲情中华·追梦中国"项目建设，注重把海外侨胞策划创作的精彩故事等活动"请进来"，中国华侨国际文化交流促进会与北京市侨联共同

将首部旅美华人原创话剧《海外剩女》搬上首都的舞台，安徽省侨联举办了中美青年文化音乐会。此外，“亲情中华·文化讲堂”等一批新项目也已经开始实施。

（二）顺心愿、立长远，“亲情中华”夏令营活动意义重大

华文教育是海外的“留根工程”，“亲情中华”夏令营是华裔青少年的“寻根之旅”。去年，中国侨联联合北京、陕西、辽宁、福建、四川、浙江、贵州、安徽、云南、上海、山东、湖北、湖南、江苏、广西等15个省（区、市）侨联举办夏令营45个班次，共有来自32个国家和地区的1599名海外华裔青少年参加了培训。参训学生总数较2015年增幅达50%以上。各地侨联结合当地特色开展了丰富多彩的文化活动，寓教于乐，激发了华裔青少年对中华文化的浓厚兴趣，唤醒了他们“家”的意识，有了“根”的情怀。家长纷纷致电我们，感谢祖（籍）国帮助他们引导孩子学习中华文化，感受祖（籍）国的发展、加深对中华优秀传统文化的认同。他们动情地说，通过参加夏令营，发现孩子长大了、懂事了、爱说中国话了。

连续17年参与主办了世界华人学生作文大赛。去年的大赛共征集到来自21个国家和地区的七百万华人学生的作品。经过专业评审，最终评选出8815篇获奖作品，其中特等奖15名，一等奖800名，二等奖3000名，三等奖5000名，400个单位获得了组织奖。

（三）精策划、重执行，中国侨联60周年庆祝活动内容充实

为庆祝中国侨联成立60周年，按照会党组的统一部署，统筹谋划文化宣传活动。**一是**组织体验式宣传。举办了海外华文媒体故乡行活动。邀请海外华文媒体的40名记者分赴广东、海南、贵州和云南采风，让他们亲身感受改革开放以来我国取得的巨大成就，感受侨乡的发展变化，并将所见所闻搜集整理成中国故事在海外传播。**二是**组织参与式宣传。为了让中国华侨国际文化交流促进会的理事们更加了解中国的改革开放、经济社会发展，充分发挥联通中外的独特作用，我们组织了来自33个国家和地区近百名海外理事赴苏州、无锡和扬州进行参观学习考察。他们纷纷表示，通过此次活动，对改革开放以来我国经济社会发展有了更多的了解；对这些地区的产业基础、创新特色、平台载体、交通区位、历史人文环境等有了更深的认识，增强了传播中华文化、投身家乡建设的决心。**三是**组织研讨式宣传。为贯彻落实中央《关于讲好中国故事传播好中国声音的实施意见》，我们联合《人民日报·海外版》、凤凰卫视共同主办了“讲好中国故事·传播好中国声音”论坛，邀请100多位海外文促会理事参加了论坛。大家围绕如何在海外讲好中国故事谈感想说体会，并就党和国家中心工作、国家主权和核心利益、增强我国国际话语权、提升中国文化软实力和国际竞争力等问题提出了建设性意见和建议。

各省市侨联也围绕中国侨联成立60周年、纪念孙中山先生诞辰150周年等主题，开展了丰富多彩的文化活动。广东省侨联举办了“广东侨界纪念孙中山诞辰150周年”华人书法展、“侨桥相联·共筑中国梦”侨文化活动日等活动；江苏省侨联举办了拜谒中山陵、“孙中山与华侨”图片展、寻访中山先生革命遗迹等系列活动。

（四）树特色、广参与，侨界群众文化活动丰富多彩

去年，我们联合中国文联、中国美协、中国书协共同主办了第三届世界华侨华人美术书法展，共收到来自45个国家和地区1000多位华侨华人艺术家选送作品4000余幅，有164幅作品入选，展出期间吸引了大批各界人士前来参观。为了丰富基层侨界群众的文化生活，中国华侨摄影家学会与淄博、淮安、无锡等地合作举办了“世界华侨华人摄影展”巡展活动。为配合地方的文化节庆活动，我们组织文促会理事分赴湖北、甘肃、黑龙江考察参访，参加富有地方特色的文化活动，感受博大精深的中华优秀传统文化，增强了侨胞爱国爱乡的赤子情怀。

各省市侨联文化活动丰富多彩。广东省侨联创建了“广东侨界人文社区”示范点；天津市侨联建立了侨界文化联盟微信群；福建省侨联开展了“为侨送温暖”华侨农场义诊活动；内蒙古侨联举办了“侨情心画·翰墨草原”内蒙古旅居海外、归国留学人员艺术作品双年展及“草原连着世界”——包头首届国际当代艺术作品邀请展等活动；海南省侨联启动了“南洋文化口述历史”活动；江苏省侨联开展了“亲情中华·精彩故事”主题活动；浙江省侨联建设了“侨家大院”，举办了“同讲浙江好故事”——境外华文媒体杭州行活动；云南省侨联把南侨机工老人百岁生日庆典与全国唯一的南侨机工历史文化社区挂牌相结合，宣传南侨机工爱国主义精神；吉林省侨联以树典型为抓手，找准示范引领与价值践行的共鸣点；江西省侨联组织侨界群众参加首届“侨心杯”江西侨界美术书法大赛等。这些活动具有鲜明的地方特色，丰富了侨界的文化生活，传递了正能量，在社会各界产生了广泛的影响。

（五）广宣传、扩影响，运用互联网助推文化工作创新发展

2016 年，全国各级侨联组织注重运用“互联网 +”助力侨联文化宣传工作创新发展。在组织各类活动时，及时通过网站、微信、微博等平台发布信息，掌握宣传主动权，扩大宣传受众面，提升传播影响力。在庆祝中国侨联 60 周年活动期间，通过中国侨联微信公众号发布了《中国侨联从哪里来——光阴的故事》《侨联 60 岁生日，家人祝福都是这样说》《两千人齐聚大会堂，什么招待会这么有影响力》《行家支招如何讲好中国故事》等文章。湖南省侨联充分利用新媒体技术，加强对省侨联网站、省侨联微信公众号及海外侨社团微信群等的管理，坚持正确舆论导向，建设网上“侨胞之家”。广西壮族自治区侨联与广西文化传媒合作出品了中国——东盟人文系列微电影《萨瓦迪卡》（中泰篇）和《爱也有阿禾》（中越篇），开创了中泰、中越两国人文交流新模式。此外，不少省市将侨刊乡讯与侨联网站、微信公众号进行嫁接，使“集体家书”能更快地到达侨胞手中，提高了侨联的影响力和凝聚力。

2016 年，在全国各级侨联组织共同努力下，侨联的文化宣传工作取得了较好的成绩，我代表中国侨联党组，代表林军主席向同志们表示衷心的感谢和崇高的敬意！在总结成绩的同时，我们也看到工作中还存在很多问题和不足。如：文化宣传工作的广度和深度不够，手段相对缺乏，措施相对滞后；中国侨联对基层侨联实施“亲情中华”主题活动指导力度不够，一些地方侨联组织的活动项目水平和质量有待提高；中国侨联对侨界群众性的文化活动调研不多、了解不全，顶层设计不够；侨联文化宣传干部队伍的整体素质还有待提高，等等。对这些问题我们必须要有清醒的认识，进行深入研究，着力加以解决。

二、2017 年主要任务

今年我们将迎来中国共产党第十九次全国代表大会的胜利召开，今年也是实施“十三五”规划、全面建成小康社会的重要一年，是中国侨联推进改革发展的关键一年。2017 年，侨联系统文化宣传工作总的要求是：**全面贯彻党的十八大和十八届三中、四中、五中、六中全会精神，深入学习贯彻习近平总书记系列重要讲话精神和治国理政新理念新思想新战略，切实增强政治意识、大局意识、核心意识、看齐意识，紧紧围绕“五位一体”总体布局和协调推进“四个全面”战略布局，着力在侨界培育和践行社会主义核心价值观，围绕中华文化打造平台，围绕“亲情中华”创新载体，围绕“中餐馆”项目讲好故事，围绕侨胞需求开展活动，不断推进侨联文化宣传工作创新发展，以优异的成绩向党的十九大献礼。**

（一）加强理论学习，坚定文化自信，着力提高侨联文化宣传工作的政治引领力

一是要坚持以习近平总书记系列重要讲话精神和治国理政新理念新思想新战略武装头脑、指导实践。习近平总书记系列重要讲话，深刻回答了新形势下党和国家发展的一系列重大理论和现实问题，深入阐释了党的十八大精神，进一步升华了我们党对中国特色社会主义规律和马克思主义执政党建设规律的认识。讲话贯穿着坚定信仰追求、真挚为民情怀、务实思想作风、科学思想方法，闪耀着马克思主义真理的光辉。各级侨联组织要认真学习、深刻领会、全面系统把握习近平总书记系列重要讲话的思想体系、精神实质和立场观点，把学习贯彻习近平总书记系列重要讲话精神与推进侨联改革创新结合起来，与提升文化宣传工作的政治意识、责任意识结合起来，与改进工作作风、提振工作信心、提高工作效率结合起来，真正成为辨是非、明善恶、扬正气、振精神的先进文化传播者、推动者和示范者。各级侨联要开辟专栏，对学习成果进行展示交流。

二是要着力引导践行社会主义核心价值观。通过价值引领，使核心价值观成为侨界的自觉遵循。要充分利用重大纪念活动、民族传统节庆等时机，开展侨界群众喜闻乐见的文化活动，引导侨界群众把爱家与爱国统一起来，升华家国情怀、激发报国志向。在侨界广泛开展“传家训、立家规、扬家风”等活动，弘扬传统家庭美德、现代家庭理念，建设新时代的家风文化。引导媒体发挥作用，用良好的政治文化引领社会主流价值；发挥文化产品、文化活动化人育人的功能作用；通过释疑解惑，使侨界群众坚定中国特色社会主义理想信念，正确看待和处理国家、民族与个人的关系。

三是要深入学习和广泛传播中华优秀传统文化。文化是民族的血脉、人民的精神家园。古人所说的“先天下之忧而忧，后天下之乐而乐”的政治抱负，“位卑未敢忘忧国”的报国情怀，“富贵不能淫，贫贱不能移，威武不能屈”的浩然正气，“人生自古谁无死，留取丹心照汗青”的献身精神等，都体现了中华民族的优秀传统文化和民族精神。要深入挖掘中华优秀传统文化的精髓，以文化的自信建设自信的文化，引导广大归侨侨眷和海外侨胞共同讲好中华优秀传统文化的故事。

四是要广泛开展文化宣传工作调研。坚持思想引领、理论先行。今年，中国侨联将进一步加强调查研究，适时出台关于加强调查研究的相关制度。通过深入开展文化宣传工作调研，切实了解和掌握各地文化资源，丰富“亲情中华”品牌内涵；切实了解侨界群众的所思所想，增强为侨服务的实效性；进一步查找文化宣传工作存在的问题，结合巡视反馈意见进行整改。

（二）全面推进改革，坚持创新发展，提高侨联文化宣传工作的战略服务能力

一是围绕“一带一路”加强中外文化交流。“一带一路”是国家重要发展战略，既要经贸技术合作“硬”的支撑，也离不开文化交流“软”的助力。我们要抓住机遇、乘势而上，有针对性地组织开展相关文化交流活动，切实发挥文化工作的纽带作用。要加强顶层设计和统筹协调，整合文化资源，在“一带一路”倡议下制订具有“侨”特色的中华文化走出去实施方案。顶层设计要观全局、揽全面、管全程，同时也要因地制宜、实事求是，加强对基层侨联的工作指导，力争做到全国一盘棋的工作思路。要创新内容形式和体制机制，立足“一带一路”沿线国家不同的宗教和文化背景，政府和民间对中华文化的认知、接纳程度不同，通过内容和形式的创新，使中国故事更加生动精彩；通过体制机制的创新，发挥侨胞的重要作用，支持侨团侨社和文化企业积极参与，特别要支持建设信息化网络化的海外中华文化传播平台，推动中华文化走出去。

二是围绕“讲好中国故事、传播好中国声音”加强对外宣传。要着力拓宽宣传渠道，从构建大文化、大外宣工作格局入手，在打造“亲情中华”品牌、促进海外华文教育、开展涉侨文化宣传等方面搭建平台，创新载体。以文化为纽带，以增进友谊和共识为目标，用国外民众乐于接受的方式、善于理解的语言、便于交流的形式，传播中华文化，讲好中国故事。要发挥海外侨胞的独特优势，向世界精准解读中国故事。海外侨胞既熟悉中国和住在国的情况，又有丰富的国内外人脉资源和国际交流经验，是讲好中国故事、传播中国声音最热情、最积极、最直接的群体，是向世界解读中国最理想的“民间大使”。因而，要引导、指导海外侨胞针对外国民众的诉求，用民间方式，生动地讲述中国故事，明确地传递中国声音，友好地输出中国形象。我们要继续筹划推进“中餐馆”项目，同时将一些省的好经验好做法进行复制和推广。比如，浙江的“吃遍全球”“以食为媒”，以海外中餐馆为载体，展示中华文化“舌尖上的魅力”等，向世界各国民众打开一扇活色生香的中国之窗。要继续严格程序和标准审核确认中国华侨国际文化交流基地，深度挖掘交流基地丰富的文化资源、动人的中国故事，创造性地开展主题宣传，继续编辑出版《中国华侨国际文化交流基地故事》，不断扩大宣传面、增强影响力。要支持海外侨胞文化载体建设。近年来，海外侨胞及他们所拥有的载体，已铺设了多样、分层、受众广的传播渠道，这些载体在公共交流、信息输出及文化传承方面具有不可替代的优势，以此可以铺设起通向世界的传输中国声音的立体互通网络。我们应重视华侨华人经营的餐馆、超市、咖啡厅等场所的辐射作用；

通过华文媒体植入中国故事内容；大力支持海外侨社、侨胞兴办的中文学校；积极甄选和组织一批中华文化精品走向海外；努力打造一批“中国书架”。

三是围绕侨界群众需求广泛开展文化活动。要顺应广大归侨侨眷对文化的需求，通过“亲情中华”走侨乡、进社区、到校园等文化活动，激活侨联组织，把侨界群众的正能量激发出来。要充分利用侨胞之家、侨界人文社区、侨文化活动日、“侨家大院”微信群、“侨界文化联盟”微信群等平台，做到有节日必开展文化活动，有活动必展示文化艺术，不断丰富侨界群众的文化生活。要通过“侨说侨”“侨唱侨”，讲述侨界精彩故事，发挥先进典型的榜样示范作用，传递侨界正能量，唱响侨界大合唱。要加大与各类文化团体、院校及宣传部门的联系，在共同策划、共同创作上下功夫，力争把“侨”的佳作奉献给侨，丰富地方的文化生活，增强侨联组织的凝聚力，同时注重借船出海、取长补短，为地方文化团组、文艺团体走出去牵线搭桥。

四是围绕“提高国家文化软实力”加强中外文化交流。提升中国国际话语权是我们推动“大外宣”战略的重要目标之一，要加强统筹协调，提升中国国家和地区的国际形象。要针对海外侨胞的情感需求和现实需要，做精做强“亲情中华”欢聚侨居地活动，继续组织开展“亲情中华”中医团、文化讲堂、美术书法展等系列活动，回应侨胞期盼，把最优质的文化资源送到海外送到侨胞身边。要推进文促会体制改革和创新，鼓励他们由喜爱文化活动到自己组织活动再向文化产业投资转变，发挥广大侨胞二次、多次文化传播的力量。支持海外侨社的文化建设、侨胞的文化活动。如海外侨胞策划的文化快闪活动，形式新颖，充满活力，既接地气又聚人气，不仅能够满足侨胞的精神文化需求，同时也能推动中华文化走出去，促进中外文化交流，这是文化宣传工作的一种创新，我们要善于发现和引导。要通过与侨胞的通力合作，用中国元素去吸引和影响住在国主流社会和外国民众，实现中华文化的二次传播。遍布世界的两万多所华文学校、两万多个华侨华人社团、数百家华文媒体以及独具特色的唐人街、中国城、中餐馆和中医诊所等，已成为各国多元文化交流的重要场所，也是在海外传播推广中华文化基础最牢、覆盖最广、效果最好的平台。今后，应进一步发挥这些平台载体的作用，不断推动中华文化走向世界。

（三）精心设计品牌，坚持项目驱动，提高侨联文化宣传工作的载体建设能力

一是坚持“走出去”。在坚持开展慰侨活动的同时，要加大对外国民众的辐射力度，实现文化宣传工作从内聚向外扩转变。今年，中国侨联将继续组派具有较高水准的艺术团组，进行海外巡演和文化交流；继续支持地方侨联组派“亲情中华”艺术团；会同有关部门和单位，举办“亲情中华·欢聚台湾”大型文艺演出；组派中医药、书画、摄影等专项团组出访。加强对各省市的指导和协调，不断提高团组质量；配合“一带一路”倡议和国家领导人出访、中外建交等重大活动加强文化交流；支持民族地区侨联、促进少数民族文化走出去；注重向国外二、三线城市挺进，扩大“亲情中华”活动的覆盖面和受益面。同时，我们要不断加强对“亲情中华”团组选派、节目策划、演员组织、接待承办、内外联动、宣传激励等相关机制和制度建设，注意研究和总结“亲情中华”主题活动在传播中华优秀文化、团结凝聚海内外侨胞、服务公共外交、开展民间外交等方面的成功经验。

二是积极“请进来”。要继续整合资源、联动地方举办“亲情中华”夏令营，力争办出特色。通过举办夏令营活动，引导华裔青少年学习中华文化，回应海外侨胞期待，涵养侨务新资源；坚持重心下移，鼓励基层首创精神，强化承办单位的主体责任；加强体制机制建设，不断提高整体办营能力和服务水平。要继续组织海外华文媒体记者采风活动，让海外华文媒体进一步了解中国的改革开放、经济社会发展，以他们独特的视角和开阔的思维客观报道他们的所见、所闻，讲好中国故事，传播好中国声音。

三是持续“赛起来”。要继续举办世界华人学生作文大赛，动员更多的海外侨团侨校参与进来，使之成为传播中华文化的平台、促进中国文化和住在国文化融合与发展的载体，帮助更多的海外华裔青少年成为中华文化的热情传播者、中外文化交流互鉴的积极促进者和中外人民友好交往的民间使者。今年我们还要举办第三届全球华侨华人摄影大赛，活动旨在激励全球华侨华人通过参与活动发现身边的美好，记录感人瞬间，反映时代风貌，展示华侨华人摄影家和摄影爱好者的风采，弘扬中华文化，促进中外文化交流。

（四）加大宣传力度，运用侨界媒体，提高侨联文化宣传工作的资源统筹能力

一是内容要突出“准”，做到实事求是，针对性强，防止误导和不实的新闻出现。要切实管好用好各自的官方网站、微博、微信、QQ 群、侨刊乡讯、讲座论坛、报告会、研讨会等，绝不给错误思想言论提供传播渠道。宣传内容要适应分众化、差异化传播趋势，精准定位不同受众的需求，例如对国内归侨侨眷以激励为主，对海外的华侨华人以凝聚为主，对外国民众则以传播中华文化为主，要切实做到有的放矢，增强不同受众的获得感。

二是方式上要突出“活”，做到不墨守成规、因循守旧，体现更多的创新意识。要探索宣传领域中的“指尖上的侨联”和新媒体矩阵，逐步实现“线上活动”与“线下活动”有机结合。对新媒体要参与进去、深入进去、运用起来，充分利用“互联网 +”方式传播内容。充分运用微博、微信、APP、微电影等手段开展宣传工作。在刚刚结束的 2017 年“亲情中华·走进侨乡”活动中，湖南省湘潭市侨联和常德市侨联，通过微信直播平台向海内外观众同步直播晚会实况。据统计，有 10 多万海内外观众在线观看了湘潭、常德的演出，留言达到万余条，演出的相关消息刷爆海内外侨友的朋友圈，点赞不断。在热切交流的过程中，侨界群众的参与感和对侨联的认同感得到显著增强。

三是载体上要突出“新”，传统侨刊乡讯要推陈出新，新兴媒体要跟上时代。要支持海外华文媒体向“双语媒体”“华人外语媒体”转型升级，扩大受众面。选择有实力、实现本土化和全媒体目标的海外华文媒体集团开展合作，将我们的原创内容传送到海外，也可将海外的精彩内容接收回来，既丰富宣传内容，也密切与华文媒体的联系。要遴选一批在当地有影响力的侨领加入故事员队伍，借助媒体、网络和各种平台，逐步建立起一个全球化、立体式、多语种“中国故事”传播体系。

四是时效要突出“快”，抢占第一时间点，抢占第一关注点，防止“新闻”成“旧闻”。及时通过微信高频推送活动信息和动态，从活动前预热，到活动时直播，再到活动后的新闻报道，真正做到活动宣传完整，全程可触，确保时效。

五是效果要突出“实”，力争每次宣传都能激起一些波澜，增加一些评论，多上一些好评。侨联组织开展活动要以侨界群众为中心，让群众当主角。通过查看微信留言、直播平台在线人数和视频观看评论，及时获取反馈信息，了解宣传效果，力争实现场内场外实时互动，线上线下其乐融融，使我们的每场活动回味无穷。此外，侨联的文化宣传工作要注重发挥联动性，既要系统内联动，又要与侨社团联动，还要实现与侨胞个体联动，把一次活动发展为多次活动和持续活动。

同志们，2017 年是侨联工作机遇与挑战并存、坚持与转型并行的一年，做好今年侨联文化宣传工作责任重大，使命光荣，各级侨联组织的文化宣传干部要坚持不忘初心、继续前行，要坚定方向主动干，开动脑筋创新干，撸起袖子加油干，以实际行动迎接党的十九大胜利召开。

在华侨华人研究与侨联智库建设学术研讨会上的总结讲话

（2017年9月13日）

康晓萍

各位专家学者、各位来宾、同志们：

大家好！中国华侨华人研究所成立揭牌仪式今天在这里隆重举行。中国侨联党组书记、主席万立骏同志在揭牌仪式上作了重要讲话。中国侨联机关各部门负责同志、国内各涉侨研究机构专家学者出席本次会议，这充分体现出对中国华侨华人研究所及华侨华人研究的高度重视和充分肯定。刚才，与会各位专家学者也提出了很好的建议。这些年来，侨研所工作中所取得的成绩，离不开曾在侨研所工作的各位同志的艰辛努力，也离不开海内外华侨华人专家学者的鼎力支持、无私帮助。借此机会，我代表中国侨联党组，向大家表示衷心的感谢！

结合大家的发言，就华侨华人研究及侨研所今后工作简要讲几点认识和体会，与大家进行交流。

一、继承侨研所优良传统，开启创新发展新航程

一部华侨华人的历史，既是广大海外侨胞在异国他乡自强不息、努力拼搏、开拓创新的奋斗史，也是在住在国落地生根、与其他族群兼容并蓄、互学互鉴的交流史，更是关心祖（籍）国革命与建设、情系桑梓、热心公益的奉献史。改革开放以来，华侨华人研究在中国取得蓬勃发展，研究成果丰硕，已成为中国史、世界史和国际移民研究的重要组成部分。在改革开放之初的时代背景下，全国很多地区、高校、科研院所陆续成立了华侨华人研究机构和华侨历史学会。

1984年4月，中国侨联成立华侨历史研究所，1991年更名为中国华侨华人历史研究所。作为全国性的华侨华人研究专门机构，侨研所是在改革开放，侨务战线拨乱反正以及为华侨正名的大背景下成立的。时任全国侨联副主席、中国华侨历史学会会长洪丝丝同志兼任首任所长。洪丝丝老人以时不我待的紧迫感忘我工作，为华侨华人研究学科发展、人才队伍建设、科研项目与成果转化等付出了大量心血，值得我们铭记和尊敬。李定国、巫乐华、方雄普、赵红英和林晓东等历任所领导及全所同志为侨研所倾注了自己的智慧和心血，默默耕耘，无私奉献。侨研所从无到有，从小到大，经历了艰辛创业，收获了累累硕果。早在成立之初，侨研所就制定了若干华侨华人研究专题，积极开展学术研究，促进学术交流和成果转化，支持帮助华侨华人国别史、地区史及学术著作的出版。多年来，侨研所努力围绕党和国家工作大局，从侨联工作和侨研所实际出发，以习近平同志侨务论述研究为重点，坚持侨史研究与侨情研究并重、基础研究与对策研究并重、华侨华人研究与国际移民研究并重，以侨联课题、侨史工程、学术交流、编辑出版为抓手，发挥作为全国性研究机构的引导、凝聚、整合、服务、提升作用，推动各项工作再上新台阶。可以说，侨研所见证了华侨华人研究的初兴、发展与成熟，见证了华侨华人与国际移民研究的多学科、多领域交融、发展。

党的十八大以来，以习近平同志为核心的党中央对做好新形势下的归侨侨眷和海外侨胞工作、推进中国侨联改革作出重要部署。2016年

中共中央办公厅印发的《中国侨联改革方案》明确提出，“调整优化侨联领导机关和事业单位设置，根据侨情变化，聚焦工作主业，优化工作职能，提高工作效率”。在方案当中，撤销中国华侨华人历史研究所，组建中国华侨华人研究所是中国侨联全面深化改革的重要改革措施之一，也受到各界人士的广泛关注。中国华侨华人研究所的组建，不是简单的机构更名，而是结合中国侨联服务党和国家工作大局、充分发挥中国侨联智库作用的重大举措，在中国侨联改革整体布局中处于重要位置。中国华侨华人研究所的成立是党中央支持侨联工作创新发展的一项重大举措，既是对侨研所三十多年的发展给予的充分肯定，又为侨研所适应世情、国情和侨情新变化，发挥华侨华人研究重要作用提供了有利条件，具有十分重大的意义。

二、不忘初心，努力奋进，开创华侨华人研究新局面

《中国侨联改革方案》明确了中国华侨华人研究所的任务职能，“负责中国侨联对策应用研究、侨情侨史研究、国际移民研究、中国侨联课题管理、《中国侨联年鉴》和学术期刊编辑工作，负责涉侨学术交流与合作、中国华侨历史学会工作，充分发挥侨联‘智库’作用。”作为中国侨联直属事业单位，新组建的“中国华侨华人研究所”必须坚持在会党组领导下开展工作，努力建设成为国家级、高端化、枢纽型、开放式的华侨华人研究中心，国际移民研究基地，侨务工作特别是侨联工作的智库。应适应世情、国情、侨情的新变化，紧密关注国际移民与侨务工作领域的新趋势和新问题，增强学术使命感和责任感，发挥主观能动性和创造活力，加强协作，团结拼搏，开拓创新，开创华侨华人研究新局面。

（一）努力打造华侨华人和国际移民研究的国家级团队

当前，华侨华人研究已成为世界各国众多学者共同关注的重要领域，多学科、多角度的跨国研究比比皆是。侨研所作为国家级的华侨华人研究机构，具有得天独厚的基础和优势，应牢记使命，不懈耕耘，借鉴国际移民及相关研究的思想理论和研究方法，准确把握华侨华人研究的最新发展方向，为我国哲学社会科学事业繁荣发展贡献力量。要把培养和造就华侨华人研究专门人才作为侨研所队伍建设的重要任务，积极为研究人员拓宽发展空间，创造成才机会，推动侨研所事业长期稳定发展。要真正落实人才是第一资源的理念，争取十年内在侨研所形成国内领先、具有特色的，具有高尚的价值追求、广博的知识结构、求实的科学精神和卓越的创新能力的华侨华人研究专业团队。

（二）努力打造服务国家发展和侨务工作的高端化智库

侨研所要立足中国侨联，围绕国家重大发展战略和侨务工作去谋划侨研所的工作，团结联系国内外专家学者打造华侨华人研究高端智库。广大归侨侨眷、海外侨胞和华侨华人研究者中蕴藏着丰富的智力资源和创造热情，这是智库建设的不竭动力和思想源泉。侨研所应牢牢抓住机遇，进一步明确定位，以打造侨务事业“智库”为目标，围绕党和国家工作大局，强化学术研究和政策建议功能，深化现实侨情研究，为侨务政策制定提供参考，为侨联事业发展提供咨询。应借助国家加强中国特色新型智库建设，建立健全决策咨询制度的契机，紧密联系、组织华侨华人研究专家学者，坚持问题导向，选准课题方向，明晰研究定位，努力建设开放、高端、专业的侨界智库。

（三）努力打造引领华侨华人研究新发展的枢纽型组织

侨研所应立足于世情、国情和侨情的新变化，关注华侨华人和国际移民发展的潮流和趋势，将学术研究的国际性与本土性有机结合起来。应注意协调引导华侨华人研究力量有效整合，提出华侨华人研究发展规划，在重大选题方面发挥主导力和影响力。广泛团结联系国内华侨华人研究团体和专家学者，努力推动海内外专家学者沟通交流，不断加强与国外相关研究机构和学者的联系联络。应利用自身优势，与海内外相关科研机构和学术团体积极开展对话与交流，更广泛地凝聚相关研究力量，把华侨华人研究专家学者、科研机构和学术团体团结联系起来。鼓励中外不同学科和领域的专家学者围绕华侨华人研究的相关主题开展交流、对话与合作，切实增强服务能力和水平，努力打造学界专家学者之家。

（四）努力打造华侨华人研究者交流合作的开放式平台

侨研所要以宽广的视野、开放的方式，支持国内相关机构与研究人员开展华侨华人研究，与国内各高校、研究机构及国际相关机构开展多种形式的学术交流、课题研究、相关项目等合作；探索编制外聘用高水平专家学者为特约研究员，增强研究实力。努力创新活动机制，优化学术环境，搭建不同平台，开展跨学科多领域的研讨交流，提高与华侨华人研究专家学者沟通、交流的实效。积极打造学术交流平台、信息共享平台、人才成长平台、成果转化平台等，促进涉侨人才互动、学科融合发展、侨务资源共享，以此为基础充分发挥华侨华人研究的人才和智力优势。

三、营造氛围，创造条件，不断取得自身建设新成绩

党中央历来注重发挥广大归侨侨眷和海外侨胞的独特作用，侨联工作已成为党和国家事业的重要组成部分。多年来，中国侨联作为主管单位，关心侨研所的队伍建设和人才工作，积极推进解决事业单位改革中面临的各种问题。未来，将继续加大政策支持和保障力度，为侨研所发展创造有利条件。各级侨联要紧密结合侨联深化改革，高度重视华侨华人研究工作，适应华侨华人研究的现实需求，汇集专家学者的智慧，创造条件为发展提供服务和支持。

长期以来，在人员编制少、研究任务重、工作头绪多、联系领域广的情况下，侨研所全所同志团结一心、兢兢业业，充分发挥了踏实肯干、求真务实和“一正四多”和“耐烦、耐繁、耐凡”的工作作风。侨研所领导班子要认真研究事业单位改革的相关政策和国家人才政策，着眼于长远发展，为大家开展研究营造良好氛围。应尊重学术研究客观规律，结合侨研所自身特点和工作实际，完善符合科研规律的工作机制和考核奖惩机制，为开展学术研究创造有利环境和条件。要严格遵守财经纪律和国家有关规定，有序推进事业单位各项改革，特别是人事制度、养老制度、收入分配制度改革，及时了解全所同志的愿望和诉求，深入做好思想政治工作和心理疏导工作，保持侨研所人员队伍基本稳定和可持续发展。

侨研所应切实落实党中央和中国侨联的部署和要求，立足长远，从思想观念、工作定位、研究领域、机构设置、运行机制、队伍建设等方面深入谋划，分阶段推进，努力把侨研所打造成为国家级、高端化、枢纽型、开放式研究机构和知名智库。相信在全所同志的共同努力下，在学界同仁的大力支持下，华侨华人研究大有可为，侨研所一定能够展现更大作为，迎接更加灿烂辉煌的明天！

在2017习近平新时代中国特色社会主义思想侨务论述研讨会上的讲话

（2017年12月28日）

康晓萍

同志们：

大家上午好！

今年10月，我们党隆重召开了第十九次全国代表大会。应该说，党的十九大是在全面建成小康社会决胜阶段、中国特色社会主义发展的关键时期召开的一次十分重要的大会。十九大承担着谋划决胜全面建成小康社会、深入推进社会主义现代化建设的重大任务，事关党和国家事业继往开来，事关中国特色社会主义前途命运，事关最广大人民根本利益，对鼓舞和动员全党全国各族人民继续推进全面建成小康社会、坚持和发展中国特色社会主义具有十分重要的意义。新时代催生新理论，新理论引领新实践。党的十九大确立的习近平新时代中国特色社会主义思想，开辟了马克思主义新境界、中国特色社会主义新境界、治国理政新境界、管党治党新境界。我们必须认真学习、深刻领会、努力践行。

习近平总书记曾长期在侨务大省福建、浙江及新侨集中地上海工作，对侨务工作有着深入的了解和研究。尤其是党的十八大以来，总书记对华侨华人在实现中华民族伟大复兴中国梦中的独特作用，对侨务、侨联工作等都作了大量重要而深入的论述与指示。这些重要论述和指示构成了习近平新时代中国特色社会主义思想的基本内容。习近平总书记关于侨务工作的论述既是中国特色侨务理论的重要组成部分和最新发展，更是习近平新时代中国特色社会主义思想的重要组成部分，开辟了侨务工作新境界，是我们开展侨务工作、团结联系广大海外侨胞和归侨侨眷为实现中华民族伟大复兴中国梦共同奋斗的行动指南。

中国华侨华人研究所和广东五邑大学在2014年举办全国首次习近平总书记侨务论述研讨会，至今已连续举办了三次。今天，我们在浙江省宁波市举办研讨会，是全国侨联系统深入贯彻落实党的十九大精神、认真学习领会习近平新时代中国特色社会主义思想的具体举措和重要体现，也为专家学者在新的时代背景下交流、探讨、研究习近平侨务论述提供了一个重要平台。参加今天研讨会的不仅有多年的老朋友，也有许多新的生力军。特别是浙江省侨联主动参与会议的主办工作，宁波市委、市政府对此次会议的召开给予高度重视，宁波市侨联积极承担了大量的会议组织、协调工作，一些地市的侨联干部踊跃参加，充分体现了浙江省各级侨联和宁波市党政领导敏锐的政治意识、高度的大局意识、牢固的核心意识、坚定的看齐意识，在此，我谨代表中国侨联和万立骏主席，向前来参加会议的各位专家学者、来宾朋友们表示热烈的欢迎，向为会议顺利召开付出辛勤劳动的市委、市政府和相关单位表示衷心的感谢！

现在，我就深入学习、领会习近平新时代中国特色社会主义思想中关于侨务工作论述谈几点意见：

第一，学习领会习近平侨务论述要与贯彻落实党的十九大精神紧密结合起来。党的十九大描绘了决胜全面建成小康社会、夺取新时代中国特色社会主义伟大胜利的宏伟蓝图，勾画了我国社会主义现代化建设的“两步走”战略时间表、路线图，进一步指明了党和国家事业的前进方向。实现中华民族伟大复兴的中国梦，需要海内外中华儿女共同团结奋斗。学习好、宣传好、贯彻好、落实好党的十九大精神是当前和今后一个时期全党全国各族人民，包括各级侨联组织、侨务工作者的首要政治任务，必须牢固树立“四个意识”、切实增强“四个自信”，在思想上、政治上和行动上同以习近平同志为核心的党中央保持高度一致，把党的十九大精神贯彻落实到侨务工作的方方面面。各级侨联组织和侨务工作者学习贯彻党的十九大精神，就必须紧密结合侨务工作实际，认真学习贯彻习近平总书记关于侨务论述，深刻理解广大海外侨胞和归侨侨眷在新时代的地位作用，深刻理解侨务工作服务“四个全面”战略布局、“五位一体”总体布局的根本任务，深刻理解侨联组织服务所联系群众的基本职责，深刻把握十九大报告提出的“团结联系海外侨胞和归侨侨眷，共同致力于中华民族伟大复兴”这一根本要求，认真思考新时代侨务工作的战略方向、目标任务、工作布局、方法举措等，切实把侨界群众的思想和行动引导和凝聚到全面贯彻党的十九大精神上来，形成实现中华民族伟大复兴中国梦的强大合力。

第二，学习领会习近平侨务论述要与学习习近平新时代中国特色社会主义思想紧密结合起来。习近平侨务论述是习近平新时代中国特色社会主义思想的重要组成部分。我们只有把习近平侨务论述放在习近平新时代中国特色社会主义思想体系中学习、思考和领悟，才能得到比较深入的认识。习近平侨务论述与新时代坚持和发展中国特色社会主义的总目标、总任务、总体布局、战略布局和发展方向、发展方式、发展动力、战略步骤、外部条件、政治保证等基本问题紧密相联，体现在习近平总书记关于经济、政治、法治、科技、文化、教育、民生、民族、宗教、社会、生态文明、国家安全、“一国两制”和祖国统一、统一战线、外交、党的建设等各方面的重要论述之中，蕴含在新时代坚持和发展中国特色社会主义的十四条基本方略之中。学习贯彻习近平侨务论述，必须坚持全面准确地学习，坚持读原著、学原文、悟原理，努力做到学深悟透，把习近平总书记“根”“魂”“梦”的重要论述作为团结联系海外侨胞同圆共享中国梦的理论基础和工作主线，把“大侨务”的重要论述作为推进新时代侨务工作的基本布局，把构建人类命运共同体、建设“一带一路”的重要论述作为开展海外联谊、文化交流等工作的指南，引导侨胞当好中外友谊使者、民心相通的桥梁。把“当好海外侨胞和归侨侨眷贴心人、成为侨务工作实干家”的重要指示作为侨联干部队伍建设的重要标准，始终用习近平新时代中国特色社会主义思想武装头脑、指导实践、推动工作。

第三，学习领会习近平侨务论述要与不断推进侨联改革紧密结合起来。党的十八大以来，以习近平同志为核心的党中央对做好新形势下的归侨侨眷和海外侨胞工作、推进中国侨联改革作出重要部署，为中国侨联改革指方向、定方针、提任务，2014 年中共中央办公厅专门下发了《关于加强和改进新形势下侨联工作的意见》。近年来，习近平总书记亲自谋划、亲自部署、亲自推进群团改革，提出了去除机关化、行政化、贵族化、娱乐化，增强政治性、先进性、群众性的要求。中央政治局常委会会议、中央全面深化改革领导小组会议、中央书记处办公会议分别审议了《中国侨联改革方案》，从党和国家事业发展全局的战略高度，对侨联工作、侨联改革发展作出了重要部署，开启了侨联改革和建设的新篇章。我们必须深入学习、联系实际、统一思想、提高认识，坚定不移推进侨联改革，切实做到“去四化”“增三性”，坚定不移走党指引的中国特色社会主义群团发展道路，把侨联组织建设成海外侨胞和归侨侨眷之家，使侨联干部成为海外侨胞和归侨侨眷之友。

同志们，党的十九大为我们全面建成小康社会绘就了美好蓝图，习近平新时代中国特色社会主义思想为我们提供了强大的思想理论武器。我期望与会专家学者能够集思广益、交流互鉴，就深入学习、深刻领会、准确把握习近平新时代中国特色社会主义思想中关于侨务工作的重要论述进行深入的研讨，碰撞出理论的火花，为党和国家工作大局发挥侨务工作、侨联工作的重要的独特的作用，广泛地团结联系海外侨胞和归侨侨眷为实现中华民族的伟大复兴的中国梦作出新的更大的贡献。

预祝研讨会圆满成功。

中国侨联

年鉴

大　事　记

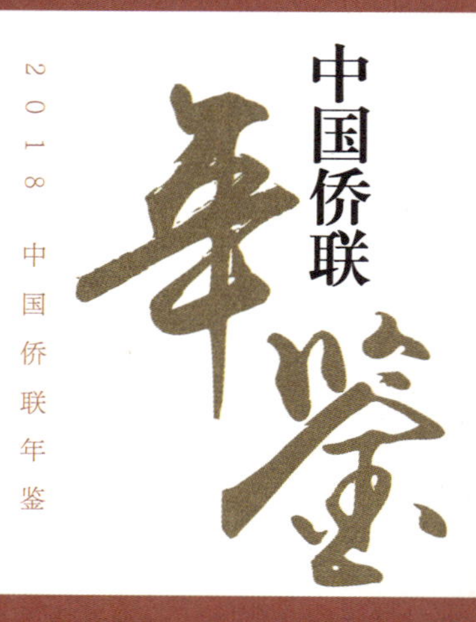
中国侨联
年鉴
2018 中国侨联年鉴

中国侨联关于认真学习宣传贯彻党的十九大精神的通知

各省、自治区、直辖市侨联，中央直属机关、中央国家机关、中央企业侨联，新疆生产建设兵团侨联：

为深入学习宣传贯彻党的十九大精神，把全国侨联系统广大党员干部和广大归侨侨眷和海外侨胞的思想统一到党的十九大精神上来，把智慧和力量凝聚到实现党的十九大确定的各项任务上来，根据《中共中央关于认真学习宣传贯彻党的十九大精神的决定》(中发〔2017〕28号)精神，结合侨联、侨胞实际，现就有关事项通知如下。

一、充分认识党的十九大的重大意义，切实增强学习宣传贯彻党的十九大精神的自觉性坚定性

中国共产党第十九次全国代表大会于2017年10月18日至24日在北京举行。这是在全面建成小康社会决胜阶段、中国特色社会主义进入新时代的关键时期召开的一次十分重要的大会。大会高举中国特色社会主义伟大旗帜，以马克思列宁主义、毛泽东思想、邓小平理论、“三个代表”重要思想、科学发展观、习近平新时代中国特色社会主义思想为指导，分析了国际国内形势发展变化，回顾和总结了过去5年的工作和历史性变革，作出了中国特色社会主义进入了新时代、我国社会主要矛盾已经转化为人民日益增长的美好生活需要和不平衡不充分的发展之间的矛盾等重大政治论断，深刻阐述了新时代中国共产党的历史使命，确立了习近平新时代中国特色社会主义思想的历史地位，提出了新时代坚持和发展中国特色社会主义的基本方略，确定了决胜全面建成小康社会、开启全面建设社会主义现代化国家新征程的目标，对新时代推进中国特色社会主义伟大事业和党的建设新的伟大工程作出了全面部署。大会批准了习近平同志代表十八届中央委员会所作的《决胜全面建成小康社会，夺取新时代中国特色社会主义伟大胜利》的报告，批准了中央纪律检查委员会的工作报告，审议通过了《中国共产党章程(修正案)》，选举产生了新一届中央委员会和中央纪律检查委员会。

习近平同志的报告，深刻回答了新时代坚持和发展中国特色社会主义的一系列重大理论和实践问题，描绘了决胜全面建成小康社会、夺取新时代中国特色社会主义伟大胜利的宏伟蓝图，进一步指明了党和国家事业的前进方向，是全党全国各族人民智慧的结晶，是我们党团结带领全国各族人民在新时代坚持和发展中国特色社会主义的政治宣言和行动纲领，是马克思主义的纲领性文献。《中国共产党章程(修正案)》将习近平新时代中国特色社会主义思想写入党章，确立为我们党必须长期坚持的指导思想。修改后的党章充分体现了党的十八大以来党的理论创新、实践创新、制度创新成果，充分体现了党的十九大报告确立的重大理论观点和重大战略思想，对推进党的事业和党的建设必将更好发挥规范和指导作用。

党的十九届一中全会选举产生了以习近平同志为核心的新一届中央领导集体，一批经验丰富、德才兼备、奋发有为的同志进入中央领导机构，充分显示出中国特色社会主义事业蓬勃兴旺、充满活力。

认真学习宣传贯彻党的十九大精神，事关党和国家工作全局，事关中国特色社会主义事业长远发展，事关最广大人民根本利益，对于动员全党全国各族人民更加紧密地团结在以习近平同志为核心的党中央周围，高举中国特色社会主义伟大旗帜，坚定道路自信、理论自信、制度自信、文化自信，为实现推进现代化建设、完成祖国统一、维护世界和平与促进共同发展三大历史任务，为决胜全面建成小康社会、夺取新时代中国特色社会主义伟大胜利、实现中华民族伟大复兴的中国梦、实现人民对美好生活的向往继续奋斗，具有重大现实意义和深远历史意义。

侨联是党领导的人民团体，是党和政府联系归侨侨眷和海外侨胞的桥梁纽带。认真学习宣传贯彻党的十九大精神，是侨联牢固树立“四个意识”、旗帜鲜明讲政治、坚定维护以习近平同志为核心的党中央权威和集中统一领导的具体体现，是落实全面从严治党要求、加强侨联系统党的建设的实际行动，是不忘初心、牢记使命，为党和国家事业凝聚侨胞力量的必然要求。

各级侨联组织和侨联广大党员干部要把学习贯彻党的十九大精神作为当前和今后一个时期的头等大事和首要政治任务，落实好习近平总书记提出的“在学懂、弄通、做实上下功夫”的要求，以习近平新时代中国特色社会主义思想武装头脑、指导实践，坚决贯彻十九大提出的各项部署、各项要求，牢固树立“四个意识”，增强“四个自信”，强化使命担当，倡导“不要人夸颜色好，只留清气满乾坤”，广泛团结联系海外侨胞和归侨侨眷，共同致力于中华民族伟大复兴。

二、认真学习、深刻领会党的十九大精神，迅速在侨界掀起学习宣传热潮

侨联学习宣传党的十九大精神，总的要求：一是要整体把握、全面系统，遵照中央决定要求，深刻领会党的十九大的主题，深刻领会习近平新时代中国特色社会主义思想的历史地位和丰富内涵，深刻领会党的十八大以来党和国家事业发生的历史性变革，深刻领会中国特色社会主义进入了新时代，深刻领会我国社会主要矛盾的变化，深刻领会新时代中国共产党的历史使命，深刻领会实现第一个百年奋斗目标和向第二个百年奋斗目标进军，深刻领会社会主义经济建设、政治建设、文化建设、社会建设、生态文明建设等方面的重大部署，深刻领会国防和军队建设、港澳台工作、外交工作的重大部署，深刻领会坚定不移全面从严治党的重大部署，学思践悟，融会贯通，全面准确把握党的十九大精神的思想精髓和核心要义。二是要突出重点、抓住关键，把着力点聚焦到习近平新时代中国特色社会主义思想是党必须长期坚持的指导思想上，聚焦到5年来党和国家事业取得历史性成就和发生历史性变革上，聚焦到作出中国特色社会主义进入了新时代、我国社会主要矛盾已经转化为人民日益增长的美好生活需要和不平衡不充分的发展之间的矛盾等重大政治论断的深远影响上，聚焦到贯彻落实党的十九大的重大决策部署上，聚焦到以习近平同志为核心的新一届中央领导集体是深受全党全国各族人民拥护和信赖的领导集体上，聚焦到习近平总书记是全党拥护、人民爱戴、当之无愧的党的领袖上，学出一份忠诚、学出一份担当，将党的十九大精神内化于心、外化于行。

1. 分类施策、精准推进，搞好学习培训。一是要全员学、全覆盖。按照习近平总书记提出的“全党要来一次大学习”的要求，紧密结合党中央即将开展的“不忘初心、牢记使命”主题教育，面向侨联系统全体党员开展多形式、分层次、全覆盖的全员培训，组织广大党员干部认真学习党的十九大精神。注意抓好离退休党员、事业单位党员和流动党员十九大精神的学习。二是要全面学、系统学。党的十九大提出了许多新理念、新论断，确定了许多新任务、新举措，要认真学习总书记代表党中央所做的报告、认真学习党章，把每一点都领会深、领会透，特别是深刻领会、认真体会与侨联工作有关的内容。三是要突出重点、示范带动。各级侨联理论学习中心组要制定学习计划，组织召开学习十九大精神讨论会、研讨会。领导干部要带头学，以身作则、以上率下，先学一步、深学一层，带头学习研讨、带头撰写学习体会和理论文章。广大基层党组织要结合“两学一做”学习教育，用好“三会一课”等形式，把新修订的党章作为重要学习

内容，把十九大精神传达到每一个支部、每一名党员。要结合实际，举办不同层次、类型的党的十九大精神学习研讨班，学深、学透、学出实效。要把党的十九大精神作为侨联系统干部教育培训机构开展学习教育培训的必修课。四是要结合学、贯通学。要运用好《习近平谈治国理政》《习近平新时代中国特色社会主义思想学习纲要》等文献和《党的十九大报告辅导读本》《党的十九大报告学习辅导百问》等辅导材料，运用好《将改革进行到底》《法治中国》《大国外交》《巡视利剑》《辉煌中国》《强军》《不忘初心、继续前进》等电视专题片，运用好《习近平同志侨务工作论述摘编》（中国华侨华人研究所编辑）。

2. 深入基层、深入实际，集中开展宣讲。从现在起到明年初，集中开展党的十九大精神宣讲活动。各级侨联工作者既要当好实干家、又要当好宣传家，带头宣讲，以实际行动带动广大侨联干部职工的学习。要下到基层，深入侨界群众集中的企业、高校、科研院所等基层单位进行宣讲，面对面交流，避免空对空。要结合实际，着力增强宣讲的针对性、生动性、思想性，联系马克思主义中国化历史进程，联系党的十八大以来党和国家事业的历史性成就和历史性变革，联系广大侨界群众思想和工作实际，把党的十九大精神讲清楚、讲明白，让大家听得懂、能领会、可落实。

3. 突出侨的特点、发挥侨的优势，精心组织宣传。一是要丰富渠道。借助侨领、侨社、侨报等传统传播渠道，用好官方网站、公众号、微信群等新媒体，通过“亲情中华”“创业中华”“海外侨胞故乡行”等主题活动，积极开展有步骤、有声势、有深度、有特色、有成效的宣传活动，生动、全面、立体地宣传党的十九大精神。二是要聚焦发力。面向广大侨胞，宣传党的十八以来党和国家事业取得的辉煌成就，鼓舞人心，凝聚共识；宣传新时代中国共产党的历史使命，增强“四个自信”，增进认同；宣传习近平新时代中国特色社会主义思想和基本方略，树立领袖形象，传播中国理念；宣传新时代党和国家事业发展的目标、决策部署，提供中国方案，贡献中国智慧；宣传党的十九大对侨胞的重大利好，凝聚侨胞力量，发挥侨胞作用。三是要凝心聚力。充分反映侨联系统对党的十九大的热烈反响和积极评价，充分展示侨联系统贯彻落实党的十九大精神的新实践、新成效、新风貌，充分展示侨联系统学习贯彻的典型事迹和良好风貌，把侨联组织的精气神提振起来，良好形象树起来，激发广大干部职工锐意进取、埋头苦干的精神，进一步鼓足干劲、奋勇前进。四是要统筹兼顾。既要注重在国内加强宣传，也要通过国内眷属向海外亲友完整、系统地宣传十九大精神；既要通过面对面宣讲，也要建好用好网上侨联，春风化雨、润物无声地宣传党的主张和方针政策，传播中国好声音，营造对我有利的良好环境。

4. 聚焦侨务政策、聚焦侨情变化，认真组织专题研究。要大兴调查研究之风，围绕学习宣传贯彻党的十九大精神，把准国内国际两个大局，围绕党的侨务政策制定和落实，围绕贯彻新发展理念、“一带一路”、构建人类命运共同体等重大课题，围绕新时代侨的特点、变化、作用等重大问题，组织力量攻关，不断增强学习宣传习近平新时代中国特色社会主义思想的理论深度、实践力度、情感温度，为侨联改革发展以及党建工作提供理论支撑和政策支持。有重点地举办学习宣传贯彻党的十九大精神侨界理论研讨会、专题研究论坛等。各侨属社团要紧密联系实际，开展专题调研，切实把党的十九大精神贯彻落实到侨联改革发展党建各领域、各环节。

三、弘扬理论联系实际的学风，奋力开创新时代侨联工作新局面

各级侨联组织和侨联广大党员干部要立足实际，大力弘扬马克思主义学风，在做实上下功夫，把党的十九大精神落实到改革发展党建各方面，体现到做好今年各项工作和安排明年工作之中。

1. 坚决维护以习近平同志为核心的党中央权威和集中统一领导。党政军民学，东西南北中，党是领导一切的。学习宣传贯彻党的十九大精神，一是要推动广大党员干部牢固树立政治意识、大局意识、核心意识、看齐意识，严格遵守政治纪律和政治规矩，在政治立场、政治方向、政治原则、政治道路上同以习近平同志为核心的党中央保持高度一致，自觉维护以习近平同志为核心的党中央权威和集中统一领导。二是要主动服从、服务于党和国家工作大局，自觉把侨联工

作放在国家战略全局中来谋划，在任何时候、任何情况下都要坚决贯彻执行以习近平同志为核心的党中央决策部署。三是各级侨联党组要发挥领导核心作用，基层党组织要发挥好战斗堡垒作用。

2. **自觉用习近平新时代中国特色社会主义思想武装头脑、指导实践。**一是要把深入学习贯彻习近平新时代中国特色社会主义思想作为一项根本性任务来抓，加强思想建设，强化理论引领，结合开展“不忘初心、牢记使命”主题教育，坚持系统学、深入学、跟进学，带着深厚感情学，带着执着信念学，带着强烈责任学，带着实践要求学，深刻领会这一新思想的精神实质和丰富内涵，深刻领会贯穿其中的坚定理想信念、强烈历史担当和求真务实精神，善于学习运用其中蕴含的马克思主义立场观点和科学方法指导实践，不忘初心，牢记使命，提高政治觉悟和政治能力，积极投身党和人民的事业。二是要系统学习习近平总书记关于群团工作和群团改革的重要指示精神，真正从思想上、灵魂深处提高对强“三性”、去“四化”的认识，通过侨联改革创新的生动实践，让习近平新时代中国特色社会主义思想在侨联领域落地生根、见到实效。三是要深入调查研究，深入社区、乡镇、学校、科研院所、企业，了解新时代侨界群众所思所想、所需所求，了解侨胞需求的变化，通过深入调查研究，了解服务对象所思所需所急，想办法开展工作。四是要在调查研究的基础上分析侨情的发展变化，找准工作的着力点，深入思考如何进一步提升已有活动的效果，如何进一步创新已有品牌的形式；要分析老侨和新侨的特点和需求，通过抓主要矛盾，解决他们最关心的问题，进一步做好新侨、新侨眷的工作。五是要认真总结工作经验，采取本部门工作总结和与其他部门交流相结合的方式，发扬成绩、改善不足，尤其在新时代，要积极探索新的举措。六是要明确工作方向，制定侨联事业发展的工作规划，提前谋划发展，主动考虑发展，主动作为。

3. **切实把党的十九大精神和习近平总书记的要求落实到推动侨联工作的具体行动上。**以习近平同志为核心的党中央对侨联工作高度重视、十分关心。侨联学习贯彻党的十九大精神，要同学习贯彻习近平总书记对侨联工作提出的明确要求结合起来，更加自觉地把侨联工作摆到党和国家工作大局中来思考谋划，把党的十九大精神转化为深化改革、促进发展的强大动力，展现侨联在新时代中的新气象、新作为。一是要旗帜鲜明讲政治，高举爱国主义和社会主义旗帜，引导侨界群众听党话、跟党走，加强对归侨侨眷和海外侨胞的思想引领，不断夯实党的侨界群众基础，最大限度将侨胞团结在党的周围。二是要坚定不移抓改革，创新侨联工作体制机制和工作方法，借助各地出台侨联改革方案的东风，解决一些过去面临的主要难题，推动完善内部分工、外部关系、机构设置等体制机制问题。要着力织好侨联系统内部的组织网络和与其他部门之间的工作网络“两张网”，加强与相关群团组织、职能部门的联系，争取资源和支持。三是要突出重点抓品牌，根据不同地区、不同部门的特点，在常规工作基础上打造自己的品牌和“名片”，在“一带一路”建设、参政议政等方面抓住机遇、发挥侨联独特优势，不断提高侨联组织的凝聚力和社会影响力。四是要眼睛向下强基层，着力加强侨联基层组织建设和基层工作，坚持“党建带侨建”，进一步发挥基层组织作用，调动各方面积极性，组织起来、活跃起来、行动起来、贡献起来。

4. **坚定不移推进侨联系统全面从严治党。**一是要推动侨联系统全面从严治党向纵深发展，保持战略定力，始终绷紧从严从紧这根弦，把党的政治建设放在首位，落实好管党治党责任，不断解决存在的突出问题。二是要按照中央的部署要求，开展“不忘初心、牢记使命”主题教育，深入理解和把握习近平新时代中国特色社会主义思想的科学体系、精神实质、实践要求，更加自觉地为实现党的历史使命而不懈奋斗。三是要按照总书记“八个增强”的要求，提高各级侨联干部的领导水平和工作能力，打造一支党放心、侨胞满意的侨务工作实干家队伍。四是要认真学习领会党章，严格遵守党章党规党纪，深入推进党风廉政建设和反腐败工作，为侨联改革发展营造风清气正的良好环境。

四、加强组织领导，务求学习宣传贯彻实效

各级侨联要把学习宣传贯彻党的十九大精神摆上重要议事日程，切实加强组织领导，确保落实到位。

1. **领导责任落实到位**。要按照党中央的部署和中国侨联的要求，结合本单位实际，专题部署落实，迅速兴起学习宣传贯彻党的十九大精神热潮。各级侨联的组织、文化宣传部门和其他有关部门，要在党组统一领导下，密切配合。组织部门要把学习宣传贯彻党的十九大精神与干部教育培训工作、加强领导班子建设和基层党组织建设结合起来。文化宣传部门要扎实做好党的十九大精神宣传工作，营造学习贯彻浓厚氛围。侨联所属社团要充分发挥自身优势，开展各具特色的学习教育活动。

2. **正确导向落实到位**。坚持团结稳定鼓劲、正面宣传为主，弘扬主旋律、传播正能量，着力用党的十九大精神统一思想、凝聚力量。主动设置议题，加大引导力度，围绕广大党员干部和广大侨胞普遍关注的热点难点问题，多做解疑释惑、疏导情绪的工作，多做增进共识、增进团结的工作。落实意识形态工作责任制，加强阵地管理，绝不给错误思想言论提供传播渠道，要加强舆情监测分析研判和报告、处置，营造持续深入学习宣传贯彻党的十九大精神的良好氛围。

3. **督查指导落实到位**。要加强工作指导，加强督促检查，切忌形式主义，务求取得实效。中国侨联将加强对学习宣传贯彻情况的督查指导，对省级侨联学习贯彻情况进行汇总。各级侨联要加大督导力度，深入基层指导推动工作。通过指导检查，及时总结推广好典型、好经验、好做法，充分调动各方面的积极性，确保党的十九大精神学习好、贯彻好、落实好。

各地侨联学习宣传贯彻情况要及时报告中国侨联。

中 国 侨 联

2017 年 11 月 6 日

·领导重要活动·

2017年1月

1. 1月3日，康晓萍同志出席全国宣传部长会议。

2. 1月4日，中央书记处办公会议听取中国侨联党组工作汇报，林军同志汇报，董中原、李卓彬、乔卫、康晓萍同志列席会议。

3. 1月6日，林军同志出席十八届中央纪委第七次全委会议。

4. 1月6日，乔卫同志参加海外联谊部党支部民主生活会。

5. 1月8日，李卓彬同志出席浙江省侨商会成立十周年暨换届庆典大会。

6. 1月10日，林军、董中原、李卓彬、乔卫、康晓萍同志出席九届三十四次主席办公会。

7. 1月10，康晓萍同志出席河南省第十次归侨侨眷代表大会。

8. 1月11日，林军、董中原、李卓彬、乔卫、康晓萍同志出席中国侨联机关廉政工作会议。

9. 1月12日，林军、董中原、李卓彬、乔卫、康晓萍同志出席中国侨联领导班子专题民主生活会。

10. 1月13日，董中原同志出席中直机关党的工作会议。

11. 1月13日，乔卫同志出席北京侨校校友会新春联谊会。

12. 1月14日，中国侨联九届七次主席会议、常委会议在京召开。林军主席，董中原、李卓彬、乔卫、康晓萍、李昭玲、邵旭军、万立骏、张玉卓、王荣宝、许荣茂、刘艺良、朱奕龙、王亚君、沈敏副主席出席会议。

13. 1月15日，中国侨联九届四次全委会议在北京召开。中共中央政治局委员、国家副主席李源潮出席会议并发表重要讲话。中国侨联主席林军主持会议传达了中央书记处关于侨联工作的重要指示精神，并代表中国侨联作工作报告。中国侨联副主席董中原、李卓彬、乔卫、康晓萍、李昭玲、邵旭军、万立骏、张玉卓、王荣宝、许荣茂、刘艺良、朱奕龙、王亚君、沈敏出席会议。

14. 1月16日，中国侨联九届四次全委会议在京闭幕。林军主席，董中原、李卓彬、康晓萍、许荣茂、朱奕龙、王亚君、沈敏副主席出席会议。

15. 1月16日，乔卫同志出席全国统战部长会议。

16. 1月17日至18日，林军同志赴福建慰问困难侨胞。

17. 1月17日，董中原同志出席全国人大华侨委分党组民主生活会。

18. 1月17日至19日，乔卫同志在福建出席聚焦“一带一路”专题论坛、公益慈善发展研讨会。

19. 1月18日，林军、乔卫、王亚君、沈敏同志在福建出席“远方的惦念——2017年华侨华人春节联欢晚会”录制现场。

20. 1月18日，董中原同志出席全国组织部长会议。

21. 1月18日，康晓萍同志走访慰问《海内与海外》杂志社和中国华侨出版社。

22. 1月19日，董中原同志出席全国人大代表情况通报会。

23. 1月20日，林军、董中原、李卓彬、乔卫、康晓萍同志出席中国侨联选人用人民主测评会议。

24. 1月20日至22日，李卓彬同志赴广西慰问困难侨胞。

25. 1月21日，康晓萍同志出席纪念中国华侨摄影学会成立30周年暨2017新春座谈会。

26. 1月22日至23日，董中原同志赴河北慰问困难侨胞。

27. 1月22日至24日，康晓萍同志赴江西慰问困难侨胞。

28. 1月23日至25日，李卓彬同志赴广东慰问困难侨胞。

29. 1月23日，乔卫同志赴陕西慰问困难侨胞。

30. 1月25日，林军、董中原同志看望慰问中国侨联机关及直属事业单位干部职工。

31. 1月26日，林军同志出席中直机关2017年春节团拜会。

2017年2月

1. 2月4日，林军同志主持召开九届党组五十一次会议，董中原、乔卫同志出席，李卓彬同志列席。

2. 2月4日，董中原同志出席全国人大代表资格审查委员会会议。

3. 2月6日至11日，康晓萍同志率“亲情中华·走进侨乡”艺术团赴湖南、贵州慰问演出。

4. 2月7日，林军同志主持召开中国侨联党组中心组学习会议，董中原、李卓彬、乔卫同志参加学习和讨论。

5. 2月10日，中共中央政治局委员、国家副主席李源潮到中国侨联召开座谈会，调研侨联改革情况和“网上侨联”建设情况。林军、李卓彬、乔卫、康晓萍同志出席会议。

6. 2月10日上午，董中原同志列席全国人大常委会党组会议。

7. 2月10日下午，董中原同志出席中直机关党的工作会议。

8. 2月13日至16日，林军同志出席省部级主要领导干部学习贯彻党的十八届六中全会精神专题研讨班。

9. 2月13日至15日，李卓彬同志赴香港出席香港潮属社团总会“奉献与发展”分享会。

10. 2月14日上午，董中原同志出席中国农林水利气象工会第四届全国委员会第一次全体会议并致辞。

11. 2月14日下午，董中原同志出席全国人大华侨委主任碰头会。

12. 2月16日，乔卫同志出席辽宁省侨联九届三次全委会议并讲话。

13. 2月17日，林军、董中原、李卓彬、乔卫、康晓萍同志出席中央第四巡视专项巡视向中国侨联党组情况反馈会议。林军主持并作表态讲话。

14. 2月17日至18日，乔卫同志出席全国侨务工作会议。

15. 2月19日，李卓彬同志出席中国侨联新侨创新创业联盟理事长建言献策会。

16. 2月22日，林军、李卓彬、乔卫、康晓萍同志出席中国侨联召开巡视整改工作动员部署会议，林军主席讲话。

17. 2月22日至24日，董中原同志出席十二届全国人大常委会第二十六次会议。

18. 2月23日，乔卫同志出席海外联谊部工作务虚会。

19. 2月24日，李卓彬同志会见美国潮商总会访问团。

20. 2月27日至28日，林军、董中原、乔卫、康晓萍同志出席中国侨联务虚会。

21. 2月27日至28日，李卓彬同志出席政协第十二届全国委员会常务委员会第十九次会议。

2017年3月

1. 3月1日，林军、康晓萍同志会见浙江省政协副主席、浙江省侨联主席吴晶同志一行，听取浙江省侨联改革及海外中餐馆计划进展情况。

2. 3月1日，乔卫同志出席全国政协提案委员会第十九次全体会议。

3. 3月2日，林军同志主持召开中国侨联九届党组五十三次会议，董中原、乔卫、康晓萍同志出席，李卓彬同志列席。

4. 3月2日，林军同志主持召开中国侨联九届三十五次主席办公会议，董中原、李卓彬、乔卫、康晓萍同志出席。

5. 3月2日下午，林军同志在机关会见内蒙古自治区党委常委、统战部部长王莉霞同志，就内蒙古自治区侨联工作及改革问题交换意见。

6. 3月2日至13日，李卓彬、乔卫同志出席全国政协十二届五次会议。

7. 3月4日至15日，董中原同志出席十二届全国人大五次会议。

8. 3月4日下午，中共中央政治局常委、国务院副总理张高丽同志看望致公、侨联、对外友好界委员，并参加联组讨论。李卓彬、乔卫同志参加讨论，乔卫同志在会上发言。

9. 3月5日，林军同志列席十二届全国人大五次会议开幕会。

10. 3月7日下午，林军同志列席全国政协十二届五次会议香港界52组小组讨论。

11. 3月7日，林军、李卓彬、乔卫、康晓萍同志会见列席全国政协十二届五次会议的海外侨胞。

12. 3月8日，林军同志列席十二届全国人大五次会议第二次全体会议。

13. 3月8日，康晓萍同志出席《侨时代与人文中国》之“一带一路·人文之路”座谈会。

14. 3月9日上午，林军同志列席全国政协十二届五次会议香港界53组小组讨论。

15. 3月16日，康晓萍同志会见湖南省侨联党组书记朱建山、永州市委书记李晖一行。

16. 3月16日，林军、董中原、乔卫、康晓萍同志出席中国侨联学习传达“两会”精神大会。

17. 3月20日，林军同志出席中央单位党组主要负责人会议。

18. 3月20日，董中原同志向北京市部分归侨侨眷传达全国“两会”精神。

19. 3月21日，林军同志出席国务院第五次廉政工作会议。

20. 3月21日，乔卫同志出席全国政协提案委员会第二十一次全体会议。

21. 3月21日，康晓萍同志出席2017年全国侨联文化宣传工作会议。

22. 3月21日下午，林军、董中原、乔卫、康晓萍同志出席九届党组五十五次会议，李卓彬同志列席。

23. 3月22日，林军、董中原、李卓彬、乔卫、康晓萍同志在中南海向李源潮同志汇报巡视整改进展情况。

24. 3月22日，乔卫同志会见法国法华工商联合会访问团。

25. 3月23日，林军、董中原、李卓彬、乔卫、康晓萍同志出席中国侨联九届三十六次主席办公会议。

26. 3月24日，林军、董中原、乔卫、康晓萍同志出席九届党组五十六次会议，李卓彬同志列席。

27. 3月24日，董中原同志出席中国侨联党风廉政建设联席会议及直属机关党委六届八次会议。

28. 3月25日，林军、李卓彬同志出席中国侨联法顾委主任会议。

29. 3月26日，乔卫同志会见凤凰卫视董事局主席刘长乐。

30. 3月27日，林军、乔卫同志会见河北省委常委、常务副省长袁桐利一行。

31. 3月27日，康晓萍同志出席“亲情中华·文化讲堂”走进怡海中学活动。

32. 3月28日，林军、乔卫同志会见美国侨领方李邦琴。

33. 3月28日，乔卫同志出席“行者智见：《一带一路年度陈述》发布暨专家研讨会”。

34. 3月29日至30日，李卓彬同志出席丁酉年黄帝故里拜祖大典和第十一届中国（河南）投资贸易洽谈会。

35. 3月30日，林军、乔卫、康晓萍同志出席九届党组五十七次会议，李卓彬同志列席。

2017年4月

1. 4月1日，乔卫同志在成都出席中阿经贸文化交流峰会开幕式并致辞。

2. 4月3日，乔卫同志主持召开中国侨联追回流失国有资产工作组会议。

3. 4月3日至7日，康晓萍同志赴陕西出席丁酉年清明公祭轩辕黄帝典礼，并在西安、汉中出席“亲情中华·筑梦丝路”陕西行文化考察活动。

4. 4月5日，乔卫同志主持召开中国侨联追回流失国有资产会。

5. 4月6日，乔卫同志会见意大利—中国贸易发展促进会访问团。

6. 4月8日，林军同志在香港出席世界福州十邑同乡总会第十四届理事就职典礼。

7. 4月8日，乔卫同志出席贵州省第八次归侨侨眷代表大会和2017海外侨胞助力贵州“一带一路”建设会议。

8. 4月11日，林军、李卓彬、乔卫、康晓萍同志参加中国侨联党组巡视整改专题民主生活会。

9. 4月12日上午，乔卫同志出席中共中国企业经营咨询公司党员大会。

10. 4月12日下午，林军同志主持召开九届五十八次党组会议，乔卫、康晓萍同志出席，李卓彬同志列席。

11. 4月13日，林军同志主持召开九届三十八次主席办公会议，李卓彬、乔卫、康晓萍同志出席。

12. 4月13日下午，乔卫同志主持召开中国侨联追回流失国有资产工作组会议。

13. 4月14日上午，林军同志主持召开九届五十九次党组会议，乔卫、康晓萍同志出席，李卓彬同志列席。

14. 4月14日下午，乔卫同志出席中国儿童少年基金会、中国华侨公益基金会一家衣善战略合作签署暨“爱心万里行”大型公益活动发车仪式。

15. 4月17日上午，林军同志主持召开九届六十次党组会议，乔卫、康晓萍同志出席，李卓彬同志列席。

16. 4月17日，乔卫同志会见台湾中华侨联总会海外优秀青年台胞中华文化研习营一行。

17. 4月17日，乔卫同志会见巴拿马统促会、哥斯达黎加统促会联合访问团。

18. 4月17日，乔卫同志会见广东省侨界海归协会一行。

19. 4月18日，乔卫同志出席民间外交专题调研座谈会。

20. 4月19日，康晓萍同志出席中国侨联“弘扬生态文明，共建绿色家园”义务植树活动。

21. 4月20日，李卓彬同志出席全国政协港澳台侨委学习讲座。

22. 4月20日，李卓彬同志出席致公党东城区委党员学习实践活动。

23. 4月20日至22日，乔卫同志出席香港青年会第十一届理监事会就职典礼，拜访香港侨界社团联会、香港华侨华人总会、香港侨友社。

24. 4月24日，乔卫同志主持召开中国侨联追回流失国有资产会。

25. 4月25日，林军、李卓彬同志出席清华大学“一带一路”战略研究院揭牌仪式暨学术报告会。

26. 4月25日，乔卫同志在京为四川省侨联系统干部培训班授课。

27. 4月26日，乔卫同志会见洪都拉斯中国和平统一促进会访问团。

28. 4月26日，乔卫同志出席第十四届中国慈善榜发布典礼。

29. 4月28日，李卓彬同志出席全国人大华侨委第十八次会议。

2017年5月

1. 5月3日，林军、李卓彬、乔卫同志出席中国侨联党员大会。

2. 5月4日，林军同志会见法国中国和平统一促进会2017共圆中国梦回国访问团一行。

3. 5月5日，李卓彬、康晓萍同志出席庆祝中华职业教育社成立100周年大会。

4. 5月5日，乔卫同志出席中国华侨公益基金会六届一次理事会。

5. 5月9日，乔卫同志出席中央国家机关群团改革工作推进会。

6. 5月10日，乔卫同志会见美国各统促会联合访问团。

7. 5月11日，林军同志主持召开九届六十一次党组会议，乔卫、康晓萍同志出席，李卓彬同志列席。

8. 5月12日上午，林军同志参加“侨界十杰”屠善澄遗体告别仪式。

9. 5月12日，李卓彬同志出席2017中国·天津投资贸易洽谈会暨PECC国际贸易投资博览会。

10. 5月15日，林军同志会见香港海上丝绸之路协会联席主席叶刘淑仪女士。

11. 5月15日，李卓彬同志在山东济南出席致公党山东省第六次代表大会。

12. 5月15日上午，乔卫同志为中央统战部海外侨领研修班授课。

13. 5月15日中午，乔卫同志会见香港国际青年发展协会访问团。

14. 5月15日下午，乔卫同志会见中华海外联谊会第21期海外侨胞中青年代表人士研修班学员。

15. 5月16日上午，林军同志参观纪念华工参建美国太平洋铁路150周年——中美艺术家创作作品巡展。

16. 5月16日，林军、乔卫同志会见美国孙中山中心基金会主席、孙中山长曾孙孙国雄先生一行。

17. 5月16日，乔卫同志会见中直纪工委检查组一行。

18. 5月16日，乔卫同志会见以黄钺先生、杨爱娥女士为团长的荷兰、比利时侨领代表团。

19. 5月17日，林军同志会见中国侨联特聘专家。

20. 5月17日，林军同志主持召开九届三十八次主席办公会议，乔卫、康晓萍同志出席。

21. 5月17日上午，李卓彬同志在安徽合肥出席第十届中国中部投资贸易博览会暨2017中国国际徽商大会开幕式。

22. 5月17日下午，李卓彬同志在安徽合肥出席“追梦中华·圆梦安徽”海外侨商与高层次人才项目对接会。

23. 5月17日，乔卫同志出席中国侨联第22期干部培训班开班式并作开班动员和授课。

24. 5月18日上午，林军同志参加钱其琛同志遗体告别仪式。

25. 5月19日，李卓彬同志在浙江杭州出席致公党浙江省第六次代表大会。

26. 5月21日，康晓萍同志在湖北随州出席丁酉年世界华人炎帝故里寻根节开幕式并敬献花篮。

27. 5月22日，林军同志会见泰中华商会、泰中“一带一路”促进会代表团。

28. 5月22日，李卓彬同志会见东部非洲中国和平统一促进会联合总会访问团。

29. 5月22日，康晓萍同志在湖北宜昌出席中国侨联“侨爱心·光明行”2017年湖北站启动仪式并讲话。

30. 5月25日，林军、乔卫同志出席2017年全国侨联联络工作会。

31. 5月25日下午，林军、李卓彬、康晓萍同志出席黄大年同志先进事迹报告会。

32. 5月25日下午，林军同志出席中国侨联第22期干部培训班结业式。

33. 5月25日，乔卫同志会见美国安良工商会访问团一行。

34. 5月27日，李卓彬同志出席2017年“全国科技工作者日”庆祝暨表彰大会。

35. 5月31日至6月2日，康晓萍同志赴香港出席香港回归20周年艺术展。

2017年6月

1. 6月1日，李卓彬同志出席第二届全球华人少年书法大会。

2. 6月1日，乔卫同志会见以陈兴合先生为团长的美国福建会馆考察团一行。

3. 6月1日，康晓萍同志在香港出席“水墨中国·叙事中国”香港回归20周年艺术展并致辞。

4. 6月5日下午，中共中央政治局委员、国家副主席李源潮同志召集青妇科侨领导班子成员召开“网上群团”建设经验交流会，万立骏、李卓彬、乔卫、康晓萍同志参加。

5. 6月6日，林军同志主持召开九届四十次主席办公会议，万立骏、李卓彬、乔卫、康晓萍同志出席。

6. 6月8日，中国侨联九届八次主席会议、常委会议在京召开，林军、万立骏、李卓彬、乔卫、康晓萍、汪毅夫、李昭玲、邵旭军、吴晶、王荣宝、刘艺良、朱奕龙、王亚君、胡胜才、沈敏同志出席会议。

7. 6月9日，中国侨联九届五次全委会议在京召开，会议选举万立骏为中国侨联第九届委员会主席。会议接受林军辞去中国侨联主席、常委、委员职务的请求，接受董中原辞去中国侨联副主席、常委、委员职务的请求，并决定聘请林军、董中原为中国侨联顾问。李卓彬、乔卫、康晓萍、汪毅夫、李昭玲、邵旭军、吴晶、王荣宝、朱奕龙、王亚君、胡胜才、沈敏同志出席会议。

8. 6月10日，李卓彬同志在昆明出席第15届东盟华商会开幕式。

9. 6月12日，万立骏同志出席第二届世界华侨华人工商大会。

10. 6月12日，李卓彬同志出席致公党中央主席会。

11. 6月12日，乔卫同志会见马来西亚沙巴马中联谊会。

12. 6月13日上午，万立骏、李卓彬同志会见中国旅美科技协会代表团一行。

13. 6月13日至15日，乔卫同志率中国侨联调研组赴浙江调研。

14. 6月14日上午，万立骏、康晓萍同志赴全国人大常委会拜会全国人大华侨委主任委员白志健、副主任委员董中原同志。

15. 6月14日下午，万立骏、康晓萍同志赴全国妇联机关拜会全国妇联党组书记、副主席、书记处第一书记宋秀岩同志。

16. 6月14日，李卓彬同志会见致公党汕头市委主委陈瑾一行。

17. 6月15日上午，万立骏、康晓萍同志赴共青团中央机关拜会共青团中央书记处第一书记秦宜智、书记处书记徐丰同志。

18. 6月15日至16日，李卓彬同志在福建出席“创业中华·新侨创新创业对接交流”系列活动，并率领调研组到福建省高级人民法院就涉侨维权工作开展调研。

19. 6月17日，万立骏、乔卫同志到厦门集美陈嘉庚纪念馆参观学习，并出席福建省侨联工作汇报会。

20. 6月18日，万立骏、乔卫同志在厦门出席2017两岸侨联和平发展论坛·海峡两岸暨港澳侨界圆桌峰会。

21. 6月20日，万立骏、康晓萍同志赴致公党中央机关拜会全国政协副主席、致公党中央主席、科技部部长、中国科协主席万钢同志。

22. 6月20日，乔卫同志在京出席江苏省侨联系统干部及委员培训班开班式并授课。

23. 6月21日，乔卫同志会见以冯汝洁先生为团长的加拿大温哥华潮州同乡会代表团。

24. 6月22日，万立骏同志出席国家最高科学技术奖答辩会。

25. 6月22日，乔卫同志出席梦想公益基金成立暨“小候鸟计划”启动仪式。

26. 6月22日，康晓萍同志在甘肃天水出席2017（丁酉）年公祭人文始祖伏羲大典，并出席中国华侨国际文化交流基地揭牌仪式。

27. 6月23日，万立骏同志出席中国科学院大学第四届学位评定委员会第8次会议化学与化工学位评定分委会会议。

28. 6月23日，乔卫同志出席河南华侨教育公益基金捐赠仪式并作主题报告。

29. 6月26日，万立骏、李卓彬、乔卫、康晓萍同志出席中国侨联新侨创新创业活动暨侨创论坛。

30. 6月26日至28日，万立骏同志出席中直机关党代会。

31. 6月26日至28日，李卓彬同志出席全国政协第十二届常委会第二十一次会议。

32. 6月27日至7月6日，乔卫同志率团访问马来西亚、斯里兰卡、新加坡。

33. 6月29日，康晓萍同志赴江苏南通出席“亲情中华·文化讲坛·张謇故事”活动。

34. 6月30日至7月1日，万立骏同志赴江苏南京出席协同创新学术交流会。

35. 6月30日，李卓彬同志出席“不忘初心跟党前行——马列主义思想在旅俄华侨中的产生和传播”图片展开幕式。

2017年7月

1. 7月2日，李卓彬同志出席吉林省侨联特聘专家委员会成立大会暨海外华商吉林行活动。

2. 7月3日，万立骏同志出席2017海外侨领中国国情研修班开班式。

3. 7月4日，康晓萍同志出席中直机关喜迎党的十九大书画展开幕式。

4. 7月4日下午，万立骏、李卓彬、康晓萍同志听取文化交流部工作汇报。

5. 7月5日，万立骏、康晓萍同志会见《人民日报》编委、海外版总编辑王树成一行。

6. 7月6日上午，万立骏同志听取办公厅工作汇报。

7. 7月6日，李卓彬同志在兰州出席第二十三届中国兰州投资贸易洽谈会开幕式暨丝绸之路合作发展高端论坛。

8. 7月6日至9日，康晓萍同志赴云南出席德宏傣族景颇族自治州纪念全民族抗战爆发80周年暨南洋华侨机工回国抗日纪念馆开馆仪式，并在德宏州、保山市进行侨联文化宣传工作调研。

9. 7月7日上午，万立骏、康晓萍同志听取经济科技部工作汇报。

10. 7月7日下午，万立骏、李卓彬、康晓萍同志听取权益保障部工作汇报。

11. 7月7日，万立骏同志会见中国侨联海外顾问、海外抗战纪念馆名誉馆长方李邦琴女士一行。

12. 7月10日上午，万立骏同志主持九届党组六十五次会议，乔卫、康晓萍同志出席，李卓彬同志列席。

13. 7月10日，万立骏、乔卫同志会见潮籍博士专家学者访问团。

14. 7月10日至12日，李卓彬同志赴香港出席香港广东社团总会第九届会董就职典礼并走访侨团。

15. 7月10日，康晓萍同志出席“亲情中华”夏令营北京营开营式暨“亲情中华·金水桥之恋”——“首开杯”第六届华裔青少年书画大赛获奖作品展开幕式。

16. 7月11日至14日，万立骏、乔卫同志赴浙江温州、丽水青田、杭州等地调研。

17. 7月11日，康晓萍同志在江苏昆山出席第八届“国际华商·清华论坛”暨华侨华人创新论坛并致辞。

18. 7月12日，康晓萍同志出席“第十一届世界华裔杰出青年华夏行”开幕式。

19. 7月14日晚，乔卫同志在上海出席上海公益足球赛闭幕式。

20. 7月15日，万立骏、康晓萍同志出席中国侨联法顾委成立35周年纪念活动。

21. 7月15日，李卓彬同志在济南出席致公党中央常委会议。

22. 7月15日至16日，乔卫同志在云南楚雄出席第九届世界云南同乡联谊大会。

23. 7月16日，李卓彬同志出席全国侨联系统维权工作经验交流会。

24. 7月17日上午，万立骏、李卓彬、乔卫、康晓萍同志听取组织人事部工作汇报。

25. 7月17日下午，万立骏、李卓彬、乔卫、康晓萍同志听取海外联谊部工作汇报。

26. 7月17日下午，万立骏同志主持召开九届四十一次主席办公会议，李卓彬、乔卫、康晓萍同志出席。

27. 7月17日，李卓彬同志会见美国华人科技工商协会代表团一行。

28. 7月17日，乔卫同志会见葡萄牙侨界回国考察团。

29. 7月18日至19日，万立骏同志出席教育部审定高校建设会。

30. 7月18日至19日，李卓彬同志参加第八次全国信访工作会议。

31. 7月19日上午，乔卫同志会见江门市委常委、统战部部长易中强一行。

32. 7月21日，李卓彬同志在广州出席“创业中华·圆梦广州”——为广州实施创新驱动发展战略献良策研讨会。

33. 7月21日下午，万立骏、乔卫、康晓萍同志赴全国政协港澳台侨委员会拜访调研。

34. 7月24日，乔卫同志会见以张永树先生为团长的西班牙温州总商会考察团一行。

35. 7月24日，乔卫同志会见西班牙温州总商会考察团。

36. 7月24日下午，万立骏、李卓彬、乔卫、康晓萍同志赴中国科协拜访调研。

37. 7月25日，万立骏、乔卫同志会见菲华联谊会访问团。

38. 7月25日至26日，康晓萍同志在黑龙江黑河出席中国华侨历史学会七届二次理事会议。

39. 7月26日至27日，万立骏同志参加“学习习近平总书记重要讲话精神，迎接党的十九大”专题研讨班。

40. 7月28日上午，万立骏、李卓彬、乔卫、康晓萍同志出席2017全国侨联秘书长办公室工作会议。

41. 7月28日下午，李源潮同志在中南海主持召开青妇科侨解决基层“四缺”问题共建共用党群基层活动和服务群众阵地经验交流会，万立骏、李卓彬、乔卫、康晓萍同志出席。

42. 7月29日，康晓萍同志出席第十八届世界华人学生作为大赛颁奖典礼。

43. 7月30日，万立骏同志出席教育部双一流建设专委会第二次会议。

2017年8月

1. 8月1日，万立骏、乔卫同志出席庆祝中国人民解放军建军90周年大会。

2. 8月3日，万立骏、乔卫同志会见美国华人社团联合总会主席陈清泉先生。

3. 8月4日，乔卫同志会见法国前交通运输部部长蒂埃里·马里亚尼一行。

4. 8月9日至11日，乔卫同志率团访问香港，拜访中央人民政府驻香港联络办公室和香港侨界社团联会，出席香港客属总会第三届会董会就职典礼。

5. 8月10日，万立骏同志会见青岛市委常委、青岛市高校工委书记邓云锋。

6. 8月12日，万立骏同志出席“亲情中华·远方的惦念——2017华裔子弟故乡行”夏令营闭营式。

7. 8月12日至13日，李卓彬同志赴深圳出席第四届侨商峰会、第三届华人华侨产业交易会及“家国情怀·世间风范”——国际华人华侨社团纪念庄世平先生座谈会。

8. 8月14日，万立骏、李卓彬、乔卫、康晓萍同志出席中国侨联会领导工作会议。

9. 8月15日，万立骏同志出席中央有关部门调研座谈会。

10. 8月15日，乔卫同志在南京出席江苏省侨联第七次代表大会开幕式。

11. 8月16日，万立骏、乔卫同志出席中国侨联顾问座谈会。

12. 8月16日至25日，康晓萍同志率团访问南非、马达加斯加、阿联酋。

13. 8月17日至20日，万立骏同志赴长春出席电分析化学国家重点实验室学术委员会会议。

14. 8月17日，乔卫同志出席“视觉健康精准脱贫工程”新闻发布会。

15. 8月21日至22日，李卓彬同志赴厦门出席厦门市第十六次归侨侨眷代表大会。

16. 8月21日，乔卫同志主持召开中国侨联房改领导小组会议。

17. 8月22日至25日，乔卫同志赴广东调研侨联基层组织建设。

18. 8月24日，万立骏、李卓彬同志赴中国侨联事业单位办公楼走访调研。

19. 8月24日下午，李源潮同志召集青妇科侨主要负责同志传达习近平总书记关于群团工作和群团改革的重要指示精神，万立骏同志参加。

20. 8月24日，李卓彬同志会见广东省汕头市华侨经济文化合作试验区党工委书记、管委会主任吴先宏一行。

21. 8月26日，刘云山同志主持召开群团改革工作座谈会，万立骏、乔卫同志出席。

22. 8月27日上午，万立骏同志主持召开九届党组六十七次（扩大）会议，李卓彬、乔卫、康晓萍同志出席，传达学习习近平总书记重要指示精神，听取各部门改革推进情况汇报，研究贯彻落实举措。

23. 8月28日下午，李源潮同志召集青妇科侨学习贯彻习近平总书记重要指示和群团改革工作座谈会精神会议，万立骏、乔卫同志出席。

24. 8月28日至30日，李卓彬同志出席全国政协第十二届常委会第二十二次会议。

25. 8月30日上午，万立骏、乔卫、康晓萍同志会见央视电影频道一行。

26. 8月30日下午，乔卫同志出席“笑玮爱心基金”启动仪式。

27. 8月31日下午，万立骏同志主持召开九届四十二次主席办公会议和九届党组六十八次会议，李卓彬、乔卫、康晓萍同志出席。

28. 8月31日至9月2日，乔卫同志赴长春出席世界越柬寮华人团体联合会第八届会员代表大会暨海外华商经贸旅游交流会。

2017年9月

1. 9月3日，万立骏、李卓彬同志出席“创业中华·牵手京津冀——第十七届海外侨界高层次人才为国服务活动”启动仪式。

2. 9月4日上午，乔卫同志主持召开中国侨联分房领导小组工作会议。

3. 9月4日晚，万立骏、乔卫同志会见第二期西藏自治区归国定居代表人士国情教育活动参访团。

4. 9月4日至5日，康晓萍同志赴四川成都出席第二届海外华文新媒体高峰论坛。

5. 9月5日，万立骏同志出席中国科学院最高奖评奖会。

6. 9月5日，李卓彬同志出席“跨越时空的回响——纪念150年前美国铁路建设中的华工”图片展开幕式。

7. 9月6日，万立骏、康晓萍同志会见江苏省侨联党组书记、主席周建农一行。

8. 9月6日，李卓彬、乔卫同志出席政协第十二届全国委员会优秀提案和先进承办单位表彰会。

9. 9月6日至7日，李卓彬同志赴山东青岛出席“2017东亚海洋高峰论坛”。

10. 9月7日，万立骏同志会见广东省委常委、统战部部长严植婵一行。

11. 9月8日，万立骏同志主持召开九届六十九次党组会议，李卓彬、乔卫、康晓萍同志出席。

12. 9月8日，万立骏、康晓萍同志参观中国科学院“率先行动·砥砺奋进——十八大以来中国科学院创新成果展”。

13. 9月9日至10日，乔卫同志赴上海为中国侨联海外委员高级研修班授课并出席结业式。

14. 9月10日至12日，乔卫同志出席中国侨联海外委员高级研修班安徽活动并出席“亲情中华·美好安徽”侨界喜迎党的十九大文艺演出。

15. 9月11日，李卓彬同志出席贯彻落实中央关于宗教工作重大决策部署经验交流会。

16. 9月13日，万立骏、康晓萍同志出席华侨华人研究与侨联智库建设学术研讨会暨中国华侨华人研究所揭牌仪式。

17. 9月13日，乔卫同志会见以孙少荣为团长的法国青田同乡会经贸考察团一行。

18. 9月13日，乔卫同志会见以蒋平为团长的全德华人社团联合会一行。

19. 9月14日，万立骏、乔卫同志出席中国侨联第五期青年干部培训班开班式。

20. 9月14日，万立骏、乔卫同志会见旅菲各校友会联合会访问团一行。

21. 9月14日，万立骏、乔卫同志出席中国侨联2017年“健步走”活动。

22. 9月15日至16日，李卓彬同志赴四川成都出席“2017‘一带一路’华商峰会暨海外侨胞故乡行”活动以及“第二届中国西部国际博览会进出口商品展暨中国西部（四川）国际投资大会”开幕式。

23. 9月16日至17日，万立骏同志赴江苏苏州出席新侨领军人才座谈会、第五届中日纳米医药学论坛。

24. 9月18日，乔卫同志会见以金浩为团长的西班牙侨商会访问团。

25. 9月18日，康晓萍同志会见以任俐敏为团长的法国华侨华人会访问团。

26. 9月19日至22日，万立骏、乔卫同志赴广东广州、清远、深圳等地考察调研侨联工作，出席广东全省侨联工作座谈会、广东省新侨创新创业及侨商代表座谈会。

27. 9月21日，康晓萍同志出席“海外侨胞故乡行”——海外晋商晋才促进山西发展大会。

28. 9月22日至25日，万立骏同志赴香港出席中国侨联香港侨界代表人士座谈会、香港地区侨界青年骨干座谈会，香港《基本法》墨宝玉石碑刻展览和“创科博览2017”开幕式、晋江科技论坛，并走访侨团。乔卫同志陪同参加座谈会。

29. 9月22日，李卓彬、康晓萍同志出席李源潮同志主持召开的青妇科侨实施直接联系服务群众制度加强和改进群众工作作风经验交流会。

30. 9月22日，林军、李卓彬同志出席中国侨联第五期青年干部培训班结业式。

31. 9月24日，乔卫同志赴浙江杭州为黑龙江、安徽、陕西、河南、青海五省侨联干部培训班授课。

32. 9月25日，乔卫同志在浙江青田出席第三届世界青田人大会。

33. 9月25日至27日，康晓萍同志赴辽宁出席“2017海外侨胞故乡行——走进辽宁”活动。

34. 9月27日，李卓彬同志出席致公党中央2017国庆招待会。

35. 9月27日，康晓萍同志出席“文化中国·全球华人音乐会”。

36. 9月28日，万立骏、乔卫同志出席青妇科侨挂职干部座谈会。

37. 9月28日，万立骏同志参加中国海外交流协会第六次会员大会领导人接见活动。

38. 9月28日，万立骏、李卓彬同志出席国庆招待宴会（联宴）。

39. 9月29日，中国侨联会领导万立骏、李卓彬、乔卫、康晓萍，顾问林军、董中原、王永乐，法顾委主任张耕同志出席中国侨联国庆招待宴会。

40. 9月30日，万立骏同志出席国庆招待宴会（国宴）。

41. 9月30日，乔卫同志出席北京市侨联国庆侨胞联谊会。

2017年10月

1. 10月5日至10日，李卓彬同志率团访问印尼、美国，出席在印尼雅加达举行的第十九届国际潮团联谊年会、在美国纽约举行的科技创新创业与国际合作高峰论坛暨中国旅美科技协会第25届年会。

2. 10月9日，乔卫同志会见秘鲁古冈州会馆访问团。

3. 10月10日，乔卫同志出席“最美中国人”大型美术作品展开幕式。

4. 10月11日至14日，万立骏同志出席中国共产党第十八届中央委员会第七次全体会议。

5. 10月11日至12日，康晓萍同志赴福建出席第三届世界华侨华人摄影展。

6. 10月12日至14日，李卓彬同志率团访问香港，出席世界华商联合促进会第二届执委会就职典礼暨成立十周年庆典联谊晚宴、香港侨友社成立35周年联欢晚会、世界客属第29届恳亲大会等活动。

7. 10月15日，李卓彬同志在山西太原出席山西省海外留学归国人员创新创业协会成立大会暨山西省第三届海归论坛。

8. 10月16日，万立骏同志主持召开九届党组七十一次会议、九届四十三次主席办公会议，李卓彬、乔卫、康晓萍同志出席。

9. 10月16日，万立骏、乔卫同志会见2018年华侨华人春晚主创团队。

10. 10月16日，乔卫同志会见马来西亚沙巴亚庇同乡会馆联合会访问团。

11. 10月16日，乔卫同志出席2018“远方的惦念——华侨华人春节联欢晚会”新闻发布会。

12. 10月16日至17日，乔卫同志赴浙江杭州出席浙江省侨联青年委员会换届大会暨海外侨胞故乡行走进浙江启动仪式。

13. 10月18日至25日，万立骏同志出席中国共产党第十九次全国代表大会、第十九届中央委员会第一次全体会议。

14. 10月18日，李卓彬同志列席中国共产党第十九次全国代表大会开幕式。

15. 10月18日，乔卫同志会见菲华各界联合会访问团。

16. 10月19日，乔卫、康晓萍同志出席各基层党组织书记和部分党员干部学习讨论党的十九大报告座谈会。

17. 10月22日至24日，康晓萍同志赴广西出席2017年世界钦廉灵防同乡恳亲大会、“亲情中华·走进防城港”文艺晚会并走访调研。

18. 10月23日，乔卫同志为中国侨联与北京市侨联海外侨领研修班授课。

19. 10月23日，乔卫同志在陕西西安会见台湾中华侨联总会访问团。

20. 10月24日，李卓彬同志列席中国共产党第十九次全国代表大会闭幕式。

21. 10月24日，乔卫同志为中国侨联离退休干部党支部作海外侨情报告。

22. 10月25日，乔卫同志会见中科院传播局有关同志。

23. 10月26日上午，万立骏同志主持召开九届党组七十二次会议，李卓彬、乔卫、康晓萍同志出席。

24. 10月26日上午，万立骏、李卓彬、乔卫、康晓萍同志出席中国侨联传达贯彻党的十九大精神大会。

25. 10月26日下午，万立骏同志主持党组理论学习中心组学习党的十九大精神，李卓彬、乔卫、康晓萍同志参加。

26. 10月28日至31日，万立骏同志赴江苏、上海调研，并出席南京论坛。

27. 10月28日，乔卫同志在广东广州为辽宁、甘肃省侨联系统干部培训班授课。

28. 10月30日至11月1日，李卓彬同志出席全国政协第十二届常委会第二十三次会议。

2017年11月

1. 11月1日，乔卫同志在湖南长沙会见来自台湾的华侨协会总会访问团。

2. 11月2日，乔卫同志会见以马恩国大律师为团长的中澳法学交流基金会（香港）考察团一行。

3. 11月3日，乔卫同志会见以洪及祥先生为团长的菲律宾中国商会访问团一行。

4. 11月3日，万立骏、李卓彬同志出席中国侨联法律顾问委员会主任会议。

5. 11月8日，李卓彬同志在杭州出席“创业中华·2017侨界精英创新创业峰会”开幕式。

6. 11月8日，乔卫同志出席2017海外侨青“海上丝绸之路”高级研修班开班仪式并授课。

7. 11月9日至10日，万立骏、乔卫、康晓萍同志出席全国侨联基层组织建设工作会议。

8. 11月10日，万立骏、李卓彬、乔卫、康晓萍同志出席省级侨联党组书记主席党的十九大精神学习班。

9. 11月12日至14日，万立骏同志访问澳门，出席2017年海外侨领“一带一路”高峰论坛、澳门侨界青年协会第四届就职典礼，与澳门特区中国侨联顾问、常委、委员、青年委员座谈学习十九大精神体会。

10. 11月13日，乔卫同志会见博茨瓦纳—中国友好协会主席哈博罗内一行。

11. 11月13日，乔卫出席中央统战工作领导小组会议。

12. 11月13日至17日，康晓萍同志在广东出席第五届世界客商大会、第七届（广州）华人文化艺术节和第三届世界广府人恳亲大会。

13. 11月16日，万立骏、乔卫同志参加中央改革办专项督查中国侨联改革工作汇报会。

14. 11月15日至16日，李卓彬同志出席内蒙古自治区第七次归侨侨眷代表大会。

15. 11月17日至23日，乔卫同志率团访问缅甸、老挝。

16. 11月20日，万立骏同志向机关正处长以上干部传达学习《中共中央政治局关于加强和维护党中央集中统一领导的若干规定》《中共中央政治局贯彻落实中央八项规定实施细则》，李卓彬、康晓萍同志参加传达。

17. 11月20日，李卓彬同志出席全国政协章程修改征求意见座谈会。

18. 11月21日，李卓彬同志出席2017世界华人文明交流互鉴经典案例揭晓典礼。

19. 11月22日，康晓萍同志参加中国侨联学习贯彻党的十九大精神辅导报告会。

20. 11月22日，万立骏同志为机关全体党员、入党积极分子讲党课。李卓彬、康晓萍同志出席。

21. 11月23日至24日，万立骏同志出席厦门大学固体表面物理化学国家重点实验室第五届第三次学术委员会会议。

22. 11月23日，李卓彬同志会见马来西亚八大华青访华代表团。

23. 11月24日，乔卫同志会见海外华侨华人回国观光访问学习团。

24. 11月25日至28日，乔卫同志赴广西南宁出席中国侨联干部培训班开班式、广西侨联青年委员会第三届委员会换届大会。

25. 11月26日至27日，李卓彬同志出席中国科大海外杰出校友·巢湖侨创论坛。

26. 11月29日，万立骏、李卓彬、乔卫、康晓萍同志出席九届四十四次主席办公会议、九届党组七十三次会议。

27. 11月30日，李卓彬同志出席故宫博物院世茂集团捐赠活动。

28. 11月30日至12月5日，李卓彬同志出席中国致公党第十五次全国代表大会。

2017年12月

1. 12月1日，万立骏同志主持召开九届党组七十四次会议，乔卫、康晓萍出席。

2. 12月1日，万立骏同志出席中国侨联机关青年干部座谈会。

3. 12月2日，万立骏同志出席中国致公党第十五次全国代表大会开幕会。

4. 12月2日，乔卫同志出席百人会英才奖2017年度颁奖庆祝晚会。

5. 12月4日，乔卫同志会见以李秀桐为团长的米兰侨界联合会长团。

6. 12月6日，万立骏同志在福州出席福建省第十次归侨侨眷代表大会开幕式。

7. 12月6日，李卓彬同志出席中国侨联法顾委2017年年会暨专业委员会会议。

8. 12月6日至10日，乔卫同志参加省部级干部学习贯彻习近平新时代中国特色社会主义思想和党的十九大精神研讨班。

9. 12月7日，万立骏、李卓彬同志出席2017年中国侨联特聘专家委员会年会。

10. 12月9日至10日，李卓彬同志赴海口出席2017世界侨商海口峰会和中国侨商联合会四届八次理事会议。

11. 12月11日，万立骏、李卓彬、乔卫、康晓萍同志出席中国侨联机关2018年工作研讨会。

12. 12月11日，万立骏同志主持召开九届党组七十五次会议，乔卫、康晓萍出席，李卓彬列席。

13. 12月12日，中国侨联召开学习贯彻党的十九大精神系列辅导报告会，万立骏同志传达习近平总书记重要指示，乔卫同志作党课辅导报告，李卓彬同志出席会议。

14. 12月13日，李卓彬同志出席全国政协港澳台侨委第七次全体会议。

15. 12月13日，康晓萍同志在清远出席广东省侨联“党建带侨建”工作会议。

16. 12月14日，康晓萍同志在中山出席广东省侨联推进“侨界人文社区”工作现场会。

17. 12月15日，万立骏同志会见美国华人收藏协会秘书长招思虹女士。

18. 12月15日，李卓彬同志出席2017首届全球华人网络安全技能大赛总决赛。

19. 12月15日至22日，康晓萍同志率团访问菲律宾、柬埔寨。

20. 12月16日，乔卫同志在石家庄出席河北省侨联青年委员会第三次委员大会开幕式。

21. 12月18日至20日，万立骏同志出席中央经济工作会议。

22. 12月18日，乔卫同志出席2018年华侨华人春晚工作会。

23. 12月21日，万立骏同志主持召开九届四十五次主席办公会议，李卓彬、乔卫同志出席。

24. 12月21日，万立骏同志主持召开九届党组七十六次会议，乔卫同志出席，李卓彬同志列席。

25. 12月22日，万立骏同志出席第十次全国台湾同胞代表会议开幕式。

26. 12月22日至24日，万立骏同志赴南京参加生命分析化学国家重点实验室2017年学术委员会会议。

27. 12月22日，李卓彬同志在太原出席山西省第十次归侨侨眷代表大会开幕式。

28. 12月22日，乔卫同志出席全国组织部长会议。

29. 12月26日，乔卫同志在重庆出席重庆市第四次归侨侨眷代表大会。

30. 12月27日至28日，乔卫同志赴杭州出席中国侨联公益年会暨中国华侨公益基金会六届二次理事会。

31. 12月27日至28日，康晓萍同志赴宁波出席习近平侨务思想学术研讨会。

32. 12月29日上午，万立骏、康晓萍同志出席首都侨界学习十九大精神报告会。

33. 12月29日下午，万立骏同志出席中国侨联新侨人才座谈会。

中国侨联年鉴

综　合

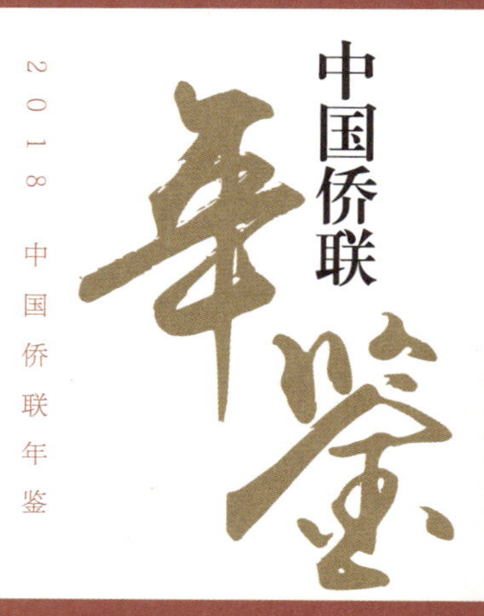
2018 中国侨联年鉴
中国侨联
年鉴

办 公 厅

【领导成员名单】

主　　任：陈　迈（秘书长兼办公厅主任）

巡 视 员：李　洋

副巡视员：李舰舶

【综述】2017 年是党的十九大召开之年，是中国侨联立足新的起点、落实巡视整改、扎实推进改革、实现新的发展之年。一年来，在会党组的坚强领导下，办公厅始终坚持以习近平新时代中国特色社会主义思想为指导，以迎接和学习宣传贯彻党的十九大精神为主线，认真落实万立骏主席在全国侨联秘书长办公室工作会议上的讲话要求，以服务会党组、服务机关各部门各直属单位、服务地方侨联和侨界群众为宗旨，以政治建设为统领，以做专决策参谋、秩序保障、组织协调、资源配置为目标，以“办好会、办好文、办好网、管好钱、管好物、服好务、做好事”为布局，以规范化建设为着力点，把握“谋划于早、带头于先、行动于快、检查于细、督促于紧、落实于实”的理念，召开全国侨联系统秘书长办公室工作会议，树立全国侨联一盘棋思想，各项工作在巩固深化中明显提升、在改革创新中不断前进。

【突出政治性，党的建设得到新加强】办公厅牢固树立“四个意识”，坚持集中学习和分散学习相结合，认真组织党员干部深入学习党的十九大精神，在学懂弄通做实上下功夫，坚决维护习近平总书记在党中央和全党的核心地位，坚决在政治立场、政治方向、政治原则、政治道路上同以习近平同志为核心的党中央保持高度一致，坚决用习近平新时代中国特色社会主义思想武装头脑、指导实践，坚决贯彻党的十九大提出的各项部署、各项要求，为新时代侨联改革发展作贡献。大力推进全面从严治党，把政治建设摆在首位，落实各项规章制度，健全完善“三会一课”、党日活动、党费收缴等制度，严格遵守党章党规党纪，落实八项规定精神，抓好党风廉政建设和反腐败工作，营造风清气正的良好政治生态。着力加强队伍建设，按照习近平总书记对中共中央办公厅提出的五条要求，对照“八个增强”的标准，旗帜鲜明讲政治、讲纪律、讲团结，持之以恒抓学习、抓能力、抓作风，注重以撰写重要文稿、举办大型活动和重要会议为契机，从政治素质、作风、眼界、品格、胸怀、规矩、纪律、担当、自觉性、创造力等要素入手，树立忠诚事业、崇尚干事、求真务实、狠抓落实的工作氛围。

【突出服务力，保障会议活动提升新水平】办公厅服务保障中央书记处听取党组工作汇报、中央群团改革工作座谈会，中央领导同志关于巡视整改、网上群团、直接联系服务群众、基层共建共享、干部兼挂职调研座谈会，九届七次常委会和九届四次全委会、九届八次常委会和九届五次全委会，中央巡视情况反馈会议、巡视整改工作动员部署会议、巡视整改务虚会，全国侨联秘书长办公室工作会议，传达贯彻党的十九大精神会议、省级侨联党组书记主席党的十九大精神学习班等重要会议活动，坚持认真负责，严谨细致，任劳任怨，圆满完成党组交办的任务。服务保障党组会议 26 次、审议议题 133 个，服务保障主席办公会议 12 次，审议议题 68 个，服务保障中央文件会议精神传达学习 10 余场，对议题统筹、通知签发、材料印制、会场安排、会议记录、纪要编发等实行全流程规范和优化，从时效、质量、责任等方面提出新要求。整体安排会领导对 6 个机关部门和 3 个事业单位的调研座谈会，协调联系赴 7 个涉侨单位和群团组织的走访调研及老同志座谈会；服务会领导出差调研 110 余次、360 余天，联系会领导出席会议活动 470 余次，努力在关键时刻顶得上、打得赢。

【突出高标准，文稿服务得到新提高】办公厅立足大局强化政治服务，起草向中央年度工作报告、学习习近平总书记重要讲话指示重要讲话专题报告、中央重要问题征求意见报告、向中央领导请示和汇报巡视整改落实情况报告、中国侨联改革推进情况报告等重要文稿 30 余份。立足中心强化特色服务，梳理分析中国侨联在直接联系服务群众方面的具体措施，形成在青妇科侨直接联系服务群众制度经验交流会上的发言材料，编辑《全国侨联系统办公室工作经验交流材料汇编》，拟制《中国侨联简介》，汇总梳理报送中国侨联党的十八大以来贯彻执行中央八项规定精神情况，挖掘地方侨联工作经验，协调报送福建、河南、吉林等地区侨联工作情况，起草中国侨联关于用中华优秀文化对广大侨胞进行价值引领的情况，拟制“一带一路”民心相通成功案例和典型人物，配合有关部门，汇总拟制《中国侨联工作情况素材》《中国侨联拓展工作的重要组织平台简介》《十八大以来中国侨联组织开展创建活动情况》等文稿。立足机关强化精准服务，认真学习习近平总书记关于群团改革、侨务工作的重要论述，对照总书记“5·8”重要讲话精神，发挥综合作用，共起草修改会领导出席各种会议活动文稿 130 余篇，编发会领导新闻稿 120 余篇，把党组要求和精神传递出去，把侨联工作和活动推广开来。

【突出针对性，调查研究取得新成效】办公厅抓好课题研究，开展对一些国家侨民团体的初步研究，形成侨民团体相关情况初探、海内外侨胞及其组织和治理等研究报告；配合“党建带侨建”调研，研究起草关于延安侨联成立相关历史资料的简要情况，探索发挥课题研究对工作实践的指导推动作用。做好调研服务，统筹服务会党组对机关各部门、事业单位集中调研，汇总整理各机关部门及企事业单位工作总结和要点，撰写报送侨联党组关于今年以来中国侨联工作情况的报告；参与研究分析巡视整改具体举措并提出整改意见建议，部署调研汇总侨情、侨联工作数据。办好《侨情专报》，总结 10 年办刊经验，着眼建言献策，共编印《侨情专报》429 期，共 92 万余字，向中央反映侨界意见建议 1763 条。做好提案议案工作，整理制发提案议案素材 37 篇，协调相关部门拟制提交提案议案答复意见 5 件，服务保障侨联履行参政议政职能。

【突出根本性，制度建设迈出新步伐】制定《中国侨联贯彻落实中央八项规定实施细则》，针对精简会议活动、严格文件报送、改进调查研究、简化接待程序、规范出访活动、控制经费支出、加强监督检查 7 项内容细分条目，形成 28 条细则。修订《中国侨联党组工作规则》，根据党的十八届六中全会精神，加强了党组工作规则中关于规范党内政治生活的要求和有关新的规定。修订机关各项制度，在对机关现有规章制度全面梳理基础上，梳理有效制度 76 个，分 11 类编入《中国侨联规章制度（2017）》，印发给机关和直属单位每位干部职工，并向省级侨联发放，指导地方侨联加强制度化建设。推出《中国侨联形象识别规范（VIS）及应用指南》，规范侨联办公办文办事，提升侨联整体形象。建立纵向工作联动机制，建立全国侨联系统秘书长办公室主任工作微信群、《侨情专报》工作微信群、机关干部微信群，用好秘书处工作微信群、主席秘书微信群、机关部门秘书微信群，提升工作沟通、部署、交流、互动效率。

【突出针对性，督察督办形成新格局】落实中央关于加强新形势下党的督促检查工作的意见，制定《中国侨联党组督促检查工作实施办法》，针对侨联督查工作中存在的实际问题，从职责任务、组织分工、工作规范等方面对党组督促检查工作作出明确规定。组织开展中国侨联巡视整改进展情况和改革任务推进情况专项督查，督促各部门各单位按时完成相关任务，整理汇总各部门各单位和各省区市有关情况，汇总各地改革方案，制作巡视整改任务进度表、改革任务推进表、各省区市改革方案主要内容一览表，形成专题报告，保障了向中央有关单位的汇报。编印《近日情况》、组织机关例会对有关工作进行月度和双周提醒督促，共完成会领导批示抄清 1700 余条，编印《近日情况》12 期，召开机关例会 24 次，就 350 多个事项进行通报、询问、沟通。协助建立整改任务台账，与各项整改任务责任部门保持密切沟通，提醒完成时限，提出合理建议，掌握整改进度，保障我会巡视整改任务在两个月集中整改期实现“事事有回音、件件有着落”，66 项任务如期完成、53 项任务稳步推进。

【突出适用性，网上侨联建设取得新进步】加强顶层设计，深入《人民日报》“中央厨房”、团中央网络影视中心、腾讯集团等单位调研，积极征求中科院专家的意见和建议，探索“网上侨联”顶层设计的思路和实现途径。深入部分地方考察地方侨联信息化建设情况，召开 7 省市侨联信息化建设调研会，形成了以微信技术平台为基础的工作。加强日常运行维护，与《人民日报》协调合作，做好门户网站和微信公众号的信息发布、更新，做好机关工作改版，门户网站共发布 3362 篇新闻稿件，网站点击量约 121 万人次，独立访客约 61 万；中国侨联微信公众号共发稿 190 篇，阅读量约 38 万人次，粉丝近 7000 人。做好党的十九大期间网络安全工作。加强内网建设，按照国政网办关于国家电子政务内网建设的要求，研究部署推进中国侨联电子政务内网建设，委托中央政府采购中心完成项目招标，稳步推进实施。定制化开发内部办公系统，推动涉密内部 OA 适时上线运行。加强邮件系统建设，推进中国侨联电子邮件系统建设，为每一位侨联干部职工和全国副省级以上侨联组织设置专用、安全、高效的工作邮箱。采购、配备专用的邮件服务器，加强日常运行管理和安全防护。加强队伍建设，出台《全国侨联系统网络信息员工作条例（试行）》，强化信息员队伍建设和管理，规范侨联网站信息发布管理，推动信息化工作走上制度化轨道。

【突出秩序性，机关基本运行迈上新台阶】财务保障有效，严格财务制度管理和程序管理，制定或修订侨联会议管理、培训、因公出差等系列制度。圆满完成侨联巡视整改、审计整改的任务，贯彻中央出台的 8 个《管理办法》制定实施细则。加强各项财政专用支出的预算、决算管理，取得了明显成效，得到了财政部表彰。做好报销凭证的审核、报销工作，共 1000 余项次。编制各种报表和预算数十项，制定内控手册。加快预算执行，盘活资金存量，提高预算资金使用效率。抓好财务工作培训。推进企业财务工作规范化，加强行政单位国有资产管理。行政服务有力，配合做好国家审计署对我会进行资产财务审计。核验全体职工住房档案信息，做好职工住房配售配租工作。解决华侨历史博物馆电力增容问题。制定突发事件应急处理预案。做好公务车辆的管理和调配工作。做好人防、国家安全和综治工作以及公积金、办公设备、物业、值班等其他日常服务工作。日常运转有序，认真编排每周工作安排、近期活动安排。及时更新印发内设领导机构组成人员名单、领导同志和机关部门直属单位排序、机关电话表、省级侨联电话表。做好主要负责同志离京向中办报备工作、司局级干部离京报备工作。严肃值班工作纪律，严格执行法定节假日放假制度。做好报刊和内参信息征订、发放、传阅工作。

【突出规范性，文秘档案工作实现新跃升】公文流转实现标准化，起草修订《中国侨联公文处理实施细则》，对中国侨联公文种类、行文规则、起草、审核、签发、印发、收文办理、管理等重新作出明确规定，对公文格式作出可视化和操作性强的指导规范；加强公文审核、编排、印制、发送全程把关，共审核文稿 380 余份、印制普发性公文 60 余份，办理中央、部委、地方来文 2000 余份；优化机要室文件运转流程，确保文件有序运转；规范财务类内签报运转流程，减少中间环节，提高机关办事效率。公文处理探索信息化，开发设计“中国侨联办公自动化系统”发文和收文模块，发文部分实现电子形式与纸质载体相结合、网上运行与签发存档相衔接、规范排版与主办负责相统一，收文部分遵照图书馆运行模式、实现对所有来文通过党政机关公文二维码进行管理，集成收文登记、拟办分类、传阅管理、批示抄清等功能。保密机要工作实现严格化，组织机关司局级以上干部参加中央国安办开展的保密教育；严格做好绝密文件管理、清退和有关文件征求意见工作；对发至机关各部门单位和全国 50 个侨联的 2016 年度《近日情况》进行回收；组织 2 次共 6 吨涉密文件资料销毁工作；全年共完成机要交换 5000 余件，机要交通 750 余件，急件专送 40 余件，机要发电 61 件。档案工作实现制度化，严格执行档案查询利用制度，档案资料归档率、完整率、齐全率明显提高；整理 2016 年档案 69 盒、1970 件、27724 页和文存查件 44 盒 130 余种；为机关各部门提供档案查询利用 180 余次、700 余件、5000 余页档案资料。

【突出整体性，内部建设践行新理念】抓住重点难点，坚持懂全局、管本行，把大事要事抓在手上，敢于攻坚克难、动真碰硬，直面突出问题，办会要规范节约高效，办文要严谨准确有质量，办网要符合实际、量力而行，财务和资产管理要把政策、纪律和规矩挺在前面，沟通协调要有方法、有时间表路线图，提高工作整体性协同性。增强自觉性、主动性，树立大有作为、事在人为的理念，不等不靠，主动作为，增强政治自觉、思想自觉、行动自觉，立足当好会党组和会领导参谋助手，推行马上就办、办就办成，倡导早谋划、勤建言、抓督办、重落实，提高工作的前瞻性、实效性。推进规范化、科学化，坚持科学态度、细节要求，把结果导向和过程导向结合起来，立足于可检验、可呈现、可落实、可复制，健全工作制度，改革创新机关工作流程，完善工作链条，把工作过程做实，提高工作的标准化、程序化、扁平化水平。强化社会化、专业化，立足新时代新要求，倡导侨联工作一盘棋、侨联工作大家一起做，战略要突出、资源要整合、手段要强化、机制要善谋、基础要夯实，搭平台、建机制、求突破，联动地方侨联、重要侨领和驻外使领馆，借鉴国内外有益经验，织好侨联内部外部“两张网”，增强服务能力，打造核心竞争力。

【召开中国侨联九届四次全委会】1月15日—16日，中国侨联九届四次全委会议在北京召开。中共中央政治局委员、国家副主席李源潮出席会议并发表重要讲话。中国侨联主席林军主持会议传达了中央书记处关于侨联工作的重要指示精神，并作工作报告。副主席董中原、李卓彬、乔卫、康晓萍、李昭玲、邵旭军、万立骏、张玉卓、王荣宝、许荣茂、刘艺良、朱奕龙、王亚君、沈敏，秘书长陈迈及中国侨联委员、顾问，部分海外委员、青年委员特邀代表共400余人出席会议。李源潮同志充分肯定过去一年侨联工作取得的成绩。他指出，各级侨联要贯彻落实习近平总书记重要讲话精神，以迎接党的十九大为主线，以深化侨联改革为动力，团结凝聚归侨侨眷和海外侨胞为全面建成小康社会发挥独特作用。要把团结一致、凝聚人心作为第一位的政治任务，增强“四个意识”，发挥桥梁纽带作用，广泛凝聚侨心侨力为实现中国梦共同奋斗。要坚持围绕中心、服务大局，支持侨胞创新创业，积极投身脱贫攻坚战，确保侨界贫困群众与全国人民共同实现全面小康；围绕港澳台工作大局，深入开展各种形式反独促统工作；配合国家总体外交大局，引导广大侨胞为推进“一带一路”建设、营造良好外部环境献计出力。李源潮同志强调，要充分认识国内国际大局任务和海外侨情深刻变化给侨联工作改革创新提出的紧迫要求，增强改革的责任意识、机遇意识，抓紧落实各项改革任务。改革要在推进“两个拓展”上见实效，加强对新归侨和海外新侨的联系服务，建立落实直接联系服务侨界群众制度，加快建设网上侨联，让侨界群众有更多改革获得感。要落实全面从严治党要求，加强侨联干部队伍建设。侨联全委会委员要以上率下、做出表率。林军主席代表中国侨联作工作报告，总结2016年主要工作，对2017年侨联工作做出部署，总体思路是：全面贯彻党的十八大和十八届三中、四中、五中、六中全会精神，深入学习贯彻习近平总书记系列重要讲话精神和治国理政新理念新思想新战略，贯彻稳中求进工作总基调，按照保持和增强政治性先进性群众性的要求，坚持“两个并重”，深化“两个拓展”，着力推进侨联全面改革，凝聚侨心、汇集侨智、发挥侨力、维护侨益，以实际行动迎接党的十九大胜利召开。1月16日，中国侨联九届四次全委会议闭幕。董中原副主席受主席会议委托作会议总结，李卓彬副主席通报表彰了全国侨联信息工作先进单位，康晓萍副主席主持会议。会议审议通过了《中国侨联工作报告（审议稿）》的决议。

1月15日—16日，中国侨联九届四次全委会议在北京召开

综合

2月14日，陈迈秘书长出席山西省侨联九届七次全委会议，并作《侨联的改革与发展》专题报告

【陈迈秘书长出席山西省侨联九届七次全委会并在晋调研】2月14日，中国侨联秘书长兼办公厅主任陈迈出席山西省侨联九届七次全委会议，并受邀作了《侨联的改革与发展》专题报告，陈迈秘书长围绕《中国侨联改革方案》，分别从侨联组织当前面临的形势和背景、创新侨联工作的理念和思路、强化侨联工作的措施和对策三个方面进行了深入分析解读。会前，山西省委常委、统战部部长廉毅敏与陈迈秘书长亲切会面。在晋期间，陈迈秘书长出席了山西曲沃“中国华侨国际文化交流基地”——晋国博物馆的揭牌仪式并讲话；调研了山西基层侨联建设、中国华侨国际文化交流基地等有关情况。

【召开巡视整改工作动员部署会议】2月22日，中国侨联召开巡视整改工作动员部署会议，党组书记、主席林军出席会议并讲话，就中国侨联巡视整改工作进行动员和部署。副主席李卓彬、乔卫、康晓萍，秘书长陈迈以及中国侨联机关和事业单位全体干部职工、直属企业中层以上干部120余人参加会议。林军同志传达了习近平总书记关于巡视工作的重要指示精神，传达了中央第四巡视组对中国侨联专项巡视的有关意见情况。林军要求，要切实履行整改主体责任，确保中国侨联巡视整改取得扎实成效。一要加强组织领导，强化整改责任。党组经研究决定，成立中国侨联巡视整改工作领导小组，会领导首先把自己摆进去，以上率下，对照检查存在的问题，分工负责各项整改任务，抓好分管部门的整改工作，并进行督促检查。领导小组下设办公室，具体抓好巡视整改工作的组织协调、跟踪督导等工作。二要坚持问题导向，层层传导压力。针对巡视反馈的3个方面11个突出问题，党组会议已研究将其梳理为46项具体问题。会领导班子成员坚持不隐瞒、不回避、不护短、不遮掩的原则，严格按照“条条要整改、件件有着落”的要求，主动认领了全部问题。接下来，要一条条认真分析、一项项对照检查，反复研究、深入分析，建立整改问题清单、任务清单和责任清单，形成《中国侨联党组专项巡视整改工作方案》和《中国侨联党组专项巡视整改任务台账》，制定整改任务，逐一明确整改内容、措施和责任人，并明确整改时限。三要加强监督检查，全程跟进督导。会领导班子成员对分管部门和单位将进行全覆盖督查，及时研究解决存在的问题和下一步计划。巡视整改工作领导小组办公室对照《整改方案》和《整改台账》，采取完成一项、销号一项

2 月 22 日，中国侨联召开巡视整改工作动员部署会议

的办法，每周汇总整改工作进度，进行通报，层层传导压力，确保按期完成各项整改任务。四要建立长效机制，注重标本兼治。在整改落实中，应注意分清主次，紧紧抓住重点问题、重点领域和关键环节，带动相关问题解决，坚持把巡视整改与持续改进作风、改进工作、进一步提高全会党建工作科学化水平紧密结合、统筹推进。五要借助整改契机，推动深化改革。要以抓好巡视整改工作为重大契机，把巡视整改行动转化为全面推动中国侨联各项工作的强大动力，转化为中国侨联改革发展的实际成效，加强侨联工作的战略谋划，不断推动中国侨联改革发展工作迈上新台阶。

【召开中国侨联机关大会传达“两会”精神】 3 月 16 日，中国侨联召开全体干部职工大会，传达贯彻 2017 年“两会”精神。中国侨联党组书记、主席林军主持会议并讲话。全国人大常委、全国人大华侨委副主任、十二届五次会议主席团成员、中国侨联党组副书记、副主席董中原，全国政协委员、中国侨联副主席乔卫分别传达了全国人大和全国政协十二届五次会议的主要精神。中国侨联副主席康晓萍，中国侨联顾问庄炎林、林兆枢、黄军军、李祖沛、陈兰通、唐闻生、林淑娘，秘书长陈迈及机关、企事业单位干部职工共 100 余人出席了会议。林军指出，这次会议是十二届全国人大和全国政协的最后一次全体会议。2017 年，中国共产党将召开第十九次全国代表大会，这是党和国家政治生活中的头等大事。加强政治引领，把坚持和发展中国特色社会主义作为巩固共同思想政治基础的主轴，牢固树立政治意识、大局意识、核心意识、看齐意识，增强道路自信、理论自信、制度自信、文化自信，迎接十九大、服务十九大、学习宣传贯彻十九大精神，是今年全党的重大政治任务。希望同志们认真研读政府工作报告和“两会”有关文件，深入领会精神实质，努力做到真学、真懂、真用。同时，紧密联系侨联工作实际，重点抓好三件事：一是着力抓好巡视整改工作；二是积极推进改革方案落地落实；三是贯彻落实九届四次全委会工作部署。董中原传达了习近平总书记参加各代表团审议时发表的重要讲话，并围绕会议的重点、亮点、热点传达了全国人大十二届五次会议精神。乔卫传达了习近平总书记在联组会上发表的重要讲话精神，介绍了全国政协十二届五次会议概况，以及侨联界委员小组讨论和建言献策的情况。

3 月 16 日，中国侨联召开全体干部职工大会传达贯彻 2017 年“两会”精神

4 月 19 日，陈迈秘书长与海南省、市、区侨联负责人座谈，调研办公室等相关工作情况

【陈迈秘书长赴海南、广东调研】为组织筹备“全国侨联秘书长、办公室主任和信息员工作会议”，4 月 18 日—23 日，中国侨联秘书长兼办公厅主任陈迈率调研组赴海南、广东开展调研，就办公厅（室）如何办好会、办好文、办好网、办好刊、用好钱、管好物、服好务等“七好”工作，重点就侨联信息化建设、《中国侨联工作》刊物编辑、推进侨联改革、加强基层建设等工作了解情况，听取意见建议。

4 月 23 日，陈迈秘书长走访慰问广东珠海香洲区拱北街道军山社区归侨侨眷

【召开中国侨联九届五次全委会】6 月 9 日，中国侨联九届五次全委会议在北京召开，中央组织部副部长周祖翼出席会议，会议选举万立骏为中国侨联第九届委员会主席，会议接受林军同志辞去中国侨联主席、常委、委员职务的请求，接受董中原同志辞去中国侨联副主席、常委、委员职务的请求，并决定聘请林军同志、董中原同志为中国侨联顾问。中国侨联副主席李卓彬、乔卫、康晓萍、汪毅夫、李昭玲、邵旭军、吴晶、王荣宝、朱奕龙、王亚君、胡胜才、沈敏，秘书长陈迈，中国侨联委员、顾问等 400 余人出席会议。林军同志在会上表示，中央的决定充分体现了以习近平同志为核心的党中央对中国侨联领导班子建设和侨联工作的高度重视和亲切关怀，符合侨情，切中侨意，我坚决拥护中央的决定，坚决服从组织的安排。侨联事业薪火相传，是值得高兴的事。我对万立骏同志在侨联改革发展的关键时刻当选中国侨联主席表示热烈祝贺，对全委会议聘任我为中国侨联顾问表示衷心的感谢。万立骏当选后发表讲话时指出，中央决定由我担任中国侨联党组书记，这次全委会选举我担任中国侨联主席，这是党中央对我的信任，是侨联全体委员对我的信任，我深感责任重大、使命光荣，决心在以习近平同志为核心的党中央坚强领导下，团结带领侨联班子成员，紧紧依靠各位委员和各级侨联组织，在历届中国侨联班子奠定的良好基础上，恪尽职守、勤勉工作，改革创新、开拓进取，奋力推动党中央关于侨联改革发展的决策部署落地生效，不辜负党中央的重托，不辜

6 月 9 日，中国侨联九届五次全委会议在北京召开

6 月 9 日，中国侨联九届五次全委会议在北京闭幕

负广大归侨侨眷和海外侨胞的期望。

【万立骏主席到厦门集美陈嘉庚纪念馆参观学习】6 月 17 日，中国侨联党组书记、主席万立骏一行到厦门集美陈嘉庚纪念馆参观学习。集美校友总会任镜波、陈嘉庚纪念馆馆长陈呈介绍了有关情况。万立骏同志走进一个个展厅，仔细观看展览，他不时驻足观看，询问相关情况，并与陈嘉庚后裔代表陈立人交流。万立骏同志指出，嘉庚先生曾被毛泽东同志誉为“华侨旗帜，民族光辉”。2014 年 10 月 17 日，在陈嘉庚先生诞辰 140 周年之际，习近平总书记给厦门市集美校友总会回信，高度评价嘉庚先生，希望广大华侨华人弘扬“嘉庚精神”，深怀爱国之情，坚守报国之志，同祖国人民一道不懈奋斗，共圆民族复兴之梦。中国侨联和各级侨联组织要认真贯彻习近平

6 月 17 日，万立骏主席到厦门集美陈嘉庚纪念馆参观学习

6 月 17 日，万立骏主席到厦门集美陈嘉庚纪念馆参观学习

总书记给厦门市集美校友总会回信精神，永远铭记以陈嘉庚先生为代表的老一辈归侨为民族振兴、国家富强、人民幸福做出的丰功伟绩，大力弘扬嘉庚精神，扎实推进侨联工作改革创新，最大限度地团结引领广大归侨侨眷和海外侨胞，为实现中华民族伟大复兴的中国梦贡献力量。

【万立骏主席在福建厦门调研侨联工作】 6 月 17 日—19 日，中国侨联党组书记、主席万立骏出席第九届海峡论坛、2017 两岸侨联和平发展论坛期间，在福建厦门调研侨联工作。万立骏同志参观了集美校友总会、集美区侨联，与集美区侨联、集美大学侨联、厦门理工学院侨联、华侨大学侨联、集美街道侨联同志及新侨代表人士、在厦华裔留学生代表座谈，听取了福建省侨联及 9 个区市侨联的工作汇报。万立骏同志强调，中国侨联和各级侨联组织要坚决贯彻以习近

万立骏主席在厦门调研期间，与集美区、街道侨联同志，集美大学、厦门理工学院和华侨大学侨联代表，新侨代表、华裔留学生代表座谈

平同志为核心的党中央关于侨联工作的决策部署，大力弘扬嘉庚精神，总结工作经验，围绕推进“两个并重”“两个拓展”，出实招、闯新路，推动侨联工作改革创新、开创新局面。

【万立骏主席赴浙江调研侨联工作】为深入学习贯彻习近平总书记系列重要讲话精神特别是关于侨联工作的重要指示要求，总结地方侨联工作经验，推动侨联组织和工作改革创新，7 月 11 日—14 日，中国侨联党组书记、主席万立骏赴浙江温州、丽水青田、杭州等地调研，深入街道乡村、新侨企业、归侨重点实验室、华侨活动中心，考察省、市、县侨联工作，与党政领导、基层侨联工作者、老侨新侨代表座谈交流，就侨联基层组织建设、新侨创新创业、服务“一带一路”、助力脱贫攻坚等工作听取意见建议。他强调，各级侨联组织和广大侨联干部要切实增强“四个意识”，不忘习近平总书记嘱托，不忘初心和责任，不忘深入基层、密切联系侨界群众，不忘开放创新，不忘“党建带侨建”，切实推动党中央关于侨联工作决策部署落地生根，切实把“两个并重”“两个拓展”工作方针转化为凝聚侨心、汇聚侨力的具体行动，不断推进侨联各项事业创新发展，以优异成绩迎接党的十九大胜利召开。

万立骏主席在浙江调研期间，来到温州七都侨界留守儿童快乐之家，观摩侨界“亲情中华”留守儿童快乐营活动并调研相关情况

万立骏主席在浙江调研期间，深入了解新侨创新创业有关情况

【召开全国侨联秘书长办公室工作会议】7 月 27 日—28 日，2017 全国侨联秘书长办公室工作会议在北京举行。中国侨联党组书记、主席万立骏在会上发表讲话，中国侨联副主席李卓彬，中国侨联党组成员、副主席乔卫、康晓萍出席会议。中国侨联秘书长兼办公厅主任陈迈作工作部署和会议总结。中国侨联副秘书长、机关部门负责同志，各省（区、市）侨联，中央直属机关、中央国家机关、中央企业侨联，新疆生产建设兵团侨联，副省级城市侨联秘书长、办公室主任及信息员等共 150 多人参加会议。万立骏同志强调，要深入学习贯彻习近平总书记系列重要讲话精神和治国理政新理念新思想新战略特别是 2014 年视察中办讲话要求，落实中央关于侨联工作决策部署特别是侨联改革以及对中国侨联巡视整改工作要求，把准性质定位，聚焦主责主业，创新方式方法，打造工作队伍，充分发挥秘书长办公室统筹协调作用，推动侨联系统形成“一盘棋”，切实增强“四个意识”，以优异成绩迎接党的十九大胜利召开。万立骏同志提出，要立足于“是什么”，准确把握性质定位，进一步增强侨联秘书长办公室工

7 月 27 日，2017 全国侨联秘书长办公室工作会议在北京举行

作的责任感使命感；要立足于“干什么”，准确把握主责主业，进一步提高“三服务”工作的能力和水平；要立足于“怎么干”，准确把握方式方法，进一步在全局性、牵动性工作上聚焦发力；要立足于“谁来干”，准确把握能力素质要求，进一步加强秘书长、办公室工作队伍建设。陈迈同志在总结讲话中指出，要认真学习领会万立骏同志的讲话精神，统一思想，提高认识，从规范会议制度、办文制度、调查研究、公务接待、资源配置、评价考核、督查督办、“网上侨联”建设、档案信息、工作流程 10 个方面下功夫，不断提升侨联系统办公室工作水平。会议就秘书长办公室需要重点推进的几项全局性、牵动性工作做了部署和强调。一是抓好迎接和学习宣传贯彻党的十九大工作，二是抓好重点工作督导，三是抓好调查研究，四是抓好信息工作，五是抓好制度建设，六是抓好“网上侨联”建设，七是抓好中国侨联“十代会”的准备工作。会上，为提高全国侨联秘书长办公室工作规范化、科学化水平，中国侨联办公厅推出了几项工作措施：印发《中国侨联形象识别规范（VIS）及应用指南》，为侨联机关规范内部建设、规范办公办文办会办活动等提供模板；汇编《中国侨联规章制度（2017）》，为侨联机关建章立制、提高制度化水平提供参考；部署网上侨联建设，为提高侨联工作效率、开展网上动员引导凝聚侨胞工作提供基础平台；改进《中国侨联侨情专报》，为地方侨联发现、收集、整理、报送信息提供示范；改版《中国侨联工作》，为总结、挖掘工作典型，推动和促进侨联工作提供重要指导；同时，建立全国侨联秘书长办公室主任工作、秘书工作、网站建设、通讯员等工作交流微信群，搭建实时工作沟通、部署、交流、互动、传导工作的载体。中国侨联办公厅秘书处、信息处、《中国侨联工作》编辑部，北京市侨联、浙江省侨联、湖南省侨联、广西壮族自治区侨联、大连市侨联作了典型发言。会议期间，与会代表考察学习了《人民日报》“中央厨房”，《人民日报》有关同志作了网络信息工作专题培训。

全国侨联秘书长办公室工作会议期间，组织与会代表考察学习《人民日报》“中央厨房”

【万立骏主席集中调研中国侨联机关工作】 7 月，中国侨联党组书记、主席万立骏对机关各部门工作进行集中调研，连续召开 6 场工作汇报座谈会，先后听取文化交流部、办公厅、经济科技部、权益保障部、组织人事部（机关党委）、海外联谊部工作汇报，并与各部门全体干部进行亲切交流，重点了解各部门基本概况、主要工作、巡视整改任务和改革任务进展、下一步工作打算等情况，着重研究如何学习贯彻习近平总书记系列重要讲话精神特别是关于侨务工作的指示要求，根据世情国情侨情变化，推动中央关于侨联工作决策部署特别是侨联改革落到基层、落到实处。万立骏同志强调，做好新形势下侨联工作，要讲政治，在坚持“四个意识”上不动摇。要坚持原则，遵守纪律和规矩不走样。要加强调查研究，在增强工作针对性上下功夫。要主动思考、主动工作，在经营品牌上动脑筋。要做好规划，在提高效率上想办法。要切实加强基础和基层建设，在整合资源发挥系统整体优势上求实效。在座谈时，万立骏同志分别询问每一名干部的工作、学习、生活情况，真切勉励侨联干部在日常工作中能够快乐工作、认真工作、有效工作、科学工作。中国侨联副主席李卓彬、乔卫、康晓萍，秘书长陈迈参加相关调研座谈会。

【万立骏主席拜访中央涉侨部门和有关人民团体】 7 月和 8 月，中国侨联党组书记、主席万立骏率班子成员分赴全国人大华侨委员会、国务院侨务办公室、全国政协港澳台侨委员会、致公党中央等中央涉侨部门和共青团中央、全国妇联、中国科协等有关人民团体拜访。全国政协副主席、致公党中央主席、科技部部长、中国科协主席万钢，全国人大华侨委员会主任委员白志健，国务院侨办主任裘援平，国务院侨办党组书记、副主任许又声，共青团中央书记处第一书记秦宜智，全国妇联党组书记、副主席、书记处第一书记宋秀岩，中国科协党组书记、常务副主席、书记处第一书记尚勇，全国政协港澳台侨委员会驻会副主任吕虹分别会见了万立骏一行，并就有关情况亲切交换了意见。中国侨联副主席李卓彬，党组成员、副主席乔卫、康晓萍，秘书长陈迈陪同拜访，全国人大华侨委副主任委员董中原，国务院侨办副主任谭天星，致公党中央副主席严以新，致公党中央副主席兼秘书长曹鸿鸣，共青团中央书记处书记徐丰，中国科协副主席、书记处书记徐延豪，中国科协书记处书记王春法、吴海鹰、项昌乐等参加会见。

【万立骏主席赴广东调研侨联工作】 9 月 19 日—22 日，中国侨联党组书记、主席万立骏来到广东考察调研侨联工作。万立骏来到广州市花都区花山镇洛场村，考察村侨联小组和花山小镇，仔细询问当地建档立卡的贫困侨胞数量；来到清远市新华村（原清远市华侨农场之一部）侨联工作小组，看望越南归侨，了解华侨农场现状，观看清远市“党建带侨建”工作图片展。他强调，侨联组织要深入学习贯彻习近平总书记系列重要讲话精神和党中央治国理政新理念新思想新战略，学习贯彻习近平总书记对群团改革工作重要指示精神和刘云山同志在群团改革工作座谈会上的讲话精神，发挥引领作用，助推创新创业，夯实基层基础，团结广大侨胞以优异成绩迎接党的十九大胜利召开。在深圳，万立骏主席参观了深圳奥比中光科技有限公司和深圳光启高等理工研究院，与创业团队负责人黄源浩、刘若鹏等技术骨干深入交流探讨。调研期间，万立骏主席先后两次与广东省及深圳市 70 多位新侨创新创业及侨商代表进行座谈，了解他们的工作生活情况。他结合自身经历，勉励大家要处理好初心与责任的关系，在实现中国梦进程中成就自身梦想；处理好学习与能力的关系，在不断学习

9 月 19 日，万立骏主席来到广东清远市新华村侨联工作小组，看望越南归侨，了解华侨农场现状

万立骏主席在广东调研期间，与广东省及深圳市70多位新侨创新创业及侨商代表进行座谈

实践中增强为国服务本领；处理好机会与坚持的关系，在把握国家快速发展机遇中坚守自己专长；处理好创新与传承的关系，在专业领域大胆探索中致力打造百年老店；处理好感恩与回馈的关系，在珍惜施展才华平台中以侨帮侨、回报社会、报效国家。

【召开传达学习党的十九大精神大会】10月26日，中国侨联召开传达贯彻党的十九大精神大会。十九届中央委员、中国侨联党组书记、主席万立骏介绍了党的十九大和十九届一中全会的有关情况，传达了习近平同志代表十八届中央委员会向党的十九大作的报告以及中央纪律检查委员会工作报告、《中国共产党章程（修正案）》、习近平同志在党的十九大闭幕会上的重要讲话精神。中国侨联副主席李卓彬，党组成员、副主席乔卫、康晓萍，中国侨联顾问林军、庄炎林、林兆枢、王永乐、黄军军、李祖沛、陈兰通、朱添华、郭麟恭、唐闻生、林淑娘，秘书长陈迈及机关全体干部、直属事业单位全体党员、直属企业中层以上党员干部、离退休干部党支部委员共150余人出席会议。万立骏同志说，党的十九大是在全面建成小康社会决胜阶段、中国特色社会主义进入新时代的关键时期召开的一次十分重要的大会。大会通过的习近平同志代表十八届中央委员会向大会所作的报告，全面分析了国际国内形势发展变化，回顾和总结了过去5年的工作和历史性变革，深刻阐述了新时代中国共产党的历史使命，提出了新时代中国特色社会主义思想和基本方略，确定了决胜全面建成小康社

10月26日，中国侨联召开传达贯彻党的十九大精神大会

会、开启全面建设社会主义现代化国家新征程的目标，对新时代推进中国特色社会主义伟大事业和党的建设新的伟大工程作出了全面部署，进一步指明了党和国家事业的前进方向。万立骏同志要求，要把学习宣传贯彻党的十九大精神作为首要政治任务；要向归侨侨眷和海外侨胞广泛宣传十九大，在侨界掀起学习十九大精神的热潮；要抓好十九大精神的贯彻落实，用习近平新时代中国特色社会主义思想指导实践。万立骏同志还结合学习贯彻党的十九大精神，就做好年底和明年的有关具体工作作了安排部署。中国侨联党组成员、副主席乔卫主持会议，并就中国侨联学习贯彻党的十九大精神的计划安排进行了具体部署。

万立骏主席在上海调研期间，来到上海科技京城党建分中心，听取关于整合党建服务、提供群团一站式服务的介绍

【万立骏主席赴江苏、上海调研侨联工作】 10月28日—31日，十九届中央委员、中国侨联党组书记、主席万立骏赴江苏、上海，深入科研机构、新侨创业企业、高新开发区、华侨文化交流基地、社区街道侨联、新侨驿站，与党政领导、基层侨联工作者、老侨新侨代表座谈交流，宣讲党的十九大精神，并就侨联改革、新侨创新创业、基层组织建设、侨联文化交流和权益保障等工作听取意见建议。他强调，侨联系统要把学习贯彻党的十九大精神作为当前和今后一个时期的头等大事和首要政治任务，落实好习近平总书记提出的“在学懂、弄通、做实上下功夫”的要求，以习近平新时代中国特色社会主义思想武装头脑、指导实践，坚决贯彻十九大提出的各项部署、各项要求，牢固树立“四个意识”，增强“四个自信”，强化使命担当，倡导“不要人夸颜色好，只留清气满乾坤”，广泛团结联系海外侨胞和归侨侨眷，共同致力于中华民族伟大复兴。

【陈迈秘书长出席安徽省侨联系统专题研修班】 11月13日，中国侨联秘书长兼办公厅主任陈迈出席安徽省侨联系统“学习贯彻党的十九大精神、深入推进侨联改革发展”专题研修班开班式并为全体学员授课。他强调，要把学习贯彻党的十九大精神作为当前和今后一个时期侨联工作的头等大事和首要政治任务，落实好万立骏主席在省级侨联党组书记主席党的十九大精神学习班上的讲话和中国侨联学习通知的要求，在学懂弄通上下功夫，在做实新时代侨联工作上下功夫，以习近平新时代中国特色社会主义思想为指导，着力保持和增强政治性、先进性、群众性，在“广泛团结联系海外侨胞和归侨

万立骏主席在江苏调研期间，走访常州市武进区金东方颐养中心

11 月 23 日，陈迈秘书长出席广西壮族自治区侨联成立 60 周年庆祝大会

侨眷，共同致力于中华民族伟大复兴”的实践中充分发挥桥梁纽带作用。

【陈迈秘书长出席广西侨联成立 60 周年庆祝大会】 11 月 23 日，受中国侨联党组书记、主席万立骏的委托，中国侨联秘书长兼办公厅主任陈迈代表中国侨联出席广西壮族自治区归国华侨联合会成立 60 周年庆祝大会并致辞。他指出，认真学习宣传贯彻党的十九大精神，是侨联牢固树立“四个意识”、旗帜鲜明讲政治、坚定维护以习近平同志为核心的党中央权威和集中统一领导的具体体现，是落实全面从严治党要求、加强侨联系统党的建设的实际行动，是不忘初心、牢记使命，为党和国家事业凝聚侨胞力量的必然要求。要紧密团结在习近平同志为核心的党中央周围，按照万立骏同志“不忘总书记嘱托、不忘初心和责任、不忘深入基层、不忘开放创新、不忘党建带侨建”的要求，适应形势、研究方略、创新思路、谋求作为，在侨言侨、在侨忧侨、在侨为侨，最大限度地把广大归侨侨眷和海外侨胞团结凝聚起来，为新时代党和国家事业发展再立新功。

【陈迈秘书长出席河南省侨联系统学习贯彻党的十九大精神培训班】 12 月 5 日，中国侨联秘书长兼办公厅主任陈迈出席河南省侨联系统学习贯彻党的十九大精神、深入推进侨联改革发展培训班，并作辅导报告。他指出，侨联是为党做侨胞工作的，是有着鲜明政治性的组织。学习贯彻党的十九大精神，是侨联组织的首要政治任务，也是基本工作任务。要按照万立骏主席在省级侨联党组书记主席党的十九大精神学习班上的讲话和中国侨联学习通知的要求，增强学习贯彻党的十九大精神的政治自觉、思想自觉、行动自觉，在学懂弄通做实上下功夫，增强“四个意识”，坚定“四个自信”，坚决维护习近平总书记在党中央和全党的核心地位，坚决在政治立场、政治方向、政治原则、政治道路上同以习近平同志为核心的党中央保持高度一致，坚决用习近平新时代中国特色社会主义思想武装头脑、指导实践，坚决贯彻党的十九大提出的各项部署、各项要求，在广泛团结联系海外侨胞和归侨侨眷共同致力于中华民族伟大复兴的宏伟实践中充分发挥桥梁纽带作用。

12 月 5 日，陈迈秘书长出席河南省侨联系统学习贯彻党的十九大精神培训班，并作辅导报告

2018 年 1 月 12 日，中央“五侨”领导联席会议在中国侨联召开

综合

【召开 2017 年中央“五侨”领导联席会议】 2018 年 1 月 12 日，第 35 次中央“五侨”领导联席会议在中国侨联召开。全国政协副主席、致公党中央主席、科技部部长、中国科协主席万钢出席会议并讲话。全国人大华侨委主任委员白志健、副主任委员董中原，国务院侨办主任裘援平，党组书记、副主任许又声、副主任郭军，全国政协港澳台侨委副主任赵阳，驻会副主任吕虹，致公党中央副主席闫小培，中国侨联党组书记、主席万立骏，副主席李卓彬，党组成员、副主席乔卫、康晓萍，以及“五侨”各单位相关司局负责人等出席会议。按照轮流举办的惯例，这次会议由中国侨联举办，万立骏同志主持会议。各单位负责同志分别通报了 2017 年主要工作和 2018 年工作考虑，并就“五侨”领导联席会议机制建设进行了交流。万钢在讲话中充分肯定了各单位的工作。他强调，做好新时代侨务工作，要牢固树立大侨务的理念，要有风险意识，要服务“一带一路”建设，要服务创新发展、做好海外留学人员工作。中央“五侨”领导联席会议是推进侨务工作的一个重要机制和平台。自 1999 年至今，已经持续了 19 年，举办了 35 次。在这一机制的推动下，各涉侨部门加强联系与沟通，相互支持与配合，凝聚共识、聚合资源、形成合力，在学习中央侨务工作指示精神、推动侨务立法、加强涉侨监督、推进维护侨益、带动地方“五侨”领导联席会议机制建立等方面发挥了重要作用。

海外联谊部

【领导成员名单】

部　　长：陈　权

副 部 长：李　涛　桑宝山

【综述】2017 年，海外联谊部认真学习贯彻党的十九大精神和习近平总书记系列重要讲话精神，认真落实中国侨联改革方案和巡视整改工作，按照“两个并重”“两个拓展”要求，主动适应新形势、新任务，坚持以人为本、为侨服务宗旨，坚持为大局服务和为侨服务统一，各项工作有序推进。一是认真学习党的十九大精神，开展“两学一做”学习教育。以中国侨联海外顾问、委员和青年委员等担任荣职的人员为骨干，借助海外侨领、侨社等传统工作渠道，通过侨联系统官网、公众号、微信群等新媒体平台，以境内外开展的“海外侨胞故乡行”、海外侨青“海上丝绸之路”高级研修班、“两岸侨联和平发展论坛”、中国侨联港澳侨界代表人士座谈会等品牌、活动为支撑，通过学习典型、座谈培训、会面交流、参访研修、团组出访、境内外宣讲等形式，开展面向海外侨胞的学习宣传工作。坚持用中国梦凝聚侨胞，加强对海外侨胞的思想引领，不断夯实党的侨界群众基础，最大限度将海外侨胞和归侨侨眷团结在党的周围。党的十九大召开后，坚持以党的十九大精神和习近平新时代中国特色社会主义思想为指引，把学习贯彻落实党的十九大精神作为“两学一做”学习教育的重要内容，深入学习党的十九大报告提出的新思想、新观点、新战略，切实增强政治意识、大局意识、核心意识、看齐意识，在思想上政治上行动上同以习近平同志为核心的党中央保持高度一致。二是从严落实、立行立改，确保巡视整改落到实处。充分认识巡视整改工作的重大意义，把落实巡视整改工作作为重大政治任务。组织专题研究、集中学习和针对落实整改工作的专题讨论近 30 次，深入学习有关文件精神，党支部书记和部门领导发挥“关键少数”作用，坚持把自己摆进去，主动认领责任，带头落实整改；逐项逐条进行梳理，制定具体整改举措。针对巡视和自查发现的问题，深入查找制度机制方面存在的薄弱环节和问题根源，形成情况说明和整改方案，明确整改措施和整改时限，并抓好报送和落实工作；坚持立行立改，完善规章制度。巡视整改期间，针对专项巡视整改任务第 41 项，认真核查 320 次宴请的详细情况，多次开展内部教育，狠抓整改，及时修订《海外联谊部关于加强外事宴请工作管理的实施办法》（后以会名义发）《中国侨联司局级及以下干部因公临时出国（境）管理办法》《中国侨联外事工作规定实施细则》等，起草了《中国侨联关于向海外（港澳台）侨胞发贺信、贺电、唁电、题词、题字的规定》；突出问题导向推动工作发展。针对需要长期整改完善的工作，进一步突出问题导向，在完善重点工作目标和重点工作人群、明确价值导向、加大典型培养、制定奖励办法、树立评价体系、改革荣职体系等方面开展调查研究，确定工作进度和目标方向，根据条件逐步确定侨联系统开展海外工作的实施规划。三是以落实中国侨联改革和巡视整改为契机，进一步推动“两个并重”“两个拓展”。努力加强思想政治引领，突出民间性优势，有针对性地开展海外联谊工作；服务国家对外交往大局；加强中国侨联青委会建设，团结凝聚侨界青年；努力做好港澳地区侨务工作；发挥侨联优势，深入做好侨务对台工作；推进少数民族地区侨务工作；加强因公出国（境）管理工作。2017 年，全会会领导出国 4 批，计划单列团组 3 批；司局级及以下因公临时出国团组 24 批。按照《外交部、中央外办、中央组织部、财政部关于进一步规范省部级以下国家工作人员因公临时出国的意见》（中办发〔2013〕16 号）文件要求，进一步完善全会外事出访制度，修订完善并下发了《中国侨联司局级及以下干部因公临时出国（境）管理办法》和《中国侨联外事工作规定实施细则》。2017 年出国（境）一共 46 批次，其中因公临时出国 30 批次，99 人次。其中，会领导因公临时出国 6 批次，33 人次，司局级以及因公临时出国 24 批次，66 人次。因公赴港澳台 16 批次，52 人次，会领导赴港澳 10 批次，35 人次；司局级及以下干部赴港澳5批次，赴台1批次，17人次。

【乔卫副主席会见台湾中华侨联总会理事长郑致毅】 1月10日，乔卫副主席在中国侨联机关会见了来北京参加第四届台胞社团论坛的台湾中华侨联总会理事长郑致毅。中国侨联副秘书长兼海外联谊部部长陈权，海外联谊部副部长桑宝山等陪同会见。

【邀请部分中国侨联海外委员、青年委员列席九届四次全委会】 1月15日—16日，中国侨联邀请来自13个国家的23名海外委员、青年委员列席在北京召开的中国侨联九届四次全委会议。海外委员、青年委员认真聆听了中共中央政治局委员、国家副主席李源潮的重要讲话和林军主席作的工作报告。中国侨联主席林军、副主席李卓彬、乔卫等亲切会见了列席海外委员、青年委员，并合影留念。

【李卓彬副主席会见美国潮商总会访问团】 2月24日，中国侨联副主席李卓彬在北京会见了以欧佳霖、陈育昭为团长的美国潮商总会访问团一行。中国侨联海外联谊部副部长桑宝山等陪同会见。

【举行列席全国政协十二届五次会议海外侨胞代表座谈会】 3月7日，中国侨联在北京举行列席全国政协十二届五次会议海外侨胞代表座谈会，中国侨联主席林军，副主席李卓彬、乔卫、康晓萍，秘书长陈迈，亲切会见了来自世界30个国家的38名海外侨胞，并听取他们的意见建议。座谈会由中国侨联副主席乔卫主持，中国侨联副秘书长兼经济科技部部长赵红英，中国侨联副秘书长兼海外联谊部部长陈权，海外联谊部副部长李涛、桑宝山等陪同出席。

【乔卫副主席会见法国法华工商联合会访问团】 3月22日，中国侨联副主席乔卫在北京会见了以戴安友为团长的法国法华工商联合会访问团一行。会见由中国侨联副秘书长兼海外联谊部部长陈权主持，中国侨联海外联谊部副部长李涛、桑宝山等陪同会见。

【陈权副秘书长出席菲华商联总会第三十一次全菲代表大会】 3月23日—27日，中国侨联副秘书长兼海外联谊部部长陈权率团访问菲律宾，出席菲华商联总会第三十一次全菲代表大会并在欢迎晚宴上致辞。菲律宾总统杜特尔特、中国驻菲律宾特命全权大使赵鉴华及菲律宾政府相关部门代表、部分国家驻菲外交使节、菲工商业界代表、商总成员等700多人出席大会开幕式。

1月15日，中共中央政治局委员、国家副主席李源潮与列席九届四次全委会议的部分海外委员、青年委员握手

3 月 24 日，陈权部长（右六）出席菲华商联总会第三十一次全菲代表大会

【林军主席、乔卫副主席会见中国侨联海外顾问方李邦琴】3 月 27 日，中国侨联主席林军、副主席乔卫在中国华侨历史博物馆会见了中国侨联海外顾问、方李邦琴基金会董事会主席、美国飞虎队历史协会名誉主席方李邦琴女士一行。中国华侨历史博物馆馆长黄纪凯、中国侨联海外联谊部副部长桑宝山、中国华侨历史博物馆副馆长祁德贵等陪同会见。

【支持举办 2017 中阿经贸文化交流峰会】4 月 1 日上午，由四川省人民政府主办，中国侨联支持的中阿经贸文化交流峰会在四川成都召开。乔卫副主席出席峰会开幕式并致辞，他希望广大海外侨胞努力构好创新驱动的合作之窗，努力建好文化交流的友谊之桥，铺好互利共赢的发展之路。阿联酋迪拜工商会会员企业、海外华商、海外侨界青年及国内企业代表共计 300 多人参加了开幕式。会后，中国侨联邀请参会的海外顾问、海外委员、青年委员赴四川德阳市、成都市双流区等地参加“知名侨商四川行”活动，考察生物医药、电子信息技术等产业发展，进行创新创业交流座谈。四川省侨联主席刘以勤、中国侨联海外联谊部副部长桑宝山等陪同参加上述活动。

4 月 1 日，乔卫副主席出席 2017 中阿经贸文化交流峰会开幕式并致辞

【乔卫副主席会见意大利—中国贸易发展促进会访问团】4 月 6 日，中国侨联副主席乔卫在北京会见了以朱玉华为团长、王增理为副团长的意大利—中国贸易发展促进会访问团一行。中国侨联副秘书长兼海外联谊部部长陈权主持会见，海外联谊部副部长桑宝山等陪同会见。

【陈权副秘书长会见美国香港总商会访问团】4 月 8 日，中国侨联副秘书长兼海外联谊部部长陈权在北京会见了以刘卓华为团长的美国香港总商会访问团一行。

【乔卫副主席会见巴拿马统促会、哥斯达黎加统促会联合访问团】4 月 17 日，中国侨联副主席乔卫在北京会见了以陈桂生为团长的哥斯达黎加统促会和以麦杞佳为团长的巴拿马统促会联合访问团一行。中国侨联海外联谊部副部长桑宝山陪同会见。

4 月 17 日，乔卫副主席在北京会见台湾中华侨联总会海外优秀青年台胞中华文化研习营一行

【乔卫副主席会见台湾中华侨联总会海外优秀青年台胞中华文化研习营一行】4 月 17 日，中国侨联副主席乔卫在北京会见了以郑致毅为团长的台湾中华侨联总会海外优秀青年台胞中华文化研习营一行。中国侨联副秘书长兼海外联谊部部长陈权主持会见，海外联谊部副部长桑宝山、上海市台办副主任王立新陪同会见。

【乔卫副主席出席香港青年会第十一届理监事会就职典礼】4 月 21 日，中国侨联副主席、中国侨联青年委员会会长乔卫代表中国侨联和中国侨联青年委员会出席香港青年会第十一届理监事会就职典礼并致辞。中央人民政府驻香港特别行政区联络办公室副主任陈冬、香港特别行政区立法会主席梁君彦等与香港各界青年 300 多人

4 月 21 日，乔卫副主席出席香港青年会第十一届理监事会就职典礼并致辞

一起出席了就职典礼。访港期间，乔卫副主席分别走访了香港侨界社团联会、香港华侨华人总会、香港侨友社。

4 月 22 日—26 日，陈权副秘书长出席菲华各界联合会成立四十周年典礼并致辞

【陈权副秘书长率团访问菲律宾】 4 月 22 日—26 日，中国侨联副秘书长兼海外联谊部部长陈权率团访问菲律宾，出席菲华各界联合会成立四十周年暨 2017—2019 年度委员会就职典礼并致辞。中国驻菲律宾大使馆临时代办贺湘琦等到场祝贺，菲华友好社团代表、嘉宾等 1000 多人出席庆典活动。在菲期间，访问团先后赴马尼拉和达沃市拜会了旅菲各校友会联合会、菲华联谊总会、菲华联谊会、中国商会、致公党、进步党、福建商会、菲华商会等侨团组织，并考察了当地的华文学校、华人企业。

【乔卫副主席会见美国各统促会联合访问团】 5 月 10 日，中国侨联副主席乔卫在北京会见了以中国侨联海外委员、全美和统会执行会长陈国庆为团长，以中国侨联海外顾问、旧金山统促会副理事长吴国宝为顾问的全美各统促会联合访问团一行。会见由中国侨联海外联谊部副部长桑宝山主持。

【乔卫副主席会见香港国际青年发展协会访问团】 5 月 15 日，中国侨联副主席、中国侨联青年委员会会长乔卫在中国侨联机关会见了以香港国际青年发展协会永远荣誉会长程万琦为团长的香港国际青年发展协会访问团一行。海外联谊部副部长李涛陪同会见。

【乔卫副主席会见中华海外联谊会第 21 期海外侨胞中青年代表人士研修班学员】 5 月 15 日，中国侨联副主席乔卫在北京会见了中华海外联谊会第 21 期海外侨胞中青年代表人士研修班学员。会见由中国侨联海外联谊部副部长李涛主持，中国侨联文化交流部部长刘奇等陪同会见。

【林军主席会见香港海上丝绸之路协会联席主席叶刘淑仪女士】 5 月 15 日上午，林军主席在中国侨联机关会见了香港海上丝绸之路协会联席主席叶刘淑仪和中国侨联香港地区常委王锦彪一行。中国侨联副秘书长、经济科技部部长赵红英，海外联谊部副部长桑宝山等参加会见。

5 月 15 日上午，林军主席（中）会见香港海上丝绸之路协会联席主席叶刘淑仪和中国侨联香港地区常委王锦彪

【林军主席、乔卫副主席会见美国孙中山中心基金会主席孙国雄一行】 5 月 16 日，林军主席、乔卫副主席在北京会见了美国孙中山中心基金会主席、孙中山长曾孙孙国雄一行。中国侨联海外联谊部副部长李涛陪同会见。

【乔卫副主席会见荷兰、比利时侨领代表团】 5 月 16 日，中国侨联副主席乔卫在北京会见了以黄钺、杨爱娥为团长的荷兰、比利时侨领代表团。中国侨联海外联谊部副部长李涛等陪同会见。

【桑宝山副部长率团访问卢森堡、比利时】 5 月 16 日—21 日，中国侨联海外联谊部副部长桑

5 月 16 日—21 日，中国侨联海外联谊部副部长桑宝山率团访问卢森堡、比利时

宝山率团访问卢森堡、比利时，出席了在卢森堡举办的 2017 欧洲华人青年论坛、卢森堡华侨华人青年联合会第二届理事会换届大会和在布鲁塞尔举办的比利时华侨华人与“一带一路”座谈会。

【林军主席会见泰中华商会、泰中“一带一路”促进会代表团】5 月 22 日，中国侨联主席林军在北京会见了以庄稼为团长的泰中华商会、泰中“一带一路”促进会代表团，中国侨联副秘书长兼海外联谊部部长陈权等陪同会见。

【乔卫副主席会见美国安良工商会访问团】5 月 25 日，中国侨联副主席乔卫在北京会见了以陈达伟为团长的美国安良工商会访问团一行。中国侨联副秘书长兼海外联谊部部长陈权，海外联谊部副部长李涛、桑宝山等陪同会见。

【召开 2017 年全国侨联联络工作会议】5 月 25 日，2017 年全国侨联联络工作会议在北京召开，中国侨联主席林军出席会议并作重要讲话，中国侨联副主席乔卫主持会议并作总结讲话。中国侨联副秘书长兼海外联谊部部长陈权对 2017 年侨联海外联谊工作作出部署。安徽省侨联主席吴向明、广东省侨联副主席戴文威、重庆市侨联副主席兼秘书长刘松勇、福建省侨联主席陈式海围绕本省（市）联络工作情况先后作大会发言。中国侨联副主席兼上海市侨联主席沈敏，中国侨联秘书长兼办公厅主任陈迈，中国侨联副秘书长兼经济科技部部长赵红英，中国侨联机关各部门及企事业单位负责人，各省、自治区、直辖市、新疆生产建设兵团侨联负责人及联络部长近百人参加了会议。

【乔卫副主席会见美国广东侨胞联合总会访问团】5 月 28 日，中国侨联副主席乔卫在北京会见了以赵镜源为团长的美国广东侨胞联合总会访问团。中国侨联副秘书长兼海外联谊部部长陈权主持会见，海外联谊部副部长李涛等陪同会见。

5 月 25 日，2017 年全国侨联联络工作会议在北京召开

【乔卫副主席会见美国福建会馆考察团】6 月 1 日，中国侨联副主席乔卫在北京会见以陈兴合为团长的美国福建会馆考察团一行。中国侨联副秘书长兼海外联谊部部长陈权主持会见。

【桑宝山副部长出席云南省侨联青年委员会成立大会】6 月 10 日，云南省侨联青年委员会成立大会在昆明举行。来自美

6 月 18 日，2017 两岸侨联和平发展论坛·海峡两岸暨港澳侨界圆桌峰会在厦门召开

国、加拿大、缅甸、老挝、泰国、新加坡、港澳等 12 个国家和地区的海外侨界青年和部分云南省内优秀侨界青年代表 60 余人参加大会。中国侨联海外联谊部副部长、中国侨联青年委员会副会长桑宝山出席大会并致辞。

【召开 2017 两岸侨联和平发展论坛·海峡两岸暨港澳侨界圆桌峰会】6 月 18 日，2017 两岸侨联和平发展论坛·海峡两岸暨港澳侨界圆桌峰会在厦门召开。中国侨联主席万立骏，副主席乔卫，福建省委常委、统战部部长雷春美，中国侨联副主席兼福建省侨联名誉主席王亚君，国务院台办港澳涉台事务局副局长田敏，福建省侨联主席陈式海，台湾中华侨联总会理事长郑致毅、荣誉理事长简汉生，台湾华侨协会总会理事长黄海龙，香港侨界社团联会会长余国春，澳门归侨总会监事长刘雅煌，中国和平统一促进会香港总会执行会长姚志胜，香港侨友社会长黄英来，香港华侨华人总会常务副会长叶森尧，美国华盛顿地区台胞访问团团长饶世永等出席。中国侨联秘书长兼办公厅主任陈迈、副秘书长兼海外联谊部部长陈权、组织人事部部长李杰、海外联谊部副部长桑宝山，厦门市委常委、统战部部长张灿民，厦门市人大常委会副主任陈紫萱等参加活动。台湾中华侨联总会、台湾华侨协会总会、华盛顿地区台胞访问团、台湾新北市福建同乡会、台湾中华两岸易理研究协会、台湾高雄市闽南同乡会、两岸侨界青年创业交流团、中华和平发展促进会总会等来自港澳台地区和海外侨界代表 150 余人参加活动。

【乔卫副主席会见加拿大温哥华潮州同乡会代表团】6 月 21 日，中国侨联副主席乔卫在北京会见以冯汝洁先生为团长的加拿大温哥华潮州同乡会代表团。中国侨联副秘书长兼海外联谊部部长陈权陪同会见。

【乔卫副主席率团访问马来西亚、斯里兰卡、新加坡】6 月 27 日—7 月 6 日，中国侨联副主席乔卫率团访问马来西亚吉隆坡、马六甲、哥打基纳巴卢、槟城，斯里兰卡科伦坡和新加坡。访问团先后与中国驻马来西亚大使黄惠康、驻哥

6 月 27 日—7 月 6 日，乔卫副主席率团访问马来西亚吉隆坡、马六甲、哥打基纳巴卢、槟城，斯里兰卡科伦坡和新加坡

打基纳巴卢总领事陈佩洁、驻槟城总领事吴骏、驻斯里兰卡大使馆临时代办庞春雪、驻新加坡大使陈晓东等使领馆同志进行交流，并就侨联海外工作征询当地驻外机构意见和建议。访问团分别在吉隆坡、马六甲、哥打基纳巴卢、槟城、科伦坡、新加坡召开主要侨领座谈会，了解侨情；走访马来西亚中华大会堂、马六甲郑和文化馆、娘惹博物馆、槟城中华总商会、槟城孙中山纪念馆、斯里兰卡华侨华人联合会、新加坡天府会等当地主要侨团和文化场馆。访问团还专程考察了马六甲皇京港、科伦坡港金融城项目建设。中国侨联海外联谊部副部长桑宝山、中国侨联组织人事部副巡视员崔续庚、中国侨联机关服务中心副主任贾德成等随同访问。

7 月 3 日，林军顾问出席香港侨界社团联会第六届会董就职典礼

【林军顾问出席香港侨界社团联会第六届会董就职典礼】7 月 3 日，“香港回归 20 周年音乐会暨香港侨界社团联会第六届会董就职典礼”在香港文化中心举行。香港特区行政长官林郑月娥，中央政府驻港联络办主任张晓明，国务院侨办党组书记、副主任许又声，中国侨联顾问林军，外交部驻港特派员公署特派员谢锋等出席并担任主礼嘉宾。在港期间，中央政府驻港联络办主任张晓明、副主任殷晓静会见了林军一行。林军会见了中国侨联副主席陈有庆，走访了香港侨友社、香港华侨华人总会，并与部分港区全国政协侨联界委员、香港侨界社团负责人座谈交流。中国侨联副秘书长兼海外联谊部部长陈权陪同访问。

【李卓彬副主席出席香港广东社团总会第九届会董就职典礼】7 月 11 日，香港广东社团总会第九届会董就职典礼在香港会议展览中心隆重举行，全国政协副主席董建华、香港特区政府行政长官林郑月娥、中央政府驻香港联络办主任张晓明出席活动并致辞，中国侨联副主席李卓彬应邀担任

7 月 11 日，李卓彬副主席出席香港广东社团总会第九届会董就职典礼

7 月 25 日，万立骏主席、乔卫副主席会见菲华联谊会访问团

主礼嘉宾并为社团新任副主席颁发选任证书。中国侨联顾问陈永棋、余国春、马介璋等来自海内外各界嘉宾、社团成员等近 2000 人出席了会董就职典礼活动。在香港期间，中央政府驻香港联络办副主任殷晓静会见了李卓彬副主席一行。中国侨联副秘书长兼海外联谊部部长陈权陪同访问。

【李涛副部长会见葡萄牙侨界回国考察团】 7 月 17 日，海外联谊部副部长李涛在北京会见了以中国侨联海外顾问蔡文显为团长的葡萄牙侨界回国考察团一行。

7 月 17 日，李涛副部长会见葡萄牙侨界回国考察团

【乔卫副主席会见西班牙温州总商会考察团】 7 月 24 日，乔卫副主席在中国侨联机关会见以张永树为团长的西班牙温州总商会考察团一行，中国侨联海外联谊部副部长李涛等陪同会见。

【万立骏主席、乔卫副主席会见菲华联谊会访问团】 7 月 25 日，中国侨联主席万立骏、副主席乔卫在北京会见了以陈文辉为团长、杨思育为领队的菲华联谊会访问团一行，中国侨联海外联谊部副部长李涛等陪同会见。

【林军顾问率团访问日本、泰国、印度尼西亚】 7 月 19 日—28 日，中国侨联顾问林军率中国侨联代表团一行 5 人赴日本、泰国、印度尼西亚访问。代表团通过座谈交流、实地考察、个别走访等形式出席活动近 30 场，看望了部分中国侨联海外顾问、海外委员、海外青年委员，慰问了旅居日本、泰国的侨胞和印尼华社代表，出席了日本华侨华人联合总会、东京华侨总会、日本福建经济文化促进会、横滨华侨总会、泰国中华总商会、泰国和平统一促进总会、泰国潮州会馆、泰国华人青年商会等侨团举办的座谈联谊活动，与印尼中华总商会、雅加达吉祥山基金会、印尼中华总商会东爪哇分会等印尼华社代表亲切交流。访问期间，代表团先后与中国驻日本大使程永华、驻泰国大使宁赋魁、驻印尼大使馆临时代办孙伟德、驻泗水总领馆代总领事刘强等进行交流。中国驻日本大使馆公使郭燕、参赞兼总领事王军、参赞高振杰，驻泰国大使馆参赞

7 月 19 日—28 日，中国侨联顾问林军率中国侨联代表团一行 5 人赴日本、泰国、印度尼西亚访问

兼总领事李春林，驻印尼大使馆参赞兼总领事祝迪，驻泗水总领馆代总领事刘强、副总领事彭泽牧等陪同参加有关活动。中国侨联组织人事部部长李杰、公益事业管理与服务中心主任何继宁、海外联谊部副部长桑宝山等随同访问。

【万立骏主席、乔卫副主席会见中国侨联海外委员陈清泉】 8 月 3 日，中国侨联主席万立骏、副主席乔卫在中国侨联机关会见了中国侨联海外委员、美国华人社团联合总会主席陈清泉。中国侨联副秘书长兼海外联谊部部长陈权、中国侨联组织人事部部长兼直属机关党委副书记李杰等陪同会见。

【乔卫副主席会见法国前交通运输部部长蒂埃里·马里亚尼一行】 8 月 4 日，中国侨联副主席乔卫在机关会见了法国前交通运输部部长蒂埃里·马里亚尼一行。中国侨联海外联谊部副部长桑宝山等陪同会见。

【陈权副秘书长会见欧洲福建联盟闽商总会中国考察交流团】 8 月 4 日，中国侨联副秘书长兼海外联谊部部长陈权在中国侨联机关会见以中国侨联海外委员、欧洲福建联盟闽商总会会长陈庸光为团长的欧洲福建联盟闽商总会中国考察交流团一行。海外联谊部副部长桑宝山等陪同会见。

【康晓萍副主席率团访问南非、马达加斯加、阿联酋】 8 月 16 日—25 日，中国侨联副主席康晓萍率团访问南非、马达加斯加和阿联酋。代表团在南非期间，拜访了我驻南非大使馆和开普敦

8 月 16 日—25 日，康晓萍副主席（中）率团访问南非、马达加斯加和阿联酋

总领事馆等，分别与林松添大使、康勇总领事及我驻约翰内斯堡总领馆阮平总领事进行了工作沟通与交流；走访了全非洲中国和平统一促进会、开普敦中国和平统一促进会、开普敦中国批发城、南非华文教育基金会中文学校、南非华文图书馆、南非华人警民合作中心等侨团，与开普敦、约翰内斯堡侨胞及主要侨社进行座谈。代表团在马达加斯加期间，与马达加斯加京城华商总会、马达加斯加华商总会、中资企业协会、马达加斯加顺德联谊会、顺德商会、塔马塔夫华侨华人协会、马任加华侨华人协会、孔子小学等侨团负责人进行了座谈。代表团在阿联酋期间，拜访了我驻阿联酋大使馆及驻迪拜总领馆，与倪坚大使及李凌冰总领事进行了工作交流。李凌冰总领事主持召开了阿联酋主要侨团代表座谈会，阿联酋华侨华人联合会、阿联酋浙江侨团联合会、阿联酋西北五省联合会、阿联酋华商联合会、阿联酋华侨华人妇女联合会、温州商会、川渝商会暨同乡会、安徽商会、河南商会、河北商会、阿联酋阿治曼中国总商会等侨团负责人及海外华文文化传媒界代表50余人参加了座谈。中国华侨出版社副社长刘凤珍、中国侨联组织人事部副巡视员林美龄陪同出访。

【陈迈秘书长会见欧洲浙江华人联谊会访问团】9月1日，中国侨联秘书长兼办公厅主任陈迈在北京会见了以詹永平为团长的欧洲浙江华人联谊会访问团一行。中国侨联海外联谊部副部长李涛主持会见。

【乔卫副主席出席世界越柬寮华人团体联合会第八届会员代表大会】9月1日，乔卫副主席出席世界越柬寮华人团体联合会第八届会员代表大会暨海外华商经贸旅游交流会并致辞。来自10个国家和地区的300余名世界越柬寮华人团体联合会会员代表和18个国家和地区的50余名海外华商企业家参加开幕式。活动期间，乔卫副主席一行前往吉林省侨联“侨胞之家”红旗单位——长春市绿园区“侨胞之家”调研，海外联谊部副部长桑宝山等陪同出席相关活动。

【举办第二期西藏自治区归国定居藏胞代表人士国情教育活动】9月4日—17日，中国侨联举办第二期西藏自治区归国定居藏胞代表人士国情教育活动，邀请部分归国定居藏胞代表人士赴北京、上海、浙江、江苏学习考察，此次国情教育参访团由西藏自治区政协常委、自治区侨联副主席谢文·根多活佛担任团长。9月4日，万立骏主席会见了该团，中国侨联副主席乔卫、中国侨联副秘书长兼海外联谊部部长陈权参加会见。9月5日，中央统战部西藏工作协调小组副组长斯塔会见该团，在为期14天的活动中，上海市侨联、浙江省侨联、舟山市委统战部、舟山市侨联、杭州市侨联、江苏省侨联、无锡市统战部、无锡市侨联、扬州市侨联、南京市侨联、南京市统战部等单位领导先后会见该团；参访团先后赴人民大会堂、故宫博物院、上海中共一大会

9月1日，陈迈秘书长会见欧洲浙江华人联谊会访问团

9 月 4 日，万立骏主席会见第二届归国定居藏胞代表人士国情教育活动参访团

址、世博园中国馆、中国商用飞机有限责任公司、浙江阿里巴巴集团、无锡超级计算机中心、扬州国医书院、南京汽车集团有限公司浦口基地、南京中山陵等地参观考察。

【举办中国侨联海外委员“一带一路”高级研修班】 9 月 7 日—10 日，中国侨联海外委员“一带一路”高级研修班在上海举办，来自菲律宾、马来西亚、柬埔寨等 23 个国家的 60 余名中国侨联海外委员参加研修。乔卫副主席以《华侨华人可与中国、住在国在“一带一路”建设中实现三方共赢》为主题为学员授课。研修班学员在上海考察了携程网总部和中国商飞总装制造中心浦东基地，并在研修班结束后赴安徽合肥考察访问。在安徽期间，安徽省委常委、合肥市委书记宋国权，安徽省副省长张曙光，省政协副主席张学平分别会见了研修班学员一行。中国侨联海外联谊部副部长桑宝山等参加上述活动。

9 月 9 日，中国侨联海外委员“一带一路”高级研修班在上海举办

【乔卫副主席会见法国青田同乡会经贸考察团】 9 月 13 日，乔卫副主席在北京会见以孙少荣为团长的法国青田同乡会经贸考察团一行。中国侨联海外联谊部副部长桑宝山陪同会见。

【乔卫副主席会见全德华人社团联合会访问团】 9 月 13 日，中国侨联副主席乔卫在北京会见了以蒋平为团长的全德华人社团联合会一行。会见由中国侨联副秘书长兼海外联谊部部长陈权主持，海外联谊部副部长桑宝山等陪同会见。

【旅菲各校友会联合会暨菲律宾校友联总商会访问团参访京津冀】 9 月 14 日—20 日，以陈增文为团长，李鸿铭、王来法、丁劲樟为共同团长，杨思育为领队的旅菲各校友会联合会暨菲律宾校友联总商会访问团一行 60 人应中国侨联邀

9 月 14 日，中国侨联主席万立骏、副主席乔卫在北京会见旅菲各校友会联合会暨菲律宾校友联总商会访问团

请参访北京、天津、河北三地。9 月 14 日，中国侨联主席万立骏、副主席乔卫在北京会见该团，中国侨联副秘书长兼海外联谊部部长陈权、副部长桑宝山等参加会见。访问团在北京期间，全国人大华侨委员会委员、中国侨联副主席李昭玲、国务院侨办副主任谭天星、外交部领事司司长郭少春、北京市侨办主任刘春锋会见访问团一行。9 月 16 日，访问团到访天津，天津市委常委、统战部部长冀国强会见访问团。9 月 17 日—20 日，访问团赴河北省唐山市、承德市两地访问。

【乔卫副主席会见西班牙侨商会访问团】 9 月 18 日，中国侨联副主席乔卫在北京会见了以金浩为团长的西班牙侨商会访问团。中国侨联副秘书长兼海外联谊部部长陈权、副部长桑宝山等参加会见。

【康晓萍副主席会见法国华侨华人会访问团】 9 月 18 日，中国侨联副主席康晓萍在北京会见了以任俐敏为团长的法国华侨华人会访问团。中国侨联文化交流部部长刘奇、海外联谊部副部长桑宝山等参加会见。

【万立骏主席出席中国侨联香港地区侨界代表人士座谈会】 9 月 22 日，中国侨联在香港召开中国侨联香港地区侨界代表人士座谈会，深入学习领会习近平主席“七一”视察香港重要讲话精神。万立骏主席出席会议并作重要讲话，陈有庆副主席、许荣茂副主席和中国侨联港澳顾问、委员、青年委员等 100 多人出席，乔卫副主席主持座谈会。在港期间，香港中联办副主任谭铁牛会见了万立骏、乔卫一行，并就进一步做好相关工作交换了意见，中国侨联副秘书长兼海外联谊部部长陈权、副部长桑宝山等参加上述活动。

9 月 22 日，万立骏主席在香港出席中国侨联香港地区侨界代表人士座谈会并讲话

9 月 22 日—25 日，万立骏主席走访香港侨界

【万立骏主席走访香港侨界】 9 月 22 日—25 日，万立骏主席在香港访问期间，先后走访香港侨界社团联会、香港华侨华人总会、香港侨友社等侨界社团，与香港侨界社团青年骨干座谈，并出席“创科博览 2017”开幕式、香港《基本法》墨宝玉石碑刻展览等活动。中国侨联副主席乔卫、副秘书长兼海外联谊部部长陈权、海外联谊部副部长桑宝山陪同。

【中国侨联举行 2017 年国庆招待会】 9 月 29 日，中国侨联在北京举行国庆招待会，与来自 30 多个国家和港澳地区的 400 余位嘉宾欢聚一堂，共同庆祝中华人民共和国成立 68 周年。万立骏主席发表讲话，乔卫副主席主持招待会。中国侨联副主席李卓彬、康晓萍、刘艺良，中国侨联顾问林军、董中原、王永乐，中国侨联秘书长陈迈，副秘书长赵红英、陈权，中国侨联机关各部门及直属单位负责人出席了招待会。

【乔卫副主席会见秘鲁古冈州会馆访问团】 10 月 9 日，中国侨联副主席乔卫在北京会见了以区仲贤为团长的秘鲁古冈州会馆访问团。中国侨联副秘书长兼海外联谊部部长陈权主持了会见。

【李卓彬副主席出席十九届国际潮团联谊年会】 10 月 5 日—7 日，李卓彬副主席率团赴印度尼西亚访问，参观“2017OCTF 中国—印尼商品展”，拜访印尼中华总商会，出席十九届国际潮团联谊年会系列活动。在印尼期间，李卓彬副主席与我驻印度尼西亚大使馆临时代办孙伟德、总领事祝迪等进行了工作沟通与交流。中国侨联副秘书长兼经济科技部部长赵红英，中国侨联权益保障部部长张岩等陪同出访。

9 月 29 日，中国侨联在北京举行国庆招待会

【李卓彬副主席访问香港】 10 月 12 日—14 日，李卓彬副主席率团访问香港，先后出席世界华商联合促进会第二届执委会就职典礼暨成立 10 周年庆典联谊晚宴、香港侨友社成立

35 周年联欢晚会、世界客属第 29 届恳亲大会等活动。中国侨联海外联谊部副部长桑宝山等陪同参加。

【乔卫副主席会见马来西亚沙巴亚庇华人同乡会馆联合会访问团】 10 月 16 日，乔卫副主席在北京会见了以拿督黄小娟为团长的马来西亚沙巴亚庇华人同乡会馆联合会访问团一行。中国侨联海外联谊部副部长桑宝山等参加会见。

【乔卫副主席出席浙江侨界青年联合会成立大会暨“海外侨胞故乡行——走进浙江”启动仪式】 10 月 17 日，浙江侨界青年联合会成立大会暨“海外侨胞故乡行——走进浙江”活动在浙江省人民大会堂举行，中国侨联副主席、中国侨联青年委员会会长乔卫，中国侨联副主席、浙江省侨联主席吴晶出席活动并致辞。来自全球 65 个国家和地区的 280 余位浙籍侨界青年参加活动。

【接待菲律宾菲华各界联合会访问团】 10 月 18 日，中国侨联副主席乔卫在北京会见了以蔡志河先生为团长的菲律宾菲华各界联合会访问团一行，中国侨联副秘书长兼海外联谊部部长陈权主持会见。在京期间，国务院侨办副主任郭军、全国政协港澳台侨委员会副主任赵阳、中国和平统一促进会副秘书长宋为会见访问团。10 月 19 日—22 日，访问团一行前往山东德州、济南、泰安、曲阜和青岛参访。

【接待台湾中华侨联总会访问团】 10 月 23 日—28 日，中国侨联接待台湾中华侨联总会参访团赴陕西西安、延安等地参访。10 月 24 日，乔卫副主席在西安会见该团部分成员。在陕期间，陕西省副省长魏增军会见了乔卫副主席一行，海外联谊部副部长桑宝山等参加上述会见。

【陈权副秘书长率团出访斐济、新西兰】 10 月 24 日—31 日，中国侨联副秘书长兼海外联谊部部长陈权率代表团赴斐济、新西兰访问。出席了“第十一届世界中山同乡恳亲大会”，新西兰基督城华人华侨“喜庆十九大，踏上‘一带一路’新征程”座谈会，拜会了斐济（西区）中山同乡会、新西兰基督城中华协会等主要侨团，举行侨领座谈会，走访慰问侨胞，送去中国侨联对当地侨胞的问候和关怀。访斐期间，代表团还与斐济（西区）中山同乡会、斐济华人文化体育协会、斐济台山同乡会、斐济妇女协会、斐济华人经济文化艺术联合会、斐济中华商会代表等主要侨团代表进行座谈交流。在新西兰基督城，代表团拜会了驻基督城总领馆，与汪志坚总领事等会谈交流。在奥克兰，代表团与当地部分海外委

10 月 24 日—31 日，中国侨联副秘书长兼海外联谊部部长陈权率代表团赴斐济、新西兰访问

10 月 24 日，乔卫副主席在西安会见台湾中华侨联总会访问团部分成员

员、青年委员以及来自新西兰国际妇女会、新西兰华人科学家协会、新西兰亚裔健康基金会、新西兰中华企业家协会、新西兰河南经贸文化促进会等侨团的代表进行座谈交流。

【接待台湾华侨协会总会访问团】 10 月 28 日—11 月 2 日，中国侨联接待台湾华侨协会总会参访团赴湖南张家界、湘西土家苗族自治州、常德、长沙等地参访。11 月 1 日，乔卫副主席在湖南长沙会见来自台湾的华侨协会总会访问团，湖南省委常委、统战部部长黄兰香出席招待餐叙。

【乔卫副主席会见中澳法学交流基金会（香港）考察团】 11 月 2 日，乔卫副主席在北京会见以马恩国大律师为团长的中澳法学交流基金会（香港）考察团一行，会见活动由中国侨联副秘书长兼海外联谊部部长陈权主持。

【乔卫副主席会见菲律宾中国商会访问团】 11 月 3 日，中国侨联副主席乔卫在京会见以洪及祥为团长的菲律宾中国商会访问团一行。中国侨联海外联谊部副部长桑宝山主持会见。

【举行 2017 海外侨青“海上丝绸之路”高级研修班】 11 月 8 日—9 日，2017 海外侨青“海

11 月 1 日，乔卫副主席在湖南长沙会见来自台湾的华侨协会总会访问团

11 月 8 日—9 日，2017 海外侨青“海上丝绸之路”高级研修班在广东中山大学举行

综合

上丝绸之路”高级研修班在广东中山大学举行。来自阿曼、东帝汶、菲律宾等 30 多个国家和地区的中国侨联青年委员、广东省侨界青年联合会委员近百名代表参加学习。中国侨联副主席、中国侨联青年委员会会长乔卫出席研修班开班仪式并讲话。中山大学教授李胜兰、副教授张宇权分别以粤港澳大湾区经济优势、挑战和制度，“一带一路”与中国外交新挑战为主题，讲解当下侨界青年在参与“一带一路”、粤港澳大湾区建设等方面的热点问题。研修班学员一行还赴茂名、湛江、阳江、珠海现场考察。

【乔卫副主席会见博茨瓦纳—中国友好协会主席哈博罗内】11 月 13 日，乔卫副主席在中国侨联机关会见了来访的博茨瓦纳—中国友好协会主席哈博罗内一行。博茨瓦纳—中国友好协会执行主席南庚戌、副主席娜塔丽·特伯格·塔法、中国人民友好协会亚非工作部处长刘宏敏等陪同来访。

【万立骏主席访问澳门】11 月 12 日—14 日，中国侨联主席万立骏访问澳门，出席“2017 年海外侨领‘一带一路’高峰论坛”、澳门侨界青年协会第四届就职典礼，与澳门地区中国侨联顾问、常委、委员、青年委员座谈学习十九大精神体会。在澳期间，全国政协副主席何厚铧、澳门特别行政区行政长官崔世安、中央人民政府驻澳门特别行政区联络办公室主任郑晓松先后会见万立骏主席一行，就侨胞参与“一带一路”建设和澳门侨界工作交换了意见。中国侨联副主席、澳门归侨总会会长刘艺良，中国侨联副秘书长兼海外联谊部部长陈权，海外联谊部副部长桑宝山等陪同参加有关活动。

【李卓彬副主席会见马来西亚八大华青访华代表团】11 月 23 日，中国侨联副主席李卓彬在北京会见了以周世玹为团长的马来西亚八大华青访华代表团。中国侨联海外联谊部副部长桑宝山主持会见。

【桑宝山副部长会见加拿大深圳社团联合总会访问团】11 月 23 日上午，中国侨联海外联谊部副部长桑宝山在中国侨联机关会见以齐佳女士为团长的加拿大深圳社团联合总会访问团一行。

【乔卫副主席会见海外华侨华人回国观光访问学习团】11 月 24 日，中国侨联副主席乔卫在北京会见了以马炳良为团长的海外华侨华人回国观光访问学习团。中国侨联副秘书长兼海外联谊部部长陈权等参加会见。

【陈权副秘书长会见新西兰政商界友好人士代表团】11 月 28 日，中国侨联副秘书长兼海外联谊部部长陈权在北京会见以新西兰潮属总会会长张乙坤为团长的新西兰政商界友好人士代表团。

【乔卫副主席会见泰中侨商联合会代表团】11 月 29 日，中国侨联副主席乔卫在京会见了以中国侨联海外委员邝锦荣先生为团长的泰中侨商联合会代表团一行。中国侨联海外联谊部副部长桑宝山主持会见。

【乔卫副主席会见孟加拉国华侨华人联合会访问团】11 月 29 日，中国侨联副主席乔卫在京会见了以庄立峰先生为团长的孟加拉国华侨华人联合会访问团一行，中国侨联常委颜宝铃女士随团来访。海外联谊部副部长桑宝山主持会见。

【桑宝山副部长出席第十五届世界海南乡团联谊大会】12 月 1 日上午，第十五届世界海南乡团联谊大会开幕式在香港会议展览中心举行，来自美国、加拿大、马来西亚等 26 个国家

11 月 13 日，澳门特别行政区行政长官崔世安（右）会见万立骏主席（左）

综合

和地区的6000多名海南乡亲代表共聚一堂，畅叙乡情，共谋发展。中国侨联海外联谊部副部长桑宝山代表中国侨联应邀出席大会开幕式。

12月2日，陈权副秘书长出席2017年全美中国和平统一促进会年会暨海峡两岸和平发展论坛

【陈权副秘书长出席全美中国和平统一促进会2017年年会】12月2日，2017年全美中国和平统一促进会年会暨海峡两岸和平发展论坛在纽约举行。来自外交部、国务院台办、全国人大华侨委员会、中国和平统一促进会、中国侨联等单位代表团，以及全美和统会会员代表及学界人士共300余人参会。中国侨联副秘书长兼海外联谊部部长陈权率团代表中国侨联出席大会并致辞。我驻美使馆李克新公使、中国驻纽约总领馆副总领事邱舰、全美和统会联合会执行会长马粤、纽约中国和平统一促进会总顾问梁冠军、台湾新党主席郁慕明等在大会上发言。当天，大会还通过了宣言，表达了海外华侨华人坚决反对“台独”，维护两岸关系和平发展和促进祖国统一的决心。访美期间，代表团走访慰问了当地重要侨团、侨领，倾听他们对中国侨联海外工作的意见和建议。

【乔卫副主席会见米兰侨界联合会长团】12月4日，中国侨联副主席乔卫在北京会见了以李秀桐为团长的米兰侨界联合会长团。海外联谊部副部长桑宝山陪同会见。

【陈权副秘书长会见俄罗斯华侨华人代表团】12月11日，中国侨联副秘书长兼海外联谊部部长陈权在北京会见了以孙雷为团长的俄罗斯华侨华人代表团。

【陈权副秘书长会见香港侨友社青年代表团】12月14日，中国侨联副秘书长兼海外联谊部部长陈权在机关会见了以白健路为团长、王锦辉为名誉团长的香港侨友社青年代表团，海外联谊部副部长桑宝山等参加会见。

【乔卫副主席出席河北省侨联青年委员会第三次委员大会】12月16日，乔卫副主席在石家庄出席河北省侨联青年委员会第三次委员大会开幕式并讲话。来自30多个国家和地区的近50名海外青年委员代表、140名省内青年委员代表参加会议。会议期间，河北省政协副主席曹素华会见了乔卫副主席一行。

【康晓萍副主席率团访问菲律宾、柬埔寨】12月15日—22日，应中国驻菲律宾大使馆、驻宿务总领馆和驻柬埔寨大使馆邀请，中国侨联副主席康晓萍率团访问菲律宾、柬埔寨。在菲律宾期间，代表团拜访了驻菲律宾大使馆和驻宿务总领事馆，分别与赵鉴华大使、施泳总领事进行了工作沟通与交流；走访了菲华联谊总会、旅菲各校友会联合会、菲华商联总会、菲律宾中国商会、菲华各界联合会、菲律宾中华总商会、中华善举公所、菲华联谊纳卯分会等侨团，与马尼拉、达沃、宿务侨胞及主要侨社进行座谈，了解侨胞需求，听取意见建议；参加了菲律宾达沃中国商会纳卯分会举办的献爱心慈善活动；走访了龙华学校、纳卯德荣学校、宿务UC医院、崇华医院、宿务中华学校、宿务华人志愿防火队。在柬埔寨期间，与柬华理事总会、柬埔寨中国商会、柬埔寨中国港澳侨商总会、柬埔寨福建总商会、柬埔寨浙江总商会等侨团负责人进行了座谈，并向与会代表传达了党的十九大精神。中国侨联文化交流部部长刘奇陪同出访。

经济科技部

【领导成员名单】

部　　长：赵红英（女）

副 部 长：安　晨（12月21日不再担任）

巡 视 员：安　晨

2月19日，中国侨联新侨创新创业联盟召开联盟理事长建言献策会

【综述】2017年，党的十九大胜利召开开启了中国特色社会主义新时代。同时，2017年也是中国侨联立足新的起点，扎实推进改革创新的重要一年。经济科技部在中国侨联党组的领导下，在李卓彬副主席的具体指导下，认真学习贯彻党的十九大精神，以习近平新时代中国特色社会主义思想为指导，继续落实侨联"两个并重，两个拓展"的工作方针，围绕中心、服务大局，突出新侨人才工作，延伸工作手臂，创新工作载体，以饱满的工作热情，不断推进侨联经济科技工作取得新成绩。

【召开侨创联盟理事长建言献策会】2月19日，中国侨联新侨创新创业联盟以"贯彻新理念，催生新动能，实现新发展"为主题，召开联盟理事长建言献策会，中国侨联副主席、侨创联盟理事长李卓彬出席并讲话。侨创联盟执行理事长毛大庆、林东，中国侨联特聘专家委员会副主任兼秘书长李曙光及20位联盟副理事长出席会议。副理事长围绕各自研究和关注领域认真发言，提出不少有价值的建议，为两会侨界政协委员提供了良好素材。

【举行清华大学"一带一路"战略研究院揭牌仪式】4月25日，由中国侨联和清华大学联合成立的清华大学"一带一路"战略研究院在清华举行揭牌仪式。中国侨联主席林军，中国侨联副主席李卓彬、朱奕龙，清华大学校长邱勇，海峡两岸关系协会会长陈德铭等出席仪式。国家发

4月25日，中国侨联领导和清华大学领导共同为清华大学"一带一路"战略研究院揭牌，右三为中国侨联主席林军，左二为中国侨联副主席李卓彬，左一为中国侨联副主席朱奕龙，左三为中国侨联法顾委主任张耕，右二为清华大学校长邱勇，右一为海峡两岸关系协会会长陈德铭

展改革委副秘书长范恒山，中国侨联副主席朱奕龙，商务部政策研究室主任兼新闻发言人沈丹阳，国务院参事、中国与全球化智库理事长兼主任王辉耀，清华大学“一带一路”战略研究院执行院长史志钦等围绕“一带一路”建设分别作了专题报告。

【参与举办“丝路·侨说”论坛】6月1日，由中国侨联特聘专家委员会、中国侨商联合会、陕西省侨联承办的“丝路·侨说”论坛在西安举办。赵红英部长出席论坛。中国侨联特聘专家委员会及清华大学“一带一路”战略研究院邀请四位专家作了主题演讲。该论坛纳入“2017丝绸之路国际博览会暨第21届中国东西部合作与投资贸易洽谈会”内容。

【主办“创业中华·新侨创新创业经验交流分享会”】6月15日，由中国侨联、福建省侨联主办，中国侨联特聘专家委员会、中国侨联新侨创新创业联盟承办的“创业中华·新侨创新创业经验交流分享会”在福州召开。中国侨联副主席李卓彬出席并讲话，中国侨联副秘书长、经济科技部部长赵红英，福建省侨联党组书记、主席陈式海，以及海内外华人华侨代表，侨界专家学者、企业家近200人出席会议。近50个侨界创新型项目的研发或持有者同来自海内外的侨商、专业社团、经济组织的代表和投资机构负责人进行了面对面的对接交流。该活动有力带动了福建新侨创新创业的发展，通过上下联动、实地考察交流、项目对接，产生了良好影响。

【开展“特聘专家走基层”科技帮扶活动】6月14日—16日，10月24日—27日，分别在江西上饶县和山西阳泉市开启中国侨联肿瘤筛查公益项目。活动邀请特聘专家邹检平教授的团队，采用其在世界上首创的专利技术为归侨侨眷、基层群众、离退休干部进行了体检筛查，并对当地医院医生进行免费培训，两次活动共为2900余名群众做筛查。邹检平教授还为当地群众作了题为“癌症的生活预防知识”讲座。

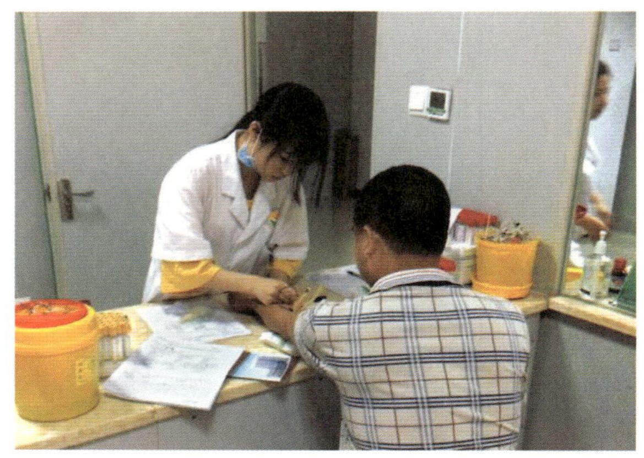

6月14日，“特聘专家走基层”科技帮扶活动在江西上饶举行

【召开中国侨联新侨创新创业联盟理事会】6月25日，组织召开中国侨联新侨创新创业联盟理事会，中国侨联副主席、侨创联盟理事长李卓彬发表讲话并对联盟提出五点要求。联盟执行理事长林东代表联盟发言，赵红英副理事长通报了理事会的各项工作。理事会上研究通过了《联盟章程》。

6月25日，侨创联盟理事会在北京召开，主席台居中为中国侨联副主席、侨创联盟理事长李卓彬，左一中国侨联副秘书长、经济科技部部长赵红英，右一为侨创联盟执行理事长林东

【举办中国侨联新侨创新创业主题活动】6月26日，中国侨联新侨创新创业主题活动在北京拉开帷幕。中国侨联党组书记、主席万立骏，人力资源和社会保障部副部长汤涛，国家知识产权局副局长贺化，中国侨联副主席李卓彬、乔卫、康晓萍、胡胜才，以及中国科协、中国科学院、国家知识产权局等单位相关部门的负责人出

6 月 26 日，中国侨联新侨创新创业主题活动在北京举行

席了活动。中国侨联各部门负责人，全国各省、自治区、直辖市侨联，中央直属机关、中央国家机关、中央企业侨联，新疆生产建设兵团侨联领导及经济科技部负责同志，中国侨联新侨创新创业联盟成员及来自 18 个国家的 30 余名海外委员，新侨创新创业杰出人才，优秀项目单位负责人，媒体记者等共 350 余人出席活动。万立骏主席在讲话中指出，党的十八大以来，以习近平同志为核心的党中央勇于实践、善于创新，形成一系列治国理政新理念新思想新战略。近年来，中国侨联打造“创业中华”品牌，举办创新创业成果交流会，推进“新侨创新创业基地”建设，加强特聘专家委员会队伍建设，取得了一些成绩。他提出四点希望，一是希望新侨创新创业人才认真学习领会习近平总书记重要指示精神，将创新活力和创业热情融入中国改革发展的伟大事业之中。二是希望侨创联盟聚众智、汇众力、重实效，为推进“两个拓展”、聚集新侨人才发挥更大作用。三是希望新侨创业企业积极参与“一带一路”建设，为中国全方位对外开放和国际合作献智出力。四是希望各级侨联组织深刻认识海内外侨情的发展变化，积极为新侨创新创业营造良好环境，将创新活力和创业热情融入中国改革发展的伟大事业之中。活动期间举办了以“创新　互联　跨界　共享”为主题的“优秀侨创项目展示交流”，从各地上报的 40 个项目中评选出 25 个涉及生物医药、环保、软件、电子、消防、农业等众多行业领域的优秀项目并为其颁发证书。其中 6 个具有代表性的项目作了现场路演，并在网络平台同步在线直播。会上，为践行“两个拓展”工作方针、加强与海外新侨的联系，联盟还增聘了 61 名中国侨联新侨创新创业联盟海外委员。

万立骏主席在新侨创新创业主题活动中讲话

【推选“新侨创新创业杰出人才”】为配合新侨创新创业主题活动，推选侨界创新创业杰出人物。通过各地侨联、中国侨联特聘专家委员会、中国侨联新侨创新创业联盟、中国侨商联合会、中国侨联青委会等渠道，中国侨联推选了一批有影响力、有代表性、有示范作用的侨界创新创业人士。经专家评审并经中国侨联主席办公会议审定，共评出“新侨创新创业杰出人才（侨创二十人）”20名，他们是：丁列明、王莉、陈十一、汪潮涌、秦玥飞、徐小平、高益槐、黄维、汤卫平、毛大庆、林东、刘若鹏、袁岳、盛希泰、李然、尹学军、刘昊扬、顾行发、王暾、施乾平；并评出“新侨创新创业杰出人才（提名）”9名，他们是：田丰丰、杨宝庆、陈忠平、奉向东、蒋立、叶紫莹、郑两斌、魏明德、陈振浩。在6月26日举办的新侨创新创业主题活动上，由与会领导为获评人士颁发证书。活动之后经济科技部与《人民日报（海外版）》合作，为获评人士刊发系列人物专访，借助媒体宣传，更好发挥侨界创新创业杰出人才的示范带动作用，凝聚更多新侨创新创业力量。

【出席“创业中华·建设江苏”——2017侨资侨智对接交流会】6月27日，作为中国侨联新侨创新创业系列活动的组成部分，经济科技部组织新侨创新创业联盟理事、海外委员赴江苏调研考察，出席“创业中华·建设江苏”——2017侨资侨智对接交流会。联盟副理事长、经济科技部部长赵红英，江苏省侨联副主席、江苏省侨商总会常务副会长镇翔，以及来自美国、加拿大、德国、意大利、澳大利亚、新西兰、玻利维亚、巴拉圭、马来西亚、阿曼和中国香港、中国台湾等近20个国家（地区）的侨商企业家、部分中国侨联新侨创新创业联盟理事和海外委员、部分省市侨商会的企业家代表、部分上市公司董事会的代表等共120余人，参加了在昆山、常熟举办的“创业中华·建设江苏——2017侨资侨智对接交流会”。

中国侨联副主席李卓彬、康晓萍、胡胜才等为优秀项目获得者颁发证书

中国侨联主席万立骏、人力资源和社会保障部副部长汤涛等领导为“侨创二十人”获得者颁发证书

【出席河南省“服务新侨创新创业”工作推进会】6月27日，作为中国侨联新侨创新创业系列活动的组成部分，由中国侨联文化交流部部长刘奇带队，组织部分新侨创新创业联盟理事、海外委员赴洛阳出席河南省侨联服务新侨创新创业工作推进会。河南省侨联主席董锦燕，洛阳市政府副市长张世敏，中国侨联新侨创新创业联盟理事代表及省辖市、省直管县（市）侨联负责同志等70余人出席推进会，会后参观考察，并为中国侨联创新创业基地——洛阳国际大学科技园揭牌。

9 月 3 日，“创业中华·牵手京津冀——第十七届海外侨界高层次人才为国服务活动”启动仪式在北京举行，居中为中国侨联主席万立骏，左四为中国侨联副主席李卓彬，左三为中国侨联副主席李昭玲

【联合主办“创业中华·牵手京津冀——第十七届海外侨界高层次人才为国服务活动”】 9 月 3 日，“创业中华·牵手京津冀——第十七届海外侨界高层次人才为国服务活动”启动仪式在北京举行。来自美国、加拿大、澳大利亚、日本等 16 个国家和地区的 78 位海外侨界高层人才参加，带来项目 89 个，涉及文化创意、人工智能、新材料等多个领域。中国侨联主席万立骏、副主席李卓彬、李昭玲，以及北京市委统战部副部长、市侨联党组书记赵宏生、北京市侨联主席荣洋、河北省侨联主席包东、中国侨联副秘书长兼经济科技部部长赵红英、天津市侨联副主席陈钟林等出席活动。万立骏主席在启动仪式上讲话，充分肯定了“为国服务”活动多年来取得的丰硕成果，希望各位团员发挥专业优势和自身所长，为推动京津冀协同发展、建设世界科技强国献计出力、多做贡献。

【支持举办第五届中国绵阳科技城国际科技博览会】 9 月 7 日—8 日，经济科技部支持举办第五届中国绵阳科技城国际科技博览会，并与四川省侨联共同主办了“2017 侨智精英科博行”活动。中国侨联副秘书长赵红英、四川省侨联主席刘以勤，以及来自生物医药、微电子、水利水电、光电材料、三维技术、交通机械等领域的中国侨联特聘专家及四川省侨联部分特聘专家出席活动。

【联合主办“2017 东亚海洋高峰论坛”】 9 月 7 日—8 日，组织特聘专家出席 2017 东亚海洋合作平台黄岛论坛，并由中国侨联特聘专家委员会与中国经济信息社、青岛市人民政府联合主办“2017 东亚海洋高峰论坛”。李卓彬副主席出席并致辞，青岛市委常委、总工会主席邓云锋，新华社中国经济信息社副总裁曹文忠等有关领导、国内外知名海洋领域专家、企业代表等 300 余人出席论坛。中国侨联特聘专家委员会组织多名两院院士及专家出席，通过广泛深入交流探讨，推动东亚海洋合作平台建设。

【应邀出席印尼侨界活动】 10 月 5 日—7 日，李卓彬副主席率团赴印尼出席“2017 OCTF 中国—印尼商品展”开幕式并致辞，同时拜访使领馆、印尼中华总商会。在 7 日举行的“第十九届国际潮团联谊年会”上，李卓彬副主席随同全国政协副主席梁振英、印尼海洋事务统筹部部长卢胡特出席开幕式并致辞，中国侨联副秘书长、经济科技部部长赵红英等随团参加活动。

【出席“科技创新创业与国际合作高峰论坛暨中国旅美科技协会第25届年会”并联合主办“美中创新创业与国际人才交流大会”】10月8日，李卓彬副主席带队出席在纽约举办的“科技创新创业与国际合作高峰论坛暨中国旅美科技协会第25届年会”并致辞。诺贝尔经济学奖获得者约瑟夫·斯蒂格利茨和“天使粒子”发现者、斯坦福大学教授张首晟院士作精彩演讲。赵红英部长在会上简要介绍了中国侨联的基本情况和主要职能。后在哥伦比亚大学与中国旅美科技协会联合主办“美中创新创业与国际人才交流大会”。其中安排了创业大赛和人才交流大会，让与会者有机会与峰瑞资本、Fusion Fund、松禾资本、海邦基金等对接；同时还有蚂蚁金服、南京江宁区专场招聘活动，以及中美基建合作论坛。来自江苏省产业技术研究院、烟台市、重庆两江新区、天津市滨海高新区、清华控股等国内地区和机构的嘉宾介绍了国内最新的创新创业环境与政策情况。会上进行了8个项目路演，并颁发了“第三届旅美科协创业大赛奖”。这是中国侨联首次受邀到海外出席科技人才社团的大会，也是中国侨联第一次作为主办方与海外新侨科技社团联合开展活动，标志着中国侨联“向海外拓展”“向新侨拓展”迈出了很大一步。

中国侨联副主席李卓彬在旅美科协第二十五届年会上致辞

【组织专家出席第六届海西国际新能源产业博览会暨高峰论坛】10月21日，中国侨联作为支持单位组织专家和新侨创新创业联盟成员出席第六届海西（厦门）国际新能源产业博览会暨高峰论坛，以及第二届海西（厦门）国际绿色节能环保产业博览会。中国侨联副

10月8日，中国侨联与中国旅美科技协会在哥伦比亚大学联合举办活动，前排右三为中国侨联副主席李卓彬，后排右一为中国侨联副秘书长、经济科技部部长赵红英

秘书长、经济科技部部长赵红英和14位来自新能源、新材料、节能环保、信息技术及智能制造等领域的中国侨联特聘专家出席活动。中国侨联新侨创新创业联盟执行理事长林东在博览会启动仪式致辞。

【举行“创业中华·智汇赣鄱——海内外特聘专家赣鄱行”活动】10月31日—11月1日，“创业中华·智汇赣鄱——海内外特聘专家赣鄱行”活动在江西南昌举行，中国侨联副主席康晓萍，江西省委常委、省政府常务副省长毛伟明出席并讲话。康晓萍副主席在讲话中表示，海内外特聘专家赣鄱行活动是中国侨联“创业中华”品牌活动之一，目的就是借助侨界资源，更好服务地方经济发展，为创新驱动献策助力，希望出席此次活动的专家学者展现出更多更高水平的成果，在交流考察中有所收获，共谋发展之策，共创发展之路。中国侨联特聘专家委员会、江西省侨联特聘专家，以及赣江新区、南昌高新技术产业开发区南昌小蓝经济技术开发区相关单位、企业和媒体记者、海内外代表共120多人出席活动。王执礼、王革、徐向英等三位中国侨联特聘专家分别做主旨演讲，并举行“创新汇侨智·科学话健康”——生物医药专场推介会，推动项目落地。

【支持举办湖南省第四届侨商侨智聚三湘活动】11月6日—8日，“创业中华·兴业湖南”——湖南省第四届侨商侨智聚三湘活动在湘潭举行。全国政协常委、中国侨联顾问王永乐，湖南省委常委、统战部部长黄兰香等出席活动。王永乐顾问在讲话中充分肯定了湖南侨联在招商引资引智、推进创新型湖南建设方面取得的成效，并希望当地继续巩固“创业中华”品牌活动，为企业引进来、走出去搭建好桥梁，为湖南改革发展引进更多优秀的海外人才。活动以“共促交流合作，助力开放崛起”为主题，吸引了来自美国、加拿大、英国、德国、法国、西班牙、俄罗斯等近30个国家和地区的100余名知名华商侨领、侨联特聘专家走进湘潭、了解湘潭，共商大计、共同合作、共谋发展。

【举办“创业中华·2017侨界精英创新创业峰会”】11月8日，由中国侨联、浙江省侨联、杭州市人民政府联合主办的“创业中华·2017侨界精英创新创业峰会”在杭州开幕，中国侨联副主席李卓彬，浙江省政协副主席、浙江省侨联主席吴晶，杭州市委副书记马晓晖等出席开幕式并致辞，来自世界各国的海外侨领、海外企业家、

11月8日，“创业中华·2017侨界精英创新创业峰会”在杭州举行，右三为中国侨联副主席李卓彬

中国侨联副秘书长、经济科技部部长赵红英（左三），中国侨联特聘专家委员会金融分委会主任马骏共同为中国侨联特聘专家委员会金融专业委员会杭州工作室揭牌

海外高层次人才、部分国际友好城市市长、世界500强企业、投资机构等200余人出席。峰会以“侨启新征程，助力建名城”为主题，通过形式多样、内容丰富的活动安排，精准对接项目、基金、资本、人才、技术等创新创业资源。开幕式上，杭州侨界海外创新创业中心、中国侨联特聘专家委员会金融专业委员会杭州工作室、“新侨创新创业基地（杭州）联盟”授牌成立。其间还举办了“创新未来·智荟名城”2017侨界精英创新创业国际（中国杭州）高峰论坛、中国侨联特聘专家委员会金融专业委员会项目资本对接会等活动。

【组团出访以色列、意大利】12月12日—19日，中国侨联副秘书长、经济科技部部长赵红英率团出访以色列、意大利，学习以色列创新经验，了解“一带一路”国家侨情，反映侨胞意见。访问期间，代表团以座谈会、项目对接、考察走访等形式联系和接触侨团40余个，出席活动7场，考察企业8家，在以色列首都特拉维夫召开“中国—以色列创新创业分享交流活动”，在意大利罗马召开“发挥侨的作用，推动‘一带一路’建设座谈会”。代表团广泛接触海外侨胞，宣讲党的十九大精神，介绍中国发展和侨联工作，了解当地创新创业发展状况和参与“一带一路”建设情况。此次出访在促进新侨创新创业工作、鼓励海内外侨胞参与“一带一路”建设、开展民间外交和联络侨胞感情等方面取得良好效果。

【召开中国侨联特聘专家委员会年会】12月7日，以“迈进新时代，展现新作为，共筑中国梦”为主题的2017年中国侨联特聘专家委员会年会在北京召开。中国侨联党组书记、主席、特聘专家委员会主任万立骏，中国侨联副主席李卓彬，中国侨联副秘书长、经济科技部部长赵红英，北京市侨联副主席苏泳，特聘专家委员会副主任李曙光、顾行发、王执礼、董志勇、高益槐、李乃胜等出席年会。近100位中国侨联特聘专家、部分2017年新聘专家、部分北京市侨联特聘专家等共130余人出席活动。年会上颁发了2017年建言献策奖，中国侨联办公厅秘书处处长宁一向专家们介绍了《中国侨联侨情专报》情况。参会的100余位专家分为五个讨论小组，围绕十九大报告、万立骏主席讲话精神及根据十九大报告内容设置的六个议题进行了

12月7日，特聘专家年会上，获得建言献策奖的专家上台领奖

12月7日，中国侨联主席、特聘专家委员会主任万立骏在特聘专家年会上作报告并讲话

热烈讨论。万立骏主席听取了部分小组的讨论。分组讨论后来自各专委会的8位代表进行了大会发言。

【召开中国侨联新侨人才工作座谈会】 12月29日，中国侨联新侨人才工作座谈会在北京召开。中国侨联党组书记、主席万立骏，中国侨联副主席、中央国家机关侨联主席邵旭军，部分中国侨联特聘专家，中科院专家，北京、山西、四川新侨人才代表以及高校侨联负责人共40余人参加座谈会。与会专家围绕新侨人才如何学习贯彻党的十九大精神，立足国内国外两个大局，在新时代更好发挥作用等话题做了发言。万立骏主席在讲话中指出，侨是一个特殊群体，见识多、视野宽、眼界高、爱国深、能力强。在工作中，应当树立“大侨务”观念，落实好“两个并重”“两个拓展”工作方针，研究新侨特点、创新工作方式、服务新侨需求，把广大新侨团结在侨联组织周围。他提出五点意见：一是深入学习贯彻十九大精神，用侨的语言将习近平新时代中国特色社会主义思想传递到侨胞之中；二是加强基础建设和组织建设；三是树立主人翁精神，不断思考问题，找准着力点、找到新抓手；四是发挥侨联自身优势，做好本职工作，做侨胞的贴心人和侨务

12月29日，万立骏主席出席新侨人才工作座谈会并讲话

工作实干家；五是不断加强新侨队伍自身建设，以感恩之心认识到责任和使命，自觉将所学回报国家，起到独特作用和模范带头作用，将个人梦想与中国梦有机结合起来。

2 月 2 日，中国侨联副主席李卓彬（左二）赴中科院动物研究所慰问周琪院士（右二）

【组织慰问侨界专家和新侨人才】农历春节前夕，根据中国侨联统一部署，中国侨联领导和经济科技部慰问了中国侨联特聘专家和部分在京新侨人才。2018 年 1 月 30 日，中国侨联党组书记、主席万立骏登门看望著名物理化学家、中国科学院院士张存浩，走访北京交通大学侨联，调研新侨企业诺亦腾科技有限公司，向他们致以诚挚问候，向广大归侨侨眷致以新春祝福。1 月 19 日和 2 月 2 日，中国侨联副主席李卓彬分别赴北京大学、中国科学院，看望慰问中国侨联特聘专家赵进东院士、赵宇亮院士、周琪院士和曹晓风院士，为他们送去新春的问候与祝福。2 月 1 日，中国侨联副秘书长、经济科技部部长赵红英借中国侨联特聘专家委员会 2018 年工作研讨会之际，代表中国侨联集体慰问了与会的部分在京特聘专家，向他们送上节日的问候与祝福。

2018 年 1 月 30 日，中国侨联主席万立骏（右一）登门看望著名物理化学家、中国科学院院士张存浩（右二）

2018 年 2 月 1 日，借中国侨联特聘专家委员会 2018 年工作研讨会之机，对部分在京特聘专家进行集体慰问

【支持地方侨联开展新侨创新创业工作】2017 年 7 月，辽宁省侨联成立新侨创新创业联盟，8 月，山西省侨联成立了新侨创新创业联盟，10 月，成立山西省海外留学人员创新创业协会，11 月，浙江省杭州市成立了“新侨创新创业基地（杭州）联盟”，中国侨联“侨创联

盟”积极支持，派员参加，并探讨合作机制。此外，还支持各地侨联开展新侨工作，联系海外留学归国人员，建立各类新侨组织，广泛团结新侨创新创业人士，壮大侨联组织力量。如支持宁波市侨联举办“甬港澳台暨海外青年华商创业创新合作论坛”，邀请中国侨联特聘专家、德国汉堡科学院院士、世界人工智能领域的权威专家张建伟出席论坛并发表主题演讲。11 月，深圳市侨联举办第六届中国（深圳）海归创业大会，天津举办“创业中华·双创黄埔”天津滨海高新区首届全国创新创业大赛，成都举办“创业中华·成都生物医药国际交流合作峰会”，昆明举办清华大学首届“一带一路”合作论坛暨第九届启迪创新论坛等活动，经济科技部均给予支持。

【命名 13 家中国侨联新侨创新创业基地】 2017 年，由赵红英部长带队，经济科技部有关同志分别赴江苏、浙江、四川、甘肃、重庆、河南、山东、北京等省市开展新侨工作调研，了解新侨创新创业中遇到的困难和问题及各地侨联在贯彻“两个拓展”工作方针方面取得的成就和经验。调查组还重点考察了申报中国侨联新侨创新创业示范基地的创业园和公司企业，并进一步强调创建基地的标准和条件。最终研究确定了优客工场（北京）创业投资有限公司、中关村科技园区海淀园创业服务中心、南京江宁经济技术开发区、百家汇精准医疗控股集团有限公司、杭州市下城区跨贸小镇、济南槐荫工业园区、烟台留学人员创业园区、西安留学人员创业园、西北工业大学中法并行工程联合实验室、洛阳国家大学科技园、郫县菁蓉镇、汇融创客广场、兰州留学人员创业园等 13 家单位为中国侨联新侨创新创业示范基地。目前基地总数已达到 19 家。

【面向基层开展新侨调研】 为深入贯彻习近平总书记关于群团改革和侨务工作的重要指示精神，落实“两个拓展”工作方针，更好服务国家创新驱动发展战略和人才强国战略，按照万立骏主席的指导要求，经济科技部开展了新侨调研工作，印发通知要求各地侨联结合本地实际，制定符合自身工作特点、切实可行的调研方案；加强与海外华侨华人社团、高校海外校友会、高端专业人士的联系，了解海外高层次人才分布情况，吸引更多“高精尖缺”海外专业人才和科研团队回国发展，撰写调研报告，为进一步开展新侨工作打下坚实基础。

【加强自身建设】 2017 年，经济科技部按要求组织支部党员认真学习十九大精神，并根据实际制定学习计划，采取领读与主题发言相结合、自学与集中学习相结合、开会讨论与网上交流相结合的互助学习方式，安排 6 位党员每人做一次主讲人领读宣讲；另外，倡导多读原著，原原本本地读，扎扎实实地看，力争将十九大精神学懂弄通做实；开展丰富多彩的党日活动；倡导结合侨联实际、结合经济科技工作，结合本人思想实际，活学活用，学以致用。开展党课教育，强化廉政风险，坚持“三会一课”制度，加强党支部的战斗堡垒作用，深刻学习领会习总书记有关经济、科技、人才、创新发展等方面的论述，不断增加理论水平和业务能力，在人手少、任务重的情况下，努力完成好各项任务。

文化交流部

【领导成员名单】

部　　长：刘　奇

副 部 长：邢砚庄（女）

【综述】2017 年，侨联文化宣传工作在坚持“两个并重”的同时，积极推进“两个拓展”，紧紧围绕党和国家中心工作，高举习近平新时代中国特色社会主义思想伟大旗帜，更加注重意识形态的引领，更加注重新理念新思想新战略的宣传，进一步构建大文化、大外宣工作格局，突出主题、整体推进、统筹兼顾、求实创新，大幅提升“亲情中华”主题活动的影响力，有力推动海外华文教育的开展，继续支持地方侨联“走出去”，各项工作取得重要进展，呈现出系统联动、稳中有进、平稳发展的良好态势。

【组派“亲情中华”艺术团开展海外巡演】2017 年，中国侨联共组派 6 个“亲情中华”艺术团赴美国、加拿大、澳大利亚、新西兰、斐济、汤加、捷克、斯洛伐克、匈牙利、斯洛文尼亚、葡萄牙、奥地利、意大利和中国台湾等 14 个国家和地区的 35 个城市演出 36 场；同时与北京、四川、安徽、陕西、贵州、广东省广州市、广东省惠州市、新疆维吾尔自治区克拉玛依市、云南省西双版纳州等地方侨联联合组派 9 个艺术团赴海外 18 个国家和地区的 26 个城市演出 38 场。1 月 3 日—19 日，应加拿大蒙特利尔华人联合总会、魁北克华裔音乐家协会、蒙特利尔华商会、加中文化发展协会、纽约中国和平统一促进会、美国佛州华侨华人联合会、坦帕湾华人协会、佛州中华文化中心、亚特兰大中华专业人士协会、亚特兰大中国商会的邀请，以中国侨联文化交流部部长刘奇为团长，由中国侨联组派的“亲情中华”艺术团一行 27 人，赴加拿大蒙特利尔、多伦多，美国纽约、迈阿密、坦帕、亚特兰大举行 6 场正式演出和多场联欢活动，共有近万人观看了演出。2 月 2 日—19 日，应葡萄牙中华总商会、葡萄牙中国侨商会、奥地利中国和平统一促进会、意大利西部六省一市华侨华人联谊会、旅意北部青田同乡会、意大利青田同乡总会、西西里华人华侨联谊会邀请，以中国侨联文化交流部副部长邢砚庄为团长，由中国侨联组派的“亲情中华”艺术团赴葡萄牙里斯本，奥地利维也纳，意大利雷焦艾米利亚、恩波里、罗马、卡塔尼亚举行 7 场正式演出和多场文化交流活动。7 月 12 日—27 日，以中国侨联文化交流部

1 月 15 日，中国侨联“亲情中华”艺术团在美国坦帕演出谢幕合影

综合

7 月 28 日，刘奇部长率“亲情中华”全体演职人员拜会中国驻澳大利亚大使馆

副部长邢砚庄为团长，由中国广播艺术团、全国总工会文工团、中国东方歌舞团、中国杂技团、北京歌剧舞剧院演员组成的“亲情中华·筑梦丝路”艺术团一行25 人在捷克布拉格、斯洛伐克布拉迪斯拉发、匈牙利布达佩斯、斯洛文尼亚卢布尔雅那、意大利维罗纳、波尔查诺举办了 7 场演出和多场联欢活动。7 月 23 日—8 月 10 日，以中国侨联文化交流部部长刘奇为团长，由浙江小百花越剧团担纲组成的“亲情中华”艺术团一行 29 人，赴澳大利亚、新西兰、汤加举行“亲情中华·越洋之约”演出活动，分别在珀斯、悉尼、堪培拉、墨尔本、奥克兰、惠灵顿、努库阿洛法共 7 个城市举行了 7 场大型演出，并拜会中国驻珀斯总领馆、中国驻澳大利亚大使馆、中国驻墨尔本总领馆、中国驻新西兰大使馆、中国驻奥克兰总领馆、中国驻汤加大使馆。9 月 9 日—25 日，应加拿大温哥华中华会馆、加拿大洪门达权总社、美国华人联合总会、美国南加州经贸文化协会、圣路易现代中文学校、美国华人专业团体联合会的邀请，

中国侨联“亲情中华”艺术团在意大利波尔查诺演出谢幕合影

7 月 24 日，中国侨联“亲情中华”艺术团在澳大利亚珀斯演出谢幕合影

7 月 29 日，“亲情中华”艺术团在新西兰惠灵顿演出谢幕合影

9月10日，中国侨联“亲情中华”艺术团在加拿大温哥华演出谢幕合影

9月17日，中国侨联“亲情中华”艺术团在美国尔湾演出谢幕合影

9月20日，“亲情中华”艺术团为侨胞表演杂技《俏花旦——抖空竹》

以中国侨联文化交流部副部长邢砚庄为团长，中国侨联“亲情中华”艺术团赴加拿大温哥华、维多利亚，美国洛杉矶、尔湾、圣路易斯、华盛顿等地举办了6场慰问演出和相关的文化交流活动。此次巡演取得圆满成功，各方高度评价。10月30日—11月9日，由中国侨联、山西省侨联、晋城市人民政府共同组派的“亲情中华”艺术团，一行60人，历时11天，在桃园、新北、嘉义、花莲、彰化举办5场演出，同时举办了以“炎帝文化研讨”为主要内容的多场文化交流活动。该团组由中国侨联文化交流部部长刘奇担任团长。整台晚会融合了舞蹈、声乐、戏曲、杂技、诗朗诵等多种艺术形式，演职人员来自山西华晋舞剧团、国家京剧院、国家话剧院、中央民族乐团、全总文工团、中国铁路文工团、浙江小百花越剧团、河南豫剧院、山西晋城上党梆子剧院等，5场演出累计观众达到6000多人。新华社、《人民日报·海外版》、人民网、新华网、中国新闻网、台湾中评社、台湾《更生日报》等对此次巡演及文化交流活动进行了报道。1月27日—30日，由中国侨联、云南省西双版纳州侨联联合组派“亲情中华”艺术团赴缅甸仰光举办4场“亲情中华·欢聚仰光”慰问演出，为缅甸民众献上了一台精彩纷呈、年味十足的文艺节目。艺术团一行30人，由西双版纳州侨联主席陈卫东担任团长。1月27日—2月7日，由中国侨联、北京市侨联联合组派“亲情中华”艺术团一行23人，赴巴拿马巴拿马城、阿根廷布宜诺斯艾利斯举办了4场“亲情中华·北京情思”慰问演出。艺术团由北京市侨联副主席马坚任团长，来自中国杂技团、北京歌剧舞剧院、北京民族乐团、国家京剧院、北京风雷京剧团等剧团的演员全身心投入演出，精彩展现艺术水准，为现场观众呈现了一场中华文化表演艺术盛宴。2月14日—20日，由中国侨联、广东省惠州市侨联联合组派“亲情中华”艺术团一行20人，赴马来

西亚关丹市、文冬市、淡马鲁举办了3场慰问演出。艺术团由惠州市侨联副调研员李世杰任团长。6月17日—28日，由中国侨联、四川省侨联联合组派“亲情中华”艺术团一行24人，赴德国法兰克福、卡塞尔，荷兰鹿特丹，西班牙马德里举办了4场慰问演出。艺术团由四川省侨联副秘书长杨凡任团长，来自中国煤矿文工团、中国和谐艺术团、成都艺术剧院、成都市非物质文化遗产保护中心的演员为海外观众奉献了一台包括舞蹈、歌曲、杂技、川剧、木偶、手影等内容丰富、精彩纷呈的艺术盛宴。9月27日—10月7日，由中国侨联、广东省广州市侨联联合组派“亲情中华”艺术团一行17人赴肯尼亚内罗毕、卢旺达基加利、南非约翰内斯堡、开普敦进行8场巡演及交流活动，奉献了一场又一场既有浓郁的中华传统文化元素的“中国范”，又充满广东岭南风情的精彩视听艺术盛宴，使观众领略到中华传统文化的博大精深，零距离感触岭南艺术的风情与神韵。广东省侨联兼职副主席、广州市侨联主席梁瑞冰担任团长。7月31日—8月3日，由中国侨联、新疆维吾尔自治区克拉玛依市侨联联合组派“亲情中华”艺术团一行24人，赴蒙古乌兰巴托演出3场；8月10日—14日，赴俄罗斯新西伯利亚州伊斯基季姆市、别尔兹克市举办了4场慰问演出。艺术团由克拉玛依市政协主席包尔汉·卡哈尔任团长。10月3日—12日，由中国侨联、安徽省侨联联合组派“亲情中华·美好安徽”艺术团一行14人赴美国休斯敦、大纽约地区、日本东京和新加坡举办了4场慰问演出和文化交流活动。节目内容丰富多彩，形式多样，充分展示了安徽特色文化艺术形式的独特魅力。底蕴深厚的中华文化和徽文化，受到海外侨胞和国际友人的广泛喜爱。艺术团由安徽省侨联党组成员、副主席兼秘书长杨冰担任团长。11月16日—23日，由中国侨联、陕西省侨联联合组派的“亲情中华·魅力陕西”艺术团一行19人，赴澳大利亚悉尼、新西兰奥克兰共举办了4场慰问演出和文化交流活动。陕西省侨联党组成员、秘书长尚小红担任团长，为共计2700余名当地侨胞和国际友人奉献了一台高水准的演出。11月18日—28日，由中国侨联、贵州省侨联联合组派的“亲情中华·多彩贵州”艺术团一行18人，赴巴西圣保罗、智利圣地亚哥、阿根廷胡胡伊省举办3场慰问演出和文化交流活动。演出不仅有原汁原味传统的苗族舞蹈、绝技表演，还有国家级非物质文化遗产的艺术表演，精彩的演出送上激情四射的视听盛宴，让当地侨胞和国际友人领略了贵州的多元民族文化。艺术团由贵州省侨联主席吕虹担任团长。

刘奇部长率“亲情中华”艺术团演职人员拜访中国驻俄罗斯大使馆

8月3日，“亲情中华”艺术团在新西兰奥克兰表演越剧折子戏《何文秀算命》

【开展“亲情中华·走进侨乡”活动】 2017年，组派“亲情中华·走进侨乡”艺术团赴上海、安徽、吉林、辽宁、陕西、广西、福建、湖南、贵州等9个省（区、市）的17个市区县及大学校园演出17场，观众累计达2万余人。2月5日，由中国侨联、吉林省侨联、公主岭市委、公主岭市政府主办的“亲情中华·欢聚公主岭”文艺晚会在国文报告厅精彩上演。中国侨联文化交流部部长刘奇同当地党委、政府主要领导和有关部门负责同志出席并观看了演出。2月6日晚，由中国侨联、吉林省侨联、中共通化市委、通化市人民政府主办的“亲情中华·欢聚通化”文艺晚会在通化市广电艺术剧院上演。中国侨联文化交流部部长刘奇，当地党委、政府主要领导和有关部门负责同志与驻通部队指战员、武警官兵和公安干警及广大归侨侨眷、海外侨胞和通化市的父老乡亲共同观看了演出。2月7日晚，由中国侨联、湖南省侨联、湘潭市人民政府主办的“亲情中华·欢聚常德”大型文艺晚会在常德市文化馆倾情上演。中国侨联副主席康晓萍与当地党委、政府主要领导和有关部门负责同志出席并观看演出。2月8日，由中国侨联、辽宁省侨联、丹东市委、丹东市人民政府主办的“亲情中华·欢聚丹东”文艺演出在丹东市文化宫精彩上演，受到各级领导和广大归侨侨眷的高度赞赏。中国侨联文化交流部部长刘奇，当地党委、政府主要领导和有关部门负责同志与海外侨胞、归侨侨眷600余人共同观看了演出。2月8日至9日，“亲情中华·欢聚龙岩”慰问演出在龙岩市、武平县上演。中国侨联顾问唐闻生，当地党委、政府主要领导和有关部门负责同志和回乡过年的龙岩籍海外侨胞、当地归侨侨眷及社会各界人士等1000余人共同观看了演出。武平县电视台对演出进行了现场直播。2月9日，由中国侨联、贵州省委统战部、贵州省侨联主办的“亲情中华·欢聚凯里”大型文艺晚会倾情上演。中国侨联副主席康晓萍，当地党委、政府主要领导和有关部门负责同志与归侨侨眷、回乡探亲的海外侨胞共同观看演出。2月10日，由中国侨联、辽宁省侨联主办的“亲情中华·欢聚沈阳”慰问演出在盛京剧院精彩上演。中国侨联文化交流部部长刘奇，当地党委、政府主要领导和有关部门负责同志与海外侨胞、归侨侨眷600余人共同观看了演出。2月10日，由中国侨联、贵州省委统战部、贵州省侨联主办的“亲情中华·欢聚都匀”大型文艺演出倾情上演。中国侨联副主席康晓萍，当地党委、政府主要领导和有关部门负责同志出席活动，同黔南州归侨侨眷、回乡探亲的海外侨胞及当地群众1400余人观看了演出。2月11日—12日，由中国侨联、上海市侨联共同举办的“亲情中华·欢聚上海”慰问演出在上海城市剧院、上海东方艺术中心歌剧厅分别上演。中国侨联顾问唐闻生，中国侨联副主席，上海市侨联党组书记、主席沈敏，中国侨联文化交流部部长刘奇，当地党委、政府主要领导、有关部门负责同志和市级以上侨界先进个人（集体）的代表和侨界人士近千人欢聚一堂，共同观看演出，欢度元宵佳节。2月17日，由中国侨联、中国科学技术大学以及安徽省侨联共同主办的“亲情中华·欢聚中国科大”慰问演出在中国科学技术大学大礼堂上演。中国侨联顾问唐闻生，中国科学技术大学有关领导同志，当地党委、政府主要领导，有关部门负责同志与安徽籍海外侨胞、当地归侨侨眷及社会各界人士欢聚一堂，共同观看了演出。2月19日，由中国侨联、安徽省侨联、中共滁州市委、滁州市人民政府共同主办的“亲情中

2月11日，“亲情中华”走进侨乡活动在上海浦东演出谢幕合影

华·欢聚滁州”慰问演出隆重上演。中国侨联顾问唐闻生，当地党委、政府主要领导和有关部门负责同志出席活动。

【组派“亲情中华”特色团组开展中外文化交流活动】2017年中国侨联与地方侨联联合组派“亲情中华”中医团1个，赴德国和捷克的4座城市开展义诊和中医讲座；联合组派“亲情中华”中餐厨艺团1个，赴巴西圣保罗、里约热内卢、伊瓜苏和秘鲁利马开展了以“亲情中华·味道浙江”为主题的厨艺培训、烹饪表演和美食品鉴等交流活动；联合组派“亲情中华”书法展示团组1个，赴英国伦敦举办“亲情中华·谢佳华汉画拓片题跋书法作品展”；联合组派“亲情中华”漆画展示团组1个，赴澳门举办“亲情中华·江西漆画艺术精品”展览。3月5日—14日，中国侨联、广东省汕头市侨联联合组派“亲情中华”团组赴英国举办文化交流活动。广东省汕头市潮侨文化交流促进会会长蔡元佳任团长，访问团一行5人，赴英国伦敦举办了4场“亲情中华·谢佳华汉画拓片题跋书法作品展”。其间，除了在南岸大学孔子学院举办书法作品展外，还举行了《作品集》首发式，访问英国著名汉学家，举办了笔会交流、书法讲座等活动。6月8日至17日，中国侨联、江西省侨联联合组派“亲情中华”团组赴澳门举办“亲情中华·江西漆画艺术精品”活动。由江西省侨联副主席王强担任团长，一行7人赴澳门举办了4场“亲情中华·江西漆画艺术精品”展览。此次漆画展题材多样、技艺精湛、制作精美，让澳门同胞欣赏到了富有美感的江西漆画精品。通过漆画展览，进一步推动了赣澳两地文化交流。7月25日—8月4日，中国侨联、浙江省侨联联合组派“亲情中华”厨师团赴巴西、秘鲁开展厨艺交流活动。由浙江省侨联副主席张维仁任团长，一行5人赴巴西圣保罗、里约热内卢、伊瓜苏，秘鲁利马开展了以“亲情中华·味道浙江”为主题的厨艺培训、烹饪表演和美食品鉴等交流活动，受到当地侨界群众的热烈欢迎。11月22日—29日，中国侨联、江苏省侨联联合组派“亲情中华”中医团赴德国、捷克开展中医咨询义诊活动。江苏省侨联“亲情中华”中医团由省侨联副主席宫琳担任团长，一行7人，赴德国法兰克福、柏林、德累斯顿，捷克布拉格举办学术交流和面向侨胞及当地中资机构人员的咨询义诊活动。9月11日，由中国侨联、安徽省委宣传部、安徽省委统战部、安徽省侨联主办，安徽演艺集团承办的“亲情中华·美好安徽”——安徽省侨界喜迎党的十九大文艺演出在安徽大剧院精彩上演。中国侨联副主席乔卫，安徽省人大常委会副主任王翠凤，省政府副省长张曙光，省政协党组副书记、副主席张学平，中国侨联文化交流部部长刘奇，安徽省侨联主席吴向明等出席活动。“2017年海外侨胞故乡行”全体嘉宾、省侨联委员、归侨侨眷、侨资侨属企业、侨界科技工作者、各级侨联干部及社会各界代表1500余人观看演出。9月29日，为迎接党的十九大胜利召开，庆祝新中国成立68周年，“亲情中华·重温经典”朗诵音乐会在朝阳剧场拉开帷幕。此次活动由中国侨联文化交流部、北京市侨联、中共朝阳区委统战部作为指导单位，朝阳区侨联和朝阳区政协港澳台侨委员会共同主办。中国侨联顾问林兆枢、中国侨联副主席康晓萍、中国侨联顾问唐闻生、中国侨联副主席李昭玲出席。来自朝阳区相关部门、友好侨团、归侨侨眷、海外侨胞、侨界友人等1000多名观众观看了朗诵音乐会。

【召开全国侨联文化宣传工作会议】3月21日，2017年全国侨联系统文化宣传工作会议在北京召开。中国侨联副主席康晓萍出席会议并讲话，中国侨联副秘书长、经济科技部部长赵红英

3月21日，召开2017年全国侨联文化宣传工作会议

及各省区市、中直机关、中央国家机关、中央企业和新疆生产建设兵团、副省级城市侨联领导和侨联文化宣传工作负责同志，部分地市侨联领导，中国侨联各部门各单位负责同志，以及首都部分新闻媒体代表120余人参加了会议。中国侨联文化交流部部长刘奇主持会议并作了会议总结。中国侨联文化交流部副部长邢砚庄在会上传达了全国侨联宣传部长会议精神。

【举办第十八届世界华人学生作文大赛颁奖典礼】7月29日，由中国侨联、全国台联、《人民日报·海外版》、中国国际广播电台和《快乐作文》杂志联合主办的第十八届世界华人学生作文大赛颁奖典礼在北京举行，中国侨联副主席康晓萍出席并讲话。本次大赛共吸引了来自22个国家和地区的700多万名学生参加，15篇佳作荣获特等奖，8800份优秀学生作品荣获一、二、三等奖，8700名教师获得辅导奖，500个单位获得组织奖。

【举办"亲情中华"夏令营和"亲情中华·汉语桥"夏令营】2017年3月至10月间，共有来自美国、加拿大、法国、意大利、葡萄牙、新西兰、希腊、西班牙、日本、德国、奥地利、泰国、新加坡、澳大利亚、英国、巴西、老挝、缅甸、马来西亚、瑞典、丹麦、刚果·金、荷兰、印度尼西亚、摩洛哥、比利时、阿联酋、科威特、捷克、几内亚比绍、菲律宾、南非等35个国家和地区的2072名华裔青少年参加了18个省（市）侨联组织的53个班次的夏令营活动。参与承（协）办的单位超过110家（18家省级侨联为主要承办方，57家市、区、县级侨联和28家高校、中学参与承办，另有协办单位10余家）。较2016年，营员总数增加473人，同比增长29%；班次增加8个，同比增长17%；主要承办单位省级侨联增加3家，同比增长25%；承（协）办单位增加20家，同比增长22%。3月12日，由中国侨联主办，广东省侨联、江门市侨联联合承办的2017年"亲情中华·广东江门夏令营"在广东省江门市中加柏仁学校举行，来自泰国的25名营员到中国侨都江门体会侨乡生活，度过了为期14天的夏令营之旅。5月15日，2017年"亲情中华"夏令营福建三明营开营。此次夏令营由中国侨联主办，福建省侨联、三明市侨联承办，三明侨报社、旅菲各校友会联合会、菲律宾校友联总商会协办，来自菲律宾的73名华裔青少年回到客家祖地三明参加为期10天的活动。5月26日，"亲情中华"夏令

中国侨联"亲情中华"艺术团在丹麦哥本哈根演出谢幕合影

营辽宁营开营。此次夏令营由中国侨联主办，辽宁侨联承办，辽宁省华侨经济文化促进中心、辽宁大学、大连市侨联、大连海事大学、沈阳师范大学、华商晨报社协办，来自马来西亚、澳洲、比利时、西班牙、瑞典、新西兰等国的 212 名海外华裔青少年在辽宁分期完成了 6 个班次、累计 77 天的学习。6 月 10 日，由中国侨联主办，云南省侨联、曲靖市侨联承办的 2017“亲情中华·魅力曲靖”夏令营开营仪式在曲靖师范学院内举行，来自新加坡的 20 位营员参营。6 月 16 日，由中国侨联主办，福建省侨联、莆田市侨联承办，印尼雅加达兴安会馆协办的 2017 年“亲情中华”夏令营福建莆田营开营。71 名印尼兴安后裔在莆田学习体验中华传统文化，感受祖辈生活过的兴化大地风土人情。2017 年“亲情中华”夏令营北京营、北京朝阳营、北京丰台营、北京海淀营分别于 7 月 9 日—22 日、7 月 3 日—16 日、7 月 8 日—21 日、7 月 31 日—8 月 13 日在京举行。来自美国、加拿大、马来西亚、比利时、澳大利亚等国家的 165 名营员欢聚一堂，度过了愉快而有意义的 14 天。7 月 4 日，“亲情中华”夏令营陕西营开营。此次夏令营由中国侨联主办，陕西省侨联承办，西北工业大学、宝鸡市侨联、渭南市侨联协办，来自美国、英国、加拿大、澳大利亚、丹麦、日本、新加坡、摩洛哥和中国香港等国家和地区的 160 名海外华裔青少年，在陕西分期利用 14 天的时间学汉语、学国学、体验中国文化、参观人文景观。7 月 4 日，由中国侨联主办，四川省侨联与国家开放大学华侨学院联合承办的“亲情中华·学汉语·看四川”夏令营在成都正式开营。来自捷克布拉格中华国际学校的师生 80 人和四川省侨联开展精准扶贫工作的古蔺县永乐镇的优秀贫困学生参加了为期 10 天的夏令营活动。7 月 5 日，由中国侨联主办，江苏省侨联和南通市侨联承办，南通市长河青少年文化交流中心、文容国际文化中心和江苏工程职业技术学院协办的 2017“亲情中华”江苏南通夏令营开营，来自瑞典、西班牙和意大利等国的 32 名海外华裔青少年参加了为期 14 天的活动。7 月 6 日，“亲情中华”夏令营上海市徐汇营在沪举办。夏令营由中国侨联主办，上海市侨联、上海市徐汇区侨联、上海中智国际教育培训中心承办，上海师范大学侨联协办。来自美国、中国、加拿大、新加坡、澳大利亚、新西兰等 9 个国家的 40 名华裔青少年参加活动。7 月 7 日，由中国侨联主办，湖北省侨联和武汉市、荆州市、宜昌市侨联共同承办的 2017“亲情中华·荆楚行”夏令营在湖北武汉开营。来自美国、加拿大、法国、德国等国家和地区的 45 名海外师生参加了为期 12 天的活动。7 月 8 日，“亲情中华”夏令营安徽省黄山市歙县营开营。此次夏令营由中国侨联主办，安徽省侨联、黄山市侨联、歙县

7 月 4 日，“亲情中华”北京朝阳区夏令营开营仪式合影

侨联承办，歙县育鸿学校协办，来自新西兰、意大利、刚果·金等3个国家的40名华裔青少年参加了为期14天的活动。7月9日，“亲情中华”湖南夏令营开营，湖南省人大常委会副主任王柯敏出席并讲话。此次夏令营由中国侨联主办，湖南省侨联承办，长沙市侨联、郴州市侨联、衡阳市侨联、湘潭市侨联协办，来自美国、加拿大、英国、澳大利亚、老挝、中国澳门等14个国家和地区的95名华裔学生和10名海外领队参加了为期14天的活动。7月12日—8月17日，“亲情中华·汉语桥”夏令营浙江营活动在宁波，温州瓯海区、文成县，丽水青田县4个地市举办，来自美国、加拿大、西班牙、新加坡、法国、意大利、荷兰、希腊、德国、葡萄牙、奥地利、比利时、巴西、丹麦、日本、几内亚比绍、捷克等17个国家的260名华裔青少年参加。此次夏令营活动由中国侨联和国家汉办主办，浙江省侨联、宁波市侨联、鄞州区侨联、温州市侨联、瓯海区侨联、文成县侨联、丽水市侨联、青田县侨联联合承办，宁波鄞州中学、仙岩街道侨联、仙岩第一小学、玉壶镇侨联、文成县玉壶镇中心小学、青田江南实验学校联合协办。7月14日，由中国侨联主办，江苏省侨联、无锡市侨联承办，江阴市侨联、江阴市天华艺术学校协办的“亲情中华”夏令营江苏无锡营在江阴市天华艺术学校开营，50位来自美国、加拿大等国家和地区的华裔青少年在江阴展开为期2周的文化之旅、寻根之旅。7月15日，“亲情中华·多彩贵州”六盘水夏令营开营，此次夏令营由中国侨联主办，贵州省侨联、六盘水市侨联承办，来自西班牙、南非、美国的25名海外华裔青少年和海外领队参加了为期14天的活动。7月16日，由中国侨联主办，河北省侨联承办，河北大学对外交流与教育学院、保定市侨联、张家口市侨联协办的“亲情中华”夏令营河北营在河北大学国际交流中心举办开营仪式，来自英国、德国和巴西海外华裔青少年24人参加夏令营。营员在保定、张家口市开展了为期14天的学习、交流和参观活动。7月17日，“亲情中华”夏令营广西南宁营开营。此次夏令营由中国侨联主办，广西侨联承办，加拿大广西总商会、温哥华广西同乡会、泰国广西同乡会、南宁市侨联、百色市侨联、钦州市侨联、广西华侨学校协办，来自加拿大、泰国的120名华裔青少年在广西分期利用14天的时间，学习汉语、中国书法、中华武术、民间艺术手工、传统民族舞蹈，参观了人文景观、体验民俗生活。7月22日，由中国侨联主办，山西省侨联、运城市侨联承办，小学生拼音报社协办的“亲情中华”夏令营在山西省运城市举办。来自英国、日本、美国、科威特、澳大利亚等国家的28名海外华裔青少年和海外领队参营。7月25日，“亲情中华”夏令营山东营开营，此次夏令营由中国侨联主办，山东省侨联、枣庄市侨联、德州市侨联承办，枣庄市立新小学、德州市青少年宫协办，来自荷兰、意大利、日本等国的40名华裔青少年参营。8月8日，由中国侨联主办，安徽省侨联和有关市侨联、营地所在学校等联合承办的“亲情中华·美好安徽”巢湖营、青阳营、六安营、绩溪营四个营集中开营仪式在合肥举行，来自加拿大、日本、泰国、意大利、西班牙、阿联酋等国家和地区的115名华裔青少年学生集聚安徽。8月9日，由中国侨联主办，云南省侨联、普洱市侨联承办，江城县侨联、教育局、一中、职中协办的“亲情中华”夏令营普洱江城营开营。来自老挝乌多姆赛省寮北华文学校和丰沙里省班迈完中的75名青少年学生和领队教师参加了为期14天的夏令营活动。8月15日，“亲情中华”夏令营腾冲营开营，夏令营由中国侨联主办，云南省侨联、保山市侨联承办，腾冲市民族中学、腾冲市益群中学协办。此次夏令营邀请缅甸昔董华兴学校35名师生到腾冲开展活动。8月16日，“亲情中华”台湾青年学生（上海）夏令营在沪举办。本次夏令营由中国侨联主办，上海市侨联、中国青年大陆研究文教基金会承办，上海市人民政府台湾事务办公室指导，上海大学、上海市嘉定区侨联、上海市宝山区侨联、（基金会）新北市、台中市团委会协办，来自台湾近60所高校的80名师生参营。8月18日下午，由中国侨联主办，云南省侨联、保山市侨联、隆阳区侨联承办的“亲情中华”夏令营保山营在保山市博物馆开营。来自缅甸和平新村学校的42名师生参加了夏令营活动。8月21日，由中国侨联主办，云南省侨联、文山州侨联承办，文山州卫校协办的为期11天的“亲情中华·神奇文山”夏令营在文山州卫生学校开营。35名来自缅甸掸北木姐华侨学校的华裔青少年来到文山感受中华情愫和桑梓情怀。9月17日，由中国侨联主办，云南省侨联、德宏州侨联承办，盈江县侨联协办的“亲情中华”夏令营盈江营开营。来自缅甸木姐地区华校的35名营员参营。9月18日，云南德宏州迎来了来自缅北、密支那地区的40名华裔青少年，参加了为期14天的“亲情中华·孔雀之乡——德宏夏令营”活动。10月11日，由中国侨联主办，湖北省侨联、武汉市侨联、荆州市侨联、宜昌市侨联、泰国中华会馆承办的“亲情中华·荆楚行”夏令营（泰国营）在湖北武汉开营。来自泰国的12名华裔青少年在12天时间里学习体验中华传统文化。

【举办黄大年同志先进事迹报告会】5月25日，由中国侨联主办的黄大年同志先进事迹报告会在北京会议中心举行。中国侨联主席林军出席会议并讲话，吉林大学侨联副主席任波、吉林大学地球探测科学与技术学院教授于平、黄大年生前工作秘书王郁涵、黄大年生前培养的博士研究生乔中坤分别结合他们与黄大年共事相处的经历，作先进事迹报告。中国侨联副主席李卓彬、康晓萍及来自首都各区县的归侨侨眷、学生代表、新闻媒体记者约2000人参加了报告会。

【举办海外华文媒体侨乡采风活动】9月21日至27日，来自14个国家和地区的30位海外华文媒体记者及《人民日报》、人民网记者，在文化交流部部长刘奇率领下，赴内蒙古开展“亲情中华·海外华文媒体采风活动”，依次走访呼和浩特、呼伦贝尔、额尔古纳、满洲里等地，记者团深入基层一线，先后参观考察了伊利集团、内蒙古展览馆、呼伦贝尔博物院、儿童福利院和老年公寓、海拉尔实验高中“珍珠班”、巴音哈达文化区、额尔古纳民族博物馆和满洲里国门，观看了内蒙古自治区成立70周年成就展，与自治区各有关部门、海拉尔实验高中“珍珠班”的师生们进行了座谈交流，聚焦内蒙古诸城市的改革发展实践，从不同视角关注内蒙古新变化、了解内蒙古各民族的新生活。海外华文媒体记者发布稿件上百篇，引起海外侨胞的广泛关注。

【认定中国华侨国际文化交流基地】2017年，全国共有53家文化单位和机构先后被认定为中国华侨国际文化交流基地，分别是陕西省铜川市陕甘边革命根据地照金纪念馆、陕西省汉中市勉县三国·诸葛古镇（西汉三遗址、龙岗等文化园区）、陕西省渭南市文化艺术中心、陕西省汉中市城固县张骞纪念馆、陕西省丹凤县商於古道文化景区、陕西省榆林市石峁遗址管理处、河南省开封市朱仙镇启封故园、河南省鹤壁市云梦山文化园、河南省固始县固始根亲文化园、河南省永城市淮海战役陈官庄纪念馆、河南省桐柏县淮河源文化陈列馆、河北省唐山市地震遗址纪念公园、河北省平山县李家庄中央统战部旧址、河北省承德市避暑山庄、河北省乐亭县李大钊纪念馆、山东省郓城县宋江武术学校、甘肃省天水市伏羲庙、甘肃省敦煌市敦煌莫高窟、甘肃省陇西县李氏宗祠、湖北省荆州市关羽祠、湖北省襄阳市襄阳古隆中、广西南宁市昆仑关战役旧址博物馆、广西钦州市冯子材旧居、广西钦州市刘永福故居、广东东莞市凤岗镇、广东吴川市粤剧南派

5月25日，举办黄大年同志先进事迹报告会

艺术传承中心、吉林四平市四平战役纪念馆、吉林延吉市延边博物馆、北京首都经贸大学华侨学院、福建福州市侨批文化研究中心、福建南安市诗山凤山祖庙、福建漳州市林语堂纪念馆、福建龙岩市胡文虎纪念馆、福建厦门市青礁慈济祖宫、贵州贵阳市五彩黔艺民族服饰博物馆、贵州余庆县大乌江镇红渡村、贵州贵定县金海雪山文化区、贵州六盘水市三线建设博物馆、山西晋中市平遥古城、山西长治市太行文化区、山西太原市青龙古镇、山西高平市神农炎帝文化区、安徽黄山市徽州古城、安徽亳州市亳州古城、安徽淮南市寿县古城、安徽宣城市中国宣纸文化园、安徽滁州市醉翁亭文化园、江苏盐城市中国海盐博物馆、江苏南京市求雨山文化名人纪念馆、江苏如皋市李昌钰刑侦科学博物馆、山东日照市大青山文化旅游区、山东德州市苏禄文化博物馆、山东滕州市鲁班纪念馆、山东东营市孙子文化园。截至 2017 年 12 月，全国共有 164 家文化单位和机构被认定为中国华侨国际文化交流基地。为宣传和推广国际文化交流基地，文化交流部还专门编撰出版了《中国华侨国际文化交流基地故事》丛书（一、二）。

【支持举办丁酉年清明公祭轩辕黄帝典礼系列活动】4 月 4 日，中国侨联副主席康晓萍出席丁酉年清明公祭轩辕黄帝典礼，并代表人民团体敬献花篮。来自世界各地的 40 余名中国华侨国际文化交流促进会理事也受邀参加了活动。典礼结束后，中国侨联、中共西安市委、西安市政府共同举办了海外侨胞把脉陕西西安文化旅游座谈会，中国侨联文化交流部部长刘奇，西安市委、市政府和有关部门负责同志，中国华侨国际文化交流促进会理事参加座谈。4 月 5 日—6 日，中国侨联副主席康晓萍来到汉中市勉县和城固县，为中国华侨国际文化交流基地——诸葛古镇、张骞纪念馆揭牌。40 多名文促会理事和海外嘉宾在张骞纪念馆共同种下“侨心树”，建设“侨心林”，随后出席在陕西理工大学学术报告厅举办的“张骞与丝绸之路”文化讲座。活动期间，还举办了“亲情中华·筑梦丝路”文艺演出，陕西省归侨侨眷代表等近千人观看演出。

【举办“和你一起读世界”世界读书日朗诵会】4 月 22 日，为迎接世界读书日的到来，由中国侨联主办的“和你一起读世界”世界读书日朗诵会在人民大会堂万人大礼堂举行。全国人大原副委员长彭佩云，中国侨联主席林军、副主席康晓萍等出席朗诵会现场。朗诵会演出嘉宾涵盖了包括殷之光、陈铎、方明、瞿弦和、王刚等在内的中国朗诵界老中青三代翘楚及众多演艺界知名人士，北京交响乐团担纲现场配乐，著名主持人王小丫、赵普主持。6000 余位现场观众和 15 万在线网友共同欣赏了这场声音盛宴。全国性主流媒体、200 余家门户网站对朗诵会进行了报道和宣传。中国侨联副秘书长兼经济科技部部长赵红英、中国侨联文化交流部部长刘奇、副部长邢砚庄及中国侨联机关、企事业单位的代表同志出席活动。

【举办“亲情中华·文化讲堂”活动】3 月 2 日—3 日，“亲情中华·文化讲堂”——阿紫诗歌朗诵会走进校园活动分别在湖北荆州中学和浙川绵阳北川中学举行，中国侨联文化交流部部长刘奇，上千名学生及当地党委、政府主要领导和有关部门负责同志出席活动。3 月 27 日，由中国侨联主办的“亲情中华·文化讲堂”诗歌朗诵会，在北京八中怡海分校举行。中国侨联副主席康晓萍，中国

4 月 22 日，中国侨联在人民大会堂举办“和你一起读世界”世界读书日朗诵会

侨联文化交流部部长刘奇，中国侨联文化交流部副部长邢砚庄，北京市侨联主要领导和有关同志与怡海分校的师生400余人参加了活动。6月29日，“亲情中华·文化讲堂·张謇故事”大型宣讲活动在江苏省南通市举办，围绕“实业救国、教育兴国、文化建设、慈善事业”等四个方面，通过演讲、访谈、读信，以及声、光、影像等形式，生动讲述了身处乱世的近代实业家张謇先生怀揣实业救国、教育兴国的抱负而不懈奋斗的动人故事。中国侨联副主席康晓萍出席活动并讲话，北京市、上海市、广东省、福建省侨联和江苏省各地市侨联主要负责同志，以及南通市党政领导、张謇研究专家、张謇孙女——百岁老人张柔武及侨界群众共300余人参加了活动。

【支持举办丁酉年世界华人炎帝故里寻根节】5月21日，丁酉年世界华人炎帝故里寻根节开幕式暨拜祖大典在中国华侨国际文化交流基地——湖北随州炎帝故里举行。中国侨联副主席康晓萍出席开幕式并敬献花篮。湖北省侨联主席谭作刚、中国侨联文化交流部副部长邢砚庄一同出席活动。中国华侨国际文化交流促进会20余名理事应邀出席开幕式暨祭拜大典。

【举办首届“一带一路”中国火锅产业峰会】9月10日，由中国华侨国际文化交流促进会主办的“一带一路”中国火锅产业峰会在重庆举行。峰会旨在弘扬和传承中华火锅饮食文化，推动中华餐饮文化在“一带一路”沿线国家的传播。来自世界30多个国家和地区的海外侨胞代表，10多家海外华人媒体代表及全国20多个省市自治区的300多个火锅品牌企业代表，共计约500人参加此次峰会。中国侨联文化交流部部长刘奇出席峰会并讲话。

【举办第三届世界华侨华人摄影展】10月12日，由中国侨联主办，中国华侨摄影学会、中国华侨国际文化交流促进会、中国华侨公益基金会、福建省侨联承办的第三届世界华侨华人摄影展在福州市三坊七巷宗陶斋开幕。中国侨联副主席康晓萍，福建省政协副主席陈绍军出席开幕式。福建省委、省政府及有关部门负责同志及侨界、摄影界嘉宾出席了开幕式。

【支持举办“水墨中国·叙事中国”香港回归二十周年艺术展】6月1日，由香港侨界社团联会、百家湖国际文化投资集团主办，中央人民政府驻香港特别行政区联络办公室、中华人民共和国外交部驻香港特别行政区特派员公署、中华全国归国华侨联合会、香港特别行政区政府民政事务局、中国公共外交协会、中国侨商联合会等单位特别支持的“水墨中国·叙事中国”香港回归二十周年艺术展在香港会议展览中心开幕，中国侨联副主席康晓萍出席并致辞。中央政府驻香港联络办公室副主任殷晓静，中国公共外交协会会长、中国外交部原部长李肇星，外交部驻港特派员公署副特派员胡建中，香港特别行政区政府民政事务局署理局长许晓晖，全国政协常委、香港侨界社团联会会长余国春，中国侨联副主席、香港侨界社团联会主席陈有庆，全国政协经济委员会副主任、中国侨联副主席、中国侨商联合会会长许荣茂等领导及香港各界人士200多人出席开幕礼。中国侨联经济科技部副部长、中国侨商联合会秘书长安晨，中国侨联文化交流部副部长邢砚庄一同出席活动。

权益保障部

【领导成员名单】

部　　长：张　岩

副 部 长：黄　晖

【综述】 2017年，在中国侨联党组领导下，权益保障部深入学习贯彻落实党的十九大精神和习近平新时代中国特色社会主义思想，坚持“两个并重”，深化“两个拓展”，服务大局、认真履责，扎实工作、开拓创新，依法维护侨胞合法权益，团结联系海外侨胞和归侨侨眷，为实现中华民族伟大复兴的中国梦作出了应有贡献。

【举办中国侨联法顾委成立35周年纪念活动】 7月15日，中国侨联法顾委成立35周年纪念活动在北京举行，中国侨联党组书记、主席万立骏，法顾委主任张耕出席纪念活动，纪念活动由康晓萍副主席主持。纪念活动上，万立骏主席和张耕主任为近几年退出法顾委领导岗位的老领导代表孙琬钟、胡之光颁发感谢状。郭阳、李晓斌、赵联、罗章武分别代表法顾委国内委员、海外委员发言，他们从不同角度讲述了自己从事法顾委委员工作的心得体会，抒发了对法顾委工作的热爱，表达了进一步做好法顾委工作的决心。组织维护侨益论坛，全国人大常委会委员、法律委员会副主任委员、中国法学会副会长张鸣起作题为“民法总则与维护侨益”主旨报告。湖南省侨联党组书记、副主席朱建山，福建省侨联副主席翁小杰，浙江侨联秘书长周松一，河南侨联党

7月15日，万立骏主席出席法顾委成立35周年纪念活动并讲话

7月15日，中国侨联法顾委成立35周年纪念活动在北京举行

组书记、主席董锦燕，海南省侨联副主席王小玉，上海侨联副主席徐大振等 6 省市侨联领导及法顾委委员王顺安分别做专题发言。法顾委副主任林淑娘、王振川、储亚平、方忠炳、姜凤岩，部分在京的法顾委国内委员，回国参访的海外委员，中国侨联机关、直属事业单位负责同志及各省、自治区、直辖市侨联领导、省法顾委主任、维权工作负责同志等 130 多人参加纪念活动。会议肯定了中国侨联法顾委 35 年来取得的工作成绩，对新时期法顾委工作做出了规划部署，要求法顾委继续协助侨联有效化解涉侨矛盾纠纷，更好地为广大归侨侨眷和海外侨胞提供精细化、专业性的法律服务。

7 月 16 日，李卓彬副主席出席全国侨联系统维权工作经验交流会并讲话

【举办全国侨联系统维权工作经验交流会】 为促进侨界社会和谐稳定，为党的十九大的召开营造良好的侨界社会环境，7 月 16 日，全国侨联系统维权工作经验交流会在北京召开，中国侨联副主席李卓彬出席会议并讲话。会议总结了几年来各地侨联维权工作情况，部署了新阶段侨联维权工作的主要任务，并要求各地侨联的维权工作要积极服务国家大政方针和宏观战略，紧密结合侨联改革精神，拓展工作领域，积极探索维护侨益工作新理念新方法，确保将维护侨益工作落到实处。会议邀请了国家信访局综合指导司副司长钱永国介绍当前信访工作的形势、存在的突出问题及发展趋势研判，并结合侨联特点讲授了信访工作的理念和方式方法、抓好信访工作的“三个环节”，帮助与会代表从宏观层面对信访工作有了更为深入的把握。来自省级侨联的近百名维权工作负责人和法顾委领导出席了会议，并围绕侨联组织改革、多元化解涉侨矛盾纠纷机制的建立、法顾委工作拓展、网上侨联建设等会议主题进行了热烈讨论。

【推动深化司法体制综合配套改革】 依据《最高人民法院关于人民法院进一步深化多元化纠纷解决机制改革的意见》，侨联作为由归侨侨

7 月 16 日，全国侨联系统维权工作经验交流会在北京召开

4月24日，召开中国侨联、最高人民法院涉侨多元化纠纷解决机制调研座谈会

眷组成的人民团体，可以参与解决涉侨纠纷及矛盾化解工作。为更好地推进此项工作，4月24日，权益保障部与最高人民法院司法改革办公室，就建立涉侨多元化纠纷解决机制相关问题进行了深入沟通交流，并就涉侨矛盾纠纷多元化解机制建设开展试点等达成四项一致意见。6月、11月权益保障部与最高法司改办共同派员，赴浙江、福建、上海、江苏进行联合调研，指导地方多元化解机制建设。调研中，最高人民法院对涉侨维权工作给予了很高评价，建议发挥侨联组织的独特优势，探索由侨联法顾委委员设立“一带一路”诉调中心。

【组织侨界群众开展法治学习活动】为深入落实全国“七五”普法规划，进一步增强侨界法治意识，6月20日—23日，中国侨联和中国侨联法顾委在山东省烟台市举办了“法治中国　你

6月20日，“法治中国　你我同行”——2017年侨界法治学习活动在烟台举行

我同行”——2017年侨界法治学习活动。活动邀请了国家普法讲师团李勇、李忠、谢鸿飞三位专家，专题讲授了《宪法》、《民法总则》和依规治党等内容，来自全国31个省、区、市的100多名侨联工作者、侨界群众和侨商代表参加了法治学习。大家表示，通过学习进一步提高了自身运用法治思维解决问题的能力，对新形势下如何依法维护侨益有了更深入的思考。此次活动是中国侨联致力于发挥侨界优势推动“十三五”规划顺利实施的一项重要举措，着重将普法工作同服务“十三五”有机结合，将学习教育工作同密切联系服务侨界群众有机结合，进一步增强了侨界群众和侨联干部的法治观念，在侨界推动形成崇尚宪法、厉行法治的良好氛围。

【举办法治宣传边关行活动】为贯彻落实国家“七五”普法规划工作要求，协助推进法治中国建设，大力推进边民、少数民族群众的法治宣传教育，进一步深化“法治走边关”活动，推动与周边国家建立更高层级的双边普法协作机制，8月由中国侨联、云南省侨联、云南省普法办、云南省司法厅共同组织的“法治宣传边关行”活动在德宏州瑞丽市姐告口岸拉开序幕。活动现场发放了《出境入境管理法》《禁毒法》《云南省村（居）民法律知识读本》《婚姻家庭纠纷法律问答》等法律知识读本及双语普法宣传资料，向沿边侨校师生、侨商代表及外籍务工人员宣传同生活息息相关的法律基本常识。开办了边境法律、法规及涉侨政策培训班，对边境一线基层司法行政干部、基层侨联干部、侨界相关人士等150余人进行法治宣传教育培训。培训活动产生了积极影响，得到全国普法办和云南省委、省政府的充分肯定。为全力推进边疆地区普法，促进边疆地区稳定，12月由中国侨联、云南省侨联、云南省司法厅主办的“法治宣传边关行——普洱江城行”活动在普洱市江城县开展，活动吸引了当地的边民、侨民广泛参与，为加强对边疆少数民族群众和归侨侨眷的法治宣传教育工作，为弘扬法治文化、传播法治文明、倡导法治精神，维护边疆和谐稳定，建设法治云南奠定了坚实基础。

【组织全国宪法日普法活动】按照中宣部、司法部、全国普法办《关于开展2017年“12·4”国家宪法日集中宣传活动的通知》要求，为进一步宣传国家法律法规，切实增强侨联机关干部的法治理念，12月13日下午，中国侨联邀请全国人大常委会委员、法律委员会副主任、中国法学会副会长张鸣起作了题为“《民法总则》和侨益维护”的专题辅导报告。中国侨联顾问黄军军、朱添华、郭麟恭、唐闻生，机关全体干部、直属事业单位全体党员和入党积极分子及企业中层以上干部共100余人参加了辅导报告会。辅导报告展现了《民法总则》中彰显的时代精神和时代特征，突出了《民法总则》在民事立法史上具有的里程碑式意义，推动了中国侨联机关法治宣传工作建设，增强了机关干部尊法、学法、守法、用法意识，取得了很好的法治宣传效果。

【组织法顾委调研】根据中国侨联2017年工作部署及中国侨联法顾委工作安排，经主席办公会议同意，中国侨联法顾委以“依法治国大背景下侨联如何在健全多元化纠纷解决机制中发挥作用”为主题开展调研活动。权益保障部协助中国侨联法顾委组织由主任、副主任分别带队的5个调研组，先后赴湖南、陕西、江西、河南、江苏进行调研，以听取各级侨联和法顾委工作汇报、召开座谈会、走访侨资企业和地方司法部门、召开案例分析会等形式，详细了解基层侨联维护侨

权益保障部部长张岩为“法治宣传边关行”培训班授课

中国侨联法顾委主任张耕在河南省调研

中国侨联法顾委常务副主任林淑娘在江苏省调研

益工作情况和广大侨胞的意见呼声，共形成5篇调研报告上报会领导。

【组织法顾委海外委员回国访问】7月，权益保障部以中国侨联名义，邀请了来自14个国家和地区的20余名中国侨联法顾委海外委员，在西藏、北京进行为期7天的考察访问。在西藏期间，海外委员们同西藏侨界、法学界进行了深入交流，通过参观和座谈，使海外委员们进一步了解西藏和平解放以来，特别是十八大以来在经济社会文化发展、民族和谐团结方面所取得的巨大成就，进一步认清了达赖集团妄图分裂祖国的丑恶嘴脸。在京期间，海外委员一行应邀出席了中国侨联法顾委成立35周年纪念活动，两名委员在纪念活动上发言。15日下午，法顾委海外委员与在京的10余家知名旅行社相关负责人进行座谈，就如何更好保护中国公民海外旅游权

7月15日，中国侨联法顾委海外委员回国参加法顾委成立35周年纪念活动

益，防范法律风险进行了热烈讨论。

【发挥中国侨联公职律师作用】2017年，权益保障部的公职律师在完成自身工作之余，积极参与法律草案修改、涉侨案例研讨、合同文本审定等工作，为侨联依法办事、防范法律风险发挥积极作用。中国侨联公职律师办公室邀请中国侨联法顾委委员、北京威宇律师事务所主任张巍对机关公职律师进行专业培训，提升他们的法律业务能力和素质。办公室制定了《中国侨联机关公职律师管理办法》《中国侨联公职律师考核办法（暂行）》，使机关公职律师年终考核等工作有章可循，办公室还密切与司法部律师与公证司相关处室沟通协调，办理了年检工作。

【开展法学对外交流】应德国华人华侨联合会、克罗地亚华人协会、匈牙利妇女联合总会的邀请，权益保障部副部长黄晖带队赴德国、克罗地亚、匈牙利进行法学交流。访问期间，访问团与海外侨胞分享了学习党的十九大精神和习近平新时代中国特色社会主义思想的心得体会，宣传了全面依法治国理念和具体举措，向他们深入全面介绍国内涉侨法律法规情况，介绍了侨联组织依法维护侨益的主要做法，解答他们对华侨权益保护、回国投资创业等相关法律问题。使他们更好参与到我国全面深化改革进程和“一带一路”建设当中。

访问团与旅克华侨华人座谈，解答他们对相关法律问题存在的疑惑

【处理来信来访】依据国家有关法律法规和国务院《信访条例》认真处理来信来访，2017年共受理归侨侨眷、海外侨胞信访事项269件次，答复电话咨询210余次，其中办理群众来信192封，接待来访77人次，转办函件27件，妥善解决了侨界群众的疑难信访问题。启动网上信访工作，处理侨界群众网上信访邮件80余件，得到侨界群众的好评。处理涉侨涉诉案件45件，其中发出转办函14件，告知当事人依法走司法程序解决的13件，经过耐心解释罢访息诉的8件，为侨胞提供法律咨询20余次，多次召开案件分析会，为侨商和中国侨联机关所属单位涉法涉诉案件提供法律意见，对华兴公司人事纠纷、邱某某劳务纠纷、刘某某房产纠纷、唐某财产纠纷等进行专题分析，协助机关处理了谷宜成案件遗留事项。圆满解决加拿大侨领魏某某与河南省驻马店市有关部门之间历时三年的投资纠纷事项。根据相关部委要求，先后撰写了《2016年中国侨联信访情况综述》《中国侨联关于做好2017年维护社会稳定工作的通知》《中国侨联信访办落实〈中央和国家机关信访事项受理办理工作有关规定〉（试行）情况的报告》等。

【开展“送温暖、献爱心”活动】为深入贯彻落实《中共中央办公厅、国务院办公厅关于做好2017年元旦、春节期间有关工作的通知》精神，根据2016年各地侨联上报的申请和贫困归侨侨眷分布情况，权益保障部与办公厅研究制定了2017年中国侨联“送温暖、献爱心”慰问活动方案，协调组织全会开展“送温暖、献爱心”慰问活动，对贫困侨较多的省区市作出慰问安排，联合中国农林水利气象工会对广西、云南、江西、广东、海南、福建华侨农林场贫困侨职工开展联合慰问，累计向困难侨界群众发放慰问款318万元。先后协调基金会给予蒙古华侨苏志兰、菲律宾侨眷米维总计2万元的紧急救助款，向“中国侨界十大杰出人物”南网兄弟黄书强、黄春宁发放慰问金5000元。协调办公厅向受灾严重的四川、江西、新疆、吉林分别发放紧急救助款20万元、10万元、15万元和10万元，并给予新疆区侨联20万元，对其扶贫帮困工作进行支持。

【拓展侨界困难群众帮扶救助工作】权益保障部联合国务院扶贫办、全国总工会中国农林水利气象工会、中央国家机关侨联开展了形式多样的侨界困难群众帮扶救助工作，赴广西、云南开展华侨农林场调研和科技扶贫活动，重点关注广西北海侨港镇侨房改造工作，并针对反馈的问题提出了相关建议。在收集、整理全国33个省、自治区、直辖市侨联报送数据的基础上，2017年还对全国贫困归侨侨眷脱贫情况进行了摸底调查，对健在南侨机工遗孀遗属情况进行了摸底调查，为今后一个阶段开展侨界精准扶贫工作提供数据支撑。完成了2017年度侨联系统精准扶贫工作各项目的财务票据收集及报销事宜。在中国侨联党组的大力支持下，徐友佳同志圆满完成了中国侨联的定点扶贫工作任务，定点扶贫县江西上饶县已于2018年2月公示脱贫摘帽。向国务院扶贫办提交了《扶贫开发年鉴2017》侨联扶贫工作情况和《2017中国侨联定点扶贫工作总结》，向中直机关工委报送了《中国侨联定点扶贫工作自评报告》，扶贫工作成效得到了有关部委的认可。

【参与修改法律文件】2017年，权益保障部在中国侨联法顾委的协助下，对《国歌法》《法官法》《农民专业合作社法》《红十字会法》《反不正当竞争法》《公共图书馆法》《国家情报法》《土壤污染防治法》《中小企业促进法》《民事诉讼法修正案》《行政诉讼法修正案》《标准化法》《核安全法》《测绘法》《烟叶税法》《农村土地承

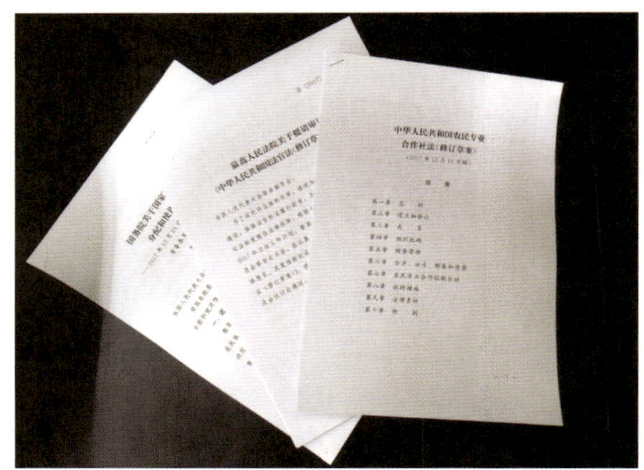

参与修订的部分法律法规草案

中国侨联、全国总工会慰问华侨农场困难职工

两节期间，权益保障部部长张岩（右一）看望慰问海南南侨机工张修隆

包法》《电子商务法》等72个法律文件提出了修改意见和建议，部分建议得到采纳，推动了国家有关法律法规的修改完善。

【建章立制和加强党支部建设】权益保障部根据新的工作形势和要求，对部门规章制度进行了修改完善，制定《中国侨联法顾委委员规范性文件修改补贴暂行细则》《中国侨联机关公职律师管理实施办法（征求意见稿）》《维护归侨侨眷权益专项经费管理使用实施细则》等。在以往工作的基础上，确定了《中国侨联权益保障部党支部“三会一课”制度》等，坚持每周四下午的理论与业务学习。为学习贯彻落实党的十九大精神，权益保障部制定了学习贯彻党的十九大精神的计划，并把学习贯彻党的十九大精神与“两学一做”“三会一课”学习教育常态化制度

结合起来，务求取得实效。组织支部全体党员观看了《永远在路上》《将改革进行到底》《榜样》等专题片，及时上报了《灯下黑问题自查情况报告》和《十八大以来密切联系群众的工作总结》，切实提高支部的凝聚力和战斗力。3 月，权益保障部联合北京市天沐律师事务所党支部，开展了党员活动日红色教育活动，参观了挺进军司令部，接受了爱国主义教育，进一步增强了党员的先锋模范作用和廉洁意识，参观了门头沟法院诉讼服务中心，旁听了简易程序庭审，增强了党员的法治意识，提升了干部维权工作的能力和水平。

权益保障部党支部开展党员活动日红色教育活动

组织人事部

【领导成员名单】

部　　长：姚林楠（2017 年 12 月任职）

　　　　　李　杰（2017 年 12 月退休）

副 部 长：赵珊珊（女）

副巡视员：崔续更

【综述】2017 年，组织人事部在中国侨联党组的领导下，以习近平新时代中国特色社会主义思想为指导，深入贯彻落实党的十九大精神和中央两个《意见》精神，按照全国组织部长会议、全国人事厅局长会议精神和中国侨联改革方案要求，紧紧围绕中国侨联党组工作部署，自觉服务大局，着力建设高素质侨联干部队伍，着力强化党支部建设，着力打造优秀的组工部门，把全面从严治党要求切实贯穿组织人事工作始终，为全会各项工作开展提供坚强的组织保障。

【抓好支部党建工作】一是深入学习贯彻习近平新时代中国特色社会主义思想和党的十九大精神。组织全体党员收看十九大会议现场直播。会后制定了支部学习贯彻十九大精神计划，共组织支部集体学习 6 次，原文学习十九大报告、新党章和中纪委工作报告并进行讨论。二是着力强化政治理论武装。通过多种形式开展政治理论学习，每个党小组均制定了学习计划。2017 年以来共开展各类支部学习 16 次，使全体党员干部牢固树立“四个意识”，坚定“四个自信”，在思想上政治上行动上同以习近平同志为核心的党中央保持高度一致。三是扎实推进“两学一做”学习教育常态化制度化。党支部结合实际研究制定了《关于推进“两学一做”学习教育常态化制度化的实施方案》和年度“三会一课”计划。制定了党支部“灯下黑”问题专项整治整改台账并认真执行。同时根据中直工委和直属机关党委要求，对党的十八大以来党员领导干部直接联系服务群众的有关情况进行了认真梳理。根据直属机关党委部署，认真做好党的十九大代表和中直机关党代会代表推荐选举工作。此外，还组织开展了“红色经典诵读”党日活动。四是认真贯彻落实中央八项规定精神。组织党员认真学习各项党规党纪。借助部门微信、短信等形式，集中开展“节日病”自查工作，坚决执行中央八项规定。五是着力抓好支部自身建设。一方面认真开好年度民主生活会和专题组织生活会。9 月 29 日，中国侨联党组书记、主席万立骏以一名普通党员身份参加了党支部召开的专题组织生活会，并对侨联组织人事和党建工作提出四点要求。另一方面加强对党员的组织管理。成立了 5 个党小组，认真做好党组织关系管理、党费收缴，开展党小组活动等工作。同时继续做好入党积极分子培养工作和支部精神文明创建工作。春节前夕，认真开展慰问老党员、困难党员职工活动，为他们送去党组织的温暖；积极参加中直工委、直属机关党委组织的各类精神文明创建活动。

【举办中国侨联第 22 期干部培训班】5 月 17 日—25 日，中国侨联第 22 期干部培训班在北京举办。此次培训班共有来自全国 29 个省区

5 月 17 日，中国侨联党组成员、副主席乔卫出席中国侨联第 22 期干部培训班开班式并作开班动员和授课

5 月 17 日—25 日，中国侨联第 22 期干部培训班在北京举办

中国侨联第 22 期干部培训班学员在中国华侨历史博物馆考察交流

市、中央直属机关、中央国家机关、中国侨联机关及企事业单位的学员 67 名。中国侨联党组成员、副主席乔卫出席开班式并作开班动员和授课。中国侨联顾问王永乐、林明江、李祖沛，以及来自国家发改委、外交部、商务部、国防大学、中央党校等单位的专家教授分别为培训班学员授课，介绍了我国经济、政治、法律、文化、国防、外交、侨联工作等前沿信息和重要观点。培训班还组织学员前往中国华侨历史博物馆考察交流。

【完成九届五次全委会议请辞主席、副主席和选举主席有关工作】2017 年 6 月，根据党中央对侨联主要负责人作出调整的指示要求，组织人事部在中国侨联党组的领导下，与办公厅密切合作，完成了九届八次主席会议、常委会议，九届五次全委会议组织人事有关文件、主持词、选举事项说明的起草工作，并成功组织了大会选举，确保党中央对侨联领导班子调整及时落实，得到中组部、驻部纪检组有关领导的充分肯定。

2017 年 6 月，中国侨联九届五次全委会议接受林军请辞主席职务，选举万立骏为中国侨联主席

9 月 14 日，中国侨联党组书记、主席万立骏出席中国侨联第 5 期青年干部培训班并作重要讲话

【举办中国侨联第 5 期青年干部培训班】 9 月 14 日—22 日，中国侨联第 5 期青年干部培训班在北京举行。此次培训对象为来自 30 个省区市侨联、新疆生产建设兵团侨联、中国侨联机关及事业单位近年招录的工作人员，各省（区、市）侨联系统、新疆生产建设兵团侨联处级（含）以下青年干部近 120 人。中国侨联党组书记、主席万立骏，党组成员、副主席乔卫出席中国侨联第 5 期青年干部培训班开班式，万立骏主席作重要讲话，乔卫副主席为培训班学员授课。十八届中央委员、中国侨联顾问林军，中国侨联副主席李卓彬出席结业式并为学员颁发证书；中国侨联顾问王永乐、李祖沛，中国侨联秘书长兼办公厅主任陈迈，中国侨联文化交流部部长刘奇，中国侨联组织人事部原部长、直属机关党委常务副书记兼干部培训中心主任李杰，中国华侨华人研究所所长张春旺，以及商务部、中央党校、国防大学等单位的专家教授分别为培训班授课。

【召开全国侨联基层组织建设工作会议】 11 月 9 日—10 日，全国侨联基层组织建设工作会议在北京举行。中国侨联党组书记、主席万立骏发表讲话。各省、自治区、直辖市，新疆生产建设兵团侨联，中央直属机关、中央国家机关、中央企业侨联党组书记、主席和组织建设工作负责人，各副省级城市侨联负责人，以及中国侨联机关各部门、直属企事业单位负责同志共 140 多人参加会议。会议对全国侨联系统学习贯彻党的十九大精神、加强侨联基层组织建设进行了思想动员，总结和回顾了进入新世纪以来侨联基层组织的发展历程和取得的宝贵经验，分析了侨联基层组织建设工作存在的薄弱环节和困难问题，阐明了做好新时代侨联基层组织建设工作的重大意义，指出了推动基层组

9 月 14 日—22 日，中国侨联第 5 期青年干部培训班在北京举行

11 月 9 日—10 日，全国侨联基层组织建设工作会议在北京召开

织建设工作的六个关键点，并就落实各项任务作出全面部署，为下一步侨联基层组织建设工作指明了方向，明确了任务。

【召开欢迎挂职干部和机关 2017 年度考核述职大会】 2018 年 1 月 29 日上午，中国侨联召开欢迎挂职干部和机关 2017 年度考核述职大会。中国侨联党组书记、主席万立骏出席大会并讲话，副主席李卓彬，党组成员、副主席康晓萍，以及机关全体干部、挂职干部共 100 余人参加大会，中国侨联党组成员、副主席乔卫主持大会。会上，来自 11 个省（区、市）侨联的 16 名挂职干部曹建军、陈永刚、郭美、谢惠蓉、徐俊秀、许希者、林良明、潘冬、张月、金古月、查军、刘怀兰、戴施思、郭雄、杨晶晶、王昱同志作了自我介绍和表态发言，机关各部门负

2018 年 1 月 29 日，中国侨联党组书记、主席万立骏出席中国侨联召开欢迎挂职干部和机关 2017 年度考核述职大会

2018 年 1 月 29 日上午，中国侨联召开欢迎挂职干部和机关 2017 年度考核述职大会

中国侨联领导出席欢迎挂职干部和机关 2017 年度考核述职大会

综合

责同志分别汇报了本部门工作，初评为优秀等次的 15 名机关干部分别作了述职报告。

【指导和协调全国侨联基层组织建设】一是起草制定《基层侨联组织工作条例（试行）》。按照《中国侨联改革方案》要求，为进一步加强对全国侨联基层组织建设的规范和指导，在万立骏主席的指示要求和会党组的工作部署下，组织人事部在充分调研各地基层侨联组织先进经验和借鉴工青妇等群团组织建设和发展成功做法的基础上，根据《中华人民共和国归侨侨眷权益保护法》《中华全国归国华侨联合会章程》和有关文件规定，结合中国侨联基层组织建设工作的实际，制定了《基层侨联组织工作条例（试行）》（征求意见稿）。提交基层组织建设工作会议再次征求意见，会后进行了修改，于 2018 年 1 月正式下发。二是以多种形式开展侨联组织建设情况调研。第一，下发调查表。2017 年 3 月和 8 月，组织人事部分别就全国侨联组织建设和“侨胞之家”建设有关情况下发调研通知，根据收集汇总的数据，全国共有侨联组织 21425 个，比 2012 年 6 月的 18441 个增加了 2984 个，增长了 16.2%。全国侨联系统共有“侨胞之家”阵地 5388 个。全国各级侨联组织干部总人数为 162288 人，其中专职干部人数为 6698 人，兼职干部人数为 155590 人。第二，汇总基层侨联经验做法报中央有关部门。2017 年 4 月，有重点地了解北京、上海、重庆、浙江、广东、福建、四川、辽宁等省市侨联基层组织建设、党群共建服务阵地的成功经验，并形成材料报中办调研室。7 月向各省级侨联发出通知，收集各地基层组织解决“四缺”问题，开展党群共建共用基层活动阵地和服务群众工作情况，选送先进典型，并草拟向李源潮同志进行汇报的相关材料。第三，开展实地调研。部门领导和有关同志陪同万立骏主席、乔卫副主席赴福建厦门，浙江温州、丽水、杭州，广东广州、清远、深圳等地，就“党建带侨建”工作开展情况和当地基层组织建设状况开展调研。

【协助做好省级侨联领导班子人选调整工作】组织人事部负责协助省级侨联做好换届人事安排和届中调整工作，及时向党组提供新领导班子候选人有关情况，并做好领导班子成员归侨侨眷身份审核、复函和备案工作。2017 年共完成河南、贵州、江苏、内蒙古、福建、山西、重庆 7 个侨联换届和上海、江西、湖南、黑龙江、海南、山东 6 个省级侨联调整领导班子人选的有关工作。

【做好老干部工作】一是深入学习习近平新时代中国特色社会主义思想和党的十九大精神，坚持把政治建设摆在首位，努力提高离退休干部党支部的组织力、凝聚力、战斗力。按照十九大关于从严治党的要求，从离退休干部实际出发，引导离退休干部党员牢记党员身份，自觉做到党的意识不弱化、党员标准不降低、党内生活不脱离，进一步加强和改进离退休干部党组织建设。

6 月 7 日—9 日，中国侨联离退休党支部开展“两学一做”学习教育活动

2017 年 11 月，在中国侨联党组和万立骏主席、乔卫副主席的亲切关怀下，成立了部级离退休党小组，推选中国侨联顾问李祖沛为党小组组长，增强了离退休干部党支部的凝聚力和战斗力。二是夯实各项基础工作，切实维护老干部的利益。一方面，元旦春节期间，积极开展送温暖活动，慰问离退休老干部。另一方面，在日常工作中，对重大疾病或住院治疗的老同志及时探望，尽全力帮助他们解决生活当中的实际困难和问题，切实维护老干部利益。2017 年累计发放慰问金及困难补助金 13 万余元。三是加强思想政治建设，关心老干部政治生活。6 月 7 日—9 日，离退休党支部组织老干部开展了“两学一做”学习教育活动。中国侨联离退休干部党支部书记苏渊海向大家传达了全国老干部工作会议精神和中国侨联《推进“两学一做”学习教育常态化制度化落实方案》《习近平总书记对全国老干部工作的重要指示——认真学习先进典型用心用情做好老干部工作》《中央巡视组对中国侨联党组的反馈意见》等文件精神，并发放了《全面从严治党面对面》学习资料，加深了老干部们对推进“两学一做”学习教育常态化制度化重大意义的认识。会后，老干部支部还开展了以“不忘初心，继续前进”红色经典诵读为主题的党日活动，支部全体党员满怀深情地朗诵了毛泽东同志的经典作品《沁园春·雪》。10 月 23 日—25 日，中国侨联离退休党支部召开学习贯彻党的十九大精神会议。组织老干部专题学习讨论习近平总书记在党的十九大开幕会上代表第十八届中央委员会作的工作报告，收看了十九大

10 月 23 日—25 日，中国侨联离退休党支部召开学习贯彻党的十九大精神会议

2017 年 4 月—10 月，中国侨联老干部办公室与中国红十字会老干处联合举办离退休老干部书画系列培训班

开幕式、闭幕式的盛况。乔卫副主席与老干部们畅谈学习十九大精神的体会，并作了题为《侨联工作视角需调整》的报告。四是积极组织老干部参加各种活动，激发老干部爱国爱侨的热情，不断满足老同志对美好生活的需求。组织老干部即时收看《将改革进行到底》专题纪录片；积极参加中直机关主办的“祖国颂·紫荆香”——庆祝香港回归 20 周年文章书画摄影展作品征集；组织老干部参加中国侨联“喜迎党的十九大”书画展；2017 年 4 月—10 月中国侨联老干部办公室与中国红十字会老干处联合举办离退休老干部书画系列培训班；5 月 12 日，举办中国侨联 2017 年春季离退休老干部趣味运动会等。

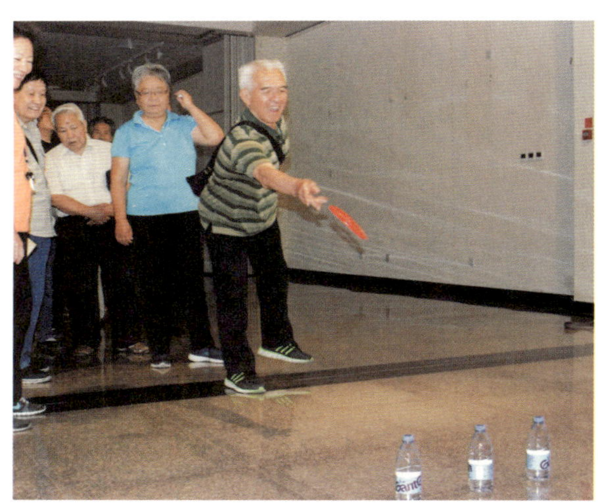
5 月 12 日，举办中国侨联 2017 年春季离退休老干部趣味运动会

直属机关党委（纪委）

【领导成员名单】

党委书记：董中原
党委副书记：李　杰
党委副书记：林美龄
纪委书记：李　杰（2017 年 2 月不再担任）
　　　　　林美龄（2017 年 2 月任职）
纪委副书记：林美龄（2017 年 2 月不再担任）

【综述】2017 年，在中央直属机关工委、中国侨联党组的领导下，直属机关党委深入学习贯彻习近平新时代中国特色社会主义思想和党的十九大精神，坚决在思想上政治上行动上同以习近平同志为核心的党中央保持高度一致，贯彻党要管党、全面从严治党要求，紧紧围绕机关党建工作的职责定位，把迎接、服务党的十九大和学习贯彻落实党的十九大精神作为主线，以巡视整改为契机，强化党建工作，着力增强政治意识、大局意识、核心意识、看齐意识，坚决维护习近平总书记的核心地位。严格落实党建工作和党风廉政建设责任制，充分发挥各级党组织的战斗堡垒作用和共产党员的先锋模范作用，推动机关党的政治、思想、组织、作风、反腐倡廉和制度建设取得新成绩，为圆满完成机关党建各项任务、做好新时代侨联工作提供了坚强有力的思想和组织保证。

【学习贯彻习近平新时代中国特色社会主义思想和党的十九大精神】直属机关党委以党组理论学习中心组为龙头，推动侨联机关各级党组织理论学习。中国侨联党组将深入学习贯彻习近平新时代中国特色社会主义思想和党的十九大精神作为首要政治任务，高度重视、抓好落实。党组书记、主席万立骏，党组成员、副主席乔卫等对此多次作出批示、提出明确要求。党组理论学习中心组围绕深入学习贯彻习近平新时代中国特色社会主义思想和党的十九大精神，共组织集体学习研讨 21 次，其中 12 次扩大到司局级党员干部。通过认真读原著、学原文、悟原理，原原本本学、原汁原味学，中心组成员提高了政治理论水平，增强了“四个意识”，坚定了“四个自信”，提升了素质和能力。直属机关党委组织党员干部收看专题政论片《将改革进行到底》，组织学习习近平总书记在省部级主要领导干部专题研讨班开班式上的重要讲话和在庆祝建军 90 周年大会上的重要讲话精神；积极落实习近平总书记关于向黄大年同志、廖俊波同志学习的重要指示精神，通过印发通知、在官网上刊载他们的先

10 月 19 日，中国侨联机关召开学习讨论习近平总书记在党的十九大上的报告座谈会

12 月 1 日，中国侨联党组书记、主席万立骏参加机关青年干部座谈会并与青年干部亲切交流

10 月 26 日，中国侨联召开传达贯彻党的十九大精神大会

进事迹材料、组织党员干部参加事迹报告会、选树典型等方式，切实发挥先进人物的示范引领作用。切实抓好学习辅导，直属机关党委及时印发通知，组织各基层党组织开展学习研讨。先后组织机关干部集中收看党的十九大开幕式，召开全机关基层党组织书记、党员座谈会、青年干部座谈会，各支部召开党员学习会和老同志座谈会，畅谈心得体会。组织党员干部 50 余人次参加由中直工委组织的多场党的十九大精神辅导报告会和学习班学习。10 月 26 日，召开机关和直属单位全体党员干部大会，传达学习党的十九大精神，印发《中国侨联直属机关党委关于学习贯彻党的十九大精神的计划安排》。11 月 21 日，召开学习贯彻党的十九大精神辅导报告会，邀请中央党校《理论网》采编主任程冠军作了题为“学习十九大精神，推进四个伟大”辅导报告。11 月 22 日，党组书记、主席万立骏作了题为《不忘初心　砥砺奋进　以习近平新时代中国特色社会主义思想为指导　不断开创侨联事业新局面》的专题党课辅导报告。12 月 12 日，党组成员、副主席乔卫作了题为《学懂、弄通、做实，推动侨联

党的十九大召开后，直属机关党委组织召开了 3 场由会领导主讲的党课报告会

11 月 22 日，党组书记、主席万立骏作党课辅导报告

12 月 12 日，党组成员、副主席乔卫作党课辅导报告

12 月 13 日，邀请全国人大常委、中国法学会副会长张鸣起作辅导报告

工作走进新时代》的党课专题辅导。12 月 13 日，邀请全国人大常委、中国法学会副会长张鸣起作了题为“《民法总则》与侨益维护”的辅导报告。通过网上知识答题的方式，组织全体党员干部深入学习领会习近平新时代中国特色社会主义思想和党的十九大精神。开展思想政治状况调研。7 月—8 月，采取问卷调查方式，在全体干部群众中进行调研，了解广大干部职工的思想状况，积极营造团结奋进的浓厚氛围，迎接党的十九大胜利召开。

【推进“两学一做”学习教育常态化制度化】 5 月 2 日，直属机关党委印发《中国侨联关于推进“两学一做”学习教育常态化制度化的实施方案》。5 月 3 日，召开全体党员大会进行动员部署。成立“两学一做”常态化制度化工作督导组，对各基层党组织开展“两学一做”学习情况进行督导。采取多种形式开展学习培训。各基层党组织持续深入开展学习党章党规、学习习近平新时代中国特色社会主义思想及国家重大方针政策，坚持集体学习与个人自学相结合，组织开展讲党课、读原文、交流讨论等活动，认真抓好理论学习。组织开展“不忘初心、继续前进”红色经典诵读活动。组织党员干部参观“砥砺奋进的五年”大型成就展和“率先行动·砥砺奋进”——“十八大”以来中国科学院创新成果展。加强机关党建课题研究，上报的论文中有 2 篇获奖。安排 2 名支委参加中直工委组织的集中培训，派员参加中直工委组织的党委副书记示范培训班学习，选派 3 名党员参加中央党校中直机关分校学习。加强基层党组织建设。规范指导 6 个党支部

5 月 3 日，召开党员干部大会，对“两学一做”常态化制度化工作进行部署

完成换届工作。各基层党组织均设置纪检委员或安排专人负责纪检工作。指导各基层党组织结合实际划分党小组，17 个党支部中有 12 个党支部、1 个党总支共成立 30 个党小组。给予机关离退休干部党支部书记、副书记适当工作补贴。抓好党员发展和教育管理。全年新发展 2 名同志入党，对 2 名入党积极分子和 1 名发展对象进行备案，给予 1 名违纪党员开除党籍处理。规范和用好党费。按照中央组织部和中直工委的部署，按期完成党费收缴专项检查工作，并按照有关规定，将补交党费的 10% 用于开展走访慰问活动，剩余 90% 返还基层党组织，用于开展党的活动。另从党费中拨付 5 万元慰问罹患癌症的困难党员。按照要求，将中直工委拨付的 41 万元专项党费扶贫款用于中国侨联定点帮扶的江西上饶县郑坊镇石峡村的扶贫项目。

【抓好中央巡视组反馈意见整改落实】进行规范化、制度化建设。按照中央巡视组提出的各项要求，认真查找工作中存在的问题和不足，雷厉风行抓好整改落实。直属机关党委完善了《中国侨联思想政治工作分析报告制度》《中国侨联党建活动经费使用管理办法》《中国侨联党费收缴、使用和管理办法》《中国侨联关于加强和规范基层党组织生活的若干规定》《关于进一步加强中国侨联直属机关基层党组织建设的意见》等五项制度和规定，以抓督导落实为重点，确保整改工作取得实效，使中央各项决策部署

9 月 8 日，党组书记、主席万立骏（前排右四），顾问林军（前排左四），党组成员、副主席康晓萍（前排左三）及干部职工 60 余人，与中科院党组书记、院长白春礼（前排中）等科学院领导在参观中科院创新成果展时合影留念

在中国侨联不折不扣地落地生根。编印《党的十八大以来中央有关精神应知应会学习手册（第一辑）》《党组中心组学习笔记》《党员学习笔记》《党支部工作手册》《党小组会议记录本》，进一步推动各基层党组织落实好“三会一课”制度。着力解决“灯下黑”问题。2017年4月，印发《关于进一步抓好“灯下黑”问题整改落实的通知》，对排查出的30余项“灯下黑”问题全部具体化，完善整改台账，制定明确到位的整改计划，采取切实可行的措施抓落实。

1月11日，召开中国侨联2017年党风廉政建设工作会议

3月24日，召开中国侨联机关党风廉政建设联席会议

【做好党的十九大代表和中直机关党代会代表推选工作】按照中直工委2016年12月21日召开的中直机关出席党的十九大代表选举工作部署和培训会议要求，直属机关党委迅速制定并印发《中国侨联关于推选出席党的十九大代表和中直机关党代表会议代表的工作方案》，成立推选工作领导小组。2016年12月30日，召开动员部署会议。经过两次推选，共有13个基层党组织、310名有选举权的党员参加推选，党组织参与率100%，党员参与率97%以上。推荐万立骏同志为中国侨联出席党的十九次全国代表大会代表人选；万立骏、林军、董中原、李杰同志为中国侨联出席中直机关党代表会议代表人选。6月27日至28日，中直机关党代会在北京召开，万立骏同志高票当选中直机关出席党的十九大代表。在党的第十九次全国代表大会上，万立骏同志当选中央委员。

【加强党风廉政建设和反腐败工作】抓好廉政教育，压实主体责任。1月11日，召开中国侨联2017年党风廉政建设工作会议，中央纪委驻中央统战部纪检组副组长刘鸿炜受苏波组长委托出席会议，传达十八届中央纪委七次全会精神，对中国侨联机关党风廉政建设提出要求。及时组织学习习近平总书记关于全面从严治党的系列重要讲话，学习党章党规党纪，探索多种形式开展警示教育，引导党员干部严守纪律和规矩。3月24日，召开中国侨联机关党风廉政建设联席会议，总结回顾了2016年党风廉政建设工作，研究推进下一阶段工作的落实。机关各部门、直属企事业单位、社会组织党组织负责人分别作汇报，直属机关党委委员出席会议，董中原同志对党风廉政建设提出四点要求。强化制度建设和日常监督，先后制定了《关于开展经常性谈心谈话的意见》《关于党风廉洁建设约谈制度的规定》《关于对党员干部进行提醒、函询和诫勉的实施办法》。实践监督执纪“四种形态”，加强任职谈话、廉政约谈、提醒函询和诫勉谈话等工作。

做到预防在先，对于有反映的苗头性、一般性问题，及时谈话提醒、约谈函询，让红脸出汗成为常态，尽量将问题消灭在萌芽状态。制定《中国侨联严禁工作人员收受礼品礼金的规定》《中国侨联贯彻落实中央八项规定精神实施细则》（中侨发〔2017〕11号），从制度上堵塞漏洞。持续纠正“四风”。坚持抓好中央八项规定精神的落实，看住重要节点，聚焦“关键少数”。通过专题会议或机关例会及时传达中央纪委、中直纪工委、中央纪委驻中央统战部纪检组下发的关于落实中央八项规定精神、严防“四风”反弹的通知要求和典型案例通报；重要节日前夕下发通知或编发短信，强调纪律要求。规范线索管理和执纪审查。严格依据《中国共产党纪律检查机关监督执纪工作规则》，对问题线索分类处置，加强管理。严格按照党章党规党纪，做好执纪审查工作。完成对谷宜成案件的处置工作；配合东城区检察院做好邓世英案件侦办工作。加强纪检监察干部队伍建设。党组会议审议通过了《关于中国侨联直属机关纪委深化转职能、转方式、转作风的意见》，将直属机关纪委工作力量和工作重点转向监督执纪问责，明确机关纪委书记由兼任调整为专人担任，按实职管理。增选1名年轻干部充实力量，选派专职干部参加业务培训。

【推进机关精神文明建设和群团工作】 新春伊始，中国侨联机关书画协会与北京市朝阳区侨联联合举办“迎新春·送吉祥·送福到侨家”侨界新春书画联谊慰问活动，组织来自中直机关书画协会、中国侨联机关书画协会、中央电视台书画院的30余名书法家、书法爱好者现场书写春联和福字，为侨界群众送去新春祝福。组织开展2017北京榜样、首都文明单位（标兵）、中直机关文明单位（标兵）、全国三八红旗手、三八红旗集体评选推荐工作；开展2017年度全国巾帼文明岗、全国巾帼建功标兵、全国巾帼建功先进集体评选推荐活动。经中直工委统一评选，经济科技部经济联络处、海外联谊部联谊处、中国华侨出版社中侨博文出版发行中心为全国巾帼文明岗，海外联谊部综合处郑慧为全国巾帼建功标兵；办公厅、组织人事部获评2015—2017年度中直机关文明单位。组织秋季“健步走”活动。参加中央直属机关“喜迎党的十九大”书画展、中央直属机关侨联“祖国颂·紫荆香”——庆祝香港回归20周年书画摄影展，共报送作品22幅。组织妇女职工参加“恒爱行动——百万家庭亲情一线牵”公益活动，12名妇女职工（男职工家属）领用毛线15斤，编织毛衣等各类爱心编织物47件。开展元旦、春节期间走访慰问困难党员、老党员活动，为42名生活困难党员、老党员发放慰问金37400元；直属机关工会各分会慰问干部职工42人，发放慰问金共计33100元。

9月14日，党组书记、主席万立骏，党组成员、副主席乔卫出席中国侨联2017年“健步走”活动

中国侨联年鉴

中国侨联直属事业及社会团体工作

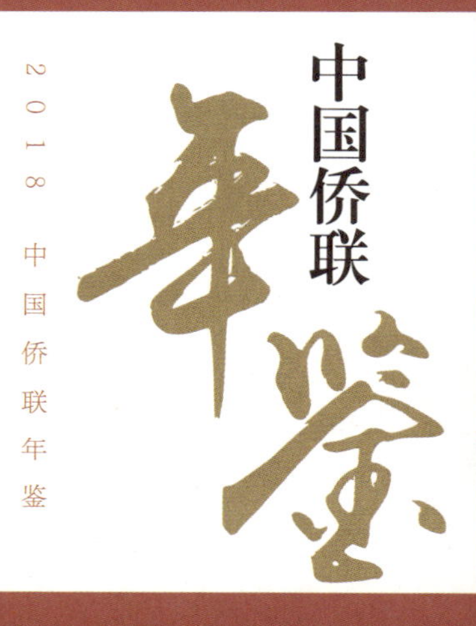
中国侨联
年鉴
2018 中国侨联年鉴

中国华侨华人研究所

【领导成员名单】

所　　长：张春旺

副 所 长：张秀明（女）

【综述】2017年，中国华侨华人研究所（以下简称“侨研所”）全面贯彻党的十九大精神，深入学习习近平新时代中国特色社会主义思想，在中国侨联的领导下，在学界同仁的大力支持、共同努力下，紧紧围绕侨联工作大局和自身职能职责，各项工作取得新进展。

【推动侨研所改革重组】《中国侨联改革方案》提出：“撤销中国华侨华人历史研究所，组建中国华侨华人研究所。”进一步明确了中国华侨华人研究所的职能。6月30日，中编办批准，将“中国华侨华人历史研究所”改组为“中国华侨华人研究所”。在万立骏主席的关心指导下，中国华侨华人研究所深入学习中国侨联改革精神，在职能定位、研究方向、研究机制、机构设置、队伍建设等方面认真谋划，进行全方位改革。2017年9月，中国华侨华人研究所举行了揭牌仪式。仪式上，万立骏主席、康晓萍副主席共同为中国华侨华人研究所揭牌，万立骏在揭牌仪式上做了讲话。他指出，中国华侨华人历史研究所成立30多年来，积极开展华侨华人研究，产生了一批学术价值高、理论观点新的研究成果。新形势下的侨研所，要做好发展规划，不断提高研究水平，在职能定位、研究方向、体制机制、队伍建设等方面深化改革。一是坚持正确的政治方向，明确华侨华人研究的目标任务。二是加强学术研究，不断提高研究水平。三是抓好自身建设，培养高素质研究队伍。

9月13日，举行中国华侨华人研究所揭牌仪式

【举办“2017习近平侨务思想研讨会”】习近平总书记对侨务工作、侨联工作和华侨华人的

12月28日，举办“2017习近平侨务思想研讨会”

相关论述，是习近平新时代中国特色社会主义思想的重要组成部分，也是新形势下侨联工作的理论指南。12 月 28 日，在甬江江畔，60 余名侨联干部和专家学者共聚一堂，参加由中国侨联指导，浙江省侨联、中国华侨华人研究所、五邑大学、中国华侨华人研究智库四家单位联合主办，宁波市侨联承办的“2017 习近平侨务思想研讨会”。中国侨联副主席康晓萍出席并讲话，她指出：“我们在习近平总书记工作过的浙江省举办习近平侨务论述研讨会，有着特殊的意义。举办本次研讨会，是全国侨联系统深入贯彻落实党的十九大精神、认真学习领会习近平新时代中国特色社会主义思想的具体举措和重要体现，也为专家学者在新的时代背景下交流、探讨、研究习近平侨务论述提供了一个重要平台。”

【编辑出版《习近平同志侨务工作论述摘编》（2017 年版）】加强习近平侨务思想的学习与研究，是华侨华人研究专家学者与侨务工作者共同的政治责任。2017 年，侨研所以高度的政治意识，收集、整理习近平总书记在不同场合、不同会议等有关华侨华人、侨务工作的讲话、文章、指示等，编辑出版了《习近平同志侨务工作论述摘编》（2017 年版），取得了良好的社会反响。

习近平同志侨务工作
论述摘编
（2017 年版）

中国华侨华人研究所
2017 年 10 月

2017 年版《习近平同志侨务工作论述摘编》封面

【继续做好《华侨华人历史研究》等刊物的编辑出版工作】2017 年，侨研所继续做好相关刊物的编辑出版工作，全年共计编辑出版《华侨华人历史研究》4 期、《侨情快讯》24 期、《中国侨联工作》12 期。《华侨华人历史研究》一直是中文社会科学引文索引（CSSCI）来源期刊，《华侨华人历史研究》编辑部着眼提高办刊质量，不断完善办刊机制，紧跟时代主题，开创新的研究视角，重视侨史、兼顾现状，严把质量关、政治关，同时，加大刊物的网络化、信息化和国际化建设；根据侨情变化，侨情信息中心及时、快速出版《侨情快讯》，做好信息服务工作；在承接《中国侨联工作》的改版、编辑、出版工作之后，编辑部重新设计版式内容，开辟多个栏目，每期均策划与华侨华人相关的主题，全彩印刷，图文并茂，同时开通《中国侨联工作》微信公众号。

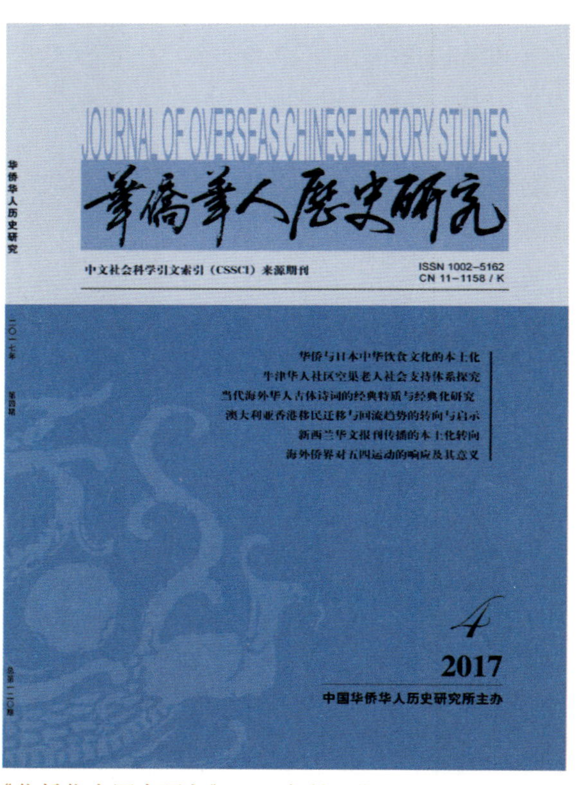

《华侨华人历史研究》2017 年第 4 期封面

【继续做好精品书籍的编辑出版工作】2017 年，侨研所继续做好“中国华侨历史学会文库”“侨史工程”“地方侨史文丛”等系列书籍的编辑出版工作，先后出版《历史影像中的新西兰华人》《缅甸华侨华人研究文集》《美国华侨华人

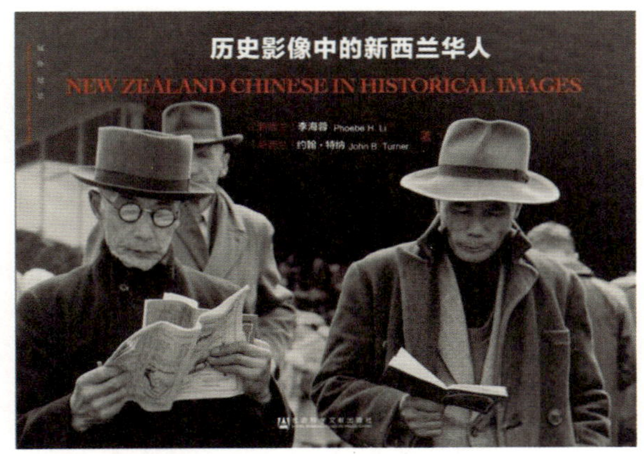

《历史影像中的新西兰华人》封面

史》《中国侨联年鉴》等精品书籍。

【做好中国侨联课题相关工作】根据“基础性研究与对策性研究并重、侨史研究与现实侨情研究并重”的原则，侨研所继续做好中国侨联课题的选题、立项、评审及研究工作，努力把中国侨联课题打造成具有显著社会效益和学术价值的精品。经专家评审并报中国侨联审定批准，2017—2019年度中华全国归国华侨联合会课题立项共有45项，其中重点课题6项，一般课题26项，青年课题8项，侨联委托课题5项。同时，编印《中国侨联课题研究成果文集（2015—2017年度）》，共计约40万字，并摘编较优秀的研究成果作为《中国侨联课题成果专报》内容，供中国侨联领导参考。

【联合举办第八届“国际华商·清华论坛”暨华侨华人创新论坛】7月11日，中国华侨华人研究所与清华大学华商研究中心、新加坡南洋理工大学南洋公共管理研究生院联合主办的第八届“国际华商·清华论坛”暨华侨华人创新论坛在江苏省昆山市举行。来自美国、加拿大、澳大利亚、法国、西班牙、南非、日本、韩国、新加坡及中国的知名专家学者、杰出华商及海外高层次人才代表参加此次论坛，共同探讨国际华商前沿问题。中国侨联副主席康晓萍出席开幕式并致辞。论坛还分别以“经济全球化与华商跨国经营”“欧洲华商”“海归创业”“华商圆桌会议”“华商历史”为主题，举行了五场专题讨论。

【联合主办“2017年世界海外华人研究学会区域会议”】2017年11月，侨研所与日本国立长崎大学共同主办“2017年世界海外华人研究学会区域会议”，该会议是全球华侨华人研究领域学者进行学术交流、加强学术研讨的重要平台之一。本年度研讨会的主题是“海外华人：全球化与地方化的活力”。此次大会有来自北美、亚洲、欧洲、大洋洲、拉丁美洲、非洲等地区的18个国家的200多名专家学者和嘉宾参加，会议发表论文178篇。通过这次研讨会，世界各地学者透过各自不同的视角，从海外华侨、华人多样和共同的历史经验中，对本届会议的主题提供多元的思考和分析。

【建设中国侨乡文化（黑龙江）研究中心】11月25日，由中国华侨华人研究所侨务理论研究中心与黑河学院共同主办的“一带一路”与“东北振兴”视域下东北华侨研究的回顾与展望高端论坛暨中国侨乡文化（黑龙江）研究中心揭牌仪式在黑河学院举行。来自俄罗斯布拉戈维申斯克国立师范大学、远东联邦大学，中国社会科学院、北京师范大学、黑龙江大学、黑龙江社会科学院、东北师范大学、哈尔滨工程大学、黑河市侨联、黑河市旅俄华侨纪念馆、黑河学院等40余名专家学者齐聚一堂，一起研讨旅俄华侨华人的历史与现状、俄罗斯移民政策及中国移民等相关问题，共同见证了中国侨乡文化（黑龙江）研究中心的成立。

11月25日，侨研所所长张春旺（右）为中国侨乡文化（黑龙江）研究中心揭牌

【联合主办第二届国际移民与海外华人丽水论坛】 12月9日—10日，由中国华侨华人研究所与浙江省侨联、丽水市侨联、青田县侨联、丽水学院共同主办，丽水学院华侨学院承办的第二届国际移民与海外华人丽水论坛在浙江省丽水市召开。来自海内外的100多位华侨华人研究领域的专家学者、侨领代表，以及各级领导参加了本次论坛。本次论坛主题报告以“华商、社团、社区与‘一带一路’”为题，此外还进行了“‘两山’战略与华商研究”“侨务理论与政策研究”“中华文化在海外传播与交流研究”“华侨华人历史、社会与宗教研究”“华人认同与侨乡文化研究”“国际移民与华人经济、政治研究”等六场专题研讨。

【举办华侨华人研究与侨联智库建设学术研讨会】 9月13日，由中国华侨华人研究所主办的“华侨华人研究与侨联智库建设学术研讨会”在北京召开。中国侨联副主席康晓萍出席本次会议并作总结讲话。来自北京大学、清华大学、厦门大学、北京师范大学、北京理工大学、华侨大学等涉侨院校、科研机构、社会智库及相关单位同志40余人参加研讨会。在研讨会上，与会专家学者围绕华侨华人研究的现状、发展趋势、机会与挑战，新型高端智库尤其是侨联智库建设展开了热烈讨论。康晓萍在总结讲话中指出，应适应世情、国情、侨情的新变化，紧密关注国际移民与侨务工作领域的新趋势和新问题，增强学术使命感和责任感，充分发挥主观能动性和创造活力，加强协作，团结拼搏，开创华侨华人研究新局面。一是努力打造服务国家发展和侨务工作的高端化智库。二是努力打造华侨华人和国际移民研究的国家级团队。三是努力打造引领华侨华人研究新发展枢纽型的组织。四是努力打造华侨华人研究者交流合作的开放式平台。

9月13日，康晓萍副主席出席华侨华人研究与侨联智库建设学术研讨会并讲话

【联合主办第四届“比较视野下的中国侨乡研究”学术研讨会】 12月1日—4日，中国华侨华人研究所与闽南师范大学、广东五邑大学和福建省华侨历史学会共同主办的第四届“比较视野下的中国侨乡研究”学术研讨会在福建省漳州市召开。来自厦门大学、中山大学、华侨大学、华东师范大学、台湾师范大学、马来亚大学等高等学校和科研机构的60余名专家学者出席会议。此次会议有助于加强侨乡研究，推动相关专家学者致力于侨乡文化研究，形成合力持续推进相关研究。

【联合主办2017第二届侨乡文化研究工作坊】 7月8日—9日，侨研所与广东五邑大学中国侨乡文化研究中心联合主办“2017第二届侨乡文化研究工作坊”。本次工作坊的目的是帮助年轻学者提升研究能力，拓宽学术视野，搭建侨乡研究的新平台，更深入地推进侨乡研究的发展。工作坊继续以“侨乡社会治理”为主题，遴选5名青年学者为主讲人，聘请华侨华人研究领域的知名教授担任工作坊指导教师。工作坊鼓励青年学者多学多思，扎实自己的学科知识，不断开阔眼界，勤于探索，一步步把研究做好。与

7月8日—9日，联合举办2017第二届侨乡文化研究工作坊

会者普遍认为，工作坊的形式非常有利于帮助青年学者成长，推动他们积极投身科学研究，实现学术理想。希望工作坊能坚持举办、不断改进，形成学术品牌。

加拿大纽芬兰纪念大学讲习教授方涛应邀主讲讲座

【联合召开《广东华侨史》编写大纲专家论证会】3月2日，侨研所与《广东华侨史》编修工作领导小组办公室、《广东华侨史》编修委员会联合举办了《广东华侨史》编写大纲专家论证会。《广东华侨史》编修工程由时任中共中央政治局委员、广东省委书记汪洋提出，在广东省委、省政府大力支持下开展。编委会此次论证的编写大纲是在广东、福建论证会之后的第三稿，在广泛征求各地专家学者的意见的基础上进行了修改和完善，特色鲜明、体系完整，结构清晰、脉络清楚，逻辑严谨、内容丰富，为以后的编撰打下了良好的基础。与会专家还就篇章结构设计、概念界定、历史分期、章节表述等方面展开讨论，提出了参考性意见。

【联合举办2017“北京大学华侨华人研究讲座”】2017年，侨研所与北京大学华侨华人研究中心继续合作举办“北京大学华侨华人研究讲座”，邀请国内外知名学者做华侨华人有关方面的专题讲座。如邀请加州大学洛杉矶分校英文系张敬珏教授做“相互依存：中国与华裔美国传记文学的共同点”主题讲座、马来亚大学历史学系黄子坚教授做“沙巴巴塞尔教会客家天主教徒社区的早期变迁：以1920—1930年婚姻注册证为个案的研究”主题讲座、台湾成功大学政治学系周志杰教授做“台湾南向与两岸关系之新竞合：东南亚华人的视角”主题讲座、新西兰梅西大学刘良妮博士做“新西兰的中国新移民：政策、流向认知”主题讲座等。

【开展多种形式的学术交流活动】侨研所注重加强华侨华人研究学术平台建设，与清华大学、北京大学、中国社会科学院、暨南大学、华侨大学、福建社会科学院、厦门大学、五邑大学、广东华侨史编委会等高等院校、科研院所及福建省侨联、黑龙江省侨联、昆明市侨联、石家庄市侨联等地方侨联，不同程度地建立了学术联系。2017年累计30人次参加国内外学术会议、开展交流访问、进行实地调研，热情拜访与接待海外学者，扩大了联系面。

侨研所副所长张秀明（左三）出席第三届“海外华人与中国侨乡文化”国际研讨会

中国华侨出版社

【领导成员名单】

社长兼总编辑：方鸣（2017 年 11 月退休）

总编辑、副社长：刘凤珍

【综述】中国华侨出版社是直属中国侨联的中央级出版机构，成立于 1989 年 1 月。其宗旨是通过向世人介绍侨胞造福桑梓及在居住地的成就与贡献，褒扬中华民族的光荣传统和勤劳刻苦、坚毅善良的优秀品质；以图书为中介，进一步沟通与海外同胞的联系，加强文化、学术交流，并为之服务。经过近 30 年的发展，已经形成了一定的经营规模，年出版图书 700 多种。2013—2017 年出版社连续获得“中国图书世界影响力出版 100 强”称号。

【出版《新时代，新思想，新目标，新征程》系列图书】中国共产党第十九次全国代表大会胜利召开，在海内外产生了空前的反响。党的十九大是在新的历史起点上开启党和国家事业新征程的一次大会，作出了中国特色社会主义进入新时代的重大政治论断，产生了习近平新时代中国特色社会主义思想，是一次具有划时代里程碑意义的大会。关注十九大，热议十九大，在广大华侨华人和侨界群众中间形成一股热潮。为了反映这一盛况，回应国际社会关切，编者从数以万计的感言中，选取百余篇有代表性的言论结集出版。编辑部全体人员在总编辑的带领下加班加点，其中《新时代，新思想，新目标，新征程——华侨华人热议十九大》一书从选题策划到印刷成册，仅用了一周时间。中国侨联主席、中国科学院院士万立骏特为系列图书题写了序言。

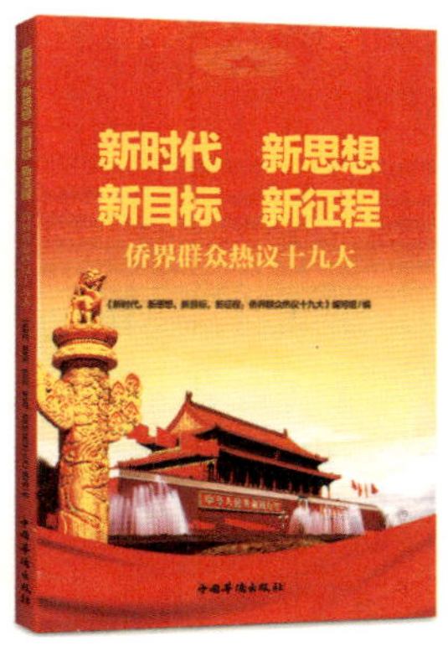

《新时代、新思想、新目标、新征程》系列图书出版

【康晓萍副主席到出版社慰问干部职工】1 月 18 日，中国侨联副主席康晓萍赴出版社走访慰问，代表中国侨联党组看望全体干部职工，并向大家表示节日的祝贺。在听取出版社的情况汇报后，康晓萍说，近年来，中国华侨出版社立足市场和读者需求，积极开拓，不断创新，出版了一批精品读物，得到业界同行的认可和海内外广大读者的喜爱，为下一步更大发展奠定了坚实基础。

1 月 18 日，康晓萍副主席慰问出版社干部职工

1 月 18 日，康晓萍副主席询问出版社生产情况

中国华侨出版社有“侨”特色，这是我们为侨服务的独特使命和优势，要多出版侨界群众喜闻乐见的读物；要组织各方面的力量，搜集侨界的素材，多出版记录侨史、反映侨情、宣传侨界先进典型、展示侨界精英形象的出版物。要探索与有关部门和机构的合作，不断拓展业务领域，增强市场竞争力，努力把出版社办成国家方针政策的传播窗口、侨史的记录窗口、侨界形象的展示窗口。文化交流部副部长邢砚庄与新闻宣传处处长易超陪同慰问。

【举办“不忘初心、继续前进”红色经典诵读会】6 月 8 日，为纪念建党 96 周年，迎接党的十九大胜利召开，扎实推进“两学一做”学习教育常态化制度化，根据中国侨联直属机关党委统一部署，中国华侨出版社党支部在本社组织开展了“不忘初心、继续前进”红色经典诵读活动。活动以习近平总书记“不忘初心、继续前进”的要求为主题，通过诵读马克思主义经典作家、党的领袖、革命先烈前辈、英雄模范人物及革命作家的名篇名段的形式，教育引导出版社广大党员、群众坚定理想信念，传承红色基因，弘扬优良传统作风，加强党性教育，牢固树立“四个意识”，确保对党绝对忠诚，坚决维护以习近平同志为核心的党中央权威，以良好精神状态和优异工作成绩迎接党的十九大胜利召开。各部门挑选的诵读者代表都拿出了自己的热情，慷慨激昂地完成了红色经典的诵读并阐述了自己对选篇的理解。中国华侨出版社副社长刘凤珍、副总编辑郭岭松、社总办主任王婧出席活动。

【开展“重温党史　铭记党章　牢记出版人的责任与担当”学习活动】在党的十九大闭幕仅一周之际，习近平总书记就带领新一届中央政治局常委赴上海瞻仰中共一大会址，赴浙江嘉兴瞻仰南湖红船，回顾建党历史，重温入党誓词，并发表重要讲话。习总书记讲话强调，党的事业发展永无止境，共产党人的初心永远不能改变。唯有不忘初心，方可告慰历史，告慰先辈，方可赢得民心，赢得时代，方可善作善成、一往无前。12 月 9 日，中国华侨出版社党支部组织了“重温党

12 月 9 日，中国华侨出版社党支部在嘉兴南湖革命纪念馆前重温入党誓词

6 月 8 日，中国华侨出版社举办红色经典诵读会

刘凤珍书记为党员讲授党课

史、铭记党章、牢记出版人的责任与担当”的学习活动。11 位党员同志怀着极其激动和敬仰的心情，瞻仰中共一大会址和浙江嘉兴南湖红船，聆听建党历史，重温入党誓词，学习党史党章，领悟十九大精神，深刻认识作为出版人在新时代的责任担当，中国华侨出版社党支部书记刘凤珍带领大家认真学习了党章，并为全体党员就此次学习主题讲了一节生动的党课。

【出版《美国华侨华人史》】该书集作者 30 余年研究美国华侨华人的成果，采用最新移民研究理论，评价中外主要学术研究论著，为第一部全面概述美国华侨华人历史的学术专著。全书运用美国移民档案、美国人口普查数据、美国报刊、口述访谈、族谱、侨刊乡讯等原始资料，展现华侨华人在美国的经历，考察他们移民、定居、就业、家庭、社区的状况，也分析了全球化与中国复兴形势下移民与同化的新趋势。

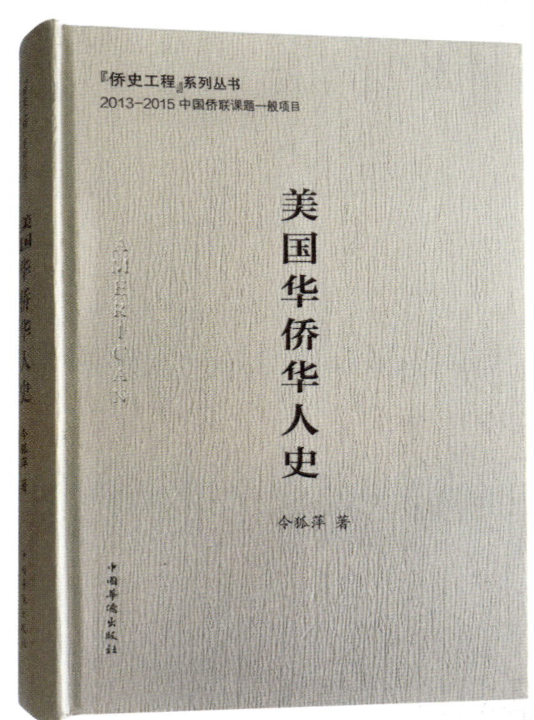

《美国华侨华人史》封面

【出版《世界华商发展报告（2017）》】该书结合当今经济环境，对世界华商的情况进行了整体展示和分析。全书由总报告、评选篇、地区篇、企业篇和附录组成，首先介绍了世界华商的总体发展情况，又分别从华商评选方面、不同地区的华商特点及华商典型企业各方面对华商的具体情况进行了阐述，表现华商经济的发展，并展示了海外华侨华人在经济、商业等方面的成绩。

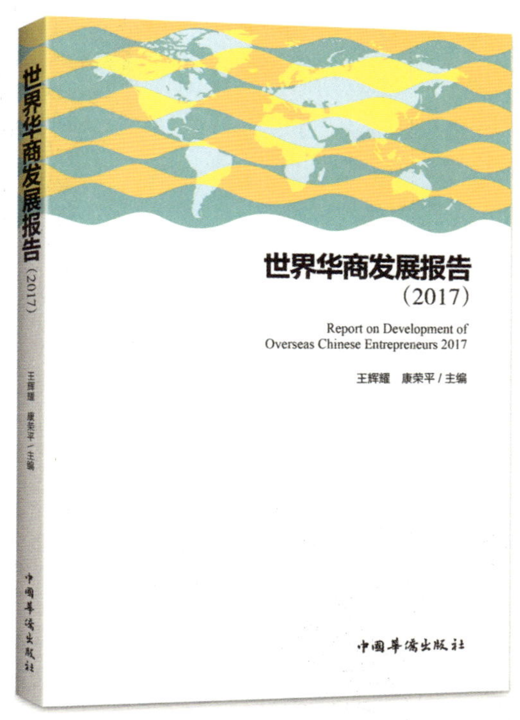

《世界华商发展报告（2017）》封面

【出版全国首部镇级华侨志《洪濑华侨志》】南安市洪濑镇是著名侨乡，全镇人口 8 万多人，旅居海外华侨华人 11 万多人，主要分布在印度尼西亚、马来西亚、菲律宾、新加坡、缅甸、越南、泰国等东南亚国家，部分居住在美国、加拿大、澳大利亚、新西兰、德国、英国、日本等国家。《洪濑华侨志》是南安市洪濑镇侨联组织编委会历时 3 年多，走访东南亚多个国家采访、编写的全国第一部重点侨乡华侨志，全书图文并茂，60 多万字，采用图片近 500 张。翔实讲述了华侨艰苦创业谋求发展的历程，集中展现侨乡历史、现状和侨务工作概述等，生态还原了洪濑华侨的发展印迹，为洪濑海外华侨华人回乡寻根提供了宝贵的资料，是一部客观真实记录海外洪濑华侨谋求发展、回报家乡及侨乡洪濑发展的奋斗史、光荣史。

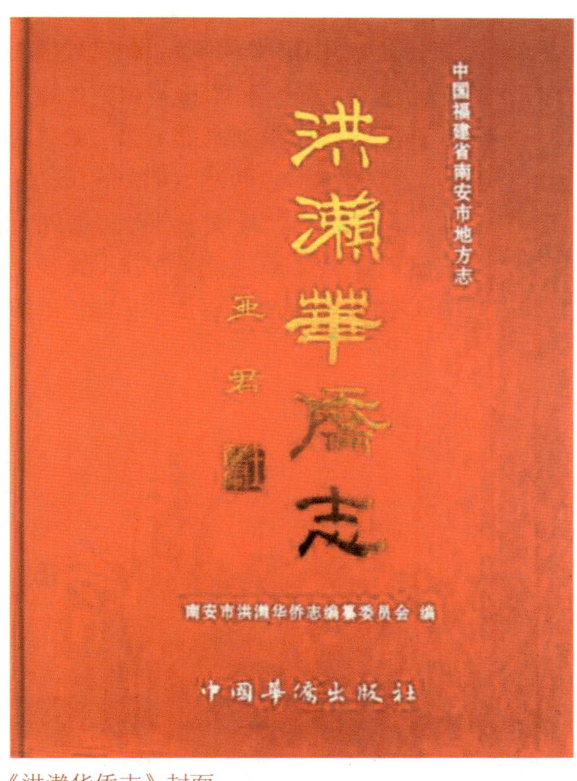

《洪濑华侨志》封面

【出版《19 世纪中国人移民巴西史》】中国和巴西远隔重洋，但浩瀚的太平洋没能阻止两国人民友好交往的进程。200 年前，首批中国茶农就跨越千山万水来到巴西种茶授艺。在 1873 年维也纳世界博览会上，巴西出产的茶叶赢得了广泛赞誉。作者用 16 年的心血，查阅各种资料，通过各种调研与走访考察，追寻中国人移民巴西的足迹，将巴西 19 世纪引进中国茶农、中国人在巴西的种茶史、中国人在巴西修铁路与公路、中国劳工简史以及对巴西经济、交通与文化发展的影响与贡献的研究成果结集成册。

《19 世纪中国人移民巴西史》封面

【举办“不忘初心　砥砺前行”座谈会】为全面学习贯彻落实党的十九大精神，根据共青团中央《关于在全团开展以“践行新思想　拥抱新时代”为主题的组织生活会的通知》要求，12 月 19 日，中国华侨出版社团支部紧紧围绕组织广大团员深入学习党的十九大精神，积极开展了“不忘初心　砥砺前行”主题团员青年组织生活会。活动主要以牢牢把握习近平新时代中国特色社会主义思想为主线，聚焦“八个明确”的内容和“十四个坚持”的基本方略，结合十九大报告及党章内容，组织团员集中学习党的十九大精神。此次学习采取集中学习和自学相结合的方式，组织团员深入学习党的十九大精神，着重把握好“12 个深刻领会”和“6 个聚焦”的要求。结合出版社工作实践实事求是，深刻领悟践行十九大精神。组织生活会召开前，各团员已对党的十九大报告、党的十九大修订的新党章等进行了深入学习，座谈中又对与出版工作实践息息相关的章节做出深度解读。

12 月 19 日，中国华侨出版社团支部举办“不忘初心　砥砺前行”座谈会

【畅销书作家白落梅出版新作】畅销书作家白落梅出版品读《红楼梦》的作品——《如花美眷，抵不过似水流年》。作者用禅意的笔墨、流畅的行文，品读《红楼梦》中的痴男怨女、人情百态、生离死别。全书共五卷，多着墨宝黛的爱情、命运，性情相近的宝钗和袭人，以及妙玉的高洁等。作者善用短句，文字典雅，富含哲理。娓娓絮语，诗意十足，缓缓道来，叹“世间万物，有情无情，缘起缘灭，终是草草”。白落梅，本名胥智慧。其散文在 CCTV3《电视诗歌散文》栏目中播出 30 余篇，作品常见于《读者》等杂志，读者盛赞其文“落梅风骨，秋水文章”。已出版作品有《你若安好　便是晴天》《你是锦瑟　我为流年》《因为懂得　所以慈悲》《西风多少恨，吹不散眉弯》《世间所有相遇　都是久别重逢》《时光知味》《光阴似水　待你如初》等。

【出版《闽台寻根大典》】该书是《海丝寻根大典》系列丛书中的一部，是一部关于闽台人民寻根谒祖的大型文献全书。由福建省档案局主办，福建省开闽姓氏文化研究院撰稿。该书根据福建省各个姓氏的族谱资料，汇聚数十年来海内外专家学者的研究成果编写而成。全书共两章。第一章主要围绕“寻根是中华民族优良美德”这一话题，探讨“寻根”及寻根文化的意义，并指出了寻根问祖的主要路径；第二章“闽台姓氏源流”，共收集闽台两地 207 个姓氏，以汉语拼音音序顺序排列，从姓氏渊源、得姓始祖、入闽迁徙、郡望堂号、祠堂古迹、楹联典故、族谱文献等方面对闽台地区的姓氏源流进行了探讨。

《如花美眷，抵不过似水流年》封面

《闽台寻根大典》封面

海内与海外

【领导成员名单】

法定代表人：陈　权

【综述】《海内与海外》杂志社为中国侨联事业单位，负责编辑、出版《海内与海外》杂志。《海内与海外》杂志为中国侨联主管的社会性、涉外性、文化性综合月刊，在国内外公开发行。2017年，《海内与海外》杂志社在中国侨联党组的领导和关怀下，认真贯彻落实党的十九大精神，学习贯彻习近平新时代中国特色社会主义思想，立足侨界，坚持正确的舆论导向，为增强中国软实力，努力弘扬中华优秀传统文化，强化精品意识。认真组织优秀图文稿件，精心编排，精心印制，推出一期期受到读者欢迎的精美刊物。2017年是传统媒体继续遭受新媒体冲击的一年，传统媒体杂志、报纸乃至电视媒体，一方面面临着市场进一步萎缩的不利局面，另一方面也积蓄了背水一战的实力和动力。《海内与海外》继续在纵深、专业、原创性的报道上保持优势，在既定的技术道路上走得更好，进一步彰显优势，弥补短板。基于此等设想，杂志社不断开拓创新，广开门路组织重点稿件，兢兢业业锤炼编辑业务，进一步强化在纵深、专业、原创上的优势；进一步强化在国内外公开发行之社会性、涉外性、文化性综合月刊定位，秉承突出侨联特色，落实社会主义核心价值观，始终坚持正确的舆论导向和办刊宗旨，履行"为侨服务"的传播、宣传职责。讲好中国故事，加大对有影响力的名人和侨界人物的报道，如报道了著名人物吴波、郭宝庆、焦菊隐、吕思勉、夏波涛、张伯苓、王德娟、汪曾祺、雷正民、冰心、任鸣、吕恩、纪连海、叶广岑、高洪波、王大勇、顾颉刚、骆宾基、蔡锷、童紫剑、司徒美堂、叶尔夏特、李维康、缪印堂、陈焕章、李婉芬、载涛、蔡其娇、李德伦、匡互生、郭宝昌、林斤澜、柳萌、杜卫东、马海德、谢觉哉、丰子恺、张恨水等，广受好评；增加了相关中华传统文化的内容，使刊物更显特色和新意。此外，为更加贴合中国侨联主管、中国侨商会主办的刊物定位，杂志社在资源有限、人手短缺的情况下，克服重重困难，以较低稿酬约请了著名经济学家、资深媒体人撰写了近30篇宏观、微观经济类稿件，作为重头文章刊出，显示了杂志的分量与厚度、实力与品位。媒体的竞争力，集中体现在对热点事件的追踪报道上。为积极宣传十九大，配合中国侨联中心工作，头条刊登《中国侨联召开九届五次全委会议万立骏当选为中国侨联主席》《中共中央决定万立骏同志任中国侨联党组书记》《万立骏主席、康晓萍副主席出席中国华侨华人研究所揭牌仪式》《中国侨联在京举办省级侨联党组书记主席党的十九大精神学习班》《万立骏主席出席"创业中华·牵手京津冀——第十七届海外侨界高层次人才为国服务活动"启动仪式》《全国侨联基层组织建设工作会议在京召开》《2017年全国侨联联络工作会议在北京召开》《认真学习贯彻党的十九大精神，用中国梦凝聚侨心》等重要报道；特辟《庆祝十九大》专栏，高洪波、吴志实、吴世民、范曾等各界名流欣然赋诗，庆祝十九大胜利召开；专文报道中国侨联九届四次全委会议，及时准确地将中国侨联的声音传向海内外，为增强中国侨联为侨服务的良好形象作出了持续不断的努力。在当前实现中华民族伟大复兴中国梦的背景下，杂志社结合自身定位，侧重于讲好中国故事和海内外华侨华人的中国梦，在对华侨华人的人物、事件报道中，继续凸显华侨华人是实现中国梦的重要资源的重要论断——海内外华侨华人在中国革命、新中国建设、改革开放过程中作出了巨大贡献，是实现中华民族伟大复兴中国梦弥足珍贵的资源。杂志社主动配合中国侨商会宣传工作，动用资源、花大力气组织权威经济专家为本刊撰写重头稿件，全年经济报道紧跟经济发展现状，对经济发展过程中遇到的难题高屋建瓴，提出许多专业、权威、可行的解决方案，为商会会员企业提供了重要的决策参考，为侨商会的工作增光添彩。在美编上，刊物封面设计坚持由物到人、由理性到情感、由冷峻到热情的转变，着意选用事件焦点中焦点人物的图片，展示其内心情感，以求在读者中产生共鸣，收到了既美观又动人的良好效果。

【中国侨联领导调研杂志社】8月24日，万立骏主席在汇报会上听取了杂志社的汇报，详细

2017 年 1 月，康晓萍副主席（中）到杂志社指导工作

询问杂志的印数、稿件来源、征订、经费保障等情况，对杂志社的存在价值给予肯定评价，对杂志社的发展方向做出重要指示。2017 年 1 月，康晓萍副主席到《海内与海外》杂志社看望调研，就杂志社工作开展情况、遇到困难及改进方向做了指导。康副主席如此评价杂志社：在编辑业务中突出侨联特色，加大了对有影响力的侨界人物的报道力度，希望《海内与海外》杂志社在 2017 年加强与各部门的交流与合作，继续讲好中国故事和侨界故事。

【2017 年 1 月号】2017 年的中央经济工作会议总基调是稳中求进，本期发表了《2017 年经济工作总基调：稳中求进》《2017 年经济发展六大重要信号》两篇重头文章，对相关政策进行了深度解读，有助于华侨华人对中国经济形势、目标的理解，彰显了新闻的有用性和相关性，且兼具可读性，获得读者好评。此外，第一期还刊发了《周恩来与北京人艺》《吴波与儿子们的故事》《郭宝庆的翰墨春秋》等文，独家报道了为一般性历史记载所忽略的重要史实。

2017 年第 1 期封面

【2017 年 2 月号】为庆祝中国侨联九届四次全委会议召开，刊发了相关报道。还刊发了《白石笔下鱼虾蟹》《千古犹在黄鹤楼》《杨万里和廉政》等大文化概念文章，丰富了本刊报道的内容。

【2017 年 3 月号】推出《践行新发展理念深化改革开放　加快建设现代化国际大都市》等重头文章，阐释国际大都市发展的路径，为城市发展中至关重要的问题出谋划策。刊登的《圭亚那人的“健康天使”》，颂扬了中国医疗队的国际主义和人道主义精神，广受好评。大文化方面，刊登了《宋朝的才女》《假如我有机会选择导师》《明天不封阳台》，皆是文化长河中的珠玑文章，特色鲜明，对传统文化的回归和适应当代社会新文化的建立具有现实意义。

【2017 年 4 月号】主动配合中国侨联及兄弟部门工作，刊发《2017 年全国侨联文化宣传工作会议在京召开　康晓萍副主席出席会议并讲话》《中国华侨历史博物馆公益文化讲座正式开讲》等文，还刊登了《以自贸区为突破口创造开放新格局》等经济方面的文章，展望中国经济持续增长思路、进程。在文化方面，刊登了《撒野丹青》《汪曾祺给我的五封信》《一件灰呢大衣》等文，无论在深度还是广度方面，均有可取之处。

【2017 年 5 月号】本期刊发《品牌向上发展需用先进技术》一文，从技术角度说明品牌打造的路径所在。在热点方面，刊登了《商家促销有玄机》一文，对无良商家不道德的促销行为给予抨击和警示。历史方面，刊登《止其当止》《正史与野史》《钟楼》等文，对历史记载、概念、观念及过往给予记载与评价。

【2017 年 6 月号】刊登《中国侨联召开九届五次全委会议万立骏当选为中国侨联主席》《中共中央决定万立骏同志任中国侨联党组书记》《2017 年全国侨联联络工作会议在北京召开》一组文章，对万立骏的当选表示热烈祝贺。《推进“一带一路”提升合作水平》对我国如何更好推进“一带一路”出谋划策；《妈祖文化的新内涵》探讨了侨乡妈祖文化兴盛的原因和脉络及对海外

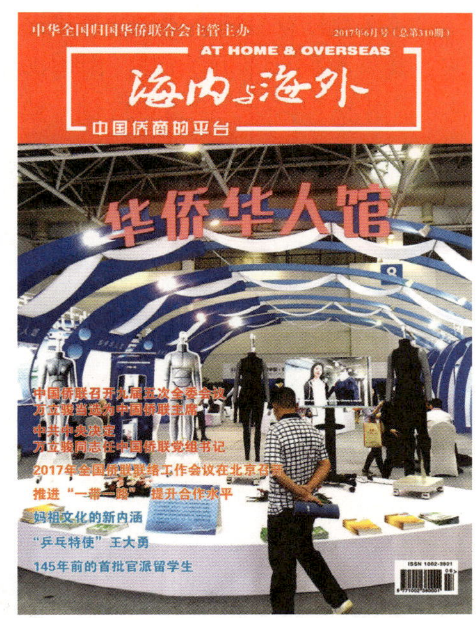

2017 年第 6 期封面

的影响。名家随笔刊登《说嘴容易》《洞里乾坤》《阅读是一生的志业》三篇文章；刊登的《"乒乓特使"王大勇》记录了中国教练的国际主义精神。

【2017 年 7 月号】经济类刊登《品牌战略与责任》，对品牌生成的要素，做了战略和责任层面的深刻探讨；《大唐金市的新生》从市场角度描述了西安的古往今来；中国在线推出《俯仰香港不了情》《香港"一碗饭运动"的由来》重点文章，表达了对香港的深情，以及香港在历史上对中国革命的贡献；文化类推出《王安石改诗》《老班长》《鲁迅的读图和读诗》等文，文笔优美，见识广博；人物类推出《蔡锷与棉花胡同旧居》等文，对其所取得的历史成就和人品给予宣扬、赞美。

【2017 年 8 月号】人物类推出万立骏主席的重头文章《凝聚更多黄大年式的新侨》，对黄大年的贡献给予充分肯定，文笔严谨优美，堪为楷模；特别报道推出《万立骏主席要求侨联系统救援四川九寨沟地震灾区》，及时报道侨联系统对灾区人民的关怀和帮助；中国在线推出《朝觐生命》《不朽的草原》《呼伦贝尔纪行》三篇文章；文化方面刊登了《五里桥头》《缪印堂：为漫画奉献一生》等文章，或资料珍贵，或笔力雄健。

【2017 年 9 月号】推出《万立骏主席出席"创业中华·牵手京津冀——第十七届海外侨界高层次人才为国服务活动"启动仪式》重点文章；经济类刊登《建设"科创中心"的两大意义》；热点方面推出《让食品造假行为付出入刑代价》。

【2017 年 10 月号】本期刊登《"脱贫攻坚"正当其时》，阐述了脱贫攻坚的重要意义和时机所在；《品牌时代的品质要求》，阐述了品质之于品牌的重要性。经济史话栏目刊登了《漕运及其管理机构》。至《海内与海外》第 10 期，将《缅甸华裔王国达传奇》刊载完毕，其过程中对此文精雕细刻，反复修改，终能以比较好的文笔展现在读者面前，并在海内外产生较大影响。

【2017 年 11 月号】刊登《中国侨联在京举办省级侨联党组书记主席党的十九大精神学习班》《全国侨联基层组织建设工作会议在京召开》《万立骏主席、康晓萍副主席出席中国华侨华人研究所揭牌仪式》等重要文章。为庆祝十九大胜利召开，特设《庆祝十九大》栏目，刊登了作家、艺术家、名人赞颂十九大的热情洋溢的诗作。

【2017 年 12 月号】刊登《认真学习贯彻党的十九大精神　用中国梦凝聚侨心——访中国侨联党组书记、主席万立骏》重要文章。经济方面刊登《德化白瓷历千年》，追溯了德化白瓷的千年历程，堪称珍贵史料。大文化方面，刊登《卖饼郎》《喜欢丰子恺》《惜哉！张恨水》等文，底蕴深厚，可读性强。中国在线栏目，刊登《为足球国家战略而孜孜以求》，对我国足球事业的发展历程进行回顾和展望，并提出珍贵的建设性意见。

2017 年第 12 期封面

中国华侨历史博物馆

【领导成员名单】

馆　　长：黄纪凯（2018年1月退休）

副 馆 长：祁德贵

【综述】2017年，在中国侨联党组的坚强领导和李卓彬副主席的具体指导下，中国华侨历史博物馆（以下简称“博物馆”）认真学习宣传贯彻党的十九大精神，以习近平新时代中国特色社会主义思想为指导，紧紧围绕侨联工作大局，努力探索博物馆改革之路，着力打造公益文化讲座品牌，稳步推进各项业务工作，为建成国家一级博物馆打下坚实基础。

【学习宣传贯彻党的十九大精神】10月18日上午，博物馆党支部组织全体干部职工集体收看中国共产党第十九次全国代表大会开幕式，第一时间聆听习近平总书记所作的工作报告。10月24日上午，组织全体干部职工集体收看中国共产党第十九次全国代表大会闭幕式。随后按照上级党委部署，博物馆党支部认真制定学习计划，要求支委会每两周进行一次专题学习，党小组每周至少进行一次集中学习，每月召开一次党员大会交流讨论，全体党员积极参加专题讲座及干部培训班，年底组织召开专题民主生活会。学习中贯彻原原本本地学和“学懂、弄通、做实”的总要求，采取逐句逐段学与讨论相结合的方式组织学习，以支委一班人带头学推动全体党员的学习。以结合博物馆实际学习的办法，把思想认识的提高转化为工作中的行动。

【着力打造公益文化讲座品牌】为进一步发挥博物馆教育功能，传播更多优质文化，为社会提供公共文化服务，自2017年3月起，博物馆于每月第二个周六举办一期专题公益文化讲座，本着课堂没有、社会需要的原则确定讲座主题，截至年底共举办10期，内容涉及历史、艺术、外交、自然、民俗等方面。第一期由西藏牦牛博物馆馆长吴雨初讲《牦牛走进博物馆》，他以牦牛憨厚、忠诚、悲悯、坚韧、勇悍、尽命的品格为主线，带领听众领略神秘的藏族文化，展示藏族人民的生活智慧，分享雪域高原上传奇与感动的故事。第二期由日本归侨、亚洲婚礼文化协会副会长陈富美讲《婚礼服与完美婚礼》，她详细介绍了国内外婚俗文化的特点及婚礼服的演变历程，并且结合模特队的现场演示，从仪式选择、服饰选择、饰品搭配等方面指导大家如何举办一场完美的婚礼。第三期由蓝天救援队队长张勇讲《中国民间救援组织的探索与发展》，他向大家详细介绍了蓝天救援队的相关情况，解读民间救援组织的发展现状与方向，分享救援过程中的感人故事，普及基本安全急救知识。第四期由中国钱币博物馆馆长周卫荣讲《丝绸之路与中国白银货币》，他基于全球贸易与社会发展的视野，就丝绸之路对中国古代白银货币化进程的影响进行了剖析。第五期由巴黎大学艺术史博士司徒双讲《欧洲美术传世经典赏析》，她生动阐述了文艺复兴时期的艺术风貌，详细介绍了卢浮宫镇馆四宝——《米罗的维纳斯》《胜利女神》《蒙娜丽莎》以及《垂死的奴隶》，着重分享了古希腊雕塑“神人同形同性”、崇尚运动社会风

3月11日，中国侨联顾问李祖沛（左五）、唐闻生（右四）参加博物馆第一期公益文化讲座《牦牛走进博物馆》，讲课人是西藏牦牛博物馆馆长吴雨初（右五）

5 月 13 日，博物馆举办第三期公益文化讲座《中国民间救援组织的探索与发展》

尚、反映古希腊人审美理念的艺术特点。第六期由颐和园副园长秦雷讲《乾隆与颐和园》，他以清漪园为主线，介绍了乾隆因兴修水利、为母祝寿而建清漪园的过程，分享了该园整体规划、巨大尺度，移天缩地、荟萃南北，起承转合、负阴抱阳，精雕细琢、工艺精湛的艺术特点等内容。第七期由中央党校国际战略研究中心教授林晓光讲《中国外交与国际战略的演变》，他从国际关系理论、新中国外交史、中国外交的重大课题等方面详细解读了中国外交与国际战略的演变。第八期由巴黎大学艺术史博士司徒双讲《欧洲文艺复兴的意义及三杰的成就》，她详细阐述了欧洲文艺复兴的意义，着重展现了达·芬奇、米开朗基罗、拉斐尔三位大师的艺术成就，以三杰背后鲜为人知的趣事为引，带领听众到艺术的宝库中探寻美的真谛。第九期由民间野生动物保护人士星巴（本名卓强，星巴取名于当地语狮子的发音）讲《自然守望者》，他和听众分享了自己为从事保护狮子而加入非洲原始部落的经历及参与野保工作的感悟，积极宣传了“保护自然　关注野保”的公益理念，袒露了他孜孜以求树立中国人同样也在保护野生动物、尊重自然的国际社会形象的心声，并在现场展示了他在非洲野外生存所用的帐篷及一些珍贵的原创照片。第十期由中国华侨历史博物馆馆长黄纪凯讲《华侨文物与华侨华人》，他深情回忆了著名爱国侨领陈嘉庚先生倡建博物馆的家国情怀及海内外侨界对博物馆建设给予的无私帮助，向听众普及了华侨与华人的基本概念，讲述了华侨华人、归侨侨眷的爱国情怀，阐述了华侨华人的在地化与爱国情怀的变化。从最初的数十名听众到后期的上百名，从最初的无人提问到后期的一问难提，博物馆公益文化讲座正逐步实现从无到有、从有到优的转变，产生了良好的品牌效益和社会效益。

9 月 9 日，中国侨联顾问黄军军（左三）、李祖沛（右二）参加博物馆第七期公益文化讲座《中国外交与国际战略的演变》，讲课人是中央党校国际战略研究中心教授林晓光（右三）

11 月 11 日，博物馆举办第九期公益文化讲座《自然守望者》

【做好绩效考核及绩效工资相关工作】在 2016 年底中央关于事业单位实施绩效工资相关文件下发的基础上，博物馆对上一年度绩效考核及绩效工资分配制度试行情况进行总结分析。经全馆人员多次讨论，对考核方式和绩效工资分配办法进行再修改，形成博物馆绩效方案修改版。2017年博物馆绩效考核及绩效工资相关工作全面展开，按照人社部对绩效工资制度工作的统一部署，完成了向机关组织人事部报审博物馆绩效方案及测算博物馆绩效工资总额的工作。博物馆绩效方案考核严格、程序严谨，每年年初博物馆全体人员需签订工作目标考核责任书，每月月初召开馆长办公会暨绩效考核小组联席会议审议上月绩效考核结果。目前该制度在博物馆试运行已超过一年，初步建立起了奖优罚劣、优胜劣汰的管理机制与制度，有效调动博物馆工作人员的积极性和主动性，推动博物馆事业良性发展。此外，对运行过程中出现的问题将在今后实施中加以完善。

【探索文化创意产品开发工作】自入选全国博物馆文化创意产品开发首批试点单位（全国共92家）以来，博物馆积极与部分具有文化创意产品开发经营能力的企业进行多次商洽。近一年来，经过多次馆长办公会议专题讨论并征求全馆人员意见，与部分公司初步达成合作意向。为确保落实政策不偏差、执行政策不走样，博物馆组织人员赴文化部、中国文物保护基金会等单位进行咨询请教。相关合作事宜将在今后择机继续推进。

【完成博物馆资源商标注册】自入选全国博物馆文化创意产品开发首批试点单位后，博物馆知识产权保护（注册商标）工作迫在眉睫，商标一旦被其他个人和单位抢先注册，造成的损失难以想象。在此背景下，2017年对博物馆中文名称、英文名称、馆徽和外观分别进行了注册，共计48个大类1452个小类。截至10月，注册商标全部受理成功，将在6个月之后进行公示，公示完毕国家工商行政管理总局商标局即可核准注册。

【提升接待服务水平】2017年，博物馆共接待社会各界观众19489人次（团队136批次6197人次，普通观众13292人次），较去年参观总人次增长29.4%。其中包括国务院办公厅秘书三局局长陈建安一行30余人，国务院侨办副主任郭军一行10余人，马耳他、古巴、德国、西班牙、斯里兰卡、乌克兰等多国驻华大使、参赞等嘉宾。同时，为第六届华裔青少年书画大赛获奖作品展、第十二届艺术之星全国少年儿童美术书法摄影大赛作品展等展览提供场地服务。各界观众对博物馆给予充分肯定。

6月23日，国务院侨办副主任郭军（左八）一行参观博物馆

【举办《北柳迎春——天津杨柳青木版年画特展》】1月20日，《北柳迎春——天津杨柳青木版年画特展》开幕，展览分为“历史传流”“戏曲故事”“仕女娃娃”“世俗生活”四部分，展品均为天津杨柳青木版年画博物馆的馆藏精品，为让观众更好地感受新年喜庆的气氛，本馆还邀请传承人进行了现场技艺表演。

【举办《爱在伊甸园·汪农新野生动物超写实油画作品展》】展览于5月20日开幕，展出汪农新野生动物超写实油画作品70余幅，旨在探讨当下社会生存环境中人与自然之间的爱，以动物为主要表现语言，探究环保命题。

【举办《不忘初心 跟党前行——马列主义思想传播与旅俄华侨专题图片展》】展览于6月30日开幕，从“旅俄华侨的成因和分布”“最早接受马列主义的旅俄华侨”“追求革命真理的先驱们”三个方面展示了众多旅俄华侨冲破艰难险阻、寻求救国真理，为了祖国的前途和亿万劳苦大众的利益，冲破帝国主义和军阀的围杀追剿，学习传播马列主义真理的旅程。

【举办《相遇侨博——郭欣中国画作品展》】 展览于9月1日开幕，以山水画为主，60余幅书画作品皆是郭欣从业以来凝聚的心血，旨在弘扬中华民族传统艺术，丰富广大观众的文化生活，促进书画爱好者间的交流与合作。

【举办《跨越时空的回响——纪念150年前美国铁路建设中的华工展》】 展览于9月5日开幕，中国侨联副主席李卓彬、中国侨联顾问黄军军等出席开幕式。展览主要以90余张美国中央太平洋铁路沿线新旧照片作为对比，向广大观众介绍世界第一条跨洲铁路的历史与现状，其中不乏从美国斯坦福大学图书馆等相关机构和个人获得的珍贵老照片，以及中外学者研究铁路华工的著作，让观众感受当年华工们的艰难困苦，领略他们的聪明才智。

【举办《飞越时空——梁小萍自撰回文诗联书法个人展》】 展览于9月15日开幕，中国侨联顾问林军等出席开幕式。这是博物馆主办的第一

9月5日，中国侨联副主席李卓彬（左六）、顾问黄军军（左五）出席《跨越时空的回响——纪念150年前美国铁路建设中的华工展》开幕式

9月15日，中国侨联顾问林军（左五）出席《飞越时空——梁小萍自撰回文诗联书法个人展》开幕式

个大型回文诗联书法艺术个人展，展区包括二楼B展厅、三楼展厅，以及三楼两个宽阔的长廊，占地面积约2000平方米。展览大气磅礴、格调高雅、内容精深、书写材质独特，囊括传统书法五体的29个作品系列、30种不同传统书风。在展示中国书法极深极博的同时，也展示了一位国际书法大师的艺术高度。

10月31日，中国侨联顾问唐闻生（左二）参观《西游漫记——赵羡藻摄影艺术展》

【举办《西游漫记——赵羡藻摄影艺术展》】 展览于10月31日开幕，中国侨联顾问唐闻生等出席开幕式。展览以赵羡藻移民美国后的个人经历为线索，通过个人视角所记录的半个多世纪的美国社会，展示一个旅美华人眼中的美国社会万象和海外华人生活状态、历史变迁。展览展出其摄影作品120余幅。

【举办《盛世归瓷——奚建军、吴培外销瓷收藏展》】 展览于11月8日开幕，中国侨联副主席康晓萍等出席开幕式。展览将奚建军和吴培

11月8日，中国侨联副主席康晓萍（左五）出席《盛世归瓷——奚建军、吴培外销瓷收藏展》开幕式

两位先生的200余件（套）藏品精选集中展示，从文化、贸易交流的视角予以解读。广大观众可以从精美展品中感受到中外文化互鉴交流的魅力，从而对于中外经贸文化交流在构建人类命运共同体进程中的积极作用产生新认知和新期许，启迪更多的海内外中华儿女和外国友人关注支持参与中外文化交流。

【举办多场社教活动】 寒假期间，博物馆共举办10场“北柳迎春”社教活动，得到了周边居民、学校、学生组织的积极参与，共计336人次参加活动。暑假期间，举办“行墨间的汉字艺术”和“认识印度尼西亚国乐器—昂格隆”社教活动。

12月15日，万立骏主席（左）会见美国华人收藏协会秘书长招思虹女士（右）

8月8日—10日，举办“认识印度尼西亚国乐器——昂格隆”社教活动

【藏品工作有序推进】 博物馆进一步加强对现有藏品的科学化、规范化和信息化管理。完成2013年泰国征集藏品（589件）的分类、消毒和上架工作；完成陈来华先生所有捐赠藏品（2060件）的登记、分类、定名、拍照和消毒工作，并将大部分藏品上架；建立35件（套）重点文物的藏品档案；累计导入口述采访资料、藏品图片、数字化缩微胶片、华工铁路资料、福建华侨农场资料等共约796G。继续拓展征集渠道，挖掘文物信息资源。2017年新增藏品3849件（套），其中捐赠藏品3321件（套），购买藏品528件（套）；赴北京、广东、广西等地对16人次老归侨进行口述历史采访，采录到共计36个小时的影像资料。

【万立骏主席会见美国华人收藏协会秘书长招思虹女士】 12月15日，中国侨联主席万立骏在北京亲切会见了美国华人收藏协会秘书长招思虹女士。万立骏主席对招思虹女士多年来为国捐赠珍贵文物的义举表示赞赏。他指出，长期以来广大海外侨胞既为住在国经济社会发展做出重要贡献，也为促进中外经济、科技、人文交流做出独特贡献。侨联作为海外侨胞的“娘家”，一定会尽全力为大家做好服务。他说，前不久胜利闭幕的党的十九大是一次具有划时代和里程碑意义的大会。大会把习近平新时代中国特色社会主义思想确立为必须长期坚持的重要指导思想，为我们绘就了走进新时代、展望新目标、肩负新使命、开启新征程的宏伟蓝图。习近平总书记在十九大报告中指出，要“广泛团结联系海外侨胞和归侨侨眷，共同致力于中华民族伟大复兴”，这为我们在新时代做好侨联工作指明了方向、提供了根本遵循。他寄语海外侨胞继续发扬爱国爱乡的优良传统，继续发挥熟悉住在国、了解祖籍国的独特优势，积极宣传中国和平发展理念和构建人类命运共同体的主张，为实现中华民族伟大复兴作出新的更大贡献。

【举行纪念马玉声同志诞辰一百周年座谈会暨文物捐赠仪式】 10月10日，博物馆举行纪念马玉声同志诞辰一百周年座谈会暨文物捐赠仪式，中国侨联副主席李昭玲、中国侨联顾问郭麟恭等近百人出席了仪式。座谈会上，与会嘉宾深情回忆了马玉声同志的生前点滴，高度赞扬了他

10 月 10 日，中国侨联副主席李昭玲（前排左三）、顾问郭麟恭（前排右五）出席纪念马玉声同志诞辰一百周年座谈会暨文物捐赠仪式

爱国爱乡、全心全意为朝鲜华侨服务的无私奉献和为搭建中朝两国友谊之桥所做出的努力。座谈会后，与会嘉宾共同见证了马玉声后人向博物馆捐赠部分马玉声同志相关文物仪式。

【召开“海丝寻踪——华侨华人与海洋文化”学术研讨会暨 2017 年华侨博物馆专业委员会年会】 10 月 19 日—21 日，“海丝寻踪——华侨华人与海洋文化”学术研讨会暨 2017 年华侨博物馆专业委员会年会在广西防城港召开。来自北京、上海、吉林、黑龙江、河南、河北、山东、安徽、江苏、浙江、福建、广东、广西、海南等 14 个省、自治区、直辖市的文博单位及高校、科研机构的 90 多位专家学者代表出席会议。

【基建收尾及设备维护工作】 2017 年，博物馆工程竣工结算完成，基本建设项目竣工财务决算报告完成，博物馆基建档案整理完成。在博物馆馆内设备日常维护维修的同时，对总包及各分包单位在前期工程施工中遗留下来的问题及隐患进行排查处理、督促整改，发现并解决影响博物馆设备运行维护的问题，不断提高服务保障质量。

【规范内部管理】 博物馆扎实做好安全管理工作，合并升级博物馆安防消防控制室，严格执行安全值班制度，定期进行安全检查，定期举行消防演习活动，对展厅内所用展柜及展品编号、拍照、建档，确保博物馆全年特别是十九大期间的馆舍安全、藏品安全、观众安全。11 月，博物馆项目顺利通过北京市二级安全生产标准化评审，该项评审是北京市安监部门组织开展的专项评审，评审标准和程序极为严格，通过率只有三成左右。启动建设博物馆内部控制制度，现已完成 25 个制度的初稿。

6 月 26 日，博物馆开展消防演习活动

中国华侨历史博物馆（物业管理项目）

北京市安全生产标准化

二级达标项目

北京市住房和城乡建设委员会
北京市安全生产监督管理局 监制
评审时间：二〇一七年十一月九日
有效期三年

博物馆通过北京市二级安全生产标准化评审

【做好党建工作】2017 年初，按照中央部署和上级党工委、党委的要求，博物馆组织开展“两学一做”制度化、常态化工作，通过学习《党章》和习近平总书记系列重要讲话精神，提高全体党员的思想认识，强化党员意识和组织观念。结合博物馆党员队伍实际，聚焦“做”字下功夫，鼓励党员争做业务能手和工作骨干，并将相关评价指标纳入党员定期评议内容，通过组织全体干部参加评议，督促党员在努力完成工作任务中体现党员的先锋模范作用。对于党员评议结果反映的突出问题，向相关人员通报评议情况，开展谈心活动，晓以利害，相关当事人主动在党小组生活会上谈认识，党员同志互勉共勉，对全体党员起到警醒作用。在《中直党建》（2017 年第 7 期）发表题为《从严从实推进“两学一做”学习教育》的文章，介绍博物馆党支部开展“两学一做”的情况和经验。坚持“三会一课”制度和党小组日常活动，严肃党内政治生活。着力做好发展党员工作，引导非党干部自觉以党员标准要求自己，不断向党组织靠拢，目前博物馆 11 名非党干部中已有 6 名递交了入党申请书。为开好 2017 年度民主生活会，博物馆党支部领导班子广泛征求党员和群众意见，分别与干部谈话谈心 30 人次，认真检查廉洁自律情况，并对领导班子存在的突出问题提出了整改建议。2018 年 1 月 17 日，博物馆党支部召开 2017 年度民主生活会、组织生活会、党员评议会。支部书记黄纪凯代表党支部，从政治学习和思想教育、基层组织建设、存在的主要问题三方面做了对照检查报告，支委全体成员分别做了自我剖析。中国侨联组织人事部部长姚林楠参加会议，并代表机关党委对会议进行点评，给予充分肯定。

【召开博物馆全体干部大会】2018 年 1 月 17 日，博物馆召开全体干部大会。中国侨联副主席李卓彬出席会议，与同志们分享了学习党的十九大精神和习近平新时代中国特色社会主义思想的心得体会，对博物馆下阶段工作提出明确要求。会上，中国侨联组织人事部部长姚林楠宣读了《关于黄纪凯同志退休的通知》（中侨党字〔2018〕1 号文）。

2018 年 1 月 17 日，中国侨联副主席李卓彬（左二）出席博物馆全体干部大会

中国侨联公益事业管理服务中心

【领导成员名单】

主　　任：何继宁

【综述】2017 年，中国侨联公益事业管理服务中心（以下简称“公益中心”）以习近平新时代中国特色社会主义思想为指导，着力增强政治性先进性群众性，在广泛团结联系海外侨胞和归侨侨眷，共同致力于中华民族伟大复兴的实践中，充分发挥侨联公益组织的独特作用。一年来，在中国侨联党组的直接领导下，按照“两个服务”和“两个拓展”的总要求，积极凝聚海内外侨界爱心和力量，抓重点，抓创新，抓管理，努力服务侨胞福祉、服务侨联工作、服务民间外交、服务社会建设，拓展领域搭建平台，培植全国侨联系统公益力量，强化宣传管理监督，不断推进机构建设，积极规划、指导、协助、支持各地侨联和专项基金开展多项具有侨特色的公益活动，努力开创侨联公益事业发展新局面。

【“侨爱心工程”实施情况】2017 年，公益中心继续实施“侨爱心工程”，努力将资助项目与“精准扶贫”和“为侨服务”相结合。巩固落实好已有项目，跟踪已签约项目，进一步发展新的捐赠人和拓展项目内容。不断扩大“树人班”“珍珠班”资助规模，全年新增 7 个班级；在浙江省嘉兴市举办第八期“侨爱心学校”校长培训班暨第四期“树人班项目负责人”培训班，来自全国 13 个省 15 所“树人班”项目合作学校的 62 位校长、项目负责人和怡海资助部分贫困地区优秀老师参加了培训。参与主办“教育精准扶贫公益论坛”，探讨在“教育精准扶贫”路上，侨联组织、教育部门、社会组织、爱心企业、专业机构等如何更好地开展合作，并就创新和完善“捡回珍珠计划”项目进行了交流。联合中国妇幼保健协会继续推动“全国婴幼儿血管瘤胎记公益筛查工程”，2017 年陆续启动陕西、山西、安徽等省，完成 15 万名新生儿的筛查，确诊 7000 余名血管瘤胎记患儿，实现早发现早治疗。加大“侨爱心健康光明行”走进侨乡活动的救助规模，为 2 万余名贫困地区白内障患者实施免费复明手术；通过开展医疗助困公益项目为近千名残病孤儿、家庭贫困重病患者提供医疗救助、专业护理、术后寄养、临终关怀等全面帮助。

3 月 23 日，举行“侨爱心光明行”走进云南启动仪式

【开展惠侨助侨行动】推进全国侨联系统公益事业开拓进取、创新发展。指导、加强与上海、江苏、湖南、重庆、浙江、广东等省市侨联基金会的项目合作，积极为各省市侨联筹集社会公益捐赠提供咨询、帮助和服务。一是加强与省区市侨联协作、沟通机制，对部分省区公益项目进行募款能力指导和资助，推动和支持地方侨联设立基金会或依托华侨基金会设立专项公益基金，举办中国侨联公益年会，开展侨联系统公益工作培训，努力构建全国侨联系统资源共享、利益共享、责任共担的一体化公益运作模式，更好地凝聚和服务侨界群众，不断开创侨联公益事业发展新局面。二是与中国侨联权益保障部合作，通过在全国侨联系统推动“365 惠侨济困行动”、设立“中国侨联扶侨帮困”专项基金和“侨爱心健康光明行”走进侨乡活动，倡导全国侨联系统

“帮你筹”公益项目启动仪式

开展送温暖活动，以助困、助学、助业、助医、助乐、志愿服务等为内容，为特困归侨侨眷排忧解难，关心帮助侨界留守儿童、空巢老人。三是积极支持和资助全国各级各地侨联在春节期间，集中组织看望慰问困难归侨侨眷、侨界有影响的人物、南侨机工或遗孀、侨联离退休老干部、老党员，发放慰问金和慰问品，表达党和政府对侨界群众的关心关爱。

【举办“爱心万里行”大型公益活动】由全国妇联、中国侨联作为指导单位，中国儿童少年基金会、中国华侨公益基金会、《公益时报》等共同主办，钢丝善行团组织执行的“爱心万里行”大型公益活动成效显著。“爱心万里行”车队从北京出发，计划历时11个月，途经28个省区市，为沿途重点地区的10万名贫困儿童及家庭赠送50万件衣物及1000万元以上的学习和生活用品，总行程五万多公里，目前车队已完成80%的行程和200多个站点的救助，特别是进入四川时，恰逢九寨沟地震，车队冒着余震和次生灾害，深入第一线，将救灾物资即时送到灾区群众手中。“侨联之友”微信群发布即时跟踪报道106篇，活动受到海内外侨胞和社会各界的赞许和支持。

【举行教育精准扶贫公益论坛】7月16日，“教育精准扶贫公益论坛暨第十届育珠论坛”在浙江省嘉兴市珍珠之家品格教育基地开幕。中国侨联公益事业管理服务中心主任、中国华侨公益基金会秘书长何继宁，新华爱基会创办人王建煊先生及夫人、新华爱基会理事长秦荣华先生及夫人出席了开幕式，出席开幕式的还有来自全国19个省市区侨联组织、3位教育部门主管，以及“捡回珍珠计划”全国126所合作学校的196位校长和珍珠班班主任老师。论坛探讨了在“教育精准扶贫”路上，侨联组织、教育部门、学校和公益基金会如何更好地开展合作，帮助更多需要帮助的人，并针对如何更新和完善“捡回珍珠计划”项目，与侨联组织、教育系统的各位伙伴进行交流研讨。中国侨联公益事业管理服务中心主任、中国华侨公益基金会秘书长何继宁谈到，以公益来助力教育，是响应中央“精准扶贫、精准脱贫”的有效实践。公益帮扶只是社会进步和发展的补充力量，不能从根本上解决社会困难和社会难题。公益机构开展教育救助项目，不光解决了贫困家庭的教育问题，同时对于促进地区间公平教育、身心和谐，社会风尚、构建完备的终身教育体系具有重要的现实意义。活动期间，新华爱基会创办人王建煊先生对各界爱心人士表示感谢，并分享“一个梦想”及“捡回珍珠计划”新一个历史时期的传承与革

乔卫副主席（右一）出席“爱心万里行”大型公益活动并授旗

7 月 16 日，“教育精准扶贫公益论坛暨第十届育珠论坛”在浙江省嘉兴市开幕

新。王建煊先生还鼓励每个珍珠生要好好学习，不要放弃梦想。新华爱基会理事长秦荣华表示，在未来时间内，要尽最大的力量来将“捡回珍珠计划”做大做好，将那一颗颗被埋没的珍珠重新拾起。

【启动“视觉健康精准脱贫行动”】8 月 17 日，中国侨联副主席、中国华侨公益基金会理事长乔卫宣布，中国侨联、中国华侨公益基金会、北京轻松筹网络科技有限公司、爱尔眼科医院集团股份有限公司共同发起“视觉健康精准脱贫行动”，倡导全社会立即行动起来，通过社会公益救助的方式，在 3 年内为 50 万名贫困致盲性眼病患者提供真正免费、精准、适宜、优质的眼科医疗服务，帮助他们恢复健康、重见光明、摆脱贫困。乔卫指出，这是响应习近平总书记号召，落实党中央、国务院战略部署的具体行动，是健康扶贫、精准脱贫的惠民工程和特色项目，体现了侨联组织、广大侨胞和社会各界爱心人士的责任与担当。根据抽样调查和大数据分析，当前 4300 多万贫困人口中，约有 60 万～70 万致盲性眼病患者，其中白内障、眼胬肉、糖尿病视网膜病、角膜病变等眼病患者 50 万人左右，可以通过治疗减轻减缓病症甚至重见光明。“视觉健康精准脱贫行动”的服务对象是：目前扶贫攻坚战中，建档立卡需要精准脱贫的 4000 多万贫困人口中的大约 50 万致盲性眼病患者；“视觉健康精准脱贫行动”的行动时间是：从现在开始到 2020 年，党中央确立的打赢脱贫攻坚战的最后期限前，大约 1000 天；“视觉健康精准脱贫行动”的行动口号是：千日复明五十万，助力脱贫攻坚战！乔卫强调，侨联组织、轻松筹、爱尔眼科三方优势互补，能够为“视觉健康精准脱贫行动”的启

8 月 17 日，乔卫副主席（中）宣布启动“视觉健康精准脱贫行动”

动和实施，奠定较为完善的基础、开展较为扎实的工作。他呼吁政府部门、扶贫队伍、爱心企业、医疗机构、社会组织、新闻媒体等携手合作，为身处最偏远地区、生活在黑暗模糊世界、缺医少药的50万贫困眼病患者带来温暖，带来光明，带来希望。

8月8日21时19分，九寨沟地震后中国侨联第一时间展开援助行动

【九寨沟地震后中国侨联第一时间展开援助行动】8月8日21时19分，四川阿坝州九寨沟县发生7.0级地震，地震发生后，8月9日上午中国侨联主席万立骏第一时间致电四川省侨联，了解灾区海外侨胞游客和归侨侨眷有关情况，以及当地抗震救灾的需要，并通过乔卫副主席联络指示正在奔往灾区的侨联钢丝善行团公益基金创始人钢子，指示在注意安全的情况下积极配合当地政府抗震救灾，并同时表达了对钢丝善行团抗震救灾车队前方队员的深切关心。由中国侨联捐赠的30万元救灾物资第一时间由“钢丝善行团爱心万里行”车队运达地震灾区，20万元救灾资金汇到四川省侨联。当时，钢丝善行团公益基金全国爱心万里行爱心车队正在成都开展万里行活动，在接到上级命令后，紧急启动808地震救助专项工作组，就近采购了水、方便面、火腿肠等基础生命维持物资后连夜奔赴灾区，最终于10日凌晨2点51分抵达灾区，并于4时许召集爱心万里行车队成员及周边赶来的志愿者开展了一线救灾专项会议，了解当前工作进度，并对接下来的救灾工作进行探讨，随后即刻向震中出发，积极全面参与救灾工作。万立骏要求“钢丝善行团爱心万里行”车队听从当地有关部门的指挥和调度，积极参加救援工作，确保人员安全。根据中国侨联党组部署，中国侨联及中国华侨公益基金会向四川九寨沟地震灾区提供50万元人民币救灾资金及物资支持。中国华侨公益基金会副会长庞燕，在侨联之友“远方的惦念”微信群，及时报道了地震灾情，短短两个小时，就有十余位群友捐款16.5万元，其中陈隆魁先生捐款10万元。

【举办“侨爱心学校”校长培训班】8月9日，第八期“侨爱心学校”校长培训班暨第四期“树人班”项目负责人培训班在浙江省嘉兴市落幕。来自全国13个省15所“树人班”项目合作学校的50多位校长、项目负责人和老师，以及北京怡海公益基金会合作的4所学校的10余位老师出席了活动。举办这样的培训班，希望校长和老师们能够在培训中得到真正的收获，让老师们更深入地认识“树人班”项目，并就各学校在项目开展过程中呈现的问题，和老师们进行交流探讨。本次培训既有优秀班主任分享带班经验、也有教育专家授课解惑，还有捐赠人的爱心寄语和“树人班”学生的励志发言。短暂的学习交流，50多位老师

举办第八期“侨爱心学校”校长培训班暨第四期“树人班”项目负责人培训班

相聚珍珠之家，用悠扬的歌声、有趣的游戏、热烈的掌声、虔诚的真心、别样的惜别晚会，向彼此打开心窗，留下最难忘的时刻，提升了团队协作能力，增进了友谊，让学生们也能真正受益。来自不同地区的校长和老师们通过培训班相互学习，交流讨论，互鉴经验，不断提高“树人班”的教育质量，更好地推进项目开展。

【万立骏主席会见2018年华侨华人春晚主创团队】10月16日，在召开2018年春节晚会新闻发布会前，中国侨联主席万立骏会见2018年华侨华人春晚主创团队，与凤凰卫视执行董事、常务副行政总裁、凤凰新媒体董事长崔强，山水文园集团执行董事兼CEO张晓梅，侨联之友代表庞燕，凤凰中文台副台长刘点点等进行了亲切交流。中国侨联副主席乔卫参加会见。万立骏首先代表中国侨联感谢凤凰卫视、山水文园集团、侨联之友等给予此次春晚项目的大力支持，对凤凰卫视的快速发展和在海内外的广泛影响力表示祝贺。他说，我们都是凤凰卫视的热心观众，凤凰卫视在传播中华优秀文化、跟踪世界前沿科技、报道全球热点资讯等方面，都独具特色。随着中国的飞速发展，世界越来越关注中国，都希望及时准确地听到中国声音，因此，凤凰卫视的发展前景十分广阔，与海内外侨界也有巨大的合作空间。他希望双方以华侨华人春晚合作为契机，资源共享，优势互补，加大各领域的交流互动，共同为讲好中国故事、传播好中国声音、实现中华民族伟大复兴的中国梦而不懈努力！凤凰新媒体董事长崔强说，十分感谢中国侨联和万主席对凤凰卫视的信任与赞誉，我们一定全力以赴，不负重托，向海内外侨界交出满意的作品。崔强表示，在移动互联网时代，传统电视媒体必须坚守优势，坚持创新。他充分肯定此次春晚关于举办全球快闪行动的构想，认为这很接地气，容易把群众的情绪和心里话带出来，把观众调动起来。他对侨联与凤凰卫视未来的合作表示充满信心和期待。万立骏主席、崔强、张晓梅、庞燕及中国华侨公益基金会秘书长何继宁等共同见证了中国侨联副主席、中国华侨公益基金会理事长乔卫与凤凰中文台副台长刘点点签署2018年侨联春晚合作协议。

【中国侨联举行2018年“远方的惦念——华侨华人春节联欢晚会”新闻发布会】10月16日，中

10月16日，万立骏主席（后排中）、乔卫副主席（前排左二）会见2018年华侨华人春晚主创团队

10 月 16 日，乔卫副主席（左三）出席 2018 年“远方的惦念——华侨华人春节联欢晚会”新闻发布会

国侨联联合凤凰卫视在北京共同举行 2018 年“远方的惦念——华侨华人春节联欢晚会”新闻发布会，中国侨联副主席、中国华侨公益基金会理事长、中国侨联新闻发言人乔卫介绍了 2018 年春晚的基本情况。2018 年“远方的惦念——华侨华人春节晚会”由中国侨联、凤凰卫视共同主办，山水文园集团特别支持，中国华侨公益基金会、凤凰卫视中文台、侨联之友共同承办。同时，将邀请东南卫视等国内电视台和网络新媒体及海外华文媒体，联合主办或参与承办。乔卫副主席强调，2018 年“远方的惦念——华侨华人春节晚会”不是一台综艺晚会，而是一台主题晚会。其主题既包括“来自远方的惦念”也包括“对远方的惦念”；既呈现海外侨胞在异国他乡的爱国思乡情怀，也表达祖（籍）国对海外侨胞永远不变的牵挂和惦念。晚会将特别突出“侨”的特点，艺术展现华侨华人在异国他乡的点滴故事和丰富多彩的华侨文化，把华侨华人晚会打造成“侨演、侨看”的特色晚会，品牌晚会。为更好展现“远方的惦念”主题，中国侨联与凤凰卫视共同发起“新春环球快闪行动”，并于发布之日起，正式面向全球对快闪节目进行海选，面向海内外华侨华人征集相应主题视频，欢迎海内外侨胞积极投稿。同时，将增加华侨华人的访谈节目，作为 2018 全球华侨华人春晚的一大亮点，在春晚播出时与全球观众见面。晚会将通过现场歌舞节目、外景拍摄、事件回访等形式，再次演绎展示中国人和中国故事、中国情意。最后，乔卫副主席，凤凰卫视执行董事、常务副行政总裁、凤凰新媒体董事长崔强先生，山水文园集团执行董事兼 CEO 张晓梅女士与侨联之友代表庞燕女士分别回答了记者的现场提问。此次春晚于 2018 年的正月在凤凰卫视各台、部分国内上星电视台、海外华文电视台、国内和海外互联网、移动互联网平台播出。

【举行 2017 中国公益年会】

12 月 13 日，以“汇聚合力·一路向前”为主题的“2017 中国公益年会”在北京国家会议中心举行，2017 年度十大公益新闻同时发布，一批优秀的公益企业、公益人物和公益记者受到表彰，成为本年度中国公益行业的代言者。中国华侨公益基金会是本届中国公益年会共同主办单位之一。2017 年中国公益变革的图景渐次展开，公益行业的发展路径逐渐凸显“从窄众走向大众”“从单一走向多元”“从线下走到线上”等趋势和特点。基于当下互联网公益的杠杆效应被激活、传统公益模式不断被挑战，甚至在面临被颠覆的背景下，公益从业者须保持开放心态、突破窠臼，不断寻找解决社会问题的驱动因素，建立公众能够深度参与的社会动员体系。年会上，中国华侨公益基金会秘书长何继宁提出“一带一路”公益先行。在本届年会上，还有众多来自一线的公益工作者分享了他们投身公益的心路和经验体会。此次年会发布了“2017 年度中国公益人物”，涉及学术、科研、政界、商界、文艺、医学等多个领域，评选主要依据个人年度公益行为的影响力、持续性、美誉度、号召力等因素。中国华侨公益基金会推荐的获奖者有：青年歌唱家陈笑玮女士、北京金恒丰科技有限公司董事长施乾平先生、怡海集团主席王琳达女士。“2017 年度中国公益企业”主要通过企业在公益行为的影响力、创新性、发展性、公信力和企业多年履行社会责任等综合特质的企业公益代表。中国华侨公益基金会推荐的获奖者有：山水文园集团、上海德达医

12 月 13 日，以“汇聚合力·一路向前”为主题的“2017 中国公益年会”在北京国家会议中心举行

院、银帝集团、北京轻松筹网络有限公司四家企业。

【召开中国侨联公益年会】12 月 27 日，中国侨联公益年会在浙江杭州召开。中国侨联副主席、中国华侨公益基金会理事长乔卫，中国侨联副主席、宁夏区侨联主席、中国华侨公益基金会副会长朱奕龙出席开幕式。浙江省侨联党组书记岑国荣致欢迎词，来自全国各省、自治区、直辖市侨联，新疆生产建设兵团侨联的相关领导和中国华侨公益基金会的理事、监事和部分荣誉职务代表等 70 余人参加了会议。中国侨联公益事业管理服务中心主任、中国华侨公益基金会副理事

12 月 27 日，乔卫副主席（左二）出席在杭州召开的中国侨联公益年会

长兼秘书长何继宁主持会议。这次会议的主要任务是：学习贯彻习近平新时代中国特色社会主义思想和党的十九大精神，研究和创新新时代侨联公益工作特点，以更好凝聚海内外侨胞爱心和智慧，努力服务侨胞福祉、服务侨联工作、服务民间外交、服务社会建设，推动侨联公益事业更好适应新时代要求。会上，乔卫副主席首先代表中国侨联和万立骏主席，向长期以来支持参与侨联公益事业发展的社会各界爱心企业、爱心人士、侨联工作者和志愿者们表示衷心的感谢和亲切的问候。他指出，侨联公益工作是侨联组织围绕中心、服务大局的重要方面，是侨联组织改革拓展、积极作为的重要领域，是侨联组织凝聚侨心、为侨服务的重要内容，是侨联组织发挥侨力、履行职能的重要抓手。乔卫副主席还对推动“精准脱贫光明行”项目进行了动员和部署。会上，湖北省侨联副主席刘文华，云南省侨联巡视员段林，浙江省侨联秘书长周松一，分别作了“侨爱心·光明行”活动报告、“一带一路”公益活动报告，“浙江省侨联公益活动”的开展情况报告，《公益时报》总编辑赵冠军作了题为《中国公益发展与思考》的公益讲座。

【做好新时代侨联公益事业工作】党的十九大规划了新时代的宏伟蓝图，侨联公益事业要以习近平新时代中国特色社会主义思想为指引，按新时代的要求，努力推动侨联公益工作创新发展。公益慈善是广大归侨侨眷、海外侨胞热衷的事业，是侨联不可或缺的一项重要工作。侨联公益工作是侨联组织围绕中心、服务大局的重要方面，是侨联组织改革拓展、积极作为的重要领域，是侨联组织凝聚侨心、为侨服务的重要内容，是侨联组织发挥侨力、履行职能的重要抓手。要认真学习贯彻习近平新时代中国特色社会主义思想和党的十九大精神，按新时代的要求，积极研究侨联公益工作的新特点，以更好凝聚海内外侨胞爱心和智慧，努力服务侨胞福祉、服务侨联工作、服务民间外交、服务社会建设，努力推动侨联公益工作创新发展。一要找准定位、明确方向，积极倡导公益价值、引导公益力量、开展公益活动、服务公益事业，要以合法、公募、公益、公信力、连通海内海外为工作基础；二要把握关系、突出特色，平衡硬件与软件，努力服务侨的精准脱贫，为侨胞生存和发展营造更好环境；三要展现独特，服务大局，引导海外侨胞回馈当地社会，着力展示“中国形象”；四要开拓创新、确保安全，积极推进管理创新、项目创新、筹资办法创新，扩大并提升侨联公益的影响力和竞争力。

【加强机构建设不断提高管理服务水平】公益事业发展，信誉是生命线，组织队伍建设和管理是基础，制度建设和有效监督是保障。公益中心组织全体干部深入学习党的十九大报告和有关会议文件，制定党支部学习贯彻党的十九大精神学习计划，扎实推进“两学一做”学习教育。2017 年召开支部党员大会 10 次，党课集中学习 6 次，组织主题党日活动 4 次，把学习贯彻党的十九大精神作为当前和今后一个时期工作的头等大事和首要政治任务，深刻领会习近平新时代中国特色社会主义思想的历史地位和丰富内涵，切实增强“四个意识”，坚决维护党中央权威和集中统一领导，在政治立场、政治方向、政治原则、政治道路上同党中央保持高度一致；不忘初心、牢记使命，深入基层、开拓创新，在侨言侨、在侨忧侨、在侨为侨，努力为侨联公益事业发展做出新贡献。

中国华侨历史学会

【领导成员名单】

会　长：林军

副会长：（以姓氏笔画排序）

龙登高　庄国土　李安山　李明欢（女）　李鸿阶　吴小安　张应龙　张国雄　张春旺　张禹东　张振江　赵红英（女）　谢小建　董中原

秘书长：张秀明（女）

【综述】 2017年，中国华侨历史学会紧紧围绕党和国家工作大局、侨务工作全局，认真学习贯彻党的十九大精神，深入学习习近平新时代中国特色社会主义思想，努力推进开展新时代华侨华人研究各项工作，积极开展广泛的学术交流，为华侨华人研究提供有力的平台支撑。

【举办“一带一路”视野下的留俄（苏）学生与中国近代变迁和现代化进程学术研讨会】 7月26日—27日，“一带一路”视野下的留俄（苏）学生与中国近代变迁和现代化进程学术研讨会在黑河召开。本次学术研讨会共收到专家学者提交的论文23篇。研讨会进行了大会发言与分组讨论。在分组讨论阶段，与会人员以旅俄（苏）侨胞与中国革命、留俄（苏）历史与人物、留苏（俄）学生与社会发展、留俄学生与“一带一路”四个主题进行了分组讨论。

【召开中国华侨历史学会七届二次理事会】 7月26日—27日，中国华侨历史学会七届二次理事会议在黑河举行。中国侨联副主席康晓萍出席会议并讲话。学会理事、来自全国各高等院校和科研机构的专家学者及各地侨联分管负责人、相关侨务部门同志150余人参加了会议。此次理事会也是首次与地方侨联合作在地方举行，开创了学会工作的新模式，收到了良好效果，对推动地方侨史研究具有积极意义。

7月26日，召开中国华侨历史学会七届二次理事会议

【派员参加福建省华侨历史学会第七次会员代表大会】 12月26日，福建省华侨历史学会第七次会员代表大会在福州开幕。来自福建省各条战线、各行各业的省华侨历史学会代表、专家学者及各设区市侨联、平潭综合实验区侨联有关领导等近120人参加大会。

7月26日，举办“一带一路”视野下的留俄（苏）学生与中国近代变迁和现代化进程学术研讨会

中国华侨历史学会派员出席本次大会，并向大会的召开表示热烈祝贺。大会经选举产生福建省华侨历史学会第七届理事会，谢小建连任新一届会长，庄国土等 7 人当选副会长，新任常务理事 38 名，理事 83 名。会议期间，同时召开了“新时代侨史侨情研讨会”，相关领域知名专家学者围绕会议主题作了重点发言，产生了良好反响。

【开展早期华人移民美国历史的资料收集与学术交流活动】5 月 23 日—27 日，中国华侨历史学会派调研组赴美国旧金山、洛杉矶两地开展了关于早期华人移民美国历史的资料收集与学术交流活动。调研组赴旧金山天使岛移民拘留所进行了实地考察，并特别访谈了“纸生仔”后裔。同时，与旧金山州立大学亚裔学系、加州大学洛杉矶分校社会学系的教授就早期华人移民美国历史、天使岛移民拘留所历史、美国华人社会文化认同等多方面的问题进行了深入交流。

5 月 23 日—27 日，学会派员对美国加州大学洛杉矶分校社会学系教授进行访谈

【组团出访新西兰、澳大利亚】6 月 15 日—22 日，应新西兰奥克兰博物馆、墨尔本大学亚洲研究所等机构邀请，侨研所和中国华侨历史博物馆派员组成出访团组，赴新西兰、澳大利亚交流访问和考察调研，与当地侨团、侨社及当地主流机构进行了深度交流。出访期间，访问了但尼丁奥塔哥大学人类学与考古学系，考察了劳伦斯华工营地遗址，就华工营地的修缮、维护情况及下一步的修复计划进行了详细调研。同时访问了澳大利亚墨尔本大学亚洲研究所、悉尼大学中国研究中心等。

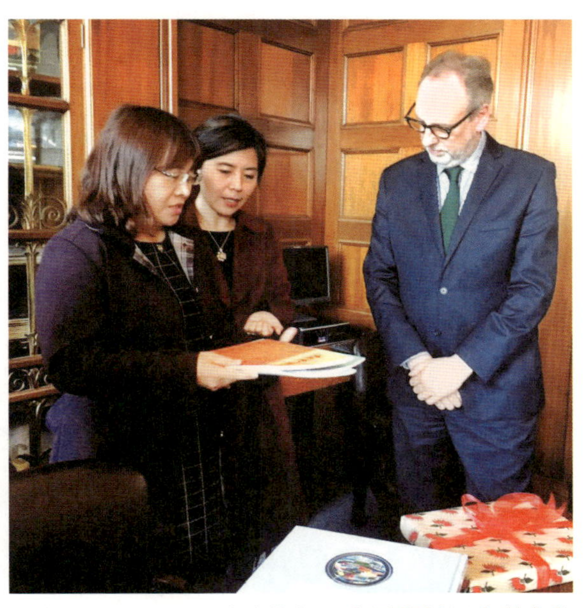

6 月 15 日—22 日，出访期间，中国华侨历史学会秘书长张秀明（左一）向奥克兰博物馆馆长赠送杂志

中国华侨公益基金会

【领导成员名单】

理 事 长：乔　卫

副理事长：何继宁　林正佳　张晓梅（女）

秘 书 长：何继宁（兼，经2017年5月5日第六届一次理事会通过）

【综述】2017年，中国华侨公益基金会（以下简称“基金会”）以习近平新时代中国特色社会主义思想为指导，着力增强政治性先进性群众性，在广泛团结联系海外侨胞和归侨侨眷，共同致力于中华民族伟大复兴的实践中，充分发挥侨联公益组织的独特作用。一年来，在中国侨联党组的直接领导下，按照“两个服务”和“两个拓展”总要求，积极凝聚海内外侨界爱心和力量，抓重点，抓创新，抓管理，努力服务侨胞福祉、服务侨联工作、服务民间外交、服务社会建设。基金会到账社会捐款2.1亿元，资助资金支出1.4亿元。基金会被评为年度十大公募基金会。

【侨爱心工程】2017年，基金会继续实施“侨爱心工程”，努力将资助项目与“精准扶贫”和“为侨服务”相结合。不断扩大“树人班”“珍珠班”资助规模，帮助“学习特优、家庭特困”的高中学生完成三年学业，打开迈进大学之门。目前，“树人班”在全国18个省区市23所合作学校中，累计设班53个，资助学生总数2612人，2017年新增7个班级，根据捐赠人意愿，新捐建“侨爱心学校”11所。“珍珠班”自2004年开办以来，已在全国25个省区市163所高中开办了976个珍珠班，有48659名贫困高中生受益，大学上线率100%。通过专项基金开展和睦家爱心医疗、德达贫困心血管疾病患者救治、小水滴孤残儿童关爱公益行动、蓝丝带国际助残行动、“萌芽计划——助力贫困慢性病患儿健康成长医疗救助项目”“帮你筹”公益项目、轻松筹医疗助困合作项目、钢丝善行团救助行动等公益项目，为3505名残病孤儿、家庭贫困重病患者提供医疗救助、专业护理、术后寄养、临终关怀等全面帮助，捐助资金近2500万元。联合中国妇幼保健协会继续推动“全国婴幼儿血管瘤胎记公益筛查工程”，在2016年四川省试点的基础上，2017年陆续启动陕西、山西、安徽等省，完成15万名新生儿的筛查，确诊7000余名血管瘤胎记患儿，实现早发现早治疗。资助开展基层医生培训项目和三甲医院人文医疗培训项目，共有300余名医生参加相关培训。支持偏远地区建设与发展，基金会千方公益基金捐资400余万元，帮扶湖北省罗田县修建“曙东大桥”，桥长150.12米，宽10米，目前大桥已落成通车，惠及老区群众10万余人。

8月15日，项目发起方代表探访患病儿童

【推动服务专项基金工作】2017年，华侨基金会在加强已有专项基金规范管理的同时，积极引导支持设立新的专项基金，并使基金工作不断向促进社会发展进步的公益领域拓展。目前，基金会管理的专项基金已达59支，支持领域涉及扶贫帮困、兴学助教、医疗救助、文化活动、绿色环保、国际交流、学术研究等。中国侨联发起、朱奕龙爱心基金资助的清华大学“一带一路”战略研究院于4月25日揭牌，将打造现代化高端智库、高端人才培养基地、高级别国际交流平台；由中国侨联主办、朱奕龙爱心基金资助的第三届世界华侨华人摄影展于10月12日开幕，展览共收到28个国家和地区2020名摄影家的19000余

7 月 14 日，梦想公益基金举办“小候鸟 · 温暖 1+1”北京夏令营文化交流活动

幅参展作品，成功搭建了海内外华侨华人摄影艺术家交流合作的平台。艳泓公益基金开展“暖春中国 · 感恩有你”活动及“暖冬公益行动”，呼唤全社会进一步关心帮助贫困大学生和贫困留守儿童，100 余位知名艺术家、歌星、影星参与，带动了娱乐名人参与公益事业的热潮。一河一带沙棘专项基金资助当地贫困农户组织合作社，通过种植经济作物实现脱贫和绿化双效益。蓝丝带国际助残基金参与“点亮蓝灯”关爱自闭症群体活动。梦想公益基金举办“小候鸟 · 温暖 1+1”北京夏令营，关爱贫困地区留守儿童，同时资助开展青少年国际文化交流活动。成功寒窗奖学基金连续四年在福建师范大学资助“谢投八奖学金”，奖励品学兼优学生和教师 406 人次。正心正举专项基金参与资助中国医学人文大会暨正心正举医学人文素养国际峰会，倡导医学人文关怀。崇世爱心基金在资助贫困大学生和贫困病患的同时，组织大学生志愿者赴偏远农村助学支教。潮商学公益基金资助出版《潮汕文化读本》并向海内外捐赠 4 万册。中国艺术研究院主办、华人当代艺术发展基金资助的中国艺术乡建论坛，从艺术人类学的角度，研究乡村建设问题，探索艺术与自然生态、社会生态相融合的乡村可持续发展模式。当代艺术发展基金资助中国当代艺术家通过海内外展览、论坛、交流等方式走向世界，努力弘扬中华文化。神华基金持续捐助南侨机工项目和北川中学奖教助学。

【新年获第一笔捐款】 1 月 6 日，法国王氏宗亲联谊会会长、温州丽岙侨联主席王荣弟向基金会认捐 110 万元人民币，这次捐赠是基金会新年的第一笔捐款，基金会秘书长何继宁接收捐赠。这笔捐款主要用于在温州市肯恩大学建设华侨学院。捐赠人王荣弟先生一直以来十分关心海外华侨华人子女的教育问题，他希望华侨学院建成后，能吸引到更多的华侨华人回国学习中国传统文化。

【录制播出“2017 华侨华人春节联欢晚会”】 晚会由中国侨联、福建省人民政府联合主办，中国华侨公益基金会、福建省侨联、东南卫视、侨

“远方的惦念”2017 华侨华人春节联欢晚会 2017 年正月初一（1 月 28 日）通过东南卫视、海峡卫视及海外华文媒体与全球观众见面

联之友微信群等共同承办，来自56个国家和地区的300位侨界人士及福州归侨侨眷等5000多人出席晚会现场。晚会于2017年正月初一（1月28日）通过东南卫视、海峡卫视及海外华文媒体与全球观众见面。晚会以“远方的惦念”为主题，突出“侨演、侨看”的特色，围绕“祖国惦念你”和“海外游子情”两条线索展开，通过讲故事、诉真情、送祝福的方式呈现。晚会旨在凝聚华侨华人力量，增进华侨华人亲情，呈现华侨华人在“一带一路”建设和推动海内外交流中的使者和桥梁作用。

【司迈医疗设备捐赠暨医疗设备手术应用公益培训班】基金会与珠海市司迈科技有限公司合作，为中西部地区110所基层医院落实捐赠总价值超过1亿元的SM10等离子双极电切电凝系统设备。截至2017年底，已有87所医院使用了捐赠设备，并组织12个省70余所基层医疗机构的450名泌尿科医务人员参加了5期专题培训班，使受益医院能够更好开展相关科室微创手术，助力医疗卫生资源下沉和基层医疗水平的提高。该系统是目前治疗前列腺增生症、尿道狭窄、膀胱肿瘤、妇科肌瘤等疾病具有国际领先水准的设备，低温切割、止血效果佳，体表无切口，能最大程度减少损伤，住院时间极短，安全可靠，可极大减少病患的痛苦和经济负担。受益医院将为当地归侨侨眷使用该系统手术开设绿色通道。

举办司迈医疗设备捐赠暨手术应用公益培训班

【支持探索海外公益项目】积极拓展海外公益项目，引导和支持广大侨胞更好回馈当地社会，服务“一带一路”发展。第一，2017年5月、8月和11月，由中国侨联主办，基金会联合缅甸相关侨团和爱尔眼科医院，组织国际医疗队，三次走进缅甸，开展“一带一路·侨爱心光明行”活动，为当地600余名贫困白内障患者实施免费复明手术，将全球华侨华人的善良和爱心带到“一带一路”上。缅甸当地政要、社会各界和华侨华人纷纷表示，“一带一路·侨爱心光明行”活动，是“一带一路”共商、共建、共享精神的生动阐释，既弘扬了人们扶危济困、助人为乐的公益情怀，表达了中缅人民友好互助的胞波情谊，也展现了全球华侨华人支持参与“一带一路”建设、谋求共赢发展的美好愿景。第二，联合德国、印尼、美国、丹麦等国侨界爱心人士，在基金会先后设立“一带一路·德国华商公益基金”“东南亚发展公益基金”“德迈国际爱心基金”“燕灵公益基金”等专项基金，参与支持“一带一路”公益活动。5月22日，基金会联合缅甸相关侨团，在曼德勒福庆学校大礼堂举办“华文图书捐赠仪式”，为当地学校捐赠图文并茂、装帧精美的近5万册中文简体拼音图书，价值人民币50万元；6月30日，基金会联合泰国相关侨团和侨联之友微信群，在曼谷泰西华文民校举办“华文图书捐赠仪式”，为当地学校捐赠近4万册中文简体拼音图书，价值人民币30万元。“东南亚发展公益基金”资助柬埔寨来华留学生120人，并资助“柬埔寨留学生医疗培训中心”价值约200万元人民币的医疗设备。“蓝丝带助残基金”分别到徐州、贵阳、昆明和老挝、泰国开展公益活动，帮助特殊教育学校智障学生、资助贫困学生、救治患病儿童。“怡海公益基金”捐资34万欧元，在塞尔维亚援建的乌日策市“怡海——王妈妈幼儿园”举行了剪彩仪式。通过以上活动，增进了“一带一路”沿线人民“民心相通”，支持和助力侨胞侨社更好回馈当地社会。第三，举办“一带一路”连接梦想——2017年华侨华人与“一带一路”主题报告会，来自世界五大洲

5 月 20 日，基金会秘书长何继宁宣布“侨爱心光明行”活动在缅甸仰光启动

40 个国家 100 余位华侨华人代表和国内有关人士共 300 人参加。报告会邀请到中国侨联副主席乔卫、中国人民大学重阳金融研究院执行院长王文等担任主讲嘉宾。与会侨胞表示，嘉宾对“一带一路”的研究与思考，使其对“一带一路”建设重大意义、核心理念、愿景目标、推进战略、发展路径、重点项目、政策导向、平台建设等的综合理解得到提高，进一步激发了华侨华人参与“一带一路”建设的积极性、主动性。

【开展“侨爱心光明行走进侨乡”系列活动】 2017 年，公益中心、基金会联合地方侨联，通过惠侨助侨行动，在云南、青海、湖北、广西、山西等省（区）和钦州市、玉林市、黄石市、仙桃市、蚌埠市、潜江市等六市开展致盲性眼病救助活动，为白内障患者实施复明手术，救治规模达到 11600 例，其中归侨侨眷占一半左右（集中在云南省华侨农场），全年救治超过 2 万例。“侨爱心光明行”活动是在中国政府承诺积极响应并参与世界卫生组织和国际防盲协会发起的“视觉 2020 ——享有看见的权利”这一全球性行动的大背景下，由中国侨联发起并组织实施的一项助侨惠民工程，也是中国侨联整合社会资源，为侨界人士和社会困难群众办实事办好事的一项品牌活动。几年来，“侨爱心光明行”活动足迹遍布全国近 20 个省区市，在实践中不断探索、总结经验，与合作医疗机构加强配合，发挥各自优势，实施项目化管理，实行社会化、事业化、品牌化运转，争取在全国侨联系统做出示范，扩大受助群体的覆盖面，帮助更多贫困白内障患者重见光明。

5 月 10 日，“侨爱心光明行——走进青海”启动仪式

5 月 22 日，康晓萍副主席（左三）出席在宜昌市举行的“侨爱心光明行”湖北站启动仪式

【笑玮儿童血管瘤胎记治疗基金】 5 月 27 日、7 月 4 日、9 月 15 日，基金会联合中国妇幼保健协会主办的“全国婴幼儿血管瘤胎记公益筛查工程启动暨婴幼儿脉管异常类疾病（血管瘤胎记）筛查技术培训会议”分别在山西、陕西、安徽、广西省（区）启动。旨在通过专

业的健康教育帮助更多的血管瘤患儿家庭了解血管瘤科普知识，帮助孩子早发现、早干预。同时，随着筛查大数据的不断积累，有望填补我国婴幼儿血管瘤脉管畸形发病率、危险因素等方面的数据空白，提升我国在相关领域的影响力。婴幼儿血管瘤脉管畸形公益筛查与研究工程是一项功在当代利及千秋的优生优育工程，该项筛查工程的启动，标志着我国的出生缺陷防治工作又多了一个重要抓手，此项工程能使我国血管瘤胎记患儿早发现早治疗，提高新出生人口素质。

【梦想专项基金在延安开展活动】 2月12日，基金会梦想专项基金开展的“梦想点亮人生、爱心陪伴成长”系列活动在陕西延安新区高级中学举行。延安市侨联主席刘润生、延川县委统战部部长吴慧婷、宝塔区侨联主席张军、基金会梦想专项基金副理事长魏斌、张建国先生，美国华侨及来自北师大朝阳附中的22名老师和同学等参加了此次活动。旨在开展城际学校间的对口帮扶、结对、培训地方教师、捐赠教学设备，推动中华民族文化传承、青少年国际间的交流等工作。此前，中国侨联常委、施美兰集团主席罗掌权和中国侨联青委会委员、施美兰集团董事罗俊隆通过基金会分别向该学校捐赠1000万元、200万元。学校各种配套设施设计人性化，其质量均达到国内一流标准。

2月12日，“梦想点亮人生、爱心陪伴成长”系列活动在延安新区高级中学举行

【归侨侨眷养安享专项基金】 2月23日，基金会归侨侨眷养安享专项基金发起人李蕾一行赴上海朱泾镇考察颐和苑老年服务中心项目，上海颐和苑老年服务中心发起人周保云、丹麦籍经理熊亨利陪同考察。颐和苑作为上海市侨爱心休养中心基地，是一家民办非营利性慈善养老机构，该中心在民政局注册，引入国外养老院的管理模式，为归国的老侨提供更为精细化、个性化的服务，让老侨切实感受到侨界的温暖。

【成功寒窗奖学基金举办资助活动】 3月15日，“成功寒窗奖学基金”在福建师范大学旗山校区学术大讲堂参加了2016年度“谢投八奖学金”的颁发仪式。福建省侨联主席陈式海，福建师范大学党委书记林和平、副书记潘玉腾，学校相关负责人，美术学院党政班子及师生代表等450余人参加了此次活动。2013年“成功寒窗奖学基金”发起人庄先生在福建师范大学设立“谢投八奖学金”，旨在激励青年教师和品学兼优学生，鼓励实践创新，不断提高学院师生美术创作能力和创新水平，培养杰出的青年美术人才，为祖国文化大发展大繁荣服务。四年来，“谢投八奖学金”本着公平、公正、公开的原则，已奖励品学兼优学生81人次；评

3月15日，“成功寒窗奖学基金”在福建师范大学旗山校区学术大讲堂举办奖学金颁发仪式

选发放美术与设计创新人才奖学金 182 人次、美术与设计传统薪传奖学金 10 人次、美术与设计学生海外研修实践奖学金 17 人次、青年教师访学计划奖学金 12 人次、特殊贡献奖学金 6 人次、阅水成川福建师范大学美术作品展出季优秀作品奖学金 98 人次，极大地推动了该校美术学院人才培养工作。本科生谢燕珊同学代表获奖学生发表感言，表达了对庄先生的感恩之情和追梦的信心、决心。

【成立点亮蓝灯暨水立方公益基金】4 月 2 日是第十个世界关爱自闭症日，当晚“点亮蓝灯暨水立方公益基金成立仪式”在水立方正式启动，中国侨联副主席、中国华侨公益基金会理事长乔卫，中国华侨公益基金会副理事长兼秘书长何继宁出席成立仪式，并一起点亮“蓝灯”。出席仪式的还有国际特殊奥林匹克东亚区组织发展高级总监曹忆菊，美国米尔本学院（Milburn Academy）中国语言文化讲师高汐汐，北京市海淀区特殊教育中心主任王红霞，北京市国有资产经营有限责任公司副总裁武晓南，北京国家游泳中心有限公司总经理杨奇勇等。乔卫副主席在水立方公益基金成立仪式上讲道，“水立方”为“自闭症人群”已连续点亮了七年“蓝灯”。蓝灯的点亮给予了“自闭孩子们”希望和梦想，同时也唤起我们用“同理心”去感受“他们”的内心世界，用大爱融化“他们”的孤独，成为“他们”内心中最亮的那颗星。当晚 19:35 在水立方北广场，“点亮蓝灯”仪式正式启动，现场响起《爱是流动的》旋律，大家共同点亮蓝灯。

【潮商学公益基金举办诵读活动】4 月 22 日，在汕头市龙湖区委、区政府指导下，由砚峰书院联手基金会潮商学公益基金、泰安地产、合胜百货等单位发起的“倡导全民阅读·创建文明城市——《潮汕文化读本》赠书仪式暨合胜读书会启动仪式”在合胜百货中庭举行。龙湖区委区政府书记林定亮，泰国正大集团副总裁、卜峰莲花执行董事长、基金会潮商学公益基金主任、砚峰书院山长李闻海，基金会办公室主任林涛及龙湖区教育局相关领导共同出席了此次活动。活动旨在打造具有潮汕特色的“全民阅读”推广体系。此次捐赠的《潮汕文化读本》展现了潮汕本土文化特色，是一本从童谣、故事、古诗到散文随笔，由浅入深，逐渐呈现一个丰富多彩、国色生香且与潮人息息相关的潮汕书籍。读本对潮汕原乡的优秀传统文化教育起到很好的促进作用，也受到海内外潮人的广泛关注。

4 月 22 日，“倡导全民阅读·创建文明城市——《潮汕文化读本》赠书仪式”在汕头举行

4 月 2 日，乔卫副主席（右三）出席“点亮蓝灯暨水立方公益基金成立仪式”

4 月 14 日，基金会“一河一带”沙棘专项基金暨沙棘志愿者“绿色行动”启动仪式在内蒙古鄂尔多斯市举行

【“一河一带”沙棘专项基金举办公益活动】 4 月 14 日，基金会“一河一带”沙棘专项基金暨沙棘志愿者“绿色行动”启动仪式在内蒙古鄂尔多斯市东胜区举行。基金会理事会监事长林少迈，全国政协委员、内蒙古知青联谊会名誉会长周秉建，蒙古族著名歌唱家拉苏荣，内蒙古侨联主席史晴，鄂尔多斯市人大常委会党组成员、秘书长乔明，国基荣腾公司内蒙古负责人王起，内蒙古沙棘生态产业促进会理事长李云飞，内蒙古天骄圣果生物科技有限公司负责人王树槐等出席了启动仪式。鄂尔多斯市侨联主席胡日嘎主持活动。“一河一带”沙棘专项基金将服务于黄河流域环境保护事业，促进黄河沿岸生态健康发展，推广科技研究成果并促进沿线地区经济发展。8 月 18 日，“一河一带”沙棘专项基金捐赠暨“华侨林”建设启动仪式在鄂尔多斯市伊旗大果沙棘基地举行。基金会副理事长兼秘书长何继宁、内蒙古自治区侨联主席史晴、内蒙古自治区侨联副秘书长王瑞萍、内蒙古真牛农业开发有限公司董事长马景华、内蒙古天骄圣果生物科技有限公司董事长李云飞、总经理王树槐等出席了此次活动。活动由鄂尔多斯市侨联主席胡日嘎主持。内蒙古真牛农业开发有限公司向“一河一带”沙棘专项基金捐赠了非转基因大豆 1000 万斤；内蒙古天骄圣果生物科技有限责任公司捐赠了价值 300 万元的物资和 200 万元人民币。何继宁副理事长对爱心企业的鼎力支持及社会爱心人士的无私奉献表示了衷心感谢。随后，何继宁、史晴、胡日嘎、李云飞、王树槐共同为“华侨林”揭牌，并与沙棘志愿者一起种植了沙棘苗。

【基金会获评年度十大公募基金会】 4 月 26 日，第十四届（2017）中国慈善榜在北京正式发布。本届中国慈善榜以年度实际捐赠 100 万元以上的企业或个人为数据采集样本。上榜慈善家共 201 位，2016 年度合计捐赠 74.12 亿元；上榜慈善企业 414 家，2016 年度合计捐赠 71.15 亿元；同时揭晓的还有中国基金会榜单、中国慈善明星榜、年度慈善项目奖项等。本届慈善榜对各基金会的年度捐赠和公益支出也进行了统计，将年度捐赠收入、公信力、社会影响力、品牌传播等作为主要指标，中国华侨公益基金会被评为年度十大公募基金会，年度捐赠收入超过 1.7 亿元。

【乔卫副主席出席 2017 年度中国慈善榜发布活动】 4 月 26 日，第十四届（2017）中国慈善榜在北京正式发布。中国社会工作联合会名誉会长徐瑞新，中国侨联副主席、中国华侨公益基金会理事长乔卫，中国社会工作联合会副会长兼秘书长、《公益时报》社长刘京，以及来自全国总工会、中国残联的领导和多家基金会的负责人

4 月 26 日，第十四届（2017）中国慈善榜在北京正式发布，中国华侨公益基金会被评为年度十大公募基金会

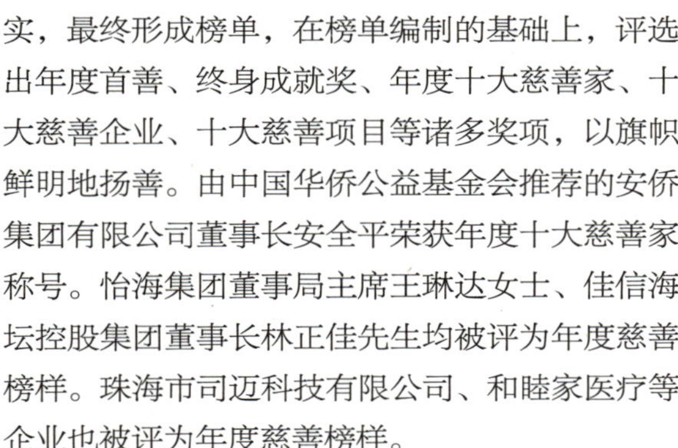

出席了活动。中国慈善排行榜是由《公益时报》社自 2004 年开始每年编制发布的中国慈善榜，以寻找榜样的力量、弘扬现代公益精神为宗旨，已成为目前中国公益领域最具影响力的品牌活动，每年的颁奖盛典也成为最受关注的公益年度盛事。中国慈善榜通过不同渠道的数据对比，以及专业调查核实，最终形成榜单，在榜单编制的基础上，评选出年度首善、终身成就奖、年度十大慈善家、十大慈善企业、十大慈善项目等诸多奖项，以旗帜鲜明地扬善。由中国华侨公益基金会推荐的安侨集团有限公司董事长安全平荣获年度十大慈善家称号。怡海集团董事局主席王琳达女士、佳信海坛控股集团董事长林正佳先生均被评为年度慈善榜样。珠海市司迈科技有限公司、和睦家医疗等企业也被评为年度慈善榜样。

5 月 5 日，中国华侨公益基金会六届一次理事会在北京落幕

【召开基金会六届一次理事会】5 月 5 日，中国华侨公益基金会六届一次理事会在北京落幕。中国侨联副主席、中国华侨公益基金会理事长乔卫，六届理事会理事、监事、特邀嘉宾出席会议。乔卫理事长在会上对基金会未来五年工作做出规划，与会理事、监事纷纷发言、建言献策，就基金会发展管理、改革创新等话题进行了深入讨论。会议强调，基金会在今后工作中，第一要守准定位、明确方向，要倡导公益价值、引导公益力量、开展公益活动、服务公益事业，要以合法、公募、公益、公信力、连通海内海外为工作基础。第二要把握关系、突出特色，平衡硬件与软件，服务侨的精准脱贫，为侨胞生存和发展创造好环境，同时为中国发展创造好环境。第三要展现独特，服务大局，引导海外侨胞回馈当地社会，着力宣扬“中国形象”。第四要开拓创新、确保安全，积极推进管理创新、项目创新、筹资办法创新，扩大并提升基金会的影响力和竞争力。会议审议了《中国华侨公益基金会五届理事会工作报告》《中国华侨公益基金会五届理事会财务报告》《中国华侨公益基金会 2017 年工作计划报告》。会议认为以上报告内容翔实，符合相关管理规定。《计划》反映了中国华侨公益基金会在实施“侨爱心工程”、开展中外文化交流、探索海外公益项目、发挥专项基金作用、扩大公益宣传、参与公益活动、为捐赠人服务、加强管理、抓好党建等方面要做的工作，体现了基金会的宗旨和开拓创新精神。会议根据《基金会管理条例》《中国华侨公益基金会章程》的有关规定，以无记名投票方式，选举乔卫担任中国华侨公益基金会理事长，何继宁、林正佳、张晓梅担任中国华侨公益基金会副理事长，决定何继宁担任秘书长。成立中国华侨公益基金会监事会，选举林少迈担任监事长。会议审议并通过了《中国华侨公益基金会新一届荣誉职务建议名单》，聘请庞燕等 33 人为中国华侨公益基金会副会长，聘请王钦贤等 38 人为中国华侨公益基金会顾问。乔卫为与会人员颁发聘书。

【走访容县山水树人班、西昌一中怡海树人班】5 月 9 日—14 日，基金会侨爱心工程部代表分别在玉林市侨联主席钟雄、副主席黄漫阳和怡海教育集团、北京怡海公益基金会代表一起，走访了容县高中“山水树人班”、西昌市第一中学“怡海树人班”，看望“树人班”学生，与校方领导、教师及学生进行了座谈、主题班会、家访等活动。2015 年在广西壮族自治区侨联及相关部门的推荐下，中国华侨公益基金会在该校设立了广西区第一个“树人班”项目，该班由孙女士和魏先生资助，命名为“山水树人班”。2014 年，在中国华侨公益基金会的推动下，北京怡海公益基金会发起资助该学校，成立了“怡海树人班”。怡海公益基金会积极倡导“树人班”公益项目，是该项目的首批捐赠单位之一，项目旨在资助家庭贫困、成绩特优的学生完成高中三年的学业。自 2011 年起在甘肃景泰一中、江苏明达

5月9日—14日，基金会侨爱心工程部在玉林市走访容县高中“山水树人班”看望学生，与校方领导、教师及学生进行座谈交流等活动

中学、湖北沙市中学、河北衡水中学分别开办“怡海树人班”，截至年底共资助15个“怡海树人班”，共计750名学生，累计为该项目捐赠562.5万元人民币。

【陈金荣文教专项基金开展公益课堂】5月12日是第九个全国防灾减灾日。当天上午，由中国华侨公益基金会“陈金荣文教专项基金”资助，九江市外侨办、市教育局联合市防震减灾局和赛得利（江西）化纤有限公司联合开展的“赛得利公益第三课堂”走进九江市双峰小学濂溪校区，举办校园防震减灾与紧急避险系列活动。双峰小学校长戴芳表示，赛得利公益第三课堂的主题教育活动针对性强、内容丰富，希望通过此次活动，使全校师生掌握应急避震的正确方法，熟悉震后学校紧急疏散的程序和线路。一旦危险来临，可以最大限度地保护全校师生的生命安全。“赛得利公益第三课堂”活动由中国华侨公益基金会“陈金荣文教专项基金”资助，旨在丰富和提高九江市中小学儿童综合素质，增强学生自我防范意识，让学生在校期间安全快乐成长。

【举行助力海外华文教育赠书仪式】5月17日，中国古生物化石保护基金会与中国华侨公益基金会图书捐赠仪式在中国地质博物馆举行。中国华侨公益基金会副会长庞燕、副理事长兼秘书长何继宁，中国古生物化石保护基金会理事长陶庆法，中国地质博物馆副馆长王玲出席本次活动，仪式由中国古生物化石保护基金会副理事长黄新燕主持。活动中，中国古生物化石保护基金会向基金会捐赠100套《地球大视野》科普丛书，用于泰国15所学校开展华文教育。捐赠仪式上，陶庆法介绍了这些科普书籍、科教片具有丰富的科教与宣传作用，能够使人们更好地了解地球，树立地质环境保护意识，起到传播古生物化石科普知识、弘扬地质科学精神与文化的作用，激发青少年探索地球的激情，同时也能发展海外华文教育。他指出，中国华侨公益基金会是海内外侨胞非常好的公益慈善平台，为参与海外华文教育提供了机会，期待今后在更多领域与基金会合作发展。基金会副理事长兼秘书长何继宁对图书捐赠善举表达了由衷的感谢，并进一步肯定本次海外赠书的重要意义：不仅为海外青少年学习汉语提供了课外读物，而且向他们传播了地球科学知识，提升了科学素质，还使他们加深了解中国在地球科学方面的进展与成就，使之更好认知中国、进而热爱中国。

5月17日，中国古生物化石保护基金会与中国华侨公益基金会助力海外华文教育图书捐赠仪式在中国地质博物馆举行

【“一带一路：侨爱心光明行”缅甸启幕】5月20日，服务“一带一路”建设、增进中缅两国人民“民心相通”的“侨爱心光明行”活动在缅甸仰光迪德谷瑞碧恒眼科医院举行，计划为当地200名贫困白内障患者实施免费复明手术。中国驻缅甸大使馆参赞于边疆、中国华侨公益基金会秘书长何继宁、中国华侨公益基金会副会长庞燕、云南省侨联副主席高峰、维萨卡基金会主席Dr.Win Min Thit、爱尔眼科医院集团党委副书记彭志坤及在仰光的部分侨领等出席启动仪式。此次活动标志着“一带一路：侨爱心光明行”拉开序幕，侨联组织、爱尔眼科国际援助医疗队成为“健康丝绸之路”的排头兵。活动由中国华侨公益基金会、云南省侨联、爱尔眼科医院集团、迪德谷瑞碧恒眼科医院、维萨卡基金会主办，德国华商公益基金、侨联之友微信群特别支持，缅甸中华总商会、缅甸仰光云南会馆、缅甸广东工商总会、缅甸福建同乡总会、云南省国际民间组织合作促进会、仰光卓越语言教育中心、东方航空云南有限公司协办。200名患者的手术费用由旅居德国的华侨企业家、慈善家张禹华先生捐赠，手术由爱尔眼科国际援助医疗队专家实施。中国华侨公益基金会秘书长何继宁表示，此次是中国华侨公益基金会与爱尔眼科医院集团第二次走进缅甸。2016年曾与爱尔眼科医院集团受邀参加国家项目“湄公河光明行”，为缅甸当地共181名白内障患者实施复明手术，并受到缅甸总统吴廷觉的亲切接见。“一带一路：侨爱心光明行”是由中国侨联倡导，中国华侨公益基金会和爱尔眼科医院集团联合主办的公益慈善项目，将携手全球华侨华人，为“一带一路”沿线国家贫困白内障患者免费实施复明手术，帮助他们重见光明。

5月20日，服务“一带一路”建设、增进中缅两国人民“民心相通”的“侨爱心光明行”活动在缅甸仰光迪德谷瑞碧恒眼科医院举行

【举行华文图书海外捐赠仪式】5月22日，缅甸曼德勒福庆学校大礼堂，缅华各界汇聚一堂，举行中国华侨公益基金会、云南省侨联为当地少年儿童捐赠中文图书仪式。图文并茂、装帧精美的近5万册中文简体拼音图书（价值人民币50万元），受到当地孩子、老师和家长的一致喜爱。中国华侨公益基金会秘书长何继宁、副会长庞燕，云南省侨联副主席高峰，缅甸金多堰慈善总会永远荣誉会长周天凤，曼德勒福建同乡会会长、福庆学校理事长黄鹏飞，德国华商联合总会会长张禹华，图书捐赠者——钢丝善行团公益基金代表李清等出席捐赠仪式。仪式由福庆学校校长李祖清博士主持。何继宁秘书长代表中国华侨公益基金会和乔卫理事长向曼德勒侨界致意。他指出，此次图书捐赠，是应中国驻曼德勒总领事馆和当地侨胞的要求组织实施的，是侨联组织为侨服务、为民间外交服务的具体举措。何继宁秘书长特别介绍了此次活动捐赠人——钢丝善行团网络志愿者组织和他们“一元捐”的做法。他强调华侨基金会将与大家一道，积极拓展海外公益。黄鹏飞理事

5月22日，华侨基金会联合缅甸相关侨团在曼德勒福庆学校大礼堂举办“华文图书捐赠仪式”

长在致辞中，衷心感谢祖（籍）国对海外侨胞的关心，感谢中国侨联、云南侨联为侨服务的情怀和行动。他高度评价此次图书捐赠活动是“雪中送炭”，指出这批图书选择得非常好，内容丰富，视野开阔，有图有文有拼音，孩子们读得懂，也爱读。他表示，这批图书，不仅要分发到各个华校，也要捐给当地主流社会学校和寺庙学校。

【艳泓公益基金举办“暖春中国·感恩有你”公益活动】5 月 30 日，中国华侨公益基金会艳泓公益基金“暖春中国·感恩有你”新闻发布会在国华影视基地举办。中国华侨公益基金会副理事长兼秘书长何继宁，《北京青年报》主任朱冬，江苏博领集团科技股份有限公司总裁何文，神龙集团（香港）有限公司董事长顾金昌，盛世新影集团副总裁杨立朋，大学生代表王昕昕、万留丽及著名歌手周艳泓共同上台，开启暖春公益行动。周艳泓发起并在基金会设立艳泓公益基金，旨在以艺术作为载体，音乐作为主要抓手，通过团结海内外华人明星，凝聚海内外爱心力量，引导并传播“人人公益”的理念，将公益助学落到实处，鼓励优秀学生，帮助家庭经济困难的学生顺利完成学业。本次活动共同为“暖春中国·感恩有你”帮扶贫困大学生公益活动新闻发布会助阵。发布会现场 30 名家庭贫困学业优秀的大学生不仅获得生活资助，还将有专家、明星、企业家组成的导师团队对他们的就业进行一对一帮扶。

5 月 30 日，中国华侨公益基金会艳泓公益基金“暖春中国·感恩有你”举办新闻发布会

【举行梦想公益基金成立暨“小候鸟计划”启动仪式】6 月 22 日，中国华侨公益基金会梦想公益基金成立暨“小候鸟计划”启动仪式在中国侨联新闻发布厅举行。中国侨联副主席、中国华侨公益基金会理事长乔卫，中国侨联组织人事部部长李杰，中国侨联权益保障部副部长黄晖，中国侨联机关服务中心副主任贾德成，著名导演尤小刚，词作家车行，相声表演艺术家李增瑞，中国游泳协会副秘书长李向东，梦想公益基金捐赠代表北京北方军华测控科技有限责任公司董事长魏斌、滨海金地矿业工程技术（北京）有限公司董事长张建国，梦想公益基金发起人魏庆辉出席启动仪式。同时，还有 40 多位书画、教育、艺术界的爱心人士及 30 家主流媒体记者出席此次活动。梦想公益基金主要面对青少年及教师群体，旨在开展城际学校间的对口帮扶、结对、培训地方教师、捐赠教学设备，推动中华民族文化的传承、青少年国际间的交流等工作。“小候鸟·温暖 1+1”活动作为梦想公益基金的品牌项目之一，带领欠发达地区贫困家庭的留守儿童走进城市，实现与父母的团聚，并与北京学生结对帮扶，建立长期友谊。中国侨联副主席、中国华侨公益基金会理事长乔卫代表中国侨联、中国华侨公益基金会在仪式上发表讲话。他指出，梦想公益基金的设立，在加强青少年国际交流、传承中华传统文化的同时，能够帮助家庭困难的青少年及儿童在成长过程中积极进取，为有志青少年搭建梦想的舞台和通往世界的桥梁，鼓励青少年在“一带一路”倡议指导下继往开来，积极参与国际文化交流，助力“一带一路”民心相通。中国侨联、中国华侨公益基金会将严格按照基金会的宗旨，监督和指导梦想公益基金开展活动，专款专用，接受社会监督。梦想公益基金发起人魏庆辉阐述了基金的缘起及“小候鸟计划”的社会使命和责任。她指出，梦想公益基金将海内外的成功企业家、艺术家、媒体人、教育界人士凝聚起来，用爱心回馈社会，帮助青少年立德树人，用梦想点亮人生。“小候鸟计划”重点关注留守儿童，解决留守儿童因父母离开后情感陪伴的缺失带来的遗憾，帮助留守儿童树立正确的

6 月 22 日，乔卫副主席（前排左五）出席基金会梦想公益基金成立暨“小候鸟计划”启动仪式新闻发布会

人生观、世界观和价值观，给他们提供一个追梦和筑梦的平台。启动仪式现场，爱心企业北京北方军华测控科技有限责任公司、滨海金地矿业工程技术（北京）有限公司分别向中国华侨公益基金会捐赠人民币 100 万元和 80 万元，全部用于支持梦想公益基金开展公益活动。沂蒙书画院院长杨德玉，中国书法家协会理事张艺群，中国文联机关团委书记杨军良，著名画家孙菊生之徒张树增，北京金帆书画院院长尚泰兴，中国侨联物业管理处副处长马书强，军旅书法家靳军民、徐四海，相声表演艺术家李增瑞，中国反体书法第一人李营，齐派画家曹洁雅，著名画家马贵先，著名画家孙菊生之子孙大宏向梦想公益基金捐赠了自己的作品。

【乔卫副主席出席河南华侨教育公益基金捐赠仪式暨河南华侨教育集团揭牌仪式】6 月 22 日—23 日，中国侨联副主席、中国华侨公益基金会理事长乔卫一行在河南师范大学新联学院参加了河南华侨教育公益基金捐赠仪式暨河南华侨教育集团揭牌仪式，参加了河南省基层侨联工作调研座谈会，深入郑州市管城区紫光社区实地考察了基层“侨胞之家”建设情况。中国华侨公益基金会副理事长兼秘书长何继宁，河南省侨联主席董锦燕，副主席王鹏杰、王月等陪同参加活动。23 日上午，河南华侨教育公益基金捐赠仪式暨河南华侨教育集团揭牌仪式，河南省侨联副主席、河南师范大学新联学院理事长李香枝捐赠中国华侨公益基金会托管河南华侨教育公益基金 100 万元人民币，乔卫为其颁发荣誉证书，并为河南华侨教育集团揭牌，何继宁代表中国侨联和中国华侨公益基金会致辞，董锦燕主持仪式。在河南省基层侨联工作调研座谈会上，乔卫副主席认真聆听了每位同志的发言，对大家提出的问题逐一进行了细致解答。他对河南侨联工作给予充分肯定和鼓

6 月 23 日，乔卫副主席（右三）出席河南华侨教育公益基金捐赠仪式暨河南华侨教育集团揭牌仪式

励，对做好侨联工作提出要求，勉励各级侨联工作者“做好侨联工作，一定要有一颗‘侨心’”，对待“侨”要有感情，愿意为侨胞服务，这也是加强侨联组织建设和推进侨联改革工作的根本所在。在河南期间，乔卫一行来到郑州市管城区紫光社区调研“侨胞之家”建设工作。在社区服务中心，乔卫副主席认真查看了“侨胞之家”文化活动室、图书阅览室、棋牌室、资源共享室等场所建设情况，听取了“侨胞之家”活动开展情况和为侨服务工作情况的汇报，在了解到“侨胞之家”在辖区内服务归侨侨眷就业、子女入学、医疗保障、法律维权和处理邻里纠纷等方面取得的一系列成果时，他对各级侨联致力于“侨联工作进社区”，致力于了解侨情、凝聚侨心、发挥侨力所做的努力表示高度认可。

【德达心康公益基金助力贫困患者】中国华侨公益基金会与上海德达医院合作成立德达心康公益基金，积极响应和落实“一带一路”倡议，充分借助德达医院优质的医疗资源和平台，共同努力为广大海内外侨胞，特别是为东南亚国家侨胞提供优质的医疗服务。基金成立以来，共收到询问及申请220多人次，成功救治包括大血管病、先心病、瓣膜病、冠心病在内的患者73名，覆盖全国24个省份，救助金额超过700万元人民币。在提供优质医疗服务的同时，上海德达医院的全体员工在心康公益基金的指引和鼓励下，奉献自己的时间和精力，为患者提供医疗和照护服务。在过去一年中，上海德达医院完成了多次社区义诊和健康咨询，覆盖人群近600人。

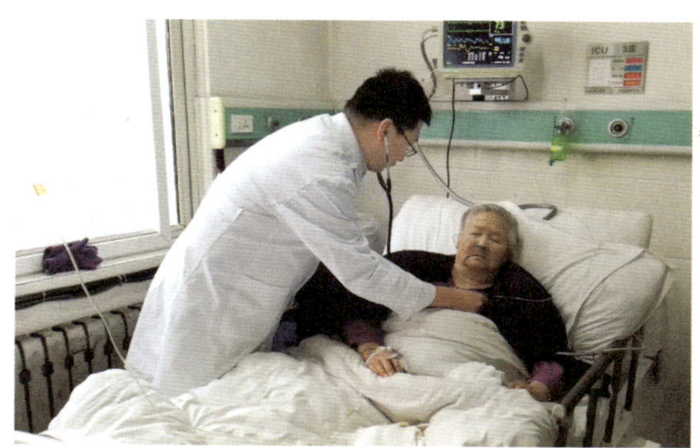
德达心康公益基金助力贫困患者，提供医疗和照护服务

【梦想公益基金举办“小候鸟·温暖1+1”北京夏令营】7月16日，由中国华侨公益基金会梦想公益基金主办的“小候鸟·温暖1+1”北京夏令营落幕。在为期一周的时间里，来自河南、河北、安徽、陕西延安四地的近100名留守儿童相聚北京，与北京育才学校、北京第五十七中的同学们一起，结对帮扶，为“小候鸟”们提供交流和开阔眼界的机会，感受首都的人文科技魅力。同时帮助他们树立更远大的目标，让“小候鸟”们感受到社会主义大家庭的温暖。此次活动的成功举办离不开河北、河南、延安、安徽各省级侨联、水立方、中国科技馆、国子监、北京文艺广播、老舍文艺基金会等单位的大力支持。此外，《紫荆》杂志社还向“小候鸟”们捐赠百余本《知识》《紫荆》等读物，以表达对祖国花朵的殷切期望和鼓励。

7月16日，梦想公益基金举办的“小候鸟·温暖1+1”北京夏令营落幕

【举行“帮你筹”公益项目启动仪式】8月15日，由《公益时报》联合中国华侨公益基金会、轻松筹等机构发起的“帮你筹”公益项目启动仪式在河北医科大学第一医院举行。该项目通过链接医院、公益机构、媒体及互联网筹款平台，进一步打通患者救助途径，打造完整的医疗救助体系，希望从根本上解决“因病致贫”的问题。作为首批支持平台，北京轻松筹网络科技有限公司将为项目公开募款提供支持。该公司首席战略官王政表示，项目的实施实现了医疗救助线上线下无缝对接，轻松筹将全力支持这一项目的实施。何继宁秘书长谈到，希望医院、公益组织、媒体及网络筹款平台发挥各自优势，推动项

目的发展。“帮你筹”项目的核心是为个人救助提供服务，这其中既有经济上的扶持，也包括为救助对象提供医疗方面的绿色通道，切实解决贫困病患面临的最急迫的问题，同时解决网络求助监管问题。另外，该项目在医疗扶贫方面也将是一个很好的探索。项目所筹善款将全部用于病患筛查、健康知识预防及病患儿的紧急救治、康复。今后还会拓展到教育等其他公益领域，致力于打造一个“互联网 + 社会救助”的公共服务平台。

8 月 15 日，“帮你筹”公益项目启动仪式在河北举行

【崇世爱心基金】一年来，崇世爱心基金资助开展了多项公益活动。最美好的遇见爱心妈妈崇世珍珠班珍珠引路 2017 年寒假回访活动；圆梦求学路　鱼不忘水恩 2017 活动；北京师范大学 2017 年爱心妈妈助学面谈成功举办；崇世励学支教项目在云南、四川等少数民族地区开展支教帮扶活动。

【举行笑玮爱心基金启动仪式】8 月 30 日，笑玮爱心基金启动仪式在中国侨联一层新闻发布厅举行。中国侨联副主席、中国华侨公益基金会理事长乔卫出席捐赠仪式，出席本次活动的嘉宾还有基金发起人、中央民族乐团青年歌唱演员陈笑玮女士，海军原副政委、全国政协委员王兆海，中国社科院经济研究所所长崔民选，以及为基金捐赠的四家爱心企业代表。笑玮爱心基金是由中央民族乐团青年歌唱演员陈笑玮女士发起，金澳科技（湖北）化工有限公司、金澳控股集团有限公司、金澳物流（湖北）有限公司、武汉西西基西石化有限公司共同捐赠 500 万元人民币在中国华侨公益基金会设立的专项基金，致力于开展救灾救难、文化交流及教育等领域的公益慈善项目和活动的专项基金。仪式上，中国侨联副主席、中国华侨公益基金会理事长乔卫先生与发起人陈笑玮女士签订了笑玮爱心基金捐赠协议书，并代表中国华侨公益基金会接受捐赠，为捐赠企业颁发捐赠证书。中国华侨公益基金会副理事长兼秘书长何继宁在仪式上谈道，希望中国华侨公益基金会在创新社会治理、惠及民生、动员社会资源等方面发挥积极作用，用全局性思考，打造魅力公益项目，进而激发组织活力，发挥组织作用，让“公益智慧”参与到协调社会事务，引导社会力量关注社会问题上来。发起人陈笑玮讲述她做公益以来，得到了社会各界有责任感的企业、团体和个人的大力支持，慷慨解囊，积极参与。

【“一带一路”首个侨商捐建幼儿园在塞尔维亚乌日策市剪彩】10 月 9 日是塞尔维亚乌日策一年一度的城市纪念日，在这个特殊的日子，由怡海集团、北京怡海公益基金会通过中国华侨公益基金会捐赠 34 万欧元协助建设完成的乌日策市怡海——王妈妈幼儿园举行了剪彩仪式。怡海集团、中国华侨公益基金会副会长王琳达女士作为捐赠人，携中国企业中东欧考察代表团成员亲临剪彩仪式现场。塞尔维亚总统办公室秘书长尼克拉表示，对于中国的好朋友王琳达全身心帮助乌

8 月 30 日，乔卫副主席（左六）出席笑玮爱心基金启动仪式

10 月 9 日，“一带一路”首个侨商捐建的幼儿园在塞尔维亚乌日策市剪彩

日策幼儿园表示衷心的感谢，并且也从这位有责任的中国企业家身上学会了用教育让自己的人民强大。乌日策怡海——王妈妈幼儿园是国家“一带一路”倡议推进中首个侨商捐建的幼儿园，预计可容纳 120 名儿童：分 3 个年级，每个年级 2 个班，每班 20 人，华文课每周 3 节，每节课 1 小时。该幼儿园将主要服务于无华文基础的 3 ~ 6 岁儿童，预计 95% 塞尔维亚人，5% 华侨子弟。目前幼儿园已有 70 余名儿童入园。

【小水滴新生基金】10 月 16 日，演员海清女士应邀担任侨基会“小水滴新生基金”慈善爱心大使签约仪式在北京举行，中国华侨公益基金会副理事长兼秘书长何继宁、北京京都儿童医院院长童奔、优生优育协会秘书长王昆及爱心企业、慈善机构代表共同见证。何继宁秘书长对海清女士为“小水滴”代言给予赞许，希望“小水滴”携手海清女士，能号召更多爱心人士参与其中，帮助孤残儿童重获新生。“小水滴新生基金”2016 年设立，专注孤残儿童医疗救助的爱心项目。目前，共帮助 213 名患儿重拾幸福。其中救助贫困家庭的 65 名患儿，孤残患儿 148 名；送治门诊 600 多人次，成功手术 70 多例，募集善款 750 余万元。

【举办侨爱心公益活动】10 月 22 日，由中国华侨公益基金会、山西省侨联、晋中市侨联、太原市文物局、晋源区文化局共同主办的侨爱心龙山公益活动在太原市龙山景区启动。此次活动为了在党的十九大期间营造喜庆、和谐、良好的氛围，实施贯彻十九大习近平总书记提出的“中国文化的复兴和文化自信”，体现“艺术为人民服务”的宗旨。所有应邀参加活动的书画家、油画家、摄影家及其爱好者均捐赠作品，中国华侨公益基金会为捐赠人颁发公益证书。此次活动捐赠的作品全部拍卖，所得款项用于资助“中国华侨公益基金会光明行”活动，帮助贫困白内障患者重见光明。为实施贯彻十九大习近平总书记提出的“中国文化的复兴和文化自信”，体现“艺术为人民服务”的宗旨，12 月 2 日，由中国华侨公益基金会晋中市金桥爱心公益基金、太原市图书馆共同主办的第二站侨爱心太原图书馆公益活动圆满结束。此次活动坚持做好让人民群众满意的基层公益文化活动，为山西文化走向全国，树立山西文化自信作出贡献。活动捐赠的作品拍卖后所得款项用于资助山西省光明行活动，帮助贫困白内障患者重见光明。为推动医疗事业进步，促进公益事业发展，晋中市金桥爱心公益基金、晋中市归国留学人员商会、平遥康明眼科医院共同发起第二期

10 月 16 日，基金会何继宁秘书长看望由“小水滴新生基金”救助的患儿

“金桥爱心千人白内障复明工程”救助活动，已救助约 580 名贫困白内障患者。

【佳信爱心基金】 11 月 12 日，合肥一六八中学“正佳侨心班”开班仪式在皖举行。“侨心班”圆了孩子们上一六八中学的梦，让孩子们能在“正佳侨心班”这个班集体健康成长。林正佳董事长语重心长地分享了他的成长经历，用五句人生感悟寄语同学们：希望同学们敢于奉献，敢于坚持，敢于担当，讲诚信，懂得感恩。同时，他也希望老师、校长有好的建议随时和他交流，尽管“正佳侨心班”的孩子们已经很优秀了，但他仍叮嘱同学们要继续努力，将“正佳侨心班”办得国际化。“正佳侨心班”是由中国侨联常委、基金会副理事长、佳信海坛控股集团董事长林正佳先生捐助。

11 月 12 日，佳信爱心基金在皖举行“正佳侨心班”开班仪式

【何继宁秘书长出席 2017 北京怡海公益基金会年会】 12 月 13 日上午，由怡海集团、怡海教育集团、北京怡海公益基金会联合主办的“大爱行天下”2017 怡海公益嘉年华暨北京怡海公益基金会年会在北京市第八中学怡海分校举行。美中关系全国委员会会长 Stephen A. Orlins 先生，中国华侨公益基金会副理事长兼秘书长何继宁，北京市侨办副主任李长远，丰台区侨联主席洪鑫，怡海集团董事局主席、中国华侨公益基金会副会长王琳达女士出席了此次活动。出席此次活动的还有中国少年儿童基金会、空中商学院、华本企业家俱乐部、北京池州企业商会的企业家代表、海内外爱心侨胞、各企事业爱心人士、怡海公益项目合作学校领导和怡海集团各公司、怡海教育各校的领导、校友代表、家长代表、居民代表等多位嘉宾。中国华侨公益基金会副理事长兼秘书长何继宁对怡海集团多年来对于华侨公益事业的发展做出的努力表示肯定和感谢，并高度赞扬了怡海集团在“一带一路”倡议实施中体现出的中国影响。怡海集团一直奉行教育扶贫，助力梦想，让爱心变成力量，以教育推动地区发展，以教育促进社会和谐的企业责任和社会使命。2011 年，通过中国华侨公益基金会设立“怡海树人班”公益慈善项目，资助了 900 名甘肃、江苏、四川、湖北等地家庭贫困、品学兼优的高中生，帮助他们完成学业，实现大学梦，累计捐赠 562.5 万元人民币。

【成立“华侨华人应急救助公益基金”】 12 月 28 日，“华侨华人应急救助公益基金”成立仪式在杭州举行。中国侨联副主席、中国华侨公益基金会理事长乔卫，中国侨联副主席朱奕龙，“华侨华人应急救助公益基金”共同发起方、华侨基金公司总裁杨宇潇，各省、区侨联的领导们出席成立仪式，仪式由中国华侨公益基金会秘书长何继宁主持。乔卫副主席在致辞中指出，华侨华人应急救助公益基金成立后，要充分发挥倡导、引领、协调、救助的作用，联合各方力量，帮助海外亲人，为海外侨胞的平安、健康、发展、幸福尽一份心力，同时也期盼海内外爱心企业、爱心人士与我们一道弘扬公益精神，推动公益创新。在仪式现场，乔卫副主席与杨宇潇总裁签订了“华侨华人应急救助公益基金”捐赠协议书，乔卫副主席代表中国华侨公益基金会接受捐赠，并向华侨基金颁发捐赠证书、授予公益基金牌匾。乔卫副主席介绍，基金救助的对象是在国外的华侨华人及中国同胞；救助既接受海外侨社、领保中心提交的申请，也接受个人直接提交的申请；救助的情形是因自然灾害、社会事件、突发事件等陷入急难险境的个

12 月 28 日，乔卫副主席（前排左七）出席在杭州举行的“华侨华人应急救助公益基金”成立仪式

体；救助的方式是根据资金需求，由公益基金领捐，并利用“轻松筹”等互联网公益募捐平台发起定向募捐。“华侨华人应急救助公益基金”是由中国侨联指导，华侨基金管理有限公司共同发起并首捐 100 万元人民币，在中国华侨公益基金会设立的专项基金，旨在驻外使领馆的指导下，汇聚海内外侨界力量，通过人文关怀、组织协调、信息联通、资金支持等方式对海外遇险遇难的华侨华人及中国同胞进行紧急救助，搭建共赢共享的跨界枢纽平台。

【召开基金会六届二次理事会】 12 月 27 日，基金会六届二次理事会在杭州召开。中国侨联副主席、中国华侨公益基金会理事长乔卫，中国侨联副主席、中国华侨公益基金会副会长朱奕龙，六届理事会理事、监事出席会议。会议首先学习了十九大报告精神。中国华侨公益基金会副理事长兼秘书长何继宁主持会议，并向与会理事、监事汇报基金会 2017 年工作情况和 2018 年工作计划。会议审议并通过了《中国华侨公益基金会 2017 年工作报告和 2018 年工作计划报告》《中国华侨公益基金会 2017 年财务报告》。会议对基金会一年来在年度捐赠收入、公信力、社会影响力、品牌传播等方面所取得的成绩予以肯定，肯定 2018 年的工作计划，立足于项目创新、资源整合、强化管理，体现了基金会的宗旨，符合基金会工作的实际，具有可操作性。乔卫理事长强调，中国华侨公益基金会理事会、秘书处要认真学习贯彻习近平新时代中国特色社会主义思想和十九大精神，深刻领会“八个明确”的内涵要义和“十四个坚持”的基本方略，在学懂、弄通、做实上下功夫，重点研究基金会工作如何适应新时代、新要求。会议审议并通过了关于设立八支专项基金和注销三支专项基金的报告。会议要求进一步加强对已有专项基金的管理和服务，更好地发挥专项基金的作用。会议根据《基金会管理条例》《中国华侨公益基金会章程》的有关规定，以无记名投票方式，通过了增补刘点点、彭志坤为中国华侨公益基金会第六届理事会理事的决议。

【探索移动互联网公益】 网站是机构对外宣传的重要窗口和载体，基金会充分借助网络传播快捷便利、信息量大、覆盖广泛的特点，增加指导性、时效性、滚动性的信息，及时传播宣传介绍基金会的理念、项目、信息等。依照《慈善法》《慈善组织认定办法》《慈善组织公开募捐管理办法》的规定，基金会完成了慈善组织认定并取得慈善组织公开募捐资格证书，同时与“轻松筹”等互联网公募平台签署了战略合作协议。基本完成了基金会网站改版，完善了官微、APP 及线下扫码等网络捐赠手段，为基金会进一步增强募集资金的力度和能力，打造“互联网 + 慈善”时代多位一体网络捐赠体系，实现可持续发展奠定了基础。2017 年“侨爱心工程”项目和多支专项基金通过轻松筹、腾讯网等网络平台捐赠近1000万元。

【加强制度建设】按照公开、透明、规范的原则要求，结合巡视整改和审计整改，基金会健全完善涉及项目管理、专项基金管理、财务管理、资助管理、人事管理、信息公开、办公规范等各项制度19项，新制定了《中国华侨公益基金会重大事项报告制度》《中国华侨公益基金会信息公开制度》，在加强管理、严格自律的同时，不断强化社会监督，自觉接受主管单位和民政部的领导指导，主动接受社会、合作方、捐赠人、新闻媒体、政府的监督和独立第三方的评估，接受审计部门的审计。作为在民政部登记注册的公募基金会，第一批进驻“慈善中国”全国慈善组织信息公开平台。资助出版《新时代，新思想，新目标，新征程——华侨华人热议十九大》一书。

【福建华侨公益基金会开展资助多项公益活动】福建省侨联联动侨界社团向四川九寨沟地震灾区捐款，按照中国侨联的相关精神，积极跟进中国侨联行动，组织发动侨团组织、侨界群众，为抗震救灾工作提供支持。地震发生后筹款35万元，其中菲律宾乐善堂慈善基金会15万元，福建海外杰出女性联谊会10万元，福建省侨界青年联合会10万元。捐赠款项通过中国侨联、中国华侨公益基金会，援助四川九寨沟地震灾区，根据当地抗震及灾后救援重建安排用于相关救助项目。2017年，福建华侨公益基金会发挥所在侨乡的特点，开展资助多项公益活动：第一，陈家泉先生定向支持南安金淘镇三个公益项目280万元，分别是南安市金淘镇卫生院“豪康爱心楼”建设款100万元，南安市金淘镇亭川村观音亭老人协会100万元慈善基金，南安市金淘镇观音亭整体建设80万元；黄廷方慈善基金第三期帮扶款32万元，用于全省160户特困户帮扶，每户2000元；松溪县大布村水灾后重建16万元；松溪县茶平乡光伏发电项目20万元。第二，侨爱心扶贫助学项目2个，金额共20万元，陈祖昌助学10万元，资助学生40人，每人2500元；资助全省侨界贫困生10万元，共25人，每人4000元。第三，华侨文化交流及工作经费项目2个，金额80万元。其中支持福建省侨联举办“侨界迎新春联欢”活动经费10万元；创建“侨胞之家”工作经费70万元；赈灾扶贫项目1个，金额73.51万元，用于四川九寨沟震后重建工作；医疗助医工程1个，金额25万元，用于南平市政和县杨源乡卫生院医疗器械购置补助款。

【重庆华侨公益基金会开展扶贫帮困资助活动】2017年，重庆华侨公益基金会着重在扶贫济困、帮扶侨界困难群众方面开展多项公益活动。第一，开展“精准脱贫光明行”活动。为更好助推全市精准扶贫攻坚工作，帮助全市广大困难白内障患者重见光明，经中国侨联、中国华侨公益基金会批准，中国侨联、中国华侨公益基金会2017年“精准脱贫光明行”活动于11月在重庆全面开展，多渠道、多途径筹集善款200万元，帮助贫困白内障患者实施复明手术2000例。第二，开展教育精准扶贫工作。争取侨界爱心人士的大力支持，组织“珍珠班”“树人班”任课老师和受助学生接受系统的知识和品德教育，帮助受助学生全面发展，取得了良好效果。据统计，参加2017年高考的北碚区兼善中学和梁平区红旗中学两个“珍珠班”学生80人，全部上二本线，二本上线率100%，上一本线67人，一本上线率83.75%，其中，梁平区红旗中学“珍珠班”学生刘丽娜以优异成绩荣获梁平区理科状元。第三，开展关爱农村留守儿童工作。经基金会牵线搭桥，北京理房通支付科技有限公司捐助涪陵区石沱镇酒井小学并开展爱心捐赠，向学校捐赠了文体器材、课外书籍等，向在校就读的留守儿童捐助了学习用具、防潮垫等，捐赠物资共计2万余元。

【浙江华侨公益基金会发挥优势开展资助活动】作为新侨乡，2017年浙江华侨公益基金会发挥浙江省新侨多、分布广、层次高，侨资源优势独特的特点，开展了多项公益活动。第一，2017年1月，由浙江省侨缘会主办的“侨缘善行·助推侨胞养老基地建设”项目顺利启动，旨在通过活动呼吁社会各界，关注、关心、关爱侨界留守老人，让他们在国内过得开心，也让他们在海外创业的子女能够安心发展，回报桑梓。活动得到了广大海内外侨界爱心人士的热议和关注。第二，5月18日，由浙江省侨联主办，浙江省侨界文协承办的“健康光明行”书画慈善义拍活动共带来了31幅侨界书画家作品，为“侨爱心光明行”活动募捐善款。全场31幅作品共拍得636500元善款，其中60%将支持中国华侨公益基金会助侨惠民工程“健康光明行”项目，帮助贫困地区的白内障患者重见光明、重拾希望。第三，7月16日，“教育精准扶贫公益论坛暨第十届育珠论坛”在浙江省嘉兴市珍珠之家品格教育基地开幕。中国华侨公益基金会秘书长何继宁，浙江省侨联副主席张维仁，新华爱心教育基金会创办人王建煊先生及夫人、新华爱基会理事长秦荣华先生及夫人出席了开幕式，论坛探讨了在“教育精准扶贫”方面，侨联组织、教育部门、学校和公益基金会如何更好地开展合作，帮助更多需要帮助的人，并针对如何更新和完善“捡回珍珠计划”项目，与侨联组织、教育系统的各位伙伴进行交流研讨。第四，8月8日21时19分四川省阿坝州九寨沟县发生7.0级地震后，丽水市侨联副主席方湛鑫、加拿大华侨、公羊会全国委员会副主席、浙江公羊会公益救援促进会副会长方湛鑫在灾后半小时就随“科地·公羊队”救援队第一时间赶赴灾区，前往地震中心参与了灾后救援。第五，9月5日，由绍兴旅港同乡会牵头举行的“奖助学金”捐赠仪式在香港中文大学（深圳）举行。绍兴旅港同乡会出资100万元，在该校设立“奖助学基金”。据悉，这是浙江旅港同乡社团首次在大学建立奖助学基金。第六，10月25日，宁波市侨联“侨爱心慈善基金”的成立，为侨界群众参与家乡慈善公益事业提供了重要平台。“侨爱心慈善基金”自筹备以来，宁波市侨联通过网络宣传、发倡议书等形式，向广大海外侨胞、归侨侨眷广泛宣传，扩大了社会影响，得到了广大侨界群众和各界爱心人士的积极响应，他们纷纷捐助善款，奉献爱心。“基金”一周时间就收到社会各界捐款350余万元。第七，11月2日，宁波市侨联组织宁波爱尔光明眼科医院七位眼科专家携带医疗设备来到象山县高塘乡，对去年参加“侨爱心·光明行”活动的手术者进行复查回访，象山县100多名眼睛有疾病的侨界群众闻讯前来参加义诊。第八，11月28日，“乐雪芳绿色生态建筑实训中心”捐赠签约仪式在宁波职业技术学院国际会议厅举行，港胞王明康夫妇捐资200万元人民币助建“绿色生态建筑实训中心”。“绿色生态建筑实训中心”是宁波职业技术学院建设和专业内涵提升的一个重要项目，该中心目标是打造集教学、科研、服务及社会培训于一体的新型建筑工业化生产性实训基地，为行业企业转型发展提供人才支撑。港胞王明康夫妇心系家乡的建设与发展，捐资总额超过1500万元，尤为支持教育事业。第九，12月27日，中国侨联公益年会在浙江杭州召开，会议的主要任务是：学习贯彻习近平新时代中国特色社会主义思想和党的十九大精神，研究和创新新时代侨联公益工作特点，以更好凝聚海内外侨胞爱心和智慧，努力服务侨胞福祉、服务侨联工作、服务民间外交、服务社会建设，推动侨联公益事业更好适应新时代要求。

中国侨联法律顾问委员会

【领导成员名单】

荣誉主任：邹　瑜

主　　任：张　耕

常务副主任：林淑娘（女）　张鸣起

王秀红（女）　王培生

副　主　任：王振川　高卢麟　方忠炳

何少存　储亚平　胡毅峰

姜凤岩　马怀德　叶　青

秘　书　长：张　岩（女）

【综述】 2017 年，中国侨联法顾委在中国侨联党组的关心支持下，在张耕主任的领导和全体委员的共同努力下，依据《归侨侨眷权益保护法》《中国侨联法顾委章程》，在协助侨联开展依法维护侨益、调查研究、参政议政、法治宣传、法学交流等方面做了大量富有成效的工作，取得了一定成绩。

【赴湖南调研】 4 月 17 日—21 日，由中国侨联法顾委常务副主任王秀红、副主任方忠炳、秘书长张岩等人组成的调研组赴湖南省开展了以“依法治国大背景下侨联如何在健全多元化纠纷解决机制中发挥作用”为主题的调研活动。调研组到达湖南后，首先召开了由湖南省侨联领导、省侨联法顾委领导、省“五侨”单位部门负责人、省侨界人大代表、政协委员及侨资企业和归侨侨眷代表等 30 多人参加的座谈会，听取了湖南省侨联及法顾委的维权工作介绍，征询了各方面代表就侨联维权工作提出的意见和建议，就个别侨资企业负责人反映的权益受侵害案件进行了互动和交流。此后，调研组还在湘潭市、长沙市考察了侨资企业，参观了基层侨联组织，在湘潭市召开了第二次调研工作座谈会。参加这次座谈会的人员，除了市、县、区侨联领导和侨界代表外，还有市人大、政协、政法委、公安局、检察院、法院、法制办、综治办等各部门的负责同志。调研组重点就湘潭市维护侨益联席会议制度的建立、运行机制及进一步改进、完善侨联维权工作广泛听取了市、县侨联的工作汇报和各方面、各部门代表的意见和建议，最后方忠炳副主任对座谈会出席人员的发言进行点评和总结，并简要介绍了福建省侨联法顾委在建立健全维护侨益长效机制工作中的经验和本人心得。在湘调研期间，湖南省人大常委会副主任王柯敏和湖南省高级人民法院院长康为民分别会见了调研组一行。此外，调研组在湘调研工作期间还专程赴韶

4 月 17 日—21 日，中国侨联法顾委常务副主任王秀红、副主任方忠炳带队赴湖南省调研

山和宁乡参观了毛主席故居和刘少奇同志故居，向毛主席铜像和刘少奇同志铜像敬献了花篮，表达了对共和国缔造者的敬仰之情，接受了革命传统教育。

【赴陕西调研】 4月24日—28日，中国侨联法顾委常务副主任王培生、副主任高卢麟率法顾委调研组在陕西西安、宝鸡等地就“依法治国大背景下侨联如何在健全完善多元化纠纷解决机制中发挥作用”进行专题调研。调研组召开3场座谈会，分别听取了陕西省侨联、省侨联法顾委，西安市侨联、市侨联法顾委，宝鸡市侨联、市侨联法顾委在依法维护侨益方面的工作汇报，与相关涉侨部门负责人、省市侨联法顾委委员、基层侨联工作者、侨商代表、归侨侨眷代表就如何发挥侨联及法顾委组织在多元化纠纷解决机制实施过程中发挥的作用进行探讨和交流，现场解答了一些涉侨案件法律问题。调研组还到西安市高新技术开发区科技交易大市场和北京东元律师事务所西安分所了解新侨创业过程中知识产权保护和转换等相关问题。走访了宝鸡市金台区福泽居家养老服务中心，了解侨联购买社会服务用于归侨侨眷新型养老模式。实地参观了宝鸡渭滨区凌云社区“侨法宣传角”。陕西省侨联副主席、秘书长尚小红全程陪同调研，西安市侨联主席李继红，宝鸡市侨联主席蔡礼堂、市侨联党组书记纪志远等地方侨联领导先后陪同调研。

【赴江西调研】 5月8日—12日，由中国侨联法顾委副主任姜凤岩、秘书长张岩组成的法顾委调研组在江西开展调研。调研组先后在江西省南昌市、宜春市、萍乡市、新余市召开5场座谈会，听取了江西省侨联及南昌、宜春、萍乡、新余市侨联的维护侨益工作汇报，就“依法治国大背景下侨联如何在健全完善多元化纠纷解决机制中发挥作用”及“研讨侨联组织如何正确认识依法履职与干预司法的辩证关系”等题目与基层侨联干部、法顾委委员交换意见。实地察看了上高县傲山镇（原傲山华侨农场）洋林、大坪两个归侨少数民族村生产生活情况，与上高县委、县政府就傲山华侨农场改制后融入地方、发展经济、维护归侨侨眷权益等方面进行了深入探讨。调研组一行还前往萍乡、新余的侨资企业了解新侨创业过程中遇到法律维权方面的问题，查看城市社区开展侨法宣传、服务归侨侨眷的情况。5月9日，调研组应邀出席了江西省侨联法顾委第三届委员代表大会，姜凤岩副主任代表中国侨联法顾委及张耕主任讲话致辞。会上，姜凤岩副主任、张岩秘书长与江西省侨联党组书记张知明、省侨联副主席王强、罗丽都一同为新当选的江西省侨联法顾委班子成员颁发聘书。

5月8日—12日，中国侨联法顾委副主任姜凤岩带队赴江西调研

4月24日—28日，中国侨联法顾委常务副主任王培生、副主任高卢麟带队赴陕西调研

【赴河南调研】 5月16日—19日，中国侨联法顾委主任张耕率法顾委秘书长张岩及部分委员组成调研组，以“依法治国大背景下侨联如何在健全完善多元化纠纷解决机制中发挥作用”为主题在河南进行调研。调研组先后在郑州市、焦作

市、鹤壁市召开座谈会。17日在郑州召开的座谈会，共有来自河南省侨联、8个地市侨联、郑州市各区县侨联、河南省公检法司部门、省侨联法顾委、归侨侨眷及侨商代表50余人参会。会上，河南省侨联、郑州市侨联、驻马店侨联分别就依法维护侨益工作进行专题汇报，省高级人民法院、省检察院、省司法厅等司法部门代表就侨联及法顾委组织参与多元化纠纷解决机制实施如何发挥作用发表了各自的看法。座谈会前，调研组还前往郑州市上街区如意社区、管城回族区紫光社区了解社区侨联开展侨法宣传，为侨服务情况，考察了郑州市管城回族区法院设立的涉侨案件纠纷调诉中心。中国侨联法顾委副主任、河南省侨联法顾委主任储亚平，河南省侨联主席董锦燕、副主席王鹏杰，郑州市常委、统战部部长杨福平参加郑州期间调研。在焦作市，调研组参观考察了焦作市解放区涉侨纠纷调解中心和焦作市涉侨纠纷调解委员会办公室工作流程。在鹤壁市，调研组走访了国立光电、帮太食品等侨资企业，了解企业经营发展情况并召开座谈会，听取鹤壁市侨联、新侨代表及相关侨资企业对法顾委组织开展依法维护侨益工作的意见和建议。河南省常委、组织部部长孔昌生会见了调研组一行，河南省侨联副主席王鹏杰全程陪同调研。

【赴江苏调研】5月22日—26日，中国侨联法顾委常务副主任林淑娘、副主任姜凤岩率调研组在江苏省就“依法治国大背景下侨联如何在健全完善多元化纠纷解决机制中发挥作用”开展专题调研。调研组先后在江苏省南京市、常州市、连云港市召开了三场座谈会，听取了省、市侨联和法顾委的工作汇报，并与公检法有关领导、侨联干部、侨商代表就依法治国大背景下侨联组织如何更好维护侨界群众合法权益展开讨论。调研组考察了北京大成（南京）律师事务所、南京市侨界法律服务中心、“一带一路”中哈物流合作基地等，听取了大家对侨联及法顾委工作的意见，并对有关政策法律问题进行了解答。江苏省侨联副主席镇翔全程陪同调研。

5月22日—26日，中国侨联法顾委常务副主任林淑娘、副主任姜凤岩带队赴江苏调研

5月16日—19日，中国侨联法顾委主任张耕带队赴河南调研

【协调解决涉侨案件】2017年，中国侨联法顾委共转办、协调涉侨涉诉案件40余件（次），对一些疑难案件多次组织召开案例研讨会，集中分析研究，积极协调相关部门，推进案件解决。提供专业化、精细化服务，有力推动了案件的解决进程，依法维护了侨胞的合法权益。

【拓展对外法学交流】10月22日—31日，法顾委办公室组成访问团赴德国、克罗地亚、匈牙利进行访问并出席10月22日在德国法兰克福举办的

10 月 22 日，法顾委派员赴德国参加欧洲华侨华人律师“一带一路”座谈会

“欧洲华人华侨律师‘一带一路’座谈会”和 23 日在德国汉堡举办的“德国‘一带一路’华侨权益研讨会”。座谈会上，访问团分别与我驻法兰克福总领馆副总领事卢奇志，驻汉堡总领馆领事部主任纪达夫，中国侨联法顾委海外委员、欧洲地区部分华侨华人律师、海外侨胞代表就如何更好地协助使领馆开展领事保护，为海外的中国公民提供更符合实际的法律保护，为中国企业“走出去”及在欧洲“留下来”提供专业化、精细化法律服务，侨联组织如何更加有效地引导海外侨胞尊法守法等方面进行交流沟通和探讨。访问期间，访问团每到一地都与侨团、侨胞座谈、联谊，询问他们事业发展、生活等方面的情况与问题。通过座谈、个别会晤等方式，引导海外侨胞遵守居住国法律法规，尊重当地风俗习惯，诚信合法经营，回馈当地社会，同时提醒侨团加强相互之间沟通协调，维护侨团内部、侨团之间的团结，以实际行动进一步推动居住国与祖（籍）国之间民间友好往来。

【组织海外委员回国访问研修】7 月 10 日—14 日，中国侨联法顾委常务副主任王培生、副主任高卢麟带领来自 10 个国家的 19 名中国侨联法顾委海外委员赴西藏拉萨、日喀则等地参观访问，并与西藏自治区党委统战部、侨界和法学界座谈交流。西藏自治区统战部常务副部长叶银川代表自治区党委常委、统战部部长旦增会见了海外委员一行，他对中国侨联及法顾委长期以来对西藏统战工作的关心和支持表示感谢，并向法顾委海外委员简要介绍了西藏自治区的区情、侨情，西藏自治区人大民侨委主任、自治区侨联副主席通噶介绍了自治区侨联工作开展情况，自治区司法厅、外事侨务办公室、自治区接待归国藏胞委员会等部门的有关同志参加了会见，他们与法顾委海外委员就海外开展“反藏独”等工作交换了意见。参访团团长、来自美国的徐建勋委员表示，此次回国参访的法顾委海外委员中大部分都是第一次来到西藏，通过亲身经历，使他们深刻感受到西

7 月 10 日—14 日，组织中国侨联法顾委海外委员回国访问

藏民族团结、和谐相处的良好氛围，看到了西藏各民族人民美好生活，加深了对达赖集团丑恶嘴脸的清醒认识。7月15日，中国侨联法顾委海外委员回国参访团参加了法顾委成立35周年纪念活动，来自美国的赵联委员、马来西亚的罗章武委员代表海外委员在纪念活动上发言。7月15日下午，法顾委海外委员与在京的10余家知名旅行社相关负责人进行座谈，就如何更好保护中国公民海外旅游权益，防范法律风险进行了热烈讨论。当晚，法顾委主任张耕、中国侨联副主席李卓彬代表中国侨联及法顾委会见海外委员一行。

召开中国侨联法顾委主任会议

【召开法顾委主任会议】根据工作需要，中国侨联法顾委先后于4月7日和11月24日，在中国侨联机关召开两次主任会。4月7日，中国侨联法顾委主任会在中国侨联机关召开，法顾委主任张耕及副主任林淑娘、张鸣起、姜凤岩参加会议。中国侨联主席林军、副主席李卓彬到会并讲话。法顾委秘书长、权益保障部部长张岩汇报了有关情况，张耕主任主持审议通过了中国侨联法顾委成立35周年庆祝活动方案、法顾委2017年调研活动方案、法顾委海外委员回国访问研修活动方案、法顾委委员调整方案。会议对法顾委设立“法律服务专项基金”所需材料提出明确的修改意见，要求法顾委办公室进一步完善后报中国侨联主席办公会审定。11月3日，中国侨联法律顾问委员会召开主任会议，法顾委主任张耕，常务副主任林淑娘、王秀红，副主任王振川、高卢麟、姜凤岩参加会议。中共十九届中央委员、中国侨联党组书记、主席万立骏出席会议并讲话，李卓彬副主席参加会议。会上，万立骏主席向法顾委传达了党的十九大会议精神，强调从七个方面来认识和理解党的十九大重要意义：一是新成就开启新时代；二是新时代作出新论断；三是新时代孕育新思想；四是新时代要有新方略；五是新时代呼唤新使命；六是新时代开启新征程；七是新要求引领新时代。万立骏主席就法顾委2018年工作谈了五点希望：一是认真学习贯彻党的十九大精神；二是旗帜鲜明讲政治；三是围绕主业做贡献；四是突出专业强特色；五是拓展领域谋新局。最后，万立骏代表中国侨联对张耕主任及法顾委领导长期以来对中国侨联依法维护侨益工作的支持表示感谢，表示中国侨联将一如既往关心支持法顾委工作。张耕主任表示，万立骏主席百忙之中莅临会议并分享了学习贯彻领会党的十九大会议精神的体会，使我们更加充分和深刻认识到党的十九大是一次振奋人心、继往开来的大会，是一次载入史册的大会，法顾委将按照习近平总书记提出“在学懂、弄通、做实上下功夫”的要求，抓好学习、宣传、贯彻、落实党的十九大会议精神的工作，同时以万立骏主席对法顾委提出的五点希望为基本遵循，围绕党和国家大局、中国侨联中心工作，研究部署明年工作计划，在实际工作中落实。会议审议通过了法顾委委员调整名单，一致同意于2017年12月上旬召开法顾委2017年年会。李卓彬副主席最后总结，他表示此次会议是在中国侨联深入学习贯彻党的十九大精神之际召开，恰逢其时，万立骏主席不仅为我们传达了党的十九大会议精神，还结合侨联工作实际对法顾委提出了五点希望，希望法顾委认真研究，在即将召开的法顾委年会中部署好明年工作，发挥自身优势，突出工作特点，做到在大局下思考，在大局下行动，明确自身职责定位，展现自身价值，为促进中国侨联改革发展、维护侨界和谐稳定而努力。

【举办中国侨联法顾委成立35周年纪念活动】2017年7月15日，中国侨联法顾委成立35周年纪念活动在北京举行，中国侨联党组书记、主席万立骏，法顾委主任张耕出席纪念活动，纪念活动由康晓萍副主席主持。纪念活动上，万立骏主席代表中国侨联讲话，他首先肯定中国侨联法顾委自成立35年以来所取得的成绩并指出，实践证明法顾委是中国侨联依法维护侨益的重要力量；是中国侨联开展普法宣传教育，

7月15日，召开中国侨联法顾委成立35周年纪念活动

推进法治社会建设的有力助手；是中国侨联履行参政议政的“思想库”和“智囊团”；是中国侨联围绕中心，服务大局的法律支撑；是中国侨联维护国家利益、开展公共外交和民间交流的一支可靠队伍。万立骏主席强调，中国侨联一贯重视依法维护广大归侨侨眷和海外侨胞的合法权益，将继续支持法顾委工作，更好地为法顾委开展工作做好服务，各级侨联要将法顾委作为侨联决策的参谋助手和依法维护侨益的重要平台。万立骏主席就法顾委工作提出五点希望：一是旗帜鲜明讲政治；二是聚焦维权做贡献；三是发挥优势建新功；四是拓展领域重服务；五是改革创新求突破。张耕主任代表法顾委讲话，他表示，法顾委成立35年来，坚持以人民为中心的发展理念，以崇尚宪法、尊重法律、维护法治为准则，协助中国侨联督促落实党和政府的侨务政策，推进侨务法治建设，向广大侨胞宣传国家法律法规政策，义务提供法律咨询，为维护广大归侨侨眷和海外侨胞的合法权益做了大量工作，得到了社会各方面的肯定，获得了广大侨胞的赞誉和信任。张耕表示：下一步法顾委要认真学习万立骏主席所作的重要讲话精神并在五个方面加强工作：一是落实中央精神，始终在思想上政治上行动上同以习近平同志为核心的党中央保持高度一致；二是运用法治思维和法治方式推动工作，提高维权法治化水平；三是认真履行法律宣传、参政议政职能，参与法治社会建设；四是坚持联动互融，大力推进对外交流合作；五是加强队伍建设，为侨联法顾委工作提供有力的组织和人才保障。纪念活动开始前，万立骏主席、康晓萍副主席会见回国参访的法顾委海外委员一行并与他们合影留念。

【召开2017年年会暨专业委员会会议】12月6日，中国侨联法顾委2017年年会暨专业委员会会议在北京召开。中国侨联副主席李卓彬，法顾委主任张耕，副主任林淑娘、王秀红、王培生、王振川、方忠炳、胡毅峰、姜凤岩，秘书长张岩，法顾委国内委员、部分海外委员，各省区市侨联，中央直属机关、中央企业侨联，新疆生产建设兵团侨联负责法顾委和维权工作的领导及中国侨联机关各部门、企事业单位负责同志等130余人参加会议。会上，李卓彬副主席代表中国侨联和万立骏主席讲话，他结合党的十九大精神和中国侨联工作部署对法顾委工作提出了五点希望：一是发挥政治引领，着力增强“三性”；二是不忘立会初心，提高维权能力；三是服务国家战略，发挥独特作用；四是重视风险防范，主动彰显作为；五是加强自身建设，推动创新发展。张耕主任代表中国侨联法顾委作工作报告，他首先全面回顾总结2017年法顾委工作：一是

中国侨联法顾委2017年年会暨专业委员会会议

12 月 6 日，召开中国侨联法顾委 2017 年年会暨专业委员会会议

增强政治觉悟，提高政治站位；二是围绕国家战略，积极建言献策；三是依法依规，认真做好维护侨益工作；四是围绕侨情，开展调查研究；五是采取多种形式，参与法治教育宣传；六是拓展渠道，加强对外交流；七是总结历史经验，举办中国侨联法顾委成立 35 周年纪念活动；八是完善制度机制，加强中国侨联法顾委自身建设。会上张耕主任对法顾委 2018 年工作进行全面部署：一是旗帜鲜明讲政治，不折不扣贯彻落实党的十九大精神，做党的十九大精神的宣传者、践行者、推进者；二是聚焦主业做奉献，充分发挥侨联法顾委的职能作用，继续开展专题调研、案例研讨和法顾委对外交流，在打造共建共治共享的社会治理新格局、加快建设创新型国家和全面依法治国等方面贡献力量；三是充分发挥侨联法顾委的优势，努力推动工作品牌建设，特别是在开展侨界普法宣传教育、开展侨情调查，深化课题研究和拓展维权工作领域等方面下功夫；四是进一步加大交流合作力度，为维护侨益搭建更为广阔的平台；五是进一步加强侨联法顾委自身建设，打造符合新时代要求的依法维护侨益队伍。与会领导还为 14 位新聘委员颁发了聘书。下午的专业委员会会议上，专业委员会委员和各省区市侨联干部围绕张耕主任工作报告中关于法顾委 2018 年工作部署和李卓彬副主席讲话要求，就如何加强专业委员会建设，创新工作方式，在 2018 年各项工作中发挥出专业委员会的作用进行热烈讨论。王秀红副主任对会议进行了总结，会议由林淑娘副主任主持。

【加强组织建设】 2017 年，中国侨联法顾委进行了部分人事调整，增选 1 名副主任、5 名国内委员、2 名海外委员。有 9 名国内委员和 1 名海外委员因身体健康等原因，不再担任中国侨联法顾委委员。经过调整，法顾委共有国内委员 126 名，海外委员 32 名。为进一步发挥法顾委海外委员的作用，中国侨联法顾委向 15 个国家大使馆发出协助推荐海外委员的函。

【海外委员积极发挥作用】 分布于 14 个国家和地区的 32 名海外委员积极协助我国驻外使领馆开展领事保护法律宣讲工作，作为驻外使领馆法律领保员，他们定期到使馆、大学校园、侨团进行公益法律讲座，为海外留学人员、中资企业员工、华侨华人解答法律问题，帮助他们了解住在国的法律法规，提高依法防范风险的能力。注重发挥自身优势，处理涉侨案件，2017 年海外委员积极协助我外交部驻外使领馆妥善处理了马来西亚沙巴州中国游客沉船事件，为我国访问学者章莹颖遇害案家属给予公益法律援助，在西班牙“购物行动”案中配合我驻外使领馆为海外侨胞提供了法律支持。加强不同国家华侨华人律师之间联系合作，组织召开“欧洲华人华侨律师‘一带一路’座谈会”和“德国‘一带一路’华侨权益研讨会”，进一步促进中外法学交流。

【开展跨部门合作】 为了进一步整合相关资源，集聚各方力量，延伸法顾委工作手臂，形成长效可持续的工作机制，法顾委起草了《中国侨联法顾委法律服务专项基金管理办法》并与中国华侨公益基金会共同签订了《合作协议》。《中国侨联法顾委法律服务专项基金设立方案》已经由中国侨联主席办公会议讨论通过，正在进一步细化完善，力争 2018 年上半年成立。

中国侨商联合会

【领导成员名单】

荣誉会长：（以姓氏笔画排序）

庄启程　张　茵（女）　张晓卿
陈有汉　陈有庆　陈江和
周泽荣　林文光　林文镜
林兆枢　林建岳　郭孔丞
黄双安　黄如论　彭云鹏

会　　长：许荣茂

【综述】中国侨商联合会是经中国国务院批准、民政部注册、中国侨联主管的全国性、联合性、非营利性社会组织，全国所属会员企业达2万余家。会员由在中国境内投资创业的归侨侨眷、华侨华人、港澳台人士、留学归国人员及其企事业单位、有关社会组织自愿组成。宗旨为“服务会员、贡献社会”。2017年，侨商会在中国侨联的正确领导下，深入学习贯彻十九大精神和习近平总书记系列重要讲话精神，围绕中心、服务大局，积极落实中央关于深化侨联改革的工作部署，进一步强化“四个意识”，不断提高为侨商服务的工作水平，按计划完成了全年工作任务。一是贯彻落实中国侨联九届五次全委会议精神和《中国侨联改革方案》，积极探索新形势下侨商组织发展的途径。根据中央第四巡视组整改要求，进一步制定、完善侨商会管理制度，增强侨商会的政治性先进性群众性，不断创新为侨商服务的体制机制。继续强化商会依法管理、促进基层组织建设、加强侨资企业调研、参与社会公益事业。二是按照中国侨联2017年工作部署，重点在促进国家“十三五”规划实施，服务国家区域发展战略等方面开展活动，共组织2000余名侨商与16个省区市政府联合举办、协办各类经贸活动18项，为促进地方经济发展和会员自身事业发展作出贡献。三是在服务“一带一路”建设、深化海外经贸交流、助推企业“走出去”发展、编织海外服务网络等方面开展活动。全年共组织300余名侨商出访9个国家，出席第十四届世界华商大会，配合香港回归20周年在香港举办三场大型文化活动。

【参与侨联改革落实巡视整改】根据中国侨联改革方案和中央巡视整改要求，侨商会按照党组统一部署，将侨商会改革工作和落实巡视整改要求紧密结合起来，认真学习提高认识，根据问题查找原因，提出对策认真整改，推动工作取得实效。对侨商会18项管理制度进行了梳理、修订和完善，使侨商会内部治理工作更加科学化、制度化、规范化。继续利用在各地举办经贸活动期间，开展全国侨资企业调研活动，做到常下基层，深入群众，心有侨商。在经济科技部的大力支持下，推进全国侨商会组织系统党建工作。支持各级侨商组织换届，促进有条件的地方侨联成立新的侨商组织。在中国侨联的指导下，积极向中央反映侨联系统侨商会脱钩问题。在中央的亲切关怀下，侨商会脱钩问题已得到妥善解决，为加强侨商基层组织建设奠定了扎实基础。

【召开侨商会四届六次常务理事会】3月29日，侨商会四届六次常务理事会议在河南郑州召开。会议向全国侨商系统传达了侨联改革精神和中央巡视组对侨商会巡视工作情况，要求全国各级侨商组织紧紧抓住巡视整改和侨联改革的难得契机，深入研究剖析巡视反馈问题的内在实质，将巡视整改工作与落实习近平同志侨务工作讲话精神紧密结合，与侨商组织深化

3月29日，中国侨商联合会四届六次常务理事会议在郑州举行

3月29日下午，共建"一带一路"助力中原崛起中国侨商峰会在郑州召开

改革工作紧密结合，与围绕侨联工作大局开展工作紧密结合，与侨商组织可持续发展紧密结合。会议提出了侨商会系统改革设想和巡视整改工作具体工作措施。成立了中国侨商联合会东部（江苏）、南部（广东）两个办事处，聘任了三位侨商会副秘书长。

【召开侨商会四届八次理事会暨海外侨商海口峰会】12月10日，中国侨商联合会四届八次理事会议在海南省海口市召开。会上，中国侨联领导传达了十九大重要精神。侨商会理事、海内外嘉宾600人出席。12月9日—12日，中国侨商联合会、中国城镇化促进会、海南省发改委和海南省侨联在海口市共同主办2017海外侨商海口峰会暨第九届中国侨商论坛、"千企千镇工程"进海南活动及海口市投资贸易洽谈会。

12月9日，2017海外侨商海口峰会暨第九届中国侨商论坛、"千企千镇工程"进海南活动及海口市投资贸易洽谈会在海口开幕

12月10日，中国侨商联合会四届八次理事会议在海南省海口市召开

中国侨商联合会四届八次理事会部分新增人员合影

【组团出席第十一届中国（河南）国际投资贸易洽谈会暨黄帝故里拜祖大典】3月28日—30日，侨商会组团出席第十一届中国（河南）国际投资贸易洽谈会暨黄帝故里拜祖大典，联合举办共建"一带一路"助力中原崛起中国侨商峰会。全国政协常委、中国侨联副主席李卓彬，中国侨联副主席、中国侨商联合会常务副会长朱奕龙，河南省委常委、常务副省长翁杰明，中国国际经济交流中心副理事长兼秘书长张大卫等领导出席会议并发表演讲。"华裔神探"、世界知名刑事鉴识专家李昌钰博士，益

3 月 30 日，丁酉年黄帝故里拜祖大典在新郑市举行

海嘉里集团副董事长、首席运营官穆彦魁，尚东投资控股集团（香港）股份有限公司董事局主席郭泽伟，香港胜记仓集团董事局主席郭泰诚等 10 位世界华人杰出代表和侨商领袖作为峰会的对话与互动嘉宾为共建“一带一路”建言献策。其间，河南省委书记、省人大常委会主任谢伏瞻会见中国侨商联合会代表团部分代表。中国侨商联合会常务理事、海内外侨商等 400 余人参加。

【共同主办 2017 海外侨胞助力贵州参与“一带一路”建设会议】 4 月 8 日，由中国侨商联合会、中国侨联海外联谊部、中共贵州省委统战部、贵州省侨联共同主办的 2017 海外侨胞助力贵州参与“一带一路”建设会议在贵阳开幕。中国侨联副主席乔卫，贵州省委常委、统战部部长刘晓凯，贵州省人大常委会副主任袁周，省政协副主席谢晓尧出席会议。中国侨商联合会常务副会长郭泰诚代表与会的海外侨胞代表发出倡议：海外侨胞要积极为多彩贵州代言，勇于担当贵州融入“一带一路”的“先行者”和“排头兵”。

【组团出席 2017 中国天津投资贸易洽谈会】 5 月 12 日，由国家商务部、中国侨联、天津市政府等共同主办的 2017 中国天津投资贸易洽谈会开幕。全国政协常委、中国侨联副主席李卓彬率中国侨商联合会代表团出席。

5 月 12 日，2017 中国·天津投资贸易洽谈会开幕

4 月 8 日，2017 海外侨胞助力贵州参与“一带一路”建设会议在贵阳开幕

【联合举办第四届中国（漯河）华商食品项目投资峰会】 5 月 16 日，联合举办第四届中国（漯河）华商食品项目投资峰会。中国侨商联合会代表团等 100 多名华商食品企业参会。

5 月 16 日，联合举办第四届中国（漯河）华商食品项目投资峰会

【组团出席第十届中国中部投资贸易博览会】 5 月 17 日，第十届中国中部投资贸易博览会在合肥开幕。全国政协常委、中国侨联副主席李卓彬率中国侨商联合会代表团出席开幕式及相关活动。其间，副会长魏明德旗下瑞德集团与芜湖市建设投资、米超林国际集团共同签约，项目总投资 100 亿元人民币，其中项目一期投资不少于 30 亿元人民币。

5 月 17 日，第十届中国中部投资贸易博览会在合肥开幕

【支持第九届安阳航空运动文化旅游节】 5 月 27 日，由中国侨商联合会支持的第九届安阳航空运动文化旅游节在安阳开幕。全国政协常委、中国侨联顾问、中国侨商联合会常务副会长王永乐，河南省人大副主任蒋笃运，河南省政协副主席张广智出席开幕式。会上举行了 44 个大项目的签约仪式，总投资额达 195.2 亿元，涵盖了通用航空、新能源汽车、智能机器人、文化旅游、现代物流等多个领域。其中，加拿大侨商、安阳市侨商联合会会长杨太平与文峰区政府就投资安阳华侨城项目正式签约，项目投资金额约 9 亿元。

【组团出席 2017 丝绸之路国际博览会】 6 月 1 日，由中国侨联、陕西省人民政府联合主办，中国侨联特聘专家委员会、清华大学“一带一路”战略研究院、中国侨商联合会、陕西省侨联共同承办的“丝路·侨说”论坛在西安举行。中国侨商联合会副会长颜芩、雷宁及来自 16 个国家和地区应邀参加丝博会暨第 21 届西洽会的海内外侨商 160 余人出席论坛。

6 月 1 日，2017 丝绸之路国际博览会暨第 21 届中国东西部合作与投资贸易洽谈会在西安举行

【组团出席第 15 届东盟华商会及东南亚国家商品展暨投资贸易洽谈会】 6 月 9 日—12 日，由中国侨联、国务院侨办、云南省人民政府共

5 月 27 日，由中国侨商联合会支持的第九届安阳航空运动文化旅游节在安阳开幕

6 月 12 日，以“共创新机遇，共谋新发展”为主题的 2017 南亚东南亚国家商品展暨投资贸易洽谈会在昆明滇池国际会展中心开幕

同主办的第 15 届东盟华商会及东南亚国家商品展暨投资贸易洽谈会等系列活动在昆明开幕。中共云南省委书记、省人大常委会主任陈豪，国务院侨务办公室党组书记、副主任许又声，全国政协常委、中国侨联副主席李卓彬出席东盟华商会开幕式并致辞。侨商会组团出席相关活动并联合举办马来西亚投资贸易洽谈会。

中国侨商联合会代表团出席中国·青海绿色发展投资贸易洽谈会民营企业港澳台侨商项目对接暨专场签约仪式并合影留念

6 月 9 日—12 日，第 15 届东盟华商会及东南亚国家商品展暨投资贸易洽谈会等系列活动在昆明开幕

【组团出席中国·青海绿色发展投资贸易洽谈会民营企业港澳台侨商项目对接暨专场签约仪式】6 月 20 日，中国·青海绿色发展投资贸易洽谈会民营企业港澳台侨商项目对接暨专场签约仪式在西宁举行。来自北京、上海、江苏、浙江、广东、安徽、黑龙江等省市区的民营企业家，以及中国侨商联合会及港澳台侨商 170 余人参加项目对接暨专场签约仪式。

【组团出席第八届中俄文化大集开幕式】6 月 22 日，第八届中俄文化大集开幕式在黑龙江省黑河市举行。中国文化部党组成员、部长助理于群，黑龙江省政府副省级党组成员张秋阳，俄罗斯阿穆尔州政府副主席雷先科，全国政协常委、中国侨联顾问、中国侨商联合会常务副会长王永乐，俄罗斯布市市长加丽塔，黑

6 月 22 日，第八届中俄文化大集开幕式在黑龙江省黑河市举行

河市委书记秦恩亭及中国侨商联合会代表团等海内外侨领侨商、知名企业家、知名艺术家出席。

【联合主办第五届“创业中华·建设江苏”侨资侨智对接交流会】6 月 28 日—30 日，由中国侨商联合会、中国侨联新侨创新创业联盟、江苏省侨联、苏州市侨联、昆山市政府、常熟市政府联合主办的第五届“创业中华·建设江苏”侨资侨智对接交流会在昆山、常熟举行。

7 月 2 日，海外华商吉林行活动在长春开幕

6 月 28 日—30 日，第五届“创业中华·建设江苏”侨资侨智对接交流会在昆山、常熟举行

【组团出席吉林省侨联特聘专家委员会成立大会暨海外华商吉林行活动】7 月 2 日，由吉林省侨联、中国侨商联合会联合主办的海外华商吉林行活动在长春开幕。中国侨联副主席李卓彬及侨界专家、海内外华商等 150 余人出席吉林省侨联特聘专家委员会成立大会暨海外华商吉林行活动。

【出席河北乐亭县 2017 年（北京）投资环境说明会】8 月 10 日，河北乐亭县 2017 年（北京）投资环境说明会在北京召开。侨商会部分会员出席说明会。

8 月 10 日，中国侨联副主席、原北京市人大常委会副主任李昭玲出席河北乐亭县 2017 年（北京）投资环境说明会

【联合主办“2017‘一带一路’华商峰会暨海外侨胞故乡行”】 9 月 15 日，“2017‘一带一路’华商峰会暨海外侨胞故乡行”活动在四川省成都市开幕，四川省人大副主任彭渝，全国政协常委、中国侨联副主席李卓彬出席开幕式并致辞。此次峰会由四川省政府、中国侨商联合会主办，四川省侨联、清华大学“一带一路”战略研究院等单位承办，作为“第二届中国西部国际博览会进出口商品展暨中国西部（四川）国际投资大会”的专题活动，共有来自 50 多个“一带一路”沿线国家和地区的侨界协商会负责人、重点侨商侨领等 330 余人参会。

【承办“2017 海外侨胞故乡行”——辽宁投资项目洽谈会】 9 月 26 日，由中国侨联和辽宁省人民政府主办，中国侨商联合会、辽宁省侨联、辽宁省商务厅等单位承办的“2017 海外侨胞故乡行”——辽宁投资项目洽谈会在沈阳召开。中国侨联副主席康晓萍、辽宁省人民政府副省长刘强出席会议并讲话。中国侨商联合会荣誉会长张茵等来自 32 个国家和地区的 200 余名侨胞参会洽谈，现场签订 10 个项目和 3 个战略协议，签约金额近 30 亿美元。

9 月 26 日，“2017 海外侨胞故乡行”——辽宁投资项目洽谈会在沈阳召开

9 月 15 日，“2017‘一带一路’华商峰会暨海外侨胞故乡行”活动在四川省成都市开幕

【组团出席“湖南省第四届侨商侨智聚三湘——走进伟人故里湘潭”活动】 11 月 6 日—8 日，侨商会组团出席“湖南省第四届侨商侨智聚三湘——走进伟人故里湘潭”活动。

11 月 6 日—8 日，侨商会组团出席“湖南省第四届侨商侨智聚三湘——走进伟人故里湘潭”活动

11 月 15 日—18 日，第五届“海外侨商沧州行”在沧州开幕

【共同主办第五届“海外侨商沧州行”活动】 11 月 15 日—18 日，侨商会与沧州市政府共同主办第五届“海外侨商沧州行”活动，活动签订投资合同 60 余亿元。

6 月 1 日，“水墨中国 · 叙事中国”香港回归 20 周年艺术展在香港举行

【出访阿根廷、秘鲁、巴西】 4 月 30 日—5 月 10 日，中国侨商联合会代表团出访阿根廷、秘鲁、巴西三国，举办六场投资交流活动，与中国驻三国使领馆领导、当地政府商务部门及有关商会、华侨华人商会等进行了广泛交流和项目考察活动，圆满完成出访任务。

【联合举办“水墨中国 · 叙事中国”香港回归 20 周年艺术展】 6 月 1 日，侨商会与香港侨界社团联会、香港中联办等单位在香港联合举办“水墨中国 · 叙事中国”香港回归 20 周年艺术展会议展览。

4 月 30 日—5 月 10 日，中国侨商联合会代表团出访阿根廷、秘鲁、巴西

【支持“香港回归 20 周年音乐会暨香港侨界社团联会第六届会董就职典礼”】 7 月 3 日，由侨商会支持的“香港回归 20 周年音乐会暨香港侨界社团联会第六届会董就职典礼”在香港文化中心举行。香港特区行政长官林郑月娥，中央政府驻港联络办主任张晓明，国务院侨办党组书记、副主任许又声，中国侨联顾问林军，外交部驻港特派员公署特派员谢锋

7 月 3 日“香港回归 20 周年音乐会暨香港侨界社团联会第六届会董就职典礼”

8 月 13 日，日本牧之原市友好代表团到访中国侨商联合会

8 月中旬，由钟保家副会长为团长的中国侨商联合会代表团在世界华商大会前夕访问缅甸

等出席，并担任主礼嘉宾。

【接待日本牧之原市友好代表团】 8 月 13 日，以西原茂树市长为团长的日本牧之原市友好代表团到访中国侨商联合会，侨商会有关代表与牧之原市代表团进行了友好交流和项目对接活动。

【出访缅甸考察投资项目】 8 月中旬，由钟保家副会长为团长的中国侨商联合会代表团在世界华商大会前夕访问缅甸，拜会缅甸中华总商会、中国驻缅甸大使馆、缅甸政府有关部门及缅甸克伦邦政府，实地考察在缅甸投资合作项目，为促成克伦邦水沟谷投资项目在第十四届世界华商大会期间签约奠定了基础。

【出访斯里兰卡、越南、缅甸】 9 月 9 日—18 日，中国侨商联合会代表团出访斯里兰卡、越南、缅甸。在科伦坡、胡志明市先后举办斯里兰卡—中国企业投资交流会、越南—中国企业投资交流会；在缅甸仰光

9 月 9 日—18 日，中国侨商联合会代表团出访斯里兰卡、越南、缅甸

9 月 16 日上午，第十四届世界华商大会在仰光开幕

举办的第十四届世界华商大会上，中国侨联副主席、中国侨商联合会会长许荣茂太平绅士代表各国华商代表团致辞。其间，侨商会举办了缅甸—中国投资贸易交流会暨项目签约仪式，亚太国际集团与克伦邦政府共同开发的水沟谷经济特区项目成功签约。在大会闭幕式上，柬埔寨知名华商唐伦凯先生积极响应大使馆号召，为缅甸难民捐款，扩大了侨联、侨商会的国际影响力。

11 月 2 日—11 日，中国侨商联合会代表团出访南非、纳米比亚、阿联酋

【协办香港《基本法》墨宝玉石碑刻展览】9 月 22 日，为纪念香港回归 20 周年，由中国侨联、中央驻港联络办公室支持，香港中国厂商联合会、香港华人华侨总商会主办，中国侨商联合会等 70 多个团体协办的香港《基本法》墨宝玉石碑刻展览在香港中央图书馆开幕。中国侨联主席万立骏、香港署理行政长官张建宗太平绅士、外交部驻港特派员公署特派员谢锋、中央人民政府驻港联络办公室副主任谭铁牛、香港基本法委员会副主任梁爱诗，中国侨联副主席、中国侨商联合会会长许荣茂、香港侨界社团联会主席余国春、香港中华厂商联合会会长李秀恒、香港华侨华人总商会会长古宣辉、香港《基本法》墨宝玉石碑刻产权人、中国侨商联合会副会长钟保家等领导及香港各界人士近 500 人出席开幕礼。

9 月 22 日，香港《基本法》墨宝玉石碑刻展览在香港中央图书馆开幕

【出访南非、纳米比亚、阿联酋】11 月 2 日—11 日，中国侨商联合会代表团组团出访南非、纳米比亚、阿联酋三国。其间，拜会当地使领馆，与上述三国政府所属商会、华侨华人商会举办多场投资交流活动，考察相关项目，圆满完成出访任务。

中国侨联特聘专家委员会

【领导成员名单】

主 任 委 员：万立骏

副主任委员：王执礼　王辉耀　邓秀新　江　雷　麦康森　李乃胜　李稻葵　李曙光　张　涛　赵红英（女）　钟南山　贺　林　顾行发　徐德龙　高益槐　高　福　黄　维　黄路生　董志勇　樊　纲

秘 书 长：李曙光（兼）

副 秘 书 长：于　今　马　骏　闫长明　汤立群　牟红岩（女）　李　莹（女）　李筱荣　杨宝庆

【综述】中国侨联特聘专家委员会 2010 年成立，在积极为国家经济社会发展建言献策、提高侨联参政议政水平等方面作出了重要贡献，在参与招贤引智、服务区域经济转型发展等工作中发挥了智囊团的作用，已成为侨联凝聚侨界高层次人才的重要载体和服务国家改革发展的重要力量。2017 年，中国侨联特聘专家委员新增聘 32 位专家委员。各专业委员会在中国侨联领导下，进一步发挥智库作用，积极建言献策，助力地方经济转型发展，取得了一定成绩。

【增聘专家扩大队伍】在 2017 中国侨联特聘专家年会上，增聘 32 位专家，其中院士 2 人，享受国务院特殊津贴专家 5 人，国家“千人计划”专家 9 人，教育部长江学者特聘教授 1 人，国家杰出青年科学基金获得者 4 人，中科院及省“百人计划”8 人。他们中既有国家科研院所、重点实验室负责人，也有高校领导和教授；有的专家在高新技术领域成功创新创业，有的专家是金融、管理领域的理论家和实干家。经过这次增聘，专家委员会队伍扩大到 289 位，包括海内外院士 44 人，国家“千人计划”、中科院“百人计划”和教育部“长江学者奖励计划”等国家级人才引进计划入选者 91 人。

【发挥智库作用积极建言献策】2017 年，专家们围绕贯彻落实十九大精神、更好执行“十三五”规划等提出建议书 100 余篇，其中近一半内容入选《中国侨联侨情专报》。金融委员会、海洋委员会在建言献策方面发挥了积极作用。2 月，金融委员会召开小型座谈会，围绕金融形势、金融风险、金融对策、绿色金融等展开讨论，并编辑印制了《中国侨联特聘专家委员会金融委员会建言献策集》，汇集了马骏等多位专家的建议书。在年底召开的 2018 特聘专家委员会年会前夕，经济科技部将专家的建言献策汇编成上下两辑，收录建言献策文章共 20 万字。年会上还特别评选出中国侨联建言献策特等奖、一等奖和优秀奖，其中李曙光、于今、马骏 3 位专家获得特等奖，王执礼、王毅、方彤、孙河川、王辉耀、马绍赛、汪涛、郭生祥等 8 位专家获得一等奖，陈真等 14 位专家获得二等奖。

12 月 7 日，中国侨联领导为新聘专家颁发证书

中国侨联主席、特聘专家委员会主任万立骏在年会上为获得建言献策奖特等奖的专家颁发证书

的报告。6 月 15 日，由中国侨联特聘专家委员会等单位承办的“创业中华·新侨创新创业经验交流分享会”在福州举行。中国侨联特聘专家委员会副主任、安发集团董事局主席高益槐，中国侨联特聘专家委员会副秘书长、梦宇 3D 技术有限公司 CEO 方彤，上海吉喆股权投资基金管理合伙企业合伙人万颖，中国侨联新侨创新创业联盟副理事长、美国鑫桥联合控股集团董事局主席李然博士发表主旨演讲。与会专家还赴宁德市参观考察中国侨联新侨创新创业基地——安发生物科技园。6 月 14 日—16 日、10 月 24—27 日，在江西上饶县和山西阳泉市两次开展“特聘专家走基层”活动，特聘专家邹检平教授的团队采用其自主研发的专利技术为当地基层群众、离退休干部进行了体检筛查，并对当地医院医生进行免费培训，邹检平还为当地群众作了癌症的生活预防知识讲座。两次活动共 2900 余名群众受益。

【推荐专家参评“中国政府友谊奖”】2017 年 3 月，中国侨联首次得到“中国政府友谊奖”推荐资格，经认真对照评选要求进行推荐，最终从中国侨联特聘专家中选出 3 位外籍专家、从新侨创业联盟中选出 1 位执行理事长作为推荐人选。经会领导审批，报国家外专局。

【推荐专家参评“全国创新争先奖”】2017 年 4 月，人力资源和社会保障部、中国科协、科技部、国务院国资委等四部委联合首次设立“全国创新争先奖”，表彰奖励在创新争先行动中做出突出成绩的科技工作者和集体。中国侨联作为推荐渠道单位，共推荐了 8 个候选人（团队）。其中，丁列明、刘兴胜、李学龙三位专家获得“全国创新争先奖”。另外，高福、江雷、尹学军、吴立新、焦念志等五位中国侨联特聘专家通过其他渠道推荐，也获得了“全国创新争先奖”。

【参与侨联活动举办多场高层次论坛】4 月 25 日，在清华大学“一带一路”战略研究院揭牌仪式上，中国侨联特聘专家委员会副主任、国务院参事、中国与全球化智库理事长王辉耀作了题为《创新“一带一路”国际企业合作共享，建立“一带一路”全球治理机制》

6 月 15 日，“创业中华·新侨创新创业经验交流分享会”在福州举行

10 月 24 日，“中国侨联特聘专家走基层”活动在山西阳泉市举行

【支持吉林省侨联成立特聘专家委员会】7月2日，吉林省侨联特聘专家委员会成立大会暨海外华商吉林行活动在长春举行，中国侨联副主席李卓彬出席并讲话，吉林省政协主席黄燕明出席并致辞，吉林省委常委、省委统战部部长李景浩、吉林省各级侨联主要负责同志及侨界专家、海内外华商等150余人参加了活动。活动期间，共有来自10余个国家的42位各领域侨界高层次人才加入吉林省侨联特聘专家委员会，其中包括中国工程院院士2名，爱尔兰皇家科学院院士1名。会上还举行了“凝心聚力，话振兴发展”论坛，有关专家作了专题发言。中国侨联特聘专家委员会副主任高益槐被聘任为吉林省侨联特聘专家委员会主任。

9月7日，中国侨联副秘书长、经济科技部部长赵红英（前排左二）率多名特聘专家出席“2017侨智精英科博行”活动

7月2日，吉林省侨联特聘专家委员会成立大会暨海外华商吉林行活动在长春举行

【支持举办“2017侨智精英科博行”活动】9月7日—8日，“第五届中国绵阳科技城国际科技博览会”期间，特聘专家委员会联合四川省侨联举办“2017侨智精英科博行”活动。中国侨联特聘专家委员会副主任王执礼，副秘书长汤立群，特聘专家方彤、孙河川、张廷斌、潘锦功、康裕建及四川省侨联部分特聘专家等出席活动。在绵阳期间，绵阳市委常委、副书记付康与中国侨联和省侨联及与会侨界专家团亲切交流，共商发挥侨智优势促进科博会发展的合作事宜。之后专家们前往新北川县参观北川中学，并与学校青年教师和学生代表开展以“侨爱与智慧同行·感恩与幸福同在”为主题的座谈。

【参与举办“2017东亚海洋高峰论坛”】9月7日—8日，中国侨联特聘专家委员会与中国经济信息社、青岛市人民政府联合主办“2017东亚海洋高峰论坛”，中国侨联特聘专家委员会副主任、青岛国家海洋科学研究中心主任李乃胜，中国侨联特聘专家、中科院院士吴立新、胡敦欣，中国工程院院士麦康森、潘德炉，东中西部区域发展和改革研究院院长于今，以及泰国、孟加拉、马来西亚、新加坡、菲律宾等国海洋领域专家，围绕推进东亚海洋战略研究、东亚海洋科技合作态势、海洋贸易、海洋资源与生态环境的保护与开发利用等主题进行阐述，探讨如何加强东亚国家间宏观政策协调，加大海上基础设施共

中国侨联特聘专家在“2017 东亚海洋高峰论坛”演讲

坛、第二届海西（厦门）国际绿色节能环保产业博览会在厦门举办。闫长明、王献昌、谢高地、张廷斌等多位来自新能源、新材料、节能环保、信息技术及智能制造等领域的中国侨联特聘专家先后参加了博览会开幕式暨新能源部落成立仪式、互联网智慧能源暨能源特色小镇项目研讨对接会、新能源汽车核心零部件高峰论坛等系列活动。

【参加“创业中华·智汇赣鄱”海内外特聘专家赣鄱行活动】10 月 31 日—11 月 1 日，“创业中华·智汇赣鄱”海内外特聘专家赣鄱行活动在江西南昌举行，中国侨联特聘专家委员会副主任黄路生院士等生物医药领域的中国侨联特聘专家、江西省侨联特聘专家，以及赣江新区、南昌高新技术产业开发区南昌小蓝经济技术开发区相关单位、企业和媒体记者等海内外代表共 120 多人出席活动。英国皇家医学会院士、北京朝阳糖尿病医院院长王执礼，山东元隆生物技术有限公司董事长王革，黑龙江省肿瘤研究所副所长徐向

建、开展跨国海水养殖研究、海洋资源合作勘探开发、海洋防灾减灾及海洋带维护、海洋领域专业人才交流与培训等未来海洋科技合作的美好愿景，推进互联互通。

【支持举办“2017 中国国际石墨烯创新大会”】9 月 24 日，“2017 中国国际石墨烯创新大会”在南京国际展览中心开幕，中国侨联新侨创新创业联盟作为活动支持单位，中国侨联特聘专家萧小月作为大会执行主席主持开幕式，各国石墨烯机构负责人、世界顶级石墨烯专家、行业相关组织者和骨干企业代表等 3000 余人参会。

中国侨联特聘专家在江西参加活动

【参加第六届海西国际新能源产业博览会暨高峰论坛】10 月 21 日，第六届海西（厦门）国际新能源产业博览会暨高峰论

10 月 21 日，中国侨联特聘专家出席厦门新能源产业博览会（右六为中国侨联副秘书长、经济科技部部长赵红英）

英等三位中国侨联特聘专家分别作了题为《转化医学》《关于完善基本药物制度的思考》《现代精准放射治疗在恶性肿瘤治疗中的地位》的主旨演讲。

【成立中国侨联特聘专家委员会金融专业委员会杭州工作室】11 月 8 日，由中国侨联、浙江省侨联、杭州市人民政府联合主办的“创业中华·2017 侨界精英创新创业峰会”在杭州开幕。开幕式上杭州侨界海

特聘专家马骏在杭州创业中华活动上作主旨演讲

外创新创业中心、中国侨联特聘专家委员会金融专业委员会杭州工作室、“新侨创新创业基地（杭州）联盟”授牌成立。其间还举办了“创新未来·智荟名城”2017 侨界精英创新创业国际（中国杭州）高峰论坛、中国侨联特聘专家委员会金融专业委员会项目资本对接会等活动。中国侨联特聘专家金融专委会副主任兼秘书长、清华大学金融与发展研究中心主任马骏等作主旨演讲。

【支持“创业中华·成都生物医药国际交流合作峰会”】 11 月 27 日—28 日，由成都市人民政府主办，由成都市侨联为主承办的“创业中华·成都生物医药国际交流合作峰会”在成都市温江区举办。峰会以“开放引领、协同创新”为主题，来自美国、以色列、澳大利亚、德国、意大利、日本、新加坡和中国香港等国家和地区的海内外生物医药领域科研机构、专家学者、业界企业、投资机构和专业协会等 300 余名嘉宾出席了峰会。中国侨联特聘专家委员会、中国侨联新侨创新创业联盟作为支持单位派员出席。

【召开 2017 年中国侨联特聘专家年会】 12 月 7 日，以“迈进新时代，展现新作为，共筑中国梦”为主题的 2017 年中国侨联特聘专家委员会年会在北京召开。近百位中国侨联特聘专家、部分 2017 年新聘专家、部分北京市侨联特聘专家等共 130 余人出席活动。此次年会新增聘了 32 位专家委员，增聘后，专家委员会队伍扩大到 289 位，包括海内外院士 44 人，国家“千人计划”、中科院“百人计划”和教育部“长江学者奖励计划”等国家级人才引进计划入选者 91 人。年会为 25 位专家颁发了 2017 年建言献策奖，其中李曙光、于今、马骏获特等奖。参会专家分为五个讨论小组。8 位专委会代表上台发言，分别是生物医药专业委员会副主任、浙江贝达药业有限公司董事长丁列明，人文社科委员会副主任、澳大利亚储备银行精算师郭生祥，金融专业委员会副主任兼秘书长、清华大学金融与发展研究中心主任马骏，海洋专业委员会主任、青岛国家海洋科学研究中心主任李乃胜，资源与信息专委会副主任方彤，材料与工程委员会秘书长、中国水利水电科学研究院泥沙研究所副所长汤立群，资源与信息委员会委员、德国汉堡大学计算

参会专家分组展开热烈讨论

各专委会代表在年会上发言

中国侨联领导和与会专家合影

机系多模式技术系统研究所所长张建伟，创新创业指导委员会委员、浙江达人环保科技有限公司董事长陆效军。他们围绕专委会工作及学习十九大报告感受，结合自身工作在大会上畅谈了经验，交流了想法。年会期间还组织专家考察了天津滨海新区，并参加了滨海新区管委会组织的座谈会，为地方经济发展献计献力。

【支持举办中国侨联新侨人才工作座谈会】 12 月 29 日，中国侨联在北京召开新侨人才工作座谈会。中国侨联党组书记、主席万立骏，中国侨联副主席、中央国家机关侨联主席邵旭军，部分中国侨联特聘专家，中科院专家，北京、山西、四川新侨人才代表及高校侨联负责人共 40 余人参加座谈会。中国侨联特聘专家委员会副主任李曙光、顾行发，副秘书长汤立群，特聘专家赵玉亮、赵进东、王文生、于贵瑞、刘越泽、张楚、方晓红等与会专家围绕新侨人才如何学习贯彻党的十九大精神，立足国内国外两个大局，在新时代更好发挥作用等话题做了发言。

12 月 29 日，多位中国侨联特聘专家出席新侨人才座谈会

中国侨联年鉴

省级侨联工作

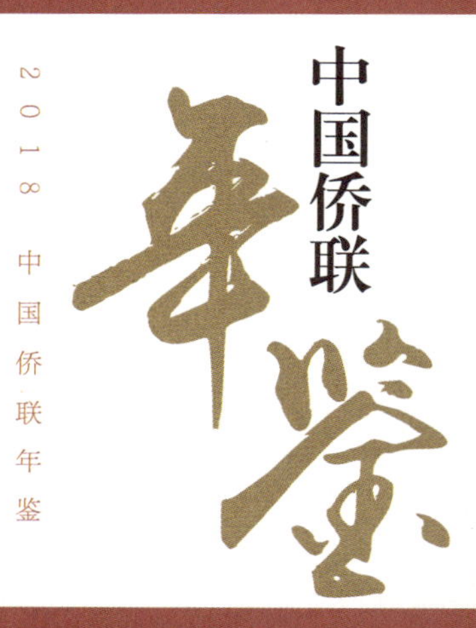
中国侨联
年鉴
2018 中国侨联年鉴

北京市归国华侨联合会

【领导成员名单】

党组书记：赵宏生

主　　席：荣　洋

专职副主席：马　坚（回族）　李冬娟（女）　苏　泳

副巡视员：李红军

兼职副主席：李曙光　陈　杰　高　杰　陶庆华　石　岳（女）李　辙　孙庚文　邢新会　魏英杰

秘 书 长：李登新

【综述】2017 年是北京市侨联迎接新时代、进行侨联改革、履行侨联职能、全面加强党的建设的重要一年。一年来，在北京市委的正确领导下，在中国侨联的关心指导下，市侨联和各级侨联组织坚持以习近平新时代中国特色社会主义思想为指导，认真贯彻落实中央和市委对侨联工作的指示精神，紧紧围绕学习宣传贯彻党的十九大精神这个政治任务，统一思想行动，凝聚侨界力量；紧紧围绕增强政治性先进性群众性这个目标要求，坚持问题导向，推进侨联改革；紧紧围绕服务国家战略和首都发展这个中心任务，履行侨联职能、发挥优势作用；紧紧围绕落实全面从严治党这个总体要求，落实主体责任、加强党的建设；紧紧围绕中心、服务大局，发挥优势，贡献力量，推动侨联工作取得了新进展。

【赵红英副秘书长到北京市侨联调研】3 月 22 日，中国侨联副秘书长、经济科技部部长赵红英，经济科技部副部长、中国侨商联合会副会长兼秘书长安晨一行到北京市侨联调研，走访考察了侨资企业——北京金恒丰科技有限公司，北京市侨联副主席苏泳陪同调研。赵红英指出，北京金恒丰科技有限公司深耕喷墨打印行业十数年，专注于核心技术的持续创新，厚积薄发，取得当前的发展成就来之不易，其创新创业故事值得广泛宣传，广大新侨人才应当主动学习，专注创新创业，积极为国家经济社会发展做贡献。

3 月 22 日，中国侨联副秘书长、经济科技部部长赵红英（左六）一行到北京市侨联调研

【赵玉金会见第十七届海外侨界高层次人才为国服务团】9 月 4 日，北京市委副秘书长赵玉金代表北京市委常委、统战部部长齐静亲切会见了“创业中华·牵手京津冀——第十七届海外侨

9 月 4 日，北京市委副秘书长赵玉金（前排左十）会见“创业中华·牵手京津冀——第十七届海外侨界高层次人才为国服务团”成员

界高层次人才为国服务团”成员。赵玉金听取了第十七届海外侨界高层次人才为国服务团的情况介绍，就北京市建设发展形势和目标任务进行了说明。他指出，北京市的“四个中心”建设，离不开智力和人才的支撑，需要海外专家学者的大力支持和积极参与。他希望大家充分发挥学贯中西、融通中外的优势，积极投身首都创新发展和京津冀协同发展的实践之中。他要求侨联组织要当好促进中外科技交流的“金丝带”、推动首都创新发展的“参与者”、吸引海外优秀人才为国服务的“连心桥”，为建设国际一流的和谐宜居之都贡献智慧和力量。

【举办侨界迎新春游乐会】1月18日—19日，北京市侨联举办首都侨界迎新春游乐会，首都侨界群众近600人参加了活动。此次游乐会还吸引了更多新侨群体参加，进一步扩大了市侨联的服务面。游乐会上，畅谈改革、共谋发展成了这次活动的主题，大家对北京市侨联的改革给予高度关注，对首都侨界未来发展的机遇充满期待。北京市侨联主席荣洋出席活动并致辞。

【开展出访联谊活动】1月27日—2月7日，北京市侨联副主席马坚率“亲情中华·北京情思”艺术团赴巴拿马、阿根廷为当地侨胞进行慰问演出，受到我驻外机构的高度赞扬，得到广大海外侨胞的热烈欢迎及当地政要和友人的赞誉。5月5日—14日，应墨尔本北京同乡会、斐济华人文化体育协会和奥克兰华新中文学校的邀请，北京市侨联副主席李冬娟率团出访了澳大利亚、斐济、新西兰。8月5日—14日，应秘鲁古冈州会馆、巴西华人协会和法国法华工商联合会的邀请，北京市侨联副主席苏泳率团出访了秘鲁、巴西、法国。10月11日—20日，北京市侨联社会工作部部长陈赞兴率团访问了德国、美国、加拿大。

【召开北京市侨联十四届四次全委会】3月23日—24日，北京市侨联召开第十四届四次全委（扩大）会议。传达学习了李源潮同志讲话精神和市委十一届十三次全委会议精神，审议通过了市侨联主席荣洋代表北京市侨联第十四届常委会所作的工作报告。北京市委统战部副部长、市侨联党组书记赵宏生出席会议并讲话。大会还对获得2016年理研调研、信息工作、侨界贡献奖的先进单位和个人进行了表彰。市侨联十四届委员会委员，市侨联老干部代表，市区侨联专职干部，高等院校侨联主席、局总公司侨联主席、侨界社团负责人，街道侨联主席等240多人参加了大会。

3月23日，北京市侨联召开第十四届四次全委（扩大）会议，主席台左六为市委统战部副部长、市侨联党组书记赵宏生，左七为市侨联主席荣洋

1月29日，北京市侨联副主席马坚率“亲情中华·北京情思”艺术团赴巴拿马、阿根廷为当地侨胞进行慰问演出

【召开第三次京津冀侨联主席联席会】3月29日—30日，京津冀侨联主席联席会第三次会议在北京召开，中国侨联副主席、天津市侨联主席胡胜才，

3 月 29 日，京津冀侨联主席联席会第三次会议在北京召开

中国侨联副秘书长、经济科技部部长赵红英，中央企业侨联副主席张文亮，河北省侨联党组书记、主席包东，北京市委统战部副部长、市侨联党组书记赵宏生，北京市侨联主席荣洋等出席活动。会议听取了三地侨联通报 2016 年度工作和 2017 年度计划，审议了《京津冀侨联战略合作协议》，就 2017 年度三地合作计划进行了研讨部署。会议期间，还召开了京津冀侨联战略协议签约仪式暨第十七届海外侨界高层次人才为国服务活动新闻发布会，邀请北京市侨联副主席、华夏国际人才研究院院长、研究员陶庆华做了题为《京津冀协同战略背景下新侨人才创新发展》的主题讲座，组织与会人员赴朝阳区参观考察了国创产业园。

【赴上海市、重庆市侨联调研】 2 月 28 日、4 月 5 日，北京市委统战部副部长、市侨联党组书记赵宏生，市侨联主席荣洋分别带队赴上海市、重庆市侨联进行调研，详细了解两市侨联改革情况、经验做法及改革过程中遇到的困难和问题，为制定北京市侨联改革方案提供借鉴参考，为推进侨联改革的顺利进行奠定基础。

【召开文化宣传暨首都高校侨联工作会】 4 月 7 日，北京市侨联召开文化宣传暨首都高校侨联工作会议。市侨联副主席李冬娟发表了题为《顺应新形势迎接新挑战开创首都侨界文化宣传工作新局面》的讲话，就市侨联 2016 年文化宣传工作进行了总结，部署了 2017 年工作任务。部分基层侨联组织代表作了交流发言。北京市侨联机关业务部门负责人、市侨联宣传和文化交流专委会委员，各城区、局总公司、高等院校侨联和各侨界社团负责人共 60 多人参加了会议。

【举办第八届首都新侨乡文化节开幕式暨健步走活动】 4 月 8 日，北京市侨联联合海淀区侨联在凤凰岭森林公园举办了第八届首都新侨乡文化节、海淀区第六届新侨乡文化节开幕式暨健步走活动。中国侨联文化交流部部长刘奇、市侨联主席荣洋、副主席李冬娟及海淀区人大、民宗侨办、区委统战部、致公党海淀区委、精神文明办的相关领导出席了活动。刘奇宣布开幕式暨健步走活动启动，并为健步走鸣响发令枪，正式拉开了今年新侨乡文化节的序幕。来自全市各区侨联及其他侨界组织和社团的 200 余名新侨参加了活动。

4 月 8 日，北京市侨联联合海淀区侨联举办了第八届首都新侨乡文化节、海淀区第六届新侨乡文化节开幕式暨健步走活动

【召开党风廉政建设工作动员部署会】 4 月 28 日，北京市侨联召开 2017 年党风廉政建设工作动员部署会。市委统战部副部长、市侨联党组书记赵宏生作了动员讲话。市侨联副主席李冬娟就 2017 年度党风廉政建设工作进行了部署安排。市侨联副主席苏泳传达学习了市纪委驻统战部纪检组关于“五一、端午”节日期间严防“四风”问题的通知要求，就市侨联两节期间深入贯彻落实中央八项规定精神和中央纪委、北京市纪委有关纪律规定，扎实做好安全稳定工作，切实做到

4 月 28 日，北京市侨联召开 2017 年党风廉政建设工作动员部署会

廉洁过节、安全过节，提出了明确要求。

【举办“情暖侨界空巢老人”项目志愿者培训班】5 月 26 日，北京市侨联举办了为期一天的“情暖侨界空巢老人”项目志愿者培训班。培训紧贴志愿服务实际，针对空巢老人的特点，提升志愿者进行沟通交流、心理疏导、指导生活、解决困难与问题的能力。培训班上，市侨联对志愿服务工作进行了部署，明确了志愿服务的“七个一”工作任务，提出了相关要求。来自城六区 60 多个街道、社区的 150 余名侨界空巢老人项目志愿者参加了培训。

【推进学习教育常态化制度化】6 月 5 日，根据中央和市委统一安排，北京市侨联召开会议，就推进“两学一做”学习教育常态化制度化工作进行动员部署。市委统战部副部长、市侨联党组书记赵宏生作动员讲话，市侨联副主席李冬娟主持会议。会后，邀请驻市委统战部纪检监察组组长徐维功围绕“夯实‘两个责任’，推动全面从严治党向纵深发展”进行了专题授课。7 月 4 日，北京市侨联召开十四届六次常委（扩大）会议，传达了蔡奇同志在中国共产党北京市第十二次代表大会上作的题为《更加紧密团结在以习近平同志为核心的党中央周围为建设国际一流的和谐宜居之都而努力奋斗》的报告，就下一步学习宣传贯彻落实相关工作进行了部署。市委统战部副部长、市侨联党组书记赵宏生出席会议并讲话。市侨联主席荣洋主持会议。7 月 31 日，北京市侨联召开专题会议，传达学习习近平总书记在省部级主要领导干部“学习习近平总书记重要讲话精神，迎接党的十九大”专题研讨班上的重要讲话精神和市委书记蔡奇在市委常委扩大会上传达学习的讲话精神，市委统战部副部长、市侨联党组书记赵宏生出席会议并讲话。8 月 4 日，为深入推进“两学一做”学习教育常态化制度化，丰富学习教育内容和形式，在伟大的中国人民解放军建军 90 周年之际，北京市侨联组织全体机关和服务中心党员干部参观“铭记光辉历史　开创强军伟业——

6 月 5 日，北京市侨联召开会议推进“两学一做”学习教育常态化制度化工作

庆祝中国人民解放军建军90周年主题展览”，进一步增强党员“四个自信”和党性修养。

7月9日，“亲情中华”北京夏令营举办开营式

【举办2017年新侨人才研修班】6月7日—9日，北京市侨联举办2017年新侨人才研修班。这次研修班根据新侨人才的具体需求，设置了当前中国外交战略布局、京津冀协同发展战略和雄安新区规划建设、新侨人才工作等课程内容，聘请知名专家教授授课。学习期间，还组织学员实地参加了中科院“极智”技术垂直路演，直观体验新侨创新创业氛围。来自北京华商会、归国留学人员联合会等新侨精英代表、各区侨联干部50余人参加学习研修。

6月7日，北京市侨联举办2017年新侨人才研修班开班式

【召开维护侨益工作研讨会暨法顾委年会】6月29日，北京市侨联召开“北京市侨联维护侨益工作研讨会暨法顾委年会”，市侨联副主席苏泳主持会议并讲话。会议总结了市侨联近年来维护侨益工作的情况及取得的成绩，分析了存在的困难和问题，提出了今后加强和改进维护侨益工作的思路。东城、西城、朝阳、海淀、大兴等区侨联分别介绍了各自维护侨益工作的主要做法和亮点工作，就今后加强维护侨益工作谈了各自的认识和思路。

【举办“亲情中华”北京夏令营】7月9日—22日，由中国侨联、北京海外联谊会主办，北京市侨联、共青团北京市委、北京首开集团承办，东城区侨联、西城区侨联、北京中华文化学院、中国华侨历史博物馆协办的“亲情中华”北京夏令营成功举办。此次夏令营坚持以营员的需求为出发点和落脚点，以传承中华文化为主线，立足高起点、高标准、高水平，并把办好夏令营作为坚持“两个并重”、深化“两个拓展”、建好侨胞之家的一个有力抓手，确保夏令营圆满、顺利、安全，实现了预期目标，赢得了海外师生、家长和社会各界的好评。来自美国、加拿大、比利时、澳大利亚等国家和地区的50名华裔青少年营员及4名带队教师参加了活动。

【北京市侨联与乐亭县开展交流考察活动】5月3日—4日，8月21日—22日，北京市侨联两次组织华商企业赴河北省乐亭县交流考察，寻找北京华商企业与乐亭县合作发展商机，加强合作和交流，搭建互助共享的平台，为京津冀协同发展贡献力量。7月25日，河北省乐亭县副县长马力存、徐利一行拜访北京市侨联，双方进行了座谈交流。全国人大华侨委委员、中国侨联副主席、原北京市人大常委会副主任、原北京市侨联主席李昭玲，北京市侨联副主席苏泳，北京华商会会长郭俊琴出席活动。座谈交流会上，双方互相介绍了有关情况，就侨联发挥桥梁纽带作用，助推京津冀协同发展，北京华商企业赴乐亭发展的意向进行了交流。

【赴河北省交流考察】7月26日—27日，北京市侨联副主席苏泳，市侨联副主席、特聘专家委员会副主任委员、中国政法大学研究生院院长李曙光率团赴河北省石家庄、保定市等地考察交流经科人才工作。实地参观了北京新两翼之一雄安新区（安新县）、石家庄高新技术产业开发区，考察了日中天科技园和河北天山实业集团有限公司两个国家级孵化器及部分入驻新侨企业。其间，与河北省侨联主席包东、副主席季加宇、石家庄市侨联主席王强、保定市侨联党组书记贾永山等领导进行了深入座谈交流，并就第十七届海外侨界高层次人才为国服务活动、京津冀侨联新侨创新创业基地创建等重点工作进行了具体对接。

9 月 3 日，“创业中华·牵手京津冀——第十七届海外侨界高层次人才为国服务活动”启动仪式在北京国际会议中心举办，左五为中国侨联党组书记、主席万立骏，左四为中国侨联副主席李卓彬，左三为中国侨联副主席李昭玲

【举办第十七届海外侨界高层次人才为国服务活动启动仪式】9 月 3 日，由中国侨联、北京市侨联、天津市侨联、河北省侨联共同举办的“创业中华·牵手京津冀——第十七届海外侨界高层次人才为国服务活动”启动仪式在北京国际会议中心举办。中国侨联党组书记、主席万立骏出席活动并讲话，北京市侨联主席荣洋致辞，中国侨联、京津冀三地侨联、北京市政协港澳台侨和外事委、致公党北京市委等有关领导出席启动仪式。本届“为国服务团”共邀请了 78 位海外高层次人才参加，分别来自美国、澳大利亚等 16 个国家和地区，带来优秀项目 89 个，涉及文化创意、人工智能、“互联网 +”、投资咨询、通信工程、生物医药、新材料等多个领域。

【举办“华诞中国·亲情北京—— 2017 年海外侨胞故乡行”活动】9 月 27 日，“华诞中国·亲情北京—— 2017 年海外侨胞故乡行”活动启动仪式在北京举行，正式拉开了北京市侨联庆国庆海外联谊系列活动的序幕。此次活动共邀请来自美国、英国、意大利等 25 个国家和地区的近百位港澳及海外侨胞出席活动。活动期间，组织嘉宾出席了庆祝中华人民共和国成立 68 周年侨胞联谊会、市长报告会、北京市政府招待会、市侨联侨胞联谊会共四场重要活动，组织了参观北京

9 月 27 日，“华诞中国·亲情北京—— 2017 年海外侨胞故乡行”活动启动仪式在北京举行

行政副中心建设、市规划展览馆、北京文化创意产业展示中心、外文局、中关村智造大街等10个专项活动，围绕文化交流、经济发展和城市规划建设举办了三场有针对性的座谈交流会。

【举办港澳及海外侨领国情研修班】 10月22日—28日，中国侨联、北京市侨联联合举办了“2017港澳及海外侨领国情研修班”，邀请国家有关部门领导和知名专家学者，围绕中国经济形势、外交政策、侨务政策等内容举办讲座7场，组织实地教学考察活动2次，围绕一周的学习情况举行分组讨论1次。此次培训班共邀请到来自美国、英国、意大利等28个国家和地区的56位海外侨领参加学习。

10月23日，“2017港澳及海外侨领国情研修班”开班式在北京大学举办

【学习宣传贯彻党的十九大精神】 10月30日，北京市侨联召开学习宣传贯彻落实党的十九大精神动员部署会，传达中央政治局委员、北京市委书记蔡奇在全市领导干部大会上的讲话精神，市委常委、统战部部长齐静在全市统一战线动员部署会上的讲话精神，市委统战部副部长、侨联党组书记赵宏生作动员讲话。市侨联领导班子成员、城区侨联主席、侨界社团负责人、侨联机关和服务中心的全体党员干部、老干部党员代表参加了动员部署会。11月13日，北京市侨联召开全体干部会议传达学习万立骏主席在省级侨联党组书记主席党的十九大精神学习班上的讲话精神和全国侨联基层组织建设工作会议精神。会议要求，要按照中国侨联和市委的统一部署，抓好十九大精神的学习宣传贯彻，认真落实好中国侨联基层组织建设会议精神，做好近期重点工作的落实。12月14日—15日，北京市侨联举办了学习宣传贯彻党的十九大精神专题培训。此次培训班紧紧围绕深入学习宣传贯彻党的十九大精神，全面领会习近平新时代中国特色社会主义思想，教育引导侨联委员、党员干部把思想和行动统一到十九大精神上来。邀请中国侨联秘书长陈迈、市交通委员会副主任李晓松、市委党史研究室副巡视员刘岳作了三个专题辅导报告。市侨联领导班子成员、侨联委员、市区侨联专职干部、基层侨联主席、社团主要负责人共计130余人参加了培训。12月29日，由中国侨联主办，北京市侨联具体承办的“首都侨界学习党的十九大精神报告会”在首都经贸大学华侨

10月30日，北京市侨联召开学习宣传贯彻落实党的十九大精神动员部署会

12月14日—15日，北京市侨联举办学习宣传贯彻党的十九大精神专题培训班

学院礼堂举行。中国侨联主席万立骏出席报告会并讲话，吉林大学侨联常务副主席任波，安徽合肥科学岛“八剑客”之一的任涛，福建华侨大学马来西亚研究中心主任钟大荣，陕西汉中市委党史研究室干部、陕西省侨联青年委员董方舟，分别结合自身工作经历和学习体会，作学习十九大精神报告。中国侨联副主席康晓萍主持报告会，北京市委统战部副部长、市侨联党组书记赵宏生，市侨联主席荣洋，副主席李冬娟、苏泳，秘书长李登新，以及来自首都各界的归侨侨眷代表、新闻媒体记者700余人参加了报告会。

【召开新侨工作研讨会】11月20日—21日，北京市侨联召开新侨工作研讨会，市侨联主席荣洋，副主席苏泳、陶庆华、石岳出席会议，各区、高校侨联及留联会负责人40余人参加会议。会议传达了党的十九大会议精神，介绍了市侨联新侨人才工作情况。与会新侨人才结合如何学习宣传贯彻党的十九大精神、如何拓展新侨工作，以及自身创新创业经验等进行了深入交流。荣洋在讲话中指出，新侨工作要把握三个关键点：着重坚持正确的政治方向、着力夯实理论基础、大力加强体系建设。

【召开特聘专家委员会工作会】11月21日—22日，北京市侨联特聘专家委员会工作会议在北京召开。市侨联主席荣洋出席会议并讲话，副主席苏泳、李曙光、高杰、陶庆华、石岳、邢新会，以及20余位市侨联特聘专家出席会议。会议传达了党的十九大会议精神。李曙光副主任代表委员会作工作报告，全面总结了特聘专家委员会2017年工作，提出2018年工作设想，与会专家进行了热烈讨论，并提出了许多意见建议。

【西城区侨联】2017年，西城区侨联全面学习贯彻党的十九大精神，学习贯彻习近平总书记系列重要讲话精神和治国理政新理念新思想新战略，坚持以习近平总书记两次视察北京重要讲话和对北京工作的一系列重要指示精神作为行动指南，围绕中心，服务大局，准确把握侨联工作定位和工作任务，发挥桥梁纽带作用，贡献侨界力量。3月31日，召开二届二次全委（扩大）会，传达学习李源潮同志在中国侨联九届四次全委会议上的讲话精神，审议2017年工作报告，通过《关于设置西城区侨联专门工作委员会和任命各专门工作委员会主任的决定》以及《关于成立西城区侨联青年委员会的决定》。深化拓展新侨工作，会同北京建筑大学统战部、北京建筑大学侨联共同举办“同心·同步·同鼓舞——‘一带一路’文化体验走进非洲活动”，组织留联会会员参观爱国主义教育基地，举办“端午结·中国情”绳编文化体验、京彩瓷陶艺文化体验等活动。深入开展联络联谊，推动与荷兰、斯洛伐克开展友好交流，接待马来西亚沙巴华北同乡总会访华团，北京马来西亚联谊会，日本、匈牙利、瑞典、奥地利等多个国家和地区的侨团及个人来访180余次。注重加强学习交流，接待内蒙古杭锦旗统战工作交流考察团、广东汕头市民主党派联合调研组交流座谈；与河北省承德市侨联共同主办“圆梦中华·创业京津冀”海外华商和高层次人才西城、承德行活动。参政议政工作成效明显，在西城区政协十四届一次会议上《关于进一步加强西城区社会组织工作的建议》获优秀提案奖；组织侨界人士参加区政协、区委统战部议政会、双月座谈会。不断提升为侨服务质量，启动“情暖侨心·侨力为国”项目，走进基层开展主题讲座15场；与区教工委统战部联合举办“不忘初心话愿景，共圆杏坛教育梦”教育系统老归侨座谈会；全年接待侨界群众来信来访15人次，法律和政策咨询30余次；拜访侨界代表人士30余名，探望困难归侨侨眷20余户，慰问不同领域侨界群众200余人次，两节慰问金共计39600元。加强自身建设，参加“七一”“党员双提升”统一行动日活动；组织区侨联委员开展“谈体悟·话未来”党的十九大心得征集活动，举办侨界人士学习党的十九大精神座谈会，走进侨资企业开展党的十九大宣讲；加强侨界代表人士的培养，推荐2名侨联委员担任市人大代表，推荐36名优秀留联会会员担任区青联委员；举办基层侨联工作培训班，区、街侨联委员、侨界法律顾问团成员及留联会代表80人参加了培训。

【朝阳区侨联】2017年，朝阳区侨联以中心工作为引领，按照区委“疏解、增绿、上水平”要求，紧紧围绕“建设三区，建成‘小康’”目标，通过“党建带侨建”，不断加强自身建设，提升在服务经济发展、依法维护侨益、拓展海外联谊、参政议政、弘扬中华文化、参与社会建设等六个方面的履职能力。拓展海外和新侨工作。举办“弘扬东方文化·感受设计之美暨2017年朝阳侨青文化沙龙启动仪式”“情人节单身联谊免费公益沙龙——青春好时光，不当单身汪，‘侨’你入眼”大型公益活动、“侨青文化系列沙龙之五——领略岩画魅力·开启宁夏记忆”活动；9月20日，在美国瀚海硅谷科技园建立北京市朝阳区人才工作海外联络站；7月21日—8月1日，承办“亲情中华·友好朝阳（北京）”夏令营，来自美国、葡萄牙等国家的30多名华裔青少年参加了夏令营；12月24日—26日，由北京市朝阳区侨联与北美枫香文化中心共同推出的《飞虎情缘》话剧登上北京朝阳第九剧场TNT剧场的舞台。广泛开展交流学习活动。6月14日，接待广东省江门市直机关工委书记杨健平、江门市侨联主席林春晖等领导一行考察叶青大厦商务楼宇党建和侨联组织建设情况；8月31日，接待天津市滨海新区区委统战部副部长、区海联、侨联、留联党组书记吕力一行到访区侨联，就群团改革、组织架构、基层组织建设、新侨工作及品牌活动开展等工作进行座谈交流。努力建好“侨胞之家”。举办“2017年侨界新春饺子宴”“迎新春·送吉祥·福到侨家”——2017年侨界新春书画送福、“侨胞之家·低碳家庭日”植树骑行、中国传统手工与时尚展示、以“中国书法的魅力与鉴赏”为主题的第三期朝阳区侨青文化沙龙、“庆祝建国68周年——‘亲情中华·重温经典’朗诵音乐会”等系列活动，服务侨界群众。不断加强自身建设。举办“2017年北京市朝阳区侨情侨史干部研修班”、以“首都北京未来发展和雄安新区建设意义”为题的委员（扩大）培训讲座、侨界学习十九大报告精神座谈会、学习宣传贯彻党的十九大精神部署会、以“学习贯彻党的十九大精神，推动民营经济在新时代作出新贡献”为题的侨talk（侨青沙龙）、以“不忘初心，牢记使命，增强做好新时代侨联工作的责任感和使命感”为主题的区侨联基层工作会，不断深化党的十九大精神的学习贯彻，强化“四个意识”，树立“四个自信”，提升能力素质，推动侨联工作不断创新发展。

【海淀区侨联】2017年，海淀区侨联深入学习贯彻落实党的十八大、十九大、习近平总书记系列重要讲话及中国侨联、市、区会议精神，以扎实推进“两学一做”学习教育常态化制度化为抓手，紧紧抓住海淀区科研院所、大专院校密集，高层次人才集聚的优势，整合区域资源，不断拓展新侨和海外工作，注重加强委员会和代表人士队伍建设，努力做到服务大局和为侨服务相统一。发挥优势服务核心区建设。整合驻区科研院所、高等院校、园区侨企、区内行业协会等区域资源，成立侨界创新发展产业联盟；接待了美国联邦储备委员会顾问、美国加利福尼亚州库柏蒂诺市前市长及法国交通部前部长、欧洲国际文化交流促进委员会执行主席，以及2017意大利—中国贸易发展促进会“一带一路”经贸考察团来访；组织“双创”政策宣讲与研讨交流会8场，吸引新侨和海归创业者1500余人次参加。搭建平台团结凝聚侨界群众。发挥群团组织思想引领作用，开展“我看十九大”征集活动，举办6次十九大精神学习宣传活动及专题报告会；与区有关单位共同举办“海淀区第六届新侨乡文化节”系列活动，开展侨界家庭亲子营、迎冬奥冰壶体验赛、“不忘初心”书画笔会等活动21场次，与海淀区委宣传部、海淀区文联等共同打造“百川汇海”作家大讲堂品牌活动；承办“亲情中华·远方的惦念——2017华裔子弟故乡行”北京海淀夏令营，弘扬和传播中华优秀文化。参政议政服务民主政治建设。在海淀区政协十届一次全会上，提交1份团体提案，3份界别提案，侨联政协委员个人提案10份，办理政协委员提案1件；围绕“一带一路”倡议、居住区停车自治模式开展调研，形成参政议政信息，全年报送提案、信息、舆情等共计70余件（条），为领导科学决策提供依据。依法护侨提升为侨服务水平。持续开展“心贴心、送温暖”行动，入户走访及集体慰问人数430人次，发放慰问品、慰问金22.56万元；举办“关爱老侨·情暖空巢”——海内外侨胞一起过大年活动，营造“侨之家”暖心氛围；聘请5位政法大学法学研究生志愿者，全天值守热线，提供专业法律援助服务，向侨界群众发放《侨务法律法规政策问题100答》等法律宣传册300份，接待法律咨询 60 人次，借助侨联网站、微信、期刊开辟法制宣传专栏。固本强基加强自身组织建设。及时组织机关党员干部学习党的十九大和北京市第十二次党代会精神，推进“两学一做”学习教育常态化制度化和党风廉政建设，组织参观警示教育基地；持续推进支部和党员“双报到”工作，完善支部党员与困难归侨结对子制度；借助杂志、网站、微信服务号，扩大侨界人士的社会影响力，网站全年共发布、转载侨联工作、要闻资讯、侨界人士先进事迹等各类信息 390 次；拓宽宣传渠道，完成侨联微信服务号建设，运用新媒体开辟侨联宣传工作新路径。

【丰台区侨联】2017 年，丰台区侨联坚持为侨服务宗旨，围绕中心、服务大局，广泛团结动员归侨侨眷和海外侨胞，为丰台首都中心城区建设贡献了侨界力量。开展调研考察，2 月 14 日，丰台区委统战部副部长、区侨联主席洪鑫带领区侨联委员到怡海集团调研，与怡海集团主席王琳达和工作人员进行深入座谈；5 月 27 日，丰台区侨联赴怡海花园看望在北京八中怡海分校、北京第二实验小学怡海分校和怡海幼儿园就读的港澳学生并进行了座谈，向学生们赠送爱心书包；8 月 8 日，接待重庆市忠县侨联调研考察团，双方就侨务工作经验、群团改革等方面进行深入探讨，签署“缔结友好关系协议书”，结成友好侨联，开展长期交流与合作。拓展海外和新侨工作，7 月 9 日，丰台区侨联承办“亲情中华”走进北京丰台——华裔青少年国学、冬奥体验之旅夏令营，在北京、张家口市开展为期 14 天的文化学习、体验等活动，来自美国纽约、西雅图和俄亥俄州的 35 名营员参加了夏令营；8 月 31 日，召开丰台区归国留学人员座谈会，邀请北京市归国留学人员联合会主席陶庆华讲解北京市留学人员基本情况及在服务留学人员方面的相关政策，丰台区委统战部、丰台区侨联、丰台区留创园等领导分别介绍相关情况，最后，参会人员就归国留学人员在工作和生活中面临的困难及解决建议进行深入交流。践行为侨服务宗旨，全年接待来电、来访 20 余次，协调解决中国科学院院士（归侨）曹晓风住房拆迁问题；10 月 24 日，组织“敬老爱老，医疗照护助健康”公益活动走进北京康助护养院和怡海社区老年大学；组织区属老归侨 30 余人，参观丰台园博园；坚持开展为空巢归侨侨眷老人志愿服务活动，加强辖区“侨界关爱空巢老人志愿者队伍”力量，提升志愿者服务能力；11 月 2 日，配合市侨联华侨服务中心慰问云岗 10 名空巢老人并送去慰问品；11 月 23 日，带领方庄侨联老年模特队慰问丰台区椿萱茂（青塔）老年公寓；坚持重点节日走访慰问，2018 年春节前夕，丰台区侨联对辖区 83 名困侨、老归侨、侨界空巢老人和侨界代表人士开展走访慰问活动。学习宣传贯彻党的十九大精神，5 月，组织各基层侨联开展以“侨心向党心，喜迎十九大”为主题的系列活动，参与人数达 1288 人，征集各类作品共 196 件。9 月 15 日，在丰台区文化馆举办归侨侨眷优秀书画、摄影、征文作品展。11 月 2 日，区侨联召开第六届委员会第二次全委会，学习宣传贯彻党的十九大精神。

天津市归国华侨联合会

【领导成员名单】

党组书记、主席：胡胜才

常务副主席：陈钟林（女）

专职副主席：杨　晖（2017 年 10 月增补）

兼职副主席：潘庆林　王执礼

胥家宏　刘书瀚

黄　田　李兰兰（女）

黄骁卓　李璞琪（女）

周宁宇　王学利

秘书长：杨　晖（兼）

【综述】2017 年，天津市侨联在天津市委、市政府的坚强领导和中国侨联的指导下，以习近平新时代中国特色社会主义思想为指导，深入学习贯彻党的十九大精神，坚持中国特色社会主义事业“五位一体”总体布局和“四个全面”战略布局，树立“五大发展”理念，全面贯彻落实市委十一届一次、二次全会精神，坚持以侨为本、为侨服务，坚持“两个并重”、着力“两个拓展”，团结带领归侨侨眷，联系引领海外侨胞，凝心聚力，创新竞进，发挥独特优势，为加快建设创新发展、开放包容、生态宜居、民主法治、文明幸福的现代化天津，决胜全面建成高质量小康社会、建设社会主义现代化大都市贡献了侨界力量。

【强化思想政治引领】根据中央和市委的要求，天津市侨联及时组织学习宣传贯彻，并制定下发了《关于认真学习宣传贯彻党的十九大精神通知》，在全市侨联系统掀起学习十九大热潮。采取干部自学、专题培训、集中宣讲、研讨交流、观看录像、主题党日、组织生活会、演唱会、海内外侨胞学习互动等多种形式组织侨联干部和侨界群众学习领会。借助天津侨联网、侨联通“津侨荟”、微信群等各种载体向广大侨胞进行宣传，把学习宣传活动不断引向深入。如在侨联通“津侨荟”平台开设了“聚焦十九大　共圆中国梦（侨界之声）”栏目，举办了“侨说一甲子　欢乐度重阳”热烈庆祝党的十九大胜利召开。同时，市侨联深入开展“维护核心、铸就忠诚、担当作为、抓实支部”主题教育实践活动，推动“两学一做”常态化制度化落实，积极组织开展向归侨黄大年同志学习活动，着力增强“四个意识”，强化政治站位，净化政治生态，持续加强侨联组织政治性、先进性和群众性建设，始终保持侨联工作和侨联组织正确的政治方向。1 月 20 日，市侨联党组召开 2016 年度民主生活会，以贯彻落实党的十八届六中全会和市委十届十次全会精神，增强“四个意识”为主题，围绕“两学一做”学习教育要求，重点对照新形势下《准则》和《条例》，紧密联系思想和工作实际，查找存在的突出问题，深刻进行党性分析，扎实开展批评与自我批评，进一步加强和规范党内政治生活。5 月 3 日，市侨联召开巡视整改专题民主生活会，党组书记胡胜才主持并讲话，党组副书记陈钟林，党组成员杨晖参加。班子成员围绕巡视反馈的七个问题，逐一对照检查，紧密结合思想工作实际，进行党性分析，深入查摆自己在政治纪律和政治规矩、工作作风、担当作为、落实全面从严治党责任等方面存在的突出问题，认真开展批评和自我批评，深入剖析根源，提出整改措施。市委统战部干部处处长刘建彦全程参加了会议。

5 月 3 日，天津市侨联召开巡视整改专题民主生活会

【拓展海外联谊】天津市侨联先后组成 3 个团组，由主席胡胜才、常务副主席陈钟林分别

带队出访了捷克、希腊、马来西亚、柬埔寨、泰国和中国澳门等6个国家和地区，与当地侨社（团）和华侨华人进行了广泛交流，缔结友好侨团15个，结识了一批新朋友；积极搞好来访团组的接待工作，先后接待泰国、英国、阿联酋等国的5个侨界团组和来自40多个国家和地区的侨界朋友600余人次。接待来访的文化社团11个团组50余人次，建立了20余个海外涉侨微信群，及时传递海内外侨情信息，稳固扩大了海外联谊朋友圈。

1月16日，市侨联与天津广播电视台滨海广播（国际部）签订合作协议，建立海外信息联络员合作机制，天津市侨联主席胡胜才（后排右三），市侨联副主席王执礼（后排左一），副主席潘庆林（后排左二）出席仪式，市侨联常务副主席陈钟林（前排右一）代表市侨联在协议书上签字

【出版发行《海外天津人》】1月1日，讲述天津籍华侨华人的故事《海外天津人》由天津人民出版社出版发行。全书力求突出“亲历、亲见、亲闻”的特色，采用以当事人自撰或当事人口述他人整理的方式，收录了来自亚洲、美洲、欧洲、澳洲等20多个国家和地区的30位海外天津籍侨界人物代表，反映了他们在主动融入、回馈当地社会的同时，饱含着对故乡天津的深深眷恋，时刻关注祖国的发展，为传承和弘扬中华优秀文化，发扬自强不息、艰苦奋斗的精神，为促进祖国与住在国的经济、文化等领域交流发展所做出的积极贡献。该书是继2015年《赤子报国心　共筑中国梦》后市侨联与天津市政协文史资料委员会合作的第二本侨界文史资料专辑，旨在加强同海外华侨华人的联系，弘扬爱国主义精神，提升民族凝聚力，聚焦实现中华民族伟大复兴中国梦的时代主题。该书在2017年市政协会议上作为大会资料发给每位代表，对宣传和弘扬华侨精神，扩大侨联组织的影响力起到了积极作用。

【天津市侨联与天津广播电视台滨海广播（国际部）签订合作协议】1月16日，市侨联与天津广播电视台滨海广播（国际部）签订合作协议，建立海外信息联络员合作机制，并举行市侨联侨办海外代表座谈会。市侨联党组书记、主席胡胜才，市侨办主任周路，市侨联党组副书记、常务副主席陈钟林，市侨联副主席潘庆林、王执礼，市广播电视台副台长印永清及市政协常委、市侨联顾问沈家燊等部分海外侨领共计30余人出席会议并座谈。市侨联党组副书记、常务副主席陈钟林与滨海广播（国际部）总监黄德懿分别代表各自单位在协议书上签字。会上宣读了第一批15名海外信息联络员名单，明确了海外联络员职责。他们将以走进直播间或海内外连线等方式参与天津滨海广播《环球世界风》节目制作，介绍海外文化、旅游、商务、典型人物等方面的内容，及时传递海外突发应急事件后的海外侨情。天津滨海广播（国际部）通过与天津市侨联深入合作，加强与海外天津人的联络沟通，进一步提升天津市侨联及天津广播国际影响力，推进国际传播效果。

【召开天津市侨联八届十七次主席会】1月20日，天津市侨联召开八届十七次主席会议，市侨联主席胡胜才组织学习《中国侨联机构改

1月20日，天津市侨联召开八届十七次主席会

革方案》和林军主席在中国侨联改革座谈会上的讲话；常务副主席陈钟林总结 2016 年侨联工作情况，部署 2017 年侨联重点工作；秘书长杨晖传达了中国侨联九届四次全委会精神。副主席王执礼、胥家宏、李兰兰、李璞琪、王学利和侨联各部室主要负责人分别出席和列席会议。胡胜才主席在讲话中指出，新的一年要以市侨联“九代会”的召开为主线，围绕侨联机构改革这个重点，以市侨联成立 60 周年为契机，总结经验、推动工作、谋划发展。

【举办《全球华人旗袍映象长卷》海外行系列活动】由天津市侨联、“画中人”全球旗袍文化联盟共同主办的“亲情中华·《全球华人旗袍映象长卷》海外行”系列活动，2017 年 2 月、7 月和 10 月先后出访美国纽约、泰国曼谷、美国旧金山。活动发起人刘冰先生和雅学专家杨静怡女士分别在美国新泽西、纽约、哈佛大学、斯坦福大学和泰国曼谷举办了五场《谈旗优雅》主题演讲会。在泰期间，举行了《千年之约：一带一路一家亲长卷》开镜仪式和“泰国旗袍文化周”活动。系列活动均受到当地华侨华人的热烈欢迎和大力支持，当地多家华文媒体记者和中文电视、凤凰视频，以及人民网、新华网等 20 多家网媒进行相继转载和报道。

【召开天津市侨联侨菁会第二次会员大会】2 月 24 日，市侨联侨菁会第二次会员大会在天津社会主义学院召开。市侨联党组书记、主席胡胜才，党组成员、秘书长杨晖出席会议并讲话。侨菁会第一届委员会委员、侨菁会会员及部分会员代表参加了大会。侨菁会第一届会长刘运斌作了工作报告，审议通过了侨菁会第一届委员会工作报告和财务报告，审议通过三名新会员入会，选举产生了侨菁会第二届委员会，审议通过了关于聘请刘琨等五名副秘书长及新会员的会员资格、入会程序及会费标准的决议。侨菁会新任会长张鉴赢在会上作了题为《初心不忘，砥砺前行》的讲话。胡胜才主席对新一届的委员会提出三点要求：第一，要把握工作要求，增强做好侨菁会工作的责任感和使命感；第二，树立宗旨意识，建好侨胞之家，当好侨胞之友；第三，进一步加强自身建设，增强做好侨菁会工作的能力。他希望侨菁会成员进一步统一思想、理清思路、明确任务、凝聚力量，提升精气神，形成上下同心、团结拼搏的强大气场，要敢为人先，做时代的弄潮儿。

【召开“开展不作为不担当专项治理”动员会】3 月 3 日，市侨联召开“开展不作为不担当专项治理”工作动员会，党组书记、主席胡胜才主持并进行动员讲话，秘书长杨晖宣读《市侨联开展不作为不担当问题专项治理实施方案》。胡胜才指出，开展“不担当不作为”问题专项治理，是全面提升侨联干部队伍形象的重要举措，是推动侨联工作深入为侨服务的具体行动，是持续转变干部作风的迫切需要。党员干部要敢想、敢做、敢当，坚持原则、认真负责，面对大是大非敢于亮剑，面对矛盾敢于迎难而上，面对危险敢于挺身而出，面对失误敢于承担责任，面对歪风邪气敢于坚决斗争，以高度的政治责任感、良好的精神状态和扎实的工作作风，把专项治理组织好、开展好、落实好，为建设美丽天津提供坚强保障。

【召开天津市侨联八届十次全委会】3 月 24 日，天津市侨联召开八届十次全委会，市侨联主席胡胜才作了《凝侨心 汇侨智 施侨力 助力“海河号”航船乘风破浪万里航行》的工作报告，市委统战部副部长王禹出席会议，市侨联常务副主席陈钟林，副主席潘庆林、王执礼、胥家宏、黄田、黄骁卓、李兰兰、李璞琪，秘书长杨晖出席会议，市侨联委员，各区、高校侨联有

2 月 24 日，天津市侨联侨菁会召开第二次会员大会

3 月 24 日，天津市侨联召开八届十次全委会

关负责同志和市侨联法顾委、侨菁会、三胞联谊会、客家人联谊会负责人近百人参加或列席会议。胡胜才所作的报告，从加强思想政治建设；围绕京津冀协同发展和“一带一路”建设主动作为；拓展海外联谊渠道，积极涵养侨务资源；加强侨联文化品牌建设，与海内外华文媒体和华文教育机构开展务实合作；加大为侨服务、维护侨益和参政议政工作力度；深入开展“两学一做”学习教育，加强侨联自身建设等六个方面全面回顾了 2016 年市侨联工作，对 2017 年侨联工作提出了五点要求。会议传达了《中国侨联改革方案》和中国侨联九届四次全委会精神，审议通过了《关于天津市侨联八届十次全委会工作报告的决议》。

【召开京津冀侨联第三次主席联席会】 3 月 29 日—30 日，第三次京津冀侨联主席联席会议在北京召开，中国侨联副主席、天津市侨联主席胡胜才，中国侨联副秘书长、经济科技部部长赵红英，北京市委统战部副部长、北京市侨联党组书记赵宏生，北京市侨联主席荣洋，河北省侨联主席包东出席会议。中央企业侨联副主席张文亮应邀参加会议。会议听取了三地侨联通报 2016 年度工作和 2017 年度计划；总结经验、深入交流，就 2017 年度三地合作计划进行了研究部署；三地侨联签订了《京津冀侨联战略合作协议》。会议期间，举行了《京津冀侨联战略合作协议》签约仪式暨第十七届海外侨界高层次人才为国服务活动新闻发布会，举办了《京津冀协同战略背景下新侨人才创新发展》主题讲座，组织与会人员赴朝阳区参观了国创产业园，就新侨人才创新创业基地建设进行了实地考察。

【联合举办“寻找读书的声音”全媒体活动】 为提升全民阅读的城市氛围和城市文明素质，传播社会主义核心价值观，从 4 月 2 日开始，天津广播电视台滨海广播联合天津市侨联、市青年联合会等单位与天津多家独立书店和读书会合作推出“寻找读书的声音　推荐滨海广播声音大使”全媒体活动，依靠全媒体平台征集最美朗读者的声音作品。4 月 23 日下午，“寻找读书的声音　推荐滨海广播声音大使”世界读书日特别活动在天津图书大厦八层报告厅举行，滨海广播 2017 声音大使精彩演绎朗读作品，为现场 300 位观众呈现一场融文化、文艺、思想和感动为一体的声音盛宴。

【传达学习中央关于设立河北雄安新区的通知精神】 4 月 6 日，市侨联党组书记、主席胡胜才主持召开机关全体干部会议，传达学习中共中央、国务院关于设立河北雄安新区的通知精神和市委、市政府传达学习中央关于设立河北雄安新区通知的会议精神。胡胜才强调，市侨联要坚持在大格局、大背景下考量和谋划工作，增强落实党中央国务院和市委各项决策部署的责任感和紧迫感，思考全局、落在脚下、讲求效率，多在任务落实上下功夫，在具体化、项目化上下功夫，在京

3 月 29 日—30 日，京津冀侨联第三次主席联席会议在北京召开

津冀协同发展上下功夫，在为新区发展贡献侨智侨力上下功夫。为全市经济社会持续健康发展，为京津冀协同发展贡献一份侨界力量。

【胡胜才主席一行到上海、浙江调研】 4月10日—13日，中国侨联副主席、天津市侨联主席胡胜才一行先后赴上海市、浙江省和温州市侨联就侨联改革进行专题调研，与三地侨联领导和相关部门、侨企负责人进行深入交流。通过调研考察，对制定天津市侨联改革方案、扎实推进侨联改革和更新观念改进侨联工作有了很多的启发和借鉴。

【中国侨商代表团出席2017中国·天津投资贸易洽谈会暨PECC博览会】 5月11日—13日，由国家商务部、天津市政府、中国侨联、中国商联会共同主办的2017中国·天津投资贸易洽谈会暨PECC博览会在天津举行。来自11个国家和地区的40位侨商组成中国侨商代表团参加了这一盛会。中国侨联副主席李卓彬、中国侨商代表团团长刘志强出席开幕式，中国侨联副主席、天津市侨联主席胡胜才，中国侨联常委、天津市侨联常务副主席陈钟林陪同会见并出席相关活动。李卓彬副主席在胡胜才主席等陪同下，参观并考察了天津市三联万侨科技有限公司、中广新型媒体研究院等侨资企业，侨商代表团实地参观考察了滨海新区中心商务区、东疆保税港区，并参加了滨海新区宣传推介交流会，了解滨海新区的招商政策、发展环境和近年发展成果。

【举办第三届“左手爱情·右手事业”大型海归及优秀单身青年交友公益活动】 5月14日下午，由天津市侨联、天津市青年联合会、天津市国际教育交流服务中心主办，市外国专家局等单位协办，天建联股份公司等单位具体承办的第三届“左手爱情·右手事业”大型海归及优秀单身青年交友公益活动在天津婚博园举办。市侨联常务副主席陈钟林、市工商联秘书长郑伟、市青联秘书长王健、市国际教育交流中心副主任宋文红、天建联股份公司董事长王青出席活动，近400名海归及优秀单身男女青年参加了活动。

【开展“爱老敬老助老主题党日”和志愿者服务活动】 5月26日，天津市侨联党支部和工会组织全体机关党员干部到天津市河东区明圣老人院开展“爱老敬老助老主题党日”和志愿服务实践活动。老人院院长和书记向大家介绍了老人院的经营服务情况，并带领大家参观了活动室、餐厅、宿舍等功能区和设施。活动期间，市侨联党员干部与老人聊天拉家常，了解老人的精神和物质需求，与老人切磋养生知识，同老人一起读报，让老人了解天津市党的十一次代表大会的进展情况，并参加了义务劳动。大家纷纷表示，今后要

5月26日，天津市侨联开展“爱老敬老助老主题党日”和志愿服务活动

5月11日，中国侨联副主席李卓彬（左二）在天津市侨联主席胡胜才（右二）、常务副主席陈钟林（右一）陪同下参观展会

经常去老人院义务为老人服务，尽最大努力让老人们度过快乐祥和的晚年。河东区区委统战部、区侨联负责同志参加了活动。

【冀国强到天津市侨联座谈调研】7月3日，天津市委常委、统战部部长冀国强一行来到市侨联调研座谈，并看望慰问了市侨联机关干部。市侨联党组书记、主席胡胜才和党组成员、秘书长杨晖，市侨办主任周路、副主任杨德忠及侨办领导班子成员参加座谈调研。冀国强部长先后听取了市侨办主任周路、市侨联主席胡胜才的工作情况汇报并予以充分肯定。他强调，作为侨务工作者，要认识到我们工作的重要性，对工作要有强烈的兴趣，认真学习领会并贯彻实施好习总书记“当好海外侨胞和归侨侨眷的贴心人，成为侨务工作的实干家”的重要指示。要认真落实党的侨务政策，依法维护归侨侨眷和海外侨胞合法权益。要积极联系海外侨胞，扎实做好国内工作，积极拓展海外工作，充分利用好津洽会、华博会等平台，做好同国侨办、中国侨联的对接工作，多渠道、多层次、多形式开展海外联谊，深交老朋友，广交新朋友。要做好侨界代表人士工作，同侨界代表人士保持密切联系，传递正能量、增强向心力。要完善涉侨工作部门合作机制，扬长避短，发挥合力，切实把“五侨联席会议”机制用好。要做好侨联改革工作，按照中央要求，认真加以落实，搞好具体实施。要加强政治引领和作风建设，引导干部坚定理想信念，增强“四个意识”，敢于担当作为，守纪律、讲规矩，推动作风建设常态化、长效化。

【召开天津市侨联八届十四次常委会】8月4日，天津市侨联召开了八届十四次常委会，市侨联主席胡胜才出席会议并讲话。市侨联常务副主席陈钟林，副主席刘书瀚、黄田、李兰兰、王学利出席会议。秘书长杨晖主持会议。市侨联常委，各区、高校统战部和侨联有关负责同志及市侨联法顾委、侨青会、客家人联谊会负责人出席或列席会议。胡胜才主席从围绕国家重大战略实施主动作为；坚持拓展弘扬中华文化的主阵地；聚焦新侨创新创业平台建设；持续扩大海外联谊朋友圈；依法护侨参与社会公益；汇聚侨智积极参政议政；狠抓党风廉政建设等七个方面全面回顾了2017年市侨联上半年的主要工作，传达了市第十一次党代会的主要精神，对市侨联深化改革实施方案、市侨联换届工作筹备和60周年系列纪念活动三项年度重点工作进行了重点介绍并提出工作要求。

8月4日，天津市侨联召开八届十四次常委会

【组织部分政协委员赴天津市市政工程设计研究总院调研】8月29日，天津市侨联党组书记、主席胡胜才，党组副书记、常务副主席陈钟林带领部分侨界政协委员赴天津市市政工程设计研究总院进行调研，先后参观了天津市市政工程设计研究院院史展览、员工食堂、资料档案室和现代化的办公环境，并进行了座谈。胡胜才主席在

7月3日，天津市委常委、统战部部长冀国强（左二）到市侨联调研

讲话中表示，要通过市侨联联谊海外的各个渠道助力市政工程设计研究院积极参与“一带一路”建设实施，同时要结合天津市第十一次党代会提出的加快建设创新发展、开放包容、生态宜居、民主法治、文明幸福的现代化天津要求，深化市侨联改革，拓展海外联谊，积极助力让更多有实力的天津企业“走出去”，不断扩大天津影响力。参加活动的政协委员就国际人才引进、人工智能运用、事业单位改制等感兴趣的话题进行深入交流。此次调研是市侨联按照年度计划组织政协委员开展集中履职活动的具体行动之一。2017 年结合市委、市政协要求和侨联工作实际，先后开展了 10 余次“委员日”调研活动，为委员履行职责、参政议政奠定了坚实基础。

【召开天津市基层侨联主席会议】 9 月 1 日，天津市侨联召开基层侨联主席会议，传达贯彻习近平总书记对群团改革工作作出的重要指示和刘云山同志的讲话，以及市委李鸿忠书记和怀进鹏副书记的批示要求，并对下一阶段的重点工作进行部署。胡胜才主席要求各区、高校侨联组织要紧密团结在以习近平同志为核心的党中央周围，把学习贯彻习近平总书记重要指示和座谈会精神作为一项重要政治任务，迅速传达学习，领会精神实质，凝聚改革共识，营造抓改革、促改革的良好氛围。要以习近平总书记重要指示和座谈会精神为指引，继续统一思想、深化认识，增强思想和行动自觉，在党的领导下推进侨联改革。要积极争取地方党委政府对侨联工作的重视和支持，主动与相关工作部门加强寻求多方合作。推动中央部署的侨联改革任务抓实见效，切实把侨联改革的责任扛在肩上、任务落到实处。要旗帜鲜明讲政治，切实增强“四个意识”，提高政治站位，坚决维护以习近平同志为核心的党中央权威和集中统一领导，自觉同党中央保持高度一致，抓住改革机遇，坚持问题导向，突出侨联特色，强“三性”，去“四化”，形成全市侨联系统上下齐抓共管、横向齐心协力、整体推动侨联改革的良好局面，以扎实推进改革的实际行动迎接党的十九大胜利召开。市侨联常务副主席陈钟林和秘书长杨晖还就市侨联换届、市侨联成立 60 周年纪念活动和法顾委相关工作分别向各区、高校侨联负责人进行了通报并提出要求。全市各区、高校侨联负责人、驻会干部，部分区、高校统战部有关同志参加了会议，市侨联各处室负责同志列席了会议。

【举行纪念天津市侨联成立 60 周年座谈会】 由天津海外联谊会、天津市海外交流协会、天津市归国华侨联合会共同举办的“第五次海外天津人联谊大会暨纪念天津市侨联成立 60 周年座谈会”于 9 月 20 日—21 日举行。市委常委、统战部部长冀国强出席并致辞。市委书记李鸿忠专门作出批示，希望市侨联深入学习贯彻习近平总书记系列重要讲话精神和党中央治国理政新理念新思想新战略，切实增强“四个意识”，围绕中心、服务大局，充分发挥桥梁纽带作用，最大限度地凝聚侨心侨力，为建设社会主义现代化大都市、实现中华民族伟大复兴中国梦共同奋斗，以优异成绩迎接党的十九大胜利召开。市人大常委会副主任梁宝明，副市长赵海山，市政协副主席刘长喜，老同志叶迪生、陆锡蕾、张元龙出席开幕式。中国侨联原副主席王永乐应邀出席。冀国强在致辞中代表市委、市政府向大会表示热烈祝贺，向与会嘉宾、广大归侨侨眷，向老一代侨联干部、各级侨联工作者致以亲切问候。他指出，海外侨胞和归侨侨眷是加强天津与海外联系的重要

9 月 1 日，天津市侨联召开会议传达贯彻习近平总书记对群团改革工作指示精神

纽带，是促进全市经济社会发展的重要力量。希望各级侨联组织积极内引外联，做好为侨服务，更好地凝聚侨心、汇集侨智、发挥侨力、维护侨益，为把天津建设成社会主义现代化大都市汇聚智慧力量。希望广大海外天津人发扬爱国爱乡光荣传统，一如既往关心支持家乡发展，积极投身京津冀协同发展、“一带一路”建设，为实现中华民族伟大复兴的中国梦作出新贡献。

【举办“欣欣侨苑·中国梦——纪念天津市归国华侨联合会成立60周年侨界书画展”】 9月20日，“欣欣侨苑·中国梦——纪念天津市归国华侨联合会成立60周年侨界书画展”在天津美术馆揭幕。天津市政协副主席刘长喜出席开幕仪式并宣布书画展开幕。市侨联主席胡胜才致开幕词。市委统战部副部长王禹，市侨办主任周路，文史馆党组书记刘志永和来自市民革、市民盟、九三学社、市致公党和市社会主义学院主要负责人出席开幕式，市侨联常务副主席陈钟林主持开幕式，天津市华侨书画院院长王冠峰代表画家讲话。来自40多个国家和地区的海外华侨华人代表、各区高校侨联负责人、校友会联谊会负责人及老归侨代表近400人参加了开幕式。本次展览由天津市侨联、市美术家协会主办，天津市华侨书画院承办，经过近一年的精心筹备，共展出125幅翰墨丹青精品。

9月20日，“欣欣侨苑·中国梦——纪念天津市归国华侨联合会成立60周年侨界书画展”在天津开幕

【举办第十八届世界华人学生作文大赛天津赛区颁奖典礼暨第十九届世界华人学生作文大赛天津赛区启动仪式】 9月24日上，“第十八届世界华人学生作文大赛天津赛区颁奖典礼暨第十九届世界华人学生作文大赛天津赛区启动仪式”在天津举行。中国侨联副主席、天津市侨联党组书记、主席胡胜才出席会议并讲话，党组副书记、常务副主席陈钟林，天建联董事长王青，以及各区侨联、参赛学校、各家媒体及获奖的师生代表200多人出席了会议。胡胜才主席在讲话中表示，要把这项活动作为加强海内外青少年文化交流，促进中国文化传播，讲好中国故事的重要平台和载体，把大赛办成展示海外华文教育成果和促进华文教育的工作品牌，希望更多海内外的学校和教育机构、更多的家庭和青少年参加到大赛及相关活动中来，把天津赛区活动办得更加丰富扎实而富有成效。陈钟林副主席代表市侨联宣布“第十九届世界华人学生作文大赛天津赛区启动”。

【召开天津市侨联八届十一次全委会】 10月16日，天津市侨联召开了八届十一次全委会，市委统战部副部长、市侨

10月16日，天津市侨联召开八届十一次全委会

联主席胡胜才出席会议并讲话，常务副主席陈钟林主持会议，副主席潘庆林、王执礼、刘书瀚、李兰兰、黄骁卓、李璞琪、王学利，秘书长杨晖出席会议。市侨联委员、各区高校侨联专职干部出席和列席了会议。胡胜才主席代表市委统战部宣布了中共天津市委关于增补市侨联八届委员会专职副主席人事安排的决定并做了说明。大会采用举手表决方式通过增补杨晖为天津市侨联第八届委员会专职副主席。

【天津市侨联与宝坻区政府、雅逸房地产公司签约战略合作协议】12 月 9 日，天津市侨联与天津市宝坻区人民政府、雅居乐产置业有限公司举行了宝坻区“津侨国际小镇”战略与合作框架协议签约仪式。天津市侨联主席胡胜才，宝坻区区长毛劲松，华燊发展集团董事会主席沈家燊，市建工集团总经理曲华林，雅居乐集团北京区总裁龚莉等出席签约仪式并讲话，市侨联常务副主席陈钟林主持签约仪式。华燊发展（天津）有限公司向武清区河北屯镇捐赠了10 万元款项，市委统战部副部长、市侨联主席胡胜才代表市委统战部接受了捐赠。

12 月 9 日，天津市侨联与宝坻区政府、雅逸房地产公司签约战略合作协议

【举办《两岸同根一家亲 同心共筑中国梦》演唱会】12 月 23 日，由天津市侨联主办，天津侨梦文化传媒有限公司承办的《两岸同根一家亲 同心共筑中国梦》纪念海峡两岸民间开放交流三十年“诗词乐韵”中华情经典作品演唱会在中华剧院精彩亮相，为庆祝天津市侨联成立 60 周年画上圆满的句号。市委常委、统战部部长冀国强，市政协副主席、工商联主席黎昌晋在演出前会见了部分演员代表，中国侨联副主席、市侨联主席胡胜才，市委统战部副部长唐瑞生，市侨联常务副主席陈钟林等陪同会见。市委统战部，市政协港澳台侨委、文史委、委联室，市侨联，市侨办，市台办，天津广播电视台，市工商联等相关部门的负责人与社会各界人士一同观看了演出。本次演出体现了传统与现代、历史与现实的传承与结合，实现了两岸从形式到内心的“大团圆”，表达了广大海河儿女“同心共筑中国梦”的坚定信念和对两岸早日团圆的美好期待，为全市人民和在津台胞献上了一场高质量的视听盛宴。

河北省归国华侨联合会

【领导成员名单】

党组书记、主席：包　东

专职副主席：季加宇　封燕燕（女）

兼职副主席：巨永建　付辉东　杨宏伟　余良琪　张海林　屈　恩（女）

秘书长：封燕燕（兼）

【综述】 2017年，河北省侨联深入学习贯彻党的十九大和习近平总书记对河北作出的一系列重要指示精神，认真落实中国侨联深化改革总体要求和河北省委省政府决策部署，坚持“两个拓展”“两个并重”，紧紧围绕去“四化”、强“三性”改革目标，着力破解重点难点问题，坚持“党建带侨建”，以推进河北省侨联改革为抓手，解放思想，转变作风，争先进位，事争一流，各项工作跃上新台阶。全面落实《河北省侨联改革方案》，深入推进侨联组织体制机制改革，明确时间表、路线图，采取会议推进、调研督导、专题培训等形式，扎实推进改革举措落地生效；服务经济发展有新作为，邀请17个国家和地区66名海外侨领侨商参加经洽会，组织“第十七届海外侨界高层次人才为国服务团”走进河北，走进雄安新区，近100个项目现场推介对接，积极推动侨商科技园区等项目建设；依法维护侨益有新成效，妥善处理侨界群众来信来访12件，做到件件有答复，事事有结果，积极开展“送温暖、献爱心”活动，拨款10万元专项经费慰问侨界困难群众；拓展海外联谊有新平台，组建3个团组出访7个国家和地区，增聘9个国家20人为海外顾问，凝聚了海内外关心支持河北建设的侨界智慧和力量；弘扬中华文化有新载体，举办2017“亲情中华”夏令营（河北营）和2017海外华文教师河北研修班活动，传播河北声音，赢得了海内外侨胞的关注和点赞；积极参政议政有新亮点，周密组织、严格把关，完成侨界河北省十三届人大代表、政协十二届委员的推荐工作；参与社会建设有新突破，全省新增9个“珍珠班”（“树人班”），资助380名“双特”学生就学，争取资助资金285万元，为全省7所学校339名“珍珠班”毕业生补助伙食费5万余元。

【召开河北省侨联九届四次全委会】 1月5日—6日，河北省侨联召开九届四次全委会议，河北省委副书记李干杰出席会议并讲话，河北省侨联主席包东，副主席季加宇、封燕燕、付辉东、巨永建、余良琪、杨宏伟、张海林出席会议。包东主席受九届常委会委托报告了2016年以来的主要工作并部署了2017年的工作，季加宇副主席在会上全面解读了《河北省侨联改革方案》。会议期间，省委政策研究室副主任张建国围绕九代会的精神为与会同志作了专题辅导，会议按照《中国侨联章程》规定，审议通过补选陶建伟为河北省侨联九届委员会常委，补选赵正旭、袁树平为河北省侨联九届委员会委员。

1月5日—6日，河北省侨联召开九届四次全委会

【召开河北省侨联界政协委员、侨界专家学者和侨商企业调研座谈会】 3月27日上午，围绕“大力改善营商环境”，河北省侨联组织召开了河北侨联界政协委员、侨界专家学者和侨商企业调研座谈会。河北省侨联主席包东、副主席封燕燕及部分河北侨联界政协委员、侨界专家学者和侨商10余人出席会议，季加宇副主席主持会议。会上，河北省侨联机关党委专职副书记么占

龙介绍了企业建立党组织的相关程序。

5月8日—12日，在燕山大学举办"河北侨联干部选学暨服务开放型经济发展"培训班，河北省侨联副主席季加宇（右二）、燕山大学党委常委王宝诚（左二）等领导出席开班仪式

【举办2017"海外华文教师河北研修班"活动】4月20日—26日，河北省侨联举办2017"海外华文教师河北研修班"，来自泰国、英国的12名优秀华文教师参加研修班。开班仪式在衡水一中举行，河北省侨联主席包东、副主席封燕燕、衡水一中校长张文茂等出席，衡水市侨联主席王丙树主持。研修期间，12名华文教师观摩了学生课间操、语文课、历史课、心理健康课、剪纸艺术课，以及"衡中德育工作报告会""十大学星竞选""第十八届成人礼"并分别与各学科老师座谈交流；参观了习三内画博物馆、武强年画博物馆、河北博物院、柏林禅寺、赵州桥，与河北体育学院武术系学生、以岭健康城经络养生专家互动交流。活动期间，封燕燕副主席看望了怡海集团董事局主席王琳达、中国华侨公益基金会公益项目部主任贾素颖一行，并进行了交流座谈。

4月20日—26日，河北省侨联举办2017"海外华文教师河北研修班"

【举办"河北侨联干部选学暨服务开放型经济发展"培训班】5月8日—12日，在燕山大学举办了"河北侨联干部选学暨服务开放型经济发展"培训班，河北省侨联副主席季加宇、燕山大学党委常委王宝诚等出席开班仪式。培训班安排为期5天10个专题的学习，其间还组织参观了甲申反腐倡廉纪念馆与北戴河博物馆。此次培训由河北省委组织部、省委教育工委主办，河北省侨联人事处与燕山大学党委组织部承办，河北各市、县（市、区）侨联有关负责同志，河北省侨联机关部分干部等40人参加了培训班。

【组织侨商参加"2017中国·廊坊国际经济贸易洽谈会"】5月18日，在2017中国·廊坊国际经济贸易洽谈会上，保定市政府与河北省侨联共同举办了"中国白沟出口商品市场采购贸易对接洽谈会暨保定市合作项目签约仪式"。河北省侨联邀请到来自17个国家和地区的60余名海外侨商参会，促成澳大利亚冀商联合会、中澳商业产业园股份有限公司、中拉经贸有限公司与白沟新城管委会成功签约。保定市委书记聂瑞平、市长郭建英、副市长王月衡，河北省侨联主席包东、副主席封燕燕，河北省商务厅副厅长裴世馨，白沟新城党工委副书记、管委会常务副主任杨建军，党工委委员、管委会副主任张铁柱出席洽谈会并见证项目签约，保定市委常委、常务副市长李俊岭主持洽谈会。侨商代表丁强作"情系祖国故乡　协力共迎辉煌"的大会发言。

【举办2017"亲情中华"夏令营（河北营）活动】7月14日—28日，2017"亲情中华"夏令营（河北营）活动在保定和张家口举办。来自巴西、英国、德国的领队和营员们齐聚保

7月14日—28日，2017"亲情中华"夏令营（河北营）活动在保定和张家口举办

定，共同开启河北之旅。河北省侨联主席包东参加开营仪式并致辞。14天的行程，同学们聆听了河北大学的汉语课，学习了剪纸、书画、茶艺、香薰，体验了抖空竹、乒乓球、中华武术等。

【召开推进河北省侨联改革工作座谈会】 8月3日，河北省侨联推进侨联改革工作座谈会在石家庄召开，河北省侨联党组书记、主席包东出席会议并讲话，副主席季加宇主持，副主席兼秘书长封燕燕出席会议，各市侨联负责人和省侨联机关全体人员参加了会议。会议听取了各市侨联推进改革工作的情况汇报，会议还传达学习了中国侨联秘书长、办公室主任会议精神。

【承办"第十七届海外侨界高层次人才为国服务团"活动】 9月3日，由中国侨联、北京市侨联、天津市侨联、河北省侨联共同主办的"创业中华·牵手京津冀——第十七届海外侨界高层次人才为国服务活动"在北京正式启动。中国侨联主席万立骏，副主席李卓彬、李昭玲，北京市侨联党组书记赵宏生，北京市侨联主席荣洋，河北省侨联主席包东，中国侨联副秘书长、经济科技部部长赵红英，天津市侨联副主席陈钟林等出席活动。此次活动先后赴北京、雄安新区、河北保定和石家庄及天津考察，并开展项目对接。共有来自美国、加拿大、澳大利亚、日本等16个国家和地区的78位海外侨界高层次人才参加，带来项目89个，涉及文化创意、人工智能、新材料等多个领域。

【河北省纪委驻省委统战部纪检组到省侨联巡察督导工作】 9月6日，河北省纪委驻省委统战部纪检组一行三人到省侨联巡察督导工作。河北省侨联党组书记、主席包东听取纪检组一行对河北省侨联党风廉政建设工作的意见，并对省侨联将继续严格落实党风廉政建设主体责任和监督责任等方面作了汇报。12月20日，河北省侨联党组成员包东、季加宇、封燕燕和机关全体党员干部到西柏坡参加驻统战部纪检组组织的廉政警示教育活动。通过在七届二中全

9月3日，由中国侨联、北京市侨联、天津市侨联、河北省侨联共同主办的"创业中华·牵手京津冀——第十七届海外侨界高层次人才为国服务活动"在北京启动

12 月 20 日，河北省侨联党组成员包东、季加宇、封燕燕和机关全体党员干部到西柏坡参加驻统战部纪检组组织的廉政警示教育活动

会旧址前重温入党誓词，在廉政教育馆观看以“牢记两个务必，永葆党的先进性”为主题的实物展示，同志们进一步提升了学习宣传贯彻党的十九大精神的思想自觉。

【召开河北全省侨联系统贯彻落实党的十九大精神学习会】11 月 18 日，河北省侨联在沧州市组织召开了“全省侨联系统贯彻落实党的十九大精神学习会”，河北省侨联和各市（含辛集）侨联主席及部分负责同志参加了学习会。会上，印发并传达了《关于转发〈中国侨联关于认真学习宣传贯彻党的十九大精神的通知〉的通知》。

【举办河北全省侨联系统推进侨联改革干部培训班】11 月 26 日—12 月 3 日，河北省侨联依托中国侨联干部培训中心在广西南宁举办全省侨联系统推进侨联改革干部培训班。中国侨联组织人事部部长、直属机关党委常务副书记兼干部培训中心主任李杰出席开班仪式并讲话，来自省内各设区市、华北油田等 34 名侨联系统基层干部参加了培训。李杰转达了中国侨联党组书记、主席万立骏等中国侨联领导对此次培训的期望。本次培训还开设了“一带一路”规划与东盟国家发展机遇、侨情与侨务工作等专题讲座，结合侨乡经济社会发展系统解读海内外侨胞在推进我国改革开放和现代化建设中的重要作用，探索新时代侨联工作的基本方法和思路。

【召开河北省侨联青年委员会第三次委员大会】12 月 16 日，河北省侨联青年委员会第三次委员大会在石家庄召开。中国侨联副主席乔卫、省政协副主席曹素华出席大会并讲话。省侨联党组书记、主席包东主持会议，省侨联副主席季加宇、封燕燕出席会议。省人大民侨外工委副巡视员张华、省政协港澳台侨和外事委员会巡视员肖丽萍、省台办副主任付辉东、共青团河北省委党组副书记商黎兵、省黄埔军校同学会秘书长刘礼梅到会祝贺。来自 30 多个国家和地区的近 50 名海外青年委员代表、140 名省内青年委员代表参加会议。会上，乔卫作题为《侨界青年要在新时代奋斗成长　共同致力于中华民族伟大复兴》的主旨演讲。会议期间，省政协副主席曹素华会见了乔卫副主席一行，并就学习贯彻党的十九大精神、进一步加强侨联工作深入交换了意见。河北省侨联青年委员会第三届委员会共有 289 名委员，其中海外委员 149 名，来自 47 个国家和地区，省内委员 140 人，平均年龄 35 周岁。

【召开“中国梦·河北情——经济强省美丽河北”座谈会】12 月 16 日，河北省侨联举办“中国梦·河北情——经济强省美丽河北”座谈会。省侨联党组书记、主席包东出席会议并讲话。副主席季加宇、封燕燕出席会议。来自 30 多个国家和地区的 170 多名海内外侨界青年参加座谈会。省商务厅投资促进局局长安静、省旅发委

12 月 16 日，河北省侨联青年委员会第三次委员大会在石家庄召开

宣传推广处处长王进军、省外国专家局调研员刘红卫、省文化厅外联处处长李新杰、省冬奥办对外联络处处长高朝辉应邀出席座谈会并向大家介绍河北省情，对招商引资、引才引智等政策进行重点解读，对冬奥会筹办、旅游事业发展、对外文化宣传等进行了详细讲解，就 2018 年拟开展的重点工作和活动作了推介。

季加宇副主席随河北省政协代表团出访澳大利亚

【拓展海外联谊】2017 年，河北省侨联共组织 3 个侨联工作代表团，分别访问乌干达、肯尼亚、阿联酋、澳大利亚、新西兰、美国、加拿大。访问期间，代表团拜访当地侨团和侨企，促进侨团间相互团结，宣传河北优秀文化和发展变化，扩大河北影响，推动有关项目在河北落地投产，推介海外人才回国创业，服务河北经济社会发展，了解当地侨资企业发展情况，为推动河北企业“走出去”做好服务。同时，代表团还拜访了部分驻当地使领馆，并与当地政要进行交流，增进了了解，建立了友谊。

封燕燕副主席率团访问加拿大

【推进“网上侨联”建设】2017 年，河北省侨联积极推进“网上侨联”建设，截至年底，已基本完成一期建设目标。项目主要包括河北省侨联门户网站改版升级（含网上服务大厅）、

包东主席率团访问肯尼亚

三个数据库（河北省侨联海外侨胞数据库、河北省侨联高层次人才数据库、河北省侨联委员数据库）建设、微信公众号升级开发（微网站）。

【秦皇岛市侨联召开侨联改革工作座谈会】5月23日，秦皇岛市侨联召开侨联改革工作座谈会。座谈会由秦皇岛市侨联党组书记、主席杨宏伟主持。秦皇岛市侨联党组成员、班子成员、机关干部，县区侨联及燕大侨联主席、秘书长，市侨联团体会员单位会长、秘书长参加会议。会上，副主席胡玉英组织学习了《中国侨联改革方案》《河北省侨联改革方案》主要内容，副调研员杨丽萍介绍《秦皇岛市侨联改革方案》（讨论稿）的内容。随后，与会人员进行了座谈讨论，就侨联领导机构、机关设置、运行机制等方面提出了针对性的修改意见。

【承德市归国留学人员联谊会成立】8月5日，承德市归国留学人员联谊会成立大会暨第一次会员大会召开。河北省侨联党组书记、主席包东，承德市委副书记张泽峰，市委副秘书长王泽辉，市委统战部副部长、市工商联党组书记谭玉广，河北省侨联办公室主任孟凡扬，承德市侨联党组书记徐毅及90名联谊会会员代表，《承德日报》、承德电视台、《老家热河》等媒体的记者出席了会议。承德市归国留学人员联谊会筹委会主任韩硕汇报了承德市归国留学人员联谊会筹备情况。联谊会已有正式会员152人，预备会员210人，共计362人。承德市委副书记张泽峰向承德市归国留学人员联谊会颁发了会牌。

【沧州市侨联举办“海外博士沧州行”活动】9月28日—29日，中国留日同学会秘书长谷志杰博士及来自美国、日本、瑞典三国的共7名博士来到沧州，参加沧州市侨联举办的“海外博士沧州行”活动。沧州市侨联主席元革、市华商会常务副会长胡景祯陪同谷志杰一行到沧州市金龙岩土有限公司、沧州天宇医药包装有限公司和运河区激光产业园进行参观考察并参加座谈。

【石家庄市侨联纪念成立60周年】到2017年，石家庄市侨联已经成立60周年了。11月25日，来自河北省省会归侨侨眷代表，侨资侨属企业代表，归国留学人员代表，侨务工作者代表，以及中国侨联顾问黄军军等特邀嘉宾，河北省侨联副主席兼秘书长封燕燕，石家庄市委常委、统战部部长、农工委书记王韶华，平山县政协主席郭双全，石家庄市侨联领导班子等一行40余人，乘车赴中共中央统战部旧址平山县李家庄，开展主题为“不忘初心，牢记使命，谱写新时代侨联事业的新篇章”的市侨联成立60周年纪念活动。

山西省归国华侨联合会

【领导成员名单】

党组书记：王维卿（女）

党组成员：李德增（2017 年 11 月任职）

张志龙（2017 年 9 月任职）

陈斯平（2017 年 9 月任职）

主　　席：许并社（2017 年 12 月卸任）

王维卿（女，2017 年 12 月任职）

专职副主席：范安龙

挂职副主席：李德增（2017 年 12 月任职）

兼职副主席：刘越泽（女，2017 年 12 月卸任）

王　帆（女，2017 年 12 月卸任）

方敬爱（女）

李　慧（女，2017 年 12 月卸任）

张三货（2017 年 12 月卸任）

郭晋普（2017 年 12 月卸任）

黄成胜（2017 年 12 月卸任）

庄金洲（2017 年 12 月卸任）

刘新民（2017 年 12 月卸任）

马金标（2017 年 12 月任职）

宋迎东（2017 年 12 月任职）

常新乐（2017 年 12 月任职）

谭　慷（2017 年 12 月任职）

王迪录（2017 年 12 月任职）

武　强（2017 年 12 月任职）

秘 书 长：陈　蕾（女）

【综述】2017 年，在中共山西省委的坚强领导和中国侨联的精心指导下，山西省侨联以习近平新时代中国特色社会主义思想为指导，深入学习宣传贯彻党的十九大精神和习近平总书记视察山西重要讲话精神，认真贯彻落实山西省第十一次党代会和省委十一届三次、四次、五次全会精神，以“强三性、去四化”为目标，着力改革创新、着力服务大局、着力为侨服务，加强自身建设、实施“五大工程”，各项工作取得新成就、实现新发展。

【学习宣传贯彻党的十九大精神】10 月 18 日上午 9 时，省侨联组织机关全体干部职工集中收看十九大开幕会盛况，聆听习近平总书记代表第十八届中央委员会向大会作报告。10 月 25 日，党组书记王维卿主持召开党组中心组（扩大）学习会，传达学习《中国共产党第十九次全国代表大会关于十八届中央委员会报告的决议》《中国共产党第十九次全国代表大会关于〈中国共产党章程（修正案）〉的决议》等内容。11 月 13 日—14 日，省侨联党组书记王维卿、副主席范安龙、秘书长陈蕾与机关各部门负责同志一行，深入结对帮扶村宣讲党的十九大精神，向基层党员干部群众宣讲党的十九大精神，并与党员干部群众交流学习体会，共同探讨十九大报告中就“三农”工作提出的新部署，与党员干部谋划农村建设发展的新思路、新内容、新方法。12 月 6 日，全省侨联系统学习党的十九大精神宣讲会在太原举行，王维卿紧扣党的十九大报告，紧密联系全省侨联工作实际，从 9 个方面对党的十九大提出的新思想、新论断、新要求、新任务作了全面深刻阐述，并对全省侨联系统学习贯彻党的十九大精神提出三点要求：一要着力提高政治站位，切实把思想和行动统一到党的十九大精神上来；二要深刻把握核心要义，全面准确学习领会党的十九大精神；三要紧密结合工作实际，不断开创侨联工作新局面。

10 月 18 日，山西省侨联组织机关全体干部职工收看十九大开幕式盛况，左四为王维卿，右四为范安龙，左三为陈蕾

12 月 6 日，举办山西省侨联系统党的十九大精神宣讲会

【“五大工程”助推山西振兴崛起】2017 年，山西省侨联紧紧围绕中共山西省委省政府“一个指引，两手硬”工作思路和要求，充分发挥侨联组织独特优势，谋划开展“五大工程”，助推山西振兴崛起。一是开展“晋商晋才回乡创业创新”活动。参与承办“支持晋商晋才回乡创业创新助力山西发展大会”，开展“新侨创新创业示范基地”创建活动，成立省侨联新侨创新创业联盟和海归（双创）协会，举办“海归论坛”。二是开展“晋侨·金桥”行动。以“侨”为桥，向海外侨团（侨胞）征集与山西合作意向，举办“创业中华——海外高层次人才山西行活动”，吸引更多的海外侨胞团和高层次人才来晋创业创新。积极推进晋陕豫黄河金三角、蒙晋冀长城金三角和沿海地区侨联交流合作。三是开展“联侨聚侨”行动。继续建立海外联系点，逐步建立海外联系网络。指导涉侨团体及海外友好社团开展联谊活动，举办“亲情中华——海外华裔学生夏令营”，创建“中国华侨国际文化交流基地”。开展“我的祖（籍）国”征文活动。加强网上侨联建设，开创“互联网+侨联二作”新局面。四是开展“暖侨惠侨”工程。推进“送温暖、献爱心”活动，举办“侨爱心·光明行”和“特聘专家走基层·肿瘤筛查义诊”公益活动，举办侨界群众技能培训班，为侨界群众免费体检，为特困归侨侨眷发放救助金，开展“侨胞之家”创建活动，举

5 月 3 日，欧洲华人华侨商会联合会来晋访问对接座谈会

11 月 24 日，王维卿（前排右五）等会见菲华联谊总会考察团成员

6 月 13 日，召开美国晋商总会来晋考察对接座谈会

2 月 28 日，山西省侨联副主席范安龙在涉侨企业调研

4 月 21 日，山西省侨联副主席范安龙出席“侨爱心光明行”——走进山西公益活动启动仪式

举办山西省侨联侨史工作培训班，前排左五为山西省侨联党组书记王维卿，左四为副主席王帆，左三为秘书长陈蕾

9 月 4 日，举办 2017 年山西省侨联系统干部培训班暨规范化建设培训会

办侨心公益讲堂。五是开展能力提升工程。举办 2017 年度山西省侨联系统干部培训班和侨史培训班，选派侨联干部参加各级党校、行政学院和中国侨联举办的各类学习培训班，组织好机关干部专题研修和在线学习，加强侨联干部的思想建设和作风建设，努力打造一支理想信念坚定、热心为侨服务、善于团结引领的侨联干部队伍。

【加强自身建设】 1 月 3 日，省侨联召开专题会议，传达学习中国共产党山西省第十一届委员会第二次全体会议暨经济工作会议精神。1 月 23 日，山西省侨联召开 2016 年度领导班子民主生活会，会议由省侨联党组书记王维卿主持，副主席范安龙、秘书长陈蕾参加会议。会议以学习贯彻党的十八届六中全会精神为主题，围绕“两学一做”学习教育要求，重点对照《关于新形势下党内政治生活的若干准则》和《中国共产党党内监督条例》，结合思想和工作实际，进行党性分析，开展批评和自我批评。5 月 5 日，党组书记王维卿主持召开机关全体会议，对开展维护核心、见诸行动主题教育和推进“两学一做”学习教育常态化制度化进行安排部署。6 月 27 日，党组书记王维卿主持召开省侨联党组中心组学习（扩大）会议，传达学习习近平总书记视察山西重要讲话精神和习近平总书记在深度贫困地区脱贫攻坚座谈会上的重要讲话精神。8 月 2 日，山西省委办公厅印发《山西省侨联改革实施方案》。9 月 4 日，山西省侨联召开改革

9 月 4 日，举行山西省侨联改革动员大会

动员大会，省侨联党组书记王维卿就《山西省侨联改革实施方案》的主要内容进行了详细解读并作动员讲话，副主席范安龙主持会议并传达《中国侨联关于学习贯彻习近平总书记重要指示和群团改革工作座谈会精神深入推进侨联改革的通知》。

【开展“送温暖、献爱心”活动】1 月 4 日—7 日，山西省侨联党组书记王维卿、副主席范安龙、秘书长陈蕾分别率慰问组，在全省特困归侨侨眷中开展“送温暖、献爱心”活动，为特困归侨侨眷送去侨联组织的关怀和温暖，向他们致以新春祝福，详细询问他们的生活、身体情况及当前存在的实际困难，并为他们送上慰问金。在 2017 年“送温暖、献爱心”活动中，省侨联共发放慰问金近 17 万元，受到慰问的特困归侨侨眷表示，感谢党和政府的关怀，感谢省侨联的问候及长期以来的关心和帮助，一定要以积极的心态面对困难，争取早日脱贫。省侨联领导还分别走访慰问了部分省直老归侨、侨联老领导和新侨家属。

【召开山西省侨联九届七次全委会】2 月 14 日，山西省侨联九届七次全委会议在太原召开。省委常委、统战部部长廉毅敏出席会议并讲话，中国侨联秘书长陈迈应邀作题为《侨联改革与发展》的专题报告。会议传达学习了中央书记处办公会议精神和中国侨联九届四次全委会议精神，审议通过了省侨联九届常委会工作报告。省侨联党组书记王维卿主持会议，副主席范安龙、刘越泽、方敬爱、王帆、李慧、黄成胜、刘新民，秘书长陈蕾及省侨联九届委员会委员、顾问，各市侨联主席、党组书记，县级侨联主要负责人，省直有关单位负责同志共 200 余人参加会议。廉毅敏对 2016 年度全省侨联工作表示充分肯定，从增强政治性、先进性、群众性和加强对侨界群众的政治引领、服务全省经济社会发展、推进侨联改革等方面对全省侨联工作提出明确要求。王维卿在总结讲话中强调：要认真贯彻落实党的十八届六中全会和山西省第十一次党代会精神；认真贯彻中央和省委党的群团工作会议精神，全力推进侨联改革，做好侨联组织自身建设；凝心聚力，为山西塑造美好形象、实现振兴崛起贡献智慧力量。全委会议召开前，分别召开省侨联主席会议和九届七

2 月 14 日，山西省侨联召开九届七次全委会

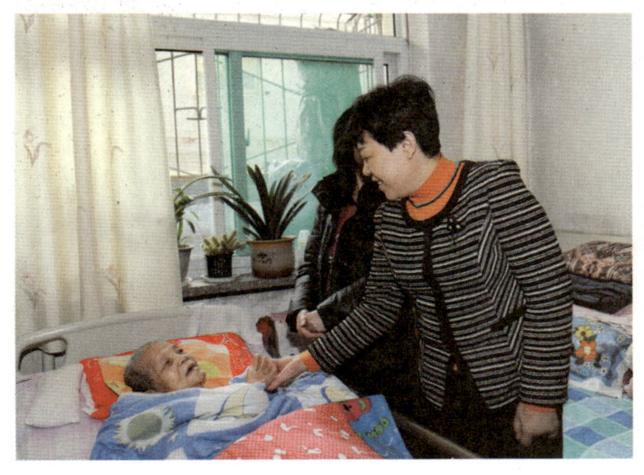
春节前夕，山西省侨联党组书记王维卿慰问困难归侨

次常委会议。

【廉毅敏到山西省侨联机关调研】4月19日上午，省委常委、统战部部长廉毅敏到山西省侨联机关调研并与机关干部进行座谈。座谈会上，省侨联党组书记王维卿代表省侨联领导班子就省侨联基本情况、2016年以来开展的主要工作和2017年主要工作任务进行汇报。廉毅敏对省侨联工作给予了充分肯定，就进一步做好侨联工作提出4点希望：一是要坚持正确的政治方向。二是要胸怀全局，凝聚侨心侨力，为实现中华民族伟大复兴的中国梦共同奋斗。三是要扎实推进改革，创新工作方式。四是要扎实做好各项为侨服务和维护侨益工作。

4月19日，山西省委常委、统战部部长廉毅敏（左二）到省侨联调研

【成立山西省侨联国际文化交流联盟】4月24日，山西省侨联国际文化交流联盟成立大会在太原召开。山西省政协副主席王宁出席大会并为联盟颁发牌匾，中国侨联文化交流部部长刘奇出席并讲话。会议由省侨联党组书记王维卿主持，来自省内26家文化社团（组织）及海外14个国家的19个文化社团（组织）负责人，省内有关单位和媒体代表近150人参加会议。大会审议通过山西省侨联国际文化交流联盟章程，选举产生联盟理事会，张明智当选联盟理事长。联盟成立后，先后举办“亲情中华——魅力山西”文艺演出、《粉墨春秋》欧洲巡演、“魅力中国——2017维也纳多瑙河中华龙舟赛”“中法文化之春（2017太原）·夏至音乐日”等海内外文化交流活动。

【廉毅敏会见欧华联会山西访问团一行】5月3日上午，省委常委、统战部部长廉毅敏在太原会见欧洲华侨华人社团联合会山西访问团一行。廉毅敏向客人介绍了山西历史文化和经济转型发展情况，希望广大海外侨胞能够抓住山西改革发展的大好时机，充分发挥欧华联会理念先进、机制灵活、资金雄厚、人才荟萃等优势，以中华文化为纽带，以互利共赢为前提，与山西开展多方位、多层次的交流合作，廉毅敏表示山西省委、省政府将全力以赴为海外侨胞来晋工作、生活创造最好的环境和服务。欧华联会秘书长牟国量介绍了欧华联会的基本情况，表示将进一步加强与山西的联系交流，积极寻求合作机会，为山西走入欧洲做一些工作。省侨联党组书记王维卿等参加会见。

4月24日，山西省侨联国际文化交流联盟成立合影

5 月 3 日，山西省委常委、统战部部长廉毅敏会见欧华联会山西访问团成员

【成立山西省侨联新侨创新创业联盟】 8 月 17 日，山西省侨联新侨创新创业联盟成立大会在太原举行。山西省政协副主席姜新文，中国侨联副秘书长、经济科技部部长赵红英出席大会并讲话，省侨联党组书记王维卿主持会议并作总结讲话，省委统战部、省科协、省人社厅等有关单位负责同志出席会议，省侨联机关各部室及所属社团负责人、各市侨联负责同志，以及山西省侨联新侨创新创业联盟理事成员单位负责人共 110 余人参加会议。会议审议并通过了《山西省侨联新侨创新创业联盟章程》，选举产生了山西省侨联新侨创新创业联盟第一届理事会，范安龙当选理事长，谭慷当选执行理事长。姜新文在讲话中希望省侨联加强新侨人才队伍建设，引深“新侨创新创业示范基地”创建工作，引导他们积极参与国家建设、服务山西振兴崛起。会后，山西省侨联新侨创新创业联盟举办专场路演活动，六个创新创业企业项目进行了路演。

【承办“海外晋商晋才促进山西发展大会”】 9 月 21 日，由中国侨联主办、山西省侨联承办的“海外侨胞故乡行——海外晋商晋才促进山西发展大会”在太原举行。山西省政府副省长贺天才代表省委省政府致辞，中国侨联副主席康晓萍出席活动并讲话，山西省政协副主席姜新文及省有关单位负责同志参加会议。来自美国、加拿大等 30 个国家和地区关注山西发展的海外侨领侨商、专家学者及中国华侨国际文化交流促进会海外理事等 180 余人相聚太原，共商山西转型发展大计。贺天才介绍了山西省情和发展状况特别是山西的营商环境和投融资政策，真诚邀请海外侨胞来晋投资创业。康晓萍在讲话中希望广大海外侨胞能够抓住在山西考察时机，用心体察、亲身感悟山西的经济社会发展变化、山西悠久灿烂的历史文化，发挥联通中外的独特优势，在山西改革发展中寻找自身发展的合作机遇。王维卿在讲话中真诚希望海外侨胞携起手来，不断增进乡谊亲情，实现自身事业发展与促进家乡发展双赢共赢。美国华人总商会会长程远、英国华人旅游业协会会长陈同度、晋商加拿大总商会会长赵向东、加拿大华人创业者同盟主席颜泽泓、柬埔寨山西商会会长文波、

9 月 21 日，举办海外晋商晋才促进山西发展大会

8 月 17 日，举行山西省侨联新侨创新创业联盟成立大会

俄罗斯山西商会会长乔翔鹏等6名侨领从各自所从事的领域、旅居国家或地区的现状等多角度交流了他们参与山西发展建设所开展的工作，提出了许多有建设性的意见和建议。匈牙利华人妇女联合总会会长林胜琴、斯洛伐克华人青年联合商会会长周彦君、老挝中国总商会副会长姚勇、澳大利亚国际传媒集团中国总经理桂蓉、奥地利中国和平统一促进会会长姚龙伟5名中国华侨国际文化交流促进会海外理事就海内外文化交流、传媒与旅游产业、人才引进等内容进行了精彩发言。

9月23日，举行“亲情中华·筑梦丝路”关公文化“走出去”活动启动仪式，中为中国侨联副主席李昭玲，右一为王维卿

【启动关公文化“走出去”项目】“亲情中华·筑梦丝路”关公文化“走出去”座谈会于9月22日在运城召开。中国侨联副主席李昭玲出席活动并讲话，运城市代市长朱鹏代表运城市委市政府致辞，省侨联党组书记王维卿对“亲情中华·筑梦丝路”关公文化“走出去”项目做全面介绍，近130位海外侨胞为关公文化“走出去”建言献策。李昭玲在讲话中指出，关公文化是“一带一路”重要的文化符号，通过关公文化这个窗口，搭建国际文化展示和交流平台，讲好中国故事，传播好中国声音，对于让世界了解和感知中国具有重要意义。9月23日，与会人员参加了“亲情中华·筑梦丝路”关公文化“走出去”项目启动仪式，李昭玲、王维卿同运城市市委书记刘志宏、代市长朱鹏、市政协主席张润喜共同启动“亲情中华·筑梦丝路”关公文化“走出去”项目。

【三晋海归人才吹响创新创业“集结号”】10月15日，山西省海外留学归国人员创新创业协会成立大会在晋举行。全国政协常委、中国侨联顾问王永乐，山西省政府副省长贺天才出席活动并讲话，中国侨联副秘书长、经济科技部部长赵红英和人社部留学人员和专家服务中心副主任李璟到会指导，省侨联党组书记王维卿主持大会，省外侨办主任武绍忠等有关单位领导与协会会员300余人参加活动。贺天才在致辞中希望广大海外留学归国人员以协会成立为契机，进一步凝聚创新创业力量、进一步挖掘创新创业潜能、进一步激发创新创业活力，在服务家乡创新发展的同时更好地实现自身价值。王永乐代表中国侨联提出三点希望：一是希望新侨创新创业人才认真学习领会习总书记系列重要讲话精神，将创新活力和创业热情融入山西的转型发展中，融入中国改革发展的伟大事业之中；二是希望协会不断增强凝聚力，全心全意为协会会员服务，把协会建成创新型社团组织；三是希望山西省各级侨联组织不断加强对新侨和留学人员的服务力度，

9月22日，举行“亲情中华·筑梦丝路”关公文化“走出去”座谈会

10 月 15 日，举行山西省海外留学归国人员创新创业协会成立大会及海归双创论坛

创新工作方法，做好服务保障，为新侨创新创业营造良好环境。贺天才、王永乐共同为山西省海外留学归国人员创新创业协会揭牌。会后还举办了第三届海归论坛，5 位嘉宾针对当下创业者和投资人最为关注的业内问题进行探讨，解读创投领域最新趋势，发现海归创业新方向和机遇，为海归创业者带来新的思维力和行动力。

【举办 2017“亲情中华·欢聚台湾”巡演及文化交流活动】 10 月 30 日—11 月 9 日，中国侨联、山西省侨联、晋城市人民政府共同主办了 2017“亲情中华·欢聚台湾”巡演及文化交流活动。由中国侨联文化交流部部长刘奇任团长、山西省侨联党组书记王维卿等任副团长共计 60 人组成的文化交流团在台湾开展了多种形式的文化交流活动。一是在桃园、新北、嘉义、花莲、彰化举办了 5 场由两岸共同打造的高水平大型演出，中华优秀传统文化引起了观众的强烈共鸣。二是召开了“2017 海峡两岸神农炎帝文化交流研讨座谈会”。三是拜会了台湾中华侨联总会并进行座谈交流。四是与台湾“中国青年大陆文教基金会”举行联欢活动，共叙传承维护中华文化、心手相连共创美好未来的夙愿。

【召开山西省第十次归侨侨眷代表大会】 12 月 22 日—23 日，山西省第十次归侨侨眷代表大会在太原召开。中共山西省委书记、省人大常委会主任骆惠宁，中国侨联副主席李卓彬，山西省领导楼阳生、黄晓薇、薛延忠、廉毅敏、王赋、胡苏平、贺天才出席大会开幕式，山西省各人民团体和省直有关单位负责人到会祝贺。来自全省各条战线、各行各业的归侨侨眷代表 260 余人欢聚一堂，共商侨联发展大计。李卓彬和廉毅敏分别代表中国侨联和山西省委向大会表示祝贺。李卓彬对山西省各级侨联提出四点希望：一要认真学习贯彻党的十九大精神，牢牢把握新时代侨联事业发展的正确方向；二要切实发挥桥梁和纽带作用，全力服务山西经济社

12 月 22 日，召开山西省第十次归侨侨眷代表大会

山西省委书记、省人大常委会主任骆惠宁（右三），中国侨联副主席李卓彬（右二），山西省侨联党组书记王维卿（右一）等领导接见出席山西省第十次归侨侨眷代表大会代表

会发展大局；三要大力弘扬中华优秀文化，积极拓展海外联谊和民间外交；四要不断加强自身建设，确保深化改革各项举措落到实处。廉毅敏希望广大归侨侨眷和海外侨胞在促进山西转型高质量发展中进一步贡献“侨智”，在扩大山西对外开放中进一步当好“侨梁”，在塑造山西美好形象中进一步发挥“侨力”，在全面建成小康社会和实现“两个一百年”奋斗目标中进一步倾注“侨心”，在实现山西振兴崛起中献计出力，在全面深化侨联改革中增强活力，在爱侨惠侨利侨中展现担当。大会审议通过了山西省侨联第九届委员会工作报告，选举产生了山西省侨联第十届委员会，王维卿当选山西省侨联主席，范安龙、李德增、方敬爱、马金标、宋迎东、常新乐、谭慷、王迪录、武强当选副主席，陈蕾当选秘书长。

山西省侨联第十届委员会领导班子合影，左起：陈蕾、王迪录、常新乐、马金标、李德增、王维卿、范安龙、方敬爱、宋迎东、谭慷、武强

【太原市侨联多措并举创建“侨胞之家”】 2017年，太原市侨联以习近平新时代中国特色社会主义思想为指导，以扩大组织覆盖，团结服务每一位侨界群众为目标，在全市创建首批“侨胞之家”共59个，数量居全省之首。一是拓展范围、形式创新。探索在不同领域创建不同形式的“侨胞之家”，创建活动涵盖了包括基层侨联、学校、街道企业、众创空间、侨界社团和新媒体等众多领域，不仅抓住了企业、众创空间等新侨聚集的地方和街道、社区等与侨界群众日常生活息息相关的场所，也抓住了侨界社团和新媒体等集会活动和互通信息、交流思想的平台，形成三级组织网络。二是“四侨联动”、方式创新。市侨联主动与市外侨办、市人大民宗侨委、市政协港澳台侨委等业务工作相关、为侨服务目标一致的涉侨部门联系沟通，共享资源、形成合力，以“四侨联动”形式命名首批59家“侨胞之家”，省侨联、省外侨办、太原市委领导及四侨部门领导均出席授牌仪式，极大增强了影响力和号召力。三是整合资源、重点突出。协商市外侨办、省海亲会、太原市第十二中学等单位和组织，创建太原市首家综合性“侨胞之家”，通过不同平台发挥自身资源和优势，开展相互服务，更好地整合省城侨务资源，衍生活动创意、辐射社会影响，树立更有利的侨联形象。

【阳泉市侨联】 阳泉市侨联认真履行职能，坚持为侨服务宗旨，十年如一日开展走基层送温暖活动，2017年走访慰问侨界人士及社区、农村特困人员89户，发放慰问金（慰问品）共计3万余元；举办第二期侨界职业技能培训（阳泉）班，来自全市71名侨界群众参加培训；连续九年为老归侨免费健康体检；与省侨联、城区侨联联合承办了“中国侨联特聘专家走基层·山西阳泉肿瘤筛查义诊活动”，为全市归侨侨眷、社区居民和帮扶村群众等2100人进行免费筛查，并对筛查出的60位高值人员做了两次后期跟踪服务；在发挥“侨胞之家”作用积极开展活动的同时，大力推动建设新媒体“侨胞之家”，建立了“阳泉市线上侨胞之家”微信群和QQ群，做到线上线下互动交流。积极参与省侨联“晋侨·金桥”行动和阳泉市主题招商活动，通过电子邮件、电话、微信、网站和公众平台发布信息等多种方式向海内外侨团、侨领发出征集合作意向的函，跟踪收集海外侨团（侨胞）的合作项目5个，并与相关部门就项目合作进行了对接；诚邀海内外嘉宾参加阳泉市在北京举办的新能源新材料产业发展论坛，为大会推荐签约项目3个（其中“安泰时代——互联网＋中医健康养生综合服务平台”项目总投资3000万元）；邀请海外华侨华人回乡进行项目考察对接。开展涉侨企业调研活动，推荐山西天泉慧谷科技有限公司等华商企业入选第三批“山西省新侨创新创业示范基地”，推荐7家涉侨、华商企业入选“山西省侨联新侨创新创业联盟”，推荐山西金凯旋汽车租赁有限公司总经理入选“山西省海外留学归国人员创新创业协会”副会长。组织参加“第十八届世界华人学生作文大赛”，87篇参赛作文获奖，69名老师获得辅导奖，市侨联获组织奖。其中洪城河小学张志轩的作品《门里门外》荣获特等奖。

【晋中市侨联着力加强基层组织建设】近年来，晋中市侨联按照中国侨联“夯实侨联基层基础，增强侨联组织活力”的要求，努力在基层组织“五有”建设上下功夫，基层组织建设取得长足进展。一是争取支持，统筹推进，侨联基层组织实现全覆盖。2015年，市侨联经过与市县组织、人事、编制等部门反复沟通，在榆社、和顺、左权、昔阳4县成立侨联组织，机构、编制、人员、经费全部到位，实现了县级侨联组织全覆盖。二是加强领导，找准抓手，侨联组织换届有新亮点。2017年上半年晋中市集中完成市县两级侨联换届任务，呈现诸多亮点：加强组织领导，积极开展换届筹备工作，争取市委出台《关于市、县侨联换届工作实施方案》，成立市、县侨联换届工作领导组；严格把关，突出注重人选条件。坚持把政治标准放在首位，坚持自下而上进行协商推荐，坚持兼顾地域、行业分布，注重吸收基层单位、新侨等方面的代表人士，保留骨干力量和注入新生力量相结合等做法；把握程序，突出注重时间节点。三是夯实基层，增强活力，实现侨联基层组织覆盖有新延伸。依靠“党建带侨建”，结合本地侨联工作特点，大力推动基层侨联组织向机关院校、科研院所、侨资（属）企业、新侨组织等延伸，先后在山西农业大学、山西华澳商贸职业学院、晋中职业技术学院3所高校成立了侨联小组；在市归国留学人员商会、市新侨创新创业服务中心等组织中设立侨联联系点。四是延长手臂，发挥作用，发掘侨联所属社团为侨服务潜力。先后成立“晋中市归国留学人员商会”“晋中市侨联新侨创业服务中心”“介休海归联谊会”。市侨联通过商会等平台开展讲座、举办项目对接、创业创新论坛等活动，为新侨创业提供全方位的服务。

【晋城市侨联把握新时代、探索新规律、开创工作新局面】一是加强“三基建设”，以党建带侨建，开展“强素质、提服务、创品牌”活动。结合当地侨联工作实际，强化侨联干部队伍素质，提升为侨服务和为经济建设服务能力，突出工作亮点，一县一特色工作成效凸显。二是发挥侨界人才优势，促进回乡创业，助力晋城市转型发展取得了新成绩。2017年，晋城市侨联多次组织海外侨胞到晋城市参观考察、座谈交流，为晋城市经济社会发展建言献策，鼓励他们回乡来晋城创业。特别是邀请晋城市美籍华人、广发证券首席风险官常新功先生与市政府金融办联合召开金融投资策略报告会，为全市金融企业答疑解惑，并进行深入交流，取得良好效果。同时，成立市海归协会，鼓励海归留学人员在晋城市经济、社会等各项事业中发挥独特优势、创新创业，为晋城市经济转型发展服务。三是借助“亲情中华”平台，在弘扬中华优秀传统文化工作上取得新突破。11月，由中国侨联、山西省侨联、晋城市人民政府共同主办的2017“亲情中华·欢聚台湾”文化交流活动，通过演出和“2017海峡两岸神农炎帝文化交流研讨座谈会”的成功举办，拓展了两岸文化交流的渠道和民众经济、文化交流的新领域，增强了两岸同宗同族同文的认同。同时，山西晋城形象得到了充分展示，高平神农炎帝故里得到了大力宣传。

内蒙古自治区归国华侨联合会

【领导成员名单】

主　　　席：史　晴
专职副主席：高庆国
兼职副主席：毕力夫（蒙古族）
　　　　　　乌晓光（蒙古族）
　　　　　　闫　贺（女）
　　　　　　刘广义（蒙古族）　白晓飞
　　　　　　卢世翔（蒙古族）　田来怀
　　　　　　宝日胡日嘎（蒙古族）
秘　书　长：孙忠华（女）

2017 年 11 月 16 日召开内蒙古自治区第七次归侨侨眷代表大会后新当选的名单

主　　　席：史　晴
专职副主席：暂时空缺
兼职副主席：白晓飞
　　　　　　卢世翔（蒙古族）　田来怀
　　　　　　李喜和　丁文祥
　　　　　　王佳音（女，蒙古族）
　　　　　　许文曲
秘　书　长：宝日胡日嘎（蒙古族，兼）

【综述】2017 年，内蒙古侨联在自治区党委的正确领导下，在中国侨联的悉心指导下，认真学习贯彻党的十八届三中、四中、五中、六中全会精神，全面学习宣传贯彻党的十九大精神，深入学习贯彻习近平总书记关于群团改革和侨务工作的重要指示，全面落实习近平总书记考察内蒙古重要讲话精神，以履行职能、发挥优势为着眼点，以加强自身建设、推动创新发展为落脚点，充分调动广大归侨侨眷和海外侨胞的积极性和创造性，为“建设亮丽内蒙古，共圆伟大中国梦”贡献了力量。

【拓展海外联谊】1 月 22 日晚，内蒙古侨联与从美国、加拿大、澳大利亚、日本、蒙古国、俄罗斯等国家返乡的 11 位海外侨胞开展了联谊活动。2017 年，内蒙古侨联先后会见了来自新西兰、加拿大、墨西哥、澳大利亚、俄罗斯等国家和地区的侨领侨商 15 批次 120 余人次，分别就促进自治区与上述国家和地区在经济、文化、科技等领域的合作、海外侨团建设情况及举办活动等事宜进行了深入探讨。11 月 25 日—12 月 2 日，内蒙古侨联主席史晴陪同自治区党委常委、统战部部长王莉霞出访俄罗斯、蒙古国，拜访当地华侨华人社团，为自治区侨联海外委员颁发聘书，看望当地侨胞、商会企业和留学生代表，向大家宣讲十九大精神，引导大家更好发挥桥梁纽带作用，

11 月 27 日，内蒙古侨联主席史晴陪同内蒙古自治区党委常委、统战部部长王莉霞拜访俄罗斯中国和平统一促进会、俄罗斯华侨华人联合总会，并看望内蒙古籍侨胞代表和留学生代表

为祖国统一、家乡建设服务，有效凝聚了人心、鼓舞了士气，为加强海外联谊工作增添了动力。

【内蒙古自治区党委常委、统战部部长王莉霞拜会中国侨联领导】3月2日下午，内蒙古侨联主席史晴陪同内蒙古自治区党委常委、统战部部长王莉霞在中国侨联机关拜会了中国侨联党组书记、主席林军。双方就推进侨联改革、拓展海外联谊及侨联工作如何更好地服务国家外交工作大局、服务地方经济社会发展等有关事宜进行了交流。

11月1日，浙江宁波中意液压有限公司董事长蔡国定先生再次为内蒙古自治区“珍珠生”捐赠羽绒服565件

3月2日下午，内蒙古侨联主席史晴（右一）陪同内蒙古自治区党委常委、统战部部长王莉霞（左二）拜会中国侨联党组书记、主席林军（右二）

【组织开展公益活动】3月10日下午，按照自治区党委统战部关于开展“弘扬雷锋精神、践行社会主义核心价值观”主题活动的部署，自治区侨联组织全体党员和部分内蒙古农业大学“珍珠生”参加了“学雷锋——‘珍珠生’志愿服务”活动，为困难老侨眷打扫房间、整衣叠被。3月14日，内蒙古侨联主席史晴陪同浙江省新华爱心教育基金会秦荣华理事长一行探访了内蒙古自治区呼伦贝尔市海拉尔区实验高中“珍珠班”，并与呼伦贝尔市有关部门和领导进行了座谈，洽谈交流了教育公益等有关事项。经内蒙古侨联与浙江宁波中意液压有限公司董事长蔡国定先生沟通协调，11月1日，蔡国定先生再次为内蒙古自治区“珍珠生”捐赠羽绒服565件。

3月14日，浙江省新华爱心教育基金会理事长秦荣华一行探访内蒙古自治区“珍珠班”

【举办内蒙古侨联系统干部培训班】4月7日—14日，内蒙古侨联系统干部培训班在广东省举办。来自全区十二个盟市、两个计划单列市和驻呼高校的侨联负责人共50余人参加培训。

4 月 7 日—14 日，内蒙古侨联系统干部培训班在广东省举办

的交流与发展。

【参加中国侨联新侨创新创业活动暨侨创论坛】6 月 26 日，中国侨联新侨创新创业活动暨侨创论坛在北京举行。内蒙古侨联推荐的新侨博士李喜和、王亚雄荣获了中国侨联新侨创新创业活动优秀项目奖，为内蒙古自治区新侨创新创业起到了示范引领作用，争得了荣誉。

【调研侨联工作】4 月 13 日—14 日，内蒙古侨联主席史晴赴鄂尔多斯市出席中国华侨公益基金会“一河一带”沙棘专项基金暨沙棘志愿者“绿色行动”启动仪式，并调研侨联工作。5 月 11 日—13 日，史晴主席先后赴巴彦淖尔市五原县侨村、临河区侨联及侨资企业巴彦淖尔市正阳绒毛有限公司进行了调研。其间，还慰问了困难归侨侨眷，并与侨界代表人士进行了座谈交流。12 月 20 日—22 日，史晴主席一行赴阿拉善盟阿右旗阿拉腾朝格苏木就侨联工作的开展情况进行了调研，详细了解了聚居在此的喀拉喀蒙古族从蒙古国南迁到此的历史及生产生活情况，并到困难人士家中开展了慰问活动，送去了党和政府的关怀和侨联组织的祝福。

内蒙古侨联组织优秀新侨人才参加中国侨联新侨创新创业活动暨侨创论坛

【内蒙古侨联开展“学习英国归侨黄大年同志先进事迹”活动】5 月 19 日上午，根据中国侨联《关于开展向英国归侨黄大年同志学习活动的决定》的精神，内蒙古侨联组织侨联全体机关干部开展了“学习英国归侨黄大年同志先进事迹”活动。内蒙古侨联主席史晴对学习活动进行了总结。

【指导美国内蒙古总商会举办推广蒙元文化活动】在内蒙古侨联的指导下，6 月 4 日，美国内蒙古总商会在洛杉矶县雅凯迪亚市举办了推广蒙元文化活动，进一步促进了草原之路蒙元文化

【内蒙古自治区编委会为侨联重新核定编制】6 月 29 日，内蒙古自治区机构编制委员会《关于自治区侨联机构编制事项的批复》（内机编发〔2017〕54 号）为侨联新增内设机构 2 个、增加人员编制 5 名。此次调整后，自治区侨联内设办公室、文化经济联络部 2 个机构，核定主席 1 名（副厅级），副主席 1 名（正处级），处级领导职数 4 名（2 正 2 副），事业编制 10 名。

【印发《内蒙古侨联改革方案》】5 月 16 日，内蒙古自治区全面深化改革领导小组第 22 次会议审议通过了《内蒙古侨联改革方案》。7 月 3 日，内蒙古自治区党委办公厅正式印发《内蒙古侨联改革方案》（内党办发〔2017〕31 号）。

【赴内蒙古特弘煤电集团有限责任公司开展党日活动】7 月 5 日下午，内蒙古侨联组织党员干部到内蒙古特弘煤电集团有限责任公司开展了“入侨企　知侨情　发挥党员为侨服务模范作用”主题党日活动。内蒙古侨联主席史晴作了题为《学〈党章〉讲政治　做贡献》的专题党课，从

深刻理解《党章》的形成及基本发展历程作了全面阐述。通过此次进侨企了解企业的党建情况和经营状况，进一步激发了侨联机关干部特别是党员同志为侨服务的热情。

8 月 4 日上午，内蒙古侨联主席史晴（左二）出席五原县华侨新村“侨之家”活动室揭牌仪式

【共同主办庆祝内蒙古自治区成立 70 周年书画展】 8 月 2 日上午，内蒙古侨联与内蒙古党外知识分子联谊会、自治区党委台湾工作办公室、内蒙古新的社会阶层人士联谊会在乌海市共同主办了“打造祖国北疆亮丽风景线　谱写中华民族复兴新篇章”——庆祝内蒙古自治区成立 70 周年海内外书画展。书画家们通过作品抒发了对中华民族、中华文化的认同和热爱，也表达了海内外中华儿女对内蒙古自治区成立 70 周年的真诚祝贺和对实现中华民族伟大复兴中国梦的殷切期盼。

8 月 2 日上午，“打造祖国北疆亮丽风景线　谱写中华民族复兴新篇章”——庆祝内蒙古自治区成立 70 周年海内外书画展在乌海举行

【史晴出席五原县华侨新村“侨之家”活动室揭牌仪式】 8 月 4 日上午，五原县兴义家园华侨新村“侨之家”活动室揭牌仪式举行。内蒙古侨联主席史晴出席仪式并讲话。他希望五原县侨联和广大侨胞能够共同努力，把“侨之家”建成学习之家、团结之家、友谊之家、服务之家。

【史晴出席“一河一带”沙棘专项基金捐赠活动暨“华侨林”建设启动仪式】 8 月 18 日，“一河一带”沙棘专项基金捐赠活动暨“华侨林”建设启动仪式在鄂尔多斯市伊旗大果沙棘基地举行。中国华侨公益基金会秘书长何继宁、内蒙古侨联主席史晴出席活动并致辞。内蒙古真牛农业开发有限公司、鄂尔多斯天骄圣果生物科技有限责任公司分别向中国华侨公益基金会“一河一带”沙棘专项基金捐赠了非转基因大豆 1000 万斤、价值 300 万元的物

8 月 18 日，内蒙古侨联主席史晴出席（左三）“一河一带”沙棘专项基金捐赠活动暨“华侨林”建设启动仪式

资和200万元人民币。

【史晴会见山西省侨联党组书记王维卿一行】8月21日，内蒙古侨联主席史晴在侨联机关会见了山西省侨联党组书记王维卿一行并进行了座谈交流。双方分别介绍了各自侨联工作开展情况，并就更好地加强横向联系、促进侨务资源共享、创新侨联工作思路、履行侨联职能等问题进行了深入探讨。

【内蒙古侨联召开座谈会学习传达内蒙古自治区成立70周年庆祝大会精神】8月25日下午，内蒙古侨联组织在呼的侨联委员、侨界群众和侨联干部召开座谈会，学习传达内蒙古自治区成立70周年庆祝大会精神。史晴主席指出，大家要把庆祝活动激发出来的高昂热情转化为推动侨联事业发展的旺盛干劲，在“建设亮丽内蒙古，共圆伟大中国梦”的征程中再创佳绩、再立新功，以优异的工作业绩迎接党的十九大胜利召开。

【指导加拿大内蒙古同乡会举办第三届那达慕大会暨内蒙古同乡会成立十周年庆典活动】在内蒙古侨联的悉心指导和大力支持下，加拿大内蒙古同乡会于8月27日在多伦多举办了第三届那达慕大会暨内蒙古同乡会成立十周年庆典活动。内蒙古侨联为活动提供了蒙古包内家居实物赞助。

【李源潮同志在内蒙古调研群团改革工作】9月4日下午，群团改革调研座谈会在呼和浩特召开。中共中央政治局委员、国家副主席李源潮听取了各有关单位的改革情况汇报并作重要指示。内蒙古自治区党委书记李纪恒主持座谈会。内蒙古侨联主席史晴代表内蒙古侨联作了题为《以侨为桥　联侨引侨　积极服务广大侨胞和内蒙古经济社会发展》的汇报。

【内蒙古侨联召开机关干部学习会】9月7日，内蒙古侨联组织全体机关干部召开机关干部学习会，传达学习了习近平总书记重要指示精神、群团改革工作座谈会精神及李源潮同志在内蒙古调研群团改革工作座谈会精神等。内蒙古侨联主席史晴要求全体侨联干部要继续强化责任担当，不断提升侨联工作水平，切实把党中央对群团工作和群团改革的各项要求落到实处，为“建设亮丽内蒙古，共圆伟大中国梦”汇聚归侨侨眷和海外侨胞力量而努力。

【承办“海外华文媒体内蒙古采风活动”】9月22日—26日，由中国侨联主办、内蒙古侨联承办的“海外华文媒体内蒙古采风活动”在内蒙古举行。来自五大洲11个国家和地区的28家海外华文媒体代表和新华网、人民网记者代表参加本次采风活动。9月22日下午，“海外华文媒体内蒙古采风活动”座谈会在呼和浩特召开。内蒙古自治区外事（侨务）办公室副主任逯敬东、内蒙古侨联主席史晴、中国侨联文化交流部宣传处处长易超及相关部门负责人与全体海外华文媒体代表一起谈成就、说发展、论融合，共同为内蒙古经济社会发展建言献策。活动期间，海外华文媒体代表参观了内蒙古自治区70年成就展和内蒙古伊利实业集团股份有限公司，并先后到呼伦贝尔、满洲里采风，体验真实全面生动的内蒙古，为在海外讲好内蒙古故事起到了积极的促进作用。

9月22日下午，“海外华文媒体内蒙古采风活动”座谈会在呼和浩特举行

【学习贯彻党的十九大精神】10月31日，内蒙古侨联组织在呼的侨联委员、侨界群众代表和侨联干部召开座谈会，学习贯彻中国共产党第十九次全国代表大会精神。史晴主席结合国家和自治区改革发展的实际对十九大报告的有关内容进行了解读，并在总结讲话中指出，党的十九大精神内涵丰富，具有很强的思想性、战略性、前瞻性、指导性。广大侨界群众和侨联干部要不忘初心、牢记使命，认真学习、认真体会，以崭新

10 月 31 日下午，内蒙古侨联召开侨界代表人士和侨联干部学习贯彻党的十九大精神座谈会

12 月 6 日上午，内蒙古侨联主席史晴一行赴巴彦淖尔市五原县侨村宣讲党的十九大精神并与侨联干部和侨界群众交流座谈

的姿态、昂扬的斗志、百倍的信心，不断开创侨联工作新局面。12 月 6 日上午，内蒙古侨联主席史晴一行赴巴彦淖尔市五原县侨村宣讲党的十九大精神，并与侨联干部和侨界群众交流座谈。史晴以通俗易懂的方式，深入浅出地总结阐述了党的十九大精神，让十九大精神落地生根、深入侨心。其间，还到困难归侨侨眷及侨界代表人士家中开展了“送温暖”活动。

【举办“莫尼十年”——旅美艺术家莫尼个人作品展】 11 月 12 日上午，由内蒙古侨联主办的“莫尼十年”——旅美艺术家莫尼个人作品展在内蒙古科技馆开展。艺术家莫尼先生坚持用草原表达他内心对故土的热爱，并将世界当代艺术的发展潮流和前瞻性成果介绍到本土，进一步加强内蒙古当代艺术的发展和对外交流。

【召开内蒙古自治区第七次归侨侨眷代表大会】 11 月 16 日—17 日，内蒙古自治区第七次归侨侨眷代表大会在呼和浩特市召开。全国政协常委、中国侨联副主席李卓彬到会祝贺并讲话。自治区党委副书记李佳出席会议，看望会议代表并向新一届侨联海外委员颁发聘书。自治区党委常委、统战部部长王莉霞出席会议并讲话。自治区人大副主任吴团英、自治区政协党组副书记、副主席陈羽出席开幕式。史晴主席代表内蒙古侨联第六届委员会作了题为《凝聚侨心发挥侨力共同谱写“建设亮丽内蒙古，共圆伟大中国梦”新篇章》的工作报告。大会表彰了全区归侨侨眷先进个人、全区侨联工作先进集体和先进个人。选举产生了内蒙古侨联第七届委员会和领导班子。

11 月 16 日，内蒙古自治区第七次归侨侨眷代表大会在呼和浩特市召开

【向旅蒙华侨蒙中友谊学校捐赠学习用品】 11 月 26 日上午，内蒙古侨联捐赠仪式在旅蒙华侨蒙中友谊学校举行。史晴主席代表内蒙古侨联

向旅蒙华侨蒙中友谊学校捐赠了中华字帖、蒙汉语词典、中英文词典等学习用品，用于帮助学生们提高文化知识，为他们更好地学习和了解中华文化、蒙古文化和世界文化奠定良好基础，进一步加强中蒙教育、文化等人文领域交流合作。

11 月 26 日上午，内蒙古侨联向旅蒙华侨蒙中友谊学校捐赠学习用品

【举办 2017 内蒙古侨商会负责人及各盟市侨联负责人培训班】 11 月 26 日—12 月 3 日，2017 内蒙古侨商会负责人及各盟市侨联负责人培训班在广西壮族自治区举办。内蒙古侨商会主要负责人及各盟市侨联负责人共 32 人参加培训。此次培训激发了大家对侨务工作的热情。大家纷纷表示，要以侨乡为榜样，积极开展为侨服务工作，进一步凝聚侨心，汇集侨智，维护侨益，发挥侨力，为留住民族的根，传承文化的魂，实现复兴的梦贡献智慧和力量。

【包头市侨联承办“大美内蒙古——风土人情”摄影艺术大展】 为庆祝内蒙古自治区成立 70 周年、香港回归祖国 20 周年，4 月 1 日—6 日，由内蒙古海外联谊会、香港中外文化艺术交流协会、香港各界庆典委员会主办，包头市海外联谊会、包头市侨联承办的“大美内蒙古—风土人情”摄影艺术大展在香港中央图书馆展览馆举行。此次活动共展出 40 余位摄影家的 200 余幅作品，全面、立体、生动地展示了内蒙古的社会人文风貌、优美自然风光，体现了内蒙古 70 年来的经济社会发展成果。

【通辽市侨联召开旗县（市区）侨联工作经验交流会】 为进一步推动全市基层侨联组织建设，提高全市基层侨联工作水平，5 月 24 日—25 日，通辽市侨联召开了全市旗县（市区）侨联工作经验交流会。全市 8 个旗县（市区）的侨联负责人参加会议。通过座谈交流，各侨联组织相互学习借鉴好的思路、经验和做法，为今后更好开展侨联工作奠定了基础。

【鄂尔多斯市侨联编印侨法讲解图书】 2017 年初，鄂尔多斯市侨联法律顾问委员会编纂印刷了一部关于《中华人民共和国归侨侨眷权益保护法》及其实施办法的讲解书本，进一步加强了侨法在侨界群众中的宣传、学习和使用，更好地维护了鄂尔多斯市侨界群众的合法权益。

11 月 26 日—12 月 3 日，2017 内蒙古侨商会负责人及各盟市侨联负责人培训班在广西壮族自治区举办

【乌海市侨联荣获“第三届世界华侨华人摄影展优秀组织奖”】 10 月 12 日上午，由中国侨联主办的第三届世界华侨华人摄影展在福州开幕。乌海市侨联推荐的 29 幅作品中，有 2 幅获得佳作奖并入选参展。同时，乌海市侨联荣获“第三届世界华侨华人摄影展优秀组织奖”。

辽宁省归国华侨联合会

【领导成员名单】

党组书记、主席：王朝霞

专职副主席：胡　平（女）

巡　视　员：王之锋

兼职副主席：（以姓氏笔画排序）

王文良　王庆伟　白　玮

吕安民　刘　庆　张　伟

杨　凯　林枝春　荣伟东

赵继红（女）　侯明晓　柴学伟

黄庆祝　景　平　董喜刚

副巡视员：刘卫东

秘　书　长：杨　帆

【综述】辽宁省有海外华侨华人约100万人，主要分布在日、韩、欧美等80多个国家和地区。有归侨侨眷约100万人，老归侨2万余人，归侨主要来自朝鲜、蒙古、苏联、美国及东南亚各国。目前，全省有侨资企业2万多家，侨商投资占全省引进外资的70%以上，侨商投资企业占外商在辽投资企业的80%。全省共有14个市级、108个县区级和机关、院校、企业、街道、社区等侨联组织366个，以“侨胞之家”冠名的侨胞活动场所共有99家。2017年，辽宁省侨联全面学习贯彻党的十九大精神，以习近平新时代中国特色社会主义思想引领发展，贯彻落实习近平总书记关于群团改革工作重要指示精神，紧密围绕全省工作大局，充分发挥自身优势和作用，求真务实，开拓进取，始终坚持将全省侨联工作统一到中国侨联决策部署上来。用中国梦凝聚侨心侨力，发挥好党联系侨界群众的桥梁纽带作用，切实把侨界群众组织起来、活跃起来，紧密结合辽宁省委、省政府改革发展实际，扎实推进省侨联各项工作顺利开展，积极建言献策、建功立业，各项工作取得显著成效，为辽宁扎实推进振兴发展、决胜全面建成小康社会发挥独特作用。

【以党建带侨建始终保持正确政治方向】辽宁省各级侨联组织认真学习贯彻党的十九大精神和习近平总书记系列重要讲话精神，牢牢把握侨联工作正确政治方向。以党建带侨建，以侨建推动基层党建和侨资企业党建，不断夯实党建基础，成立机关党委，创新党建工作思路和工作机制，切实转变机关工作作风。全面落实“两个责任”，组织党组理论中心组学习15次，组织各类党员干部开展多种形式的学习教育活动100余次。紧紧围绕落实“三个推进”要求，召开了以“改进机关工作作风”为主题的组织生活会、研讨会5次，推动机关工作作风转变。各级侨联利用会议、调研、走访等多种时机，通过侨联会刊、网站、板报等多种手段，采取培训班、报告会、座谈会等形式开展学习教育活动，不断保持和增强侨联组织的政治性、先进性、群众性，坚定不移地走中国特色社会主义群团发展道路。

10月18日，辽宁省侨联组织全体机关干部收听收看十九大报告直播现况

【深化改革加强侨联组织自身建设】辽宁省各级侨联把学习贯彻十九大精神作为首要政治任务，学习贯彻习近平总书记系列重要讲话精神和关于群团改革工作重要指示精神，吃透《中国侨联改革方案》精神，积极谋划和推进省侨联改革，推动省级以下侨联改革。辽宁省侨联深入基层侨联了解侨联组织的工作状况和现实困难，先后到沈阳、大连等市召开侨联深化改革座谈会，广泛听取归侨侨眷、海外侨胞及侨联工作者的意见建议；组织侨联特聘专家、企业侨联干部座谈

交流，听取对省侨联深化改革的建议；实地考察了上海、重庆等地侨联的改革经验，结合辽宁省侨联实际，坚持问题导向，切实做到“改革方案”有的放矢，不断推进侨联组织体制改革和工作方式方法创新，同时确保侨联工作始终坚持正确政治方向。按照中国侨联和省委的部署要求，省侨联积极稳妥制定了符合辽宁侨联实际的改革实施方案，坚持问题导向，突出重点、抓住关键，确保各项改革举措有序推进。《辽宁省侨联改革实施方案》已通过省委批准，并于 12 月 29 日印发。

【持续开展“知名侨商辽宁行”活动】辽宁省侨联围绕省委、省政府加快新一轮振兴和经济社会发展战略部署，积极从辽宁实际和振兴大业需要出发，充分挖掘侨资侨智服务全省经济建设，9 月 26 日—9 月 28 日，省侨联在沈阳和大连举办“海外侨胞故乡行——走进辽宁暨第三届世界知名侨商辽宁行”系列活动。邀请来自世界各地 30 个国家和地区的 200 余位海外侨胞和知名侨商。召开“辽宁省投资项目洽谈会”，共推出 100 个招商项目，现场与相关部门和企业在地产、健康医药、高科技电商等领域签订 10 个项目，签约金额近 30 亿美元，并签署三份战略合作协议。在大连项目推介会上，10 多家海外侨企与大连相关部门在 10 余个领域达成合作意向 60 余个。中国侨联主席万立骏指派专人参会，并帮助邀请知名侨商来辽宁考察投资。辽宁省委、省政府高度重视海外侨胞同辽宁的交流与合作，把活动作为招商引资的重大活动之一，并作为吸引和鼓励海外侨商关心支持辽宁建设、提升对外开放与合作水平的重要平台和有效载体。辽宁省委常委、统战部部长范继英，辽宁省副省长王大伟等领导多次听取汇报，提出要求，对活动给予大力支持，做出重要部署，细化活动方案，并在活动期间会见中国侨联副主席李卓彬及侨商代表一行。充分体现了欢迎海外侨商来辽宁投资的热忱，并为其投资兴业创造良好条件，提供优质高效服务。海外侨胞加深了对辽宁的了解和感情，纷纷

9 月 26 日，辽宁省侨联举办“海外侨胞故乡行”系列活动，海外侨胞对辽宁省市新侨创新创业基地等进行考察

9 月 26 日，举办“辽宁投资项目洽谈会”，辽宁省侨联主席王朝霞主席发表致辞

9 月 28 日，举办“海外侨胞故乡行”系列活动，近百名海外侨胞走进大连参观自贸区

表示将在辽宁这片热土上大展宏图、成就梦想。

【召开辽宁省侨联九届三次全委会】2月16日，辽宁省侨联在沈阳召开省侨联九届三次全委会议。会议传达了中国侨联九届四次会议精神，审议通过辽宁省侨联全委会工作报告，研究部署2017年重点工作。中国侨联副主席乔卫，辽宁省委副书记、沈阳市委书记王蒙徽出席会议，并分别发表讲话。省侨联党组书记、主席王朝霞，省侨联副主席胡平以及各兼职副主席，省侨联常委、委员、海外顾问及列席人员等共计300余人参加了会议。王蒙徽致辞时要求，要充分发挥凝聚侨心、汇集侨智、发挥侨力、维护侨益的独特作用，充分调动广大归侨侨眷和海外侨胞的积极性，引导他们为扎实推进辽宁振兴发展、全面建成小康社会作出积极贡献。

2月16日，辽宁省侨联召开九届三次全委会

2月16日，中国侨联副主席乔卫（左十二）出席辽宁省侨联九届三次全委会，并与辽宁省委副书记、沈阳市委书记王蒙徽（左十三）、辽宁省侨联主席王朝霞（左十五）及侨商代表合影

【召开辽宁省侨商联合会三届三次理事会】2月16日，辽宁省侨商会召开三届三次理事会，审议通过《省侨商联合会三届三次理事会工作报告（审议稿）》，研究部署了2017年的重点工作。省侨联党组书记、主席王朝霞，省侨联副主席胡平，省侨商会会长、副会长、秘书长、常务理事、理事等120余人出席会议。理事会就进一步完善侨商组织结构，发挥侨商组织功能，增强侨商组织活力，为辽宁全面深化改革发展服务做出了部署。理事会新增补了侨商会副会长、常务理事会、理事及会员共42人。省侨联主席王朝霞表示，侨商会工作是侨联工作的重要组成部分，2017年是辽宁省“优化营商环境年”，省侨联将聚焦优化营商环境、积极配合有关部门做好促进侨资企业经济发展的政策研究、制度宣传解读和贯彻落实工作，畅通侨企、侨联委员反映诉求机制，为广大侨胞创造良好的营商软环境。

【助力葫芦岛市开展招商引资】辽宁省侨联协助葫芦岛市政府在香港召开了“葫芦岛（香港）投资环境说明会”。其中，引进项目8个，投资总额76.42亿美元，外资额3.4亿美元；续建项目4个，投资总额75.99亿美元，外资额3.3亿美元；待建项目2个，投资总额4300万美元，外资额1000万美元。促进香港招商局与丹东市政府探讨合作开发丹东港项目。此外，还帮助朝阳引进温泉旅游项目。

【率先在全国地方侨联成立侨创联盟】7月24日，“辽宁省侨联新侨创新创业联盟成立大会暨2017辽宁新侨发展交流会”在沈阳举办。中国侨联副秘书长赵红英、辽宁省政协副主席孙远良、辽宁省侨联主席王朝霞，以及省直有关部门领导出席会议。辽宁侨创联盟倡议：贯彻创新驱动发展战略及“十三五”规划，融合国家“千人计划”，汇聚一批“领头羊”，通过建立各类绿色通道，丰富为侨服务内容，充分发挥侨联组织的独特作用，保障归国华侨及侨眷、海外留

7 月 24 日，在辽宁省侨联新侨创新创业联盟成立大会上，省侨联领导为《华商晨报》社等单位颁发“新侨创新创业基地”牌匾

学归国人员的各项权益。孙远良在致辞时，希望联盟和侨联发挥桥梁纽带作用，团结凝聚广大侨胞，以创新创业和引智引技引才为重点，引导侨资、侨技、侨智向辽宁高新技术产业、先进制造业、现代服务业聚集，促进侨界创新成果转化。

【召开“侨商企业营商环境座谈会”】围绕推动辽宁省“一带一路”建设和经济产业转型升级，全力助推侨胞创新创业发展，省侨联在全省开展侨资企业基本经营情况调研活动，并对侨资企业基本经营情况进行了调查摸底。7 月 24 日，辽宁省侨联、省侨商会举办“辽宁省侨商企业营商环境座谈会”。省委统战部副部长王东秀、省营商环境建设监督局副巡视员王怡爽等受邀参加，省侨联党组书记、主席王朝霞及相关会领导，省侨商会副会长及侨商代表共 80 余人参会。座谈会现场交流踊跃，10 余名侨商代表就企业与政府各部门往来中遇到的典型问题进行了深入交流。省营商环境建设监督局针对大家提出的一些关于诚信、乱作为等突出问题进行了解答。

【拓展海外工作】2017 年，辽宁省侨联接待海外华侨华人团组 100 多个、近 2000 人来辽宁招商。由省侨商会牵头组织的第二届大连侨商海外联盟峰会在迪拜举行，与 9 家商会结成联盟，签订了《项目合作框架协议》。到 2017 年底，省侨联、省侨商会已与美国、俄罗斯、加拿大等 70 个国家的 130 个华人社团和机构建立友好合作关系和缔结友好商会；建立辽宁省侨商会海外分会 15 个，累计发展省侨联海外顾问、委员 227 人，建立友好关系的侨团达 200 多个。9 月 9 日，辽宁省侨联主席王朝霞率省侨商会一行赴缅甸参加第十四届世界华商大会。其间，辽宁侨商代表团一行在斯里兰卡、越南、缅甸分别进行了项目考察，并拜会当地工商界人士，召开三场辽宁项目推介会。

9 月 9 日，辽宁省侨联主席王朝霞率省侨商会一行出席第十四届世界华商大会，在参加交流会期间与王钦贤等世界知名侨商合影

7 月 24 日，辽宁省侨联召开侨商企业营商环境座谈会

【成立“亲情中华 · 辽宁夏令营”基地】辽宁省侨联通过“走出去、请回来”多种方式开展文化交流，进一步增加中华传统文化和辽宁地方历史文化在国际传播中的认知力和影响力，讲好辽宁故事，传播好辽宁声音。成立了《华商晨报》和沈阳师范大学“亲情中华 · 辽

宁夏令营”基地，先后在沈阳、大连举办“亲情中华·辽宁夏令营”活动，积极拓展与新生代海外侨胞的联谊渠道。来自马来西亚、瑞典、澳大利亚等国近300名华裔青少年来辽宁学习交流。做好“亲情中华·夏令营”辽宁营建设工作，对增进海外华裔青少年对祖（籍）国尤其是辽宁的了解，推动海外华文教育发展发挥了积极作用。

5月27日，2017年“亲情中华”夏令营辽宁营在辽宁大学启动，辽宁省侨联主席王朝霞为辽宁大学授营旗

【积极打造侨胞之家】以中国侨联打造侨胞之家为契机，辽宁省侨联积极打造侨胞之家，真正成为服务侨胞、凝聚侨胞、组织侨胞、团结侨胞和维护侨益的“家”。夯实“侨胞之家”基础，与各市政府及有关部门积极沟通，落实“三个固定”，即固定场所、固定经费、固定人员。目前辽宁省以“侨胞之家”冠名的侨胞活动场所共有99家。其中，市级场所12家，县区级场所22家，乡镇场所44家，村级社区场所6家，大企业、高校场所14家。

【开展扶贫帮困工作】辽宁省侨联切实把维护侨界群众合法权益放在履行侨联工作职能的最高位置、把侨界群众满意作为履职用权的根本标准。全省各级侨联组织针对困难侨界群众的危房、险房、无房、大病、子女就学困难等问题展开特殊救助，共救助贫困归侨侨眷1197人，重点解决“急、危、重”60户，累计救助款物总额达1600余万元。先后在丹东、阜新、朝阳等市建立了“省侨联侨爱心精准扶贫基地”，落实精准扶贫项目19个，救助贫困归侨侨眷676人，累计救助款物总额达200余万元。

5月10日，辽宁省侨联主席王朝霞等一行赴朝阳市、阜新市调研扶贫走访

【做好侨界维权工作】辽宁省侨联建立了皇姑区维权基地、朝阳维权基地，推进与省高院建立涉侨诉讼协调机制，侨界20名专业人士被聘请为省高院特邀调解员，协助处理涉侨案件。全省14个市分别成立法顾委和法律服务中心，拓展了为侨服务渠道。近年来，全省侨联系统累计受理信访信件680件，来电来访1056人次，接待处理侨胞及侨联遗留来信、来访400余件，侨界群众反映的问题80%得到及时解决。结合“七五”普法宣传工作，制定了辽宁省侨联实施方案，引导侨界群众自觉学法、守法、用法。承办中国侨联“法治中国·你我同行”侨界群众法治学习大连班，来自11个省、自治区、直辖市的200余名侨界群众参加了学习活动。

【沈阳市侨联以改革为动力推进基层组织建设】2017年，沈阳市侨联对全市侨联系统传达学习贯彻落实党的十九大精神进行工作部署，积极开展专题学习活动，贯彻落实中国侨联、辽宁省侨联改革方案，积极谋划和推进侨联改革工作。在学习借鉴改革经验、开展调研论证的基础上，对照《中国侨联改革方案》《辽宁省侨联实施改革方案》相关要求，结合沈阳市侨联实际情况，起草形成《沈阳市侨联改革方案》（征求意见稿），主要由总体要求、主要措施、组织实施三个部分组成，从四个方面、17条提出了具体改革举措，并征求侨联委员、侨联干部、基层侨联组织和市相关部门的意见建议。目前，《沈阳市侨联改革方案》已经在十三届市委全面深化改革领导小组第十二次会议审议通过。沈阳市侨联以侨联改革为动力，推进基层侨联组织建设。一是市侨联与省侨联、市教科工委联合开展高校侨联工作调研，完成沈阳建筑大学侨联成立和沈阳音乐学院、沈阳工业大学侨联换届工作。二是创新基层侨联组织，成立首个科技产业园区侨联——沈阳国际软件园侨联，把园区新侨和归国留学人员组织起来，发挥服务新侨人才作用。三是推进社区侨联建设，成立铁西、大东、沈河区等4个社区侨联，把基层组织和侨联工作融入社区建设。四是推进“侨胞之家”建设，落实首个归侨家庭和6个社区侨联的“侨胞之家”挂牌，在幸福沈阳共同缔造中打造实体化服务阵地载体。五是开展全市基层侨联工作展示交流月活动，通过“线上交流，线下联谊”，先后发布图片、文章、视频、多媒体等500余条信息，组织工作互动、联谊交流活动20多次，推进12个区县、高校、企业侨联缔结为友好侨联，不断增强基层侨联组织活力。深入侨企调研。与“五侨”部门开展侨商企业考察座谈，与市律师协会开展侨商企业营商环境研讨，与市法学会组成调研组开展侨资企业专题调研，共考察调研10余家侨商、侨资企业，50多名侨商参加活动，并将征求意见建议及调研材料报送市委、市政府有关部门，为打造沈阳国际化营商环境、促进侨商企业健康发展建言献策。搭建学习交流平台，积极培养侨界骨干力量。沈阳市侨联与市社会主义学院在市委党校联合举办为期3天的“沈阳市侨界代表人士培训班”，基层侨联委员、侨联干部及侨商、新侨代表175人参加培训。为推进沈阳侨史研究，凝聚沈阳振兴正能量，市侨联、市政府地方志办公室联合召开《沈阳华侨志》首发仪式暨侨史研讨会，特邀中国华侨华人研究所所长张春旺、副所长张秀明和中国华侨历史博物馆馆长黄纪凯等出席会议并作侨史专题讲座。首发仪式向中国侨联侨史研究机构，省图书馆、市图书馆、市档案馆及部分高校图书馆赠送《沈阳华侨志》馆藏书籍100本，向全国各省市侨联和全市有关部门、侨联系统单位、侨界群众赠送《沈阳华侨志》700余本。通过宣传推介《沈阳华侨志》，弘扬华侨爱国爱乡优良传统，讲好沈阳故事，传播沈阳声音，营造知侨、尊侨、爱侨、维侨的社会氛围，凝聚振兴沈阳的正能量。

6月14日，沈阳市侨联在市委党校举办侨界代表人士培训班

【大连市侨联推进“侨之家”建设丰富为侨服务内涵】大连市侨联召开区市县侨联专题推动会，制定并下发了《加强大连市国有企业侨联实施意见》和《加强大连市高校侨联工作实施方案》，先后在3个企业、4个高校建立了侨联组织。在普兰店区和庄河市分别召开了“侨之家”工作现场推动会，以“五有”标准推动“侨之家”工作，在10个区市县分别建立了侨之家，其中中山区、西岗区、沙河口区、甘井子区在街道建立了侨之家。建立护侨工作机制。3月30日，大连市侨联举行了“大连市涉侨法律援助服务中心”授牌仪式，市侨联主席王大鸣、市委统战部副部长黄刚、市司法局副局长李新等出席活动。法律援助服务中心成立后，各区市县侨联分别建立了“涉侨法律援助服务站”，并在对应辖区内依托各律师事务所建立“涉侨法律援助服务所”，构建了“服务中心—服务站—服务事务所”模式的侨界群众法律援助机制，为侨界涉法问题解决提供帮助。凝聚海外创业大连人，做实“大

3 月 30 日，大连市侨联举行“大连市涉侨法律援助服务中心”授牌仪式

连侨商海外联盟”。自“大连侨商海外联盟”成立以来，分别在大连和迪拜举办了两次峰会，吸引了来自美国、英国、泰国等近 30 个国家 400 余位华侨华人、专家学者、媒体代表齐聚大连和迪拜，为大连侨商搭建合作交流平台。新组建了日本大连商会、马里大连同乡会、英国伦敦大连商会等 9 个海外侨团（商会）。目前大连海外商会已达到 18 个。指导海外大连商会开展活动，日本大连商会、阿联酋大连商会、美国德州大连总会分别举办了形式各样的活动；阿曼大连商会邀请大连侨商会访问阿曼金龙商城，寻求大连侨商与海外侨商进行合作。打造品牌，丰富侨界群众文化精神生活。一是以中国侨联“亲情中华”为品牌，传播好中华文化。举办了“亲情中华·侨聚新春”活动；承办了“亲情中华·汉语桥”大连夏令营主题活动，来自瑞典、美国共计 43 名华裔子女相聚大连，享受中华文化的魅力。二是以大连侨联“中国梦·侨界情”为载体，丰富侨界文化生活。举办了第四届“中国梦·侨界情”侨之林栽种活动；举办首届“中国梦·侨界情”——旅居日本华人乒乓球友好邀请赛；举办了“中国梦·侨界情”——纪念徐悲鸿大师诞辰 120 周年国内外画马大赛作品展；举办了第三届“中国梦·侨界情”——侨界徒步大会。三是以“聚侨心·建家园”为主题，宣讲好大连故事。举办了 6 次“核心价值观教育”活动；举办了两届“激发你的影响力侨界高峰论坛”活动；举办了两届“爱我大连”华侨摄影展。

【丹东市侨联扶贫工作结硕果】丹东市侨联将招商引资工作作为侨联工作的主线，贯穿始终，层层任务分解，传导压力，确保完成任务。完成“吟游诗人咖啡馆”和福娃娃儿童服务两个项目落地，总招商引资完成额 2080 万元。坚持开展品牌活动。7 月 7 日，市侨联按照中国侨联和辽宁省侨联要求，举办“大讲堂——劳动合同法专题讲座”活动，聘请全国知名律师、中华全国律师协会劳动与社会保障法专业委员会主任、北京市劳动争议仲裁委员会仲裁员王建平，给侨界企业家讲解劳动争议法律风险防范相关内容，对企业劳动管理中的防范法律风险的概念和基本方法及法律风险防范在实践中的具体应用、规避等话题展开解读和指导。全市侨界委员、企业法务及人力资源专员共计 100 余人参会。开展侨界扶贫，扎实为侨服务。一是市侨联广泛开展“送温暖、献爱心”走访慰问活动，全年向丹东市侨界 52 户特困户送去现金及物资折合人民币 4.5 万元。二是举办特色产业种植培训班，为有种植条件的贫困归侨侨眷 30 余人免费发放软枣猕猴桃苗木，按照农时季节为种植户进行技术培训及操作指导。三是举办城市下岗归侨侨眷再就业技能培训。市侨联与大同江食品有限公司建立了联合培训下岗贫困归侨侨眷计划，组织下岗归侨侨眷职工 20 余人进行泡菜技术培训。公司技术人员从泡菜配料、腌制、制作进行了手把手教学，使参训人员掌握了技术要领，能够熟练制作正宗高丽泡菜，增加了下岗归侨侨眷的就业技能。驻村包扶精准扶贫工资取得新进展。一是产业扶贫。市侨联选择上蒿村 5 户村民作为第一批试点，发放 4 年生优良品种北林 133 野生猕猴桃 44 棵，帮助贫困户利用庭院栽种软枣猕猴桃，增强贫困群众自我造血功能，使上蒿村群众找到了新的产业项目。二是壮大村集体收入。市侨联根据上蒿村实际情况，经过多次研究，最终确立发展光伏项目增加村集体收入，市侨联领导班子积极协调相关部门，争取到位资金 30 万元用于发展光伏项目，增加村集体经济收入。三是医疗扶持。为解决贫困群众看病难问题，市侨联联合市第一医院国际医疗部组织部分专家为上蒿村村民开展义诊活动，此次活动共接诊 252 人次，受到广大村民的热烈欢迎。四是走访慰问。市侨联领导带领机关干部，对结对帮扶的 30 户贫困户进行走访慰问，将党和政府的温暖送到他们身边，送去价值 7000 余元的生活用品。扶贫日，

10 月 19 日，丹东市侨联组织下岗归侨侨眷职工 20 余人到大同江食品公司进行泡菜技术培训，增加下岗归侨侨眷就业技能

又为村里学生送去价值 4000 余元的棉衣，让孩子们有一个温暖的冬天。五是新建村委会。上蒿村委会现有办公用房年久失修，已不再适合办公，市侨联领导积极与相关部门联系、协调，最终争取到 90 万元建房资金，解决了上蒿村村委会多年的难题。市侨联荣获丹东市 2017 年度驻村扶贫工作先进集体。

【阜新市侨联在营商环境建设中主动作为】 2017 年，阜新市侨联在贯彻落实省委、市委《优化营商环境建设年》活动中，主动参与，积极融入，畅通侨企诉求渠道，建好“侨家”当好“侨友”。制定了《市侨联优化营商环境实施方案》，成立了有各基层侨联负责人组成的市侨联优化营商环境工作小组。按照《阜新市优化营商环境建设宣传工作方案》精神，制定并开展了市侨联第一届优化营商环境宣传周活动方案，积极营造“招商、亲商、安商、便商”的良好氛围。学习借鉴外省市侨联、侨商会服务侨商侨企的经验做法，探索为侨服务新途径，组织基层侨联组织到江西赣州、吉安等地拜访侨联、侨商会，走访侨商企业，交流为侨服务、为侨商发展服务的新做法，延伸工作手臂。县区侨联做足宣传功课，积极宣传推介，如阜蒙县侨联播放“魅力蒙古贞”宣传片，彰武县侨联有针对性宣传彰武林产品基地的资源、环境和优势，海州区侨联就中央商务区发展现状、前景未来等项目做了讲解，让更多企业了解阜新。开展横向联系，缔结友好侨联。先后有阜新市侨联与赣州市侨联、阜蒙县侨联与赣县侨联、彰武县侨联与南康区侨联、海州区侨联与瑞金侨联分别签订“友好侨联”协议，搭建南北“侨之桥”。阜新市侨联积极参与“招商季”活动。邀请三批次 15 位海外侨商及企业家走进彰武，专程对水库、湖泊和农产品加工方面做考察，观看并听取了园区专业人士 PPT 讲解。组织基层侨联到深圳拜访深圳侨商国际联合会，与诸多企业家座谈交流，参观侨企并座谈交流，对接项目，增进与侨商企业友谊，营造来北方投资兴业良好氛围，增加来北方兴业发展信心。阜新市侨联走访看望在阜侨企，做好落地项目后续服务工作，用亲情招商，做好暖商工作，真正做到“侨商有所呼，我有所应，侨商有所求，我有所办，侨商有所怨，我有所改”。2017 年，省侨联主席王朝霞专程来阜新市实地考察了阜蒙县巨力克村产业帮扶项目，同时对“侨爱心援建房”工作做了具体部署，建立“侨爱心精准扶贫基地”。贫困侨眷王淑青一个人生活，家中房屋濒临倒塌，申请拨付援助资金对其危房改造，目前已完成 80 平方米的新建房屋并入住。

2017 年 6 月，阜新市侨联举办“侨爱心精准扶贫基地”揭牌仪式

吉林省归国华侨联合会

【领导成员名单】

党组书记、主席：陈香林（女）
专职副主席：关　波（满族）
兼职副主席：孔　维　牛　利　张越杰
　　　　　　李　静（女）　董江宏
秘　书　长：关　波（满族，兼）

【综述】2017年，吉林省各级侨联组织深入学习宣传贯彻习近平新时代中国特色社会主义思想和党的十九大精神，牢牢把握习近平总书记关于群团工作和群团改革的重要指示精神，扎实推进“两学一做”学习教育常态化制度化，积极配合省委第三巡视组对省侨联党组开展的专项巡视工作，以中央和省委关于加强和改进新形势下侨联工作的两个意见为指导，坚持“两个并重”“两个拓展”，紧紧围绕中心、服务大局，着力推动侨联改革，不断扩大联系侨界群众的覆盖面，各项工作都取得了新进展。

【学习宣传贯彻党的十九大精神】党的十九大召开后，吉林省侨联把学习宣传贯彻党的十九大精神作为首要政治任务，迅速在全省各级侨联组织和广大归侨侨眷中掀起学习热潮。第一时间在网站和公众号开设《祖国更富强，同圆中国梦》专栏，连续刊发7期、数十名海外华侨华人和归侨侨眷寄语十九大的心声感言，《吉林侨联》《侨胞之家学习资料文辑》也及时刊发学习宣传十九大的相关内容。转发中国侨联《关于认真学习宣传贯彻党的十九大精神的通知》，召开党组理论中心组学习会和省侨联常委会，对全省侨联系统学习贯彻党的十九大精神，用习近平新时代中国特色社会主义思想指导工作进行部署。把学习党的十九大精神与推进“两学一做”常态化制度化紧密结合起来。通过领导干部上党课、每周三组织政治学习及“三会一课”等形式，把十九大精神传达到每个支部和党员。

11月17日，吉林省侨联召开六届七次常委会学习宣传贯彻党的十九大精神

【推进吉林省侨联改革】吉林省侨联深刻理解和把握中央和省委关于群团改革的指示精神，在充分调研的基础上，借鉴外省市侨联改革经验，结合吉林省侨情和侨联工作实际，形成《吉林省侨联改革方案》征求意见稿，经党组研究，共征求了13个相关部门的意见。根据意见对《方案》反复研究、多次修改，与相关部门形成共识。方案编写过程中，吉林省侨联牢牢把握保持和增强群团组织和群团工作政治性、先进性、群众性的根本要求，切实坚持中国侨联改革的“四项原则”，着力解决“机关化、行政化、贵族化、娱乐化”问题，着力解决脱离侨界群众的突出问题，从6个部分、19个方面阐述了改革的具体措施。《方案》先后呈报省委分管领导和中国侨联审阅，于12月22日提交十一届省委全面深化改革领导小组第七次会议审议通过。

【宣传黄大年同志先进事迹】黄大年同志是吉林省侨联多年来选树的新侨创新人才代表人物和重点联系服务对象。在吉林省委追授黄大年为吉林省特等劳动模范并向全省发出学习号召后，吉林省侨联将黄大年同志生前事迹材料向中国侨联汇报，中国侨联在全国侨联系统下发了《关于开展向英国归侨黄大年同志学习活动的决定》，并追授黄大年同志“侨界楷模”荣誉称号。5月25日，在北京举办了由中国侨联主办、吉林省侨联和北京市侨联承办的“黄大年同志先进事迹报告会”。省侨联还组织机关全体干部在黄大年生前工作室开展主题党日活动。省委书记巴音朝鲁在《省侨联积极宣传黄大年同志先进事迹的工作报告》上作出重要批示，充分肯定省侨联的学习宣传工作。

【落实同心圆工程】吉林省侨联重点围绕打造“吉言”献策品牌，成立吉林省侨联特聘专家委员会；围绕打造“吉星”引智引资品牌，引导海外华商助力吉林振兴；围绕打造“吉才”提升品牌，抓好人才储备工作；围绕打造“吉心”引领品牌，充分发挥基层侨联和侨联社会组织的政治引领作用。省委常委、省委统战部部长姜治莹对省侨联贯彻落实同心圆工程工作作出重要批示，省委统战部在全省统战系统下发吉统发〔2017〕7号文件，全文印发姜治莹同志的重要批示和《省侨联贯彻落实同心圆工程工作安排》。

【坚持为侨服务】2017年，吉林省侨联累计发放各类帮扶款61.8万元。其中，直接救助困难归侨侨眷家庭179户，惠及侨界群众近600人，发放35.1万元；通过海外募捐，向遭受洪灾的永吉县捐赠26.7万元。元旦、春节期间，省侨联工作组分别到全省9个市（州）和两个扩权强县（市），深入33个县（市）区的61户贫困归侨侨眷家中走访慰问，发放慰问金10万元。永吉县洪灾期间，省侨联一方面及时向中国侨联申请10万元专项救灾款，逐门逐户送到受灾归侨侨眷手中，一方面向广大海内外侨胞发出救灾倡议，共收到11个国家的海外侨团、侨胞及省侨商会会员的爱心捐款26.7万元。在冬季来临之际，省侨联还下发专项救助款9.8万元，对53名（户）受地震灾害、洪灾和重大疾病困扰的归侨侨眷进行慰问。此外，针对困难归侨子女升学开展专项救助，为13名贫困归侨子女提供了5.3万元助学款。

【加强联谊服务经济建设】吉林省各级侨联立足本职，在服务当地经济建设方面积极开展工作。省侨联向各市州侨联征集各地重点项目51项，在省侨联网站发布，进行宣传推介。吉林省侨联推荐的长春孔辉汽车科技股份有限公司、吉林大学马芳武科研团队在中国侨联2017新侨创新创业活动中入选中国侨联新侨创新创业联盟，长春孔辉汽车科技股份有限公司送选的电控空气悬架开发及产业化项目获优秀项目。吉林省侨联全年共邀请、接待海外华侨华人团组36个、488人次。与中国侨商联合会共同举办了“海外华商吉林行”活动，邀请到中国侨商联合会副会长、加拿大华商罗祖晓，中国侨商联合会副会长、意大利华商曹阳等10余个国家和地区的近70名海外华商和部分海外特聘专家参加了活动。省政协主席黄燕明，中国侨联副主席李卓彬，省委常委、省委统战部部长李景浩等领导会见了海外华商代表。活动期间，举办项目推介会，组织与会嘉宾实地考察当地龙头企业，进一步搭建起海外华商与吉林友谊合作、交流对话、项目对接的桥梁。吉林省侨联全年组织3次出访活动，进一步涵养海外侨务资源，拓宽海外工作渠道，宣传推介吉林，慰问吉林省侨联海外顾问、委员。4月26日—5月6日，陈香林主席率吉林省侨联代表团访问厄瓜多尔、秘鲁和巴西三国。代表团分别参加厄瓜多尔华侨华人联合会、秘鲁中华通惠总局、巴西中国浙江商会、巴西圣保罗东北同乡总会

5月24日，黄大年同志先进事迹报告会现场

4 月 29 日，陈香林主席（左三）向秘鲁中华通惠总局梁顺主席（左四）赠送“吉”字纪念品

牵头举办的交流活动，拜访厄瓜多尔、秘鲁和巴西重要侨团、侨社，实地考察华商企业。9 月 9 日—18 日，陈香林主席率吉林省侨联代表团访问缅甸、柬埔寨和越南三国。代表团出席在缅甸召开的第十四届世界华商大会，分别拜访、会见柬埔寨柬华理事总会、柬中友好协会、柬埔寨吉林总商会、越南福建商会，实地考察华商企业、访问柬埔寨两所华校，参加中国侨商联合会在仰光主办的缅甸—中国投资贸易交流会暨项目签约仪式、中国侨商联合会和越南中国商会胡志明市会共同举办的越南—中国投资交流会。10 月 21 日—28 日，关波副主席率队赴韩国、日本及澳门访问。代表团参加在澳门举办的第十四届世界华商高峰会，到访中国在韩侨民协会总会、仁川华侨协会、中国在韩延边同乡联合会、韩国总商会、济州华侨华人中国和平统一促进会、西日本新华侨联合会、关西吉林省同乡会、日本吉林商会、日中青年经济文化交流协会、关西在职中国人交流协会等侨团和侨企，了解韩国和日本华侨华人工作生活情况，多渠道调研了解侨情侨愿，鼓励侨界社团组织团结侨胞共同发展，积极投身祖国建设，讲好中国故事，传播好中国声音，与祖国人民一同为实现中华民族伟大复兴中国梦努力奋斗。

【推进精准扶贫工作】吉林省侨联切实贯彻落实省委扶贫攻坚决策部署，多次组织党员干部深入包保的老局所村调研。在省侨联的倡议下，世界越柬寮华人团体联合会捐款 10 余万元，为村民打了一口深水井，解决了全村 200 多名村民多年来饮水难的问题。省侨联还倡议筹建了老局所村爱心超市，接受捐赠物品 2000 余件，价值 5 万元。10 月，为老局所村捐建光伏电站的省侨商会副会长、省侨联海归协会副会长刘洪铭先生被省委宣传部、省文明办、省扶贫办授予“吉林好人·扶贫攻坚先锋”荣誉称号。

【开展“侨胞之家”创建活动】2017 年，吉林省侨联对全省“侨胞之家”创建活动给予有效指导，对各地申报的“侨胞之家”和标兵单位认真进行考核验收。全省各级侨联创建“侨胞之家”109 家，省侨联授予 68 家为省侨联“侨胞之家”，其中 16 家为红旗单位。经省侨联培育推荐，省侨联“侨胞之家”标兵单位、通化市二道江区鸭园镇侨联工作站带头人张明荣同志入选 2017 年“中国好人榜”。6 月，李源潮同志来吉林调研群团工作，参观了省侨联推荐的吉林大学“侨胞之家”红旗单位——黄大年同志生前工作室，对吉林省“侨胞之家”创建工作给予充分肯定。全国政协侨联界调研组对省侨联在高校设立“侨胞之家”的创新工作模式也给予高度评价。在全国侨联基层组织工作会议上，省侨联“侨胞之家”创建工作汇报作为大会经验交流材料印发。

8 月 18 日，陈香林主席（右四）为长春市南湖街道湖东社区“侨胞之家”红旗单位授牌

【承办世界越柬寮华人团体联合会第八届会员代表大会】9月1日，由吉林省侨联承办的世界越柬寮华人团体联合会第八届会员代表大会暨海外华商经贸旅游交流会在长春开幕。中国侨联副主席乔卫，国务院侨办副主任谭天星，省委常委、省委宣传部部长王晓萍出席开幕式并致辞。作为第十一届中国东北亚博览会的重要活动之一，此次大会以“携手故乡情　共创新局面”为主题，吸引了来自10个国家和地区的300余名越柬寮世联会代表和来自18个国家和地区的50余名海外华商参会。会议期间，乔卫、谭天星等领导及部分与会代表60余人出席了东北亚合作高层论坛。吉林电视台、吉林广播电台、《吉林日报》、中国吉林网、中新社吉林分社、凤凰卫视、凤凰吉林网等媒体给予宣传报道。会前，王晓萍、乔卫、谭天星等领导亲切会见了出席会议的部分越柬寮世联会代表和海外华商。乔卫副主席还深入到吉林省侨联“侨胞之家”红旗单位——长春市绿园区银融社区“侨胞之家”进行调研。在海外华商经贸旅游交流会上，长春市绿园区、四平市、松原市、珲春市、敦化市、公主岭市等相关负责人分别作推介。省侨联还组织海外嘉宾分别赴吉林市、延边州和通化市等地开展经贸洽谈。在世联会的欢送晚宴上，世联会会员当场为省侨联精准扶贫包保村——白山市长白县老局所村募捐16万元，用于改善村民给水设施和基础建设。

9月1日，世界越柬寮华人团体联合会第八届会员代表大会暨海外华商经贸旅游交流会在长春开幕

9月1日下午，乔卫副主席（左三）在长春市银融社区“侨胞之家”调研

【成立吉林省侨联特聘专家委员会】7月2日，吉林省侨联特聘专家委员会成立大会在长春召开，聘请43位涵盖汽车、生物医药、金融等10多个领域的侨界杰出人士担任省侨联特聘专家。其中中国工程院院士2人，爱尔兰皇家科学院院士1人，“千人计划”专家5人；海外15位特聘专家来自美英等10个国家。会上举行了“凝心聚力　话振兴发展”论坛，高益槐等6位专家围绕生物医药、光电信息、金融、区域发展、农业现代化等专题作了发言。省政协主席黄燕明，全国政协常委、中国侨联副主席李卓彬出席会议并致辞，省委常委、省委统战部部长李景浩参加会议。会后，省侨联将专家建议进行汇编，形成《吉林省侨联特聘专家委员会特刊》。省委组织部将省侨联特聘专家纳入省人才专家库。

【邀请“亲情中华”慰问演出走进吉林】2月5日—6日，“亲情中华”慰问演出分别在公主岭市、通化市两地举行。中国侨联文化交流部部长刘奇，省侨联党组书记、主席陈香林，通化市委书记金育辉，四平市委常委、秘书长、公主岭市委书记闫旭，省侨联副主席兼秘书长关波等领导分别出席演出现场，与2000余名回乡探亲的侨领侨胞、归侨侨眷及到场观众共同观看了精彩演出。《人民日报》(海外版)、《吉林日报》、吉林电视台、凤凰网

2 月 6 日，“亲情中华 · 欢聚通化”慰问演出现场

等 30 多家媒体给予报道。

【召开中共吉林省侨联机关第四次大会】经省直机关党工委批准，7 月 12 日下午，中共吉林省侨联机关第四次大会在团结大厦三楼会议室召开。省侨联党组书记、主席陈香林，党组成员、副主席兼秘书长关波，省直机关工委组织员办公室主任兼组织部副部长张志华出席会议。会议选举产生省侨联第四届机关党委委员会；审议通过《中共吉林省侨联第三届机关委员会工作报告》和《中共吉林省侨联第三届机关党委党费收缴、使用和管理情况的报告》。会后，省侨联第四届机关党委召开了第一次全体会议，选举陈香林为机关党委书记，崔鹏为机关党委专职副书记，谭凤德为组织委员，陈文芬为宣传委员，朱东来为纪检委员。之前，省侨联机关党委于 7 月 6 日下午召开会议，将省侨联机关党支部划分为 2 个党支部——省侨联机关第一党支部和省侨联机关第二党支部。

【启动朝鲜归侨口述历史资料搜集整理工作】吉林省侨联先后在长春和北京召开全省侨联主席工作会议和侨史专家座谈会，对史料收集整理工作进行动员部署和讨论研究。已搜集 200 余位朝鲜归侨的相关信息，重点采访 24 位朝鲜归侨，录制音像材料并整理文字 60 余万字，搜集文物史料 50 余件。各市州侨联给予积极配合，采访 17 人，整理材料近 20 万字。10 月，中国华侨历史博物馆在北京举行“纪念马玉声同志诞辰一百周年座谈会暨文物捐赠仪式”，吉林省侨联作为唯一一家省级侨联应邀出席活动。

5 月 5 日，吉林省侨联工作人员在集安市采访朝鲜归侨周荣成

【举办 2017 归侨侨眷青少年“亲情中华 · 民俗之旅”夏令营】7 月 28 日—8 月 3 日，吉林省侨联 2017 归侨侨眷青少年“亲情中华 · 民俗之旅”夏令营在长春、吉林、延边等地举行，全省 6 个市州近 50 名归侨侨眷青少年学生参加了活动。在长春文庙举行的开营仪式上，省侨联副主席兼秘书长关波寄语营员们，要展现侨界青少年学生的良好精神风貌，传播侨界正能量。在长春市，营员们学习侨务知识和《侨界文明公

7 月 12 日，吉林省侨联机关党委换届会投票选举新一届委员会

7 月 29 日，夏令营营员参观吉林省科技馆

约》；参加长春文庙国学大讲堂；参观吉林省科技馆和东北师范大学净月校区；学习面塑知识和技巧。在吉林市，营员们参观吉林市满族博物馆；学习了解吉林市龙潭山文化；学习剪纸知识和技巧。在延边州，营员们参观延边民俗一条街、延边博物馆、和龙金达莱民俗村；学习朝鲜族舞蹈；学习了解长白山文化。整个夏令营活动内容安排得丰富多彩，营员们通过参观学习，增强了传播中华民族优秀传统文化的责任感和使命感，展现出侨界青少年良好的精神风貌。

【举办亲情中华·侨商杯2017 吉林省归侨侨眷乒乓球赛】 10 月 14 日—16 日，吉林省侨联在长春举办亲情中华·侨商杯 2017 吉林省归侨侨眷乒乓球赛。活动由长春市侨联和吉林省侨商联合会承办，东北师范大学侨联协办。由省侨联和各市州侨联、扩权强县市侨联、吉林大学和东北师范大学侨联组织的 13 个代表队的 70 多名归侨侨眷乒乓球爱好者及领队、教练、裁判、归侨侨眷及侨联干部等近 150 人参加了比赛。运动员们在赛场上奋勇拼搏，各展风姿，精彩纷呈，不仅赛出水平，更赛出友谊，增强了侨胞间的凝聚力和集体荣誉感，充分展现出吉林省归侨侨眷良好的精神风貌。参赛运动员涵盖了来自科研院校、企事业单位、社区等的归侨侨眷，既有侨商、海归代表，也有社区退休的老归侨，群众成为活动的主角，充分体现了侨联组织活动的群众性。

【举办 2017 吉林省侨联系统干部培训班】 11 月 26 日—12 月 3 日，2017 吉林、河北、内蒙古、黑龙江、广西五省区侨联系统干部及侨商培训班在广西举办，吉林省侨联组织 43 名侨联专兼职干部参加培训。学员们学习十九大精神解读、“一带一路”规划与东盟国家发展机遇、华侨与侨乡历史文化等。培训班实行专题教学与现场教学相结合，大家都感到收获很大，深化了对十九大精神的科学内涵和精髓要义的理解，增强了做好新形势下侨联工作的使命感、责任感、光荣感和为侨服务的本领，为不断推进侨联事业发

12 月 2 日，吉林省学员领取培训班结业证书

10 月 15 日，两名年轻队员在乒乓球赛场上精彩角逐

展打下坚实的基础。培训期间，吉林省的学员代表就如何做好基层侨联工作作交流发言。

6月7日，关波副主席在爱心助力高考活动现场接受媒体采访

【加强所属社会组织建设】 2017年，吉林省侨联完成了省侨联法顾委换届工作，新一届法顾委由15位法律、法学界专家、司法工作者和侨联专职干部组成，加强了维权工作队伍建设。吉林省侨商会与英国东北商会、上海青浦区侨商协会、越柬寮华人商会等国内外多个商会对接，签订友好商会协议；组织开展学习黄大年先进事迹暨法律知识讲座、户外拓展训练等活动，增强团队凝聚力；永吉县发生洪灾后，省侨商会第一时间自发向灾区捐助1万斤大米和100条棉被，省侨商会执行会长王长敏、会员韩大伟等6人为灾区捐赠11.7万元救灾款。吉林省侨联海归协会已吸纳青年海归人员近700人，按地域、国别、行业等区分，成立多个分会，日渐成为"两个拓展"工作的有力支撑，推出"吉林省海归之家"微信公众平台，开展海归精英人物专访，举办"侨商杯——我的中国梦·最美青春"全省首届海归手机摄影大赛等一系列文化和社会公益活动，组织活力日益显现。在吉林省侨联举办的各项大型活动中，省侨联青委会、省侨商会、省侨联海归协会都积极配合，多次组织捐赠活动，对精准扶贫工作给予大力支持，发挥了突出作用。2017年高考期间，省侨联青委会、海归协会与"凤凰吉林"网共同举办以"心系高考·共筑爱心'侨'梁"为主题的高考志愿服务活动，充分展现了侨界青年热心公益的精神风貌。

【长春市侨联大力推动侨联组织服务当地经济社会发展】 3月26日—28日，长春市侨联邀请美国好莱坞中文卫视董事长、台长丁立新先生访问长春市。经市侨联引荐，丁先生先后与东北师大传媒科学院、吉林大学传媒学院等领导就双方互设高校人才培训基地进行洽谈，并达成初步合作意向。同时，以"助推民营企业走进北美"为主题举办餐饮文化交流务虚座谈会，吉林省饭店餐饮烹饪协会与好莱坞中文卫视就餐饮文化交流、推广等实质性合作问题进行深入洽谈，双方决定利用各自优势在"吉菜"推广方面进行合作交流，并确定由吉林省饭店餐饮烹饪协会利用好莱坞中文卫视媒体平台在美国洛杉矶设立"吉菜"国际传播推广基地，计划2018年组织吉菜名师团赴美开展"吉菜"厨艺表演，加强在"吉菜"推广方面的交流与合作。5月4日，接待加拿大国际环保集团（EWM公司）亚洲区总裁兼总经理June He（何幼君）女士，就长春市在废旧处理综合回收利用方面的产业基本情况和未来发展前景进行考察。5月26日，长春市侨联常务副主席陈坚在北京市侨联的帮助下拜访北京国维财富集团和其他相关企业，就长春市宽城区群英街道所属的11万平方米商业地产项目进行招商。6月15日，组织开展全

7月19日，吉林省侨商会将捐赠给永吉灾区的救灾物资送到物资接收站

市侨资企业基本情况调研工作，更好地了解侨资企业的经营发展状况，为成立长春市侨商联合会做准备。7 月 24 日—28 日，陈坚副主席率市委统战部港澳侨处负责人和各县（市）区统战部分管侨联工作的领导、各县（市）区侨联负责人等一行 10 余人赴杭州、南京两地开展考察交流和学习活动。学习南方省市侨联系统先进经验，开拓侨联工作视野，拓展侨联干部思维，进一步提升长春市侨联的工作方式和方法。9 月 14 日—22 日，组织以中共长春市委常委、统战部部长刘德生为团长的长春市侨联工作团组出访丹麦、瑞典、芬兰三国，加深对北欧三国华侨华人的了解，建立友好合作关系。长春市侨联分别与芬兰华商总会、瑞典华人总会、瑞华总会、丹麦华人总会缔结友好合作关系，进一步扩大各领域合作。9 月 28 日，以中共长春市委常委、组织部部长郭灵计为团长的长春市人才工作代表团出访美国西雅图市，市侨联主动作为，发挥侨联优势，配合代表团在美国西雅图举办“长春市海外招才引智政策推介会”，近 60 位华侨华人高级知识分子代表参加推介会。

【吉林市侨联搭建对外联谊平台】吉林市侨联把加强新侨队伍建设和新侨团事业发展作为工作重点，3 月—5 月，积极探索运行“新侨领发现培养工程”“新侨团培育建设工程”。积极与“一带一路”周边国家和欧美发达国家二、三线城市进行联络交流。突出地域文化特色，组派艺术、中医、书画、武术、餐饮等团组出访。4 月赴澳大利亚、新西兰，筹建吉林市澳大利亚同乡会和吉林市新西兰同乡会，与当地著名侨领和侨团进行联谊，并参加两国同乡会友好社团签约活动。6 月底—7 月初，赴英国、法国和德国拜访当地著名侨领和社团，筹建当地吉林市同乡会。同时，加强同港澳台侨团和代表人士的联系，构建吉林市同港澳台地区侨界联动交流平台。吉林市侨联还在县市区成立各侨联专委会分支机构，在街道、社区建立活动小组。成立留学人员家属联谊会、侨界妇女联谊会、归侨联谊会、侨联法律顾问委员会。为进一步增强侨联组织活力，实现全市上下“四个联动”，不断调动激发侨界内在活力。一是市县区侨联组织联动。在全市开展“亲情吉林”“创业吉林”“圆梦吉林”系列主题活动。强化对侨界群众的政治引领；引导和鼓励海外侨胞讲述好中国故事、传播好中国声音、展示好中国形象，营造良好的国际环境。6 月初，市侨联积极联系澳门闽台总商会，为蛟河漂河镇二十家子村小学捐款 25 万元港币。二是艺术家委员会与侨胞之家建设联动。市侨联艺术家委员会把重心向侨胞之家建设倾斜，依托侨胞之家组织好“侨家艺术沙龙”“中华文化大讲堂”“侨胞读书会”“圆梦中秋联谊会”“春联进社区（学校、军营、养老院）”“侨胞书画展”“侨胞棋牌赛”等活动。县市区侨联与艺术家委员会相互配合，共同合力建设好高水平侨胞之家。3 月 27 日，泰国前副总理颇钦·蓬拉军带领商务考察团来吉林市投资考察期间，吉林市侨联艺委会组织侨界书画艺术家与代表团进行了艺术交流与座谈活动。三是青委会与各专委会、县市区侨联联动。以青委会为主体，与各专委会、县市区侨联共同开展民俗文化交流、文化寻根、侨乡探秘、夏令营、重要节日和重大历史事件纪念等联谊活动。同时，加强侨联网站建设，搭建好“侨青会”“侨商会”“艺委会”“侨家大院”“江城侨界丽人俱乐部”“海外吉林市同乡会”等微信平台。在节假日期间，侨联青委会和侨商会组织会员开展爱心帮扶活动，购买各类生活物资到江南乡社会福利院探望孤寡老人。四是基层党建与侨建联动。7 月初，船营区侨联正式成立党支部。7 月中旬，吉林市接连两次遭遇特大暴雨，受灾严重。市侨联第一时间发出号召，并积极向省侨联、中国侨联申请救助。青委会、侨商会、艺委会、妇委会及昌邑、龙潭、船营区侨联先后筹集捐赠大批救灾物资送往灾区。

【延边州侨联谋划服务大局独特优势】一是服务全州经济建设，开展“双招、双引”工作。在州委、州政府举办的“回归工程”活动中，共邀请到 28 名国内外嘉宾和侨属企业家参会；召开了海外嘉宾与延边侨属企业家座谈会。邀请部分嘉宾参加了东北亚博览会。积极协调省侨联和县市侨联做好“世界越柬寮华人团体联合会·延边行”推介、接待、考察等项工作。经州侨联协调，珲春市委书记和敦化市委书记参加了“世界越柬寮华人团体联合会第八届会员代表大会暨海外华商经贸旅游交流会”，并亲自向海外嘉宾推介两市，全体海外嘉宾相继到敦化市、珲春市考察。州侨联还邀请宁波市侨联主席李承成率15名侨属企业家到延边，考察和龙市侨联包保帮扶村，并已为帮扶村申报50万元粮食加工项目。青委会副会长陈颂与京东合作建成“京东·延边馆”和京东“延边扶贫馆”，为延边州土特产、特色农产品打开销路。二是解侨忧，扎实开展为侨服务。春节前夕，全州各级侨联共筹措慰问资金和物品累计10万多元，慰问贫困归侨100多户。为圆侨界贫困子女入学梦，州侨联与省侨联、福建省安发高益槐科技教育发展基金会共同开展2017“圆你大学梦”活动，为全州27名应届侨界贫困子女发放8万元的助学金。2017年，延边州遭受强降雨，受灾严重，州侨联在李静主席带领下，分别赴7个县市到村入户看望慰问受灾侨界群众，发放慰问金3.3万元。三是结侨缘，积极开展联络联谊。2017年共接待来自10多个国家的海外华侨华人180多人次。会领导出访巴西、秘鲁、厄瓜多尔，积极宣传推介延边，并与当地10多个侨团建立联系。与宁波市侨联实现对口合作。四是连侨心，开展文化宣传。成功申报延边博物馆为“中国华侨国际文化交流基地”，成为吉林省第一批获此殊荣的单位。参加在黑河市举办的2017年口岸城市“一带一路”门户建设侨联工作协作会议，会领导在大会上做经验交流。五是汇侨智，积极开展参政议政、维护权益工作。向州人大提交《关于建议侨联组织负责人安排参加人大常委会的请示》，州侨联主席当选州人大常委会委员。组织人大、政协侨联界别开展视察、调研、座谈等活动。2017年，全州各级侨联组织引导推动侨界人大代表、政协委员提交100余件建议提案，在各级人大、政协会议做主题发言10余人次。六是夯侨基，加强基层组织建设。3月16日，州侨联召开五届三次全委（扩大）会暨青委会成立大会。省侨联党组书记、主席陈香林和州分管领导出席成立大会并讲话，为6家基层侨联组织授予首批延边州州级“侨胞之家”荣誉称号。各县市侨联积极开展“侨胞之家”创建工作，实现州级“侨胞之家”8个县市全覆盖。指导敦化市渤海街道成立延边州首家街道侨联。

【通化市侨联围绕中心服务经济发展】通化市侨联紧紧围绕市委、市政府工作大局，团结动员归侨侨眷和海外侨胞，招商引资引智，助推通化新一轮振兴发展。一是招贤引智，积极对接。3月17日，通化市政府与吉林大学开展生物制药科研技术对接活动。其间，通化市侨联积极与吉林大学、吉林省侨联、吉林大学留联会有关人员和吉林大学部分专家畅叙友情、共话合作，就加强合作发展的新机遇等方面进行深入探讨。10月28日，通化市侨联会同通化国家医药高新技术产业开发区管委会邀请省侨联海外专家、加拿大奥特尔保健品公司张铭龙总经理来通化，考察集安益盛医药股份有限公司、集安新开河人参有限公司和东方红（通化）生物医药股份有限公司，对今后进一步合作交换意见。二是助力侨属企业，推动文化事业发展。1月17日，经通化市侨联精心筹划，第三届通化名人书画展卖会，在侨属企业“和风堂”二楼展览大厅隆重举行。有200余幅书画作品完成拍卖，拍卖所得部分善款，和风堂将用于发展社会公益事业，参与各种扶贫济困和社会救助活动，为社会和谐贡献侨界力量。三是凝聚侨心，加强海内外联谊。9月3日，中共通化市委副书记张宝宗在通化宾馆会见世界越柬寮华人团体联合会访问团一行。世界越柬寮华人团体联合会主席团名誉主席、美国福源贸易公司总裁巫锦辉先生表示，愿意为吉林通化的经济社会发展做出贡献。世界越柬寮华人团体联合会还在集安召开项目推介会、市情推介会。四是亲情帮扶，维护侨益。1月4日，通化市侨联班子成员赶赴扶贫包保联系点柳河县三源浦镇六盘村走访慰问，详细询问贫困户目前实际情况，并就脱贫后致富打算进行分析，研究脱贫后的生活思路和方法，为保证不重复致贫做好基础工作。通过通化市侨联的努力，包保的两户贫困户都已经脱贫。享受天麻种植和光伏发电、种植示范田产业项目，享受教育基金1000元，金融贴息贷款3万元，预计将加入温室蔬菜大棚等农村特色产业建设项目。五是“亲情中华·心系助学”爱心捐赠。为进一步弘扬社会关爱互助精神，由通化市侨联发起的与工商银行通化分行在东昌区金厂镇“上龙头侨心小学”开展“亲情中华·心系助学”爱心捐赠活动，向侨心小学捐赠数码照相机、激光彩色打印机；向全校学生捐赠价值近5000元的爱心书包和学习用品；并奉献爱心捐款近万元。在“六一”活动期间，于海洋委员奉献爱心，对上龙头小学的三个贫困学生进行一对一救助，每月给每个孩子资助600元，助其顺利完成学业。

【松原市侨联努力提升为侨服务水平】一是扎实做好为侨服务工作。春节期间，松原市各级侨联共筹集慰问金10万余元，走访慰问40户贫困归侨侨眷和侨界知名人士及华侨农场敬老院老人。前郭县郭尔罗斯社区组织辖区侨属企业家、归侨侨眷和台港澳同胞举办“尊老敬老一家亲·归侨侨眷心连心”迎新年联谊会，让归侨侨眷感受到党和政府的温暖。7月23日，宁江区发生5.2级地震，有4户居住在良种场的贫困归侨房屋严重受损，经相关部门鉴定，均为D级危房，必须重建。经宁江区侨联协调，区民政局给予有能力自筹到建房资金的人家每户3万元补助，同时为4户贫困归侨申请省侨联资金补助。在重阳节前夕，市侨联组织市侨联委员、侨属企业家共捐款3000元，衣物100余件，赴新开区贺什勒村德善老年公寓开展“传递温暖、关爱老人”活动。市侨联还组织委员、侨属民营企业家及社会各界，捐赠米、面、油及御寒衣物，折合人民币3万多元，由市侨联党组书记杜文秀带队，往返1600公里，赴省侨联包保扶贫村——长白县宝泉山镇老局所村助力精准扶贫工作。二是顺利完成换届工作。9月25日，松原市召开第五次归侨侨眷代表大会，市委五大班子领导和市委常委出席会议，省侨联党组书记、主席陈香林，市委书记、市人大主任李相到会祝贺并分别讲话。大会选举产生松原市侨联第五届委员会，王廷双当选侨联主席，陈喜东、崔永、张开军、郭舰为副主席。美国东亚集团董事长、中国侨联海外顾问余建强先生，马来西亚优美控股有限公司董事长、省侨联海外顾问洪来喜先生，南非骏鸿集团董事长、吉林省侨联海外顾问吴波先生被聘为第五届委员会海外名誉主席。三是发挥优势，积极开展招商引资工作。松原市侨联借吉林省侨联承办世界越柬寮华人团体联合会第八届会员代表大会暨海外华商经贸旅游交流会之机，积极与大会组委会联系，市委常委、市委统战部部长宝音太在市侨联党组书记杜文秀陪同下，广泛接触世联会知名华商和侨界领袖50人次，积极拓展招商引资和海外联谊工作。同时，邀请20名世联会知名华商参加松原市在长春举办的项目推介会。9月3日，世联会主席余建强应邀到松原进行友好访问，表示将发挥自身优势，为松原市发展做出贡献。

黑龙江省归国华侨联合会

【领导成员名单】

党组书记、主席：迟国强（2017 年 9 月离职）
　　　　　　　　郭占力（2017 年 9 月任职）
专职副主席：曹明龙（2017 年 8 月退休）
兼职副主席：冯　燕（女）　蒋贤云
　　　　　　杨世民　孙柏涛
　　　　　　刘　英（女）　陈佐东
　　　　　　孟宪奎　尚　宇

【综述】2017 年，黑龙江省侨联深入贯彻落实党的十九大会议精神，在省委、省政府的正确领导下，在中国侨联的关心指导下，以习近平新时代中国特色社会主义思想为指导，紧紧围绕党和国家发展大局，继续发挥侨联独特优势，以“创业中华　建功十三五”为品牌服务经济发展，以“亲情中华”为品牌联系侨界群众，以“法治中国——你我同行”为品牌参与社会建设，以“党建带侨建”为抓手促进组织和队伍建设，为实现黑龙江省全面振兴做出了积极贡献。

【学习宣传党的十九大精神】党的十九大会议期间，全省各级侨联组织侨联干部、归侨侨眷、归国留学生以及在黑龙江省创业的侨商收看开、闭幕式，开展侨界群众热议党代会系列活动。哈尔滨市侨联开通了海外华侨华人沟通热线，将他们对党的十九大的感想和对祖国的祝福传送回来。大庆市侨联借助互联网和微信公众号等新媒体平台，开展“迎接党的十九大，对党说说心里话”活动，向侨界群众宣传党的十九大。全省侨联共汇集信息 150 余条。党的十九大闭幕后，省侨联党组第一时间对会议精神进行了学习。11 月 15 日，省侨联召开“全省侨联系统党的十九大精神学习班”，省侨联党组书记、主席郭占力向省侨联委员、基层侨联干部、侨资侨属企业家代表讲授党的十九大专题党课。基层侨联组织以“三会一课”、党支部专题活动等方式对党的十九大精神进行专题学习。佳木斯市侨联邀请市委党校教授做学习贯彻党的十九大专题讲座。

【推进黑龙江省侨联改革】黑龙江省侨联把坚持党对改革的集中统一领导、坚持改革总目标、坚持以侨界群众为中心的改革价值取向贯穿黑龙江省侨联改革全过程。按照中国侨联、省委深改办要求，黑龙江省侨联党组组织力量深入基层侨联组织、侨资侨属企业、“侨胞之家”、侨界群众开展调研，征求各级侨联组织、侨界代表人士、省编办、省委组织部、省委统战部、省财政厅、省社会主义学院等单位意见，形成《黑龙江省侨联方案（送审稿）》。11 月 16 日和 11 月 27 日，省委党的建设制度改革专项小组和十二届省委全面深化改革领导小组分别审议通过了《黑龙江省侨联方案（送审稿）》，2018 年 1 月 2 日《黑龙江省侨联方案》正式印发。各市地侨联根据党对群团改革的要求有针对性地开展调研，查摆基层侨联工作中存在的突出问题，积极争取党委和政府的支持。齐齐哈尔市侨联根据《中国侨联改革方案》精神，先期草拟了《齐齐哈尔市侨联改革方案（草稿）》，并针对重点环节向当地党委、政府进行汇报。佳木斯市侨联与市委深改办进行密切联系，就侨联工作存在的突出问题进行及时沟通。

11 月 15 日，黑龙江省侨联举办“全省侨联系统党的十九大精神学习班”，省侨联党组书记郭占力（主席台左四）讲授专题党课

【服务地方经济发展】黑龙江省侨联将“创业中华·建功十三五”品牌与黑龙江省“龙江丝路带”战略切入结合，开

8 月 10 日—11 日，黑辽吉鲁桂省会暨口岸城市侨联“一带一路”协作工作会议在黑河市召开

展了发挥侨联优势、展现侨联作为的系列活动。黑龙江省侨联与中国侨商联合会合作邀请 11 个国家和地区的 40 名侨商侨领参加了在黑龙江省黑河市举办的第八届中俄文化大集活动，莅临嘉宾与黑河市在物流、旅游、文化创意、绿色食品等方面达成了合作意向。在中国侨联举办的“创业中华·新侨创新创业经验交流分享会”上，中国侨联特聘专家、黑龙江省侨联特聘专家委员会委员林国海推介并发布了“低能耗抗灾房屋建造技术”项目。林国海教授曾应国家发改委邀请，以“绿色建筑创新技术走进津巴布韦”为题为该国总统内阁团传道授业。在中国侨联举办的“创业中华·智汇赣鄱”海外特聘专家赣鄱行活动上，中国侨联特聘专家、黑龙江省侨联特聘专家委员会委员徐向英教授做了主旨演讲。哈尔滨市侨联以“创业中华·建功十三五”为主题，组织侨商代表团参加“2017 中国（深圳）国际文化产业博览交易会”，邀请深圳市 40 余名侨商参加哈尔滨文化产业项目招商推介签约会。哈尔滨市侨联以新侨创新创业为主题，举办“哈尔滨海归新侨创业分享会”，300 余人聆听讲座。黑龙江省侨联“创新创业孵化基地”——黑龙江彩格设计智造集团有限公司获得由国家工业和信息化部认定的“国家中小企业公共服务示范平台”称号。齐齐哈尔市侨联聚焦地方中心工作，邀请 6 批次知名侨企考察洽谈，引进资金 2.5 亿元。牡丹江市侨联以侨商会为平台开展了系列引资引智活动。

【弘扬社会主义核心价值观】在第六届全国道德模范评比中，黑龙江省侨联常委贾秀芳和日本归侨、七台河市短道速滑教练张杰获得提名奖，黑龙江省侨联在全省侨界群众中开展了向张杰、贾秀芳学习活动。哈尔滨市侨联开展了选树海归人才典型，举办“中外青年携手 共谱青春华章”“侨与冰城梦——校园之声”中外文朗读者等独具特色的活动，讲好中国故事，传播中国声音。

【拓展海外联谊】2017 年，黑龙江省侨联通过信函、微信

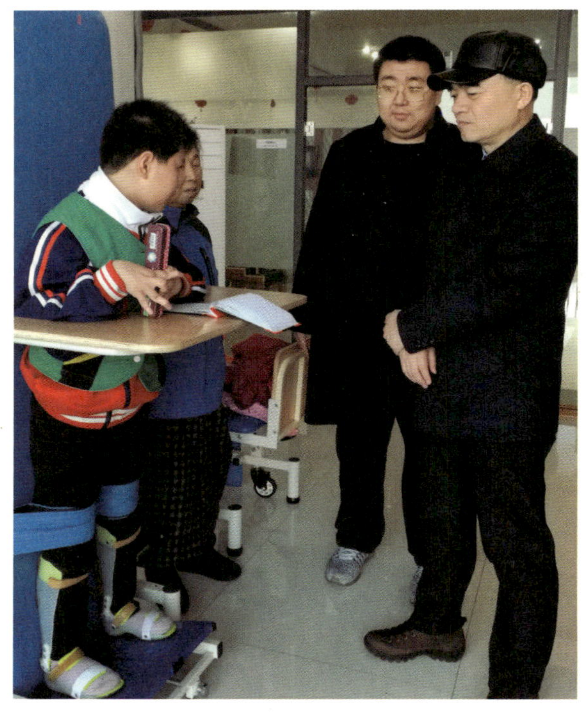

12 月 11 日，黑龙江省侨联党组书记、主席郭占力（右一）参观侨眷贾秀芳投资的专为脑瘫患儿提供康复治疗的“博能中医门诊部”

等方式与海外侨胞及侨社团联络感情，深化友谊。在中秋、春节等传统重要节日向海外侨胞发送电子邮件 100 余封。七台河市侨联保持与海外侨胞的日常沟通联系，随时掌握他们在海外的工作生活情况及对侨联组织的需求。哈尔滨市侨联首次组织文化艺术和青年代表团出访新加坡，受到新加坡总统陈庆炎的亲切接见。黑河市侨联发挥毗邻俄罗斯的区位优势开展对俄交流。黑河旅俄华侨纪念馆与俄罗斯阿穆尔州地方志博物馆达成合作交流协议，互换展品并开展人员交流。

6 月 27 日—30 日，哈尔滨市侨联文化艺术青年代表团访问新加坡并与该国青少年开展文化艺术交流活动

为朝鲜归侨马岱山执导的电影《感恩号大篷车》融资 1000 万元。黑河市侨联以改革为契机争取党委和政府支持，将黑河旅俄华侨纪念馆纳入全额拨款事业单位，争取资金 560 万元，扩大展馆面积 1800 平方米。

【开展侨联特色品牌活动】 黑龙江省侨联开展第十八届世界华人学生作文大赛，向全省 13 个市地及省农垦总局、省森工总局和哈尔滨铁路局系统侨联征集稿件 10 万余篇，上报稿件 3251 篇，其中 252 篇作品分别获得国家特、一、二、三等奖。519 篇分别获黑龙江省第十一届华人学生作文大赛一、二、三等奖。哈尔滨市侨联通过举办“侨媛雅集·知间端午”“书香沁中华　悦读润冰城”“家·情”微光华章朗读会、第十九届冰雪情国际师生书画摄

黑河市侨联与莫斯科华人华侨联合会签订协议，决定开展经常性、制度化的文化经贸交流活动。

【打造侨联活动基地】 2017 年，黑龙江省各级侨联组织充分发挥政策引领作用，打造了一批新侨创新创业基地和文化交流基地，为聚集新侨力量促进经济和文化发展奠定了基础。哈尔滨市侨联分别在知间书坊和乐声国际文化艺术交流中心建立“侨文化艺术交流基地”，开展文化讲座和文化沙龙等各种形式的交流活动 20 多次，提升了侨文化艺术品位，促进了侨联文化事业的发展。齐齐哈尔市侨联以“鹤乡文化”为主题，依托齐齐哈尔琪鹤源文化创意有限公司打造“齐齐哈尔华侨国际文化交流基地”，接待侨社团组 16 批次。大庆市侨联打造 10 家新侨创新创业基地，解决就业 1 万余人。大庆市侨联依托文化交流示范基地举办公益大讲堂、国际礼仪讲座、读书交流会等传统文化系列活动，文化交流基地还以项目化运作模式

8 月 26 日，大庆市侨联主席薛御锦（右）为北京艺林花儿教育公司授牌

8 月 19 日，大庆新侨文化交流实践基地——百湖艺术馆举办 2017 年第三期“传统文化——书法艺术”公益讲堂

6 月 16 日，齐齐哈尔市侨联举行“齐齐哈尔华侨国际文化交流基地”揭牌仪式

11 月 22 日，七台河市侨联与市教育局联合召开“第十八届世界华人学生作文大赛”总结表彰大会

影交流展和“纪念香港回归 20 周年美术书法作品展”“庆中秋　迎国庆　献礼十九大”文艺汇演等多场独具侨界特色的文化活动，彰显侨界风采，凝聚侨界力量。绥化市侨联组织归侨侨眷参加“亲情中华·北林之声·百姓之乐”广场文化艺术节活动，抒发侨界群众爱国爱乡之情。黑龙江彩格设计智造集团有限公司组织哈尔滨理工大学、东北林业大学、东北石油大学等多所高校的 20 余名优秀大学生参加“青少年智造潜能训练营”。

【建言献策参政议政】黑龙江省侨联推荐了 14 名在侨界参政议政能力强、政治素质高的归侨侨眷作为省级“两会”换届的侨界人大代表、政协委员人选。哈尔滨市侨联组织侨界人大代表、政协委员开展“春天·让我们出发”“侨之声”议政沙龙等活动，研讨提案内容。哈尔滨市侨界政协委员提出的《关于扶持哈市戏曲曲艺艺术创作演出的建议》《侨界人士积极推动哈尔滨冰雪旅游产业发展》等多篇建议在市政协官方网站、微信和《哈尔滨统战》刊登。七台河市侨界政协委员深入居民楼宇现场勘察冬季供暖情况，撰写的委员建议促成了居民楼热网改造。

【扶助贫困侨界群众】黑龙江省侨联响应国家扶贫战略，在全省侨界打响了扶贫攻坚战。哈尔滨市侨联启动“百企帮百村”活动，侨界各帮扶小组结合贫困村实际情况和侨界企业家自身优势，通过产业帮扶、民生帮扶、医疗帮扶、就业帮扶等途径，精心制定 10 多项帮扶项目，并签订了帮扶协议，累计投入帮扶资金近 90 万元。牡丹江市侨联开展党员干部“大走访、解民忧、惠民生”活动，走访居民 84 户，发放“连心卡”及调查表 84 份，收集意见建议 23 条。安达市侨联坚持

1 月 4 日，绥化市侨联走访慰问贫困侨界群众

黑龙江彩格设计智造集团有限公司组织的“青少年智造潜能训练营”活动

开展“创文明·送健康 为归侨免费体检”活动，为 54 名归侨免费体检，并为每位参加体检的归侨发放了“爱心早餐”。

【开展侨界公益活动】黑龙江省侨联开展了“侨爱心·关注青少年脊柱健康”义诊筛查活动，为哈尔滨新桥小学 600 余名学生进行了脊柱侧凸筛查。哈尔滨市侨联赴延寿县加信镇开展免费检查义诊活

6月14日，黑龙江省侨联开展“侨爱心·关注青少年脊柱健康”义诊筛查活动

开展魏基成慈善列车捐赠棉衣活动

动，为78名患有眼科疾病村民进行筛查，分批为19名白内障患者进行免费复明手术。佳木斯市、鸡西市侨联继续开展“珍珠班”“树人班”资助贫困学生工作，受助学生成绩在所在学校名列前茅。牡丹江市侨联开展“龙江健康行”暨法律宣传周活动，邀请牡丹江红旗医院中医科、心内科、骨科、肾内科、眼科、儿科、妇产科的9名专家及牡丹江市侨联法律顾问委员会律师免费为社会各界群众、归侨侨眷提供义诊和法律咨询服务，接待群众200余人次。

7月11日，归侨毕玉祥先生（右二）向牡丹江市侨联主席李懿（左二）赠送锦旗

【夯实侨联组织建设】在全国侨联基层组织建设工作会议上，黑龙江省侨联、哈尔滨市侨联、绥化市侨联的基层组织建设工作经验进行了书面交流。黑河市编办正式批准黑河市侨联增设办公室，配备主任1人。七台河市侨联在社区“侨胞之家”创建的基础上，创建了全省首家农村“侨胞之家”，标志着为侨公共服务体系已由城区延伸到农村。齐齐哈尔市、大庆市依托社区、侨属企业、文化基地等创建各具特色的“侨胞之家”。

【加强侨联机关作风建设】按照黑龙江省委统一部署和“两学一做”学习教育制度化常态化要求，全省侨联系统开展了以解决“坐而论道假把式、拖拖拉拉软把式、弄虚作假歪把式”和“思想僵化、标准不高、效率低下、担当不足、纪律松弛”为重点的机关作风整顿。经过学习教育、红查深剖、深入整改、公开评议等环节，全省侨联组织工作作风持续好转，侨界群众满意度不断提高。齐齐哈尔市侨联、绥化市侨联、大庆市侨联、鹤岗市侨联在所在市地评比中成绩突出。

【加强侨联网络建设】黑龙江省各级侨联提高侨联官方网站和官方微信开通率，进一步完善

“一网、一刊、两微（微信、微博）、多群”的全方位服务网络，大力宣传侨联工作。《黑龙江侨联工作》内容进一步充实，省侨联网站建设进一步规范，2 篇信息被中国侨联侨情专报刊载。省侨联获得“2017 年度全国侨联系统信息工作三等奖”。哈尔滨市侨联与市侨商会会员企业——中国招标网合作开通《服务侨商专栏》，拓展了网络和手机端服务内容，及时更新全省及全国招标项目、中标公告等信息。

【主办《不忘初心跟党前行——马列主义思想传播与旅俄华侨》展览】6 月 30 日，由黑龙江省侨联与中国华侨历史博物馆、黑河市委、市政府、黑河旅俄华侨纪念馆共同主办的《不忘初心跟党前行——马列主义思想传播与旅俄华侨》在北京开幕。展览主要展示了旅俄华侨接受马克思主义、参加十月革命等珍贵图片、资料。图片展共分“旅俄华侨的成因和分布”“最早接受马克思主义的旅俄华侨”“追求革命真理的先驱们”三个部分，全面展示了旅俄华侨冲破艰难险阻、寻求救国真理，为了祖国的前途和亿万劳苦大众的利益，冲破帝国主义和军阀的围杀追剿，学习传播马列主义真理的历程。

【举办黑龙江省侨联系统培训班】9 月 17 日—26 日和 11 月 26 日—12 月 3 日，黑龙江省侨联分别在浙江、广西举办两期侨联系统培训班，全省各级侨联干部及侨界代表人士 96 人参加培训。浙江大学赵荣祥教授、浙江省当代国际问题研究会吕有志会长、广西民族大学郑一省教授、廖明君教授、广西社会科学院古小松教授，分别就实施创新驱动战略、国际热点问题、“一带一路”倡议与东盟国家发展机遇、广西民族文化通览进行授课。参加培训的学员还赴武鸣华侨农场、“广西第一侨乡”容县、“广西第一侨村”大坡村、“百年侨校”容县中学进行了现场学习。

【召开黑龙江省侨联七届六次全委（扩大）会】11 月 15 日，黑龙江省侨联七届六次全委（扩大）会议在哈尔滨召开。会议传达了中国侨联“省级侨联党组书记主席党的十九大精神学习班”精神和全国侨联组织建设工作会议精神。会议选举郭占力为黑龙江省侨联七届委员会委员、常委、主席，卸免迟国强、曹明龙、郭雪梅黑龙江省侨联七届委员会委员、常委职务，增补薛御锦、刘井洋为黑龙江省侨联七届委员会委员、常委。全委（扩大）会议

6 月 30 日，侨界群众参观《不忘初心跟党前行——马列主义思想传播与旅俄华侨》图片展

11 月 15 日，黑龙江省侨联召开七届六次全委（扩大）会议

后还召开了“全省侨联组织学习贯彻党的十九大精神学习班”。省委统战部副部长李岩，省侨联党组书记郭占力，兼职副主席冯燕、蒋贤云、杨世民、孟宪奎、陈佐东、尚宇及省侨联委员70余人出席会议。

【哈尔滨市侨联组织“侨之声议政沙龙”】哈尔滨市侨联“侨之声议政沙龙”是由哈尔滨市侨界人大代表、政协委员、侨联常委、各侨社团优秀代表、侨界知名人士、相关单位负责人及热心侨联事业的人士组成的参政议政团体，该团体对侨联工作以及侨界人大代表建议、政协委员提案予以评价并提出意见建议。哈尔滨市侨联制定《哈尔滨市“侨之声议政沙龙”管理办法》，明确主任、副主任、秘书长及会员职责，通过学习、培训、调研、交流、考察等活动，共同商讨、撰写更高质量的政协委员提案和人大代表建议。截至2017年12月，“侨之声议政沙龙”举办了“推进新战略、打造新南岗”座谈会、“‘侨之声’走进侨商企业”等8次活动，促进了哈尔滨市侨联参政议政工作。“侨之声议政沙龙”共上报政协委员提案和人大代表建议51件，提交政协团体提案17件，1件被列为市政协年度十大重点提案，先后两人次在市政协大会上做发言，8件提案在大会上做了书面交流，4件提案获得优秀提案奖。

【大庆市侨联开启“侨联—高校—企业”合作模式】大庆市侨联发挥“桥梁和纽带”作用，将侨资侨属企业与高等院校连接起来，形成“侨联—高校—企业”新的合作模式。大庆市侨联与大庆师范学院合作共建大庆师范学院大学生创新创业实践基地。大庆市侨联借助侨资侨属企业资金、技术和管理优势，为大庆师范学院大学生提供就业实践平台、创业指导等服务，提升毕业大学生实践能力，优秀毕业生成为企业备选人才，高校与企业实现了共赢。截至2017年12月，大庆市侨联已经接收4批12名大学生到企业进行实习培训。

【黑河市侨联开展侨史文化研究】黑河旅俄华侨纪念馆与江门博物馆、泉州华侨博物馆共同举办了《华侨华人与铁路》展览，与广东省江门博物馆联合举办了《金山伯的荣耀》展览，与福建省泉州华侨博物馆联合举办了《邮票上的华侨史》展览。黑河旅俄华侨纪念馆出版了《黑河侨联志》《刘泽荣传略》《旅俄华侨历史资料汇编》等研究书籍。黑河市侨联与黑河学院合作，共同建设北方侨乡文化研究中心，充分发挥黑河学院人才优势，推动侨史研究。

【绥化市北林区侨联举办归侨侨眷和社区居民职业技能培训班】8月7日—11日，北林区侨联组织61名归侨侨眷和社区居民参加为期5天的职业技能实践培训。在以“提高贫困侨界群众生活水平”为主题的调研中，北林区侨联了解到该区的归侨大多数是20世纪50年代初从朝鲜回国的老归侨，现在普遍体弱多病，居家养老形成常态。同时，有劳动能力和就业创业意愿的贫困侨眷，苦于没有专业特长，只能靠打零工维持生活，收入微薄且不稳定。北林区侨联把如何提高老归侨的生活质量，让贫困侨眷有一技之长，改善他们的生活水平作为开展为侨服务的突破口，举办了此次职业技能培训活动。这次活动解决了部分贫困侨界群众的就业难题，扩大了侨联组织的工作覆盖面和社会影响力。

上海市归国华侨联合会

【领导成员名单】

党组书记、主席：沈　敏

专 职 副 主 席：徐大振　陶　勇

兼 职 副 主 席：陈　刚　屠　杰　顾佳丹

屠海鸣　程　东　徐学敏

张国蕊　左建平　王　勇

秘　　书　　长：陶　勇（兼）

【综述】 2017 年，上海市侨联组织动员广大侨联干部和侨界群众认真学习贯彻党的十九大会议精神和习近平新时代中国特色社会主义思想，围绕中心、服务大局，充分发挥侨联组织的独特作用，以群团改革为契机，积极拓展海外工作和新侨工作，团结凝聚广大归侨侨眷和海外侨胞，各项工作取得新成效，侨联改革迈向新台阶。

【学习宣传贯彻党的十九大精神】 上海市侨联召开党组扩大会，专题研究学习贯彻党的十九大精神活动方案；召开机关干部学习会，领导带头讲感受、谈体会，各部室负责人、支部书记、支部委员分别进行交流发言；邀请市委党校等有关同志为市侨联委员、机关干部、侨界人士作 3 场专题辅导讲座，并组织参观考察中国商飞等单位；举办“不忘初心，牢记使命”——党的十九大精神知识竞赛；在市侨联官网、微信公众号开设了《喜迎十九大 共筑中国梦——侨界之声》专栏，广泛征集广大海外侨胞、归侨侨眷的由衷感言。

【切实推进侨联改革】 一是改革成果得到中国侨联领导充分肯定。10 月 31 日，中国侨联主席万立骏在上海调研改革后的侨联工作，先后赴黄浦区科技京城、浦东新区国际人才城、徐汇漕河泾社区等基层调研，并召开调研座谈会。二是转职能，推动侨联工作整合优化资源。内设机构设置由条向块转变，成立海外联络部、基层工作部、宣传网络部；根据新的内设机构，加大干部培养锻炼力度；兼职副主席由荣誉型向参与型转变。三是转方式，推动侨联工作向基层基础倾斜。在委员队伍中，扩大基层一线比例；注重代表性和广泛性，经过严格初审、考察，推荐十三届市政协委员人选 9 人和十五届市人大代表人选 3 人；在街镇组织中，形成“1+2”的基层工作形式，其中“1”是以街镇侨联为核心，“2”是以“侨之家”为工作阵地，以“新侨驿站”为工作创新载体，扩大对侨界群众的服务覆盖面。至 2017 年底，全市有 214 个街镇侨联，787 个侨之家，83 家新侨驿站。四是转作风，推动侨联干部更加紧密联系群众。建立直接联系侨界群众制度、每年不少于 1/3 的机关干部到基层担任联络员，服务时间不少于工作时间的 1/3；深入基层，广泛开展群团改革工作成效调研，形成《以群团改革精神为引领　提升服务大局和服务侨界能力　开创侨联工作新格局》《对新形势下基层侨联工作的调查与分析》等调研课题。

10 月 31 日，中国侨联主席万立骏调研浦东新区国际人才城

【召开上海市侨联十一届三次全委会】 3 月 6 日，上海市侨联十一届三次全委会议在上海市政协江海厅召开。会议传达学习了中国侨联九届四次全委会议精神，上海市委统战部副部长严军代表市委统战部讲话，中国侨联副主席、上海市侨联党组书记、主席沈敏作

省级侨联工作

3月6日，上海市侨联十一届三次全委会议在上海市政协江海厅召开

工作报告。

【举行2017侨联系统干部培训班暨工作务虚会】 12月28日至29日，2017年度上海市侨联系统干部培训班暨工作务虚会在市工商行政管理局干部学校举行。中国侨联副主席、上海市侨联党组书记、主席沈敏出席会议作开班动员；并在务虚会上就2017年市侨联工作进行总结，就做好2018年侨联工作做出部署。市侨联委员、各区侨联、市科技、教卫党委统战处、高校、科研院所侨联、市侨联各所属社团及市侨联机关干部等共150余人参加会议。

12月28日—29日，举行2017年度上海市侨联系统干部培训班暨工作务虚会

【召开上海侨联基层组织建设工作会】 12月14日，上海市侨联在党派大厦召开基层组织建设工作会议。会议传达了全国侨联基层组织建设工作会议精神和中国侨联《基层侨联组织工作条例》（征求意见稿）。中国侨联副主席、上海市侨联党组书记、主席沈敏对近20年来全市侨联基层组织建设发展的历程进行了回顾，并总结了上海侨联基层组织建设的经验，对下一阶段基层组织建设工作提出要求。

12月14日，上海市侨联在党派大厦召开基层组织建设工作会议

【深化新侨工作四大平台】 一是将临港新侨新兴产业园建设成新侨人才的空间发展平台。与临港集团等继续合作开发建设临港新侨新兴产业园，召开上海临港新侨新兴产业园联席会议，先后召开5场推介会，向海外侨领推介产业园项目，产业园基建工程持续深化，在全国住博会上获“国家装配式建筑科技示范项目”。二是不断丰富上海园区新侨创新创业服务联盟的内涵。积极开展“送服务到园区”，提供包括政策咨询、融资服务、人才服务、法律咨询、技术援助等方面的服务。联合市人才服务中心等共同主办新侨优质企业专场招聘会。三是将新侨创业实践基地建设成新侨人才的侨界互助平台。在侨资企业中共建立4批48家“上海市新侨创业实践基地”，探索“基地＋导师”模式，建立创业导师队伍；创设“新侨精英双创沙龙”常态化服务平台，开展“对话系列”和“走进基地系列”两大主题活动。四是将新侨驿站建设成新侨人才的培育和发现平台。在全市范围内加快新侨驿站的设点布局，形成了市级推动、各区指导、基层覆盖的基层新侨工作格局。

9月28日，2017侨界创新发展论坛在杨浦区举行

【举行2017侨界创新发展论坛】9月28日上午，由上海市侨联指导，侨界创新发展联盟主办，上海市杨浦区侨联、上海市杨浦区创新办承办的2017侨界创新发展论坛在杨浦区举行，中共上海市委统战部副部长赵福禧，中国侨联副主席、上海市侨联党组书记、主席沈敏，杨浦区政协主席部荀等出席论坛。中科院院士杨福家、葛均波，以及全国31个联盟成员单位的各市、区、县侨联负责人、侨界高层次人才、企业家代表200多人参加论坛。

【举办2017“侨智论坛——人工智能与未来城市”】10月11日，2017年“侨智论坛——人工智能与未来城市”在上海交通大学举行。中国侨联副主席、上海市侨联主席沈敏，上海交通大学党委常委、副校长、上海市侨联副主席徐学敏等出席，并与侨界杰出人物代表、中科院院士诸君浩、贺林及中科院外籍院士蒲慕明等共同启动论坛。上海市侨联副主席陈刚、顾佳丹、程东，上海市教卫、科技党委统战处负责同志等230余人出席论坛。

【举办系列文化活动】1月9日—10日，由市侨联、市侨办联合举办的“侨之春”上海市归侨迎春联欢会在青松城百花厅举行，全市逾千名早期归侨参加了活动。7月7日—14日，由教育部、中国侨联、上海市人民政府主办，上海市教育委员会、上海市体育局、上海市侨联、上海市华侨事业发展基金会、中国中学生体育协会承办的2017中国（上海）国际青少年足球邀请赛在沪取得圆满成功，来自10个国家和地区的16支青少年校园足球队参赛。8月17日下午，中国侨联“亲情中华”主题活动——台湾青年学生（上海）夏令营开营式在上海大学宝山校区举行，中国侨联副主席、上海市侨联主席沈敏发表致辞，来自台湾的70余名师生和10余名相关部

1月9日—10日，举办“侨之春”上海市归侨迎春联欢会

10月11日，2017年“侨智论坛——人工智能与未来城市”在上海交通大学举行，上海市侨联党组书记、主席沈敏（右一），上海交通大学党委常委、副校长、上海市侨联副主席徐学敏（左一）等出席，并与侨界杰出人物代表、中科院院士诸君浩（左三）、贺林（左二）及中科院外籍院士蒲慕明（右二）等共同启动论坛

门领导和嘉宾参加了开营式。举办 2017“亲情中华”上海徐汇夏令营，来自美国等 9 个国家的30 名华裔青少年参加活动。赴香港参加以“地球是我家、环保你我他”为主题的第十九届两岸四地青少年普通话朗诵比赛欢迎活动。9 月 21 日—24 日，2017 年“海外侨胞故乡行——走进上海”系列活动在沪举行，来自 26 个国家和地区的 100 余位海外嘉宾齐聚一堂，共议科创中心建设的侨界机遇。9 月 21 日上午，上海侨界聚焦科创中心建设讲坛在上海万和昊美艺术酒店举行，中国侨联副主席、上海市侨联主席沈敏致开幕词。

2017 中国（上海）国际青少年足球邀请赛在沪举行

8 月 17 日下午，中国侨联“亲情中华”主题活动——台湾青年学生（上海）夏令营开营式在上海大学宝山校区举行，中国侨联副主席、上海市侨联主席沈敏发表致辞

9 月 21 日上午，上海侨界聚焦科创中心建设讲坛在上海万和昊美艺术酒店举行，中国侨联副主席、上海市侨联主席沈敏致开幕词

中国侨联副主席、上海市侨联主席沈敏率团赴香港参加第十九届两岸四地青少年普通话朗诵比赛活动

【承办中国侨联海外委员“一带一路”研修班】9 月 6 日—10 日，中国侨联海外委员“一带一路”研修班在沪举办，中国侨联副主席乔卫作《华侨华人可与中国、住在国在“一带一路”建设中实现三方共赢》的主题报告，来自 23 个国家和地区的 60 多名中国侨联海外委员参加活动。

6 月 9 日，杨浦区侨联、上海华侨基金会共同主办的“关爱侨界送健康”活动在杨浦区殷行街道文化活动中心正式启动

【打造群众工作三大品牌】一是培育“侨之夜”侨界群众性文化活动品牌。9 月 29 日晚，由上海市侨联、市侨办共同主办的“侨与中国梦——2017 年‘侨之夜’文艺晚会”在上海商城剧院举行。与上海大学、上海师范大学联手，开展了“‘亲情中华’孙梅庭钢琴独奏音乐会”等 4 场面向侨界群众的专场讲座和音乐会。二是打造“侨之爱”为侨服务品牌，形成了早期归侨体检、侨界一日行、侨之春、侨爱心疗休养，针对 80 岁以上早期归侨的三节帮困送温暖、重大病补助等实事项目的常态化和制度化运作。在杨浦、虹口和闵行举办三场“关爱侨界送健康”活动。继续支持早期归侨社团开展活动。三是探索“侨之援”维护侨益品牌。会同市人大侨民宗委和市政协港澳台侨委员会，做好全国《华侨权益保护条例》立法调研工作，召开法顾委工作座谈会，举办《知识产权法》和《上海市华侨权益保护条例》两场报告会，加强普法宣传。此外，在市两会期间代表侨联、侨界积极建言，其中《关于上海物业管理存在的问题与改进建议的提案》获市政协优秀提案奖。

【成立上海首家高校“新侨驿站”】6 月 7 日，上海师范大学“新侨驿站”揭牌暨学校侨联“青委会”成立大会在上师大会议中心举行，标志着上海首家高校“新侨驿站”正式成立。上海市侨联副主席徐大振、上海师范大学党委副书记杨卫武、市教卫党委统战处处长金勤明出席会议并讲话。会议由上海师范大学侨联主席王承云主持。

“侨与中国梦——2017 年‘侨之夜’文艺晚会”出席领导与演出人员合影留念

6月7日，上海师范大学“新侨驿站”揭牌暨学校侨联“青委会”成立大会在上师大会议中心举行

【开展出访联谊活动】1月9日—16日，上海市侨联秘书长陶勇率团一行6人出访美国洛杉矶、西雅图和加拿大温哥华。5月16日—23日，上海市侨联由徐大振副主席任团长，组团赴澳大利亚、新西兰进行考察访问。7月30—8月5日，中国侨联副主席、上海市侨联主席沈敏率上海市侨联代表团一行7人访问香港、澳门。11月23日—12月1日，中国侨联副主席、上海市侨联主席沈敏率市侨联代表团一行6人前往墨西哥、古巴进行友好访问。11月20日—27日，上海市侨联海外联络部副部长黄蓓率代表团访问菲律宾、马来西亚。

【建好侨胞之家】一是抓思想建设。召开“两学一做”学习教育常态化制度化工作部署推进会，形成市侨联《推进“两学一做”学习教育常态化制度化的实施方案》。各支部组织党员积极开展参观一大会址、“重温红色足迹”、观看党课电影、结对侨资企业党组织等主题党日活动。二是抓作风改进。坚持问题导向，对照问题清单，持续推进巡视整改各项措施落实，并配合做好“回头看”工作，防止问题反弹。按照“三定”方案职能部室划分，重新签订《党风廉政建设责任书》，切实把责任主体、责任内容、责任追究等搞具体搞明确，形成上下贯通的责任机制和责任网络。三是抓风险防控。召开党组（扩大）会议进行专题研究部署，成立机关内部廉政风险防控工作领导小组。针对薄弱环节和风险隐患，排查出6大领域14项廉政风险点。修订完善了《上海市侨联因公出国（境）工作相关补充规定》《上海市侨联赠送收受外事礼品管理规定》《上海市侨联赠送收受内宾礼品管理办法》等，有效建立起拒腐防变的防火墙。

【浦东新区侨联】一是深化改革，夯实基础，推进侨联群团改革。优化调整侨联组织结构，增补不同行业、领域内有代表性的归侨侨眷、港澳侨界人士，增加新阶层人士中的侨界代表。2017年底前完成增补副主席、常委、委员的工作。不断健全侨联委员履职机制。建立了区侨联兼职副主席分工联系机制，形成兼职副主席负责、常委协助、委员参与、侨联专职干部重点联系的工作新模式，充分发挥侨联委员的作用。不断拓展区域内侨联组织，努力打造区域侨界联盟工作平台，加强与区域内高校、科研院所、央企等侨联组织的交流合作，在新侨活动组织策划、文化学术交流上实现资源共享。二是围绕中心，服务大局，推动侨界服务经济社会发展。整合新侨资源、凝聚侨企力量，发挥好新侨企业在浦东及上海经济社会发展中的引领示范作用。推荐新侨代表人士卢寿福、刘宏为上海市创业实践基地“创业导师”。推荐上海界龙实业集团股份有限公司等为“上海市新侨创业实践基地”候选企业。充分发挥侨联青委会作用，通过项目推介分享、经济讲座等形式，掀起投资、创新创业的“头脑风暴”。由区侨联青委会牵头，组织新侨创业人士赴嘉兴科技城考察，谋求互补发展、优化产业结构的合作机会。放眼长三角，实现资源信息共享。与南京市侨联共同探索新时期侨联工作发展的新思路，实现侨界资源共享、优势互补、互利共赢。三是搭建平台，涵养资源，打造侨界精品项目。承办了由中国侨联组织的“亲情中华”元宵文艺晚会，市侨界代表、市高校院所侨联代表和新区侨界代表等共1000多人参加了此次盛会。通过参与主办第四届“塘桥杯”全国社区围棋赛暨台港澳围棋邀请赛，加深海内外华侨华人对传统文化的自豪感和血脉相连的民族情怀。

积极发挥基层侨联的作用。推荐花木街道创建“示范街镇”。组织策划花木街道侨之声合唱团参与2017年上海市民文化节。依托党建带侨建，努力推进社区工作的开展，继续加强对率先挂牌“新侨驿站”的5家街镇侨联开展进行指导和总结，并在高桥镇、普兰金融科技有限公司成立“新侨驿站”。不断创新工作方式，丰富联谊交友活动形式，注重形式和效果的最佳组合。区侨联以策划同舟运动会为契机，组织上海海事大学、青委会、大成律所侨联、普兰金融的新侨人士联合组队举办了系列活动，为新侨们搭建平台，打造快乐活跃的侨联大家庭。

【长宁区侨联】一是坚持围绕中心、服务大局，展现侨界作为。通过开展“喜迎十九大，讴歌颂中华”系列活动，组织侨界群众集中观看十九大开幕式、参观中共一大会址等形式加强思想引领，凝聚侨界共识。区政协全会期间，共递交提案18件，2件组织提案被列为政协全会大会发言材料，全年提交社情民意10余件，2件被市政协采用，报送全国政协。围绕国家战略，撰写了调研课题《主动对接、抢抓机遇，发挥侨务工作在服务国家“一带一路”建设中的独特作用》。二是坚持以人为本、为侨服务，体现组织温度。在长宁区米兰广场举办了“学习慈善法，携手暖人心”慈善义卖，获得善款，用于帮助困难侨界群众。元旦春节期间，区、街道（镇）两级侨联组织先后走访慰问了1161位侨界困难群众，发放慰问金22.21万元。与上海喜雅爱心社区服务中心联手开展“银发无忧”服务项目，为全区早期归侨和侨界空巢老人家庭提供生活服务；组织了60名侨界老人前往金山颐和苑疗养中心进行“侨爱心疗休养”活动。三是坚持丰富活动内涵，增强组织凝聚力。开展“侨务大讲堂”系列活动，举办“2017年长宁区归侨侨眷子女夏令营”活动，组织30多名侨界子女在上海爱尔眼科医院开展“我是眼科小医生”科普体检活动，参观上海大世界，开展了专场“中国剪纸”活动。四是坚持拓展新侨工作，延伸工作手臂。建立了14个“新侨驿站”，实现新侨工作全覆盖，召开了长宁区新侨工作推进会，进行统一授牌。举办“海归青年专场联谊活动”；组织新侨家庭赴松江佘山开展主题亲子游活动；组织侨界跑步爱好者和家庭参加“上马·思麦公益跑”个人10公里及亲子3公里比赛等。五是坚持围绕群团改革要求，夯实组织建设。在全市率先建立了主席专兼对接的六项工作机制，即轮值制、承接制、联系制、述职制、分工制、轮换制；建立了委员对口联系社区机制，将51个区侨联委员全部安排对口联系街道（镇）侨联。举办了为期两天的“2017年长宁区侨务干部学习培训班”，区侨联委员、各街道（镇）侨联主席班子、侨务干部、有关大口侨务干部、新侨驿站负责人等90余人参加。

【宝山区侨联】一是完善侨联组织建设。召开了宝山区侨联六届四次全委会，选举曲国莉为区侨联主席。在区侨联班子实行专兼对接机制，班子成员分工负责部分区侨联工作，联系并协助分管街镇侨联工作。强化街镇侨联班子，安排了侨青年进班子，增强了基层侨联的活力。二是健全各项工作机制。开展“两学一做”学习教育和十九大精神学习。组织全体侨联委员和街镇侨联班子共同学习相关文件精神，举办专题辅导，侨联主席结合实际工作上党课。完善侨联工作制度。规范街镇侨联名称，制定了《宝山区侨联工作细则》，制定街镇侨联工作考核标准。认真做好年度课题调研工作。开展12个街镇和大口单位侨联工作调研，撰写《搭建服务平台　延伸工作触角——探索更好地发挥侨联桥梁纽带作用》调研报告。三是推进“六大平台”创新工作方法。做好侨联青委会筹建工作，每月组织一次活动。推进“新侨创业实践基地”工作，在上海歆慧体育发展有限公司成功挂牌“上海市新侨创业实践基地”，并开展“侨帮侨”服务。积极筹建“新侨驿站”。大场镇、罗泾镇、月浦镇侨联成立了“新侨驿站”。“侨之家”服务平台。积极开展“十送”为侨服务，评选四星“侨之家”和创办特色“侨之家”。做实“侨界至爱”为侨服务品牌，做好全区老归侨情况排摸，开展了“早期归侨重病大病”援助项目、“老归侨”体检、“老归侨回家过年”“侨界至爱”医疗法律咨询服务、组织侨青年参与职介招聘会等实事项目和系列活动，做到老侨和新侨工作并重。加强侨文化建设。举办“风韵滨江六人行”书画邀请展，举办“庆十九大、迎敬老节”戏曲专场汇演、“侨界人士喜看宝山新变化”、筹备“中国心 爱国情”——侨界人士贯彻十九大精神、助推宝山建设书画展等文化活动。基层侨联也通过文化活动营造浓郁的侨界文化氛围，不断丰富侨界文化生活。

【松江区侨联】一是围绕中心、发挥优势，服务松江发展大局。主动走访侨企，用好“侨智”资源，寻求共赢机会。坚持每月走访重点侨商侨企，关心侨企经营和发展需求，鼓励在松侨商借助海内外人脉资源，吸引更多优质企业来松投资发展。加强与上级部门对接，形成市区两级联动招商的良好格局。接洽了香港名流马会、意大利风情小镇及上海环球软件中心项目，主办了2017“‘相聚长三角’——海外高层次人才智汇侨梦苑上海松江分会场”活动。以松江产业发展需求为导向，招揽专业技术人才。3月，由20余家侨企参加的侨资企业专场招聘会，共推出岗位329个。区侨联作为松江区人才工作小组成员单位，向区委组织部推荐130余位海外高层次专业人才。二是创新发展、锐意进取，侨务宣传工作展现新风貌。借助微信平台凝聚侨心，松江侨务微信公众号2017年累计关注用户822人，推送98次，文章327篇。讲好松江故事，广交海内外侨界新老朋友。目前已与美国、加拿大、英国、日本、南非、澳大利亚、意大利等多个国家和地区的华侨华人社团及侨领建立了友好往来关系。2017年，共接待海外华侨华人来访31批次，365人次。弘扬中华优秀文化，促进海内外青年交流交往。联合区教育局，完成了上海外国语大学松江外国语学校关于华文教育基地的申报工作，并被增设为上海市华文教育基地。运用媒体宣传，构建人文纽带。2017年，通过东方海外之桥、上海侨联等网站上报信息410余篇。每季度印发《乡情》小报1500份，发放范围涉及17个街镇的基层侨界群众、留学生家属及留学归国人员等。三是涵养资源、凝心聚力，社区侨务工作展现新活力。推进以街镇侨联为主体，以“侨之家”为工作阵地，以“新侨驿站”为工作创新载体的基层模式。目前“侨之家”品牌项目已在17个街镇实现全覆盖。在中山街道、泗泾镇、方松街道、广富林街道创建“新侨驿站”。指导九里亭街道召开侨联成立大会，指导泗泾镇等完成侨联换届。坚持每季度开展侨界讲坛活动。举办松江区第二届侨界运动会。四是以侨为本、为侨服务，维护侨界和谐稳定。做实侨界“关爱工程”，强化为侨服务宗旨意识。做好侨法宣传工作，加强侨务法治化建设。做细侨界信访维权工作，完善依法护侨公共服务。2017年共办理中高考加分证明4件，处理来信来访16件，办结率100%。

江苏省归国华侨联合会

【领导成员名单】

党组书记、主席：史　宇

专职副主席：镇　翔（蒙古族）

宫　琳（女）

兼职副主席：黄　维　李　琨　张辰宇

曾焕沙

秘书长：宫　琳（女，兼）

副巡视员、办公室（组织人事部）

主　任（部长）：李正新（2017年9月退休）

党组成员、经济科技部（权益保障部）

部　长：李发勇

2017年8月选举出江苏省侨联第七届委员会

党组书记、主席：周建农（女）

专职副主席：宫　琳（女）　陈　锋

兼职副主席：曾焕沙　仲　盛

挂职副主席：张　霓（女）

秘书长：陈　锋（兼）

副巡视员：镇　翔（蒙古族）

党组成员、经济科技部（权益保障部）

部　长：李发勇

【综述】2017年，江苏省各级侨联以迎接党的十九大和学习宣传贯彻十九大精神为主线，紧紧围绕统筹推进“五位一体”总体布局和协调推进“四个全面”战略布局，深入贯彻落实中央、省委关于群团工作和侨联工作的文件和会议精神，按照江苏省委和中国侨联的部署要求，坚持国内海外工作并重、老侨新侨工作并重，着力拓展海外工作和新侨工作，坚持围绕大局作贡献、涵养资源广联谊、真情关爱为侨胞、深化改革强自身，各项工作取得了明显成效。

11月24日，江苏省侨联举办学习贯彻党的十九大精神专场宣讲报告会，邀请江苏省委宣讲团成员、省政府参事室主任王庆五为归侨、侨眷和新侨代表作宣讲报告

【围绕党的十九大召开加强思想政治引领】2017年，江苏各级侨联通过组织参加“喜迎盛会看变化”“砥砺奋进的江苏”图片展等活动，引导侨界群众充分感受党的十八大以来党和国家事业取得的辉煌成就，弘扬侨心向党的优良传统，团结凝聚侨界群众听党话、跟党走。党的十九大召开后，江苏各级侨联迅速行动、多措并举，展开全方位立体式宣传引导，全面掀起学习贯彻党的十九大精神热潮，做到有声势、有力度、有效果。对于侨联干部，主抓十九大报告和党章的研读，突出原原本本、原汁原味、学悟结合，力求准确领会把握党的十九大精神的思想精髓、核心要义；对于侨界群众，主抓宣讲与送学，突出形式多样、喜闻乐见、线上线下结合，让侨界群众听得懂、能领会、可落实。江苏省侨联邀请省委宣讲团的专场宣讲、各市侨联的基层宣讲、微信平台海外侨胞的学习专访等，在侨界引发强烈共鸣，在国内海外迅速营造良好氛围。坚持结合实际、立说立行，推动学习成果指导侨联工作实践。以“大走访、大落实”活动为抓手，江苏各级侨联领导率先垂范，深入基层机关，走进园区高校，贴近侨企新侨，深入了解困难、分析症结、研究对策，做到宣传政策与听取意见相结合、补齐短板和创造特色相结合、推动发展与建设队伍相结合，为做好新时期侨联工作奠定基础。

【万立骏主席到江苏调研】10月28日—30日，十九届中央委员、中国侨联党组书记、主

10 月 30 日，中国侨联党组书记、主席万立骏（中）在南通华侨博物馆调研

席万立骏到江苏调研。万立骏先后前往江苏省产业技术研究院、先声“百家汇”精准医疗控股集团有限公司、南京江宁（国家）经济技术开发区、南通经济技术开发区、南京牛首山文化区、南通华侨博物馆、常州市武进区金东方颐养中心和南通市崇川区学田街道紫荆花社区侨联分会，围绕十九大精神宣贯落实，与基层干部交流交谈，向侨界群众嘘寒问暖，鼓励新侨将个人梦与中国梦紧密结合，为建设创新型国家、促进地方经济社会发展作出新的贡献。调研期间，万立骏要求各级侨联把学习贯彻党的十九大精神作为侨联系统的头等大事，在学懂、弄通、做实上下功夫，迅速在广大归侨侨眷和海外侨胞中掀起学习宣传党的十九大精神的热潮，坚决用习近平新时代中国特色社会主义思想武装头脑、指导工作，把党的十九大精神和习近平总书记的要求落实到推动侨联工作的具体行动上，最大限度地凝聚起归侨侨眷和海外侨胞的力量，为建设社会主义现代化强国、实现中华民族伟大复兴中国梦作出新的更大的贡献。

8 月 15 日，江苏省委书记、省人大常委会主任李强，省委副书记、省长吴政隆，省政协主席蒋定之，中国侨联副主席乔卫等领导出席江苏省侨联第七次代表大会开幕式并为侨界先进集体、先进个人代表颁奖

【召开江苏省侨联第七次代表大会】8 月 14 日—17 日，江苏省侨联第七次代表大会在南京召开。江苏省委书记、省人大常委会主任李强，省委副书记、省长吴政隆，省政协主席蒋定之会见侨界先进集体、先进个人代表，出席大会开幕式并为受到表彰的人员颁奖。中国侨联副主席乔卫，江苏省委常委、宣传部部长、统战部部长王燕文出席大会开幕式并讲话。江苏省人大常委会、省政府有关领导同志，省有关部门负责同志，海外嘉宾和侨界代表共 400 多人出席大会。会议表彰了“江苏省侨界杰出人物”“江苏省归侨侨眷先进个人”“全省侨联系统先进集体和先进工作者”等侨界先进；审议通过了省侨联第六届委员会工作报告；选举产生了省侨联第七届委员会；聘请了省侨联第七届委员会海外顾问、海外委员。周建农当选省侨联第七届委员会主席，宫琳、陈锋、曾焕沙、仲盛、张霓当选副主席，陈锋当选秘书长，马昕等 33 人当选省侨联第七届委员会常务委员。

【主动融入党委政府中心工作】江苏省侨联牢固树立“有为才有位”意识，时刻关注党委政府重点工作，最大限度动员侨联资源，主动靠前服务，彰显侨联作用。2017 年主动请缨参与“中国江苏现代农业科技大会”，承担相关任务，共享农业人才资源信息，推荐参会的 11 名侨界专家层次高、影响大，组织的侨资农业企业考察活动反响好、效果实，在全省重大活动中有力亮出侨联工作的特色和优势，获得江苏省委、省政府

11 月 29 日，江苏省侨联组织参加中国江苏现代农业科技大会的海外农业专家和侨商嘉宾前往江苏省农科院考察调研

高度认可。

【服务“一带一路”建设开展省际联动与国际互动】为更好地服务“一带一路”建设，江苏省侨联加强省际联动，支持连云港市侨联与乌鲁木齐、伊犁等路桥沿线 6 城市侨联成立服务“一带一路”合作联盟；坚持开展国际互动，主办柬埔寨大成集团巴域保税区投资洽谈会，促进江苏产能国际转移合作；组织侨商赴哈萨克斯坦、塔吉克斯坦等“一带一路”沿线国家考察投资环境，为侨商“走出去”牵线搭桥。

【汇集侨资侨智助力地方发展】江苏省侨联通过精准调研，努力做到党委政府需求和侨界资源供给“两个清楚”，进一步提升“创业中华”活动的质量效益。6 月在昆山、常熟市举办“创业中华·建设江苏——2017 侨资侨智对接交流会”，9 月在张家港市举办“创业中华·建设江苏——侨智助力港城发展活动”，促成一批侨界资金、项目、人才落地。无锡市侨联与基层单位合作举办 4 次“创业中华·聚力无锡”活动，为侨企转型升级、新侨创新创业搭建平台。2017 年，江苏各级侨联共

6 月 29 日，中国侨商联合会、中国侨联新侨创新创业联盟、江苏省侨联等在常熟举办“创业中华·建设江苏—— 2017 侨资侨智对接交流会”

协助引进经济、科技等项目近 200 个，协议利用外资 30 多亿美元；协助推荐引进海外高层次人才 300 多人。2017 年，南京江宁经济技术开发区、百家汇精准医疗控股集团有限公司被命名为“中国侨联新侨创新创业基地”，南京浦口经济开发区等 10 家单位被命名为“江苏省侨联新侨创新创业基地”。

9 月 29 日，由江苏省侨联、省侨商总会主办的柬埔寨大成集团巴域保税区投资洽谈会在南京举行

【加大建言献策工作力度】江苏各级侨联积极履行参政议政职能，2017 年全省侨联系统向各级“两会”提交提案议

11 月 16 日—17 日，江苏省侨联与江苏省政协港澳台侨（外事）委开展省政协侨联界委员界别活动，围绕新侨创新创业在无锡调研

案 700 多件、社情民意 400 多条、调研报告及大会发言近 100 篇。建言献策工作更加突出现实问题和需求导向，手段也更趋多样化。镇江、泰州等市侨联围绕生态保护、人才引进等问题贡献侨智，宿迁市侨联创设"看宿迁"参政议政平台，有效汇聚侨界智慧。持续做好《侨情专报》工作，江苏省侨联荣获全国侨联信息工作特等奖。

【通过普遍联系与重点联系相结合不断壮大友好力量】江苏省侨联放眼全球广泛联络，把线下联谊与线上互动结合起来，充分运用"两微一端"新技术新平台扩大联系面，与 300 多名侨界重点人士保持密切联系、深入交往；立足长远培育新生力量，所有出访团组均新拓展联系一批侨团，为培养新侨领、培育新侨团厚植基础。新一届江苏省侨联海外顾问、海外委员等紧密型海外朋友实现主要发达国家、"一带一路"沿线国家和江苏友好省州全覆盖，填补 8 个东南亚周边国家、非洲和中美洲主要国家联络空白。充分借助香港侨界在联络海外侨胞中的"中转站"和重要枢纽地位，2017 年，江苏省侨联先后组织 3 个代表团访问香港，出席多场香港侨界重大活动，密集拜访 30 余个香港侨社团和专业性侨团，促成苏港侨界立体化合作格局初步形成。徐州、常州、淮安等市侨联推动成立一批海外同乡会等联谊组织。一年来，江苏各级侨联共接待海外侨胞 8300 多人次，组团或参团出访 400 多人次。

【全面展示中华文化】江苏各级侨联坚持"请进来"与"走出去"相结合，积极弘扬中华文化。江苏省侨联在连云港举办"海外侨胞故乡行——走进江苏"活动，打响"西游文化""水晶文化"特色名片；在南通、江阴举办 2017"亲情中华"江苏夏令营，继续开展"心手相连·青春有约"——苏港两地青少年学生交流活动，参与举办"苏澳童画中国梦——江苏澳门儿童画作品展"和青少年联谊活动，让海外华裔青少年和港澳青少年深入了解江苏、感知并热爱中华文化。江苏省侨联海外文化交流活动从文艺演出为主向多渠道、多形式拓展，11 月，组织知名中医专家赴德国、捷克开展"亲情中华"中医关怀活动，为海外侨胞、国际友人和驻外使领馆工作人员开展中医讲座与咨询义诊活动和学术交流 7 场次，咨询义诊人数达 500 多人，在海外展示了中医

11 月 18 日—21 日，江苏省侨联主席周建农（前排左四）、副主席张霓（前排右三）一行赴香港进行交流访问，受到香港侨界社团联会会长余国春（前排右四）、金轮集团董事局主席王钦贤（前排左三）等侨界知名人士的欢迎

11 月 25 日，江苏省侨联“亲情中华”中医专家慰问团在德国柏林自由大学孔子学院开展中医专题讲座和义诊咨询活动

中药的悠久历史与独特魅力。这次交流访问也是响应中国侨联、国家中医药管理局“亲情中华·中医中药世界行”项目的首个省级侨联团组。

【丰富文化联络工作内容形式】江苏省侨联持续推进侨文化阵地建设，充分挖掘江苏文化场所的“侨”特色、“侨”渊源，新申报 15 个“中国华侨国际文化交流基地”，新确认 34 个“省华侨文化交流基地”，为海外侨胞文化寻根提供多样化服务；巩固扩大“亲情中华·精彩故事”活动成果，开展主题征文和世界华人学生作文大赛征稿活动。南通市侨联举办“亲情中华·文化讲堂·张謇故事”活动，扬州市侨联编印《海外扬州人》，镇江市侨联推出《镇江故事·侨海镇江人》节目，充分展示侨胞风采。南京市侨联倡议、支持众多海外侨团参与南京大屠杀死难者国家公祭日活动，淮安市侨联举办的纪念周恩来总理诞辰 120 周年系列活动，引起海内外侨胞强烈反响。

【创新依法维护侨益工作机制】江苏省侨联适应回国创业新侨逐年增多的新形势，大力宣传新颁布的《江苏省保护和促进华侨投资条例》，积极参与执法检查，推动优化侨胞创新创业环境；探索建立涉侨纠纷诉调对接、多元融合化解涉侨矛盾工作新机制，相关经验做法得到中国侨联推广。连云港市侨联“连心桥”维护侨益工作机制在全省侨联系统维权会议上交流推广；常州市侨联与有关部门联合成立“常州市为侨法律服务团”，开拓维护侨益新渠道。2017 年，全省各级侨联共处理来信 200 多件，接待来访 800 多人次，协助解决涉侨纠纷和案件近 100 起，挽回经济损失 2000 多万元。

11 月 23 日—24 日，江苏省侨联系统维权工作经验交流会在常州召开

【服务侨界群众实现新拓展】江苏省侨联联合南京医科大学、南京师范大学等侨联开设 4 期“侨界专家讲堂”，讲授疾病预防、企业领导力、城乡

6 月 29 日，康晓萍副主席（左七）在江苏省南通市出席“亲情中华·文化讲堂·张謇故事”宣讲活动

1 月 13 日，江苏省侨联主席史宇在镇江看望慰问困难老归侨

文化遗产保护等方面的知识，受益对象由侨界群众向社会大众拓展。扬州市侨联通过建设“社区侨之家”，打通为侨服务“最后一公里”。盐城市侨联真心贴心细心服务侨胞，聘请百名志愿者与侨界“空巢”老人“一对一”结对帮扶。2017 年，江苏各级侨联共走访慰问困难归侨侨眷 7200 多人次，发放慰问金近 400 万元。

【做大做强侨界公益事业】江苏省侨联大力弘扬侨界乐善好施传统，积极参与江苏对口支援工作，开展捐资助学、定向捐助等侨界公益活动，“侨爱心工程”由江苏省内向全国延伸，已惠及贵州、新疆、安徽、海南等多省区。汇集侨界爱心支持精准扶贫，努力帮扶侨界及各界困难群众。江苏省侨联通过省华侨公益基金会为如皋市困难群众提供价值 400 多万元的医疗服务、常用药品等；组织欧洲华人华侨妇女联合会等侨团开展助学助困活动。2017 年，海内外侨胞通过江苏各级侨联或公益基金会捐赠款物共计 6100 多万元。

【推进侨联改革】2017 年，江苏省侨联率先垂范推进自身改革，高标准落实省侨联领导机构和班子结构改革要求，代表大会基层代表占比、委员会基层委员占比、常委会基层常委占比全部落实到位。争取江苏省委支持，在省级侨联率先配备驻会工作并参与领导分工的挂职副主席。注重加强对市县侨联改革的分类指导，专题召开全省侨联改革工作座谈会，交流市县侨联改革经验，分析推进改革的重难点问题，提出推进改革的指导性意见。梳理制约市县侨联深化改革的重点问题，专门向江苏省委改革办进行汇报，争取政策支持。

9 月 29 日，江苏省侨联改革工作座谈会在南京召开

12 月 5 日，江苏省侨联、江苏省华侨公益基金会等在如皋举办“侨心善行 博爱情浓”侨界大型慈善公益活动捐赠活动

【坚持不懈强基层打基础】江苏省侨联健全完善领导干部基层联系点制度，进一步明确省侨联领导和部门负责人联系基层组织和侨界群众的目标任务，通过定期访、长期帮、破难题等举措密切与基层和侨界群众的联系。织密侨联基层网络，推动新侨较为集中的省产业技术研究院等 8 个科研院所、重点园区建立侨联组织，支持

10 月 29 日，万立骏主席在南京为江苏省产业技术研究院侨联成立揭牌

苏州市侨联探索中外高校“联合侨联”建设新模式等，为促进新侨人才集聚、创新成果孵化发挥了积极作用；指导侨眷较多的街道、社区侨联组织发挥作用，强化亲情关怀、精神关爱、生活关心等服务功能，让海外亲友感受到党和政府的关心和侨联大家庭的温暖。加强侨联阵地建设，徐州段昭南艺术馆、淮安张纯如纪念馆、扬州国医书院、泰州“侨胞之家”等已成为凝聚侨胞的重要阵地和宣传展示地方特色的窗口。针对设区市侨联、县级侨联、侨联干部，继续开展职能工作绩效管理、双“五有”侨联组织创建、争当“侨胞挚友”活动，不断优化工作评价体系；完善省侨联机关干部平时考核和年度考核相结合的制度，有效促进了侨联组织和侨联干部履职能力的提升。加快推进“网上侨联”建设，进一步整合资源、激活手段、调动基层积极性，升级优化“江苏侨联网”和“江苏侨联”微信公众号，关注人数上升 3 倍；多个市县侨联微信公众号相继上线，“苏小侨”形象深入侨心，侨联对外宣传工作展现新气象。

【召开江苏省侨联七届二次全委会】 2018 年 1 月 17 日—18 日，江苏省侨联七届二次全委会议在南京召开。会议总结了 2017 年工作，研究 2018 年重点任务，审议有关事项。省侨联主席周建农在会上作了《深入学习宣传贯彻党的十九大精神，开创新时代江苏侨联工作新局面》的工作报告。省侨联副主席宫琳、陈锋、曾焕沙、张霓，省侨联委员，设区市、县（市、区）侨联有关负责人，省级机关侨联、在宁高校侨联、省产业技术研究院侨联负责人及省侨联机关干部近 190 人出席会议。会议强调，2018 年江苏各级侨联要深入学习贯彻党的十九大精神，以习近平新时代中国特色社会主义思想为指导，按照总书记视察江苏重要讲话要求，紧紧围绕高质量发展，坚持稳中求进工作总基调，为高水平全面建成小康社会，加快建设“强富美高”新江苏作出更大贡献。

2018 年 1 月 17 日—18 日，江苏省侨联七届二次全委会议在南京召开

【常州市侨联主动依法维护侨益】 常州市侨联坚持把依法维护侨胞合法权益作为义不容辞的责任，多措并举维护侨益，受到侨界群众好评。一是积极宣传，营造氛围。常州市侨联通过展板宣传、现场宣讲、侨法解读、专题学习等形式，大力宣传涉侨法律法规和新颁布的《江苏省保护和促进华侨投资条例》，增强了社会各界依法护侨的意识。二是整合资源，建立机制。常州市侨联与市侨办、市中级人民法院、市司法局联合建立涉侨矛盾纠纷诉调对接机制，成立诉调对接办公室，聘请了 18 名人民调解员和 11 名特邀调解员。常州市侨联与市司法局、市侨办联合成立“为侨法律服务团”，在法律咨询、法律援助、司法鉴定等方面为侨界人士搭建绿色通道。三是

真诚服务，解决困难。2017年，常州市各级侨联组织共接待来信来访60余人次，通过积极协调有关部门，努力解决问题、化解矛盾，信访办结率达到100%。发挥市侨联法律顾问委员会作用，协调处理了股权纠纷、合同纠纷、归侨大病保险、华侨子女入学等涉侨纠纷，较好维护了归侨侨眷的合法权益。

【盐城市侨联服务经济发展成效显著】盐城市侨联围绕市委、市政府中心工作，着力提升服务大局水平，取得显著成效，在2017年度全市党群部门综合评议中得分位于前列。主动服务江苏发展大会，市侨联出色完成市委赋予的任务，联络和推荐盐城籍海外杰出人士参加首届江苏发展大会，为6名侨界人士颁发“盐城籍海外侨胞精英贡献奖”。努力推进“创业中华”项目落地，开展“创业中华·建设盐城”侨资侨智引才引技洽谈对接活动，成功引进一批经济、科技项目落户盐城大数据产业园和高新园区；促成新侨科技企业与中国银行加强银企合作，多次帮助挂钩企业解难题、促发展。

【扬州市侨联加强组织建设夯实基层基础】2017年，扬州市侨联深入开展“侨联基层组织建设提升年”活动，着力夯实基层基础，拓展工作空间，延伸工作手臂，扩大侨联组织覆盖面。一是积极推进侨联改革。市侨联推动市委下发了《扬州市侨联改革实施方案》，市侨联完成换届，兼职副主席、常委、委员人数均有所增加。加强市侨联机关建设，积极争取市委组织部、市编办支持，增加1个内设机构、1个正科职数和2个行政编制，明确1名副调研员职务。举办党的十九大精神暨侨联业务培训班，着力提升侨联工作者为侨服务本领和作风建设水平。开展“侨情调查月”活动，建立海外精英年报制度，完善海外精英资料库。二是加强为侨服务阵地建设。推进乡镇“侨联工作站”建设，成立13个乡镇（园区）“侨联工作站”，由乡镇统战委员任站长，为侨服务阵地不断向基层延伸。着力推进社区“侨之家”建设，通过召开现场会、经验交流、现场观摩等活动，建成24个“社区侨之家”，倾心打造“社区侨之家”示范点，打通为侨服务“最后一公里”。三是充分发挥侨界社团作用。针对侨界群体的不同需求、不同爱好，成立了扬州侨界经济文化交流促进会、华侨书画院、侨界青年委员会、海归创业联盟、侨界老人服务中心、侨界合唱团、老年服饰队等社团组织，引导侨界组织自我管理、自我服务，让侨界群众真正组织起来、活跃起来、凝聚起来。

【宿迁市侨联创新为侨服务工作机制】宿迁市侨联坚持为侨服务的根本宗旨，通过一系列新举措提升服务成效。一是维护侨益精准有效。市侨联探索建立“一帮一”工作机制，牵线11名律师与11家重点侨资企业建立“一帮一”对子，根据侨资企业需求，提供精准的法律服务。2017年市侨界法律顾问委员会累计参与案件协调、向侨胞无偿提供法律援助12场次，积极帮助解决经济纠纷。二是为侨服务暖心贴心。市侨联坚持力量向基层倾斜、活动在基层开展，探索建立侨联委员联系服务基层“三个一”制度，即每位侨联委员联系一批侨界群众、上报一批社情民意、开展一批特色活动；深入开展“西楚暖心”行动，定期举办公益讲座、体检义诊、惠民活动等，帮助侨界困难群众解决实际困难。每逢重要节日，市侨联领导率队走访慰问侨界困难群众。三是联络联谊丰富多彩。创新联谊方式方法，面对德国、意大利、美国等地侨胞建立13个宿迁同乡微信群，充分发挥新媒体作用，加强宣传联络。围绕“看生态、献良策”“看发展、强信心”“看改革、话转型”等主题，举办“侨界人士看宿迁”系列品牌活动，增强侨胞对家乡发展的信心。组织开展“红色·国情之旅”国情教育活动，激发侨界人士干事创业的爱国热情。

浙江省归国华侨联合会

【领导成员名单】

主　　席：吴　晶（女）

党组书记：岑国荣

驻会副主席：张维仁

兼职副主席：章　燕（女）　李承戍　王丽峰　项芳云（女）　郑　耀　林　东　汤春甫　陈乃科　冯定献　卓旭光　沈　浩　丁列明　杨宝庆　吴超英（女）　詹洪良　尹霄敏　刘光华　季志海　虞安林

秘 书 长：周松一

【综述】2017年，在浙江省委、省政府的坚强领导下，在中国侨联和省委统战部的有力指导下，省侨联以迎接十九大、学习宣传贯彻十九大精神为统领，注重党建带侨建、改革兴侨，突出中餐汇侨、平台聚侨，强化事业引侨、联谊凝侨，做好文化育侨、真情护侨，各项工作取得了良好成效，得到了中国侨联主席万立骏、副主席乔卫，中共浙江省委书记车俊，中共浙江省委副书记、省长袁家军等领导的批示称赞。

【学习宣传贯彻党的十九大精神】浙江省侨联以学习宣传贯彻十九大精神为统领，结合实际出台具体贯彻意见，先后召开党组专题学习会、侨联主席读书会和基层侨联干部培训班，认真学习贯彻习近平新时代中国特色社会主义思想和党的十九大精神、习近平总书记“7·26”重要讲话精神及中央各项决策部署。组织65个国家的侨界青年集中收看党的十九大开幕式盛况并在央视《新闻联播》播出，召开全省侨联系统党的十九大精神专题辅导报告会，举办“喜庆十九大·共筑中国梦”高校归国留学人员文艺演出，推动各级侨联认真抓好学习贯彻党的十九大精神。组织举办“习近平侨务思想研讨会”“国际移民与海外华人论坛”等研讨活动，班子成员带头赴杭州、宁波、温州、丽水等侨乡，结合基层侨代会、全委会的召开，在归侨侨眷和海外侨胞中广泛开展党的十九大系列宣讲活动，持续增强侨界群众的政治认同、情感认同和价值认同。把“两学一做”学习教育常态化制度化作为干部学习教育的主载体，通过讲党课、读原文、交流讨论等形式抓好理论学习。开展“勇立潮头建新功、党员干部当先锋”大讨论、机关党员“读一本好书”，以及赴长兴县新四军苏浙军区纪念馆、天台县和省档案馆开展红色教育等活动，切

10月18日，组织侨界青年集中收看党的十九大开幕式盛况

7月12日，万立骏主席调研浙江侨联工作

12 月 28 日，召开习近平侨务思想研讨会

实增强“四个意识”。注重提升干部内力素质，举办侨联主席读书会和基层侨联干部培训班，为 103 名基层侨联干部进行思想政治授课和业务知识培训。

【召开浙江省侨联九届四次全委（扩大）会】 2 月 20 日，浙江省侨联九届四次全委（扩大）会议在杭州召开。会议传达学习习近平总书记对侨务工作的重要指示及李克强同志作出批示精神，省委领导对省侨联工作的批示精神及中国侨联九届四次全委会精神，听取省侨联九届常委会工作报告，表彰 2016 年度全省侨联系统最具影响力工作，聘请旅法著名钢琴家吴牧野为省侨联国际文化交流公益大使。省委副书记袁家军出席会议并作重要讲话，他高度肯定了浙江省侨联一年来在服务中心、凝聚侨心、自身建设等方面的工作，要求全省各级侨联要把准历史方位，认清侨联新优势；坚持服务中心大局，围绕发展实现新作为；全面启动侨联改革，建设充满新活力的侨联组织，全力以赴，凝聚全球华人力量，为迎接党的十九大、省委第十四次党代会胜利召开贡献侨界力量。

2 月 20 日，浙江省侨联召开九届四次全委（扩大）会议

2 月 20 日，省委副书记袁家军出席浙江省侨联九届四次全委（扩大）会议

【推进“海外万家中餐馆”行动】 浙江省侨联推进“海外万家中餐馆”行动布点扩面，现已在意大利、西班牙、捷克等 35 个国家 200 余个主要城市安装了 3000 余台机顶盒和高清电视屏，滚动播放浙江“美食、美景、美文”，大力宣传推介浙江，讲好中国故事，得到了中央有关领导同志、中国侨联主席万立骏和省委、省政府领导的充分肯定。赴巴西、秘鲁开展以“亲情中华 · 味道浙江”为主题的美食交流等活动，央视、新华社、中新社等众多媒体进行了专题报道。先后与浙江商业职业技术学院、浙江旅游职业学院、浙江餐饮行业协会合作，举办了 4 期海外中餐馆烹饪技能培训班，为 35 个国家和地区的 300 余名海外厨师提供中餐名菜制作等课程指导。支持举办杭州美食文化挪威行活动，推动浙江—挪威美食厨艺交流。举办“相约春天——感知舌尖上的魅力”活动，邀请来自海外 40 个国家的 160 余名侨界名媛学习烹饪技术，感受中餐文化的独特魅力。召开首届“海外万家中餐馆”理论研讨会，邀请来自中外 19 所高校的 30 多名专家学者和一批海外中餐业主，共商海外中餐馆的

8 月 14 日，浙江省委常委、省委统战部部长冯志礼看望省侨联机关干部

8 月 14 日，举办第三期海外中餐烹饪技能培训班

未来发展策略，研究弘扬中华文化的海外影响。目前，30 余篇论文正在结集出版。

【推进侨联改革】按照省委群团改革工作有关部署，浙江省侨联成立改革领导小组和改革方案起草小组，深入基层调研，广泛听取党政领导、专家学者、侨联干部、归侨侨眷和海外侨胞、驻外使领馆的意见建议；先后召开 7 次专题会议，认真听取设区市侨联和有关县（市、区）侨联、省属高校、海外侨团负责人的意见建议，找准省侨联机关和侨联改革的聚焦点着力点，做到对症下药、有的放矢。在学习借鉴试点省市侨联工作经验、征求中国侨联指导意见的基础上，先后经过省委群团改革专项小组会议、省委全面深化改革领导小组会议、省委常委会议审议，按照省委的意见修改完善后，形成了方案定稿。11 月 4 日，省委办公厅印发了《省侨联改革实施方案》；11 月 7 日，召开了省侨联改革动员大会，发出了

6 月 20 日，召开首届“海外万家中餐馆”活动理论研讨会

11 月 24 日，召开全省侨联改革座谈会

全面深化改革的动员令。抓好对地市级侨联改革实施方案的审读指导工作，着力推进侨联改革在基层落地。

【助力创业创新】浙江省侨联与中国侨联、杭州市侨联共同举办“创业中华·2017 侨界精英创新创业峰会（杭州）”“2017 侨界创业投资国际高峰论坛”，为侨界人才搭建起互动交流、对接项目、合作发展的新平台。探索“海归人才 + 民间资本”运作模式，重点联系服务海归人才，其中，“乐富海邦园”引进高科技企业超过百家，培育上市和拟上市企业 5 家，成为侨界首个国家级众创空间和国家级双创示范基地；海邦人才基金投资海归企业 64 家，投资金额 12 亿元，培育上市企业 12 家。积极参与承办第四届世界浙商大会，联合浙江工商大学等单位举办浙商文化论坛，积极引导海内外侨商和海归人士回浙发展、回国创业。与各地侨联联动，组织海外侨商参加中东欧博览会、浙江投资贸易洽谈会和兰州投资贸易洽谈会等引资引智活动。举办“牵手侨企·相约高校”2017 侨商企业用工招聘会，170 余家侨商企业共提供了 3300 多个就业岗位，为地方经济转型发展助力。

11 月 18 日，“创业中华·2017 侨界精英创新创业峰会（杭州）”开幕

11 月 28 日，举办浙商文化论坛

【召开浙江省侨联九届四次常委（扩大）会】8 月 2 日—3 日，浙江省侨联九届四次常委（扩大）会议在杭州举行。省政协副主席、省侨联主席吴晶代表省侨联作工作报告，党组书记岑国荣作工作小结。省侨联副主席张维仁、李承戌、项芳云、郑耀、林东、汤春甫、陈乃科、吴超英、詹洪良、刘光华、季志海，党组成员、秘书长周松一等省侨联常委及各市、县（市、区）侨联主席 150 余人参加。吴晶在工作报告中总结回顾了 2017 年年初以来的工作，并对下一阶段的工作任务作出部署：以“行百里而半九十”的精神，大力弘扬红船精神，全面落实“秉持浙江精神，干在实处，走在前列，勇立潮头”的新要求，不忘初心，继续前进，为圆满完成今年的各项工作任务而不懈努力，以优异的成绩迎接党的十九大胜利召开，为高水平谱写实现“两个一百年”奋斗目标的浙江篇章，实现中华民族伟大复兴梦作出新的更大贡献。

【强化对网上侨界群体的引领和服务】按照习近平总书记对网上群团工作亮出旗帜、发出声音、网上有组织、网上有活动的重要指示精神，浙江省侨联大力加强“网上侨联”建设。一方面，借助各级侨联网站平台，在不同领域侨界群众中开展丰富多样的主流价值宣传，努力掌握网络宣传的主动权。目前，省侨联网站点击量已突破2000万人次。另一方面，扩大了“侨联委员之家”等一批微信群建设，侨联“密友”APP开发在稳步推进，侨界网络空间进一步清朗起来，增强了政治引领的针对性和实效性。引导侨界群众夯实共同致力于中华民族伟大复兴的思想基础，持续当好全国省级侨联的排头兵。

【拓展侨务资源】浙江省侨联举办“海外侨胞故乡行——走进浙江”活动，来自海外65个国家和地区的300余名海外侨胞开启了为期5天的凝心、学习、交流之旅，倡导海外侨胞肩负起连接中国梦和世界梦的桥梁使命。经省民政厅批准，组建了浙江侨界青年联合会，首批吸收了来自全球105个国家和地区的1500余名侨界青年才俊，涵盖了科技、教育、能源、金融、先进制造业等50多个行业，有效涵养了侨界新生代资源。与浙江大学统战部联合举办第三届“海燕集结行动计划”，来自13个国家和地区的30余名海外留学生，通过拓展联谊、创业论坛、企业实践等环节，增强了文化认同。推进港澳地区侨务工作，加深与港澳地区侨界社团特别是青年社团的联系交流。加大与“一带一路”沿线国家海外联谊工作的力度，先后接待海外侨团130余批共计1500多人次。

【有序参政议政】浙江省侨联切实加强侨界专家、学者智囊库建设，广泛吸纳听取侨界建议意见，向全国、全省“两会”期间提交侨界人大代表、政协委员提（议）案53件。先后到温州、青田等地侨乡，组织侨界委员围绕中华文化“走出去”、处置“僵尸企业”等重点提案开展调研督办，推动有效落实重点提案。积极助力“五水共治”，率省剿劣督导组每月定期赴文成督导治水工作。编报《侨情专报》90期，及时反映带有苗头性、全局性、前瞻性的侨界信息，近20多篇专报得到了中央有关领导和省委、省政府领导的批示肯定，《侨情专报》工作连续8年荣获中国侨联特等奖。

【在弘扬中华文化中铺好侨路】浙江省侨联在宁波鄞州、温州瓯海、丽水青田等地开展“亲情中华·汉语桥”夏令营活动，来自20多个国家的260余名华裔青少年，共同开启文化寻根之旅、亲情之旅。加强资源整合，推动杭州、宁

7月21日，举行第三届“海燕集结行动计划”开营仪式

4 月 24 日，举行“家国情·赤子心”朱培华作品音乐会

波、温州等地侨联申报 5 个中国华侨国际文化交流基地。支持举办“家国情·赤子心”朱培华作品音乐会，把爱国主义主旋律与创新的艺术形式融合起来，引导广大侨胞讲好中国故事，弘扬中华文化。组织歌剧《江姐》音乐招待会，聘请了吴牧野为省侨联国际文化交流公益大使，举办了庆祝香港回归 20 周年系列活动，进一步搭建中外文化交流平台，推进中华优秀文化源源不断地走向世界。省侨联文化宣传工作在全国侨联文化宣传工作会议上作经验交流。

【在深挖工作潜力中维护侨益】借助“最多跑一次”改革东风，浙江省侨联聚焦为侨服务，推广文成县侨联为侨办事“代替跑”、海外公证“线上跑”、司法调解“平台跑”的工作经验。指导温州瓯海区侨联探索“警侨之家”为侨服务工作，为“互联网 +”背景下的为侨服务作出了有益探索。帮助青田侨乡解决了困扰多年的 18 周岁以上国外出生人员落户问题。与省人大民侨委一起赴杭州、宁波、温州、丽水等地，组织开展《省华侨权益保护条例》立法调研，还在安吉成立省侨联法顾委首个基层工作站，更好地为广大侨胞提供精细化、专业性的法律服务。

【在助力精准扶贫中奉献侨爱】浙江省侨联组织省侨界文协“健康光明行”书画慈善义拍活动，拍卖募集 63 万余元善款，帮助贫困地区的白内障患者重见光明、重拾希望。支持公羊会加强海外专业志愿者队伍建设，引导省侨商会与中国听力医学发展基金会联合发起“牵手计划”慈善活动，指导省侨缘会在青田县建设侨胞养颐基地示范点，为侨界听障儿童、孤寡老人等特殊群

5 月 18 日，举办“健康光明行”书画慈善义拍

体提供优质服务。支持成立华侨华人应急救助公益基金，承办中国侨联公益年会，并在大会上作经验交流。

【加强“侨家大院”建设】浙江省侨联用好“党建带侨建”的工作法宝，进一步扩大基层组织覆盖，指导和支持各地在新经济组织、新社会组织中拓展侨联基层组织阵地。指导舟山、衢州等市侨联完成班子换届工作，支持宁波市侨联发起成立市直机关侨联，进一步延伸侨联工作手臂。在温州瓯海区开展乡镇（街道）侨联专职专配试点，支持文成、乐清、瑞安、永嘉、平阳、鹿城等县（市、区）侨联探索以政府购买服务等方式，扩充基层侨联工作力量。在不断完善现有为侨服务体系基础上，扎实推进基层组织“五有”建设，下大力气建好“侨胞之家”。到2017年底，全省共有侨联组织1865个，初步实现了由“组织起来、活跃起来”向“规范起来、提升起来”的新跨越。履行好主体责任，扎实做好侨联党风廉政建设和反腐败工作，多次召开党组、主席办公会议研究部署专项工作，层层签订责任书，及时查漏补缺、整改到位。加强党风廉政宣传教育，每月定期向党员干部发送手机党风廉政、崇学修德等名言警句，进一步筑牢反腐倡廉思想底线。以省委专项巡视工作为契机，建立问题、任务、责任三张清单，明确牵头领导、责任单位和责任人，确保巡视整改工作逐一拉单销账、问责一追到底，省委巡视反馈的两个方面问题19个具体事项全部整改到位，梳理排查省侨联机关廉政风险点17条。健全领导班子决策制度，修订完善《省侨联党组工作规则》《省侨联“三重一大”工作规则》《关于进一步加强省侨联主管社会团体监督管理的意见》等8项制度，进一步扎紧制度笼子，驰而不息纠正“四风”，为侨联改革发展营造风清气正的良好环境。

【市县级侨联活动亮点纷呈】杭州市侨联组织开展“创业中华·2017侨界精英创新创业峰会（杭州）”“2017侨界创业投资国际高峰论坛”，为侨界人才搭建起互动交流、对接项目、合作发展的新平台。宁波市侨联举办第六届甬港澳台暨海外青年华商创业创新合作论坛，400多名甬港澳台和海外华商代表、学者嘉宾共聚一堂，分享创业创新经验和高科技项目，助推经济转型升级。温州市侨联借助“最多跑一次”东风，开展为侨办事“代替跑”、海外公证“线上跑”、司法调解“平台跑”工作，积极探索“警侨之家”为侨服务工作，为“互联网+”背景下的为侨服务作出了有益探索。丽水市侨联持续开展“侨缘侨心·医侨联心”活动，为侨界人士提供健康咨询、健康体检等高效优质医疗服务，建立了华侨就医看病的“绿色通道”，得到了广大侨界人士的高度赞誉。

安徽省归国华侨联合会

【领导成员名单】

党组书记、主席：吴向明（满族）

专职副主席兼秘书长：杨 冰

兼职副主席：吴晓勤 叶向东 沙奇志 夏 萍（女） 方 玲（女）

党组成员、办公室主任：毕 清（2017年11月任职）

副巡视员：叶丽雪（女，2017年1月退休）

【综述】 2017年，安徽省侨联以习近平新时代中国特色社会主义思想为指导，紧紧围绕全省工作大局，扎实推进“两学一做”学习教育常态化制度化，精心组织开展“讲政治、重规矩、作表率”专题警示教育，聚焦主业、勇于担当、积极作为，各项工作取得明显成效。在引资引智方面，积极参与中博会和徽商大会，举办“追梦中华·圆梦安徽”海外侨商与高层次人才项目对接会和以“创业中华·创新安徽”为主题的中国科大海外杰出校友“巢湖侨创峰会”，敏捷大数据平台、智能医疗器械创新中心、华夏中药材交易中心等10个项目正式签约落户安徽。在深化联谊方面，组团出访德国、冰岛等国家，举办“海外侨胞故乡行”活动，推动成立德国安徽华人华侨联谊会、安哥拉安徽商会、越南安徽同乡会暨安徽商会，积极涵养侨务资源。在为侨服务方面，举办“法治中华·和谐安徽”——侨联在行动主题活动启动仪式，推动斯洛伐克侨胞章某合同纠纷、加拿大华侨陈某投资权益保护等27件信访件取得积极进展。在文化宣传方面，联合中国侨联主办“亲情中华·欢聚中国科大”“亲情中华·欢聚滁州”活动，举办“亲情中华·文化安徽”侨界访谈等，组织“亲情中华·美好安徽”艺术团赴美国、新加坡、日本访问演出，举办5期“亲情中华·徽风皖韵”夏令营活动，成功申报5家“中国华侨国际文化交流基地”。在参政议政方面，邀请50多位海外侨胞列席省“两会”，汇集侨界智慧提交了关于扶持小微企业、残疾人文化产业等方面的政协提案。在加强自身建设方面，扎实推进侨联改革落实，推动16个省辖市和56个县区出台侨联改革方案，推动金寨县、全椒县、南陵县、宿州市埇桥区、亳州市谯城区成立侨联，指导黄山市、宿松县、无为县侨联换届，一批基层侨联在机构、编制、经费等方面得到加强。

【召开2017年度党风廉政建设工作会议暨机关支部书记述职述廉】 1月22日上午，安徽省侨联召开2017年度党风廉政建设工作会议暨机关支部书记述职述廉。省侨联党组书记、主席吴向明出席会议并讲话，省纪委驻省委统战部纪检组副组长汪玉宝出席活动，会议由省侨联党组成员、副主席兼秘书长杨冰主持，省侨联机关党员干部和退休老同志参加会议。会上，机关各部室党支部书记分别述职述廉，省侨联党组书记、主席吴向明与各部室负责人签订2017年党风廉政建设责任书。

1月22日上午，安徽省侨联召开2017年度党风廉政建设工作暨机关支部书记述职述廉会议

【召开安徽省侨联六届四次全委（扩大）会议暨省侨联改革动员大会】 2月17日—18日，安徽省侨联六届四次全委（扩大）会议暨省侨联改革动员大会在合肥召开。安徽省委常委、统战部部长、省政府副省长刘莉出席会议并讲话，省侨联党组书记、主席吴向明作工作报告，省侨联党组成员、副主席兼秘书长杨冰主持会议，省纪

2 月 17 日—18 日，省侨联六届四次全委（扩大）会议暨省侨联改革动员大会在合肥召开

委驻省委统战部纪检组组长王岚，省侨联副主席、合肥市侨联主席方玲出席会议。省侨联六届委员会委员、常委，省侨联顾问、海外委员、海外侨胞代表、市县（区）侨联负责人等 180 余人参加会议。会议传达了中央书记处关于侨联工作的指示精神、国家副主席李源潮重要讲话精神和中国侨联九届四次全委会精神，对侨联改革进行了动员部署，并就省侨联改革方案有关精神进行了解读，增补卸免了部分委员、常委，增聘了省侨联顾问、海外（港澳）委员。与会委员在分组讨论时，纷纷建言献策，为做好 2017 年侨联工作提出了意见建议。

2 月 17 日晚，中国侨联顾问唐闻生，安徽省委常委、省委统战部部长刘莉观看“亲情中华·欢聚中国科大”慰问演出

【举办“亲情中华·欢聚侨乡”慰问演出】 2 月 17 日—19 日，由中国侨联、安徽省侨联共同主办的“亲情中华·欢聚中国科大”“亲情中华·欢聚滁州”两场慰问演出分别在中国科学技术大学、滁州市上演，安徽省侨联顾问、常委、委员、所属社团代表、部分省内归侨侨眷，特邀回皖过春节的海外侨胞等 3000 余人观看了演出。中国侨联顾问唐闻生，安徽省委常委、统战部部长刘莉，省人大副主任王翠凤，省政协副主席牛立文，省政府副秘书长赵振华，中国科大党委副书记蒋一，滁州市委常委、常务副市长朱诚等现场观看了演出。这场由来自火箭军文工团、铁路文工团、空政文工团、中国戏曲学院的知名艺术家带来的精彩演出，为现场观众呈现了一场高水准的文化盛宴，为安徽人民鸡年春节增添了浓浓的节日气氛，精彩的演出赢得了现场观众的普遍好评。

【安徽省侨联工作考察团赴江苏、上海学习考察】 3 月 9 日—13 日，为贯彻落实安徽省委关于《安徽省侨联改革方案》有关要求，学习兄弟省市侨联系统先进经验，开拓侨联工作视野，拓宽发展思路，进一步促进交流联谊和友好合作，

3 月 9 日，安徽省侨联主席吴向明（右六）率领考察团一行在江苏省无锡市华侨活动中心考察

同时邀请侨商侨企和商协会组织来皖出席第十届中国中部投资贸易博览会和2017中国国际徽商大会，安徽省侨联主席吴向明率团赴江苏、上海两地开展考察交流和调研学习活动，先后考察调研了上海浦东新区国际人才城、无锡市华侨活动中心、江苏省安徽商会、无锡安徽商会等，省侨联有关部室人员和合肥市部分县区侨联负责人参加活动。中国侨联副主席、上海市侨联党组书记、主席沈敏，无锡市委常委、统战部部长陈德荣等先后会见考察团一行。

【举办“追梦中华·圆梦安徽”海外侨商与高层次人才项目对接会】5月17日下午，安徽省侨联主办的2017“追梦中华·圆梦安徽”海外侨商与高层次人才项目对接会开幕式在合肥举行，安徽省委常委、统战部部长刘莉，中国侨联副主席李卓彬出席开幕式并讲话，中国侨联经济科技部副部长、中国侨商会副会长、秘书长安晨，安徽省政协副秘书长、致公党安徽省委专职副主委武琼宇，省侨联副主席、合肥市侨联主席方玲等出席开幕式，开幕式由省侨联党组书记、主席吴向明主持。中国侨商会、省人才办、省科技厅、省经信委、省商务厅等支持单位的有关负责同志出席开幕式及项目对接活动。来自美国、加拿大、德国、俄罗斯、澳大利亚等14个国家和港澳地区及北京、黑龙江、上海、浙江、江苏、江西、福建、广东等兄弟省市的200余位嘉宾参加开幕式及项目对接。会后，还组织嘉宾分赴六安、淮南、亳州、池州、马鞍山等地开展项目考察和对接活动。

【召开安徽省侨联系统改革推进会议】6月22日上午，安徽省侨联系统改革推进会议在合肥召开。省侨联党组书记、主席吴向明，党组成员、专职副主席兼秘书长杨冰，副主席、合肥市侨联主席方玲出席会议，各省辖市侨联负责同志和负责改革方案起草工作的相关人员参加会议。会上，吴向明传达了国家副主席李源潮和省委书记李锦斌关于群团改革的有关指示精神，各市侨联负责人汇报了市侨联改革进展情况。杨冰对各市侨联在起草侨联改革方案和推动侨联改革工作中遇到的困难和问题进行了交流和回应。

6月22日上午，安徽省侨联系统改革推进会议在合肥召开

【赴舒城县驻村帮扶点推进扶贫工作】7月27日，省侨联党组书记、主席吴向明带领有关侨商和机关有关部室负责人赴驻村帮扶点舒城县张母桥镇长冲村开展扶贫调研和走访慰问工作。安徽省侨商联合会会长、安徽伟华控股集团董事长朱华，安徽省侨商联合会副会长、意大利阳光集团董事长曹阳，安徽省侨联海外委员、俄罗斯华人华侨联合会会长、“阿利法—营德勒”国际贸易公司董事长陈齐等参加。舒城县委常委、副县长刘文君及镇、村主要负责人参加。调研组一行在长冲村村部召开座谈会。张母桥镇党委书记王波、长冲村党支部书记关世文分别代表镇、村汇

5月17日下午，安徽省侨联主办的2017“追梦中华·圆梦安徽”海外侨商与高层次人才项目对接会开幕式在合肥举行

7 月 27 日，安徽省侨联党组书记、主席吴向明率队赴舒城县张母桥镇长冲村开展扶贫调研

报了张母桥镇及长冲村脱贫攻坚工作开展情况及下一步工作打算。吴向明代表省侨联对县、镇、村对省侨联三位驻村干部工作上的关心和生活上的帮助表示感谢，对三位驻村帮扶干部兢兢业业工作、与村“两委”班子集体团结一致不辞辛苦带领群众脱贫给予肯定。侨商们纷纷表示，将一定利用自身资源，发挥侨商优势，积极为长冲村脱贫致富出力献策，并就帮扶工作提出了意见建议及帮扶措施。

【举办“法治中华·和谐安徽”——侨联在行动主题活动启动仪式】8 月 8 日上午，“法治中华·和谐安徽”——侨联在行动主题活动启动仪式在合肥举行，省侨联党组书记、主席吴向明出席启动仪式并讲话，省侨联党组成员、专职副主席兼秘书长杨冰主持。省侨联副主席、省司法厅副厅长沙奇志，副主席、合肥市侨联主席方玲出席。省高院副厅级审判员檀梅、省司法厅法治宣传处处长余锡文、省检察院控申处副处长赵杰应邀出席。省侨联常委、全省各市县区侨联有关负责同志和部分新闻媒体记者参加启动仪式。

【召开“讲重作”警示教育专题民主生活会】8 月 31 日上午，省侨联党组召开“讲重作”警示教育专题民主生活会。省侨联党组书记、主席吴向明主持会议并作总结讲话，党组成员、专职副主席杨冰出席会议。省纪委驻省委统战部纪检组正科级纪检员朱振国参加会议并发言。会议通报了 2016 年度民主生活会整改落实情况和此次专题民主生活会准备情况，班子成员认真对照《准则》和《条例》，从中央纪委查处的陈树隆、杨振超、周春雨案件以及安徽省查处的省管干部严重违纪违法案件中吸取教训、举一反三，聚焦严肃党内政治生活、建设党内政治文化、净化优化党内政治生态等 3 方面要求，结合思想和工作实际，认真进行了党性分析，深入查摆存在的问题，剖析问题产生根源，开展了批评和自我批评。

8 月 31 日，安徽省侨联党组召开“讲重作”警示教育专题民主生活会

8 月 8 日，举办“法治中华·和谐安徽”——侨联在行动主题活动启动仪式

【举办“海外侨胞故乡行——走进安徽”活动】9 月 10 日—13 日，由中国侨联主办、安徽省侨联承办的“海外侨胞故乡

9 月 10 日—13 日，举办“海外侨胞故乡行——走进安徽”

行——走进安徽”成功举办，来自 38 个国家的 107 位海外侨胞回到安徽参加活动。活动期间，中国侨联海外委员“一带一路”高级研修班学员团专程从上海赴皖开展实地教学活动。省委常委、合肥市委书记宋国权，副省长张曙光，省政协副主席张学平等先后会见了中国侨联副主席乔卫率领的海外侨胞代表团一行。代表团参观了安徽名人馆，参加了省侨联举办的“亲情中华·美好安徽”安徽侨界喜迎十九大暨省侨联成立 35 周年书画摄影展活动、“亲情中华·文化安徽”侨界访谈活动，观看了“亲情中华·美好安徽”安徽省侨界喜迎党的十九大文艺演出，部分海外侨胞应邀参加省政协“发挥侨胞优势服务开放发展”专题座谈会，并组织赴合肥、黄山参观考察。《中国城市报》、《中希时报》、中国国际教育电视台、澳洲华人电视台、意大利侨网等 30 多家媒体对活动进行跟踪报道，在海内外引起了广泛关注。

【举办“亲情中华·美好安徽”安徽省侨界喜迎党的十九大文艺演出】9 月 11 日晚，由中国侨联、中共安徽省委宣传部、中共安徽省委统战部、安徽省侨联主办，安徽演艺集团承办的“亲情中华·美好安徽”安徽省侨界喜迎党的十九大文艺演出在安徽大剧院上演。中国侨联党组成员、副主席乔卫，安徽省人大常委会副主任王翠凤，省政府副省长张曙光，省政协党组副书记、副主席张学平，中国侨联文化交流部部长刘奇，中国侨联海外联谊部副部长桑宝山，省政协副秘书长许晨、省委宣传部常务副部长车敦安，省侨联党组书记、主席吴向明，省演艺集团董事长董庆，省人大民宗侨外委员会主任委员张丹，省政协港澳台侨和外事委员会主任郎涛，省纪委驻统战部纪检组组长王岚，省委统战部副巡视员张翔等出席活动。“2017 年海外侨胞故乡行”全体嘉宾、省侨联委员、归侨侨眷、侨资侨属企业、侨界科技工作者、各级侨联干部及社会各界代表

9 月 11 日晚，“亲情中华·美好安徽”——安徽省侨界喜迎党的十九大文艺演出在安徽大剧院精彩上演

1500余人观看演出。省侨联党组成员、副主席兼秘书长杨冰主持晚会开场仪式。

【举办“学习贯彻党的十九大精神　深入推进侨联改革发展”专题研修班】11月13日至15日，为期三天的安徽省侨联系统“学习贯彻党的十九大精神　深入推进侨联改革发展”专题研修班在合肥举办，邀请中国侨联秘书长兼办公厅主任陈迈、中国科大教授、省委党校教授并为全体学员授课。安徽省侨联党组书记、主席吴向明主持开班仪式，省侨联党组成员、副主席兼秘书长杨冰作开班动员。安徽省侨联常委、委员，各省辖市侨联、高校侨联、县（区）侨联以及省侨商联合会、省张治中文化教育基金会等所属社团组织负责人约180人参加研修班学习。

11月13日—15日，举办安徽省侨联系统“学习贯彻党的十九大精神　深入推进侨联改革发展”专题研修班

【举办中国科大海外杰出校友“巢湖侨创峰会”】11月27日上午，由中国侨联、中国科大指导，安徽省侨联、合肥市人民政府、中国科大校友总会联合主办，安徽省人才办、省科技厅、省政府金融办支持的“创业中华·创新安徽”中国科大海外杰出校友“巢湖侨创峰会”在合肥开幕，中国侨联副主席李卓彬，安徽省委常委、统战部部长刘莉，中国科大党委副书记蒋一出席会议并分别致辞，中国科大海外校友代表庞华栋发言，安徽省侨联党组书记、主席吴向明，党组成员、副主席兼秘书长杨冰分别主持开幕式和推介会。安徽省政协副秘书长、致公党安徽省委专职副主委武琼宇，省政协港澳台侨委副主任李永胜，省科技厅副厅长罗平，省商务厅副厅长黄英，省政府金融办副主任戴利强，合肥市委常委、副市长孔涛，省外侨办、省外专局、省人才办等省直有关单位负责同志出席开幕式。来自海内外的中国科大杰出校友、海外高层次人才及省辖市侨联、科技局、人才办、开发园区等单位负责同志共300余人出席开幕式。会前，省委副书记信长星会见了全体嘉宾一行。

11月27日上午，“创业中华·创新安徽”中国科大海外杰出校友巢湖侨创峰会在合肥开幕

【开展侨爱心工程】安徽省侨联联合省立医院医疗专家赴省侨联对口扶贫联系点宿州市埇桥区大韩村，现场为近200名群众开展健康诊询。争取澳大利亚魏基成慈善基金会支持，在全省捐赠1万件爱心冬衣。争取中国侨联支持，向安徽省6家医院捐赠价值600万元的医疗器械，在合肥168中学开办“树人班”，在蚌埠为200名困难群众免费实施白内障手术，在滁州市凤阳县捐建1所侨爱心学校。联合省政府参事室举办“送健康·送文化”下基层扶贫公益赠书活动。联合省政协港澳台侨委员会赴寿县民族乡开展“送爱心冬衣、送健康义诊”活动。指导“刘少雄博爱基金会”在宿州市埇桥区大泽乡大韩小学捐赠“爱心书屋”。

省级侨联工作

3 月 18 日，安徽省侨联联合省立医院主办送健康义诊下基层活动

鼓励柬埔寨安徽商会暨安徽同乡会积极融入和回馈住在国，全额资助 53 名柬埔寨学生完成合肥学院 4 年大学学业。

【拓展海外工作】2017 年，安徽省侨联先后出访澳大利亚、新西兰、文莱、美国、新加坡、日本、德国、冰岛等国家，拜访德国安徽华人华侨联谊会、全德华人社团联合会、欧洲华侨华人社团联合会、欧中"一带一路"促进会等 20 余个侨团商会，与 10 余个侨团侨社签订了友好合作协议，并与驻外使领馆、中资机构就开展经贸洽谈、文化交流等达成合作意向，进一步深化了联络联谊、涵养了侨务资源。

【合肥市侨联积极拓展新侨工作】2017 年，合肥市侨联依托中国科大美国硅谷校友会优质资源，打造中国科大美国硅谷校友会安徽创新创业基地，旨在通过多种形式挖掘和培育高科技创新项目，为境外高层次人才和高科技项目的产业化落地提供跨境孵化和资源整合服务；为安徽本地企业的产品创新与产业升级需求提供世界领先的技术合作来源。11 月 27 日，中国科大美国硅谷校友会安徽创新创业基地在合肥市庐阳区揭牌，此次揭牌将进一步密切与海外高层次人才的沟通交流，该基地将成为海外高技术离岸跨境孵化、创新成果转化新的重要载体，助力全市双创事业再掀新篇章。一是深耕细作，精心做好前期筹备工作。充分整合侨联优势资源，通过筹备共建基地为契机，积极搭建服务、合作和交流平台，努力营造鼓励创新、支持创业的良好氛围，为境外高科技项目在国内的产业化落地提供高效服务，争取挂出金字招牌。二是厚植根基，政策支持催生双创硕果。一直以来，合肥市侨联注重整合侨界优势资源，强化桥梁纽带作用，不断加

10 月 3 日—12 日，安徽省侨联副主席杨冰率团赴美国、日本、新加坡访问

大海外引才引智力度。截至2017年12月，该基地共入驻科技企业113家，引进海内外院士2人，千人计划及中科院专家15人，博士21人、海归33人；获得各类知识产权423项、培育国家级高企12家。其中，引进和孵化中科大校友企业超过60家、吸引各类中科大校友人才363人。三是服务先行，全力为海归双创保驾护航合肥市侨联始终秉承服务至上的理念，抓招商促发展，确保为涉侨企业真正实现在肥投资、在肥发展，与合肥共赢，与合肥共进服务。

【六安市侨联多渠道开展海外联谊】2017年，六安市坚持“两个并重”，深化“两个拓展”，锐意进取，开拓创新，多渠道开展海外联谊工作。一是举办两场重大活动。邀请中博会“追梦中华·圆梦安徽”海外侨商和高层次人才项目对接会的70余位嘉宾来六安市参观考察；承办了中国侨联2017海外侨领国情研修班学员到六安的现场教学活动，来自15个国家的30余名海外侨领参观了金寨红军广场。这两场活动规模大、层次高、影响大，省委常委、市委书记孙云飞会见嘉宾。会后，市侨联主动与部分重点海外侨商侨领及高层次人才保持经常性联系。二是涵养重点侨务资源。实施了“2351”资源涵养计划（与20个国家或地区的30个重点侨团、50名重要侨领、100名重点新侨保持经常性往来和密切关系）。围绕“重点侨团多联谊，重点人物常接触”的思路，采取春节走访慰问、网络联谊、平时联络等方式，深交老朋友，结交新朋友，巩固和扩大了一批侨务资源。坚持内引外联，全年共接待来六安市参观考察的侨商及海外人才10多批次160余人。三是突出了对外文化联谊。承办“亲情中华·美好安徽”夏令营（泰国营）活动。8月8日—22日，会同金安区侨办、毛坦厂中学东城校区，组织泰国华裔青少年25名学生学习汉语知识、传统礼仪、书法等课程，参观了皖西博物馆、皋陶墓、皖西学院等文化场所，营员们近距离感受中国文化、皖西风情，加深了泰国华裔青少年对我国改革开放和中华传统文化的了解，增强了他们对祖籍国及其文化的认同。选派张娟、吴丹、陈习雷三位教师赴东南亚有关国家任教，助力中华文化“走出去”和海外华文教育，并以此拓展选派教师的国际视野、扩大六安在海外的知名度。四是拓展了海外联谊新渠道。指导成立了“六安市留学人员联谊会”，以此为依托筹备设立“侨海留众创空间”，团结凝聚留学归国人员，为其回乡就业、创业提供服务。建立了六安市海外侨胞之家微信群、六安市海外留学生微信群、六安市归侨侨眷联谊微信群，市侨联通过网络与约400名海外侨胞建立了直接联系，既方便了联谊又倾听了侨声，从而更好地为侨服务。

【马鞍山市侨联深入推进侨联改革】2017年，马鞍山市侨联按照上级侨联和地方党委要求，紧密结合马鞍山实际，以强“三性”、去“四化”为核心，以“强基层、带队伍”为抓手，持续发力，深入推进侨联改革工作。一是深入调研，迅速行动。组织全市侨联系统干部职工认真学习中央、省市涉侨改革相关会议、文件精神，进一步统一思想，凝聚共识；深入基层调研征求意见，摸清全市侨情，为改革汇智聚力；在全省率先于2017年9月出台《马鞍山市侨联改革方案》，并指导三县三区于2017年12月底之前全部出台改革方案。二是优化组织，强化力量。完成市侨联职能调整和内设科室调整；指导1县1区1园区1高校按期完成侨联换届工作，再次选派干部赴中国侨联挂职学习；加强侨联干部培养，进一步夯实基层侨联组织力量，佳山社区侨联的“侨家大院阳光七彩屋”微信群、半山花园社区侨联的“侨联活动日”得到了广大侨界群众的高度认可和赞同。三是围绕中心，服务大局。先后引荐浙江汎洋冷设备、香港金龙集团特色小镇等13个项目洽谈对接，促成年产1500吨拉挤玻璃钢、年产万吨钢构件项目落户马鞍山；推动“国际技术转移工作站”“自由喷枪铁水脱硫”专利转化等多个高层次人才项目合作；以“侨牵欧亚路·智创马鞍山”为主题，举办“情系中华·创业皖江”海外高层次人才对接交流会，为马鞍山开展对欧合作、打造内陆开放新高地聚集侨界精英人才。结合全市“四送一服”双千工程，深入侨企宣讲政策、了解需求、解决问题，推动光印三维科技融资再升级，引导鸡笼山食品股份改革。四是多措并举，维护侨益。充分发挥市综治成员单位主体作用，全年接待侨界来信来访30余件次，均得到妥善办理；持续打造侨界法律顾问委员会、法律援助中心侨联工作站、涉侨诉调委员会等多个涉侨维权平台；深入侨界群众集中区宣传法律、了解诉求，有针对性提出解决方案。五是打造“网上侨联”新名片。建立“3+1”模式，即依托侨联网站、官方微信公众号、微信群3种网上方式，结合《情系江东》侨刊形成立体宣传平台，强化网上联系、多方引导、综合服务，侨联网站阅读量突破180万人次，《情系江东》侨刊寄发海内外700余份。举办“侨界创业创新大讲堂”，邀请侨界创业典型分享创业成功经验，同时，安排实时微信图文报道，海内外侨商、侨智300余人次参与互动，线上线下交流不断，达到以点带面、辐射海内外的良好效果。

【黄山市侨联以人为本开展为侨服务】2017年，黄山市侨联在市委市政府的坚强领导和省侨联的大力指导下，立足黄山市基本侨情，紧紧团结和依靠全市广大归侨侨眷和海外侨胞，坚持“以人为本，为侨服务”，谱写出了为侨服务新篇章。一是搭建平台服务地方经济社会发展。通过广泛开展对外联络联谊，积极邀请和接待海外侨团、侨领来黄山市考察交流，全年共接待海外侨团、侨领近15批次、700多人次。与此同时，举办招商引资、招才引智活动，组织海外侨团侨领与黄山市侨企对接，开展对外经贸洽谈，为全市的招商引资和对外经贸合作做好牵线搭桥工作。二是发挥黄山市侨务资源丰富的优势，认真做好侨务捐赠。鼓励归侨侨眷和海外侨胞积极参与公益慈善事业，支持家乡建设和社会各项事业发展，进一步做大做强“侨爱心工程”。三是组织开展“亲情中华·美好安徽”夏令营。来自新西兰、西班牙、意大利等5个国家的40名华侨华人子女，通过考察徽州古城及自然和田园风光，学习并参与汉语交流、手工制作等一系列文体和艺术活动，进一步提高了对中华文化的认知力，增强了中华情愫、桑梓情怀和家乡情结。四是大力宣传侨法。通过电台、电视台宣传《侨法》；在社区街道“侨法宣传角”开展《侨法》宣传，领导带队走访2014年度被国务院侨办定为“侨法宣传角”的休宁县海阳镇齐宁社区，通过走访慰问、临街宣传等形式发放侨法宣传资料，在侨联会议及中秋、春节联谊活动中进行宣传，努力营造爱侨护侨的社会氛围，提高归侨侨眷的自我保护意识；12月4日是法制宣传日，市侨联联系歙县侨联赴歙县槐塘村开展了“侨法宣传，为侨服务”主题活动暨为侨服务义诊活动，发放《黄山市为侨服务手册》《海外安全出行手册》《出国特别提醒》等宣传资料100余份，进一步提高了群众的法制思想，增强社会依法护侨的法律意识，为营造爱侨、护侨、为侨服务的和谐环境发挥了积极作用；在两节慰问回乡探亲的华侨华人、重点侨务工作对象和困难归侨侨眷的同时，开展送医下乡义诊、侨法宣传、办理护照、涉外公证、外币汇兑等涉外、涉侨方面的服务。五是认真做好信访工作。2017年全市侨务部门共依法妥善处理侨务来信、来电、来访100余件次，处理涉侨信访事件200余件次，问题涉及子女就学、建房、亲属就业等多个方面，做到热情接待，有问必答，有难必解，来信必复，件件有回音，事事有落实。

福建省归国华侨联合会

【领导成员名单】

党组书记、主席：陈式海

专职副主席：谢小建　翁小杰

副巡视员：林俊德

兼职副主席：（按姓氏笔画排序）

王德贤　许健康

李　敏（女）　吴换炎

陈水波　陈明金　陈泽峰

陈晓玉（女）　陈家泉

林泽春　林树哲　周永伟

郭加迪　黄朝阳

程　璇（女）　蓝桂兰（女）

赖庆辉　潘邦炎

秘书长：吴武煌

12月5日—7日，福建省第十次归侨侨眷代表大会召开，选举出新一届班子。

党组书记、主席：陈式海

专职副主席：翁小杰　林俊德

张　瑶（女）

兼职副主席：（按姓氏笔画排序）

许健康　吴华新　吴换炎

佘德聪　余桂州　陈玉树

陈吉龙　陈明金　陈秋途

陈晓玉（女）　陈家泉

林正佳　林雄申　卓新荣

周永伟　郭加迪

涂雅雅（女）　黄绳跃

曾志龙　蓝桂兰（女）

潘少銮（女）

挂职副主席：程　璇（女）

秘书长：吴武煌

【综述】2017年，在福建省委、省政府的领导和中国侨联的指导下，福建省侨联认真贯彻落实党的十八大、十九大及省委的一系列决策部署，围绕中心、服务大局，发挥优势、主动作为，不忘初心、砥砺前行，在服务经济发展、拓展海外联谊、弘扬中华文化、依法维护侨益、开展群众工作、加强自身建设等方面做了大量工作。

【把握方向推进侨联改革创新】一是认真贯彻落实党的十九大精神。11月14日，福建省侨联召开全体干部职工会议，认真学习宣传贯彻党的十九大会议精神。与会人员认真学习了《中共中央关于认真学习宣传贯彻党的十九大精神的决定》全文，并重点围绕充分认识学习宣传贯彻党的十九大精神的重大意义、如何用十九大精神指导福建侨务工作等内容进行了学习研讨。全省各级侨联通过举办"福侨心里话、寄语十九大"专题，开展党组中心组学习、党员领导上党课、侨界人士座谈、下基层宣讲、送法进侨企、在网站和杂志设置专栏等方式，推动十九大精神进侨企、进侨校、进侨乡，努力把全省归侨侨眷和闽籍海外侨胞组织起来、动员起来、团结起来，坚定不移听党话、跟党走，为党和人民事业凝聚侨心、汇聚侨力。二是积极推进侨联改革。按照中央群团工作会议精神，根据《中国侨联改革方案》和省委关于群团改革的专题部署，立足省侨联实际，认真研究省侨联改革方案，并广泛征求意见。省委高度重视省侨联改革，雷春美常委主持召开专题协调会议，省委常委会研究批准了《福建省侨联改革方案》，2017年11月7日由省委办公厅印发。目前，改革方案所明确的改进作风、创新体制机制、优化内设机构设置、强化侨联领导班子和干部队伍建设、夯实基层基础、加快"网上侨联"建设等，都在有条不紊地执行和落实中。各设区市和平潭综合试验区侨联也在抓紧制定改革方案，逐级推进侨联改革。

【主动作为服务社会经济发展】一是促成侨商项目对接。组织平安信托、中国冶金科工集团和北京首创集团等数家企业负责人赴龙岩新罗区考察，促成中国水利水电第十三工程局与龙岩市新罗区"九龙江源慢生活圈"项目对接，意向投资总额达100亿元人民币；牵线促成两个总投资额3.5亿元人民币的合同项目落地南平顺昌县和长乐区；向海内外侨界征集涉及金融服务、智能制造等领域的42个侨界创新型项目，举办对接洽谈会；围绕建设新福建拓展招商联谊对接工作，借参加活动和会议之机，走访北京、上海、湖南、江苏、深圳和省内商会、侨企，登门做好服务工作、推动闽商侨商事业拓展；推动省侨商会开展同境外侨社的交流对接，先后对接新西兰龙岩商会、台湾中华两岸贸易协会、爱尔兰福建商会等侨社代表，交流商业资讯、促进双方合作。二是促进侨智转化落地。发挥侨联“闽侨智库”作用，多次组织侨界专家人才赴宁德、长乐等地考察交流，赴重点侨乡开展“优化我省侨资企业营商环境对策研究”调研，撰写调研文章为省委省政府的决策提供参考，现智库成员达到 152 人，涵盖 25 个国家和地区；协助中国侨联在福州举办新侨创新创业经验交流分享会，并组织福建省侨界人才参加中国侨联新侨创新创业活动暨侨创论坛；推进新侨创新创业示范基地建设，授予中科院厦门稀土材料研究所等多个创业集聚区和新侨创新企业为“侨界人才创新创业服务联系点”，延伸服务“双创”战略的工作阵地；召开省新侨人才联谊会一届二次理事会并成立新侨人才联谊会海外专家委员会。三是服务侨企健康发展。举办“创业中华·新侨创新创业对接交流会”“2017 厦洽会海内外侨商经贸对接交流会”，承办第十五届“6·18”相关活动，参与协办“2017 年第三届海西财经高峰论坛”，组织中国侨联特聘专家和福建省侨界人才参与主办第六届海西（厦门）国际新能源产业博览会暨高峰论坛，组织海外商会侨领参加“2017 民营企业国际合作论坛”。四是全年举办 6 期不同主题的沙龙活动，累计吸引海内外侨界人士逾 300 人（次）参加。如同农工党福建省委联合举办“福建美食与一带一路”为主题的侨智沙龙，开展中餐（闽菜）文化的推广交流，省政协副主席陈绍军参加并讲话。

10 月 21 日—23 日，福建省侨联参与主办第六届海西（厦门）国际新能源产业博览会，右五为福建省侨联主席陈式海，左七为中国侨联副秘书长、经济科技部部长赵红英

【广聚侨爱推进侨联公益事业】一是纵深推进挂钩扶贫工作。赴南安市向阳乡调研三农“互联网 +”精准帮扶的扶贫模式，到政和县杨源乡、松溪县调研帮扶，指导乡、村两级拓宽工作思路，探寻脱贫路径；召开对口帮扶座谈会，省人大常委会副主任张广敏出席，部分省“两会”的港澳侨界政协委员参加，为港澳乡亲对接松溪并捐资支持少数民族村建设自来水工程牵线搭桥。二是持续开展扶贫助学等活动。在龙岩、宁德、三明等地开展“百侨百企科教扶贫助学”献爱心活动。此项活动开展以来，已向贫困地区学生捐赠 8230 个“科教文体包”，捐建 3 个科教文体室，并根据地方农业发展需求，因地制宜组织服务队下乡开展科教帮扶活动，推进科技教育扶贫；协助牵线国家级专家对福州市中医院、龙岩武平、漳州平和等地医院进行帮扶合作，以“师父带徒弟”的方式为福建基层医院培养医疗人才，借力“一带一路”促进中医药文

6 月 15 日，由中国侨联和福建省侨联共同主办，以“创新共享·跨界融合”为主题的“创业中华·新侨创新创业对接交流会”在福州福建会堂举行

1月19日，福建省侨联邀请部分参加省“两会”的港澳侨界政协委员与松溪县开展对口帮扶座谈，省人大常委会副主任张广敏出席会议，省侨联主席陈式海主持座谈会

化的海外推广，搭建培训与国际交流平台。三是开展精准扶贫工作。做好本年度扶贫专项资金的发放工作。协助上海豪盛投资集团有限公司董事长陈家泉捐赠280万元，用于支持泉州南安金淘镇卫生院“豪康爱心楼”、亭川村慈善基金、新农村建设等三个公益项目。省侨联常委施锦珊捐赠25万元，支持政和县杨源乡卫生院添置更新医疗设备。支持松溪县茶平乡前坑村光伏发电项目20万元，改善农村民生事业和促进财政增收。筹措帮扶资金10万元，资助全省25位2016年秋季入学家庭经济困难的侨界全日制本科生完成大学学业。省侨联兼职副主席许健康、吴华兴先生分别捐资200万元和100万元，助力省侨联的扶贫工作。与省引进高层次创业创新人才协会联合组织中国中医科学院眼科医院副院长亢泽峰等10位专家，赴漳州市平和县开展医疗扶贫活动，为176名患者进行了诊疗。四是正式启动“健康三宝”工作。与福建医科大学侨联联合选派经验丰富的医学专家组成福建侨联“健康三宝”义诊团，赴宁化泉上华侨农场、福清侨乡开展义诊。举办“大健康产业项目对接洽谈会”暨海外医疗服务与分级转诊对接研讨会，成立“首批福建省医学专家会诊团”。福建省地质医院增挂“福建省华侨医院”，为“健康三宝”项目拓展医疗服务提供了新平台。五是引导和帮助海外侨社捐赠公益事业。组织海外菲律宾乐善堂慈善基金会等7个热心侨社，为九寨沟震区捐赠73.51万元；此外，泰国侨胞林嘉南先生等数位侨亲也为侨联公益事业捐款。

【以侨为本维护侨益有新举措】一是健全维权组织网络，强化联席互动。在不断推进、加强协调的基础上，抓住“涉法”“涉案”“涉诉”三个环节、进一步加强互动机制建设。完善横向到边、纵向到底、上下联动的“三横三纵”维权网络体系建设。即横向上与法院、公安出入境边防、司法系统建立涉侨维权联动机制；纵向上建立各级侨联涉侨维权专门机构、法律顾问委员会、专业律师团队。6月，陪同中国侨联副主席李卓彬走访省高院并座谈；召开省高院、省侨联涉侨维权工作联席座谈会。二是探索多元维权工作机制。6月，陪同最高人民法院司改办副主任汪世荣、中国侨联权益保障部部长张岩一行到莆田市、福州市侨联调研，推动多元维权工作机制建设。在永春、闽清等乡镇设立“涉侨诉调巡回审判点”“法律服务联系点”，村一级设立“涉侨纠纷调解服务站”22个，为处理涉侨民商事纠纷，化解矛盾创造条件；与福建师大沟通依托法学院教育基地，建立海外维权组织体系，目前与马来西亚马六甲初步建立了联系，对建立海外维权机制作了有力探索。三是发

6月16日，福建省侨联主席陈式海（左七）陪同中国侨联副主席李卓彬（左六）专程走访福建省法院

挥参政议政主渠道作用。组织侨联委员、侨联界政协委员“活动日”活动。将侨情研究员队伍转型升级并搭建“闽侨智库”，认真做好以《侨情专报》为重点的信息工作，为党委政府科学决策提供高水平侨智支持。全年共编辑和上报《侨情专报》245篇，被中央采用5篇，中国侨联采用84篇，省委、省政府办公厅采用45篇次，得到多位国家领导人和省领导的批示。编发《侨联简报》31期，并通过《福建侨联网》《八闽侨声》杂志等加强与上级部门、各类媒体交流，推动了侨联信息宣传工作上新水平。2017年被中国侨联评为全国侨联系统信息工作特等奖，连续7年被中国侨联授予信息工作先进集体。四是为“特定对象”做好服务。加强华侨留守家庭服务站建设，完善福清江阴镇“一侨一号”系统，全年接警并处理求助43次；与福州大学人文社科学院在江阴镇试点建立侨乡失依儿童研究服务基地，为侨乡失依儿童成长提供帮助。

【联络联谊有新突破】一是打造品牌，巩固联谊成果。2017年，福建省侨联组团出访泰国、菲律宾、缅甸、加拿大、爱尔兰、智利、厄瓜多尔、比利时、荷兰、希腊、澳大利亚、新西兰及中国港澳台等国家和地区，同时为省政协出访捷克、奥地利、瑞士、菲律宾、柬埔寨、缅甸等国家做好侨情介绍、联谊交流工作。全年共接待各境外侨社团66批次1016人，向港澳台、海外等侨社团寄发100多份贺电、唁电。承办亲情中华——“欢聚龙岩”“欢聚武平”等慰侨演出活动，承办2017年“远方的惦念——华侨华人春节联欢晚会”，举办“2017海外侨胞故乡行——走进福建”活动，组织安哥拉、巴西、葡萄牙等葡语系国家的侨青代表参加在澳门举办的“首届世界侨青论坛”，并与中国葡语系国家经贸文化交流中心共同签署了《葡语系国家侨界青年交流合作共识意见书》，为侨界青年打造一个交流和对接的理想互动平台。二是持续开展对台交流工作。承办“2017两岸侨联和平发展论坛·两岸暨港澳侨界圆桌峰会”，邀请27名台湾侨界青年及新北市福建同乡会、高雄市闽南同乡会、中华两岸易理研究协会28名基层代表参加。为贯彻落实省委、省政府对台工作指示精神，积极开展闽台侨界民间交往，全年共邀请了5批178名台湾侨界民众到大陆参访，举办“两岸侨界青年创业交流”“2017两岸侨界海丝文创交流活动”“海峡五灵公大会师”“体验长城魂，共筑中国梦——2017海峡两岸暨港澳地区青年学生长城之旅”等交流活动。12月，为密切两岸青年交往，组织8人赴台开展“第六届两岸侨界交流周”活动。三是办好“亲情中华”夏令营活动。在中国侨联的指导下，联合三明、莆田等地市侨联分别在当地举办“亲情中华”夏令营活动。其间，来

1月18日晚，“远方的惦念——2017华侨华人春节联欢晚会”在福州市海峡奥体中心录制，图为晚会现场

5月16日，“亲情中华”夏令营在福建三明开营

自菲律宾、印尼、中国香港等国家和地区的143名营员通过学习汉语、练习武术、培训剪纸，参与当地学生交流互动，参观客家文化、妈祖文化，体验福建风土民情，寻找祖辈生活足迹等课程和活动，加深了对祖（籍）国和福建的了解，增进了对中华文化和民族感情的认同。

【弘扬文化有新内涵】一是抓好华侨文化宣传。2017年先后在福建华侨文化展示中心举办了福建省华侨摄影学会摄影作品展、侨乡书画展、华人华侨图片展等五场展览，听取基层侨联工作者的意见，改善前厅的布置和陈列，提升展示效果。加强展示中心绩效考评和日常管理工作，全年免费对外开放284天，接待团组28个、参观人数99184人。二是举办摄影展，喜迎十九大。9月与香港中华摄影协会合作举办“香港回归20周年展”，10月与世界华人华侨摄影协会共同承办“第三届世界华人华侨摄影展”。三是加强侨史研究，弘扬闽侨革命精神。2017年初出版《福建华侨与孙中山》，9月参与举办“福建华侨与新四军”研讨会，11篇论文入选《“华侨与新四军”红色文化论坛征文汇编》，首次把“华侨文化”与“红色文化”相结合，彰显鲜明福建地域特色。四是依托文化交流基地，促进华侨风采宣传。组织编写省档案馆（侨批文化研究中心）、漳州市林语堂纪念馆、龙岩市胡文虎纪念馆、厦门市青礁慈济宫、南安市诗山凤山祖庙等5家基地故事；组织举办了凤山祖庙、青礁慈济祖宫、福建侨批文化研究中心等3个交流基地揭牌仪式。

【自身建设有新加强】一是召开省第十次归侨侨眷代表大会，选举产生了以陈式海同志为主席的新一届领导班子。二是推进“侨胞之家”建设。贯彻中国侨联基层组织建设工作会议精神，巩固基层夯实基础。在全省侨联系统深入开展省级“侨胞之家”创建活动，验收省级“侨胞之家”和示范点150家，精选出10个基层侨联示范点。建立“福建侨联系统基层组织建设工作群”“福建侨胞之家建设工作群”，将全省286个已验收命名的省级“侨胞之家”和“侨胞之家”示范点的联系人、联系电话等信息通过网络等形式向全省各级侨联进行公布，接受各级组织监督，努力使各级侨联组织发挥枢纽作用。三是打造“网上侨联”（福侨世界总网）载体。积极推进侨联信息化建设，搭建“网上丝绸之路公共服务平台”，提供各国新闻资讯、政策法律、投融资动态、商贸信息等，吸引46个海外侨团、侨企、华媒等作为合作伙伴入驻。“网上侨联”（福侨世界总网）建设项目通过了省发改委立项，并于省第十次归侨侨眷代表大会期间开通运行。泉州市侨联的南洋华裔族群寻根谒祖综合服务平台正在

3月6日，福建省侨联主席陈式海主持召开省侨联党风廉政建设工作会议

6月13日，《华侨华人图片展》在福建华侨文化展示中心开展

省级侨联工作

积极筹建中。四是认真抓好党风廉政建设。深化“党建带侨建”活动，积极打造“党建聚侨心”品牌。推进“两学一做”学习教育常态化制度化。开展“向廖俊波同志学习”“向侨界楷模黄大年同志学习”的专题活动，组织“走进华侨故里·学习华侨精神”的主题活动，利用侨联网站、微信群和机关文化走廊，不定期宣传党建知识和机关党建工作动态。认真贯彻中央八项规定精神，开展省委巡视整改落实情况“回头看”，抓好驻部纪检组“两个责任”专项检查反馈意见整改落实，督促部（室）深入整改“不严不实”问题，不断巩固和深化管党治党成果。

【召开福建省侨联九届七次常委（扩大）会】 2月28日，福建省侨联在福州召开九届七次常委（扩大）会议。省委常委、统战部部长雷春美代表省委出席会议并讲话；省委统战部副部长陈飞，中国侨联兼职副主席王亚君，省侨联主席陈式海、副主席谢小建、翁小杰及各市（县、区）侨联负责人、海外侨领、侨界专家学者等200多人参加会议。会议传达学习了习近平总书记、李克强总理关于侨务工作的重要指示精神，中共中央书记处关于侨联工作的几点意见，李源潮同志在中国侨联九届四次全委会议上的重要讲话，以及中国侨联主席林军关于2016年全国侨联工作总结和2017年工作部署。会上，聘任王亚君为省侨联名誉主席。

【召开福建省第十次归侨侨眷代表大会】 12月5日—7日，福建省第十次归侨侨眷代表大会在福州召开。中国侨联主席万立骏，省委书记、省长于伟国，省委常委、统战部部长雷春美，省人大常委会副主任彭锦清，副省长李德金，省政协副主席张燮飞出席。省各民主党派、工商联和省直有关单位负责人到会祝贺。来自全省各条战线、各行各业的归侨侨眷代表和海外及港澳台地区的特邀嘉宾800多人参加会议。于伟国代表省委、省政府对大会的召开表示祝贺，并在大会上讲话。中国侨联主席万立骏在大会上讲话，对进一步做好侨联工作提出希望。福建省侨联主席陈式海代表省侨联第九届委员会作工作报告。福建省总工会党组书记丁文清代表省人民团体致贺辞。菲律宾各界联合会名誉主席戴宏达代表旅外侨胞致贺辞。会议授予福州市侨联等30个单位“2013—2017年度福建省侨联系统先进集体”称号，授予林钦等40位同志“2013—2017年度福建省侨联系统先进工作者”称号。授予宝龙地产发展有限公司等19个侨界单位（人士）“支持侨联公益事业贡献奖”。省委常委、统战部部长雷春美代表省委、省政府出席闭幕式并讲话。大会经无记名投票选举产生福建省侨联第十届委员会，陈式海当选主席；翁小杰、林俊德、张瑶（女）当选专职副主席；许健康等21人当选兼职副主席；程璇（女）当选挂职副主席；吴武煌当选秘书长。福建省侨联第十届委员会常委81名、委员228名。大会聘任王亚君、黄志祥为名誉主席，

12月5日—7日，福建省第十次归侨侨眷代表大会在福州召开

福建省侨联系统先进工作者表彰现场

省级侨联工作

聘任国内顾问3名、港澳顾问46名、海外顾问58名、海外委员185名、台湾侨界特邀委员19名，聘任副秘书长6名。大会通过了福建省侨联第九届委员会工作报告的决议。

9月2日，福建省侨联主席陈式海率省侨联"健康三宝"义诊团到福清龙田镇西坑村开展义诊

【搭建"闽侨智库"平台】 为落实《关于加强中国特色新型智库建设的意见》《中国侨联改革方案》，进一步运用海外侨胞优势，加强信息宣传工作，2月28日，福建省侨联在九届七次常委会上宣布搭建"闽侨智库"平台。该平台由中国科学院知识产权运营管理中心、中国社会科学院数量经济与技术经济研究所作支持单位。主要成员有海外侨团负责人、侨界专家学者、新侨知识分子、海外媒体人士、律师等共152人，涵盖美国、法国、德国等25个国家和地区，扩大了覆盖面，提高了专业化水平。福建省委常委、统战部部长雷春美为"闽侨智库"授牌，与会领导为"闽侨智库"成员代表颁发证书。

【开展义诊和法律咨询服务】 2017年3月底，福建省侨联副主席谢小建带领机关党委、法顾委专家与侨联"健康三宝"义诊团，赴宁化泉上华侨农场开展义诊和法律咨询服务，走访了10户困难归侨，并送上慰问金。9月2日，陈式海主席率"健康三宝"义诊团，赴侨乡福清市龙田镇西坑村开展义诊活动。此次义诊共组织了福建医科大学附属第一医院、协和医院、福建中医药大学和国医堂等11名医疗专家，现场开设内科、心血管内科、消化内科、中西医内科、神经内科、外科、针灸科等，为村民开展免费医疗和咨询服务，免费送药5000元。10余名侨青会志愿者也参加了义诊活动。据悉，福建侨联"健康三宝"包括下基层义诊、海外中医推广、华侨华人回国健康服务等。其中，"下基层义诊"作为省侨联为侨健康服务的一项重要抓手，省侨联每年都会组织医疗队，深入基层侨乡，重点是华侨农场，为归侨侨眷开展送医送药义诊活动，1996年至今已遍布17个华侨农场，义诊近万人次。

【赴松溪开展扶贫调研】 6月2日，福建省侨联主席陈式海陪同省人大副主任张广敏赴松溪县调研，省总工会党组书记丁文清随同。在松溪县，张广敏会见了应邀到松溪县的澳门南平联谊会考察团一行，双方就帮扶松溪县经济社会发展进行了交流和探讨。张广敏副主任一行还与松溪县委书记黄美萍、县长苏建旗会商了扶贫开发工作，听取了省总工会和省侨联挂钩帮扶松溪县的工作情况介绍，充分肯定了省总工会和省侨联挂钩帮扶松溪县的成绩。6月3日，陈式海主席在

10月17日，福建省侨联主席陈式海（右五）陪同省人大副主任张广敏（右四）赴松溪县调研

南平市侨联主席黄伟和松溪县侨联主席甘庆的陪同下，深入省侨联挂钩帮扶村——长江村进行调研。陈式海主席实地调研了解了省侨联帮扶该村的项目和资金落实情况，与乡、村两级干部进行座谈，探讨长江村后续发展的思路，指导乡、村两级拓宽工作思路。10 月 17 日，省人大副主任张广敏率省直有关部门负责人赴松溪县开展对口挂钩帮扶工作情况调研，陈式海主席陪同。在松溪县，张广敏一行出席了长乐区捐赠松溪县冶金博物馆捐赠仪式，对长乐区积极开展对口帮扶工作充分肯定；察看了茶平乡吴山头村古村落整治规划情况，并在花桥乡九蓬村与驻村干部进行座谈交流。在湛卢山下的吴山头村，张广敏强调，“古村落的开发不能砍一棵树，这是贫困村的志气，老祖宗的东西不能丢，青山绿水保护得好，聚宝盆就在我们手中。”陈式海表示，挂钩帮扶要做到“人到、情到、钱到”，确保帮出实效。近年来，省侨联高度重视对松溪县的挂钩帮扶工作，积极下派干部驻村蹲点帮扶，依托省侨联侨务资源优势，牵线搭桥，汇聚侨心侨力，累计共捐赠 2230 多万元用于松溪县新农村建设和侨爱心工程项目。将来省侨联还将捐赠部分资金，作为历史文化古村落吴山头村危房修缮资金，助力松溪县发展乡村旅游，打好脱贫攻坚战。

2017 年 7 月，福建省侨联调研组在政和县杨源乡召开挂钩帮扶调研座谈会

【赴南平、宁德开展调研】7 月 13 日—14 日，福建省侨联主席陈式海率调研组一行 5 人，赴政和、屏南县开展帮扶工作和基层侨联组织建设调研。在政和县，调研组一行赴石圳村参观廖俊波同志事迹馆，并到留守儿童服务示范站——政和县石屯镇西津畲族小学，看望慰问获评全国“最美家庭”称号的印尼侨眷庄桂淦夫妇，了解学校建设情况，对今后帮扶工作进行深入交流。在杨源乡，调研组召开了挂钩帮扶调研座谈会，还到该乡岭头村实地查看生态猕猴桃示范基地和天富盈合作社大庙养蜂基地，对杨源乡结合自身优势，创立项目品牌，促进农业增效、农村增收、农民致富，加快高山区农户精准脱贫发挥引领带动作用给予充分肯定。在屏南县，调研组一行了解基层侨联组织建设及文创工作，走访艺术中心，听取“文创＋”模式发展介绍。赴屏城乡厦地村、陆地村、村头村了解当地组织建设和侨务工作情况，鼓励基层侨联组织继续发挥优势，加强侨联品牌建设，并团结侨界群众，增强侨联的向心力与凝聚力。

【召开涉侨维权工作联席座谈会】6 月 16 日，福建省法院、省侨联涉侨维权工作联席座谈会在榕召开。省法院副院长谢开红、省侨联副主席翁小杰、涉侨维权工作协调指导小组成员参加了会议，最高人民法院司改办副主任汪世荣、协调处处长付育和中国侨联权益保障部部长张岩率调研组一行到会指导。会议以“着眼改革创新、健全维权机制、实践司法为民、推动维护侨益”为主

6 月 16 日，福建省法院、省侨联涉侨维权工作联席座谈会在福州召开

题，与会双方相互通报了近年来涉侨维权机制建设和运行情况，并就建立完善“多元化涉侨纠纷解决机制”实现新突破，与调研组进行了讨论。

2017 年 6 月，两岸侨界青年创业团参观创业小镇

【邀请台湾青年学生来闽参访交流】 5 月 26 日—30 日，台湾科技大学青年学生交流团一行 28 人应福建省侨联和黄乃裳研究会的联合邀请来闽访问。参访团一行受到省侨联领导的热情接待。参访期间，台湾科技大学师生与福州大学师生联合开展活动。到滨海新城了解福州“东进南下”的新城市规划，参访数字福建云计算中心、恒申合纤、东湖 VR 智慧中心等高新科技项目。到三坊七巷福建华侨文化展示中心学习福建华侨简史和福建华侨历史人物。到闽清参访黄乃裳纪念馆、黄氏宗祠，祭拜黄乃裳陵园。走访福州台湾青年创业基地和平潭台创基地，了解平潭对台各项优惠政策。此次参访不仅是一次学习创新创业之旅，还是一次了解大陆科技发展的科技之旅，学习闽侨文化的文化之旅。据悉，台湾科技大学青年学生交流团有半数师生是第一次到大陆参访。

【邀请两岸侨界青年创业交流团来闽参访考察】 6 月 17 日—23 日，应福建省侨联的邀请，两岸侨界青年创业交流团一行 27 人在厦门、武夷山、福州等地开展为期一周的实地参访考察。在闽期间，台湾青年们参加了由中国侨联、中华侨联总会、华侨协会总会、福建省侨联主办的 2017 海峡两岸暨香港、澳门侨界圆桌峰会，进一步加深“坚持‘九二共识’、深化融合发展”的理念；参观厦门海西则金基金小镇，以及信息、生物、文创产业孵化基地、金乐客国际餐饮技术学院、厦门两岸集成电路自贸区产业基地等，听取《“一带一路”战略下的金融商机》讲座，了解大陆提出的共建“一带一路”的重大倡议内容和意义，以及台湾青年如何积极融入“一带一路”建设，投身福建“21 世纪海上丝绸之路核心区”建设，达到共同发展；与海峡交流文化中心开展交流座谈，参观厦门华侨博物馆、福建华侨文化展示中心的华侨华人图片展、林则徐纪念馆，走访武夷精舍、海峡两岸青年创业孵化中心、福大怡山文创园等。此次两岸侨界青年创业交流团层次较高，有半数以上是第一次到大陆参访考察。

【参与举办两岸侨联和平发展论坛海峡两岸暨港澳侨界圆桌峰会】 6 月 18 日，作为第九届海峡论坛分场活动之一，由中国侨联、中华侨联总会、华侨协会总会、福建省侨联主办，厦门市侨联承办，2017 两岸侨联和平发展论坛、海峡两岸暨港澳侨界圆桌峰会在厦门召开。中国侨联主席万立骏，中国侨联副主席乔卫，福建省委常委、统战部部长雷春美等领导出席。会议以“坚

6 月 18 日，两岸侨联和平发展论坛、海峡两岸暨港澳侨界圆桌峰会在厦门召开

持‘九二共识’，深化融合发展”为主题，内容丰富、氛围热烈，体现了民间性、草根性、广泛性的特点，凸显了两岸侨界同办、闽港澳台互动的特色。来自港澳台及美国、菲律宾、捷克、斐济等国家和地区的侨界人士，以及台湾基层民众等共150余人参加。中国侨联主席万立骏，福建省委常委、统战部部长雷春美分别在会上发言。与会台湾、香港、澳门及海外侨社负责人相互交流，共同回顾与展望两岸侨界的交流合作，一起讲述“两岸故事”，积极表达两岸民众“话语圈”，为提升海峡两岸港澳侨界合作层次、推动闽港澳台民间交流、维护两岸关系和平发展积极建言献策。

【举办首届世界侨青论坛暨澳门与“一带一路”青年峰会】7月23日—25日，由福建省侨联和福建省侨界青年联合会联合主办的首届世界侨青论坛暨澳门与“一带一路”青年峰会活动在澳门举行，来自14个国家和地区的150多名侨青代表参加。24日上午，首届世界侨青论坛在澳门城市大学文化中心举行开幕式。全国人大代表、中国侨联副主席、澳门归侨总会会长刘艺良代表中国侨联致辞，全国政协委员、福建省侨联副主席、澳门特区立法会议员陈明金受福建省侨联主席陈式海委托，代表福建省侨联致辞。论坛围绕“一带一路”举行主旨演讲，并专门开设创新创业互动环节。中国葡语系国家经贸文化交流中心与部分葡语系国家侨青代表共同签署了《葡语系国家侨界青年交流合作共识意见书》。论坛期间，侨青会会长曾志龙带领与会全体侨青共同发布了《梦想与行动》的侨青宣言，举行了侨青联欢活动及以“文化传承”“创新创业”为主题的侨青参访活动。

【三级侨联党组织联合开展“向廖俊波同志学习”主题实践活动】5月18日，福建省暨厦门市、集美区三级侨联党组织以“走进华侨故里，学习嘉庚精神”为主题，开展了“向廖俊波同志学习”活动，省侨联副主席谢小建、厦门市侨联主席王德贤和来自省侨联机关第一、第二党支部、厦门市侨联机关党支部、集美区侨联及集美大学侨联党小组的24名党员干部代表参加了活动。大家先到集美区侨联检查指导交流，后赴陈嘉庚纪念馆、陈文确陈六使陈列馆实地参观学习，并召开“向廖俊波同志学习”心得体会交流座谈会。此活动是福建省侨联历史上首次组织的三级党组织联合主题实践活动，也是落实《福建省侨联机关党委关于深入开展向廖俊波同志学习活动的方案》的具体安排，为推动省侨联各级党组织把学习“嘉庚精神”与学习廖俊波同志精神紧密结合起来，以实际行动践行廖俊波同志优秀品质，提供了有益尝试。2017年7月，省侨联组织全体干部职工通过电视、网络、手机等媒体观看大型电视专题片《将改革进行到底》，并

5月18日，参加主题实践活动的福建省、厦门市侨联领导在集美区侨联指导工作

7月25日，首届世界侨青论坛暨澳门与“一带一路”青年峰会在澳门举办

7 月 25 日，福建省侨联组织《将改革进行到底》专题学习会现场

进行专题学习。各级基层侨联也组织干部职工积极收看。

【福建侨批文化研究中心“中国华侨国际文化交流基地”揭牌】 11 月 30 日，福建侨批文化研究中心“中国侨联华侨国际文化交流基地”揭牌仪式在福建省档案馆举行，省侨联主席陈式海、省档案局局长卓兆水共同为基地揭牌。省人大常委会副主任张广敏参加调研并见证了揭牌仪式。福建省是全国著名侨乡，福建省档案馆收藏福建历史文化资源十分丰富，华侨特色档案是其重要内容。侨批是记录福建早期在海外打拼的先辈们下南洋、闯天下、思家园的珍贵文献资料。近年来，福建省档案馆从海外华侨华人与国内的紧密联系角度，以侨批档案为载体，以传播中华优秀传统文化为核心，设立福建侨批文化研究中心。经过层层申报、考察、筛选、审核，2017 年 9 月，中国侨联将福建侨批文化研究中心确认为第五批“中国华侨国际文化交流基地”。到年底，福建省共有 14 个单位获此殊荣。陈式海表示，希望福建侨批文化研究中心以这次交流基地授牌为契机，加强与省侨联合作，实现资源互补。

12 月 26 日，福建省华侨历史学会第七次会员代表大会在福州召开

【召开福建省华侨历史学会第七次会员代表大会】 12 月 26 日，福建省华侨历史学会第七次会员代表大会在福州开幕。中国华侨历史学会副会长、中国华侨华人研究所所长张春旺，福建省侨联主席陈式海，省政协港澳台侨和外事委员会副主任洪碧玲，省侨务办公室副主任林泽春，省侨联副主席林俊德，省华侨历史学会会长谢小建等出席会议。来自全省各条战线、各行各业的省华侨历史学会代表，专家学者及各设区市侨联、平潭综合实验区侨联有关领导等近 120 人参加大会。张春旺、陈式海分别在会上讲话。谢小建代表省华侨历史学会第六届理事会作工作报告。大会经选举产生福建省华侨历史学会第七届理事会和首届监事会，谢小建连任会长，庄国土等 8 人当选副会长，新任常务理事 38 名，理事 83 名。会前，举办了“新时代福建侨史侨情”研讨会，来自华侨大学、厦门大学、福建社会科学院等近百名高校教授和专家学者参加了研讨会。

【厦门海沧成立侨史研究会】 4 月 17 日，厦门市海沧区侨联召开侨史研究会成立大会暨首届侨史论坛。来自海沧各个姓氏宗亲、华侨（宗亲）社团代表，海外嘉宾等 100 余人参加活动。厦门市侨联副主席邓飚，海沧区区委常委、统战部部长廖凡，区人大侨工委主任冯凤岐，外侨办主任林建兴，致公党海沧主委胡纵衡，以及漳州华侨华人通史主编郑来发等领导嘉宾出席了成立大会。大会聘请新加坡华人学者柯木林、马来西亚槟城拿督温子开、建筑文史学者陈耀威、台湾师范大学东亚学系主任江柏炜、厦大历史学教授曾玲、华侨大学华侨华人研究院教授许金顶等海内外侨史研究的专家学者为侨史研究会的顾问，并颁发了证书。海沧有着厚重悠久的历史文化，海沧的侨台文化也是耕读文化的重要组成部分。成立侨史研究会并举办首届侨史论坛旨在挖掘、弘扬海沧侨

文化、海洋文化，并通过学会这个平台，让更多的学者和侨史爱好者关注海沧侨乡文化，从而推进海沧文化建设，塑造人文风貌，提升海沧文化自信的高度。

【福州市华侨历史学会召开第五次会员代表大会】7月20日，福州市华侨历史学会第五次会员代表大会在福州召开。福建省侨联副主席、省华侨历史学会会长谢小建，福州市侨联党组书记、主席蓝桂兰，市社科联、市民政局有关领导，会员代表、受聘荣誉人员及各县（市）区侨联负责人等共90人参加会议。谢小建、蓝桂兰分别在会上讲话。大会审议通过了福州市华侨历史学会第四届理事会工作报告、财务报告，票决了第五届会员会费标准，选举产生第五届理事会，毛文良等34人当选新一届理事，王坚等13人当选第五届理事会常务理事，陈成栋当选会长，张振玉、王坚、陈日升当选副会长，唐宜当选副会长兼秘书长。

【泉州百个家族移民马来西亚族谱展在吉隆坡开展】8月13日，华穗艺术节之“根脉寻踪——泉州百个家族移民马来西亚族谱展”开幕式在吉隆坡马华大厦举行，为期19天。展览由马来西亚华社文化艺术咨询委员会、马六甲郑和·朵云轩艺术馆主办，福建省泉州市侨联、南洋华裔族群寻根谒祖综合服务平台共同协办。展览选用了1340册电子族谱和百册纸质族谱，涉及泉州迁居马来西亚的62个姓氏、220个家族，比较全面地反映了泉州各姓氏先人迁居新马各地的情形。展览期间，不少华裔小朋友前来参观，倾听工作人员由浅及深地介绍泉州人文地理、风景名胜、族姓来源和传统文化，以及泉州与马来西亚华人社会共同的民间信仰、宗祠、寺庙等；在翻阅纸质族谱中学习一些简单的族谱知识，了解祖辈的信息，探寻自己的根脉。为便于当地市民进一步查询有关移民马来西亚的祖先及家族资料，南洋华裔族群寻根谒祖综合服务平台推出可供查询的寻根数据库，来访者提供开基祖姓名、昭穆、堂号、祖籍地或其他可供参考的资料便可进行现场查询。这次族谱展充分反映海内外泉籍乡亲血浓于水、手足情长的历史情形，为海外华裔寻根谒祖、为泉州和马来西亚两地族谱交流提供一个良好的对接平台。

8月13日，“根脉寻踪——泉州百个家族移民马来西亚族谱展”开展期间，参观者在翻阅族谱

【厦门市侨联召开第十六次“侨代会”】8月22日，厦门市第十六次归侨侨眷代表大会在厦门小白鹭艺术中心召开。400多名来自厦门市各条战线和港澳、海外的归侨侨眷代表、嘉宾莅会。中国侨联副主席李卓彬，福建省侨联主席陈式海，厦门市委常委、统战部部长张灿民等领导出席大会。省内外侨联及港澳台、海外侨团等向大会发来贺电贺信。李卓彬、张灿民分别在会上讲话。大会听取并审议通过了工作报告，选举产生了第十六届委员会。潘少銮当选主席，洪春凤等12人当选副主席，杜瑞田当选秘书长。大会聘请了一批名誉主席、顾问和海外委员。一批侨联系统先进集体、先进基层组织、先进工作者、归侨侨眷先进个人在会上获表彰。本次新当选的149名委员，来自各党政机关、事业单位、学校、社区、农村等不同领域、不同行业，其中新侨委员有13名，增强了新侨在侨联队伍中的比重，具有广泛性、代表性和先进性。

江西省归国华侨联合会

【领导成员名单】

主　　　席：马志武

党 组 书 记：张知明（女）

专职副主席：王　强　罗丽都（女）

兼职副主席：郑兆国　辛洪波　于集华

李江山　梁安琪（女）

万志新

党 组 成 员：许晓燕（女）

秘　书　长：蔡　峻

【综述】2017年，在中国侨联和中共江西省委的指导下，全省各级侨联牢固树立“四个意识”，以习近平新时代中国特色社会主义思想为指导，以学习宣传贯彻党的十九大精神为主线，把迎接和学习宣传贯彻党的十九大精神作为侨联首要政治任务，带领广大归侨侨眷和侨联工作者，把思想和行动统一到党的十九大精神上来，在“学懂、弄通、做实”上下功夫，扎实做好各项工作。认真贯彻以习近平同志为核心的党中央关于侨联改革的一系列重要指示，推动侨联改革创新发展，坚持全面落实《江西省侨联改革方案》，在服务大局中发挥优势，在改革创新中体现作为，各项工作取得了新成效。聚力推进精准扶贫，主动引导海内外侨胞参与精准扶贫实践，争取海外爱心人士和团体的大力支持，在全省各地捐建侨心学校，捐赠棉被、棉衣等物资。参政议政传递侨声，全国和江西省“两会”期间，侨界代表委员向全国人大十二届五次会议提交建议案10余件，向江西省人大十二届七次会议和江西省政协十一届五次会议提交提案26件，大会及联组发言4人次。重点推进侨情信息工作，从党的侨务工作大局、从侨联的工作实际出发，深入挖掘信息，系统开发信息，报送46篇侨情信息，被中国侨联采用14篇，荣获2017年全国侨联系统信息工作一等奖。文化品牌亮点频现，举办“三个90周年”“喜迎十九大，共圆中国梦”和“不忘初心，牢记使命——学习贯彻党的十九大精神”书画交流会等活动，表达侨界群众对党、对祖国、对家乡的热爱。创新维护侨益工作模式，加大服务侨胞力度，与江西省检察院联合发布《关于依法服务和保障侨资侨属企业健康发展的意见》，支持侨资企业做强做大。党建工作落到实处，以“两学一做”为契机，在破解基层侨联组织“四缺”问题上下功夫，积极争取党委政府重视支持，把准政治方向，破解存在难题，建立机制保障，建设更加坚强有力、更加充满活力的侨联基层组织。加强侨联队伍建设，严格考察任用程序，完善党政领导干部考核评价，强化选人用人监督问责和专项整治，深入推进党风廉政建设，积极配合巡视组回头看、三公经费专项审计和日常纪检监察活动。规范开展政务公开、绩效管理、文明、综治、节能、法建、保密等各项内务工作，通过省级文明单位复检，荣获江西省综治先进单位和节能优秀单位称号。侨联影响不断扩大，赴阿根廷、秘鲁和巴西进行友好访问，看望当地侨胞和拜访侨团，开展了20多场次重要活动，宣传推介江西的发展环境，促进侨企交流合作，增进了侨界亲情联谊，壮大了江西省侨联海外顾问、委员队伍。紧紧围绕“五位一体”总体布局和“四个全面”战略布局，贯彻中共江西省委“创新引领、绿色崛起、担当实干、兴赣富民”工作方针，发挥优势，内引外联，为建设美丽富裕幸福现代化江西作出了积极贡献，荣获全省服务开放型经济工作先进单位称号。

【举办“创业中华·智汇赣鄱”——海内外侨界特聘专家赣鄱行活动】10月31日上午，由中

10月31日，“创业中华·智汇赣鄱”活动开幕式现场

省级侨联工作

英国皇家医学会院士、中国侨联特聘专家委员会副主任委员王执礼（左）等海内外特聘专家 120 余人出席开幕式

中国侨联副主席康晓萍出席开幕式并致辞，江西省委常委、省政府常务副省长毛伟明，江西省侨联党组书记张知明出席“创业中华·智汇赣鄱”活动开幕式

国侨联特聘专家委员会、中共江西省委人才工作领导小组办公室、江西省侨联、江西省工信委、江西省商务厅共同主办的“创业中华·智汇赣鄱”——海内外侨界特聘专家赣鄱行活动开幕式暨主旨演讲在江西省行政中心举行。中国侨联副主席康晓萍，江西省委常委、省政府常务副省长毛伟明出席并讲话，江西省侨联党组书记张知明主持开幕式。英国皇家医学会院士、中国侨联特聘专家委员会副主任委员王执礼等海内外特聘专家 120 余人出席开幕式。中共江西省委副书记姚增科在南昌会见了康晓萍及部分专家，康晓萍还参观考察了南昌瓷板画艺术博物馆，并来到江西省侨联机关看望了侨联干部职工。海内外中国侨联特聘专家委员们在赣期间先后考察了南昌汇仁集团、尚华医药科技有限公司、江西中科九峰智慧医疗科技有限公司等，专家们与企业家座谈讨论，共谋良策，共话发展，为江西生物医药产业建言献策。

【举办“海外侨胞故乡行——走进江西”活动】 9 月 18 日，由中国侨联主办、江西省侨联承办的“海外侨胞故乡行——走进江西”活动在南昌启动，中共江西省委副书记姚增科亲切会见了来自世界 23 个国家和地区的 50 多位海外侨

9 月 18 日，中共江西省委副书记姚增科（前排中）会见“海外侨胞故乡行”代表团

胞代表，中共江西省委副秘书长李绪先，江西省侨联党组书记张知明，江西省侨联副主席王强、罗丽都、李江山参加会见。9 月 19 日，海外侨胞代表参观考察了侨资企业江西汉昫孵化器有限公司，并参加了南昌市红谷滩新区创新创业推介会，江西省贸促会副会长赵向阳介绍了近年来江西省经济社会发展情况，红谷滩新区管委会副主任谌伟向与会代表们介绍了红谷滩新区的资源优势及商业发展情况，海外侨胞代表们对开展教育、科研等方面的合作进行了交流。9 月 21 日，海外侨胞代表们分别走进景德镇、萍乡、宜春和上饶等地进行实地考察，进一步深入了解赣鄱文化的内涵与底蕴。

【成立江西省海外人士创新创业联谊会】在江西省侨联的倡议下，江西省海外人士创新创业联谊会 9 月 26 日在南昌成立，这是全国侨联系统中第三个成立的侨界创新创业联谊组织。江西海创会旨在激发广大海外人士的创新潜能和创业活动，更好地发挥创新人才国际视野广、创新理念优、创新资源丰的优势，为推进全省“创新引领、绿色崛起、担当实干、兴赣富民”做出更大贡献。首届江西海创会委员共 100 名，聘请江俊伟等 9 名侨界专家为名誉会长，江西中欧实业有限公司董事长胡军华当选江西省海创会会长。

【出席第十六届赣港经贸合作活动】6 月 7 日—9 日，以“新理念、新发展、新动能”为主题的第十六届赣港经贸合作活动在香港举行，中共江西省委副书记、省长刘奇，江西省政协副主席胡幼桃出席此次活动。江西省侨联党组书记张知明带队赴香港开展工作，积极为侨企牵线搭桥，邀请 20 余位重要嘉宾参加活动，圆满完成省政府交办的工作任务。在港期间，张知明先后拜会了中国侨联副主席、亚洲金融集团主席陈有庆，中国侨联常委、世界客属总商会总会长李金松，香港侨界社团联会副会长王钦贤及部分侨领。

江西省侨联党组书记张知明出席第十六届赣港经贸合作活动

江西省侨联党组书记张知明拜会中国侨联副主席、亚洲金融集团主席陈有庆

9 月 26 日，江西省侨联党组书记张知明（中）出席江西省海外人士创新创业联谊会成立大会

江西省侨联党组书记张知明（右二）拜会中国侨联常委、世界客属总商会总会长李金松（左二）

【启动“牵手江西·同心筑梦”第二届赣港澳台青少年交流活动】4 月 15 日，“牵手江西·同心筑梦”第二届赣港澳台青少年交流活动在江西师范大学启动。江西省政协副主席刘晓庄出席活动启动仪式，为基地 LOGO 揭牌，并寄语两岸四地青年珍惜时光，深化友谊，增进感情，同心同行，共圆中华民族伟大复兴中国梦，江西省侨联副主席王强等出席活动启动仪式。

【法国中国和平统一促进会代表团访赣】5 月 6 日，法国中国和平统一促进会执行会长、江西省侨联海外顾问、江西省侨商会荣誉会长王加清先生率团来赣访问。江西省侨联党组书记张知明在南昌会见了法国代表团，双方就维护中国统一和主权完整、促进中法交流与友谊、维护侨胞合法权益等方面进行了座谈。法国代表团一行在南昌参观了新四军军部旧址，考察了南昌恒立泰制衣有限公司等侨资企业。

4 月 15 日，“牵手江西·同心筑梦”第二届赣港澳台青少年交流活动启动仪式

【举办学习贯彻党的十九大精神书画交流会】11 月 3 日，江西省侨联举办“不忘初心　牢记使命——学习贯彻党的十九大精神书画交流会”活动。江西省侨联党组书记张知明亲切看望出席活动的艺术家，副主席王强、罗丽都，党组成员许晓

5 月 6 日，江西省侨联党组书记张知明（右十）会见法国中国和平统一促进会访赣代表团

11 月 3 日，江西省侨联举办“不忘初心　牢记使命——学习贯彻党的十九大精神书画交流会”活动

80 余人出席恳谈会。当晚，江西省侨联和江西省广播电视台联合举办“侨联四海　情满赣鄱”——月是故乡明中秋联欢会，来自 20 余个国家和地区的 100 余位侨胞参加联欢，共迎国庆、中秋双节，传递侨界好声音，讲述江西好故事，共同祝愿祖国繁荣昌盛，祝愿江西经济繁荣、社会进步，抒发了侨界群众的爱国情怀及共圆中国梦的豪情壮志。

燕，省侨联青委会会长周世鹏，省侨联文协会副会长章新农，日中书法艺术协会会长、省侨联文协会副理事长熊峰，省侨联文协会常务理事杨玉来及知名书画家钟显威、罗江出席活动。

举办“侨联四海　情满赣鄱”——中秋联欢会

【举办“侨联四海　情满赣鄱”中秋恳谈会】 9 月 26 日，江西省侨联召开“侨联四海　情满赣鄱”中秋恳谈会，中共江西省委副书记姚增科出席恳谈会并讲话，江西省人大常委会副主任、江西省侨联主席马志武，省委副秘书长李绪先，省侨联党组书记张知明，省广播电视台副台长刘建芳，省侨联副主席王强、罗丽都、辛洪波及来自省侨联法顾委、青委会、侨商会、特专委、文协会、海创会等六个平台的嘉宾代表

9 月 26 日，江西省侨联召开“侨联四海　情满赣鄱”中秋恳谈会

【举办“亲情中华·漆韵”2017 澳门·江西漆画艺术精品展】 6 月 9 日，由中国侨联、江西省侨联主办，江西省侨联文化艺术交流协会与澳门书法篆刻协会联合承办的“亲情中华·漆韵”2017 澳门·江西省漆画艺术精品展在澳门开幕。全国政协副主席何厚铧，澳门中联办副主任薛晓峰，澳门立法议员、江西省政协常委梁安琪，澳门基金会行政委员会主席吴志良，澳门文化局副局长杨子健，澳门文化产业基金行政委员朱妙丽，澳门日报社长陆波，澳门美术协会会长黎鹰，江西省侨联副主席王强，江西省政协常委阮建昆，澳门江西同乡会会长、澳门新康怡投资股份有限公司董事总经理

中国侨联副主席、澳门创世企业集团有限公司董事长、澳门归侨总会会长刘艺良参观漆画艺术展

陈季敏，澳门书法篆刻协会会长萧春源及江西美术家协会副主席熊建新等出席开幕式。中国侨联副主席、澳门创世企业集团有限公司董事长、澳门归侨总会会长刘艺良参观了展览会并与漆画艺术家们进行了深入交流互动。这次展览是中国侨联与江西省侨联在澳门合作举办的首次以漆画为主题的展览，旨在讲好江西故事、传递江西声音，以侨为桥，推动赣澳合作交流。

7 月 31 日，江西省侨联举办“三个 90 周年”书画交流会

6 月 9 日，“亲情中华·漆韵”2017 澳门·江西漆画艺术精品展在澳门开幕

【举办“三个 90 周年”书画交流会】7 月 31 日下午，江西省侨联举办纪念八一南昌起义、秋收起义、井冈山革命根据地创建“三个 90 周年”书画交流会活动，江西省侨联党组书记张知明、副主席王强亲切看望出席活动的艺术家代表与侨界朋友。江西省侨联文协会顾问徐林义、副理事长彭石天、常务理事邹国财、江西省国画院院士罗江现场泼墨挥毫，通过翰墨丹青饱含深情地歌颂人民解放军在创建和建设新中国过程中做出的巨大贡献。江西省侨联文协会副会长甘哲华、熊斌、张云、聂碧云、周亮、唐义明、熊国友、刘春荠等侨界友人参加交流会。

【召开“侨联四海 情满赣鄱”座谈交流会】1 月 19 日，江西省侨联组织召开“侨联四海 情满赣鄱”座谈交流会，中共江西省委副书记姚增科出席并讲话，并和与会侨胞、侨商互动交流，畅谈发展。江西省人大常委会副主任、江西省侨联主席马志武主持会议，江西省政协副主席胡幼桃，江西省政协港澳台侨和外事委主任冷芬俊，江西省侨联党组书记张知明出席了座谈会。中科院院士、江西省侨联特专委主任委员黄路生，江西省侨商会常务副会长胡军华、楼大明、丰志华，江西省侨联法顾委委员刘卫东，江西省侨联青委会会长周世鹏、常

1 月 19 日，江西省侨联举办“侨联四海　情满赣鄱”座谈交流会

务副会长谭青华，江西省侨联文协会副理事长熊峰，特专委委员杨旸、李晓常、奉向东等代表踊跃发言。

【联合举办侨企创新创业发展座谈会】 4 月 11 日，为深入贯彻落实中共中央和中共江西省委关于做好侨联工作的要求，紧密团结广大海外侨胞和归侨侨眷，助推侨商侨企创新创业，促进全省经济社会健康平稳快速发展，江西省侨联与江西省地税局联合举办了支持侨企创新创业发展座谈会。省地税局党组书记、局长张和平出席会议并讲话，省侨联党组书记张知明主持会议。省地税局纪检组长尹玉光，总经济师赖新生，副局长黄正逊，省侨联副主席王强、罗丽都、万志新等，以及来自省地税局各部门负责人和省侨商会、青委会、文协会等平台的代表 70 余人参加会议。江西省地税局相关部门的负责人与参会侨商代表在座谈会上开展互动交流，解读税务政策、普及税务知识，就侨企在发展中遇到的税务问题进行现场答疑。

【出台《江西省侨联改革方案》】 2 月 24 日，中共江西省委出台了《江西省侨联改革方案》。3 月 20 日，江西省侨联召开《方案》学习动员会，省侨联党组书记张知明、副主席王强、罗丽都、党组成员许晓燕、秘书长蔡峻及全体机关干部职工参加会议。《方案》共包含六个部分：第一部分明确了省侨联改革的指导思想、基本原则、主要目标；第二部分从三个方面改革完善侨联工作体制机制，提出了优化组织架构、增强基层群众代表性的举措；第三部分从四方面创新侨联工作的方式方法；第四部分从六方面提升侨联服务能力；第五、六部分完善侨联领导班子的选拔任用机制，优化侨联机关人员结构，改进侨联工作作风，建立机关干部直接联系基层制度。《方案》要求全省各级侨联组织要凝聚改革共识，增强改革动力，结合各自工作实际抓好贯彻落实，推动改革取得实质性成效，实现侨联工作创新发展。

【联合举办支持侨企创新创业座谈会】 为贯彻落实《江西省侨联改革方案》和《关于依法服务和保障侨资侨属企业健康发展的意见》（赣检会〔2017〕2 号）精神，切实发挥检察机关、侨联组织和电视媒体的职能作用，依法保障侨商和侨资侨属企业的合法权益，优化投资发展环境，8 月 23 日，江西省侨联与江西省检察院、江西省广播电视台联合举办“支持侨企创新创业发展座谈会”。省侨联党组书记张知明主持会议，省检察院党组副书记、副检察长李智，省广播电视台副台长刘建芳出席会议并讲话，共同为促进维护侨益工作的创新发展做好服务，更好地推动侨资企业做大做强。

【出席第二十二届澳门缅华泼水节】 4 月 21 日—23 日，第二十二届澳门缅华泼水节系列活动在澳门举行。江西省侨联副主席罗丽都应邀出席活动。活动期间，罗丽都拜会了澳门立法会议员、江西省政协常委、省侨联副主席梁安琪女士，江西省政协常委、全国工商联执委、中山市侨联副主席阮建昆先生，江西省政协委员、澳门江西同乡会会长陈季敏女士，全国青联常委、澳

江西省侨联副主席罗丽都（左）出席第二十二届澳门缅华泼水节

门恒和企业集团执行董事颜奕萍；还看望了翁伯昌、李天赏、洪金乐、张楚、罗萍等部分委员、海外顾问及侨青委员。

【举办“侨联四海 情满赣鄱”归侨侨眷慰问金发放活动】为强化桥梁纽带作用，团结引领侨界群众为决胜全面小康做出贡献，1 月 22 日，江西省侨联、南昌市侨联联合举办了“侨联四海 情满赣鄱”归侨侨眷慰问金及慰问品发放活动。江西省人大常委会副主任、江西省侨联主席马志武出席并讲话。江西省政协港澳台侨和外事委员会主任冷芬俊，江西省侨联党组书记张知明，江西省红十字会副会长戴莹，南昌市委常委、统战部部长乐文红，南昌市政协副主席黄清玉，省侨联党组成员许晓燕等出席活动。活动期间，省市侨联、省红十字会和爱心侨商共向 80 名贫困归侨侨眷发放了价值 30 万元的慰问金和慰问品。

5 月 9 日，江西省侨联法律顾问委员会第三届委员大会在南昌召开

江西省人大常委会副主任、江西省侨联主席马志武（右一）向困难归侨侨眷发放慰问金

1 月 21 日，“侨联四海　情满赣鄱”归侨侨眷慰问金发放活动现场

【召开江西省侨联法律顾问委员会第三届委员大会】5 月 9 日，江西省侨联法律顾问委员会第三届委员大会在南昌召开。省侨联党组书记张知明、中国侨联法顾委副主任姜凤岩到会并讲话，中国侨联权益保障部部长张岩，省侨联副主席王强、罗丽都、党组成员许晓燕、秘书长蔡峻等出席会议。江西省侨联法顾委成立 13 年来，秉承为侨服务宗旨，主动为侨界群众和侨资企业排忧解难，积极依法维护侨胞合法权益，凝聚力和影响力不断提升。省侨联法顾委副主任、省司法厅副巡视员叶青作工作报告。会议选举方晓春为新一届省侨联法顾委主任，孙牯昌、叶青、李晓斌、李斌、刘卫东、张辉、张艾、梅智杰为副主任。

【出访阿根廷、秘鲁和巴西】11 月 8 日—18 日，江西省人大常委会副主任、省侨联主席马志武，江西省侨联党组书记张知明率团赴阿根廷、秘鲁、巴西三国进行了为期 11 天的访问。此次出访共进行了 20 多场活动，受到了邀请方的高度重视，阿根廷国会议员 Monica Litza、巴西国会议员 Francisco Floriano、秘鲁国会议员 Rolando Reategui Flores 分别与代表团进行了座谈交流。代表团还拜会了阿根廷中国和平统一促进会、阿根廷江西同乡会、秘鲁中资企业协会、秘鲁中华通惠总局、巴西江西同乡总会、巴西南美洲闽南同乡联谊总会等海外侨团。代表团围绕海外侨胞关注的热点问题，充分宣讲党的十九大提出的一系列新的重要思想、重要观点、重大论断、重大举措，在海外侨胞中引起了热烈反响。同时积极宣传推介江西独特的山水之美、厚重的人文之美、蓬勃的活力之美，向南美侨胞介绍江西具有的区位优势、生态优势、资源优势和良好的投资环境。此次访问深化了江西与南美三国在经贸、旅游、侨务资源和社会救助等领域的交流与合作，拉近了与南美侨胞的距离，增进了感情，涵养了侨务资源。

3 月 15 日，江西省侨联副主席王强在赣州市开展人才调研

11 月 15 日，江西省人大常委会副主任、省侨联主席马志武（中），江西省侨联党组书记张知明（右二）拜访巴西江西同乡总会

11 月 10 日，江西省人大常委会副主任、省侨联主席马志武（前排中），江西省侨联党组书记张知明（前排右二）拜访阿根廷国会议员

【开展侨界人才工作调研】2017 年 3 月—5 月，江西省侨联在中共江西省委副书记姚增科的指示下，对全省侨界人才情况开展了深入调研。省侨联调研组先后赴广东、江苏等省和 6 个设区市及 10 所高校、8 家医院、30 余家侨资企业开展侨界人才情况调研活动，形成了《江西省侨界人才发展状况调研报告》，得到省委、省政府领导的高度肯定，为相关部门制定引进侨界人才决策提供了参考依据。

【开展精准扶贫】2017 年，江西省侨联全力抓好上饶市余干县洪家嘴乡双港村的扶贫工作，全年共召开 6 次党组会研究扶贫工作，省侨联党组书记张知明先后四次到扶贫点调研指导扶贫工作。开展“党建 + 产业技术扶贫”“党建 + 美丽乡村建设”“党建 + 脱贫信念引领”等活动，健全落实党的各项组织生活制度。指导建立村务监督委员会、村民理事会，促进村级事务公开，指导完善村规民约、帮助提炼村里家风家教精神，弘扬村文明新风。做好贫困户精准识别、数据采集、建档立卡等动态管理工作，精准掌握各户的基本情况、家庭状况、致贫原因等各类信息。凝聚侨界爱心人士，发挥侨资侨力开展捐赠活动，全年共投入帮扶资金 85.85 万元。充分发挥村干部致富引领作用，扶助村里文化基础较好、经商头脑较灵活的村民作为致富带头人。2017 年全村贫困户达到了“两不愁三保障”的目标，到年底完成了贫困村脱贫摘帽的任务。

【赣州市侨联召开第六次归侨侨眷代表大会】 9 月 28 日—29 日，赣州市第六次归侨侨眷代表大会召开。中共江西省委常委、赣州市委书记李炳军向大会致信祝贺，江西省侨联党组书记张知明，赣州市委常委、组织部部长张圣泽出席大会并讲话，赣州市委、市人大、市政府、市政协领导及各人民团体负责同志到会祝贺。全市归侨侨眷代表及海外嘉宾共 180 余人出席大会。大会审议通过了池峰龙代表赣州市侨联第五届常务委员会所作的工作报告，召开了赣州市侨联六届一次全委会议，选举产生了赣州市侨联第六届常务委员会委员 14 名，池峰龙当选市侨联主席，陈健鸣（女）当选市侨联专职副主席，李升隆、施至表、周世友当选市侨联兼职副主席，王健（女）当选秘书长。

【萍乡市侨联承办“海外侨胞故乡行——走进江西”】 9 月 19 日—20 日，“海外侨胞故乡行——走进江西”活动来到萍乡。来自西班牙、阿联酋、法国、吉尔吉斯斯坦、博茨瓦纳及中国澳门等国家和地区的海外嘉宾一行来萍参观考察并参加了由萍乡市侨联、安源区委、区政府共同举办的红色安源创新创业推介会。侨胞们在此次活动中考察了萍乡市部分优秀侨资企业，参观了五陂海绵特色小镇和安源路矿工人运动纪念馆。考察结束后，海外嘉宾表示将进一步深化此次故乡行的考察成果，助推萍乡与海外国家和地区的交流与合作，努力实现共建、共享、共赢。

【南昌市侨联举办首届“洪港澳”青年夏令营活动】 6 月 10 日—13 日，由南昌海外联谊会主办，南昌市侨联、南昌市青联、豫章师范学院承办的 2017 年首届“洪港澳”青年夏令营活动成功举办。参加本次“洪港澳”青年夏令营的学生是来自香港大学、香港中文大学、香港科技大学等 8 所大学及澳门科技大学的佼佼者。此次活动旨在加强南昌、香港、澳门三地之间的联系，促进两岸交流，增进师生间的友谊。

【抚州市侨联举办侨界读书班宣讲十九大精神】 10 月 30 日—11 月 1 日，抚州市侨联联合抚州市社会主义学院举办了以深入学习贯彻党的十九大精神、积极拓展侨联工作新思路为主题的“抚州市侨界代表人士第一期读书班”，来自各县（区）、各行业共计 50 余名侨界代表人士参加活动。江西省侨联副主席罗丽都作十九大精神专题辅导报告，并与侨界代表人士就“讲好中国故事、传播中国文化”进行畅谈交流。此次读书班活动是抚州市侨联为适应新形势下统一战线发展的新要求，充分挖掘、团结和发挥侨界人士独特作用的有益尝试。与此同时，抚州市侨联还充分借助“抚侨之友”“澳大利亚同乡会”等微信群和网站向广大归侨侨眷、海外侨胞生动、全面、立体地宣传党的十九大精神，用侨界群众听得懂、能领会的方式把党的十九大精神讲清楚、讲明白，向他们宣传党的十八以来党和国家事业取得的辉煌成就，引导归侨侨眷向海外亲属主动宣传祖（籍）国取得的伟大成就和人民生活发生的巨大变化。

【吉安市侨联开展侨情调查摸清服务对象】 2017 年 3 月，吉安市委办公室、吉安市政府办公室印发《吉安市侨情调查工作实施方案》，成立了全市侨情调查工作领导小组，组织开展了为期半年多的全市侨情调查活动。吉安市委、市政府先后召开了全市侨情调查工作动员部署暨业务培训会，对 13 个县（市、区）和 120 多家市直单位开展侨情调查督查工作，召开全市侨情调查工作总结表彰暨成果发布会等。通过调查统计，全市现有归侨侨眷、华侨华人、港澳同胞、出国留学人员及其家属总计 3042 户，15500 余人。

山东省归国华侨联合会

【领导成员名单】

党组书记、主席：梁　波（2017 年 12 月不再担任）
李兴钰（2017 年 12 月至今）

副　主　席：李兴钰（2011 年 9 月至 2017 年 2 月）

兼职副主席：吴玉明　胡　辛

巡　视　员：李运才

秘　书　长：卢文朋

【综述】山东是全国重点侨乡省份之一，山东籍海外华侨华人、旅居港澳同胞共有约 120 万人，分布在世界上 97 个国家和地区；全省归侨侨眷约 120 万人，主要分布在济南、青岛、烟台、潍坊、威海、日照、临沂等地市，改革开放以后出去的新华侨华人约 15 万人。2017 年，全省各级侨联以迎接党的十九大、宣传贯彻十九大精神为主线，认真贯彻落实中央、省委关于群团改革的决策部署，以服务大局、服务海内外侨胞为重点，积极作为，狠抓落实，侨联工作迈上新台阶。山东省侨联机关被授予“2017 年度山东省省级文明单位”称号。

【服务经济社会发展】2017 年，山东省侨联系统组织或参与经贸、科技和引才交流活动近 100 次，协助签订投资合作协议 80 多个。经山东省侨联推荐，2 人被评为中国侨联新侨创新创业杰出人才，2 人新增为中国侨联新侨创新创业联盟理事会副理事长，9 家新侨企业新增为中国侨联新侨创新创业联盟理事单位，济南槐荫区工业园、烟台留学人员创业园区被中国侨联命名为“中国侨联新侨创新创业基地”。菏泽市侨联举办了“2017 侨星耀菏泽”暨侨商组织助力菏泽发展研讨会，近百名侨商到会进行项目对接。潍坊市侨联积极参与协调，促成新加坡金鹰集团总投资 60 亿元的清洁能源利用项目。青岛市侨联推动投资 5 亿美元的英联生物科技（青岛）有限公司暨英联生物城项目达成合作意向。临沂市侨联与市委组织部、市人社局联合组团出访乌克兰、俄罗斯，举办招才引智推介会，设立市招才引智工作站 2 家。东营市侨联邀请海外侨商、侨领参加第八届中国（广饶）国际橡胶轮胎暨汽车配件展览会，帮助企业引进“千人计划”“泰山学者”等 6 名高层次人才。日照市侨联引进市重点工程晋豫鲁铁路大通道基地项目到位资金 9000 万元，促成山东双港活塞股份有限公司与北京理工大学合作共建北京理工大学日照动力技术研究院。滨州市侨联促成投资 1 亿元人民币的滨州中海石墨项目投产。威海市侨联开展邀请“侨商看威海”活动，积极搭建项目交流平台。

在中国侨联新侨创新创业活动中，山东德迈国际实业有限公司董事长施乾平（左四）、隔而固（青岛）振动控制有限公司董事长尹学军（左三）被评为中国侨联新侨创新创业杰出人才

【拓展海外联络联谊】山东省侨联坚持“两个拓展”工作方针，走出去、请进来，广交新朋友、深交老朋友、结交真朋友，加强与新华侨华人、华裔新生代、社团新力量和政治上有影响、社会上有地位、经济上有实力、专业上有造诣的侨界人士的联络，联谊空间不断拓展。2017 年，山东省侨联系统接待了包括菲华各界联合会、法国青田同乡会等来访团组 300 多个，与近 100 个海外侨团签订友好合作协议。山东省侨联组团出访了瑞士、德国、捷克、越南、缅甸及中国香港等国家和地区，慰问侨胞，积

7月4日—13日，山东省侨联主席梁波（右四）一行访问瑞士、德国、捷克，实地考察德国易退税公司

9月11日—18日，应越南山东企业联合会、第十四届世界华商大会邀请，山东省侨联副巡视员李运才，省工商联副主席、省侨联青委会会长刘爱丽等一行9人访问越南和缅甸，并出席在仰光举行的第十四届世界华商大会

极向海外推介山东。推动阿联酋侨联在威海设立驻山东省办事处，建立了山东与阿联酋华侨华人及侨团长期稳固的关系。济南市侨联推动成立了全国侨联系统第一家副省级城市新侨创新创业联盟，枣庄市侨联促成菲律宾打拉市与枣庄市缔结友好合作关系，东营、临沂市侨联成立了留学人员联谊会，凝聚了一大批技术精湛、知识层次高、创新力强的归国留学“双创”人员，临沂市留学人员联谊会举行了“弘扬沂蒙精神　聆听革命历史暨八一致敬沂蒙老兵”活动。

【弘扬齐鲁文化】2017年，山东各级侨联依托地方文化资源优势，积极开展形式多样的文化宣传和交流活动，拉近了海内外侨界之间的亲情、乡情和友情。山东省侨联组织各市侨联和中小学积极参加第十八届世界华人学生作文大赛，山东省侨联、13个市侨联和部分县级侨联获得组织奖，814名学生获奖。积极进行“中国华侨国际文化交流基地”申报及挂牌工作，新增基地4家，挂牌2家。山东省侨联和枣庄市、德州市侨联联合承办了“亲情中华”夏令营，来自意大利、荷兰、日本的40名华裔青少年，通过学文习武、游三孔登泰山，了解、感受优秀传统文化和优美的自然风光。济宁市侨联举办了“侨聚济宁·儒学寻根”济宁—皮克林市首届中加友好城市夏令营活动，威海、莱芜市侨联承办了“中国寻根之旅游”夏令营活动。日照市侨联举办了第十届“亚太森博杯”全市中小学生环保绘画大赛，“喜迎十九大　共庆国庆节”南通、日照两地侨联书画院艺术联谊交流会，芝罘区侨联举办了“侨心向党　舞墨情深”侨界喜迎十九大国画展。山东省侨联网站

8月21日，山东省侨联主席梁波（右）与菏泽市政府副市长王卫东共同为郓城县宋江武术学校“中国华侨国际文化交流基地”揭牌

进行全新升级改版，开设新栏目，力求版面新颖，功能更强，信息传输快捷。各级侨联加强微信群和微信公众号建设，山东省侨联建立了以“山东侨联·侨聚齐鲁一家亲”微信群为主、10 多个单项工作微信群为辅的系列微信群组，有效加强了与海内外侨胞和侨联工作者之间的联系和感情，活跃了侨界气氛。山东省侨联微信公众号发挥时效强、传播广泛的优势，及时有效地发布侨联动态，关注人数越来越多。做好《齐鲁乡情》杂志编辑和出版发行工作，精心组织刊物内容，有效宣传了齐鲁优秀文化和山东发展新优势、新成就，宣传了侨胞创业发展的励志事迹，激发了海外侨胞爱国爱乡情怀。

【坚持为侨服务】2017 年，山东各级侨联以侨为本，创新服务手段，拓宽服务渠道，真情为侨服务，切实维护侨益，不断提高服务水平。积极开展以“为侨惠侨”为主题的“送温暖、献爱心”活动，元旦春节期间，全省侨联系统走访归侨侨眷 1500 余户，走访慰问金及慰问物资折合人民币近 70 万元。山东省侨联继续开展以“帮扶发展、解决问题”为主题的“访侨企　送服务”活动，走访 100 多家侨资侨属企业，重点调研新侨创业中遇到的困难和问题。在烟台举办了由中国侨联、中国侨联法顾委主办的“法治中国·你我同行”——2017 侨界法治学习活动，同时举办了山东省侨联系统法治学习活动，来自 30 个省区市的近百名侨联干部、侨商会会员、法顾委委员参加学习，调动了他们尊法学法守法用法的积极性。参加全国人大华侨委员会华侨权益保护情况专题调研活动，结合山东工作实际，以鲜活的事例形成汇报材料，积极反映侨商在山东投资兴业过程中遇到的困难和问题，为侨企和新侨创新创业营造良好环境。各市侨联积极完善服务侨企和促进新侨创新创业的机制，为政企、银企搭建交流合作平台，为侨企协调争取国家扶持资金，帮助解决企业生产经营中的困难和问题。山东省侨联与澳大利亚“魏基成天籁列车”联合举办关爱贫困群众活动，在临沂、聊城捐赠过冬棉衣 5000 多件，捐赠助听器 600 台，受到群众赞誉。济南市侨联组织开展了“春踏青、夏消暑、秋赏月、冬品茗”四季联谊活动，依托“侨爱心 365 基金”累计救助特困归侨 26 人次，潍坊市侨联在市政务服务中心设立了潍坊市华侨联络站，山东省市侨联扎实做好“第一书记”派驻工作，会领导多次到帮包村调研、现场办公，协调落实职能部门帮扶政策，实施基础设施扶贫，发展扶贫产业和民生项目，争取社会

5 月 7 日—8 日，中国侨联副秘书长、经济科技部部长赵红英一行来枣庄调研新侨工作，参观侨爱心项目枣庄市立新小学西校，山东省侨联主席梁波、秘书长卢文朋、枣庄市侨联主席王玉如等陪同调研

1 月 11 日，山东省侨联副主席李兴钰（左一）慰问济南市市中区困难老归侨

帮扶资金，美国华侨施乾平先生为山东省侨联帮包村捐款2万元用于改善村容村貌。日照市侨联争取侨资企业出资支持举办市首届“第一书记”代言“俺村好产品”展销会暨包联成果展，帮助贫困村的农产品寻找商机、解决销售难题。

【加强侨联组织建设】2017年，山东省侨联继续推进“党建带动侨建，侨建服务党建”工作机制，成立了机关党委和机关纪委。临沂市侨联促进设立县（区）独立侨联7个，其他归侨侨眷相对较少的县（区）侨联与群团部门合署办公。枣庄市侨联协调市编办下发了《关于加强区（市）侨联工作有关问题的通知》，明确“在侨资源丰富、侨联基础好的区（市），采取撤一建一的方式设立侨联机构，纳入事业单位管理”，山亭区率先设立侨联机构。淄博市侨联联合市委督查室对市委《关于加强和改进新形势下侨联工作的实施意见》落实情况进行督导，推动全市五区三县全部落实了侨联专项经费并纳入财政预算，配备了专兼职人员，设立了办公场所，个别区县落实了侨联机构编制。日照市侨联协助做好区县统战部门“大部制”改革试点，目前东港、岚山的机构、人员全部到位。济南市侨联启动了“侨汇泉城”人才资源库建设工作，目前人才资源已涵盖“一带一路”支点国家和G20国家等50多个国家和地区。

【学习宣传贯彻党的十九大精神】党的十九大召开前，山东省侨联扎实推进“两学一做”学习教育常态化制度化，组织观看《永不停歇的征程》《将改革进行到底》等纪录片，开展向廖俊波、黄大年同志学习等活动，为迎接党的十九大召开营造良好氛围。大会召开期间，认真组织干部职工收听收看大会盛况和习近平总书记代表党中央所作的报告，座谈畅谈体会和感想。大会闭幕后，迅速对山东省侨联系统学习贯彻党的十九大精神作出部署，召开全省侨界学习党的十九大精神座谈会，向各市侨联转发了中国侨联《关于认真学习宣传贯彻党的十九大精神

10月18日，山东省侨联组织机关全体党员集体收看党的十九大开幕式实况

10月31日，山东省侨联召开全省侨界学习党的十九大精神座谈会

6月29日，山东省侨联党组书记、主席梁波以“学习总书记重要讲话　做忠诚的共产党员”为题，为机关全体党员上党课

的通知》，山东省侨联党组中心组多次集中学习党的十九大精神，研究贯彻落实意见，把学习活动不断引向深入。

【侨联改革取得实效】2017 年，山东省侨联对标中央改革要求和中国侨联改革部署，学习借鉴外省市改革先进经验，在山东省委群团改革工作领导小组指导下，认真研究起草《省侨联改革实施方案》，广泛征求意见，反复修改完善。2017 年底，《省侨联改革实施方案》经山东省深改组审议通过并以省委办公厅名义印发实施，方案紧紧围绕强“三性”总体目标，从改革调整领导机构、机关设置和运行机制、改进干部管理、提升侨联服务大局服务侨界群众的能力和水平、夯实基层基础、加强组织领导等方面，提出 21 条具体改革举措，为全面推进山东省侨联系统改革提供了遵循，打下了良好基础。

【中国侨联法顾委调研组来山东调研】6 月 21 日—22 日，由中国侨联、中国侨联法顾委主办，山东省侨联承办的“法治中国 · 你我同行”——2017 侨界法治学习活动在山东烟台举行，山东省侨联系统法治学习活动同时举行。中国侨联法顾委主任、最高人民检察院原常务副检察长张耕，中国侨联权益保障部部长、中国侨联法顾委秘书长张岩，山东省侨联主席梁波，烟台市委副书记王继东，省侨联秘书长、党组成员卢文朋，烟台市侨联主席孙学光等参加活动。国家行政学院法学部李勇教授以《宪法与依宪治国》为题阐述了什么是宪法及宪法产生的原因、作用，他运用通俗易懂的语言和一个个生动案例使大家认识到依宪治国的重大意义。中国社会科学院法学研究所谢鸿飞教授以《〈民法总则〉的时代特征、价值理念、制度创新》为题阐述了民法的特征、基本原则及民法总则精神实质和主要内容，使大家深刻认识到民法总则中蕴含的自由、平等、公正、法治等社会主义核心价值观。中国社会科学院法学研究所李忠教授以《依法治国与依规治党》为题阐述了依法治国与依规治党的历史演进、存在问题及改进建议，让大家理清了依法治国和依规治党的关系，对全面推进新形势下依法治国和从严治党有了更深入的认识，增强了大家的法治意识。来自北京、天津、上海、河北、河南、山西等 30 个省区市的近百名侨联干部、侨商会会员、法顾委委员等参加了学习活动。活动期间，学员们还参观了中国侨联爱国主义教育基地——张裕博物馆。

【举办“海外侨胞故乡行——走进山东”活动】8 月 28 日—9 月 1 日，为期 5 天的“海外侨胞故乡行——‘一带一路’沿线国家侨领走进山东”活动在威海、烟台蓬莱、潍坊举办，来自“一带一路”沿线 29 个国家的 70 位侨领参加了活动，通过参访座谈、科技对接、项目推介等形式，促成三地的企业与参加活动的越南、新西兰、澳大利亚等国侨商达成投资和销售协议 8 个，展示了山东在经济、科技、文化等方面的发展成就，有效激

8 月 28 日，2017 海外侨胞故乡行——“一带一路”沿线国家侨领走进山东活动首站在威海举行，山东省侨联主席梁波在欢迎仪式上致辞

6 月 21 日，“法治中国 · 你我同行”——2017 年侨界法治学习活动在烟台举行

8 月 28 日—9 月 1 日，2017 海外侨胞故乡行——“一带一路”沿线国家侨领走进山东，考察威海东部滨海新城规划

发了海外侨胞爱国爱乡、回馈桑梓的热情。山东省侨联主席梁波，山东省侨联秘书长卢文朋出席活动。每到一处，侨领们都受到了当地政府的真诚欢迎和热情接待。在威海，侨领们对威高集团、生物医药产业园建设基地、威海电子信息及智能产业园、双岛湾科技城、滨海新城规范馆、东方智慧谷和威海经区韩乐坊盛世韩企总部等进行了实地考察，观看了威海宣传推介片；在烟台蓬莱，大家参观考察了君顶酒庄、京鲁船业有限公司、西海岸文化新区项目和中国华侨国际文化交流基地——蓬莱阁，并参加了“蓬莱投资环境推介会”。在潍坊，侨领们参观了潍坊风筝博物馆和侨资企业——山东领潮新材料科技有限公司，参加了第 23 届鲁台经贸洽谈会开幕式及“海峡两岸新旧动能转换论坛”，认真倾听了山东省委副书记、省长龚正对山东基本情况和山东新旧动能转换重点工程的介绍。

【召开山东省侨联八届十次全委（扩大）会】2018 年 2 月 6 日，山东省侨联八届十次全委（扩大）会议在济南召开，山东省委组织部副部长马晓磊出席会议并讲话。会议选举李兴钰为山东省侨联八届委员会主席，传达了中国侨联九届六次全委会议精神，对 2018 年全省侨联工作作出了部署。山东省侨联委员、省侨联机关干部、市侨联不是省侨联委员的驻会负责同志共 100 余人参加会议。会议要求深入学习贯彻党的十九大精神，以习近平新时代中国特色社会主义思想为指导，全面贯彻落实省第十一次党代会的部署要求，切实保持和增强侨联组织和侨联工作的政治性、先进性、群众性，坚持为经济社会发展大局服务和为侨服务有机统一，坚持涵养侨务资源和运用侨资侨智相辅相成，充分发挥侨联工作独特优势和作用，团结动员广大归侨

2018 年 2 月 6 日，山东省侨联八届十次全委会议在济南召开

侨眷和海外侨胞，为实现全省创新发展、持续发展、领先发展，在全面建成小康社会中走在前列，加快建设经济文化强省作出新贡献。

【济南市侨联】2017 年，济南市侨联认真学习宣传贯彻党的十九大精神，以习近平新时代中国特色社会主义思想为指导，团结组织归侨侨眷和海外侨胞为济南市“打造四个中心，建设现代泉城”做贡献。2017 年末被评为省级文明单位、全国侨联系统信息工作先进单位、全市“巾帼建功先进集体”称号。学习宣传贯彻党的十九大精神，先后开展党组书记“讲党课”、支部成员“讲党课”、深入社区宣讲等活动，引导侨联党员干部和侨界群众听党话、跟党走，更加紧密团结在党的周围，把思想和行动统一到中央的决策部署上来。2017 年 6 月，举办以“提升城市国际化水平，加快开放型经济发展”为主题的研讨会，60 余名与会专家学者对济南城市国际化的现状、存在问题深入探讨，提出五个方面 17 条建议，呈报市委、市政府，得到多位领导同志批示。2017 年 9 月，成立济南新侨创新创业联盟，汇集 40 多位具有海外经历和创新创业实践的侨界优秀人才。按照“共建共享、边建边用”原则，建设“侨汇泉城”人才资源库。经过一年的推进，截至 2017 年末，人才资源已涵盖“一带一路”支点国家和 G20 国家等 50 多个国家和地区。动员社会力量参与精准扶贫，筹资 38 万元援建“第一书记”帮扶村“侨爱心”蔬菜大棚建设。组织开展“春踏青、夏消暑、秋赏月、冬品茗”四季联谊活动；依托“侨爱心 365 基金”救助特困归侨 26 人次；举办第四届“伟龙助学金”捐赠仪式；组织“侨嫒会”为孤残儿童捐资捐物。

【青岛市侨联】2017 年，青岛市侨联以习近平新时代中国特色社会主义思想为指导，以学习宣传贯彻党的十九大精神为主线，着力改革创新，着力服务大局，着力服务侨胞，着力加强自身建设，推动侨联各项工作取得了新突破。一是创新思路，举办大型主题活动，服务“海上丝路”建设。联合新华（青岛）国际海洋资讯中心、西海岸新区管委会共同承办 2017 东亚海洋高峰论坛。中国侨联特聘专家、中国科学院院士吴立新、胡敦欣，中国工程院院士麦康森、潘德炉，习近平治国理政系列智库报告课题组组长、《国家智库》总编辑于今等做主旨发言，中国侨联副主席李卓彬、市领导出席论坛并致辞。二是请进来，走出去，拓展海外联络工作。全年联络邀请美国、德国、澳大利亚、南非、越南等 19 个国家和地区的 24 批次海外客人来青考察洽谈。新增联系 16 个海外侨团，与俄罗斯莫斯科华侨华人联合会、越南中国商会山东企业联合会、美国青岛同乡会、泰国山东总商会、香港青岛总会、香港山东商会 6 个侨团签署友好合作协议。参加“2017 香港山东周”活动，为促进青岛与香港经贸文化交流与合作积极做贡献。三是汇集侨智，建言献策，参政议政工作保持高水准。举办侨联特聘专家服务青岛经济发展工作座谈会，组织专家建言加快动能转换、推动科技创新。继续做好信息报送工作，全年报送《中国侨联侨情专报》56 篇，其中，31 篇被采用，荣获“2017 年度全国侨联系统信息工作特等奖”，近三年侨情专报采用率位列全国侨联系统第三名，副省级城市排首位。向市委报送信息 48 篇，8 篇被采用，在全市党委系统保持先进，在群团单位中名列第一，荣获 2017 年度全市党委信息工作先进单位。提报《关于加强互联网监管工作的建议案》被省政协作为重点提案进行督办。四是

9 月 28 日，济南市侨联举办中秋联谊会，来自市内四区的 100 余名归侨侨眷欢聚一堂，共庆中秋

9 月 7 日—8 日，由中国经济信息社、青岛市人民政府、中国侨联特聘专家委员会主办，新华（青岛）国际海洋资讯中心、青岛西海岸新区管委会、青岛市侨联联合承办的“2017 东亚海洋高峰论坛”在青岛西海岸新区举行

主动对接，服务侨企，营造和谐发展的软环境。协助推动德国 NUMBER FOUR 公司与海信集团合作项目早日推向市场。促成尼日利亚李氏集团与董家口港达成合作意向，计划投资建设仓储设施，扩大在青口岸贸易总量，逐步将进出口业务重心转移到青岛。推动总投资 3 亿美元的英联生物科技（青岛）有限公司暨英联生物城项目正式落地。五是维护侨益，为侨服务，扎实推进“侨胞之家”建设。结合形势开展侨界群众活动，组织举办“新春新气象　喜迎十九大——归侨侨眷新春座谈会暨茶话会”“青岛市侨界学习贯彻党的十九大精神座谈会”等“侨之家”活动，激发侨界爱国情怀，提升侨联组织的凝聚力。积极参与十八届世界华人学生作文大赛并荣获“组织奖”。六是认真组织开展党的十九大精神学习宣传贯彻，切实加强自身建设。聚焦政治建设，把学习贯彻习近平新时代中国特色社会主义思想和党的十九大精神作为侨联首要政治任务，组织集中收看会、专题学习会、党课宣讲会、侨界座谈会，把党员干部和侨界群众的思想和行动统一到以习近平同志为核心的党中央提出的各项决策部署和要求上来，提高政治觉悟和政治能力。

成效显著。

【李源潮同志来豫调研群团改革】7月18日—19日，中共中央政治局委员、国家副主席李源潮来豫调研群团改革，在郑州召开群团改革调研座谈会，听取基层群团干部意见。省侨联党组书记、主席董锦燕参加座谈会并作专题汇报发言，省侨联全体班子成员参加座谈活动。

【全国政协副主席王家瑞来豫调研群团改革】7月29日至31日，全国政协副主席王家瑞一行来豫调研，并就群团改革进展情况召开座谈会。省侨联党组书记、主席董锦燕代表省侨联汇报改革推进情况及工作建议。

【万立骏主席对河南省侨联工作作出重要批示】9月28日，原籍河南省驻马店市正阳县的加拿大华人李荣建给中国侨联党组书记、主席万立骏去信，表达了作为一名华人对驻马店市各级侨联组织为侨服务的深刻感受，表达了华侨华人对祖国美好未来的信念和期待。万立骏同志在信上亲笔批示：请将来信转河南省侨联，信中反映的先进值得肯定。希望各级侨联不断总结工作经验，创新工作方式方法，急侨胞之所急，惠侨胞之所惠，做侨胞的知心人和实干家，为中华民族伟大复兴不断贡献侨界力量。

【乔卫副主席一行来豫考察调研】6月22日—23日，中国侨联副主席乔卫一行来豫考察调研。调研组一行在河南师范大学新联学院出席河南华侨教育公益基金捐赠暨河南华侨教育集团揭牌仪式，组织召开基层侨联工作调研座谈会，深入郑州市管城区紫光社区实地考察基

河南省归国华侨联合会

【领导成员名单】

党组书记、主席：董锦燕（女）

专职副主席：王鹏杰　王　月（女）

兼职副主席：董子明　朱任发　罗建中　康玛水　陈锦艳　陈长宝　邢玉华　刘东晓　沈钊昌　屈　晓

副巡视员：刘合生

1月10日—12日，召开河南省第十次归侨侨眷代表大会，选举出新一届领导班子。

党组书记、主席：董锦燕（女）

专职副主席：王鹏杰　王　月（女）

兼职副主席：陈锦艳　屈　晓　陈长宝　刘东晓　沈钊昌　邢玉华　吕　剑（女）　王为工　郑鹏远　李香枝（女）　张晓盈　陈向辉

副巡视员：刘合生

秘书长：陈琪瑛（女）

【综述】2017年是河南省侨联新一届领导班子履职的第一年，也是省委批准《河南省侨联改革方案》、推进侨联组织和工作改革创新的重要一年。在省委的坚强领导下，在中国侨联的关心指导下，省侨联和全省各级侨联组织深入学习宣传贯彻党的十九大精神，牢固树立政治意识、大局意识、核心意识、看齐意识，坚决贯彻执行中央和省委的重大决策部署，坚持“两个并重”“两个拓展”，坚持凝聚侨心、汇集侨智、发挥侨力、维护侨益，突出改革创新主线，全力服务党政大局，密切联系侨界群众，切实加强自身建设，各项工作进展顺利、

6月22日—23日，中国侨联副主席乔卫（右三）一行在豫考察调研，出席河南华侨教育公益基金捐赠暨河南华侨教育集团揭牌仪式

层“侨胞之家”建设情况。中国华侨公益基金会副理事长兼秘书长何继宁，省侨联党组书记、主席董锦燕等陪同参加活动。省侨联副主席、河南师范大学新联学院理事长李香枝捐赠中国华侨公益基金会托管河南华侨教育公益基金100万元人民币，乔卫为其颁发荣誉证书，并为河南华侨教育集团揭牌。

1月10日，河南省第十次归侨侨眷代表大会在郑州开幕

【河南省委副书记王炯到省侨联调研】 7月3日，省委副书记王炯到省侨联机关调研指导工作，亲切看望机关干部，召开座谈会。在听取了省侨联党组书记、主席董锦燕的工作汇报后，王炯对省侨联近年来的工作给予充分肯定并提出明确要求。省委办公厅副主任郝常伟陪同调研，省侨联全体班子成员及机关部（室）负责同志参加座谈会。

1月10日，在河南省第十次归侨侨眷代表大会开幕式上对全省侨联系统先进集体、先进工作者和全省归侨侨眷先进个人进行了表彰

7月3日，河南省委副书记王炯（左二）到省侨联调研座谈

【召开河南省第十次归侨侨眷代表大会】 1月10日—12日，河南省第十次归侨侨眷代表大会在郑州召开，省委书记、省人大常委会主任谢伏瞻，中国侨联副主席康晓萍，省领导邓凯、翁杰明、夏杰、陶明伦、穆为民、段喜中、赵建才、李英杰等出席大会。省人民团体、省直有关单位负责同志应邀出席大会开幕式，500多位来自全省各地各行业的侨界代表及海外嘉宾出席大会。会前，出席大会的领导亲切接见全体代表并合影留念。康晓萍代表中国侨联对大会的召开表示祝贺并致辞。省委副书记邓凯代表省委、省政府对大会召开表示热烈祝贺并讲话，省总工会党组书记、常务副主席李建庄代表群团单位致贺词，北京市侨联等31个兄弟省市侨联、美国中华总商会等28个国家和地区华侨华人社团纷纷发来贺电贺信。会议对全省侨联系统先进集体、先进工作者和全省归侨侨眷先进个人进行了表彰。省侨联主席董锦燕代表河南省侨联第九届委员会作了题为《凝聚侨界力量 发挥独特优势 为决胜全面小康 让中原更加出彩而努力奋斗》的工作报告。选举产生省侨

1 月 12 日，河南省第十次归侨侨眷代表大会闭幕，大会选举产生的省侨联新一届领导班子合影

联第十届委员会常委 37 名，委员 179 名，以及省侨联新一届领导机构和领导班子，董锦燕当选省侨联主席，王鹏杰、王月、陈锦艳、陈长宝、邢玉华、刘东晓、沈钊昌、屈晓、王为工、吕剑、李香枝、陈向辉、张晓盈、郑鹏远当选省侨联副主席，陈琪瑛当选秘书长，大会聘请省委常委、省政府常务副省长翁杰明为名誉主席，聘请博茨瓦纳华人妇女协会会长王亚丽等 80 人为海外顾问，聘请香港豪德国际集团董事局主席王长利等 15 人为港澳顾问。通过《关于河南省侨联第九届委员会工作报告的决议》《关于〈河南省归国华侨联合会工作细则（修正案）〉的决议》《关于河南省侨联第十届委员会聘任荣誉职务的决议》。

【召开河南省侨联青年委员会成立大会】 1 月 12 日，河南省侨联青年委员会成立大会在郑州举行。省侨联党组书记、主席董锦燕出席大会，河南省侨联副巡视员刘合生主持会议。来自美国、英国及中国香港等 21 个国家和地区的委员，各省辖市、省直管县（市）和大专院校侨联负责人逾 200 人参加大会。侨青会旨在更加紧密团结广大侨界青年，落实中央赋予侨联组织“两个拓展”的工作要求和《中国侨联改革方案》精神，涵养侨务资源，着力培养侨界后备力量，提高侨联组织的吸引力、凝聚力和影响力。大会选举省侨联副主席、郑州市侨联主席吕剑为河南省侨联青年委员会第一届会长，并通过竞岗演讲的方式产生 15 名副会长。

1 月 12 日，河南省侨联青年委员会成立大会在郑州召开

【举办“共建‘一带一路’ 助力中原崛起”中国侨商峰会】 3 月 29 日，“共建‘一带一路’ 助力中原崛起”中国侨商峰会在郑州召开。全国政协常委、中国侨联副主席李卓彬，中国侨联副主席、中国侨商联合会常务副会长朱奕龙，河南省委常委、常务副省长翁杰明，中国国际经济交流中心副理事长兼秘书长张大卫，中国侨联经济科技部副部长、中国侨商会副会长兼秘书长安晨，省侨联党组书记、主席董锦燕，郑州市委常委、航空港经济综合实验区党工委书记张延明，应省侨联邀请来豫参加丁酉年黄帝故里拜祖大典和第十一届中国（河南）国际投资贸易洽谈会的来自全球 28 个国家和地区的 460 多名侨商侨领出席会议，共议融入“一带一路”建设面临的机遇与挑战，共商广大海内外侨商聚焦河南、走进河南、兴业河南，共同为河南腾飞中原崛起助力。李卓彬、翁杰明、张延明在峰会上先后致辞，张大卫发表题为“丝绸之路：发展机遇与文化断想”的主旨演讲，李昌钰、穆彦魁、郭泽伟、郭泰诚、施乾平、庞玉良、舒策城、刘颖昕、王钦贤、戴荣军等 10 位世界华人杰出代表和侨商领袖作为峰会的对话与互动嘉宾为共建“一带一路”建言献策。峰会期间，

3月29日，"共建'一带一路' 助力中原崛起"中国侨商峰会在郑州召开

3月29日，中国侨商联合会、河南省侨联、郑州航空港经济综合试验区管委会签订战略合作协议

中国侨商联合会、河南省侨联与郑州航空港经济综合实验区管委会签订了战略合作协议。

【举办第四届中国（漯河）华商食品项目投资峰会暨"一带一路"知名侨商食博行活动】 5月16日，第四届中国（漯河）华商食品项目投资峰会暨"一带一路"知名侨商食博行活动在漯河举行。中国侨联经济科技部副部长、中国侨商会副会长兼秘书长安晨，省侨联副主席王鹏杰，漯河市委书记马正跃出席活动。峰会由中国侨商会、河南省侨联、漯河市政府主办，中国侨商会食品行业分会、漯河市侨联承办。"一带一路"沿线国家100多名知名华商食品企业代表参加峰会。

【召开河南省侨联服务新侨创新创业工作现场推进会】 6月28日，河南省侨联服务新侨创新创业工作现场推进会在洛阳召开，中国侨联文化交流部部

3月29日，全国政协常委、中国侨联副主席李卓彬（左二），全国政协委员、中国侨联副主席朱奕龙（右二）等共同为郑州市侨商联合会揭牌

6 月 28 日，河南省侨联在洛阳组织召开服务新侨创新创业工作现场推进会

6 月 28 日，中国侨联文化交流部部长刘奇（右二）来豫为“中国侨联新侨创新创业基地（洛阳国家大学科技园）”揭牌

长刘奇，省侨联党组书记、主席董锦燕，副主席王月等出席会议。其间，举行了河南省第一个“中国侨联新侨创新创业基地”（洛阳国家大学科技园）的揭牌仪式。

【举办“邂逅七夕 情定今生”相亲联谊活动】8 月 26 日，河南省侨联青年委员会、省直工会、省直团工委、河南职工网在郑州联合主办“邂逅七夕 情定今生”相亲联谊活动，吸引了全省新侨、留学归国人员和来自省直机关、省属国有企业近 300 名优秀单身青年参加。

【举办第十二届豫商大会】8 月 28 日，以“相聚濮阳 合作共赢”为主题的第十二届豫商大会在濮阳开幕，共有 145 个海内外商会参会，与会人员达 1700 余人。省侨联邀请来自英国、美国、澳大利亚、加拿大、西班牙、罗马尼亚、波兰、韩国、马来西亚等 23 个国家和

3 月 2 日—4 日，中国侨联副秘书长、经济科技部部长赵红英（右五）来豫进行工作调研

2 月 27 日，河南省侨联邀约四大古都侨联共议中华文化“走出去”

地区的豫商商会组织及 160 余位海外豫籍乡亲参会。本届豫商大会由省政协主办，濮阳市人民政府、省商务厅、省侨联、省工商联、省豫商联合会承办。省侨联党组书记、主席董锦燕，副巡视员刘合生出席大会。

【举办“海外侨胞故乡行——走进河南”活动】 10 月 9 日，中国侨联 2017 年“海外侨胞故乡行——走进河南”活动拉开帷幕。受省委书记谢伏瞻委托，省委副书记王炯在郑州亲切会见来自 20 个国家和地区的 60 余名豫籍海外侨胞和海外高层次人才新侨代表，并合影餐叙。省委副秘书长郝常伟，省侨联党组书记、主席董锦燕，省侨联全体班子成员和省科技厅、人社厅、商务厅等负责同志参加会见。活动期间，海外嘉宾先后走进平顶山、南阳、汝州，开展考察交流、投资合作。

【召开中国侨联法顾委河南调研座谈会】 5 月 17 日，中国侨联法顾委河南调研座谈会在郑州召开，中国侨联法顾委主任、最高人民检察院原常务副检察长张耕，中国侨联法顾委秘书长、中国侨联权益保障部部长张岩等调研组一行及省侨联领导、省侨联法顾委委员、省司法机关工作人员、部分省辖市侨联负责人和侨界群众代表共 50 余人参加座谈会，副主席王鹏杰主持会议。座谈会上，省侨联党组书记、主席董锦燕向调研组一行专题汇报了省侨联依法维权及法顾委工作情况。部分省辖市侨联，侨眷、老归侨代表，省侨联法顾委委员做了发言。省高院、省检察院、省司法厅的有关同志介绍了河南省多元化纠纷解决机制的建立情况，并表示将积极与省侨联合作，共同开展涉侨纠纷化解工作。

5 月 17 日，中国侨联法顾委主任、最高人民检察院原常务副检察长张耕一行来豫调研，并在郑州组织召开座谈会

10 月 9 日，省委副书记王炯（左十三）与来豫参加 2017“海外侨胞故乡行——走进河南”活动的海外嘉宾合影

9 月 28 日，河南省侨联在郑州举办“全省老归侨参加新中国建设 65 周年”座谈会

【举行“全省老归侨参加新中国建设 65 周年”座谈会】 9 月 28 日，在国庆、中秋双节来临之际，河南省侨联、郑州市侨联共同举办的“全省老归侨参加新中国建设 65 周年座谈会”在郑州举行。受省委书记谢伏瞻委托，省委副书记王炯出席会议并讲话。省委常委、郑州市委书记马懿，中国侨联权益保障部副部长黄晖，省委副秘书长郝常伟，省直机关工委副书记范晓音等省市领导出席会议，省侨联党组书记、主席董锦燕致辞并主持会议。

1 月 13 日，河南省侨联在郑州举办郑纺机老归侨迎新春茶话会，省侨联副主席王鹏杰（右二）向老归侨们赠送省侨联编印的《把青春献给祖国——参加新中国建设在豫归侨口述》一书

1 月 23 日，河南省侨联主席董锦燕（左一）看望慰问部分在郑老归侨

【举办省会老归侨迎新春茶话会】 2018 年 1 月 13 日，省侨联举办省会老归侨迎新春茶话会，省侨联副主席王鹏杰及 17 位郑纺机的老归侨共同参加活动，向老归侨赠送省侨联编印的《把青春献给祖国——参加新中国建设在豫归侨口述》一书，并为他们送上米、油、鸡蛋等节日慰问品。

【出访缅甸、新西兰、澳大利亚】 9 月 15 日—24 日，应第十四届世界华商大会筹委会、

9月15日—24日，河南省侨联副主席王月（前排左五）率团出访缅甸、新西兰、澳大利亚

国侨商联合会与当地华侨华人社团联合主办的三场投资交流会。

【参与主办第九届安阳航空运动文化旅游节】 5月27日，安阳爱飞客飞行大会暨第九届安阳航空运动文化旅游节开幕。全国政协常委、中国侨联顾问王永乐，省人大常委会副主任蒋笃运，省政协副主席张广智，中国侨联经济科技部副部长、中国侨商联合会副会长兼秘书长安晨，省侨联主席董锦燕，副主席王月，以及来自国家有关部委、空军、民航系统、航空产业协会领导和嘉宾，知名企业家、外商、

新西兰中华青年联合会、澳大利亚澳中商业峰会组委会的邀请，河南省侨联副主席王月率河南省侨联代表团，赴缅甸、新西兰、澳大利亚进行考察，走访侨团，慰问侨胞，了解侨情，推介河南，拜会驻外总领馆，进行侨务工作交流，征询对侨联海外工作的意见和建议，圆满完成出访任务。

【出访南非、纳米比亚、阿联酋】 11月2日—11日，河南省侨联主席董锦燕一行4人，随同中国侨商联合会代表团赴南非、纳米比亚、阿联酋三国进行工作访问，并参加了由中

5月27日，全国政协常委、中国侨联顾问王永乐（左五）来豫参加第九届安阳航空运动文化旅游节

3月31日，董锦燕主席（右三）出席加拿大河南同乡联谊总会和加拿大河南总商会河南省联络处挂牌仪式

5 月 27 日，全国政协常委、中国侨联顾问王永乐（左七）等出席“龙族后裔·跑步去寻根”安阳站启动仪式

侨商代表和国际友好人士，安阳市领导等出席开幕式。

【召开 2017 年度党风廉政建设工作会议】4 月 1 日，河南省侨联召开 2017 年度党风廉政建设工作会议。省纪委驻省委统战部纪检组程云出席会议，传达中央纪委七次全会和省纪委二次全会精神，对省侨联党风廉政建设工作提出要求。省侨联党组书记、主席董锦燕总结省侨联 2016 年党风廉政建设工作情况，并就贯彻落实中央纪委七次全会和省纪委二次全会精神、安排部署 2017 年省侨联党风廉政建设工作提出要求，省侨联机关全体党员干部参加会议。会上，董锦燕与班子成员分别签订《2017 年省侨联机关党风廉政建设责任书》。

【召开河南省侨联十届一次主席会议暨扶贫工作座谈会】4 月 27 日，河南省侨联十届一次主席会议暨扶贫工作座谈会在漯河市临颍县石桥乡桥南村召开。省侨联党组书记、主席董锦燕，省侨联全体班子成员和部分兼职副主席出席会议。省侨联驻村第一书记牛海堂汇报了驻村以来扶贫工作取得的成效、远景目标规划及当前推进工作面临的主要问题，与会人员围绕桥南村脱贫攻坚工作建言出招。

【召开河南省侨联十届一次常委（扩大）会议暨侨联改革动员大会】8 月 11 日，河南省侨联十届一次常委（扩大）会议暨侨联改革动员大会在郑州召开，省侨联党组书记、主席董锦燕，省侨联全体班子成员和部分兼职副主席，省侨联常委，省辖市、省直管县（市）、全省县区侨联负责同志及省侨联机关全体 180 余人出席会议。会上，董锦燕动员部署了河南省侨联改革工作，对《河南省侨联改革方案》主要内容作了全面解读，对推动侨联改革任务落实提出明确要求；王鹏杰向常委会报告上半年主要工作，部署下半年工作任务；会议传达学习中共中央政治局委员、国家副主席李源潮在河南调研群团改革重要指示精神，省委副书记王炯在省侨联调研座谈会上的讲话精神，中国侨联九届五次全委会议精神和全国侨联秘书长办公室工作会议精神，并

8 月 11 日，河南省侨联十届一次常委（扩大）会议暨侨联改革动员大会在郑州召开

4 月 27 日，河南省侨联十届一次主席会议暨扶贫工作座谈会在漯河市临颍县桥南村召开

为河南省入选中国侨联新侨创新创业联盟理事单位的9家优秀新侨创新企业授牌。

【举办河南省侨联第五期干部培训班】9月18日—25日，为期10天的河南省侨联第五期干部培训班在浙江大学举办，来自省辖市、直管县（市）侨联负责人及省侨联机关共计50余人参加此次培训。通过学习，进一步提高了广大侨联干部对侨联工作的思想认识，增强了新形势下做好侨联工作的能力和水平，为开创侨联事业发展新局面凝聚力量。

9月2日，河南省侨联合唱队参加省直属机关“喜迎十九大”群众性大合唱比赛决赛，并荣获比赛二等奖和优秀组织奖

12月5日，中国侨联秘书长陈迈应邀出席河南省侨联系统学习贯彻党的十九大精神培训班并作辅导报告

【组织开展第二期党性教育培训】10月28日—30日，河南省侨联机关党委组织所属各党支部党员30余人赴济源市愚公移山干部学院开展为期3天的党性教育培训。培训期间，学员们通过集中授课、研讨交流和现场教学等模式，深入学习领会党的十九大精神，认真领悟愚公移山精神内涵，在愚公移山精神发祥地实地体验了搬石移山的艰辛历程，在朱德出太行处重温了入党誓词，重走了出太行抗战小道，用心感悟“下定决心、不怕牺牲、排除万难、去争取胜利”的愚公移山精神，达到了锤炼党性修养、坚定理想信念、弘扬优良作风的预期目的。

【召开学习贯彻党的十九大精神推进全省侨联改革工作座谈会】12月4日—6日，河南省侨联在郑州组织召开学习贯彻党的十九大精神，推进全省侨联改革工作座谈会。省侨联党组书记、主席董锦燕出席会议并讲话，省侨联全体班子成员和部分兼职副主席，省辖市、直管县（市）侨联党组书记主席及省侨联机关全体人员参加会议。会议传达了全国侨联基层组织建设工作会议精神。座谈会上，省辖市侨联负责同志汇报了2017年侨联工作亮点及侨联改革工作推进情况。邀请中国侨联秘书长陈迈出席并作辅导报告，其间举办了河南省侨联第一期网络信息员培训班。为迎接党的十九大胜利召开，省侨联响应省直机关开展“喜迎十九大、省直作表率”群众性大合唱比赛活动的号召，成立由老归侨、归国留学人员代表和省侨联机关人员80人组成的合唱队，经过预赛、决赛，荣获省直机关合唱比赛二等奖、优秀组织奖。

【河南省侨联在2017年度省级文明单位复查中再创佳绩】2017年，河南省侨联党组高度重视精神文明建设工作，把精神文明建设列入党组年度重要工作任务，扎实推进。机关干部职工主动参与，各部室积极配合，开展了丰富多彩的创建活动。省直文明办下发的《关于省直到届2017年度河南省文明单位和在届文明党委年度复查情况的通报》（豫直文明办〔2017〕8号），省侨联再获佳绩，被列入96分以上的最好成绩之列。

【发挥侨力助推脱贫攻坚】按照省委统一部署，河南省侨联选派机关1名优秀副处级干部担任扶贫村第一书记，协调资金700多万元，维修道路、礼堂、卫生室，改善电力设施、人居环

11 月 28 日，河南省侨联在漯河市桥南村开展澳大利亚魏基成“ABC 天籁列车”爱心棉衣发放活动

境，加强党组织建设，化解群众矛盾，取得明显效果。按照党组织对驻村第一书记轮换工作要求，又选派机关 1 名优秀副处级干部担任扶贫村第一书记，继续做好脱贫攻坚工作。

【郑州市侨联党群共建打造“侨胞之家”】 一是建立工作试点，筑牢服务根基。以管城区紫光社区“侨胞之家”建设为典范，在全市侨联系统中大力推广指导“侨胞之家”建设，以点带面，逐步建立和完善全市侨联系统“侨胞之家”建设。二是整合党建资源，创新管理模式。紧紧围绕“为侨服务进社区”主题，整合街道、社区党建工作资源，将“侨胞之家”建设充分融入社区网格化建设当中，创新建立“侨胞之家”网格化管理新模式，大力开展“为侨服务进社区”活动。三是加强经验交流，逐步扩大覆盖。多次举办“侨胞之家”建设经验交流会，在示范引领下，基本实现全市各县（市）区全覆盖。

【安阳市侨联大力推进侨联改革工作】 一是增强工作敏感性，提前做好改革准备。通过认真深入对《中国侨联改革方案》《河南省侨联改革方案》进行学习理解，把深化侨联改革列为 2017 年年度重点工作，并在实际工作中结合各类活动深入基层、企业开展调研，为抓紧展开侨联改革奠定了坚实基础。二是增强工作积极性，抓紧拟定改革方案。迅速成立侨联改革领导小组，全面展开侨联改革工作，通过有针对性的调研论证，与省内其他地市交流研讨，研究起草了《安阳市侨联改革方案（初稿）》。面向市委组织部、市委统战部、市编办、市财政局等相关市直单位和基层侨联，以及召开市侨界代表人士座谈会广泛征求了意见，最终形成了《安阳市侨联改革方案》（会议审议稿）。10 月 30 日，经市委全面深化改革领导小组研究，原则通过《安阳市侨联改革方案》。三是增强工作主动性，大力推进改革落实。方案印发后，一方面根据方案要求，抓紧制定改革任务分工，明确责任单位和时限要求，细化落实改革任务，推动市侨联改革深入落实；另一方面，立即通知各县区侨联迅速向区委统战部报告，抓紧展开县区侨联改革工作。

【鹤壁市侨联扎实做好维护侨益工作】 一是创新工作思路，明确工作方向，变坐等来访为深入群众走访调研，变被动维权为超前服务化解矛盾，从根本上维护他们的合理诉求和合法权益。二是做好侨情普查，切实掌握家底，成立了市、县（区）、乡三级侨情普查机制，建立侨情普查工作网络，把工作细化到每一个乡镇、每一个村。三是开展“侨法宣传周”、“侨法宣传月”、侨法知识竞赛、开办培训班和座谈会等主题活动，在两个区的基层社区建立了“侨法宣传角”和“侨胞之家”。

【洛阳市积极服务新侨创新创业】 2017 年，洛阳市侨联深入企业、高校、院所、园区发现新侨骨干，推动成立了洛阳市留学归国人员联谊会。先后建立了洛阳市留学归国人员创业创新基地（洛阳国家大学科技园）、洛阳市为侨服务产业园（炎黄科技园）、洛阳市留学生创业园（八里唐文创小镇）和洛阳市侨商科技产业转化基地 4 个新侨创新创业平台，其中，洛阳国家大学科技园成为全国新侨创新创业联盟副理事长单位和河南省首个“中国侨联新侨创新创业基地”。举办了中国（洛阳）2017 年直通硅谷创新创业大赛，开展了中国侨联新侨创新创业联盟“创业中华·走进洛阳”活动。支持洛阳国家大学科技园在美国硅谷设立中美企业服务中心，吸引海内外人才来洛创新创业。推荐侨界优秀人才申报中国侨联新侨贡献奖，先后荣获奖项 3 个，其中留美、留日博士田丰丰荣获“新侨创新创业杰出人才（提名）”。

湖北省归国华侨联合会

【领导成员名单】

党组书记、主席：谭作刚

专职副主席：刘文华（女） 舒正荣

兼职副主席：梁亮胜 刘雅煌 余鹏春 陈义红 舒心 谢俊明 谢思训 闫大鹏 代飚

副巡视员：王家桥

秘书长：舒正荣（兼）

【综述】2017年，湖北省各级侨联深入学习习近平新时代中国特色社会主义思想，全面贯彻落实党的十九大、中央和省委党的群团工作会议精神，全面推进侨联系统深化改革，围绕中心，服务大局，为建设社会主义现代化强省作出了积极贡献。“魏基成天籁列车”慈善捐赠活动共捐赠助听器1500套，棉衣1.2万件，价值2500万元，受益人数超过1万人；“侨（爱）心工程”共接受捐款500余万元，增办“树人班”“珍珠班”“彩树班”共9个，落实侨爱心学校3所；“健康光明行”活动完成了2670例白内障免费复明手术，为困难群众免除手术费用1300余万元；全省各级侨联走访慰问归侨侨眷2000多户，发放慰问金200余万元；先后组织了3个出访团，并参加了省政协出访团，出访了12个国家和港澳地区，进一步拓展了侨务资源，增加了与华侨华人及社团组织的联系和友谊。

【召开湖北省侨联十届三次全委会】3月23日，湖北省侨联十届三次全委会议在武汉举行，省委常委、组织部部长于绍良出席会议并讲话。于绍良充分肯定过去一年省侨联工作取得的成绩。他要求，全省各级侨联组织要深入学习贯彻习近平总书记系列重要讲话精神特别是关于涉侨工作的重要论述精神，增强“四个意识”，坚定“四个自信”，不断增强做好侨联工作的政治责任感和历史使命感。要认真贯彻中央和省委部署，逐条落实侨联改革各项任务，增强侨界群众获得感。各级侨联组织要在凝聚侨心上下功夫，自觉承担起引导侨界群众听党话、跟党走的政治任务；在激发侨力上下功夫，发挥以“侨”为“桥”优势，鼓励引导全省广大侨胞积极参与家乡建设，助力脱贫攻坚，服务深化供给侧结构性改革，助推湖北经济转型升级；在维护侨益上下功夫，扶助贫困归侨侨眷生产生活、就业创业，完善侨界群众权益维护机制。要落实全面从严治党要求，加强侨联自身建设，推进“党建带侨建”工作，真正使侨联组织成为深受信赖的侨胞之家，使侨联干部成为真诚贴心的侨胞之友。

3月23日，湖北省侨联十届三次全委会议在武汉召开

【尔肯江·吐拉洪来湖北省侨联调研】5月31日，省委常委、统战部部长尔肯江·吐拉洪到湖北省侨联调研，强调不断加强侨联工作，为党的十九大召开凝聚人心、汇聚力量。尔肯江·吐拉洪强调，侨联工作是党和国家事业的重要组成部分，党的群团工作是党治国理政的一项经常性、基础性工作。一是坚持侨联工作正确的政治方向。要牢固树立“四个意识”，做到党中央提倡的坚决响应、党中央决定的坚决执行、党中央禁止的坚决不做，确保侨联工作的正确政治方向。二是明确改革的目标和方向。要围绕增强政治性、先进性、群众性和解决“机关化、行政化、贵族化、娱乐化”问题，切实抓好侨联改革工作，确保年底前完成省、市、县侨联改革工作任务。三是增强服务侨联、服

5 月 31 日，省委常委尔肯江·吐拉洪（左三）一行来省侨联调研指导工作

务大局的能力，要紧紧围绕全省工作大局，团结带领各自所联系的群众投身湖北改革发展实践，为建设“五个湖北”和加快“建成支点、走在前列”作出积极贡献。全省各级党委要加强党对侨联工作的领导，把侨联组织建设纳入党建工作总体部署，完善“党建带侨建”制度机制，为加强党的侨联工作提供坚强保障。

【推进侨联改革加强自身建设】2017 年，湖北省侨联全力推进各项改革工作。一是增强侨联代表大会的代表性和广泛性。在省侨联十届三次全委会上，通过卸免、增补实现了常委、委员中基层一线人员比例增加到 60% 以上这一目标。二是调整优化机关机构设置。结合省侨联人员编制实际情况，按照“完善职能、整合力量、提高效率”的原则，将省侨联内设机构调整为办公室、组织权益部、经济科技联络部、文化公益部，还在机关进行了大范围的干部轮岗交流。三是拓宽来源渠道，优化干部结构。在省侨联十届三次全委会上，通过增补将侨联所属社团组织主要负责人吸收为常委、委员，并且通过了《湖北省归国华侨联合会委员履行职责及管理办法》。四是改进工作作风，密切联系群众。在省侨联党组会议上，通过了《省侨联干部直接联系侨界群众、服务基层制度》，即侨联干部直接联系服务基层侨联组织、侨团、侨企、新侨、困难侨界群众的“1+5”服务制度。五是加强组织建设，完善组织网络。与 302 家海外侨团、200 多位海外重点人物和侨领建立了广泛联系，初步建立了海外侨情档案和资料库，构建了较为完善的海外侨团联谊网络。

【湖北侨联基层组织建设取得突破性进展】2017 年 3 月，《省侨联改革实施方案》以湖北省委办公厅名义正式发布。省委书记蒋超良就认真贯彻落实习近平总书记关于群团改革的重要指示和中央推进群团改革的部署，将群团改革提速晋档，年底完成改革任务专门作出指示。在省委分管常委尔肯江·吐拉洪的大力支持下，省侨联先后 3 次召开改革工作推进会，积极部署和动员全省各级侨联组织迅速、有效地开展改革工作。湖北省侨联对改革任务进行了分解，制定出详细的《改革工作台账》，确定了路线图、时间表和任务书。省侨联领导班子成员分头奔赴市州调研督导，特别是尚未成立侨联党组的市州，耐心细致做地方党政领导工作，出主意想办法推动改革取得进展。年内全面落实了党委对侨联工作的直接领导，落实“党建带侨建”的各项工作要求，推动了市州侨联全面建立党组，完善了党对侨联工作的全面领导，基层侨联工作进一步得到重视，边缘化的问题有所缓解，侨联组织基层基础薄弱的问题大大改善。到 2017 年底，全省基层侨联组织达 239 家，较 2016 年新增基层组织 46 家，组织

5 月 12 日，湖北省侨联系统改革工作推进会在汉召开，省侨联主席谭作刚（左二）讲话

覆盖、工作覆盖取得突破性进展。孝感市、咸宁市 2 家侨联实现单列，17 家市州级侨联组织（含直管市、神农架林区）单列的由 8 家增加到 10 家。除个别县（市区）外，全省各市州、县区均出台侨联改革方案、县（市区）侨联召开侨代会，成立侨联委员会等工作已经基本完成。

【举办湖北侨联系统第十期干部培训班】3 月 24 日—31 日，在中国侨联培训中心的组织和安排下，湖北省侨联系统第十期干部培训班在“中国第一侨乡”广东江门五邑地区和广州分别举行，来自全省侨联系统的 40 名侨联干部参加了培训。此次培训专门邀请了侨界知名学者和教授授课，通过专题教学和现场参观，大家增加了侨务知识，进一步了解了华侨华人发展生存的艰辛史。

3 月 30 日，湖北省侨联系统第十期干部培训班在广州开课

【召开高校、科研院所、大型企事业单位侨联联席会议】6 月 9 日，湖北省高校、科研院所、大型企事业单位侨联联席会议在武汉召开，湖北省侨联领导谭作刚、舒正荣，华中农业大学领导李名家和 30 多所高校、科研院所、企事业单位统战部（党办）负责人、侨联主席（负责人）63 人参加了此次会议。会议围绕“新形势下如何深化侨联改革，加强推进‘两个拓展’，适应侨情变化新趋势”开展交流讨论，华中农业大学侨联和铁四院侨联负责人分别作主题发言，介绍了相关做法和经验。

【加强阵地建设打造智慧侨联】6 月，湖北省侨联制定了《省侨联网站改版和微信公众号创建工作方案》，对现有机关网站进行升级改造，创建省侨联侨之家微信公众号。截止到 2017 年底，已建立了省侨联委员、新侨联谊会、青委会、文促会等各类 QQ 群、微信群共计 20 余个，搭建了集宣传平台、工作平台、信息平台、服务平台、互动平台五位一体的“网上侨联”服务阵地。

【召开湖北省侨联法顾委换届会】8 月 23 日，湖北省侨联召开法律顾问委员会换届大会，聘任了 15 位在社会上有一定威望的法律专家担任法律顾问委员。换届后，法顾委工作走向制度化、科学化和常态化，将有效担负起维护侨益的重大责任。

【开展“侨商荆楚行”活动】5 月 2 日—5 日，新一期“侨商荆楚行”活动在湖北鄂州、黄石、黄冈展开。活动由省侨联主办，省侨联所属侨商联合会、新侨专业人士联谊会、青年委员会共同协办，共组织了 26 名侨商参加了考察交流。考察团受到各地领导的高度重视，有关市领导亲自主持召开座谈会，介绍相关情况。侨商们先后考察了三地的投资环境和工业园区，与

7 月 11 日，华创会后，湖北省侨联副主席舒正荣（前排居中）与海外代表赴宜昌参加活动

相关部门进行了洽谈，增强了侨商对湖北发展投资环境的了解，取得一定成果。7月9日—16日，华创会成功举办后，省侨联组织来自美国、加拿大、俄罗斯、法国、英国、希腊、新加坡等24个国家的海外嘉宾共35人，参加了天门市首届华侨大会、东盟湖北同乡会成立大会、侨商荆楚行——“海外归来看宜昌”等活动。

11月16日，湖北省侨联副主席舒正荣和海外华商参加第三届楚商大会荆门分会场活动

【举办第十七届“华创会”】7月7日—9日，由国务院侨务办公室、湖北省人民政府暨武汉市人民政府主办的第十七届“华侨华人回国创业发展洽谈会”在武汉举办。作为本届“华创会”的协办单位之一，省侨联按照目标任务分工，积极协助做好邀商和接待工作，共邀请来自美国、德国、日本、英国、法国、意大利、加拿大、澳大利亚、瑞典、新加坡、泰国、马来西亚等12个国家和港澳地区的80多位海外侨商出席大会各项活动；邀请了湖北省、武汉市新侨专业人士联谊会共20多位国家千人计划、湖北省百人计划等各类专业人才参加会议。认真做好中国侨联领导出席本届大会的陪同和接待工作；积极组织海外嘉宾参加黄冈专场、新西兰专场等活动，取得圆满成功。

【召开第三届楚商大会】11月15日—17日，第三届楚商大会在武汉召开。此次活动主要集中在先进制造、高新技术、文化旅游、现代物流等领域。大会活动主题为“楚商回归　共建支点”。国内外楚商代表，全国知名企业家，部分世界500强企业、中国500强企业、中国民营500强企业负责人及知名商会、有关经济组织、研究机构代表等约1000人参会。作为活动协办单位，省侨联圆满完成了邀商任务，联合省工商联举办了荆门市招商引资对接会，签约近600亿元。

【举办美国大西北总商会湖北农产品采购对接会】7月3日，由湖北省侨联、省商务厅联合举办的美国大西北总商会湖北农产品采购对接会在武汉召开。省侨联党组书记、主席谭作刚、省商务厅外资处调研员黄文华、省侨联海外委员、美国湖北同乡会荣誉会长丁丽华、美国大西北总商会江风年会长出席对接会并致辞。美国汉昌集团董事长佘绍汉一行5人及来自全省武汉、荆州、荆门、随州、孝感、襄阳等15家农副产品出口企业共50多人参会。活动对于推动湖北农副产品走向国际市场，引进海外优秀产品，带动湖北与世界各国的民间信息、贸易、经济往来作出了有益探索。

【发挥政治引领作用服务湖北发展】湖北省侨联加强侨联所属社团的组织建设，充分发挥所属侨商联合会、青委会、文促会、新侨专业人士

10月18日，湖北省侨联组织机关干部、部分归侨侨眷代表集中收看党的十九大开幕式

联合会的独特作用，团结引领他们为湖北经济、文化、社会服务。2017年，湖北省侨联青委会、侨商联合会、文化交流促进会、新侨专业人士联合会分别举办了各项活动10余场次。主要有：3月，青委会举办了“2017年湖北省侨青会沙龙暨海归驿站项目研讨会”，会议深入探讨科技园在创新创业方面的发展，为吸纳更多高端人才奠定了基础；3月31日，新侨专业人士联合会举办了“开拓创新，共谋发展——新形势下的‘媒体+资本+科技’”活动；6月8日，举办了“省市新侨会走进东西湖”活动，促进了新侨会成员理事之间的学习交流，加强企业之间的联系沟通，实现资源共享与对接，对新侨创业创新、共谋发展起到了积极的推动作用；8月5日，为加强省侨联青委会委员的沟通联系，增进友谊，创新发展，组织了30余名委员到黄石劲酒集团开展调研活动；8月16日，由青委会组织的创新座谈会在东湖高新技术开发区招商银行武汉生物支行举行，座谈会邀请东湖自贸区有关领导介绍了有关政策，探讨了创建“海创园”的有关事项；12月1日，由省侨联主办，省侨联青委会、新侨会、侨商会、文促会共同承办的“2017湖北新侨创新创业暨‘一带一路’发展论坛”在武汉新特工业园举行，来自省市侨联领导和新侨各界人士、海外高端人才、武汉城市合伙人等各类人才专家共150余人参加了会议，东湖开发区有关部门领导就投资创业有关政策进行了解读，9名海外高端人才就创新创业经验和“一带一路”在世界各地的实践经验建议进行了互动交流和分享，取得了实效。

8月19日—27日，“魏基成天籁列车”先后走进湖北十堰、襄阳、黄冈、神农架林区，捐赠助听器1500套，图为现场发放助听器

【举办“魏基成天籁列车”捐赠活动】 8月19日—27日，2017“澳大利亚魏基成天籁列车”助听器捐赠活动在湖北省举行。此次活动先后在十堰、襄阳、黄冈和神农架林区等地开展，行程近3000公里，累计为湖北听障残疾的困难群众捐赠助听器1500套，捐赠棉衣12000件，总价值2500余万元。

【开展“献爱心、送温暖”活动】 2017年“两节”期间，湖北省侨联领导分批带队赴全省有关市州，慰问困难归侨侨眷，做好侨界民生的改善工作。全省各级侨联走访慰问归侨侨眷2000多户，发放慰问金200余万元。省侨联领导班子成员还多次利用在基层调研督办改革之际，看望困难归侨侨眷，送去党和政府的关怀。

【开展“侨（爱）心工程”】 2017年，湖北省侨联加强与中国华侨公益基金会、浙江新华爱心教育基金会、杉树基金会等机构联系，积极推进侨界关注社会的爱心奉献活动，进一步加大助学助教，服务湖北教育事业。2017年增办“树人班”“珍珠班”“杉树班”共9个，落实捐赠侨爱心小学3所。

【开展“健康光明行”活动】 2017年“健康光明行”活动先后走进湖北7个市州，中国

5月22日，中国侨联“侨爱心·光明行”2017年湖北站启动仪式在宜昌拉开帷幕，中国侨联副主席康晓萍（左四）出席启动仪式并讲话

5月22日，康晓萍副主席看望“健康光明行”活动手术后的患者

侨联、湖北省侨联与地方政府、有关医院、爱心企业、地方侨联通力配合，完成免费复明手术2670例，全程零费用，累计为困难群众免除手术费用1300余万元，取得了良好的社会反响。

【开展精准扶贫工作】湖北省侨联党组高度重视精准扶贫工作，派出由1名副主席带队、3名机关干部组成的“三万”及扶贫工作队进驻英山县方咀乡四棵枫村。会领导班子多次赴四棵枫村调研、指导、督促工作，为当地30余户农村孤寡老人、留守老人等送去近万元慰问金，年内累计拨付了20万元资金用于支持联系村精准扶贫工作。与此同时，湖北省侨联积极支持综治联系点黄州区开展扶贫工作，在项目、资金上予以倾斜。

【举办世界华人炎帝故里寻根节】5月21日，丁酉年世界华人炎帝故里寻根节在湖北随州市举行，中国侨联康晓萍副主席出席活动。当天，海内外近万名炎黄子孙相聚随州，共同拜谒中华民族的人文始祖炎帝神农。省侨联邀请了中国华侨国际文化交流促进会20余名理事出席开幕式暨祭拜大典，并组织了相关考察活动。

【召开湖北省侨界第二届文化交流促进会理事大会】5月23日，湖北省侨界第二届文化交流促进会理事大会暨“中国传统文化坚守与展望”论坛在武汉召开。大会选举夏先重为会长，选举王荔、付祖光、孙邦春、江中朝、李玲、陆鸣、范红华、贺磊明、孔繁国、李文化、杨明为副会长，并授予武汉大学中国传统文化研究中心客座教授、文化名人李寿昆先生为“荣誉会长”。海外湖北联谊会会长谭玥致辞，武汉音乐学院、美国伊斯曼音乐学院访问学者姜丽霞女士现场献唱，并与李寿昆和夏先重，以“中国传统文化坚守

5月23日，湖北省侨界第二届文化交流促进会理事大会暨“中国传统文化坚守与展望”论坛在武汉召开，刘文华副主席（左十一）出席活动

5月23日，海外湖北联谊会会长谭玥，美国伊斯曼音乐学院访问学者姜丽霞与李寿昆、夏先重在“中国传统文化坚守与展望”论坛上交流

与展望”为主题，展开了论坛交流。大会对传统文化如何传承、创新与发扬进行了有益的探索。

【举办澳门夏令营活动】8月21日—25日，由湖北省侨联、澳鄂大专人士协会联合组织的“2017陈国成侨心小学澳门夏令营”（第七届）在澳门举行。此届澳门夏令营以国成侨心学校优秀学生代表为主体，由澳门在汉大学生2015年社会实践活动（义教）合作承办学校师生代表、第十八届华人学生作文大赛优胜学生代表组成。宜都市侨联干部及特邀代表共52人参加了此次澳门夏令营。在澳门期间，小学生们体验了澳门科学馆的4D电影，参观了澳门博物馆、熊猫馆，还游览了大三巴牌坊、金莲广场，体验了黑沙滩烧烤，度过了一次愉快的奇幻之旅。

7月17日，“亲情中华·荆楚行”夏令营（欧美）营员游览三峡大坝

10月19日，“亲情中华·荆楚行”夏令营营员（泰国）参观屈原祠

8月21日—25日，“2017国成侨心小学澳门夏令营”（第七届）在澳门举行，图为营员们在大三巴牌坊前合影

【开展“亲情中华·荆楚行”夏令营活动】7月7日，“亲情中华·荆楚行”夏令营活动在武汉江滨公园举行，来自美国、加拿大、法国、德国等国家和地区的45名海外师生参加了此次夏令营。10月12日，2017年“亲情中华·荆楚行”夏令营泰国营开营仪式在荆州举行。营员们在荆州非物质文化遗产技能传承基地参加了活动，体验了中国传统文化，加深了对家乡对祖籍地的感情，促进了相互间的文化和情感交流。

【开展澳门大学生义教活动】4月24日—30日，湖北省侨联联合澳鄂大专人士协会，组织澳门在鄂大学生赴宜昌远安有关学校开展义教活动。活动共有30名澳门学生参加，分别来自武汉大学、华中师范大学和华中科技大学。活动以课堂讲授和互动游戏等形式与学生进行交流，通过科学、文化、语言、手工等课程，增加文化交流。

4 月 24 日—30 日，30 名澳门在鄂大学生赴宜昌远安县开展义教活动

【举办“海外侨胞故乡行——走进湖北”活动】 10 月 16 日—21 日，由中国侨联主办、湖北侨联承办的“海外侨胞故乡行——走进湖北”活动在武汉、襄阳、十堰、武当山等地举行，来自美国、加拿大、英国、俄罗斯等 20 个国家的 46 位海外侨领出席活动，展开为期 5 天的参访，切身感受荆楚大地日新月异的发展变化，助力湖北经济社会创新发展。湖北省副省长童道驰 16 日在武汉亲切会见海外侨胞参访团一行，并代表省委、省政府发表了热情洋溢的讲话。此次故乡行活动，让广大侨胞看到了祖国和家乡的快速发展与巨大成就，使侨联进一步密切了与海外侨胞的联系，加深了侨胞对故乡的深厚感情。

【武汉市侨联招商引资招才引智同频共振】 一是召开全市侨界招商引资行动大会。3 月 24 日，为助力武汉市招商引资“一号工程”，组织召开全市侨界招商引资行动大会，聘请 12 名侨界“招商大使”，向全市侨界发出招商引资倡议书。在《欧洲华信报》《新西兰先驱报》等海外媒体上发专版，推介武汉市“一号工程”。市侨界招商大使、旅美博士邱启裕成功引荐 3 位诺贝尔奖得主来汉参加华创会，并与市有关方面进行深度合作。湖北省委副书记、武汉市委书记陈一新对此充分肯定，多次在不同场合予以“点赞”。二是举办 2017 海外科创人才武汉行活动。11 月 16 日—17 日，“2017 海外科创人才武汉行·建设国际化大武汉论坛”在汉举行，30 余位海内外高层次科技创新人才和侨界精英受邀来汉进行考察、交流和洽谈，并就国际化大武汉建设的困难与思路、方法与举措、路径与选择展开全方位研讨，提出不少有价值的意见和建议。武汉市政协主席胡曙光充分肯定，“此次活动为广大海外科创人才搭建了了解武汉、创业武汉的平台”。三是加大“走出去”工作力度。3 月 5 日—10 日，武汉市侨联工作团出访美国和加拿大，分别拜访美国、加拿大

10 月 16 日，湖北省副省长童道驰（前排左七）与参加“海外侨胞故乡行”活动的嘉宾亲切合影

举办“海外侨胞故乡行——走进襄阳”，侨胞们参观襄阳市规划展览馆

3 月 24 日，武汉市侨联组织召开武汉市侨界招商引资行动大会，市委副书记陈瑞峰与侨界招商大使合影

11 月 17 日，武汉市侨联举办“2017 海外科创人才武汉行·建设国际化大武汉论坛”

等地华侨华人社团，广泛宣传武汉市新发展战略和加强海外人才、资金引进的政策措施，挂牌成立武汉市侨联芝加哥海外工作联络站。11 月 18 日—25 日，武汉市侨联主要领导率团出访澳洲，与澳大利亚、新西兰华侨华人、侨团侨社进行广泛交流，通过座谈、交流等多种途径积极推介武汉的招商引智政策和重大项目，组建新西兰湖北武汉联谊会，在澳大利亚和新西兰挂牌成立 2 个武汉市侨联海外联络站。

【襄阳市侨联系统改革成效明显】自 2017 年 7 月 14 日襄阳市侨联系统改革工作全面启动以来，襄阳市侨联严格遵循“强三性、去四化”的总要求，按照“改强机构、改进作风、改出活力”的总思路，坚持问题导向，聚焦聚力于解决侨联组织基础薄弱、发挥作用不够、为侨服务不够等方面的问题，致力于解决基层基础薄弱这个突出问题，全市侨联系统改革得到较好推进。全市新增侨联组织 2 个（湖北文理学院、保康县侨联），健全完善侨联组织 4 个（襄州区、枣阳市、宜城市、高新区），成立社团组织和服务平台 5 个（文促会、青委会、法顾委、新侨创新创业基地、归国留学人员之家）。县（市、区）侨联新增编制 5 个（老河口、南漳、枣阳市、谷城县、宜城市），用以钱养事方式解决公益性岗位 4 个。县（市、区）侨联实现了应建尽建，未能独立办公的，都建立完善“一套班子、两块牌子”的体制机制，并明确要求侨联主要负责人兼任同级统战部副部长，乡镇（街道）统战委员负责侨联工作，县（市、区）、乡镇（街道）三级上下贯通、左右协同、内外联动的组织网络基本实现，实现了侨联的组织覆盖、工作覆盖和服务覆盖。

6 月 29 日，湖北文理学院侨联（留学人员联谊会）正式成立

【宜昌市侨联参政议政展现新气象】宜昌市侨联积极参与侨界人大代表和政协委员推荐与协商，使市县侨界人大代表政协委员达到 70 人，

5 月 26 日，宜昌市侨联与街道、社区开展归侨侨眷联谊活动

其中市级人大代表 6 人比上届增加 25%，政协委员 10 人。市“两会”期间，侨界 1 名代表当选人大常委会委员、2 名代表当选专门委员会委员，17 名代表、委员共提交建议和提案 43 件，其中陈红代表提交的《加强电动车管理和立法的建议》纳入 2018 年宜昌市立法计划。邀请 8 名侨界代表人士列席市政协全会，组织代表、委员开展生态环保等调研和视察。3 名侨界代表和委员被推荐为市履职尽责督查员，参与全市政风督查 20 余次。

【荆州市侨联开展医疗扶贫公益活动】 为破解老归侨侨眷看病难、看病贵，因病致贫的难题，荆州市侨联创新服务载体，在全省创造性地建立了荆州市归侨侨眷健康管理服务中心，提供免费体检服务，建立动态电子健康档案，个人诊疗记录等信息库，归侨侨眷健康服务平台，使归侨侨眷在家就可以接收居家养老、医疗健康信息，专注服务全市归侨侨眷健康管理。荆州市归侨侨眷健康管理建立以来，积极弘扬中华民族“扶危济困，扶弱助贫”的传统美德，组织抽调多名医术精湛的专家，深入全市 80 多个贫困村，组织义诊服务 500 余场，惠及贫困患者 5 万余人，免费发放药品 10 多万元，健康宣教资料 20 万份，用实际行动来帮助那些因病致贫的困难家庭，有效改善全市贫困群众医疗保障供给不足的问题，助力医疗精准扶贫工作深入推进。

8 月 12 日，荆州市归侨侨眷健康管理服务中心在荆州华中福康医院成立

湖南省归国华侨联合会

【领导成员名单】

党组书记：朱建山
主　　席：朱道弘（兼）
专职副主席：朱建山　孙民生
党组成员：罗碧野
副巡视员：郭剑虹
兼职副主席：吴金水　唐亚武　张　欣
　　翁少兰（女）　庄启宁
　　张季宝　向长江　胡野碧
秘书长：向国蓉（女）

3 月 21 日下午，湖南省委副书记乌兰（左）专题听取会党组书记朱建山（右）就全省侨联工作情况的汇报

【综述】 2017 年，湖南省侨联在省委的坚强领导和中国侨联的精心指导下，紧紧围绕党委、政府中心工作，团结带领全省广大归侨侨眷和海外侨胞，深入学习贯彻习近平新时代中国特色社会主义思想，以党的十九大精神武装侨界群众头脑，坚持改革创新发展，注重整合侨界资源，发挥侨界独特优势，全面完成了七届四次全委会议确定的各项工作任务，取得了可喜成绩。省侨联继续保持省直文明标兵单位称号，成功创建省直模范职工之家，省侨联驻村扶贫点被考核为优秀，省侨联信息工作获中国侨联一等奖。

【聚精会神抓党建，筑牢团结奋斗的思想基础】 湖南省侨联突出全面从严治党，进一步压紧压实主体责任，深入推进“两学一做”学习教育，扎实开展党的十九大精神学习活动，牢固树立“四个意识”，坚持党对侨联工作的领导，坚决维护习近平总书记在全党的核心地位。一是推进“两学一做”学习教育常态化制度化。省侨联下发了《关于推进“两学一做”学习教育常态化制度化的实施方案》等文件，多次召开省侨联中心组理论学习会、机关各支部集中学习会等专题会议，使“两学一做”学习教育常态化制度化落到实处、落到工作中。衡阳、怀化、株洲、娄底等市侨联也结合工作实际，开展了独具特色的主题学习活动，进一步增强了侨联干部的党性意识、服务意识。二是掀起学习贯彻党的十九大精神热潮。全省各级侨联以高度的政治意识，把学习贯彻党的十九大精神和习近平新时代中国特色社会主义思想作为首要政治任务抓紧抓实。通过集中收看习总书记讲话，参加轮训，举办报告会、座谈会，借助媒体广泛宣传等多种渠道，在侨界形成了学习十九大的热潮。各级侨联坚持以中国特色社会主义理论体系引导侨界群众，进一步形成了听党话、跟党走的政治自觉。三是深化全面从严治党新举措。突出全面从严治党，落实党建工作系列制度，把党建工作纳入了对机关干部和对市州侨联组织全年绩效考核的重要内容，全年召开 13 次会议专题研究党建工作。加强党组自身建设，坚持讲纪律守规矩，自觉贯彻民主集中制原则，坚持“三重一大”问题由党组集体讨论决定，全年召开党组会议 22 次，召开会党组民主生活会两次。

10 月 18 日上午，湖南省侨联机关干部职工集中收看党的十九大开幕盛况

3 月 25 日—26 日，“湖南侨商江永行暨湖南省侨商联合会 2017 年年会”在永州江永县举行，现场签约项目 9 个，总投资 54 亿元

【以“创业中华·兴业湖南”品牌为抓手，服务地方经济科技见实效】 省侨联瞄准湖南省县域经济、外向型经济两块短板主动发力，助力全省招商引资引智及湖南企业“走出去”。一是广引侨资。全省各级侨联进一步加强与境外商会、沿海侨商会的联系，全年全省侨联系统共牵线引进侨港澳资金 260 多亿元。省侨联与湘潭市人民政府主办了“创业中华·兴业湖南”第四届侨商侨智聚三湘——走进伟人故里湘潭活动，签约项目 9 个，签约资金 41.2 亿元。联合永州市侨联、张家界市侨联、湘潭市侨联等，牵线促成了香港铜锣湾集团项目在祁阳、慈利落地，中侨总部大厦落户张家界，富润环保产业园入驻湘潭县天易示范区等数十个项目。益阳市侨联举办的“融入‘一带一路’战略推介交流会”，常德市侨联举办的 2017 湖南留学归国人员创新创业成果常德交流会均取得成功。二是汇集侨智。完成了湖南省侨联特聘专家委员会换届，聘请海内外专家 123 名，加强了侨界高端智库建设，促成了一批高科技项目和海外高层次人才入湘服务。协助省政协举办了“湖南发展海外顾问”首届聘任仪式，省侨联推荐的 8 名知名侨领、科学家被聘任为首届发展顾问。申报的湖南省新侨创新创业示范园等 4 家侨企成为中国侨联新的联盟企业。推荐报送的湖南泰谷生物科技公司关于《湖南省有机生态农业产业园 PPP 示范项目》，被中国侨联评为全国 25 个优秀项目之一。长沙市侨联与高新区管委会共同主办美国华人医药科学家协会专家长沙行活动，促进医药领域的国际合作。三是发挥侨力。充分发挥各级侨商会在地方经济建设中的重要作用，主办“湖南侨商江永行暨湖南省侨商联合会 2017 年年会”，签约项目 9 个，总投资 54 亿元；组织港澳商务考察团考察，促成了湖南果蔬直通港澳；组织侨商参加世界华商大会，加强了与“一带一路”沿线国家的交流。长沙、株洲、衡阳、湘潭、邵阳、岳阳、益阳、娄底等侨联或邀请领导、人大代表、政协委员调研侨企侨商，或积极反映侨企侨商面临的投融资困境，争取党委政府的高度重视和积极协调，为侨企发展营造了良好环境。

【以“亲情中华·魅力湖南”品牌为抓手，服务中华文化“走出去”有影响】 湖南省侨联创新对外文化交流方式，与省演艺集团签订战略协议，两次联合组团分别出访芬兰、奥地利、荷兰和美国、日本开展“亲情中华·纯粹中国·魅力湖南”慰问演出与侨情调研，获得中国侨联，我驻外使领馆，省外宣、外事部门及海外侨胞的高度赞扬与肯定。联合湘潭和常德两市侨联，首次承办中国侨联“亲情中华·走进侨乡”演出慰问活动，为基层侨乡的归侨侨眷带去了精彩的文艺节目，并通过微信向全球进行直播，海内外观众达 16 万多人，受到中国侨联赞誉和推广。联合长沙、郴州、衡阳、湘潭、湖南大学等侨联，举办“亲情中华·2017 海外华裔青少年湖南夏令营”活动，来自 14 个国家百余名海外青少年参营，是全国各省区侨联举办活动中参与人数最

2 月 6 日，“亲情中华·走进侨乡·欢聚湘潭”大型文艺晚会在湘钢俱乐部倾情上演

多的一期。活动的多次成功举办在全国侨联系统树立了品牌，现中国侨联已明确要求2018年直接选送30名优秀海外华裔青少年参加湖南夏令营。长沙市侨联主办“芙蓉国印象”演出，为在美华侨华人带去了家乡的新春问候，推广了湖湘文化。

3月20日—22日，香港吴星可慈善基金会会长吴碧一行赴岳阳开展捐赠活动

【以“慈善中华·爱心湖南”品牌为抓手，助力湖南社会发展有作为】一是“千侨帮千户”工程不断深化。围绕省委、省政府工作重点，继续扎实开展“千侨帮千户”精准扶贫工程，省长许达哲在2018年两会《政府工作报告》中予以了肯定。常德市侨联举行“千侨帮困·大爱常德”系列捐赠，怀化市侨联印制《怀化市“千侨帮千户”工程扶贫手册》，湘潭市侨联开展“面对面、心贴心”侨界群众走访，株洲市侨联筹集资金为全市老归侨、侨眷免费体检。此外，长沙、湘潭、邵阳、益阳、湘西等市州侨联扎实开展侨情普查，对全市范围内家庭困难的归侨侨眷进行了全面摸底排查，实行分级建档。二是精准扶贫工作再获好评。省侨联驻安仁县赤滩村扶贫队加大争取政策、项目和资金支持力度，在省侨商会等侨界组织的支持下，扎实开展产业扶贫和基础设施扶贫，驻村扶贫各项工作稳步推进，基层党建工作不断夯实、村级基础设施逐步完善、产业带动扶贫成效明显。省侨联驻村扶贫工作再获年度优秀。衡阳市侨联开展“凝心聚力献爱心，精准扶贫奔小康”专项捐款，娄底市侨联支持当地侨企以“公司 + 基地 + 农户”的产业扶贫方式参与地方建设，株洲市侨联安排副主席专门负责扶贫驻村蹲点工作，帮助解决扶贫资金400多万元。三是社会捐赠活动持续开展。全省各级侨联组织深入联系海外基金会、侨界爱心企业、爱心人士，接收各类捐赠3400余万元，开展助学助教助困，弘扬了侨界优良传统。2017年6月底，湖南省遭受持续强降雨袭击，造成严重洪涝灾害。省侨联第一时间向海外侨团和侨胞发出了抗洪救灾倡议书，全省各级侨联组织及侨联工作者、各海外侨团、各侨企侨商、全省广大归侨侨眷和广大湘籍海外侨胞立即行动起来，给省内捐款达2000多万元，其中省华侨公益基金会直接接收捐款达300多万元。中国华侨公益基金会携手司迈医疗系统捐赠一批近400余万元的医疗设备，解决部分地区医疗设备不足的问题。浙江新华爱心教育基金会捐赠208万余元，资助邵阳、怀化、益阳、衡阳、岳阳等19个“珍珠班”学子。香港吴星可慈善基金会先后到岳阳、衡阳、常德、怀化等市开展现场捐赠慰问活动，捐赠物资折合人民币达200余万元。

【以拓展海外联谊为抓手，服务国家外交大局和湖南开放崛起有成就】湖南省侨联充分发挥海外侨领“先民间后官方”的沟通作用，助力湖南第一家领事馆——老挝驻长沙总领馆落地，老挝外交部邀请省侨联所有班子成员出席了开馆仪式；东南亚另一国家的驻长沙总领馆民间工作也初显眉目。加大海外示范侨团建设力度，鼓励侨胞融入当地主流社会，一批湘籍侨领成为美、加等国的各级行政区议员、行政官员或社会活动家，一大批湘籍学者成为住在国或世界的知名科学家、企业家和金融家。鼓励海外侨胞为住在国公益事业做贡献，树立了中国人良好形象，赢得了住在国民众和政府对中国人的好感，营造了对我有利的国际外交氛围。承办2017年“海外侨胞故乡行——走进湖南”活动，与永州市人民政府共同举办“海外华侨华人祭舜大典”，既推介了湖南和永州，也促进了湖南与海外的交流和对外开放。联合张家界、湘西、常德、长沙等市州侨联，做好台湾华侨协会总会参访团一行57人在湘近半月的参访活动，得到中国侨联高度评

中国侨联副主席乔卫，湖南省委常委、统战部部长黄兰香会见了来湘参访的台湾华侨协会总会理事长黄海龙率领的参访团一行

价，为争取台湾民心、遏制“台独”做出了积极贡献。怀化市侨联加强对外联络联谊，促成了在美唯一健在的湖南籍飞虎队队员陈科志来湘访问并为飞虎队纪念馆再捐赠文物 50 余件。

【以依法主动科学维权为抓手，服务侨界群众有收获】湖南省侨联加大侨法宣传力度。省侨联主要领导先后 5 次赴有关市州和省直党校，为各地市委中心组和党校主体班讲授涉侨法律法规及侨务政策理论，受到学员们一致好评。怀化、益阳、永州、张家界等市侨联开展各种宣讲活动，向广大干部群众宣传涉侨法律及相关知识。组织开展专题调研。中国侨联法顾委有关领导率调研组，赴长沙、湘潭调研侨资企业、召开座谈会及考察活动。省侨联与省人大民侨外委及省直涉侨单位共同组成调研组，赴有关市州调研全省华侨权益保护情况，并形成了调研工作报告。省侨联全年共直接接待来信来访 70 余人次，提供法律和涉侨政策咨询 103 次；对合法权益受到侵害的归侨侨眷、海外侨胞提供支持和帮助的案件 18 起；回复处理来信来函 16 件，法顾委个案维权 4 起，满意率达 100%；信访受理并专题研究重大涉侨经济纠纷案件 3 件，处理涉案标的达 1.5 亿元。

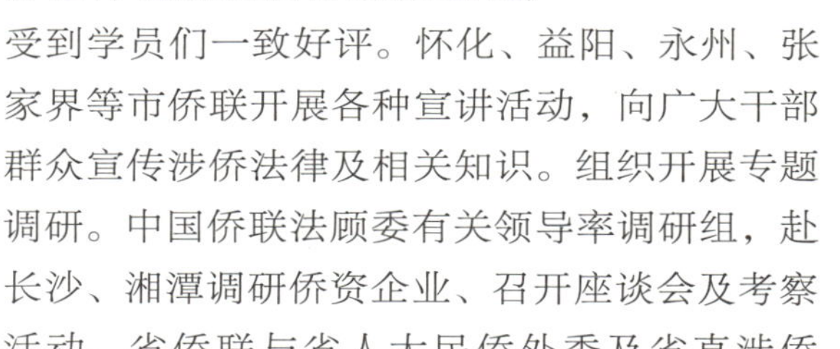

12 月 29 日，湖南省侨联法顾委年会在长沙召开

【以发挥侨界智力优势为抓手，服务领导决策有效果】湖南省侨联向有关单位和部门提出团体提案和界别提案 4 件，所提建议、提案均被有关部门采纳，并转化为改进工作的具体措施。省侨联提出的《关于进一步加大海外高层次人才引进力度，助力湖南创新引领开放崛起的提案》被列为重点提案，并得到了何报翔副省长的长篇批示，被省政协评为优秀提案。省侨联特专委主任曹亚、副主任戴立忠联名提出的《关于实行健康扶贫，加强我省妇女宫颈癌筛查的建议》得到了副省长向力力的批示。省侨联全年出刊《侨情专报》53 期，其中有 36 期被中国侨联采用，2017 年省侨联信息工作被中国

4 月 17 日—21 日，中国侨联法顾委调研组一行来湘开展调研

侨联评为一等奖。

【持之以恒夯实侨联事业发展基础】湖南省侨联始终坚持"严"字当头，着力夯实基层基础，不断提高侨联组织的吸引力、凝聚力和战斗力。一是抓好侨联改革工作。在深入分析侨联工作成功经验和侨联组织发展制约因素的基础上，会党组领导带队，会同省改革办、省编办分赴省内 8 大群团组织和周边 6 个省市侨联对基本概况和改革情况进行深入调研，起草了《湖南省侨联改革方案（讨论稿）》，并在侨界广泛征求意见，后送省委组织部、省委宣传部、省编办等省直 10 个部门征求意见，并进行了多次沟通协调。目前，《湖南省侨联改革方案》已送省深改办统筹，待省深改领导小组或省委常委会审议通过后出台。二是夯实侨联基层基础。严格按照省委巡视组工作要求，扎实做好巡视反馈意见整改工作。先后对相关规章制度进行了修订完善，对有关市县基层侨联组织建设进行了督查，对扶侨帮困资金进行了专项审计，对有关财务开支进行了专项检查。基层组织建设得到不断加强。至 2017 年底，全省 14 个市州侨联全部实现单列。岳阳、株洲、湖南农业大学完成了换届。岳阳、株洲市委同意区县（市）全部成立侨联组织。三是带好侨联干部队伍。强化干部教育培训，制定了全省侨联系统干部培训规划，举办了全省新任侨联干部培训班。完成了机关处室职能职责改革与调整，进行了干部轮岗交流。全省侨联干部服务意识、干事能力得到提升。

【召开湖南省侨联七届四次全委会】1 月 19 日，湖南省侨联七届四次全委会议在长沙召开。省委常委、省委统战部部长黄兰香出席并讲话。黄兰香对 2016 年全省各级侨联工作予以肯定。她要求，各级侨联要广泛凝心聚力，积极为党的十九大召开营造良好氛围。各级侨联要以改革创新精神推进侨联体制机制创新、工作载体和方式方法创新，切实加强自身建设，不断提升水平，贴心为侨服务，为广大侨胞营造良好的干事创业环境。省侨联主席朱道弘作了工作报告，省侨联党组成员、副主席孙民生传达了中国侨联九届四次全委会议精神，省侨联党组书记朱建山做了总结讲话。省侨联领导章伯岗、唐亚武、张欣、翁少兰、庄启宁、张季宝及省"五侨"部门领导出席会议。省侨联委员，在长沙的省侨联顾问及部分海外委员，省侨联处室负责人，省侨联工作平台负责人等 150 余人参加会议。

1 月 19 日，湖南省侨联七届四次全委会议在长沙召开，省委常委、统战部部长黄兰香出席并讲话

4 月 24 日，湖南省侨联全体机关干部到省反腐倡廉警示教育基地参观学习

【召开湖南省海外侨社团联谊总会 2017 年会】10 月 21 日，湖南省海外侨社团联谊总会 2017 年会在长沙召开。来自美国、德国等 30 个国家和地区的海外侨社团负责人、侨领侨胞，省"四侨"部门负责人，省侨联机关处级干部、各市州侨联、在长高校侨联等 160 余人参加会议。会议表彰了向湖南洪灾捐款捐物的海外侨社团、侨资企业、海外侨胞，颁发了湖南

10 月 21 日，湖南省海外侨社团联谊总会 2017 年会在长沙召开

侨联 2017 年抗洪救灾献爱心荣誉证书。

【召开湖南省侨联系统 2018 年度务虚工作会】 12 月 29 日，湖南省侨联系统 2018 年度务虚工作会议在长沙召开。省侨联党组书记朱建山、主席朱道弘、党组成员罗碧野等出席会议，全省 14 个市州侨联、高校侨联相关负责人、省侨联处室负责人参会。会议围绕全省侨联系统 2017 年主要工作、2018 年工作思路、侨联组织的改革重点、侨联工作品牌建设等议题畅所欲言、开展探讨。

12 月 29 日，湖南省侨联系统 2018 年度务虚工作会议在长沙召开

【召开湖南侨商江永行暨湖南省侨商联合会 2017 年会】 3 月 25 日—26 日，"湖南侨商江永行暨湖南省侨商联合会 2017 年会"在江永县举行。省侨联党组书记朱建山，省侨联党组成员、副主席孙民生，永州市委常委、统战部部长石艳萍及省侨商会全体会员，江永县企业家、异地江永商会负责人等 200 余名领导嘉宾出席。现场签约项目 9 个，总投资 54 亿元。

【举办 2017 "亲情中华"海外华裔青少年湖南夏令营活动】 7 月 9 日—21 日，来自美国、加拿大、意大利等 14 个国家的 100 余名海外华裔青少年回到湖南寻根问祖，体验深厚的中华文化。在湘期间，华裔青少年不仅研习了中国的绘画、剪纸、书法，还参加了二胡、中华礼仪、湖湘文化、《三字经》、《朱子家训》等文化讲堂；体验了手工制陶、武术和非遗项目，以及参观了中国农耕文化博物馆、南岳忠烈祠等。省人大常委会副主任王柯敏出席开营仪式并授旗。

7 月 9 日，2017 "亲情中华"海外华裔青少年湖南夏令营开营仪式在长沙举行

【组团赴芬兰、奥地利、荷兰慰问演出】 9 月 9 日—18 日，湖南省侨联联合省演艺集团组织侨心艺术团赴芬兰、奥地利、荷兰进行"亲情中华·纯粹中国·魅力湖南"开展慰问演出对外文化交流活动。共在境外演出 3 场，近 2000 名海外侨胞、国际友人、留学生观看演出。当地社会和各侨（社）团、华侨华人及当地主流媒体都给予了高度评价。

【组团赴美国、日本慰问演出】11月30日—12月9日，湖南省侨联联合省演艺集团组织侨心艺术团赴美国、日本进行“亲情中华·纯粹中国·魅力湖南”开展慰问演出对外文化交流活动。二胡、笛子、古筝、琵琶等中国传统乐器接连登场，《刘海砍樵》《浏阳河》等湖湘风韵曲目精彩呈现，精心编排的特色节目把全场观众带入醇厚的湘音湘韵湘情中。

当地时间12月2日下午，“亲情中华·纯粹中国·魅力湖南”慰问演出首站在Jubilee Christian Center，105 Nortech Pkwy, San Jose, CA 95134，U.S.A 上演

【举办“海外侨胞故乡行——走进湖南”活动】10月20日，来自美国、德国等30个国家和地区的130多名侨领侨胞齐聚长沙，参加由中国侨联主办、湖南省侨联承办的“海外侨胞故乡行——走进湖南”活动启动仪式。活动通过省情推介、经贸投资项目洽谈、企业考察、侨企走访、文化交流、祭祀舜帝等形式，为世界进一步了解湖南、湖南进一步走向世界提供了更广阔舞台。省政协副主席袁新华、胡旭晟分别出席有关活动。

【台湾华侨协会总会参访团来湘参访抗战史迹】10月28日—11月2日，台湾华侨协会总会理事长黄海龙率领参访团一行57人来湘访问。中国侨联副主席乔卫，湖南省委常委、统战部部长黄兰香会见了参访团。其间，参访团陆续参访了张家界、湘西自治州、常德、长沙等地。

【举办“创业中华·兴业湖南”第四届侨商侨智聚三湘——走进伟人故里湘潭活动】11月6日—8日，由中国侨联指导，湖南省侨联、湘潭市人民政府主办的“创业中华·兴业湖南·逐梦湘潭”第四届“侨商侨智聚三湘”活动在湘潭举行。活动吸引了来自美国、加拿大、英国等近30个国家和地区的100余名知名华商侨领、专家学者走进湘潭共谋发展。在活动签约仪式上，共签约项目9个，总投资额达41.2亿元人民币。

10月20日，湖南省侨联承办的“海外侨胞故乡行——走进湖南”活动启动仪式在长沙举行

省级侨联工作

11 月 7 日，举行“湖南省第四届侨商侨智聚三湘——走进伟人故里湘潭”宣传推介会暨签约仪式

【湖南省侨界学习宣传党的十九大精神报告会】 11 月 20 日，湖南省侨界学习宣传党的十九大精神报告会在长沙举行，湖南省侨联组织侨界省人大代表、省政协委员、省侨联全体干部职工、湖南海归协会、省侨商会、退休老干部、省直老侨代表、在长高校侨联代表、海外在湘人士、法顾委、特专委、参政议政委代表等学习十九大精神。湖南省侨联党组成员罗碧野介绍了十九大大会情况，传达十九大精神。党组成员、副主席孙民生主持会议。

【召开永州市第五次归侨侨眷代表大会和岳阳市第六次归侨侨眷代表大会】 12 月 14 日和 12 月 21 日，永州市第五次归侨侨眷代表大会和岳阳市第六次归侨侨眷代表大会分别在永州和岳阳召开。湖南省侨联党组书记朱建山分别出席了两市归侨侨眷代表大会。朱建山在讲话中希望各级侨联组织坚持党的领导，始终保持正确的前进方向，在思想上、政治上、行动上始终同以习近平同志为核心的党中央保持高度一致。要紧紧围绕中心，最大限度地发挥侨联组织人才荟萃、智力密集、联系广泛的优势，充分借助海内、海外两个平台，汇聚侨智、发挥侨力，服务家乡发展。加强自身建设，在发展中夯实基础，努力实现侨联工作的创新发展。

12 月 14 日，召开永州市第五次归侨侨眷代表大会

广东省归国华侨联合会

【领导成员名单】

党组书记、主席：程学源（2018年2月调离）
专职副主席：李　丰　戴文威　颜　珂（女）
兼职副主席：李　瑜　马勇智　麦庆泉　纪少雄　黄少良　曾智明　余志勇　谢惠蓉（女）　罗掌权　郭泽伟　庄创业
秘书长：曹堪宏

【综述】2017年，广东省各级侨联组织深入学习贯彻党的十九大精神和习近平总书记对广东工作的重要指示批示精神，增强“四个意识”，坚定“四个自信”，坚决维护以习近平同志为核心的党中央权威和集中统一领导，以习近平新时代中国特色社会主义思想统领广东侨联一切工作，努力推动习近平新时代中国特色社会主义思想和党的十九大精神在广东侨界落到实处、取得成效，进一步增强做好新时代广东侨联工作的责任感和使命感，持续深化侨联改革，积极主动服务大局、服务侨胞，切实加强自身建设，各项工作取得了新的成绩。

【学习宣传贯彻党的十九大精神】2017年，广东省各级侨联把学习贯彻党的十九大精神作为头等大事和首要政治任务，认真组织收听收看大会盛况和习近平同志代表党中央所作的报告，及时组织学习并向海外侨胞传达十九大精神，收到30个国家和地区的海外侨领发来盛赞十九大的感受。广东省侨联召开党组中心组会议、机关党员干部大会集中学习传达十九大精神，分批安排各级侨联干部参加集中轮训，组织全体党员参加“学报告、学党章”网上系列考学活动，实现侨联系统全员覆盖。借助“侨刊、侨网、侨微”三大平台，宣传学习贯彻党的十九大精神，形成海内外共学十九大精神的局面。结合十九大精神，广泛开展中国特色社会主义和中国梦宣传教育，深入开展向侨界楷模黄大年同志学习活动。

【万立骏主席到广东考察调研】9月19日—22日，中国侨联党组书记、主席万立骏到广东考察调研侨联工作。9月19日，万立骏主席到广州市花都区花山镇洛场村考察村侨联小组和花山小镇，听取了当地侨联工作汇报，强调要传承中华文化，让海外侨胞特别是华裔新生代不忘乡愁不忘根。随后，万立骏主席到清远市清城区新华村侨联工作小组看望越南归侨，了解华侨农场“三融入”现状和侨联工作小组的情况，对清远推进“党建带侨建”试点工作给予充分肯定，希望认真总结经验，进一步探索组织建设新方式新载体，持之以恒抓好侨联基层组织建设。在深圳，万立骏主席参观了深圳奥比中光科技有限公司和深圳光启高等理工研究院，与创业团队负责人、技术骨干深入交流探讨，了解研发过程、成果转化和市场前景。调研期间，万立骏主席与广东省70多位新侨创新创业及侨商代表进行座谈，了解他们的工作生活情况，为大家在国家建设中发挥积极作用点赞，为大家创新创业成功点赞，为大家团结互助精神点赞，为大家发挥“播种机”作用点赞。在听取广东省侨联系统工作汇报后，万立骏对做好新时期广东侨联工作讲了五点意见，

9月19日，中国侨联主席万立骏到清远市清城区新华村调研，广东省侨联主席程学源陪同调研

9 月 20 日，中国侨联主席万立骏接见广东新侨侨商代表

还勉励广东侨联工作者要牢记习近平总书记对侨务战线同志们的嘱托，提高政治站位，培养全球视野，进一步增强做好侨联工作的自豪感和使命感，不断提高工作能力和水平，"当好海外侨胞和归侨侨眷的贴心人，成为侨务工作的实干家"。调研期间，中央政治局委员、广东省委书记胡春华会见了万立骏一行，就发挥侨界优势，助推广东经济社会发展交换了意见。省委副书记、广州市委书记任学锋，省委常委、深圳市委书记王伟中，省委常委曾志权等领导分别就加强侨联工作与万立骏主席交换了意见。中国侨联副主席乔卫，中国侨联组织人事部部长、直属机关党委常务副书记李杰，广东省侨联党组书记、主席程学源等参加调研。

【推进广东省侨联改革】 2017 年，广东省侨联改革进入关键时期，省委领导多次听取汇报，对侨联改革提出工作要求和具体性的指导意见，为全省侨联深化改革、推进工作指明了方向。6 月 26 日，省委全面深化改革领导小组第二十六次会议听取侨联改革工作汇报，审议通过《广东省侨联改革方案》。7 月 4 日，省委办公厅印发了《广东省侨联改革方案》。方案印发后，省侨联按照省委的部署和要求，深入学习贯彻习近平新时代中国特色社会主义思想和党的十九大精神，自觉提高政治站位，牢固树立"四个意识"，深化推进侨联改革，取得了积极进展和阶段性成效。7 月 13 日，省侨联召开了全省侨联改革动员大会，对全省侨联改革进行部署，正式拉开了全省侨联改革的序幕。省侨联党组切实承担起深化改革主体责任，坚持以上带下，通过各种形式，加大对侨联改革的宣传力度，积极营造改革氛围，广泛凝聚共识，切实增强拥护改革、支持改革、参与改革的思想自觉。压实责任，细化分工，制定印发了《广东省侨联改革方案》任务分解表，将改革方案中确定的工作任务逐条逐项进行细化分解为 76 项具体任务，明确牵头责任人和责任部室，确定时间进度安排，加强任务倒逼推进。10 月 19 日，省侨联召

7 月 13 日，广东省侨联召开改革动员大会

9 月 20 日，中央政治局委员、广东省委书记胡春华会见中国侨联主席万立骏

开了全省侨联改革推进工作会议，阶段性总结各地市侨联推进改革情况及存在的问题，及时研究改革推进过程中需要解决事宜，对全省侨联改革作进一步的部署和督促推进。省侨联加强对全省侨联改革工作调研和督查指导，与各地党委沟通协商侨联改革工作推进事宜，争取各地党委的支持，督促各地侨联改革工作，加大推进力度。截至12月底，全省21个地级以上市侨联按照要求制定了改革任务分解表，13个地市侨联积极推动市委起草出台改革实施意见。

【开展“党建带侨建”工作】2017年，广东省侨联全面推进“党建带侨建”，全省“党建带侨建”工作蓬勃发展。河源、惠州、江门、茂名、肇庆、揭阳、云浮等地市侨联在清远市试点经验的基础上，结合各自实际，因地制宜，全面铺开“党建带侨建”工作，不断扩大侨联组织覆盖面，基层侨联组织蓬勃发展。截至12月底，全省共有7669个基层侨联组织。12月12日—13日，省侨联在清远市召开全省侨联推进“党建带侨建”工作现场会，中国侨联副主席康晓萍、中国侨联文化交流部部长刘奇、省侨联副主席颜珂等出席会议。康晓萍副主席充分肯定了广东省侨联开展“党建带侨建”所取得的成绩，希望广东各级侨联认真贯彻落实党的十九大精神和全国侨联基层组织建设工作会议精神，牢记使命，积极创新，大胆探索，继续发扬成绩，当好全国侨联基层组织建设的排头兵，真正做到“组织起来、活跃起来、行动起来、贡献起来”，为全国侨联工作提供更多更好的广东经验。颜珂副主席总结了近年来全省侨联基层组织建设工作情况及取得的成效，对下一阶段的工作进行了部署和要求，要求全省侨联深入贯彻落实中央、省委关于加强和改进新形势下群团工作的新要求，贯彻落实省委十二届二次会议精神和省委书记李希的批示精神，进一步扎实推进全省侨联“党建带侨建”工作，切实增强侨联组织的“政治性、先进性、群众性”。

【全面推进“侨界人文社区”工作】2017年，广东省侨联在侨界群众聚居的地区全面推进“侨界人文社区”工作，丰富活动内涵，凸显侨联组织在基层社区的作用，创新侨联组织参与社会建设的新模式。截至12月底，全省共有58个“广东侨界人文社区（示范点）”，分布于广州、汕头、佛山、惠州、中山、江门、肇庆、清远、珠海等地市。社区侨的基本数据资料得到充实，为侨服务设施得到改善，为侨服务手段得到充实，社区为侨服务水平进一步提升，侨的氛围更加浓郁，侨乡文化得到保育、活化和传播。12月14日，广东省侨联推进“侨界人文社区”工作现场会在中山召开，会议总结了近年来全省创建侨界人文社区工作经验，并对下一阶段工作进行了部署。中国侨联副主席康晓萍、中国侨联文化交流部部长刘奇、省侨联副主席颜珂等出席会议。康晓萍副主席在讲话中高度肯定了侨界人文社区工作，她指出，创建侨界人文社区是广东省侨联开展的又一项工作创新，经过几年的发展，积累了不少经验，侨界人文社区工作成效更加明显。要进一步总结侨界人文社区工作的好经验、好做法，争取在全国侨联系统推广。颜珂副主席总结了上一阶段全省侨联创建“侨界人文社区”工作的情况，要求全省侨联组织充分认识开展侨界人文社区工作的重要意义，建立、完善大联合大协作的机制，形成推动侨界人文社区工作的强大合力，发挥侨界人文社区示范引领作用，进一步树立侨联组织良好的社会形象，把侨界人文社区打造成为全省侨联的工作品牌。中山、广州、惠州

12月12日—13日，广东省侨联推进“党建带侨建”工作现场会在清远召开

12 月 14 日，广东省侨联推进“侨界人文社区”工作现场会在中山召开

等市侨联和中山南区曹边村等社区代表先后作了现场交流发言，与会人员到中山南区良都侨苑、曹边村、沙涌村等社区进行现场考察学习交流。

【举办第七届（广州）华人文化艺术节】 11 月 15 日—17 日，广东省侨联、广州市侨联在广州珠江宾馆联合举办“侨心筑梦行”——第七届（广州）华人文化艺术节，来自五大洲 46 个国家和地区的海外侨胞和港澳台同胞，以及国内文化艺术专业人士、侨界群众共 800 多人聚首羊城，共襄盛节、同话情谊。中国侨联副主席康晓萍，广东省委常委曾志权，广州市委常委、统战部部长卢一先和省市有关单位负责人出席了开幕式。曾志权常委在开幕式上致辞，充分肯定了广东省侨联和广州市侨联联合举办的华人文化艺术节，在推动广东与世界各国的经济文化交流，扩大广东在海外的影响，有效团结凝聚广大海内外侨胞等方面发挥了重要作用。康晓萍副主席在致辞中希望广东省各级侨联积极贯彻落实中央关于群团工作和侨联工作的精神，把握正确方向，明确目标任务，找准工作定位，不断创新发展，讲好中国故事，传播中国声音，将华人文化艺术节等文化交流活动开展得越来越有特色、越来越有吸引力，在推动社会主义文化大发展大繁荣和中华文化走向世界中充分发挥侨联组织的积极作用。广东省侨联副主席李丰代表主办单位致开幕词。康晓萍、曾志权、卢一先、李丰、梁瑞冰共同启动开幕仪式。开幕式后，组委会为大家献上了精彩的大型文艺演出，专业演员们用歌舞演绎了欢聚羊城、幸福广东的动人风采。本届华人文化艺术节各项活动亮点纷呈、精彩连连，既保留了深受海内外侨胞喜爱的广东地区戏曲音乐交流和书画名家联谊笔会等项目，又结合形势的新发展、侨情的新变化、华侨华人的新要求，设立主题突出、富有时代特色的活动内容，主要有开幕式暨大型文艺演出、广东地区戏曲音乐交流、书画名家联谊笔会、创新驱动发展论坛、闭幕式暨联欢

11 月 15 日，第七届（广州）华人文化艺术节开幕启动仪式，中国侨联副主席康晓萍（前排右二）、省委常委曾志权等出席开幕式

11 月 15 日，举办第七届（广州）华人文化艺术节创新驱动发展论坛

11 月 16 日，举办第七届（广州）华人文化艺术节海内外名家书画笔会

晚会。

【开展“海外侨胞故乡行——走进广东”活动】11 月 14 日—18 日，广东省侨联举办了“海外侨胞故乡行——走进广东”活动，40 多个国家和地区的 100 多位海外侨领参加了活动。11 月 14 日上午，2017 年中国侨联“海外侨胞故乡行——走进广东”活动正式拉开帷幕，中国侨联海外联谊部部长陈权带领 40 多个国家近 80 位中国侨联海外委员走进珠海横琴新区，参观了珠海横琴新区规划展馆和港珠澳大桥。来自 25 个国家和地区共 40 多位参加“故乡行”的广东省侨联海外友好社团负责人走进了百年侨校暨南大学，广东省侨联副主席李丰和暨南大学党委副书记夏泉与大家亲切会见，共商如何更好地推进华文教育，传播中华民族优秀文化。两支队伍汇合后，先后考察了规模庞大的南沙海港集装箱码头、展示广州市南沙区未来发展规划的明珠湾规划展览馆。11 月 15 日，海外侨领们出席了第七届（广州）华人文化艺术节开幕典礼，参加了“‘一带一路’背景下的粤港澳大湾区创新发展”论坛，参观了广东华侨博物馆。广东省侨联在珠江宾馆设宴欢迎参加活动的海外嘉宾，广东省侨联副主席戴文威、颜珂等出席了宴会。11 月 16 日，“海外侨胞故乡行”走进了云浮，广东省侨联副主席戴文威等出席了相关活动。云浮市市长王胜，市委常委、统战部部长肖向荣，副市长施东红等热情接待了海外侨领们。参访团一行对云浮新区进行考察，先后参观了云浮国际石材博览中心、广东药科大学云浮分校、云浮云计算大数据产业园，云浮市政府专门为海外侨领举办了云浮市投资环境推介会，云浮市副市长施东红亲自介绍云浮市的发展优势和潜力，诚邀海外侨胞多到云浮参观考察，扩大经贸往来合作，共谋发展。参访团参观考察了佛山（云浮）产业转移工业园氢能源大巴，飞驰汽车制造有限公司，广东凌丰集团有限公司的自动化生产线，广东温氏食品集团股份有限公司。通过此次活动，侨胞们

11 月 14 日—18 日，广东省侨联举办“海外侨胞故乡行——走进广东”活动

11 月 14 日—18 日，“海外侨胞故乡行”走进云浮，云浮市政府举办了云浮市投资环境推介会

亲身感受了广东翻天覆地的变化，纷纷表示不枉此行，要向住在国的人们宣传中国、宣传广东，促进住在国与中国之间的友好交往。这次活动也为海外侨胞提供了商机和合作机会，助推当地经济建设。

11 月 12 日，参加友好社团负责人研讨活动的与会人员合影

【举办广东省侨联友好社团负责人研讨活动】11 月 12 日—14 日，广东省侨联在暨南大学举办友好社团负责人研讨活动，来自 25 个国家和地区共 47 位友好社团负责人参加了研讨活动。其中，坦桑尼亚、斯里兰卡、塞浦路斯、刚果（金）、刚果（布）等国首次有侨团参加研讨活动。11 月 12 日上午，举行研讨活动启动仪式。广东省侨联副主席戴文威和暨南大学副校长张荣华分别在仪式上致辞。戴文威副主席为海外侨领作了新形势下的广东侨联工作专题报告，介绍了广东省的基本侨情和广东省侨联近期主要工作。研讨活动专门邀请暨南大学和广东省委党校的专家开设广东经济发展、经济转型与创新以及关于建设粤港澳大湾区城市群等专题讲座。大家听课兴致高昂，与专家们积极互动，现场气氛十分活跃。本次研讨班内容丰富、形式多样，除上述课程外，学员们还参加了趣味盎然的“破冰”拓展训练，特邀 30 多位以往参加广东省侨联研讨活动的海外侨领参加联欢晚会，参观暨南大学校史馆等。在研讨活动总结会上，广东省侨联副主席李丰作总结讲话，他希望侨领们加强社团之间团结合作，推进和谐侨社建设；要坚持文化自信，争当中外友好使者；要积极参与，争当“一带一路”建设的推动者和落实者；要开展反独促统，支持中国和平统一大业。海外侨领对广东省侨联举办的这次研讨活动纷纷点赞，认为这是一次主题鲜明、理论联系实际的研讨活动，使大家收获满满，不虚此行。

11 月 12 日—14 日，广东省侨联在暨南大学举办友好社团负责人研讨活动

【举办广东省侨联系统干部培训班】11 月 28 日—30 日，2017 全省侨联系统干部培训班在省社会主义学院举行。广东省侨联副主席颜珂，省社会主义学院副院长肖莉等出席了开班仪式。颜珂副主席在开班仪式动员讲话中强调，此次培训是省侨联党组深入全面贯彻落实十九大精神、习近平总书记在中央党的群团工作会议上的重要讲话和对广东工作的重要批示精神，深化全省侨联改革工作，提高侨联干部素质、加强侨联组织自身建设的一项重要举措，并对学员如何做好学习培训提出了三点要求和希望。肖莉副院长为本期培训班上了题为《学习传达十九大重要精神》的第一节课。本期培训为期 3 天，省社院选派了较强的教学力量，省侨联协调了广东华侨博物馆的专家等来授课，综合运用专题讲座、课堂讨论、小组研讨等多种培训方法。全省各地（市）侨联领导班子成员、县

11 月 28 日—30 日，2017 全省侨联系统干部培训班在广东省社会主义学院举行

（区）侨联主要负责人、各级侨联工作业务骨干共 46 人参加了培训。

【举办“广东情·中国梦”冬令营】 12 月 12 日—18 日，广东省侨联联合广东省侨界仁爱基金会在广东省华侨职业技术学校举办“广东情·中国梦”冬令营，来自马来西亚等国家和地区的华裔青少年 30 多人参营，开启了一场寻根和文化体验之旅。营员们先后分组学习了富有中国特色的禅武、葫芦丝和健美操；参观了广东省博物馆、广州市北京路商业步行街、佛山祖庙、佛山南风古灶、深圳锦绣中华和中国民俗文化村；欣赏了功夫表演和高桩舞狮，体验了石湾陶艺；乘船游览了夜色中的珠江。参加活动的营员们收获满满，他们加深了对广东历史、中国民俗文化的了解，更直观地感受到广州国际大都市和广东的飞速发展，与中国的师生们结下了深厚的友谊。“广东情·中国梦”冬令营是广东省侨联首次举办的冬令营，具有创新性和示范性意义，有助于加深海外华裔青少年对祖籍国的了解，增进其中华情素和桑梓情怀，使之成为中外人民友好使者。

【举办广州市第四届侨文化活动日】 8 月 18 日，由广州市侨联主办的“亲青中华·侨聚沙湾”第四届侨文化活动日在沙湾古镇开幕。中国侨联文化交流部部长刘奇，中共广州市委常委、统战部部长卢一先，广东省侨联副主席颜珂，广州市侨联党组书记、主席梁瑞冰，中共番禺区委常委、统战部部长林伟长及市人大侨工委、市侨办、市政协港澳台侨外事委等有关部门负责人出席了开幕式。广州市各区、市直有关单位、市属侨社团的归侨侨眷、海外侨胞和侨联干部约 700 人参加活动。刘奇部长、卢一先常委、颜珂副主

12 月 12 日—18 日，广东省侨联联合广东省侨界仁爱基金会举办“广东情·中国梦”冬令营

8 月 18 日，广州市第四届侨文化活动日在沙湾古镇举行

侨联系统文化建设图片展现场展出 100 余幅图片全面展示了新时期归侨侨眷的新面貌，吸引了不少群众驻足观看。

席和梁瑞冰主席分别在开幕式上讲话，并为广东侨界人文社区——沙湾社区揭牌；梁瑞冰主席为 9 个广州市侨界人文社区（示范点）授牌，表彰其在社区工作中发挥侨界力量，参与社会创新治理工作并取得的成绩；刘奇部长为获得第 18 届世界华人学生作文大赛优秀组织奖的单位代表颁发了奖状。开幕式后，广州市侨联精心排演的 20 多个文艺节目接连上演，书画展吸引了从海外回来的新西兰中华文化学院院长区本先生等海外著名书画家前来挥毫作画，涉侨法律咨询和义诊摊位前人头涌动，咨询的人络绎不绝，广州市

【举办第三届华人华侨产业交易会】 8 月 13 日，第三届华人华侨产业交易会（以下简称侨交会）在深圳会展中心开幕，来自 27 个国家和地区的 615 家参展商参展。中国侨联副主席李卓彬，广东省侨联主席程学源，深圳市委常委、统战部部长林洁等出席开幕式并巡馆。本届侨交会以“以侨为桥·货通天下”为主题，为期 3 天，在展览展示方面，展会在前两届的基础上，新增了“一带一路”跨境电商展区，专设了“国际民间交流中心共建单位联合展示区”，10 余个海外国家组团携特色产品亮相。此外，还开展双向贸易对接、专业论坛和进出口接洽活动等，多渠道为展商创造交流交易机会。侨交会将走出国门举办展会，在印尼会展中心举办 OCTF 2017·中国—印尼商品展，计划 2018 年在南非的约翰内斯堡举办海外展的第二站。

广西壮族自治区归国华侨联合会

【领导成员名单】

党组书记、主席：谭　斌

专职副主席：廖志刚　林振龙

兼职副主席：冯祖华　陈保善　肖开宁　李　东　王钦贤　温深文

秘　书　长：廖志刚（兼）

【综述】2017年，广西壮族自治区侨联在自治区党委、政府的正确领导和中国侨联的指导下，全面宣传贯彻落实党的十九大精神和习近平新时代中国特色社会主义思想，深入贯彻落实中央和自治区党委的群团会议精神和自治区第十一次党代会精神，不忘初心、牢记使命，充分发挥自身优势和作用，以改革创新精神加快推进侨联改革，主动作为，在服务全区融入“一带一路”建设、推动地方经济发展、传播中华文化、拓展海外联谊、开展民间外交、扶贫帮困、公益慈善、自身建设等方面取得新的成绩。

【学习宣传贯彻党的十九大精神】10月18日，广西侨联组织机关全体干部职工集中收看党的十九大开幕式，听取习近平总书记在大会上作的工作报告。10月31日，召开有全体党员干部和离退休老党员参加的党组扩大会议，专题学习讨论党的十九大精神，研究深入学习宣传贯彻党的十九大精神的工作措施。传达学习自治区党委办公厅印发《党的十九大精神传达提纲》，并对侨联机关和侨联系统学习宣传贯彻十九大精神进行部署。各级侨联组织采取座谈会、机关党组理论中心组学习、机关党支部学习，结合“两学一做”常态化制度化学习等形式，把党的十九大精神宣传贯彻到各级侨联委员和侨界群众中。同时借助侨联网站、《八桂侨刊》《广西侨联信息》、机关支部微信群、桂籍华侨华人微信群、广西侨联QQ群、机关板报宣传栏等媒介分别开辟学习贯彻党的十九大精神专栏；推出《学习十九大精神百问》，引导广大归侨侨眷和海外侨胞学习会议精神，把学习宣传贯彻十九大精神作为一项重要政治任务。

10月31日，广西侨联召开党组扩大会议专题学习讨论党的十九大精神

【开展“送温暖、献爱心”活动及扶贫帮困工作】2017年春节前夕，广西侨联组织开展了“送温暖、献爱心”活动。自治区侨联领导班子成员分别带队到玉林、柳州、桂林、贺州等市侨联，对侨界代表人士和困难归侨侨眷进行了走访慰问。全区各级侨联组织、侨界社团也分别

1月10日，广西侨联主席谭斌（右二）到玉林市开展春节慰问活动

采取团拜会、迎春联欢会、走访看望等多种形式慰问侨界代表和困难归侨，筹集发放慰问金和慰问品。2017 年全区侨联系统春节期间共慰问 2000 多户困难归侨侨眷，发放慰问金 100 多万元；其中自治区侨联本级拨出慰问金 20 多万元。1 月 21 日—22 日，中国侨联副主席李卓彬一行到北海市银海区侨港镇慰问困难归侨，召开座谈会了解北海市各级相关部门贯彻落实中央分管领导讲话精神、侨港镇旧城改造问题和中国侨联下拨的精准扶贫专项资金情况。中国侨联海外联谊部部长陈权，广西侨联主席、党组书记谭斌，北海市领导及各部门有关人员参加活动。6 月 19 日—22 日，以中国侨联副主席、中央国家机关侨联主席邵旭军为组长的精准扶贫调研考察组到十万山华侨林场调研考察，对侨联组织在慰问救助扶持困难归侨侨眷方面的工作成效给予肯定。根据自治区党委办公厅、政府办公厅有关文件通报，自治区侨联 2017 年顺利完成了扶贫定点村脱贫摘帽任务。各市侨联积极开展精准扶贫工作。崇左市侨联开展“扶贫济困侨领在行动”活动，贵港市侨联多次组织“健康扶贫”医疗下乡义诊活动，贺州市侨联先后争取林东慈善基金会向扶贫村捐赠爱心善款 8 万元人民币。

6 月 19 日—22 日，中国侨联副主席、中央国家机关侨联主席邵旭军（右二）率调研组到广西开展华侨农林场精准扶贫活动

1 月 21 日—22 日，中国侨联副主席李卓彬（右二）到广西北海市银海区侨港镇慰问困难归侨

【侨胞之家建设成果显著】 2017 年，广西全区各级侨联“侨胞之家”建设形成上下同建、侨企合建、社区（村）共建等建设模式。到年底，全区已有南宁市正培五金公司、玉林市玉铁江滨社区、容县十里镇大坡村等 62 个“侨胞之家”挂牌成立，其中自治区级 1 个、市级 21 个、县（区）级 22 个、乡镇（街道）12 个、村级 4 个、其他 2 个。南宁市正培公司“侨胞之家”面积有 1680 平方米，设书画室、多功

10 月 24 日，中国侨联副主席康晓萍到南宁市正培“侨胞之家”开展现场调研

省级侨联工作

能健身馆、游泳池、唱歌娱乐室、多功能球馆，功能齐全。自挂牌以来，已接待数千名乒乓球爱好者，并成功举办归侨曾令威先生画展、中秋节南宁市归侨侨眷文体活动等10余场大型活动。10月24日，中国侨联康晓萍副主席到该公司现场调研，对广西“侨胞之家”建设给予肯定。

【推进侨联改革】 根据《中国侨联改革方案》和《广西壮族自治区侨联改革实施方案》的要求，推进广西区侨联机关改革工作并指导各市侨联改革。目前，改革方案所明确的改进作风、创新体制机制、优化人员设置、强化侨联领导班子和干部队伍建设、夯实基层基础、加快“网上侨联”建设、“侨胞之家”建设等19项改革目标，基本完成12项，7项正在推进中。7月26日，在柳州市召开改革工作推进会，对各市侨联改革提出指导性意见。改革后，南宁市将在基层县区都成立侨联，柳州市提出构建“五联五建”联系服务侨胞工作新思路，桂林市要在三年内逐步解决基层无县区侨联的难题，崇左市已基本实现县级侨联全覆盖；百色市侨联将增加两个科室，来宾、贵港、河池市侨联增加或加挂一个工作部门；北海市侨联增建北海市华商会等基层社会组织；玉林市将侨胞之家建设经费纳入财政预算。

7月26日，全区侨联年中工作会议暨侨联改革推进会在柳州召开，广西侨联主席谭斌（右四）、副主席廖志刚（右三）、林振龙（左三）和广西侨联各部室有关人员及各市侨联负责人出席会议

【举办“2017年广西海外高科技专家节能环保和新能源汽车论坛”】 3月27日—28日，广西侨联、自治区侨办、自治区工信委、美国广西同乡会在广西南宁联合举办“2017年广西海外高科技专家节能环保和新能源汽车论坛”。通过自治区科技情报所，对拟邀请的100多名海外专家进行了检索筛选，邀请了7个国家30多名海外专家和美国斯坦福大学终身教授崔屹、加拿大自然科学与工程研究理事会合作项目首席科学家理查德·夏因、中组部“千人计划”专家张亮、美国北卡罗来纳大学研究员戴贵平和美国赛拉尼斯研发工程师缑泽明等5名主讲嘉宾。自治区党委、政府将活动列入自治区党委常委会2017年工作要点，自治区党委书记彭清华、自治区主席陈武对办好论坛分别作了批示，自治区党委副书记侯建国亲切会见论坛主讲嘉宾，黄日波副主席出席开幕式并致辞，自治区工信委巡视员潘峰介绍了广西在节能环保和新能源汽车发展的战略情况。自治区有关部门、专家学者等100多人参加论坛。崔屹等5位演讲嘉宾研究探讨了广西节能环保和新能源汽车发展战略与发展前景。会后，与会嘉宾还考察了广西有关院校和企业，进行了学术交流，同时启动了高层次人才的遴选工作，使海外科技人才与广西的相关产业进一步

3月27日—28日，在广西南宁举办“2017年广西海外高科技专家节能环保和新能源汽车论坛”

对接，服务全区经济建设。

【联合举办“第18届世界广西同乡联谊大会”】 3月27日—28日，广西侨联联合自治区侨办、美国广西同乡会在南宁举办以“共叙乡情·共商合作·共谋发展”为主题的第18届世界广西同乡联谊大会，来自美、德、加、奥、新、日、韩、泰、马来西亚等近40个国家和地区的桂籍侨社团主要侨领、华商精英、嘉宾代表800余人参加大会。自治区党委书记彭清华率广西四家班子负责人出席大会开幕式，自治区政府主席陈武在大会上介绍了广西经济社会发展情况，表示此次大会开启了全球桂籍乡亲联谊、合作、发展的新里程，同时也将成为广西扩大对外开放的重要平台和发挥侨力资源、推动经济社会发展的重要品牌。中国国务院侨办副主任郭军在会上致辞。

5月16日，广西侨联主席谭斌（前排左四）访问印尼中华总商会，与该会副总主席薛天增（前排右四）、永远名誉主席翁钰莺（前排右三）等会谈时合影

3月27日，在南宁举办“第18届世界广西同乡联谊大会”开幕式现场

【出访澳大利亚、印度尼西亚、新加坡】 5月11日—20日，应澳大利亚广西华人海外联谊会、印尼中小企业商会、新加坡广西暨高州会馆的邀请，经自治区党委批准，自治区侨联主席谭斌一行率团出访澳大利亚、印尼、新加坡三国。访问团参加了澳大利亚广西华人海外联谊会六周年庆典；走访了澳洲广西钦廉同乡会并进行座谈，重点商谈了2017年10月在广西防城港市举办钦廉恳亲大会有关事宜，同时还实地考察了澳洲广西钦廉同乡会会务发展等情况；走访了澳大利亚广西同乡会，双方就进一步加强和密切与海外华侨华人新生代的沟通联系等问题进行了交流；拜会了印度尼西亚中小企业商会和印度尼西亚中华总商会，受到该会副总主席薛天增、永远名誉主席翁钰莺等理监事的热情欢迎，双方就加强交流，促进广西与印尼经贸合作进行了会谈；参观了爪哇综合产业园区和港口，并观看爪哇综合产业园区的沙盘；拜会了新加坡广西暨高州会馆，会长陈奇培、署理会长成立超及董事们在会馆总部与访问团进行了友好交流并就感兴趣的问题进行了沟通；走访了新加坡东南亚美术家协会，双方进行了深入交流，希望通过组织国内外文化艺术交流和名家书画作品展览，促进中国优秀的书画艺术工作者与海内外同行的交流与共进，搭建中国文化艺术向世界展示的纽带和桥梁。

【举办“2017华商八桂行——百色投资环境暨重点投资项目推介会”系列活动】 2017年7月，广西侨联通过华商识外商、借外商引外商方式，与百色市侨联沟通、协作，通过海外侨团商会、中国侨商联合会和广东国际华商会邀请了来自东盟相关国家和地区有实力的华商、外商等70多人参加了推介会。推介会上，百色新区综合医院及养老康疗中心项目、农业休闲及田园综

7 月 18 日—20 日，“华商八桂行”活动在广西百色举行

合体项目、大健康产业项目、百色市社会管理综合智能运用平台 PPP 项目等 15 个意向合作项目得到外企的关注，有利于拓展东盟海外市场。同时，各市侨联借助第一八届世界广西同乡联谊大会、华商百色行等活动契机，开展各种招商引资活动。南宁市侨联组织华商“走出去”，先后到南非、肯尼亚以及中国香港地区开展项目洽谈；柳州市侨联借助华商企业启迪（柳州）科技城投资公司打造“助侨·投资柳州”主题品牌；贵港市侨联连续三年超额完成招商引资任务；防城港市侨联参与主办“情系防城港·共建侨乡”清明联谊暨侨界招商推介会、“广西侨商行——走进防城港”活动、引导侨商企业广西安得投资发展集团投资东兴市水果口岸等，华商作用发挥较好。

【开展全区华商企业调研】 从 2017 年 1 月起，广西侨联先通过联系自治区有关部门，协调获得全区外资企业的相关资料，再由会领导牵头，以经济科技部为主要抓手，各市侨联积极配合，以县为单位，采取发放调查表、实地走访、召开华商企业座谈会、直接听取意见等方式在全区范围内开展华商企业生存状况等调研活动，相关的调研情况汇总整理成调研报告。此次调研共发放调查表 252 份，走访企业 228 家，召开座谈会 56 场次、参加人数 980 多人次。调研过程中，广西侨联党组书记、主席谭斌深入到广西华澳汽车有限公司、全区扶贫生态移民示范项目的河池大化县易地扶贫搬迁生态民族新城项目、广西盛虎金属制品有限公司等华商企业调研，就如何为侨资企业发展营造良好环境、解决企业的“三难二渴望”（融资难，招工难，用地指标难，渴望保障合法权益，渴望提升企业高科技）等问题进行了沟通和交流，进一步了解掌握华商企业的数量和生存情况。经汇总统计，广西全区有华商企业 2000 多家，注册资金 167 亿元，职工人数约 18 万人，年产值 150 多亿元，年税利超过 15 亿元。同时，各市侨联针对调研中华商反映的问题进行排忧解难，防城港市委主要领导接见市侨联牵线的加拿大华侨、中国侨商联合会副会长罗祖晓先生，并强调要采取有效办法及时帮助侨资企业解决项目碰到的实际问题。南宁市侨联举办第四期华商人才培训班暨“华商上林行”活动，桂林市侨联举办“公司法基本知识与企业法律风险防控”法律讲座等。

4 月 7 日，广西侨联主席谭斌（左二）到华商企业——广西盛虎金属制品有限公司调研

【举办“亲情中华”文化宣传系列活动】“亲情中华”演出活动和“八桂敦乡行”寻根之旅是自治区侨联传播广西民族特色文化的两大工作品牌。2017 年 8 月—10 月，广西侨联分别与南

11 月，广西侨联副主席廖志刚率“亲情中华”艺术团一行 20 人赴泰国华文学校开展文化艺术交流

宁、百色、钦州三市侨联共同举办了 3 期由加拿大广西总商会、加拿大温哥华广西同乡会、泰国广西总会邀请当地华裔新生代或留学生参加的“亲情中华·八桂故乡寻根之旅”活动，每期 40 人，总共 120 人，主要组织海外新生代在广西进行观光考察，学习中华传统文化，体验中国传统文化魅力、壮乡独特风土人情，增进桑梓情怀，不断加深对中华文化和中华民族的认同感。10 月 23 日晚，世界钦廉同乡恳亲大会期间，由中国侨联领导率领的“亲情中华”文艺演出团走进防城港市，为千余侨胞送上了文化大餐。11 月，广西侨联副主席廖志刚率“亲情中华”艺术团一行 20 人赴泰国佛丕府光中公学、泰国龙仔厝三才公学、龙仔厝致中学校等华文学校开展文化艺术交流。其间还拜访了泰国广西总会、泰国广西总商会，与侨领、侨商进行了交流。

10 月 23 日，中国侨联副主席康晓萍出席世界钦廉灵防恳亲大会后到东兴侨批馆调研

【联合主办 2017 年世界钦廉同乡恳亲大会】 10 月 23 日，自治区侨联与自治区侨办、防城港市侨联联合主办 2017 年世界钦廉同乡恳亲大会。这是世界钦廉乡亲首次回故乡广西举办同乡联谊大会，来自 30 多个国家和地区的侨商侨领、世界钦廉灵防同乡会乡亲，共计 700 多人参加大会开幕式。中国侨联副主席康晓萍、国务院侨办副主任郭军、自治区政府副主席丁向群、自治区侨联及防城港市的领导出席活动。这次活动加深了全球钦廉海外乡亲对广西的认同感。恳亲会期间，防城港市侨联积极组织开展了考察和旅游文化宣传活动，引导海外侨胞关注、支持和参与防城港的经济建设。会后，侨商们与防城港市签订了涉及房地产开发、饲料加工、生态旅游、林下种养等 8 个项目，投资总额达 34.77 亿元人民币。

【举办广西壮族自治区侨联成立 60 周年系列活动】 2017 年是广西侨联成立 60 周年，本着隆重、热烈、节俭、务实的原则，在 11 月下旬举办广西侨联成立 60 周年庆祝大会及第 24 届全球华人粤剧文化节等系列活动。自治区四家班子和中国侨联领导、马来西亚上议院前主席曾永森、自治区侨联海外顾问、港澳委员和顾问、侨社团代表及相关部门代表共 300 多人出席大会，广西壮族自治区常务副主席蓝天立、中国侨联秘书长陈迈在会上致辞。这次纪念活动，回顾了侨联一甲子的奋斗历程，总结了侨联工作经验，展望了侨界美好未来，就今后贯彻好党的十九大精

11 月 23 日，举办广西侨联成立 60 周年庆祝大会

神提出了很好的措施。

【社团建设有加强】 由广西侨联主管的广西华商会、广西华侨爱心基金会等 9 个社团组织，是侨联工作中的重要抓手。1 月，广西华商会、广西华侨爱心基金会、广西高校归侨侨眷联谊会、广西越柬老归侨侨眷联谊会共同举办 2017 年广西归侨侨眷迎春联欢会，搭建归侨侨眷、海外侨胞、侨务工作者交流活动平台；10 月，由侨眷、著名书画家曾邕生先生领衔成立广西侨联国际文化交流中心，扩大了广西侨联对外文化交流的渠道。10 月 20 日，由广西华侨历史学会于 1987 年创办的全国首家公开向国内外发行也是全国唯一的省级侨刊《八桂侨刊》，编辑部邀请来自北京、福建、浙江、广东和广西的专家学者、期刊的学术顾问及编辑部前辈同仁 50 多人齐聚一堂，在广西南宁举办创刊 30 周年纪念学术座谈会，回顾《八桂侨刊》创刊 30 年的历史，共商其未来发展之路。11 月 27 日，广西侨联青年委员会举行第三届委员换届大会，换届完成后，青委会由 131 人组成，其中广西区内委员 64 人，海外委员 56 人，香港、澳门地区委员 11 人，会议同期还举办了广西侨届青年创新创业经验交流会，一批全球桂籍青年精英加入，策划了侨企走进东盟活动。

【侨界公益树新风】 2017 年，广西侨联与浙江省新华爱心教育基金会合作在崇左、百色等市共举办 6 个“珍珠班”，招收 300 名成绩优秀贫困生；与玉林市、钦州市、南宁市侨联和广西华侨爱心基金会、爱尔眼科医院一起配合中国侨联公益中心开展“侨爱心光明行”项目和“精准脱贫光明行”项目实施工作，为全区 6000 例白内障患者免费实施手术；完成广西南侨机工遗孀遗属数据统计工作，并上报中国侨联。广西华侨爱心基金会全年共筹集善款 473 万元，支出 323 万

11 月 27 日，广西侨联青年委员会举行第三届委员换届大会

元，完成东兴华侨学校读书长廊、防城港市十万山农林场困难归侨侨眷产业帮扶、南宁市青秀山管委会建设亭廊等项目。

【维护港澳繁荣稳定和反独促统】2017年8月—9月，广西侨联分别在珠海和深圳召开香港委员顾问座谈会和澳门委员顾问座谈会。这两次活动重视和发挥广西侨联港澳委员顾问的作用尤其注重港澳青年的作用，大力加强与广西籍的港澳台侨界青年联系，鼓励他们成为维护港澳繁荣稳定反港独的中坚力量。积极开展未建交国家的侨务工作，某台湾建交国侨领及内阁成员多次到访广西并向广西侨联反映该国愿意与我国建交的信息，自治区侨联立即报告中国侨联，中国侨联高度重视，会见并安排了该国侨领的行程，传递的信息也得到了中央有关部门重视。

召开澳门委员顾问座谈会现场

【北海市侨联推进侨务扶贫】一是中国侨联拨付50万元给银海区侨港镇，作为侨港镇困难归侨精准扶贫专项经费，帮扶侨港镇困难归侨长效解决生产生活问题。1月21日—22日，中国侨联副主席李卓彬到北海市银海区侨港镇慰问困难归侨，并召开座谈会了解北海市各级相关部门贯彻落实李源潮同志讲话精神情况、侨港镇旧城改造问题和中国侨联下拨的精准扶贫专项资金情况。3月，北海市侨联就贯彻落实中央、自治区领导对侨港镇扶贫和发展问题指示有关工作进展情况向中国侨联作专项报告，并上报中央有关领导。二是为挂点帮扶的福成镇山梓村10户贫困户建档立卡，筹措万余元帮扶资金，用于改善山梓村国旗平台建设、完善农民合作社工作制度和生产流程牌匾及支持开展“清洁广西　美丽乡村”专题活动。结合贫困户实际指导发展特色（果蔬）种植、养殖产业，争取近2万元产业扶持资金。春节、儿童节、中秋节期间都深入到贫困户家中慰问并给予慰问品，对建档立卡的贫困户在读子女上门入户开展慰问助学活动。此外，所帮扶的贫困户均纳入新农合医疗保障体系，其中3户有危房改造任务的，积极帮助联系了解贫困户建房相关手续，确保按时保质完成建设工作，现已有6户贫困户审核办理脱贫。三是12月11日与市“五侨”中的其他四个部门联合到银海区侨港镇开展法制宣传暨医疗服务活动。活动共计发放相关法务资料300多份，为现场200多名归侨侨眷免费义诊并发放5000余元的药品。

【玉林市侨联建设“侨胞之家”】玉林市侨联把“侨胞之家”建设目标任务纳入了《玉林市侨联改革实施方案》、纳入了部门财政预算，形成了党委支持、侨联主抓、部门配合、专班推动的工作机制。采取借助侨联机构同建、侨企合建、社区（村）共建、侨界名人聚建等方式，在现有的市、县、镇、村侨联组织办公场、热心侨界事业侨资侨属企业、归侨侨眷聚居的社区（村）、部分侨界知名人士旧居等挂牌“侨胞之家”，实行共建共用、资源共享。截至2017年底，全市共建成“侨胞之家”23家［其中市本级1家，县（市、区）级6家，企业5家，乡镇5家，村（社区）5家，其他1家］。全年依托“侨胞之家”开展海外联谊活动达156次。如来自老挝、马来西亚的100多名华裔青少年参加了在容县中学举办的“侨胞之家”唱歌、诗歌朗诵、跳舞、游园活动；香港马鞍山扶苗之友会组织香港公开大学16名大学生在北流市“侨胞之家”开展“快乐英语在北流”活动；同样，依托“侨胞之家”开展了“侨联干部进侨家”结对帮扶活动，共筹集资金23.92万元慰问困难归侨侨眷、归侨侨眷老党员、新侨留守老人和孩童642名；惠侨活动达92次，争取各类资金设备物资合计达94万元，惠及侨胞侨眷达2500人次。另外，玉林市侨联开通官方微信

12 月 15 日，在玉林市召开全区侨联“侨胞之家”建设经验交流会后现场考察玉铁、江滨社区“侨胞之家”

公众号，使之与玉林“侨胞之家”“侨家大院”等微信群一道，建立网上法律援助、维权帮扶等“一网式”服务的“网上侨胞之家”，打造数字化、规范化、智能化的综合服务平台，成为广大侨胞关注侨乡发展、获取侨联组织服务的重要渠道。

【贺州市侨联召开第三次“侨代会”】 12 月 8 日，贺州市侨联第三次归侨侨眷代表大会在市传媒中心举行。贺州市委书记李宏庆、广西侨联副主席廖志刚出席开幕式并致辞。李宏庆代表市委、市政府向大会的召开表示热烈祝贺，他充分肯定了市第二次归侨侨眷代表大会召开以来全市各级侨联组织和侨联工作者所取得的成绩，高度评价了广大归侨侨眷和海外贺籍侨胞作出的贡献。廖志刚强调，贺州市各级侨联要充分发挥独特优势，做好“联”“引”“传”“帮”四篇文章，夯实基础，强化侨联自身建设，改革创新，进一步提高群团组织的创造力、战斗力和凝聚力，努力完成党和政府交给的各项任务。市侨联党组书记古广清代表贺州市侨联第二届委员会作了工作报告。会议选举古广清为贺州市侨联第三届委员会主席，选举高扬、吴洪帅为副主席，选举叶永忠为秘书长。

【崇左市侨联与壮乡侨领共庆“三月三”】 3 月 29 日—31 日，应崇左市侨联邀请，第十八届世界广西同乡联谊代表大会主席、美国广西同乡会会长韦诚先生为代表的 40 多位参加第十八届世界广西同乡联谊大会的壮乡侨领、专家，在自治区侨联海外联谊部部长曹红的陪同下，深入崇左市的凭祥、扶绥、宁明、龙州、大新等地开展“回家之旅”，与当地壮族人民一起共度壮族“三月三”。29 日，参观扶绥空港经济园区、渠黎华侨林场归侨侨眷新居小区、为职工文化活动中心揭牌“侨胞之家”和“侨家大院”，在“侨林”进行植树活动。感受“扶绥中国上龙”的风采和体会深厚的“恐龙文化”。30 日，赴宁明县花山参加骆越根祖祭祀大典。以缅怀先祖，倾听千人同唱迎客歌，观看象征骆越文化的圣火点燃仪式，领略极具民族特色的祭祀歌舞，参与净手上香祭拜先祖等活动。31 日，侨领和专家们到大新县德天跨国大瀑布，近距离欣赏雄奇瑰丽、气势磅礴的大自然造就的奇迹，侨领和专家们对壮乡“三月三”民族文化展示给予肯定。

3 月 29 日—31 日，40 多位参加第十八届世界广西同乡联谊大会的壮乡侨领、专家深入崇左市参加壮乡“三月三”活动

海南省归国华侨联合会

【领导成员名单】

党组书记：符宣国（2017 年 12 月免职）

党组书记、主席：黎才旺（2017 年 12 月任职）

专职副主席：王小玉（女）

兼职副主席：彭隆荣　王　胜　黄和伍　李桂英（女）　吴青展

秘书长：潘建雄

副巡视员：陈　勇

【综述】 2017 年，海南省各级侨联认真学习宣传贯彻党的十九大精神和习近平总书记系列重要讲话精神，深入贯彻海南省第七次党代会精神及系列决策部署，紧紧围绕海南省委省政府工作大局，落实中国侨联工作部署，主动适应新时代侨情变化，坚持“两个并重”，深化“两个拓展”，坚持改革创新，团结带领广大海外侨胞和归侨侨眷，奋力谱写新时代海南侨联工作新篇章，为加快建设美好新海南做出贡献。

【学习宣传贯彻党的十九大精神】 根据中央和海南省委的部署要求，海南省侨联制定了《海南省侨联关于学习宣传党的十九大精神工作方案》，开展多种形式的学习宣传活动，推动党的十九大精神在海南侨界落地生根。一是扎实抓好学习。10 月 18 日，组织海南省侨联全体干部职工、下属单位及社团收看党的十九大开幕式，并开展侨界干部群众热议十九大活动。召开海南省侨联党组理论中心组（扩大）学习会，传达学习党的十九大精神、《中共中央关于认真学习宣传贯彻党的十九大精神的决定》和海南省委七届三次全会精神。二是开展宣讲活动。积极推动党的十九大精神“七进”活动，海南省侨联领导分别带队下市县、进社区、下社团、进企业开展宣讲活动。11 月 3 日，组织召开党的十九大精神社团学习会议，海南省侨联 24 个下属社团派员参加了学习会；11月7日和14日，王小玉副主席分别到琼海市长坡镇椰林村委会和澄迈县大丰镇肖阳社区开展十九大精神宣讲活动；11 月 15 日，符宣国书记到海南省华商会主持召开座谈会，与侨界企业家代表座谈学习党的十九大精神；11 月 24 日，陈勇副巡视员到侨资企业画王集团开展学习党的十九大精神宣讲活动；12 月 28 日，潘建雄秘书长到澄迈县西达居宣讲党的十九大精神。三是做好宣传工作。制定《海南省侨联关于学习宣传党的十九大精神工作方案》，借助海南省侨联网站、微信公众号和党务宣传栏等多种形式，宣传党的十九大精神，确保党的十九大精神深入侨心。

【召开海南省侨联五届四次全委会】 3 月 10 日，海南省侨联五届四次全委会议在海口召开，党组书记符宣国，副主席王小玉、黄和伍、李桂英、吴青展，秘书长潘建雄，副巡视员陈勇，省侨联常委、委员及列席人员等 100 多人参加了会议。会议传达学习了中国侨联九届四次全委会议精神，审议通过了海南省侨联全委会工作报告及召开海南省归侨侨眷第六次代表大会的决议，研究部署 2017 年工作，新增补常委 8 人、委员 16 人。海南省委副书记李军在会前对侨联工作做了专门批示。他希望全省各级侨联深入学习贯彻习近平总书记系列重要讲话精神特别是关于群团改革的重要指示精神，坚持以人为本、为侨服务，切实维护侨益、改善

3 月 10 日，海南省侨联在海口召开五届四次全委会

3 月 10 日，海南省侨联党组书记符宣国在海南省侨联五届四次全委会议上讲话

侨界民生、促进侨界和谐，大力弘扬中华文化，讲好海南故事、传播好海南声音，聚焦强“三性”、去“四化”，强化党对侨联工作的领导，加强侨联组织建设，广泛凝聚侨心侨智侨力，引导广大归侨侨眷和海外侨胞坚定共圆共享中国梦的理想信念，为国际旅游岛建设和海南经济社会发展做出积极贡献。符宣国对全省侨联2017 年工作作出部署：一是进一步强化对归侨侨眷和海外侨胞的政治引领，筑牢共圆共享中国梦的思想基础；二是坚持正确方向和突出问题导向，确保海南侨联改革扎实有序推进；三是认真做好省侨联换届工作，努力开创侨联工作新局面；四是紧紧围绕大局，组织动员侨界群众为海南国际旅游岛建设建功立业；五是大力开展为侨服务工作，促进侨界和谐稳定；六是深入推进海外联谊工作，弘扬中华优秀传统文化；七是切实加强侨联自身建设，提高工作能力和工作水平。会后，还举行了海南省侨联微信公众号开通仪式。

【黎才旺任海南省侨联党组书记并当选主席】 12 月 5 日，海南省侨联召开全体机关干部和下属单位主要负责人大会。海南省委组织部部务委员、干部三处处长李映旭宣读了海南省委关于任黎才旺为中共海南省侨联党组书记，提名为海南省侨联主席候选人的任免决定。海南省委组织部常务副部长梁飞在会上提出了“四个切实”的要求：一要切实提高思想认识，把认识统一到海南省委的决定上来，讲政治、讲大局；二要切实加强班子和队伍的团结，心往一处想，劲往一处使；三要切实抓好党的建设，增强政治性、先进性、群众性，不忘初心，建功海南，把侨联建设成侨界群众拥护的群团组织；四要切实推动侨联事业发展，既要做好老侨工作，也要做好新侨工作，确保侨联事业薪火相传，开拓进取、真抓实干，为建设美好新海南做出独特的新贡献。12 月 7 日，海南省侨联五届五次全委会议在海口召开，黎才旺全票当选海南省侨联第五届委员会主席。黎才旺对海南省委及组织部门的培养，对海南省侨联委员的信任和支持表示衷心的感谢。他在当选后表态：将坚定政治、严守规矩，善于学习、勤于侨务，强化作风、严于律己，抓党建带队伍促侨务，为实现中华民族伟大复兴的中国梦、建设美好新海南作出侨界更大的贡献。海南省侨联副主席王小玉、彭隆荣、黄和伍、李桂英，

12 月 7 日，海南省侨联在海口召开五届五次全委会

12 月 7 日，黎才旺在海南省侨联五届五次全委会上当选主席并讲话

秘书长潘建雄，副巡视员陈勇，海南省侨联委员及海南省侨联下属社团负责人等100多人出席会议。

【陈迈秘书长一行到海南调研】 4月18日—21日，中国侨联秘书长兼办公厅主任陈迈率调研组在海南开展调研，就办公厅（室）如何办好会、办好文、办好网、办好刊、用好钱、管好物、服好务等"七好"工作，重点就侨联信息化建设、《中国侨联工作》刊物编辑、推进侨联改革、加强基层建设等工作了解情况，听取意见建议。4月19日，中国侨联调研组召开座谈会。海南省侨联党组书记符宣国、副主席王小玉、副巡视员陈勇，海口市及四个区、澄迈、定安、万宁侨联主席，海南省侨联机关部分干部、《南华时刊》杂志社负责人等参加了座谈会。陈迈秘书长对海南侨联系统近几年工作给予了肯定，特别是在文化交流传播、扶贫济困等方面的探索实践。他深入分析阐述了新时期做好侨联办公室"七好"工作的要求、思路、手段和方法，希望海南省侨联充分重视并规范完善办公室"七好"工作，带动提升全省侨联系统各项工作规范化、信息化、科学化水平。符宣国介绍了海南省情、侨情和海南省侨联近年来的工作情况，并结合侨联工作实践提出有关意见建议。参会人员就新时期自身工作面临的新情况新问题新需求畅所欲言、交流意见。在海南期间，陈迈秘书长一行还实地走访调研了琼海、文昌等重点侨乡的基层建设情况。

4月19日，中国侨联秘书长兼办公厅主任陈迈一行在琼海市走访调研

【开展大研讨大行动活动】 6月27日，海南省侨联组织召开机关全体干部大会，传达学习海南省委《关于开展"深入学习贯彻习近平总书记视察海南时的重要讲话精神建设美好新海南"大研讨大行动的实施方案》，并作出具体部署。党组书记符宣国主持会议。会议指出，海南省侨联开展好大研讨大行动活动要做到"三到位"：一是思想认识到位。大研讨大行动活动彰显了海南省委贯彻落实习近平总书记系列重要讲话精神和治国理政新理念新思想新战略，是全省上下深入贯彻海南省第七次党代会精神的重要举措。二是深入调研、查摆问题到位。全省侨联系统要原原本本学习习近平总书记视察海南时的重要讲话精神，结合侨联工作存在的问题开展调研，查摆问题。三是组织领导到位。成立大研讨大行动活动工作小组，切实组织和实施好每个阶段的具体工作安排，确保活动顺利开展。会议提出三点要求：一是把开展大研讨大行动活动作为当前重大的政治任务来抓，围绕中心，服务大局，凝聚侨界力量建设美好新海南；二是与推进"两学一做"学习教育常态化制度化、海南省侨联改革和换届等重点工作有机结合起来；三是组织调研组深入到基层侨联组织，摸清摸准情况，提出具体的意见和建议。7月14日—17日，海南省侨联党组书记符宣国率调研组在海口开展大研讨大行动调研活动。调研组围绕"深化侨联改革、支持新侨创新创业、汇聚侨智侨力服务美好新海南"等专题，分别来到侨资企业海南画王集团、海南华益泰康药业有限公司、海南万达包装制造有限公司和下属社团海南省华侨文化经济发展促进会进行实地调研和座谈交流，充分听取当地侨联干部和侨资侨企代表的意见建议。海南省侨联秘书长潘建雄、副巡视员陈勇、海口市侨联主席潘朝辉等陪同调研。8月25日，海南省侨联召开"大研讨大行动"座谈会，海南省侨联党组书记符宣国、副主席王小玉、秘书长潘建雄、副巡视员陈勇和机关各部室、下属单位、相关社团负责人及重点侨乡侨联负责人、侨界专家学者等30多人参加了会议。会

省级侨联工作

8 月 25 日，海南省侨联召开"大研讨大行动"座谈会

议传达学习了习近平总书记视察海南重要讲话、海南省委书记刘赐贵关于大研讨大行动指示和海南省委关于开展大研讨大行动活动方案精神，进一步统一思想认识，增强做好新形势下侨联工作的责任感和紧迫感。与会同志围绕习近平总书记视察海南时的重要讲话精神，紧扣省委提出的十个方面重点研讨内容，结合侨联工作实际，从如何发扬敢闯敢试、敢为人先的特区精神，积极推动侨联改革，开创侨联工作新局面；如何贯彻落实以人民为中心的发展理念，认真做好服务侨胞、维护侨益、参政议政、华侨文化传播等工作，进一步夯实侨界群众基础；如何贯彻落实打造"一带一路"国际交流合作大平台的要求，切实加大海外联谊工作力度，发挥侨联组织在服务美好新海南建设中的独特作用等方面，提出了许多意见和建议。

【赴琼中扶贫点调研】6 月 16 日，海南省侨联党组书记符宣国带队前往琼中县吊罗山乡长田村委会开展扶贫调研，副秘书长兼办公室主任黎少雄陪同调研。符宣国一行深入长田村盈收种养合作社、合金黑山羊养殖合作社、奔富种养殖合作社等产业基地考察，认真听取合作社的投入和发展运营情况，仔细查看栏舍建设和种苗生长情况，详细询问种苗饲养、生长周期、风险盈利、产业循环等现实问题。符宣国充分肯定了贫困户抱团发展合作社的模式和取得的初步成效，同时又帮助分析了项目发展存在的不足，并提出解决对策。符宣国还走访慰问了越南归难侨贫困户张四妹，实地察看了她家的危房改造建设情况，仔细询问生产生活情况，鼓励她树立信心，渡过难关。

【开展"送温暖"春节慰问活动】1 月 23 日，海南省侨联党组书记符宣国、副秘书长黎少雄等一行前往文昌市开展春节慰问侨界群众活动。符宣国一行在抱罗镇看望了 99 岁高龄的南侨机工张修隆先生。张修隆于 1938 年从新加坡归国，是海南唯一健在的南侨机工。符宣国详细了解张修隆的健康和生活情况，并祝愿他健康长寿、幸福快乐。随后，符宣国一行前往文昌华侨农场慰问困难归侨莫积齐和谢明芳，详细询问他们的家庭生活状况，并送上慰问金和慰问品，鼓励他们增强信心、自立自强，祝他们过一个欢乐祥和的春节。慰问过程中，符宣国还与农场负责人详细交谈，深入了解农场侨界群众的生活情况和农场的发展情况。同时，副主席王小玉、副巡视员陈勇分别带队赴琼海市彬村山华侨农场、万宁市兴隆华侨农场看望慰问困难归侨侨眷及"全国侨界杰出人物"郑文泰先生，给他们送去新春的祝福。

【组织开展 2017 年"四下乡"活动】4 月，海南省侨联组织在全省侨联系统开展"送科技、送文化、送法律、送医药"的"四下乡"服务月活动。4 月 25 日，海南省侨联与海口市侨联在海口市琼山区三门坡镇开展"四下乡"活动。

4 月 25 日，海南省侨联与海口市侨联在琼山区三门坡镇联合开展"四下乡"活动

海南省侨联副主席王小玉、副巡视员陈勇，海口市侨联主席潘朝辉等出席活动。王小玉在讲话中指出，侨联是党和政府联系侨界群众的桥梁和纽带，开展“四下乡”活动，是侨联组织践行以人民为中心理念，更好地服务侨界群众，服务海南发展大局的一项群众性工作。她希望侨界群众积极参与，在参与中感受到党和政府的关怀，在参与中有所收获、有所提升。海南省干部疗养院医护专家、海南大学教授、海南省侨联法顾委律师团资深律师分别为现场群众进行了医疗义诊、荔枝种植与管理技术培训及法律咨询服务。海南省侨联还向群众赠送了一批文化、科技、法律书籍。全省“四下乡”服务月活动期间，海南省侨联还深入东方、昌江、琼中等市县的边远侨场侨队开展服务活动。

【开展2017年“金秋助学”活动】8月，海南省侨联在全省开展“金秋助学”活动，资助对象为考上大学的特困归侨侨眷子女。由基层侨联调查了解，通过申报、筛选，并经海南省侨联审核确定，共有36名学生获得资助。每人受助3000元或5000元人民币不等，共发放资助金10.8万元。

【开展精准扶贫工作】海南省侨联将扶贫工作纳入重要议事日程，制定脱贫攻坚工作方案，并选派年轻干部担任驻村第一书记。海南省侨联领导先后4次深入扶贫点琼中县吊罗山乡长田村委会调研、慰问及指导工作。截至2017年底，海南省侨联共投入扶贫资金28万多元，指导建成农民专业合作社5个，已投入种羊412只、种猪300头、蜜蜂600箱，实现贫困户全覆盖。

【举办海南省侨联法顾委2017年年会暨《民法总则》培训班】4月20日—21日，海南省侨联法顾委2017年年会暨《民法总则》培训班在昌江举行。海南省侨联法顾委及其律师团成员、海南省侨联和市县侨联分管维权工作的负责人共40多人参加会议。法顾委主任廖向琦作工作报告，总结法顾委2016年工作，部署2017年工作。与会人员就如何落实好2017年法顾委工作计划进行了研讨交流，并提出了建设性的意见。海南省侨联副主席王小玉出席会议并讲话。她希望法顾委及律师团要为侨联组织维护侨益发挥好参谋和助手作用，积极参与侨联的宏观维权工作，协助、配合侨联推动重点涉侨案件的处理。会后，法顾委副主任程晓东律师就《中华人民共和国民法总则》为参会人员进行培训解读。

4月20日，海南省侨联副主席王小玉（前排中）与法顾委委员及律师团成员合影

【开展法治巡回宣讲活动】6月28日—7月7日，海南省侨联副主席王小玉率领法治宣讲团赴基层开展法治巡回宣讲活动。宣讲团一行深入到中西部少数民族地区白沙县、昌江县的偏远侨队，以及东部重点侨乡琼海、文昌的华侨农场和社区开展法治巡回宣讲，以进一步推动侨联普法工作，增强侨界群众的法律意识。海南省侨联律师团律师邢小娟、刘宁刚、刘美芳担任主讲，宣讲了《中华人民共和国归侨侨眷权益保护法》《中华人民共和国归侨侨眷权益保护法实施办法》《海南省归侨侨眷权益保护若干规定》《中华人民共和国土地法》等法律法规，并与农场干部职工和侨界群众面对面进行交流互动，对他们重点关心的涉侨和土地等方面的法律法规问题进行解答。

【做好维权工作】海南省侨联认真落实信访工作制度、基层法律咨询服务站工作制度、律师团网上值班制度，认真做好维权工作。据不完全统计，2017 年全省侨联系统（含海南省侨联基层法律咨询服务站）处理的信访咨询件达 1800 件，其中，海南省侨联机关共接待信访 73 件（86 人）次，有效化解了社会矛盾。海南省侨联的维权工作被写进了 2017 年中国侨联维权工作报告，并成为中国侨联指定在全国维权工作会议上做经验交流发言的 6 家单位之一。

12 月 10 日，中国侨联副主席李卓彬在 2017 世界侨商峰会开幕式上讲话

【参与主办 2017 世界侨商海口峰会暨第九届中国侨商论坛】 12 月 9 日—11 日，主题为“凝聚世界侨商力 · 服务乡村振兴战略 · 建设海南百镇千村”的 2017 世界侨商海口峰会暨第九届中国侨商论坛在海口召开。此次峰会由中国侨商联合会、海南省侨联等单位联合举办，来自全球 40 多个国家和地区近 700 名海内外侨商侨领和海南省企业家出席峰会开幕式并参加第九届中国侨商论坛、“千企千镇工程”进海南项目对接洽谈会、海口市专场招商推介会等活动。中国城镇化促进会主席蒋正华、中国侨联副主席李卓彬、海南省人民政府副省长何西庆、中国侨商联合会会长许荣茂等出席峰会开幕式并致辞，海南省侨联主席黎才旺主持开幕式。本次峰会以党的十九大精神为指导，以乡村振兴战略为主题，以“千企千镇工程”为载体，将侨商创新转型的迫切需求与国家推广“千企千镇工程”、海南建设“百镇千村”有机结合起来，以“政府引导、企业参与、市场运作”的创建模式，搭建与侨商主体有效

12 月 10 日，海南省侨联主席黎才旺主持 2017 世界侨商峰会开幕式

12 月 10 日，出席 2017 世界侨商海口峰会暨第九届中国侨商论坛的领导嘉宾合影

对接平台，引导侨商参与美丽新海南建设。在项目对接洽谈会上，海南 18 个市县携特色产业小镇建设项目来到现场，与数百位侨商进行对接洽谈。

【邀请海外侨商参加 2017 海南综合招商活动】6 月 27 日—29 日，以“美好新海南　投资新机遇”为主题的 2017 海南综合招商活动在海口召开。海南省侨联邀请了美国、德国、智利、日本、马来西亚和中国香港、中国澳门等 7 个国家和地区的侨团负责人及侨商代表 48 人，分别参加了 2017 世界海商大会暨首届世界海商精品博览会、境外企业合作交流会以及海南省政府投资推介会暨项目签约仪式等，并带来高能桩基础工程设备、仓储物流园、中美（海南）经济文化科技交流合作中心等合计 60 多亿元的意向投资项目。

【赴马来西亚开展“亲情中华·美丽海南”文化交流活动】7 月 24 日—28 日，海南省侨联副巡视员陈勇率领“亲情中华·美丽海南”文化交流访问团，赴马来西亚亚庇、古晋开展文化交流活动。海南大学的师生们为侨胞们献演了富有浓郁海南特色的歌舞、琼剧、黎族服饰、民族乐器等节目，精彩的演出赢得现场观众的阵阵掌声。此次活动由海南省侨联、海南大学、马来西亚海南会馆联合会主办，中国驻哥打基纳巴卢代总领事章禾先生、中国驻古晋领事馆代总领事张扬先生、南市市长拿督曾长青先生、马来西亚海南会馆联合会总会长拿督林秋雅女士等参加了活动。此次文化交流演出活动以亲情为纽带，敦睦乡情，为进一步弘扬中华优秀文化和独具特色的海南文化，加强海南省侨联与海外侨社和侨胞的联系，加深侨胞对美丽新海南的了解和认识，服务“一带一路”和国际旅游岛建设，起到了积极推动作用。

7 月 26 日，在“亲情中华·美丽海南”文化交流活动中为马来西亚侨胞们表演琼剧

【开展 2017“海南微笑”唇腭裂义诊及“寻根之旅”文体交流活动】11 月 2 日—9 日，新加坡海南会馆会长潘家海先生率团第 18 次来到澄迈县人民医院继续开展唇腭裂患者“微笑工程”义诊活动。以新加坡中央医院高级顾问专家李胜德教授为首的整形外科、麻醉科、口腔科、语言治疗等高级专家义诊团队，此次活动共完成手术治疗 40 例，看诊治疗 133 人次。资深语言治疗师潘心荣博士义务为海南省人民医院等医院的 30 名医生进行了培训，促进了新加坡和海南省医学技术的交流合作。同时，为拓展海外联谊，做实海外新生代工作，新加坡海南会馆与海南省侨联共同组织新加坡琼籍青少年参与义诊活动，并赴澄迈、文昌、海口等市县开展“寻根之旅”文体交流活动，旨在引导和鼓励新加坡琼籍为主的华侨华人新生代关注参与侨团活动，并希望通过以故土寻根为“介”，加深新生代血脉情缘；以文体交流为“媒”，增进新生代中华情怀。交流团小队员们参观海南人文风貌，感受中华文化魅力，增进了桑梓情怀。同时，他们还与澄迈、文昌、

7 月 25 日，“亲情中华·美丽海南”文化交流访问团与亚庇海南会馆乡亲合影

11 月 7 日，新加坡海南会馆唇腭裂义诊团成员、海南省侨联工作人员、澄迈县人民医院医护人员与病患及家属合影

11 月 3 日，新加坡琼籍青少年与澄迈当地学校的学生开展“以球会友·加强联谊”乒乓球友谊赛活动

海口等地大中学校师生开展生动有趣的“以球会友·加强联谊”乒乓球友谊赛活动，既交流球技，又收获友情。此前，4 月 13 日—15 日，新加坡海南会馆唇腭裂义诊团 14 人一行来琼，在澄迈县人民医院为近 100 位患者进行义诊，为 11 月的手术治疗活动进行准备。

【出席世界海南乡团联谊会第十四届三次理事会议】 4 月 2 日，世界海南乡团联谊会第十四届三次理事会议在文昌市召开。来自 10 个国家和地区的 50 多名理事乡团代表参加会议。会议由世界海南乡团联谊会理事长、澳大利亚海南社团总会会长吴昌茂先生主持。会议听取了香港海南社团总会通报第十五届世界海南乡团联谊大会筹备情况，海南省海外交流协会介绍筹建海南省华侨纪念馆的进展情况。会议还酝酿了第十六届世界海南乡团联谊大会的承办乡团等事宜。海南省侨联副巡视员陈勇、外联经济部部长莫洪出席会议。

【出席香港海南社团总会丁酉年春茗活动】 3 月 12 日，香港海南社团总会丁酉年春茗活动在香港国际会议展览中心举行，旅港海南乡亲近 1000 人参加活动。海南省侨联副主席王小玉应邀出席活动并代表海南省侨联向香港海南社团总会赠送纪念品。活动期间，王小玉拜访了香港海南社团总会会长张泰超，香港海南社团总会常务副会长、香港海南琼海同乡会会长莫海涛，香港海南同乡会会长林青，香港文昌社团联会会长陈闪等琼籍社团负责人，与在港海南乡亲座谈交流，向他们介绍了海南省侨联近年在开展群众工作、参政议政、维护侨益、海外联谊等方面的工作情况，希望他们对侨联工作多提宝贵意见建议，为促进琼港两地交流合作，为海南国际旅游岛建设贡献力量。

3 月 12 日，海南省侨联副主席王小玉与香港海南社团总会代表韩阳光先生交换礼品

【深化对台工作】8月9日，主题为“情牵两岸·阖家省亲”的2017琼台亲情交流活动在海口拉开帷幕，80余位琼籍台胞应邀回乡听乡音、看乡景、叙乡情。活动由海南省台办、台盟海南省委、海南省妇联、海南省侨联、海南省台联联合主办。中共海南省委常委、统战部部长张韵声在会见台胞时表示，维护两岸关系和平发展，促进祖国和平统一是海内外炎黄子孙的共同愿望和神圣使命。旅台海南乡亲既是海南人，也是台湾人，更是中国人。希望大家本着“两岸一家亲”的精神，多关心海南家乡的发展，在促进琼台经济文化交流合作当中扮演桥梁和纽带作用。琼籍台胞先后到海口、琼海、陵水、三亚、保亭等市县参访，实地了解海南历史人文、民族风情及经济社会发展状况。

【推进海外联谊工作】2017年，海南省侨联接待来自新加坡、泰国、马来西亚、日本及中国香港、中国台湾等海外（境外）社团侨领和乡亲来访近200人次；积极“走出去”开展联谊活动，先后组团8批次37人次赴马来西亚开展“亲情中华”访问演出，以及出席香港海南社团总会、香港海南商会、香港琼海同乡会、香港文昌社团联会等社团庆典、联谊活动，进一步密切与海外社团间的联系交流，扩展海外联谊，涵养侨务资源，增进桑梓情谊。

7月30日，副巡视员陈勇（右）与香港文昌社团联会代表交换纪念品

8月9日，海南省侨联秘书长潘建雄（右）与琼籍台胞代表交换纪念品

8月9日，2017琼台亲情交流活动在海口拉开帷幕

【举行海南侨界纪念“九一八”座谈会暨“南洋口述历史”论坛】9月18日，由海南省侨联与海南省文化遗产研究会共同主办的海南侨界纪念“九一八”座谈会暨“南洋口述历史”论坛在海口骑楼老街举行。中国侨联顾问林明江、海南省侨联党组书记符宣国、海南省办公厅原巡视员邢福孝、海南省侨联秘书长潘建雄、海口市侨联党组书记陈文培和海南日报《海南周刊》主编蔡葩等领导和专家学者近100人出席了论坛。与会嘉宾、专家学者一致认为，海南作为中国

最南端的海洋大省，挖掘和铭记海南侨界抗战历史，更能教育子孙后代“牢记历史，勿忘国耻”，对维护祖国团结统一、实现中华民族伟大复兴具有十分重大的现实意义。

9月18日，海南省侨联党组书记符宣国在海南侨界纪念“九一八”座谈会上讲话

【组织参加第十八届世界华人学生作文大赛】2017年，海南省侨联积极组织中小学生参加“第十八届世界华人学生作文大赛”。在全省各级侨联的宣传发动下，各校7000多名学生踊跃参赛。经过层层选拔评选，共选出稿件近200篇。经大赛组委会最终评选，全省侨界共有44篇稿件获奖，其中一等奖1名，二等奖19名，三等奖24名。同时，海南省侨联、海口市侨联、海口市琼山区侨联获评“组织奖”。

【海口市侨联开展“一带一路”看海南华侨华人活动】9月3日—10日，海口市侨联与海口广播电视台组团赴老挝、柬埔寨开展访问，走访参观了当地海南同乡会、华人社团及海南华侨华人创办的华文学校、企业、开发区等。其间，访问团召开8场座谈会，与海外乡亲亲切座谈，介绍海南海口社会、经济发展情况，讲海南海口故事，传播海南海口好声音，并邀请海外乡亲“常回家看看”。访问期间，海口广播电视台与柬埔寨PNN电视台达成了初步意向，《海南华侨》电视节目将在柬埔寨播出。《海南华侨》是海口市侨联与海口广播电视台于2016年10月联合打造的华侨故事电视节目，旨在展示侨界人物风采，宣传侨界为建设海南做出的贡献。

【文昌市侨联借助“南洋文化节”开展海外联谊】4月1日—2日，“第六届海南文昌南洋文化节”在文昌召开。文昌市侨联邀请新加坡、马来西亚、泰国等19个国家和地区的200多名海内外乡亲参加开幕式、海内外乡亲座谈会、旅游推介会、招商洽谈会等活动，加强与海外乡亲的联系，扩大对外交流，涵养侨务资源。2017年，文昌市侨联接待了香港文昌社团联会考察交流团、泰国九属会馆考察团、新加坡商务考察团、美国南加州海南会馆、美国北加州海南会馆、加拿大蒙特利尔海南同乡会等20个国家和地区的海外社团，共接待海外侨领及乡亲800多人次。另外，文昌市侨联做好“走出去”工作，派员参加香港文昌社团联会的活动。

【万宁市侨联开展“和谐万宁·共建美丽侨乡（村）”活动】万宁市侨联发挥广泛联系海内外侨胞和归侨侨眷的优势，提议开展“和谐万宁·共建美丽侨乡（村）”活动，通过倡议发动海内外侨贤和社会各界热心人士捐资，共同建设文明生态示范侨村及帮扶农村散居归侨侨眷贫困户脱贫致富。经筹备和申请，万宁市委、市政府同意成立专项机构，设立专项账户，与万宁市委统战部、万宁市对台办联合开展对外倡议活动，与海外侨领、同乡会建立微信工作平台，推动此项工作落实开展。现已印制“和谐万宁·共建美丽侨乡（村）”活动募捐倡议书，并积极向社会各界和海外社团及乡亲发放。

【儋州市侨联注重加强基层组织建设】5月，儋州市侨联出台《儋州市侨联干部直接联系服务侨界群众制度》，要求全市各级侨联干部每人直接联系服务10～15户归侨侨眷，定时上门拜访或电话联系沟通，及时听取意见和诉求，帮助他们解决实际困难和问题，密切侨联组织与侨界群众的联系，现已开展登记并联系了250多户归侨侨眷。争取儋州市委市政府的支持，在基层侨联组织建设经费纳入年度预算的基础上，将每月给14个基层侨联组织兼职负责人发放的补助数额由200元增加至450元。

重庆市归国华侨联合会

【领导成员名单】

主　　　席：张　玲（女）

党 组 书 记：史全波

党组成员、专职副主席、秘书长：

刘松勇（2017 年 7 月晋升为巡视员，不再担任党组成员；2017 年 12 月卸任专职副主席、秘书长）

陈　瑛（女，2017 年 11 月担任党组成员，2017 年 12 月当选专职副主席、秘书长）

党 组 成 员：王　巍

兼职副主席：代焕江（满族）　邓明鉴　李百战　鲁　进　董瑞葆　张自力

彭应吉（2017 年 12 月卸任）

钟　燕（女，2017 年 12 月卸任）

蒋绍华（2017 年 12 月卸任）

宋晓平（2017 年 12 月卸任）

蔡耀平（2017 年 12 月卸任）

刘雅煌（2017 年 12 月当选）

李　昭（2017 年 12 月当选）

廖红海（2017 年 12 月当选）

汪剑峰（2017 年 12 月当选）

王光强（2017 年 12 月当选）

【综述】2017 年，重庆市侨联在市委的坚强领导和中国侨联的指导、支持下，深入学习贯彻党的十九大精神和习近平新时代中国特色社会主义思想，始终坚持“以人为本、为侨服务”理念，切实按照“两个并重”“两个拓展”工作方针，紧紧围绕深化群团改革这一重点任务，立足本职，锐意进取，开拓创新，团结凝聚侨界力量，为助推重庆经济社会发展做出了积极贡献。一年来，通过组织党员干部集中收听收看党的十九大会议盛况、专题学习、专题讨论等形式，切实引导侨界广大党员干部深学笃用习近平新时代中国特色社会主义思想，牢固树立“四个意识”，切实增强“四个自信”。积极参与精准扶贫和对口帮扶工作，助推贫困地区脱贫攻坚。组织“知名华商重庆行”“重庆华商区县行”活动，为区县招商引资牵线搭桥。在重庆市政协四届五次会议上，提交的《关于加强城市噪音污染治理的建议》集体提案被列为重点提案，由市政协副主席现场督办。

1 月 23 日，重庆市政协副主席、致公党重庆市委主委、重庆市侨联主席张玲（左）看望慰问老归侨、离休干部郭焕贞（右）

【学习贯彻党的十九大及相关会议精神】党的十九大召开期间，市侨联通过组织党员干部集中收看开幕会、闭幕会、新一届中央政治局常委同中外记者见面的现场直播，专题学习党的十九大工作报告，组织召开专题学习讨论，及时掌握大会盛况，深刻领会大会精神。大家认为，习近平总书记在报告中指出，要广泛团结联系海外侨胞和归侨侨眷，共同致力于中华民族伟大复兴，给了归侨侨眷和海外侨胞巨大鼓舞，也对新时期侨联工作提出了更新要求。大家表示，要紧密团结在以习近平同志为核心的党中央周围，深入做好侨界群众思想政治引领工作，把党的决策部署转变为侨界群众的自觉行动，以“中华民族伟大复兴的中国梦”为精神纽带，把广大归侨侨眷和海外侨胞最广泛最紧密地团结在党的周围，为决胜全面建成小康社会、全面建设社会主义现代化国家、实现中华民族伟大复兴中国梦而努力奋斗。9 月 1 日，重庆市侨联组织召开干部职工会议，专题传达学习习近平总书记重要指示及中央群团改革工作座谈会会议精神。11 月 15 日，市侨联组织召开党员干部会

10 月 27 日，重庆市侨联党组书记、市委统战部副部长史全波（中）组织市侨联机关全体干部职工学习党的十九大精神

议，传达市委五届三次全会精神，着重传达了市委书记陈敏尔的讲话精神和《中国共产党重庆市第五届委员会第三次全体会议决议》。

【助推经济发展】2017 年 5 月，重庆市侨联赴对口支援重庆的山东省学习交流。在鲁期间，渝鲁两省市侨联签署了《缔结友好侨联协议书》，并考察了部分地市和园区、侨资企业。2017 年 6 月，渝中区侨联、渝北区侨联分别与威海市侨联缔结友好侨联，威海侨资企业与重庆侨资企业进行了商务信息交流。2017 年 9 月，由市侨联支持、渝北区政府主办的“对话重庆 · 点亮创新生态圈”活动在武汉光谷举办。两地侨界代表表示，今后将充分借助侨界独特资源优势，积极牵线优秀项目和企业，促进渝北、武汉两地生物医药产业合作交流，共同助推两地生物医药产业持续健康发展。2017 年 10 月，市侨联派相关部室负责同志，与九龙坡区有关负责人一起，赴上海等地开展招商引资活动。积极参与 2017 重庆国际人才创新创业洽谈会（国创会），加强与海外侨团、专业协会的联络联谊，拓展与海外“高精尖”人才的联系渠道，引导侨资企业深度融入国家“一带一路”建设和长江经济带发展，为重庆实施创新驱动发展引智引才。

6 月 16 日，重庆华商会、重庆侨青会赴巴南考察

【参政议政】围绕推进重庆市经济发展、办好民生实事等专题，市侨联坚持定期组织侨界市人大代表、市政协委员赴区县调研。2017 年，先后到永川区、巴南区、渝中区、荣昌区等地开展专题视察调研，针对存在的问题提出意见建议，帮助侨界市人大代表、市政协委员提升履职能力。在重庆市政协四届五次会议上，提交的《关于加强城市噪音污染治理的建议》集体提案，由重庆市政协副主席杨天怡进行了现场督办。市侨联关注港澳地区的长期繁荣稳定，在认真调研基础上，形成《港澳青年政治人才培养工作研究》调研报告，市委统战部作为重点课题研究成果上报

6 月，重庆市渝中区侨联与山东省威海市侨联缔结友好侨联

5 月 23 日，重庆市侨联牵头召开“港澳青年政治人才培养工作研究”课题开题会

中央统战部。

【落实巡视整改意见】按照重庆市委统一部署，重庆市委第七巡视组于 2016 年底对重庆市侨联开展了为期 2 个月的专项巡视。3 月 9 日，市委巡视组向市侨联党组反馈了巡视意见。为做好巡视整改工作，市侨联成立领导小组，制定《落实市委专项巡视情况反馈意见整改工作实施方案》和整改工作清单，提出了 9 个方面 32 条整改措施，出台《党组工作规则》《关于在联谊交友中严格落实中央八项规定精神的实施办法》《市侨联领导、处室定点联系基层侨联工作制度》《中心组学习安排方案》等七项整改落实制度。在规定时间内，巡视组提出的问题全部整改到位。

12 月 18 日，重庆市侨联党组书记、市委统战部副部长史全波（右）到奉节县平安乡长坪村看望慰问困难群众

【对口帮扶贫困村】按照重庆市扶贫攻坚的统一安排，市侨联对口帮扶两个贫困村——奉节县平安乡长坪村和酉阳县天馆乡杉坪村。重庆市侨联针对不同情况，有针对性采取帮扶措施：一是选派第一书记。市侨联选派 1 名机关干部担任奉节县平安乡长坪村第一书记。该同志到任后，与当地同志一道，有序推进扶贫攻坚各项工作，截至 2017 年底，协调各方为该村送去帮扶物资累计超过 80 万元。二是提供资金帮扶。市侨联为杉坪村送去帮扶资金 15 万元，帮扶该村调整产业结构，助推脱贫攻坚。

3 月 9 日，重庆市委第七巡视组向市侨联党组反馈巡视意见

【持续深化群团改革】2017 年，重庆市侨联以换届为契机，增加班子成员职数和委员、常委名额，进一步优化组织结构，充实组织力量。各区县在市级群团机关“减上补下”的编制基础上，自行调剂部分编制充实所属群团机关，区县侨联工作力量得到不同程度的加强。同时，探索建立党群服务中心（窗口）、群团活动基地，侨联

组织与其他群团一道，共建共享共用服务阵地。逐步探索建立“群团＋社会组织”“群团＋群团”“群团＋部门”工作模式，进一步整合工作力量，提升工作质量，扩大工作影响。

【开展教育精准扶贫】市侨联争取中国华侨公益基金会和浙江新华爱心教育基金会的支持，在重庆市北碚区兼善中学、梁平区红旗中学、武隆区武隆中学开办“珍珠班”，在黔江区黔江中学开办“树人班”，专门招收“家庭困难、成绩优秀”的学生就读。参加2017年高考的北碚区兼善中学和梁平区红旗中学两个“珍珠班”80名学生，上一本线的达67人，一本上线率83.75%，其中，梁平区红旗中学“珍珠班”学生刘丽娜以优异成绩成为梁平区2017年高考理科状元。

1月19日，重庆市侨联举办2017年“百名老归侨回娘家”活动

梁平区红旗中学2014级“珍珠班”全体学生合影

【举办2017“百名老归侨回娘家”活动】1月19日，重庆市侨联举办2017年“百名老归侨回娘家”活动。市政协副主席、致公党重庆市委主委、重庆市侨联主席张玲出席活动并致辞，来自10余个国家和地区的100余名老归侨参加活动。市侨联班子成员、顾问、离退休老同志和有关基层侨联的同志出席活动，市侨联专职副主席、秘书长刘松勇主持活动。张玲指出，一直以来，市侨联高度重视老归侨工作，根据市委要求，坚持做好老归侨生活补助发放，坚持每年慰问看望老归侨，让党和政府的温暖惠及每位老归侨。活动现场，为4户困难老归侨发放慰问金共计2万元。来自中国书法家协会、重庆市书法家协会的书法家，重庆市知名剪纸艺术家现场为老归侨送春联、送剪纸、送祝福。

【召开党风廉政建设会议】2月20日，在市侨联党组书记、市委统战部副部长史全波主持下，市侨联党组召开党风廉政建设工作专题会议，机关全体干部职工参加，市纪委驻市委统战部纪检组副组长王雪梅到会指导。会上，史全波作了题为《落实“两个责任”，加强监督管理，切实抓好党风廉政建设和反腐败工作》的讲话，全面总结市侨联党组2016年度党风廉政建设工作，对2017年工作进行安排部署。会议还传达学习了十八届中央纪委七次全会、市纪委四届七次全会、市级统战系统党风廉政建设工作会议主要精神。会上，史全波同志与班子成员、分管领导与部室负责人层层签订廉政责任书。

【召开重庆市侨联三届九次全委会】2月27日，重庆市侨联召开三届九次全委会议。市政协副主席、致公党重庆市委主委、重庆市侨联主席张玲出席会议并作工作报告，市侨联党组书记、市委统战部副部长史全波传达了中央书记处对侨联工作意见的主要精神，市侨联专职副主席、秘书长刘松勇主持会议，市侨联副主席邓明鉴传达了中国侨联九届四次全委会精神，市侨联副主席李百战、张自力、鲁进、蔡耀平，市侨联党组成员及办公室主任王巍出席会议。市侨联委员及各区县、高校、大中型企业侨联非市侨联委员的负责同志共100余人参加会议。会议审议通过了市侨联三届九次全委会工作报告。会议号召，全市各级侨联组织、广大侨界群众要紧密团结在以习近平同志为核心的党中央周围，在重庆市委的坚强领导下，凝聚智慧，汇聚力量，努力在新起点创造新业绩，不断开创全市侨联工作新局面。

3月15日，中国侨联副秘书长、经济科技部部长赵红英（前排左三）一行调研绿色发展协同创新中心

2月27日，重庆市侨联召开三届九次全委会

【赵红英副秘书长来渝调研新侨工作】 3月14日—15日，中国侨联副秘书长、经济科技部部长赵红英一行，来渝专题调研新侨创新创业工作。市侨联专职副主席、秘书长刘松勇陪同调研，涪陵区委常委、组织部部长张孝卫，长江师范学院党委书记彭寿清、校长黄大勇、党委副书记张辉等与赵红英部长进行了工作交流。在渝期间，赵红英一行在长江师范学院实地考察了乌江流域经济社会文化研究中心、武陵山区特色植物保护与利用重庆市重点实验室、三峡库区环境监测与灾害防治工程研究中心、武陵山片区绿色发展协同创新中心等科技创新平台，听取了长江师范学院“新侨创新创业基地”创建工作的情况汇报。她希望长江师范学院抓紧成立侨联组织，精心编制基地建设发展规划，努力打造应用型大学新侨创新创业工作特色，为新侨双创工作提供经验和借鉴。

【法国华侨华人会执行主席金林泽一行考察永和国玲侨心小学】 4月7日，法国华侨华人会执行主席金林泽一行，前往石柱县永和国玲侨心小学考察项目建设和资金使用情况。金林泽一行现场察看了学校综合楼、学生食堂、多功能室建设情况，并详细听取了学校的基本概况、教育教学、项目建设等情况汇报。他对项目施工质量、使用情况给予了充分肯定。他表示，作为海外华人，根在中国，应为祖国做贡献，愿为祖国教育事业略尽绵力。他希望借此给予青少年学生一些鼓励，使之向上求进，爱国孝亲，感恩社会，服务国家。金林泽先生还主动了解当地困难群众生产生活情况，当场捐款现金人民币1

4 月 7 日，法国华侨华人会执行主席金林泽（后排左五）一行前往石柱县永和国玲侨心小学考察项目建设和资金使用情况

万元，帮助当地两户困难群众。石柱县永和国玲侨心小学前身为永和小学，2014 年经重庆市侨联牵线搭桥。法国华侨华人会执行主席金林泽先生捐资 25 万元。学校在整合捐赠资金和县财政配套资金后，新建教学楼及附属设施，并经有关部门批准更名为永和国玲侨心小学。

【召开重庆市第四次归侨侨眷代表大会】 12 月 26 日—27 日，重庆市第四次归侨侨眷代表大会召开。中国侨联党组成员、副主席乔卫，市委常委、市委统战部部长陶长海，市人大常委会副主任刘学普，市政府副市长刘桂平，市政协副主席、致公党重庆市委主委、市侨联主席张玲，市委统战部常务副部长周旭，市委统战部副部长、市侨联党组书记史全波等出席会议，来自全市归侨侨眷代表和海外嘉宾共计 350 余人参加会议。会上，张玲主席代表市侨联第三届委员会作工作报告，全面总结“三代会”以来的工作成绩，对重庆市侨联今后五年的工作进行了谋划部署。大会审议通过了《关于重庆市侨联第三届委员会工作报告的决议》和《关于聘请重庆市侨联有关荣誉职务的决议》，选举产生了重庆市侨联第四届委员会。

12 月 27 日，召开了重庆市侨联四届一次全委会议。会议选举产生了新一届市侨联领导班子，张玲当选主席，陈瑛当选专职副主席兼秘书长，代焕江、邓明鉴、李百战、鲁进、董瑞葆、张自力、刘雅煌、李昕、廖红海、汪剑峰、王光强当选兼职副主席。

12 月 27 日，重庆市侨联召开四届一次全委会议，图为新当选的领导班子成员在主席台就座

【渝中区侨联出台委员管理办法】 在深化群团改革过程中，为进一步加强侨联队伍建设，

12 月 26 日，重庆市第四次归侨侨眷代表大会开幕

充分发挥侨联委员在工作中的积极性、主动性，推动侨联委员履职管理的制度化、规范化，根据《中华全国归国华侨联合会章程》有关规定，结合工作实际，渝中区侨联出台了《委员履职管理办法》。管理办法分为五个部分，包括委员的职责、权利义务、考核评价、卸任程序等相关内容，并对委员的履职内容、履职方式、履职保障、履职管理等作出了明确规定。管理办法规定，对不参加侨联活动、不履行委员职责、不遵守侨联纪律的“三不委员”及时提示；委员出现损坏侨联声誉、危害侨联利益等行为，一经查实，经主席会审议后，按相关程序卸免侨联委员职务，渝中区侨联通知本人及单位。办法还提出建立委员履职档案，作为评选优秀侨联委员和侨联换届时推荐提名担任下一届委员的重要依据。

【九龙坡区侨联创建“海聚工作站云平台”】九龙坡区侨联依托重庆市中小企业服务云平台，创建“海聚工作站云平台”。该平台借助侨联独特优势，围绕全区中心工作开展引资引智引才，使海外资源与九龙坡区产业资源实现良好对接，借助云平台线上线下的服务功能优势，资源共享，信息互通，为侨资、台资企业提供精准服务，并逐步使平台与海外高层次人才库对接、共享，让有条件的侨资、台资企业“走出去”，使国外有意向来华投资的企业“走进来”，共同助推九龙坡区经济社会发展。服务内容主要包括招商引资、人才引进、开展项目咨询、打造合作空间、提供人力资源、帮助海归创业、促进国际交流等方面。

【万州区侨联助帮扶对象实现整村脱贫摘帽】万州区侨联牵头帮扶黄柏乡金山村。2017年，万州区侨联精准施策，真情帮扶，助推金山村如期完成整村脱贫和绝大多数建卡贫困户摘帽任务。一是抓好党建强基础。通过党支部学习会，第一书记讲党课、“七一”党员重温入党誓词、慰问贫困党员等形式，深入抓好党建工作，进一步增强金山村党员干部的政治定力，增强脱贫攻坚的信心和决心。二是第一书记带头帮。第一书记坚持每周3天时间在金山村开展扶贫工作，认真落实帮扶“三包”工作责任制，帮助金山村开展产业结构调整，培育扶贫经济支柱，完善道路、饮水、住房等基础设施建设。三是多措并举全力扶。万州区侨联在有限的办公经费中，节约调剂5.15万元作为黄柏乡脱贫攻坚帮扶资金；协调天然气公司捐赠30万元，帮助金山村进一步完善各项脱贫设施；组织重庆三峡中心医院医疗专家到黄柏乡开展义诊活动，为贫困群众带去实惠。2017年，金山村通过国务院组织的脱贫工作验收，还被国务院三峡办定为三峡库区移民精准脱贫试点村。万州区侨联主席陈平作为帮扶金山村第一书记，被评为“万州区脱贫攻坚工作成绩显著个人”。

【渝北区侨联多措并举服务新侨创新创业】渝北区侨联以创新创业和引智引技引才为重点，多措并举服务新侨创新创业。一是抓新侨组织平台建设，提升服务质量。发挥侨联青年委员会、留学生家长促进会的作用，结合“一带一路”倡议，聘请海外青年为海外委员，建立海外联系点，促进侨界青年与各界青年及海内外的联系、交流与合作；积极发挥留学生家长作用，宣传、教育、引导海外留学人员通过线上线下多种形式，广泛参与看家乡、爱家乡活动；成立海外留学归国人员创业协会，吸引60余名海归人才入会，成功促进5个海归企业落户渝北。联合区商务局、仙桃数据谷公司筹建“重庆（渝北）华侨事业发展中心”，搭建更高层次的新侨创新创业平台。二是抓新侨创新创业主题活动，开拓创新创业领域。开展“2017渝北新侨创新创业”系列主题活动3场，组织海归人才及侨界青年走进中光电、再升科技等高新技术企业参观考察，召开资源分享会，分享创业经验。加入侨界创新发展联盟，组织重庆酷概智能科技有限公司等4家侨资企业代表参加2017侨界创新发展论坛活动，为企业提供更广阔的合作平台。三是抓调研、查侨情，加强青年人才数据库建设。依托党政内网，建立区、镇（街道）、村（社区）三级侨情管理系统。分类建立归侨侨眷、海外华侨华人、海外留学人员、海内外青年人才、台港澳同胞、台港澳侨资企业等八部分信息台账。加强与海内外新侨及新侨社团的联系，与近20家新侨社团和1000余名新侨建立长效联系机制，适时建设、完善海外新侨人才数据库，达到精准服务。

四川省归国华侨联合会

【领导成员名单】

党组书记、主席：刘以勤（女）

专职副主席：赵建中

兼职副主席：成　甦　张家点

姚志胜　薛水和

黄焕明　蒋　蓓（女）

秘书长：杨　凡

【综述】2017年，党的十九大召开为新时代侨联工作提供了根本指针，四川省侨联围绕中央和省委关于侨联工作的决策部署，牢固树立“四个意识”，以中央“强三性、去四化、补四缺”的要求为目标，以建设广大归侨侨眷和海外侨胞可信赖的温暖之家、团结之家、奋斗之家为方向，紧扣职能任务，锐意改革创新，事业取得一定发展。

【组织“亲情中华”艺术团赴古蔺县开展新春文艺慰问演出】1月15日，四川省侨联、检察院、地方志办等在国家级贫困县四川省泸州市古蔺县联合举办新春慰问演出，活动以“弘扬长征精神　助力精准扶贫”为主题，旨在贯彻落实省委“送温暖、送文化”下乡指示精神，更好地对接精准扶贫工作。2000余人观看演出。

【开展“走基层　强服务　看成就”活动】2月23日，四川省侨联深入益海嘉里（成都）粮食工业有限公司、汇融集团等侨资企业进行调研，了解企业生产经营情况，开展一对一服务工作，并举行了“两学一做”学习交流会和党章党规知识竞赛。3月9日，刘以勤主席应邀到四川省社会主义学院授课。刘以勤以《新时期侨务工作概论》为题，向96名统战系统的学员讲授了侨务工作概论、新时期侨务工作及四川侨务工作等方面的内容。此次授课是落实中央、省委关于加强新形势下侨联工作重要部署的具体举措。

【“亲情中华·文化讲堂”活动走进北川中学】3月3日，由中国侨联主办，四川省侨联协办的“亲情中华·文化讲堂”活动来到绵阳北川。中国侨联文化交流部部长刘奇同当代著名女诗人、词作家阿紫，朗诵表演艺术家于同云、若丹、黄晓丽、张立春一行与900余名北川学子聚集一堂，同沐诗词文化之光。四川省侨联主席刘以勤主持活动。活动期间，举行了中国侨联向北川中学授予中国华侨国际文化交流基地牌匾仪式。绵阳市市长刘超会见了参加活动的嘉宾。

3月3日“亲情中华·文化讲堂”走进北川中学，中国侨联文化交流部部长刘奇（右六）同当代著名女诗人、词作家阿紫，朗诵表演艺术家于同云、若丹、黄晓丽、张立春一行合影留念

1月15日，四川省侨联“亲情中华”艺术团赴古蔺县慰问演出

【举办“2017（丁酉）年嫘祖故里祭祖大典暨第二届海峡两岸嫘祖文化交流活动”】3月6日—8日，“2017（丁酉）年嫘祖故里祭祖大典暨第二届海峡

3 月 6 日，30 余名侨商代表和侨智人才齐聚嫘祖故里

两岸嫘祖文化交流活动”在绵阳盐亭县举行。四川省侨联主席刘以勤，中国侨商联合会常务副会长、省侨联副主席、省侨商联合会会长薛水和，省侨联副主席、省政协常委张家点，以及 30 余名来自 10 余个国家和地区的侨商代表和侨智人才齐聚嫘祖故里。

【举行“2017 中阿经贸文化交流峰会”】 4 月 1 日—3 日，以“筑梦丝路 · 策马天下”为主题的“2017 中阿经贸文化交流峰会”吸引海内外嘉宾共聚成都。此次峰会为“2017 中外知名企业四川行”专项活动，由四川省人民政府主办，四川省侨联、省友协、省投促局、成都 · 迪拜国际杯—温江 · 迈丹赛马经典赛赛事组委会、阿联酋迈丹集团、四川省海外联谊会等联合承办，得到中国侨联、全国友协的大力支持。峰会是四川省侨联响应国家“一带一路”倡议，发挥侨的独特优势，以赛事和中阿经贸文化交流峰会为载体，促进中阿双方文化交流互鉴和多边合作，为推动和发展中阿两国关系，促进“一带一路”沿线国家形成共享共建共赢局面的务实举措。

【举办“行走在‘一带一路’上的家国情怀”主题朗读会】 4 月 2 日，四川省侨联、成都阅读协会、四川省侨商联合会联合主办了“行走在‘一带一路’上的家国情怀”主题朗读会。中国侨联海外联谊部副部长桑宝山，省侨联主席刘以勤，成都市图书馆副馆长史臻赜出席活动。100 名海外嘉宾、在川侨智侨青代表、成都阅读爱好者和新闻媒体等 200 余人参加活动。活动为更多侨界人士和热爱阅读的朋友们搭建传承中华优秀传统文化的平台，为共圆中华民族伟大复兴中国梦凝神聚力。

4 月 2 日，“行走在‘一带一路’上的家国情怀”主题朗读会部分嘉宾合影

4 月 1 日，乔卫副主席在“中阿经贸文化交流峰会”开幕式上致辞

【参加“2017 中外知名企业四川行”活动】 4 月 6 日—8 日，“2017 中外知名企业四川行”活动在成都举办。此次活动以“深化合作 · 共谋发展”为主题，由四川省人民政府主办，四川省投资促进局、四川省政府台湾工作办公室、四川

省政府国有资产监督管理委员会、四川省工商业联合会、四川省侨联共同承办。四川省侨联主席刘以勤率阿联酋川渝商会、加拿大四川同乡会、越南中国商会川渝企业联合会等侨团及部分川籍知名侨商出席了相关活动。

【举办 2017 四川省侨联系统干部培训班】 4 月 23 日，2017 年四川省侨联系统干部培训班在北京外国语大学举行开班仪式。四川省侨联副主席赵建中、北京外国语大学网络与继续教育学院院长高晓东出席开班仪式。在京培训期间，邀请中国侨联领导、中央党校等知名院校专家学者为学员讲授政治理论、经济形势、外交战略、侨务政策、侨联改革和侨联业务等课程，安排参观访问、考察侨资企业等实践活动。全省部分市（州）、县（市区）侨联领导，高等院校、国有大中型企业侨联负责人，以及省侨联机关干部共计 50 余人参加培训。

【举办 2017 精准扶贫公益项目捐助仪式】 5 月 7 日，四川省华侨公益基金会 2017 精准扶贫公益项目捐助仪式在蓉举行，中共四川省委副秘书长杨天宗和欧洲华侨华人社团联谊会、四川省侨商联合会和益海嘉里等侨资企业代表、泸州市古蔺县永乐镇西华村的村民代表出席捐赠仪式，有关方面和人士共计捐款 315 万元。四川省委宣传部、省发改委、省直机关工委、省商务厅、省扶贫移民局、成都市侨联、国家开放大学华侨学院有关负责同志参加活动。

【举办 2017“侨智精英·天府讲堂”】 5 月 19 日，四川省侨联特聘专家委员会 2017 年首场“侨智精英·天府讲堂”在四川省人才之家开讲。讲堂围绕创新创业情况、科技政策体系及科技项目申报流程展开，旨在响应“双创”号召，助力特聘专家、侨资企业科技创新工作。活动邀请成都市科技局成果处处长周洪、信息服务部项目主管黄山石担任主讲嘉宾。四川省侨联特聘专家委员会、四川千人计划专家联谊会、侨资企业的 120 余名专家、科研管理人员参加了活动。

【召开传达省第十一次党代会精神暨改革再部署督查工作会】 5 月 27 日，四川省侨联在成都召开改革动员会议，传达四川省第十一次党代会精神。会议进一步凝聚了全省侨联系统改革共识，增强了改革动力，细化了任务、明确了责任，坚定了中央和省委关于侨联改革精神落到实处的自觉性。全省各市（州）侨联党组书记、侨联负责人，高校侨联负责人，以及省侨联特聘专家委员会、省侨商联合会、省侨联青年委员会、省华人华侨学会代表和机关同志共 60 余人出席会议。

【赴德国、荷兰、西班牙开展巡演和文化交流活动】 6 月 17 日—28 日，受中国侨联委派，四川省侨联“亲情中华·美丽四川”艺术团来到德国法兰克福罗根、卡塞尔，荷兰鹿特丹和西班牙巴塞罗那举行慰侨演出，到场观众 3000 余人，其中海外侨胞占 70%，当地国际友人占 30%，来自 50 多个海外侨团的负责人出席了演出活动。法国、比利时、捷克等邻近国家的部分侨胞闻讯专程驱车前来观看，反响热烈，收获丰硕。演出和交流活动展示了四川经济社会发展所取得的辉煌成就，展示了独具巴蜀特色的民族文化和风情，加深了国际友人对中国、对四川的认知，促进了国际友谊。

2017 年 6 月，四川省侨联“亲情中华·美丽四川”艺术团赴德国、荷兰、西班牙演出

【四川侨智精英获殊荣】 6 月 26 日，中国侨联新侨创新创业活动在北京拉开帷幕。中国侨联党组书记、主席万立骏，人力资源和社会保障部副部长汤涛，国家知识产权局副局长贺化，中国侨联副主席李卓彬、乔卫、康晓萍、胡胜才，以及中国科协、中国科学院、国家知识产权局等

单位相关部门的负责人出席了新侨创新创业活动。为响应大众创业、万众创新号召，更好地发挥侨界创新创业杰出人才的示范带动作用，凝聚更多新侨创新创业力量，中国侨联评出“新侨创新创业杰出人才”即“侨创二十人”，四川省成都华西海圻医药科技有限公司董事长王莉、成都高新减灾研究所所长王暾当选。四川省侨联还向中国侨联成功推荐 9 名新侨创新创业联盟理事。

【举办“温故·初心”主题读书分享会】 6 月 28 日，四川省侨联和成都阅读协会联合举办的“温故·初心”主题读书分享会在成都举行。四川省侨联党组书记、主席刘以勤出席并致辞，四川省委组织部副巡视员鲜仕荃、四川省直机关工委组织部副部长杨雪莲、成都市侨联党组书记石敏、国家开放大学华侨学院常务副院长刁元园等出席活动。活动邀请了四川省政协常委、建川博物馆馆长樊建川，成都市文联副主席郭月，成飞公司侨联名誉主席、青羊区侨联主席孙为卓与大家共同分享读书感悟。老一辈侨界仁人、侨智精英、侨青代表、侨界工商界人士、侨务教育理论研究者、阅读协会、山西商会的朋友和新闻媒体等近 300 人参加活动。四川省侨联常委、成都阅读协会会长米瑞蓉主持活动。

【举办 2017“亲情中华——学汉语·看四川”夏令营】 7 月 6 日，由中国侨联主办，四川省侨联与国家开放大学华侨学院联合承办的“亲情中华——学汉语·看四川”夏令营在成都正式开营。来自捷克布拉格中华国际学校的师生和四川省侨联开展精准扶贫工作的古蔺县永乐镇的优秀贫困学生共 90 余人参加夏令营活动。此次夏令营围绕“一带一路”建设和精准扶贫工作，旨在通过弘扬优秀中华和巴蜀文化，进一步加强四川与“一带一路”沿线国家捷克的民心相通和友好往来，通过四川贫困地区学生与捷克华裔青少年的人文交流，助力深入开展精准扶贫工作。

【刘艺良副主席莅川调研】 7 月 17 日，中国侨联副主席、澳门归侨总会会长刘艺良莅川调研。四川省政协副主席、民建四川省委主委陈文华会见刘艺良一行，就四川与澳门开展多领域合作进行交流。在川期间，刘艺良一行还实地考察了四川侨之家并看望了侨联机关干部职工。

7 月 17 日，四川省政协副主席、民建四川省委主委陈文华（右四）会见中国侨联副主席、澳门归侨总会会长刘艺良（左四）一行

7 月 6 日，来自捷克和四川古蔺县永乐镇的 90 余名学生参加夏令营活动

【联合主办泰中少数民族文化交流活动】 7月28日—8月6日，为期10天的泰中少数民族文化交流活动在泰国曼谷举办，活动由泰国曼谷市政府、泰中文化人联合会、四川省侨联和泰国Seacon集团主办。活动期间，举办了形式多样的巴蜀文化展示。以凉山州歌舞团为主要成员的四川省侨联“亲情中华·美丽四川”艺术团为当地侨胞和民众献上10场具有浓郁民族特色的精彩演出，观众逾4万人。

【四川省侨联火速响应九寨沟7级地震救灾工作】 8月8日，四川省阿坝藏族羌族自治州九寨沟县7.0级地震发生后，根据中国侨联党组部署，中国侨联及中国华侨公益基金会向四川九寨沟地震灾区提供50万元人民币救灾资金及物资支持。四川省侨联积极指导阿坝州侨联排查灾区海外侨胞游客和归侨侨眷伤亡情况，并通过四川省华侨公益基金会接收海外侨胞捐款，积极支持抗震救灾工作。

【康晓萍副主席出席第二届海外华文新媒体高峰论坛并赴四川“侨之家”考察调研】 9月5日，第二届海外华文新媒体高峰论坛在四川成都开幕，中国侨联副主席康晓萍等出席开幕式并致辞。在蓉期间，康晓萍一行赴四川“侨之家”进行了考察调研，认真听取了四川省侨联工作汇报和“侨之家”情况介绍，并与大家进行了深入交流。

【侨界专家代表团出席第五届“科博会”】 9月7日—10日，第五届中国（绵阳）科技城国际科技博览会举办，中国侨联为支持单位、四川省侨联为承办单位。“科博会”期间，四川省侨联组织了“2017侨智精英科博行”活动。中国侨联副秘书长、经济科技部部长赵红英率生物医药、微波技术、光电材料、水利水电、交通机械、三维技术等领域的10余名海内外顶尖专家出席了相关活动，并赴北川中学与学校青年教师和学生代表开展了以“侨爱与智慧同行　感恩与幸福同在”为主题的座谈。在绵阳期间，绵阳市委常委、副书记付康与中国侨联和省侨联及与会侨界专家团亲切交流，共商发挥侨智优势共促科博会发展的合作事宜。

【承办“2017‘一带一路’华商峰会暨海外侨胞故乡行”】 9月15日—18日，由四川省政府、中国侨商联合会主办，以“筑梦丝路·侨行天下·商通五洲”为主题的“2017‘一带一路’华商峰会暨海外侨胞故乡行”活动在成都举行。作为“2017西博会进出口展暨国际投资大会”的专题活动，得到中国侨联大力支持。四川省侨联、省旅发委、省投促局、省博览局和清华大学“一带一路”战略研究院等有关单位承办此次活动。中国侨联副主席李卓彬、四川省人大常委会副主任彭渝出席活动并致辞。330余名来自50

9月15日，“2017‘一带一路’华商峰会暨海外侨胞故乡行”论坛在成都举行

9月5日，康晓萍副主席（右六）一行赴四川“侨之家”进行考察调研

多个“一带一路”沿线国家和地区的侨界商协会负责人、重点侨商侨领莅川参会。活动期间举办了主题论坛，参会侨商还分赴广安、宜宾、资阳等地开展“海外侨胞故乡行——走进四川”活动，实地考察当地生态旅游、现代物流、有机农业、装备制造等项目。

9 月 29 日，在蓉老归侨代表、四川省侨联机关老干部、成都市区（县）和高校侨联负责人、新侨代表与四川省侨联机关干部合影

【组团参加第十四届世界华商大会】 9 月 16 日—17 日，第十四届世界华商大会在缅甸仰光召开。全球 2000 多位华商齐聚缅甸最大城市仰光，共商发展大计。四川省侨联组织侨资企业代表团参加了大会。会议期间，代表团积极参与大会的各项活动，与参会华商领袖进行互动交流，介绍四川发展机遇，邀请缅甸的侨商到四川参观考察。代表团还实地参观考察了四川侨商在缅甸仰光承建的 CBD 项目。

9 月 16 日，四川省侨联组团参加第十四届世界华商大会

【举办侨界“庆国庆　迎中秋　喜迎十九大”茶话会】 9 月 29 日上午，四川省侨联在四川“侨之家”举办侨界“庆国庆　迎中秋　喜迎十九大”茶话会，在蓉老归侨代表、四川省侨联机关老干部、成都市区（县）和高校侨联负责人、新侨代表共 60 余人参加了活动。四川省侨联党组书记、主席刘以勤出席并致辞，介绍了四川省砥砺奋进五年来取得的巨大成就及省侨联近年来的工作情况、深化改革进展情况。侨界老领导、老归侨纷纷对党和政府对侨界的关怀表示感谢，对四川省侨联建设“温暖之家、团结之家、奋斗之家”感到欣慰和自豪，表示将一如既往地支持侨联工作，发挥好自身优势和余热，为建设美丽、繁荣、和谐四川作出积极贡献。

【举行侨界、“蓉漂”专家诗歌朗诵会】 10 月 24 日下午，由四川省侨联和成都人才发展促进会联合举办的“坚定信念跟党走　诗歌献礼十九大”——侨界、“蓉漂”专家诗歌朗诵会在四川“侨之家”举行。四川省侨联党组书记、主席刘以勤出席并致辞，四川省侨联党组成员、副巡视员邱广华出席活动。活动邀请了四川省侨联常委、成都市女企业家协会会长米瑞蓉，四川省侨联特聘专家委员会副主任委员、成都华西海圻医药科技有限公司董事长王莉，成都人才发展促进会副会长侯曙光、李进等 30 余名侨界专家、企业家、“蓉漂计划”专家分享诗歌创作，抒发家国情怀。

【召开四川省侨联七届七次全委会暨四川省侨联法律顾问委员会成立大会】 11 月 21 日，四川省侨联七届七次全委会议暨四川省侨联法律顾问委员会成立大会在成都召开。四川省副省长朱鹤新、中国侨联法律顾问委员会主任张耕、中国侨联权益保障部部长张岩等领导出席会议，四川省侨联主席刘以勤主持会议。首届四川省侨联法

11 月 21 日，四川省侨联七届七次全委会议暨四川省侨联法律顾问委员会成立大会在蓉召开

律顾问委员会委员，第三届四川省华侨华人学会理事，省侨联委员，市州侨联、高校侨联、涉侨社团组织负责人共计 200 余人参加会议。此次全委会增补石敏、李红、杨凡、张群、郑葆炀 5 名同志为七届委员会委员、常委，选举杨凡为七届委员会秘书长。11 月 21 日，四川省侨联法律顾问委员会第一次委员会议在成都召开。中国侨联权益保障部部长张岩、四川省侨联主席刘以勤、四川省侨联法顾委主任夏黎阳等出席会议，四川省侨联秘书长杨凡主持会议，四川省侨联法顾委全体委员参加会议。

【召开四川省华文教育研究联盟成立大会】11 月 29 日上午，“四川省华文教育研究联盟”成立大会在四川“侨之家”举行。中国侨联文化交流部部长刘奇、四川省侨联主席刘以勤、四川省教育厅副厅长戴作安、成都广播电视大学校长周继平、成都市侨联副主席吴宇峰、暨南大学华文学院党委书记史学浩、国家开放大学对外汉语中心常务副主任杨永博等领导出席，来自 56 所省内外院校的 100 余名代表参加大会。

【举办 2017 四川省高层次人才迎新年晚会暨四川省侨联特聘专家委员会年会】12 月 15 日，2017 四川省高层次人才迎新年晚会暨四川省侨联特聘专家委员会年会在成都举行，来自四川省侨联特聘专家委员会人文社科、生物医药、材料工程、资源信息、创新创业等诸多领域的领军人才，与四川省千人计划专家联谊会、高新人才促进会的专家学者共 200 余人齐聚一堂，共迎新年、共话发展。

【赴西华村开展“走基层、送温暖、助发展”活动】12 月 25 日，四川省侨联赴扶贫点古蔺县西华村开展“走基层、送温暖、助发展”活动，

12 月 25 日，四川省侨联为龙井小学送去儿童图书

11 月 29 日，四川省华文教育研究联盟在成都成立

深入了解西华村脱贫攻坚情况。四川省侨联主席刘以勤、秘书长杨凡、机关部分干部、泸州市侨联和古蔺县相关领导参加此次活动。四川省侨联为村龙井小学的孩子们送去 300 余册儿童图书，并与师生代表亲切交流，邀请龙井小学优秀学生参加 2018 年省侨联组织的夏令营活动；走访慰问了部分结对帮扶的困难群众，向全村贫困

户送去由益海嘉里集团捐赠的食用油和大米。

【成都市侨联培育打造“海归蓉漂创业”活动品牌】按照“1+N”模式培育打造“海归蓉漂创业”活动品牌，2017年成都市侨联举办了“创业天府·成都生物医药国际交流合作峰会”，以“开放引领、协同创新”为主题，邀请来自美国、澳洲、德国、意大利、日本、新加坡及中国香港等国家和地区的海内外生物医药领域科研机构、专家学者、业界企业、投资机构和专业协会等300余名嘉宾出席，共同探讨全球生物医药产业的发展趋势，交流国家生物产业园建设经验，推进成都生物医药产业国际化发展。峰会通过举办开幕式、分论坛和组织现场考察等方式，组织开展领导致辞、主旨演讲、主题演讲、项目路演、产业园区推介等活动，为成都生物医药产业生态圈建设、引导业界共享成都发展新机遇提供了平台和商机。支持新侨企业、亚创百康成都企业孵化器管理有限公司举办“2017生物医药青年科学家双创菁蓉论坛”，邀请1998年诺贝尔医学/生理学奖得主费里德·穆拉德教授及其团队、30多位生物医药领域青年科学家、国家“千人计划”专家、海内外知名大学教授、生物医药企业高管，为新生代青年科学家、新生代企业家与国际顶尖科学家搭建一个对话窗口和合作交流的平台，促进前沿科学技术与行业资本的融合，为技术转化及行业发展提供创新驱动力，吸引更多的海外华侨归国创业。支持“菁蓉镇新侨创客园”建设，带动200余名海归新侨人才入驻园区创新创业（其中，院士3人，国千省千人计划特聘专家31人，博士83人）。经中国侨联批准，“中国侨联新侨创新创业基地”落户成都“菁蓉镇新侨创客园”“汇融创客广场”。

【德阳市侨联加强自身组织建设】2017年5月，德阳市侨联为规范吸纳海外华人华侨加入工作，召开全委会讨论并通过了《关于引导海外华人华侨加入德阳市侨联的工作意见》。积极推动建立海外工作联系机制，进一步激发侨联组织活力。全年共吸纳1名海归留学人员和4名海外华侨为三届侨联委员会委员、常委，进一步增强了侨联组织的广泛性和代表性，为团结更多侨界群众、拓展海外工作渠道打下了基础。

【乐山市侨联多措并举做实人才工作】乐山市侨联精选24名国内外高层次人才上报市人才办，其中乐山籍中科院院士、上海有机化学研究所副所长唐勇和中组部首批“千人计划”专家、四川生命科学学院院长肖智雄等7人被确定为市领导联系对象；3月31日至4月1日，唐勇院士和四川大学材料学院院长傅强一行5人应邀来乐，实地考察并详细了解了乐山化工产业概况、产业发展规划及科研支持政策。9月，市委常委、组织部部长熊伟率市侨联负责人赴美国、巴西等国，广泛开展海外联谊，高位推动人才引进工作。市侨联配合市人才办与电子科技大学硅谷校友会、美国川渝联合总商会达成人才合作协议，依托两个协会人才、资本优势及成熟的商业网络，建设了乐山（旧金山）、乐山（纽约）海外人才工作站。11月，美国川渝联合总商会代表周正宏律师实地考察了乐山教育资源，双方在国际合作办学方面进行了深入探讨。12月，电子科技大学硅谷校友会前会长李晶亮和现任副会长李惠先后应邀来乐，实地考察猪八戒网、希尔电子等高科技企业，他们为企业在人才引进和管理方面提出了一些建设性的意见和建议。乐山市侨联进一步加快海外高层次人才库建设，为19名乐山籍海外高层次人才完善更新了档案资料；积极捕捉人才线索，主动拜访北京、上海、广东和其他沿海发达地区的各类人才，开展项目和人才对接，建立了一批市外人才档案；通过微信、电话、邮件等多种方式向海外高层次人才宣传推介乐山投资环境和投资项目，了解他们在科学研究、项目投资、创新创业等方面的有益经验，听取他们对乐山经济建设和社会发展等方面的意见建议。

贵州省归国华侨联合会

【领导成员名单】

主　　席：吕　虹（女）
专职副主席：陈新伦　李　立
兼职副主席：王保生　尹晓勤（女）
罗　兵　戴一红（女）
叶保立　罗　坤
程　燕（女，香港）
毕志健（澳门）　潘志建
程剑平　黄世兴（澳门）
秘　书　长：李　立（兼）

注：4月8日—9日，贵州省侨联换届，李立、罗兵、戴一红、叶保立、罗坤、毕志健6人新当选省侨联副主席，李立兼秘书长，潘志建、程剑平、黄世兴3人卸任。

【综述】2017年，贵州省侨联深入学习宣传贯彻党的十九大精神，牢固树立“四个意识”，坚持凝聚侨心、汇集侨智、发挥侨力、维护侨益。召开了贵州省第八次归侨侨眷代表大会、与中国侨联等联合举办2017海外侨胞助力贵州参与“一带一路”建设会议、2017“海外侨胞故乡行·走进贵州（毕节）”“亲情中华·多彩贵州”南美文化交流演出、“亲情中华·多彩贵州”华裔中学生夏令营、“亲情中华·走进贵州”大型文艺演出等活动。各市（州）侨联也围绕当地经济社会发展，开展了一系列卓有成效的活动。全省各级侨联全年累计接待来自50多个国家和地区的海外侨团来访20多个团组、1200余人次，组织或参加8个团组60余人次赴南美、欧洲、非洲及中国台湾等10多个国家和地区开展联谊交流活动。实施“侨爱心工程”，引进捐助款项2600多万元，惠及全省近3.3万人。扎实开展“送温暖·献爱心”活动，全省各级侨联全年向归侨侨眷发放慰问金共计80余万元。全省各级侨联开展形式多样的侨法宣传活动，积极维护在黔侨胞的合法权益，多次实地调查处理案件，为多起案件进行咨询分析，全省侨联系统实现全年零上访，有效维护了侨界的和谐稳定。各级侨界政协委员、人大代表在两会期间提交提议案50余件。举办了第五期全省侨联基层干部培训班。截至2017年末，有市（州）级侨联9个，县区级侨联23个，侨联小组78个，大专院校、科研院所、企业侨联9个。新成立5家海外贵州商会、2家海外贵州同乡会。3月21日，黔南州第七次归侨侨眷代表大会召开。3月29日，贵阳市第八次归侨侨眷代表大会召开。

4月8日—9日，贵州省第八次归侨侨眷代表大会在贵阳召开

【召开贵州省第八次归侨侨眷代表大会】4月8日—9日，贵州省第八次归侨侨眷代表大会在贵阳召开，应到代表300人，实到286人。中国侨联副主席乔卫，贵州省委常委、省委统战部部长刘晓凯出席并讲话，省人大常委会副主任袁周，省政协副主席、致公党贵州省委主委谢晓

4月8日，乔卫副主席出席贵州省第八次归侨侨眷代表大会并讲话

4 月 8 日，2017 海外侨胞助力贵州参与“一带一路”建设会议在贵阳召开

尧，省人大常委会原副主任司徒桂美等出席开幕式，大会主席团常务主席吕虹主持会议并代表贵州省侨联第七届委员会作《凝聚侨心　汇集侨智　发挥侨力 为推进我省对外开放同步小康贡献力量》工作报告，省妇联主席杨玲代表省人民团体致贺词。省委统战部副部长王茂爱宣读了省委统战部、贵州省侨联《关于对全省侨联工作成绩突出集体和个人给予表扬的通报》，省外事侨务办主任陈力宣读了贵州省侨联、贵州省侨办《关于通报表扬全省工作成绩突出的归侨侨眷个人的决定》，通报表扬了 5 个全省侨联工作成绩突出集体和 16 名全省侨联工作成绩突出个人、28 名全省工作成绩突出的归侨侨眷个人。大会审议通过了贵州省侨联第七届委员会工作报告，审议通过了《贵州省侨联工作细则（修正案）》，选举产生 80 名委员组成的贵州省侨联第八届委员会。贵州省侨联第八届委员会第一次全体会议选举吕虹担任贵州省侨联主席，陈新伦、李立、王保生、尹晓勤、罗兵、戴一红、叶保立、罗坤、程燕（香港）、毕志健（澳门）等 10 人当选副主席，李立当选秘书长（兼），王瑾等 27 人当选常务委员。大会聘请了来自 45 个国家和地区的 142 名侨商、侨领、海外著名科学家和文化、艺术、教育界等知名人士及热心公益事业的侨界人士为贵州省侨联第八届委员会港澳和海外顾问、委员、常委。

【召开 2017 海外侨胞助力贵州参与“一带一路”建设会议】 4 月 7 日—12 日，借贵州省第八次归侨侨眷代表大会召开之机，贵州省侨联与中国侨商会、中国侨联海外联谊部、省委统战部联合召开了 2017 海外侨胞助力贵州参与“一带一路”建设会议，邀请了包括“一带一路”沿线部分国家在内的 40 多个国家的 200 余名侨商、侨领出席会议，组织他们赴黔西南、安顺等地参观考察（部分嘉宾还到六盘水、毕节、遵义等地考察）。4 月 8 日，2017 海外侨胞助力贵州参与“一带一路”建设会议（主会）在贵阳召开，中国侨联副主席乔卫，贵州省委常委、省委统战部部长刘晓凯出席并讲话，省人大常委会副主任袁周，省政协副主席、致公党贵州省委主委谢晓尧，省人大常委会原副主任司徒桂美等出席。会上，为匈牙利、意大利、莫桑比克、俄罗斯、法国、西班牙、韩国、荷兰 8 家贵州商会授牌，中国侨商联合会常务副会长郭泰城宣读《海外侨胞助力贵州参与“一带一路”建设倡议书》，西班牙青田同乡会会长倪晔敏、俄罗斯贵州商会

4 月 8 日，贵州省委常委、省委统战部部长刘晓凯在 2017 海外侨胞助力贵州参与“一带一路”建设会议上讲话

为新成立的匈牙利、意大利、莫桑比克、俄罗斯、法国、西班牙、韩国、荷兰贵州商会授牌

会长田琰琳、香港侨友社会长黄英来、“侨联之友”微信群运营负责人庞燕、法国贵州商会会长李贵生、澳大利亚 CSIRO 制造业和矿物资源首席研究科学家及中国事务总监卫钢等 6 人作大会发言。4 月 7 日，海外贵州商会促进俄罗斯、匈牙利与贵州友好合作座谈会在贵阳举行，刘晓凯出席并讲话。4 月 8 日上午，乔卫、刘晓凯会见了 20 多家海外贵州侨团代表。4 月 10 日，第五届中国美丽乡村·万峰林峰会系列活动海外侨胞助力贵州参与“一带一路”建设黔西南座谈会在兴义召开。4 月 11 日，海外侨胞助力贵州参与“一带一路”建设·安顺招商推介会在安顺举行。会议主要成果有：一是发布《海外侨胞助力贵州参与“一带一路”建设倡议书》，得到了全体参会嘉宾、40 多家海外贵州商会、同乡会、许多与贵州联系紧密的其他省籍侨团和众多海外侨商侨领的赞同和支持。二是促进全省各市（州）与“一带一路”沿线有关国家和地区建立经贸科技文化等方面的交流合作，俄罗斯贵州商会引荐俄罗斯国立师范大学与贵州师范大学、六盘水师范学院、兴义民族师范学院、贵州工程应用技术学院缔结友好院校。其后贵州师范大学、六盘水师范学院、兴义民族师范学院组团回访了俄罗斯国立师范大学，就具体合作交换了意见。匈牙利贵州商会引荐匈牙利马泰绍尔考市、瓦茨市、迈泽图里市分别与贵州省安顺市、黔西南州、黔东南州分别签订友好城市关系意向洽谈协议。俄罗斯贵州商会与毕节、六盘水、遵义等地商务部门签订了“黔货出海”合作协议。

【举办“海外侨胞故乡行——走进贵州（毕节）”活动】9 月 4 日—8 日，由中国侨联主办，贵州省侨联承办，毕节市侨联协办的“2017 海外侨胞故乡行——走进贵州（毕节）”活动在毕节市举行。来自荷兰、德国、美国、加拿大、新西兰、南非、柬埔寨等 10 多个国家和地区的 60 余位海外侨胞和在黔侨商组成的考察团先后参观考察了毕节市同心展览馆、恒大集团援建的奢香古镇、贵州宣慰府和奢香博物馆、赫章县天上花海、平山乡产业示范园、织金世界地质公园博物馆等处，并与毕节市政府、织金县政府相关部门座谈。其间，省委常委、省委统战部部长刘晓凯，贵州省政协副主席、毕节市委书记、市人大常委会主任周建琨等分别会见了考察团一行。9 月 8 日，刘晓凯出席“海外侨胞故乡行——推动贵州优质农产品规模化进入海外市场座谈会”，授予侨商企业中基优异集团“贵州农产品海外营销企业”。9 月 4 日，贵州省侨联与全荷华人社团联合会签订了友好侨联协议。

9 月 5 日，“海外侨胞故乡行——走进贵州”考察团考察恒大集团援建奢香古镇

4 月 10 日，黔西南州与匈牙利瓦茨市建立友好合作城市签约现场

【举办“亲情中华·多彩贵州”南美文化交流活动】11 月 18 日—28 日，在中国侨联支持下，贵州省侨联与贵州海外联

谊会、贵州省外事侨务办公室、多彩贵州文化艺术有限公司共同组派“亲情中华·多彩贵州”南美文化交流艺术团赴巴西、智利、阿根廷演出，向3000多名当地华侨华人和民众献上了4台以贵州原生态民族歌舞节目为主的精彩演出，展示了贵州民族文化之美和改革开放、奋发向上的贵州新形象。此次演出是贵州专业艺术团第一次到南美演出，艺术团由贵州省侨联主席吕虹率团。当地时间11月20日晚，“亲情中华·多彩贵州”欢聚巴西联欢演出在巴西圣保罗自由区菲咔普大学剧院上演，中国驻圣保罗总领馆副总领事傅长华、侨务领事张于成、圣保罗市议员KAMIA、索罗卡巴市市长代表EMILIO等出席。当地时间11月22日晚，“亲情中华·多彩贵州”欢聚智利联欢演出在智利圣地亚哥San gines剧院上演，中国驻智利大使馆领事处主任于洋等出席。当地时间11月24日晚，“亲情中华·多彩贵州”欢聚阿根廷联欢演出在阿根廷北部城市胡胡伊Jose Henandez礼堂上演，阿根廷广电局局长米格尔、胡胡伊省省长赫拉尔多·莫拉莱斯等出席。莫拉莱斯表示，“亲情中华·多彩贵州”南美文化交流艺术团是第一个到访胡胡伊省的外国专业演出团，贵州与胡胡伊有很多相似之处，将以此为契机，在更多层面更广层次与贵州开展合作交流。当地时间11月24日，“亲情中华·多彩贵州”南美文化交流团一行在胡胡伊省政府新闻发布厅举办专场“贵州省推介会”，阿根廷文化旅游部长CARLOS OEHLER对此高度评价道：“这是胡胡伊省第一次迎来中国友人召开的推介会，也是一场效果前所未有的推介会，希望两省以此良好开端为基础，继续不断深化两省友谊，促进交流与合作。”当地时间11月23日，“亲情中华·多彩贵州”南美文化交流团一行还在中国驻智利大使馆参加智利贵州商会筹备会。

互动歌曲《一杯美酒》

“亲情中华·多彩贵州”南美文化交流艺术团与阿根廷当地嘉宾合影

【举办“亲情中华·多彩贵州”华裔中学生夏令营】7月15日—28日，由中国侨联主办，贵州省侨联、六盘水市侨联承办的2017“亲情中华·多彩贵州”华裔中学生夏令营在六盘水市举办，来自西班牙、美国、南非等国家的25名海外华裔青少年和领队先后在六盘水市第三中学、六盘水市第八中学、盘州市第二中学开展学习交流活动，学习体验了汉语、武术、书法、传统美食、社团活动、传统节日文化、少数民族文化、传统曲艺讲座等独具中国特色的课程，前往六盘水贵州三线建设博物馆、大河堡花海、国

7月17日下午，2017“亲情中华·多彩贵州”华裔中学生夏令营在六盘水市三中开营

家肉孜·阿木提、火箭军文工团男高音歌唱家金波、空政文工团男高音歌唱家田毅、女歌唱家珊瑚、武警文工团女歌唱家吴兢、苗族女歌唱家阿幼朵以及黔东南州民族歌舞团（凯里演出）、黔南州民族歌舞团（都匀演出）部分演员共同为两地侨界群众及市民共3000余人奉献了精彩的演出。中国侨联副主席康晓萍率团全程参加两场演出并致辞。2月10日，省

学馆、野玉海景区、百车河景区、乌蒙大草原、妥乐古银杏等地参观并开展活动。7月17日下午，夏令营在六盘水市三中举办开营仪式。7月27日下午，夏令营在盘州市圆满闭营。

康晓萍副主席在“亲情中华·欢聚凯里”演出上致辞

【举办“亲情中华·走进贵州”大型文艺演出】2月9日—10日，在中国侨联的支持下，由中国侨联、贵州省委统战部、贵州省侨联主办的“亲情中华·欢聚凯里”和“亲情中华·走进都匀”大型文艺演出活动相继在凯里市和都匀市举行。中央民族歌舞团维吾尔族男歌唱

委常委、省委统战部部长刘晓凯在都匀会见康晓萍一行。

“亲情中华·欢聚凯里”演出演员合影

4 月 8 日，乔卫副主席授予晴隆二十四道拐“中国华侨国际文化交流基地”

【申报中国华侨国际文化交流基地】2017 年，经贵州省侨联向中国侨联推荐申报，贵阳五彩黔艺博物馆、黔南贵定金海雪山、遵义余庆红渡村、六盘水贵州三线建设博物馆被批准为“中国华侨国际文化交流基地”。4 月 8 日，晴隆二十四道拐“中国华侨国际文化交流基地”授牌仪式在黔西南州晴隆县举行，中国侨联副主席乔卫授牌，晴隆县县长查世海接牌，来自 40 多个国家和地区的 170 多名海外嘉宾参加授牌仪式并参观了黔西南州侨联领衔编制的《赤子功勋、永垂不朽》系列展板，CCTV4 报道了该活动。依托这些基地，省、市（州）侨联相继开展了“亲情中华 · 多彩贵州”“海外侨胞故乡行”等主题活动，弘扬中华文化，讲好贵州故事。

4 月 9 日，俄罗斯国立师范大学与兴义民族师范学院缔结友好院校

【海外贵州侨团助推贵州扩大开放】2017 年，贵州省侨联相继引导成立了荷兰、泰国、瑞士、美东、美国俄勒冈等 5 家海外贵州商会（截至 2017 年末，已在 23 个国家引导成立了 26 家海外贵州商会）。省侨联积极引导海外贵州商会、同乡会做好贵州形象代言人，积极在外宣传推介贵州，努力充当贵州对外交往的民间桥梁，助推贵州扩大对外开放，牵线促成贵州部分市州、高校与国外城市、高校开展友好合作 10 多项：俄罗斯贵州商会牵线俄罗斯国立师范大学等与贵州师范大学、六盘水师范学院、兴义民族师范学院、贵州工程应用技术学院缔结友好院校；匈牙利贵州商会牵线匈牙利马泰绍尔考市、瓦茨市、迈泽图里市分别与黔西南州、安顺市、黔东南州，匈牙利哈卡尼市、克罗地亚普雷洛格市、斯洛文尼亚伦达瓦市分别与兴义市、兴仁县、普安县签订了友好城市关系洽谈协议，促成贵阳中医学院第一、第二附属医院与匈牙利哈卡尼温泉有限公司建立友好合作关系；德国贵州商会牵线德国艾尔福特市与黔南州缔结友好城市关系；德国汉堡与黔西南州结为乒乓球友好城市；美东贵州商会牵线美国新泽西州纽瓦克市与遵义市建立国际友好城市关系。积极协助推动茶叶、猕猴桃等黔货和贵州美食出海。10 月 12 日—15 日，俄罗斯贵州商会牵线湄潭县湄茶出山考察团走进俄罗斯考察，与莫斯科东方食品茶叶专业部、俄罗斯 Premier 茶叶有限公司、俄罗斯审计商业委员会等单位或部门联合举办了“贵州湄潭茶走进俄罗斯宣传推介座谈会”并签订合作协议；12 月 24 日，北美贵州

商会促进“凉都弥你红”红心猕猴桃销往加拿大；西班牙贵州商会在西班牙推广贵州美食，将“龙文化”与贵州美食文化结合起来，中央电视台《华人世界》作了《“功夫”餐厅里的炝锅鱼》报道。积极推动足球项目交流，2月23日，葡萄牙贵州商会引荐葡萄牙科维良市副市长豪尔赫·努涅斯到贵州省体育局就体育交流座谈；5月23日，引荐葡萄牙里斯本竞技足球俱乐部全球青少年训练基地落户安顺；11月，邀请葡萄牙里斯本竞技足球教练到绥阳指导校园足球；德国贵州商会会员企业贵州中德足球俱乐部与黔南、毕节等地共建“足球特色学校”，有多名德国足球教练进入贵州；12月2日，贵州中德足球俱乐部与贵州师范大学体育学院签署战略合作协议，共建中外合作专业足球学院。10月13日—22日，匈牙利贵州商会引荐乌当中学足球队赴匈牙利参加魏茨阿尔帕德杯赛前集训并先后在匈牙利的佩奇市、哈尔卡尼市、布达佩斯市和斯洛文尼亚伦达瓦市进行交流学习、比赛。广邀所在国朋友来贵发展，3月10日，北美贵州商会、贵阳市侨联牵线加拿大本拿比市市长柯瑞根率政府代表团访问贵阳并举办“2017环太平洋·中国贵阳加拿大本拿比国际友好城市艺术展”；4月17日，加拿大温哥华贵州同乡会就中加艺术中心、中加文化创新基地选址进行考察；5月22日，葡萄牙贵州商会邀请葡驻华大使若热·托雷斯·佩雷拉出席葡萄牙贵州商会会员在绥阳投资“洋”天下世界婚博园项目奠基仪式；9月9日，英国贵州商会促成英国医仁医疗机构与贵州康美健健康管理中心签约，项目落户遵义新蒲新区。

8月13日，贵州省委常委、省委统战部部长刘晓凯向海外贵州商会授予“贵州旅游海外联络处”牌子

【成立贵州旅游海外联络处】8月13日，贵州省侨联、省旅发委联合向24家贵州海外商会和2家海外旅行社授予“贵州旅游海外联络处”牌子，省委常委、省委统战部部长刘晓凯出席并授牌。会上，贵州省侨联与贵州省旅发委签署了战略合作协议。各贵州旅游海外联络处成立后，积极在当地宣传推介贵州旅游，新西兰贵州商会会员企业侨安旅游集团致力于在新西兰和澳大利亚等地推广贵州旅游，并被指定为贵州省在澳大利亚和新西兰的旅游推广和营销中心。贵州旅游波兰联络处负责单位波兰欧洲新丝路文体旅公司在波兰华沙国际旅游展会上宣传介绍贵州旅游，并与波兰最大的旅游集团波兰假日旅游公司签订全方位战略性合作协议，在波兰乃至中东欧其他地区推广贵州旅游。当地时间10月8日下午，巴西贵州商会在巴西圣保罗主办“多彩贵州南美书画展”，展示了贵州书法家钟兴义的书法、温哥华油画家胡军的油画、XY品牌设计师张寒的苗饰设计等体现贵州文化艺术和风土人情的作品，介绍了贵州旅游。当地时间12月11日，葡萄牙贵州商会积极参与在葡萄牙里斯本举办的2017·贵州民族文化世界巡展（葡萄牙）旅游推介会。12月7日—10日，荷兰贵州商会考察团一行先后赴贵阳、遵义、黔东南等地进行实地考察和入境游项目选址，并就在荷兰等国推广贵州旅游、组织荷兰等国游客来黔旅游、促进双边旅游合作等与省旅发委等部门座谈。

【夯实新侨工作平台】贵州侨商会加强与新侨的联系，服务侨企创业创新。推荐贵州以晴集团董事长周以晴、贵州黔龙图视科技有限公司董事长张春成加入中国侨联新侨创新创业联盟。6月17日，贵州海外归国青年创新创业协会召开2017年会员大会；7月3日，通过贵州省民政厅注册登记。贵州海归青创会主办了第一届贵州海归青年篮球公开赛、海归创业分享会、餐饮行

6 月 17 日下午，贵州海外归国青年创新创业协会 2017 年会员大会在贵阳高新区国际人才城举行

业创业分享会、梵华里女性嘉宾分享会等活动。贵州省侨联青年委员会黔西南州分会完成换届工作，吸收了一批新归侨和留学归国人员加入。安顺市侨联通过开展留学人员及家属茶话会等活动加强对新侨和留学归国人员的联系。遵义市侨联不断健全完善“侨之家”功能作用，加强对新侨的联系。毕节市侨联加大新侨调研工作。7 月 10 日—11 日，南明区侨联组织从美国、英国、俄罗斯等地回国的海外在读留学生开展“亲情中华”爱国主义教育及山区贫困学子爱心帮扶活动。云岩区侨联创建全市首家“留学生服务站”，南明区侨联成立全市首家归侨侨眷法律服务中心。

【开展出访交流活动】6 月 4 日—11 日，贵州省侨联主席吕虹参团陪同省人大常委会副主任、省总工会主席袁周出访波兰、希腊。11 月 12 日—21 日，省侨联副主席兼秘书长李立率领贵州省侨联代表团一行 4 人赴俄罗斯、瑞士、荷兰三国访问。11 月 18 日—28 日，吕虹率“亲情中华 · 多彩贵州”南美文化交流艺术团一行 20 人赴巴西、智利、阿根廷演出。10 月 30 日—11 月 5 日，省侨联组织贸易旅游文化交流团一行 12 人赴台湾交流。11 月 15 日—21 日，遵义市侨联组织侨务考察团一行 10 人赴台湾考察交流。7 月—8 月，黔东南州、黔西南州侨联引荐当地中学生赴加拿大多伦多参加 2017“体验加拿大”夏令营活动。黔南州侨联积极推荐优秀教师赴海外开展华文教育工作。

【学习宣传贯彻党的十九大精神】党的十九大召开后，贵州省各级侨联及时组织传达学习党的十九大精神和习近平总书记在贵州省代表团的重要讲话精神，制定了《贵州省侨联学习宣传贯彻党的十九大精神实施方案》。各级侨联领导班子带头到侨商企业、社区、扶贫点等地宣讲十九大精神；利用出访欧洲、南美和赴台交流等活动，向广大海外侨胞、台湾同胞宣传十九大精神；侨联网站上开辟专栏，利用微信、QQ 等新媒体平台学习宣传贯彻党的十九大精神。11 月 2 日，贵州省侨界召开座谈会认真学习宣传贯彻党的十九大精神，省委常委、省委统战部部长刘晓凯出席并宣讲，50 余名归侨侨眷和留学归国人员代表，海外贵州商会、同乡会代表，各市州侨联主席等出席座谈会。11 月 10 日，贵阳市侨联举办了“侨界欢庆十九大 · 同心共圆中国梦”大型文艺演出。

11 月 2 日，贵州省侨界召开座谈会认真学习贯彻党的十九大精神

【汇聚侨界力量助力精准扶贫】2017 年，“侨爱心工程”共有 26 个公益项目持续捐助和落地贵州，捐赠款物折合人民币 2600 多万元，汇聚了来自海外和港澳台地区 20 多家侨界社团和近千名侨胞的爱心，惠及全省近 3.3 万人，其中贫

澳大利亚魏基成夫妇捐助威宁特校学生冬衣

长赵德刚等一批农业专家到红渡村开展智力帮扶活动；引荐中国侨商会副会长谢湘蓉捐助红渡村10名贫困高中生；促成侨资企业家白志祥骨科医院院长白贵春等到红渡村开展“送医送药”活动。遵义市侨联充分借助上海市、毕节市侨联和黔南州侨联充分借助广州市对口帮扶的资源优势，在教育扶贫、经济贸易、人员培训等方面加强合作交流，开展公益捐赠项目；贵阳市侨联广泛调动资源，在劳动技能培训、农村劳动力转移和贫困村民缴交新农合等方面积极帮助帮扶点；安顺市侨联争取协调460万余元项目资金，推进帮扶点开展土地整治、连户路建设和村办公楼新建工程建设；铜仁市侨联从产业扶贫上下功夫，为贫困村民争取到10万元养殖专项经费，并邀请畜牧专家现场传授养殖技巧和病疫防治知识；黔西南州侨联坚持“五共工作法”，因户施策发展产业脱贫，为帮扶点争取通组公路项目和发展村集体经济项目资金205万元，为贫困户争取“特惠贷”免息贷款和养殖补助金共25万余元。

困家庭学生4966名、残疾人和困难群众2.8万多人，帮助126户贫困家庭脱贫。其中，澳洲魏基成夫妇“天籁列车”项目捐助全省9个市州55所特殊教育学校4360台蓝牙耳背式助听器及冬衣16990件。澳洲魏基成夫妇“天籁列车”义工黄兆邦老先生从10月17日开始，用两个多月时间对55所特校进行回访，亲自调试助听器。2017年，浙江新华教育基金会在贵州省开设“珍珠班”25个，受助学生1173人，资助金额293.25万元，其中新增“珍珠班”13个，新增受助学生623人。2017年“珍珠班”参加高考学生290名，全部考入大学。2月21日，贵州侨商会副会长、以晴集团董事长周以晴以集团名义向遵义市新蒲新区永乐村、群乐村分别捐赠50万元；6月28日，贵州侨商会副会长罗坤向开阳洪涝受灾人民捐赠50万元。

【开展同步小康驻村工作】 2017年，贵州省侨联筹措9万元资金，帮助帮扶点余庆县大乌江镇红渡村村支两委改善办公环境，提升服务能力；发动11名侨商“一对一”精准帮扶15户贫困户；牵线省农科院院

贵州侨商会企业家与帮扶对象“一对一”结对

云南省归国华侨联合会

【领导成员名单】

党组书记：和向红（女，纳西族）
主　　席：李　嵘（纳西族）
专职副主席：高　峰
　　聂河云（2018 年 2 月退休）
兼职副主席：伍达天　朱　燕（女）
　　何庆国　叶建州
　　江巴争追（藏族）　狄　文
　　石　云（女）　赵　先
巡　视　员：段　林（傣族）
秘　书　长：陈英姿（女）

【综述】2017 年，云南省侨联在省委、省政府的领导下，在中国侨联指导下、中共云南省委统战部具体帮助下，以习近平新时代中国特色社会主义思想为指导，紧紧围绕把云南建设成为民族团结进步示范区、生态文明建设排头兵、面向南亚东南亚辐射中心的目标，坚持以侨为本、为侨服务的宗旨，坚持以“四个全面”为引领，充分发挥优势，推进“两学一做”学习教育常态化制度化，通过开展专项整治，不断改进作风，求真务实，拓宽思路，健全完善机制平台，拓展海内外联谊工作，主动融入国家对外开放和区域发展新战略格局中，凝聚侨心，汇聚侨智，发挥侨力，为云南跨越式发展作出了贡献。

【学习党的十九大精神加强自身建设】10 月 18 日上午，云南省侨联组织机关全体党员干部集体收看十九大开幕式，学习十九大精神，下午组织归侨侨眷代表畅谈观看十九大感想。云南省侨联通过收集报送海外侨胞盛赞十九大感想体会，举办云南省侨联干部培训班集中学习研讨十九大报告，向州市侨联下发学习贯彻党的十九大会议精神通知等形式，迅速在侨界群众中掀起学习宣传十九大热潮。按照中共云南省委要求，省侨联深入推进“两学一做”学习教育活动常态化制度化，扎实开展理论学习，严格落实“三会一课”制度，认真学习习近平总书记考察云南时的重要讲话精神，加强思想政治建设，教育引导广大党员做到四个合格。按照中共云南省委要求开展超编制超职数专项清理整治工作、“吃空饷”问题专项整治工作、“小金库”问题清理整治工作等 10 项专项整治工作，省侨联签署了《云南省机关和事业单位超编制超职数专项清理整治工作责任承诺书》，拟定了《云南省侨联党组开展贯彻落实中央八项规定精神纠正“四风”实施方案》，开展各个专项清理整治工作。

11 月 2 日，云南省侨联举办全省侨联干部培训班，和向红出席开班式并讲话

云南省侨联开展专项整治工作，省侨联党组书记和向红、党总支书记段林巡视员参加会议

【推进云南省侨联全面深化改革】云南省侨联坚决贯彻落实中央、省委关于加强和改进党的群团工作的决策部署，逐项落实中国侨联提出

云南省侨联举行深化改革工作推进会，省委统战部副部长、省社会主义学院党组书记蔡勇、省委政研室副主任陈云波出席会议

的改革措施，提出了5个方面25条具体改革措施。2016年12月31日，云南省委办公厅下发了《关于印发〈云南省侨联改革实施方案〉的通知》（云厅字〔2016〕43号），到2017年底，云南省16个州市侨联均已完成了改革方案的起草和相关程序报审工作，除迪庆州侨联和昆明市侨联外，其他14个州市侨联改革实施方案已形成正式文件下发。

【加强信息建设工作】2017年，云南省侨联围绕海内外的政治、经济和社会热点加强信息工作，共编写《侨情专报》55期，上报省领导23期，批示1期，有效发挥了《侨情专报》信息直通车的作用。云南省侨联开通的微信平台，共发布120期850篇文章，内部刊物《云南侨联》共编辑出版6期7000份。通过这些载体，省侨联向海外发布涉及云南省经济、社会、民生、文化、旅游、侨务等方面的信息。

【加大维护侨益和参政议政力度】2017年，云南省侨联共受理归侨侨眷和海外侨胞来信来访案件13件，全部办结，信访主要涉及房产纠纷、法律援助等内容，信访案件呈现逐年下降的趋势。省侨联积极打造云南省侨联法律服务中心，为侨资侨属企业和归侨侨眷、海外侨胞提供法律服务。积极加强同侨界人大代表和政协委员的沟通联系，提交的《关于云南农村劳动力转移存在问题及建议》被评为优秀提案。

【拓展联络联谊工作深度】2017年，云南省侨联共组织出访（境）15次，其中组团11个、参团4个。分别访问了埃及、南非、土耳其、阿联酋、印度、巴基斯坦、尼泊尔、老挝、越南、缅甸、泰国、柬埔寨、孟加拉、马来西亚、坦桑尼亚、肯尼亚、塞舌耳、哈萨克斯坦、乌兹别克斯坦、吉尔吉斯斯坦及中国香港、中国澳门共22个国家和地区。访问期间，分别拜访了南非中国和平统一促进会、埃及华人联谊会、马来西亚中华总商会、缅甸中华总商会等40多个侨（社）团。

10月13日—18日，和向红率团出访南非、埃及，图为参观中南展贸中心

【成立云南省侨联青年委员会】6月10日，云南省侨联青年委员会在昆明召开第一次大会，选举产生了青年委员会第一届常务委员、会长、常务副会长、副会长、秘书长等人员，江巴争追当选省侨联第一届青年委员会会长。云南省侨联青年委员会主要构成人员以归侨、侨眷和侨居海外的世界各地优秀华人青年为主，包括部分有留学和旅居海外经历的归国青年才俊、侨联青年干部。青委会搭建了广泛团结、促进侨界青年交流的平台，成为凝聚侨界青年力量，引导海内外广

6 月 10 日，云南省侨联青年委员会成立大会合影

大侨界青年更好地为“一带一路”和面向南亚东南亚辐射中心建设服务的载体。

【开展侨界扶贫助困工作】2017 年春节前夕，为充分体现党和政府对云南省华侨农（林）场和散居困难归侨侨眷的关心，云南省侨联筹集慰问资金 38 万元，分别对 7 个州（市）及部分高校、企业和散居的困难归侨侨眷 586 户进行慰问。此外，云南省侨联和中国侨联、中国华侨公益基金会合作，在云南 13 个华侨农（林）场开展“侨爱心·光明行”万名贫困白内障患者健康复明大型公益活动，计划用三年时间为 1 万名归侨侨眷和困难群众白内障患者进行复明手术，目前已为 3000 多名归侨侨眷和困难群众解除病痛。

8 月 25 日，云南省侨联主席李嵘一行到挂钩扶贫点开展回访工作

【开展“挂包帮”“转走访”工作】2017 年，云南省侨联派出 2 名干部分别担任大理州鹤庆县扶贫工作总队长和西邑镇奇峰村第一书记、工作队长，结对扶贫 31 户建档立卡贫困户，在扶贫点扎实开展“双联系一共建双推进”活动。和鹤庆县西邑镇党政领导共同举办协调会，研究谋划扶贫工作；认真开展遍访和回访，领导和机关党员干部全部到自己的结对帮扶户家中了解情况，与驻村扶贫干部一道帮助该村谋划主导产业、沟通市场信息、帮助基础设施建设，全年累计协调筹集帮扶资金 41 万多元，为该村脱贫致富奔小康提供了有力保障。云南省侨联党总支与挂钩的奇峰村党总支开展了结对共建，签订了共建协议，开展党建工作学习交流活动，主动参与和协助当地党总支抓好基层党建工作。2017 年 6 月，党总支书记段林深入奇峰村，为当地近 100 名党员讲党课，宣传党的扶贫和惠农政策，引导他们转变观念，克服等靠要思想，增强脱贫致富的信心和决心。

1 月 22 日，和向红书记（右八）在德宏慰问侨界群众

云南省侨联巡视员段林（左二）参加新侨创新创业活动

【参加中国侨联新侨创新创业活动】云南省侨联在全省范围内广泛征集新侨创新创业活动成果，6月26日在北京召开的中国侨联新侨创新创业活动中，省侨联推荐的项目“芸豆 a-AI 助力国内大健康产业创新项目”通过评审和遴选作为代表性项目进行现场展示，是西部12个省（区、市）中唯一入选展示项目。推荐的昆明 T-PARK 科技园执行董事孟庆毅新增为中国侨联创新创业联盟副理事长，加拿大云南总商会会长、Kington International Education Group Inc 董事长朱燕新增为联盟海外委员，云南天保桦生物资源开发有限公司总经理钟毓、普洱南亚科技创业园投资发展有限公司董事长杨智培新增为联盟理事。

【举行云南省侨联十届二次全委会】3月23日，云南省侨联十届二次全委会议在昆明举行，省委常委、省委统战部部长杨宁出席会议并讲话。省委统战部副部长、省社会主义学院党组书记蔡勇出席会议，省侨联党组书记和向红主持会议，省侨联主席李嵘作2016年工作报告。会议要求全省各级侨联要始终坚持围绕中心、服务大局，在服务经济发展、依法维护侨益、拓展海外联谊、参政议政、弘扬中华文化、参与社会建设等方面发挥优势、创新思路。会议指出要深入学习贯彻习近平总书记系列重要讲话精神，牢牢把握侨联工作正确方向；凝聚侨心、主动作为，团结引导广大侨胞为推进云南跨越发展多做贡献；贯彻全面从严治党要求，进一步加强侨联组织自身建设。

【举办第十五届东盟华商会】2017年6月9日—13日，由国务院侨办、中国侨联、云南省政府主办，云南省侨办、省侨联承办的第15届东盟华商会在昆明举行，来自44个国家和地区的500余名海内外华商领袖、工商界代表参加活动。在中国侨联、中国侨商联合会的大力支持下，在省级各部门和兄弟省份侨联的通力合作下，以“融入‘一带一路’，促进创新发展”为主题，举办了华商论坛、马来西亚投资贸易洽谈会、云南省州市招商推介会及项目签约仪式、马来西亚旅游、农业、地产建筑合作专场等10余场活动，切实推动了云南与东南亚、南亚和世界各国的多领域、多层次的合作交流。此次活动中签署了8个项目合作协议和框架合作协议，协议金额达24.2亿元人民币，比上届增长了3

云南省侨联十届二次全委会期间，省委统战部部长杨宁、省侨联党组书记和向红、省侨联主席李嵘出席会议

6 月 11 日，马来西亚投资贸易洽谈会现场，左三为省侨联党组书记和向红

举办“海外侨胞故乡行——走进文山”活动

成，涉及跨境电商、旅游合作、特色农业等多个领域。

【举办第九届世界云南同乡联谊大会】 7 月 15 日—18 日，第九届世界云南同乡联谊大会在楚雄举办，云南省侨联邀请了来自南非、韩国、菲律宾等 12 个国家和地区的 25 名同乡和嘉宾参加活动，省侨联承担了“一带一路”暨科技交流合作论坛的筹备和组织工作，圆满完成大会安排的各项任务。

【举办“海外侨胞故乡行——走进云南”系列活动】 9 月 24 日—28 日，云南省侨联邀请来自美国的专家学者和缅甸、泰国、老挝的 106 位华侨到云南走访昆明市、保山市、文山壮族苗族自治州。省委常委、统战部部长杨宁会见了参访团全体嘉宾，并介绍了云南的旅游产业发展、多样性、生态优势和区位优势，欢迎海外侨胞回到故土，参与云南建设之中。此次参访活动让海外侨胞亲身体验祖籍国的繁荣昌盛和家乡的巨大发展变化，激发了海外侨胞尤其是少数民族侨胞的爱国爱乡情怀。

【承办“一带一路·侨爱心光明行”缅甸站公益活动】 云南省侨联响应国家“一带一路”号召，发挥侨联涉侨民间外交优势，积极承办中国侨联发起的“一带一路·侨爱心光明行”缅甸站公益活动。与中国华侨公益基金会及爱尔眼科集团等机构合作，2017 年三次赴缅甸仰光、曼德勒等地为近 800 名缅甸贫困白内障患者免费实施白内障手术，帮助他们重见光明。此项活动受到缅甸当地政府、民众的热烈欢迎，受到缅甸患者的信任与赞许，中央电视台、《人民日报》和缅甸主要媒体等均进行了报道，真正将“民心相通”落到实处。

3 月 23 日，“侨爱心光明行”活动启动仪式在昆明举行，省委常委、统战部部长杨宁，省委统战部副部长、省社会主义学院党组书记蔡勇，中国华侨公益基金会秘书长何继宁，省侨联党组书记和向红，省侨联主席李嵘等出席

【组织参展 2017 年中国国际旅游交易会】 11 月 16 日—20 日，云南省侨联积极配合旅发委邀请“一带一路”沿线国家华商参加旅交会，共邀请 42 名海外华商出席会议，13 家海外旅游企

云南省侨联于 11 月 19 日在昆明召开云南与海外旅游同业座谈会

业参展。会议期间，省侨联专门组织云南与海外旅游同业座谈，对云南省和海外华侨企业拓展业务、寻求合作牵线搭桥、宣传云南丰富的旅游资源和独特的民族文化起到了积极作用。

【举办“法治宣传边关行”系列活动】2017 年 8 月和 12 月，云南省侨联与省司法厅两次合作举办“法治宣传边关行”系列活动，通过集中法治宣传和开办边境法律法规及涉侨政策培训班等形式，帮助边境地区的华侨华人学习法律知识，影响和引导更多的边民、华侨华人遵守中国的法律法规，活动在德宏瑞丽姐告口岸和普洱市江城县开展。

【开展“亲情中华”主题活动】2017 年，云南省侨联争取中国侨联和国家汉办项目支持，开展“亲情中华 · 汉语桥”夏令营活动，来自新加坡、缅甸、老挝的 281 名华侨（裔）青少年真切领略和感受了中华传统文化和云南民族文化的无穷魅力。省侨联与西双版纳州侨联共同组织的

12 月 4 日，启动“法治宣传边关行——普洱江城行”活动

9月18日，来自缅北地区洋人街、密支那地区的40位华裔青少年参加“亲情中华·孔雀之乡——德宏夏令营”活动

“亲情中华”艺术团于2017年春节期间赴缅甸仰光开展春节慰问演出，传播中国优秀文化，增进中缅人民友谊。

【拓展公益事业】云南省侨联以云南华商公益基金会为平台，积极开展公益项目。2017年累计接收捐赠资金877万余元，实施开展了助学、卫生、扶贫及“忠魂归国”公益项目等30项，在全省16州市18所学校建立了约26个“珍珠班”。

【昆明市侨联启动侨联改革工作】2017年，昆明市侨联制定出台《昆明市侨联改革实施方案》。一是将侨联改革与昆明发展大局相结合。二是探索加强基层侨联工作。三是对一系列工作进行了总结提炼形成品牌。昆明市侨联积极开拓创新，在履行六大职能中形成了一些好的经验做法，比如在国内外开展“侨胞情·桑梓谊”等具有侨特色的文化宣传活动，打造“华侨新村”等一批华侨文化交流基地和纪念设施，建设海外“昆明书屋”等项目，传承弘扬中华文化。四是将不断提升服务侨界群众能力列为工作重点，在条件成熟的社区建设“侨胞之家”，建立常态化的为侨界群众提供服务、联谊交流的新平台，构建“互联网＋侨联”的工作新格局，加快“网上侨联”建设，搭建更加便捷的网络服务体系。

【曲靖市侨联履职尽责展风采】曲靖市侨联积极开展扶贫济困工作，2017年春节期间，慰问贫困归侨侨眷、生病侨界群众及南侨机工遗孀共计115户，发放慰问金6万元。在强化宣传、依法维权方面，曲靖市侨联借助党组中心组学习、干部集中学习、侨联全委会等会议及微信公众平台、《曲靖侨讯》等媒体积极宣传侨法和有关法律法规，不断强化侨联干部、侨界群众的法治意识，认真为归侨侨眷提供法律、政策咨询服务，不断完善信访制度，引导侨胞依法表达利益诉求。在认真履职、参政议政方面，曲靖市侨联积极推动侨界人大代表、政协委员开展涉及归侨侨眷权益保护、经济社会事业发展的各项调研，着力加强市级侨界人大代表、政协委员的参政议政水平。在2017“两会”期间，侨界共11名市级人大代表、政协委员参加了会议，提交了集体提案3件、个人及联名提案5件，内容涉及医疗卫生、城市建设与维护、民生保障等多个方面，为市委、市政府科学决策提供了参考。在寻根溯源、传承文化方面，曲靖市侨联积极发挥侨联独特优势，在海内外华侨华人、归侨侨眷中培养和营造爱国爱乡的意识和情怀，不断弘扬中华传统文化。在新春佳节向海外华侨华人、华人社团、侨商侨领寄送新年贺卡、慰问信和曲靖市宣传资料共计123份，弘扬了中华传统文化、传播了爱国爱乡精神、宣传了党和国家的侨务政策。

【丽江市侨联充分发挥侨联独特优势】丽江市侨联积极开展招商引资活动，围绕丽江市台侨产业园区建设项目，牵头相关部门到厦门开展招商推介活动，邀请厦门市侨联及12家侨资企业参加“大美丽江 和谐共赢”厦门投资服务说明会。随后厦门市侨商会应邀组织考察团到丽江市，重点对文化旅游产业、生物医药大健康等方面进行了为期6天的投资考察，目前正进行项目的对接论证，争取早日落地。丽江市侨联还积极拓宽联谊渠道，拓展外联工作，在联络服务、经贸洽谈、引资引智、科技合作、文化交流等方面穿针引线、牵线搭桥，为丽江市经济社会发展服务。认真做好中华台湾侨联总会理事长郑致毅、西班牙华侨安徽伟华集团董事长朱华、德国华商报记者徐芳、美国波士顿华人万颖、美籍华人李达、意大利友好社团、中国侨联文化部、山东侨眷新凤祥集团董事长刘学景、北京朝阳文化产业考察团、江苏江阴港高原特色农业考察团等相继到丽江参观考察的服务工作。丽江市侨联主动参与脱贫攻坚工作，协助致公党云南省委赴丽江市和宁蒗县开展精准扶贫调研工作，争取将宁蒗县列入致公党中央精准扶贫、精准脱贫帮扶地区，为宁蒗的教育提升、医疗条件改善和群众的脱贫致富奔小康献计出力。

【临沧市侨联奋力谱写侨联工作新篇章】2017年，临沧市侨联依托“党的光辉照边疆，边疆人民心向党”活动，扎实推进各项工作。临沧市县两级侨联机构改革稳步推进，通过学习不断加强干部队伍作风建设；临沧市华侨管理区呈现出“欣欣向荣”的发展态势。2017年重点助推耿马华侨管理区和双江勐库华侨管理区产业结构调整工作；2017年引进江苏侨商会46名重点客商到临沧市考察，签约投资项目3个，到位资金2.2亿元，全年共实现侨务招商引资到位资金8.8亿元。此外，临沧市侨联依托重点侨胞，参与和服务临沧市文化交流团、边合区代表团、农业代表团、招商引资代表团等10个团组赴缅参加掸邦投资贸易促进会、世界华商大会等活动26场次，拜会缅甸国家部委级以上官员4场6人次，不断推动双边在文化教育、医疗卫生、农业等领域的交流合作；给予办理市级向缅甸文化教育、医疗卫生及其他民生领域的援助资金近200万元；给予境外困难群体、学校各类捐赠资金或物资折合人民币近60万元，积极服务对缅甸开放“走出去”工作。

西藏自治区归国华侨联合会

【领导成员名单】

副主席兼秘书长（主持工作）：拉巴日达

副秘书长：王春英

【开展归国定居藏胞代表人士国情教育活动】为密切联系广大归侨侨眷、凝聚人心、进一步壮大爱国力量，搭建平台、拓展渠道，结合全区上下开展的“四讲四爱”活动，2017 年 9 月，西藏侨联组织全区 50 名归国定居藏胞代表人士，赴北京、上海、浙江、江苏等沿海城市，以参观考察、集中授课、专家讲座等形式开展了第二期归国定居藏胞代表人士国情教育活动，通过现场考察改革开放以来祖国内地发生的巨大变化，从而坚定信念，增强对祖国的认同感和归属感，并通过切身体会，现身说法，增强正面宣传的感染力、说服力，为开展团结争取工作奠定了良好基础。

【开展慰问帮扶活动】西藏侨联做好归侨侨眷服务工作，帮助解决其生产生活困难，“三大节日”（元旦、春节、藏历新年）前夕召开归侨侨眷茶话会，宣传党和政府的侨务政策，了解归侨侨眷生产生活情况。区党委常委，区政协党组副书记、副主席，区党委统战部部长旦科等领导对困难归侨进行入户慰问，发放慰问金额达到 20 余万元，慰问 100 余人次，并对特困归侨侨眷进行帮扶，投入资金 8 万余元帮助山南市扎囊县和洛扎县困难归侨实现了“住房梦”。

【搞好调查研究】针对西藏侨务工作点多面广线长政策性强的特点，2017 年 4 月西藏侨联开展了全区侨务工作现状调研。2017 年 6 月，联合自治区人大民族宗教外事侨务委员会、自治区外办、公安厅等部门赴七地市和重点县、乡、村开展《中华人民共和国归侨侨眷权益保护法》贯彻落实情况调研，了解基层实际状况，掌握一手情况，获得了很好的成效。归侨谢文·根多当选全国政协委员，归侨扎西卓玛当选自治区人大代表，通过参政议政使归侨侨眷亲身感受到党和政府生活上的关心、政治上的信任，他们建言献策的积极性进一步提高，并通过他们影响境外亲朋。

陕西省归国华侨联合会

【领导成员名单】

党组书记：程勉贵

党组成员：王建彬　高俊峰　尚小红（女）　鲍　剑

主　　席：徐德龙

专职副主席：高俊峰

兼职副主席：俞文彬　马忠科　徐鸣喆（女）　刘润生　姜　波　尚小红（女）

秘 书 长：尚小红（女，兼）

【综述】2017年，陕西省侨联认真学习宣传贯彻党的十九大精神，高举习近平新时代中国特色社会主义伟大旗帜，按照“广泛团结联系海外侨胞和归侨侨眷，共同致力于中华民族伟大复兴”的要求，统一思想行动，凝聚侨界力量，坚持围绕中心、服务大局，发挥优势，贡献力量，推动全省侨联工作取得新进展。全年共有陕甘边革命根据地照金纪念馆、勉县三国·诸葛古镇、西汉三遗址、龙岗文化园区、渭南市文化艺术中心、张骞纪念馆、商於古道文化景区、石峁遗址管理处等文化景区入选“中国华侨国际文化交流基地”，为侨联组织进一步整合社会资源、促进优势互补、合力开展海内外文化交流活动搭建了重要平台。

10月18日，陕西省侨联机关干部职工收看十九大开幕式

【召开陕西省市（区）侨联工作座谈会】1月10日，陕西省市（区）侨联工作座谈会在西安召开。座谈会由党组成员、副主席高俊峰主持，十一市（区）侨联领导、省侨联机关各部门负责人参加会议。省侨联机关业务部室和11市（区）侨联负责人先后介绍了2017年的工作思路。党组书记程勉贵强调，2017年省市（区）

4月5日，康晓萍副主席（左三）在陕西为中国华侨国际文化交流基地揭牌

各级侨联组织要在去年的基础上，继续加强省市互动，加强跨市交流沟通，逐步形成全省一盘棋的“大侨联”模式。建设“智慧侨联”，促进全省侨联组织自身的信息化发展，充分挖掘、整合资源，加大引才引智工作力度，为陕西经济社会发展引进海外高层次的优秀人才。

3月2日，陕西省侨联召开七届四次全委会

【举办侨界2017迎新春联谊会】1月10日，陕西省侨联举办2017迎新春联谊会，陕西省和西安市涉侨有关部门领导，海外华侨华人、归侨侨眷代表参加。老归侨代表程晓中、新侨代表陈佳、海外华侨代表雷宁分别发言。党组成员、副主席高俊峰在致辞中强调，希望全省广大侨界群众，在新的一年里继续发扬爱国爱乡、无私奉献的光荣传统，一如既往地参与、关心、支持全省的改革发展和社会稳定，为全省的经济发展和社会进步做出新贡献。

【乔卫副主席在陕西慰问困难归侨侨眷】1月23日，中国侨联副主席乔卫在陕西看望和慰问困难归侨侨眷，先后慰问了印度尼西亚归侨蔡元森、陈宝才夫妇、美国侨眷梁志辉，党组书记程勉贵，副主席、秘书长尚小红等陪同慰问。在陕期间，中共陕西省委副书记毛万春会见乔卫副主席。

【赵红英副秘书长一行来陕开展新侨调研】1月11日—12日，中国侨联副秘书长、经济科技部部长赵红英一行，在党组书记程勉贵，党组成员、副主席高俊峰的陪同下，在西安考察调研陕西开展新侨创新创业情况。调研组与西安留学人员创业园（西安高新区创业园发展中心）主任宋琦，西北工业大学副校长、校侨联主席张卫红，西安瑜乐软件科技有限公司首席运行官李乐鹏，西安炬光科技股份有限公司常务副总经理许国栋，中国科学院西安光学精密机械研究所党委书记、纪委书记、副所长马彩文，西安宝莱特光电科技有限公司总经理赵炜等对新侨创业、产业创新等方面进行了交流，对如何进一步激励和发展更多的海外人士创新创业开展了深入探讨。

【召开陕西省侨联七届四次全委会】3月1日—2日，陕西省侨联召开七届四次全委会，传达中国侨联九届四次全委会议精神，副主席高俊峰代表七届常委会作工作报告。会议通过全委会工作报告决议，决定增补王波等16人为省侨联七届委员会海外委员。会议要求2017年全省侨联工作要全面贯彻习近平总书记系列重要讲话精神，贯彻中央关于加强和改进党的群团工作的意见，围绕省委十二届十一次全会的工作部署和要求，全面推进侨联改革，以优异成绩迎接党的十九大和陕西省第十三次党代会胜利召开。

【中国侨联文化交流部、法顾委来陕调研】3月3日—5日，中国侨联文化交流部部长刘奇一行在陕开展侨联文化宣传工作调研，就拟组织的“亲情中华·畅想丝路”陕西站活动准备以及“中国华侨国际文化交流基地”申请单位建设情况进行了考察。刘奇充分肯定陕西侨联新形势下开展涉侨文化宣传工作的做法，并在服务“一带一路”倡议、拓展亲情中华交流平台、创新文化宣传工作等方面提出指导意见。党组书记程勉贵表示，陕西省侨联一定集全侨之力，发挥自身优势，配合中国侨联文化宣传工作部署，积极承担创新实践，尝试新经验，不负中国侨联期待。4月下旬，中国侨联法顾委来陕，在西安、宝鸡就“依法治国大背景下，侨联如何在健全完善多元化纠纷解决机制中发挥作用”开展调研。省侨联法顾委委员冯华说介绍了陕西省侨联法律顾问委员工作开展情况。党组书记程勉贵表示，必须充分发挥法顾委平台作用，既要维护侨商权益，又要为他们事业的成长和发展服务。中国侨联法顾委常务副主任王培生充分听取意见，省政协、省人大等涉侨部门参加调研。

【稳步推进侨联改革】3月，陕西省委办公厅印发《陕西省归国华侨联合会改革方案》。根据方案要求，省侨联成立了以党组书记为组长的深化改革领导小组。在做好自身改革的基础上，省侨联注重解决共性问题、体系问题，着重发挥对基层侨联改革创新发展的示范带动和引领作用。通过改革，省侨联内设机构进一步优化，将原联络经济部（权益保障部）分设为联络经济部、权益保障和基层组织工作部。进一步发挥兼职干部作用，省侨联实行了兼职副主席轮值制度，根据兼职副主席的特点进行相应分工，干部在机关、基层代（挂）职等制度也在积极推进。加大网上工作力度，加快涉及大数据云平台、基础数据库、“OA办公系统”“综合服务平台”等模块的陕西省侨联信息化服务平台建设。丰富工作内容，发挥特色，不断深化品牌建设。基层改革有序推进，截至年底，西安、宝鸡、咸阳、渭南、铜川、安康六市侨联改革方案已获批印发，延安、汉中、商洛三市侨联改革方案已经进入论证阶段。在具体落实方面，商洛市侨联设立并任命了党组书记，咸阳市侨联一次性完成县区级侨联组织全覆盖，延安市侨联解决了机关干部编制，汉中市侨联在换届过程中充分体现了侨联代表、委员的群众性和广泛性。

【举办“亲情中华·筑梦丝路”陕西行文艺演出活动】4月4日，应中国侨联和省侨联邀请，来自美国、澳大利亚、英国等31个国家和地区的218名海外侨胞来陕参加丁酉（2017）年清明公祭轩辕黄帝典礼。中国侨联副主席康晓萍出席并代表人民团体敬献花篮。当天，中国华侨国际文化交流促进会50余名嘉宾在西安参加座谈会，把脉陕西西安文化旅游，并与侨界代表和海外侨胞1000余人观看陕西侨联承办的“亲情中华·筑梦丝路”陕西行文艺演出活动，中国侨联副主席康晓萍、陕西省人大常委会副主任李金柱出席。

【拓展海外联谊】2017年，陕西省侨联积极拓展海外工作。4月10日，党组书记程勉贵在西安会见台湾中华侨联总会原理事长简汉生一行。程勉贵希望双方在搭建两岸学生文化交流平台，服务海外华裔青少年文化需求、推进海外华文教育、弘扬中华优秀文化等方面加强合作。简汉生希望两岸侨界组织能在进一步增进两岸民族情感交流、进一步参与和推动两岸文化交流、进一步关心和支持两岸四地侨界青年创业等方面加强合作。5月4日，党组书记程勉

5月4日，省侨联陕西党组书记程勉贵（右三）会见张素久女士（左三）

4月4日，中国华侨国际文化交流促进会部分理事参加陕西西安文化旅游座谈会

贵会见美国著名侨领张素久女士一行。张素久是著名爱国将领张治中将军的女儿，美国南加州著名爱国侨领，现任美国华人社团联合会荣誉主席、张治中文化教育基金会主席。7月14日，陕西省副省长魏增军在西安会见了英国华人高级学者访问团，党组书记程勉贵等陪同会见。魏增军希望各位学者能以自身学识和影响力，结合陕西实际，瞄准世界前沿，按照“五大发展理念”要求，进一步促进各国与陕西在能源、教育、科技等多领域的创新合作。7月27日，中共陕西省委副书记毛万春在西安会见了以陈文辉为团长的菲律宾菲华联谊总会访问团一行。9月5日，党组书记程勉贵会见欧洲浙江华人联谊会代表团一行12人。欧洲浙江华人联谊会于2016年在法国巴黎注册成立，是一个以浙江青田县侨胞为主的年轻协会，有会员300余人，旨在维护海外侨胞权益，并积极投身祖国内地的经贸交流活动。副主席高俊峰，副主席、秘书长尚小红，西安市侨联副主席肖王民等陪同会见。10月23日—28日，以郑致毅为团长的台湾中华侨联总会参访团一行72人莅陕参观交流。10月24日，省委常委、宣传部部长庄长兴会见并宴请了台湾中华侨联总会参访团一行，中国侨联海外联谊部副部长桑宝山、党组书记程勉贵陪同。在开展“引进来”的同时，省侨联也创造机会“走出去”。11月，陕西省侨联组团赴哈萨克斯坦、白俄罗斯、俄罗斯考察访问。代表团拜访了当地华侨华人社团，看望慰问华侨华人，宣传陕西改革开放和实施“一带一路”倡议的相关情况。在了解华侨华人的生活和工作情况后，团长程勉贵希望陕西籍侨商、侨胞在海外要担负起宣传好中国正能量、讲好中国故事的责任；要努力促进陕西省与所住国的文化交流活动，在响应“一带一路”建设的大潮下，参与家乡丝绸之路新起点建设，带领更多的乡党企业与各国企业建立联系，促进贸易往来，达到互利互赢。11月16日—23日，由中国侨联、陕西省侨联主办的“亲情中华·魅力陕西·走进澳新”文艺演出分别在澳大利亚和新西兰举行4场演出，当地政要、友华人士及华侨华人共4000余人观看演出。其间，省侨联代表团与澳大利亚前副总理韦恩·斯旺、中国人民对外友好协会副会长户思社等进行了交流；拜访了澳大利亚陕西商会等多个侨社团，走访了当地企业，接受新西兰中华电视网专访，扩大了侨联影响力。

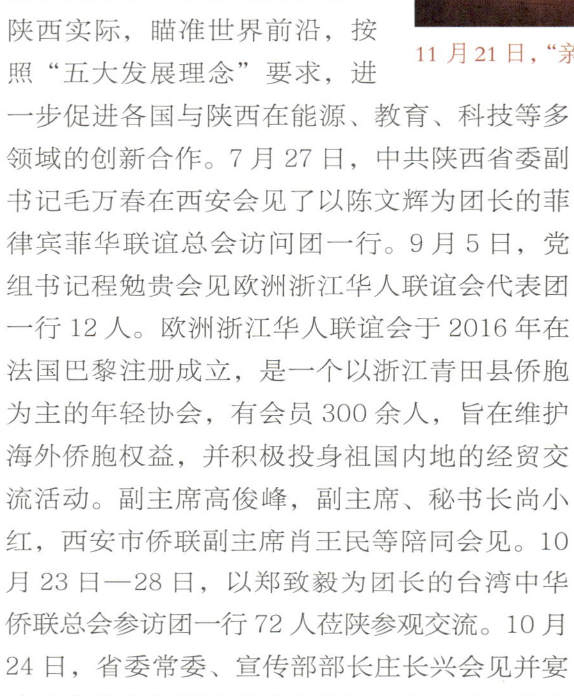

11月21日，“亲情中华·魅力陕西”慰侨演出走进新西兰

【陕西部分医院接受医疗设备捐赠】2017年，中国华侨公益基金会向陕西省部分欠发达地区医疗机构捐赠价值人民币1344万元的医疗设备。4月21日—24日，中国华侨公益基金会司迈医疗设备捐赠——手术应用公益培训班在西安兵器工业521医院召开，来自陕西

7月14日，陕西省副省长魏增军（右六）会见英国华人学者

省级侨联工作

12月14日，渭南市接受医疗设备捐赠现场

省14个受赠医疗单位的40余名医务工作者参加培训。中国华侨公益基金会副理事长兼秘书长何继宁、陕西党组书记程勉贵、致公党陕西省省委副主委黄漪清、陕西省侨联副主席刘润生、司迈科技董事长林敏、521医院党委书记杨子江等出席开班仪式。何继宁表示，此次捐赠活动重在解决地区之间、城乡之间医疗卫生资源分配不平衡问题，中国华侨公益基金会将在日后设备的使用过程中做好监督管理工作，让捐赠的设备真正用到实处。截至年底，捐赠医疗设备陆续到位。

6月1日，“丝路·侨说”论坛在西安举办

6月2日，“海内外侨商投资县（区）行”活动在陕西举行

【举办“丝路·侨说”论坛】 6月1日，由中国侨联和陕西省人民政府联合主办，中国侨联特聘专家委员会、清华大学“一带一路”战略研究院、中国侨商联合会、陕西省侨联承办，以“机遇、发展、共享、共赢”为主题的‘丝路·侨说”论坛在西安举办，来自16个国家和地区的160余名海内外侨商出席。黄日涵、张伟玉、李永强、王超等专家学者就华侨华人如何参与“一带一路”、丝绸之路上的文化资源及文化产业展望等话题分享了最新研究成果，对侨界融入丝绸之路经济带建设提出了有益的建议。此次论坛是中国侨联和陕西省侨联参与2017丝博会暨第21届西洽会重要活动之一。6月2日，由中国侨联、陕西省人民政府主办，陕西省侨联、安康市人民政府承办的“海内外侨商投资县（区）行”活动在安康市举行，来自16个国家和地区的近200名侨商来到安康市汉阴县寻觅商机。中国侨联副秘书长、经济科技部部长赵红英，党组书记程勉贵等出席活动。

【建立海外引才引智工作站】 为推动陕西追赶超越发展提供人才智力支撑，6月，省侨联组织省外专局、西北大学和西北农林科技大学赴境外进行现场招聘，并携西安交通大学、西北工业大学等10余所高校和部分企业的引才引智信息前往英国和德国开展引才引智工作。在此期间，举办三场招聘会，吸引了近300人应聘，签订意向工作协议102份，省侨联在德国陕西商会和英国陕西同乡会设立陕西省侨联“海外引才引智工作站”。11 月，省侨联组团赴大洋洲开展慰侨演出期间，与在澳、新学者签订引进高层次人才意向性工作协议 50 余份，并在澳大利亚陕西总商会、新西兰中国丝路文化经贸总会设立引才引智工作站。

【举办“亲情中华·陕西夏令营”活动】 7 月，来自美国、澳大利亚、丹麦的 160 多名华裔青少年先后相聚陕西，分四期参加 2017“亲情中华·陕西夏令营”活动。营员在为期 14 天的时间里，学习国学《弟子规》《朱子家训》等课程，体验剪纸、书法、水墨画、中华武术等中国文化，了解古筝、古琴等中国民族乐器，参观世界第八大奇迹兵马俑、陕西省博物馆、华清宫等名胜古迹和人文景观。

【召开陕西省侨联工作推进会】 8 月 24 日，陕西省侨联工作推进会在西安召开。省侨联党组成员、副主席、秘书长尚小红传达了 2017 全国侨联秘书长办公室工作会议精神。党组成员王建彬，副主席俞文彬、徐鸣喆、马忠科、刘润生、姜波出席会议。各市（区）侨联负责人和办公室主任及省侨联机关处以上干部参加会议。党组书记程勉贵就发挥自身优势，汇聚侨智侨力，做好侨联扶贫攻坚工作、加快推进侨联改革、大力推进“网上侨联”建设、壮大侨联组织、建设对外宣传文化交流品牌、提高引才引智工作力度、加强自身建设等方面提出具体要求。副主席高俊峰对全省侨联上半年工作进行了通报，对下半年重点工作进行了安排。

【开展精准扶贫工作】 从 9 月起，陕西省侨联主要领导在深入渭南、商洛等市开展调研基础上，根据省委要求，形成精准扶贫工作方案。主要有：依托省侨联电商培训基地西安信诺网络科技有限公司，在宜君、山阳两县面向农民开展电商培训。搭建陕西侨联对外贸易平台，优先帮助陕西农副产品出口海外。目前已整合 534 家农产品公司，辐射陕西省各市县，其中包括 36 个国家级贫困县，涉及 15 万余农户。依托华圣果业集团，在陕北、关中苹果产区通过定向收购、技术培训、提供岗位等措施，引导更多贫困户加入华圣果业产业链。整合侨界资源，以合力团的形式参与脱贫攻坚，组织来自美、英、法、日、加拿大等 15 个国家的侨商在商洛市山阳县拟投资 2.9 亿元兴建“骊羊”产业扶贫项目，采取“公司 + 合作社 + 农户”扶贫模式，构建全产业链条发展格局，带动当地贫困劳动力就业，促进贫困群众多渠道、长期受益增收。

【举办陕西省侨联系统干部培训班】 9 月 17 日—25 日，45 位全省侨联系统干部走进浙江大学，参加了 2017 年中国侨联干部培训中心和四省侨联共同举办的干部培训班。党组书记程勉贵希望学员把培训学习作为提高理论水平、工作能

8 月 24 日，陕西省侨联召开改革推进会

力的新起点，学以致用勉力前行，立足本职积极作为。

【承办“海外侨胞故乡行——走进陕西”活动】2017 年 10 月，来自海外 10 余个国家的 80 多位侨胞回到故乡，参加“海外侨胞故乡行——走进陕西”系列活动。该活动由中国侨联主办，陕西省侨联承办。活动期间，侨胞们先后参观了西安国际港务区、西咸新区沣东新城及延安、榆林等地，听取了陕西自贸区的建设进展和优惠政策的介绍，并就参与陕西发展建言献策。

10 月 11 日，举行“海外侨胞故乡行——走进陕西”活动

【建设“侨·说”品牌】为聚侨之力，拓宽思维，促成思想碰撞，促进学术交流，有效促进高校和企业参与国际学术交流与合作，陕西省侨联打造“侨·说”讲座工作品牌。“侨·说”主讲者都是来自海外各领域的前沿创新者和实践家，2017 年邀请来自英国、德国、美国、日本等国家的专家和华人学者，在 7 所高校和陕企集团举办了 8 期“侨·说”海外入陕国际学术文化系列讲座活动，累计吸引了 4000 多名师生、科研人员参与。同时，联合西安建筑科技大学、省环保厅、省外侨办，在西安建筑科技大学举办了以节能环保科技为主题的“侨·说”讲座，邀请海外专家就“东京都市海绵城市建设”“中国垃圾填埋处理场的准好氧填埋技术的引进”等做主题演讲，促成日本华人博士节能环保领域的专家与西安建筑科技大学、省水务集团、省环保集团、省环保研究院达成合作意向。在西北大学，邀请国家“千人计划”特聘专家王波教授以“无损检测新技术的研究开发与展望”为主题的讲座，促成西北大学物理学院与王波教授就无损检测方面开展合作。促成在美国硅谷留学创业的陕西籍博士衡量为长安大学和陕汽集团做题为“颠覆式创新与自动驾驶技术”的主题演讲，并促成长安大学、陕西重型汽车集团与衡量博士团队达成合作意向。

8 月 16 日，国家“千人计划”特聘专家王波教授做主题演讲

【联合成立华侨学院】12 月 19 日，陕西省侨联与西北大学签署战略合作协议，省侨联党组书记程勉贵、西北大学校长郭立宏出席签约仪式并为华侨学院揭牌。华侨学院由省侨联和西北大学共同管理，作为西北大学内设机构，日常业务主要依托西北大学继续教育学院和省侨联下属单位负责。学院将以国家“一带一路”建设需求为导向，充分发挥侨联和高校的优势，为侨务工作、侨胞、侨企服务，为陕西社会经济发展服务，通过开展人才培养项目、搭建文化交流平台等工作，促进中外交流，创新引才引智，最终建成高水平的外向型人才教育基地。学院重点开展各级侨务从业人员培训、来华及海外投资企业培训、侨眷侨胞的短期文化教育、专业技能培训、海外留学培训、海外就业培训、成人学历教育等项目。同时，学院将围绕侨务理论、归侨侨眷爱国主义教育活动、中国传统文化传播交流与发展及归侨侨眷和海外侨胞权益保障等方面，开展相关科学研究。

【举办“智慧侨联”培训班】 12月19日，陕西省侨联智慧侨联综合服务平台培训班开班。开班仪式由省侨联党组成员、副主席高俊峰主持。省侨联党组书记程勉贵，省侨联党组成员、副主席、秘书长尚小红出席。培训主要围绕陕西省侨联智慧侨联综合服务平台展开，包括协同办公平台操作培训和综合服务操作平台培训。搭建陕西省智慧侨联综合服务平台是推进侨联改革和“网上侨联”建设的重要基础性工程，该平台运用互联网技术，化“侨”为“桥”，切实拉近海内外侨胞与各级侨联之间的距离，有效支持和服务侨胞在海外生存发展、新侨回国创新创业，提升侨联的吸引力和凝聚力。培训项目之一“丝路联侨国际贸易电子商务平台”，是由省侨联主导的一家以“侨联＋商会＋社团”为背书的会员制综合性B2B跨境电商平台，该平台旨在服务广大华侨，快速拉动全省进出口贸易，促进陕货走向世界。

【侨界大讲堂宣讲十九大精神】 12月21日，省侨联邀请陕西省委党校康芳民教授做了题为《新时代中国经济特征与民企创新发展》的辅导报告。党组书记程勉贵出席，副主席、秘书长尚小红和省市侨商会会员、青委会会员，安康市侨商会会员、西安交通大学EMBA高级工商学友会会员，省侨联机关人员等约100人参加。康教授结合学习思考的切身体会，详细解读了党的十九大精神的思想精髓、核心要义；全面阐释了新时代中国经济发展特征与趋势；系统讲解贯彻新发展理念，建设现代化经济体系；并对如何培育新竞争优势，推进民企创新发展等方面进行了论述。

【延安市侨联开展京延两地中小学生交流演出活动】 7月15日—20日，经延安市侨联多次协调联系，北京市八一学校组织170余名中小学生来延安市开展“寻伟人足迹、扬红色传统”活动，旨在不忘初心，心有榜样，探寻伟人足迹，发扬红色传统。其间，北京市八一学校党委书记牛震云分别和延安高新区高级中学、第一中学校，延安中学，延川县第二中学签订了友好学校协议。党组书记程勉贵，延安市领导等出席有关活动。

【宝鸡市侨联成立归侨侨眷养老服务中心】 11月21日，宝鸡市归侨侨眷养老服务试点工作启动暨宝鸡市归侨侨眷养老服务中心挂牌。该中心将为市内享受陕西省归侨生活补助费的早期归侨，60岁以上无劳动能力、无生活来源、无法定抚养人或赡养人的归侨侨眷，生活不能完全自理、行动不便的独居、空巢、残疾、困难归侨侨眷，提供生活照料、家政服务、康复保健、心理咨询等居家或日间照料服务，对老人开展健康讲座、举办生日宴等延伸关爱服务。宝鸡市打造党群共建共用、资源共享、优势互补、医养结合统一体，为全省侨界医养结合、智慧养老探索了一条新路子。

【西安外国语大学侨联成立】 11月22日，西安外国语大学第一届归侨侨眷代表大会召开。省侨联党组成员、纪检组长王建彬，该校党委书记邓志辉、省委统战部党外知识分子工作处副处长胡久炎出席会议。会议审议通过了学校侨联第一届委员会选举办法，选举产生第一届委员会，高建斌当选主席。

甘肃省归国华侨联合会

【领导成员名单】

党组书记：张文学（2017 年 4 月免职）
主　　席：樊向勤
专职副主席：芦小燕（女，满）
兼职副主席：闫鹏勋　马文丕（回）
何元庆　陈立观
董化琪（女，回）
秘书长：李　丰（2017 年 8 月任职）

【综述】 2017 年，甘肃省侨联在省委、省政府的坚强领导和中国侨联的正确指导下，坚持以党的十八届六中全会和省十三次党代会精神为指引，深入学习贯彻党的十九大精神和习近平新时代中国特色社会主义思想，紧紧围绕统筹推进“五位一体”总体布局、协调推进“四个全面”战略布局和全省中心工作，坚持“两个并重”，深化“两个拓展”，全面强化自身建设，扎实开展各项工作，较好地完成了年初制定的各项任务目标，为服务全省经济社会发展做出了应有贡献。

【学习宣传贯彻党的十九大精神】 10 月 18 日，中国共产党第十九次全国代表大会胜利召开，省侨联举办的“2017 海外侨胞故乡行”活动和入村精准扶贫行动正在进行，省侨联组织参加活动的全体海外侨胞和入村进行脱贫攻坚行动的党员干部收听收看了大会开幕式。之后，召开党组理论中心组学习会议和机关全体党员会议，专题传达学习党的十九大精神，并就省侨联学习贯彻工作作出具体安排。11 月 10 日，省侨联在兰州举办以“学习十九大精神，敬老爱侨暖侨心”为主题的甘肃省离退休归侨侨眷联谊活动，通过丰富多彩的形式，向兰州各大专院校、科研院所、省直单位的 80 余名离退休归侨侨眷宣讲了党的十九大精神。12 月 20 日—21 日，在庆阳组织召开学习贯彻党的十九大精神暨推进全省侨联改革工作座谈会，邀请广东五邑大学教授、中国侨乡文化研究中心主任张国雄为全省各级侨联干部作了专题讲座，并组织全体人员赴华池县参观南梁革命纪念馆，接受革命传统教育。

11 月 10 日，省侨联副主席芦小燕向离退休归侨侨眷宣讲党的十九大精神

11 月 13 日，甘肃省侨联专题传达学习党的十九大精神

【出台《甘肃省侨联改革方案》】 根据《中共中央关于加强和改进党的群团工作的意见》精神，甘肃省侨联始终以党的十九大精神和习近平新时代中国特色社会主义思想为指导，坚持党对侨联工作的绝对领导，成立改革领导小组，切实担负起改革主体责任，积极推进侨联改革工作。在赴兄弟省份学习考察，充分开展调研，多方征求意见，多次会议审议，数次向省委分管

4 月 26 日，樊向勤主席在庆阳市召开调研座谈会

5 月 6 日，樊向勤主席率队赴陕西省侨联考察学习改革情况

领导、中国侨联汇报，反复修改讨论的基础上，起草完成《甘肃省侨联改革方案》。8 月 28 日，省委深改领导小组第 23 次会议审议通过了《甘肃省侨联改革方案》。9 月 29 日,《甘肃省侨联改革方案》正式印发，标志着全省侨联改革工作正式开启。

【召开甘肃省侨联六届七次全委会】 3 月 31 日，甘肃省侨联六届七次全委会议在兰州召开。会议传达学习了国家副主席李源潮在中国侨联九届四次全委会上的讲话和《中国侨联改革方案》，审议通过了省侨联工作报告和有关人事任免事项。省侨联主席樊向勤代表省侨联六届七次常委会作了工作报告。会议指出，2017 年全省侨联将深入学习贯彻党的十八大和十八届三中、四中、五中、六中全会精神，深入学习贯彻习近平总书记系列重要讲话精神，围绕全面从严治党这个主题，围绕迎接十九大和学习贯彻十九大精神这条主线，认真履行服务大局和服务侨界群众职能，着重拓展海外工作和新侨工作，按照中央加强和改进群团工作特别是推进侨联改革的重要部署，着力深化侨联改革，以优异成绩迎接党的十九大和省十三次党代会胜利召开。会议增补芦小燕为省侨联六届委员会副主席、常委。

【成功申报天水伏羲庙等三地为“中国华侨国际文化交流基地”】 3 月 30 日，中国侨联 2017 年度第一批“中国华侨国际文化交流基地”名单公布，甘肃省天水伏羲庙、敦煌莫高窟、陇西李氏龙宫名列其中，这是中国侨联在甘肃省批准授予的第一批文化交流基地。近年来，省侨联立足优势，着眼积极拓展海外工作、积极拓展新侨工作，整合优质文化资源，搭建文化交流平台，满足侨胞文化需求，推动陇原文化走向世界做了大量富有成效的工作。天水伏羲庙、敦煌莫高窟、陇西李氏龙宫的入选，将会让更多的炎黄子孙感受到中华民族悠久的历史、灿烂的文化和丰富的文化遗产，对提升甘肃对外知名度和影响力，建设文化强省、弘扬中华优秀传统文化具有非常重要的意义。6 月 22 日，“中国华侨国际文化交流基地”揭牌仪式在天水伏羲庙举行，

3 月 31 日，甘肃省侨联召开六届七次全委会

中国侨联副主席康晓萍及来自全球15个国家的华侨华人代表及港澳嘉宾参加揭牌仪式。

6月22日，"探究文明之源、共话伏羲文化"讲坛在天水举行

6月22日，"中国华侨国际文化交流基地"揭牌仪式在天水伏羲庙举行

【分批赴省外考察招商】 为宣传推介兰洽会品牌和重点招商项目，搭建甘肃省与发达省份之间的交流与合作平台，4月19日—25日和5月9日—15日，省侨联分别组织由省侨联党组成员、副主席兼秘书长芦小燕和联络处处长李韦为组长的两批考察招商组，分赴广西、广东、福建和浙江、上海等省市开展工作交流、考察招商及邀请参会工作。每到一处，考察招商组都积极与当地侨联和侨商会进行交流沟通，介绍甘肃省情、侨情和"兰洽会"基本情况，并诚挚邀请当地侨联及侨领、侨商代表来甘参加"兰洽会"和"侨领侨商凉州行暨项目推介"活动。通过考察交流，为今后加强联络沟通建立了平台，起到了宣传甘肃、推介项目、增进了解、建立联系、促进招商引资服务全省经济发展的目的。

6月22日，2017（丁酉）年公祭中华人文始祖太昊伏羲大典在天水市举行

【邀请海内外华侨华人出席公祭中华人文始祖太昊伏羲大典】 6月22日，以"传承伏羲文化、弘扬中华文明"为主题的2017（丁酉）年公祭中华人文始祖太昊伏羲大典在天水市举行。台北市同步进行公祭活动，海峡两岸携手共祭伏羲，虔诚祈福中华繁荣昌盛。天水是伏羲的诞生地和伏羲文化的发祥地，公祭伏羲由来已久，相沿成习，已被国家列入首批非物质文化遗产保护名录，成

5月13日，芦小燕副主席率考察招商组赴上海开展考察招商工作

为甘肃独具特色的重要文化品牌。2017 年第 28 届公祭大典由国务院港澳办、国务院台办、中国侨联和甘肃省政府共同主办，也是海峡两岸连续第 4 年携手共祭伏羲。中国侨联副主席康晓萍和来自 15 个国家的 46 名海外侨胞共同出席公祭大典。其间，华侨华人代表还应邀参加秦安县首届公祭女娲系列活动。

【举办“探究文明之源、共话伏羲文化”讲坛】6 月 22 日，2017（丁酉）年公祭中华人文始祖太昊伏羲大典活动期间，甘肃省侨联在天水伏羲庙举办“探究文明之源、共话伏羲文化”讲坛，来自全球 15 个国家的 40 余名华侨华人代表参加了讲座。天水市伏羲庙管理局太昊伏羲祭典中心主任王来全应邀为华侨华人作了题为《探究文明之源、共话伏羲文化》的精彩讲座，为华侨华人更好地了解华夏文明起到积极作用。

【举办第 23 届兰洽会“侨领侨商凉州行暨项目推介活动”】7 月 7 日—9 日，由甘肃省侨联主办、武威市侨联承办的第 23 届兰洽会“侨领侨商凉州行暨项目推介活动”在武威市举行。此次活动是 23 届兰洽会的一项专题活动，旨在向受邀来甘参加兰洽会的国内外知名侨领、侨商企业家推荐武威投资环境和重点招商项目，为海内外侨领侨商和当地政府合作牵线搭桥，为促进甘肃经济社会发展贡献力量，也为广大侨界朋友拓展市场、寻求商机提供平台。活动期间，共有来自美国、加拿大、日本等 7 个国家及国内上海、浙江、广西、福建和台湾的 50 名侨领侨商齐聚凉州，共谋发展。

7 月 7 日，第 23 届兰洽会“侨领侨商凉州行暨项目推介活动”在甘肃省武威市举办

【省委领导到甘肃省侨联调研】7 月 4 日，省委常委、省委统战部部长马廷礼到省侨联调研工作，看望省侨联机关干部职工。在听取了省侨联主席樊向勤所作的工作汇报后，马廷礼对省侨联近年来的工作表示肯定。他指出，省侨联在人手少、任务重的情况下，工作有想法、有做法、有成效、有空间，做了很多工作。马廷礼强调，省侨联要认真贯彻落实中央和省委决策部署，借助侨联改革之机，进一步科学定位侨联工作，深入挖掘和整合侨务资源，争取更多海外侨胞投身服务于甘肃经济社会发展，为服务甘肃经济社会发展大局作出独特贡献。

7 月 4 日，甘肃省委常委、省委统战部部长马廷礼到省侨联调研

【举办“海外侨胞故乡行——走进甘肃”活动】10 月 15 日—19 日，甘肃省侨联举办了“2017 海外侨胞故乡行——走进甘肃”活动，来自美国、加拿大、日本、荷兰等 11 个国家和地区的 25 位海外侨胞、知名侨领齐聚敦煌、嘉峪关，一同感受故乡的发展变化。此次活动旨在通过甘肃独特文化艺术魅力的展示，让更多海外侨胞关注、关心家乡建设，促进全省对外交流与合作。活动期间，还邀请敦煌研究院研究员马竞驰为与会侨胞作了《丝绸之路与敦煌》的专题讲座，全面介绍了丝绸之路的形成、演变历史，从专业层

10 月 19 日，“2017 海外侨胞故乡行——走进甘肃”活动嘉宾在嘉峪关合影

面对莫高窟的艺术、学术价值作了深入阐释。

【开展干部培训教育活动】 10 月 27 日—11 月 3 日，甘肃省侨联和中国侨联干部培训中心在中国侨联干部培训基地（广东）联合举办了 2017 侨联系统干部培训班，组织全省各市州、各高校院所的 40 名干部参加了培训。12 月 20 日，在庆阳市举办甘肃省侨联系统学习贯彻党的十九大精神报告会，全省侨联系统干部 40 余人参加了培训。通过专题教学和现场教学，进一步提升了广大侨联干部在新形势下做好侨联工作的能力和水平，增强了侨联基层组织的整体实力。

【凝心聚力服务脱贫攻坚】 甘肃省侨联始终将精准扶贫工作作为“一号工程”来抓。从 2012 年起至 2017 年底，省侨联多方协调资金近 200 万元，为帮扶联系点临夏县马集镇多木寺村和陇南市武都区洛塘镇杨家庄村搞建设、办实事、真扶贫。通过机关全体党员干部多年来的共同努力，实现了临夏县马集镇多木寺村整体脱贫。2017 年 7 月，省委将省侨联扶贫点调整到陇南市武都区洛塘镇杨家庄村，按照省委要求，省侨联选派机关干部任帮扶村第一书记、帮扶工作队队长和联络员，并派出 5 批 21 人次进村入户开展调研，结合杨家庄村贫困户实际，研究确定了土鸡养殖、花椒种植、香菇培植等富民措施。

【开展公益事业】 2017 年，甘肃省侨联积极做好与中国华侨公益基金会、浙江省新华爱心教育基金会、香港慜教社教育基金等慈善机构公益项目的联系、对接和实施。2017 年，全省“珍珠生”本科上线率达 100%，并在原有基础上新增环线一中“珍珠班”一个，截至年底，已有 8711 名贫困学生受益，捐资额达 6500 余万元。

11 月 3 日，甘肃省侨联系统干部培训班合影

系统，解决了经济欠发达地区医疗设备不足的问题，让广大人民群众享有公平可及的健康服务。到2017年底，香港惩教社为甘肃省教育资助资金达900余万元。其中，援建学校17所，资助电教室12个，教学电脑320台（套），课桌椅230套。资助陇南地震灾区学生（含已考入大学的贫困学生学费）近150万元，资助少数民族女童15万元，捐赠图书款5万元。

9月7日，举行第四期中国华侨公益基金会司迈医疗设备捐赠——手术应用公益培训班开班式

香港惩教社教育基金副主席梁海天一行对临泽县鸭暖镇华强中心小学进行项目验收

【拓展海外联谊朋友圈】 2017年，甘肃省侨联着重拓展与美国、加拿大、澳大利亚、日本、泰国、津巴布韦等国甘肃同乡会、商会的联系往来。全年共接待加拿大甘肃同乡会常务副会长陈赛、南部非洲中国企业家协会会长李国东、甘肃籍旅美侨领林旭、旅日艺术家常嘉煌等知名侨领、华人界骨干成员20余人次。与甘肃省农产品行业商会联合举办了美国大西北总商会甘肃农产品采购洽谈会，达成意向出口产品20多种，促成甘肃省农产品行业商会与美国大西北总商会签订了战略合作协议。

中国华侨公益基金会向甘肃省16家医院捐赠了价值1536万元的等离子双极电切电凝微创手术

青海省归国华侨联合会

【领导成员名单】

党组书记、主席：高永英（女）

党 组 副 书 记：罗士周

副主席兼秘书长：熊　英（女）

兼 职 副 主 席：李大为（女）　蒋孔夫

谈长燕

【综述】2017年，青海省侨联以高昂的工作热情和成绩，喜迎党的十九大胜利召开，认真学习贯彻党的十九大、省第十三次党代会精神，以侨联改革为契机，深入贯彻中央、省委关于改进和加强侨联工作的意见，始终把握“两个并重”原则，积极开展“两个拓展”，按照年度目标任务，扎实推进各项工作，全面完成了各项任务。

【学习宣传贯彻党的十九大精神】青海省侨联组织机关干部认真学习党的十九大精神，通过聆听讲师团的辅导报告，网上答题、参加培训班、座谈研讨等方式，加强交流学习心得体会，加深理解十九大精神，凝聚共识，进一步提高了对习近平新时代中国特色社会主义的认识。组织召开省侨界学习贯彻十九大精神座谈会，省侨联委员、省侨商会成员、基层侨联负责人、老归侨代表、侨资企业代表30多人参加座谈。大家一致认为，党的十九大确立的习近平新时代中国特色社会主义思想，是新时代中国共产党宣言，要把思想认识统一到党的十九大精神上来，在思想上、政治上、行动上同党中央保持高度一致，要紧密团结在以习近平总书记为核心的党中央周围，立足本职工作，发挥自身优势，跟上新时代、顺应新时代、奉献新时代，认真落实“四个扎扎实实”重大要求，推动“四个转变”，以实际行动，谱写好中华民族伟大复兴中国梦的青海篇章。西宁市侨联和师范大学侨联也通过不同形式，组织广大归侨侨眷学习十九大精神。

11月20日，青海省侨联组织省侨界人士学习党的十九大精神座谈会

【持续推进侨联改革】青海省侨联在年初研究、明确了侨联改革的重点，即改革调整领导机构、机关设置和运行机制；改革组织人事制度，加强干部队伍作风建设；提升侨联服务大局、服务侨界群众的能力和水平；夯实侨联基层基础，保障经费，增强侨联组织活力，列出全年改革工作时间进度表。3月初，参加省委书记王国生与工会、共青团、妇联、科协、侨联五大群团组织的座谈会，省侨联从为招商引资牵线搭桥、加大对外宣传力度、积极引进公益项目、救助生活困难归侨侨眷、维护侨胞正当权益、进一步加强自身组织建设等方面进行了发言。这是自侨联成立以来，省委书记第一次听取侨联工作汇报。3月28日，参加了王国生同志主持的李源潮同志青海调研座谈会，汇报了省侨联主要工作和改革进展情况。在认真学习领会中央和省委关于侨联改革精神的基础上，重点对全省侨联组织基本状况、工作情况、存在问题进行了深入调研，并参阅了上海、重庆、宁夏、内蒙古等省区制定的改革方案，结合青海实际，起草了《青海省侨联改革方案（征求意见稿）》，根据省委统战部主要领导意见，分送省委组织部等相关单位征求意见。根据省委深化改革领导小组的安排，10月9日，省侨联专门就省侨联改革进展情况和改革方案进行汇报，会议研究同意，下发全省贯彻执行。10月13日，中共青海省委办公厅下发《关于印发〈青

海省侨联改革方案〉的通知》(青办发〔2017〕47号)。

【开展慰问侨胞活动】按照中国侨联和省委统战部的要求，在春节期间，青海省侨联开展了慰问活动，共慰问归侨侨眷104户，发放慰问金11.4万元。通过走访侨界代表人士、归侨

2月8日，青海省侨联主席高永英带队慰问侨胞

侨眷、贫困户和侨商，做到了知侨情、解侨忧、暖侨心，切实把党和政府的关怀和温暖送到全省侨界群众心中。慰问组每到一地，都与侨胞们亲切交谈，介绍全省侨情和侨联工作情况，了解他们的生活及国外亲属的情况，认真倾听他们对侨联工作的意见和建议，希望通过他们把党和政府的关心转达给海外的亲属。各位侨胞也表达了对党和政府的感激之情，感谢侨联组织的关怀，并表示将尽自己和海外亲属所能，为国家和地方经济社会发展多做贡献。

【推进公益捐助项目】经多方协调，青海省侨联积极争取中国侨联和华侨公益基金会的支持，落实了四个公益项目，一是“侨爱心光明行”活动，主要对藏区和藏传佛教寺院的藏族同胞中的白内障患者进行救治，共救治白内障患者600例。5月10日，在塔尔寺举行“侨爱心光明行”活动启动仪式，省委统战部常务副部长吕刚作重要讲话，中国华侨公益基金会秘书长何继宁及西宁爱尔眼科医院院长、塔尔寺寺管会负责人也发表了热情洋溢的讲话。二是医疗器械捐赠项目。为青海省红十字医院，海北州、黄南州、果洛州人民医院捐赠司迈内窥镜四台，每台96万元，总价值384万元。三是争取六个“珍珠班”、1个“树人班”，资助学生280人，资金210万元。四是由中国华侨公益基金会和省侨联牵线搭桥，北京丽兹行房地产顾问有限公司捐赠40万元，用于建设学校教学楼，并配置学习桌椅360套、文体用品4套和羽绒服360套。

5月10日，青海省侨联举行“侨爱心光明行”活动签约仪式

9月14日，举行互助丽兹行侨爱心小学落成典礼

9月14日，互助丽兹行侨爱心小学举行揭牌仪式

【招商引资助推经济发展】在6月20日举行的"2017中国·青海绿色投资贸易洽谈会"上，青海省侨联在中国侨联和中国侨商会的帮助下，邀请来自美国孔子教育基金会、美国华人企业家联合会等4个侨团和秘鲁万新集团等12家侨资企业的25位侨商代表参会，签约项目1个，签约投资达50亿元。为做好准备工作，省侨联邀请河北、北京、河南三地的侨商参加投资项目前期考察活动，使侨商们对2017年青海的投资项目有了较深的了解；组织有关人员赴北京、浙江等地开展招商推介活动；通过中国侨商网和青海侨联网，将重点招商项目，向各省侨联、侨商会和有关海外侨团进行推介；5个企业的侨商对感兴趣的有机食品、生物科技产品及盐湖产业，进行了考察和洽谈。6月28日，省侨联举办的美国大西北总商会青海特色食品推介座谈会在西宁召开，省侨联、省财政厅、省经信委、省食品工业协会等单位的领导参加了推介座谈会。美国大西北总商会会长江风年女士及美国大西北总商会荣誉会长、美国汉昌集团董事长余绍汉先生一行五人参观了由全省24家企业负责人带来的80多种青海特色食品，并对食品的产地、生产加工情况进行了详细了解。为进一步加强与海外商会之间的合作发展，搭建联谊交友的平台，探讨扩大合作的途径，省侨商联合会与美国大西北总商会、意大利中部文成同乡会签订了友好商会协议。

6月20日，青海省侨联承办第十八届青洽会签约仪式现场

6月28日，青海省侨联召开特色食品推介座谈会

6月28日，省侨联召开青海特色食品推介座谈会

【首次举办侨联系统干部培训班】9月17日—26日，青海省侨联选派19名省侨联干部、委员参加了在浙江大学举办的侨联干部培训班。这是省侨联全面贯彻落实中央"两个拓展"要求，帮助侨联干部和侨联委

9月26日，青海省侨联系统干部培训班结业并颁发证书

加会议。大会听取了常务副会长李大为代表一届理事会所作的工作报告和秘书长朱英霞所作的财务报告，选举产生了17位理事，李大为当选二届理事会会长，谈长燕、蒋孔夫等8人当选副会长，聘请李强等3人为名誉会长。11月24日，青海大学恢复成立侨联。至此，青海省的三所综合性大学都有了自己的侨联组织。

员增进对“一带一路”建设和国家创新发展战略认识的务实举措，也是省侨联历史上第一次组织的培训，培训班聘请中国侨联领导和专家教授进行高水平授课，培训内容丰富，针对性很强。通过培训提高了做好新形势下侨联工作的使命感和责任感，同时也拓宽了学员们的视野、交流了心得、增进了感情。

【召开青海省侨联七届三次、四次全委会】1月24日，青海省侨联召开七届三次全委会，传达学习了中央书记处关于侨联工作的意见和中国侨联九届四次全委会精神，高永英主席作了《2016年省侨联七届三次全委会工作报告》，宣读了《中国侨联关于向从事侨联工作20年以上的工作者颁发荣誉证书的决定》，并向7位同志颁发了荣誉证书。会议认真研究讨论了2017年的工作目标任务，强调要继续深入学习贯彻党的十八届六中全会和省十二届十三次全委会精神，学习习近平总书记系列重要讲话精神和治国理政新理念新思想新战略，把学习与推动侨联工作紧密结合起来，围绕全省发展大局，主动适应省情、侨情新变化，按照省侨联的工作目标，认真履行职责，进一步推

6月20日，青海省侨商联合会召开第二次会员代表大会

【召开青海省侨商联合会第二次会员代表大会】6月20日，青海省侨商联合会第二次会员代表大会在西宁召开，省人大副主任昂毛、省政协副主席马志伟、省委统战部常务副部长吕刚、中国侨商会副会长兼秘书长安晨、中国侨商会常务副会长于集华等应邀出席会议。来自省内外的省侨商会会员代表和参加第18届“青洽会”的侨商代表84人参

8月24日，青海省侨联召开七届四次全委会

动侨联工作迈上新台阶。8 月 24 日，召开七届四次全委会议，传达学习有关会议精神和文件，通报了上半年的工作，安排部署下半年工作任务。

【西宁市侨联】2017 年，西宁市侨联在市委、市政府的正确领导下，以习近平新时代中国特色社会主义思想为指引，坚持“以人为本，为侨服务”宗旨，紧紧围绕市委、市政府中心工作，以建设幸福西宁为核心任务，积极扩展和深化侨联工作领域，为全市发展作出了积极贡献。一是加强理论学习。召开专题会议，认真组织学习了党的十九大精神和省委十三届二次、市委十四届五次全体会议精神、学习了中共西宁市委《关于“始终对党绝对忠诚，坚决与以习近平同志为核心的党中央保持绝对一致”的决定》精神及省市党代会精神，学习了李源潮副主席来青调研讲话和全国侨联文化宣传工作会议精神，学习了万立骏同志在深入贯彻落实党的十九大精神着力推进全国侨联基层组织建设工作会上的讲话精神，学习了省委办公厅印发的关于《青海省侨联改革方案》，进一步明确下一步新任务，做到思想上与时俱进，政治上坚定不移，素质上适应要求，为切实做好各项工作打下了思想基础。二是开展春节慰问。在市委统战部相关领导和市侨联主席的带领下，春节期间走访慰问了 10 户归侨侨眷，共送去慰问金 1 万元，了解他们的身体、工作和生活情况，并为他们送上了新春祝福。三是做好侨法宣传工作。年内积极配合市外事侨务办开展三次侨法宣传活动。发放《侨务法规手册》《青海省归侨侨眷证办理相关规定》《青海省〈归侨侨眷证〉办理流程》等宣传资料 500 余份，并对侨务政策、侨务法律法规进行了宣传和讲解，热情接待群众咨询 100 余人次，受到了广大群众的欢迎。同时，按照省侨联的要求，开展了侨联普法宣传角统计工作，填写了西宁市侨联普法宣传角情况表，并及时上报省侨联。中央领导来西宁市调研群团工作时，撰写了西宁市侨联工作情况汇报，报送市委办公厅。四是开展爱心公益活动。积极参加省侨联在塔尔寺举行的“侨爱心光明行”活动启动仪式，中国华侨公益基金会、青海省侨联、西宁爱尔眼科医院签订“侨爱心光明行”活动协议。同时，协助市外侨办完成西宁市 2017 年度“雅居乐青海奖教助学金”申报工作。共审核上报 147 份申请材料，有 55 名大学生、49 名优秀教师、40 名贫困高中生得到资助，资助金额达 35.8 万元。

【青海民族大学侨联】一是派人参加 9 月 17 日—26 日在浙江大学举办的青海省侨联系统干部培训班，通过学习提高了政治理论及能力素质。二是重新审核了校侨联小组人员人数、居住地、在职人员等基本情况。通过微信、QQ 等加强侨联小组在职人员的联系，并通过电话及走访等形式了解在职及离退休的侨联小组成员生活、工作等情况。三是积极参与学校的活动。5 月 5 日，参加了全校七届五次教职工代表大会，听取了索端智校长所作的题为《深化改革，加快发展，扎实推进学校各项工作取得新成绩》的工作报告，听取了《青海民族大学七届四次教代会代表提案办理情况及七届五次教代会代表提案征集和处理意见的报告》，书面审议了《财务工作报告》和《工会工作报告》，在小组会议上紧紧围绕重点领域改革和学校下一步的发展积极发言、参与讨论。四是开展新侨调研。按照中国侨联和青海省委统战部通知精神，通过实地走访、电话访谈、会议座谈等方式，在校组织人事部、校国际教育学院等多个院系的积极配合下，调查采集了公派或自费出国（境）学习并获得国（境）外大学本科学历、学士学位及以上学历教职员工的基本情况和基本数据。全校现有归国留学人员 41 名，31 人为专职教师，分布在全校 13 个院系；新侨中，处级以上人员 4 人，占全部新侨人员的 9.7%。副高以上职称为 10 人，中级职称 14 人。博士研究生 9 人，占全部人员学历的 22%。硕士研究生 30 人，占全部人员学历的 73.1%。本科学士学历 2 人，占全部人员学历的 0.49%。

【民和县侨联】民和县侨联紧紧围绕县委县政府工作大局，认真贯彻落实中央《关于加强和改进新形势下侨联工作的意见》和习近平总书记系列讲话精神，按照省、市关于侨务工作的方针政策和战略部署，切实加强自身建设，为助推经济社会持续健康发展发挥了积极作用，开拓了侨务工作的新局面。一是抓学习，提素质。县侨联始终把加强理论学习作为推进工作的前提和基础性工作常抓不懈，着力提高侨联班子成员理论素质和工作水平，重点组织学习了十八大、十九大、习近平总书记系列重要讲话精神及全国、全省侨联工作重要会议和文件精神，准确把握精神实质。同时，注重密切联系归侨侨眷，经常深入到他们中间，及时了解侨情。二是以走访慰问暖侨心，凝心聚力谋发展。注意经常做好“知侨、懂侨、暖侨”工作，积极发挥侨联力量，着力夯实基础、拓展职能、延伸服务，做好服务之道。在省侨联大力支持下，对全县老归侨、侨眷、留学回国人员、侨联干部等共计10人进行慰问，县委统战部、县侨联对2名侨界代表也进行了慰问，送去生活用品和慰问金，把党和侨联组织的关怀和温暖及时送到广大归侨侨眷手中。三是竭诚服务侨资企业，助力成长做大。4月，侨资企业青海文商置业有限公司顺利举办民和县湟水湾城市广场招商及签约仪式，县侨联积极协调相关工作，仪式取得了圆满成功，该公司打造的1万平方米综合体湟水湾城市广场，将开启民和县商业、休闲及居住的新格局。四是积极开展建言献策活动。县侨联主席蒋孔夫作为省、市、县政协委员，积极建言献策，多次为县域经济社会发展提出了富有建设性的意见建议，切实发挥了政协委员参政议政的作用。五是拓展联谊交流。民和县侨联与重庆市忠县侨联为友好侨联组织，9月中旬，重庆市忠县侨联考察组一行专程赴民和考察调研，先后考察了喇家遗址、三川文化中心、土族纳顿广场、黄河古渡、永录民俗博物馆，两县侨联开展了深入学习交流。六是开展助学帮扶活动。继续深入开展侨心工程“冬衣暖心”活动，争取500套御寒冬衣，赠送给转导乡接管岭村和三湾村小学的学生。2017年1月又争取到澳大利亚侨领魏基成捐赠的120套御寒冬衣，给中捷希望小学全体师生送去了爱心，使受助的孩子们身在冬季却倍感“暖冬”，健康快乐成长。

宁夏回族自治区归国华侨联合会

【领导成员名单】

主　　　席：朱奕龙
专职副主席：郑大鹏
兼职副主席：田　桦（女）　柯允君
　　　　　　郑俊武　藏志勇　黄瑞贵
　　　　　　于志毅
秘　书　长：郑大鹏（兼）

【综述】2017年，在宁夏回族自治区党委的坚强领导下，在中国侨联的正确指导下，宁夏侨联全面深入学习贯彻党的十九大精神和宁夏回族自治区第十二次党代会精神，按照党中央对群团工作和侨务工作一系列重要指示精神，以习近平新时代中国特色社会主义思想为指引，紧紧围绕统筹推进“五位一体”总体布局和协调推进“四个全面”战略布局，牢固树立“四个意识”，以强“三性”、去“四化”为主攻方向，认真履职尽责，扎实推进宁夏侨联改革各项任务。坚持国内海外工作并重、老侨新侨工作并重，坚持用钉钉子精神攻坚克难，改革创新，狠抓落实，积极发挥侨界力量和智慧，振奋精神、实干兴宁，为实现宁夏“经济繁荣民族团结环境优美人民富裕，与全国同步建成全面小康社会的目标”而奋斗。

【学习宣传贯彻党的十九大和宁夏回族自治区第十二次党代会精神】党的十九大胜利闭幕后，宁夏侨联把学习宣传贯彻落实党的十九大精神作为首要政治任务，迅速制定了《学习宣传贯彻党的十九大精神实施方案》，把习近平新时代中国特色社会主义思想作为指导原则，紧密联系侨联实际，提高思想认识，牢牢把握侨联工作的政治方向。采用集中宣讲、研讨交流、个人自学等多种学习形式，加强组织领导、强化监督检查、学用深度融合，着重深入学习贯彻落实党的十九大和宁夏回族自治区第十二次党代会精神，真正在学懂、弄通、做实上下功夫。先后组织召开了“宁夏侨联系统学习贯彻落实宁夏回族自治区第十二次党代会精神专题辅导会”“宁夏侨联系统学习贯彻党的十九大精神专题辅导会”，先后邀请宁夏党校公共管理教研部主任李喆教授和宁夏社科院院长张廉为宁夏侨联七届委员会委员、侨联系统机关干部、侨资企业和侨界群众代表开展了专题辅导。强化党对全区侨联组织和侨界群众的绝对领导，确保侨联组织在思想上、意识上、行动上始终同以习近平同志为核心的党中央保持高度一致。

7月7日，宁夏侨联组织召开“宁夏侨联系统学习贯彻落实宁夏回族自治区第十二次党代会精神专题辅导会”

2018年1月23日，宁夏侨联组织召开“宁夏侨联系统学习贯彻党的十九大精神专题辅导会”

【召开宁夏侨联七届三次、四次全委会】1月22日，宁夏侨联召开七届三次全委会议。全

1 月 22 日，宁夏侨联召开七届三次全委会

2 月 27 日，宁夏侨联召开七届四次全委会

国政协委员、中国侨联副主席、宁夏侨联主席朱奕龙，副主席姜小玲、田桦、郑俊武、藏志勇、黄瑞贵、于志毅及侨联委员等 60 余人出席会议。会议传达了中央书记处关于侨联工作的几点意见、中国侨联九届四次全委会议精神。朱奕龙代表宁夏侨联七届委员会向会议作工作报告，全面回顾总结了 2016 年宁夏侨联全年工作总体情况，规划部署了 2017 年的侨联工作。2 月 27 日，宁夏侨联召开七届四次全委会议，传达学习了《宁夏侨联改革方案》。会议依据《中华全国归国华侨联合会章程》和法定程序，届中增补选举郑大鹏任宁夏侨联副主席兼秘书长，自治区党委常委、统战部部长马廷礼从坚定政治方向、服务宁夏建设、加强侨联改革三个方面对宁夏侨联今后的工作做了部署。

【建立健全规章制度】宁夏侨联制定了《党支部理论学习制度》《党支部请示报告工作制度》等 8 个党务类规章制度，完善党建工作制度，规范组织生活，加强党员教育管理。制定了《机关干部管理工作制度》《机关工作人员差旅费管理办法》《机关干部职工考勤及请假制度》《文件保密工作制度》《机关档案管理制度》《机关车辆管理（暂行）规定》等 18 项有关政务、财务类规章制度，进一步推进宁夏侨联管理工作的规范化和精细化。

【加强支部学习扎实开展党日活动】宁夏侨联制定了《“两学一做”学习教育常态化制度化实施方案》，有计划、有主题地进行党支部学习，强化对党员教育学习的督促检查。2017 年依托“三会一课”制度，党支部共组织党员学习 27 次，上党课 4 次，重温入党誓词 2 次。通过学习教育，确保每名党员干部都能坚持学做结合，牢固树立“四个意识”，坚决做讲政治、有信念，讲规矩、有纪律，讲道德、有品行，讲奉献、有作为的合格党员。为提高党员干部的党性修养，6 月 30 日建党 96 周年之际，宁夏侨联党支部联合石嘴山市侨联党支部全体党员干部赴宁夏陶乐养老服务中心，开展“下基层、献爱心、帮扶济困”主题党日活动，组织全体党员在党旗下重温入党誓词仪式，为老

6 月 30 日，宁夏侨联党支部赴宁夏陶乐养老服务中心开展“下基层、献爱心、帮扶济困”主题党日活动

11 月 24 日，宁夏侨联党支部赴银川市丰登镇润丰村开展“不忘初心 牢记使命”主题党日活动

的侨联干部队伍。三是加强侨联组织建设，履行参政议政职能有新作为。在宁夏侨联持续推动下，吴忠市侨联成立方案已获批准，现正积极筹备召开吴忠市第一次侨代会，固原市侨联成立方案已报送市委研究。在全区高校、侨企等新侨资源集中的单位新建 2 个“侨胞之家”，侨胞之家已成为团结、动员、组织侨界群众，凝聚侨心民意的重要阵地。宁夏侨联注重发挥好参政议政职能，充分展示侨界政协委员积极参与社会管理和公共服务的价值，向宁夏回族自治区人大政府政协换届领

年群众捐赠了助听器、老花镜和常用药品。11 月 24 日，联合银川市侨联党支部赴银川市丰登镇润丰村，开展“不忘初心 牢记使命”主题党日活动。通过组织党日活动，不断提升党员的向心力，增强党员的归属感和党支部的凝聚力。

4 月 24 日，宁夏侨联联合宁夏外侨办赴固原市验收侨情普查结果

【推进宁夏侨联改革】 推进侨联改革是破解侨联发展难题、焕发侨联工作活力、强化侨联组织功能的重要机遇。2017 年，宁夏侨联深入贯彻落实中国侨联改革的各项要求，制定了《宁夏侨联改革进度时间表》《宁夏侨联改革实施办法》，狠抓宁夏侨联各项改革任务，层层落实责任，扎实推动改革工作有序进行。一是增强宁夏侨联代表大会的代表性和广泛性有新进展。全面掌握和了解宁夏侨情是增强侨代会代表性和广泛性的基础和前提。宁夏侨联逐步在全区范围内开展侨情普查，4 月 24 日，联合宁夏回族自治区外侨办赴固原市验收了首批侨情普查结果，其他 4 市的侨情普查工作正在同步进行。二是建设专兼挂职相结合的侨联干部队伍有新突破。宁夏侨联先后争取到 1 名军转干部、1 名公益性岗位工作人员及 1 名西部计划大学生志愿者，协调选派 1 名中国侨联机关干部来宁夏侨联挂职工作。缓解了宁夏侨联工作人员缺少的困难，初步建立起专职、兼职、挂职相结合

12 月 28 日，宁夏侨联在侨资企业石嘴山市华欣百货商厦有限公司挂牌“侨胞之家”

省级侨联工作

8 月 15 日，宁夏侨联与宁夏外侨办、宁夏外专局等单位共同承办“2017 开放与创新——海外高端人才走进宁夏”系列活动

设有新成果。宁夏侨联积极顺应互联网发展趋势，加强“两微一端”建设，主动占网用网建网，充分整合利用现有的宁夏侨联网站、企信通、侨联通、微信群等新媒体窗口，申请开通了“宁夏侨联”微信公众号和今日头条号，新建“宁夏侨联工作群”“宁夏侨联七届委员群”等工作类微信群 12 个，QQ 群 5 个。通过发挥新媒体窗口优势作用，拓宽了工作联络渠道，进一步延伸工作手臂，创新了工作载体，开创了“网上侨联”工作新局面。

导小组推荐了 7 名侨界政协委员人选。四是开展海外侨情研究，改进创新侨联工作方法有新成效。为拓展海外工作和新侨工作，精准掌握海外侨情。宁夏侨联联合宁夏大学，向中国侨联申请到了《埃及和阿联酋的宁夏籍侨史侨情调研及侨务对策研究》课题。通过与全区涉侨部门合作共建，不断整合优化侨务资源，最大限度发挥各自优势。8 月 15 日，宁夏侨联与自治区外侨办、外专局等共同承办“2017 开放与创新——海外高端人才走进宁夏”系列活动，180 余名海内外专家学者参加活动。7 月 31 日，联合宁夏回族自治区外侨办、宁夏国际交流中心共同举办“2017 年海外华裔青少年中国寻根之旅夏令营——塞上风情·西部行宁夏营”活动，来自美国、加拿大等国家及港澳地区的 120 名青少年参加活动。五是加快推进“网上侨联”建

【加强海外联谊】宁夏侨联已与美国、加拿大、法国、西班牙、南非、智利、日本、韩国、新西兰、泰国等国家和港澳地区的 30 多个侨社团建立了联系互动机制。邀请宁夏香港青年交流促进会“2017 宁夏‘一带一路’商机考察团”、加拿大宋东江教授、美国马永莉教授等

5 月 23 日，宁夏侨联邀请宁夏香港青年交流促进会“2017 宁夏‘一带一路’商机考察团”来宁考察

海外华侨华人先后来宁回访考察。7 月 30 日，联合宁夏香港同乡会连续第八次举办了宁夏优秀学生赴香港夏令营活动。邀请美国大西北总商会、智利华商联合总会、加拿大宁夏商会、美国三角会计集团、澳门宁夏澳华牧业有限公司考察团等侨社团和海外侨胞先后来宁进行商务考察，达成了合作意

7 月 31 日，宁夏侨联联合宁夏外侨办共同举办“2017 年海外华裔青少年中国寻根之旅夏令营——塞上风情·西部行宁夏营”活动

7 月 30 日，宁夏侨联联合宁夏香港同乡会连续第八次举办“宁夏优秀学生赴香港夏令营”活动

2017 年 6 月，宁夏侨联组织全区百余名归侨侨眷、侨资企业、留学生代表开展“侨界群众经济社会发展成就观摩行”活动

2017 年 9 月，宁夏侨联广邀来自 12 个国家和地区的 30 名海外侨胞及港澳同胞来宁参加“2017 年海外侨胞故乡行——走进宁夏”活动

向。2017 年 6 月促成美国大西北总商会、美国汉昌集团与宁夏红枸杞产业集团签订三方战略合作协议。为不断加强对宁夏侨界群众的思想政治引领，2017 年 6 月组织全区百余名归侨侨眷、侨资企业、留学生代表开展“侨界群众经济社会发展成就观摩行”活动，2017 年 9 月广邀来自 12 个国家和地区的 30 名海外侨胞及港澳同胞来宁参加“2017 年海外侨胞故乡行——走进宁夏”活动，侨胞们深切感受到家乡在经济社会、民生保障、生态环境、基础设施等方面发生的巨大变化和取得的辉煌成就，增强了海外乡亲对家乡的自豪感和认同感，坚定了他们回乡投资创业的信心。

【拓展传播中华优秀传统文化】宁夏侨联坚持以正确的政治方向和舆论导向，通过举办一系列文化活动，弘扬和传播中华优秀传统文化。在“第三届世界华侨华人摄影展”活动中，宁夏侨联选送的 2 幅作品分别荣获“社会摄影类佳作奖”和“自然摄影类佳作奖”，宁夏侨联首次荣获“优秀组织奖”。邀请宁夏侨联海外顾问、旅美书画家尚德林先生来宁参加“中国贺兰山国际岩画文化艺术节”，积极向海外宣传推介宁夏岩画艺术。2017 年 7 月联合宁夏外侨办承办“2017 华文教育・杰出人士 / 华校校董华夏塞上行”活动，30 多个国家的 240 多名海外侨胞来宁参加了活动。2017 年 11 月邀请世界传统文化研究院院长叶宜霖女士、塞上鲁西书画院创始人李佳琴女士和院长叶社均女士三人来宁夏进行文化交流，探讨如何将宁夏优秀传统文化向世界推广。2017 年 11 月促成南非知名油画家、南非非洲人中国学会副会长崔宁先生来宁夏与北方民族大学开展学术交流活动。

【助力发展侨资企业】宁夏侨联多次深入全区侨资企业、留学回国创业人员中调研，了解他们的实际困难，协调帮助解决。引导全区侨企响应大众创业万众创新和绿色环保发展的号召，2017年6月在中国侨联新侨创新创业活动暨侨创论坛活动中，推荐宁夏1名侨资企业家增选为中国侨联新侨创新创业联盟副理事长，推选了4名联盟理事及2名海外理事。7月29日，联合北京市侨联组织20多家北京侨资企业来宁开展“新侨汇”“一带一路”西部行活动，促进了宁夏侨企与外省侨企间的交流与合作。

9月8日，宁夏侨联在全区侨界为贫困侨眷黄玉英发起爱心专项捐助活动并赴黄玉英家中慰问

【开展精准扶贫和困难帮扶活动】宁夏侨联坚持把向老归侨、困难归侨侨眷“送温暖、献爱心”活动常态化，2017年共慰问150余户老归侨、困难侨眷，发放10余万元的慰问品和慰问金。2017年9月在全区侨界为贫困侨眷黄玉英发起爱心专项捐助活动，共募集善款3万余元。积极对接海外侨社团、公益组织，做好对全区的扶贫帮困工作。通过澳大利亚魏基成慈善机构，为全区困难群众申请到御寒冬衣1.8万余件。联络浙江新华爱心基金会为宁夏育才中学、固原一中资助4个“珍珠班”共200名贫困学生，同时还积极联络香港慈恩基金会、北京雷学金慈善基金会等慈善组织为全区贫困学生开展捐资助教活动。

【维护侨界群众合法权益】宁夏侨联积极维护侨胞合法权益，开展了一系列特色鲜明、卓有成效的工作。协调全区涉侨部门共同推动《中华人民共和国归侨侨眷权益保护法》和《宁夏回族自治区实施〈中华人民共和国归侨侨眷权益保护法〉办法》的宣传普及工作。举办“法律服务进社区”“送侨法进侨企”等系列活动，为全区侨界群众开展侨法义务咨询、侨法讲座等10余场。在全区归侨侨眷集中的街道、社区设立“侨法宣传角”，举办侨法培训班、座谈会等活动。通过推动侨法宣传普及，在街道、社区形成“学侨法、维侨权、护侨益”的良好氛围，提高公民的侨法意识和侨界群众知法、懂法、守法、用法的能力和水平。

2017年1月，宁夏侨联赴全区开展向老归侨、困难归侨侨眷“送温暖、献爱心”活动

【银川市侨联召开第六次归侨侨眷代表大会】10月13日，银川市侨联召开第六次归侨侨眷代表大会。会议认真总结了过去六年来的侨联工作，研究部署今后五年银川市侨联工作，选举产生银川市侨联第六届委员会。来自银川市各条战线的

10 月 13 日，银川市第六次归侨侨眷代表大会召开

100 余名代表参加了大会。

11 月 21 日，宁夏石嘴山市侨联组织侨界律师志愿者在多个社区开展“侨法进社区”涉侨法律宣讲活动

【石嘴山市侨联开展侨法进社区宣讲活动】 11 月 21 日—23 日，石嘴山市侨联组织侨界律师志愿者在石嘴山市大武口区青山街道裕园社区、蓝山社区、万盛社区、怡心社区等侨胞集中的社区举办“侨法进社区”涉侨法律宣讲活动，为社区侨胞讲授了归侨侨眷权益保护法及老年人权益保障法，教育引导老归侨侨眷学法、用法维护自身合法权益和自身安全。授课结束后现场为侨胞耐心解答法律问题，受到侨胞的称赞和欢迎。

【固原市涉侨部门开展医疗义诊活动】 11 月 30 日，固原市外事侨务部门在固原市原州区黄铎堡镇白河村组织开展 2017 年送温暖医疗队义诊活动。该活动是关心和改善归侨侨眷生活和健康的一项重要工作，此次活动包括健康教育、健康咨询、医疗义诊、医疗送药、侨务政策宣传等形式，旨在发挥侨务工作优势，服务人民群众，扩大侨爱工程宣传，切实解决归侨侨眷和贫困乡镇农民看病就医实际问题，提高广大群众健康意识。参加本次活动的医护人员主要来自固原市人民医院和原州区黄铎堡镇卫生院心脑血管和骨科方面的专家和医生，并邀请到有丰富临床经验的宁夏第五人民医院专家。义诊活动得到侨胞和群众的一致称赞和真诚感谢。

11 月 30 日，宁夏固原市外事侨务部门在原州区黄铎堡镇白河村组织开展 2017 年送温暖医疗队义诊活动

新疆维吾尔自治区归国华侨联合会

【领导成员名单】

党组书记、主席：王永刚

专职副主席：阿不都外力·马木提（维吾尔族）
赛克肉汗·曙亚（哈萨克族）
韩　博

兼职副主席：轩江波　吉　祥　翁国亮
塔来提·吐尔地（柯尔克孜族）齐凤霞（女）　潘世烈

秘 书 长：韩　博（兼）

【综述】2017 年，在新疆维吾尔自治区党委的坚强领导和中国侨联的有力指导下，自治区侨联党组坚持围绕中心、服务大局，以侨为本，为侨服务，团结带领全区各级侨联组织和广大归侨侨眷认真学习宣传贯彻习近平新时代中国特色社会主义思想和党的十九大精神，紧紧围绕总目标，聚焦总目标、落实总目标，结合侨联工作特点，把各族侨界群众紧密团结在党的周围，加强民族团结，维护祖国统一，带领侨界群众感党恩、听党话、跟党走，凝聚起各族侨胞推进社会稳定和长治久安的磅礴力量，更好履行侨联服务经济发展、依法维护侨益、拓展海外联谊、积极参政议政、弘扬中华文化、参与社会建设职能，为实现新疆社会稳定和长治久安总目标做出侨联组织的积极贡献。

【召开新疆侨联七届五次（全委）扩大会】2月 27 日，新疆侨联七届五次全委（扩大）会议召开，来自全疆各地的侨联七届委员，自治区有关厅局、各地、州、市侨联和乌鲁木齐市区县侨联代表 70 多人参加了会议。会议传达了中央书记处关于侨联工作重要指示、李源潮同志重要讲话、林军主席工作报告和董中原副主席讲话精神。新疆侨联党组书记、主席王永刚代表新疆侨联七届常务委员会向大会作了 2016 年自治区侨联工作报告，并传达了新疆维吾尔自治区党委常委肖开提·依明的重要讲话。自治区党委要求，侨联要增强政治性先进性群众性本质要求，牢牢把握中国特色社会主义群团发展道路这一发展灵魂、内涵和基本遵循，切实承担起党赋予侨联组织的政治责任和光荣使命，发挥对侨界群众的思想形态领域工作，强化维护祖国统一、促进民族团结、反对极端宗教、建设和谐侨界宣传教育，引导各族侨界群众坚定不移跟党走。把侨界群众组织起来、动员起来、团结起来，为实现中华民族伟大复兴中国梦，为实现新疆社会稳定和长治久安总目标，为建设团结和谐、繁荣富裕、文明进步、安居乐业的社会主义新疆而做出更大的贡献。会议通报了《新疆侨联改革方案》征求意见稿，并组织参会代表对《侨联工作报告》和《新疆侨联改革方案》等进行了认真讨论。会议还表彰了 2016 年“亲情中华”工作先进集体和信息工作先进集体。

2 月 27 日，新疆侨联七届五次全委（扩大）会议在乌鲁木齐召开

【开展“访民情、惠民生、聚民心”活动】2017 年，根据区党委的统一安排，继续开展“访民情、惠民生、聚民心”活动。由新疆侨联党组成员、副主席阿不都外力·马木提带领的 7 名机关干部进驻阿克苏地区温宿县佳木镇加依村开展工作。一年来，主要做了以下工作：一是

抓班子带队伍，建强基层基础。努力发挥驻村工作队“专帮带”的作用，建立帮带村“两委”干部工作机制。二是积极开展“星级化”创建工作。将“星级化”创建作为日常工作的重要组成部分，科学分工，相互配合，各司其职，各负其责，促进各项驻村工作的开展。三是监督指导村级组织建立基层组织制度。坚持“三会一课”“四议两公开”“两会两票”等，紧盯党员干部“两面人”和“四风四气”问题，严抓党员干部不作为、乱作为和损害群众利益的线索。四是扎实开展宣讲工作。落实每周一升国旗和宣讲活动制度化、常态化，由包村领导、村党组织书记、第一书记用通俗易懂的语言对党的十九大精神、党的惠农政策等进行宣讲和反对“三股势力”“两面人”等发声亮剑活动。五是开办农牧民夜校、“双语”课堂。充分发挥“访惠聚”工作队和“双语”支教老师作用，每周开办农牧民夜校不少于2次，重点学习“国语”、学唱红歌，宣传民族宗教政策、惠农惠民政策，开展就业技能、脱贫技能、法律法规培训。六是加强信访矛盾化解。高度重视群众来访工作，专门设立信访调解办公室，认真倾听村民反映的各类问题，了解掌握矛盾化解矛盾纠纷。七是积极为村民办好事、实事。积极落实惠民政策，向全体村民发放“九项惠民政策明白册”，并借助村民小组、村民夜校、入户走访等时机开展广泛宣传，确保家喻户晓。督促实施完成贫困户富民安居房105户建设；解决14万元进行了村基础设施的改造等。八是拓宽村民致富门路。联系协调上级农林部门和技术单位上门为农民开展农牧业和林果业种植养殖技术培训，进一步促进农

9月24日，新疆维吾尔自治区侨联机关驻村工作队和镇长、村“两委”班子、各小组长一起研究工作

10月4日，新疆维吾尔自治区侨联党组在加依村组织了“民族团结一家亲”活动结亲户联谊座谈会，图为自治区侨联党组书记、主席王永刚等班子成员和机关部分干部、“访惠聚”工作队队员“庆国庆度中秋喜迎十九大民族团结座谈会”上的结亲户的留念

自治区侨联党组成员、副主席、“访惠聚”工作队队长、村第一书记阿不都外力·马木提在扶贫资金发放仪式上，代表党组向加依村贫困户发放扶贫资金

自治区侨联主席王永刚（中）深入基层，到贫困户家去调研

业增产增收，帮助村民想方设法拓宽农作物销售渠道。九是扎实推进脱贫攻坚工作。扎实推进“六个精准”“五个一批”，认真调查、核实、测算、建档、录入。投入30万元帮助贫困户脱贫致富；出资17276元慰问看望贫困户、低保户和双收人员家属和困难户等群体；同时出资63951元购买110吨煤解决以上群体的缺煤困难。

【开展“两学一做”学习教育】按照新疆维吾尔自治区党委的统一部署，制定了《自治区侨联在“两学一做”学习教育中开展“学讲话、转作风、促落实”专项活动实施方案》。并成立了以党组书记、主席王永刚任组长的自治区侨联“学、转、促”专项活动领导小组。一是开展“学、转、促”活动，在“学”字上下功夫。深入学习党的十九大精神、习近平总书记在中央第二次新疆工作座谈会上的重要讲话、视察新疆时的重要讲话精神，用习近平总书记系列重要讲话精神统一了思想、武装了头脑、指导了实践、推动了工作，转化为落实新疆社会稳定和长治久安总目标的强大动力。二是开展“学、转、促”活动，在“转”字上求突破。通过党组班子讲党课、支部开展重温入党誓词和“高扬旗帜，忠诚担当，坚决筑牢团结稳定钢铁长城”发声亮剑誓师大会，开展警示教育，推动了干部作风根本性转变，激励全体党员坚决拥护党中央和自治区党委的治疆方略，努力为新疆社会稳定和长治久安做贡献。三是开展“学、转、促”活动，在“促”字上见实效。紧紧围绕社会稳定和长治久安总目标，坚持以服务新疆社会稳定和长治久安总目标为主线，按照保持和增强政治性先进性群众性的要求，着力推进侨联改革。加强推动新疆籍少数民族侨胞和留学生工作，聚焦主业，履职尽责。

【完成《自治区侨联改革实施方案》的准备工作】按照中央群团工作会议精神和自治区党委、中国侨联关于侨联改革要求，新疆侨联紧紧围绕社会稳定和长治久安总目标，紧密结合新疆区情侨情和侨联工作实际，认真研究起草《自治区侨联改革实施方案》，于2016年12月形成了《自治区侨联改革实施方案（草案）》，经2017年2月27日召开侨联七届五次全委（扩大）会议，广泛征求意见，集中讨论研究修改后，正式形成了《自治区侨联改革实施方案》（征求意见稿）。2017年3月《方案》报送中国侨联征求意见，中国侨联提出具体补充修改意见。后经多次修改完善并征求组织、人事、编办、财政等部门的意见后，正式形成《自治区侨联改革实施方案（送审稿）》。目前《自治区侨联改革实施方案》已上报待批。

6月16日，自治区侨联机关全体党员重温“入党誓词”

【开展党风廉政建设工作】4月1日，新疆维吾尔自治区侨联召开2017年党建工作暨党风廉政建设工作会议，自治区纪委派驻统战部纪检组副组长

4月1日，自治区侨联机关召开2017年度党风廉政建设工作会议

7月5日，自治区侨联机关召开2017年上半年党风廉政建设工作总结暨第19个党风廉政教育月活动动员部署会议

李金生到会指导，侨联机关全体干部职工参加了会议。党组书记、主席王永刚总结了2016年自治区侨联党风廉政工作，对进一步做好2017年党建工作和党风廉政建设工作做出安排。一要紧密结合“学转促”主题活动，加强学习教育，切实增强“四个意识”，坚决维护习近平同志为核心的党中央权威。二要加强党内监督，严格执行各项规章制度，严肃党内政治生活、组织生活制度。三要落实“主体责任”。领导班子成员和各部室领导要履行好“一岗双责”职责，自觉接受统战部纪检组监督。四要巩固巡视整改成果，锲而不舍抓好后续整改。7月5日下午，自治区侨联召开2017年上半年党风廉政建设工作总结暨第19个党风廉政教育月活动动员部署大会。会议对上半年党风廉政建设工作做了总结，自治区侨联党组书记、主席王永刚进行了动员安排部署讲话，并对机关党风廉政建设工作提出了五点要求：一要加强各级党员干部的政治思想教育。二要持之以恒地抓好管党治党主体责任落实。三要坚持不懈地抓紧抓实基层党支部建设。四要切实强化党内督促检查和执纪监督问责。五要扎实推进干部作风转变。教育引导全会党员干部牢固树立正确政绩观，深入学习先进典型，弘扬和践行社会主义核心价值观，树立侨联的良好社会形象，紧紧围绕总目标、服务总目标、落实总目标，以优异成绩迎接党的十九大胜利召开。

【开展海外侨胞故乡行活动】6月7日，新疆侨联党组书记、主席王永刚组织带领各族海外侨胞前往阜康市考察交流。阜康市副市长李炜针对阜康市的建设需求、社会发展状况、招商引资项目、政策优势和外事侨务工作做了具体介绍。受邀侨胞根据自己的需要与阜康市相关部门负责人进行了交流，认真了解了乳制品、农牧业、旅游业、环保等发展情况，并重点推介了效益高、适合当地的农耕深作技术和集康养、旅游、环保等于一体的综合开发项目，形成多个项目的初步意向，取得了良好效果。考察调研结束后，侨胞们与新疆国际侨商会部分负责人及企业代表们

6月9日，参加“2017年南亚东南亚国家商品展暨投资贸易洽谈会”的海外侨商与有关领导合影

9 月 7 日，参观侨商会会长企业吉瑞祥集团

9 月 7 日，参观侨商会副会长企业麦趣尔集团

9 月 8 日—12 日，“海外侨胞故乡行”走进新疆

进行了座谈交流，通过新疆国际侨商会搭建平台，共谋发展。6 月 9 日—13 日，受云南省侨联邀请，新疆侨联组织 10 名海外侨商参加由中国侨联、国务院侨办、云南省政府主办，云南省侨联、侨办等单位承办、新疆侨联协办的“2017 年南亚东南亚国家商品展暨投资贸易洽谈会（第十五届东盟华商会）”。9 月 8 日—12 日，新疆侨联组织来自哈萨克斯坦、土耳其、泰国、澳大利亚、加纳等国家的 11 名海外华侨华人和侨领开展了“海外侨胞故乡行”考察观光寻根活动。在为期 6 天的活动中，先后参观考察了新疆吉瑞祥投资（集团）有限公司、新疆麦趣尔集团股份有限公司、乌鲁木齐阿迪娅眼科医院、霍尔果斯市（口岸）物流外贸企业、中哈边境合作中心、察布查尔县服装工业园区、锡伯族文化博物馆、伊宁县新农村建设、伊犁师范学院哈萨克文化陈列馆、伊宁市塔兰奇民俗一条街、民族团结示范街道、到农村农牧民家中参观家访、参加了察布查尔县经贸推介会等活动。

【召开新疆侨联基层组织建设工作会议】11 月 22 日，新疆侨联基层组织建设工作会议在乌鲁木齐市召开。自治区各有关单位侨联负责人、全区各地州市侨联、县市区侨联负责人 100 人参加会议。会议传达了中国侨联基层组织建设工作会议精神，强调要深入学习贯彻党的十九大精神和习近平新时代中国特色社会主义思想，牢

11 月 22 日，新疆侨联基层组织建设工作会议在乌鲁木齐市召开

固树立“四个意识”，规范和加强新时代侨联基层组织建设工作，充分发挥侨联基层组织的独特作用，按照党中央关于加强和改进群团工作决策部署和中国侨联的改革要求，进一步推进侨联组织强“三性”、去“四化”，努力开创侨联工作新局面。王永刚主席就今后更好地开展侨联基层组织建设工作提出了几点意见：一是认真学习、注重宣传、深入贯彻、积极践行十九大精神，用十九大精神引领侨联工作、指导侨联工作，按照自治区侨联下发的学习宣传贯彻党的十九大精神的通知要求，结合具体实际，抓好贯彻落实，并随时将工作情况总结报自治区侨联；二是切实加强侨联组织自身建设工作，认真学习贯彻落实中国侨联和本次组织工作会议精神，努力实现“强三性、去四化”，“建五有、创五好”的基层侨联组织建设；三是进一步修改完善《自治区侨联改革方案（讨论稿）》，及时上报自治区党委审批。

新疆侨联组织全区侨界人士开展“民族团结一家亲”联谊活动

12 月 13 日，新疆侨联机关下沉干部正给农民宣传党的十九大精神

【开展“民族团结一家亲”活动】开展“民族团结一家亲”活动，是贯彻落实党中央确定的社会稳定和长治久安总目标的重要举措。自治区侨联党组高度重视“民族团结一家亲”工作，在自治区侨联“访惠聚”驻村工作队所在的阿克苏地区温宿县佳木镇加依村，开展“民族团结一家亲”结亲周活动，新疆侨联干部通过与各族群众之间结对子、结亲戚，互学语言、相互了解、相互尊重、相互包容、相互欣赏、关爱帮扶，多层次多形式交往互动，使侨联干部各族群众学习在一起、生活在一起、工作在一起，像石榴籽一样紧紧抱在一起。2017 年自治区侨联机关干部职工分 6 批次，共走访慰问结对户 18 户，涵盖贫困户、流动人口和双收人员家属，走访 118 人次。机关干部办实事办好事共投入现金 7000 余元，物资和慰问品 99 件，折合现金 1.3 万余元。“民族团结一家亲”期间，积极开展民族团结宣讲活动，宣传党的十九大精神，反对“三股势力”和揭批“两面人”，先后邀请专家、宣讲团开展集中宣讲和干部职工入户宣传 110 余次，参

4 月 6 日，新疆侨联机关干部到阿克苏地区温宿县佳木镇加依村开展“民族团结一家亲”活动

12 月 24 日，新疆侨联主席王永刚（左一）下沉开展民族团结“结亲周”活动

与群众达 1.3 万余人次，受到了温宿县佳木镇加依村“两委”和结对认亲户的普遍好评。4 月 24 日，自治区侨联在乌鲁木齐市举行了全区侨界人士民族团结联谊活动，自治区党委常委、统战部部长肖开提·依明，自治区副主席吉尔拉·衣沙木丁出席。来自全疆侨界和部分海外侨胞代表和各级侨联干部、侨联工作者代表人士共 120 人参加了此次联谊会。新疆艺术学院的艺术家为来宾和侨胞们表演了丰富多彩的文艺节目，来自澳大利亚的著名画家姚迪雄先生为联谊活动助兴，现场作画。来自全疆侨界和部分海外侨胞代表及各级侨联干部、侨联工作者载歌载舞、互致问候、相互合影留念，把联谊活动推向高潮。2017 年开展“民族团结联谊活动”12 次。

【开展扶贫帮困工作】新疆侨联印发《自治区侨联扶贫帮困 2017 年工作要点》，争取中国侨联 20 万元扶贫资金，帮扶温宿县佳木镇加依村 10 户特困户，为每户发放 2 万元扶贫资金投入到加依村畜牧养殖合作社，通过每年分红实现增收，为贫困户找出增收渠道，达到精准脱贫的目的，由“输血型”扶贫转变为“造血型”扶贫，彻底解决脱贫问题。中国侨联支持 10 万元扶贫资金，帮助 27 户贫困户用于建设富民安居住房补助。“访惠聚”工作队根据加依村贫困户生活困难实际，为了他们安心过冬，先后为加依村 90 户贫困户和低保户发放了 100 吨取暖用煤和价值 4 万余元的 200 套运动服；因贫困户盖房困难，工作队员为盖富民安居房的贫困户捐赠了 4 吨水泥。动员侨资企业为佳木镇中学赠送价值 5 万元的校服。侨联机关干部职工以“民族团结一家亲活动”为契机，慰问结对亲属（含贫困户）2 万余元的资金和物品。8 月 9 日，新疆博尔塔拉蒙古自治州精河县境内发生 6.6 级地震，中国侨联高度关注，党组书记、主席万立骏第一时间安排工作人员打电话了解灾区情况，慰问受灾侨界群众，并划拨 15 万元救灾专款。自治区侨联专门作出安排，要求州县侨联尽快摸清受灾归侨侨眷情况，组成慰问工作

8 月 30 日，中国侨联、自治区侨联支援精河县受灾归侨侨眷慰问金发放仪式

新疆侨联主席王永刚（中）看望慰问博州受灾侨胞

组赴精河地震灾区看望和慰问受灾归侨侨眷。8月30日，自治区侨联党组书记、主席王永刚带领慰问组一行专程来到精河县，代表中国侨联向精河县侨联捐赠15万元抗震救灾慰问金，根据受灾的不同程度分别发放5000元、3000元、2000元和1000元等慰问金，帮助受灾的64户归侨侨眷解决燃眉之急，表达了党和政府的关心关怀，体现了中国侨联、自治区侨联对归侨侨眷的关心和厚爱。

11月21日，举办自治区侨联系统干部学习贯彻党的十九大精神座谈会

【学习宣传贯彻党的十九大精神】为全面加强对全区侨联系统学习党的十九大精神的组织领导，侨联党组印发《自治区侨联关于学习宣传贯彻党的十九大精神的通知》，在全区侨联系统安排部署学习宣传贯彻党的十九大精神工作。为指导全区基层侨联干部深刻领会、系统掌握党的十九大精神，11月21日，组织全区县市区侨联干部100余人举办自治区侨联系统干部学习贯彻党的十九大精神学习班，学习班组织学习了中国侨联关于宣传贯彻党的十九大精神的通知，传达学习了中国侨联党组书记、主席万立骏在中国侨联党的十九大精神学习班上的讲话精神，邀请自治区党校专家作专题辅导，并为全体学员购买十九大报告单行本；举办全区侨联干部学习贯彻党的十九大精神座谈会，全区14个地州市侨联负责人作了学习交流发言；举办侨联机关干部职工与乌鲁木齐市侨界群众十九大精神学习座谈会；侨联机关党支部利用支部学习时间，组织全体党员认真研读十九大报告、《党章》，全面学习领会习近平新时代中国特色社会主义思想。

【开展系列发声亮剑活动】新疆侨联党组坚决执行以习近平同志为核心的党中央决策部署、治疆方略，特别是为新疆确定的社会稳定和长治久安工作总目标，积极在侨界和侨联全体党员干部职工中深入开展对党忠诚、勇于担当、不当两面派、不做“两面人”、以实际行动坚决

4月24日，“三爱三反”发声亮剑系列活动——召开全区侨界代表座谈会

4月24日，发声亮剑座谈会代表接受媒体采访

5 月 26 日，新疆侨商会召开“三爱三反”发声亮剑座谈会

8 月 16 日，召开向吾布力喀斯木·买吐送同志学习发声亮剑座谈会

打击“三股势力”、积极发声亮剑、兑现承诺宣传教育活动。在乌鲁木齐召开以“凝聚侨心侨力　促进团结稳定”为主题的全区侨界“三爱三反”发声亮剑座谈会。来自全疆侨界、海外侨胞代表和侨联干部代表 120 人济济一堂，围绕新疆工作总目标、深刻揭批“三股势力”的罪恶本质，积极发声亮剑，发出了对国家和人民的忠诚之声和坚决与“三股势力”作斗争的正义之声。新疆侨联向全疆侨界发出“凝聚侨心侨力、坚决维护祖国统一、社会稳定、民族团结”倡议书。全区各级侨联组织积极响应，分别在侨界激发出揭批“三股势力”和“两面人”的政治热情。新疆国际侨商会举办以“凝聚侨心　维护稳定”为主题的新疆国际侨商会“三爱三反”发声亮剑座谈会，发出了新疆侨商同民族分裂势力作坚决斗争的时代强音。自治区侨联举办“高扬旗帜，忠诚担当，坚决筑牢团结稳定钢铁长城”发声亮剑誓师大会。侨联机关党支部组织干部职工开展发声亮剑座谈会。组织侨界干部群众参加自治区 10 个群团组织联合开展的发声亮剑活动。

【开展南疆乡村双语教育支教工作】为落实自治区关于选拔干部赴南疆乡村双语幼儿园支教的决定，根据《南疆学前双语教育干部支教工作方案》（新党厅字〔2016〕97 号）文件精神，自治区侨联党组高度重视，迅速安排，及时启动了南疆学前双语教育干部支教工作，专门召开动员会议，成立领导小组，成立工作办公室，制定工作职责和管理办法，把南疆学前双语教育干部支教工作作为服务新疆维护社会稳定和长治久安总目标的一项重要政治任务，作为侨联履行参与社会建设职能、服务“三农”、服务基层、服务群众的重要职责，积极发挥侨联组织围绕中心、服务大局的积极作用。自治区决定率先在南疆四地州实现农村学前 3 年免费双语教育，为破解师资短缺问题，在全疆范围内选

新疆维吾尔自治区侨联党组书记、主席王永刚到村级幼儿园调研

拔干部，实施“南疆四地州学前双语教育干部支教计划”。新疆侨联按照“自愿报名，好中选优”的要求，自2017年选派懂双语（汉语，维语）、有一定双语教育教学能力的干部赴阿克苏温宿县佳木镇加依村幼儿园开展双语支教工作，为基本普及南疆四地州3年免费学前双语教育和解决学前双语教师短缺问题做出了侨联应有的贡献。

【开展“与法同行”大宣讲活动】 为了深入落实《关于在公民中开展法制宣传教育的第七个五年计划》，进一步增强侨界群众的法治意识，自治区侨联紧紧围绕新疆工作总目标，坚持“两个并重”，深化“两个拓展”，深入开展法制宣传教育，充分调动侨联干部尊法学法守法用法的积极性，12月13日下午，自治区侨联组织机关全体干部职工开展了“与法同行”大宣讲活动。自治区侨联党组书记、主席王永刚进行了《以党的十九大精神为引领，全面落实普法责任制，为新疆社会稳定和长治久安营造良好法治环境》的主题宣讲，从以十九大精神引领全面依法治国新时代、聚焦总目标深入推进依法治疆实践、树立全程普法意识全面落实普法责任制等三个方面，结合新疆实际和自治区侨联工作实际，深刻阐述了十九大报告中关于全面依法治国的重要意义，坚持党对依法治疆工作的绝对领导，坚定不移贯彻落实自治区党委依法治疆决策部署，高扬法治旗帜，坚定坚决维护社会稳定，坚持以人民为中心，凝聚依法治疆强大合力。号召侨联机关和侨联系统干部职工要深刻理解实行“谁执法谁普法”普法责任制的重大意义，准确把握侨联落实普法责任制的重要任务，坚持问题导向，坚决落实侨联普法工作责任。全体干部职工认真听讲，仔细做好听课笔记，并结合机关和各自实际，思考自身落实依法治疆的具体实践。自治区侨联“与法同行”大宣讲活动取得了较好效果。

新疆生产建设兵团归国华侨联合会

【领导成员名单】

党组书记、主席：王宇科（2017 年 12 月卸任）

副主席兼秘书长：轩江波

兼职副主席：闫新梅（2017 年 12 月卸任）

【综述】 兵团侨联六届委员会现有委员 24 名，其中常委 9 名，专职副主席兼秘书长 1 名，主席出缺，兼职副主席出缺。2017 年，兵团侨联工作在中国侨联的关怀指导和兵团党委的正确领导下，认真贯彻落实党的十八届五中、六中全会精神和十九大精神及兵团党委七届一次、二次全委（扩大）会议精神，围绕中心、发挥优势，促进和谐，服务大局，努力做好各族归侨侨眷和海外侨胞的宣传引导、组织动员和凝心聚力工作，不断推进侨联事业健康发展，为促进兵团侨界和谐稳定发挥了应有作用。

【召开兵团侨联六届三次、四次全委会】 2017 年 2 月，兵团侨联召开六届三次全委会议，深入学习贯彻习近平总书记系列重要讲话精神，主动对接国家“一带一路”倡议，认真落实中央《关于加强党的群团工作的意见》和兵团《关于加强党的群团工作的实施意见》及中央、兵团党委的群团工作会议精神，结合兵团实际起草了《兵团侨联改革方案》征求意见稿和送审稿，为兵团群团工作改革提供参考。2017 年 12 月，兵团侨联在乌鲁木齐召开六届四次全委会议，学习贯彻党的十九大精神和习近平新时代中国特色社会主义思想，进一步落实习近平总书记在十九大报告中提出的关于“广泛团结海外侨胞和归侨侨眷，共同致力于中华民族伟大复兴”的总要求，通过在兵团侨界掀起学习十九大精神热潮的决议；按照侨联《章程》增补和卸免部分兵团侨联六届委员（常委）。兵团党委常委、兵团党委、兵团秘书长李冀东出席并作了重要讲话。兵团侨联党组副书记刘彦涛主持会议。

2 月 21 日，召开兵团外事侨务旅游工作会议暨兵团侨联六届三次全委会

12 月 11 日，兵团侨联召开六届四次全委会

【开展学转促活动】 按照中央和兵团党委关于开展“学转促”活动的工作部署，兵团侨联结

省级侨联工作

合工作实际，深入侨情调研，有针对性地提出解决侨联工作中存在的和归侨侨眷反映的热点、难点问题，制定整改措施，抓好整改落实。

【开展送温暖活动】兵团侨联坚持以“送温暖、献爱心”为载体，组织各级侨联开展走访慰侨和精准扶贫活动，为侨界群众排忧解难，维护侨界一方平安。一是统筹安排全系统在元旦、春节、古尔邦、中秋节等重大节日开展走访慰问活动，全年慰问归侨侨眷300余户，发放慰问金15万元。兵团侨联领导带领有关同志深入第二师、十二师团场连队与困难归侨侨眷亲切交谈、嘘寒问暖，了解他们的生活生产情况，为他们排忧解难。二是开展大病救助，为患重大疾病的4名侨眷发放大病救助金10万元。三是在第四师组建送温暖医疗队，到边境偏远连队为侨眷送医送药。

2017年1月，兵团侨联开展“民族团结一家亲”活动

1月12日，兵团侨联副主席率队赴二师走访慰问部分归侨侨眷

【开展建家交友活动】兵团侨联先后对8个师及16团场在基层组织建设、侨益维护、涉侨信访维稳、困难归侨侨眷调查、侨眷创新创业等情况进行摸底调研并与干部职工认真进行座谈，详细了解生产经营情况，逐一协调解决提出的各种实际困难。2017年在第二师29团、第八师143团又建立两家“侨胞之家”，依托“侨胞之家”平台，通过创新举办各式活动，做好牵线搭桥、招才引智工作，为新侨和侨界精英人士、华侨华人新生代对外交流提供资讯和交流平台。

【开展“访惠聚”工作和“民族团结一家亲”活动】按照兵团党委的工作部署，兵团侨联党组派出第四批“访惠聚”驻村（驻连）工作队，在南疆喀什岳普湖县和第三师伽师总场十连开展“访民情、惠民生、聚民心”活动。工作队严格落实维稳组合拳，确保了全年“三不出”。2017年9月，兵团侨联筹集5万多元帮助伽师总场十连建设宽带线路，通过解决基层群众在生产生活中遇到的实际问题和困难，让他们切实感受到党和政府的关怀与温暖。结合“两学一做”学习教育和“民族团结一家亲”活动实践载体，兵团侨联系统专兼职干部都与当地少数民族职工家庭结对认亲，增强“五个认同”，牢固树立“三个离不开”思想，自觉融入各族群众“共居、共学、共事、共乐”的环境中去，努力形成人人争做民族团结进步模范、人人自觉维护民族团结、人人坚决维护社会稳定的社会氛围。2017年全年开展“民族团结一家亲”活动14次，每名干部与亲戚见面6次以上。投入帮扶慰问资金3万元，号召本系统捐赠科技书籍、生活用品、教学用具价值超过1万元。在第三师伽师总场十连举办了干部职工“民族团结一家亲”厨艺大赛，来自伽师总场各个连队的职工40余人参加比赛，赛后对参赛选手们进行了厨艺培训，提高了他们的厨艺水平。

2017 年 11 月，兵团侨联赴南疆举行“民族团结一家亲”厨艺大赛

【开展涉侨公益事业】兵团侨联持续做好香港应善良福利基金会捐助石河子大学贫困大学生受助项目，该项目已连续七年实施捐助，210 名贫困大学生得到资助，受助资金达 268 万元。2017 年再次向香港应善良福利基金会提出申请，在每年 30 名学生的基础上再增加 10 名，得到应善良福利基金会同意增加资助名额和资助资金。主动与澳大利亚新疆华人联谊会会长沟通，争取到澳大利亚滴水阳光慈善教育基金会拟同意向兵团资助 30 名贫困中小学生，该项目前期贫困学生遴选工作已结束，待澳大利亚滴水阳光慈善教育基金会同意即可实施。争取中国华侨公益基金会“侨爱心健康行”的专项公益支持，启动完成首批向兵团部分欠发达团场医疗机构捐赠由珠海市司迈科技有限公司生产的 7 台总价值为人民币 644 万元的 SM10C 等离子双极电切电凝微创手术系统，解决了兵团欠发达团场医院的迫切需求。

【举办兵团侨界“迎中秋·庆国庆”联谊会】9 月 20 日，由兵团侨联主办、六师五家渠市侨联承办的 2017 兵团侨界“迎中秋·庆国庆”联谊会在六师五家渠市召开。兵团党委、兵团副秘书长童鹰到会致辞，兵团侨联主席王宇科作了讲话，兵团侨联党组成员徐疆博主持联谊会，来自部分师（市）、团场、院校归侨侨眷代表 80 多人参加了联谊会。

2017 年 9 月，兵团侨届举行“迎中秋·庆国庆”联谊活动

【开展对外交流】为贯彻落实中央周边外交工作会议精神，发挥民间外交和侨联独特优势作用，积极实施“两个拓展”和“走出去、请进来”工作，开展对外交流交往取得新突破。一是 3 月 19 日，澳大利亚新疆华人联谊会会长徐义拜会兵团侨联，兵团侨联副主席轩江波与澳大利亚南澳新疆联谊会会长在徕远宾馆召开座谈会，并邀请了自治区侨联主席王永刚参加。二是 5 月 9 日，兵团侨联副主席轩江波在乌鲁木齐会见吉尔吉斯斯坦中亚华人华侨协会会长虎玉梅一行。轩江波副主席与虎玉梅会长就侨务工作如何助力兵团走出去战略、扩大提升兵团在周

2018 年 1 月 5 日，举行石河子大学 2017 级应善良助学金颁发仪式

3 月 19 日，兵团侨联副主席轩江波与澳大利亚南澳新疆联谊会会长召开座谈会

5 月 9 日，兵团侨联副主席轩江波（右）会见吉尔吉斯斯坦中亚华人华侨协会会长虎玉梅（左）一行

【支持新侨创新创业】 8 月 28 日，兵团侨联党组成员、副主席轩江波一行到第十二师调研座谈，并授予西山农场小土豆农庄“兵团归侨侨眷创新创业示范基地”。另外，为贯彻中国侨联落实好扶持发展相关政策，积极扶持侨眷职工创业发展，兵团侨联筹措 21 万元，分别在三师、四师、六师、七师、十二师五个团场创建特色农业采摘园、民族特色刺绣、农产品特色网店等侨眷创新创业示范基地。围绕“创业中华”主题，深入走访调研新侨创业企业，支持侨界“大众创业、万众创新”，中国能源建设集团新疆电力设计院有限公司总经理胡波入选为“中国侨联新侨创新创业联盟”理事。

边国家影响力和软实力交换了意见。座谈会上大家畅所欲言，相互交流信息，形成共识，架起联系海外侨胞的桥梁和纽带。通过参加各种会议搭建平台扩大交流交往，学习了经验，宣传推介了兵团。三是加强与内地省区市侨联、侨商会的联系，邀请山东侨商会组团来访兵团，山东侨商赵建东向十二师捐款 20 万元，用于资助贫困学生。

【建设网上侨联】 兵团侨联充分借助互联网联系广大侨眷，2017 年开通了《兵团侨苑》微信平台，报道侨联活动，传播侨界正能量，引导广大归侨侨眷和海外侨胞树立共建、共赢、共享的理念，积极在国家重大发展战略中展现新作为。

2017 年 3 月，兵团侨联副主席轩江波在第六师调研特色农业采摘园

2017 年 8 月，兵团侨联授予西山农场小土豆农庄“兵团归侨侨眷创新创业示范基地”

中央直属机关
归国华侨联合会

【领导成员名单】

主　　　席：李君如

常务副主席：张海鸽（女）

副　主　席：廖　东　邢砚庄（女）

谢东梅（女）　李敬祥

赖幼学（女）　李光夏

秘　书　长：谢东梅（兼）

副秘书长：吕　涛　高晶民（女）

钱建忠

【综述】2017年，在中直工委和中国侨联的领导下，中直机关各级侨联组织以迎接党的十九大和学习贯彻十九大精神为工作主线，坚持以习近平新时代中国特色社会主义思想为行动指南，牢固树立政治意识、大局意识、核心意识、看齐意识，自觉服务党和国家工作大局，凝聚侨心、汇聚侨力、维护侨益，强化思想政治引领，真情服务归侨侨眷，充分发挥桥梁纽带作用，各项工作取得了新进展。

【召开中直机关侨联工作会议】3月28日—29日，召开中直机关侨联工作会议。会议认真学习贯彻中直机关党的工作会议和中国侨联九届四次全委会议精神，总结2016年工作，安排部署2017年工作任务。中直工委副书记、中直机关工会联合会主席李勇出席会议并讲话。他对中直机关侨联过去一年的工作进行了充分肯定，并对做好2017年侨联工作提出要求。他指出，要加强理论武装，始终在思想上政治上行动上同以习近平同志为核心的党中央保持高度一致，自觉承担引领干部职工听党话、跟党走的政治任务，把所联系群众最广泛地组织起来、团结起来、动员起来。他强调，要围绕工作主线，把握工作重心，进一步提升侨联工作水平。加强学习宣传，营造迎接十九大召开的浓厚氛围，凝聚思想共识，弘扬时代主旋律。他要求，要强化问题意识，推进侨联工作创新发展，不断增强侨联组织的吸引力凝聚力战斗力。要强化责任担当，切实履行做好中直机关侨联工作的职责。增强做好群众工作的责任意识，把侨联工作作为凝心聚力的大事来抓，增强使命感和责任感。坚持"党建带群建"，努力形成党群工作同频共振、联动推进、共同提高的良好局面。中直机关侨联主席李君如出席和讲话，并参加分组讨论。

3月28日，中直机关侨联主席李君如在分组讨论会上讲话

3月28日，2017年中直机关侨联工作会议在北京召开

【开展送温暖送祝福活动】中直机关侨联坚持精准帮困，会同各单位机关侨联通过摸底调查，共同确定慰问对象，划拨3.2万元用于慰问高龄、生病及生活困难的归侨侨眷。春节前夕，中直机关侨联主席李君如登门看望慰问对象，为干部

中直机关侨联主席李君如出席新华社侨联 2017 年迎春座谈会

职工和基层群众送去组织的关怀和节日的祝福。李君如主席和中直工委群工部领导出席新华社侨联 2017 年迎春座谈会，为老归侨祝寿。4 月下旬，李君如主席看望慰问中国出版集团侨眷、台盟中央原副主席李纯青夫人谈家芳，进行了亲切交谈，中直工委群工部部长、中直机关工会联合会常务副主席马勇明陪同看望并共同向谈家芳先生赠送书法作品《寿》。中直机关各单位机关侨联（小组）通过上门看望、举办茶话会等形式开展送温暖活动，并通过归侨侨眷向其海外亲友送去祖国的祝福。中国出版集团侨联举办“归侨年”活动，集中慰问 9 名老归侨侨眷，每人送去 1000 元慰问金。中联部和中国外文局侨联对归侨侨眷进行走访慰问，分别慰问本单位 20 余名归侨侨眷。

4 月 24 日，中直机关侨联主席李君如慰问中国出版集团谈家芳

【举办“不忘初心　继续前进”喜迎党的十九大书画展】7 月 4 日—10 日，中直机关侨联会同中直机关书画协会、中直机关工会联合会、中直机关妇工委在全国政协礼堂共同举办“不忘初心　继续前进”中直机关喜迎党的十九大书画展。全国政协副主席兼秘书长、机关党组书记张庆黎，中直工委常务副书记、中央办公厅副主任孟祥锋，中直工委副书记、中直机关工会联合会主席李勇，中国侨联副主席、党组成员康晓萍，中直机关侨联主席李君如，中国书法家协会名誉主席张海，中直机关书画协会主席武春河等出席书画展开幕式。孟祥锋宣布书画展开幕，李勇发表讲话，武春河致开幕词。中直工委群工部部长、中直机关工会联合会常务副主席马勇明主持开幕式。中直机关各单位机关党委和工会（联合会）、妇工委（妇委会）、侨联、书画协会，中央国家机关工委统战（群工）部，中国美术家协会、书法家协会，北京市文联、美术家协会、书法家协会等部门和单位的负责同志及书画爱好者共 400 余人参加开幕式。书画展共展出中直机关书法家、美术家及包括归侨侨眷在内的中直机关广大业余书画爱好者创作的 300 余幅书法、美术作品。这些作品充分体现了政治性、群众性、艺术性相

新华社侨联理事会成员慰问 95 岁的侨眷杨原同志

7月4日，举行“不忘初心　继续前进”中直机关喜迎党的十九大书画展开幕式

结合的特点，以多种形式、从不同角度展示了中直机关干部职工深入学习贯彻习近平总书记系列重要讲话精神和治国理政新理念新思想新战略，牢固树立政治意识、大局意识、核心意识、看齐意识，不忘初心、继续前进，喜迎党的十九大，为实现“两个一百年”奋斗目标和中华民族伟大复兴中国梦而砥砺奋进的良好精神状态。现场展览结束后，书画展在中直党建网进行了网上作品展示和评选活动。《工人日报》、中国书画杂志和人民网、新华网、光明网、中直党建网、中工网等进行了新闻报道，产生了积极的社会影响，传播了社会正能量。

【参观“共同的抗战——海外侨胞征集援华抗战史料汇展”】为纪念全民族抗战爆发80周年，7月21日，中直机关侨联组织归侨侨眷参观在中国政协文史馆举办的“共同的抗战——海外侨胞征集援华抗战史料汇展”。展览汇集了大量图片、实物、口述、文字回忆等珍贵史料，生动再现了世界反法西斯战争和抗日战争中，旅居海外的华侨华人积极支援祖国抗日战争的感人事迹，反映了海外侨胞浓浓的爱国之情，彰显华侨华人深厚的民族情怀，回应了“共同的抗战”这一主题。展览记录了美国、加拿大、苏联、比利时、泰国等国以不同方式帮助和支持中国抗战的历史事件，反映了中国人民和世界爱好和平的人民并肩作战、共同抗击法西斯的伟大历史。大家表示，通过展览，更加了解了那段不平凡的历史，一定要铭记历史，缅怀为了共同信念牺牲的同胞，更要发挥“工作在国内、影响在海外”的优势，引导归侨侨眷讲好中国故事、传播中国声音，做中外友好的使者。

【举办“情缘工商　为侨服务”志愿服务双向交流活动】中直机关侨联和北京工商大学经济学院继续共同开展“情缘工商　为侨服务”志愿服务活动，组织青年大学生全年度为中直机关高龄、空巢、行动不便的归侨侨眷无偿提供帮

7月21日，中直机关侨联组织参观《共同的抗战——海外侨胞征集援华抗战史料汇展》

11 月 15 日，中直机关侨联主席李君如为工商大学师生授课

助，取得良好成效。11 月 15 日，中直机关侨联主席李君如与北京工商大学就“情缘工商　为侨服务”学生志愿服务工作进行交流，并为学校师生做《十九大：划时代的党代表大会》专题报告。报告会后，李君如出席“情缘工商　为侨服务”志愿服务工作总结表彰会，为优秀志愿者颁发了表彰证书并对经济学院的师生表示感谢，对“情缘工商　为侨服务”团队在过去一年中取得的成绩表示肯定。他指出，十九大胜利召开后，“为侨服务”志愿服务也进入新时代，按照新时代的要求，开展志愿服务工作也要总结新的情况，以新的精神风貌推进为侨服务新的实践，更好地服务归侨老人。他希望同学们不断探索，继续向前，一代一代地接力把为侨服务工作做好，在志愿服务工作中坚定理想信念，增强使命担当。

【举办中直机关侨联党的十九大精神专题学习班】为深入学习贯彻党的十九大精神，用习近平新时代中国特色社会主义思想武装侨联干部头脑，推动侨联工作创新发展，11 月 20 日—21 日，中直机关侨联举办党的十九大精神专题学习培训班。中直工委领导对此次培训班高度重

11 月 20 日，中直机关侨联举办党的十九大精神专题学习班

11 月 15 日，中直机关侨联主席李君如为北京工商大学经济学院大学生志愿者颁发证书

11 月 21 日，中国侨联秘书长兼办公厅主任陈迈作辅导报告

视，专门研究审定培训方案，提出明确具体要求。中直机关侨联主席李君如全程参加培训班并作开班动员讲话。此次专题学习中，李君如主席，中国侨联秘书长兼办公厅主任陈迈，中央对外联络部侨联原主席、国际自然和社会科学院院士俞邃分别围绕“十九大：划时代的党代会”“学习贯彻党的十九大精神　奋力推进侨联改革与发展”“世界局势演变与人类命运共同体”作了专题辅导报告。中国外文局侨联等 5 个单位侨联工作负责同志围绕“深入学习贯彻党的十九大精神、进一步做好侨联工作”进行了交流发言。参加培训的侨联干部认真学习、深入思考，热烈交流、相互启发。大家普遍表示，通过此次学习培训，加深了对党的十九大精神和习近平新时代中国特色社会主义思想科学内涵及精神实质的理解和把握，提高了认识、学到了方法、拓宽了思路，对进一步做好中直机关侨联工作充满信心。

【发挥侨联独特优势服务大局】 中直各单位机关侨联（小组）坚持围绕中心、服务大局，深化“侨心连党心·共筑中国梦”主题活动，发挥侨联组织和归侨侨眷的独特作用，引导广大归侨侨眷岗位建功，主动配合做好经贸合作、科技交流、民间往来等工作。中国外文局侨联通过提供知名人士的地址，协调做好外文期刊赠送工作；依托侨界资源牵线搭桥，为拓宽海外市场尽一份力；争取邀请到回国参会、观光等海外人士参观座谈，为讲好中国故事添砖加瓦。中国国际广播电台在职归侨侨眷有的业务水平突出，成为“首席”、领军人物，越南归侨李慧莹主持的《玉莹信箱》节目历经 30 余年经久不衰，“玉莹”成为国际台对越传播的符号之一。

中央国家机关归国华侨联合会

【领导成员名单】

主　　　席：邵旭军（女）

副　主　席：许小峰　顾行发

　　　　　　吕彩霞（女）　毛起雄

　　　　　　孙柏瑜　王沙沙　林　松

秘　书　长：孙柏瑜（兼）

常务副秘书长：王瑞芹（女，兼办公室主任）

副 秘 书 长：叶惠明（女）　黄　清

　　　　　　叶荣华

【综述】2017年，中央国家机关侨联在中央国家机关工委的领导和中国侨联以及工委统战（群工）部的指导下，以迎接和学习宣传贯彻党的十九大精神为主线，牢记初心使命，坚持改革创新，强化服务意识，加强自身建设，各项工作取得了新的进展。

【开展精准帮扶和走访慰问活动】2017年元旦春节期间，中央国家机关侨联班子成员亲自或委托部门机关党委负责同志，走访慰问年老、有病、有特殊贡献的归侨侨眷30余名，送去物质和精神双重慰藉。

【召开中央国家机关侨联三届五次全委会】2月15日，中央国家机关侨联召开三届五次全委会，传达中国侨联九届四次全委会精神及《中央书记处关于侨联工作的几点意见》精神，总结2016年工作，研究部署2017年工作。会议还安排了小组讨论和大会交流。中国侨联副主席、中央国家机关侨联主席邵旭军及中央国家机关侨联三届委员会委员出席会议。

2月15日，中央国家机关侨联召开三届五次全委会，图为小组讨论现场

2月15日，中央国家机关侨联召开三届五次全委会，图为大会现场

2月15日，中央国家机关侨联召开三届五次全委会，中央国家机关侨联主席邵旭军（左三）出席并讲话

【推动侨联组织深化改革】5月9日，中央国家机关工委召开中央国家机关群团改革工作推进会，中央国家机关工委班子成员、中国侨联副主席乔卫、中央国家机关各部门机关党委常务副书记及中央国家机关各部门侨联组织负责同志出席。会议召开后，中央国家机关侨联办公室及时对外交部、人民银行等16个部门贯彻落实会议精神情况进行了书面调研，推动各部门侨联组织深化改革。

5月9日，中央国家机关工委召开中央国家机关群团改革工作推进会，图为工信部侨联主席张卫作大会发言

5月9日，中央国家机关工委召开中央国家机关群团改革工作推进会，中央国家机关工委常务副书记李智勇出席并讲话

【举办第五期新侨沙龙】5月18日，中央国家机关侨联主办第五期新侨沙龙活动，活动由中国科学院侨联和中国气象局侨联承办。中国气象局党组副书记、副局长，中央国家机关侨联副主席、中国气象局侨联主席许小峰作了题为《重大气象灾害与生态文明建设》的主题演讲，中国科学院地理研究所研究员宋献方就水资源特征与水循环问题

5月9日，中央国家机关工委召开中央国家机关群团改革工作推进会

5月9日，中央国家机关工委召开中央国家机关群团改革工作推进会

5月18日，中央国家机关侨联主办第五期新侨沙龙活动

作了报告。中国侨联副主席、中央国家机关侨联主席邵旭军出席，来自中央国家机关各部门的归侨侨眷约40人参加活动。活动开始前，中国气象局党组书记、局长刘雅鸣与邵旭军同志座谈交流。

【赴广西华侨农林场调研】6月19日—22日，中央国家机关侨联联合中国侨联经济科技部赴广西开展华侨农林场改革情况调研。调研组由中国侨联副主席、中央国家机关侨联主席邵旭军带队，来自工信部、农业部、中国气象局等部门的侨联组织负责人和新侨专家参加。调研组深入一线与干部职工座谈交流，现场为华侨农林场的经济社会发展问诊把脉、建言献策，调研报告得到中国侨联领导的充分肯定，并上报中央有关领导。

【号召学习黄大年同志先进事迹】7月7日，中央国家机关侨联转发《中国侨联关于追授黄大年同志“侨界楷模”荣誉称号的决定》，号召归侨侨眷学习黄大年同志的爱国情怀、敬业精神和高尚情操，把爱国之情、报国之志融入祖国改革发展的伟大事业之中，融入人民创造历史的伟大奋斗之中。中央国家机关多个部门侨联组织根据通知要求，及时开展了学习讨论，把对黄大年同志的学习内化为工作中的自觉行动。

【调研督查中央国家机关群团改革工作】9月22日，中央国家机关侨联组织调研组督查，赴中国科学院就侨联组织贯彻落实中央国家机关群团改革工作推进会精神、深化侨联组织改革情况进行调研督查。中国科学院直属机关党委常务副书记李和风、副书记房自正与调研督查组座谈并介绍有关情况。

【学习贯彻党的十九大精神】11月6日，中央国家机关侨联召开主席（扩大）会，学习传达党的十九大精神，交流学习体会，并就中央国家机关各级侨联组织学习宣传贯彻党的十九大精神作了部署。中央国家机关侨联主席、副主席，秘书长、副秘书长，特聘专家委员会主任参加会议。11月20日，举办中央国家机关侨联主席学习党的十九大精神培训班。中央国家机关工委副书记陈存根出席开班式并讲话，中国侨联副主

11月20日，中央国家机关侨联举办部门侨联主席学习党的十九大精神培训班，中央国家机关工委副书记陈存根（左二）出席开班式并讲话，中国侨联副主席、中央国家机关侨联主席邵旭军（左三）出席开班式

11月20日，中央国家机关侨联举办部门侨联主席学习党的十九大精神培训班，图为大家交流学习体会

席、中央国家机关侨联主席邵旭军出席开班式，中央国家机关工委统战（群工）部部长冯伟主持开班式。培训班邀请有关领导和专家学者作了党的十九大精神的辅导报告，帮助大家进一步深化了对十九大精神，尤其是习近平新时代中国特色社会主义思想的理解领会。

【参加第六届中国（深圳）海归创业大会】 11 月 22 日，中国侨联副主席、中央国家机关侨联主席邵旭军代表中国侨联赴深圳参加第六届中国（深圳）海归创业大会并致辞。其间到深圳留学生创业园考察了迈步机器人、诺康医疗设备、华因康基因等三家中小型侨企，并与深圳市委统战部主要负责同志、深圳市侨联有关负责同志、部分侨界代表进行了沟通交流。

【举办第二届党外干部和归侨侨眷“智库论坛”】 2017 年，中央国家机关侨联以“助力全面深化改革　迎接十九大胜利召开”为主题，举办了中央国家机关第二届党外干部和归侨侨眷“智库论坛”。来自 28 个部门的党外干部和归侨侨眷参与了论坛征文活动，提交论文 60 余篇。12 月 11 日，中央国家机关工委与工商银行机关党委联合举办了“智库论坛”优秀征文表彰及演讲活动。中央国家机关工委副书记陈存根出席并讲话，中国人民大学副校长吴晓求应邀作报告。工商银行副行长、机关党委书记王敬东，中央国家机关工委统战（群工）部部长冯伟参加活动。

12 月 11 日，中央国家机关第二届党外干部和归侨侨眷“智库论坛”优秀征文表彰及演讲活动在北京举行，中央国家机关工委副书记陈存根出席并讲话

12 月 11 日，中央国家机关第二届党外干部和归侨侨眷“智库论坛”优秀征文表彰及演讲活动在北京举行，图为获奖作者演讲

【开发统一战线人才数据库】 在原有数据库基础上，开发了新的统一战线人才数据库，数据库较为完整地统计了中央国家机关党外干部、归国留学人员和归侨侨眷的学历、特长、简历等 35 项基本信息，可根据工作需要在数据库中设定某一项或某几项条件为关键词进行查询，查询结果可导出成为 EXCEL 或 WORD 表格，可生成每名同志的基本信息表。数据库还对多项数据进行了分析，生成各类统计分析图表，有利于摸清中央国家机关归侨侨眷最新底数和基本情况，为进一步调查研究提供数据支撑。

【加强基层侨联组织建设】 2017 年，中央国家机关侨联建立了中央国家机关侨联组织换届台账，督促应换届未换届部门尽快换届。在指导各部门侨联组织换届过程中，推动侨联干部队伍年轻化，推动各部门安排 1 名机关党委负责同志或相关处室负责同志担任侨联干部，促使各部门机关党委更加重视侨联工作。

中央企业归国华侨联合会

【领导成员名单】

主　　席：张玉卓（2017年3月调任天津市委常委、滨海新区区委书记）

第一副主席：芮晓武

副 主 席：李学东　刘大山　张文亮　于毅波（已离职）　许金华　张　诚

秘 书 长：张文亮（兼）

【综述】 中央企业侨联成立于2003年10月。据统计，目前中央企业归侨侨眷1.8万人，归国留学人员1.2万人，港澳台籍人士（眷属）2.4万人。2017年，中央企业侨联在国资委党委的领导和中国侨联的指导下，高举中国特色社会主义伟大旗帜，全面贯彻十九大精神，深入领会习近平新时代中国特色社会主义思想，以及党中央关于群团改革工作总体要求，紧密团结归侨侨眷，充分发挥人才密集和联系广泛等方面优势，围绕服务中央企业改革发展这一大局不偏不倚，牢固树立“为侨服务、维护侨益”宗旨，推动中央企业侨联各项工作有序开展，在凝聚侨心、汇聚侨智、发挥侨力、维护侨益上下功夫，充分发挥联系广泛、人才荟萃的优势，紧密结合中央企业改革发展实际，深入开展“爱企业、献良策、做贡献”主题活动和创新创效活动，引导广大归侨侨眷、归国留学人员和涉侨人士立足岗位、建功立业，全力推动创新发展、全面深化国企改革、强化完善国资监管、全面加强党的建设，营业收入全年保持平稳快速增长，经济效益创历史新高，为推进做强做优做大中央企业作出了积极贡献。

【召开中央企业侨联三届四次全委（扩大）会】 1月23日，中央企业侨联在北京召开三届四次全委（扩大）会议暨中央企业侨联青年委员会一届二次全委会议。中国侨联副主席、中央企业侨联主席张玉卓作工作报告，国资委党建局（党委统战部）局长（部长）姚焕出席会议并讲话，会议由中央企业侨联副主席、秘书长张文亮主持。国资委党建局领导，中央企业侨联主席、副主席、秘书长、常委、委员、顾问、副秘书长，中央企业留学人员联谊会会长、副会长，中央企业侨联青年委员会委员，从事侨联工作20年以上工作者代表及中央企业侨联归侨侨眷和留学人员创新奖获奖代表等120余人参加了会议。会议深入学习贯彻党的十八届六中全会精神和全国国有企业党建工作会议精神，深入学习习近平

1月23日，召开中央企业侨联三届四次全委（扩大）会

1月23日，开展首届中央企业侨联归侨侨眷和留学人员创新奖表彰活动

1月23日，对中央企业侨联工作20年以上工作者进行表彰

1月23日，参加中央企业侨联三届四次全委（扩大）会议的人员参观中央企业侨联首届归侨侨眷及留学人员创新创业成果展

总书记系列重要讲话精神，学习贯彻中国侨联九届七次常委会议和九届四次全委会议精神，总结过去一年的工作，研究部署2017年工作任务，同时对侨联工作20年以上工作者及首届中央企业侨联归侨侨眷和留学人员创新奖的个人和团体进行表彰。会后，与会人员还参观了中央企业侨联首届归侨侨眷及留学人员创新创业成果展。

【学习党的十九大精神】 中央企业各级侨联组织切实把学习党的十九大精神作为首要政治任务，深入领会习近平新时代中国特色社会主义思想。通过学习，各级侨联组织进一步统一了思想，提高了认识，强化了共识，工作中坚持党对侨联工作的领导不动摇，坚持围绕中央企业改革发展不走偏，坚持倾力建好侨胞之家不懈怠，切实把中央企业侨界群众组织起来、动员起来。中央企业侨联按照习近平总书记对群团组织“政治性、先进性、群众性”的要求，以问题为导向，深入开展调研，研究分析侨联工作中存在的问题与困难，努力做好凝聚侨心、维护侨益、发挥侨智工作，为完成党的十九大提出的宏伟目标贡献力量。

【参加新侨创新创业活动】 中央企业侨联积极响应中国侨联号召，向中国侨联新侨创新创业联盟推荐理事单位和“侨创二十人”候选人，增强各界对侨胞创新创业的认同，凝聚更多新侨创新创业力量。在6月26日中国侨联组织的新侨创新创业活动中，由央企侨联推荐的中国航天科技集团有限公司第八研究院第811研究所副总工程师汤卫平荣获“新侨创新创业杰出人才”称号；中国航天科技集团有限公司侨联上报的“低成本薄膜帆式离轨标配装置”和中国南方电网有限责任公司侨联上报的“变电站现场作业AR智能辅助系统”项目被评为“优秀侨创项目展示交流活动优秀项目”；中国南方电网有限责任公司广东电网公司侨联组织荣任中国侨联新侨创新创业联盟副理事长单位。

【中国南方电网有限责任公司侨联注重培养侨胞侨眷侨属】 中国南方电网有限责任公司侨联注重侨胞侨眷侨属队伍建设，积极发动鼓励侨胞侨眷侨属投身公司改革发展事业，贵州电网公司唯一一名侨眷员工刘冰目前任贵州都匀供电局客服服务中心服务调度班班长，带领班组人员创造了座席20秒接通率达99%的历史最高纪录，创立了“潮汐排班”品牌，海南电网公司5名侨胞侨眷侨属已成为该公司中层管理干部。

【华侨城集团侨联积极开展活动】 华侨城集团有限公司侨联组织部分侨联委员及会员参加“深圳市侨界新春联欢会”，并为晚会表演了浓郁的侨味节目；为全体归侨侨眷会员发放电影票，由各单位侨联组织带领会员分批分次前往观看；下属企业康佳集团、房地产、世界之窗、锦绣中华等侨联组织也通过组织会员学习交流、绿色健步走、茶话会等多种形式活动，激发广大归侨侨眷的工作热情和意志，树立集体荣誉感，增加会员之间的联系和交流，凝聚侨心，汇集侨智，努力为集团的建设发展多做贡献。

中国侨联年鉴

侨情概览

中国侨联
年鉴
2018 中国侨联年鉴

2017 全球华侨华人十大新闻

一、中共十九大召开，对华侨华人提出新期待

2017 年 10 月，中国共产党第十九次全国代表大会在北京召开。习近平在十九大报告中指出，要广泛团结联系海外侨胞和归侨侨眷，共同致力于中华民族伟大复兴。专家称，报告折射出侨界格局的大变化和中共执政的大视野，对新时代做好侨务工作提出了新要求。

二、习近平对侨务工作作出重要指示，李克强作出批示

2017 年 2 月，全国侨务工作会议前夕，习近平对侨务工作作出重要指示。他希望侨务战线的同志坚持胸怀全局、坚持为侨服务、坚持改革创新，当好海外侨胞和归侨侨眷的贴心人，成为侨务工作的实干家。中国总理李克强也对侨务工作作出批示。

三、中国出台出入境新规，为外籍华人设专属条款

2017 年 3 月，中国警方推出 7 项出入境政策措施，覆盖多个省、直辖市和自贸区，为外籍华人在华居留和永久居留提供更大便利。10 月，部分政策优化，适用范围扩大。2017 年 6 月，警方签发外国人永久居留身份证，凸显身份证明功能。中国“绿卡”政策更加开放、积极并逐渐完善。

四、中国全运会首次邀请华侨华人参赛

2017 年 8 月，中国第十三届全运会在天津举办。本次全运会首开先河，向全球华侨华人发出邀请。最终，石晶、朱美美、余腾渤、李海恩、张翔远、陈嘉瑞、任嘉骅、黄汲清等 8 名运动员获参赛资格。

五、加拿大温哥华市议会全票通过报告，就排华史道歉

2017 年 11 月，温哥华市议会全票表决通过，就当年排斥、歧视华裔历史向华人社区道歉。该市将在 2018 年 4 月正式发布官方道歉。报告通过背后的强大推动力是一代代华侨华人不断艰辛打拼，赢得当地主流社会的尊重。

六、第九届世界华文传媒论坛聚焦“一带一路”

2017 年 9 月，第九届世界华文传媒论坛在福州举行，来自世界 64 个国家和地区的 430 余家华文媒体领军人物围绕“‘一带一路’与海外华文媒体新发展”主题交流研讨，共谋合作发展，取得丰硕成果。

七、旧金山首位华裔市长李孟贤逝世引关注

当地时间 2017 年 12 月 12 日凌晨，旧金山市市长李孟贤因心脏病突发去世，享年 65 岁。李孟贤是该市首位华裔市长，自 2011 年上任至今，在他领导下，旧金山在环保、就业率、科技创新等方面取得丰硕成就。李孟贤的一生，折射了华裔在美国的奋斗与梦想。

八、法国华侨遭警员射杀震惊华人社会

当地时间 2017 年 3 月 26 日，华侨刘少尧在巴黎的家中被法国警员开枪射杀，引发大规模抗议活动。数千侨胞集会悼念逝者，提出“真相、公正、尊严”的诉求。有华文媒体评论称，这一事件是旅法华侨华人依法维权的里程碑。

九、章莹颖事件引发海外留学安全话题

2017 年 6 月，伊利诺伊大学中国访问学者章莹颖失联，当地警方逮捕嫌犯克里斯滕森，并宣布章莹颖遇害。章莹颖事件再次引发了公众对留学安全话题的关注，加强留学人员安全教育，提升自我保护意识成为共识。

十、《战狼 2》再现撤侨事件，点燃侨胞热情

2017 年，华语影片《战狼 2》在华侨圈中引发观影热潮。影片以真实故事为依托，再现撤侨事件。“当你在海外遭遇危险，不要放弃！请记住，在你身后，有一个强大的祖国！”片尾的这句话，戳中无数华侨的泪点。

新、马、泰、菲四国侨情

新加坡是除了中国之外，世界上第二个以华人为主体民族的国家。华人是新加坡人口当中最大的族群，约占总人口的75%。新加坡《2016年人口简报》显示，2016年6月，新加坡总人口达560.73万人。自2012年以来，新加坡总人口增长率逐年下滑，从2.5%跌至2015年的1.2%。2015年有20815名新移民入籍新加坡。旅居海外的新加坡侨民人数连续7年增加，截至2016年6月达213400人。

截至2017年9月30日，马来西亚人口为3215.41万人，比2016年同期增长1.3%。从2013年到2014年，大马总生育率维持在2.0；华裔和印裔却只有1.4，其他族群则是0.9，远逊于马来族的2.6。自1957年独立以来，华裔人口比率不断降低，从当时占半岛总人口的38%下降到2016年的23.4%（2016年华裔总人口6645600人），2017年更是下降到半岛人口的23.2%。

泰国2016年总人口约为6886万人，在泰华人约有900万，占全国人口的14%，是泰人之外最大的族群。华人主要居住在曼谷和半岛的中部。泰国华人同化程度非常高，20世纪之前移居泰国的华人和华泰混血，大多已经完全融入当地社会，不被计算在华人人口之中。

菲律宾2016年人口1.03亿人，其中华人约为200万人，占全国人口的2%，遍布全菲各地。宿务华侨有600多年历史，现有侨胞20多万人，约占当地总人口的10%。菲律宾华人先祖来自福建闽南者（泉州、漳州、厦门）十之八九，又以泉州为最。菲律宾90%以上的小商品批发商都是福建人，他们大多从事汽配、钢筋、水泥等项目。菲律宾侨团历史悠久且数量很多，现有大小侨团3000余个，众多侨团之间总体和谐，近年来没有出现过打架等杂音。改革开放后，中国大陆有一些新移民进入菲律宾。

一、总体特征：华人族群认同强化，焕发出新的活力

新马泰菲是传统的华人移民国家，中国人移居历史悠久，不少人落地生根，形成侨民社会。二战前后，随着这些国家摆脱殖民统治取得独立（泰国除外），他们对新中国采取敌视态度，对华侨采取民族主义的侨民归化政策，对华侨进行利用、限制和归化。政治上加速华侨国籍归化，经济上实行国民化或国有化，教育上实施强迫性的国民教育法令，在此背景下，华侨社会转为华人社会，华侨教育转变为华文教育，华人族群认同式微。随着20世纪70年代末中国改革开放的进行，特别是近年来“一带一路”倡议的实施和中国国力的提升，中国和东南亚各国关系更加密切，华人族群认同焕发出新的活力。对华族群体而言，掌握中文、会讲汉语、庆祝春节及为孩子取中文名字等，是族群认同感最重要的体现。新加坡耗资1.1亿元兴建新加坡华族文化中心，以新颖的呈现方式吸引更多人接触新加坡华族文化。马来西亚二十四节令鼓表演，从南到北，跨海东西，大马地区无不鼓声雷动。泰国国家旅游局支持泰国华人举办“泰式中国年　鸡年迎新春”庆祝活动。中国文学、书法、中医药、太极拳等在这些国家得到了广泛传播。与此同时，华文教育发展也迎来新的历史机遇，被赋予新的时代内涵。

二、各界人士接受、认同、支持、参与“一带一路”倡议

从新加坡政界、商界及学界的总体态度和行动来看，新加坡不仅是“一带一路”倡议的积极支持者，更是深度的参与者与协助者。2017年9月李显龙总理表示，“一带一路”倡议能够使中国积极地与周边国家、贸易伙伴国和欧洲、亚

洲甚至非洲国家连接起来，加强彼此间的密切合作，深化基础设施、贸易、旅游等方面的互惠互利，可以积极促进其他国家的繁荣发展，对于整个国际体系有正面影响。中新双方可以加强基础设施的互联互通、金融方面的合作及人才培训活动等。新加坡外交部长维文也表示，“一带一路”倡议将深化中国与中亚、欧洲、东南亚、南亚等地区之间的联系，为各国带来历史性机遇。

马来西亚总理从官方到民间，“一带一路”的态度是热情高涨，有人甚至喊出了“一带一路，大马带路”。纳吉布总理高度评价“一带一路”建设，认为马方将从中受益无穷。在马来西亚2017—2018年经济报告中，“‘一带一路’建设将为马来西亚经济带来巨大商机”被写入其中。2016年12月，43个位于马来西亚的华人协会在吉隆坡马华公会签署了由马华公会发起的“一带一路”宣言，表达了他们对中国这一宏伟战略的支持。

2017年5月，泰国总理巴育在每周电视讲话中称泰国是“一带一路”沿线国家，通过“一带一路”同世界上各大市场联通起来，希望大家关注并共同支持该倡议落实。同“一带一路”倡议对接符合泰国希望加强地区互联互通、将泰国打造成地区中心的愿望。泰国华商会表示，“一带一路”倡议给泰国带来巨大的发展机遇，随着这一倡议的不断推进实施，泰中两国关系将更加紧密，“亲上加亲”。

菲律宾总统杜特尔特2017年5月表示，中国通过“一带一路”倡议真心实意地帮助各国发展。“一带一路”倡议将拓宽菲中经贸交往，造福菲律宾人民。杜特尔特认为，中国的投资帮助东盟国家发展经济并改善民生，有助于形成一个稳定的“亚洲共同体”。菲律宾华商也表示，菲中两国民间交流相对频繁。“一带一路”倡议将为两国商界提供新的交流平台，促进贸易往来。“一带一路”建设提供的机遇，不仅局限于商业，还广泛蕴含在金融、文化、电子商务等更多领域。

三、华文教育驶入“快车道”，借“一带一路”腾飞

随着中国国力的不断提高，华文价值凸显，新马泰菲各国，从官方到民间，出于政治、经济、文化等原因，重视华文教育发展。特别是“一带一路”倡议的实施，新马泰菲各国华文教育更是进入了快车道，飞速发展。

新加坡1965年建国后，多年实行双语政策，新加坡华文水平普遍下降。连官方机构的中文水平“不敢恭维”，错别字频现。孩子学双语有“心”无“力”。为改善这种境况，近年来政府和社会团体采取积极措施，促进发展华文教育。2017年9月，新加坡报业控股华文媒体集团与新加坡华文教研中心签署战略伙伴关系协议，以结合双方优势，进一步提升本地双语环境中的华文教学素质，继续推动华族语言文化的传承。2017年11月，新加坡华文教研中心举办华文应用编程比赛，从中发掘华文的趣味和实用性。

马来西亚是除中国大陆及港澳台地区以外唯一拥有小学、中学、大专完整华文教育体系的国家。马政府对华文教育采取限制政策，长期致力于马来语成为唯一教学媒介语的努力，对华文母语教学产生重大冲击。长期以来，马政府不承认独中的文凭，初、高中毕业生必须在参加政府学校同等的水平考试，才能获得政府承认的相关文凭，进入高中或大学。马来西亚华文学校面临着师资缺乏、经费不足、生源减少等困境。随着中国经济的快速发展和国际地位的不断提高，汉语在全球已成为一种强势语文，马政府对华文教育的态度有所好转。2017年年初，大马教育部副部长张盛闻指出将派遣师资，解决华小师资短缺问题，马来西亚华文小学将可获全数拨款。11月，马来西亚副总理阿末扎希强调，总理纳吉布宣布增建华文小学及淡米尔文小学，增加华小及淡小的拨款，意味着各学校获得提升及援助，以及受到平等对待。

在泰国和菲律宾，华人与当地居民关系融洽，华文教育得到了大力发展。泰国在20世纪90年代对华文教育松绑后，逐年加大了扶持力度。泰国教育部决定将中文列为第一外语，将汉语课程纳入泰国200所中小学，使中文与英文平起平坐。中国政府大力支持泰国华文教育，每年资助千名泰国汉语教师赴华培训，并向百名泰国汉语教师提供赴华留学奖学金。华文学习已经成为中泰双方进行交流的重要纽带。菲律宾方面，近20年来，在中国汉办、侨办及菲律宾

华侨华人的支持下，170多所华文学校遍布菲律宾，菲律宾华文教育进入振兴发展时期。此外，华校多年来开门办学，接纳原住民和其他友族的后裔也来华校上学，接受华文教育，把华文和中华文化推向主流社会和其他族群。

四、华人社团发挥重要作用，新老社团吐故纳新与时俱进

作为侨社三宝之一的华人社团，在新马泰菲华人社会中依然发挥着重要作用。一些传统社团补充新鲜血液，顺利实现新老更替，新成立的社团也与时俱进，并与传统社团保持良好关系。在新加坡，黄山忠成为中华总商会新一任会长，共有9名新董事加入。新董事来自媒体、零售、投资、资讯通信、建筑、海事和医疗保健等领域。总商会也宣布成立青年商务委员会，栽培青年华商成为商会接班人。潮州八邑会馆推举原副会长蔡纪典为会长，新任副会长共有8名。2017年3月，新加坡江苏会成立，吸引了400多名会员。在马来西亚，成立于1949年的马来西亚华人公会，目前有110万党员。马华公会近年来积极展开党的改革转型，如建立中央党校，打造“知识型政党”形象等。成立于1910年的泰国中华总商会，是泰华社会最具实力和影响力的社团之一。在推动中泰友好、凝聚泰华各界力量维护权益等方面成就卓著，受到泰国皇室的器重和泰中两国政府的高度重视。成立于1977年的菲律宾菲华各界联合会，广泛团结华社力量，在积极融入当地主流社会的同时，不失时机增进中菲两国人民的相互了解，堪称促进中菲友好的典范。

五、未来发展趋势看好

华人移民新马泰菲历史悠久，在这几个国家长期落地生根，民族关系相对融洽。在新加坡，华人是主体民族，随着中国国际地位的提高，新加坡政府越来越重视华人的语言及文化认同等，华人族群认同趋于强化，中新将面临更大的合作机遇。在马来西亚，华人是第二大族群，长期以来为争取族群权利进行了不懈斗争，近年来，随着政府族群政策的改善，独立中学、小学等的发展困境得到了很大突破。泰国华人和菲律宾华人与当地族群关系融洽，他们在弘扬中医药、发展华文教育、传承中华文化等方面发挥了积极作用。随着“一带一路”的推进，新马泰菲与中国的联系将进一步加强，中国出游新马泰菲的游客逐年增多，华人在中外交往中的贡献将更为突出，这也将提升他们在各国的政治经济文化地位，与此同时，也会强化他们对于传统族群文化的认同。

新加坡建国总理李光耀儿女因故居拆除起纠纷。2017年6月14日凌晨3时，李光耀儿女李玮玲与李显扬同时将一份题为“李光耀的价值观哪去了”（What Has Happened to Lee Kuan Yew's Values）的6页声明稿上载至社交媒体，声称在遵从父亲李光耀遗愿拆除故居的过程中遇到阻挠。李显扬也在声明中表示“会在可预见的将来离开新加坡”。他们两人都表示对长兄李显龙总理失去信任和信心。在国外度假的李显龙14日在社交媒体上做出简短声明，对弟妹选择公开家中纠纷感到十分遗憾与失望，认为伤害了父亲留下的精神资产。他和妻子何晶全然否认指控，特别是关于他要扶持儿子进入政坛的指责。

新加坡两学者编撰书籍收录63个华社碑铭。新加坡国立大学中文系主任丁荷生教授和高级研究员许源泰博士联手编撰的《新加坡华文铭刻汇编1819—1911》，沿着国学大师饶宗颐、著名学者陈铁凡、傅吾康（Wolfgang Franke）等人所开的先河，从新加坡本地铭刻中去记录、保存和诠释历史。为了编撰和出版这套铭刻汇编，丁荷生和许源泰花了四年时间走访约400间庙宇、祠堂、同乡会、宗亲会、同业公会等，采集了大量原始材料。《新加坡华文铭刻汇编1819—1911》收录63个华人团体的1278件文物铭刻。这些创立于1819年至1911年间的华人团体，包括庙宇、祠堂、会馆、行业公会之类的组织。许源泰博士指出，663份铭刻源自1945年以前的文物，剩余615份铭刻是从1945年以后的文物摘录下来的。

《新加坡华人百年史》设网上增补，邀公众提供史料。要了解新加坡早期华人的历史，都绕不开宋旺相在近百年前所撰写的《新加坡华人百年史》。几年前，新加坡国家图书馆委托新加坡传统文化学会校注此书并上传到网上，还广邀公众提供手中史料，以丰富其内容。国家图书馆馆长伍慧贤说，国家图书馆在2014年3月委托传统文化学会展开这项深具意义的校注工作，对方

在 2016 年 10 月完成电子校注版，公众可上网阅览。公众还可以通过网站补充额外史料。校注版主编陈有利博士之后会再审阅公众所补充的资料，国家图书馆日后会考虑出版另一个校注本。

新加坡华文教研中心办华文应用编程赛引青少年关注。新加坡华文教研中心瞄准科技应用对时下青少年的吸引力，举办本地首个华文应用编程比赛。活动希望让青少年发挥创意和程序编写技能，结合自己的华文学习经验，设计出能激发学前幼童和小学生学习兴趣的应用，并从中发掘华文的趣味和实用性。拟于 2018 年举办的新加坡学生华文应用制作比赛，吸引了 400 多名中学、初级学院和工艺教育学院学生报名参加。华文教研中心在华侨中学举办两天的学习行程，说明比赛细节及开发华文应用的注意事项。

马来西亚华裔家庭贫富悬殊问题恶化。据马来西亚《2016 年家庭收入及开支统计报告》显示，马来西亚华裔家庭贫富悬殊问题最严重。报告指出，反映贫富悬殊的基尼指数，在马来西亚开始稳步下降，但华社的基尼指数不但最高，而且还逐年上升，更在 2016 年达到 0.411，意味着华裔群体的贫富悬殊现象变得更严重。马来西亚统计局表示，马来西亚基尼指数从 2012 年起稳步下跌，2012 年时是 0.431，2014 年是 0.401，2016 年则是 0.399。从族群分布来看，国内土著群体的基尼指数从 2014 年的 0.389 下跌至 0.385，华裔群体的基尼指数则从 0.405 增至 0.411。

马来西亚侨领希望在马华裔人口比率维持合理水平。2017 年 12 月，马来西亚中华大会堂总会长方天兴指出，在马来西亚民主和政治的现实之下，希望华裔人口的比率能维持在一个合理的水平上，过低的比率肯定影响华裔未来的权益。马来西亚统计局发表的数据显示，马来西亚人口目前已达 3200 万人，华裔占总人口的 23.2%，较 2016 年下降 0.2%，华裔人口呈持续下降趋势。方天兴希望华社继续关注华裔人口比率逐年下降的现实问题，同时鼓励华裔夫妇在能力和条件许可下多生育。

马来西亚 2016 十大富豪榜华人有七，首次前三位均为华人。据《南洋商报》2017 年 2 月报道，香格里拉酒店创始人郭鹤年再次蝉联马来西亚 2016 年首富。被称为“华裔糖王”的郭鹤年，2016 年以 367.35 亿马币再次蝉联南洋富豪榜首位，云顶集团主席林国泰以 222 亿马币首次登上亚军位置，大众银行创办人郑鸿标则从第四名上升一位，以 203 亿马币位居季军。马来西亚 2016 年十大富豪榜，首次前三位均为华人。马来西亚十大富豪第四位至第十位依次为明讯创办人阿南达·克里斯南、IOI 集团董事长李深静、合成统一创办人刘楚群、丰隆金融集团董事局主席郭令灿、杨忠礼机构创办人杨忠礼、西海控股董事长甘纳林甘、多元重工业董事长赛莫达，前十位富豪中有七位华人。

“路”字当选 2017 马来西亚年度汉字。由马来西亚汉文化中心和中华大会堂总会联合举办的“2017 马来西亚年度汉字”评选 12 月 10 日在吉隆坡揭晓，第一次入围十大候选汉字的“路”字当选 2017 年度汉字。据统计，“路”字以 30.45% 的得票率险胜“累”字（28.9%）当选年度汉字。排在第三到第五位的汉字分别是“忧”（8.24%）、“税”（7.75%）和“等”（4.74%）。“选”“一”“金”“乱”“恐”则依次位居 2017 马来西亚年度十大汉字后五位。马来西亚中华大会堂总会会长方天兴表示，马来西亚年度十大汉字十分形象地表达了马来西亚人民的心声，具有很强的代表性和概括性。马来西亚 2017 年有新地铁线路开通、东海岸铁路开建，还有即将开始招标的马新高铁，这些本身是“路”，也得益于“一带一路”倡议的推动。而“路”字的当选，既说明了“一带一路”在马来西亚深入人心，更表达了民众对于走上未来更光明之路的期盼。马来西亚年度汉字评选活动开始于 2011 年，是全球 7 个举办年度汉字评选活动的国家和地区之一。

大马政府关注华教，批准增建 10 所华小。10 月 26 日，教育部部长马兹尔宣布，马来西亚教育部批准增建 10 所新华小，以满足马来西亚国内华教的需求。马兹尔指出，柔佛和雪兰莪将各增建 5 所华小，地点将落在快速发展及华裔人口众多的地区。除了增建新学校，马兹尔也宣布 6 所华小搬迁。目前马来西亚全国有 1298 所华小，其中的 883 所为政府津贴学校。在这个数目中，有 454 所是属于微型华小，学生人数少于

150 名。

华裔选票回流明显，马华获 35% 支持率。505 后，马华的支持率曾跌至 15%，根据马来西亚华人公会 6 月做出的民调显示，华裔选票有回流的现象，平均全国的支持率介于 30% 至 35%。马华所进行的民调显示，国内一些地区对马华的支持率已超过 40%，甚至达到 50%。

泰国华商乘中国“顺风车”响应“一带一路”倡议。“一带一路”国际合作高峰论坛 5 月在北京举办，泰国华商谢国民作为侨界代表受邀出席。泰国正大集团资深董事长谢国民接受专访时表示，“一带一路”使各国互联互通，实现共赢，是一个具有世界意义、具有人类情怀的大创新。正大集团愿积极响应“一带一路”倡议。谢国民介绍，正大集团将同中国企业进行合作，投资泰国高铁项目，使其成为“一带一路”建设的组成部分。从泰国首都曼谷到罗勇府，途经旅游胜地芭提雅。泰国 70% 的经济集中在这 200 多公里铁路沿线。除了建设高铁，谢国民还建议泰国政府将铁路沿岸打造成 4.0 高科技工业园区，吸引全世界的技术和人才。谢国民认为，各国要考虑如何把“一带一路”倡议的好处变成现实。建设这些项目对国家有什么贡献，对企业有什么好处，能给老百姓带来哪些实惠，这些都要讲得清清楚楚，才能让大家理解中国所提的共商、共建、共享。

第十四届世界中医药大会在泰国曼谷召开。第十四届世界中医药大会暨“一带一路”中医药文化周 10 月 21 日在泰国曼谷开幕，来自 30 多个国家和地区约 1000 名专家学者及嘉宾与会。由世界中医药学会联合会主办、泰国中医师总会承办的本届大会，以“助力‘一带一路’，服务民众健康”为主题，旨在加强和推动中医药学的国际学术交流，加快中医药现代化、国际化、标准化的进程。为期两天的会议期间，与会代表围绕主题，就中医基础理论与临床研究新进展，中药研究开发与应用、道地药材与濒危珍稀动植物保护，针灸推拿研究与实践，中医手法流派的传承与发展，中医药国际标准化、信息化研究，中医药文化与非物质文化遗产保护，中医药服务贸易理论研究与实践及经验交流，中医药立法、教育、医疗、科学研究在世界各国的发展态势及前景，中西医结合研究等进行研讨，分享学术成果。

泰国中文学习热持续升温汉语已成该国第二大外语。随着“一带一路”倡议推进，泰国“中文热”持续升温。11 月 18 日，泰国孔敬大学孔子学院举行中小学中文考试，共有 5012 名考生同时参加考试，创下单次考生人数全泰第一。据悉，在泰国政府的支持下，汉语已成为泰国第二大外语。

菲律宾侨领陈永栽情系华教十七载，传承文化薪火。4 月 1 日，由著名侨领陈永栽资助的 2017 年“中国寻根之旅”——菲律宾华裔学生学中文夏令营在晋江开营。来自菲律宾各华校的 1024 名华裔青少年将分别走进华侨大学、集美大学、泉州师范学院、厦门外国语学院和泉州南少林国际学校，开启为期近两个月的文化寻根和中文学习之旅。菲华商联总会永远名誉理事长陈永栽伉俪等出席开营式。自 2001 年来，陈永栽已连续 17 年资助菲华青少年学中文夏令营，每年亲自带领学生参加“寻根之旅”。为“寻根之旅”夏令营品牌书写了浓墨重彩的一笔。“中国寻根之旅”——菲律宾华裔青少年学中文夏令营在陈永栽的资助下，至今已延续 17 年，累计有超 1.3 万名青少年受惠。

菲律宾福建青年联谊促进委员会成立，许扁任会长。6 月 2 日，菲律宾福建青年联谊促进委员会成立暨首届职员就职典礼在马尼拉金海湾海鲜大酒楼举行，旅菲晋江乡贤许扁任首届会长。许扁表示，菲律宾福建青年联谊促进委员会是一个旅居菲律宾福建籍青年联谊和交流的平台，相信该会的成立，能为菲律宾与世界各地福建青年的相互了解、交流合作和经贸发展创造更加便捷的机会。同时，旅菲福建青年也积极响应国家“一带一路”倡议，为共同发展做出积极贡献。

菲律宾华侨善举总会举行 140 周年庆典，获菲总统称赞。6 月，菲律宾华侨善举总会举行庆祝创立 140 周年庆典。菲律宾总统杜特尔特出席庆典仪式并致辞，他赞扬该会创立以来，对菲律宾社会发展所做出的积极贡献。140 年来，善举总会坚持立足菲华，面向世界主流社会，做到承先启后，继往开来，从组织到业务，不断改革，不断完善。菲律宾华侨善举总会，除了本身五大机构的业务运作之外，还积极投入救灾赈灾、提供人道救援、扶助贫困等方案，负起社会责任。

菲律宾潮汕总商会成立庆典举行，陈慎修当选会长。菲律宾潮汕总商会成立庆典8月20日晚在菲律宾首都马尼拉举行，陈慎修当选首届会长，菲律宾总统杜特尔特向庆典致贺信。菲律宾潮汕总商会的成立，为在菲的潮籍乡亲们建立起一个连接海内外潮人的合作交流平台，揭开了旅菲潮属乡亲精诚团结，谋求更大发展的新篇章，同时也标志着遍布全球的潮汕商会又增添了一支生力军。为中菲两地经贸文化往来牵线搭桥，促进中菲两国友谊；携手共创美好未来，共同谱写合作共赢新篇章。

菲华侨领热议中共十九大，促中菲友好坚定反“独”促统。菲律宾中国和平统一促进会、宿务中国和平统一促进会、棉兰佬中国和平统一促进会联合，11月9日在马尼拉举行座谈会，热议中共十九大，畅谈中菲友好，坚定反“独”促统。来自马尼拉、宿务、棉兰佬岛等地的50余名华社代表出席座谈会，20多位侨领发言。菲和统会会长戴宏达表示，中共十九大描绘的宏伟蓝图，是海内外中华儿女共同奋斗的目标，也是海外和统会和华侨华人在新时代反“独”促统，参与“一带一路”建设，促进中外友好，为祖（籍）国统一、民族复兴贡献力量的行动指南。菲和统会副会长洪健雄表示，当前中菲两国友好关系进入新的黄金时期，两国在各领域的交流合作掀起热潮，前景远大光明，是难得的历史机遇。菲华各界将发挥华侨华人的独特优势和作用，发展自身的事业，为两国的共同发展做贡献。

《中国和文莱的故事》在南京首发。《中国和文莱的故事》新书首发式2017年5月在南京艺术学院举行。该书由中国首任常驻文莱大使刘新生担任主编，全书由中、文两国24位作者联袂创作，以作者亲身经历，讲述中、文两国的历史渊源。文莱是中国的友好邻邦，也是东盟重要一员。本书饱含对中、文两国友好的炽热情感，是一本以传承两国传统友好、对接两国发展战略等内容为主的精品力作。

越、柬、老、缅、印五国侨情

越　南

根据联合国发布的统计资料，2017 年越南总人口数为 9554.1 万人，其中华族占 1.13%，华人人数估计为 110 万人。华侨华人遍布全国，其中约 90% 居于南部地带，尤其以胡志明市最为集中，约超过 50 万人。越南华人以粤裔为主，其次是潮州裔、闽裔、琼裔和客裔。

近年来，为配合越南政府开放华文教育，各城市乡镇的民办华文学校或华文中心纷纷成立。华文中心主要集中于胡志明市，有 30 余所，附近的同奈省有 16 所，林同省有 3 所，其他各省 11 所，合计约 60 所。胡志明市华文教师约有 300 人。越南颁布定居国外的越南人及华人返越投资条款，鼓励定居海外的华人返回越南投资，同时给予优惠措施。华人可前往国外探亲或定居，在经济上可以从事各种经营，华人的文艺团体及体育俱乐部也纷纷开展活动，华人在海外的亲属也陆续回来探亲及旅游。

越南中国商会。越南中国商会是在中华人民共和国驻越南大使馆指导下并经越南政府有关部门于 2001 年 8 月批准成立的非营利民间社团组织。其宗旨是促进中越两国经贸和投资，以“睦邻友好，全面合作，长期稳定，面向未来”的十六字为方针，推动中越双边经贸合作发展。越南中国商会成立之初仅有百余家企业会员。后来陆续成立了胡志明、海防和广宁等分会。应中国各省经济发展的需要，又组建了越南中国商会广东企业联合会、云南企业联合会、湖南企业联合会和福建企业联合会。江苏企业联合会和广西企业联合会正在筹备中。商会现有近 700 家会员单位，主要是中国在越南的独资、合资企业、大型（工程）项目单位及中资公司驻越南代表机构等。会员所从事的行业包括：建筑、机械设备、各行业原材料与生产加工、摩托车制造、金融、水利水电、火力发电站建设、通信与器材、电子电器、交通运输、矿产冶金、农牧业、医药、纺织业及其他行业。

穗城会馆。1998 年会馆成立励学会，从 1999 年开始举办年度助学金活动，帮助同乡子弟完成学业。不仅在物质上资助，会馆经常组织各项文娱活动，让青年人学习益己助人的各种技能和会馆为社群服务的精神。此外，每年举办广肇二府大学生新春聚会，经过 10 多年的努力，前后有 700 多名大学生参加聚会，在长期的活动中，会馆发掘了很多优秀子弟加以培训，希望他们成为会馆的接班人。目前已有 50 多名大学生成为励学会会员，30 名年轻会员是会馆慈善组的志愿者，2 名成员成为会馆理事会成员，在第 23 届理事会中有多名年轻成员是从积极参与这些活动中成长起来的后起之秀。

义安会馆。潮汕民俗丰富，潮汕移民将这些文化要素带到越南并延续下来，其中最突出的是保留潮汕传统节日。义安会馆历年活动的重要内容就围绕着这些节庆展开。每逢新年，会馆在关帝庙内举行酬神仪式，理事会成员向关圣帝君上香、敬献金猪、花果等，答谢神恩，并为来年祈福，向贫困乡亲赠送新年礼物。正月十四日开始，循例庆祝元宵佳节，白天邀请龙狮团、锣鼓队表演，晚上则请潮剧团演出，甚至越南南方蓄臻、坚江、薄寮、芹苴、金瓯、朱笃、茶荣等省的潮籍同乡，也特意赶到胡志明市参加庆元宵活动。每年清明节，会馆都会举办扫墓活动，安排专车接送。每年中元节，会馆都仿照祖籍地习俗，举办盂兰普度盛会，恭请法师主持法事，超度各姓氏门中先亡，赈济穷人。义安会馆通过这些节庆活动弘扬乡帮和中华文化，增强了潮汕乡亲的凝聚力，丰富了越南的民族文化。

柬埔寨

2017年，柬埔寨总人口约1600万人，华侨华人有90多万人，约占全国总人口的6%。近年来，来自中国大陆的新移民增长了近10万人，并在持续增多。

柬华理事总会。 2017年1月17日，柬华理事总会举行第五届会长交接仪式，方侨生正式接任会长。柬华理事总会在方侨生会长和其他华社贤达的领导下，进入改革发展、与时俱进的新阶段。新一届理事会对柬华理事总会的会务进行革新，确立文教和经济为两大主要工作，重视对青年成员的培养，加强总会与柬埔寨官方、民众及海外柬埔寨华人的联系。

1. 会务革新

柬华理事总会召开理事会议，审议通过了新章程、新会徽设计图案，赞成并通过8位人士作为法人代表在内政部注册的资格等议案。这8位法人代表为方侨生（会长，潮州人）、冯俊楠（监事长、客家人）、方灿成（副会长，潮州人）、韩强畴（副会长，海南人）、蔡迪华（副会长，广府人）、黄美芬（常委，福建人）、庄明强（副会长、潮州人）、林少雄（副会长、潮州人）。

新建办公大楼。新楼位于金边繁华区域，总面积3000平方米，预计2018年竣工。项目建设方案经过全体会员大会一致通过，并于2017年3月30日奠基，棉森婉副总理亲临主持奠基仪式。新楼的建设用地由方侨生会长无偿捐赠，自奠基仪式举行后，柬华理事总会不断收到华社的热心捐助，支持大楼建设。

增设“商贸促进处”和“法律咨询处”两个机构，以便更直接地为在柬华人、华侨提供最新的商业投资信息和合作机会，为在柬华人、华侨提供关于政策、法律法规方面的咨询服务。

转换运作方式，引入一些商业运作模式，实现柬华理事总会自身的“造血”功能。方侨生会长希望总会今后加入一些商业运作模式，如果外国投资商来柬埔寨投资，柬华总会可以为会员产业进行推介，并可能从中收取推介费，用于扩大和支持总会的经费。但柬华理事总会的最终目标并非盈利，而是为会员提供服务 尤其是支持华文教育。

2. 文教事业

继续办好“大使奖”作文比赛。由中国驻柬埔寨大使馆和柬华理事总会联合主办的全柬华校学生“大使奖”现场作文比赛是柬埔寨华校的重要活动项目。自2001年以来，连续举办了17次比赛活动，参赛学生逐年增加。

委派文教处进行全国华校调研，做好华文教育的统筹工作。柬埔寨各地华校的情况差异很大，既有1.5万人的端华学校，也有30人的外省农村学校，因此，柬华理事总会在常务副会长兼文教师资基金处长郑棉发的带领下，组成文教团，驱车数千公里，对全柬华校进行走访调研。2017年，文教处代表团进行了6次走访调研，完成对20个省（首都）区57家华校的摸底。

每年为华校发放补贴金，提升华文教师的薪酬待遇。柬华理事总会于2017年10月2日发布通告称，为了改善华校老师的生活条件，维护老师的尊严，柬华理事总会会长方侨生决定，给予首都郊区和各省市县柬华理事会下属华校老师提供薪金补贴，确保老师收入能够维持生活。通告指出，在薪金补贴计划下，新聘老师最低工资为250美元，教龄一年以上老师为300美元，教龄10年以上老师为350美元，校长或校委主任则为不低于400美元。若各校付予的工资未达上述标准，柬华理事总会将会补足。方侨生会长决定自掏腰包，报销所有的补贴金，每月资助29636美元，一年共计355632美元。

开展柬华师资培训，从源头上解决华校老师师资不足的问题。2017年，由柬华理事总会主办、乌廊市启华学校承办了“首期柬华师资培训”。首期培训班共有15名学员，他们有的是中学毕业生，有些是应届中学生。学成结业后，根据各省市华校需要，将他们精准分配到各地华校任教。

3. 商务活动

新一届理事会任职以来的第一年（2017年）接待来访的中国和其他国家代表团18次，其中有15个代表团到访柬华理事总会的目的是为了加强经贸合作。2017年3月，接待美国潮商总会，探讨搭建美中柬商业文化交流的平台，促进美中柬经贸往来，为潮商所在国和祖（籍）国作贡献；接待广东省行业协会考察团，介绍柬埔寨投资环境。5月，接待《广东华侨史》编辑组，提供柬埔寨华侨华人历史收集相关文献资料；接待海南客家商会考察团。7月，接待中国（德州）企业对接会，为柬埔寨和中国山东德州市双边企业开展经贸、投资合作搭建沟通交流的平台。9月，接待吉林省侨联代表团，为长春老工业基地来柬埔寨发展找到契机，支持有意来柬发展的吉林商家企业；接待广东省侨联代表团；接待国侨办政策司调研组。10月，接待青岛考察团，提供柬埔寨投资、经济、人才等相关领域的潜力和情况；接待黑龙江社会科学院代表团；接待珠海建协代表团，提供柬埔寨在建筑业等方面的情况。11月，接待肇庆市外事侨务局；接待江苏省兴化市政府代表团；接待中国工业经济联合会代表团；接待中国潮商代表团。12月，接待华侨大学访问团；接待中柬企业发展投资基金会代表团，双方就柬埔寨投资能源开发、港口建设、旅游、教育、农业、发展投资基金、IT系统和办公自动化等项目进行交流座谈；接待中国侨联代表团，提供华文教育开展情况。

4. **青年工作**

柬华理事总会成立青年团，为社团培养后备力量。2017年6月4日，近60名青年团成员举行首次聚餐会，这次聚会促进了青年团员相互认识与交流，增进了团员们的感情，成为团员们团结团聚的起点。青年团成立后，两次拜访柬华理事总会会长方侨生，听取指导，希望为华社发展作出贡献。方侨生会长同意让青年团经济独立，由柬华总会拨款相助。为鼓励青年团尽快行动起来，方会长以柬华理事总会的名义捐助10000美元，作为青年团活动的启动资金。

5. **举办四次独具特色的大型活动**

大年初八洪森总理和5500名华侨华人共进“团结饭”。柬华理事总会2017年1月23日致信洪森总理，邀请他在中国农历春节期间与柬埔寨华侨华人共享“团结饭”。洪森总理在活动上以“恭喜发财”的中国话祝福全柬华侨华人和全球华侨华人。中国驻柬埔寨大使熊波夫妇及使馆人员、柬埔寨政府高官政要、柬埔寨社团、华校代表和中国大陆、港、澳、台社团，以及来自中资企业、在柬工作、援柬华教老师和留学生等出席活动。

与千余商贩共进“友谊饭”。为了增进柬华理事总会同金边市各个市场商贩的密切联谊与交流合作，2017年5月7日，总会决定举办1500人的“友谊饭”盛宴，邀请1100名商贩同总会全体顾问、理事共进晚餐。柬埔寨参议院议员、柬华理事总会荣誉会长刘明勤在致辞中表示，由柬华理事总会主办这次“友谊饭”活动，提供了一个汇集柬、中企业家交流的平台。

护国祈福冥阳两利水陆大法会。2017年10月10日—16日，由柬华理事总会主办、加华银行赞助、世界佛教华僧会承办的护国祈福冥阳两利水陆大法会在金边举行。柬埔寨僧王隆庞，世界佛教华僧会执行长心茂长老，来自中国大陆、台湾、香港及美国、加拿大、越南等各地的高僧大德联合主持法事。柬埔寨副总理棉森婉女士，国务部长兼宗教事务部部长恒参，柬华理事总会领导层，华社名流，来自中国、越南、澳大利亚、泰国、法国、加拿大、美国等地及中国台湾、中国香港的居士、善信人士纷纷前来共襄盛举。大法会仪式吸引了金边众多善信前往拜祭。据统计，共有100多位法师、300位志愿者参加本次法会，每天有约2000人在大法会现场享用素餐。

世界柬埔寨华人联谊会。2017年10月19日，世界柬埔寨华人联谊会“全体交流会”在金边召开，旅居世界各地的柬埔寨华侨华人会员代表数百人出席大会。柬华理事总会作为主办方，旨在让海外的柬埔寨华人有机会回来故乡柬埔寨，叙述乡情。柬华理事总会多位理事及全国各省市柬华理事会代表，来自美国、法国、加拿大、越南、南非、中国香港、中国台湾、中国澳门等国家和地区的柬埔寨华侨华人代表团出席大会。此次大会最后通过决议，决定每两年在柬埔寨金边举办一次聚会，并在柬华理事总会设立联谊会秘书处。

广东商会。柬埔寨广东商会创立于2013年12月，2014年底重组理事会并于2015年5月成立首届理事会。广东商会和广东省驻柬埔寨经贸代表处这两个平台自成立以来，发挥了各自职能作用，汇聚了旅柬粤商粤企等200多家会员企业，涵盖房地产、金融、法律事务及传媒等多个领域，在各自领域内共同为柬埔寨的基础建设、经济发展和粤柬商贸交流做出了贡献。商贸活动是广东商会的主要工作，仅2017年，广东商会接待来访的代表团12个，其中来自广东省的商贸代表团8个，广东商会还与越南、老挝、泰国、阿联酋等国的广东商会组织建立了联系。2017年间，广东商会派出外出访问团4个，其中3个到访广东省。广东商会也开展了多种文体活动。商会代表与柬埔寨乒乓球协会建立联系，2017年主办了中柬乒乓球友谊赛，由番禺乒协与柬埔寨国家队对决，赛后商会赞助柬埔寨国家队一批运动器材。2017年2月18日，广东经贸代表处和广东商会举办文化艺术交流沙龙活动，特别盛邀著名国画大师清华大学美术学院教授黄庆辉莅临指导，同时也邀请了柬埔寨孔子学院、中国文化中心、潮州工夫茶艺协会等的代表，让琴棋书画茶汇聚一堂，展现出中国岭南文化的风貌。

老 挝

老挝华侨华人在印支三国中人数最少，主要分布在中、南部地区，聚居在首都万象、沙湾那吉、巴色、琅勃拉邦等大城市。随着中老关系日益紧密，侨居到老挝的中国人越来越多，很多四川、云南人进入老挝经商、打工，他们多分布在与中国接壤的丰沙里、乌多姆赛、琅南塔三省，据说20世纪90年代中期云南人已取代潮州人成为老挝最大的方言集团。近年来，随着“一带一路”建设的开展，中国新移民络绎不绝地来到老挝，依然集中在万象、琅勃拉邦、巴色、沙湾那吉等大城市，一说老挝目前有中国大陆人20万～30万，主要来自湖南、四川、重庆一带，尤其湖南人在老挝异军突起，据说目前有10万湖南人在老挝从商，2017年12月老挝在长沙设立了总领事馆。截至9月，已有167家中国公司入驻老挝经济特区。位于老挝首都万象的赛色塔综合开发区是列入中国“一带一路”规划中的早期收获项目。

老挝华侨华人人数虽少，但经济地位重要，对老挝发展作出很大贡献。其产业以首府万象为龙头，分布在下寮湄公河沿岸的几个主要商业城镇。大多数为中小企业，计有餐饮、旅社、服装、食品加工、日用百货、土产、酿酒、碾米、锯木、机械维修等，近年也开始从传统行业转向金融、银行、酒店、旅游业等第三产业。

老挝华侨华人大多致力经济，政治活动参与不足。历经摆脱殖民，建立君主立宪国家，到成立老挝人民民主共和国等一系列政治变革，华社受到了来自老挝及中国的压力牵引，经受了中老关系变化带来的冲击，多半不愿参与公共事务。而那些2000年之后才进入老挝经商的新侨则很少有移民定居的打算，遑论参政。

老一辈华侨华人虽在老挝居住多年，仍保持原乡的生活方式和文化习俗，与中国国内联系较为密切。同时也受到老挝社会文化的一定影响。值得注意的是，来自相对发达区域的潮州、客家、广肇、海南籍华侨华人，反倒要比居于老挝北部边境的云南籍华人受到老挝文化的影响更多。

2017年老中总商会不断发展壮大。7月30日，四川商会成立。11月18日，江西商会成立。至此，老挝中国总商会共有9家分会，其他7家分别是老挝中国总商会湖南商会、老挝中国总商会浙江商会、老挝中国总商会广东商会、老挝中国总商会巴色商会、老挝中国总商会川圹商会、老挝中国总商会琅勃拉邦商会、老挝中国总商会福建商会。

广东商会。目前，广东商会已有注册会员单位200多个，会员企业涵盖IT、机械制造、房地产、旅游、金融投资、电子电器、包装物流、商业零售等多个行业。2017年3月，接待湛江市人民政府考察组，为今后互访交流建立联系。5月，接待《广东华侨史》代表团，共叙粤侨情，提供广大粤侨粤商在老挝的移民史、发展史，以及当地粤侨粤商发展状况、经贸投资环境及华商经营发展情况。7月，接待广东省贸促会代表团，为进一步推动广东企业在老落地，促进广东与老挝的经贸往来进行探讨。10月，接待广东省揭西县代表团，代表团介绍了揭西县正在大力发展的生态旅游产业，广东制造在老挝市场十分受欢迎，这一情况正好与揭西县大力发展生态手工业、电线电缆制造业的发展方向不谋而合。11月，接待中国侨联代表团。

福建商会。目前，老挝中国福建商会有公司50多家，会员近1000人。福建商会致力于更好地团结旅居老挝的父老乡亲，增强和他们之间的凝聚力，促进当地与福建家乡的经贸、文化交流，推动当地社会经济发展。2017年5月1日，陈熊官会长、商会常务副会长兼执行秘书长王阳宝、商会副会长吴道蒙代表老挝福建商会参加泰国福建商会成立十周年庆典暨第四届执委会就职典礼。6月10日，商会秘书长崔健，副会长向小勇和魏观校参加15届东盟华商会。6月25日，商会会长陈熊官，常务副会长兼秘书长王阳宝，常务副会长林小兵出席中华人民共和国驻琅勃拉邦总领事馆的北部联络员培训班，并由梁宝光总领事颁发领事安保员证书。中国驻琅勃拉邦黎宝光总领事表示，“老挝中国福建商会已逐渐成为发展成为老北地区举足轻重的侨团之一”。老挝工贸部贸易内部司领导本占·翁坎席也肯定福建商会保障投资商在当地投资、开展规范经营活动等方面做出了不错的成绩，为中国投资商在老投资提供了一个协商交流的平台感到欣慰和满意。

四川商会。2017年7月30日下午，老挝中国总商会四川商会于老挝首都万象举行第一次会员大会，宣告正式成立并选举出9名商会首届常务理事单位。来自老挝工贸部贸易内部司、老挝中国总商会、老挝中华总商会、老挝—中国和平统一促进会、老挝中国总商会广东商会、老挝中国总商会浙江商会、老挝中国总商会湖南商会、台湾商会的代表等出席了大会并见证了选举过程。成立大会上，老挝中国总商会秘书处宣读了老挝中国总商会关于成立老挝中国总商会四川商会的批复，秘书处表示老挝中国总商会四川商会的会长、秘书长必须是在老挝的中国四川籍商人，会员必须是在老挝合法经商的中国四川籍商人。代表大会现场采用差额选举的方式，经现场计票，从12家企业中最终选举出9家单位作为首届常务理事会成员单位。这9家常务理事会成员单位分别是：成都八益老挝投资贸易有限公司、金湾酒店、老挝开元矿业有限公司、老挝力度矿业有限公司、老挝通传媒有限公司、老挝新希望有限公司、老中锡矿联合开发有限公司、四川大酒店、水电十局。其中，成都八益老挝投资贸易有限公司当选为会长单位，老挝通传媒有限公司当选为秘书长单位。

湖南商会。老挝湖南商会2008年成立，2017年会员发展到了2473户，形成了遍布老挝全境的网络。4月18日，老挝工贸部国内贸易司市场开发处副处长与其助理到访老挝湖南商会了解在发展过程中存在的问题、困难及会员在老挝经商的主要情况。4月26日，中国湖南省人民政府外事侨务办公室副主任吴宜彪等一行5人走访了老挝湖南商会，并就老挝湖南商会发展现状和湘籍企业、公司及广大会员在老挝投资经商详情向商会做了详细了解。5月20日—23日，以湖南省商务厅亚洲处副处长符亮为团长的经贸代表团一行37人赴老挝进行“湖南老挝农业机械产品对接会”，21日上午，代表团一行走访老挝湖南商会。5月24日—27日，湖南省张家界市副市长雍岩率政府及经贸代表团访问老挝，25日，走访了老挝湖南商会并举行座谈会。应老挝湖南商会邀请，6月18日，湖南省邵东县衡水中学邵东创新分校董事长张建亚一行4人专程到访老挝，对在老挝创办分校事宜进行实地考察调研。8月31日下午，湘商文化开创者和商会建设的推动者伍继延先生和湘商文化促进会副会长朱汀一行莅临商会，对商会当前开展的工作进行交流与指导。10月16日—18日，以邵阳市人民政府副市长晏丽君为团长的一行6人出访老挝，代表团专程赴老挝湖南商会调研指导工作，并就老挝湖南商会发展现状和邵籍企业、公司及会员在老挝投资经商的详情向商会做了详细了解。11月3日—5日，郴州市旅游外事侨务局曹飞云副局长率团一行6人到访老挝对接五金产业项目，并于4日上午专程赴老挝湖南商会座谈，探讨五金工具采购商的招商招展、新能源材料及旅游产业发展状况。

缅　甸

20世纪90年代以来，旅缅新移民达100万之巨。新移民壮大了缅华社会的力量，华侨华人占缅甸人口比例从战后的2.3%（1947年）上升到4.36%（2011年），总人口超过250万。华商资本在缅甸经济中的角色愈加重要，据统计，在缅甸全国私营企业中，华商企业已占据总数的三分之二以上。缅甸华商以经营中小型企业为主，但大型企业集团也逐渐兴起。中资企业对缅投资日益增多，主要集中在对水电、油气和矿产资源的开发，以及基建工程承包等领域。但是，近几年来中资企业投资缅甸的几个重大工程都受到阻碍，如密松水电站和莱比塘铜矿项目因当地民众的抗议而被迫停工。缺乏对当地政经文教情况的了解和与民众的沟通，是项目遭受阻碍的重要原因之一。华侨华人熟悉缅甸各方面的情况，在缅甸经济及中缅双边贸易中能够发挥沟通交流、避免误解的中介作用。

缅甸广东工商总会。2000 年 3 月 2 日，“缅甸广东工商总会”成立，确立了合乎潮流的组织系统和制度，广泛招贤纳士，接受许多年轻有为的工商界人士，并且不限籍贯，对所有缅甸华人开放。目前，该会已有 280 多位成员，大多数从事贸易进出口行业、房地产买卖、旅馆业、建筑业、工厂、金铺和商店等。该会在中国使领馆的支持下，成立了青年组，让年青一代更多地参与社团活动。广东工商总会积极参与教育及文化传播。目前该会正致力于两项工作，一是筹建会所，二是建立华文教育机构。接待中国大陆特别是广东省的访问团是工商总会的另一类重要活动。

应和会馆。应和会馆是广东客家人的社团，创建于 1870 年，1945 年复办，1999 年已发展会员 2000 多名，分布在缅甸各地。会馆在遭遇会所被收归国有多年后，终于在同乡侨贤们的大力倡议和热情捐助下，于 1990 年正式购建完成新的永久会所。应和会馆是客家人的远祖在血缘、地缘、乡缘的基础上建立起来，该会馆的宗旨是联络乡亲感情，帮助和照顾乡亲在社会上团结发展，协助客家人宗亲办理红白喜事。2017 年春节，福利金颁发仪式在仰光应和会馆内举行，张肇基理事长及全体理监事等出席仪式，向 28 位 75 岁以上生活清贫、无所依偎的老人们提供了过年辅助金。该馆自成立以来，除了对在缅同胞提供辅助之外，还帮助祖籍国来缅甸的乡亲们在缅落地发展，帮助寻找就业机遇，并提供暂时的住宿及伙食辅助。此外，中华人民共和国成立以来，应和会馆每年定例举行庆祝中国国庆的联欢晚宴，多年来从未间断，彰显了爱国、爱乡情怀。

缅甸青年会。在广东工商总会侨领们的大力推动和资助下，“粤青会”的成立被提上日程。广东工商总会特别拨款 1000 万缅元，用于帮助和支持青年会的组建和初期发展。为了粤青会的成立，该会主要成员连续召开了三次理事会议，确定了粤青会的章程方针，基本沿用广东广商总会的章程模板。粤青会的创会宗旨是广泛凝聚缅甸华侨华人中的青年，为缅甸广东工商总会及缅甸社会、缅甸华社培养后备人才，为青年之间的友谊往来、资讯交流、创新互动搭建平台。粤青会广纳缅华青年才俊，凡是年龄在 18 ~ 45 岁之间的缅甸华侨华人，均可申请成为会员。目前，缅甸广东青年会已有近 80 名会员，分别来自医疗、贸易、工业、餐饮、服务等行业。

第十四届世界华商大会。2017 年 9 月 15 日—18 日，第十四届世界华商大会在缅甸仰光举行，这是世界华商大会首次在缅甸举行。大会主题为“缅甸经济大开放，开创历史新纪元”，2000 多名海内外华商领袖齐聚仰光。开幕式上，国务院侨办副主任、中国海外交流协会副会长许又声宣读了中共中央政治局常委、全国政协主席俞正声的贺信。缅甸第一副总统吴敏瑞等多位主办国政要出席开幕式。中国香港特区行政长官林郑月娥在会上作主旨演讲。许又声在会上向华商们提出了四点希望：一是进一步发展壮大华商经济，二是踊跃投身“一带一路”建设，三是积极参与中国创新发展，四是打造中华儒商新形象。

印　尼

印尼的华侨华人总数难以统计，根据不同计算方式，人数应该介于 800 万 ~ 2000 万，占印尼总人口的 3% ~ 8%。印尼华人的祖籍地主要是福建和广东，自中国改革开放以来，中国大陆的新移民大量进入印尼，雅加达等大城市部分地区开始形成中国大陆新移民的聚集地。苏哈托统治时期的排华政策给华人造成的歧视阴影虽未完全散去，但其后印尼社会推进民主化建设，发展市场化经济，华人境遇不断改善，一个突出表现就是印尼华人重新掀起组建社团的新高潮。华人社团在宗旨、类型、组织结构等方面也在进行适应性调整，社团功能也因时而变，除了组建政治压力型社团外，主要以互帮互助、慈善施予、保存中华文化和加强群体认同为目的，一定程度上也促进了国内区域贸易网络的形成。

广肇总会。2017 年，广肇总会已有 31 个会员单位，五六百万广肇乡亲，是印尼人数最多的华人社团之一。敬老扶幼是广肇总会活动的重要内容。敬老主要通过清明祭祖、给老人发放福利金等形式，由各宗亲会承担，如雅加达广肇何氏宗亲会、古城堂（刘关张赵四姓）、广肇江夏堂（黄氏）、雅加达广肇庐江堂何氏宗亲会、雅加达广肇陈氏宗亲会等，都会在清明节组织宗亲祭拜祖先，慎终追远，向年老宗亲们赠送敬老金，体现广肇乡亲尊老敬贤的优良作风，有时还会在祭拜结束后举办联欢会，增进宗亲情谊。广肇总会十分重视对青年成员的培养，每年召开“全印广肇青年旅游学习营”，由各地广肇会馆轮流承办，学习期间推介中华传统教育，组织青年营员参观工厂、博物馆、艺术馆等。广肇总会和印尼华商总会曾联合举办青年商业讲座，来自全国各地 25 个城市的 60 多名青年与会。广肇总会设立青年部，定期召开青年工作会议。2017 年 9 月，由广肇总会主办的“第五届世界江门青年大会”在雅加达召开，30 多个国家和地区的粤籍青年与会，大会紧贴时代，专门策划了“一带一路”专题，邀请印尼和江门市政府官方介绍“一带一路”背景下双方的发展带给青年人提供的新机遇，邀请印尼商界领袖从企业家角度解读印尼作为“一带一路”沿线重要国家的商机。

潮州乡亲公会和潮州总会。潮州乡亲公会和潮州总会是印尼最重要的两大潮州人社团。其日常活动以公益慈善为主，帮扶潮州乡亲，融入印尼社会。2017 年，潮州乡亲公会和雅加达红十字会共同举办献血活动，这是潮州乡亲公会首次举办献血活动，计划每三个月举办一次。潮州乡亲公会和潮州总会经常接待来自中国和其他国家的访问团，尤其近两年来与汕头联系紧密，他们也积极走出去，前往中国参观访问。2017 年，潮州总会和潮州乡亲公会举办了第 19 届国际潮团联谊会。10 月 6 日至 8 日，来自 29 个国家和地区的 95 个潮团和机构代表共 2000 人与会。大会邀请李嘉诚、饶宗颐等担任筹委会荣誉主席。主要活动有：举办国际潮团高尔夫球赛，多个国家使节受邀参加，100 多位来宾出席当天赛事；举办中国—印尼商品展，来自中国、印尼及周边国家的 258 家企业参展，共设 300 个展位，分为深圳、潮汕和印尼三大展区，展出服装、电子、饮食、家用、手工艺品等 180 多种优质创意产品；举办题为“区域经济合作所创造的益处与机遇”的国际研讨会，梁振英等发言。此外，还有经贸洽谈暨项目推介会、欢迎宴会、潮汕特色文艺晚会等。

梅州会馆。2002 年 1 月 26 日，印尼梅州会馆正式成立。目前梅州会馆的会员已超过 600 位。梅州会馆在社会福利方面，积极赈灾救贫，经常为贫穷居民分发米粮等，这些善举受到印尼地方官员和民众的称赞；举办义诊、献血活动，如举办健康讲座，在伊斯兰斋月来临之际举行义诊；扶助孤寡，颁发助学金，如到孤儿院分发物品，受到印尼电视台的关注和采访，组织青年部成员探访残疾院。在团结会员方面，定期出版会讯季刊，提供信息，维系会馆与会员之间的互动；多次组织寻根团到祖籍地梅州各地寻根问祖，组织会员前往重庆、桂林、张家界和台湾等地参观旅游。

东亚侨情

东亚包括中国、日本、韩国、朝鲜和蒙古共五个国家。东亚华侨华人主要集中于日本、韩国两国。日韩两国是与中国一衣带水的近邻，也是国际事务交往的重要国家。日韩华侨华人的人数、状况、发展趋势与国家关系之间联系紧密。一方面，中国与日韩之间的国家关系对日韩华侨华人发展状况、旅游人数产生重要影响；另一方面，日韩华侨华人的发展状况与趋势又在很大程度上影响着中国与日韩之间的交流。

中国游客赴日旅游火热、赴韩旅游遇冷。2017年访日外国游客比上年增长19.3%，达2869万人次，连续6年保持增长，创下历史新高。中国大陆访日游客比上年增加15.4%，达735.58万人次，连续3年名列首位。位列第三的是中国台湾，为456.41万人次。其后为中国香港223.15万人次。韩国观光公社发布数据显示，2017年中国内地赴韩游客约为416.9万人次，同比减少48.3%。特别是3月“萨德”风波发酵后，中国游客数急剧下滑，导致2017年3月—12月赴韩中国游客同比锐减56.9%。而韩国央行估算称，“萨德问题”影响中国赴韩游客减少，导致韩国国内生产总值减少约5万亿韩元（约合298亿元人民币）。中国游客曾是韩国免税店最重要的客群，中国团体游客骤减自然也对这些免税店冲击不小。从韩国免税店协会发布的数据来看，虽然在中国代购的推动下，2017年韩国免税店总销售额同比增长20.8%达128亿美元（约合812亿元人民币），但主要免税店平均营业利润率在1.5%～2%，较前一年的4%大幅下降。以免税店为重要销售渠道的化妆品行业也受到了影响。据韩国关税厅及大韩化妆品产业研究院发布的数据，韩妆对华出口增幅曾由2013年的39.26%激增至2015年的101.5%，但2016年增幅减缓至33.96%，2017年的增幅更跌至23.35%。

日韩中国留学生人数创新高。日本学生支援机构公布统计结果称，日本的大学及日语学校等在籍留学生为267042人，创历史新高，与上年同期相比增加了27755人。其中来自亚洲的留学生占大多数，可能由于日本企业的进驻，对亚洲地区的人来说，到日本留学或就职变得不再遥远。从外国人在日本的留学机构来看，大学等高等教育机构为188384人，日语学校为78658人。从生源国家及地区来看，中国大陆增加了8777人，达107260人居首位，中国台湾8947人位列第5。2017年在韩留学生共计12.38万人，较2016年的10.42万人增长了近2万人。目前，中国留学生占在韩外国留学生总数的一半以上，同时两国彼此互为最大留学生来源国。中韩教育领域的交流对于推进两国外交关系发展有着积极和独特的作用。两国以高校间合作和留学生交流为基础，通过人才培养、科研合作、共享教育改革发展经验等多种形式，在教育领域交流方面取得积极成效。

日本中华总商会顺势攀升，闪耀日本主流。伴随着日本旅游经济发展的强劲势头，追踪着中国经济继续大踏步前行的发展足迹，享有着中日贸易稳步增长不断扩容带来的天时地利，以日本中华总商会为主体的在日华商群体也在2017年呈现出活跃和成长的良性态势。华商组织规模继续壮大，作为在日华商的集合体，2017年日本中华总商会成立已满18年。日本中华总商会凝聚了一大批企业精英和商会骨干，团结并影响了广大在日华商。在不断壮大组织规模的同时，总商会建立了高效的运营机制，发展成为日本最有代表并最具实力的华人社团之一。截至2017年末，日本中华总商会有企业会员300多家。其中，华侨华人经营者为主体的正会员230家，有7家在东京证券交易所上市。由日本企业和跨国公司构成的赞助会员达到100家，其中近半数是上市大型企业。2014年，日本中华总商会组织形式向集团化方向发展，成立以日本地域划分的各地方总商会，同时积极吸收按出生地组成的华人商会组织和各类友好团体。此后，日本中华总商会进入了新的发展阶段，东京中华总商会、关西中华总商会、新潟中华总商会相继成立。目前，如果以加入日本中华总商会各团体会员和组织机构来计，已覆盖各类经营者近2000人。

“海淘”市场、“体验是旅游”给日韩华商带来新机遇。方兴未艾的海淘市场使越来越多华商发力跨境电商业务。2017年11月，日淘垂直跨境电商“豌豆公主”宣布完成6800万美元C轮融资，最新一轮融资由伊藤忠商事株式会社、KDDI株式会社等多家公司完成。至此，“豌豆公主”在22个月时间内融资金额已超过1.1亿美元。“海淘”同时促进了中日物流运输行业的发展。2017年10月，“日本申通”与日本邮政股份有限公司签署全面战略合作协议，决定双方携手为位于日本国内面向中国的跨境电商客户提供跨境EC通关及配送“一单到底”的国际物流服务。日本境内的跨境电商客户通过遍布在日本全境各地的邮局即可完成发货，既大大简化了日本国内段的发货流程，又进一步拓宽了收货范围，扩大了业务辐射面。随着越来越多的日本客户青睐质优价廉的中国商品，两国间的跨境贸易正日益扩大，而中日快递企业间的合作也将迎来更广阔的发展空间。在外国游客访日旅行热度持续攀升的背景下，来到日本旅行的中国游客的消费理念不断成熟，他们更渴望融入旅行目的地的生活及文化当中。华商企业顺势而为提出了“购物+体验”的经营战略。苏宁旗下的Laox株式会社是日本最大的免税事业集团，目前在日本有43家店铺，每年接待来自世界70多个国家和地区的300万访日游客。在爆买逐渐沉静、访日游客正从购物消费转向体验消费的大背景下，将游客与本地人相“融合”，将商品与体验相“融合”，促进地域经济发展。2017年7月1日，日本最大的免税事业集团Laox与绿地集团合作推出的体验型综合休闲设施——千叶海港城开门迎宾。京都顶级人气的非语言舞台秀《齿轮—GEAR—》，也于12月开始在千叶海港城专属剧场精彩公演。

日韩华商成就突出，不忘回报社会。多数华商在事业成功后，热心公益事业、捐资助学，他们的善举赢得了中日两国各界的赞誉和尊重。2017年12月15日，第六届《中华之光》颁奖典礼在北京举行，日本黄山美术社社长、日本徽商协会名誉会长陈建中先生当选本届“中华之光”获奖人。2017年4月29日，日本天皇授予华商陈熹绀绶褒章，以表彰他的善行。褒章是对日本社会、公共福祉、文化等做出贡献者的褒奖。2017年4月，陈熹捐资援建的寺院“善宝山天照院”在千叶县柏市落成；2017年12月12日，源清田集团董事长王秀德向母校华侨大学捐资100万元人民币设立夫妻联名的“华侨大学王秀德柳玲奖学金”，用于支持母校人才培养工作；2017年11月9日，第一回“方永义奖学金”授予仪式在城西国际大学举行，10名留学生获得这项奖学金。方永义创办的RS技术是东京证券交易所一部上市企业，主要从事电子材料、电子器械零部件、通信器械零部件材料的制造、加工、再生、销售及太阳能发电业务、半导体设备的收购销售、半导体材料及零部件销售、半导体晶圆制造工程中的技术咨询服务。目前已发展成为全球最大的晶圆再生制造企业。

发生多起涉及在日华人案件，安全意识是海外华人必修课。2017年，在日国人频频出事，先是中国姐妹在日遭毒手惨死，接着福建女教师危秋洁在日失联，还有留学生失踪，研修生死亡等事件，令人难以置信。日本发生了数起涉及在日中国公民的偷窃、暴力、杀人、抢劫等类型的刑事案件，致使在日中国公民蒙受人身、财物方面的损失。领事部高度重视对在日侨胞的领事保护与领事协助工作，在领事保护方面做了大量工作，一是做好预防性领保工作，针对不同人群与受众，宣传安全防范知识，定期派领事前往各大高校及社会团体做领保知识专题讲座；二是遇涉及侨胞的案件，及时向日方有关部门进行交涉，同时引导在日侨界关怀、帮助被害人家属；三是及时通过官网、微信公众号等渠道介绍相关情况。网络时代的发展，要求领事工作人员更及时了解相关信息，并根据案件情况为公民提供高效、有力的领事服务和领事保护：一是遇案件反应迅速，处置及时；二是针对网络传播速度快、容易快速发酵等特点，正面引导，积极发声；三是对案件举一反三，呼吁大家做好安全防范工作。

日韩华侨华人文化活动丰富。日韩华侨华人历来注重华文教育、文化艺术等方面，通过开展各类活动，弘扬中国文化传统，促进两国世代友好。2017 年，继名古屋中国春节祭掀开秋季篇、举办“中日友好金秋节”，大阪华侨华人举办“中秋明月节”之后，由中国驻日大使馆主办，在日华侨华人积极响应，“中国节”交流活动于 10 月 21 日—22 日在东京代代木公园举办。2017 年 12 月，西日本华文教育者协会和关西汉语教师交流协会在神户主办“中华杯·第十一届在日华侨华人青少年汉语演讲比赛”，助力华文教育与留根工程。49 名选手分别参加了高中组、初中组、小学高年级组和小学低年级组的决赛。2017 年 12 月 26 日，日中青年经济文化交流协会在东京目黑雅叙园主办全日本华侨华人联合会后援的“青年之声”忘年会，壮大青年会发展，加强自身素质建设。12 月 15 日，国际鲁迅研究会、韩国中国现代文学学会等在韩国首尔主办第三届中韩鲁迅研究对话会暨“中国鲁迅研究名家精选集”韩文版出版纪念会。为繁荣日本华文文学创作，激励新老作者写出更多更好反映时代的好作品，日本华文文学笔会决定从 2017 年起设立“日本华文文学奖”，聘请有名望的作家、专家、大学文学教授组成评选委员会，评选日本华文文学奖。12 月 20 日，首届“日本华文文学奖颁奖典礼”在东京私学会馆举行。日本华文文学笔会创立至今，走过 6 年岁月，取得了长足发展。此前，暨南大学和日华文学笔会联合主办了“新世纪，新发展，新趋势——日本华人文学研讨会”；在第二届世界华文文学大会上，日本新华侨作家李长声与陈永和荣获“中山文学奖”，激励了日本华文文学的创作。如今，日华文学笔会有了自己的文学奖，“日本华文文学三十年”也成为一个有历史积累和时代特色的热门话题。

2017 年韩国外籍就业人员超 80 万人，其中韩籍华人占 4 成。据韩国统计厅和法务部发布的《2017 年移民人员居留及就业情况调查》报告，截至 2017 年 5 月，常住韩国的外国居民为 127.8 万人，其中就业人员为 83.4 万人。从外籍就业人员的国籍来看，华侨 36.5 万人，占比 43.7%。加入国籍的外国人中，原本为中国国籍的有 1.3 万人，占比 37.6%。

西亚、中亚侨情

西亚、中亚地区的侨胞分布主要集中于沙特阿拉伯、土耳其、阿联酋三个国家，其中阿联酋是西亚地区中国移民增长最快的国家，也是西亚、中亚地区侨情变化最大的国家。西亚、中亚地区的华侨华人主要由四类人构成：一是在当地注册的中资公司或机构人员；二是民营企业家、经商人员；三是从事建筑施工等基础工作的劳务人员；四是进入政府部门及高等院校的工作人员。

近年来，西亚、中亚的整体形势主要表现为三点：一是中资企业深度参与当地建设，成绩显著。西亚、中亚地区国家均为“一带一路”沿线国家，在西亚、中亚的中资企业多为大型国企或央企，承包了大量的公路、铁路、机场、码头、供水、供电、农业、制造业等基础设施建设工程，中国与这些国家之间便利的交通也助力了双方的经贸往来。2017 年，中铁集装箱运输有限责任公司积极打造中欧（中亚）班列、多式联运、箱修三大品牌，组织开行中亚班列同比增长 45%，中欧（中亚）班列开行数量超前 6 年总和，超额完成各项经营考核指标。在中国与西亚地区各国持续紧密的经济合作进程中形成了一定规模的产业和资本布局，在实现“一带一路”倡议中发挥着建设性作用。二是侨胞间互帮互助，凝聚力不断增强。三是西亚局势动荡不安，安全形势依然严峻。尤其是近年来随着“伊斯兰国”等极端势力在中东崛起，恐袭风险成为当地侨胞面临的头号威胁。此外，中国也借由华侨华人、孔子学院及一些高校平台向当地积极传播中国文化，中国与中亚国家的教育合作与交流日益频繁，“汉语学习”在中亚诸国发展迅速，西亚、中亚多国掀起设立“孔子学院”、学习汉语的“汉语热”。

“一带一路”为中国—中亚—西亚经济走廊添活力。在 2017 年 5 月举行的“一带一路”国际合作高峰论坛上，习近平主席在论坛开幕式主旨演讲中提出的“一带一路”新内涵中，中东地区是落实“一带一路”倡议的重要地区。9 月在银川举行的中国—阿拉伯国家博览会取得了丰硕成果，博览会签约项目 253 个，计划总投资 1860.5 亿元。当“丝绸之路经济带”构想第一次在哈萨克斯坦被提出后，一项造福沿途各国人民的大事业由此诞生。而中国—中亚—西亚经济走廊路线大致与古丝绸之路范围相吻合，且作为被重点推进的六大经济走廊之一，战略意义尤其重要。中国—中亚—西亚经济走廊从新疆出发，穿越中亚地区，抵达波斯湾、地中海沿岸和阿拉伯半岛，主要涉及中亚五国和西亚的伊朗、沙特、土耳其等 17 个国家和地区，构成丝绸之路经济带的重要组成部分。中国—中亚—西亚经济走廊是古丝绸之路的重要枢纽和关键区间，也是中国共建丝绸之路经济带的天然合作伙伴。共建丝绸之路经济带已纳入中国与中亚五国签署的联合宣言等政治文件，中国与哈萨克斯坦、塔吉克斯坦、吉尔吉斯斯坦签署共建丝绸之路经济带双边合作协议。哈萨克斯坦、乌兹别克斯坦等国的发展战略都与“一带一路”建设形成了契合点。我国与沿线国家合作丰富。中亚的油气资源丰富，矿藏种类繁多、储量大。哈萨克斯坦的铬铁矿探明储量居世界第三，乌兹别克斯坦的天然气、黄金和铀矿开采量分别居世界第 11、9、5 位，塔吉克斯坦的铅、锌矿储量及土库曼斯坦的石油、天然气储量均居世界前列。而西亚号称“世界石油宝库”，是世界上石油储量最丰富、产量最大、出口量最多的地区，所产石油 90% 以上供出口，主要出口到美国、西欧和日本，其中沙特阿拉伯、伊拉克、伊朗分别是我国第一、第三、第五大原油供应商。目前，中国—中亚天然气管道起于阿姆河右岸的土库曼斯坦和乌兹别克斯坦边境，经乌兹别克斯坦中部和哈萨克斯坦南部，从霍尔果斯进入中国，成为世界上最长的天然气管道。中亚国家贸易结构偏重于能源矿产领域的问题很突出，中亚五国苏联时期就在工业化方面较为落后，经济发展水平也较低，因此，中亚当前对中国的出口商品只能以自身优势的资源矿产类初级产品为主。而中亚国家也在寻求改变贸易结构，比如中亚一些国家相继向中国提出、并经双方政府落实的一些项目，就开始转向非资源领域的投资，如汽车、电子、服装等行业，但是要想扭转，则需要一个很长过程。基础设施建设领域也是收获颇丰，中国在塔吉克斯坦、吉尔吉斯斯坦、乌兹别克斯坦承建的多个公路、铁路、桥梁、隧道项目先后完工。如由中铁隧道集团承建的安格连—帕普铁路卡姆奇克隧道全长 19.2 公里，为“中亚第一长隧道”，对于乌兹别克斯坦改善民生、发展经济和对外联通有着重要意义。另外，随着合作的深入，一批物流合作基地、农产品快速通关通道、边境口岸相继启动或开通，双方海关物流更加通畅，中国—中亚—西亚经济走廊将不断延伸到伊朗、伊拉克、沙特、土耳其等西亚北非地区众多国家。其实，中国与该地区的经济合作也具有很强的互补性。中亚、西亚地区是全世界最重要的能源输出地，而中国则是世界第一大能源进口国，因此能源合作是中国与中亚、西亚最主要的合作着力点。另外该地区矿产资源种类繁多、储量大，与中国较强的矿产资源加工行业具有较强的互补性。中国与该地区加强贸易合作的同时，随着贸易往来逐渐密切，中国在该地区的经济影响力也显著凸显，人民币国际化的进程也进一步推进。中国不仅倡议筹建了亚洲基础设施投资银行，还通过相关国家银行、商业银行、政策性银行之间的互利合作，扩大人民在贸易和投资中的使用，推动双边本币互换和贸易本币结算，提高了人民币的国际威望。而且，我国提出的“一带一路”倡议为中亚、西亚国家的经济结构调整、传统产业升级、经济多元化提供了机遇，基础设施的完善又是一国经济调整的基石，因此，基础设施建设和能源开发建设无疑成为中国与中亚、西亚国家合作的重要领域。“一带一路”合作前景广阔乐观，但是投资者依然需要“大胆假设，小心求证”，在众多风口中辨清方向，规避风险，谋求合作，实现利润最大化。中亚、西亚地区资源丰富，但制约经济社会发展的影响因素很多，其中基础设施建设落后、缺乏资金技术等问题较为突出。中亚国家经济一直严重依赖能源开采加工产业，且市场化和开放度较低、对外依赖性高。在俄罗斯经济衰退、能源等大宗产品价格下滑情况下，国内经济受到直接冲击。各国国内基础设施建设不完善，也在一定程度上制约了经济发展。2016 年，中亚五国经济减速，人均 GDP 增速下降，实际人均收入减少，哈萨克斯坦和吉尔吉斯斯坦甚至出现负增长。但随着外部经济环境的改善，中亚五国的宏观经济趋势正在向好发展，有利于逐步提振投资者的信心。而且中国—中亚—西亚经济走廊的建设，打通该地区对外经贸合作和资金流动通道，有利于促进相关国家经济社会发展。

中国侨联副主席康晓萍一行与迪拜侨界代表座谈。2017 年 8 月 22 日，中国侨联副主席康晓萍率团到访迪拜，与迪拜侨界代表举行座谈。座谈会上，与会代表分别介绍了各自侨团发展情况和下步工作规划，并就助力“一带一路”建设、构建和谐侨社、传承中华文化、推广华文教育、配合总领馆工作等议题畅抒己见。代表们纷纷感谢祖（籍）国对海外侨胞的关怀和支持，为侨联等侨务部门和驻阿使领馆不遗余力地致力于惠侨、利侨、护侨点赞。康晓萍在倾听了代表们的发言后，对迪拜各侨社的健康发展及其为中阿两国交流合作、促进中国和平统一、积极传播中华文化事业、推动和谐侨社建设等方面所做努力和工作给予高度评价。康晓萍向迪拜侨界提出四点希望：进一步弘扬中华优秀文化，促进中外文化交流与合作；进一步促进侨界和睦共荣，构建充满活力的和谐侨社；助力“一带一路”建设，共谱合作共赢的美好篇章；开展民间友好交流，为推进中阿人民友谊作出新贡献。

中国和阿联酋实现两国公民互免签证。2017 年 12 月 19 日，中国和阿拉伯联合酋长国以互换照会方式再次修订《中阿关于互免持外交护照人员签证的谅解备忘录》，将两国持普通护照人员纳入免签范围。由于此前阿联酋已经对中国持普通护照人员开放免签，此次修订意味着中国同样给予阿联酋公民免签待遇。中国驻阿联酋大使倪坚与阿联酋外交部领事事务助理次长艾哈迈德共同出席换文仪式。该修订自2018年1月16日起生效，阿联酋由此成为第11个与中国互免普通护照签证的国家。倪坚表示，中方给予阿公民免签待遇是着眼中阿友好大局，推动两国人员往来便利化和民心相通的重要举措。中方欢迎越来越多阿公民利用免签便利来华访问，更好地了解中国、认识中国，不断夯实两国民间友好基石。艾哈迈德赞赏中方惠予阿公民免签待遇，并表示阿中友好关系源远流长，民间友谊深厚牢固，相信随着免签措施生效，会有更多阿公民到访中国，进一步促进两国各领域交流合作。

西亚、中亚“中国文化热”升温。2017年11月16日，伴随中国与土耳其文化交流的深入发展，一股“中国文化热”渐渐在土耳其掀起。厦门大学共建土耳其中东技术大学孔子学院，抓住发展契机，致力促进汉语国际推广。厦大共建土耳其中东技术大学孔子学院受邀访问土耳其教育部，双方就教育部在全土耳其公立中学推广汉语课的项目细节进行了策划与交流。2017年4月，该孔子学院曾应土耳其总理府之邀，首次将汉语课堂开进了总理府。20余位府内公务员在孔子学院教师的带领下，面向孔子像进行庄重的拜师仪式，开启为期3个月的汉语学习之旅。3个月后，中东技术大学孔子学院再次受邀前往总理府，双方就秋季学期在土耳其总理府内继续开设汉语课程班进行友好磋商，并深入探讨孔子学院与土耳其总理府签署共建汉语言文化学习中心协议的合作意向，双方达成共识，将签署合作协议。7月，土耳其教育部主持由中东技术大学孔子学院发起的“汉语课推广专题会议”，首次确立将在全土耳其公立中学推广汉语课。会上建立了汉语推广小组名单和通信录。同时，为吸引更多中国游客，土耳其强化导游中文学习。除了土耳其之外，塔吉克斯坦、吉尔吉斯斯坦等国家也热衷于推广汉语，促使汉语学习持续升温。

非洲侨情

一、非洲华侨华人的人数、地域来源、职业特征

很早之前，中国就有人移民非洲。毛里求斯第一批中国人是1654年从广东省梅县乘坐荷兰船只逃难来的客家人。马达加斯加的华侨华人移民也已有百余年的历史，多数老华侨是在抗日战争和第二次世界大战时从广东顺德、南海来谋生的。20世纪50年代初，在非洲的中国人仅3.7万人，60—70年代，前往非洲的华人中很多是香港人和台湾人。1990年后，中国人大规模涌入非洲，据北京大学李安山教授1996年的估计，当时在非华侨华人约为13.6万人。

与其他地区的中国海外移民比较，非洲中国人在绝对数方面并不是很多，但增速很快。由于非洲当地国家在移民监管与统计方面的不足，关于非洲地区华人人口说法不一，相差较大。2000—2001年，台湾“侨务委员会”公布数据为13.7万人，2004年为15.4万人。2002年，中国海外交流协会的朱慧玲结合其出国考察、采访、文献与问卷调查估算出非洲华侨华人的数字为25万人左右。王望波、庄国土估计，2006—2007年非洲新华侨华人的总数是50万，这一数据不包括中国台湾、香港、澳门地区移居非洲的同胞，如果包括这三个地区和非洲的老侨在内，非洲华侨华人的数量可达55万。《华侨华人蓝皮书（2011）》的调研数据是25万，西方媒体报道则多用50万。2009年，南非国际问题研究所根据不同国家在2007年或2008年的统计，认为约有58万~80万中国人在非洲大陆。

李新烽将非洲国家按照华侨华人数量的多少分为四类：第一类是人数超过10万的，有南非、安哥拉和尼日利亚，其中南非约有30万，安哥拉有26万，尼日利亚有20万，这三个国家是非洲华侨华人最集中的地区，总数达到76万；第二类是华侨华人数量在3万~5万之间的国家，主要有毛里求斯、马达加斯加、刚果（金）、加纳、坦桑尼亚和留尼旺岛，这六国的华侨华人总数达到24万；第三类是华侨华人人数在1000—10000人的国家，有埃及、阿尔及利亚、苏丹、埃塞俄比亚、肯尼亚、乌干达、马里、刚果（布）、赞比亚、津巴布韦、纳米比亚、莫桑比克、莱索托和塞舌尔等国，粗略估算总人数在5万~10万之间；第四类是人数不超过1000的国家，这类国家有20多个，主要集中在西非地区，总数估计有1.5万人。据李新烽估算，在非华侨华人2012年底达110万左右，他们主要集中在南部非洲，短期内华侨华人在非洲的空间分布不会有太大变化。

近年来，由于包括非洲在内的全球经济不景气，非洲部分国家治安环境不佳，针对华人的犯罪活动增加，很多人从非洲回国。有人认为，过去4年预计有15万人离开了石油储量丰富的安哥拉。根据中国对外承包工程商会（China International Contractors Association）的数据，服务于中国国企的合同工数量去年减少3.2万人，总数减至23.3万人。

综合各方面的数据，2017年在非洲的中国人数量极有可能不会超过100万人。近年来在非中国人的数量虽然有所波动，但随着非洲经济的复苏和中非经贸合作、人员往来的扩大，在非的华侨华人数量必将恢复增长。从长期趋势来看，非洲华侨华人数量的增长也是确定的。

从移民来源地来看，中国沿海省份尤其是广东、浙江和福建，几个世纪以来一直是移民输出的集中地。这些省份今天依然是中国人移民非洲的主要输出地。但是，自20世纪90年代以来，北京、天津、上海等一些大城市成为移民输出的新发源地。此外，大量移民来自东北地区及其他

省份。除了直接从中国抵达非洲的移民，还有少量移民来自法国、意大利、西班牙和匈牙利等欧洲华人社区或其他非洲国家。例如，来自浙江温州的移民在第二次移民法语非洲国家前都已在法国生活了多年。还有最初定居在佛得角讲葡萄牙语的中国移民，随着这一岛国中国新移民不断增加带来的压力，纷纷迁移到莫桑比克和安哥拉。

具体到单个移居国家，华侨华人来源地也日益多样化。以马达加斯加为例，98% 的“老侨”为广东顺德籍，“新侨”则来自福建、广东、辽宁、浙江、湖北、上海等地，尤以福建人为多，广东人相对较少。坦桑尼亚最早的华侨是 20 世纪 50 年代从事海鲜生意（收购海参）的顺德人，90 年代后到坦桑尼亚发展的中国人逐渐增多，据估算，2007 年在坦华侨华人约 5000 人，分别来自福建、吉林、辽宁、四川、江苏等地，来自广东的只有 50 人左右。最早来到赞比亚的应当是江西人，此后河南、江苏、安徽和东北人也来到赞比亚，近年来自其他省份的人数也越来越多。据中国驻博茨瓦纳使馆的官方估计，目前在博茨瓦纳生活工作的华侨华人有 2 万多人。其中福建人占了百分之六七十，其次是江西人，其余是东北人、上海人、湖北人等。20 世纪 90 年代，南非华人中来自广东、台湾、福建三省的人口比例分别占总数的 50%、20%、10%。而目前南非华人总数超过 30 万，来自福建的最多，占了华侨华人总数的 35%；广东和台湾次之，各占 20%；剩下的 25% 则来自中国的其他省份。

非洲华侨华人有着鲜明的身份、职业特征，主要为公派人员、自费人员及劳务人员。公派人员包括使领馆工作人员、中资企业管理人员、外派到非洲各国的专家、医生、记者、留学生、志愿者、孔子学院教师和中国赴非洲国家的维和部队官兵等。这些人员相对收入高，在非洲国家处于上层社会，很受当地人尊重。自费人员主要是自营业者，例如私营业主、打工者和小老板，自己承担赴非工作生活的全部费用。他们从事的行业十分广泛，以开餐馆、宾馆、商店、工厂和创办建筑公司、国际贸易公司者居多，也有开办旅行社、报社、诊所的。这些人通过个人的努力奋斗，在非洲取得了不小的成功。而劳务人员主要指在中国公司特别是建筑公司里，从事基础性、技术性工作的工人，他们大多通过国内的劳务公司被派往非洲各个国家的中国公司，在非洲工作期间的吃住行等费用均由公司承担。近年来，随着中国对非洲投资速度的加快和援建力度的加大，在非洲从事基础设施建设，以修路盖房建水坝为主的劳务人员在不断增加。

新老移民的职业差别也较为明显。非洲“老侨”主要从事餐馆、杂货店、小型加工等行业，而新移民涉及的领域相对广泛，所涉领域有零售业、餐饮业、贸易业、旅游业、运输业、纺织业、制造业、医药业等。

二、中非交往日益频繁，中国在非洲的影响持续扩大

1. 中国的发展经验为非洲国家提供另一种选择。中国经济 40 年来所取得的成就，让愈来愈多的非洲国家开始思考“西方化”是否为唯一的“华山之路”。中国的发展经验至少为他们提供了另一种选择。正如埃塞俄比亚总理梅莱斯所言：“中国是我们所有人的灵感。中国向非洲展示，非洲可以渡过经济难关。”在非洲，埃塞俄比亚常被外界视为与中国发展轨迹非常相似。该国过去十多年来年均经济增速达 10%，正在创造非洲大陆上的一个经济发展奇迹。此间商界领袖泽梅德内·那加图表示，埃塞俄比亚吸收了中国发展的经验，同时融入了本国特色。与此同时，卢旺达、肯尼亚、乌干达、安哥拉等非洲国家也越来越多把目光转向中国。这些国家研究、学习“中国道路”，经济发展好于其他非洲国家，英国《金融时报》将此种现象称为“中国式繁荣”。

2017 年 12 月，津巴布韦财政部一位高级官员透露，从上个月起，一个由津政府高级官员和津各个行业负责人组成的代表团开始对中国进行考察，以了解经济特区在中国的实施情况。除了中国之外，印度、日本、马来西亚、埃塞俄比亚、坦桑尼亚、尼日利亚、肯尼亚和加纳等国家也都进行了考察访问，津政府已经坚定了实施经济特区的决心。迄今为止，津政府已经确定了三个经济特区试点项目，即首都哈拉雷市的双威城，津第二大城市布拉瓦约和著名旅游城市维多利亚瀑布。摩洛哥和中国也已同意在摩洛哥北部城市菲斯设立经济特区，为促进两国在各领域的合作提供平台。目前，南非设有

九个经济特区，即位于东海岸的 Coega、East London 和 Richards Bay，与国际机场相连的 OR Tambo 和 Dube Trade Port，位于西开普省的 Saldanha Bay 和 Atlantis，位于中部地区的旱港 Harrismith，以及正在向冶金工业集群发展的 Musina。2017 年 1 月，尼日利亚副总统奥辛巴乔在瑞士达沃斯世界经济论坛年会上表示，尼日利亚政府计划与私营部门一道，合作创建经济特区，并以纺织服装行业为先导，促进国家经济发展。

中国扶贫、减贫工作也为非洲的减贫带来了新的希望。过去近 40 年，中国在减贫方面取得了非凡的成就，7 亿多人摆脱了贫困，对全球减贫贡献率超过 70%。非洲有近 4 亿贫困人口，减贫成为各国发展必须解决的紧迫任务。在“中非十大合作计划”中，中非减贫惠民合作计划回应了非洲的迫切期待。9 月，由中国国务院扶贫办和毛里求斯社会融合与经济增长部联合主办的“中非合作论坛——减贫与发展会议”在毛里求斯举行。来自中非的政府官员、专家学者、企业代表等参加了会议，就“中国和非洲：携手应对减贫新挑战”这一主题展开探讨，交流减贫经验和挑战，寻求中非减贫合作更有效路径。中非合作论坛成立以来，中国政府通过多种方式坚定支持非洲的发展和减贫事业。中非合作论坛约翰内斯堡峰会上中国宣布向非洲提供总额 600 亿美元的资金支持，已签署和实施的有 359 亿美元。此外，中国向非洲国家提供 10 亿元人民币紧急粮食援助，为非洲培训了大量的技术人员。这些举措都将帮助非洲减少贫困。

2. 中国引领国际对非合作的态势日益明显，中国在非洲的影响愈来愈大。中非十大合作计划提出两年多来，绝大部分任务已经落实，绝大部分项目已经提前完成，而且收到了非常好的效果。十大合作计划给非洲各国带来了实实在在的好处，中方已免除了 20 多个非洲国家 2015 年底到期的无息贷款债务，并向 18 个非洲国家提供了多批紧急人道主义粮食援助。除此以外，中方还在包括学校、医院、清洁供水项目等诸多民生领域提供了大量援助。在工业化合作领域，中方已成功为非洲中小企业发展专项贷款增资 50 亿美元，并新设了 100 亿美元的中非产能合作基金，为非洲国家提供了 15 万人次的专业技术人才培训。除此之外，中方同多个非洲国家签订了建设经贸合作园区的协议。如埃及的苏伊士运河经贸合作区，自建设以来产值已达 7 亿美元，为当地政府缴纳税费 5800 万美元，带动就业 3300 人，其中有 3100 人是当地职工。自 2011 年南苏丹独立后，非洲 54 国中只有 3 个未接受中国援助。

目前，中国是非洲最大的经济合作伙伴，近年来，中国在非洲大陆的投资水平大幅上升。根据麦肯锡的一项新研究，在撒哈拉以南非洲地区的 8 个国家中，有超过 1 万家中国企业在非洲开展业务，这一数字是之前估计的 4 倍。在分析中国参与规模时，该研究得出结论：“中非关系在过去 10 年里发展迅速，贸易额每年增长约 20%，而 FDI 增长更快，年增长率约为 40%。”在非洲投资的中国企业中，有 1/3 在制造业中处于活跃状态，而 1/4 的企业专注于服务业，而在贸易、建筑或房地产领域则占了 1/5。在基础设施建设方面，中国目前涉及非洲约 50% 的主要国际工程、采购和建设项目。Kartik Jayaram 是麦肯锡的高级合伙人，也是该报告的合著者，他说：“中国与非洲的接触只会增加。到 2025 年，中国公司在非洲的总收入将达到 4400 亿美元，而现在只有 1800 亿美元。他们还将涉足更广泛的行业，包括技术、农业、运输 / 物流。”

2 月，美国智库大西洋理事会的一份报告指出，中国的全球影响力指数排名世界第二，并成为在非洲最具影响力的国家，其影响力已超过美国、法国和南非。日本 NHK 世界台 7 月 18 日一篇报道称，世界其他地区正在寻求在非洲大陆投资的机会，中国早已抓住了机会。中国“一带一路”倡议创建了一个巨大的经济区，具有非洲和欧亚大陆的视野。在贸易、投资、基础设施、融资和援助等方面，中国都是非洲的前五大合作伙伴。中国在非洲的这种参与程度鲜少有哪个国家能与之匹敌。

中国对非洲的影响，愈来愈广，也必将愈来愈深。在非洲农村泥泞的土路上、人迹罕至的原始森林中、与世隔绝的偏僻村庄里，在世界上最艰苦、最需要医疗救助的地方，活跃着一批批来自中国的医护工作者。54 年来，中国累计向

50个非洲国家派遣援外医疗队员2万名，诊治非洲患者近2.1亿人次。中国对非医疗援助的模式，已从单一的援建医院、派遣医疗队、一次性提供援助药品和医疗器械，转向援建疾控中心和高等级实验室、系统性培养非洲本地医疗人员、为中国药品走向非洲提供标准认证等，真正践行了“授人以渔”的承诺。8月底，蚂蚁金服公司宣布，该公司旗下的支付宝移动支付业务已经接入南非1万家商户，这不仅为赴南非旅游的中国游客和南非华侨华人提供了便利，更标志着支付宝正式进军非洲市场。中国的移动支付为非洲的普惠金融带来了新的可能性。在短短几年的时间里，移动互联网的发展改变了非洲的通信状况，非洲直接跃入数字化时代。中国移动支付抢滩非洲，能够给非洲金融创新带来中国的经验，在这个潜力巨大的市场树立中国标杆。

3. 中非贸易额3年来首现正增长。2017年非洲经济回暖，也为中非之间经贸发展带来了“新气象”。自2015年上半年以来，我国与非洲的贸易额一直呈现负增长的状态。2017年，中非之间的贸易额实现了近3年来的首次由负转正。

据中国海关统计，1—12月，我与非洲进出口总额1700亿美元，同比增长14.1%，超出我同期外贸总体增幅2.7个百分点。其中，我对非出口947.4亿美元，增长2.7%，自非进口752.6亿美元，增长32.8%；顺差194.8亿美元，同比下滑45.2%。12月，我与非洲进出口总额156.6亿美元，同比增长9.2%，环比增长2.2%。其中，我对非出口92.5亿美元，同比增长10.8%，环比增长11.9%；自非进口64.1亿美元，同比增长8.6%，环比降低9.1%。贸易逆差28.4亿美元，同比增长16.2%。从中国与非洲各国进出口贸易额来看，进出口额排名前十位的非洲国家分别是南非（391.7亿美元）、安哥拉（226.1亿美元）、尼日利亚（137.8亿美元）、埃及（108.3亿美元）、阿尔及利亚（72.3亿美元）、加纳（66.8亿美元）、肯尼亚（52亿美元）、刚果布（43.3亿美元）、刚果金（42.3亿美元）和摩洛哥（38.3亿美元）。与2016年相比，南非和安哥拉依然是中国在非洲的前两大贸易伙伴，且2017年的贸易额较之2016年均有较大幅度的增长。此外，2017年南非、安哥拉、尼日利亚和埃及等四国与中国的进出口贸易额均突破了百亿美元大关。值得注意的是，作为非洲次区域中经济前景最被看好的东非地区，仅有肯尼亚进入中非贸易额排行榜前十位，排名第7位，中国与肯尼亚2017年贸易额为52亿美元。但“东非三巨头”之二的坦桑尼亚和埃塞俄比亚均登上中非贸易额排行榜前二十位，分列第12位和第13位。

中国自非洲进口增速迅速提升并高于出口，首先是受到国际大宗商品价格量价齐升的影响。其次，我国对世界上最不发达的67个国家实行零关税的单项优惠，其中很多都是非洲国家。再次，随着中非产能合作的推进，越来越多的中企投资非洲，这在一定程度上帮助非洲国家建立了部分增值产业链，替代了非洲的部分进口。随着非洲工业化进程的推进，中国对非洲的出口商品逐渐从原来的初级工业品出口转变为如今的机电设备等生产工具和高技术、高产业链要求的产品出口。

2017年，中国与毛里求斯宣布正式启动中毛自贸区谈判。中毛自贸区建成后，将成为中国与非洲国家的第一个自贸区，极大地提升中毛贸易投资合作自由化水平，为中非合作开拓新的领域。

4. 中国人给非洲带来巨变，非洲将逐步成为新的制造基地和消费市场。目前，世界各大经济体，特别是中国，都在努力实现产业结构转型升级，这为非洲早日实现工业化带来了新的契机。作为发展中国家最为集中的非洲大陆，2017年的经济表现受到世界关注，非洲开始真正成为“希望的大陆”。相对于资源富国，那些非大宗商品出口国的经济相对稳定，发展势头强劲。东非埃塞俄比亚、卢旺达、肯尼亚、吉布提、坦桑尼亚等国经济表现抢眼，年经济增长率均超过6%，西非塞内加尔和科特迪瓦也实现了经济的逆势增长。全世界发展迅速的10个国家中有6个国家都在非洲。

过去10年，中非关系发展迅猛，直接投资年增长约40%。中非经贸合作近年来开始往投资领域转型。由中国大力推动的“基础设施建设+工业园区产业发展”的“双轮驱动”模式，正在拉升非洲的经济发展。中国确立肯尼亚、埃塞俄比亚、坦桑尼亚和刚果（布）四个国家为开展产能合作先行先试示范国家，设立首批资金为100亿美元的“中非产能合作基金”，支持双方产业对接与产能合作。中非发展基金累计在汽车、家电、机械、水泥、玻璃等行业及工业园区等领域带动引导中国企业投资超过30亿美元，形成年产中重卡车1.1万辆、空调30万台、冰箱54万台、电视机39万台、水泥160万吨的产能。中国在非洲兴建的工业园已吸引大量的企业入驻发展，成为中国企业集群式走出去的重要平台和中非友好合作的象征。中国在非洲建成、在建或筹建的产业园有近100个，其中近40个已开始运营，产业园建设已成为目前和今后一个时期非洲工业化及中国对非经贸合作特别是产能合作的重要载体。

据调查，多达10000家中国企业活跃在非洲，其中约有90%的公司是私营企业，雇用了数百万的非洲人。这些私营企业的非洲雇员比例高达92%，非洲经理占比44%。近1/3的受访企业涉及制造业，同时，中国企业还在服务业、贸易业、建筑业和房地产业方面扮演了重要角色。中国企业在非洲的一个主流经营模式，就是中国、非洲和欧洲的三角互通，中国资金技术加上非洲制造，最终的市场瞄准欧美。

数据显示，中国企业过去10年在非洲总计投资340亿美元。投资领域日趋多元，由投资最为集中的建筑业和采矿业逐步向制造业、金融业、信息产业、互联网行业等新兴行业倾斜。据估计，非洲到2050年新增劳动力会占全球新增劳动力的50%。对非洲大陆的发展前景，74%的中国企业抱有乐观态度。

三、非洲华侨华人面临的问题、挑战和机遇

（一）面临的问题

1. 社会治安状况不佳。这是一个老问题。打开非洲华人媒体，针对在非中国人的违法犯罪行为层出不穷，这里不一一赘述。有些国家恐怖主义威胁加剧，有些国家排外情绪在滋生，这些都不利于华侨华人的生存发展。华侨华人虽然联合当地政府和当地社会，采取了一些措施（如建立警民合作中心、成立保安公司、雇佣当地保安），产生一定效果，但效果不彰。

2. 华人群体整体缺乏团结。华人企业之间存在恶性竞争。以卢萨卡的餐饮业为例，中餐馆从最初的几家，发展到现在的28家，同行竞争极为激烈，利润被压得很低。华侨社团也成为斗争的场所。2017年30余名在南部非洲的上海人，登报批评南部非洲上海工商联谊总会贪腐横生、账目混乱，宣布退出该会。

3. 本地化不够。中国企业和华侨华人虽然在本地化方面做了种种努力，但还远远不够。据调查，仅47%的中国企业采购来源于当地的非洲企业，绝大多数中国新移民希望落叶归根，而新移民占比又超过90%。中国企业和华侨华人必须熟悉当地商业环境、政策和习惯等细节，在寻找本地合作伙伴、创造下一代的客户和供应链、培训提拔员工、处理复杂的劳工关系等方面还有许多事情要做。

4. 华侨华人的形象有待进一步提升。非洲华侨华人在这方面已做了大量工作，如从事公益慈善事业、加强文化交流等。2017年中国宣布持有、买卖象牙制品均属非法，在非许多华侨华人和社会组织也大力宣扬保护野生动物，这些都有利于提升中国国家和华侨华人的形象。12月29日，由A+E Networks承制的年度纪录大片《狮子之心》在美国历史频道亚洲区播出，中文版则于23日在北京纪实频道首播。《狮子之心》讲述的是中国人星巴（卓强）去非洲深入荒野加入原始部落，与狮子为伍，开创野生动物保护事业的传奇故事，引起了广泛关注。然而，仍有个别中国人从事象牙、犀牛角非法买卖被抓到、被判刑的报道，严重败坏了中国人的声誉。现在，欧美国家一些媒体出于偏见或者一些见不得人的目的，给中国人抹黑，大肆破坏中国人的形象。中国则有人起而反驳。然而，从整体看，非洲人心中、非洲媒体笔下的中国形象却是介于两者之间。很多非洲人认为中国人有钱，有些非洲人认为中国人是良师益友。还有些非洲人认为，中国在非洲攫取资源，中国人抢夺当地劳动力市场，中国商品量多质差，中国企业不遵守当地法规。其中，有的极端看法，很显然是受到西方媒体的影响。中国人给非洲当地人造成的不好的印象，固然有偏见的影响，恐怕与部分中国人的行为有关，亦与中国政府、华侨华人不善宣传、不善经营自身形象有关。中国政府擅长硬实力，比如投资项目、建设大型工程、雇用大批量

劳工，但却不擅长软实力。比如在加纳，当地人看到中国人建造的医院现在变得破败不堪，会倾向于批评作为建筑者的中国人不负责任。看到这样的报道之后，有些中国人就会生气，以情绪化的方式应对媒体。其实这些建筑并不是中国人自己要建的，是加纳政府让中国人在这儿建的，中国人已经很好地履行了建造的职责，只是医院建好之后的持续发展却没有人管理。中国人善于通过经贸与当地政府达成良好合作，但如果不懂得如何和民众沟通，就赢不了普通民众的心。一位来自喀麦隆的记者说，现在中国在非洲的影响力已远远大于欧美国家，在他们国家到处都能看见中国人，并且越来越年轻化。但是他们国家的媒体对中国的报道整体还是偏负面的，因为中国人不会和媒体交流。作为一个记者，当他要报道中国人时，得不到全面公开的信息，就会在写作中掺杂其固有印象，而这些印象大多是负面的。

5. 守法合规经营的意识有必要进一步增强。2017年，对非法经营的华商，欧洲、美洲一些国家加大了打击力度，在非洲，一些国家也加大了打击力度，甚至出现了粗暴执法、过度执法的现象。8月15日上午，南非警方联手移民局对位于开普敦奥特利地区的中国城商场（俗称中国城一期）进行了一场大型搜捕行动，抓扣了商城内的无合法身份的工作者。10月11日，南非独立电信管理局对约堡的一座中国商城进行搜查，发现了一些违反管理规定的通信器材。这其中包括手机、航拍直升机、微麦，甚至还有信号干扰器。10月4日，赞比亚移民局、税务局人员及国际刑警等把华人经常出入的卢萨卡JCS食品城围得水泄不通，没收了大批非法烟酒，并开始搜查、抓捕中国人。

（二）挑战和机遇

1. 如何在做好自身产业转型升级的同时，完善在非洲的产业链布局，提升中国企业产业链的地位？这是中国政府和中国企业必须思考并加以解决的问题。去产能，是近几年中国产业转型升级着力加以解决的一个重要问题。转移多余的产能，尤其是向非洲地区转移产能，成为去产能的一个重要出口。而非洲利用中国去产能的机会，获得了可喜的发展。然而，仅仅将多余的产能转移出去，并不足以完善产业链布局。有人认为，非洲将可能是第一个真正的数字优先区域，越来越多的跨国公司正竞相进入。2017年间非洲涌现了大量的加速器和孵化器。1月，Ecobank发起了一项金融技术挑战，以筛选整个非洲的创新者。6月，法国电信巨头Orange承诺将投资5000万欧元（合5600万美元），用于创建Orange Digital Ventures Africa，这是其早期投资项目的一个新分支。霍尼韦尔与非洲经济革命基金、谷歌、Facebook和尼日利亚通行银行（Nigeria’s Access Bank）都宣布建立自己的加速器和社区建设平台。美国和欧洲公司在争夺全球市场主导地位的同时也迅速认识到，西方市场的产品不一定能让新兴市场的受众产生共鸣，欧美公司正采取科技品牌本地化方法，生产更适应本地的产品。谷歌是一家注重在非洲发展新产品的公司。公司意识到非洲消费群体需要省流量的产品，在这里，1GB的花费是该地区平均月收入的9.3%。随着YouTubeGo在印度上线，谷歌也将这种省流量的应用扩展到尼日利亚市场，让消费者可以保存视频离线观看。这家科技巨头最近还宣布推出安卓应用Datally，帮助用户了解哪些应用会消耗最多的流量，并为如何节省流量提供建议。中国的高科技公司应参与到非洲市场，与欧美国家公司展开竞争，在产业链的顶端争得并扩大自己的份额，从而提升在全球产业链中的地位。

2. 适应非洲发展形势和地区地缘地位差别，突出重点，改善中国投资国别布局。根据各家机构的估计，非洲的经济将持续增长，但国别、地区差别很大。世界银行认为，2018年非洲地区经济增长将达到3.2%，2019年达到3.5%。撒哈拉以南非洲三大经济体将维持增长态势，其中南非GDP将增长1.1%（2017年为0.8%），尼日利亚将增长2.5%（2017年为1%），安哥拉将增长1.6%（2017年为1.2%）。加纳经济增长有望实现8.3%，埃塞俄比亚预计达到8.2%，科特迪瓦预计放缓至7.2%，塞内加尔和坦桑尼亚的增长率分别维持在6.9%和6.8%。紧随其后的是塞拉利昂（6.3%）、贝宁（6%）、布基纳法索（6%）和几内亚（5.8%）。非洲发展银行认为，2018年非洲经济平均增长率将达到4.1%，

2019年预计达到4.7%。东非国家将保持最好发展势头，2017年增长了5.6%，2018将达5.9%，2019年预计达6.1%。排在第二位的是北非国家，2017年经济增长5%，2018年预计达5.1%，2019年将会有所放缓，达到4.5%。西非国家处于第三位，2018年将持续增长3.6%，2019年3.9%。中非地区排名第四，2018年增长2.6%，2019年3.4%。排在最后的是南非地区，2018年预计增长2%，2019年增长2.4%。中国政府几乎援助过所有的非洲国家，华侨华人的足迹也几乎遍布非洲各地。但中国对埃及、摩洛哥的投资显得较少，在埃及、摩洛哥的华侨华人数量也不是很多，这与两国的发展态势和战略地位不太相符。因此，应适当引导华侨华人和中国企业，将北非的埃及和摩洛哥作为投资和发展生产的重点对象国。从发展态势上来看，北非地区今后几年将排在全非第二，据南非兰德商业银行预计，埃及将取代南非成为非洲投资第一目的国，摩洛哥紧随南非之后，排在第三位。埃及、摩洛哥无疑会提供难得的商机。从地缘政治地位来看，埃及、摩洛哥既是非洲国家，又是阿拉伯国家，地理位置都非常重要，埃及更是在中东、北非、伊斯兰世界中拥有广泛的影响力。加大对这两个国家的投资力度，无疑有利于拓展国力。

美国侨情

美国至少自 20 世纪 60 年代以来就是全球主要的国际移民接纳国之一。据联合国于 2017 年 12 月发布的《2017 年国际移民报告》显示，当前美国境内居住着 4980 万国际移民，占全球国际移民总数的 19%，居世界第一位。尽管移民历史悠久，但对于移民究竟是资源还是挑战，美国国内的看法一直摇摆不定。从 2016 年美国大选到 2017 年特朗普政府所采取的重大移民行动，可以看出这样一种趋势，即移民问题在美国的政治和公共辩论中进一步凸显，与往年相比，国际移民治理似乎与美国经济和全球竞争力、国家安全等的联系更为密切。就在 2017 年底，美国还出于国家利益考量，宣布退出联合国的《全球移民契约》这一旨在改善移民和难民境况的协定。据统计，美国华人人口已达 452 万，是仅次于墨西哥裔的第二大少数族裔。因此，美国的移民政策也牵动着在美华人的心。

2017 年对美国华人而言可谓喜忧参半。这一年的美国侨情可大致概括为以下几点：一是美国收紧移民政策，实施了不少大动作，如实行旅行禁令、废除童年入境者暂缓遣返项目、推动修建美墨边境墙、加强边境执法、反对庇护城市、提出择优移民、收紧 H-1B 项目等，这些移民政策引起华人诸多担忧。二是在参政方面，虽然美国华人政治弱势地位未发生明显改变，但华人政治参与势头强劲，如少数华人精英通过选举直接参与，华人政治性社团作为参政平台积极鼓励和支持华人参政，华人非选举性政治参与逐渐兴起并在维护华人权益方面发挥作用。三是在华人融入方面，2017 年北美各地种族主义似有抬头倾向，美国各地零星的因对华人的种族歧视引发摩擦和冲突的事件不时见诸报端。四是留学生方面，中国留美学生人数突破 35 万创下历史新高，但与此同时，留学生安全问题也成为一个突出问题。章莹颖事件再次引发了公众对留学安全话题的关注，加强安全教育、提升自我保护意识成为共识。

一、华侨华人在美国：基本数据

美国华人人口达 452 万，是全美少数族裔中第二大族群

据美国移民政策研究所（简称 MPI）2017 年 9 月发布的相关报告称，2016 年中国是美国第二大移民来源国（该年度从中国移民美国的人数为 16 万），仅次于印度；从移民总数上看，居住在美国的华人移民共 230 万，是继墨西哥人和印度人之后的美国第三大移民群体；从族裔人数看，美国华裔人口约 500 万，是亚裔中最大的族群，也是仅次于墨西哥裔的第二大少数族裔。

华裔移民近六成来自大陆

据 ACS 报告的数据，在美国的华裔移民中，来自中国大陆的移民占据多数，比例为 59.5%；来自中国台湾的移民占 15.9%；来自东南亚各国的中国血统移民占 15.3%；来自中国香港的移民占 9.4%。20 世纪 70 年代后，中国大陆居民赴美留学、探亲人数增多，在 90 年代形成大陆民众赴美高潮，这些人被称为华裔中的新移民，以区别以前来自广东、香港地区的老侨和来自台湾地区的移民。

中国留美学生人数逾 35 万，创历史新高

美国规模最大的留学生研究机构“美国国际教育协会”（简称 IIE）每年发布具指标性的报告《Open Doors》。其 2017 年度报告显示，美国各大专院校秋季入学新生数量，按年减少 1 万人至 29.1 万人，为过去 12 年来同类数据首次录得下跌。相反，中国留学生数量去年增加约 2.2 万人，整体增至逾 35 万人创出历史新高，为最多留学生数量国家，遥遥领先排在第二名的印度（18.6 万人）。

五成移民从事管理、商业等职业

在职业方面，51% 的中国大陆移民从事管理、商业、科学和艺术职业，而所有外来移民从事这类职业的比例为 32%，美国本土出生人口从事这类职业的比例为 39%。22% 的中国大陆移民从事服务类职业，而所有外来移民从事这类职业的比例为 24%，美国本土出生人口从事这类职业的比例为 17%。17% 的中国大陆移民从事销售和办公室文员职业，而所有外来移民从事这类职业的比例也为 17%，美国本土出生人口从事这类职业的比例为 25%。

六成华人移民英语水平有限

和出生在他国的移民相比较，中国大陆移民不太精通英语的比例较高，而且在家中不说英语的人也很多。2016 年，5 岁以上来自中国大陆的移民中有 61% 被报道英语水平有限而出生在他国的移民中只有 49% 的人被报道英语水平有限。约 10% 的中国移民在家中只说英语，而整个移民群体在家说英语的百分比是 16%。

七成华裔移民是在美国以外出生

美国的华裔移民中，70.6% 是在美国以外出生，29.4% 在美国出生。美国以外出生的华裔移民中，97.1% 来自 15 个国家和地区，而其中 84.7% 的人来自中国。在美国出生的华裔后代，88.3% 的人是集中在美国的 15 个州出生，但最多是在加州和纽约州出生，共占 53.8%。

中国大陆移民年龄偏大

和出生在他国的移民及美国本土出生人士相比较，中国大陆移民年龄偏大，中位年龄为 44 岁，而美国本土出生人口中位年龄为 36 岁。2016 年，76% 的中国大陆移民在工作年龄内（18 ~ 64 岁），17% 的人年龄在 65 岁以上，18 岁以下的占 7%。相比之下，美国所有外来移民中 79% 的人在工作年龄内，15% 的人年龄在 65 岁以上，6% 的人年龄在 18 岁以下。与此同时，美国本土出生人口有 59% 的人在工作年龄内，15% 的人年龄在 65 岁以上，26% 的人年龄在 18 岁以下。中国大陆移民参加工作的比例，略低于所有移民和美国本土出生人口。2016 年，16 岁以上的中国大陆移民中，58% 的人有工作，而所有移民中有工作的人占比为 66%，美国本土出生人口有工作的人占比为 62%。

51% 的大陆移民已归化成为美国公民

2016 年，在 212 万中国大陆移民中，51% 的人已归化为美国公民，而所有出生在他国的移民归化入籍的人数比例为 49%。相较于所有外国移民，近期进入美国的中国大陆移民比例较大。根据统计数据，44% 的中国大陆移民是在 2000 年前进入美国的，而所有外国移民中有 55% 的人是在 2000 年前进入美国的。25% 的中国大陆移民是在 2000—2009 年间进入美国的，而所有外国移民中有 27% 的人是在 2000—2009 年间进入美国的。31% 的中国大陆移民是在 2010 年后进入美国的，而所有外国移民中有 19% 的人是在 2010 年后进入美国的。

华人移民教育程度远高于其他族裔

和出生在他国的移民及美国本土出生人士相比较，中国大陆移民往往有更高的受教育程度。2016 年，25 岁以上的中国大陆移民近一半拥有学士学位或更高的学位，而在所有移民中只有 30% 的人拥有学士或更高的学位，美国本土出生的人中有 32% 拥有学士学位或更高的学位。27% 的中国大陆移民拥有硕士以上学位，而所有移民中只有 13% 的人拥有硕士以上学位，美国本土出生的人中有 12% 的人拥有硕士以上的学位。美国移民政策研究中心认为，这和中国移民能在美国获得合法身份的渠道有关。1965 年后中国移民来美国有两种主要渠道：留学和 H-1B 高技术临时工签证。

中国大陆移民在纽约旧金山洛杉矶居住的最多

大多数来自中国大陆的移民定居在加州和纽约州，居住在加州的中国大陆移民占中国大陆移民总数的 31%，居住在纽约州的中国大陆移民占全美中国大陆移民总数的 20%。最受中国大陆移民青睐的四个县分别是加州的洛杉矶县、纽约的皇后县、纽约的国王县和加州的旧金山县。这四个县的中国大陆移民人数约占美国中国大陆移民总数的 28%。中国大陆移民选择居住地以大城市为主，44% 的中国大陆移民居住在纽约、旧金山和洛杉矶这三大都会区。

大陆移民家庭年中位收入为 56000 美元

与总体移民和美国本土出生人口相比，中国大陆移民家庭的中位收入居中间状态。2016 年，中国大陆移民家庭的中位收入为 56000 美元，相比之下，所有移民家庭的中位收入为 54000 美元，美国本土出生家庭的中位收入为 58000 美元。2016 年，13% 的中国大陆移民生活在贫困中，略低于所有移民中贫困人口 15% 的比例，而美国本土出生人口中贫困人口比例只有 9%。

注：本部分数据主要来自美国移民政策研究中心 2018 年 2 月发布的报告。

二、移民政策

2017 年是全球移民政策大起大落的一年：新西兰创业移民工签拒签率持续增高，澳大利亚废除 457 工作签证，德国通过“打分制”提高移民门槛，匈牙利国债移民项目关停……对美国而言则是不断收紧移民和签证政策。12 月，美国宣布退出全球移民契约，并称“我们将决定如何最好地控制我们的边境，谁将获准进入我们的国家，纽约宣言中的全球方式完全违背美国的主权”。可以说，这一事件与美国当前的移民收紧政策相当契合。2017 年，特朗普紧缩移民政策的大刀不仅砍向“非法移民”，就连“合法移民”也不放过，包括亲属移民在内的绿卡发放也被喊“卡”，准备由 2014 年每年 64.5 万的绿卡发放缩减至54万。从严格审核签证申请，到收紧 H-1B 签证计划；从宣布支持“改革美国移民制度强化就业”草案，到收紧合法移民数量；从扩大签证申请面谈范围到打击逾期滞留，移民美国愈发艰难。此外，特朗普提倡“积极促进和使用美国制造商品，保证雇佣美国劳动力去工作”，力争实现其“美国优先”的承诺。受此影响，美国各州执法部门执行了一系列与移民有关的措施。2017 年美国 42 个州和华盛顿特区通过了 133 项移民法规，这比 2016 年全年通过的地方移民法规多出一倍。虽然不少移民政策最终能否通过取决于多重因素，但特朗普挥舞的大砍刀已经让包括华人在内的很多合法移民开始担忧。

收紧 H-1B 签证，华人移民或遭重创

特朗普在竞选期间就多次抨击 H-1B 签证制度，认为这一签证并没有发给专业技能人员或移民，而是给了临时外国工人，雇主想用这些低工资的外国工人替代美国工人。2017 年 4 月 18 日，特朗普签署了“买美国产品，雇美国工人”行政令，承诺保护美国工人的工作，提高工资，创造就业机会且提升就业率。这项行政令表明特朗普政府将积极实施移民政策，尤其是在工作签证 H-1B 这一项目上。据不完全统计，目前在美国境内持 H-1B 等待绿卡排期的外籍人士数量超过了 100 万人，有报告称，2016 财年 H-1B 签证申请获批的华人占全部申请者的 9%，仅次于印度。一直以来，获取 H-1B 工作签证、在签证有效期内申请绿卡是许多中国留学生留在美国发展的重要途径。美国国土安全部 2017 年 12 月 14 日表示，计划废除这项规定，预计影响数万人，印度及中国最多。比起投资移民、婚姻绿卡等移民方式，H-1B 是众多华人留在美国的最直接方式。而这些 H-1B 签证持有者的家属，大多都是申请的 H-4 签证（H-1B 配偶在美工作许可）。一旦 H-1B 签证延期规定取消，H-1B 配偶在美工作许可废除，将导致几十万华人被迫回国。

RAISE 法案有意实施积分制移民，减少低技能移民

2017 年 8 月 2 日，美国总统唐纳德·特朗普连同参议员汤姆·卡顿和大卫·珀杜共同公布了最新版本的《美国增强就业移民改革法案》（简称 RAISE 法案）。从出发点来看，美国将效法加拿大和澳大利亚实施积分制移民审核策略，减少低技能移民与本土的低技能劳动力之间的竞争，同时增加高技能移民的数量。RAISE 法案意味着，合法移民的限额从现在的每年近百万削减为 50 万，其中亲属移民的份额被大幅削减。该法案采用积分制审核标准，积分最高的申请者们可获得每年 14 万的积分名额。积分根据申请者的年龄、教育水平、英语能力、收入水平、投资规模以及杰出成就进行加分计算，超过一定标准即可申请，积分最高者优先获得名额。从积分的具体算法来看，这套移民体系主要青睐 22 岁至 35 岁、高学历、英语水平高、收入水平高、投资规模大及曾获杰出成就的申请者。RAISE 法案并不欢迎家庭单位，通过禁止公民为近亲申请移民限制其权利。除此之外，RAISE 法案偏爱受教育程度较高的人士与熟练工人，而非技能水平低和处于不利地位的中年人及年龄更大的人群。一些较低技能水平的工作，如从事农业、幼儿看护、食品饮料、制造业和建筑业的人群将遭受更多不幸。不过，虽然有白宫支持，这一法案的政治前景依旧惨淡。

童年入境者暂缓遣返项目将终结，近两万名华人受影响

2017年9月5日，特朗普政府称，童年入境者暂缓遣返项目（DACA）将在6个月内终结。DACA是一项于2012年创建的行政命令，未登记入境者若赴美时还是儿童就可以免于被遣送回国的命运且能获得工作授权，近8万人获益。目前，没有迹象表明这项计划一旦终结，美国将会如何处理这些受益者，这引起了大规模遣返的恐慌。很多雇主与雇员团体都因自己DACA受益者的身份而对这项政策表达了失望之情。尤其是健康看法和医院产业将会因为DACA的终结而受到影响。商业公司现在面临着思考如何填补因DACA雇员离开而产生的职位空缺。据美国移民政策中心估计，2016年大约2.5万名中国年轻人立即有资格获得DACA。但截至2017年9月4日，只有740名中国大陆来的年轻人是激活的DACA持有者。

加强移民审核，提高签证申请与游客入境审查严格度

随着4月和7月特朗普总统先后颁布两道行政令和行政备忘录，要求国土安全部加强对移民类签证和福利的严格审核，H-1B外籍劳工签证首当其冲受到冲击，无论是新名额审批还是延期审批，都比以往更加严格。由于H-1B工资标准提高，很多公司不愿帮助或难以担保新职员申请工作签证，令广大新入职及需要延期签证的员工面临更多阻碍。此外，特朗普行政备忘录提出的“加强审查”所带来的影响比其旅行禁令还要广，不仅公民及移民服务局（USCIS）公布了新版的I-485身份调整（即绿卡申请）表格，并在旅游签证DS-5535表格增加了新问题，而且对在美合法工作签证H-1B的申请和延期也提出了新要求。

打击非法移民，将扩大绿卡申请者面谈范围

8月28日，美国公民与移民管理署宣布将针对一些申请永久居民（即绿卡申请人）的人士进行面试。新的指导大纲来源于被称为“旅行禁令”的特朗普行政命令，即全名为“避免外国恐怖主义分子进入美国而保护国家”的行政命令。美国移民局称，这是为了遏制欺诈。据悉，这项新措施是特朗普政府打击非法移民和滥用合法移民制度的努力之一。根据新指导大纲，雇佣身份、难民或寻求庇护者的亲属都要接受面谈。根据现有的美国移民局指导大纲，许多雇佣身份申请者都能免于面谈，尤其是有特殊技能的人或雇主代表他们申请最初工作签证的人。

抓捕无证移民，华裔无证客回流纽约

为了兑现竞选承诺，特朗普一上台就开始收紧移民政策，殃及大批华人。美邦移民与海关执法局（ICE）按照特朗普的命令，大举抓捕无证移民，吓得很多华裔无证移民回流“庇护城市”纽约。然而，ICE并没放松在纽约的抓捕非移行动，有华裔无证移民被埋伏在家门口的ICE执法人员带走，并被递解出境。不仅如此，有犯罪前科的绿卡持有者也成为特朗普政府打击的对象，就连纽约华社一些知名社区人士也未能幸免。一时间，许多有绿卡的华人都吓得不敢轻易离境返国了。特朗普政府收紧移民政策，也令纽约华人以紧急医疗、病情危重、意外死亡奔丧等原因为家人提出的签证申请频频遭拒，一些亟待帮助的华人大受影响。这引发了声势浩大的“无移民日”活动，包括纽约、费城、波士顿、华盛顿、芝加哥等城市在内，餐厅和商号停业一天，数以万计的餐厅、建筑公司等其他企业商家移民员工，以罢工、罢课、拒绝购物等方式参与到抗议中。

三、华人参政

海外华人政治参与，是这一群体愈益融入住在国主流社会，逐渐提升权力诉求，彰显政治地位的主要形式与基本路径之一。2017年，美国华人的政治参与引人注目。这一年美国华人的政治参与主要分为以下几种路径：一是华人精英作为关键少数直接参与到美国政治生活中。赵小兰被特朗普任命为交通部部长，引发了大家对华人政治参与的广泛关注。二是华人社团作为政治动员平台以提升华人参政意识和参政能力的方式参与美国政治生活，为帮助华人更好适应美国社会起到了一定作用，有利于为华人争取更多权益。三是非选举政治参与，以展示族裔形象、维护族裔权益的姿态参与美国政治生活。比如今年美国华人在反对大麻合法化、教育平权等许多问题上，都是以展示族裔形象、维护族裔权益的姿态参与到美国政治生活中来。整体而言，美国华人参政的未来趋势主要表现在三个方面：首先，美国华人政治参与仍将保持强劲势头，但政治弱势地位也将长期存在；其次，美国华人政治参与的基本模式初步形成并将长期发挥影响；第三，美国华人族群是否团结也是影响华人参政的重要决定因素。

赵小兰就任交通部部长

曾是美国历史上首位华裔部长的赵小兰二度入阁，入主交通部，在特朗普誓言振兴美国基础设施建设的雄心下，掌管价值巨大的基建计划，创下了华裔女性在美从政的新纪录。她接受采访时，经常谈到自己早期的移民经历、家庭教育和自我奋斗，鼓励亚裔青年人要有文化自信。2017年8月的美东华人学术联谊会（CAAPS）第42届年会上，赵小兰鼓励亚裔移民努力融入新环境，才能创造新机会。堪称华人骄傲的她经常在各种场合鼓励少数族裔参政、鼓励女性扮演领导角色。

陈本恩成为第四位宣布2018年参选州众议员的华裔人士

随着近年来在美华裔政治意识的提升，越来越多的华裔代表开始积极地投入到参政议政的队伍中，以实际行动为民众谋福利。例如，曾任华人咨询服务处副总监的陈本恩11月宣布将参加2018年伊州第25区州众议员的竞选。这是继上届选举马静仪成功竞选为伊州第二选区首位华裔州众议员后，第四位挺身而出宣布2018年参选州众议员的华裔人士。有支持者认为，华人在美国是少数，只有通过在社会各层面积极参与和奉献，逐渐提升参政议事、交流合作的能力，树立负责任有担当的公民形象，同时不依不附、不舍不弃、能伸能屈、求同存异、同舟共济。

加州中华会馆、美国亚洲人商会力挺江俊辉竞选加州州长

当前，海外华人社团的社会功能已从传统的“地缘、血缘”为主转向承载着经济、政治、文化等特定功能的专业性社团转变。如美国亚裔80/20促进会、亚美协会、纽约美国华裔选民协会等政治性团体正在崛起，这些团体对于提升华人参政意识和参政能力起着一定作用。罗省中华会馆和美国亚洲人商会于12月举行记者会，表示他们将于2018年联合举办造势活动，力挺江俊辉成为加州“首位亚裔州长”。如果他能顺利当选，将是美国华人的荣誉和骄傲。中华会馆共同主席马培道表示，支持华人参政是中华会馆的宗旨，今天他们出来支持江俊辉，不仅因为江是华人，更是因为江的为人和能力得到了美国主流的认同。

旧金山华裔市长李孟贤逝世，曾无惧威胁与大阪“分手”

2017年12月12日，旧金山华裔市长李孟贤因突发心脏病抢救无效去世，享年65岁。这个出身于贫苦移民家庭、从小看着父母受歧视的孩子凭借自己的刻苦，走出华埠，后来又回归华埠，为那些贫苦的市民代言。后来，他入职旧金山市政府，完成到政治家的转变，任职多个部门，最终在2011年成为旧金山160年历史上第一位亚裔市长。2012年人口普查结果显示，旧金山居民中21.4%是华人，华人比例在全美国所有大城市中最高。2017年9月22日，旧金山湾区多族裔民间社团“慰安妇”正义联盟在旧金山市圣玛丽广场揭幕一组“慰安妇”塑像。旧金山市议会11月通过决议，同意接收这组“慰安妇”像。李孟贤无惧日本首相安倍晋三的敦促及旧金山市姐妹城市大阪市长吉村洋文断绝“姐妹情”的威胁，表示“此事已无交涉余地”。随后，吉村洋文决定正式解除姐妹城市关系。他总说自己的根在中国，在台山，他曾多次回乡祭祖，当上市长后还率团访问家乡，并一直推动旧金山与中国在经贸、文化、教育等多个领域的合作交流。

华裔反对娱乐大麻合法化

加州议会通过娱乐大麻合法化的法案后，加州各地方政府跟进制定当地的相应法规。在旧金山，一些华裔人士激烈反对娱乐大麻合法化。早在2017年初，部分华裔居民就在旧金山日落区和圣布诺区示威，反对在社区内开设大麻店。当市议会部分议员提出旧金山娱乐大麻合法化的提案后，这些人士的反对声浪更高。他们的抗争得到了相当多普通华人的支持，因为绝大部分华人都反对大麻合法化。然而，随着抗争持续，抗争团体原来的发起人退出领导层，更激烈的人士取而代之，组织队伍多次到市议会陈情、抗议。当大麻合法化提案在市议会通过时，他们要求市长李孟贤动用否决权。可是，在市议会以10比1票的表决结果通过该提案后，李孟贤权衡再三，还是签署了它。

美“亚裔细分”法案引华裔抗议

同2016年一样，亚裔细分立法依旧是2017年华人社群的热门讨论话题。许多华人认为，亚裔细分关系到升学、就业，甚至生活资源等各方面，如果法案执行，会在社会层面造成歧视合法化、亚裔内斗、公平待遇等严重后果。因此，这一法案遭到美国华人的强烈抗议。抗议者制作了各式各样的横幅标语来表达心声，如“停止歧视性的H.3361法案，为什么仅针对亚裔？？？”“团结美国而不是分裂”“对歧视法案说不”“如果所有学生都平等，为什么只细分亚裔”等。据称，“亚裔细分”法案旨在将亚裔和夏威夷岛屿的少数族裔细化，分为中国人、孟加拉人、印尼人、马来西亚人等21个族群。在抗议活动中，多个华人社团，如全美山东同乡会联合会总会、美国华人企业家等积极参与进来。面对“细分亚裔”这样的类似事件，如何更好地维护在美华裔的权益？有华人表示，除了强硬的示威游行外，应该与州政府进行对话。也有人说，一方面，可以示威游行；另一方面，我们华裔要多为美国社会作出贡献，让他们看到我们在美国发展中的重要作用，从而更好地维护华裔权益。

北美种族主义抬头华人不再沉默

2017年，北美各地种族主义抬头，在白人至上者和反对者的冲突引起暴乱的同时，针对华人的种族歧视事件也层出不穷。例如有人在公共场合对华裔老人大声辱骂，称“我恨中国人”，以及餐馆开出写有“ching chong”这一歧视字眼的收据等。不过令人欣慰的是，从“我恨中国人”事件后积极维权的王老先生，在地铁上用多种语言批评种族歧视者的华裔姑娘，到在收到“中国人滚出美国”的威胁后坚持参选并反击的北卡及新泽西参选人，表明华人已经不再沉默，更多的人选择了反抗。在当今美国的政治气候和社会环境下，想要在“种族”这个话题上置身事外，似乎不太可能。总体来说，华人在这个议题上渐渐抛却了老一辈的沉默态度，近几年华裔维权开始注重理性，注重与其他族裔团结，这是好事；同时内部有人批评是否太畏首畏尾，有各种不同意见，这恐怕也是一个群体维权的必经挣扎。在社会分裂和种族矛盾下，无法独善其身的华裔每一步都应该谨慎；但同时也不能忽略的是，站出来发声是一切权益的前提。

华裔在美慈善活动正飞速增长

不过尽管如此，华人依然在积极融入。研究显示，从2000—2014年，由华裔运营的基金会增长了4倍，目前全美拥有近1300家类似机构。而从2008—2013年，华裔在诸如高等教育、健康、科学和地方慈善等事业上捐赠金额达到5亿美元。美国华裔人口飞增至400多万，是美国增速最快的亚裔群体。人口数量的激增以及初代移民在技术、房地产和其他行业上的成功也与他们在慈善事业上的贡献保持一致。华裔的大部分捐赠都流向著名的大学和医学中心，比如哈佛、南加州大学、斯坦福和加州大学伯克利分校等。这个研究是对自我种族身份的一种推广，同时也是一种认可。

加州将5月10日定为铁路华工纪念日

5月8日，加州众议会全票通过将每年5月10日定为铁路华工纪念日，表彰和纪念当年参与兴建横跨美洲大陆铁路的上万筑路华工。这个纪念铁路华工的决议案，是由代表硅谷的华裔众议员罗达伦（Even Low）提出的，州华裔众议员朱感生、周本立、丁右立与日裔众议员土村等共同联署。回顾历史，1869年5月10日，耗时6年的横跨美洲大陆铁路工程完工，全长约2000英里（3200公里），是19世纪人类最伟大的工程之一，对美国经济的发展产生巨大影响。近1.2万名华工参与铁路西段的修建，约占中央太平洋公司总劳动力的80%。在庆祝铁路贯通的仪式上，却没有任何一名华工代表，他们的贡献被埋没了一个多世纪。成千上万华工忍受歧视和偏见，领取微薄的薪金，在严峻的社会环境和高危工作环境下勤奋工作，仅在内华达山脉工程中，就有约1200名华工死于山崩、爆破工程及其他意外，华工的勇气和牺牲不能被遗忘。美国劳工部于2014年5月9日将铁路华工列入荣誉纪念堂，纪念他们的卓越贡献，华工是进入该纪念堂的首批亚裔群体。2017年5月6日，正值种族歧视法《排华法案》立法135周年。同时，每年5月是全美“亚太裔传统月”。

四、留学生

美国是全球最大的留学目的地国，目前，美国约 2000 万名大学生中有 7% 来自国外。数据显示，仅 2015 年外国留学生就为美国带来了 350 亿美元的收入。目前在美国的 140 万留学生中，77% 来自亚洲国家，中国和印度是美国海外留学生的最大来源地。美国总统特朗普上任后，持续以国家安全为由收紧移民政策，数量庞大的留学生群体受到冲击。很多中国留学生改变了出国计划，但美国依然是中国学生申请留学目标的首选国家。截至 2016 年，在美国的中国留学生数量已经超过 35 万人，而且这一数字还有递增的趋势。如果移民政策改革的一纸草案落实，绿卡抽签制被取消，中国留学生是否会望而却步？此外，安全问题、H-1B 签证改革及“旅行禁令”也使外国留学生面临更严峻挑战。

中国是美国外国留学生最大生源国

据统计，2017 年美国各大专院校秋季入学新生数量，按年减少 1 万人至 29.1 万人，为过去 12 年来同类数据首次录得下跌。相反，中国留学生数量去年增加约 2.2 万人，整体增至逾 35 万人创出历史新高，为最多留学生数量国家。美国依然是 2017 年中国学生申请留学目标国家中占比最高的，申请人数占总人数的 17%。根据国际教育研究所的统计，中国是美国外国留学生的最大生源国，在 2015—2016 学年，中国在美国高等院校就读的留学生人数有 32.9 万人，43% 的中国留学生是学习科学、技术、工程和数学。2016 财年，在获得 H-1B 签证身份的外国人中，有 9% 是中国人。

留学生毕业在美国工作变难工签批准率创十年新低

美国移民局为配合特朗普政府“美国人优先”的政策，于 10 月公布了基于就业的签证项目的发放情况数据，包括 L-1、H-1B、EAD 卡等项目。其中，备受留学生关注的是 H-1B 工作签证。作为美国最主要的工签类别，H-1B 是美国为引进外国籍专业技术人员提供的临时工作签证。美国收紧 H-1B 签证，是为了避免低技术低工资的临时外籍人员替代美国本土人士的就业，最受打击的是印度申请人。中国申请人作为 H-1B 第二大申请群体，从数据上看，受到的影响没有印度严重。比 2016 财年的 35720 名中国人获批，2017 财年目前获批的已有 36362 人，不降反升。近年来，美国 STEM 领域的人才需求量大，鼓励学生主修科学、技术、工程和数学领域，并提供多项优惠条件帮助这些学科的毕业生就业。在政策收紧的形势下，最受冲击的就是“混文凭”的学生。

中国留学生安全引人关注

2017 年 6 月，26 岁的中国访学女生章莹颖在伊利诺伊大学香槟分校（UIUC）遭绑架失踪后，引起广泛关注，虽然联邦大陪审团对嫌犯克里斯滕森提出起诉，且在最新的起诉书中证实章莹颖已经遇害，但其下落至今仍然是个谜。事发后，章家人及章莹颖男友一行赴美寻人。但寻女未果，心力交瘁的章家人最终于 11 月黯然返回中国。2017 年，在美留学的中国学生当中发生了很多不幸事件。除了章莹颖，在犹他大学攻读博士学位的中国女生唐晓琳 10 月 1 日突然失联，数天后被发现在旧金山身亡，死因不明。2017 年 8 月，经过长达 3 年的审理，南加州大学中国留学生纪欣然命案，洛杉矶县刑事法庭宣布，判处该案主犯安德鲁·加西亚终身监禁、不得假释。加西亚是这起残暴杀人案第一个被判刑的凶手。至此，经过纪欣然家人、律师、南加大校方和社会各界人士持续不懈的努力，纪欣然命案的主犯终于受到了严厉惩罚。

加拿大侨情

加拿大是中国最重要的战略合作伙伴之一。中加两国在政治、经济和文化领域的交流与合作十分频繁。2017年，加拿大华侨华人社会持续壮大，积极参政议政，维护自身权益，积极声援祖（籍）国，华侨华人社团在各方面均发挥了积极作用。在政治上，华裔议员黄素梅、关慧贞及宾裔议员马塞利诺推动加拿大政府设立南京大屠杀国家纪念日，其对历史的忧思和远见卓识撼动了加拿大政坛。加拿大安大略省省议会则在“南京大屠杀”80周年纪念日来临之际首次在官方场合举行南京大屠杀纪念活动。此外，在加华人积极参与加拿大各项政治议题，如“推进大麻合法化”等，对加拿大政治产生了较大影响。在文化上，广东话辅导班在加拿大兴起，华裔移民盼传承祖辈文化。广东话辅导班的兴起不仅反映了华裔移民对祖（籍）国、祖（籍）地语言的认同，也反映出中国文化在全球产生的深远影响。值得注意的是，加拿大部分省份就国际毕业生移民规定做出修改，多项工种受限，移民政策呈现出收缩态势。

2017加拿大中国移民概况。2017年加拿大移民新政策的实施对华人入籍加拿大敞开了大门。11月15日，加拿大允许中国60岁以上的签证申请者更快拿到签证；允许大陆申请者用银联支付签证申请费，并配有中文说明；11月中旬，加拿大在中国新增的7个签证中心已陆续全面投入启用。除了上述加快旅游签证审批速度和银联支付的政策外，加拿大未来也将会接收更多留学生，希望这些留学生转移民的数量能够超过经济类移民的一半。也就是说，加拿大在未来三年将会吸引30万留学生成为移民。这7个新开的签证中心分别在南京、成都、杭州、济南、昆明、沈阳和武汉。至此，加拿大已经在中国开设了12个签证中心。此外，中国留学生不需要8个月就能拿到留学签证。2017年11月，加拿大移民部公布最新数据显示，2016年持各类临时签证赴加中国人数突破50万人，2017年1月到8月已达42.2万人（2015年44.6万人，2016年50.1万人，呈现逐年增多趋势），旅游、留学成为中国公民旅加的主要原因。其中，中国留学生在加平均消费每人每年3万加元。中国留学生不仅是个人消费，还有相应的附带旅游消费，为当地经济贡献不少。持临时居住签证（Temporary Resident Visas），主要是赴加旅游的中国公民人数2015年为40.9万人，2016年为46万人，2017年1月到8月为38.6万人，增长明显。持学习签证（Study Permits）的中国留学生人数也逐年增加，2015年3.1万人，2016年增至3.2万人，2017年1月到8月已达2.8万人。

中国留学生人数居加拿大首位，北京成最大签证点。加拿大移民部统计数据显示，中国留学生数量在加拿大所有外国学生中排在第1位。每年有1/3的外国留学生来自中国，每年新增中国留学生数量达到3万人。中国短期交换学生的人数也在迅速增加，2016年有18138名交换生或短期暑期学生的申请，较前一年增加29%。统计显示，北京签证办事处已成为加拿大在全球处理签证数量最多的签证点。加拿大的所有短期签证申请中，有1/4是由中国公民所提出。目前，中国是加拿大过夜旅游游客的第3大来源国家。中国人的旅游习惯，也逐渐从大型旅游团，转变成行程更为自由的独立旅游方式。然而，个人旅游签证申请的核准率较低，只有72%左右。学生签证是北京办事处主要处理的申请项目。根据统计，中国留学生每年为加拿大经济带来数十亿加元的贡献。受到留学生增加的影响，北京办事处也处理了许多赴加拿大探望孩子的家长的签证申请。2016 年北京总共收到了 24681 份家长探亲签证申请，约占北京处理签证数目的 8%。在工作签证方面，2016 年北京办事处总共收到 3331 个工作签证申请，其中有 1529 个是从网上申请。

温哥华市议会全票通过就排华史道歉 2018 年 4 月举办仪式。温哥华市议会于 2014 年通过动议，研究该市 1886 年至 1947 年间实施的涉嫌歧视华人的政策。此次出炉的题为《从排华到平等公民权利：检视早期华裔居民所受温哥华市歧视政策》的报告，由温哥华市政府职员历时一年完成。报告通过搜集史料，证实温哥华市过往曾经存在若干歧视华人的政策，例如：剥夺华人的投票权及公民权利，限制华人移民，限制华人在若干领域的谋生机会，在房屋及公共场所实施针对华人的隔离政策等。报告提出 12 项建议，重点包括：市政府应就过往歧视史向华裔社区作出正式道歉，支持温哥华唐人街申请纳入世界文化遗产等。温哥华市政府社会政策部社会规划师黄永安于 10 月 31 日向市议会陈述及提交报告。11 月 1 日，温哥华市议会又听取了公众代表的意见。在随后进行的投票中，报告获市议会一致通过。预计 2018 年 4 月将举行道歉仪式。道歉将以当年华侨最广泛使用的台山话读出，也将录制多版本，连同英文、繁简体中文文字版本，在温哥华市府网站公布，作历史资料保存。报告通过背后的强大推动力是一代代华侨华人不断艰辛打拼，赢得当地主流社会的尊重。

华裔议员黄素梅推动安大略省设立大屠杀纪念日。2017 年 10 月 26 日，加拿大安大略省议会通过了议员黄素梅提出的将每年 12 月 13 日设立为“南京大屠杀纪念日”的动议，安省成为西方国家中首个省议会通过有关“设立南京大屠杀纪念日”动议的地区。当天下午，加拿大马尼托巴省议会二读通过了议员弗洛尔·马塞利诺提交的关于设立南京大屠杀纪念日议案。11 月 30 日，加拿大联邦议员关慧贞在议会发表纪念南京大屠杀 80 周年声明，呼吁加拿大政府设立南京大屠杀国家纪念日。黄素梅，1962 年生于香港，8 岁时随家人移民加拿大。在担任多伦多市教育委员会委员期间，她发现安大略省有 1300 多万人口，包括近 300 万亚裔，但大多数人只知纳粹德国对犹太人的大屠杀，对二战时日本军国主义在亚洲犯下的滔天罪行却一无所知。当选安大略省议员后，黄素梅认为有责任警醒安省人，尤其是安省的亚裔人直面历史。遂开始为设立南京大屠杀纪念日奔走呼号。黄素梅是西方国家中第一个提出设立“南京大屠杀纪念日”议案的政界人士。在她的带头推动下，2017 年 10 月 26 日，加拿大安大略省议会通过了把每年 12 月 13 日设为“南京大屠杀纪念日”的 66 号动议。12 月 13 日晚，来自华人社区及其他多族裔社区的数百人，冒着严寒聚集在位于多伦多市区的加拿大安大略省省议会大楼前，举行烛光追思会，缅怀南京大屠杀死难者，呼吁珍视和平。另外，在与安大略省相邻的曼尼托巴省省会温尼伯，华人社团于 13 日傍晚在省议会大楼内主办纪念南京大屠杀 80 周年追思会，该省政要及多个少数族裔社区的代表参加。在大多伦多地区华人最为集中的万锦市，市议会于 12 日晚通过动议，将 12 月 13 日设立为该市的南京大屠杀纪念日。加拿大安大略省成为西方首个通过设立“南京大屠杀纪念日”动议的地方行政区。这只是第一步。黄素梅等其他有识之士还有更远大的追求：推动加拿大国会立法，使“南京大屠杀纪念日”成为加拿大国家纪念日，开西方国家之先河。

加拿大亚裔重视教育子女表现出色。2017 年，加拿大移民部的一份内部报告指出，在加拿大各族裔当中，中国及印度移民第二代的教育最为出色，中国移民第二代的就业表现最好。该项报告结合了移民统计、加拿大统计局及税务局的收入统计，从移民子女的教育及经济表现，评价移民政策的长期效益。该项报告证明，从重视教育的国家如中国及印度引进移民，是令加拿大移民制度较欧洲国家成功的原因。报告指出，虽然移民第一代的收入远不如本地白人，而且差距极大，但移民子女的平均收入已与本土加拿大人子女相差无几，甚至超越本地人的子女。报告称，在多数西方国家，特别是欧洲，看不到如此明显的移民成果。报告指出，来自不同国家移民子女的表现存在极大差异，当中以中国及印度移民子女的教育表现最为优越。来自美国及欧洲移民的子女，则与加拿大本地人的表现较为相似，但平均仍比本地加拿大人好。至于来自拉丁美洲及加勒比海地区的家庭，在教育表现上则低于本地加拿大人的子女，完成大学毕业的比例为23%至28%。报告还指出，移民子女上大学的可能性，与家庭收入并无明显相关，多数移民家庭虽然在经济上遇到困难，但并未影响子女上大学的机会。

迎接2018中加旅游年，赴加中国游客将达新高。 2016年中国国务院总理李克强和加拿大总理特鲁多宣布，将2018年设为“中加旅游年”，同意就促进双向游客往来扩大合作。2017年12月4日上午9点，正在中国进行正式访问的加拿大总理贾斯廷·特鲁多走进位于北京海淀区西北旺的新浪总部。当天“中加旅游年”标志在这里正式发布，来访的加拿大总理贾斯廷·特鲁多，中国国家旅游局局长李金早，加拿大众议院领导人、小型企业及旅游部部长楚萱歌，新浪董事长兼CEO、微博董事长曹国伟共同为标志揭幕。中国的官方统计显示，2016年中国游客访加已超过100万人次。通过旅游年的系列活动，这个数字将持续增长。特鲁多总理表示，2016年加拿大联邦政府向中国游客签发了60万个签证，而政府希望未来把这个数字翻1～2倍，为了迎接接下来预计超过100万的中国游客，中国人办理加拿大签证的时间将会控制在2周以内。

广东话辅导班在加拿大兴起，华裔移民盼传承祖辈文化。 在加拿大的华裔群体中，有不少移民第3、第4代的青少年，不能讲祖父母辈的母语。近年来，有部分华裔移民希望子女学习广东话，让他们了解祖辈的文化。温哥华地区出现了不少教授广东话的辅导班，让在家中没有机会接触广东话的学生，学习简单的日常用语。辅导班的学生在家几乎没有机会接触广东话，所以从最简单的字词开始教授，例如数数字。传统广东话课程主要教授书写，因为家长在家讲广东话，小孩便能听、能说。但现在越来越多的第3甚至第4代移民，在家处于全英语的环境，没有广东话的听说能力。虽然当地讲普通话的人数超越使用广东话的人，普通话成为主流，但也要鼓励年青一代继续学习及传承广东话。当地对广东话辅导班的需求会持续增加，不少土生土长的年轻人进入成家年龄，将会有自己的下一代。

中美洲侨情

2017年中美洲各国与中国的交流与互动蓬勃发展，在各领域实现了诸多突破及长足进步。6月13日，中国与巴拿马正式建立外交关系，取得战略性突破。11月22日，巴拿马总统巴雷拉结束了对中国为期6天的历史性访问，开启了两国关系富有成果的新阶段，中巴两国就经济、文化、旅游等多个领域签署协议，达成共识。中美洲华侨华人社团发展良好，华侨华人地位不断提高，在政治、经济等领域发挥着越来越重要的地位。政治方面，华人在政治领域表现活跃，越来越多的华人开始参政议政，主动融入当地主流社会。华侨华人社团通过参与慈善等一系列社会公益活动，增强了正面形象。经济方面，中国与中美洲诸国在经济领域的合作日趋深广，如中巴两国签署了19项双边合作协议，涵盖了运输（海运、铁路和空运）、农业、国际贸易、投资、电力传输和旅游等各个领域。文化方面，中国与中美洲国家的文化交流十分频繁，2017年是中国和哥斯达黎加建交10周年。1月25日哥斯达黎加举办中国文化日活动，吸引数千民众观看，反响热烈。中国还积极推动中美洲诸国设立“孔子学院”、派遣汉语志愿者，为中国文化在中美洲的传播作出了较大贡献。

华侨华人欢庆中巴建交。2017年6月13日上午9点，中国外交部部长王毅同巴拿马共和国副总统兼外长德圣马洛在北京举行会谈，签署《中华人民共和国和巴拿马共和国关于建立外交关系的联合公报》，两国政府决定，自公报签署之日起，相互承认并建立大使级外交关系。巴拿马的华侨华人得知中巴即将建交的消息后非常激动，6月12日，在巴拿马首都巴拿马城的华人社区，人们参加巴拿马与中国建交的庆祝活动。“热烈庆祝中国巴拿马建交”的巨大横幅悬挂在聚会场所的中央，大家笑容满面，发自内心的喜悦感染了每个人。巴拿马华侨华人还踊跃在社交媒体上分享两国建交的新闻，表达喜悦之情。巴拿马全国人口约为311万，其中华人占5%。1854年3月30日，“海巫”号帆船运载705名华工从中国抵达巴拿马。次日，《巴拿马先驱报》刊发这一消息，使其成为有正式文字记载的抵巴第一批中国人。之后，数万华工为巴拿马修建铁路、开凿运河献出血汗。当年95%以上的在巴华工来自中国广东省，主要是花县人，也有人来自恩平、开平、台山、新会等地。根据《巴拿马·共和国百年》一书记载，1908年，巴拿马城商业活动的82%被外国人经营，其中零售业的79%被中国人控制。20世纪70年代以后，一些来自中国其他地区如浙江、福建、辽宁、北京、湖南、山东、河北和河南的民营企业家在巴拿马扎根。华侨华人凭借刻苦耐劳和百折不挠的精神，既在巴拿马稳定地生活着，又给巴拿马经济增添了活力，不少华人成了商界杰出人士。2004年，巴拿马国会将每年3月30日定为“华人日”，以纪念华人抵达巴拿马，颂扬华人为巴拿马发展做出的巨大贡献。首都巴拿马城还建有“中巴公园”和华人抵达巴拿马150周年纪念碑。1996年起，中巴两国互设商务代表处。目前，中国因素在巴拿马经济增长中发挥着重要作用，中国是巴拿马运河第二大用户，也是巴拿马科隆自由贸易区最大供应商。中巴建交前，巴拿马人对中国知之甚少，华人也并没有融入当地社会。现在不一样了，两国建交和巴拿马总统首次访华，有利于巴拿马人加深对中国文化和经济发展现状的了解，也有利于在巴华侨华人更好地融入主流社会，提升社会地位。比如，两国建交以来，巴政府组织的大多数文化活动、表彰大会等都会邀请侨团参与。

巴拿马总统顾问陈国基获得“2017全球华

侨华人新闻人物”称号。在“2017全球华侨华人新闻人物”评选中，巴拿马总统顾问陈国基与归侨楷模黄大年、中科院院士杨振宁、姚期智等侨界人士被评选为“2017全球华侨华人新闻人物”称号。在巴拿马侨界乃至主流社会，陈国基早已家喻户晓。以总统顾问身份担任巴中建交“穿梭使者”、为促成建交贡献良多，这让他的名字在华人世界广为流传。陈国基生于江门台山，16岁移民巴拿马。从为家族生意打工到创业，陈国基涉足零售、贸易、地产等行业；因眼光长远，加之性情敦厚诚实，深得伙伴信赖，“商路”日渐兴盛。事业有成，陈国基却逐渐产生了一种担忧，源于他在经商期间，对当地华人社会更深层次的观察。怀着“为华社发声”的初衷，陈国基于2005年投身政界，在巴拿马主义党谋得一席之地。此后数年间，他与党内领袖巴雷拉一同奋战，本就缔结已久的友谊更加深厚。2014年，巴雷拉赢得总统选举，陈国基成为总统顾问团的一员。仕途畅通，陈国基不忘初心，为华侨华人地位及权益维护不辞辛劳。2016年，作为巴拿马“国家中华民族委员会”首届委员，陈国基与其他几位华人委员一道，游说国会议员、移民局、公安部等，最终促成巴拿马总统颁布特别行政命令，为上万名因多种理由非法滞留的中国公民提供长期合法居留权限，解决身份困扰。与此同时，陈国基牢记公职赋予的使命，对各族裔选民负责，为住在国发展出力。在曾经的巴拿马—中国贸易发展办事处工作的两年里，陈国基勤勉履职，为推动巴中友谊奔走。2017年6月13日，巴拿马与中国正式建交，在两国关系实现正常化的过程中，陈国基更是倾付心力。建交后，两国间利好消息频传，如开通直航方便侨民来华探亲、贸易合作助推华商展业等，都能让华人尝到实实在在的甜头。巴拿马资源丰富，地理位置优越，长于航运、物流、金融等领域，与中国在产业结构上优势互补，有天然的合作条件。越来越多中资企业到巴拿马投资，两国经贸、文化等领域的交流合作也将愈加频繁。

巴拿马华人参政凸显族群地位提升。在巴拿马总统巴雷拉的访华团队中，10位华人成员引人关注。总统顾问陈国基亲历两国建交全过程，见证两国外长签署备忘录，为促成建交倾付心力。16岁移民，从打工、创业再到投身政界、身居高位，陈国基的经历和成就为人称道，而他“华人要在主流社会取得地位、权益、认同，必须参与政治”的观念，已为越来越多巴拿马华侨华人所认可。巴拿马设有中华民族日，议会两年前还成立了中华民族委员会，负责与政府沟通侨社事宜，包括陈国基在内的多位侨领担任首届委员。同为访华团成员的巴拿马华商总会会长黄伟文表示，从修铁路、开运河、做苦力，到如今能够参政议政，历时160余年、经过一代又一代人的努力，华侨华人逐渐融入主流社会，族群地位持续提高。通过高层发挥影响，巩固巴中两国友好关系，为两国合作交流作出更大贡献，巴拿马侨界未来将继续肩负重要使命。

巴拿马华裔议员有意参选总统为中产群体争取福利。属于巴拿马民革党（PRD）的华裔国会议员罗淑丽（Zulay Rodriguez Lu）对媒体表示，她有意参选2019年的总统大选，竭力对抗以经济势力撑腰的执政党，宣称以完全民主方式赢得人心。罗淑丽表示，她需要先从党部申请参选，之后仍要经过一系列的党内初选，胜过所有其他PRD候选人之后才可以竞选巴国总统。这位国会议员表示，唯有她是代表巴国中产阶级的候选人，为了要对该国广大中产阶级群体争取福利，因此她参选是“理所当然的”。据悉，罗女士多次批评政府涉腐、官商勾结等罪行；近日也在立法院大会中破口大骂公安部长未改善本国治安。她曾经在国会对喜欢将自己艳舞视频登放上网的执政党女立委Katleen Levy大打出手。罗女士表示，目前党内约有八至九个候选人有意参选，其中有几位具有雄厚的经济实力，共有几百万美元的竞选资金。尽管如此，她认为在巴拿马是民主社会，不一定要有钱才可参政。

中国哥斯达黎加建交10周年华侨华人在哥扮演重要角色。2017年是中国与哥斯达黎加建交10周年，哥中关系经过10年时间已非常成熟稳固，并发展为战略伙伴关系。2007年6月1日，哥斯达黎加宣布与中国建立外交关系，成为唯一与中国有外交关系的中美洲国家。十年间，两国贸易往来取得了长足发展，中国成为哥斯达黎加的第二大贸易伙伴。2010年4月，两国签署自由贸易协定。2011年8月，该协定正式生效。据中国海关统计，2016年，中哥贸易总额21.92亿美元，同比增长1.7%。在哥斯达黎加生活着许多民族，众多文化传统并存，华人和中国文化是其中最重要的力量之一。华侨华人在哥经济和文化生活中一直扮演着重要角色，有着强大影响力。华人移居哥斯达黎加有近150年的历史，对哥斯达黎加各界做出了重大贡献，尤其在文化、艺术和科技等方面，拉美第一位太空人张福林就是华裔。目前在哥斯达黎加有5万华侨华人。

哥斯达黎加举办中国文化日活动吸引数千民众观看。哥斯达黎加政府和立法大会自2003年起将每年10月的第一个星期一确定为“中国文化日”，相关文化活动已连续举办十四届。2017年10月，因遭受“内特”飓风灾害，相关庆祝活动推迟至11月25日举办。每年一度的文化日活动为促进两国人民相识相知、不断拉紧中哥友谊纽带提供了良好平台，受到当地民众的热烈欢迎。11月25日，由哥斯达黎加首都圣何塞市市政府、哥斯达黎加中华总会和中国驻哥使馆联合举办的“2017年中国文化日”活动在圣何塞市中心的中国街举办。驻哥大使汤恒出席活动开幕式并致辞，他表示，哥政府确立“中国文化日”，不仅体现了哥方对中国文化的欣赏和尊重，也是对广大旅哥华侨华人为哥经济社会发展及中哥友好交流所作贡献的充分肯定。他说，拥有五千年历史的中国文化是世界文化宝库中的瑰宝和人类文明的重要组成部分。中哥友谊源远流长，历久弥坚。建交10年来，两国人文交流蓬勃开展，丰富多彩的文化交流拉近了两国人民之间的距离，增进了两国人民的友谊。本次“中国文化日”活动以庆祝中哥两国建交10周年为主线，内容丰富，亮点纷呈。欢快喜庆的舞龙舞狮、温婉悠扬的传统民乐、气势磅礴的武术表演、多姿多彩的民族歌舞吸引着数千哥斯达黎加民众争相观看，赞叹不已。飘香四溢的煎饺、晶莹剔透的年糕、外酥里嫩的春卷……各色中国传统美食更让人唇齿留香，回味悠长。

四川美食文化周走进哥斯达黎加。4月19日，来自大洋彼岸的四川美食、川剧变脸以及熊猫玩偶亮相哥斯达黎加首都圣何塞。这是中国与哥斯达黎加建交10周年系列庆祝活动之一。通过这一特别的文化活动，庆贺两国在这10年中结成的深厚友谊，并将继续举办更多活动，以培育已经深播在哥中人民心中的友谊。四川省省会成都市被联合国教科文组织授予“世界美食之都”称号，目前全世界享此殊荣的城市仅有6座。为举办本场四川美食品鉴宴，四川省方面专门派来厨师精心烹调美味佳肴。

洪都拉斯华人：生活在没有使领馆保护的地方。洪都拉斯首都华人很多，光是洪都拉斯华侨总会的会员就有300余人。在特古西加尔巴，95%的华人是广东人，大多只会说粤语，另外还有一些香港人、福建人、江浙人和少数新疆人。华人在这里主要开餐馆和百货杂铺，以及经营超市、印刷厂和文具店。其中开餐馆的最多，因为新来的华人不懂西班牙语，这是一条谋生的捷径。特古西加尔巴是一座山城，依山而建的小马路很陡峭，这里有200多家中餐馆，几乎全是广东菜，到处可见“京华餐厅”“中华楼”这样的招牌。因治安不太好，中餐馆外经常能看到荷枪实弹的保安。在洪都拉斯，华人没有中国使领馆的庇护，因此华侨总会扮演了重要角色。在整个特古西加尔巴，中国味儿最浓的地方当数华侨总会。中式的屋檐，一扇对开小门，隐约能看见门廊上方的“中山堂”；四扇圆形格子窗，分别镶着“华”“侨”“总”“会”四个大字；外墙上还斜插着旗杆，逢年过节会升起五星红旗。这里大概是这座山城中唯一能看见中国国旗的地方了。当地没有中国使领馆，在办签证、开证明方面给华人带来种种不便。华人在洪都拉斯已逐渐站稳脚跟，有的开超市做得很大，有的盖5层楼的餐馆，有的开文具店。更有甚者，据称洪都拉斯前财政部长和前三军总司令都是华裔。

南美侨情

中国与巴西同为金砖国家，2017 年 8 月举行的金砖国家领导人第九次会晤推动了巴中友好关系向前发展，双方经贸合作与文化交流再次跃上新台阶。截至 2017 年底，中国在巴西投资存量接近 500 亿美元，成为巴西主要的外资来源国。两国人文交流日益密切，巴西已经在中国建立了 5 个签证中心，巴西领事馆已经将签证办理的时间由 40 天减少到 35 天。据巴西旅游局官员称，2018 年巴西在中国的签证中心数量将增加到 15 个，中国到巴西的旅游签证也将由 90 天延长到 5 年，商务签证由 3 年延长到 5 年。

2017 年，中国的文物藏品、图书、中国功夫、针灸等文化元素频繁亮相南美国家，孔子学院在推广中国语言和文化方面继续扮演着重要角色，其举办的各类活动深受当地年轻人喜爱。华文媒体获得新发展，《南美侨报》进军智利市场，填补了智利多年没有纸质华文媒体的空白。新的行业性社团不断涌现，侨团在维护华商权益、服务侨社安全方面继续发挥重要作用。海外侨胞充分发扬中华民族乐善好施、扶危济困的传统美德，积极回馈当地社会，受到当地主流社会点赞。巴西"中国移民日"的设立代表了巴西政府、巴西人民尊重并承认了中国的强盛国力和国际影响力，意味着华人被巴西这个文化多元化国家进一步的认可，也是中国移民树立中国形象的新起点。

传播中国声音，华文媒体开辟新阵地

《南美侨报智利之窗》正式创刊。由巴西《南美侨报》独资创刊的《南美侨报智利之窗》，于 2017 年 1 月 28 日（农历正月初一）在智利首都圣地亚哥正式发行。报纸发行运作以来，以图文并茂的版面风格及时传递智利当地及侨社的消息，获得了当地华侨华人的普遍认同。2016 年下半年，巴西《南美侨报》经过近五个月的调查研究，发现智利已经多年没有纸质华文媒体，而当地的使领馆及华侨华人对纸质媒体仍然存在迫切需求。为此，《南美侨报》决定进军智利市场，独资创刊了《南美侨报智利之窗》。《智利之窗》共设 16 版，头版和尾版为彩色印刷，内容秉承宣扬中华文化、服务当地侨社，以华人关注的智利和南美新闻为主线，全方位地报道中国和世界发生的大事。《智利之窗》为周刊，交由圣地亚哥专业印刷机构印刷，一出刊就受到当地华侨华人和中国使领馆的好评。中国驻智利大使李宝荣不仅在创刊号上发表致辞，还在使馆的春节招待会上大力推介《智利之窗》。新出版的《南美侨报智利之窗》，计划在新闻资讯和信息服务上努力拓展为侨服务的新途径。在当前互联网和自媒体的大潮中，海外华文媒体的生存发展十分困难。作为南美地区实力最强大、办报经验最丰富、历史最悠久的一家老牌媒体，《南美侨报》在自身大力发展新媒体的同时，仍根据南美各国华人的需求，努力坚守纸质媒体的阵地。因此，《智利之窗》的正式出版可以看成是《南美侨报》对传统纸质媒体的一份坚持与回归。

阿根廷首家华人创办的西班牙语网站正式开通上线。由旅阿华人投资创办的西班牙语网站"中阿新闻网"2017 年元旦正式开通上线。作为阿根廷首家华人创办的西文网站，承载着向阿根廷人讲述中国故事、传播中国好声音、宣传旅阿华人正能量、报道阿根廷当地新闻的使命。网站内容实时更新，有文字、图片、视频等多种传播形式，是阿根廷人了解中国，了解旅阿华人生活动态的重要窗口。阿根廷南美创想传媒公司所属"阿根廷华人网"手机 APP、"阿根廷华人网"、"华人资讯平台"公众号、西文"中阿新闻网"

已全面上线。“中阿新闻网”秉持“向阿根廷传播中国，向阿根廷人介绍旅阿华人”的理念，报道内容突出“华人视角”和“华人观点”。网站开设栏目涵盖中阿时政、中阿关系、中阿经贸、中阿社会、中阿文化、中国旅游、中国美食、在阿华人工商企业等多个领域，全面报道中阿两国重要新闻，展现中国与阿根廷两国友好发展成果。“中阿新闻网”致力于打造成阿根廷受众获取中国新闻、了解中国文化和旅阿华人信息资讯的首选平台。

讲述中国故事，中国文化频繁亮相

中国——海上丝绸之路文物精品图片展开幕。由福建博物院和中国驻圣保罗总领馆联合主办的中国——海上丝绸之路文物精品图片展3月12日在圣保罗亚文中心开幕。中国驻圣保罗总领馆侨务领事张于成表示，与经贸往来持续平稳发展相比，中巴两国的文化交流互动亟待加强，他希望更多的国内部门在文化交流方面来巴多举办一些活动，以展现中华民族博大精深的大国文化底蕴，丰富侨界的精神生活，促进当地多元文化的融合和发展。此次图片展展出了数十幅精美的照片，包括丝绸、瓷器、香料、茶叶等，从历史、商贸、科技、文化、交通等角度，全面展示了中国海上丝绸之路的形成、发展、繁荣和转型的过程及海上丝绸之路文化遗存的独特魅力。此展览曾在联合国总部展出，也先后赴东南亚各国、澳大利亚、英国、西班牙等国展出，获得了广泛的赞誉和好评。

里约国际书展火热开展　中国文化亮相里约。第十八届里约国际图书双年展9月7日在里约开展，精彩的文化活动、内容丰富的各类书籍，吸引了众多读者和出版社参与其中。中国代表团此次应邀参展，借助出版交流平台展现中国特色，为本届书展增添了一道中国色彩。这是继2015年后中国代表团第二次参加里约书展，国家新闻出版广电总局、中国图书进出口总公司、中国医药科技出版社、上海人民出版社、中国青年出版总社、新华书店总店等9家出版单位参展。为巴西读者带来了包括葡文版《习近平谈治国理政》《汉语图解小词典》，西语版《针灸穴位图解》等涵盖传统文化、人文社科、特色主题、语言学习、文学、少儿读物6大类图书600余册。其间，中国展台提供了特制纸张供游客们体验毛笔书法，吸引了众多中文爱好者的关注。里约孔子学院的教师们通过简单易学的剪纸艺术、简短的汉语小课程、中国书法向游客们展示传统书画艺术与汉语之美。里约国际图书双年展已有36年历史，是规模最大的葡萄牙语书展之一。2017年的书展迎来了20多个国家950余家参展商，同时举办了新书签售、文化讲座、读者见面会、电影等多种文化活动。

里约艺术城举办里约首届“中国日”。9月29日，由中国驻里约总领馆主办、里约6大侨团、中资公司、孔子学院、教育机构联办的里约首届“中国日”举行。活动通过丰富多彩的文艺演出和中国特色展示摊位，进一步促进了中巴两国的文化交流。其间，由巴西武馆组织表演的舞龙舞狮、武术秀赢得了在场观众的热烈掌声。里约天主教大学孔子学院的学生们展示了葫芦丝演奏、民族舞蹈、太极战舞、合唱、民族服装秀等节目。巴西友人们表演了精彩纷呈的中国传统特色节目，博得满堂喝彩。“中国日”现场设有各类展台，包括中资公司展示、针灸、特色小吃、纪念品等。此次活动受到了里约华侨华人的鼎力支持，现场侨胞积极维持活动秩序、布置场地。侨胞们表示，这是文化传播的新平台，也让巴西人民近距离感受到了中华文化的魅力，希望世界上有越来越多的人认识中国、了解中国。中国驻里约总领事李杨在“中国日”开幕式上还介绍了近年来中巴文化、经济、体育上的交流合作。他表示，“中国日”活动就是加强中巴人文、经贸合作的尝试，希望能继续与各国进行交流互鉴，共同推动人类文明进步与世界和平发展。

孔子学院引领巴西“中国热”。巴西东北部的伯南布哥州首府累西腓是巴西第五大城市，3月7日，伯南布哥大学示范孔子学院师生在新修缮的教学楼内唱起《大中国》，跳起中国民族舞蹈，庆祝孔院拥有自己专门的教学和活动场所，这使其走在了南美地区孔子学院的前列。现阶段，大部分孔子学院都是依附于当地大学，使用大学的教室开展教学活动，很少拥有自己的专用教学设施。伯大示范孔子学院是南美地区第二家示范孔子学院。有专职教师8名，正式注册学生200多人。自2013年创办以来，伯大孔院举办了丰富多彩的活动，受到当地民众热捧。在巴西南部，创办于2012年的南里奥格兰德州联邦大学孔子学院位于首府阿雷格里港，2014年开始同合作办学的中国传媒大学举办每年一次夏令营活动。孔子学院还在当地举办各类活动，如在春节等中国传统节日，孔子学院组织师生走出课堂，向普通巴西民众展示中国文化。此外，孔院还与阿雷格里港和南里奥格兰德州政府文化部门合作，举行了一系列文化推介活动。与此同时，巴西民众对学习中文和了解中国的兴趣日益增长。南里奥格兰德州联邦大学孔子学院成立之初约有70名学生，目前已经达到约250人，分属4个不同等级，还有6名中国教师和两名巴西助教。孔子学院还开设一门正式的学分课程——中国语言、文化与艺术，讲授内容从汉字的演变到中国的戏剧电影。

侨团建设不断完善
多措并举维护侨胞权益

圣保罗总领馆召开2017年度领区侨团工作会议。3月24日，中国驻圣保罗总领馆召开2017年度领区侨团工作会议，总领馆官员以及来自圣保罗领区的50多位侨领出席。中国驻圣保罗副总领事傅长华在会上介绍了总领馆2016年以来的领事侨务工作。巴西华人协会会长兼圣保罗华助中心主任朱苏忠在会上介绍了华协及华助中心一年来的主要工作。中国驻圣保罗总领事宋扬总结发言，他说中国政府为落实领区海外民生工程和各项惠侨工程提供了坚强依靠，同时，中巴关系的深入发展也为领区侨胞的发展提供了广阔前景。他就侨社发展问题提出五点建议：加深同巴西各界的友谊，努力发展中巴关系；对安全问题要常抓不懈，要加强侨社与警方的合作，建立互信和警民良性互动，共建平安侨社；继续发扬圣保罗侨界爱国爱乡的光荣传统，在涉及祖（籍）国主权、安全利益的问题上态度鲜明，主动发声；进一步推进侨社文化建设，深入开展好海外华文教育，传承和弘扬中华文化，扩大中国文化软实力；加强侨团、侨领自身建设，维护侨界和谐团结的良好局面。

巴西中餐业协会在圣保罗成立。7月26日，巴西中餐业协会成立典礼在圣保罗花园酒店举行。巴西中餐业协会首届会长刘晧说，巴西华人移民巴西已有200多年历史。中餐业已不仅仅是广大侨胞在巴西谋生发展的工具，让华人在巴西站稳脚跟，同时通过中餐生意，使侨胞与巴西人民增强了解，结下了深厚情谊，也让当地人民通过“中国美食”认识中国、了解了中国，推动中外文化交流。中国驻圣保罗副总领事傅长华说，巴西中餐业协会为巴西华人侨界注入了新鲜血液，华人社团又增添了新成员，这是巴西华人社团不断发展壮大的表现。希望巴西中餐业协会团结业内同仁，积极维护中餐业主合法权益，宣传中华美食文化，引导中餐业主规范经营，不断提高中餐业在巴西的整体形象，推动中餐业在巴西取得更好发展。浙江省侨联副主席张维仁表示，巴西中餐业协会的成立必将为加强圣保罗乃至整个巴西中餐馆业主的横向联系、提升中餐厨艺水平搭建一个很好的平台。巴西华人协会秘书长张立群表示，巴西中餐业协会是巴西首个中餐协会组织，其成立具有里程碑意义。

巴拉圭中华文化交流协会成立。9月18日，旅居巴拉圭的华侨华人在首届巴拉圭中华文化交流协会庆祝2017年中秋晚会上，宣告成立巴拉圭中华文化交流协会，陈艳萍出任首届会长。陈艳萍表示，巴拉圭中华文化交流协会属民间组织公益社团，旨在团结凝聚住在国的华侨华人，积极弘扬中华文化、丝路文化。参与建构和谐侨社，服务侨胞，丰富侨胞的业余生活，用爱心回馈当地社会。

巴西华商总会“法援小组”为华商无偿服务。为了充分维护旅巴华商的合法利益，经过巴西华商总会积极推进协调，1月7日成立“巴西华商总会法律援助小组”。即日起开通法援热线，为华商经营过程中产生的疑惑及相关法律问题无偿提供法律援助。例如，在误涉法律盲区事件中存在诸如语言障碍而受到不公对待，特别是针对那些对当地法律意识薄弱且无能力聘请律师、遭遇紧急事件急需律师陪同协助、劳工权益纠纷处理协助、合同权益利弊讲解分析、税务知识解答、法律法规咨询等方面需要律师陪同跟进的特殊华商群体，“法援小组”将及时和充分保障华商的合法权益不受侵犯，用法律捍卫旅巴华商的尊严和权益。此外，巴西华商总会将每3个月定期举行法律常识讲座。

圣保罗设立第二个华人治安报警点。继2016年圣保罗华助中心第一家华人治安报警点在布拉斯挂牌服务后，2017年3月，第二家华人治安报警点在廿五街工具街的巴西华人工商联合会挂牌为侨胞服务。巴西华人工商联合会成立以来，一直致力于服务华商，为维护华商的合法权益提供各种协助。巴西华人工商联合会会长杨惠昂表示，该会聘请了多名律师服务侨胞，并且安排值班人员随时处理各种应急事件。之前，华人被巴西人打伤事件，还有华人被绑架案件，在商会律师及团队协助下都得到了满意的处理结局。廿五街治安报警点设立后，已安排懂中葡文的专职人员负责这方面工作，并有一名律师配合协助。据了解，布拉斯治安报警点已成功报警30多次，为警方提供了治安信息，使警方有的放矢地调派警力，改善治安环境，起到保护华商利益的效果。

“中国移民日”设立，巴西华侨华人获认可

巴西议员提案设立“中国移民日”。巴西中国议员阵线8月15日在巴西众议院全会大厅举行中国移民纪念活动。该阵线主席福斯托·皮纳托向众议院全会递交提案，要求将每年8月15日设立为“中国移民日”。该提案指出，巴西是一个移民国家，各种族、民族人民和睦相处，但至今还没有设立中国移民纪念日。这一纪念日的设立是对中国侨民的认可。据记载，早在19世纪初就有华人抵达巴西，但巴西官方记录的第一批华人抵达巴西的时间是1900年8月15日，因此巴中议员阵线在提案中要求把这一天定为“中国移民日”。中国驻巴西大使李金章说，200多年前，一批中国茶农远渡重洋来到里约热内卢和圣保罗，为当地民众带来了茶叶种植技术，也翻开了中国移民巴西历史的第一页。此后，大批华人先后踏上巴西土地，凭借吃苦耐劳的民族精神，在陌生的环境中谋求生存，站稳脚跟。参加纪念活动的巴西参议院巴中议员友好小组成员、参议员瓦妮萨·格拉西奥廷表示，设立“中国移民日”是巴中两国友谊的具体体现，“我们敞开怀抱欢迎中国移民”。

巴西华人盛赞巴西议会设立“中国移民日”。8月15日，巴西中国议员阵线在众议院立法通过了设立“中国移民日”的议案，这是巴西历史上首个属于华人的节日。对此，当地华侨华人极力称赞巴西议会的这项议案。巴西中国和平统一总会会长李锦辉表示，这是对中国移民为巴西作出贡献的肯定，体现了中国国运日益昌盛的影响力，也是巴西政府尊重华人地位的表现。巴西华人文化交流协会主席叶王平说：“8月15日不仅仅是中巴建交日，而是证明我们华人华侨在巴西的重要性的节日。华人移民巴西200多年，这是对我们最好的回馈，是巴西华人扬眉吐气的时刻。”里约华联会会长邱海琴说：“华人移民巴西以来，从简单的劳务输出和种茶技术的传播，到现在各领域的交流与合作，反映出了华侨在海外的发展轨迹。”巴西中华书法学会会长刘树德谈到“中国移民日”的设立时认为，这代表了巴西政府、巴西人民尊重并承认了中国的强盛国力和国际影响力。同时，华人移民巴西，在巴西脚踏实地、勤勉刻苦，为巴西的农、工、商各行各业的发展做出实质的贡献。巴西中国和平统一总会会长李锦辉认为，海外侨胞在中巴两国关系中，起着桥梁和纽带作用，也展示着华人形象。在巴西社会树立良好华人形象，以身示人，这才是对祖国最实际的宣传。

服务和回馈当地社会，华侨华人获主流社会点赞

旅智侨胞以善举传承爱心力量。1月2日，智利港口城市瓦尔帕莱索发生特大火灾，约250间房屋被烧毁，有238人无家可归。智利国会向旅智华商发出请求信，希望与华商携手援助灾区人民渡过难关。智利华商积极响应国会请求，履行社会责任，弘扬中华民族“一方有难，八方支援”的传统美德，发出募捐倡议。倡议发出后，得到当地华侨华人的积极响应，甚至有人驱车几十公里前往捐款。短短四天，就凑齐之前全部的

预算，侨胞共捐出现金1504.6万比索。赈灾组将现金统一购买成牛奶、大米、饮用水、内衣等必需品，共25吨物资，协同智利国会组成爱心车队送往灾区。爱心侨胞廖先生说："我来智利10来年了，事业小有成就。但之前一直没有意识到以慈善公益回馈与奉献社会，来树立华人在当地形象的重要性。"他决心努力回馈社会，以奉献当地社会的方式赢得尊敬，维护华侨华人的尊严与地位。每一次赈灾，都涌现出无数因爱而感动的故事。为了给灾区人们捐赠献爱心，树立中国人整体形象，许多人排队去银行存款；驱车几十公里，捐款不记名；操着不流利的西语，一路打听赈灾组的地址徒步送来赈灾款……1月31日，圣地亚哥市长约见了华商赈灾组负责人。2月1日，圣地亚哥市政府举行向灾区捐赠动员大会，在会上多次称赞华侨华人捐赠灾区的积极行为，并呼吁当地民众向侨胞学习，履行社会责任。

华人慈善走进里约贫民窟。12月10日，圣诞节即将来临之际，里约华人联谊会举办了一年一度的"圣诞送温暖"慈善活动，受到里约总领馆、巴方政界友人大力支持，将800份礼品送到社区的贫困家庭手中。2017年的慈善活动设在里约贫民窟社区Arará。Arará社区基础设施落后，民众失业率高，很多人没有脱离贫困生活。慈善队伍的到来受到巴西民众的热烈欢迎。里约州众议员韦朗西斯科表示，华人为这个社区带来了食物以及来自中国的情谊。他非常欢迎中巴民间的这种交流合作，并表示巴西的大门永远为中国敞开。中国驻里约总领事李杨说，贫民窟表面上代表着贫困和危险，但是贫民窟里也住着很多善良的人，需要得到救助，这样的活动能让大家更客观、更全面、更真实地了解贫民窟。里约华人联谊会成立于1984年，是里约成立最早的华人社团，曾在里约多个贫困社区组织"圣诞送温暖"慈善公益活动，获得巴方政界友人及民众的一致好评。

海外华侨首获阿根廷首都荣誉市民称号。3月28日，阿根廷首都布宜诺斯艾利斯市政议会举行仪式，布宜诺斯艾利斯市议会第一副议长卡门·波列多女士授予旅阿华侨唐清慧女士荣誉市民称号。这是旅阿侨胞首次获此殊荣。波列多表示，2017年是中阿两国建交45周年。值此之际，布市议会首次把荣誉市民称号授予旅阿华侨，充分表达了阿根廷人民对旅阿华人为促进当地社会经济发展和推动两国交流与合作所做贡献的深深敬意，并希望以此巩固和增进中阿传统友好关系。祖籍福建的唐清慧旅居阿根廷20余年，始终致力于增进中阿两国在足球领域的交流与合作，曾成功组织国安青年后备队和北京小学生赴阿根廷足球甲级劲旅博卡俱乐部受训、阿根廷青少年赴华与中国小学生进行足球友谊赛等一系列中阿足球交流活动，并邀请了56名阿根廷优秀的专业足球教练赴华20余个省市自治区的中小学任教，指导青少年足球教学，助力"校园足球计划"。唐清慧表示，此次授奖是阿根廷社会对旅阿华人为中阿友谊所做贡献的充分肯定和认可。目前，旅阿华侨数量已超过18万人，是阿根廷最大的亚洲移民群体。近年来，旅阿华侨已由从事零售、餐饮等海外华人的传统行业向金融、制造业、房地产、律师等多元领域扩展，并逐步融入阿根廷主流社会。

圣保罗州议会向杰出华人颁授特别贡献奖。5月5日，圣保罗州议会在议政大厅举行颁奖仪式，为促进中巴两国友好关系作出贡献的中国驻圣保罗总领事宋扬，为增进中巴两国人民友谊、促进经贸交流做出贡献的朱苏忠等12位华人颁发了特别贡献奖。州议员CELIA LEAO在会上介绍和赞扬了中国在经济建设等各个领域取得的巨大成就，充分肯定了在圣保罗州定居的20多万华人对巴西社会的贡献。中国驻圣保罗总领事宋扬表示，圣保罗州议会为华人举行特别的颁奖仪式是对广大华人为建设巴西和繁荣巴西经济的充分肯定，期待中巴两国的友好关系不断深入发展，期待华侨华人为进一步促进中巴两国经贸文化交流做出新的贡献。当天获得特殊贡献奖的华人有朱苏忠、苏均亮、叶碎永、叶周永、张立群、张伟、王文捷、王万瑞、郭京良、杨惠昂、吴灵军、胡有能。

巴西中华妇女会获圣保罗公立医院慈善表彰。9月22日，为了表彰巴西中华妇女联合会近年来所做的多次爱心慈善公益活动，巴西公立医院在圣保罗州议会举行颁奖仪式。巴西中华妇女联合会荣获2017年慈善公益活动荣誉证书，共有18位受奖者。巴西中华妇女联合会多次向巴西公立医院的病员和家属捐赠各类食品和物品，使年老病残的病员和儿童能及时得到帮助。这些爱心善举受到巴西公立医院医生和所有工作人员的赞扬，并得到巴西慈善机构和有关人士的关注与肯定，给巴西圣保罗社会带来良好的影响力，为巴西的华侨华人增添了荣誉与光彩。

牵线搭桥，华侨华人积极服务中巴交流与合作

巴西跨党派组织巴中议员阵线成立。3月29日，巴西巴中议员阵线在巴西众议院正式成立。巴中议员阵线主席、联邦众议员福斯托·皮纳托说，该组织旨在促进巴西和中国多领域、深层次合作关系的发展。中国是巴西最大的贸易伙伴，为使巴西尽快走出经济危机，与中方进行密切的对话显得尤为重要。巴中议员阵线于2015年3月获得巴西众议院批准，是一个跨党派的组织，旨在关注、倡导和完善有关巴西与中国各领域合作的事务和项目，并从立法机构角度提出建议，以促进巴中两国关系全面深入发展。目前该阵线已获得240余名联邦众议员的联署，占众议院总议席的46%以上。在成立仪式上，阵线成员还探讨了今后一段时间的工作议程，其中包括组织巴西议员团访问中国等建议，并探讨了包括投资、合作协议、科技、教育和扩大对华出口等内容。

与国内代表团联合成立海外侨胞联络站。8月13日，安徽省经贸友好代表团访问里约华人联谊会。代表团与里约华侨华人分享了中国在南美投资的新资讯，并举行了“安徽海外侨胞联络站”授牌仪式。中国驻里约总领馆、里约六大侨团、新闻媒体代表出席活动。安徽省代表团一行6人先后赴厄瓜多尔、巴西，与中方企业和当地政府机构积极沟通，旨在促进国家产能合作。安徽省委副书记信长星高度评价了华侨华人在海外各领域做出的贡献，他希望通过在华联会成立的安徽联络站加强国内与海外侨胞的联系，成为两者之间信息沟通的桥梁纽带。里约华人联谊会会长邱海琴介绍了协会的成立历史。他说，华联会是里约侨界成立最早的华人社团。自建会以来，协会积极组织各类公益慈善活动，致力于促进华人融入巴西社会、丰富侨胞文化生活。会间，中国驻里约总领事李杨分析了巴西的投资环境、治安形势，他说，中巴是全面战略伙伴关系，在经贸合作方面的联系也愈加紧密，对中国在巴西的投资发展抱有信心。

西欧、北欧、中欧侨情

2017年，席卷全欧洲的难民危机、公投危机，欧洲经济下行的同时导致出现政治保守，上百万的非法移民、恐怖袭击和右翼势力抬头使欧洲进入了一个微妙的十字路口。尽管受多重不利因素影响，旅欧华侨华人的发展与祖（籍）国的经济发展、祖（籍）国与住在国的关系息息相关，中国的“一带一路”建设为停滞不前的欧洲经济提供了机遇，旅欧侨胞积极响应“一带一路”倡议，参与“一带一路”建设。部分欧洲侨胞应邀参加北京“一带一路”国际高峰论坛，旅法华商作为法国政府代表团代表出席论坛，法国侨界积极参与在欧相关活动。在欧洲，不少学校开设了中国书法、武术等课程，海外学子有机会与当地师生共同交流中华文化。在中国元素越来越多地出现在外国大学课堂的同时，由于对中国的了解仅限于当地媒体和一部分中国人，不免会产生误解，因此旅欧侨胞与当地社会的沟通交流便显得十分重要。华人在欧洲政坛踊跃发声，参政“全面开花”。政界华人突破“玻璃天花板”树立典范，普通民众也告别沉默，他们举起手中选票，高调争取正当合法权益。旅欧侨胞正用自己的努力和经历证明：华人不是、也不应该是当地社会的“隐形”族群。

访欧中国游客激增，旅欧侨胞人口规模稳中有升

目前欧洲华侨华人约有255万。而欧洲侨胞以新移民为主，主要分布在法国、英国和意大利等，且多数都以经商为主。随着中国的中产及以上家庭规模越来越大，中国人到欧洲旅游和定居的人数不断增多。据中国旅游研究院数据，近年中欧旅游交流人数年均增长10%以上，2017年首站访问欧洲的中国公民超过600万人，旅游为欧洲经济增长和社会就业做出了显著贡献。此外，中国学生申请欧洲国家留学人数呈明显增长趋势，其中德国、法国等最受中国留学生欢迎。中国留学生主要集中在法国、德国、荷兰，总体占比约为68%。总体来看，2017年欧洲主要国家的华侨华人和留学生人数稳中有升。

访英中国游客激增，年消费额超5亿英镑。英国旅游局发布的一项调查指出，2016年超过25万中国游客赴英旅游，总消费额超过5亿英镑。英国吸引中国游客的原因很多，购物、游览公园及参观博物馆、艺术馆是主要选择。此外，中国游客对于带有某种特定元素的旅游项目特别感兴趣，如王室家族、莎士比亚、夏洛克、哈利·波特以及唐顿庄园等。在5年内，中国人外出旅游人次实现翻番：从2011年的4100万人次，增加到2016年的8500万人次。在到访英国的中国游客中，46%的游客是出于旅游目的，占比最大；其次是商业差旅，人次相比10年前有了巨大提升，达41%。此外，伦敦仍是中国游客最热爱的英国城市，但近几年随着游客数量的激增，部分英国东南部、西北部和苏格兰城市，也成为热点出行城市，比如曼彻斯特、剑桥、牛津和苏格兰首府爱丁堡等。另外，前往英国出行的年轻人比例在逐年增加，0 ~ 43岁的中国游客达51%，其中25 ~ 34岁群体是主力。

中国人获法国签证数量排名第一，受益最多。2017年，法国总共签发了26.2万张外国人居留证，比上一年增加了13.7%。增加的原因是发给难民的居留证数目增加了35%。发给留学生的居留证共有8.81万张，增加了19.6%。在外国人居留法国的主要理由中，学生居留排名第2，仅次于亲属移民。以亲属移民理由签发的居留证总共有9.1万张，增加了2.2%，其中按“家庭团聚”的严格意义签发（发给在法国至少

合法居留满 18 个月的外国人的家庭成员）的居留证减少了 3.8%。发给经济移民的居留证总共有 2.77 万张，增加了 20.5%。法国政府想吸引更多高级专业人才，2017 年发放的“人才护照”居留证总共有 2.33 万张。2017 年，法国强行驱逐的非法居留的外国人总共有 1.49 万人，增加了 14.6%。截至 2017 年 11 月，在法国非法居留的外国人大约有 30 万人。2017 年在法国边境“未准许”入境的人数从 4.5 万人增至 8.5 万人。2017 年，总共有 3 万名无证者获得了法国的合法居留，其人数比上一年减少 1.8%。法国政府先前打算对全国紧急接待中心里的无证难民实行人口普查，遭到强烈批评之后紧急喊停。一些非法移民家庭几年来一直住在法国的一些紧急接待中心里。2017 年，总共有 8.63 万名外国人获得法国国籍，减少了 5.7%。2017 年，法国签发的签证（主要为旅游签证、也有工作和学生签证）总共有 340 万张，受益最多的是中国人（84.9 万张），其次是阿尔及利亚人（41.4 万张）。

德国华侨华人 20 万，高层次和专业人士所占比例高。19 世纪中叶，一批外国商船的中国船员抵达汉堡，他们是最早抵达德国的中国人。其后，一批浙江青田人以贩卖石雕为业，通过陆路穿越西伯利亚进入德国，加上汉堡港停留的中国船员，汉堡初步形成了德国最早的中国人聚居区。但是，由于战争影响，德国最终没有形成唐人街。2017年，在德国的华侨华人人数在15万～20万，他们大部分是改革开放以后进入德国，主要集中于法兰克福、柏林、汉堡等大城市，其中超过一半以上的人从事餐饮、贸易等相关行业。由于德国教育资源丰富，很多中国人选择留学后进入到德国企业工作，进而取得德国居留身份，因此，在德华侨华人中高层次人才和专业人士所占比例较高。随着我国国力提升，特别是“一带一路”倡议实施以来，作为欧盟最大的经济体和中欧铁路的终点，德国与我国的经济贸易往来日趋紧密，双方贸易额不断增加，越来越多的中资企业在德投资，使得旅德华侨华人竞争力越来越强，华侨华人第二代、第三代的发展机遇相应增加，融入德国主流社会的步伐越来越快。

匈牙利侨胞以浙江籍、福建籍为主，华社起伏波动大。匈牙利是中欧的人口大国，也是“一带一路”联结东西欧的重要枢纽，更是中国商品进入欧洲市场的重要中转地和集散地。20 世纪 80 年代末，匈牙利经济开始转型，其间遭遇了巨大困难，各种生活物资短缺，导致进口商品获利丰厚。匈牙利是当时欧洲唯一对中国免签的国家，大量的中国人迅速进入到匈牙利并快速占据小礼品贸易行业的龙头地位，据不完全统计，20 世纪 80 年代末到 90 年代初短短几年间，有近 5 万名中国人抵达匈牙利，其后部分人转到其他欧洲国家，在匈牙利的华侨华人建立了多个中国商品批发市场，形成了进口—批发—零售一条龙产业链，并以市场为中心，发展起中东欧最大的华侨华人社区。凭借着匈牙利得天独厚的地理优势，在匈牙利华侨华人经济实力不断增强，人数不断增加，最多时达 10 余万。其后，由于匈牙利收紧免签政策，提高进口关税，发起多次针对华商的行动，使华商的生存和经营环境不断恶化，不少华侨华人转移至欧洲其他国家，导致在匈华侨华人规模缩减至 1 万人左右。21 世纪初，匈牙利加入欧盟，新一批中国人进入到匈牙利，加上鼓励投资移民的政策，到 2017 年，匈牙利华侨华人数量又恢复到 3 万～ 5 万人，主要集中在首都布达佩斯，其中大部分来自浙江温州、青田和福建福清、三明等地。总体来看，匈牙利华侨华人人口规模较大、社团数量较多，经济发展已由商贸为主转向多元发展。

克罗地亚华侨华人大多从事餐饮和批发行业。中国人赴克罗地亚主要始于改革开放以后，20 世纪 90 年代初期，一批浙江籍侨胞来到前南斯拉夫发展，后“前南内战”使得侨胞事业受到极大影响，大部分侨胞转移至欧洲其他国家。20 世纪末，随着克罗地亚政局稳定，一批华商将克罗地亚作为目的地或中转站，纷纷来到克罗地亚发展，侨胞人数迅速增长，最高峰时人数达到数千人。2008 年金融危机以后克罗地亚经济持续下滑，许多华侨华人被迫离开，特别是克罗地亚于 2013 年加入欧盟后，贸易批发行业冲击较大，导致部分华侨华人外流。2017 年，在克罗地亚的华侨华人仅余 500 人左右，绝大部分持中国护照，主要集中于首都萨格勒布的昆仑、长城两个大型商城，大部分从事贸易批发、餐饮。该国侨胞 90% 以上来自浙江青田，其他的来自温州、江西等地。目前在克罗地亚影响较大的侨团有克罗地亚和平统一促进会、克罗地亚华人协会等。

旅欧侨胞关注祖（籍）国发展，积极参与“一带一路”建设

“一带一路”横贯亚欧大陆，一边是快速崛起的东亚经济圈，一边是高度发达的欧洲经济圈，深谙两边制度的旅欧侨胞经过多年打拼，已建立了自己的产业基础、生产布局、经营网络和人脉关系，熟悉当地语言文化和法律，在“一带一路”建设中发挥着独特的桥梁作用。在发展经济的同时，旅欧侨胞积极借助南京大屠杀、一战赴欧华工等纪念活动，让越来越多的欧洲民众了解华裔群体，同时也得到了更多来自各国主流社会的关注、认可与支持。

欧洲侨胞积极参与“一带一路”建设。2017年，法国侨界牵头成立“一带一路”侨界工作委员会，冀以“一带一路”为契机，为新时代的中国建设与自身发展、为中华民族伟大复兴贡献力量。旅欧华商助力“中欧班列”等“一带一路”项目，热潮方兴未艾。以“‘一带一路’，中法文化汇流和共享”为主题的第二届中法文化论坛9月26日在法国里昂市政厅开幕，论坛由欧美同学会、中国留学人员联谊会和法国里昂市政府、法国展望与创新基金会联合主办。中国全国人大常委会副委员长、欧美同学会会长陈竺，法国前总理、展望与创新基金会主席拉法兰等出席开幕式。包括旅欧华侨华人在内的500余名中法各界人士出席论坛。旅法华侨华人积极参加由中国驻法国大使馆与法国国际关系与战略研究院联合举办的“一带一路”巴黎论坛首届会议，中国驻法大使翟隽出席论坛开幕式。论坛是中国驻外使领馆和欧洲一流智库联合建立的以“一带一路”为主题的机制性交流平台。

“反独促统”形成欧洲新力量，华侨华人高调发声。2017年7月23日上午，由意大利中国和平统一促进会主办、以“坚持九二共识、促进两岸融合发展、同圆共享中国梦”为主题的全球华侨华人促进中国和平统一大会在意大利佛罗伦萨会展中心开幕。9月9日，由法兰克福华侨华人和德国友人自发组织的“爱中国、爱西藏，西藏属于中国”展览活动在法兰克福举行。他们以标语、海报、宣传手册和现场对话的形式，向法兰克福市民和游客讲述西藏的真实故事。9月15日，达赖喇嘛来到意大利西西里岛。同日，旅意侨界代表在罗马向意大利执政党提出抗议，并表明了全体旅意侨胞反对分裂、维护中国和平统一的心声。在意大利前总理伦齐的安排下，15日上午，意大利中国和平统一促进会荣誉会长金慧、罗马华侨华人联合总会会长张国权、意大利华侨华人青年会名誉会长蔡志友以及意大利华侨华人参议委员会的成员来到民主党PD总部，递交了抗议信。法国、挪威、丹麦、西班牙、比利时等国的中国和平统一促进会对台当局12月19日拘捕王炳忠等新党“统派”人士予以谴责，谴责台当局“台独”伎俩。为祖（籍）国和平统一呼吁一直是海外华侨华人心中大事。11月18日，中国球员以退场抗议中德足球赛被“藏独”挑衅，得到旅欧华侨华人的声援和支持。

欧洲华社隆重纪念南京大屠杀发生80周年。2017年是南京大屠杀惨案发生80周年，除了中国内地，海外多地也举行了悼念活动。在荷兰，受南京市侨联和侵华日军南京大屠杀遇难同胞纪念馆委托，由荷兰广东华商总会主办的“南京大屠杀死难者国家公祭日悼念活动”在海牙议会国际新闻中心举行。在俄罗斯，12月12日，莫斯科华侨社团在莫斯科举行南京大屠杀死难同胞悼念活动。12月13日晚，比利时侨界举办纪念南京大屠杀80周年追思会。中国驻比利时使馆临时代办陈栋以及比侨界代表出席座谈会，全体与会者起立为南京大屠杀死难者默哀一分钟。12月13日，南京大屠杀80周年公祭仪式大会（德国）暨南京大屠杀文物、史料证人证言大型图片展在《欧洲时报》法兰克福文化中心举行。此次大会由德国江苏总会、德国南京大学校友会、中欧经济技术人才交流促进会、欧洲时报德国分社联合主办。中国驻法兰克福代总领事孙瑞英在公祭大会上发表讲话。在中国参加公祭活动的“南京好人”拉贝的子孙发来书面讲话、协助拉贝救援的乔治·罗森之孙出席了纪念活动并讲话。为纪念南京大屠杀死难者，欧洲华文媒体，发出多个特别报道版面及社论，向世人昭示

德国与日本在对待侵略历史问题上截然不同的态度。

纪念一战百年，欧洲多地为一战华工树碑立传。一战期间，约有14万中国劳工受雇英法，前往欧洲战场，或为英法军队的作战提供人员保障，或承担繁重的后勤劳力工作。但长期内他们的付出和牺牲却鲜为人知。2017年，随着欧洲各地纪念一战百年活动的推开，华社抓住机遇，将“华工问题”以各种方式提上议事日程。11月，在英国各华人社团组织、有关学术团体等长期的努力和宣传下，由英招华工后代及相关团体代表组成的中国劳工纪念队伍第一次出现在了英国“国殇日”纪念活动中，这是英国对于一战华工的首次正式纪念。11月12日，英国主流媒体Channel 4制作并播出了讲述一战华工历史的纪录片《英国被遗忘的部队》，肯定中国劳工对于英国及其同盟国在一战胜利中的贡献，并使华工的故事得到更多英国民众的了解和认可。经过华人努力，一座属于9.6万名英招华工的华表纪念碑将于明年在英伦揭幕。11月15日，在比利时西佛兰德省波珀灵厄市布思本村华工雕像园区内，由华工挖战壕、运炮弹、抬担架三个形象共同组成的巨型铸铜雕塑揭幕。在1916—1918年间，为补充劳动力，英国和法国在中国招募了大约14万名青壮年，他们大都来自山东、河北和浙江等地，主要从事武器搬运、修筑工事、清理道路、抢救伤员等艰苦的战地后勤工作，其中有1.2万人来到比利时的伊普尔和波普林格。在法国，除了位于巴黎13区的一战华工纪念碑以外，位于北方重镇阿拉斯（Arras）市中心的一战华工纪念碑，也在法国北大区与中国友谊合作协会、法国山东同乡会等侨团与当地政府的密切合作与努力下，于12月10日揭幕。法国华界也举行了一系列纪念华工来法100周年的活动，如《欧洲时报》举办主题展览和论坛，由法国邮政部门和中法文化教育交流基金会联合制作的一战华工纪念邮票在法国正式发行，法国华裔青年协会发起并组织人员拍摄了纪录片《第一次世界大战的华工们》等。法国侨界为争取华工应有的历史地位，不遗余力。一直关注一战华工纪念的旅法侨领丁伟星为实现在诺莱特华工墓园外修建中国式纪念牌楼而积极奔走。法国华人学者出版有关一战华工专著，《欧洲时报》连载刊出系列一战华工故事。

欧洲华人参政站上新高度，理性应对社会融入等问题

安全问题、华商经营、社会融入等方面是欧洲侨胞生活中挥之不去的话题。随着华社融入不断加深，欧洲华人参政议政热情不断高涨，“华二代”“华三代”等新生代华人群体在2017年崛起势头强劲，在沟通政坛、领导维权运动组织、营造华商良性生态环境等方面发挥独特作用。因此，随着陈文雄等一批华裔杰出人物成功参政，未来欧洲的华裔群体势必会发出更强大呼声，为侨胞融入当地社会争取更多空间。

英国脱欧后没有明显排外倾向，华人生活照常但警惕性高。英国决定脱欧后，很多依赖进口的生活必需品的成本开始上升，对劳工阶层的生活产生了影响。脱欧后英国想控制移民，但又不可能完全不要移民，因为英国的护士、建筑工人以及低端服务业的从业者大部分都是移民，所以如何吸收和消化移民非常重要。虽然英国在政策上开始限制移民，但是老百姓还没有在日常生活中表现出明显的排斥移民的现象，英国人对外来人一向都很客气。英国的警察一般都是不带枪的，只带一根棍子，只有防暴警察才配枪。这是一个首先假定人人都是“绅士”的国家，任何合法的居留者都会受到保护。总体来说，2017年从马德里、伦敦，到巴黎、布鲁塞尔、柏林、曼彻斯特，再到伦敦，欧洲大城市频繁成为恐怖分子的主要袭击目标，大多数欧洲人感受到了危险，虽然英国也发生了几起恐怖袭击，但英国在欧洲国家中安全形势相对比较好，英国是个多种族国家，人员流动很容易，宗教信仰又不同，部分年轻人因为对自己的生活和社会不满，容易走向极端，选择报复社会。由于英国警方反应迅速，对恐怖事件处置得当，总体而言，华侨华人还是照常工作，只是对周围环境提高了警惕。

旅欧华人、留学生及中国游客安全问题凸显，华界理性协调应对。2017年，中国留学生安全问题频发，受到极大关注。2016年广受关

注的“中国女留学生李洋洁在德国遇害”一案，记忆犹新，随后又发生了意大利留学生张瑶被害案，英国留学生毕习习被暴打致死案等中国留学生遭伤害恶性命案，引起欧洲舆论广泛关注。3月，华侨刘少尧在家中被法国警察射杀事件，激起旅法华侨华人“反暴力”怒火以及对华人权利、安全和文明执法、司法公正的大声疾呼。7月，一位华人在巴黎南郊被暴抢致重伤，后不治身亡。年末，中国多个旅游团在大巴黎地区被抢被盗，中国外交部与中国驻法使馆再为中国人在法旅游安全发出“提醒”并积极提供领事救助服务。欧洲中国客、华侨华人安全问题再次凸显。随着街头暴力抢劫、跟踪式暴力抢劫、入室盗窃、商场盗窃案的猖獗，华侨华人“批量”成为种族目标暴抢的牺牲品，成为独特治安现象。法国主流媒体以及政府官员，首次承认法国存在“针对华人犯罪”现象存在，对法国积极治理、华人针对性维权具有积极意义。面对治安恶化顽疾，侨社与法国大巴黎各地警署沟通协调，会诊华人区治安问题。巴黎美丽城商会每3个月与当地警方进行一次座谈，在法国类似大型座谈有12次之多。新当选议员陈文雄请法国内政部长就此与华人见面，巴黎13区警察局、大巴黎93区、94区警察局多次与华人社团座谈社区治安问题，寻找对策。欧洲华人社会还通过和平请愿、抗议等活动，改变华人社群“不问政治”与“胆小怕事”形象，团结理性维权，侨团的斡旋与法国政界态度的转变，华社对整个事件有理、有节、锲而不舍的处理、应对、控制，成为2017年欧洲华社生态演进、社群政治意识从觉醒走向成熟的重要标志。

陈文雄当选法国本土首位华人国会议员，欧洲华人参政站上新高度。2017年是欧洲的大选年，6月18日，陈文雄在法国立法选举中当选法国历史上首位华裔国民议会议员，10月，当选国民议会“中法友好委员会”主席，实现华人从政并在政界扮演中法友谊的主导性角色。陈文雄祖籍广东普宁，1975年随父母从柬埔寨移民法国。陈文雄于2008年成为巴黎十三区政府议员，2014年成为巴黎首位华裔市议员，2017年当选国会议员。这条看似一帆风顺的从政之路背后，是陈文雄不断奔走的汗水。2017年初，法国总统大选前，政坛局势不甚明朗。从政以来一直未加入任何党派的陈文雄，明确表示支持马克龙。当选华人议员后，陈文雄不仅勤于政务，还不遗余力地在各种场合推广中华文化，包括设立中医研究中心、争取中医在法国合法化、开设中文班乃至建立中文学校、利用中国节日组织活动等。作为海外华人参政楷模，陈文雄以自身经历证明华人同样可以赢得主流社会的认可。在6月8日结束的英国大选中，有7位华裔候选人参加选战，英国保守党华裔候选人AlanMak成功连任国会下议院议员。其他6人虽然落选，但其中5人获得选区内第二位得票率，形成政界人气华人矩阵。在德国政党选举中，王伟华当选德国绿党全国委员会委员。黑森州外国人参事会华裔议员杨明将参选欧洲金融之都法兰克福市市长，是亚裔人士第一次竞选欧洲大都市市长。随着欧洲华人参政议政热情不断高涨，社会融入不断加深，欧洲华人开始走向舞台中央发挥独特作用。

欧洲华商全覆盖、大集中、小分散，融入过程中机会与挑战共存。近年来，华商向资本和技术密集型行业拓展，高新技术产业已成为华商新经营领域。同时，“走出去”的中国大陆企业成为华商独特群体，对外直接投资企业占全球国家（地区）总数的80.7%，对当地经济发展贡献明显。华商虽然行业上高度集中，资本上却很分散。从整体看，欧洲华商经济实力较弱，餐饮、皮革、服装业、贸易业是华商经济四大支柱产业。在欧洲华商从事的行业分布方面，以餐饮业为例，欧洲大小华人餐馆数量估计在5万家以上，而英法德三国的中餐馆加起来大概就有2.4万家。此外，食品加工和华人超市、批发货行与进出口贸易以及服装加工业和皮革业也在欧洲兴盛；随着中国出境游火爆，欧洲华侨华人开设的旅游公司也开始增多。总体来看，近年来欧洲华人经济发展可以分为几个阶段。1984—1992年是中餐业经济期，突破中餐瓶颈，向多元化经济发展；1992—2017年是日用百货为主体的批发零售经济与中餐业经济并存发展期，改造型经济，拉开了欧洲华人经济第二次转型的序幕；迎接国际资本科技进步的挑战成为华人经济发展的第三次拐点。华人经济发生的几次转型，显示出转型的时间是漫长与痛苦的过程。尤其是第二次转型，突破“行业上高度集中，资本上高度分散”的华人经济基本结构及低下的经营管理水平，经过多年虽然有了很大进步，但还没有从根本上改善。原因主要有几点。首先，旅欧华商传统经营管理模式遭遇巨大挑战。2008年金融危机所产生的影响依然存在，近些年来，欧洲经济整体萎靡，消费低迷，使以小商品批发贸易为主的华商经营艰难。以匈牙利为例，由于匈牙利加入申根条约，人员、物资与西欧国家流动更加便捷，华商原有的批发贸易优势缩水，导致进口批发利润剧烈下降，不少华商被迫转行或者转移至欧洲其他国家。其次，华商不规范经营仍是各国政府集中查处的重点。2016年，克罗地亚税务部门以偷税漏税为由，对克罗地亚华商集中的昆仑商城展开了集中行动，抓捕了50多名华商。虽然人数不多，但占旅克华侨华人总人数的十分之一，在克罗地亚华侨华人群体中造成巨大震动。由于克罗地亚司法程序冗长，案件至今仍未审理，涉案华商签证无法更新，生意停滞，造成华商家庭生活严重不便。2017年10月25日清晨，西班牙国家警察及税务部门以查洗钱和偷税漏税为目的开展了代号为“购物”的联合突击行动，在马德里、安达卢西亚、加泰罗尼亚加纳利群岛等地区，对一些华侨华人店铺、仓库、住宅及律师事务所等30多处地点进行了搜查，并逮捕80余名华侨华人。此次行动是2007年西班牙“帝皇行动”以后，西班牙警方针对华商采取的最大规模的行动，而且此次行动策划周密，相信经过了长时间调查取证。虽然涉案华侨华人人数较“帝皇行动”偏少，但此次涉案罪名在西班牙刑法中均属重罪。12月初以来，波兰海关和税务部门开展打击商业行为灰色地带和偷税漏税问题专项稽查行动，对华商较为集中的华沙郊区WolkaKosowska地区的营商环境带来较大影响。再次，欧洲治安环境不容乐观。德国侨胞反映，难民危机以来，欧洲接受了大量难民，由于相关难民安置政策和措施不到位，致使不少难民无法正常融入社会，加之欧洲经济增长乏力，失业率居高不下，社会不稳定因素不断增加，整体治安环境下降，针对华侨的恶性刑事案件增多。最后，华商内部团结仍需加强。德国华商中经营中餐业人数较多，一方面是由于中餐深受当地居民喜爱，市场需求旺盛；另一方面行业门槛低，入行容易。老一辈中餐经营者多数为广东、福建等地老侨，近十多年来，大批浙江籍华商涌入，他们资金雄厚，为迅速抢占市场份额，采取了低价竞争策略，虽然表面上中餐店数量在德国各大城市均大幅增加，但实际上中餐在德国本地人心目中消费档次滑入到快餐行业中，对中餐行业整体发展不利。特别是德国政府收紧了厨师的工作签证许可，为了争夺有限的厨师资源，有的华商甚至采取非正当的竞争手段，从而使得侨团内部中餐从业者之间矛盾丛生。

中国因素进入欧洲人日常生活，华裔文化受关注

2017年，“汉语热”席卷整个欧洲，从王室到平民，从幼儿园到高中会考，更多欧洲人为学中文“狂热”，就业市场汉语人才大受欢迎。学说汉语、阅读中文和了解中国文化正在成为欧洲当地人争相关注的话题。此外，“汉语热”、“中医热”、共享单车等中国因素受到重视让旅欧侨胞得到了来自祖（籍）国的福利。

华人成为中医药欧洲落地的主力，中医疗法进入西欧临床。巴黎6大教授朱勉生博士主导的由欧洲内科肿瘤学学会、法国癌症协会、巴黎公立医院集团比基耶医院临床研究所、西班牙集团医院癌症中心、法国IGR肿瘤临床研究医院、北京中药大学、云南省肿瘤医院等参与的中国、法国、西班牙三国多中心针灸介入乳腺癌化学疗法和改善放射疗效的临床研究进入临床实施研究阶段。这是在重大疾病里中医同西医开展临床研究的重要举措，将为中医进入西方提供临床科学数据。欧洲科学院院士、法国JZ药业创办人、欧洲中国传统文化研究院院长蒋玉林博士的欧洲唯一一家集研发、生产、教育及文化宣传于一体的中医药展示平台——法国蒋氏药业（JZ药业）高创园区今年6月开业，受到当地政府及医学界、科研界的欢迎，为中药的转化打下基础。在中国驻法使馆科技处的推动下，在法中医从业者还力推中医在法立法，中医药走向欧洲迈出新步伐。8月，由《欧洲时报》与中国中医药协会共同组织的“中国中医药访欧团”寻访法德，与当

地业界交流。

中国共享单车“骑向欧洲”。6月13日，中国共享单车品牌摩拜单车宣布登陆英国曼彻斯特，并同步进入毗邻曼市的索尔福德。曼彻斯特是摩拜单车进入的首个亚洲之外的城市。未来摩拜还计划将这种智能、环保、方便、实惠的智能共享单车出行方式带给更多的欧洲城市。德国知名咨询公司罗兰贝格预计，到2020年前，共享自行车业务将以年均20%的速度增长。德国自然能源匮乏、消费习惯的改变、数字化等是这一业务迅猛发展的原因。当然，任意停放破坏市容、挤占公共空间，行人安全隐患升高和单车的偷盗损坏问题，也成为共享单车在欧洲受到质疑和担忧的主要来源。此外，在气候、法律、民众习惯等均存在差异的欧洲诸国，因地制宜地引进共享单车或许是中国从业者所需要重点考虑的。

匈牙利华人以商贸起步，中文教育走在欧洲前列。匈牙利华侨华人大多以从事商贸起步，小部分从事以华裔为服务对象的中餐业、会计师事务所、医疗门诊、中文传媒等行业。匈牙利华文教育走在欧洲前列。早年来匈发展的华人移民大多不能掌握当地语言，对匈牙利的历史、文化等并不了解。因此，匈牙利的华文传媒就成为华社获取当地信息的主要渠道。目前，当地华文报纸发行量和影响力较大的包括《新导报》《联合报》《欧洲论坛》《万事达报》《布达佩斯时报》。近年来，匈牙利华文传媒加快了互联网技术和移动技术的革新，并向欧洲华侨华人宣传介绍中国的发展成就和“一带一路”建设成果。2004年中、匈两国教育部共建了“中匈双语学校”，这是欧洲唯一使用住在国语和中文双语教学的公立学校。

芬兰侨胞以高素质著称，当地媒体“零差评”。北欧大陆遥远寒冷，但早在19世纪，便有华人在芬兰落脚。1809年至1917年间，芬兰还是沙皇俄国的一个大公国。为把芬兰打造成拱卫沙皇俄国的海上屏障，俄国从中国招募了大批的劳工。正是这批被送到赫尔辛基的中国人，参与建设了赫尔辛基自建市以来的最大工程，包括城市工程和军事设施，奠定了赫尔辛基现在的发展基础。1990年以前，芬兰仅有华侨百余人。90年代开始迅速增加，大多是通过留学或作为访问学者后留下来。据不完全统计，芬兰目前约有华侨华人1万名。虽然数量不算多，但这里的侨胞以高素质著称。他们许多都从事计算机、电子通信、软件和信息技术等高端领域的工作。芬兰籍华人科学家张霞昌便是其中典型代表。他研发出了具有时代创新性的薄型柔性纸电池，拥有30多项专利。旅芬侨胞守法意识好，与芬兰人民和睦相处，并积极融入当地社会。近年来，芬兰本地媒体基本没有涉及华裔族群的负面报道。每年中国农历新年期间，在芬侨胞都会举办丰富多彩的迎新活动，年味浓郁。而在芬兰举办的“水立方杯”华裔青少年中文歌赛也极大地增进了旅芬华裔子女学说汉语、阅读中文和了解中国文化的热情，成为整个芬兰侨界的盛事。

南欧、东欧侨情

一、南欧东欧华人动态

2017年南欧东欧地区华侨华人的人口发展有较大的变化，意大利、西班牙、希腊等国家的华人华侨的人数、分布、移民意向都有不同程度的改变。

（一）意大利近十年入籍移民数达百万，华人移民多保留原籍

意大利多种族研究促进基金会（ISMU）发布的统计资料显示，从2006年开始，截至2017年1月1日，意大利外来移民入籍人数已近百万。2006年，共有3.5万名外来移民加入意大利国籍；到2016年，意大利入籍外来移民人数已达20.2万人，10年累计入籍移民总人数达到了95.6万。此外，还有居住在意大利的500万外来移民只选择定居，未向当局申报入籍手续。ISMU称，2006年，意大利外来移民总数为241.9万；截止到2017年1月1日，意大利移民总数上升到了502.6万人；到2017年第三季度末，移民总数达到了504.7万人。与欧盟其他国家同类统计资料对比，意大利在欧盟各国中，外来移民入籍人数一直排在首位。2013年至2015年，意大利外来移民入籍人数为17.8万人，超过了英国、西班牙、法国和德国。此间，德国外来移民入籍人数仅为11万人。2016年，加入意大利籍的外来移民主要是来自阿尔巴尼亚和摩洛哥，入籍人数分别为3.7万和3.5万人。菲律宾和中国虽然在意大利定居人数较多，但大多数移民更趋向于保留原祖（籍）国国籍，不愿加入意大利国籍。

（二）马德里大区移民人数六年来首次回升，中国人排名第三

经济危机之后，马德里大区移民人数连年降低。据马德里大区政府2017年5月7日公布的数据，2017年移民人数终于止住了连续六年的跌势，增至864485人，比上一年增长了2400人（0.28%）。中国居民人数增加2428人，比去年同期增长4.35%。目前在马德里大区，中国人是第三大移民群体，共58212人，占移民总数的6.73%。目前马德里大区总居住人口为6596829人，其中移民人口约占13.1%。移民群体中人数最多的是罗马尼亚人，198377人，占总数的22.95%。此外，还有78290名摩洛哥人和41901名厄瓜多尔人。近期，马德里大区人数增长最快的是委内瑞拉人，比去年同期增长了4994人，增长了30.38%。此外，马德里移民人口聚居程度增加，共有8845人在过去一年里搬过家。大区里10个人口最多的市镇中，外来人口占比最大的是Parla（22%）、Coslada（20%）和Alcalá deHenares（19%）。在马德里各个大区中，移民最多的是Carabanche、Puente de Vallecas和Latina。移民相对较少的区是Barajas、Vicálvaro和Moratalaz。中国人比较集中的区是Puente de Vallecas、Villaverde和Usera。

（三）西班牙外籍移民个体户30万，中国人约5万排名第一

数据显示，西班牙有自雇式个体户工作者（autónomo）300余万人，其中十分之一为外籍移民，其中有5万多为中国人，高居所有外籍群体之首。实际上，近十万华人就职劳力里，过半属于老板模式，比例之高也在全西班牙居首。依据西班牙劳工部截至2017年7月的统计，西班牙外籍移民个体户共298184人，其中14万多为欧共体移民，其余15万多为非欧盟区域国民。关于外籍移民个体户在危机中的演变，过去一年间，移民个体户业主增长了7%，若对比危机前，2008年有外籍移民个体户24万，2009年和2010年的深重危机年份里均下跌至不足20万，

2011年则开始重新慢慢复兴，至今接近30万，表明外籍移民在努力对抗危机并取得了巨大成绩。外籍移民业主从事的行业方面，从事商业的占最大部分，其次是修车行业，有88743人，饮食业为56611人，建筑业34000人，以及其他行业等，而最少的是采掘业，只有34人。以国籍而言，个体户业主最多的是中国人，有52536人，占总数的六分之一，其次是罗马亚尼34807人，意大利23539人，英国22142人，摩洛哥19061人。

二、南欧东欧侨团发展

（一）希腊华侨华人总商会在雅典召开全体会长团会议

2017年1月21日下午，希腊华侨华人总商会在雅典召开全体会长团会议。会议全票通过温州籍商人徐伟春连任第七届会长。会议由执行会长李昂主持，监事长吴旭辉通报第六届财务收支情况，会长徐伟春通过会员服务、政企对接、内外联动、国际交流、公益慈善等方面回顾了上一届会务工作中所作出的贡献与不足，他指出，第六届希腊华侨华人总商会与中国各省市的18家商会结为友好，与海外10个国家侨团建立了战略伙伴关系，这些举措都有利于希腊华商拓展业务，帮助商会成员更快地发展事业并实现多样化。随后，会议讨论并通过了新一届会长团选举方法，并选举产生了新一届会长团会长及主要成员职务。

（二）意大利中国总商会在罗马成立，将为海外华商服务

2017年7月1日，意大利中国总商会在罗马成立。意大利中国总商会的前身是意大利华侨华人贸易总会，后者成立于1997年7月1日，至今已有20年。这次新会成立庆典在来自意大利各地侨领、侨社代表及多家华文媒体的见证下，开启了驻意华埠公共生活的新篇章。名虽更易，初心不改，作为6000万海外华侨的一分子，该商会表示将尽可能团结最广泛的力量，为华商海外经营保驾护航。

（三）威尼斯地区华侨总会举行第七届换届庆典大会暨华人春节晚会

威尼斯地区华侨总会第七届换届庆典大会暨2017年威尼斯地区华人春节晚会于2017年1月29日在帕多瓦的TeatroGeox大剧院举行。中国驻米兰总领事馆黄永跃副总领事、帕多瓦省副省长FabioBui、意大利各兄弟侨团代表、意大利友人、新闻媒体代表和威尼斯地区华侨总会会长团全体同仁及威尼斯地区侨胞1500多人应邀出席。换届庆典和春节晚会由威尼斯地区华侨总会秘书长王旭群与威尼斯地区知名女主持人宋阳联袂主持。前会长周勇首先做威尼斯地区华侨总会第六届会务工作总结。履新的会长陈仲伟在就职讲话中称，威尼斯地区华侨总会是威尼托大区成立最早的社团，今年是第20周年，一路过来，非常感谢广大侨胞一直以来的支持、鼓励和信赖。他表示将继续秉承爱国爱乡、服务侨胞宗旨，做好中意两国的桥梁和纽带作用，积极融入“一带一路”建设，为促进中意贸易、文化和合作发展多做贡献。随后，帕多瓦省副省长FabioBui、兄弟侨团代表洪森淼、演出团团长史前进应邀分别发表讲话。来自广州歌舞剧院的艺术家为广大侨胞奉献了一台高水平的视听盛宴。

三、南欧东欧华裔新生代与留学生

（一）意大利华二代有望落地入籍

“ius soli”是一个拉丁语的法律概念，意为“领地权”，指在一个国家，不论父母双方是否已入该国国籍，在该国出生的婴儿均有获得该国国籍的法律权利。1992年意大利通过了91、92号关于外国人获得意大利国籍的法案，其中详细指出：在意大利出生的外国籍未成年人若想获得意大利国籍，只能通过“血缘关系”（ius sanguinis），即父母中任何一方已拥有意大利国籍，自然出生或被其收养的未成年人才可自动获得国籍，换言之即为“继承”了父母的意大利国籍。而由于“ius soli”法案并不被包含在意大利法律体系之内。因此，如果父母两人皆不拥有意大利国籍，他们在意出生的孩子无法自动获得意大利国籍。只有等待子女年满18岁，向移民局提出申请后方可获得。目前，法国、荷兰、西班牙、瑞士、比利时同意大利一样，规定在本国出生的外籍移民子女不能自动获得国籍，需在该国境内生活至一定年龄时，才可向有关部门提出国籍申请。而出生在德国、爱尔兰、美国的外籍移民子女，出生后即刻便可自动获得该国国籍。目前，在意生活且父母均为外籍的未成年人已逾100万人，其中约3/4都出生在意大利。而意大

利校园中的外国籍学生也已多达81.4万人。

根据意大利统计局（Istat）最新调查显示，这些出生并从小生长在意大利的移民二代中，有38%的人对意大利有文化归属感，即“感觉自己是意大利人”；33%的孩子认为，自己仍保留着对祖籍国的强烈认同感；另外29%的调查者对此不做回答。近十年中，大量外国移民到意大利扎根落户，移民二代、三代也相继出生并成长。这些移民子女从小接受意大利的教育，学习意大利的语言和文化，交往意大利的朋友，很多时候，他们除了与意大利人长相不同外，无论是言谈举止还是思维方式，都已成为一个不折不扣的意大利人。例如许多出生在意的华二代，他们从小到大都接受着意大利的教育，许多人还说着一口纯正的意大利方言。这些拥有中意双重“文化身份”的新生代移民，在完全融入意大利文化的基础上，也开始在当地主流社会中崭露头角。正如Fondazione Giovanni Agnelli基金会主席Andrea Gavosto所言，“移民二代身上承载着意大利这个国家的未来”。

于是，解决移民二代子女国籍这一话题，近年来受到了意大利社会的普遍关注。部分民间团体更发起了一个名为“没有国籍的意大利人”（Italiani senza cittadinanza）的运动，并在线上发起联名请愿，要求当局重视有关移民二代国籍问题的法律改革。早在2015年10月，意大利众议院便以310票支持、66票反对，通过了一项移民二代自出生便可获得意大利国籍的法律草案。草案规定，孩子的父母中必须至少有一人持有欧盟永久居留，那么他们的孩子自出生之日起便可获得意大利国籍。相较于德、爱、美的移民国籍政策，这一草案在当时被媒体称为“温和改良版”。可惜的是，该草案在此后进入参议院进行投票时遭遇阻碍，最终被束之高阁。时隔18个月后的今天，在意大利民主党（PD）的推进下，参议院日前终于宣布，将于今年6月15日重启对这一草案的投票程序。该草案目前已受到意大利司法部部长Andrea Orlando在内的多名政要的支持。如议员Mario Marazziti对此称赞道：“国籍问题上的法律改革将给意大利带来历史性的转折。一对移民父母在意大利生下的孩子，他们遵守意大利法律并决定让孩子在意大利成长，那么这个孩子有权利自动取得意大利国籍。此外，一个在幼年时期就来到意大利、并在意大利生活学习的孩子，他也应当被赋予公民的权利。这种权利并不是官僚式地授权，而是本着对意大利文化的热爱和对意大利生活方式的认同感，所‘创造’出的新的意大利人民。”

（二）小众留学国求学，听留学生们讲述自己的故事

有一群小众留学生，他们没有选择美国、英国、加拿大等热门留学目的国，而是选择了匈牙利、摩尔多瓦等小众留学国家，但他们的留学收获同样丰富。听听他们是如何描述自己独特的留学体验的。

两年前，正在上海华东师范大学读书的祝佳静偶然了解到匈牙利全额奖学金交换留学项目，在多方考虑和准备后，她申请了这个项目并赴匈牙利布达佩斯开始为期1年的交换生之旅。在上海长大，对快节奏的生活习以为常的祝佳静的专业是艺术设计，该专业的定位是培养拥有国际化视野同时兼具人文素养设计理念的学生。

以国际学生的身份到布达佩斯读设计专业的祝佳静表示，班上同学来自世界各地，因此，她的日常用语是英文。但是，匈牙利是非英语国家，官方语言是匈牙利语，常用的语言还有德语，这对她的生活和学习在开始时造成了困难。所以，在开学一周之后，不得不去上匈牙利语课，学一些基础的日常用语。记得有一次，她的课题老师请假了，请另一个老师来教，但这个老师几乎不会讲英语。老师全程只能依靠祝佳静听得懂的一点点匈牙利语和手语，以及一名略会英语的匈牙利学生翻译完成了这个课题的学习。过程虽然不易，却让她感受到了匈牙利人的友好和老师的耐心教导。每逢假日，学校也会提供一些游学项目让国际学生参加，比如银行休假日坐多瑙河游船去匈牙利小镇参观，工程系的同学还可以去国家核电站考察等。参加这些项目，国际学生只需象征性地付很少的费用就可以，借此可以更深入地了解匈牙利，了解东欧的人文历史和科技发展历程。

祝佳静表示，上经济课时，老师讲到税收政策时，常让学生们结合自己所在的国家进行比较。祝佳静问艺术史老师是怎么看待匈牙利的，老师并没有给她一个明确的回答，只是说：在匈牙利出生长大，但是也在德国待过很长一段时间。匈牙利对老师来说就像母亲一样。祝佳静表示也有一些匈牙利同学得知她是中国人之后会惊讶地问她，为什么会到他们国家读书。仿佛在他们眼里应该去北美、西欧等热门留学地区，选择到匈牙利留学是一件令他们十分惊奇的事。但在她看来，留学并不是非热门留学国不可，只要是有所收获的留学经历就能提升自己。

四、南欧东欧华人经济

（一）中医药业海外壮大，中医成为欧洲“异域明星”

世界中医药学会联合会有 67 个国家和地区的会员团体 251 个，中医药传播国家和地区 183 个，30 多个国家和地区开办中医药院校数百所，认可使用针灸的世界卫生组织会员国 103 个，中国政府在海外建立中医药中心 10 个。中医药早已成为世人熟知的“中国品牌”。据中国首次发布的《中国的中医药》白皮书显示，中医药事业已成为中国与世界各国开展人文交流、促进东西方文明互鉴的重要内容。随着系列中医药政策文件的发布，中国中医药发展已上升为国家战略，中医药“走出去”正迎来最好发展时期。

捷克赫拉德茨—克拉洛韦大学医院内，一家中医门诊引起了捷克人的关注。为了前来就诊，许多病人甚至要乘坐 2 个多小时的火车。这里就是中东欧首家由政府支持的中医中心——中捷中医中心。自 2015 年 9 月设立半年之内，中医中心就有近 800 名患者预约。米罗斯拉夫因为脊椎和腰部疼痛来这里治疗，“在西医治疗后，效果并不理想，通过中医治疗，现在不疼了。”米罗斯拉夫说，“可惜这里的中国医生太少了”。

中医药在海外正逐步获得认可。在瑞士，2017 年起推广全国性中医考核，只要通过该考核就可获得中医师的资格证书；在荷兰，中医几乎获得了所有医疗保险公司的认可；在法国，主流医学界将针灸与草药疗法定性为“软性医学”。融合中医理论、中药、气功、针灸、正骨、点穴、推拿综合治疗，几十年来，许多中医医生和中医诊所遍布海外，救治病患，悬壶行医，推广中国医术。

中医针灸近年来在瑞士蓬勃发展，很多瑞士人通过中医针灸治疗缓解了病痛，减轻了体重，控制了高血压、高血脂、糖尿病等慢性疾病的并发症。中医治疗已经得到越来越多瑞士民众的认可。瑞士官方也顺应民意，将针灸纳入公民医疗基本保险。在日内瓦老城，红十字会创办人亨利·杜南故居所在地，一家名为贵生堂的中医诊所坐落于此。贵生堂的就诊预约日历上写满了人名。在瑞士行医多年的胡卫国医生说，来贵生堂接受中医针灸治疗的人中，九成为瑞士当地民众及驻日内瓦国际组织的雇员。经过十多年发展，贵生堂已经在瑞士境内多地开设了分号。

1990 年，毕业于浙江医科大学中医系的林国明在比利时布鲁塞尔建立了中医诊所，当时的比利时人并不认可中医，林国明的诊所门可罗雀。直到两年后，一位叫哈利的肝癌患者陷入深度昏迷，西医几乎已无能为力，家人情急之下把哈利送到了林国明的诊所。林国明诊断后开出中药处方，哈利连服三剂后，奇迹般地苏醒了。此事轰动了布鲁塞尔，林国明诊所一炮打响。长期受腰痛困扰的比利时前国王阿尔贝二世听闻此事，专门致信表达了想尝试中医治疗的愿望。如今，林国明的诊所早已得到比利时医学会的承认，并列入了医保名录。

中国将在西班牙马德里附近小城建立大型中医研究中心的消息，让不少当地华人感到兴奋。一旦该研究中心正式建成，将会成为海外最大的中医科学中心之一，包含中医大学、中医科研机构和中医院的建筑群，届时也将会成为不少华人看病的首选地点。事实上，中医在马德里乃至整个西班牙的推广并不是一种“突兀”，相反，很可能是大势所趋。尤其是中西结合疗法近年来在全球的推广流行，也把中医科学理念带进了世界医学的舞台当中。

近日，有西媒特别针对这一流行现象进行了讨论。“中西医结合疗法在西班牙越来越名声响亮，在巴塞罗那与马德里的一些私立医疗中心里，可以经常见到。医疗中心往往会为患者提供更为广泛的医疗方式，从西方医学认可的医疗方法，再到中国传统医学，通过二者相结合的方式完成治疗，其中，中国传统医学中的顺势疗法、整骨疗法和针灸最为广泛使用。”

如今，西班牙紧跟“医学潮流”，许多医疗

中心都渐渐对中医进行引进、推广，许多西班牙患者已经成为中西医结合疗法的“粉丝”。同时，这对于华人医者和美容美体护理中心来说，也是一个好机会。首先，西班牙社会对于中医科学性和疗效的逐渐认可，也为传统华人中医带去了机会。以往，传统中医的主要客户群体是华人，但在中西结合广泛疗法日渐流行的大背景下，单一的传统中医也将“水涨船高”，跟着“走红”。中医馆中也将会拥有越来越多的外国面孔。其次，一些学习西医出身、开设私人医疗机构的华人医者，在这种医学潮流当中，也可以与中医医者进行合作，引进中西医结合疗法，从而开拓更为广泛的客户群体。最后，传统中医不仅仅在治疗方面被世界医学引入，在理疗保健方面，更是早已闻名，在越来越多人注重健康保养与身体护理的今天，中西医结合疗法的流行可谓是振奋人心。华人美容理疗中心也将在这一大势中有所收获，除了西方医学先进的镭射和美容产品之外，中国传统医学在美容理疗和健康护理方面也早就有所成就，这种引入和结合，也会成为重要的营销点。

中医药走向海外，是中医药技术的推广，更是中医药文化的传播。保持与海外民众的顺畅交流，保证中医药治疗的疗效，才是中医药在海外获得认可和信任的王道。

（二）意大利华人企业已超 5 万主要集中在三个大区

据意大利商会联合会针对在意华人企业所做的调查显示：截止到 2016 年年底，意大利的华人企业数量已超过 5 万，达 50737 家。2011 年意大利华人企业数量为 40318 家，短短 5 年之内增加了近 1 万家华人企业。调查显示，托斯卡纳地区的华人企业最为密集，仅托斯卡纳地区就有 10391 家华人企业，紧随其后的是伦巴第大区和威尼托大区，分别为 10270 家和 5560 家。也就是说，意大利一半以上的华人企业都集中在这三个大区。与此同时，西西里岛的华人企业数量增幅明显。此外，坎帕尼亚大区的华人企业也在 5 年内增加了 46%，伦巴第大区增加了 37%，皮埃蒙特大区增加了 33%。尽管经济危机对拉齐奥大区的华人贸易造成了很大影响，但当地华人企业数量仍然保持在 3783 家。近年来，中资企业加快进入意大利的步伐，这将对意大利经济结构产生深远影响。

五、南欧东欧华人文化

（一）意大利罗马中华语言学校举行十周年庆典活动暨春节晚会

罗马中华语言学校创建于 2006 年，经过十余年的不懈努力，从最初的一间教室、一名老师发展到现在的 700 余名师生，这与中华语言学校校长蒋忠华对传播中华文化的执着信念分不开。意大利罗马中华语言学校十周年庆典活动暨春节晚会于 1 月 22 日在罗马 Teatro Orione 举办。中国驻意大利大使馆吴冬梅参赞、文化处张建达参赞、教育处胡宏俊女士、领事部张亚丽主任、暨南大学研究生院研工部部长卢远、意大利教育部国际文化部主任 Giuseppe Marucci、意大利欧洲学校校长 Carlo Cipollone，以及当地其他相关机构官员参加了本次活动。此外，参加活动的还有罗马华社的侨领代表、学生家长、华文媒体代表等。

中华语言学校校长蒋忠华在发言中表示，十年前，怀着传播和发扬中华文化的梦想，在这片几代华侨书写传奇的地中海热土上，创办了罗马中华语言学校。十年前的学校只有“三个一”：一个教室、一位老师、一个班级。如今，我们发展成从幼儿到高中 30 多个中文班，20 多个兴趣特长班，30 多名教师团队，集语言、艺术、文体于一身的中文学校，并于 2011 年被国务院侨办评为华文教育示范学校。经过十年努力，中华学校不断成长，数千名儿童得中华文化的洗礼，滋中华知识的营养，增为人处世之人生道理。蒋忠华表示，中国驻意大利大使馆、意大利相关机构以及华社和侨胞们一直以来给予的帮助与支持，期待大家能够一如既往地支持中华语言学校，使华社教育越来越完善。

中国驻意大利大使馆领事部吴冬梅参赞对中华语言学校在华侨华人子女海外华文教育方面所做出的贡献予以肯定。意大利教育部国际文化部主任 Giuseppe Marucci、意大利欧洲学校校长 Carlo Cipollone 也纷纷对中华语言学校在过去十余年来所获得的成就表示祝贺，希望中华语言学校越办越好，为促进两国文化交流及华社融入当地主流做出新的贡献。暨南大学研究生院研工部部长卢远在会上表示，暨南大学研究生院在保证教学质量的基础上，在罗马中华语言学校开办了汉语国际教育硕士专业学位和兼读制硕士研究生课程，希望通过双方的合作和努力，为热爱传播中文和热爱中华文化的人士提供更好的服务和支持。陈正溪代表侨界发言，他呼吁给予中文教育更多的关注和支持。意大利南部文成同乡总会会长蒋忠南表示将一如既往地对学校提供支持与帮助，为海外华文教育尽一份力。

（二）意大利掀“中文热”：279 所学校开设中文课

近年来，意大利正悄悄兴起一股“中文热”。Fondazione Intercultura 基金会的一份调查报告表明，意大利约有 8% 的学校（279 所）已开设中文课程，约 1.7 万名意大利学生学习汉语。在意大利，伦巴第大区的学生们学习中文的积极性最高，约 11% 的学校都开设有中文课程。在调查的 500 名学生中，绝大部分学生认为中文是继英文之后想要获取事业成功必备的语言技能；有近 4 成的青少年对中国文化尤其是科技创新抱有浓厚兴趣；近 7 成的青少年认为，在未来 5 ~ 6 年内，中国对意大利的经济影响力将会进一步增加。值得一提的是，此次接受调查的学生中，大部分人对近年来中资大举收购意大利知名企业表示十分关注，从 AC 米兰、国际米兰两支意大利球队，到时尚品牌 Miss Sixty，再到倍耐力的收购事件，意大利青少年们对此都耳熟能详。如今，中国作为全球第二大经济体，科学技术、社会经济发展等日新月异。对于不少仍身处于经济危机之中的西方民众而言，中国的发展意味着希望和机遇。不少意大利人已清楚地意识到，想要紧跟世界潮流，就要懂得汉语。在所有已开设中文课程的学校中，高中学校占比 74%，其中有近半数的学校将中文课程设置为必修课，同时还有不少学校将中文考试设置为高中毕业考试科目。通常情况下，中文课程平均每周课时为 3.6 个小时，分别由意大利籍教师和母语为中文的老师共同负责教学。设有中文课程的学校校长们均认为，学习中文不仅能为学生们的未来发展带来更多机会，同时也能开阔孩子们的眼界，认识和了解一个与西方截然不同的文明文化。尽管在外国人眼中，中文是一门与西方语言截然不同且难度系数非常高的语言，但是意大利学生似乎并没有“吓到”，反而从中找到了学习的乐趣。除在课堂上学习中文外，意大利高中生还积极参与国际文化交流项目。他们前往中国，受到当地家庭的热情接待，同时与当地高中生一起生活学习。对于他们来说，没有比这更好地学习汉语、了解中国文化的途径了。

（三）波兰孔子学院日：以“丝路瓷语”为题演绎古今丝路文明

9 月 23 日—24 日，以“丝路瓷语”为主题的孔子学院日活动在波兰弗罗茨瓦夫大学孔子学院举办，向波兰民众介绍中国陶瓷文化与古代丝绸之路，以及新时代的“一带一路”倡议。两天的活动包括陶瓷讲座、手工瓷坊、瓷饰服装秀、茶艺、音乐、舞蹈、戏曲、中国文学与传统文化等，为弗罗茨瓦夫市民呈现了一次古今交融的跨文化对话与视听盛宴。弗罗茨瓦夫大学校长亚当·耶杰尔斯基称赞孔院对促进波中友谊和文化交流起到了非常重要的作用。“瓷”文化讲座和“瓷”文化体验拉开的活动中，方正的汉字写到精致的陶瓷上，实现了陶瓷与汉字的完美结合。除了舞台表演，活动现场还设置了传统服饰试穿拍照、筷子夹豆豆、编制彩色手链等 6 个文化活动体验室。其中，中国书法体验活动深受欢迎，当地民众排成长龙学习写中文名字。在举办的中国文学与传统文化活动中，人们踊跃参与中文公开课、扇面书法体验活动，不少学生在家长的陪伴下全神贯注地学习中文，乐在其中。

俄罗斯侨情

在走过最为严峻的经济衰退之后，俄罗斯经济终于在2017年“春回大地”。就中俄关系而言，2017年中俄两国在原有良好的基础上实现了进一步的发展。由于中俄两国在国际舞台上拥有越来越多的共同利益，中国开始取代白俄罗斯成为俄罗斯民众心中最友好和亲近的国家。因此，俄罗斯华侨华人社会有了全新局面：在俄华侨华人实力有所增强；华侨华人群体与俄罗斯社会交融度有所提高；各华侨华人社团间的团结度有所加强。此外，俄罗斯华侨华人在政治、经济、文化等领域呈现出稳步推进的积极态势。

中国首超白俄，成俄罗斯民众心中“最亲近国家”。2017年12月28日，俄媒一项民调显示，2017年中国在俄罗斯最友好和亲近国家的榜单上，首次超越了其传统的“头号朋友”白俄罗斯。社会舆论基金会的研究显示，62%的俄罗斯人认为中国是俄最“亲近和友好”的国家。相比2014年54%的数据有不少提升。同时，认为白俄罗斯是主要朋友的俄民众则从2014年的66%，下降至2017年的60%。俄罗斯人对中国的好感增强与俄社会意识到两国在国际舞台上的共同利益有关。对中国文化和历史感兴趣的俄罗斯人也变得越来越多。随着中国在世界政治和经济中占据越来越重要的地位，中国也吸引着越来越多的俄罗斯青年。2017年中俄之间的人文合作也得以向前发展。中国代表团出席索契世界青年学生联欢节，这展示了两国在青年交流领域的巨大潜力。不仅如此，汉语在俄罗斯的热度上升，未来几年汉语将成为俄统一国家考试的外语科目。地区语言研究中心的数据显示，近10年来，学习汉语的俄罗斯人增加了2倍。2007年有1.7万俄罗斯人学习汉语，到2017年，汉语学习人数达到了5.6万人。在军事合作上，中俄也有所发展。2017年夏，两国海军在波罗的海、日本海和鄂霍茨克海上举行了“海上合作—2017”联合海军军演。

中国投资者对俄罗斯社会经济发展做出贡献。近年来，俄政府加大了对俄远东地区的开发力度，在俄远东地区设立符拉迪沃斯托克自由港和若干个跨越式开发区，在税收、基础设施等方面提供优越条件，吸引包括中国在内的亚太地区国家赴俄远东投资，以提高俄远东地区社会经济发展水平。中俄双边贸易额明显回升，2017年前7个月达到466.26亿美元，同比增长24.96%。在能源领域，中俄东线天然气管道工程进展顺利，中俄合作的阿穆尔天然气加工厂项目开工，双方共同参与的亚马尔液化气项目一期工程有望于2017年完工。而连接中国东北地区和俄远东地区的跨境铁路桥建设、“滨海1号”“滨海2号”大型交通走廊建设也在稳步推进。此外，中俄远程宽体客机合资公司已正式注册成立，中俄联合研制重型直升机项目也有望于年内正式启动。俄中合资企业是以社会为导向的企业，它们为开展活动的地区提供慈善救助和赞助，例如在教育、卫生和文化领域建造所需的社会日常服务基础设施，其中包括建造住房、幼儿园、学校、卫生保健设施，并且与中国各省份的合作主要在林业和采矿业、农业和旅游业方面展开。虽然近年来由于俄经济危机的影响，中国人的经营面临一些困难。但中国人工作勤奋，且从事的行业都是当地居民日常生活中不可或缺的，也获得了当地人的认可，华侨华人在当地的经商环境整体上不断改善。中国投资者在当地投资，开展投资活动的企业增加了城市政府预算的税收提成，对当地社会经济水平产生积极影响。

中俄友好交流活动丰富多彩，华侨华人在其中发挥积极作用。2017年7月25日晚，中国驻俄罗斯大使馆举行了庆祝中国人民解放军建军

90周年招待会。中国驻俄大使率使馆主要外交官出席。俄方高级将领和政要，以及俄政府、议会、外交部、俄中友协、老战士委员会、驻俄外交使团和武官团、中资机构、留学生、华人华侨和媒体代表等近450人应邀出席。2017年9月18日，由中国公共外交协会指导，环球网与俄罗斯卫星通讯社联合举办的“2017北京—莫斯科丝路经贸人文交流对话”在莫斯科举行。来自两国政府、企业、媒体和文化交流领域的近40名嘉宾应邀在论坛上发言，共同探讨中俄两国在新的历史阶段下的可持续发展模式，推进中俄人文经贸领域的广泛交流与合作。2017年10月27日，由中俄后裔词曲作家张晋夫率领的艺术团到中国驻俄罗斯使馆做客并举行题为“永久的回忆”音乐会。通过独唱、对唱、合唱、器乐、口哨等表演形式，将中俄两国和两国人民之间充满传奇的故事情景呈现给了两国观众。2017年12月5日，莫斯科中国文化中心举行中心成立五周年庆典活动。俄政府官员、文化界、汉学界代表以及各界友好人士和两国媒体代表260余人参加，纷纷为莫斯科中国文化中心五周年生日献上贺礼和祝福。该中心为俄罗斯普通民众打开了一扇了解中国文化的窗口，提供了一个真诚交流的平台。2017年12月23日，由莫斯科华侨华人联合会主办的2018“新时代与你同行”华侨华人迎新联欢会在莫斯科举行。在各类活动中，华侨华人承担了重要角色并发挥着积极作用。

在俄华侨华人心系祖（籍）国。2017年是十九大的开局之年，在俄华侨华人热切期盼十九大、期盼中国更美好。俄罗斯中国和平统一促进会、圣彼得堡华人妇女联合会、俄罗斯华侨华人青年联合会、圣彼得堡华侨华人联合会、俄罗斯华人艺术家协会莫斯科分会、俄罗斯中国中原商会等侨社侨团的侨领纷纷通过媒体记者表达对于十九大召开的热切期盼。在俄华人华侨为祖（籍）国深感骄傲和自豪，期待十九大能为中国未来发展指明方向，早日实现伟大复兴的中国梦。2017年12月12日，莫斯科华侨社团在莫斯科举行南京大屠杀死难同胞悼念活动。当天的活动由莫斯科孔子文化促进会和俄罗斯华人华侨青年联合会发起，由莫斯科乐清商会、莫斯科吉林商会、莫斯科瑞安商会和莫斯科南通商会等社团共同承办。莫斯科华侨界举办这一活动旨在向死难者表达哀思、让历史被铭记，同时也希望借活动唤起包括俄民众在内的全体人民对和平的向往和坚守。悼念活动期间，全体出席人员向南京大屠杀死难同胞默哀三分钟。

俄罗斯多措并举欢迎中国游客赴俄旅游。2014年起，中国在访俄人数排名中居首位。每年中国赴俄客流量提高额都是两位数。据专家预测，2017年将提高约10%。2017年金砖国家中，中国赴俄旅游人次最多，占总人次的7成，俄罗斯当仁不让成为“人气王”。据俄罗斯旅游局数据显示，2017年上半年中国免签赴俄游客数量增加36%，前往个别地区中国游客数量增长高达100%。每年报最低价团的中国旅客越来越多。2017年底，俄罗斯国家旅游中国办事处“参观俄罗斯”（Visit Russia）负责人福尔科表示，2018年通过团队免签前往俄罗斯旅行的中国游客数量增长10%。尽管2018世界杯期间预订宾馆困难，但是中国团队游客前往俄罗斯旅行的人数将增长10%。据Visit Russia的数据显示，2017年前10个月访问俄罗斯的中国游客数量为125万人，其中95万人通过团队免签前往俄罗斯旅行。如果看过境人数的数据，那么莫斯科是中国游客中最受欢迎的城市，第2是符拉迪沃斯托克，第3是圣彼得堡。一般来说，大部分到莫斯科的游客都会前往圣彼得堡。俄罗斯与中国正在积极推进简化包括对于游客的双边签证制度工作，目前正在讨论把旅游团最少人数从5人减至3人的问题。

频繁曝出不文明旅游、走私等负面新闻。近年来，赴贝加尔湖旅游的中国人爆炸式增长，在给当地带去收益和商机的同时，也引发了争议。2017年就有俄媒及当地民众指责中国“入侵”贝加尔湖，担心当地沦为“中国的省”，一份网上联署请愿信呼吁制止中国人大量购买湖畔土地和破坏生态。当地民众请愿信的出现与他们心中对中国人的情绪有很大关系。某种程度上，他们并不愿意外人来打扰。利斯特维扬卡是当地人心中的“一片净土”，一到周末，城里人会开车来到小镇。当地人环保意识很强，再穷的人去湖边都会带着袋子收拾垃圾。虽然中国游客整体素质较高，但仍有个别不文明行为出现。由于贝加尔湖在俄罗斯人心中地位崇高，西伯利亚和当地民众将其视作“圣湖”，任何与贝加尔湖相关的议题，往往都能成为争议热点。中国企业在贝加尔湖畔建瓶装水厂的项目曾引发当地居民以“保护环境”为由要求政府关停。一些媒体习惯性借机炒作，用“生态大棒”和“领土扩张威胁”，让中国游客及企业背上恶名。俄地方民众对中国游客的心态比较复杂，一些媒体的渲染对中俄旅游合作会产生负面影响。但中国游客赴俄旅游，中国机构在俄罗斯发展旅游业，对当地经济的方方面面都起到促进作用。这是毋庸置疑的，当地政府也是看得到的。2017 年 9 月，俄罗斯远东海关工作人员扣留了价值 720 万卢布的大批人参，有人试图将其从犹太自治州非法运至中国。据悉，一名中国公民试图运出 379 根在滨海边疆区购买的野山参，它们被藏在客车转向柱下，客车经过比罗比詹海关“下列宁斯科耶”检查站开往中国。从车内查获了总重 4.6 公斤的 8 卷野山参根。据专家称，黑市上的走私价约达 720 万卢布（约合 12.6 万美元）。同月，俄内务部外贝加尔斯克道路交通局发布消息称，两名中国公民因试图从滨海边疆区非法带 6 个金块和贵金属矿砂回国而被罚款。在跨俄边境经过多方检查站时，对从俄境内回国的外国公民海关检查过程中，发现和没收一例价值 200 多万卢布的 6 个贵金属块，第二例是 496.7 克价值 100 多万卢布的贵金属矿砂。

大洋洲侨情

大洋洲有14个独立国家，其余10个地区尚在美、英、法等国的管辖之下，各国经济发展水平差异显著。澳大利亚和新西兰经济发达，其他岛国多为农业国，经济比较落后。工业也主要集中在澳大利亚，其次是新西兰。华侨华人在大洋洲的主要居住地和移民目的地为澳大利亚和新西兰两国。2017年，澳大利亚和新西兰两国都出台了多项移民政策，限制移民入境入籍。

澳大利亚侨情

澳大利亚是英联邦内的独立国家，领土面积769万平方公里，分为昆士兰州、新南威尔士州、维多利亚州、南澳大利亚州、塔斯马尼亚和西澳大利亚州六个州。截至2016年12月31日，澳大利亚人口总数为2440万，其中亚洲移民占39.7%，欧洲移民占33.9%。澳大利亚人口高度都市化，近一半国民居住在悉尼和墨尔本两大城市。华人在澳大利亚超过120万人，华人新移民是澳大利亚最主要的移民来源。近年来，中国对澳大利亚投资增速快。2017年，澳大利亚政府在入籍政策、移民政策、留学政策、移民福利等方面都进行了很大调整，移民政策收紧是其重要特征。

一、华人人口总数为121.39万，是澳大利亚最主要的新移民来源

2016年人口普查中，华人人口总数约为121.39万，占到总人口数的3.9%。海外出生的澳大利亚人，前五大来源国依次是英国907570（3.9%）、新西兰518466（2.2%）、中国509555（2.2%）、印度455389（1.9%）和菲律宾232386（1.0%）。自2011年到2017年，有130万新移民到澳大利亚。其中，来自中国的新移民最多，为19.1万人，其次是印度，为16.3万人。

2016—2017年间，澳大利亚发放的永久技术移民和家庭移民签证177200份，其中印度移民最多，略高于20%，其次是中国移民，约为27288人，占移民的15.4%。投资移民方面，自2012年推出以来，共有1636名海外投资者拿到了重大投资者签证，同时，他们的3856名家庭成员也凭借相关子类签证到澳大利亚生活。重大投资移民签证（Significant Investor Visas，SIV）近90%的签证申请人来自中国大陆，他们需要投资至少500万澳元才能获得澳大利亚居留权。其次为中国香港、马来西亚、南非和越南。

截至2017年6月30日，澳大利亚留学生的数量达到了443798人。2017年，澳大利亚大学中国留学生超过10.8万人，给澳带来学费收入220亿美元。2017年，澳大利亚的非法居留者超过6.4万人，中国有超过6500名逾期居留者。

2017—2018财年，澳大利亚移民总配额为19万人。其中，技术类移民配额为128550个，占68.9%，家庭类移民配额为57400个，占30.8%。移民配额清单显示，2017—2018财政年度，会计类的移民配额为4785人，审计类的移民配额增加至1327人。此外，2017—2018年，澳大利亚将吸纳超过9000名IT专业的移民，还将吸纳大量技工，包括1271名砌砖工、6968名木工、2780油漆工、5507名水管工、9354名电工、2675名厨师等。

二、中国对澳大利亚投资增速快，金额高居第二

在全球投资澳大利亚的国家中，中国投资金额高居第二，仅次于美国。2007—2017年间累计达900亿美元。中国对澳大利亚房地产市场的投入资本，从2001年至2008年为5000万

澳元，2009年至2016年为160亿澳元，翻了320倍。随着对澳大利亚农业资产和基础设施的需求增长，中国对澳大利亚的投资金额2016年飙升11.7%，达到154亿澳元（约合115亿美元）。毕马威和悉尼大学在名为“揭秘中国在澳投资”的报告中显示，中国企业2016年在澳大利亚签订了创纪录的103宗交易，其中76%是中国私营企业。报告称，商业地产仍是最大的投资领域，吸引了约36%的中国投资，其次是基础设施，比例达到28%的纪录新高。农业领域的投资自2015年增长两倍，超过12亿澳元。

三、457临时技术移民签证废除，用新的临时技术短缺签证TSS签证替代

4月18日，澳大利亚特恩布尔政府宣布废除457临时技术移民签证项目。457签证是澳大利亚政府为澳洲企业从海外引进各类专业人士和技术人才而设立的一种临时工作签证。可办理457签证的工种多达400多个，包括各类经理、专业人才和技工等。签证有效期为3个月至4年不等，雇员在澳洲工作满2年后可以申请雇主担保移民。457签证对英语要求不高，对于英语水平不是很好的申请者而言，457签证一直被认为是进入澳大利亚工作的一条捷径。457签证于20世纪90年代开始实施，在过去20年里，每年获得457签证的人数最高超过12万。在457签证持有者中，印度人最多，占近1/4，其次为英国人，占19.5%，第三位的是中国人，占5.8%。废除457签证后，澳大利亚政府宣布用新的临时技术短缺签证TSS签证作为替代。TSS签证有效期将分为2年和4年，涵盖的职业数量大为减少，更倾向于满足偏远地区的用人需求，集中在诸如医护人员、厨师等真正紧缺的职业，而且对申请者的英语能力和工作技能的要求都进一步提高。

四、修订入籍政策和永居签证，永居满4年才能转公民

4月20日，澳大利亚总理特恩布尔发表声明，称修订入籍政策，确保移民者更好地理解澳大利亚价值观，更好地融入当地社会。新的澳大利亚入籍申请流程还有如下变化：

1. 实行更加严格的英语语言测试，包括听说读写。

2. 提供能够融入当地社会的证明，如工作经历、教育背景，或者社区组织的成员身份等。

3. 作为永久居民在澳大利亚连续居住至少4年。

4. 申请人只能申请三次，测试中作弊者将自动失去资格。

11月，澳大利亚移民局宣布对雇主担保永居签证（Permanent Employer Sponsorship），即186签证（ENS）和187签证（RSMS）的申请条件作出修改，新规从2018年3月开始实施。新规主要内容有：雇主担保移民中长期职业清单（MLTSSL）有所更新，列表上的职业被削减。186及187签证的申请人年龄必须在45岁以下。186签证、187签证申请人需要满足临时居留技术移民的收入门槛（TSMIT，现为53900澳元）。457签证持有人须为提名雇主工作的年限延长至三年。

五、出台留学新政策，提高留学生英语要求

10月12日，澳大利亚教育部长伯明翰宣布，澳大利亚联邦政府拟提高留学生的招生标准，国际学生在入读澳洲学位课程及其他专上课程前，必须通过一项新的英语考试。根据新政策，参加英语语言强化课程（ELICOS）的留学生必须通过一项强制英文测试，才能升读澳洲大学、专上教育课程及职业培训课程。每年参加ELICOS的留学生约有15万人，这部分学生将受到影响。他们必须通过考试来证明自己的英语熟练程度。新的英文考试包括拼字、组句的能力测试及学术写作测试。

除了设置强制英文考试，澳大利亚政府还将进一步规范ELICOS课程，包括要求教师符合一定的教学资格；校方需向学生提供“面对面”学习的机会，每周不得少于20小时；师生比例不得超过1∶18等。

六、配偶移民、父母移民和临时工作签证等变化

澳大利亚移民局宣布，从2017年11月18日起，配偶移民、父母移民、临时工作（国际关系类）签证的递交方式将有所变化。这三类签证的申请人将不再通过澳大利亚各地的移民部门办公室当面递交纸质申请。对于配偶移民签证（820、801、309、100和300类别）以及

临时工作（国际关系类）签证（403类别），所有申请必须通过移民局网站递交。父母移民签证（804、884、864、173、143和103）必须通过普通邮寄（post）或快递（courier）方式递交申请。所有的父母移民签证申请均须寄往澳大利亚珀斯。

自2017年11月18日以后，大部分临时签证申请人及持有人必须遵守以下条款：

8303条款：在澳大利亚期间，禁止参与任何破坏性活动，禁止参加任何对澳大利亚社会或组织存在暴力性威胁的活动。

8304条款：申请者必须在所有澳大利亚的官方证件中使用一致的名字。若有更名，须尽快告知，并且尽全力通知到位。

8564条款：在澳大利亚期间，不得参与过任何犯罪活动。

这些条款适用于绝大多数临时签证，如学生签证、毕业生临时签证、临时配偶签证、访客签证等。

七、移民资料造假10年禁申签证，新移民等3年才能领福利

《2017年移民法修正案》，即《2017年第4号议案》将12个月的期限延长至10年，这意味着曾提供错误信息或者有过签证诈骗行为申请人在10年内都将被禁申。在12月公布的年中预算更新文件中，新移民必须等待3年时间才能够领取找工津贴或享受家庭税收优惠、带薪育儿假或照顾者津贴。

八、拟推新父母签证，支付2万澳元可居住10年

5月5日，澳大利亚政府公布了一项移民政策调整，推出了一款新的父母签证，支付最高20000澳元的签证费可在澳大利亚陪伴父母十年，每年有1.5万名额。但新签证永远不允许父母在澳定居，也不允许他们工作或享受福利。在这款新签证下，移民父母的医疗保健负担将由子女承担，法律要求担保人为其父母购买私人医疗保险。子女还需担任其父母在澳大利亚额外医疗费用的财务担保人。根据该签证，申请人可以申请5000澳元的三年期签证或者10000澳元的五年期签证，之后还可以用同一价格单独再续签五年——即20000澳元可以让父母在澳居住十年。父母签证目前分为几个签证流程，包括年迈父母签证（Aged Parent visa）、付费父母（临时）签证［Contributory Parent（Temporary）］和永久性付费父母签证（permanent Contributory Parent visa）。

李克强寄语澳大利亚华侨华人做中澳合作的纽带。3月25日，中国国务院总理李克强出席澳大利亚华侨华人举行的欢迎晚宴并致辞。他首先代表中国政府和人民向百万旅澳华侨、华人和留学生们致以诚挚问候和衷心祝福。李克强说，他深切感受到广大华侨华人对祖国和祖籍国的眷恋和热爱。大家为澳大利亚的发展作出了重要贡献，也为中澳两国友谊与合作的巩固和深化发挥了纽带作用。希望在澳同胞积极到国内投资兴业，留学生学成后以多种形式报效祖国，充分发挥各自特长和优势，积极参与中澳合作和中国发展，成为中澳、中国同外部世界沟通的桥梁和友好的使者。

75%的澳大利亚华人拥有个人房产。2017年圣乔治购房调查数据（St George Home Buying Survey）显示，有近75%的澳大利亚华人拥有自己的房子，而非华人群体只有61%是房主。该调查数据还显示，46%的中国出生的澳大利亚人，正在积极寻找并购买房产，远高于其他澳大利亚群体34%的购买意愿。

澳大利亚“华人党部”成立，参政热情引“分裂”质疑。6月，一个由华人组成的昆士兰自由国家党（LNP）分支“澳大利亚自由党黄金海岸华人党部”成立并召开了第一次会议。华人的参政热情在当地引发复杂反应，有人对此表示赞赏，但也有人质疑华人抱团成立自己的党部“更像是分裂而不是整合”。“澳大利亚自由党黄金海岸华人党部”许多成员的英语都是第二语言，他们有志于与讲普通话和广东话的华人一起，积极参与澳大利亚民主政治，“该党部的许多成员都是中小企业主，对于昆士兰自由国家党的经济、边防以及法律政策都十分支持”。

《澳大利亚华人史（1800—1888）》中文版在广州发布。由中山大学出版社出版、汕头大学澳大利亚研究中心主任张威教授翻译的《澳大利亚华人史（1800—1888）》中文版6月在广

州发布。由艾瑞克·罗斯所著的《澳大利亚华人史（1800—1888）》于1992年在澳大利亚出版，25年后，它终于踏上中国的土地，与中国读者见面。本书是澳大利亚华人史系列的第二部分，第一部分《澳大利亚华人史（1888—1995）》中文版亦由张威教授翻译。作者艾瑞克·罗斯先生是澳大利亚著名作家，曾荣获多项文学大奖。为能真实再现当年的华人故事，他来到中国访寻当年那些华人华侨的后裔。坚持不懈地追寻、细致地考证，艾瑞克·罗斯终成佳作。罗斯的著作明确提出，华人一开始就与各国移民一起参与了开创澳大利亚的事业，他甚至认为，是华人拯救了澳大利亚："没有华人，澳大利亚的土地会比目前的规模要小。"

新西兰侨情

新西兰位于太平洋西南部，是英联邦成员国之一，国土面积26.9万平方公里，全国总人口为464万（2015年11月）。其中，欧洲移民后裔占74%，毛利人占15%，亚裔占12%。华裔新西兰人是新西兰第五大族群。2017年新西兰全国约有20万华侨华人。中国移民和留学生有70%居住在奥克兰。

2016年，新西兰净移民总量达到70600人，其中中国移民9900人。这一年，新西兰发放的工签数量达到45800个，学生签证数量为24000个。2017年，新西兰共发出了16500个永久居住签证，其中来自中国的移民数量最多，达到3300人。2017年新西兰的国际留学生人数达到13万人。中国留学生增长到3700人。研究显示，43%的中国学生选择毕业后在新西兰工作，有23%获得永久居留权。

新西兰作为一个新兴的移民国家，移民对社会经济、政治和文化的贡献，其重要性不言而喻。2017年，新西兰大选，华人的参政议政热情空前高涨，成为新西兰各政党都不能忽视的一股政治力量。2017年，新西兰在移民政策上收紧，虽然出台"南岛直通车"政策，重启了父母类移民，但技术移民标准提高，创业移民拒签率增高，削减学生签证，禁止外国非居民在新西兰买房。

一、新西兰华人积极参政，华人政治力量不可低估

新西兰每三年选举一次。2017年是新西兰大选年，第52届新西兰国会选举于2017年9月23日举行。此次大选是十年来最有看点的一次选举。移民问题成为各党派着力关注的焦点，各党派也纷纷推出自己的移民政策以吸引选民支持。

民调显示，新西兰华人几乎一面倒支持国家党。国家党的支持者主要集中在30～39岁的群体；工党的支持者则集中在18～29岁的年轻人群体、60岁以上的老年人群体及40～49岁的中年群体。76.8%的受访者认为，在将高质量的新移民引入新西兰方面，国家党的移民政策将更为有效，而工党的这一比例为23.2%。工党许诺的一些政策让很多华裔选民坐立不安，比如增税、限制移民等对华人不利。此外，调查还显示，对华人选民来说，治安、医疗保健和教育是他们最关心的问题。

华人参政方面，5月，新西兰工党党内排位名单公布，其中有两名华裔工党人士霍建强和陈耐锶排入前50名。霍建强1963年生于安徽潜山，1994年移民新西兰，曾任新西兰最大英文日报《新西兰先驱报》（New Zealand Herald）亚裔新闻记者，是该报1863年创刊以来新移民中第一位母语不是英语的华裔文字记者，从奥克兰大学毕业后，先后在具有百年历史的律师楼任职。陈耐锶在奥克兰大学修读法律和艺术双学位，是新西兰中国留学生联合主席，是华人参政议政的年轻力量。7月，新西兰毛利党10日宣布，华裔江威德（WetexKang）代表该党争夺奥克兰Botany选区。Kang也成为该党历史上首位亚裔候选人。新西兰行动党的参选阵容中，华裔候选人吴善善赫然在列。两人都是马来西亚华人。

为了争取华裔选民手中的选票，英格利希总理甚至在其个人微信公众号上发布视频，号召华裔选民踊跃投票。8月15日晚，来自新西兰八个政党的代表齐聚奥克兰东区潮属总会，八个政党的代表在现场纷纷开出选前支票。在之后的自由辩论环节，八位候选人就移民、治安、经济、住房、基础设施的问题进行了辩论。9月3日，

新西兰各党候选人访问华社，每个党都阐述了自己的政策及能为华人社区做出的贡献。

9月，新西兰各政党为大选进行最后冲刺，大选揭开帷幕。华社大选的参与热情高涨，很多人希望自己的一票能在决定这个国家发展方向的过程中起到关键作用。不少华人在微信朋友圈晒出选票，有些还公开自己的投票选择，号召朋友们和自己选择同样的政党。

11月，新西兰华人议员霍建强当选新西兰第52届国会法制委员会主席。首位来自中国大陆的华人议员杨健博士第三次成功当选新西兰国会议员。

二、新西兰中国中小学留学生数量猛增，低龄化趋势明显

据新西兰教育国际推广局统计，近几年中国赴新西兰留学的学生数量持续增长，主要留学人群从本科生和研究生逐步转为中学生，低龄化趋势明显。2015年，赴新西兰就读中小学的中国人数首次超过入学大学人数。2016年，新西兰国际招生人数达到131609人，中国留学生38046人，占29%，比上一年增加4429人，增长率为13%。增长最快的是去读小学课程的学生，2016年共计1292名学生在新西兰就读小学，比2015年增长了71%。中国人理解的高中，也就是新西兰的Secondary Schools，也是大量增长，在2016年中学留学中，中国比上一年增加了739人，达到5966人，增长率达到14%。

中小学留学升温迅速，原因是多方面的。新西兰是第一个在世界上推行牧教关怀行为准则的国家，在很多方面不断跟进、改革，监管日趋完善，有良好的口碑。其次，新西兰教育机构大力推广功不可没。新西兰政府一直邀请很多中小学的市场部人员一起到中国推广。中国家长对低龄留学持开放态度，愿意送小孩到海外从小接受教育。此外，新西兰旅游签证对中国市场越来越开放，家长带小孩来新西兰体验生活的机会变多了，一部分喜欢新西兰的人也就留下读书。

三、技术移民实施新政，引入收入门槛

2016年10月，新西兰技术移民打分政策从140分提高到160分。2017年4月，新西兰移民局发布消息，新西兰技术移民引入收入门槛，并以此作为判断技术就业的标准。申请者要获得技能就业加分，其年薪必须达到48859纽币（以每周工作40小时，时薪23.49纽币计算）的入门标准。增加对过往技术工作经验的加分。对年龄在30～39岁的申请者，相应提高年龄加分。增加level9和level10学历的加分。移民局会根据就业合同或者工作邀约，判定申请者的薪酬水平。此外，移民局还可能要求申请者提供工作收入和工作时间等相关信息。移民局表示，收入标准会在每年11月根据新西兰整体收入水平进行调整。技术移民新政8月28日开始实施。移民局明确规定，技术类移民申请若要获批，申请者必须满足以下两个条件之一：在新西兰从事技术工作或获得技术工作的邀约（offer）。在新西兰经过最少两年学习获得硕士或者博士学位。从4月宣布到10月的半年时间内，技术移民申请数量（4644份）同比减少了接近一半（9150份）。

新西兰移民政策收缩，背后原因较多。首先是悄然滋生的就业保护主义，在金融危机的阴影笼罩下，移民国家慷慨发放绿卡的时代宣告结束，他们以“训练本土人才”取代对海外劳工的依赖，降低移民人口水平。其次，近年来西方国家对全球化否定思潮兴起。在全球化经济发展过程中，产业结构比例失衡开始显露出反全球化的倾向，各国通过提高申请标准来限制移民，从而对本国境内的产业进行保护。最后，全球此起彼伏的恐怖袭击，迫使各国宁愿关门自保，也不愿意广纳移民人口。

四、削减学生签证，禁止外国人买现房

11月，新西兰新任总理杰辛达·阿德恩（Jacinda Ardern）表示，将把学生签证和工作签证的数量减少2万至3万，并减少参加“低价值”课程的学生人数。对移民政策的调整主要有：第一，收紧学生签证，同时剥夺“低价值课程”学生打工的权利。这部分签证的数量每年会减少6000份到10000份；第二，低级别课程的毕业生如果没有先得到工作offer，将无法申请开放工签，这部分签证数量每年会减少9000份到12000份；第三，工作签证就业名单会更加“地区化”，以保证雇主优先录用新西兰人，这意味着奥克兰的工作签证数量每年会减少5000份到8000份。

12月，新西兰政府出台《海外投资法修正

草案》（The Overseas Investment Amendment Bill），禁止外国人在新西兰购房。按照新西兰政府安排的时间表，这个史上最严厉的购房限制令，把永久居民签证和居民签证持有者区分开来，让一些尚未获得永久居民签证的居民签证持有者感到“很受伤”。

五、创业移民拒签率增高，对中国人影响最大

想在新西兰做生意的创业者，需要先申请创业移民工签，在新西兰生意满2年后，再申请创业移民的居民签证。新西兰移民局透露，创业移民的工签拒签率达80%，创业移民其后申请居民签的拒签率为50%。照此推算，每10人申请创业移民，只有1人能够成功。2015—2016年度，共386人获创业工签。根据2016年数据，在新西兰的创业移民工签申请中，中国籍277人，占比70%。美国和英国办理此类签证的均不到6%。创业移民拒签率增高对中国移民影响最大。

4名华人跻身新西兰最富有群体。新西兰《全国商业评论》杂志近日发布2017年富豪榜。在榜单上共有4名华人跨过5000万纽币（约合2.5亿元人民币）的门槛，跻身新西兰最富有的群体。榜单上排名最高的华人名叫Danny Chan。他名下的资产总额达到1.9亿纽币（约合9.5亿元人民币）。富豪榜上排名第二的是两名华人，来自惠灵顿的周氏兄弟John和Michael以1.7亿纽币（约合8.5亿元人民币）的身家上榜。另一位上榜的华人富豪是身家1.1亿纽币（约合5.5亿元人民币）的Zheng Chao（Charlie）。

新西兰颁发最高学术奖学金前10名华人学生占3席。2017年5月，新西兰教育部长办公室发布消息，新西兰最高学术奖学金（Top Scholar Awards）颁奖仪式在国会举行，本次奖学金10个大奖得主中，有3个是华人学生。共有约7500名学生参加了新西兰奖学金考试，共有2355名考生获得了一项或多项奖学金。

新西兰NCTV中文台举办首届海外华侨电视春晚。2月，由新西兰NCTV中文电视台主办的“思乡情——首届新西兰海外华侨春节联欢晚会”与当地观众见面。晚会汇聚中新两国众多明星，采用丰富表现形式，为观众们带来一场视听盛宴。在新西兰历史上，如此大规模的电视春晚尚属首次，也是新西兰本地华社最大规模的春节主题文化演出。晚会得到新西兰华裔群体及个人的广泛支持。

附　录

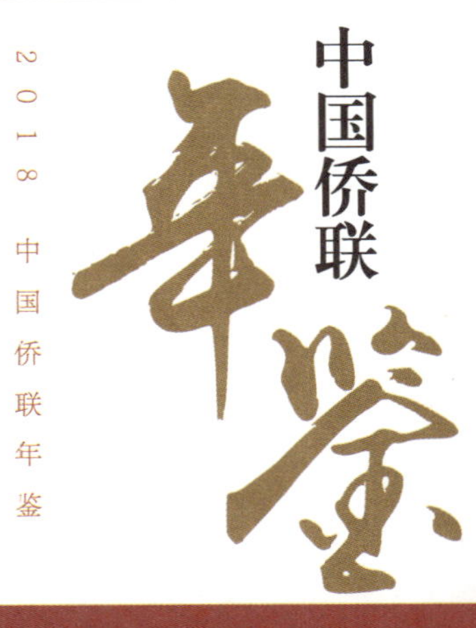
2018 中国侨联年鉴
中国侨联
年鉴

附录一　中国侨联第九届委员会名单

中国侨联第九届委员会主席、副主席、秘书长、副秘书长、顾问、常务委员、委员、海外委员、名誉委员名单*

（2013年12月第九次全国归侨侨眷代表大会及中国侨联九届一次全委会议产生，经2016年1月中国侨联九届三次全委会议卸免、增补，2017年6月中国侨联九届五次全委会议调整）

主　　席：林　军（2017年6月9日中国侨联九届五次全委会议同意不再担任）
万立骏（2017年6月9日中国侨联九届五次全委会议当选）

副 主 席：

董中原	李卓彬	乔　卫	康晓萍（女）
陈有庆	汪毅夫	李昭玲（女）	邵旭军（女）
万立骏	张玉卓	吴　晶（女）	王荣宝（女）
许荣茂	刘艺良	朱奕龙	王亚君（女）
胡胜才	沈　敏（女）		

（2017年6月9日中国侨联九届五次全委会议选举万立骏同志为中国侨联主席，同意董中原同志不再担任中国侨联副主席。）

秘 书 长：王　宏（2016年1月20日中国侨联九届三次全委会议卸免）
陈　迈（2016年1月20日中国侨联九届三次全委会议增补）

副秘书长：（2016年1月中国侨联九届二十二次主席办公会议决定聘任）
赵红英　　陈　权

顾　　问：（按姓氏笔画排序）

内地顾问

王永乐	王成云	王宋大	王善荣	文海英（女）
古华民	叶迪生	朱添华	庄炎林	李本钧
李君如	李星浩	李祖沛	李雪莹（女）	李欲晞①（加框）
杨玉环（女）	杨国庆	肖　岗	吴幼英（女）	吴承业
吴孟超	何小平	何添发	张小建	张元龙
张伟超	陈兰通	林水龙	林兆枢	林丽韫（女）

* 本名单调整变动信息截至2017年12月31日。

① 2017年1月3日在福建泉州逝世，享年70岁。

林其珍　林明江　林淑娘（女）　俞云波　徐发淦
郭麟恭　唐闻生（女）　黄甘英（女）　黄军军（女）　黄涤岩
黄翠玉（女）　雪克来提・扎克尔（维吾尔族）　梁国扬　谢文霖①

2016 年 1 月 20 日中国侨联九届三次全委会议聘请内地顾问 1 人：王　宏

2017 年 6 月 9 日中国侨联九届五次全委会议聘请内地顾问 2 人：林　军　董中原

港澳顾问

马介璋　王钦贤　古宣辉　卢文端　叶树林
丘　添　包陪庆（女）　吕振万②　伍淑清（女）　庄启程
许健康　李群华　吴立胜　余国春　张华峰
陈永棋　陈守仁　陈明金　陈金烈　陈清泉
林广兆　林慧卿（女）　罗少荣③　黄宜弘　梁仲虬

海外顾问

卜南竹（女，澳大利亚）　王必光（奥地利）　王志民（泰国）　方天兴（马来西亚）
方李邦琴（女，美国）　邓柱廷（英国）　邓家昌（加拿大）　古富雄④（巴西）
叶伟才（美国）　丘夏莉（女，泰国）　丘超濂（美国）　吕振膑（缅甸）
朱正敏（比利时）　朱庆龙（美国）　朱灼枢（美国）　朱展伦（加拿大）
朱耀棕（尼日利亚）　伍卓生（加拿大）　伍璇灿（美国）　任政光（日本）
刘华安（美国）　刘南辉⑤（马来西亚）　刘锦庭（泰国）　刘暹有⑥（泰国）
关乃平（日本）　关洛章（美国）　池洪湖（美国）　许　榕（澳大利亚）
许贞木（柬埔寨）　纪辉琦（印尼）　苏均亮（巴西）　苏震西（澳大利亚）
李　扬（美国）　李文正（印尼）　李文忠（阿根廷）　李玉玲（女，美国）
李吉才（塞内加尔）　李光隆（泰国）　李荣郇（菲律宾）　李宪章（日本）
李竞芬（女，美国）　李铿发（南非）　杨天培（马来西亚）　杨华根（荷兰）
杨启秋（柬埔寨）　杨忠勇⑦（澳大利亚）　吴大为（美国）　吴世华（美国）
吴仲振（菲律宾）　吴宏丰（泰国）　吴国宝（美国）　吴昌茂（澳大利亚）
吴德辉（印尼）　何　行（巴西）　余文蔚（加拿大）　张　茵（女，美国）
张作波（美国）　张素久（女，美国）　张晓卿（马来西亚）　张祥盛（泰国）
张曼新（斯洛伐克）　张锦雄（印尼）　陈　福（加拿大）　陈本显（菲律宾）
陈立人（新加坡）　陈永栽（菲律宾）　陈有汉（泰国）　陈江和（新加坡）
陈克威（法国）　陈和水（澳大利亚）　陈钧铭（美国）　陈俊义（美国）
陈美兰（女，加拿大）　陈祖昌（菲律宾）　陈振治（泰国）　陈清泉（美国）
陈维国（美国）　邵礼平（加拿大）　林文光（印尼）　林文镜（印尼）
林玉唐（马来西亚）　林玉燕（女，菲律宾）　林加者（法国）　林克旭（印尼）

---

① 2014 年 8 月 31 日在广东广州逝世，享年 74 岁。
② 2015 年 4 月 5 日在香港逝世，享年 91 岁。
③ 2015 年 12 月 2 日在澳门逝世，享年 91 岁。
④ 2015 年 9 月在巴西逝世，享年 76 岁。
⑤ 2015 年 2 月 10 日在新加坡逝世，享年 97 岁。
⑥ 2016 年 9 月 6 日在泰国曼谷逝世，享年 69 岁。
⑦ 2014 年 3 月 27 日在澳大利亚布里斯班逝世，享年 78 岁。

金　翚（日本）　周光明（澳大利亚）　郑　辉（法国）　郑正胜（日本）
郑源来（柬埔寨）　单　声（英国）　胡　顺①（美国）　胡允革（荷兰）
胡志光（荷兰）　钟廷森（马来西亚）　俞雨龄（印尼）　施至成（菲律宾）
夏廷元（比利时）　夏康民（德国）　徐松华（西班牙）　郭祖德（巴西）
唐　裕（新加坡）　黄双安（印尼）　黄玉书②（新西兰）　黄如论（菲律宾）
黄忘明（荷兰）　黄志源（印尼）　黄玮璋（新西兰）　黄锡海（美国）
萧孝权（秘鲁）　梁权暖（墨西哥）　梁冠军（美国）　梁职臣（南非）
彭云鹏（印尼）　董尚真（菲律宾）　董瑞萼（尼日利亚）　蒋菊英（女，巴拉圭）
韩晟昊（韩国）　傅松望（西班牙）　曾福应（菲律宾）　曾德深（日本）
谢国民（泰国）　靳泽田（韩国）　赖松生（缅甸）　雷　滨（巴西）
雷汉辉（美国）　雷谦光（澳大利亚）　詹文义（加拿大）　鲍悦初（日本）
蔡友铁（菲律宾）　蔡文显（葡萄牙）　蔡汉强（泰国）　谭国权③（美国）
戴　锜（美国）　魏宏利（美国）　魏基成（澳大利亚）

常务委员：（按姓氏笔画排序）

万立骏　马　坚（回族）　马志武（回族）　马勇智（俄罗斯族）　王　宏
王广基　王之锋　王文良　王永刚　王亚君（女）
王宇科　王金狮　王荣宝（女）　王保生　王晓玉
王彬成　王淑娟（女）　王琳达（女）　王锦彪　王鹏杰
王德贤　韦　干（壮族）　毛起雄　史　宇　包　东
冯　燕（女）　冯祖华　司徒荻林　吕　虹（女）　吕耀东
朱世增　朱建山　朱奕龙　朱道弘　乔　卫
庄绍绥　刘艺良　刘以勤（女）　刘志强　刘松勇
刘爱丽（女）　刘润生　安全忠　许并社　许荣茂
许清流　孙柏瑜　纪少雄　麦庆泉　芮晓武
李　嵘（纳西族）　李　崴　李　瑜（满族）　李　辙　李文俊
李亘彬　李昌富　李金松　李昭玲（女）　李碧葱（女）
李曙光　吴　晶（女）　吴化民（蒙古族）　吴向明（满族）　吴换炎
邱天祝　邱维廉④　何云霞（女）　汪毅夫　沈　敏（女）
沈家燊　迟国强　张　玲（女）　张玉卓　张光平
张海鸽（女）　张维仁　陈　迈　陈　桦（女）　陈乃科
陈水波　陈世春　陈幼南　陈有庆　陈成秀
陈红天　陈进强　陈励君（女）　陈泽峰　陈钟林（女）
陈晓玉（女）　陈健英　陈家泉　陈智思　邵旭军（女）
范安龙　林　东　林　军　林　惠（女）　林正佳
林龙安　林佑辉　林定强　林树哲　林晓昌
林铭森　罗掌权　周永伟　周伟建　赵建中

---

① 2015年12月1日在美国洛杉矶逝世，享年95岁。

② 2017年在新西兰惠灵顿逝世，享年79岁。

③ 2017年1月22日在美国旧金山逝世，享年87岁。

④ 2015年5月26日在北京逝世，享年68岁。

胡　翎（女）	胡胜才	胡振木	姜小玲（女）	费亚夫
姚志胜	格　桑（藏族）	顾行发	徐德龙	高　杰
高永英（女）	郭泽伟	浦　江	黄　涛	黄少良
黄和伍	黄焕明	黄琼成	黄朝阳	康玛水
康晓萍（女）	梁　波	梁树森	梁亮胜	梁淦基
屠　杰	彭隆荣	董中原	董锦燕（女）	韩国龙
舒　心	曾焕沙	谢小建	谢余卡	蓝桂兰（女，畲族）
赖庆辉①	蔡建国	黎振强	颜延龄	颜宝铃（女）
潘庆林	薛水和			

2016年1月20日中国侨联九届三次全委会议卸免常委3名：

王　宏	王之锋	吴化民（蒙古族）

2016年1月20日中国侨联九届三次全委会议增补常委9名：

于集华	王朝霞（女）	史　晴	吴玉明	陈香林（女）
荣　洋	高俊峰	程学源	谭作刚	

委　　员：（以姓氏笔画为序）

丁　竑	丁列明	于志毅（回族）	于毅波	万　钧
万立骏	马　坚（回族）	马志武（回族）	马金标	马勇智（俄罗斯族）
马鸿铭	王　宏	王　胜	王　强	王大鸣（女，蒙古族）
王小玉（女）	王广基	王之锋	王文良	王立和
王永刚	王执礼	王亚君（女）	王曲娜②（女）	王廷双
王庆伟	王宇科	王沙沙	王金狮	王绍东
王荣宝（女）	王保生	王晓玉	王海银	王彬成
王淑娟（女）	王琳达（女）	王瑜玲（女）	王锦彪	王锦辉
王鹏杰	王滨沙（女）	王德贤	韦　干（壮族）	区德强
毛起雄	乌兰哈达（蒙古族）	方　玲（女）	方徽琴（女）	孔子为
孔春琼（女）	邓绍平	邓振龙	邓雄汉	石　岳（女）
卢文朋	卢思高	叶水应	叶建州	叶建敏
叶振都	叶谋足	叶谋锋	叶森尧	申永娜（女）
田　桦（女）	田来怀	田炳信	田桂芳（女）	史　宇
代焕江（满族）	白计平	包　东	冯　雷	冯　磊
冯　燕（女）	冯宝华	冯革新	冯祖华	司徒荻林
邢新会	吉　祥	毕志健	曲　平	吕　虹（女）
吕　涛（满族）	吕凤显	吕玉茹（女）	吕彩霞（女）	吕耀东
朱　华（女）	朱　燕（女）	朱世增	朱兴动	朱利民
朱建山	朱奕龙	朱道弘	朱筠筠（女）	乔　卫
华清文	向长江	向国蓉（女）	庄永兴	庄创业
庄学山	庄绍绥	庄哲猛	刘　云（女）	刘　洁（女）
刘　勇	刘大山	刘艺良	刘文华（女）	刘以勤（女）

---

① 2014年9月27日在香港逝世，享年70岁。

② 2015年4月5日在辽宁沈阳逝世，享年59岁。

刘汉祥　刘伟良　刘志强　刘松勇　刘爱丽（女）
刘淮兰　刘淑英（女）　刘雅煌　齐凤霞（女）　关文良
关文活　池峰龙　汤春甫　安全忠　许　丽（女）
许华芳　许并社　许金华　许荣茂　许清流
孙民兰　孙启烈　孙学光　孙柏瑜　乌红岩（女）
纪少雄　麦可君（女）　麦庆泉　芮晓武　苏庆辉
杜　逸（女）　杜宇平　杜秀珍　杜怀泰（女）　李　忠
李　亮（女）　李　琨　李　嵘（纳西族）　李　崴　李　斌
李　瑜（满族）　李　静（女，北京）　李　静（女，吉林）　李　慧（女）　李　毅（女）
李　辙　李天赏　李文俊　李冬娟（女）　李百战
李运兰　李仲民　李兴钰　李丽曼（女）　李卓彬
李昌富　李金松　李学东　李昭玲（女）　李贵辉
李桂英（女）　李晓华　李敬祥　李登新　李碧葱（女）
李德增　李鎏麟　李曙光　杨　晖　杨世民
杨宏伟　杨宝庆　杨荣湘　杨锡铭　杨新能
吾尔开西・库开西（哈萨克族）　连小敏　轩江波　肖　军（女）
肖开宁　肖逸生　吴　晶（女）　吴小濛（女）　吴飞飞（女）
吴乞民（蒙古族）　吴玉明　吴永平　吴华新　吴向明（满族）
吴武煌　吴青展　吴厚信　吴换炎　吴联盈
吴荟琪（女）　邱天祝　邱维廉　何元庆　何云霞（女）
何建梁　何晓雄　佘德聪　余志勇　余志强
余奉生　狄　文　应凤娟（女）　汪瓦水　汪毅夫
沈　敏（女）　沈家燊　宋政奎　宋晓平　迟国强
张　诚　张　玲（女）　张　俊　张　癸　张　蓓（女）
张卫红　张文亮　张玉卓　张光平　张守业
张志坚　张志猛　张林海　张国蕊（女）　张振灿
张海鸽（女）　张悦英（女）　张维仁　张德兴
阿不都外力・马木提（维吾尔族）　阿依肯・木和塔尔汉（女，哈萨克族）
阿曼太・哈力克（哈萨克族）　陈　权　陈　迈　陈　刚
陈　红（女）　陈　坚　陈　杰　陈　桦（女）　陈　琎（女）
陈　雄　陈乃科　陈水波　陈长宝　陈世春
陈纪南　陈式海　陈有庆　陈成秀　陈红天
陈进强　陈志炜　陈励君（女）　陈泽峰　陈宗荣
陈钟林（女）　陈振豪　陈晓玉（女）　陈晓东　陈健英
陈家泉　陈喜东　陈智思　陈新伦　陈碧兰（女）
陈慧华（女，满族）　陈潮南　邵旭军（女）　邵国成　邵金如
武　青（女）　范安龙　林　东　林　军　林　松
林　惠（女）　林文云　林文斌　林书育　林正佳
林龙安　林传锋　林华生（女）　林佑辉　林明海
林泽春　林定强　林春晖（女）　林树人　林树哲
林威爵（京族）　林贵安　林振龙　林晓昌　林祥华
林铭森　林智勇　林德兴　林懋达　罗丽都（女）

罗掌权	季加宇	岳鸿声	周少华	周永伟
周伟建	周松一	周厚立	周祥薇（女）	周敬民
郑　好	郑　耀	郑小蕊（女）	郑连发	郑茂学（布依族）
郑卓标	郑俊武	宝日胡日嘎（蒙古族）	项芳云（女）	赵建中
赵思群	胡平（女，满族）	胡　翎（女）	胡胜才	胡振木
柯君恒	柳松波	钟　雄	钟达欢	钟保加
段　林（傣族）	俞文彬	施　红（女）	施若龙	施养谊
施能响	姜小玲（女）	洪　华（女）	洪明基	洪春凤（女）
宫　琳（女）	费亚夫	胥家宏	姚向红（女）	姚志胜
姚新文（女）	贺　林	贺　敏（女）	秦　锋	聂河云
莫华福	格　桑（藏族）	顾行发	顾佳丹	徐　葭（女）
徐盛兴	徐新英（女）	徐德龙	殷　强	翁少兰（女）
高　杰	高永英（女）	郭国耀	郭泽伟	郭雪梅（女）
席　真	唐国强	浦　江	谈长燕	陶庆华
黄　涛	黄　维	黄士心	黄少良	黄纪凯
黄志坚	黄宏雁	黄其敏（女）	黄英来	黄和伍
黄洪声	黄海鸿（满族）	黄焕明	黄琼成	黄朝阳
黄楚基	曹文宗	曹明龙	曹堪宏	康　洁（女，满族）
康玛水	康晓萍（女）	康健一	章明伟	梁　波
梁　麒	梁日辉	梁树森	梁亮胜	梁淦基
屠　杰	屠宁之	屠海鸣	彭　霈	彭炜林
彭隆荣	董　泽	董中原	董喜刚	董锦燕（女）
蒋绍华	蒋闽江	蒋晓筠（女，壮族）	韩大伟	韩国龙
韩荣华（女）	喻小平	程　东	程　璇（女）	程　燕（女）
舒　心	童道驰	曾　旭（女）	曾民盛	曾焕沙
温深文	谢小建	谢东梅（女）	谢余卡	谢是海
谢思训	谢俊明	谢硕文	谢惠蓉（女）	登德旺志（藏族）
鄞荣源	蓝桂兰（女，畲族）	赖幼学（女）	赖庆辉	赖英群（女）
蔡　铭	蔡红专（女）	蔡建国	蔡雪嫦（女）	廖凤英（女）
廖怡辉	廖清江	谭　菲（女）	镇　翔（蒙古族）	黎振强
颜延龄	颜宝铃（女）	潘庆林	潘建雄	薛水和
戴一红（女）	戴文威	魏冬梅（女）		

2016 年 1 月 20 日中国侨联九届三次全委会议卸免委员 16 名：

王　宏	王之锋	王滨沙（女）	朱筠筠（女）	刘淑英（女）
吴化民	余志强	余梅生	应凤娟（女）	张　癸
张振灿	林文云	林贵安	秦　锋	黄其敏（女）
章明伟				

2016 年 1 月 20 日中国侨联九届三次全委会议罢免委员 2 名：

陈　雄	周敬民

2016 年 1 月 20 日中国侨联九届三次全委会议增补委员 45 名：

于集华	王　炜	王玉如（女）	王红军（女）	王丽峰（女）
王朝霞（女）	尹　波	邓国忠（壮族）	叶　涛（女，土家族）	史　晴

代　飚　关　波（满族）　安亚荣（女）　许小峰　孙　涛
杜新权　李　丰　李　波　李　威　李烝戌
杨　冰　吴艺珍（女）　汪　涛　沙崇民　沈更生
张利红（女）　陈　勇　陈香林（女）　陈德堃　尚小红（女）
荣　洋　胡立帅　钟　萍（女）　耿　伟　徐大振
高俊峰　黄　伟　黄　菊（女）　黄瑞贵　章　燕（女）
章伯专　蒋孔夫　程学源　谭作刚　藏忘勇

海外委员：

一、亚洲（分国家按姓氏笔画排序）

阿联酋：万长青　张俊毅　陈志远　常　琪
巴基斯坦：阿卜杜尔·克尤木·马吉德　陈宗东
东帝汶：符孝勤
菲律宾：王　勇　杨思育　张昭和　陈錡桓　郑远明　胡国赞　施恭旗　黄祯潭　蔡其仁　戴宏达
哈萨克斯坦：安胡赛　杜肯·玛斯木汗
韩　国：李忠宪　谭绍荣
柬埔寨：杨宗德　施永平　高　华　黄瑞华（女）
老　挝：姚　宾
马来西亚：刘国城　刘瑞发　邱维斌　陈凯希　林伟才　林福山　郑添利　黄汉良　黄国忠　戴良业
蒙　古：白双占　李　丽
缅　甸：李松枝　李祖清　杨钏玉　林文猛　谢世祥　虞有海
尼泊尔：吉　噶　次丹晋美
日　本：于柏林　杜　进　杨克俭　林唯史　金启功　周玮生　曹德弼　符易亨　谢成发　廖雅彦
泰　国：王睦良　邝锦荣　刘汉城　刘纯鹰　李桂雄　吴亮泰　陈汉民　陈绍扬　陈智淦　欧先慈　赵春森　胡宝锋　蔡荣庄
土耳其：叶德龙　江小斌　郑　壮
文　莱：陈嘉兴　林伯明　韩勉元
乌兹别克斯坦：季求海
新加坡：李秉萱
伊　朗：边柏功
以色列：丁履娟（女）　吴咏（女）
印　度：丘开勇　关文松
印　尼：许世经　李川羽　吴孝忠　何文金　林宏修　施柏松　姚忠从　黄一君　黄德新

二、非洲（分国家按姓氏笔画排序）

埃　及：付金丽（女）　陈建南
博茨瓦纳：刘　冰　南庚戌

附录

加　　纳：苏跃华　沈汉明　萧　波
加　　蓬：张原惠　徐恭德
津巴布韦：丛玉玲（女）　郭法新
科特迪瓦：欧阳日坪　金　浩
肯 尼 亚：郭文昌　韩　军
莱 索 托：陈邦旺　陈克辉
马达加斯加：李耀民　陈健江　商　良
马 拉 维：蒋清溪
毛里求斯：田莉英（女）　林努宏　林孟超　熊仕中
莫桑比克：江永生　黄类思
纳米比亚：林金淡　黄松根　傅新利
南　　非：王龙水　王建旭　叶北洋　苏祥金　李新铸　杨天峙
吴少康　张正弟　陈　清（女）　陈玉玲（女）　陈宝进　姒　海
胡建华　徐长斌　曹行知
南 苏 丹：姚　辉
尼日利亚：李晓峰　钱国林　董凤池　薛晓明
坦桑尼亚：丁　贤
乌 干 达：方　忞（女）
赞 比 亚：张　军

三、欧洲（分国家按姓氏笔画排序）

爱 尔 兰：郑齐亮　戴国良
奥 地 利：张维庆　陈安申　林云龙　金剑平　胡焕荣　詹伟平
保加利亚：孙雄标　章志光
比 利 时：朱海安　何少芳（女）　何晓耀　高伟民　傅旭海
冰　　岛：王华胜　贾长文
波　　兰：丁建志　叶圣武　林建清
丹　　麦：陈德娟（女）　曹燕灵（女）
德　　国：叶海杰　叶增雅　冯定献　李福全　杨伟忠　郑光民
萧　英　龚礼明　傅春平　谭笑佰
俄 罗 斯：王广源　关百新　孙　雷　虞安林
法　　国：王加清　刘光敏　池万升　孙爱平　苏荣武　吴武华
邱爱华（女）　张承才　陈文雄　陈胜武　林光武　卓旭光
罗佳君　胡奇业　钱美蓉（女）　徐乐平　郭胜华　郭智敏
萧桂芳　程超辉　温晓光　楼大明　蔡足焕
芬　　兰：罗伟仁
荷　　兰：王剑光　朱伟勋　张巧忠　陈光平　林太松　周山川
周守局　胡志言　胡振款　黄麒麟　傅旭敏　潘世锦
捷　　克：孙悦新　林国光
克罗地亚：尹利敏
罗马尼亚：李国胜　金晓忠
马 耳 他：秦正贤
挪　　威：张林虎　袁亚明

附录

葡 萄 牙：王小伟　朱长龙　麻福标

瑞　　典：王建荣　叶克清　叶意平　张少华　柳少惠

瑞　　士：邓予立　卡纳·加央　谢文根多　德塞·慈诚

斯洛伐克：叶竹民　罗云标

乌 克 兰：李学刚

西 班 牙：毛　峰　叶玉兰（女）　刘光新　刘继东　许飞敏　许建南
李月萍（女）　周志文　倪晔敏　蔡永廉　潘　勇

希　　腊：李　昂　李大乐　陈　灵　徐伟春

匈 牙 利：方良瑞　余美明　陈　震　林胜琴（女）　季绍云　郑杰敏
郑乾有　胡鹏飞

意 大 利：王志敏　王家厚　王增理　刚坚·洛桑土登·赤来央培
刘光华　杨正昭　吴锦泽　张　力　林伟雄　林忠光
林建华（女）　周小斌　周致敏　赵昌琴　胡光利　姜际春
詹杨毅　蔡玉弟　廖宗林

英　　国：邓　珩　许一倩（女）　李雪琳（女）　阿托旦增

四、美洲（分国家按姓氏笔画排序）

阿 根 廷：马更生　严盛龙　何文强　陈瑞平

巴　　西：王俊晓　尹相丛　尹楚平　尹雪敏　叶周永　孙特英（女）
吴耀宙　张　伟　张江欧　陈小贤　陈荣正　陈雄斌
林周恩　孟雯华（女）

巴 拿 马：黄伟文

玻利维亚：杜武仁

秘　　鲁：区仲贤　黄小丹　梁　顺　魏　云

多米尼加：吴国祥

厄瓜多尔：徐　涛　潘坤平

哥伦比亚：王静潮　徐铭添

哥斯达黎加：薛　雪（女）

古　　巴：周卓明[1]

圭 亚 那：周绍良　黄浦源

加 拿 大：马君强　王文婉（女）　王家明　文伟建　邝健民　庄少卿
许健伦　李云祥　杨　静（女）　杨贤彪　余绍然　张仕根
张明达　陈德光　林大松　林和平　欧阳元森　庞　燕（女）
段律文　郭泰诚　曹纯华　雷煜植　滕　达　薛金生

美　　国：马森柱　王　珏　王俭美　方伟侠　邓　龙　叶　超
吕坚强　吕诗澄　朱一民　朱国明　乔立华　伍柱钧
庄佩源　刘　红（女）　刘平中　刘杨林　刘健民　刘锦彰[2]
苏焕光　李　纲　李　斧　李大西　李天骥　李汉强
李社潮（女）　杨文田　吴　沁（女）　何孔华（女）　何如意　何晓慧（女）
余建强　张莉莉（女）　陈　军　陈国庆（旧金山）　陈国庆（纽约）

---

① 2016年在古巴逝世，享年73岁。

② 2015年3月在美国旧金山逝世，享年72岁。

陈国忠　陈亲义　陈隆魁　邵　闻　林　光　林学文
林建中　林昇恒　周大操　郑　棋　胡　苹（女）　施白榆
贺小强　顾衍时　倪　涛　徐　艇　徐德清　高　鹏
郭　颂（女）　黄荣达　曹国强　鹿　强　屠新时　董　李
程　远　焦志侠　谢　刚　雷振泽　蔡成华　薛维诚①

墨西哥：刘可伟　郑持好
苏里南：池玉基　郑国庆
特立尼达和多巴哥：萧容庆
委内瑞拉：冯永贤　聂均常　梁志海
智　利：成建新　郁　飞　胡金维

五、大洋洲（分国家按姓氏笔画排序）

澳大利亚：马连泽　任芳森　刘　尧　李　辉　李桂平　杨东东
杨志唯　沈　铁　张　莉（女）　陈少伟　陈超群　金凯平
姜兆庆　钱启国　高立勤　黄树樑　黄翼强　逯高清
蒋天麟　潘邦炤

巴布亚新几内亚：潘　郁
斐　济：冯捷尤　施　杰
马绍尔群岛：汪福根
所罗门群岛：黄千伟
新西兰：何保健　陈金明　曾皑文

2016年1月17日中国侨联九届五次主席会议决定增聘海外委员15人：

马树荣（美国）　王立良（阿联酋）　王丽莎（美国）
王海军（韩国）　王耀辉（美国）　巫锦辉（美国）
吴　昊（俄罗斯）　余时立（阿联酋）　陈建春（加拿大）
陈庸光（西班牙）　林全南（日本）　洪来喜（马来西亚）
黄向墨（澳大利亚）　梁康之（美国）　谢　达（苏里南）

名誉委员：（按姓氏笔画排序）

马法严　王长安②　文伙泰　卢国富③　冯文广
毕　明　朱　正　朱南生　庄文才　刘西疆
刘意成　许国璇　李　宁　李　磐　李玉良
李润基　杨东辉　邱汉荣　张佑仲　陈联合
林华英（女）　林富强　郁美兰（女）　周　锦（女）　郑昭明
胡文善　钟乔光　施学概　黄守正　曹　亚（女）
梁思谋　曾文仲　源大同　谭德安

① 2014年2月2日在美国达拉斯逝世，享年63岁。
② 2017年11月在澳门逝世，享年72岁。
③ 2015年6月14日在上海逝世，享年76岁。

附录二　各地侨联通讯录

北京市

单位名称	地　　址	电话号码	传真号码	邮政编码
北京市侨联	西城区后英房胡同 9 号	（010）82218225	（010）82218224	100035
东城区侨联	东城区幸福大街 32 号	（010）64023999	（010）64023999	100061
西城区侨联	西城区广内大街 165 号翔达大厦 2 号楼 601 室	（010）66515072	（010）66515072	100053
朝阳区侨联	朝阳区团结湖北五条 8 号党派楼	（010）65094371	（010）65094093	100026
海淀区侨联	海淀区长春桥路 17 号	（010）82510628	（010）82579108	100089
丰台区侨联	丰台区北大街乙 14 号院 105 室	（010）83656758	（010）63812113	100071
石景山区侨联	石景山八角北路民主党派人民团体办公楼三层	（010）68878921	（010）68811454	100043
大兴区侨联	大兴区兴政街 15 号区委统战部转侨联	（010）69237709		102600
通州区侨联	通州区新华西街 1 号区委统战部转侨联	（010）69543461		101100
平谷区侨联	平谷区府前大街 9 号统战部	（010）69962338		101299

天津市

单位名称	地　　址	电话号码	传真号码	邮政编码
天津市侨联	和平区南京路 235 号河川大厦 A 座 13 层	（022）23311008	（022）27222315	300051
和平区侨联	和平区陕西路 75 号 301 室	（022）27219379		300020
河北区侨联	河北区建国道 14 号	（022）84493011		300010
河西区侨联	河西区福建路 15 号甲楼 106	（022）88378585.		300210
河东区侨联	河东区津塘路 40 号增 15 号	（022）24317320		300170
南开区侨联	南开区烈士路华安北里 2-1-303	（022）27586082		300110
红桥区侨联	红桥区区委八楼 821 室	（022）86516580	（022）86516580	300130
滨海新区侨联	塘沽新华路 1068 号	（022）65309126		300450
宝坻区侨联	宝坻区南关大街 24 号	（022）29241725		301899
南开大学侨联	津南区海河教育园同砚路 38 号南开大学津南校区综合业务东楼 326	（022）23501319		300350
天津大学侨联	津南区海河教育园雅观路 135 号天津大学北洋园校区 1895 楼 B-304	（022）27404534		300350
天津医科大学侨联	和平区气象台路 22 号	（022）23542558		300070
天津师范大学侨联	西青区宾水西道 393 号天津师范大学统战部	（022）23766352		300387

河北省

单位名称	地　　址	电话号码	传真号码	邮政编码
河北省侨联	石家庄市裕华西路 40 号燕山大酒店写字楼 25 层	（0311）87869681	（0311）87869681	050000
石家庄市侨联	石家庄市兴凯路 219 号市政府西院	（0311）87827554	（0311）87056295	050055
承德市侨联	承德市行政中心 D 座 228	（0314）2023043	（0314）2023043	067000
张家口市侨联	张家口市高新区市府大楼北 3 楼	（0313）2016562	（0313）2010642	075000
秦皇岛市侨联	秦皇岛市迎宾路 106 号	（0335）3637340	（0335）3637343	066000
唐山市侨联	唐山市国防道 28 号（原公安局治安支队院内）一层	（0315）3793156	（0315）3793156	063006
廊坊市侨联	廊坊市广阳道 300 号第一实验中学院内教学楼 A 座北侧三楼 308 室	（0316）2339398	（0316）2339380	065000
保定市侨联	保定市东风西路 5 号	（0312）3089760	（0312）3089944	071051
沧州市侨联	沧州市御河路 1 号	（0317）2160338	（0317）2160297	061001
衡水市侨联	衡水市育才南大街 169 号广厦上城嘉利中心 8 楼	（0318）2695151	（0318）2695196	053000
邢台市侨联	邢台市红星西街 62 号	（0319）3288121	（0319）3288135	054051
邯郸市侨联	邯郸市光明北大街 64 号	（0310）3113320	（0310）3113320	056012
华北油田侨联	任丘市华北油田公司华佳服务处	（0317）2726368		062552
辛集市侨联	辛集市住房保障和房产管理东院 314 房间	（0311）83389623		052360

山西省

单位名称	地　　址	电话号码	传真号码	邮政编码
山西省侨联	太原市迎泽大街 388 号山西国际大厦 10 层	（0351）6192907	（0351）6192970	030001
太原市侨联	太原市新建路 69 号	（0351）4222913	（0351）4220222	030082
太原市迎泽区侨联	太原市迎泽区云路街 15 号	（0351）4033640		030002
太原市尖草坪区侨联	太原市尖草坪区委区政府大院西二楼	（0351）5651806		030023
太原市万柏林区侨联	太原市西矿街 35 号	（0351）3248882		030024
太原市晋源区侨联	太原市晋源新城区委统战部 509 室	13835191291（杨娟）		030052
太原市小店区侨联	太原市小店区昌盛西街 19 号区委统战部转	（0351）7176173		030032
太原市杏花岭区侨联	太原市杏花岭区委统战部	13513603359（杨建敏）		030003
古交市侨联	太原市古交市青年路 1 号市政府大院古交统战部转	13934201412（石磊）		030200
清徐县侨联	太原市清徐县政府大院清徐统战部转	（0351）5722615		030400
娄烦县侨联	太原市娄烦县城南大街政府大院 6 层统战部办公室转	（0351）5324547		030300
阳曲县侨联	太原市阳曲县新阳大街县委办转	13803431322（韩晋明）		030100
大同市侨联	大同市兴云街 2799 号文瀛湖办公楼	（0352）2082731		037000
天镇县侨联	大同市天镇县政府大楼 5 层	13834254984（张衡）		038200
阳高县侨联	大同市阳高县委大院统战部	15513795066（丁秀莲）		038100
大同县侨联	大同市大同县委西楼一楼	13934320251（常玉）		037300
左云县侨联	大同市左云县委大楼四层	15536210936（陈鹰）		037100
新荣区侨联	大同市新荣区委统战部	13363404201（冀庆）		037002
同煤集团侨联小组	大同市同煤集团办公大楼党委统战部 1613 房间	（0352）7868273		037003
朔州市侨联	朔州市委统战部转	（0349）2163638	（0349）2163188	036001
忻州市侨联	忻州市长征中路 26 号市委北院北楼 411 室	（0350）3309095	（0350）3309105	034000
原平市侨联	原平市前进西街 835 号市委东楼 325 室	（0350）8223578		034100
定襄县侨联	定襄县县委大院四号楼一层西	（0350）6028473 13935026208（刘全华）		035400
代县侨联	代县政府西楼二楼北	（0350）5228234		034200
吕梁市侨联	吕梁市离石区永宁中路 9 号	（0358）8238064	（0358）8238064	033000
孝义市侨联	吕梁孝义市党政大楼 922 房间	（0358）7828033		032300
汾阳市侨联	汾阳市永和西街政府主楼 919 室	（0358）7331257		032200
晋中市侨联	晋中市汇通路民营经济大厦七层 712 室	（0354）3968536	（0354）3968536	030600
晋中市榆次区侨联	晋中市榆次区迎宾西路 133 号区政府 825 室	（0354）3368596		030600
太谷县侨联	晋中市太谷县新建路 202 号政府大院 2 号楼 610 室	（0354）6223012		030800
祁县侨联	晋中市祁县东风路 101 号政府大院 3 号楼 214 室	（0354）5225180		030900
平遥县侨联	晋中市平遥县曙光路 13 号党政大楼 430 房间	（0354）5624173		031100
介休市侨联	晋中市介休市西大街 139 号介休市政府 317 室	（0354）7222439		032000
灵石县侨联	晋中市灵石县新建路政府办公大楼 612 房间	（0354）7623563		031300
寿阳县侨联	晋中市寿阳县朝阳街行政大楼 812 室	（0354）4623838		045400
榆社县侨联	晋中市榆社县东大街 19 号县委统战部	（0354）6622377		031800
昔阳县侨联	昔阳县行政服务大楼 6 楼 601	（0354）4123562		045300
和顺县侨联	和顺县城新华街 3 号政府大楼 1039	（0354）8122484		032700
左权县侨联	晋中市左权县城北大街 22 号政府后楼 502 室	（0354）86333367		032600
阳泉市侨联	阳泉市南大东街 534 号晋东大厦九层	（0353）2163918	（0353）2163918	045000
阳泉市城区侨联	阳泉市城区财政局转	13643538989（王为华）		045000
阳泉市郊区统战部	阳泉市郊区区委统战部转	18703530806（梁世钟）		045000
阳泉市矿区侨联	阳泉市矿区区委统战部转	13835334676（赵璟）		045000
平定县侨联	阳泉市平定县委统战部转	13096503307（贾光升）		045200
盂县侨联	阳泉市盂县县委统战部转	（0353）8083329		045100
长治市侨联	长治市政协楼党派楼一层	（0355）2192494		046000
长治市城区侨联	长治市太行东街 66 号长治市城区政府	（0355）2239821 （0355）2239156		046000
长治市郊区侨联	长治市延安中路 61 号郊区侨联	（0355）2188582		046011
长治县侨联	长治市长治县委统战部转	（0355）8089368		047100
屯留县侨联	长治市屯留县委统战部侨联办公室	13233387999		046100

附录

山西省

单位名称	地址	电话号码	传真号码	邮政编码
襄垣县侨联	长治市襄垣县府东街 1 号统战部转	（0355）7229273 13015363729		046200
平顺县侨联	长治市平顺县委统战部转	15534569582		047400
壶关县侨联	长治市壶关县委统战部转	13096568815		047300
沁源县侨联	长治市沁源县委统战部转	13935577237		046500
长子县侨联	长治市长子县委统战部转	15364958222		046600
黎城县侨联	长治市黎城县委统战部转	13935596330		047600
沁县侨联	长治市沁县县委统战部转	（0355）7022560		046400
武乡县侨联	长治市武乡县委统战部转	（0355）6385319		046300
潞城市侨联	长治市潞城市委统战部转	13513555238		047500
潞矿侨联小组	襄垣县侯堡潞安矿业集团人才交流中心	（0355）5920978 13935559165（林虹）		046204
首钢（长钢）侨联小组	首钢长治钢铁有限公司党委宣传部郊区故县东大街 9 号	（0355）5085281（王敏敏）		
晋城市侨联	晋城市市委市政府 2 号楼 302 房间	（0356）2025757	（0356）2025757	048000
晋城市城区侨联	晋城市城区新市西街 75 号城区政府西二楼	（0356）2039420		048000
泽州县侨联	晋城市西安街 101 号泽州县政府 528 房间	（0356）3033077		048000
阳城县侨联	晋城市阳城县五中政府办公区 C 区 507 室	（0356）4229290		048100
高平市侨联	晋城市高平市长平西街 44 号 3 楼	（0356）5225601		048400
沁水县侨联	沁水县城新建西路县委新楼 124 号	（0356）7023445		048200
陵川县侨联	晋城市陵川县梅园东街 1 号	（0356）6203488		048300
晋煤集团侨联	晋城煤业集团	（0356）3664218		048000
临汾市侨联	临汾市尧都区财神楼中街 17 号统战大楼 1 层	（0357）3985856	（0357）3985856	041000
曲沃县侨联	临汾市曲沃县府东街县委大院中共曲沃统战部转	（0357）4522054		043400
临汾市尧都区侨联	尧都区华州路一号	（0357）2228383		041000
洪洞县侨联	洪洞县委统战部 123 室	（0357）6223224		041600
侯马市侨联	侯马市市府路 18 号市委统战部	13546551230（王振林）		043099
运城市侨联	运城市盐湖区河东东街 268 号市气象局二楼	（0359）2022070	（0359）2022070	044000
运城市盐湖区侨联	运城市盐湖区解放北路 46 号中共盐湖区委大楼五楼	13327480288（范安师）		044000
永济市侨联	运城市永济市黄河中医院	15935995555（吴峰）		044502
闻喜县侨联	运城市闻喜县太风路领秀花苑东一排 3 号	13935943013（陈颖）		043800
河津市侨联	运城市河津市新耿北大街 115 号	13835887988（史玉玲）		043300

内蒙古自治区

单位名称	地址	电话号码	邮政编码
内蒙古自治区侨联	呼和浩特市敕勒川大街 1 号 718 室	（0471）4813674	010096
呼和浩特市侨联	呼和浩特市新华东街 1 号党政办公大楼 834B	（0471）4606209	010025
包头市侨联	包头市昆都仑区钢铁大街万號国际写字楼 515 室	（0472）5363631	014010
呼伦贝尔市侨联	呼伦贝尔市海拉尔新区行政中心 D 座 1234 室	（0470）8216590	021000
兴安盟侨联	乌兰浩特市兴安盟党政综合办公大楼 1428 室	（0482）8267428	137400
通辽市侨联	通辽市新城区行政中心大楼 0206 室	（0475）8836952	028000
赤峰市侨联	赤峰市新城区党政综合楼 A220 室	（0476）8822596	024000
锡林郭勒盟侨联	锡林浩特市经济技术开发区盟党政大楼 521 室	（0479）8110422	026000
乌兰察布市侨联	乌兰察布市集宁新区党政大楼 938 室	（0474）8810587	012000
鄂尔多斯市侨联	鄂尔多斯市康巴什新区党政大楼 C424 室	（0477）8589078	017010
巴彦淖尔市侨联	巴彦淖尔市临河区新华西街市党政办公大楼 7041 室	（0478）8655741	015000
乌海市侨联	乌海市海勃湾区市滨河行政中心 A 座 1336 室	（0473）3998852	016000
阿拉善盟侨联	阿拉善盟行政大楼一号楼 1008 室	（0483）8332081	750306
满洲里市侨联	满洲里市新区党政办公大楼 3101 室	（0470）6262159	021400
二连浩特市侨联	二连浩特市党政大楼一号楼 313 室	（0479）7525654	011100
内蒙古大学侨联	呼和浩特市大学西路 235 号	（0471）4992252	010021
内蒙古师范大学侨联	呼和浩特市昭乌达路 81 号	（0471）4392510	010022

内蒙古自治区

单位名称	地　　址	电话号码	邮政编码
内蒙古工业大学侨联	呼和浩特市爱民街 49 号	（0471）6575134	010051
内蒙古农业大学侨联	呼和浩特市昭乌达路 306 号	（0471）4309272	010018
内蒙古财经大学侨联	呼和浩特市回民区北二环路 185 号	（0471）3661120	010071
内蒙古医科大学侨联	呼和浩特市金山经济技术开发区	（0471）6653071、6653055	010059
内蒙古侨商会	呼和浩特市敕勒川大街 1 号 718 室	（0471）4813674	010096

辽宁省

单位名称	地　　址	电话号码	传真号码	邮政编码
辽宁省侨联	沈阳市皇姑区崇山东路 37 号	（024）81069211	（024）24846711	110032
沈阳市侨联	沈阳市总站路 115 号 A 1303	（024）22517732	（024）22517732	110002
大连市侨联	大连市中山区鲁迅路 278 号	（0411）82750062	（0411）82750062	116001
鞍山市侨联	鞍山市铁东区中华南路 240 甲 710 室	（0412）5539130	（0421）5539130	114002
抚顺市侨联	抚顺市顺城区新华大街 5 号（中辽大厦六楼）	（024）53885033	（024）53885033	113006
本溪市侨联	本溪市平山区人民路 31 号	（024）42822956	（024）42822956	117000
丹东市侨联	丹东市振兴区银河大街 100 号	（0415）2127161	（0415）2127161	118000
锦州市侨联	锦州市太和区市府路 68 号	（0416）3880666	（0416）3880666	121013
营口市侨联	营口市站前区东双桥里 29 号	（0417）2631814	（0417）2631814	115000
阜新市侨联	阜新市海州区爱国街 6 号	（0418）3319630	（0418）3319630	123099
辽阳市侨联	辽阳市白塔区陈家胡同 18 号	（0419）2125085	（0419）2125085	111000
铁岭市侨联	铁岭市凡河新区行政中心 1437 房间（金沙江路 28 号）	（024）72681103	（024）72681103	112608
朝阳市侨联	朝阳市朝阳大街三段 7 号	（0421）2858041	（0421）2622353	122000
盘锦市侨联	盘锦市兴隆台石油大街劳动大厦 8 楼	（0427）2824344	（0427）2824344	124010
葫芦岛市侨联	葫芦岛市龙湾区龙湾大街 15 号	（0429）3114239	（0429）3114239	125001

吉林省

单位名称	地　　址	电话号码	邮政编码
吉林省侨联	长春市朝阳区工农大路 825 号	（0431）85087566	130021
长春市侨联	长春市南关区自由大路 3708 号	（0431）85286491	130022
长春市朝阳区侨联	长春市前进大街 1855 号朝阳区政府	（0431）85109397	130012
长春市宽城区侨联	长春市北人民大街 3366 号	（0431）89990420	130000
长春市南关区侨联	长春市前进大街 6888 号	（0431）89995066	130000
长春市二道区侨联	长春市二道区自由大路 5379 号	（0431）84642334	130000
长春市绿园区侨联	长春市绿园区和平大街 2288 号	（0431）87605259	130000
长春市农安县侨联	长春市农安县农安镇兴华路 325 号（农安县政府办公楼西楼 539 室）	（0431）83226464	130200
吉林市侨联	吉林市北京路 82 号	（0432）62071195	132011
吉林市昌邑区侨联	吉林市昌邑区中兴街 105 号昌邑区委统战部	（0432）62755075	132000
吉林市丰满区侨联	吉林市吉林大街 76 号丰满区政府 1 号楼丰满区委统战部	（0432）64654293	132013
吉林市龙潭区侨联	吉林市龙潭区遵义东路 65 号龙潭区政府区委统战部	（0432）63041854	132021
吉林市船营区侨联	吉林市船营区松江中路 87 号船营区委统战部	（0432）64831060	132011
吉林市蛟河市侨联	蛟河市民主路 13-1 号	（0432）67250879	132500
吉林市磐石市侨联	磐石市人民路 1633 号政府综合楼 0603 磐石市委统战部（侨联）	（0432）65222622	132300
吉林市桦甸市侨联	桦甸市人民主路 201 号桦甸市委统战部（侨联）	（0432）66222974	132400
吉林市永吉县侨联	永吉县口前镇滨北路 499 号永吉县委统战部永吉县侨联	（0432）64239122	132100
舒兰市侨联	舒兰市滨河大街 2006 号舒兰市委统战部（侨联）	（0432）68260127	123600
延边州侨联	延吉市公园路 2799 号州政务中心	（0433）2514924	133002
延吉市侨联	延吉市河南街 759 号	（0433）2515470	133000
敦化市侨联	敦化市新华路 1 号敦化市委	（0433）6218166	133700
图们市侨联	图们市图们大路 398 号图们市委	（0433）3661034	133100
龙井市侨联	龙井市六道河路 869—7 号龙井市委	（0433）3252058	133400

吉林省

单位名称	地　　址	电话号码	邮政编码
和龙市侨联	和龙市文化街 22 号和龙市委	（0433）4222500	133500
安图县侨联	安图县顺山北路 15—4 号	（0433）5822543	133600
汪清县侨联	汪清县汪清西路 9 号汪清县委	（0433）8815718	133200
珲春市侨联	珲春市委统战部（侨联）	（0433）7565533	133300
四平市侨联	四平市政新街 1 号市政府 8 楼	（0434）3261129	136099
梨树县侨联	梨树县梨树镇向阳街 1 号统战部（侨联）	（0434）5224829	136500
双辽市侨联	双辽市辽河路 1980 号	（0434）7246530	136400
通化市侨联	吉林省通化市东昌区秀泉路 702 号	（0435）3214237	134001
集安市侨联	集安市鸭江路 3001 号侨联	（0435）6223304	134200
通化市辉南县侨联	辉南县朝阳镇兴工街 53 号县政府侨联	（0435）8239925	135100
通化市柳河县侨联	柳河县政府办公楼侨联	（0435）7670345	135300
通化市通化县侨联	通化县团结路 557 号县委统战部	（0435）5220763	134100
通化市东昌区侨联	通化市东昌区江南新区江畅路 269 号	（0435）6106127	134001
通化市二道江区侨联	通化市二道江区钢城路 68 号	（0435）3737710	134003
白城市侨联	白城市文化东路 1 号	（0436）3237387	137000
白城市镇赉县侨联	镇赉县永安西路 677 号	13943622070	137300
大安市侨联	大安市人民路 21 号	（0436）5245206	131300
洮南市侨联	洮南市北部新城新司法局 3 楼	（0436）6223153	137100
白城市洮北区侨联	白城市洮安东路 67 号	（0436）3246113	137000
白城市通榆县侨联	通榆县开通镇民主东路 229 号	（0436）4292228	137200
辽源市侨联	辽源市辽河大路 4227 号市委院内	（0437）3316635	136200
辽源市东丰县侨联	东丰县委院内东丰县委统战部	（0437）6317080	136300
松原市侨联	松原市宁江区沿江东路 189 号	（0438）2130742	138000
松原市宁江区侨联	松原市长宁南街 658 号三楼统战部	（0438）3115438	138000
松原市前郭县侨联	松原市前郭县委统战部（侨联收）	（0438）2120583	131100
扶余市侨联	扶余市春华路 899 号	（0438）5876019	131200
松原市乾安县侨联	松原市乾安县委统战部（转侨联收）	（0438）8252610	131400
松原市长岭县侨联	松原市长岭县政府综合楼侨联办公室	13943307882	131500
白山市侨联	白山市浑江区铁南街 1718 号	（0439）3233029	134300
白山市长白县侨联	长白县长白大街 52 号	（0439）8232206	134400
公主岭市侨联	公主岭市西公主大街 2199 号	（0434）6235033	136100
梅河口市侨联	梅河口市人民大街 2008 号	（0435）4222863	135000
华侨农场侨联	松原市郭尔罗斯大路 8889 号吉林石油集团开发公司侨联稳定办公室	（0438）6243813	131100
吉林省侨联特聘专家委员会	长春市工农大路 825 号团结大厦	（0431）85953588	130021
吉林省侨联法律顾问委员会	长春市工农大路 825 号团结大厦	（0431）85087655	130021
吉林省侨商联合会	长春市工农大路 825 号团结大厦	（0431）85087622	130021
吉林省侨联青年委员会	长春市工农大路 825 号团结大厦	（0431）85087611	130021
吉林省侨联海归协会	长春市工农大路 825 号团结大厦	（0431）85087688	130021

黑龙江省

单位名称	地　　址	电话号码	邮政编码
黑龙江省侨联	哈尔滨市香坊区中山路 99 号	（0451）82300868	150036
哈尔滨市侨联	哈尔滨市道里区兆麟街 125 号	（0451）84619510	150010
齐齐哈尔市侨联	齐齐哈尔市建华区新明大街 27 号党政办公中心	（0452）2791719	161006
牡丹江市侨联	牡丹江市江南党政中心三号楼 409	（0453）6171089	157000
佳木斯市侨联	佳木斯市长安路 2666 号行政中心 1103 室	（0454）8222234	154004
大庆市侨联	大庆市政府大楼 3219 室	（0459）6363074	163311

黑龙江省

单位名称	地　址	电话号码	邮政编码
双鸭山市侨联	双鸭山市市委楼	（0469）4231260	155100
七台河市侨联	七台河市桃山区大同路 47 号市政府 1 号楼	（0464）8261332	154600
伊春市侨联	伊春市河西新区市委楼 A 座 201	（0458）3879768	153000
鸡西市侨联	鸡西市鸡冠区红旗路 18 号	（0467）2355200	158100
鹤岗市侨联	鹤岗市委大楼	（0468）3350053	154101
黑河市侨联	黑河市通江路 1 号市委市政府南楼	（0456）8222713	164300
大兴安岭地区侨联	加格达奇大兴安岭地委办公楼	（0457）2730303	165000
绥化市侨联	绥化市黄河北路党政办公中心	（0455）8386390	152054
黑龙江省农场总局侨联	哈尔滨市香坊区红旗大街 175 号	（0451）55198219	150036
黑龙江省森工总局侨联	哈尔滨市南岗区文昌街 66 号	（0451）82627404	150008
哈尔滨铁路局侨联	哈市南岗区西大直街 51 号	（0451）86423149	150006

上海市

单位名称	地　址	电话号码	邮政编码
上海市侨联	延安西路 129 号 10 楼	（021）62497515	200040
浦东新区侨联	民生路 1286 号 614 室（汇商大厦）	（021）68540016	200135
黄浦区侨联	河南南路 288 号 13 楼 1315 室	（021）33134800	200010
徐汇区侨联	漕溪北路 336 号 3 号楼 16 楼 1616 室	（021）64453044	200030
长宁区侨联	安西路 37 号 402 室	（021）62522757	200050
普陀区侨联	大渡河路 1718 号阳光大厦 A519 室	（021）52564588 转 8525	200333
虹口区侨联	唐山路 902 号 1 号楼 208	（021）65853995	200082
杨浦区侨联	杨浦区控江路 1535 号 311 室	（021）65155251	200093
宝山区侨联	宝山区密山路 5 号 A219	（021）56691373	201999
闵行区侨联	莘建路 300 号	（021）34027018	201199
嘉定区侨联	嘉定区博乐南路 111 号	（021）69989761	201899
金山区侨联	卫零路 809 号	（021）57966119	200540
松江区侨联	松江区谷阳北路 3 号	（021）57723031	201600
青浦区侨联	青浦区公园路 100 号东裙楼 102 室	（021）59732890 转 19102	201700
奉贤区侨联	奉贤区南奉公路 9503 号	（021）57187127	201499
崇明区侨联	崇明区城内人民路 35 号 501 室	（021）59621826	202150

江苏省

单位名称	地　址	电话号码	传真号码	邮政编码
江苏省侨联	南京市中山北路 283 号 10 号楼	（025）83329483	（025）83425335	210003
江苏省侨商总会	南京市中山北路 283 号 10 号楼	（025）83580514	（025）83531265	210003
江苏省华侨公益基金会	南京市中山北路 283 号 10 号楼	（025）83580532	（025）83531265	210003
江苏省侨联特聘专家委员会	南京市中山北路 283 号 10 号楼	（025）83580536	（025）83531265	210003
江苏省侨联法律顾问委员会	南京市中山北路 283 号 10 号楼	（025）83580537	（025）83531265	210003
江苏省侨联青年委员会	南京市中山北路 283 号 10 号楼	（025）83580515	（025）83706180	210003
江苏省侨联华侨书画院	南京市中山北路 283 号 10 号楼	（025）83580526	（025）83425335	210003
南京市侨联	南京市成贤街 43 号 3 号楼	（025）83196235	（025）83190462	210018
南京市建邺区侨联	南京市江东中路 269 号	（025）87778231	（025）87778987	210019
南京市秦淮区侨联	南京市太平南路 69 号	（025）84556518	（025）84556529	210002
南京市鼓楼区侨联	南京市山西路 124 号	（025）83230169	（025）83230140	210009
南京市浦口区侨联	南京市浦口区江浦街道文德路 18 号	（025）58887757	（025）58189716	211800
南京市雨花台区侨联	南京市雨花南路区机关大楼	（025）52873627	（025）52883237	210012
南京市栖霞区侨联	南京市尧化门街 189 号	（025）85566945	（025）85575665	210046
南京市玄武区侨联	南京市珠江路 455 号	（025）83678267	（025）83682235	210018
南京市六合区侨联	南京市六合区雄州街道雄州南路 268 号六合大厦 26 楼	（025）57121052	（025）57759550	211500

江苏省

单位名称	地　址	电话号码	传真号码	邮政编码
南京市江宁区侨委	南京市江宁区上元大街 369 号	（025）87180020	（025）52281054	211100
南京市溧水区侨委	南京市溧水区永阳镇大东门 68 号	（025）57212823	（025）57212823	211200
南京市高淳区侨委	南京市高淳区镇兴路 228 号	（025）57338177	（025）57338311	211300
无锡市侨联	无锡市新金匮路 1 号市民中心 7 号楼	（0510）81827210	（0510）81827223	214131
江阴市侨联	江阴市澄江中路 9 号	（0510）86860343	（0510）86860343	214431
宜兴市侨联	宜兴市陶都路 8 号	（0510）87986573	（0510）87986573	214206
无锡市梁溪区侨联	无锡市解放南路 688 号 10 号楼	（0510）82732687	（0510）83158838	214001
无锡市锡山区侨联	无锡市锡山区锡州中路 1 号	（0510）88205096	（0510）88209763	214101
无锡市惠山区侨联	无锡市惠山区文惠路 8 号	（0510）83588906	（0510）83588906	214000
无锡市滨湖区侨联	无锡市滨湖区金城西路 500 号	（0510）81178156	（0510）81178157	214100
无锡市新吴区侨联	无锡市新吴区和风路 28 号	（0510）81890505	（0510）81891620	214135
徐州市侨联	徐州市新城区元和路 1 号 B 区 316 室	（0516）83850220	（0516）83850220	221018
睢宁县侨联	睢宁县行政中心 8 楼 812 室	（0516）88387595	（0516）88387595	221200
丰县侨联	丰县人民东路 8 号	（0516）89210432	（0516）89210432	221700
沛县侨联	沛县新城区沛公路 2 号行政服务中心统战部	（0516）68868828	（0516）89387189	221600
徐州市铜山区侨联	铜山新区政协楼 1 楼区委统战部	（0516）83405152		221100
徐州市泉山区侨联	徐州市解放南路延长段 26 号泉山区政府 932 室	（0516）85936260		221006
徐州市鼓楼区侨联	徐州市中山北路 253 号	（0516）87636222	（0516）87636222	221005
新沂市侨联	新沂市市府路 37 号综合楼 5 楼市侨联	（0516）88920693		221400
徐州市云龙区侨联	云龙区和平大道 66 号侨联	（0516）80803259		221009
徐州市贾汪区侨联	贾汪区行政中心侨联	（0516）66889931		221011
邳州市侨联	邳州市委统战部转侨联	（0516）86299069		221300
常州市侨联	常州市龙城大道 1280 号行政中心 3 号楼 B 座 3 楼	（0519）85683830	（0519）85683830	213022
溧阳市侨联	溧阳市南环路 18 号	（0519）87269175	（0519）87269175	213300
常州市金坛区侨联	常州市金坛区清风路 1 号	（0519）82815550	（0519）82815550	213200
常州市武进区侨联	常州市武进区行政中心 1 号楼 7 楼 758	（0519）86313660	（0519）86310875	213159
常州市新北区侨联	常州市新北区衡山路 8 号 2006 室	（0519）85177978	（0519）85115905	213022
常州市钟楼区侨联	常州市钟楼区政府星港大道 88 号	（0519）88890619	（0519）88890619	
常州市天宁区侨联	常州市竹林北路 256 号	（0519）69660352	（0519）69660357	
苏州市侨联	苏州市五卅路 148 号	（0512）65221000	（0512）65221000	215006
张家港市侨联	张家港市华昌路 3 号港城大厦 22 楼	（0512）58682926	（0512）58682926	215600
常熟市侨联	常熟市金沙江路 8 号政府内	（0512）52871305	（0512）52871305	215500
太仓市侨联	太仓市县府东街 99 号 2 号楼 2 楼	（0512）53952256	（0512）53952256	215400
昆山市侨联	昆山市前进中路 167 号国际大厦五楼	（0512）57553540	（0512）55233651	215300
苏州市吴江区侨联	吴江区吴江大厦 B15 楼	（0512）63981589	（0512）63981581	215200
苏州市吴中区侨联	苏州吴中区太湖东路 288 号	（0512）65251767	（0512）65251767	215128
苏州市相城区侨联	苏州相城区阳澄湖东路 8 号相城区行政中心	（0512）85181610	（0512）85181601	215131
苏州市姑苏区侨联	苏州市平川路 510 号一楼	（0512）68728516		215000
苏州市工业园区侨联	苏州工业园区现代大道 999 号现代大厦统战部（侨联）			215028
苏州市高新区侨联	苏州高新区科普路 58 号 高新区统战部转侨联			215163
南通市侨联	南通市工农南路 88 号海联大厦 3 楼	（0513）51015782	（0513）51015783	226018
海安县侨联	海安县海安镇长江中路 106 号县政府大楼 1417	（0513）88852585	（0513）88852585	226600
如皋市侨联	如皋市福寿路 398 号市行政中心中 B 楼 15 楼	（0513）87658825	（0513）87199868	226500
如东县侨联	如东县掘港镇富春江中路 1 号	（0513）84513050	（0513）84113431	226400
海门市侨联	海门市北京中路 600 号	（0513）81261693	（0513）81222994	226100
启东市侨联	启东市世纪大道 1288 号市政府 5 号门室	（0513）83310041	（0513）83310041	226200
南通市通州区侨联	南通市通州区行政中心内	（0513）86513625	（0513）81028620	226300
南通市崇川区侨联	南通市崇川区桃坞路 44 号	（0513）85062062	（0513）85062091	226000
南通市港闸区侨联	南通市城港路 58 号	（0513）85609665	（0513）85609657	226005

江苏省

单位名称	地　址	电话号码	传真号码	邮政编码
连云港市侨联	连云港市新浦区苍梧路 36 号振兴学生公寓（院内）4 号楼 5 楼	（0518）85501782	（0518）85501782	222000
连云港市海州区侨联	连云港市海州区秦东门大街 28 号海州区政府 243 室	（0518）85456151	（0518）85456151	222000
连云港市赣榆区侨联	连云港市赣榆区政府大楼 1425 室	（0518）86223335	（0518）86223335	222100
灌南县侨联	连云港市灌南县行政中心 828 室	（0518）83222563	（0518）83222094	223500
东海县侨联	连云港市东海县行政中心 B 楼 905	（0518）87672266	（0518）87672266	222300
连云港市连云区侨联	连云港市连云区西墅路 1 号连云区政府 A117 室	（0518）82308895	（0518）82309473	222000
灌云县侨联	连云港市灌云县西苑南路 1 号灌云县行政中心 405 室	（0518）88997233	（0518）88997233	222200
淮安市侨联	淮安市翔宇南道 1 号南楼 1216	（0517）83606212	（0517）83606212	223001
淮安市淮阴区侨联	淮安市淮阴区行政中心 428 室	（0517）84997649		223300
淮安市淮安区侨联	淮安市淮安区兴文街区委大院 1 楼侨联	（0517）85882223		223200
涟水县侨联	涟水县涟城镇红日大道 1 号县政府办公楼 632 室	（0517）82380871	（0517）82380871	223400
淮安市洪泽区侨联	洪泽区人民路 26 号区侨联	（0517）87230587	（0517）87230587	223100
盐城市侨联	盐城市世纪大道 21 号市行政中心	（0515）86662432	（0515）86662432	224005
东台市侨联	东台市北海路 8 号新市政府大楼	（0515）85213938	（0515）60600621	224200
盐城市大丰区侨联	大丰区政府大院	（0515）83818549	（0515）83818549	224100
建湖县侨联	建湖卫生局南二楼 206 室	（0515）86215389		224700
射阳县侨联	射阳县政府大楼射阳县侨联	（0515）89290929	（0515）89290929	224300
阜宁县侨联	阜宁县城南 C 座国土局 1802 室	（0515）87238630	（0515）87238630	224400
滨海县侨联	滨海县行政办公中心 1123 室	（0515）84108356	（0515）68982178	224500
盐城市盐都区侨联	盐都新区行政中心盐都区侨联	（0515）88426085	（0515）88426085	224005
扬州市侨联	扬州市汶河北路 29 号 4 楼	（0514）87341695	（0514）87312513	225002
高邮市侨联	高邮市海潮东路 28 号	（0514）85080190	（0514）84688213	225600
仪征市侨联	仪征市真州西路 1 号交通大厦六楼	（0514）83441118	（0514）83416982	211400
扬州市广陵区侨联	扬州市广陵区文昌中路 548 号广陵区政府大院内	（0514）87342215	（0514）87342215	225001
扬州市江都区侨联	扬州市江都区江淮路 388 号行政中心 15 楼	（0514）86299353	（0514）86299353	225200
扬州市邗江区侨联	扬州市邗江区邗江中路 338 号	（0514）87862114	（0514）87636136	225009
宝应县侨联	宝应县宝应大道 88 号行政中心	（0514）88282650	（0514）88290321	225800
镇江市侨联	镇江市南徐大道 68 号新行政中心 6 号楼	（0511）84420188	（0511）84420188	212004
丹阳市侨联	丹阳市开发区兰陵路 8 号市行政中心	（0511）86922123		212300
扬中市侨联	扬中市中电大道 8 号市行政中心 1 号楼	（0511）88326627	（0511）88326627	212200
句容市侨联	句容市华阳南路党校教学楼 2 楼句容新闻报道中心	（0511）87225849		212400
镇江市丹徒区侨联	镇江市丹徒区谷阳大道 1 号	（0511）88977123	（0511）88977124	212028
镇江市京口区侨联	镇江市学府路 39 号区政府大院内	（0511）80850602		212002
镇江市润州区侨联	镇江市润州路 5 号（区政府大院内）	（0511）85636198		212005
泰州市侨联	泰州市凤凰东路 58 号政府大院 B 楼 217	（0523）86839430	（0523）86839430	225309
靖江市侨联	靖江市阳光大道 1 号靖江市政府主楼 1300 室	（0523）89181300	（0523）89181300	214500
泰兴市侨联	泰兴市中兴大道 218 号（泰兴市政府大院内）	（0523）87623070	（0523）87766030	225400
兴化市侨联	兴化市新区行政中心 7 号楼（兴化市政府大院内）	（0523）83326750	（0523）83326759	225700
泰州市海陵区侨联	泰州市海陵区东进西路 109 号（单声珍藏文物馆内）	（0523）86235614	（0523）86235614	225300
泰州市高港区侨联	泰州市高港区港城路 8 号（高港区政府大院内）	（0523）86966100	（0523）86966037	225321
泰州市姜堰区侨联	泰州市姜堰区上海路 1 号姜堰区行政大楼 704 室	（0523）88869665	（0523）88869665	225500
宿迁市侨联	宿迁市南湖路 1 号市党政大楼 812 房间	（0527）84368580	（0527）84368532	223800

浙江省

单位名称	地　址	电话号码	邮政编码
浙江省侨联	杭州市保俶路 88 号	（0571）85119617 （0571）85119059	310007
侨音杂志社	杭州市保俶路 88 号	（0571）87382125	310007
杭州市侨联	杭州市文三西路 326 号金都新城 25 幢	（0571）87214209	

浙江省

单位名称	地　址	电话号码	邮政编码
上城区侨联	上城区惠民路 3 号	（0571）87823571	310002
下城区侨联	杭州市下城区文晖路 1 号 1315 室	（0571）28910819	310004
江干区侨联	庆春东路 1 号	（0571）86974741	310020
拱墅区侨联	台州路 1 号拱墅区侨联	（0571）88259627	310015
西湖区侨联	杭州市浙大路 1 号西湖区委统战部	（0571）87935022	310013
高新区（滨江）区侨联	滨江区江南大道 100 号	（0571）87702338	310052
萧山区侨联	萧山区行政中心 4 号楼 1 楼	（0571）82898355	311202
余杭区侨联	余杭区临平西大街 33 号	（0571）89162079	311100
建德市侨联	建德市新安江街道江滨路 58 号	（0571）58312529	311600
富阳区侨联	富阳区富春街道桂花路 25 号富阳市委统战部	（0571）63379282	311400
临安市侨联	临安市府大院 5 号楼 317	（0571）63722954	311300
桐庐县侨联	桐庐县迎春南路 298 号	（0571）58569361	311500
淳安县侨联	淳安县千岛湖新安北路 18 号	（0571）24818853	311700
宁波市侨联	宁波市江东区和济街 95 号 18 楼	（0574）89184349	315042
海曙区侨联	宁波市海曙区县前街 61 号 1 号楼 8 楼	（0574）55889265	315010
江东区侨联	彩虹北路 58 号 4006	（0574）87339641	315040
北仑区侨联	北仑区新碶长江路 1166 号行政中心 A 座	（0574）86780425	315800
江北区侨联	江北区新马路 61 弄	（0574）87650791	315020
镇海区侨联	镇海大道中段 670 号商务大楼 A2-8 楼	（0574）86252416	315202
鄞州区侨联	鄞州区惠风东路 568 号	（0574）87523529	315192
余姚市侨联	余姚市北兰江路 1 号	（0574）62703276	315400
慈溪市侨联	慈溪市白沙路街道三北大街 655 号	（0574）63980522、63980521	315300
奉化市侨联	奉化市锦屏南路 1 号	（0574）88588831	315500
象山县侨联	象山丹城后堂街 21 号	（0574）65739908	315700
宁海县侨联	宁海县跃龙街道县前街 18 号	（0574）65562573	315600
东钱湖旅游度假区侨联	宁波茗湖山庄	（0574）88366303	315121
温州市侨联	温州市行政管理中心（市府路 500 号）主楼 12 楼	（0577）88968632	325000
鹿城区侨联	广场路 188 号 11 号 202 室	（0577）88030632	325000
龙湾区侨联	龙湾区行政管理中心大楼 1320 室	（0577）86966908	325058
洞头区侨联	洞头区北岙街道县前路 12 号	（0577）63489487	325700
瓯海区侨联	瓯海区娄桥街道云飞路（瓯海行政中心 5 号楼三楼）	（0577）88503035	325005
瑞安市侨联	瑞安市安阳街道安盛路 196 号侨联大厦三楼	（0577）65915163	325200
乐清市侨联	乐清市市府路 1 号 B603 室	（0577）61880669	325600
永嘉县侨联	温州市永嘉县上塘县前路 94 号县行政中心 14 楼	（0577）67222089、57669010	325100
平阳县侨联	平阳县政府西坑大楼 137 室	（0577）58198230	325400
苍南侨联	苍南县行政中心 818 室	（0577）68881156	325800
文成县侨联	文成县大峃镇县前街 151 号县侨联大楼华侨之家	（0577）67834791	325300
泰顺县侨联	泰顺县罗阳镇东大街 6 号	（0577）67582745	325500
湖州市侨联	湖州市仁皇山新区行政中心 2 号楼	（0572）2398609	313000
吴兴区侨联	吴兴区吴兴大道 1 号吴兴行政中心 1 号楼 10928 室	（0572）2289195	313000
南浔区侨联	南浔区行政中心区侨办（南浔镇向阳路 601 号）	（0572）3069659	313009
德清县侨联	德清县武康镇千秋东街 1 号县行政中心 A 楼 10 楼	（0572）8289169	313200
长兴县侨联	长兴县龙山街道行政中心 B 幢 508 室	（0572）6256220	313100
安吉县侨联	安吉县行政大楼 822 号（安吉县委统战部）	（0572）5123882	313300
嘉兴市侨联	嘉兴市南湖区广场路 1 号行政中心五号楼	（0573）82521392	314050
南湖区侨联	嘉兴市凌公塘路 1260 号南湖区行政中心	（0573）82838024	314051
秀洲区侨联	嘉兴市洪兴路 1765 号秀洲区行政中心	（0573）82720249	314031

浙江省

单位名称	地　址	电话号码	邮政编码
嘉善县侨联	嘉善县嘉善大道 126 号	（0573）84228051	314100
平湖市侨联	平湖市当湖街道胜利路 380 号（市政府 1 号楼 8 楼）	（0573）85060843	314200
海盐县侨联	海盐县武原街道枣园中路 118 号	（0573）86110228	314300
海宁市侨联	海宁市海洲西路 226 号市行政中心 1 号楼 10-819 室	（0573）87288232	314400
桐乡市侨联	桐乡市振兴东路行政中心市政府 520 室	（0573）89391290	314500
嘉兴港区侨联	嘉兴港区乍浦镇东方大道 1 号嘉兴港区管委会	（0573）85581723	314201
嘉兴科技城侨联	嘉兴市凌公塘路 3339 号 JRC-402	（0573）83915189	314022
绍兴市侨联	绍兴市府山西路 360 号	（0575）85172769	312000
越城区侨联	绍兴市越城区延安路 18 号	（0575）88316952	312000
柯桥区侨联	绍兴市柯桥区华齐路 1066 号 15 楼	（0575）84138861	312030
上虞区侨联	绍兴上虞区市民大道 987 号	（0575）82213129	312300
诸暨市侨联	诸暨市浣纱支路 58 号临江大厦 3 楼	（0575）87011720	311800
嵊州市侨联	嵊州市领带园区五路 3 号	（0575）83032286	312400
新昌县侨联	新昌县人民中路 190 号 2 号楼	（0575）86026577	312500
金华市侨联	金华市双龙南街 811 号市工人大厦 12 楼	（0579）82436190	321017
婺城区侨联	金华市宾虹西路 2666 号区行政中心南楼	（0579）82339182	321025
金东区侨联	金华市金东区光南路 863 号（区委区政府内）	（0579）82176706	321015
兰溪市侨联	兰溪市府前路 81 号党政中心	（0579）88899638	321100
义乌市侨联	义乌市县前街 21 号（市委统战部 301 办公室）	（0579）85523559	322000
东阳市侨联	东阳市江北行政中心	（0579）86655556	322100
永康市侨联	永康市金城路 25 号（市委市府大院）	（0579）87101426	321300
武义县侨联	武阳东路 2 号明招大厦 6 楼	（0579）87663960	321200
浦江县侨联	浦江县人民东路 38 号（县委县府大院）	（0579）84111015	321200
磐安县侨联	磐安县龙山路 1 号（县委县府大院）	（0579）84666828	322300
衢州市侨联	衢州市白云中大道 37 号 11-12 楼	（0570）3080122	324003
衢江区侨联	衢州市衢江区行政大楼 0946 室	（0570）3838147	324022
江山市侨联	江山市中山路 118 号	（0570）4022836	324100
常山县侨联	常山县天马街道人民路 3 号	（0570）5026819	324200
开化县侨联	开化县芹阳办事处解放街 54 号	（0570）6510398	324300
龙游县侨联	龙游县太平西路 28 号县府大院内	（0570）7022466	324400
柯城区侨联	衢州市柯城区双港路 416 号柯城环保局大楼二楼	（0570）3030278	324000
衢州学院“三胞”眷属联谊会	衢州市九华北大道 78 号	（0570）8026602	324000
舟山市侨联	舟山市新城海天大道 681 号东 1 号楼 10 楼	（0580）2280863	316021
定海区侨联	舟山市定海区昌国路 61 号	（0580）2022512	316000
普陀区侨联	舟山市普陀区东港昌正街 169 号东港商务中心	（0580）3010112	316100
岱山县侨联	岱山县高亭镇竹屿新区鱼山大道 681 号	（0580）4472934	316200
嵊泗县侨联	嵊泗县菜园镇县侨联	（0580）5580500	202450
台州市侨联	台州市行政大楼 6 楼	（0576）8851072	318000
椒江区侨联	台州市椒江区建设路 16 号	（0576）88800022	318000
黄岩区侨联	台州市黄岩区行政大楼 1204 室	（0576）84121668	318020
路桥区侨联	台州市路桥区行政大楼	（0576）82449969	318050
温岭市侨联	温岭市人民东路 258 号市行政大楼 14 楼	（0576）86223098	317500
临海市侨联	临海市东方大道 99 号市府大院 2 楼	（0576）85226840	317000
玉环县侨联	玉环县政府大院	（0576）87278172	317600
三门县侨联	三门县行政中心 0929 室	（0576）83332295	317100
天台县侨联	天台县行政中心 15 楼 1509 室	（0576）83930272	317200
仙居县侨联	仙居县环城西路 50 号供电大楼 14 楼	（0576）87792908	317300
丽水市侨联	丽水市莲都区花园路 1 号行政中心主楼 11 楼	（0578）2091948	323000

浙江省

单位名称	地　址	电话号码	邮政编码
莲都区侨联	丽水解放街 51 号	（0578）2116172	323000
龙泉市侨联	龙泉市行政中心 10 楼 G13 室	（0578）7262901	323700
青田县侨联	青田县鹤城街道圣旨街 61 号三楼	（0578）6821419	323900
缙云县侨联	缙云县五云镇复兴街 154 号	（0578）3144185	321400
遂昌县侨联	遂昌县妙高镇前街 1 号	（0578）8123115	323300
松阳县侨联	松阳县府前街 1 号	（0578）8062561	323400
庆元县侨联	庆元县石龙街 32 号	（0578）6114248	323800
云和县侨联	云和县云和镇城北路 6 号	（0578）5122688	323600
景宁县侨联	景宁畲族自治县府前西路 19 号	（0578）5626897	323500

安徽省

单位名称	地　址	电话号码	传真号码	邮政编码
安徽省侨联	合肥市马鞍山路 509 号省政务服务中心 B 座 16 楼	（0551）62999181	（0551）62999182	230002
合肥市侨联	合肥市东流路 100 号政务中心一区 B 座 8 层	（0551）63538902	（0551）63538901	230071
淮北市侨联	淮北市人民路 208 号一楼	（0561）3119263	（0561）3119263	235000
亳州市侨联	亳州市芍花路 588 号行政中心 2081 室	（0558）5555869		236800
宿州市侨联	宿州市银河一路政务中心 B 座二楼 204 室	（0557）3038691	（0557）3038691	234000
蚌埠市侨联	蚌埠市东海大道行政办公中心	（0552）3119928	（0552）3122007	233000
阜阳市侨联	阜阳市清河东路 580 号明珠建设 3 楼	（0558）2195278	（0558）2195276	236000
淮南市侨联	淮南市山南新区和风大街 88 号 A 座 738 室	（0554）6644872	（0554）5678283	232001
滁州市侨联	滁州市育新路 174 号	（0550）3037317	（0550）3041041	239000
六安市侨联	六安市佛子岭路行政中心	（0564）3379612	（0564）3379612	237001
马鞍山市侨联	马鞍山市雨山区印山西路 299 号教育局大楼 12 层	（0555）2474491	（0555）2474491	243000
芜湖市侨联	芜湖市政务文化中心 B 区 117 室	（0553）3885586	（0553）3815780	241011
宣城市侨联	宣城市鳌峰中路 45 号	（0563）3021263	（0563）3022279	242000
铜陵市侨联	铜陵市行政中心南十五楼	（0562）5880801	（0562）5880801	244000
池州市侨联	池州市翠柏路百翠综合楼三楼	（0566）2811419	（0566）2811482	247000
安庆市侨联	安庆市菱湖北路 30 号	（0556）5346557	（0556）5346557	246002
黄山市侨联	黄山市委市政府大楼	（0559）2355268	（0559）2355262	245000
中国科学技术大学侨联	合肥市金寨路 96 号中国科技大学	（0551）63602586		230026
合肥工业大学侨联	合肥市屯溪路 193 号	（0551）63161989		230001
安徽大学侨联	合肥市肥西路 3 号安徽大学历史系	（0551）65106117		230039
安徽医科大学侨联	合肥市梅山路 81 号 安徽医科大学第一附属医院心血管内科 10 楼	（0551）65161048、62922261		230022
安徽工业大学侨联	马鞍山市安工大工商学院	（0555）2311975		243000
桐城市侨联	桐城市政府大楼 204 室	（0556）6123677		231400
怀宁县侨联	怀宁县高河镇政和路 128 号	（0556）4611195		246121
潜山县侨联	潜山县外事侨务办公室（侨联）	（0556）8921830		246300
岳西县侨联	岳西县天堂镇天堂路县外侨办 102 室	（0556）2173047		246600
太湖县侨联	太湖县熙湖路 4 号	（0556）4186107		246400
望江县侨联	望江县政府大楼	（0556）7171480		246200
宿松县侨联	宿松县人民中路 104 号	（0556）7822233		246500
宿州市埇桥区侨联	宿州市埇桥区胜利东路 636 号	（0557）3024103		234000
黄山市歙县侨联	歙县政府大楼	（0559）6510046		
淮南市寿县侨联	淮南市寿县国投大厦县侨联 1023 室	（0564）4039565		232200
马鞍山市含山县侨联	马鞍山市含山县褒禅山路县政务中心	（0555）4958038 （0555）4313588		238100
马鞍山市和县侨联	马鞍山市和县和州路县政府办公室 315 室	（0555）5312537		

安徽省

单位名称	地　　址	电话号码	传真号码	邮政编码
马鞍山市当涂县侨联	马鞍山市当涂县太白中路 6 号县行政中心大楼 135 办公室	（0555）6737484		243100
马鞍山市花山区侨联	马鞍山市竹园路 2 号	（0555）2489015		
马鞍山市雨山区侨联	马鞍山市雨山区青莲路雨山区行政中心	（0555）2357156		243000
马鞍山市博望区侨联	马鞍山市博望区政府	（0555）6776099		243131
马鞍山市经济技术开发区侨联	马鞍山市红旗南路经济开发区管委会	（0555）8323731		243041
马鞍山市慈湖高新区侨联	马鞍山市天门大道北段 1688 号慈湖高新技术产业开发区	（0555）3508707		
马鞍山市郑蒲港新区侨联	马鞍山市郑蒲港新区中飞大道 277 号	（0555）5364678		238261
马鞍山市示范园区侨联	马鞍山市承接产业示范园区（205 国道）	18655596609		243111
蚌埠市怀远县侨联	蚌埠市怀远县政府办公室 410 文电室	（0552）8212627		233400
蚌埠市五河县侨联	蚌埠市五河县惠民路 8 号县政府办公室	（0552）505635		233300
蚌埠市固镇县侨联	蚌埠市固镇县委大院统战部办公室	（0552）6012003		233700
蚌埠市龙子湖区侨联	蚌埠市治淮路 706 号龙子湖区统战部	（0552）3040242		233040
蚌埠市蚌山区侨联	蚌埠市东海大道 3858 号蚌山区统战部	（0552）2067525		233000
蚌埠市禹会区侨联	蚌埠市涂山路 429 号禹会区统战部	（0552）4950958		233000
蚌埠市淮上区侨联	蚌埠市淮上大道淮上区行政办公中心统战部	（0552）2829401		233000
蚌埠市经济开发区侨联	蚌埠市大学科技园城市之门西楼经开区党政办	（0552）3183518		233000
蚌埠市高新区侨联	蚌埠市燕山路 1599 号高新区招商二局	（0552）4072588		233010
合肥市包河区侨联	合肥市包河大道 118 号包河区政府北楼 503 室	（0551）63357061		230025
合肥市庐阳区侨联	合肥市濉溪路 295 号庐阳区政府七楼 710 室	（0551）65699488		230041
合肥市蜀山区侨联	合肥市蜀山区梅山路 107 号 504 室	（0551）65121153		
合肥市瑶海区侨联	合肥市瑶海区明光路 1 号	（0551）64499960		
合肥市肥东县侨联	肥东县店埠镇人民路 15 号	（0551）7728340		
合肥市肥西县侨联	合肥市肥西县上派镇巢湖路总工会大厦 6 楼	13805606379		231200
合肥市庐江县侨联	庐江县塔山路 266 号县政府综合楼一楼	（0551）87339158		
合肥市巢湖市侨联	巢湖市姥山路 1 号市政府综合楼 712 室	（0551）82319831		
铜陵市枞阳县侨联	枞阳县浮山路 8 号	（0562）3211970		246700
铜陵市义安区侨联	铜陵县建设路 1 号	（0562）8810077		244100
芜湖市无为县侨联	无为县人民政府办公大楼 D208 县外事侨务办公室（县侨联）	（0553）6611257		238301
芜湖市镜湖区侨联	芜湖市镜湖区张家山领秀城 18-1-2001	13195311006		241000
芜湖市经济技术开发区侨联	芜湖市银湖北路 38 号芜湖市科创中心	（0553）5940061		241009

福建省

单位名称	地　　址	电话号码	传真号码	邮政编码
福建省侨联	福州市鼓屏路 192 号山海大厦南十楼	（0591）87804224	（0591）87818370	350003
福州市侨联	福州市五一北路 106 号新侨联广场 A 座 6 层	（0591）87537290	（0591）87506180	350001
福州市鼓楼区侨联	福州市鼓楼区津泰路 98 号档案楼 7 楼	（0591）87554621	（0591）87554621	350001
福州市台江区侨联	福州市台江区台江路 88 号安平大厦 13 楼	（0591）83272144	（0591）83272144	350009
福州市仓山区侨联	福州市仓山区对湖路 21 号	（0591）83478613	（0591）83478613	350007
福州市晋安区侨联	福州市晋安区福马路 241 号 4 层	（0591）83640979	（0591）83640979	350011
福州市马尾区侨联	福州市马尾区君竹路 30 号	（0591）83683557	（0591）83987897	350015
长乐市侨联	长乐市爱心路 232 号	（0591）28922307	（0591）28831623	350200
福清市侨联	福清市融城一拂路 116 号	（0591）85222577	（0591）85222577	350300
平潭县侨联（平潭综合实验开发区）	平潭县城关东大路 130 号	（0591）38716389	（0591）24325036	350400
连江县侨联	连江县凤城镇丹凤路	（0591）87537290	（0591）87501578	350500
罗源县侨联	罗源县凤山镇北大路 15 号政府大楼	（0591）26831381	（0591）26831381	350600
永泰县侨联	永泰县樟城镇较场路 3 号	（0591）24833068	（0591）24833068	350700

福建省

单位名称	地　址	电话号码	传真号码	邮政编码
闽清县侨联	闽清县梅城镇解放大街 55 号华侨大厦 3 层	（0591）22332197	（0591）22375030	350800
闽侯县侨联	闽侯县甘蔗镇八一八西路 136 号海联大厦三楼	（0591）22068268	（0591）22069269	350100
厦门市侨联	厦门市白鹭洲路 16 号 8 楼	（0592）2699090	（0592）2699083	361004
厦门市思明区侨联	厦门市禾祥东路 168 号	（0592）5818358	（0592）5380950	361004
厦门市湖里区侨联	厦门市湖里区枋湖南路 161 号 8 楼	（0592）5722317	（0592）5722260	361006
厦门市集美区侨联	厦门市集美区集源路 82 号	（0592）6067114	（0592）6102079	361021
厦门市同安区侨联	厦门市同安区南门路 87 号	（0592）7022730	（0592）7311831	361100
厦门市翔安区侨联	厦门市翔安区行政中心	（0592）7889787	（0592）7839727	361102
厦门市海沧区侨联	厦门市海沧区滨湖北路 9 号	（0592）6589322	（0592）6538306	361026
宁德市侨联	宁德市署前路 14 号	（0593）2869025	（0593）2869025	352100
宁德市蕉城区侨联	宁德市莲峰路 4 号	（0593）2825966	（0593）2825575	352100
古田县侨联	宁德古田县解放路 192 号	（0593）3882970	（0593）3882142	352200
屏南县侨联	宁德屏南县县府路 1 号	（0593）3322096	（0593）3322096	352300
福安市侨联	宁德福安市上杭路 10 号	（0593）6382589	（0593）6382589	355000
霞浦县侨联	宁德霞浦县政协大院内	（0593）8893249	（0593）8636396	355100
福鼎市侨联	宁德福鼎市委大院内	（0593）7810546	（0593）7810546	355200
柘荣县侨联	宁德柘荣县委大院内	（0593）8352848	（0593）8352848	355300
周宁县侨联	宁德周宁县委大院内	（0593）5627910	（0593）5627910	355400
寿宁县侨联	宁德寿宁县政府大院内	（0593）5522783	（0593）5522181	355500
宁德市东湖塘华侨农场侨联	宁德市东湖塘华侨农场	（0593）2871231	（0593）2871231	352101
莆田市侨联	莆田市荔城区六城门城门街 551 号 3 号楼	（0594）2333766	（0594）2333766	351100
莆田市城厢区侨联	莆田市城厢区政府 3 楼（329、330）	（0594）2681872	（0594）2681872	351100
莆田市秀屿区侨联	莆田市秀屿区侨联大厦	（0594）5869808	（0594）5871808	351146
莆田市荔城区侨联	莆田市东大路 135 号	（0594）2292665	（0594）2291579	351100
莆田市涵江区侨联	莆田市涵江区华侨路 119 号涵江侨联大厦	（0594）3597088	（0594）3396704	351111
仙游县侨联	仙游县鲤城街道八二五大街 919 号	（0594）8599510	（0594）8599510	351200
泉州市侨联	泉州市东湖街 732 号华侨历史博物馆内	（0595）22282352	（0595）22190737	362000
泉州市鲤城区侨联	泉州市区打锡街 157 号旧区政府 4 号楼 2 楼	（0595）22285808	（0595）22178220	362000
泉州市丰泽区侨联	泉州市津淮街迎津新村 8 幢 13 楼梯 2 楼	（0595）22567501	（0595）22508385	362000
泉州市洛江区侨联	泉州市洛江区政府办公室 5 楼	（0595）22633866	（0595）22633866	362000
泉州市泉港区侨联	泉州市泉港区联检大楼 6 楼	（0595）87971357	（0595）87971356	362800
泉州台商投资区侨联	泉州台商投资区政府九楼	（0595）27398893	（0595）27396690	362100
石狮市侨联	石狮市群英北路侨联大厦 7 楼	（0595）88781041	（0595）88792929	362700
晋江市侨联	晋江市青阳新大街南路 41 号	（0595）85661318	（0595）85668158	362200
南安市侨联	南安市溪美镇新华路 4 号	（0595）86382252	（0595）86372252	362300
惠安县侨联	惠安县螺城科山路 2 号	（0595）87382115	（0595）87393561	362100
安溪县侨联	安溪县凤城北街联谊大厦	（0595）23232435	（0595）23281658	362400
永春县侨联	永春县桃城环城路 1—3 号	（0595）23882653	（0595）23875808	362600
德化县侨联	德化县龙津路北段 28 号	（0595）23522321	（0595）23522321	362500
漳州市侨联	漳州市芗城区南昌路小商品城 C 幢 305 室	（0596）2031137	（0596）2024960	363000
漳州市芗城区侨联	漳州市芗城区华侨新村 1 号	（0596）2033101	（0596）2033101	363000
漳州市龙文区侨联	漳州市龙文区政府大楼 202 号	（0596）2128787	（0596）2128787	363000
漳州市常山华侨经济开发区侨联	漳州常山华侨经济开发区	（0596）8626112	（0596）8628220	363300
诏安县侨联	诏安县南诏镇中心路 487 号	（0596）3322323	（0596）3323889	363500
东山县侨联	东山县西埔镇白石街府后路 92 号	（0596）5835485	（0596）5839767	363400
云霄县侨联	云霄县云东路 84 号政协大楼	（0596）8533171	（0596）8530766	363300
龙海市侨联	龙海市	（0596）6522209	（0596）6559865	363100

福建省

单位名称	地　址	电话号码	传真号码	邮政编码
漳浦县侨联	漳州市漳浦县绥安镇民主路联谊大厦	（0595）3220930	（0595）3220930	363200
南靖县侨联	南靖县山城镇沿江路 16 号	（0596）7832467	（0596）7837806	363600
长泰县侨联	长泰县委大院 B 幢	（0596）8322321	（0596）8322321	363900
平和县侨联	平和县小溪镇东大路侨联大厦	（0596）5232239	（0596）5232239	363700
华安县侨联	华安县城关大同路 40 号	（0596）7362465	（0596）7362465	363800
龙岩市侨联	龙岩市龙岩大道 1 号行政办公中心东附楼北 4 层	（0597）3213322	（0597）2324871	364000
龙岩市新罗区侨联	龙岩市西宫巷 14 号	（0597）2108559	（0597）2290922	364000
武平县侨联	武平县政协巷 11 号	（0597）4836833	（0597）4836833	364300
长汀县侨联	长汀县汀州镇兆征路 19 号	（0597）6808898	（0597）6834252	366300
连城县侨联	连城县政府一楼	（0597）8922439	（0597）8922634	366200
上杭县侨联	上杭县北大路 12 号	（0597）3843907	（0597）3843907	364200
永定县侨联	永定县凤城镇金凤路 49 号三楼	（0597）5832128	（0597）3159368	364100
漳平市侨联	漳平市八一路 41 号	（0597）7532375	（0597）7532375	364400
三明市侨联	三明市梅列区丁香新村 61 幢一楼	（0598）8242531	（0598）8296011	365000
三明市三元区侨联	三明市三元区棠宁路 10 号	（0598）8337483	（0598）8325850	365001
三明市梅列区侨联	梅列区政府大院内	（0598）8246853	（0598）8246853	365000
明溪县侨联	明溪县雪峰镇民族路 9 号	（0598）2813663	（0598）2813663	365200
永安市侨联	永安市南山路 1 号市委大院	（0598）3833321	（0598）3833321	366000
大田县侨联	大田县政府大院	（0598）7222549	（0598）7222549	366100
大田县侨联	大田县政府大院	（0598）7222549	（0598）7222549	366100
沙县侨联	沙县金鼎城机关大楼五楼	（0598）5826672	（0598）5826672	365500
宁化县侨联	宁化县城关中山路 1 号	（0598）6822586	（0598）6822586	365500
建宁县侨联	建宁县城关中山南路 21 号	（0598）3960049	（0598）3960049	354500
尤溪县侨联	尤溪县城关建设东街 66 号	（0598）6307956	（0598）6307953	365100
泰宁县侨联	泰宁县政务大楼北四楼	（0598）7833454	（0598）7833454	354400
清流县侨联	清流县龙城街 22 幢	（0598）5390399	（0598）5322212	365300
将乐县侨联	将乐县古镛镇建新路 11 号	（0598）2324226	（0598）2324226	353300
南平市侨联	南平市延平区人民路 196 号	（0599）8854856	（0599）8854856	353000
南平市延平区侨联	南平市人民路 93 号区政协大楼	（0599）8832930	（0599）8832930	353000
武夷山市侨联	武夷山市文公路度假区大楼 10 楼	（0599）5301596	（0599）5314630	354300
松溪县侨联	松溪县大街 80 号	（0599）2328637	（0599）2321093	353500
政和县侨联	政和县解放街 2 号县委一楼	（0599）3327298	（0599）3327298	353600
邵武市侨联	邵武市新建路 8 号	（0599）6322849	（0599）6322849	353400
建阳市侨联	建阳市潭城镇西桥北路 5 号（市委大楼一楼）	（0599）6156600	（0599）6153200	354200
光泽县侨联	光泽县文昌路 45 号 102 信箱	（0599）7923295	（0599）7923295	354100
顺昌县侨联	顺昌县城中路 50 号	（0599）7820880	（0599）7821326	353200
浦城县侨联	浦城县武夷山路县招待所	（0599）6175736	（0599）6175736	353400
建瓯市侨联	建瓯市行政中心大楼	（0599）3834458	（0599）3733536	353100

江西省

单位名称	地　址	电话号码	传真号码	邮政编码
江西省侨联	南昌市卧龙路 999 号省行政中心	（0791）88918919	（0791）88918966	3300036
南昌市侨联	南昌市红谷滩新区雄州路 169 号	（0791）83885545	（0791）83885545	330038
东湖区侨联	南昌市东湖区三经路 699 号	（0791）86210568	（0791）87838527	330006
西湖区侨联	南昌市抚生路 369 号 1 号楼 1 楼	（0791）86564632	（0791）86565235	330025
青云谱区侨联	南昌市青云谱区广州路 268 号	（0791）88463110	（0791）88463110	330001
湾里区侨联	南昌市湾里区工农路 63 号	（0791）83766128	（0791）83760989	330004
青山湖区侨联	南昌市南京东路 699 号青山湖区政府大楼一楼	（0791）88100993	（0791）88100993	330029
新建区侨联	南昌市新建区区委大楼	（0791）83703719	（0791）83702871	330111
南昌县侨联	南昌市南昌县县委统战部	（0791）85712978	（0791）85712479	330200
进贤县侨联	南昌市进贤县行政新区县委大楼 315 室	（0791）85622356		331700

附录

江西省

单位名称	地　　址	电话号码	传真号码	邮政编码
安义县侨联	南昌市安义县县委统战部	（0791）83413469		330500
九江市侨联	九江市湓浦路 14 号	（0792）8227479	（0792）8227479	332000
浔阳区侨联	九江市浔阳区庾亮北路 2 号	（0792）8217486	（0792）8217486	332000
武宁县侨联	九江市武宁县市民服务中心南楼	（0792）2761384	（0792）2761550	332300
修水县侨联	九江市修水县玉宁大道 199 号	（0792）7808757		332400
都昌县侨联	九江市都昌县政府	（0792）5232983		332600
景德镇市侨联	景德镇市莲花塘 8 号	（0798）8221875	（0798）8229293	333000
乐平市侨联	景德镇市乐平市为民服务中心 7 楼	（0798）6568336		333300
萍乡市侨联	萍乡市迎宾路 18 号政府院内	（0799）6821596	（0799）6821596	337000
安源区侨联	萍乡市安源区人民政府办公室	（0799）6661736		337000
湘东区侨联	萍乡市湘东区政府大院区委统战部	（0799）3375057		337016
上栗县侨联	萍乡市上栗县公共政务局三楼县工商联	（0799）3662683		337009
芦溪县侨联	萍乡市芦溪县政府大院县委统战部	（0799）7551120		337200
莲花县侨联	萍乡市莲花县政府大院县委统战部	（0799）7221247		337100
新余市侨联	新余市毓秀东大道 623 号人保局附属楼 10 楼	（0790）6343887	（0790）6343887	338000
鹰潭市侨联	鹰潭市梅园大道 3-3 号	（0701）6445381	（0701）6445380	335001
月湖区侨联	鹰潭市月湖新城经济大厦 213	（0701）6257696	（0701）6257696	335001
余江县侨联	鹰潭市余江县龙岗政府大楼	（0701）5881198	（0701）5831198	335200
贵溪市侨联	鹰潭市贵溪市市政府大楼 7 楼 709	（0701）3316616	（0701）3316616	335400
赣州市侨联	赣州市市政中心 1 号 1756 房	（0797）8391696	（0797）3391698	341000
章贡区侨联	赣州市章贡区区政中心东楼 16 楼	（0797）8199187	（0797）3199187	341000
南康区侨联	南康市政府院内	（0797）6605310	（0797）5632393	341400
瑞金市侨联	瑞金市公务大楼 604 室	（0797）2525118		342500
赣县侨联	赣县兴农路 2 号县委统战部	（0797）4441632	（0797）4441632	341100
信丰县侨联	信丰县政府院内	（0797）3336706	（0797）3336706	341600
大余县侨联	大余县委统战部	（0797）8722762	（0797）8723939	341500
上犹县侨联	上犹县政府院内	13803585778		341200
崇义县侨联	崇义县委统战部	（0797）7612612		341300
安远县侨联	安远县委院内	（0797）3732161	（0797）3732161	342100
龙南县侨联	龙南县委统战部	（0797）3512228		341700
定南县侨联	定南县委统战部	（0797）4289116	（0797）4289116	341900
全南县侨联	全南县委统战部	（0797）2632916	（0797）2632916	341800
兴国县侨联	兴国县委统战部	（0797）5322215	（0797）5326368	342400
宁都县侨联	宁都县委统战部	（0797）6832180	（0797）6832180	342800
于都县侨联	于都县贡江镇红军大道 108 号县委大院	（0797）6233280	（0797）6233280	342300
会昌县侨联	会昌县委统战部	（0797）5622428	（0797）5622428	342600
寻乌县侨联	寻乌县委统战部	13807073590		342200
石城县侨联	石城县政中心 A 区 306 室	（0797）5712025	（0797）5792308	342700
宜春市侨联	宜春市土主庙路 26 号 012 中转站	（0795）3222279		336000
袁州区侨联	宜春市袁州区政府办	（0795）3223676	（0795）3222518	336000
樟树市侨联	宜春市樟树市吉佛路 59 号市文化馆	（0795）7362767	（0795）7362767	331200
丰城市侨联	宜春市丰城市政府大院	（0795）6608429	（0795）6608429	331100
高安市侨联	宜春市高安市政府大院	（0795）5212617	（0795）5212617	330800
靖安县侨联	宜春市靖安县统战部	（0795）4662545	（0795）4662545	330600
奉新县侨联	宜春市奉新县政府办	（0795）4539151	（0795）4539151	330700
上高县侨联	宜春市上高县政府办	（0795）2513275	（0795）2517517	336400
宜丰县侨联	宜春市宜丰县政府办	（0795）2765503	（0795）2765486	336300
铜鼓县侨联	宜春市铜鼓县政府办	（0795）8722090	（0795）8722090	336200
万载县侨联	宜春市万载县政府大院	（0795）8822660	（0795）8822660	336100
上饶市侨联	上饶市信州区金龙港 15 号	（0793）8223370		334000

附录

江西省

单位名称	地址	电话号码	传真号码	邮政编码
信州区侨联	上饶市信州区区政府大楼	（0793）8309733	（0793）8309733	334000
德兴市侨联	上饶市德兴市朝阳路 4 号	（0793）7522292		334200
上饶县侨联	上饶市上饶县吉阳西路 1 号	（0793）8466079	（0793）8466079	334100
广丰县侨联	上饶市广丰县府前街 1 号	（0793）2650312	（0793）2650312	334600
玉山县侨联	上饶市玉山县行政中心 13 楼	（0793）2552429		334700
婺源县侨联	上饶市婺源县蚺城路 26 号	（0793）7355418	（0793）7351440	333200
鄱阳县侨联	上饶市鄱阳县县委大院	（0793）6267728		333100
余干县侨联	上饶市余干县县委大院四楼	（0793）3398425		335100
万年县侨联	上饶市万年县政府大楼 1237 室			
弋阳县侨联	上饶市弋阳县行政中心	（0793）5821269		
横峰县侨联	上饶市横峰县行政中心大楼	（0793）5782471		
铅山县侨联	上饶市铅山县西海岸大酒店			334500
吉安市侨联	吉安市城南行政中心 B 座 7 楼	（0796）8935218	（0796）8935218	343000
吉州区侨联	吉安市吉州区长征路 25 号	（0796）8280933		
青原区侨联	青原区行政中心区委统战部 邮编：	（0796）8106996		
井冈山市侨联	井冈山市新城区市政府大楼 3 楼	（0796）6890881	（0796）6890881	343600
吉安县侨联	吉安县庐陵大道 27 号县政府大院	（0796）8442439	（0796）8442439	343100
新干县侨联	新干县行政服务中心大楼	（0796）2160097	（0796）2160096	331300
永丰县侨联	永丰县跃进路 27 号县委大院	（0796）2511795	（0796）2526792	331500
峡江县侨联	峡江县百花路 6 号县委、县政府大楼	（0796）3672892	（0796）3672892	331409
吉水县侨联	吉水县万里大道县委大楼	（0796）8689545	（0796）8689545	331600
泰和县侨联	泰和县工农兵大道 003 号县委大院	（0796）8638206	（0796）8638206	343700
遂川县侨联	遂川县行政办公中心	（0796）3628136	（0796）6328136	343900
安福县侨联	安福县县委、县政府大楼	（0796）7622067	（0796）7622067	343200
永新县侨联	永新县委统战部	（0796）7722975		
抚州市侨联	抚州市行政中心 A-305	（0794）8259980	（0794）8282448	344000
临川区侨联	抚州市临川区行政中心 A-813	（0794）8441245		
金溪县侨联	抚州市金溪县行政中心 A-421	（0794）5397550	（0794）5397550	344800
崇仁县侨联	抚州市崇仁县行政中心 A-616	（0794）6329365		
东乡区侨联	抚州市东乡区行政中心 805	13755913846		

山东省

单位名称	地址	电话号码	邮政编码
山东省侨联	济南市经十路 18262 号	（0531）86093950	250061
济南市侨联	济南市龙鼎大道 1 号龙奥大厦 E1316 室	（0531）66601651	250099
济南市历下区侨联	济南市解放东路 99 号	（0531）88151011	250014
济南市市中区侨联	济南市经八路济南大厦 509 室	（0531）82078182	250001
济南市天桥区侨联	济南市堤口路 53 号	（0531）81601068	250031
济南市槐荫区侨联	济南市经十路 29851 号槐荫区政务中心 5 层 528 室	（0531）87589528	250117
济南市历城区侨联	济南市洪楼南路 2 号	（0531）66899784	250100
济南市长清区侨联	济南市经十西路 17166 号长清区政务中心 3 层贸促会	（0531）87228086	250300
济南市平阴县侨联	济南平阴县府前街 35 号外侨办	（0531）87893351	250400
章丘市侨联	济南章丘市龙泉大厦 12010 室	（0531）83278956	250200
商河县侨联	济南商河县行政服务中心五层	（0531）84876399	251600
济阳县侨联	济阳县政务中心一层投资服务中心	（0531）81178117	251400
青岛市侨联	青岛市香港中路 17 号 12 楼 1208 室	（0532）85912375	266071
青岛市市南区侨联	青岛市宁夏路 286 号	（0532）88729625	266071
青岛市市北区侨联	青岛市延吉路 80 号	（0532）85801290	266033

附录

山东省

单位名称	地　　址	电话号码	邮政编码
青岛市李沧区侨联	青岛市黑龙江中路 615 号	（0532）87610771	
青岛市崂山区侨联	青岛市仙霞岭路 18 号	（0532）88997027	266061
青岛市城阳区侨联	城阳区山城路 195 号行政服务中心南五楼	（0532）87968063	266109
青岛市黄岛区侨联	胶南市北京路 10 号阳光大厦 815 房间	（0532）85166828	266400
胶州市侨联	胶州市北京路 2 号行政服务西楼 931 室	（0532）82206105	266300
即墨市侨联	即墨市振中街 16 号	（0532）88551361	266200
平度市侨联	平度市红旗路 16-1 号	（0532）87362051	266700
莱西市侨联	莱西市行政办公中心 0855 房间	（0532）88405333	266600
淄博市侨联	淄博市张店区联通路 306 号 1104 室	（0533）3887502	255000
淄博市张店区侨联	张店区中心路 140 号侨兴书店	13906436241	255020
淄博市淄川区侨联	淄川区人口和计划生育局（般阳路 41 号）	（0533）5182836	255100
淄博市博山区侨联	博山区县前街 10 号院 3 号楼 1 单元 302	（0533）4180314	255200
淄博市周村区侨联	周村区恒丰盛世豪庭 11 号楼 2 单元 302	13805336142	255300
淄博市临淄区侨联	临淄区桓公路 268 号临淄区河道管理处	（0533）7180086	255400
淄博市桓台县侨联	淄博柳泉路 107 号国贸大厦 1210 室	（0533）3190617	255000
淄博市高青县侨联	高青县田镇二中宿舍楼中间楼西单元 2 楼东户	13325221386	256300
淄博市沂源县侨联	沂源县招商局转	13589590929	256100
枣庄市侨联	枣庄市新城光明大道 629 号综合楼 513 室	（0632）8687882	277800
滕州市侨联	枣庄市滕州市政府	（0632）5512748	277500
枣庄市薛城区侨联	枣庄市薛城区政府	（0632）4412417	277800
枣矿集团侨联	枣庄市枣矿集团	（0632）4081336	277800
枣庄市高新区侨联	枣庄市高新区	（0632）6611502	277800
枣庄市台儿庄侨联	枣庄市台儿庄区政府	（0632）6638998	277400
枣庄市山亭区侨联	枣庄市山亭区政府	（0632）8812329	277200
枣庄市市中区侨联	枣庄市市中区政府	（0632）3083023	277100
枣庄市峄城区侨联	枣庄市峄城区政府	（0632）7715196	277300
东营市侨联	东营市南一路 1226 号	（0546）8331817	257091
东营市广饶县侨联	广饶县乐安大街 501 号	（0546）6441429	257300
烟台市侨联	烟台市芝罘区环山路 30 号	（0535）6225821	264001
芝罘区侨联	烟台市芝罘区市府街 76 号	（0535）6214216	264001
福山区侨联	烟台市福山区河滨路 109 号	（0535）6363680	265500
牟平区侨联	烟台市牟平区文兴路 510 号	（0535）4219075	264100
龙口市侨联	龙口市行政中心 1535 室	（0535）8516939	265701
莱州市侨联	莱州市府东街南首	（0535）3070515	261400
蓬莱市侨联	蓬莱市钟楼东路 1 号	（0535）5642609	265600
招远市侨联	招远市泉山路 27 号	（0535）8211071	265400
海阳市侨联	海阳国际会议中心海滨中路 196 号	（0535）3223745	265100
栖霞市侨联	栖霞市腾飞路 199 号	（0535）5212395	265395
莱阳市侨联	莱阳市金水路 1 号	（0535）7215315	265200
长岛县侨联	长岛县委统战部	（0535）3212148	265800
潍坊市侨联	潍坊市高新区胜利东街 99 号市级机关综合办公大楼 2006 室	（0536）8789981	261061
昌邑市侨联	昌邑市会议中心	（0536）7112236	261300
济宁市侨联	济宁市红星中路 15 号	（0537）2967844	272045
泰安市侨联	泰安市擂鼓石大街市政大楼 A8050 室	（0538）6991076	271000
山东农业大学侨联	泰安市岱宗大街 86 号山东农业大学统战部转	13805489518	271018
泰山医学院侨联	泰安市长城路 619 号泰山医学院统战部转	13668686899	271000
威海市侨联	威海市市政府六号楼	（0631）5220008	264200
荣成市侨联	荣成市外侨办	（0631）7562200	264300
文登市侨联	文登市外侨办	（0631）8452620	264400

山东省

单位名称	地址	电话号码	邮政编码
乳山市侨联	乳山市	（0631）6651932	264500
环翠区侨联	威海市环翠区外侨办	（0631）5227422	264200
日照市侨联	日照市北京路 189 号市政府大楼 346 室	（0633）8779938	276826
东港区侨联	日照市烟台路 29 号	（0633）8253498	276800
岚山区侨联	日照市岚山区岚山中路 1 号区级办公楼 505 室	（0633）2618799	276808
莱芜市侨联	莱芜市文化北路 1 号	（0634）6216081	271100
临沂市侨联	临沂市北城新区行政中心 1636 室	（0539）8727635	276000
兰山区侨联	临沂市金雀山路 57 号	（0539）8198530	276000
德州市侨联	德州市东风东路 1566 号新城综合楼主楼	（0534）2687416	253076
德城区侨联	德州市德城区地安街 97 号	（0534）2666051	253001
聊城市侨联	聊城市东昌西路 24 号市政府南楼 3020 室	（0635）8288690	252000
东昌府区侨联	聊城市聊堂路 2 号	（0635）8413752	252000
滨州市侨联	滨州市滨城区黄河五路 385 号市政大楼	（0543）3162167	256603
邹平县侨联	邹平县政务中心	（0543）4261953	256200
菏泽市侨联	菏泽市中华路 1009 号	（0530）5310919	274020

河南省

单位名称	地址	电话号码	传真号码	邮政编码
河南省侨联	郑州市纬二路 10 号	（0371）65919601	（0371）65919620	450003
市级侨联				
郑州市侨联	郑州市互助路 73 号市委北院 3 号楼 207 室	（0371）67183139	（0371）67183139	450000
开封市侨联	开封市金明大道 196 号政协大楼 430 室	（0371）23381211	（0371）23381211	475004
洛阳市侨联	洛阳市新区政和路市委院东楼 108 室	（0379）63317355	（0379）63317355	471023
平顶山市侨联	平顶山市新城区市政大厦九楼	（0375）2666686	（0375）2666686	467000
安阳市侨联	安阳市党政综合大楼	（0372）2550342	（0372）2550342	455000
鹤壁市侨联	鹤壁市淇滨区九州路市委第一综合楼	（0392）3327196	（0392）3327196	458030
新乡市侨联	新乡市人民东路甲 1 号 1356 室	（0373）3696865	（0373）3696865	453000
焦作市侨联	焦作市人民路市政大厦东配楼 303 室	（0391）3568311	（0391）3568311	454000
濮阳市侨联	濮阳市委统战部转市侨联	（0393）6669899	（0393）6669994	457000
许昌市侨联	许昌市健安大道市委 6 号楼 6341 室	（0374）2965758	（0374）2965269	461000
漯河市侨联	漯河市淮河路 10 号	（0395）3101680	（0395）3101680	462000
三门峡市侨联	三门峡市崤山路中段 14 号	（0398）2935007	（0398）2935007	472000
南阳市侨联	南阳市七一路 706 号（市委第二办公区）	（0377）63133120	（0377）63133120	473067
商丘市侨联	商丘市府前路 1 号市委 1 号楼 11014 室	（0370）3288561	（0370）3288561	476000
信阳市侨联	信阳市羊山新区行政中心 7 层	（0376）6366381	（0376）6366381	464000
周口市侨联	周口市莲花路市政府综合办公大楼 4 层	（0394）8262060	（0394）8262601	466000
驻马店市侨联	驻马店市开源大道 56 号 2521 室	（0396）2601728	（0396）2601728	463000
济源市侨联	济源市第一行政区 4 号楼 210 室	（0391）6835293	（0391）6835293	454650
省直管县侨联				
巩义市侨联	巩义市东区行政中心 B 区市委统战部	（0371）64577768	（0371）64353529	451200
兰考县侨联	兰考县裕禄大道 12 号	（0371）26985471	（0371）26985108	475300
汝州市侨联	汝州市广成东路 22 号市委 210 室	（0375）3332136	（0375）3321310	467599
滑县侨联	滑县	（0372）8113717	（0372）8113717	455000
长垣县侨联	长垣县人民路县委综合大楼 7034 室	（0373）8889345	（0373）8889522	453400
邓州市侨联	邓州市	（0377）62289376	（0377）62289376	473000
永城市侨联	永城市	（0370）2718691	（0370）5113567	476000
固始县侨联	固始县	（0376）4667146	（0376）4667146	465200
鹿邑县侨联	鹿邑县	（0394）7223178		466000
新蔡县侨联	新蔡县	（0396）5922052	（0396）5922052	463000

湖北省

单位名称	地　址	电话号码	传真号码	邮政编码
湖北省侨联	武汉市武昌区水果湖路 272 号	（027）87821332 （027）87123269	（027）87123269	430071
武汉市侨联	武汉市汉口发展大道 176 号兴城大厦 A 座 11 楼	（027）85602297	（027）85602297	430022
江汉区侨联	江汉区新华下路特 15 号（区政府院内）	（027）85481663	（027）85481663	430022
江岸区侨联	江岸区六合路 1 号（区政府院内）	（027）82738792	（027）82738792	430010
硚口区侨联	硚口区沿河大道 518 号（区党委院内）	（027）83426340	（027）83426340	430034
汉阳区侨联	汉阳区芳草路特 1 号（区政府院内）	（027）84468590	（027）84468590	430050
洪山区侨联	洪山区珞狮路 318 号（区政府院内）	（027）87678215	（027）87678215	430077
武昌区侨联	武昌区中山路 307 号（区政府院内）	（027）88936342	（027）88936342	430060
青山区侨联	武汉市和平大道 971 号（区政府院内）	（027）68865065	（027）68865065	430080
江汉大学侨联	武汉市汉阳区（沌口）经济技术开发区（校综合楼）	（027）84225811	（027）84225811	430051
黄冈市侨联	黄冈市黄州区新港一路 8 号综合办公楼 3 楼	（0713）8112610	（0713）8112602	438000
浠水县侨联	浠水县政府办公楼 4 楼	（0713）4228489	（0713）4228489	438200
麻城市侨联	麻城县金桥大道路 1 号 6 楼	（0713）2950428	（0713）2950428	438300
襄阳市侨联	襄阳市荆州街 73 号政府大院	（0710）3511681-8383 （0710）3610498	（0710）3610498	441021
谷城县侨联	襄阳市谷城县侨联	（0710）7233505	（0710）7232388	441700
宜城市侨联	宜城市	（0710）4250159	（0710）4250159	441400
老河口市侨联	老河口市	（0710）8222069	（0710）8222069	441800
襄城区侨联	襄城区广电中心编辑部	（0710）3566203 （0710）3570263	（0710）3566203 （0710）3570263	441000
樊城区侨联	樊城区委统战部侨联	（0710）3705325 （0710）3705326	（0710）3705325 （0710）3705326	441100
襄州区侨联	襄州区侨联（襄州区政府内）	（0710）2826826 （0710）2815424	（0710）2826826 （0710）2815424	441100
枣阳市侨联	枣阳市侨联（枣阳市政府内）	（0710）6990988 （0710）6228648	（0710）6990988 （0710）6228648	441200
南漳县侨联	南漳县委统战部侨联	（0710）5231418	（0710）5231418	441500
襄阳市中心医院侨联	襄阳市中心医院	（0710）3512850	（0710）3512850	441021
襄北监狱侨联	湖北省襄北监狱	（0710）2649618 （0710）2641999	（0710）2649618 （0710）2641999	441123
荆州市侨联	荆州沙市区碧波路 6 号	（0716）8246941 （0716）8115056	（0716）8115056	434000
沙市区侨联	沙市区文官路 8 号（区党委院内）	（0716）4310086 （0716）4316303	（0716）4310086 （0716）4316303	434000
公安县侨联	公安县斗湖堤镇青路 2 号	（0716）5225619	（0716）5225619	434000
江陵县侨联	江陵县（郝穴镇）江陵县财政局	18908617909 13508617815		434139
监利县侨联	监利县容城镇民主路 48 号	（0716）3387318	（0716）3387318	433300
松滋市侨联	松滋市新江口镇民主路 166 号	（0716）6225777	（0716）6225777	434200
石首市侨联	石首市政府大院内	（0716）7814834 （0716）7813103	（0716）7814834 （0716）7813103	434400
洪湖市侨联	洪湖市赤卫西路市委大院内	（0716）2212159	（0716）2212159	433200
长江大学侨联	荆州市荆州区南环路 1 号长江大学统战部	13677229122		434023
宜昌市侨联	宜昌市西陵区绿萝路 37 号人防备勤楼	（0717）6252978	（0717）6252977	443000
当阳市侨联	当阳市子龙路 9 号 10063 信箱	（0717）3253361 （0717）3250768	（0717）3253361 （0717）3250768	444000
宜都市侨联	宜都市委、市政府综合办公大楼 6 楼	（0717）4843813 （0717）4843827	（0717）4843813 （0717）4843827	443300
远安县侨联	远安县委统战部	（0717）3812254 （0717）3812256	（0717）3812254 （0717）3812256	444200
兴山县侨联	兴山县委统战部	（0717）2583042	（0717）2583042	443711
秭归县侨联	秭归县委统战部	（0717）2886020	（0717）2886020	443600

湖北省

单位名称	地　址	电话号码	传真号码	邮政编码
五峰县侨联	五峰土家族自治县五峰西北路 3 号	(0717) 5821301	(0717) 5821301	443400
长阳县侨联	长阳土家族自治县县委统战部	(0717) 5326430	(0717) 5326430	443500
夷陵区侨联	宜昌市夷陵区委统战部	(0717) 7825407 (0717) 7821309	(0717) 7825407 (0717) 7821309	443100
西陵区侨联	宜昌市西陵区委统战部	(0717) 6768128	(0717) 6768128	443000
点军区侨联	宜昌市点军区委统战部	(0717) 6080079	(0717) 6080079	443000
三峡大学侨联	宜昌市大学路 8 号三峡大学统战部	(0717) 6392625	(0717) 6392625	443000
葛洲坝集团侨联	宜昌市葛洲坝六公司工会	(0717) 6722523	(0717) 6722523	443000
七一〇所侨联	宜昌市 710 所	(0717) 6436084	(0717) 6436084	443000
孝感市侨联	孝感市乾坤大道 123 号市行政大楼 3 楼	(0712) 2856885 (0712) 2861498	(0712) 2861498	432100
孝南区侨联	孝感市孝南区书院街 6 号	(0712) 2859453 (0712) 2059611	(0712) 2859453 (0712) 2059611	432100
汉川市侨联	汉川市	(0712) 8392910	(0712) 8392910	431600
应城市侨联	应城市政府侨务办公室	(0712) 3268213	(0712) 3268213	432400
安陆市侨联	安陆市外事侨务旅游局	(0712) 5226989	(0712) 5226989	432600
大悟县侨联	大悟县外事侨务旅游局	(0712) 7228318	(0712) 7228318	432800
孝昌县侨联	孝昌县政府侨务办公室	(0712) 4776079	(0712) 4776079	432900
云梦县侨联	云梦县政府侨务办公室	(0712) 4322805	(0712) 4322805	432505
十堰市侨联	十堰市北京中路信访楼 6 楼	(0719) 8109889 (0719) 8666673	(0719) 8666673	442000
丹江口市侨联	丹江口市	(0719) 5223372	(0719) 5223372	442700
房县侨联	房县	(0719) 3249318 (0719) 3224385	(0719) 3249318 (0719) 3224385	442100
竹山县侨联	竹山县	(0719) 4231406 (0719) 4220168	(0719) 4231406 (0719) 4220168	442200
竹溪县侨联	竹溪县	(0719) 2722211	(0719) 2722211	442300
郧县侨联	郧县	(0719) 7227876 (0719) 7229136	(0719) 7227876 (0719) 7229136	442500
郧西县侨联	郧西县	(0719) 6227601 (0719) 6227833	(0719) 6227601 (0719) 6227833	442600
张湾区侨联	张湾区公园路 82 号	(0719) 8676960 (0719) 8662316	(0719) 8676960 (0719) 8662316	442000
茅箭区侨联	茅箭区	(0719) 8782733 (0719) 8795662	(0719) 8782733 (0719) 8795662	442012
黄石市侨联	黄石市杭州东路 1 号人大政协楼	(0714) 6350100	(0714) 6350100	435003
铁山区侨联	铁山区人民政府 9 楼	(0714) 5421977	(0714) 5421977	435000
黄石港区侨联	黄石港区人民政府 2 楼	(0714) 6588108	(0714) 6588108	435000
西塞山区侨联	西塞山区人民政府 10 楼	(0714) 6481267	(0714) 6481267	435000
下陆区侨联	下陆区人民政府 7 楼	(0714) 5316026	(0714) 5316026	435000
鄂州市侨联	鄂州市政府大楼 905 室	(0711) 3830210 (0711) 3830211	(0711) 3830210	436000
随州市侨联	随州市城南新区市政府 6 楼	(0722) 3596126 (0722) 3596127	(0722) 3596126 (0722) 3596127	431300
荆门市侨联	荆门市象山大道 53 号市政府大院	(0724) 2378056	(0724) 2378056	448000
京山县侨联	京山县京开市镇中路 47 号	(0724) 7331920 (0724) 7328004	(0724) 7331920 (0724) 7328004	431900
钟祥市侨联	钟祥市呈祥镇石城中路 12 号	(0724) 4222624 (0724) 4225305	(0724) 4222624 (0724) 4225305	431900
沙洋县侨联	沙洋县平湖路 16 号	(0724) 8558695 (0724) 8551947	(0724) 8558695 (0724) 8551947	448200
咸宁市侨联	咸宁市政府大楼 10 楼	(0715) 8126343	(0715) 8126241	437100

湖北省

单位名称	地　址	电话号码	传真号码	邮政编码
咸安区侨联	咸宁市咸安区政府办公大楼	（0715）8368058 （0715）8322688	（0715）8368058 （0715）8322688	437000
嘉鱼县侨联	嘉鱼县委统战部	（0715）6355996	（0715）6355996	437200
崇阳县侨联	崇阳县委统战部	（0715）3395413 （0715）3398702	（0715）3395413 （0715）3398702	437500
赤壁市侨联	赤壁市赤马港行政新区	（0715）5336261 （0715）5336355	（0715）5336261 （0715）5336355	437300
天门市侨联	天门市陆羽大道市政府办公大楼二楼	（0728）5222335 （0728）5225505	（0728）5225505	431700
潜江市侨联	潜江市章华南路 18 号	（0728）6242671 （0728）6293462	（0728）6293462	433100
仙桃市侨联	仙桃市政府大楼四楼	（0715）3491176	（0715）3491176	433000
恩施州侨联	恩施市施州大道 29 号	（0718）8306546	（0718）8306542	445000
高校、大型企事业单位、科研院所侨联				
武汉大学侨联	武汉市武昌武珞路武汉大学统战部转	（027）68765162	（027）68762975	430072
华中科技大学侨联	武汉市珞喻路 1073 号华中科技大学统战部转	（027）87542801	（027）87544483	430074
武汉理工大学侨联	武汉市珞狮路 122 号武汉理工大学统战部转	（027）87651415	（027）87651415	430070
中南财经政法大学侨联	武汉市南湖南路 1 号中南财经政法大学统战部转	（027）88386935	（027）88385935	430073
中国地质大学（武汉）侨联	武汉市喻家山中国地质大学（武汉）统战部转	（027）67884338	（027）67884891	430074
华中师范大学侨联	武汉市武昌珞喻路 152 号华中师范大学统战部转	（027）67868029	（027）67867501	430079
华中农业大学侨联	武汉市狮子山街 1 号华中农业大学统战部转	（027）87282051	（027）87282056	430070
武汉体育学院侨联	武汉市武昌珞喻路武汉体育学院统战部转	（027）87190831	（027）87191698	430079
武汉音乐学院侨联	武汉市解放路 255 号武汉音乐学院党办转	（027）88066354	（027）88069436	430060
湖北第二师范学院侨联	武汉东湖高新技术开发区湖北第二师范学院统战部转	（027）87943623	（027）87943840	430205
湖北工业大学侨联	武汉市武昌南湖湖北工业大学统战部转	（027）59750040	（027）59750041	430068
武汉工程大学侨联	武汉市雄楚大街 693 号武汉工程大学统战部转	（027）87194621	（027）87195310	430074
湖北经济学院侨联	武汉江夏藏龙岛科技开发园区洋湖大道特 1 号湖北经济学院组织部转	（027）81973709	（027）81973781	430205
中南民族大学侨联	武汉市洪山区民院路 708 号中南民族大学统战部转	（027）67842674	（027）67842674	430074
武汉纺织大学侨联	武汉市鲁巷纺织路 1 号武汉纺织大学组织部转	（027）87181452 转 9426（组办）， 62358788	（027）59367597	430073
武汉科技大学侨联	武汉市青山建设一路武汉科技大学统战部转	（027）68862793	（027）68862793	430081
湖北中医药大学侨联	武汉市洪山区黄家湖西路 1 号	（027）68890011	（027）68890031	430061
中科院武汉分院侨联	武汉市小洪山 1 号楼中科院武汉分院党办转	（027）87199982 （027）87199480	（027）87199315	430071
湖北大学侨联	武汉市武昌宝积庵湖北大学统战部转	（027）88663912	（027）88663912	430062
湖北省农科院侨联	武汉市武昌南湖瑶苑特一号湖北省农科院党办转	（027）87389577	（027）87389499	430064
铁道部第四勘察设计院侨联	武汉市武昌杨园和平大道 745 号铁四院宣传部转	（027）51155786 转 878	（027）51155389 （027）86814198	430063
湖北大学侨联	武汉市武昌宝积庵湖北大学统战部转	（027）88663912	（027）88663912	430062
中国长江航运总公司侨联	武汉市沿江大道 69 号长航大厦 32 楼	（027）82766527	（027）82766550	430021
中铁大桥局侨联	武汉市经济技术开发区（沌口）博学路 8 号中铁大桥局组织统战部转	（027）84957158	（027）84846738	430050
交通部长江航务管理局侨联	武汉市汉口沿江大道 134 号长江航务管理局统战部转	（027）82767322	（027）82766274	430014
长江水利委员会侨联	武汉市解放大道 1863 号长江水利委员会党委直属统战处转	（027）8282303	（027）8282307	430010
武汉铁路局侨联	武汉市武昌八一路 2 号武汉铁路局统战部转	（027）51126159	（027）51126159	430071
中南建筑设计院侨联	武汉市武昌中南路 17 号中南建筑设计院组织处	（027）87336632	（027）87317735	430071
湖北电力公司侨联	武汉市武昌徐东路 341 号湖北电力公司组干处	（027）88566522	（027）88565641	430077
武汉钢铁公司侨联	武汉市友谊大道 999 号武钢集团组织人事部（党委统战部）转	（027）86893613	（027）86899867	430080

附
录

湖北省

单位名称	地　址	电话号码	传真号码	邮政编码
武汉油料研究所侨联	武汉市武昌徐东二路 2 号武汉油料研究所党办转	（027）86812770	（027）86816451	430062
东风汽车公司侨联	武汉市东风大道特 1 号东风公司党委工作部统战部转	（027）84285179 （027）84285149	（027）84285155	430056
华中电网公司侨联	武汉市武昌东湖梨园华中电网公司人事处转	（027）86762222	（027）86765100	430077

湖南省

单位名称	地　址	电话号码	传真号码	邮政编码
湖南省侨联	长沙市迎宾路 185 号	（0731）84420029	（0731）84432327	410011
各市州侨联（14 个）				
长沙市侨联	长沙市白沙路 255 号	（0731）85112576	（0731）85111802	410002
衡阳市侨联	衡阳市高新区延安路 22 号	（0734）8866810	（0734）8866820	421001
株洲市侨联	株洲市沿江中路 86 号	（0731）28687597	（0731）28687597	412000
湘潭市侨联	湘潭市双拥路市委大院三楼	（0731）58583235	（0731）58583235	411104
邵阳市侨联	邵阳市城北路 6 号市政府大院	（0739）5685356	（0739）5363389	422000
岳阳市侨联	岳阳市金鹗路 235 号市外侨办	（0730）8880421	（0730）8880425	414000
常德市侨联	常德市洞庭大道中段 760 号市政府第三办公楼 6 楼	（0736）7133915	（0736）7133915	415000
张家界市侨联	张家界市委办公楼四楼西	（0744）8288889	（0744）8288889	427000
益阳市侨联	益阳市人民政府办公楼	（0737）6206301	（0737）6206585	413000
郴州市侨联	郴州市五岭大道 9 号	（0735）2368215	（0735）2368213	423000
永州市侨联	永州市湘永路 48 号	（0746）8358222	（0746）8358222	425000
怀化市侨联	怀化市迎风中路 665 号	（0745）2719343	（0745）2719343	418000
娄底市侨联	娄底市湘中大道 290 号	（0738）8314652	（0738）8312118	417000
湘西自治州侨联	吉首市人民中路 5 号	（0743）8238486	（0743）8238486	416000
各高校侨联（9 个）				
中南大学侨联	中南大学党委统战部	（0731）88879601		410083
湖南大学侨联	湖南大学党委统战部	（0731）88823893		410082
湖南师范大学侨联	湖南师范大学党委统战部	（0731）88872407		410081
湖南农业大学侨联	湖南农业大学党委统战部	（0731）84618011		410128
湖南工业大学侨联	湖南工业大学党委统战部（株洲市）	（0731）22622733		412008
南华大学侨联	南华大学党委统战部（衡阳市）	（0734）8281280		421001
湖南文理学院侨联	湖南文理学院党委统战部（常德市）	（0736）7186030		415000
长沙学院侨联	长沙学院党委统战部	（0731）84261433		410003
湖南人文科技学院侨联	湖南人文科技学院党委统战部（娄底市）	（0735）8325415		417000
直属事业单位、社会团体（6 个）				
华商杂志社	长沙市迎宾路 185 号	（0731）84439275	（0731）84439275	410011
湖南省侨商联合会	长沙市迎宾路 185 号	（0731）84443372	（0731）84443372	410011
湖南省华侨公益基金会	长沙市迎宾路 185 号	（0731）84420399	（0731）84432327	410011
湖南省侨联法顾委	长沙市迎宾路 185 号	（0731）84154612	（0731）84154612	410011
湖南省侨联参政议政委员会	长沙市迎宾路 185 号	（0731）84442009	（0731）84432327	410011
湖南省海外侨社团联谊总会	长沙市迎宾路 185 号	（0731）84448721	（0731）84448721	410011
湖南省侨联特聘专家委员会	长沙市迎宾路 185 号	（0731）84443372	（0731）84443372	410011
湖南·福建侨商会	株洲市天元区庐山路铭逸酒店 18 楼	（0731）22220591		412007

广东省

单位名称	地　址	电话号码	传真号码	邮政编码
广东省侨联	广州市天河区体育东路 140-148 号 23 楼	（020）38879251	（020）38879252	510620
广州市侨联	广州市东风东路 555 号粤海集团大厦 24 楼	（020）83876508	（020）83802278	510050

广东省

单位名称	地 址	电话号码	传真号码	邮政编码
深圳市侨联	深圳市福田区上步中路 1023 号市府二办六楼西	（0755）82106483	（0755）82099277	518028
珠海市侨联	珠海市香洲区人民东路 101 号四楼	（0756）2252084	（0756）2115687	519000
汕头市侨联	汕头市金平区汕樟路 39 号侨联大厦三楼	（0754）88626580	（0754）88910149	515031
佛山市侨联	佛山市禅城区季华五路 18 号 10 楼	（0757）83358346	（0757）83358346	528000
韶关市侨联	韶关市风度北路 75 号市政府大楼 14 楼 1405 室	（0751）8882463	（0751）8882463	512000
河源市侨联	河源市富民街 2 号金视办公楼 2 楼	（0762）3335561	（0762）3821356	517000
梅州市侨联	梅州市嘉应东路侨联大厦	（0753）2259118	（0753）2253839	514011
惠州市侨联	惠州市惠城区江北市行政中心 5 号楼一楼	（0752）2808735	（0752）2808335	516003
汕尾市侨联	汕尾市区文德路市委党校综合楼一楼	（0660）3367524	（0660）3367524	516600
东莞市侨联	东莞市莞城区向阳路 18 号侨务楼 12 楼	（0769）22233372	（0769）22224823	523007
中山市侨联	中山市民权路 3 号	（0760）88824520	（0760）88855313	528400
江门市侨联	江门市建设路 26 号	（0750）3309627	（0750）3335222	529000
阳江市侨联	阳江市东风二路 60 号市府大院诚投集团综合楼八楼	（0662）3386193	（0662）3361292	529500
湛江市侨联	湛江市人民大道南 43 号 115 室	（0759）2274360	（0759）2218320	524001
茂名市侨联	茂名市油城六路市政府大院 2 号楼一楼	（0668）2911216	（0668）2274128	525000
肇庆市侨联	肇庆市城中路 49 号市府大院 1 幢 105	（0758）2202052	（0758）2231311	526040
清远市侨联	清远市新城鹿鸣路广源街清远大厦十二楼	（0763）3365545	（0763）3365594	511515
潮州市侨联	潮州市新桥西路 414 号侨联大厦	（0768）2268275	（0768）2267293	521000
揭阳市侨联	揭阳市榕城区马牙路揭阳市侨联大厦六楼	（0663）8768460	（0663）8768463	522000
云浮市侨联	云浮市天马行政中心	（0766）8988234	（0766）8988234	527300

广西壮族自治区

单位名称	地 址	电话号码	传真号码	邮政编码
广西壮族自治区侨联	南宁市桃源路 4-2 号	（0771）2852608	（0771）2306452	530021
南宁市侨联	南宁市嘉宾路 2 号市委七号院 1405 室	5852861	（0771）5857859	530028
柳州市侨联	柳州市瑞康路 9 号 B 座 2 楼北	（0772）2826950	（0772）2563318	545001
桂林市侨联	桂林市榕湖北路 8 号	（0773）2848941	（0773）2829472	541001
梧州市侨联	梧州市新兴一路 121 号六楼	（0774）2822280	（0774）2822280	543003
北海市侨联	北海市中山东路 213 号 9 号楼五号楼	（0779）2068421	（0779）2056758	536000
防城港市侨联	防城港市港口区迎宾路红树林大厦东塔 1001	（0770）2832582	（0770）2832582	538001
钦州市侨联	钦州市永福东大街 11 号行政中心 A0428 室	（0777）3688218	（0777）3688216	535000
贵港市侨联	贵港市中山路 483 号审计局综合楼 4 楼市侨联	（0775）4563106	（0775）4563106	537100
玉林市侨联	玉林市城东商务大厦 3E03 室	（0775）2823391	（0775）2822338	537000
百色市侨联	百色市右江区爱新街文体巷 16 号	（0776）2825093	（0776）2826599	533000
贺州市侨联	贺州市贺州大道 1-3 号	（0774）5120616	（0774）5120616	542800
河池市侨联	河池市百旺路 17 号市行政办公中心 8 楼	（0778）2284801	（0778）2112728	547000
来宾市侨联	来宾市兴宾区人民路 1 号市委侨联信箱	（0772）4228286	（0772）4228236	546100
崇左市侨联	崇左新城路 1 号市行政中心	（0771）7969026	（0771）7991616	532200
广西壮族自治区农垦局侨联	南宁市民族大道 32 号	（0771）282833	（0771）2828330	530022
广西华商会	南宁市桃源路 4-2 号	（0771）2823196	（0771）2823196	530021
广西华侨爱心基金会	南宁市桃源路 4-2 号	（0771）2840825	（0771）2840825	530021
广西华侨历史学会	南宁市桃源路 4-2 号	（0771）2806452	（0771）2806452	530021

海南省

单位名称	地 址	电话号码	传真号码	邮政编码
海南省侨联	海口市海府路 49 号原省委大院 2 号楼 2 楼	（0898）65355926	（0898）65331609	570204
海口市侨联	海口市海甸岛一西路 2 号（原市财政大楼）8 楼	（0898）68532306	（0898）68546025	570208
三亚市侨联	三亚市河西区市政府第二办公楼	（0898）88260739	（0898）88260739	572000
文昌市侨联	文昌市文清大道市委办公楼东楼 406 房	（0898）63330840	（0898）63330249	571339

附录

海南省

单位名称	地　址	电话号码	传真号码	邮政编码
琼海市侨联	琼海市新民街 202 号侨联大厦 5 楼	（0898）62822406	（0898）62825229	571400
万宁市侨联	万宁市党政办公楼 507 室	（0898）62224201	（0898）62229098	571500
儋州市侨联	儋州市东风路 189 号原市委第一办公楼 4 楼	（0898）23326672	（0898）23326672	571700
五指山市侨联	五指山市红旗路五指山市图书馆	（0898）86633896	（0898）86639939	572299
东方市侨联	东方市市委一号楼 2 楼	（0898）25522186	（0898）25522186	572600
乐东县侨联	乐东县政府办公楼 1 楼	（0898）85532511	（0898）85532511	572500
琼中县侨联	琼中县政府第三办公楼 2 楼	（0898）86229739	（0898）86222810	572900
保亭县侨联	保亭县保城镇县政府大楼 2 楼	（0898）83668491	（0898）83668491	572300
定安县侨联	定安县政府办公楼 6 楼	（0898）63822482	（0898）63830531	571200
澄迈县侨联	澄迈县政府办公楼 1 楼	（0898）67631028	（0898）67631028	571900
白沙县侨联	白沙县牙叉镇金沙西路政府办公大楼 1 楼	（0898）27715858	（0898）27715696	572800
昌江县侨联	昌江县政府机关办公楼 401 房	（0898）26699068	（0898）26699068	572700
临高县侨联	临高县委大院 2 号办公楼 3084 房	（0898）28284569	（0898）26699068	571800

重庆市

单位名称	地　址	电话号码	传真号码	邮政编码
重庆市侨联	江北区北滨一路 359 号 4 楼	（023）63865696	（023）63610849	400020
重庆市万州区侨联	万州区天城大道 756 号	（023）58103321	（023）85795103	404000
重庆市黔江区侨联	黔江区正阳街道新城行政公共服务中心 1730	（023）79248521	（023）79248521	409700
重庆市涪陵区侨联	涪陵区太极大道 71 号区委办公楼 819 室	（023）72813197	（023）72813197	408000
重庆市渝中区侨联	渝中区和平路 192 号新民花园 5 楼	（023）63507411	（023）63507411	400013
重庆市大渡口区侨联	大渡口区文体路 126 号	（023）68173813	（023）68833423	400084
重庆市江北区侨联	江北区金港新区 16 号 1831 室	（023）67712828	（023）67712828	400025
重庆市沙坪坝区侨联	沙坪坝区凤天大道 8 号	（023）65368697	（023）65368692	400038
重庆市九龙坡区侨联	九龙坡区杨家坪西郊路 27 号	（023）68782424	（023）68780345	400050
重庆市南岸区侨联	南岸区天文街道广福大道 1 号	（023）62988769	（023）62988769	400060
重庆市北碚区侨联	北碚城南海宇大厦 7 楼	（023）60300009	（023）68862795	400711
重庆市渝北区侨联	渝北区义学路 64 号	（023）67821706	（023）67821706	401120
重庆市巴南区侨联	巴南区龙洲大道 6 号行政中心 1 号楼	（023）66221279	（023）66221157	401320
重庆市长寿区侨联	长寿区桃花行政中心南楼 220 室	（023）40661225	（023）40661225	401220
重庆市江津区侨联	江津区滨江新城行政中心 1203	（023）81220225	（023）47550371	402260
重庆市合川区侨联	合川区希尔安大道 223 号 547 室	（023）42830708	（023）42830708	401520
重庆市永川区侨联	永川区人民大道 191 号	（023）49818959	（023）49818989	402160
重庆市南川区侨联	南川区东城街道和平支路 6 号	（023）71410689	（023）71422365	408400
重庆市綦江区侨联	綦江区古南街道北街 88 号	（023）48662881	（023）48662801	401420
重庆市大足区侨联	大足区棠香街道二环北路东段 1 号	（023）43763149	（023）43763150	402360
重庆市璧山区侨联	璧山区璧城街道双星大道 369 号新行政中心 1 号楼 6 楼	（023）41423420	（023）41423420	402760
重庆市铜梁区侨联	铜梁区巴川镇白龙大道 118 号	（023）45695550	（023）45695099	402560
重庆市潼南区侨联	潼南区江北行政中心一楼	（023）44551967	（023）44551967	402660
重庆市荣昌区侨联	荣昌区行政中心 A718	（023）61471289	（023）61471289	402460
重庆市开州区侨联	开州区开州大道中段区级机关综合办公大楼 B 栋 3 楼	（023）52661553	（023）52218248	405400
重庆市梁平区侨联	梁平区双桂街道新区行政综合大楼 126 室	（023）53220331	（023）53220331	405200
重庆市武隆区侨联	武隆区巷口镇建设中路 1111 号区委大楼六楼	（023）77729600	（023）77722145	408500
重庆市城口县侨联	城口县葛城镇土城路北门口 2 号（县委统战部）	（023）59222331	（023）59222331	405900
重庆市丰都县侨联	丰都县三合街道平都大道西段 53 号	（023）70605589	（023）70605521	408200
重庆市垫江县侨联	垫江县桂溪镇桂西大道行政办公中心垫江县侨联	（023）74512519	（023）74512519	408300
重庆市忠县侨联	忠县忠州镇中博大道行政中心三楼	（023）54238533	（023）54238535	404300
重庆市云阳县侨联	云阳县新县城杏花路 60 号	（023）55128107	（023）55128025	404500
重庆市奉节县侨联	奉节县永安街道朱衣路 3 号县委大楼 552	（023）56557086	（023）56557836	404600

重庆市

单位名称	地　址	电话号码	传真号码	邮政编码
重庆市巫山县侨联	巫山县广东中路行政大楼 2 楼	（023）57699187	（023）57682731	404700
重庆市巫溪县侨联	巫溪县行政综合大楼四楼	（023）51523497	（023）51522571	405800
重庆市石柱县侨联	石柱县南宾街道新开路 19 号	（023）81501557	（023）81501557	409100
重庆市秀山县侨联	秀山县行政中心办公大楼	（023）76662579	（023）76662579	409900
重庆市酉阳县侨联	酉阳县桃花源镇西山路 10 号	（023）75552046	（023）75552046	409800
重庆市彭水县侨联	彭水县委办公大楼 1 楼	（023）78442756	（023）78442756	409600
重庆市万盛经开区侨联	万盛经开区新田路 69 号	（023）64183014	（023）48271358	400800
重庆大学侨联	重庆大学党委统战部	（023）65105240	（023）65105240	400030
西南大学侨联	北碚区西南大学党委统战部	（023）68251202	（023）68252558	400715
重庆医科大学侨联	渝中区医学院路 1 号	（023）68485045	（023）68485005	400016
重庆工商大学侨联	南岸区五公里重庆工商大学	（023）62768147	（023）62768147	400067
重庆师范大学侨联	沙坪坝大学城中路 37 号重庆师范大学综合办公楼 415 室	（023）65362481	（023）65362481	401331
重庆三峡学院侨联	万州区沙龙路二段 780 号	（023）58101157	（023）58101157	404100
重庆第二师范学院侨联	南岸区学府大道 9 号	（023）62658909	（023）61638004	400067
西南铝业集团公司侨联	九龙坡区西彭	（023）65809514	（023）65809743	401326
中石油重庆公管中心侨联	江北区大石坝石油大庆村 C 区新闻中心	（023）67321378	（023）67321378	401147
重庆钢铁集团公司侨联	大渡口区大堰三村重钢集团党委统战部	（023）68877172	（023）68877172	400080
重庆华商会	渝中区华盛路 10 号企业天地 2 号楼 2 楼重庆涉外项目服务中心	（023）81219261	无	400043
重庆侨界青年联谊会	渝中区华盛路 10 号企业天地 2 号楼 2 楼重庆涉外项目服务中心	（023）81219271	无	400043
重庆市侨联法律顾问委员会	江北区北滨一路 359 号 4 楼	（023）63865696	（023）63610849	400020
中国华侨公益基金会重庆分会	江北区北滨一路 359 号 4 楼	（023）63865696	（023）63610849	400020
《新华侨》编辑部	渝中区长江二路 183 号 17—2	（023）68739953	（023）68739953	400016

四川省

单位名称	地　址	电话号码	传真号码	邮政编码
四川省侨联	成都市一环路南三段 15 号十三层	（028）85592363	（028）85535286	610041
成都市侨联	成都市高新区蜀锦路 68 号 4 号楼三楼 304 房间	（028）61886828	（028）61886828	610012
自贡市侨联	自贡市自流井区塘坎上路 29 号	（0813）2204694	（0813）5508617	643000
攀枝花市侨联	攀枝花市人民街 48 号市人大办公楼 5 楼	（0812）3337068	（0812）3337068	617000
泸州市侨联	泸州市大山坪市政府院内	（0830）3114886	（0830）3114886	646000
德阳市侨联	德阳市长江西路 1 段 37 号市政府大楼	（0838）2307957	（0838）2203393	618000
绵阳市侨联	绵阳市绵兴东路 100 号	（0816）2530100	（0816）2240463	621000
广元市侨联	广元市东坝新区市政府大楼 4 楼	（0839）3263981	（0839）3267689	628017
遂宁市侨联	遂宁市嘉禾路市府大楼 9 楼 17 号	（0825）5899019	（0825）3808256	629000
内江市侨联	内江市中区新华路政府大院八楼	（0832）2025181	（0832）2036767	641000
乐山市侨联	乐山市市中区滨河路 98 号	（0833）2139472	（0833）2130256	614000
南充市侨联	南充市政府新区市政府 3 号楼 7 楼	（0817）2226664	（0817）2223092	637000
眉山市侨联	眉山市投资促进大厦 407 室	（028）38169310	（028）38155352	620020
宜宾市侨联	宜宾市都长街 82 号	（0831）8224665	（0831）8224665	644000
广安市侨联	广安市思源大道 2 号市政府办公楼 13 层	（0826）2338916	（0826）2398163	638000
达州市侨联	达州市西外市政综合楼 17-17	（0818）2131063	（0818）2131063	635000
雅安市侨联	雅安市西城区新兴街 1 号行政中心 B 区 705 室	（0835）2225189	（0835）2225189	625000
巴中市侨联	巴中市市政新楼 19 楼 23 号	（0827）5281159	（0827）5281159	636000
资阳市侨联	资阳市雁江区广厦路 39 号市政府综合楼 2 号楼 10 楼 109 室	（028）6110060	（028）26110060	641300
阿坝州侨联	阿坝州马尔康市达尔玛街 55 号	（0837）2825026	（0837）2826855	624000
甘孜州侨联	康定县炉城镇西大街 102 号	（0836）2832321	（0836）2832321	626000
凉山州侨联	西昌市三岔口南路 309 号金财大厦二楼	（0834）3203335	（0834）2162861	615000

贵州省

单位名称	地　址	电话号码	传真号码	邮政编码
贵州省侨联	贵阳市北京路 141 号省政协大楼 16 楼	（0851）86822627	（0851）86822627	550004
贵州侨商企业联合会	贵阳市北京路 141 号省政协大楼 15 楼	（0851）86821308	（0851）86821308	550004
贵州海外归国青年创新创业协会	贵阳国家高新区国际人才城 3 楼	（0851）87990030		550007
贵州归侨联谊会	贵阳市北京路 141 号省政协大楼 15 楼	（0851）86821308	（0851）86821308	550004
贵州省侨联法律顾问委员会	贵阳市北京路 141 号省政协大楼 15 楼	（0851）86821308	（0851）86821308	550004
贵州省侨联青年委员会	贵阳市北京路 141 号省政协大楼 16 楼	（0851）86827219	（0851）86827219	550004
贵阳市侨联	贵阳市金阳行政中心市委大楼 4 楼	（0851）87988515	（0851）87988515	550023
南明区侨联	贵阳市南明区箭道街 52 号南明区人民政府二楼	（0851）85812053	（0851）85812053	550002
云岩区侨联	贵阳市云岩区新添大道 299 号云岩区人民政府八楼	（0851）86679057	（0851）86679057	550001
乌当区侨联	贵阳市乌当区航天大道 7 号乌当区行政中心政协一楼	（0851）86402162	（0851）86402162	550018
白云区侨联	贵阳市白云区行政中心南楼 314 号	（0851）84616918	（0851）84616918	550014
花溪区侨联	贵阳市花溪区明珠大道 192 号花溪区行政办公楼 B 区五楼	（0851）83851904	（0851）83851904	550025
遵义市侨联	遵义市新浦新区府前路建投大厦 3 号楼 6 楼 628 号	（0851）28222100	（0852）28222100	563000
红花岗区侨联	贵州省遵义市红花岗区中华南路 40 号政协大楼 4 楼	（0851）28838028	（0851）28838028	563000
汇川区侨联	遵义市汇川区政府办公中心 A 区 219 室	（0851）28682912	（0851）28682912	563000
仁怀市侨联	遵义仁怀市行政中心 2 楼	（0851）22235719	（0851）22235672	564500
赤水市侨联	遵义赤水市人民街 25 号	（0851）22861170	（0851）22861170	564799
播州区侨联	遵义播州区政府大院政协大楼 1 楼	（0851）27222162	（0851）27222486	563100
湄潭县侨联	遵义湄潭县行政中心 B 区 2 楼	（0851）24255968	（0851）24251728	564100
务川自治县侨联	遵义务川自治县行政办公区	（0851）25621149	（0851）25621149	564300
安顺市侨联	安顺市委大院	（0851）33282299	（0851）33282355	61000
西秀区侨联	安顺市西秀区驼宝山广场 1 栋 3 楼 1353 室	（0851）33834990	（0851）33223291	561300
六盘水市侨联	六盘水市开发区开投大厦 10 楼	（0858）8325497	（0858）8325497	553001
水城县侨联	六盘水市水城县人民政府大楼左面办公楼四楼	（0858）6803778	（0858）6803778	553600
盘州市侨联	六盘水市盘县 1 号党政大楼八楼	（0858）3107053	（0858）3107053	553537
钟山区侨联	六盘水市钟山区政府大楼 538 办公室	（0858）8785193	（0858）8785193	553000
铜仁市侨联	铜仁市花果山中路 8 号市政府 2 楼	（0856）5223508	（0856）5223508	554300
碧江区侨联	铜仁市碧江区为民服务中心 6 号楼 A 区 1 层	（0856）5218236	（0856）5218236	554300
思南县侨联	铜仁市思南县政府大楼	13595636600		565100
毕节市侨联	毕节市七星关区滨湖西路腾龙桥旁同心大厦三楼	（0857）8257726	（0857）8257726	551700
黔东南州侨联	凯里市营盘东路 40 号	（0855）8223118	（0855）82223823	556000
凯里市侨联	凯里市行政中心 C 座 310 室	（0855）8061724	（0855）8061647	556000
黄平县侨联	黄平县行政中心 155 室	（0855）2469526	（0855）2469627	556100
黔南州侨联	黔南州都匀经济开发区鸿申写字楼二楼	（0854）8190196	（0854）8190197	558000
都匀市侨联	黔南州都匀市文化路 63 号	（0854）8256196	（0854）8222527	558000
黔西南州侨联	兴义市遵义路 3 号	（0859）3222819	（0859）3222819	562400
贵州大学侨联	贵州大学花溪北校区新行政楼四楼	（0851）88290031		550025
贵州师范大学侨联	花溪大学城新校区	13985003486		550025
贵州民族大学侨联	花溪大学城新校区	13984313696		550025
贵州中医学院侨联	花溪大学城新校区	13638501890		550025
遵义师范学院侨联	遵义市新蒲新区平安大道中段	（0851）28920103		563006
遵义医学院侨联	遵义市新蒲新区学府西路 6 号（新蒲校区）	（0851）28642666	（0851）28609388	
安顺学院侨联	安顺市西秀区学院路 25 号	13885306165		561000
贵州省人民医院侨联	贵阳市南明区蟠桃宫省人民医院	（0851）85937284	（0851）85925503	550002
贵飞公司侨联	安顺市开发区贵飞公司	（0851）33385734		561100

云南省

单位名称	地 址	电话号码	传真号码	邮政编码
云南省侨联	昆明市翠湖南路 94 号	（0871）65152778	（0871）65152947	650031
昆明市侨联	昆明市呈贡新区锦绣大街 1 号市级行政中心 7 号楼 281 室	（0871）68241798	（0871）68241798	650500
昆明市五华区侨联	昆明市五华区华山西路 1 号五华区政府大楼 913 办公室	（0871）63629639	（0871）63629639	650031
昆明市盘龙区侨联	昆明市盘龙区北京路 2198 号盘龙区行政中心 2 栋 205 室	（0871）63169160	（0871）63163562	650000
昆明市官渡区侨联	昆明市官渡区云秀路 2898 号国投大厦 1233 室	（0871）67180778	（0871）67180778	650214
昆明市西山区侨联	昆明市西山区西苑路 188 号 12 楼 2 号西山区委统战部	（0871）68227972 （西山区委统战部）	（0871）68227972	650118
昆明市东川区侨联	昆明市东川区市府街 1 号区政府办公大楼 1 楼东川区委统战部	（0871）62130547 （东川区委统战部）	（0871）62130547	654100
昆明市禄劝县侨联	昆明市禄劝县政府办公大楼 5 楼禄劝县为统战部	（0871）68999058 （禄劝县委统战部）	（0871）68999058	651500
昆明市嵩明县侨联	昆明市嵩明县嵩阳镇北街 102 号嵩明县委统战部	（0871）67911122 （嵩明县委统战部）	（0871）67911122	651700
昆明学院侨联	昆明市昆师路 2 号昆明学院	（0871）65324523 （转郭卫舵主席）	（0871）65324523	650031
曲靖市侨联	曲靖市文昌街 172 号政府 2 号院	（0874）8965957	（0874）8965957	655000
曲靖市麒麟区侨联	曲靖市南宁西路 28 号区政府内	（0874）3130016	（0874）3130016	655000
曲靖市陆良县侨联	曲靖市陆良县人民政府东门街 23 号	（0874）6222766	（0874）6222766	655000
玉溪市侨联	玉溪市红塔区抚仙路 86 号高新区创业大厦 1502 室	（0877）2024577	（0877）2024577	653100
玉溪市红塔区侨联	玉溪市红塔区玉兴路 55 号	（0877）4011722	（0877）4011722	653100
玉溪市峨山县侨联	峨山县双江接到临江路 13 号	（0877）4011762	（0877）4011161	653200
玉溪市元江县侨联	元江县文化路 1 号	（0877）6515161	（0877）6515161	653300
保山市侨联	保山市隆阳区同仁街 26 号	（0875）2122786	（0875）2122786	678000
保山市隆阳区侨联	保山市隆阳区永昌文化园 1 号	（0875）2229079	（0875）2229079	678000
保山市施甸县侨联	保山市施甸县甸阳中路 31 号	（0875）8123053	（0875）8123053	678200
保山市腾冲市侨联	保山市腾冲市腾越镇火山社区茂华小区 7 号	（0875）5133709	（0875）5133709	679100
保山市龙陵县侨联	保山市龙陵县龙山路 133 号	（0875）6121030	（0875）6121030	678300
保山市昌宁县侨联	保山市昌宁县田园镇龙井社区南门街 8 号	（0875）7130191	（0875）7130191	678100
昭通市侨联	昭通市昭阳区公园路 45 号市委大院内	（0870）2125666	（0870）2122489	657000
丽江市侨联	丽江市福慧路市委大院	（0888）5551878	（0888）5551877	674100
丽江市永胜县侨联	永胜县文明南路 40 号县人民政府统战部	（0888）6521028	（0888）6521028	674200
丽江市华坪县侨联	华坪县中心镇东路 13 号县委大院统战部	（0888）6121042	（0888）6121042	674880
丽江市宁蒗县侨联	宁蒗县县委大院统战部	（0888）5527605	（0888）5527605	674309
普洱市侨联	普洱市北部行政中心 7 栋	（0879）2148196	（0879）2189689	665000
普洱市思茅区侨联	普洱市思茅区过街楼 43 号	（0879）2122067	（0879）2122067	665099
普洱市景东县侨联	普洱市景东县锦屏镇玉屏路 75 号	（0879）6221194	（0879）6221194	676299
普洱市景谷县侨联	普洱市景谷县威远镇 47 号	（0879）5221349	（0879）5221349	666499
普洱市镇沅县侨联	普洱市镇沅县委统战部（人民路 20 号）	（0879）5811326	（0879）5811326	666599
普洱市宁洱县侨联	普洱市宁洱县行政办公区一楼	（0879）3232316	（0879）3232316	665199
普洱市墨江县侨联	普洱市墨江县联珠镇朝阳路 5 号	（0879）4232848	（0973）4232848	654800
普洱市江城县侨联	普洱市江城县勐烈大街 102 号青少年宫三楼	（0879）3722471	（0879）3722471	665900
普洱市澜沧县侨联	普洱市澜沧县委大院	（0879）7224722	（0879）7224722	665699
普洱市孟连县侨联	普洱市孟连县政府大院	（0879）8722384	（0879）8722384	665899
普洱市西盟县侨联	普洱市西盟县勐卡路 787 号	（0879）8342264	（0879）8342264	665700
临沧市侨联	临沧市临翔区世纪路 350 号（市政府大楼 4044）	（0883）2127321 （0883）2122774	（0883）2127321 （0883）2122774	677099
临翔区侨联	临沧市临翔区白塔路 101 号	（0883）2167207	（0883）2167207	677000
临沧市凤庆县侨联	凤庆育贤街 35 号	（0883）4211155	（0883）4211155	675900
临沧市耿马县侨联	耿马县委大院	（0883）6121305	（0883）6121305	677500

附 录

云南省

单位名称	地　址	电话号码	传真号码	邮政编码
临沧市双江县侨联	双江县委大院	（0883）7621393	（0883）7621393	677300
临沧市镇康县侨联	耿康县南伞镇政府办公区	（0883）6633715	（0883）6633715	677700
临沧市沧源县侨联	沧源自治县侨联（县委一楼）	（0883）7121356	（0883）7123856	677400
楚雄州侨联	楚雄市汇东街 91 号二楼	（0878）3389554	（0878）3389554	675000
红河州侨联	蒙自市州五大中心老年宫 A312 室	（0873）3730519	（0873）3730519	661199
红河州蒙自市侨联	蒙自市行政中心 C209	（0873）3812180	（0873）3812180	661199
红河州个旧市侨联	个旧市市委党校综合楼 311 室	（0873）2123036	（0873）2123036	661000
红河州开远市侨联	开远市行政中心 406 室	（0873）7133207	（0873）7133207	661699
红河州建水县侨联	建水县新县委大楼 3-6	（0873）7662225	（0873）7662225	654399
红河州石屏县侨联小组	石屏县湖滨路县委大楼二楼	（0873）4857349	（0873）4857349	662200
红河州红河县侨联	红河县迤萨镇三棵树街 3 号	（0873）4621234	（0873）4621234	654499
红河州元阳县侨联	元阳县南沙镇元桂路 3 号	（0873）5769650	（0873）5769650	662400
红河州屏边县侨联	屏边县玉屏镇卫国路 25 号老党校办公楼	（0873）3223258	（0873）3223258	661200
红河州金平县侨联	金平县文化路 9 号	（0873）5225508	（0873）5225508	661599
红河州河口县侨联	河口县北山行政中心 422 室	（0873）3451110	（0873）3451110	661399
云锡集团（控股）公司侨联	个旧市金湖东路 121 号	（0873）3116242	（0873）3116438	661000
文山州侨联	文山州文山市卧龙街道华龙西路 3 号	（0876）2122366	（0876）2122366	663099
文山州麻栗坡县侨联	文山州麻栗坡县政务楼 18 楼	（0876）6622523	（0876）6622523	663600
文山州富宁县侨联	文山州富宁县新华镇普厅南路 5 号金土地办公楼四楼	（0876）3022979	（0876）3022979	663400
文山州砚山县	文山州砚山县江那镇龙头街 24 号	（0876）3130863	（0876）3130863	663100
西双版纳州侨联	西双版纳州景洪市宣慰大道 67 号	（0691）2124337	（0691）2124337	666100
西双版纳州景洪市侨联	嘎兰中路 55 号	（0691）2144523	（0691）2122596	666100
西双版纳州勐海县侨联	勐海县景广路 12 号	（0691）5128926	（0691）5122547	666200
西双版纳州勐腊县侨联	勐腊县新城行政中心	（0691）8161121	（0691）8161121	666300
大理州侨联	大理市龙山州级行政办公区	（0872）2319542	（0872）2319539	671000
大理州大理市侨联	大理市政府大院	（0872）2126675	（0872）2126675	671000
大理州宾川县侨联	宾川县政府大院	（0872）7142010	（0872）7142010	671600
大理州祥云县侨联	祥云县委统战部	（0872）3121400	（0872）3121400	672100
大理州漾濞县侨联	漾濞县委统战部	（0872）7520895	（0872）7520895	672500
大理州巍山县侨联	巍山县委统战部	（0872）6120077	（0872）6120077	672400
大理州弥渡县侨联	弥渡县政府大院	（0872）8163296	（0872）8163296	675600
大理州鹤庆县侨联	鹤庆县委统战部	（0872）4121129	（0872）4121129	671500
德宏州侨联	芒市德瑞路 6 号	（0692）2122201	（0692）8886708	678400
德宏州芒市侨联	芒市大街 109 号残联综合大楼六楼	（0692）2121206	（0692）2121206	678400
德宏州畹町区侨联	瑞丽市畹町开发区建设路 23 号	（0692）5151268	（0692）5151268	678500
德宏州瑞丽市侨联	瑞丽市新建路 2 号	（0692）4151968	（0692）4151968	678600
德宏州陇川县侨联	陇川县人民政府东楼	（0692）7173053	（0692）8891600	678700
德宏州盈江县侨联	盈江县行政中心七楼	（0692）8180528	（0692）8180528	679300
德宏州梁河县侨联	梁河县遮岛镇振兴路 13 号	（0692）6161347	（0692）6161347	679200
怒江州侨联	怒江州六库镇江东州委统战部	（0886）3622251	（0886）3622251	673100
迪庆州侨联	迪庆州香格里拉县建塘镇康珠大道 8 号州委统战部	（0887）8275111	（0887）8275111	674400

西藏自治区

单位名称	地　址	电话号码	邮政编码
西藏自治区侨联	拉萨市城关区色拉路 40 号西藏社院金桥饭店	（0891）6345436 （0891）6332116	850000

陕西省

单位名称	地　址	电话号码	传真号码	邮政编码
陕西省侨联	西安市新城广场省政府大院	(029) 63914568	(029) 63914568	710006
西安市侨联	西安市凤城八路 109 号 7 号楼一楼	(029) 86788180	(029) 86788180	710007
西安市侨商会	西安市未央区凤城二路海璟国际 C2 座 1312 室	(029) 65693504	(029) 65693504	
咸阳市侨联	咸阳市渭阳中路 6 号市政府大院	(029) 33210751	(029) 33210077	712000
宝鸡市侨联	宝鸡市宝虢路 125 号行政中心 2 号楼 313 室	(0917) 3260892	(0917) 3260892	721004
宝鸡市侨联法顾委	宝鸡市行政中心 2 号楼			721004
渭滨区侨联	宝鸡市公园路 212 号	(0917) 3234035		721006
金台区侨联	金台区归国华侨联合会	(0917) 2892198		721001
陈仓区侨联	宝鸡市陈仓区南环路育才酒店西	(0917) 6212163		721300
凤翔县侨联	宝鸡市凤翔县东大街 67 号	(0917) 7212808		721400
岐山县侨联	宝鸡市岐山县凤鸣西路 51 号	(0917) 8212272		722400
眉县县侨联	宝鸡市眉县首善镇平阳街 44 号	(0917) 5542790		722300
陇县侨联	宝鸡市眉县首善镇平阳街 44 号	(0917) 4601605		721200
扶风县侨联	宝鸡市扶风县新区市民中心	(0917) 5227710		722200
安康市侨联	安康市育才路 113 号市政府大楼 14 楼	(0915) 3209755		725000
铜川市侨联	铜川市新区朝阳路 9 号铜川政务大厦	(0919) 3283217		727031
宜君县侨联	铜川市宜君县宜阳中街	(0919) 5281401	(0919) 5281401	727200
铜川市印台区侨联	铜川市印台区同官路 80 号	(0919) 4185115	(0919) 4185115	727000
铜川市王益区侨联	铜川市王益区红旗街 9 号	(0919) 2188026	(0919) 2188026	727000
铜川市耀州区侨联	铜川市耀州区学古路 3 号	(0919) 6182479	(0919) 6182479	727100
延安市归国华侨侨眷联合会	延安市南关街市委大院 124 号	(0911) 2166131	(0911) 2166131	716000
宝塔区归侨侨眷联合会	宝塔区区委一楼	(0911) 2113234		716000
延川县归侨侨眷联合会	延川县南大街政府办公楼	(0911) 8117140		717200
子长县归侨侨眷联合会	子长县人大办公楼 117 室	(0911) 7114138		717300
延长县归侨侨眷联合会	延长县委办公楼五楼 517 室	(0911) 8612872		717100
黄陵县侨属侨眷联合会	黄陵县县委四楼	(0911) 5212081		717300
洛川县归侨侨眷联合会	洛川县纪委三楼 306 室	(0911) 3622135		717300
汉中市侨联	汉中市汉台区民主街 43 号	(0916) 2626910	(0916) 2212664	723000
汉台区侨联	汉中市汉台区区委大院内	(0916) 2211219	(0916) 2211219	
渭南市侨联	渭南市三贤路北段渭南市民综合服务心东配楼 412	(0913) 2933539	(0913) 2933539	714000
商洛市侨联	商洛市行政中心 517 室	(0914) 2383687	(0914) 2383687	
安康市侨联	安康市汉滨区育才路 113 号市政府行政中心 1412 室	(0915) 3218781	(0915) 3209755	725099
榆林市侨联	榆林市榆阳区青山路 8 号市政府大楼 205 号	(0912) 3421987	(0912) 3395566	719000
杨凌农业高新技术产业示范区侨联	杨凌农业高新技术产业示范区新桥北路 6 号			712100

甘肃省

单位名称	地　址	电话号码	邮政编码
甘肃省侨联	兰州市广场南路 51 号	(0931) 7821504	730030
兰州市侨联	兰州市城关区金昌南路 280 号红星大厦 717	(0931) 8826376 (0931) 8879545	730030
嘉峪关市侨联	嘉峪关市政府办公楼	(0937) 6328309 (0937) 6328927	735100
金昌市侨联	金昌市金川区建设路 68 号	(0935) 8319362 (0935) 8332606	737100

甘肃省

单位名称	地　址	电话号码	邮政编码
酒泉市侨联	酒泉市肃州区富康路市政大厦西二楼	（0937）2614380	735000
张掖市侨联	张掖市甘州区南环路 679 号	（0936）8224121 （0936）8214834	734000
武威市侨联	武威市东大街 118 号	（0935）2213613	733000
白银市侨联	白银市白银区诚信大道工商大厦二楼	（0943）8221790 （0943）8230838	730900
天水市侨联	天水市秦州区民主西路 34 号	（0938）8275515	741000
平凉市侨联	平凉市红旗街 113 号	（0933）8231859	744000
庆阳市侨联	庆阳市西峰区庆州西路 1 号市委市政府统办楼 907 室	（0934）8215741 （0934）8356555	745000
定西市侨联	定西市安定区安定路 1 号	（0932）8212959	743000
陇南市侨联	陇南市东江新区统办大楼	（0939）8211517	746000
临夏州侨联	临夏市西关路 4 号州教育局办公楼	（0930）6225701	731100

青海省

单位名称	地　址	电话号码	传真号码	邮政编码
青海省侨联	西宁市城中区七一路 346 号前楼 426 室	（0971）8457060	（0971）8457060	810000
西宁市侨联	西宁市南关街 43 号	（0971）8230640		810000
青海师范大学侨联	西宁市五四西路 38 号	（0971）6307653		810008
青海民族大学侨联	西宁市八一路 3 号			810007
青海大学侨联	西宁市宁大路 251 号			810016
民和县侨联	民和县川垣新区党政办公大楼	（0972）8522007		810800

宁夏回族自治区

单位名称	地　址	电话号码	传真号码	邮政编码
宁夏回族自治区侨联	银川市兴庆区凤凰北街 106 号	0951-5057809	0951-5045260	750001
银川市侨联	银川市金凤区北京中路 166 号 1 号楼	0951-6889206	0951-6889204	750001
石嘴山市侨联	石嘴山市大武口区行政新区 A3 区	0952-2218192	0952-2218192	753000
中卫市侨联	中卫市人民政府—外事侨务办公室	0955-7068812	0955-7068823	755000

新疆维吾尔自治区

单位名称	地　址	电话号码	传真号码	邮政编码
新疆维吾尔自治区侨联	乌鲁木齐市文化路 38 号	（0991）2812108	（0991）2810003	830002
伊犁哈萨克自治州侨联	伊宁市解放路 63 号	（0999）8031557	（0999）8034967	835000
塔城地区侨联	塔城市光明路 986 号	（0901）6238716	（0901）6223328	834700
阿勒泰地区侨联	阿勒泰市解放路 340 号	（0906）2135257	（0906）2135257	836500
克拉玛依市侨联	克拉玛依市友谊路 98 号	（0990）6233078	（0990）6235578	834000
博尔塔拉蒙古自治州侨联	博乐市青得里大街 201 号	（0909）2318222	（0909）2318222	2318222
昌吉回族自治州侨联	昌吉市延安北路 54 号	（0994）2342916	（0994）2345634	831100
乌鲁木齐市侨联	乌鲁木齐市新兴街 5 号	（0991）4628116	（0991）4621593	830063
哈密地区侨联	哈密市建国南路 210 号	（0902）2230576	（0902）2230576	2230576
吐鲁番地区侨联	吐鲁番市帕孜克里克路 58 号	（0995）8521268	（0995）8528038	838000
巴音郭楞蒙古族自治州侨联	库尔勒市州党委大院统战部	（0996）2024385	（0996）2024385	841000
阿克苏地区侨联	阿克苏市西大街 19 号	（0997）2139393	（0997）2139393	843000
克孜勒苏柯尔克孜自治州侨联	阿图什市帕米尔路西 3 院	（0908）4229725	（0908）4229725	845350
喀什地区侨联	喀什市解放北路 46 号	（0998）2846355	（0998）2846355	844000
和田地区侨联	和田市木巴格路 23 号	（0903）2512937	（0903）2512937	848000
石河子市侨联	石河子市北二路 10 号	（0993）2012414	（0993）2012414	832001

新疆生产建设兵团

单位名称	地　址	电话号码	传真号码	邮政编码
新疆生产建设兵团侨联	乌鲁木齐市光明路 196 号	（0991）2896662	（0991）2896659	830002
新疆兵团第一师侨联	阿拉尔市胜利大道 1 号	（0997）6352022	（0997）4610336	843000
新疆兵团第二师侨联	铁门关市将军北路第二师党校	（0996）2118637	（0996）2023713	841007
新疆兵团第三师侨联	喀什市克孜都维路	（0998）2528192	（0998）2523729	844000
新疆兵团第四师侨联	伊宁市解放路	（0999）8182242	（0999）8182545	835000
新疆兵团第五师侨联	博乐市红星路	（0909）2296961	（0909）2296926	833400
新疆兵团第六师侨联	五家渠市长征东街	（0994）5800272	（0994）5800497	831300
新疆兵团第七师侨联	奎屯市军垦广场 1 号	（0992）6687316	（0992）6687210	833200
新疆兵团第八师侨联	石河子市北三东路	（0993）2069982	（0993）2012414	832000
新疆兵团第九师侨联	塔城市额敏县朝阳区九师机关	（0901）3384326	（0901）3341104	834600
新疆兵团第十师侨联	北屯市龙疆东街 365 号	（0906）3373479	（0906）3374247	836099
新疆兵团建工师侨联	乌鲁木齐市河滩北路 1067 号	（0991）6652684	（0991）6686676	830000
新疆兵团第十二师侨联	乌鲁木齐市常州街 189 号	（0991）3781255	（0991）3676831	830013
新疆兵团第十三师侨联	哈密市大营房	（0902）2566690	（0902）2565603	839000
新疆兵团第十四师侨联	和田市屯垦西路 19 号	（0903）2566227	（0903）2566000	848000
新疆兵团石河子大学侨联	石河子市北四路	（0993）2057352	（0993）2057352	832003
新疆兵团农垦科学院侨联	石河子市乌伊公路	（0993）6683660	（0993）2553691	832000

中央直属机关

单位名称	地　址	传真号码	邮政编码
中央直属机关侨联	北京市西城区丰盛胡同 21 号	（010）83083236	100032
中央对外联络部机关侨联	北京市海淀区复兴路 4 号		100860
中央党校侨联	北京市海淀区大有庄 100 号		100091
中国侨联直属机关侨联	北京市东城区工人体育场西路 1 号		100027
中国国际广播电台侨联	北京市石景山区石景山路甲 16 号		100040
中央电视台侨联	北京市复兴路 11 号		100859
新华社侨联	北京市宣武区宣武门西大街 57 号		100803
中国外文局侨联	北京市西城区百万庄 24 号		100037
中国出版集团公司侨联	北京市东城区朝内大街甲 55 号		100010
全国政协机关侨联小组	北京市西城区太平桥大街 23 号		100811
中央直属机关工委机关侨联小组	北京市西城区丰盛胡同 21 号		100032
中央文献研究室机关侨联小组	北京市西城区前毛家湾甲 1 号		100017
中央党史研究室机关侨联小组	北京市海淀区北四环西路 69 号		100080
全国总工会机关侨联小组	北京市西城区复兴门外大街 10 号		100865

中央国家机关

单位名称	地　址	电话号码	邮政编码
中央国家机关侨联	北京市西城区平安里西大街 33 号	（010）68850815	100035
中央金融单位机关侨联	北京市西城区成方街 32 号	（010）66194999	100800
外交部侨联	北京市朝阳区朝阳门南大街 2 号	（010）65966311	100701
教育部侨联	北京市西城区西单大木仓胡同 35 号	（010）66096481	100816
工业和信息化部侨联	北京市西城区西长安街 13 号	（010）62302448	100804
财政部侨联	北京市西城区三里河南三巷 3 号	（010）68231862	100820
人力资源和社会保障部侨联	北京市东城区和平里东街 3 号	（010）84207105	100716
国土资源部侨联	北京市西城区阜成门内大街 64 号	（010）66558230	100812
住房和城乡建设部侨联	北京市海淀区三里河路 9 号	（010）88082068	100835

中央国家机关

单位名称	地　　址	电话号码	邮政编码
交通运输部侨联	北京市建国门内大街 11 号	（010）67982584	100736
中国铁路总公司侨联	北京市海淀区复兴路 10 号	（010）51848722	100844
水利部侨联	北京市西城区白广路二条 2 号	（010）63203599	100053
农业部侨联	北京市朝阳区农展南里 11 号	（010）59195072	100125
商务部侨联	北京市东城区东长安街 2 号	（010）65197429	100731
文化部侨联	北京市朝阳门北大街 10 号	（010）59882035	100002
卫生计生委侨联	北京市西城区西直门外南路 1 号	（010）68792777	100044
国务院国有资产监督管理委员会侨联	北京市西城区宣武门西大街 26 号	（010）64519661	100053
国家质量监督检验检疫总局侨联	北京市海淀区马甸东路 9 号	（010）82262093	100088
国家体育总局侨联	北京市东城区体育馆路 2 号	（010）87180566	100763
国家安全生产监督管理总局侨联	北京市东城区和平里北街 21 号	（010）84261294	100713
国家林业局侨联	北京市东城区和平里东街 18 号	（010）64326983	100714
国家知识产权局侨联	北京市海淀区西土城路 6 号	（010）62083913	100088
国务院侨务办公室侨联	北京市西城区阜成门外大街 35 号	（010）64680101	100037
中国科学院侨联	北京市海淀区中关村南四街 18 号	（010）62661363	100190
中国社会科学院侨联	北京市东城区建国门内大街 5 号	（010）67765336	100732
中国气象局侨联	北京市海淀区中关村南大街 46 号	（010）68409901	100081
国务院扶贫办侨联	北京市朝阳区太阳宫北街 1 号	（010）84419692	100028
中国民用航空局侨联	北京市东城区东四西大街 155 号	（010）64091153	100710
国家食品药品监督管理总局侨联	北京市西城区宣武门西大街 26 号院 2 号楼	（010）62219478	100053
国家中医药管理局侨联	北京市东城区工体西路 1 号	（010）59957731	100027

中央企业

单位名称	地　　址	电话号码	邮政编码
中央企业侨联	北京市东城区安定门外大街 56 号	（010）64471930	100011
机械科学研究院侨联	北京市德外教场口 1 号自动化所	（010）62376029 13681497043	100011
中国铁道建筑总公司侨联	北京市复兴路 40 号	（010）52688256 13810877792	100855
中国海诚国际工程投资总院侨联	北京市朝阳区白家庄东里 42 号	（010）65826045 13718096828	100026
中国石油化工集团公司侨联	北京市朝阳区安惠北里安园 21 号楼	（010）84876691 13910506993	100101
中国机械工业集团公司侨联	北京市西城区三里河路 46 号	（010）68458343	100823
中国海洋石油总公司侨联	北京市东城区东直门外小街 6 号	（010）64604649 （010）68014511	100027
冶金自动化研究设计院（并入中国钢研科技集团）侨联	北京市西四环南路 72 号	13520395089	100071
中国建筑设计研究院侨联	北京市海淀主语国际 2 号楼中国建筑标准设计研究院	（010）68799342 13910591922	100044
中国兵器工业集团公司侨联	北京市西城区三里河路 46 号	（010）63553451 13001126327	100821
中国煤炭地质总局侨联	北京市丰台区靛厂 299 号中国煤炭地质总局	03123685752 13131268341	100039
中国建筑材料集团有限公司侨联	北京市海淀区紫竹院南路 2 号	（010）88416688-6432 13601286978	100048
中国网络通信集团公司侨联	北京市海淀区北蜂窝 1 号	（010）63329995 13801016139	100036
中国农业机械化科学研究院侨联	北京市德胜门外北沙滩 1 号	（010）64882959	100083
中国电力工程顾问集团公司侨联	北京市西城区安德路 65 号	（010）83834272	100011
中国纺织工业设计院（并入中国石油天然气集团公司）侨联	北京市海淀区增光路 21 号	（010）68395408 13601200570	100037

中央企业

单位名称	地　址	电话号码	邮政编码
电信科学技术研究院侨联	北京市海淀区学院路 40 号	（010）62301977	100083
中国航空工业第一集团公司侨联小组	北京市海淀区温泉镇环山村 38 楼 4 门 12 号	（010）62454174 13681113857	100095
中国航空工业第二集团公司侨联小组	北京市东城区交道口南大街 67 号	（010）64094353 13901312773	100712
国家开发投资公司侨联小组	北京市西城区阜成门北大街 6-6 国家开发投资公司	（010）66579048 13701309345	100034
中国华孚贸易发展集团公司侨联小组	北京市丰台区右外大街 99 号	（010）63390143	100054
中国钢研科技集团公司侨联小组	北京市海淀区学院南路 76 号 31 号楼	（010）62181541 13621304236	100081
中国化工集团公司侨联小组	北京市海淀区阜石路甲 19 号	（010）51338413	100039
中国建筑材料科学研究院侨联小组	北京市朝阳区管庄东里 1 号中国建筑材料科学研究总院中国建材检验认证中心	（010）51167397 13611264325	100024
北京矿冶研究总院侨联小组	北京市西直门外文兴街 1 号北京矿冶研究总院	（010）68310569 （010）68333366-2304	100044
中国纺织科学研究院侨联小组	北京市朝阳区延静里中街 3 号	（010）65010802	100025
中国化学工程总公司侨联小组	北京市朝阳区酒仙桥电子城小区 3 号楼 1202	（010）64380471	102600
中国轻工集团公司侨联小组	北京市东城区工体北路新中西街 2 号	（010）65015880 13801381169	100027
北京有色金属研究总院侨联小组	北京市西城区新外大街 2 号离退休办	（010）62022824	100088
中国建筑科学研究院侨联小组	北京市安外北三环东路 30 号	（010）84517315 13671236511	100013
中国水利投资集团公司侨联小组	北京市西城区六铺炕街三号中水电大厦	（010）59302113 13671011370	100011
中国对外贸易运输（集团）总公司侨联小组	北京市海淀区大泥湾路 5 号楼 5 门 301 室	（010）62536557	100044
中国水电工程顾问集团公司侨联小组	北京市西城区六铺炕北小街 2 号	（010）51973473 13671010366	100011
中国华能集团公司侨联小组	北京市海淀区学院南路 40 号	（010）63542820 13611287344	100088
中国移动通信集团公司侨联小组	北京市西城区金融街 29 号	13901228845	100032
中国电子科技集团公司侨联小组	北京市酒仙桥路 13 号	（010）64362878 13311119909	100015
中国北方机车车辆工业集团公司侨联小组	北京市海淀区羊坊店路 11 号	（010）83304222 13671389469	100038
中国有色工程设计研究总院侨联小组	北京市海淀区复兴路 12 号	（010）63952506 13701294776	100038
中国路桥（集团）总公司侨联小组	北京市朝阳区管庄周家井大院科研所	（010）65757987	100024
中国国旅集团公司侨联小组	北京市东城区东单北大街 1 号	（010）85228316	100005
国家电网公司侨联小组	北京市宣武区白广路二条一号东楼 228	（010）63415505 13621116058	100761

附录